国家出版基金项目
NATIONAL PUBLICATION FOUNDATION

ДУХОВНАЯ
КУЛЬТУРА
КИТАЯ

ЭНЦИКЛОПЕДИЯ

ЛИТЕРАТУРА
ЯЗЫК И ПИСЬМЕННОСТЬ

主 编：

М. Л. 季塔连科   С. М. 阿尼克耶娃
О. И. 扎维亚洛娃   М. Е. 克拉夫佐娃
А. И. 科布杰夫   А. Е. 卢基扬诺夫
В. Ф. 索罗金

译 者：

刘文飞　阎国栋　侯玮红　徐 乐　万海松　孔霞蔚
王丽欣　侯 丹　葛灿红　文导微　刘 娜　孟宏宏
靳 芳　佟宝慧

译 校：刘文飞

四川大学出版社
SICHUAN UNIVERSITY PRESS

中国精神文化大典

文学·语言文字卷

上

图书在版编目（CIP）数据

中国精神文化大典 . 文学·语言文字卷 ／（俄罗斯）
季塔连科等主编；刘文飞等译 . —— 成都：四川大学出
版社，2024.10
　　ISBN 978-7-5690-4447-8

　　Ⅰ . ①中… Ⅱ . ①季… ②刘… Ⅲ . ①汉学－俄罗斯
－文集②中国文学－文学研究－文集③汉语－语言学－文
集 Ⅳ . ① K207.8-53

中国版本图书馆 CIP 数据核字（2021）第 016641 号

四川省版权局著作权合同登记图进字 21-24-164 号

书　　名：中国精神文化大典（文学·语言文字卷）
　　　　　Zhongguo Jingshen Wenhua Dadian（Wenxue·Yuyan Wenzi Juan）
主　　编：（俄罗斯）M.Л. 季塔连科　等
译　　者：刘文飞　等

出 版 人：侯宏虹
总 策 划：张宏辉
选题策划：舒　星　邱小平　王　军
责任编辑：李　耕　欧风偃
责任校对：刘一畅　周　洁
参与编校：侯宏虹　高庆梅　敬雁飞　刘昕宇　曾悦琳　陈小雨
装帧设计：吾然设计工作室
责任印制：李金兰

出版发行：四川大学出版社有限责任公司
　　　　　地址：成都市一环路南一段 24 号（610065）
　　　　　电话：（028）85408311（发行部）、85400276（总编室）
　　　　　电子邮箱：scupress@vip.163.com
　　　　　网址：https://press.scu.edu.cn
印前制作：成都墨之创文化传播有限公司
印刷装订：四川宏丰印务有限公司

成品尺寸：185mm×260mm
印　　张：71.5
插　　页：12
字　　数：1498 千字

版　　次：2024 年 10 月 第 1 版
印　　次：2024 年 10 月 第 1 次
定　　价：570.00 元（全二册）

四川大学出版社
微信公众号

ISBN 978-7-5690-4447-8

9 787569 044478 >

定价: 570.00 元（全二册）

出版说明

一、《中国精神文化大典》是由俄罗斯科学院编撰、俄罗斯汉学泰斗季塔连科院士主编的一部大型百科全书式的海外中国学巨著。全书共6卷，分别为《哲学卷》《神话·宗教卷》《文学·语言文字卷》《历史思想·政治与法律文化卷》《科学·技术和军事思想·卫生和教育卷》《艺术卷》，对从夏商周到21世纪之初的中国精神文化做了历史性和学理性的全面研究，并对相关领域的主要观念、重要事件或事物、代表人物、经典文献等进行了系统梳理与阐释，代表了同期俄罗斯汉学研究的最高水准。本书俄文原版于2006—2010年先后出版，得到中俄两国国家领导人的高度肯定。主编季塔连科，副主编科布杰夫、卢基扬诺夫因本书荣获俄罗斯国家奖。季塔连科院士被中国授予"中俄关系60周年杰出贡献奖"，并当选为国际儒学联合会第五届理事长。2013年3月23日，习近平主席首次访俄会见俄罗斯汉学家时指出：俄罗斯科学院出版了6卷本《中国精神文化大典》，全面诠释了中国5000多年博大精深的文化，集中体现了俄罗斯汉学研究的成果。

二、本书俄文原版主编、副主编及重要作者毕生从事东方学研究，具有渊博的中国文化知识、宏阔的学术视野，对中国精神文化体系的研究与阐释充分体现了"辨章学术，考镜源流"的旨趣，具有评点中西、多维对话、互鉴交流的特点。《中国精神文化大典》以其所涉猎学科之完备，考索问题之渊博，思想诠释之深入，互通互鉴之彰显，置诸世界汉学界，实罕有出其右者。

三、本书中文版翻译工程系国家社科基金重大项目。为保证翻译工作顺利推进，提高翻译质量，并通过中文版的翻译出版实现对俄文原版的纠误和提升（俄文版副主编卢基扬诺夫语），使《中国精神文化大典》成为一部体现中俄高水平学者之间进行跨文化对话和比较研究的传世之作，特成立《中国精神文化大典》中文版编译委员会，以四川大学刘亚丁教授为首席专家、中文版主编，聘请俄文原版主编季塔连科，副主编科布杰夫、卢基扬诺夫三位教授作为俄方顾问，李明滨、吴元迈、项楚三位教授作为中方顾问，编译委员会委员及翻译团队成员囊括了国内多所高校和科研机构的优秀学者，并由每卷译者中的第一位译者主持本卷的翻译。

四、本书中文版在出版环节获得了2020年度国家出版基金资助。鉴于本书全面系统地涵盖了中华文化各领域，学术性、专业性强，体量大、

内容广、知识点多，为加强中文版出版环节的学术交流与内容审读，保障本书高质量出版，增强该书在促进中外学术对话、传播弘扬中华文化方面的影响力，更好地发挥其在推进世界文明交流互鉴等方面的重要作用，我们还特别组建了《中国精神文化大典》中文版学术委员会，按照各卷内容，聘请国内各相关领域的一流专家学者担任学术委员。

五、为便于中国读者阅读和从整体上认识与了解俄罗斯的中国学及中国文化研究，中文版体例在俄文原版的基础上做了适当调整与完善。与俄文原版相比，中文版增加了由项目首席专家刘亚丁教授撰写的《〈中国精神文化大典〉译序》，并将之与俄文原版第一卷《哲学卷》卷首两篇总序性质的重要文章一起放在每卷的卷首，列入各卷目录；将俄文原版各卷开头的引言及编者序列入目录。同时，保留俄文原版篇章体例上的特点，各卷正文仍按照俄文原版，以中国传统文化中的十天干"甲、乙、丙、丁……"为序，分成多个板块（部），并在书籍的切口错落设置板块标识，以便读者能快速找到欲翻阅的某部。但各卷的词条部分不再按词条的俄文音序编排，而是改用汉语拼音顺序编排。

六、俄文原版将每卷缩略词、索引、参考文献等附录性内容作为全书非常重要的内容，设置为与正文内容并列的相对独立的板块（部），并在索引、年代表等部分直接提供了中俄双语对照，便于读者对照查阅。中文版最大限度地保留了俄文版各卷的附录性内容，并对附录中各类栏目的编排顺序、层级等进行了统一，在补充中文翻译的同时保留中俄双语对照特点，但考虑学术出版物惯例，对缩略词、参考文献等栏目仅保留俄文版原文。同时，为方便中文版读者查阅，我们对俄文原版的中俄双语对照式索引条目进行了重新编排，不再以俄文为词头，而是改为将各词条的中文作为词头置于俄文音译和意译之前，按中文词条的汉语拼音顺序重新排列，并标注了中文版页码，不再保留俄文原版页码。这样的处理，希望有助于专业读者在阅读中开展中俄语言及文化的互鉴比较。

七、俄文原版出版时间较早。第一卷《哲学卷》于2006年出版；此后，第二卷《神话·宗教卷》（2007）、第三卷《文学·语言文字卷》（2008）、第四卷《历史思想·政治与法律文化卷》（2009）、第五卷《科学·技术和军事思想·卫生和教育卷》（2009）、第六卷《艺术卷》（2010）陆续出版。因此，书中关于当代中国的相关内容时间下限截止于21世纪头十年，涉及中国精神文化的个别内容及其理解相对于我国学界当前的学术认知而言略显陈旧，尤其是《历史思想·政治与法律文化卷》

《科学·技术和军事思想·卫生和教育卷》等，未能涵盖党的十八大以来中国政治、经济、文化、社会发展的最新成果，殊为遗憾。鉴于本书为翻译作品，我们只能尊重和保持俄文原版面貌，不对相关内容另作更新补充，以免蛇足之讥，祈读者明辨。

八、不同国家及民族之间的文化与文明差异会带来认知视野的差异与局限，这是人类认识世界不可逾越的客观规律，然而正是这种差异凸显了文明互鉴与文化交流的价值。作为一部大型百科全书式的海外中国学研究作品，本书涉及中国精神文化各方面十分广博的内容，加上俄文原版编著人员所受本国及西方文化视野的影响，使得本书难免存在一些对历史上中国政治、经济、文化、科技、社会等内容的认知偏差或误读误解，对"中国精神文化"内涵及外延的界定，对部分内容的认识与理解，或许同国内学界的相关认知不完全一致，甚至还存在个别明显的知识性错误，乃至对政治问题的认知偏见。在中文版出版过程中，我们针对不同情况采取了不同处理办法：对于部分内容进行了适当删节；对于明显笔误之类，直接予以修改；对于一般性的误读误解或一些表述不规范、不准确的内容，或按照原版所涉内容，依据国内权威资料予以改正，或尽量保留俄文原貌，而在个别地方采取添加译者注等方式予以纠正或补充说明，以便读者辨析。

九、本书中文版出版工作自2018年7月启动以来，四川大学出版社将之视为代表国家水平的重大出版工程，组建了专门的编辑出版团队，历时6年辛勤耕耘，至2024年10月，全6卷得以完成出版。其间得到了中俄两国学术界、文化界、出版界相关机构和社会各界众多人士的关心、支持、指导和帮助。除各卷卷首所载之外，还有各领域众多专家参与了本书的审读、学术指导等工作，他们是（以姓氏笔画为序）：王大伟、王银宏、邓星盈、左大成、田海华、史全伟、刘志超、刘伯根、李洁琼、李黎、杨林、何江涛、余家涛、闵丽、宋守江、张勇、张洪、陈廷湘、邵建斌、林斯澄、易建鹏、侯文富、侯安国、洪澄、骆晓平、黄金武、崔宪、董华锋、樊宪雷、滕胜霖等。谨此表示崇高敬意和衷心感谢！梁泽好、郭宴宏、桑子滨、王慧、杨璐嘉、何姝、罗美欣、沈雨乐、郭凤玲、范冰冰、张钰奇、王凯、英智虹、杨倩楠、邓义超、杨蕊、朱可馨、朱静姝（Arina Chechetkina，俄罗斯）等同学参与了中文版索引的调整编排、有关文献核校等工作，吴秋雨、张婧等同志参与了装帧设计工作，谨此表示感谢！本书在翻译出版过程中参考了国内大量文献资料，在此对这

中国精神文化大典

文学·语言文字卷

些文献资料的所有作者、编者、出版者一并表示谢意！

　　十、由于本书体量巨大，内容涉及中国精神文化众多领域，虽经翻译团队、学术团队、出版团队全体成员多方努力，但学海无涯，挂一漏万，书中难免错讹之处，恳请方家不吝赐教，以便我们在今后进一步修订完善。

2024年10月

目 录

甲部　文学卷概论

乙部 文学卷词条

目录

中国精神文化大典

文学·语言文字卷

目录

v

丙部　语言文字卷概论

丁部　语言文字卷词条

戊部　附录

《中国精神文化大典》译序

刘亚丁

　　摆在读者面前的这部巨著《中国精神文化大典》，是由已故的俄罗斯科学院院士季塔连科主编、俄罗斯众多优秀汉学家倾力编撰的百科全书式汉学著作。书名的俄文原意是《中国精神文化百科全书》。《中国精神文化大典》共六卷，俄文原版于2010年出齐。这部巨著受到中俄领导人和各界人士的高度关注与好评。2011年，季塔连科、科布杰夫、卢基扬诺夫因"在发展祖国和世界汉学中，在编纂具有重大价值的、科学院本的《中国精神文化大典》中的杰出贡献"荣获俄罗斯国家奖。[①]2009年3月17日，中共中央总书记、中国国家主席胡锦涛授予《中国精神文化大典》主编季塔连科"中俄关系60周年杰出贡献奖"。[②]2013年3月23日，中共中央总书记、中国国家主席习近平访俄，在会见俄罗斯汉学家时，他指出：俄罗斯科学院出版了6卷本《中国精神文化大典》，全面诠释了中国5000多年博大精深的文化，集中体现了俄罗斯汉学研究的成果。[③]

　　在我们努力实现中华民族伟大复兴的历史关头，在"文明因多样而交流，因交流而互鉴，因互鉴而发展"已成为共识的当下，《中国精神文化大典》的写作翻译出版开风气之先，顺世道之势，应学界之需。《中国精神文化大典》的编者是什么样的学者？他们何以要编写这套书？这套书在世界中国学中有什么地位？它对中国传统文化有何发明？它对中国传统文化在当代的创造性转化有何阐释？这些是我们试图回答的问题。

一

　　《中国精神文化大典》得以完成，季塔连科（1934—2016）院士厥功至伟。我们知道，一项重大的学术成果，必定有一位主要的思想创意者、发起人、组织者。玉成如此规模的学术巨著，总其事者，其学术水准之高、学术眼识之明、学术人脉之广、学术素养之厚、领导能力之强，自非寻常学者可比。除其他学术成就（如俄罗斯对外战略、俄中关系、俄中

① Указ Президента Российской Федерации от 8 июня 2011г. No. 724//Российская газета, 10 июня 2011 г.

② 吴绮敏、张光政：《回顾历史　寄语未来——记胡锦涛主席出席中俄建交60周年庆祝大会》，载《人民日报》2009年6月18日。

③ 杜尚泽、施晓慧、林雪丹、谢亚宏：《"文化交流是民心工程、未来工程"——记习近平主席会见俄汉学家、学习汉语的学生和媒体代表》，载《人民日报》2013年3月25日。

发展战略对比等研究领域），仅在中国精神文化领域，季塔连科就取得了很高的学术成就。

1934年4月，季塔连科出生在远东的布里亚特州拉克马亚·布达村一个农民家庭。1953年，他考进莫斯科大学哲学系。大二时，他偶然得到了俄文版《道德经》和《阴符经》，捧读之后，非常喜欢，于是大胆地给郭沫若先生写了一封信，表示自己要学中国哲学。没想到，两三个月后，他居然收到了郭沫若的回信。郭沫若赞赏他学中国哲学的想法，同时告诉他，要学中国哲学，必须学汉语，而且要学古代汉语。于是他向系里提出请求，随后他开始跟着两位老师学习汉语。1957年，周恩来总理访苏，希望苏联向中国派留学生。季塔连科有幸成为第一批苏联派遣到中国留学的55名学生之一，到北京大学学习。到北大后，冯友兰、任继愈成了他的中国哲学老师。任继愈还将自己研究墨子"非攻"思想的一本著作赠送给他。季塔连科说："我看后非常喜欢，立志要研究墨子。"1959年至1961年，他又前往复旦大学哲学系，在胡曲园教授等的指导下学习中国哲学。有了老师和同学们的关心和帮助，他顺利地毕业了。①

1961—1965年季塔连科在苏联驻上海总领馆、苏联驻华使馆工作。在此期间，他在莫斯科大学哲学系函授研究生班学习，研究墨子及其学派。

季塔连科1965年获得副博士学位。1985年，季塔连科的学术著作《中国古代哲学家墨子及其学说》出版。该书共8章：墨子学派诞生和消亡的历史条件；墨子生平和墨家；《墨子》的诞生及其内容；墨家的思想起源；墨家的社会政治观点及其对儒家"礼学"和贵族遗产的批判；早期和晚期墨家的伦理学说；早期墨家的认识论；等等。季塔连科写道："墨子（前5世纪）是中国古代伟大的思想家、政治家，他在自己国家的哲学和政治思想史上占有重要位置。在标志中国社会进入宗法－农奴制崩溃的暴风雨般的社会政治震荡的时代，他是自由劳动者的代言人。墨子和他所创立的哲学流派在前5—前3世纪的思想斗争中发挥了重要的作用，一开始是同早期儒家作斗争，后来又同名家和庄子哲学中的相对主义原理作斗争。"②他指出："早期墨家观念以其复杂、折中和矛盾性而著称。墨子及其早期门徒的自然观（'天'）和世界观整个罩着旧的宗教外衣，但是创造性的思想已经向摆脱神秘主义和神话思维方面迈出了重要一步。作为

---

① 参见刘亚丁：《"米沙同志"——访俄罗斯科学院远东所所长季塔连科院士》，载《人民日报》2014年3月23日；刘亚丁《缅怀中华文化传播家季塔连科》，载《光明日报》2016年3月19日。季塔连科院士曾任俄罗斯科学院远东所所长、俄中友好协会会长、第五届国际儒联理事长。

② М.Л.Титаренко. Древнекитайский философ Мо Ди, его школа и учение. М.: Наука, 1985, c.203.

'兼爱'思想的鼓吹者，在墨子的思想中，还保留着体现善的最高标准和超越性力量的'天命''鬼神'等传统观念，但是在墨子的学说中，已经包含了明显表现出来的唯物主义倾向，尤其是他在一系列观点中，在克服先天'命定'论的同时，鲜明地表达了对人的积极的、改造性的活动的认知。"①季塔连科不但分析了墨子的认知论价值，而且对墨子及墨家"兼爱"原则的社会政治价值作了深入分析。季塔连科的这部著作不但在俄罗斯产生了比较大的影响，1996年其日文译本也在东京出版。②

除了自己研究中国精神文化所取得的成就，季塔连科对中国精神文化在俄罗斯的推广也作出了特殊贡献。1972至1973年莫斯科出版了由杨兴顺（Ян Хин-шу）主编、布罗夫和季塔连科等任编委的《古代中国哲学》第1、2卷，包括《诗经》《尚书》《道德经》《论语》《墨子》《孙子》《孟子》《庄子》《国语》《荀子》《韩非子》《商君书》及杨朱学派著述等的俄文选译、提要和注释。1990年出版了杨兴顺主编、布罗夫和季塔连科等任编委的《中国古代哲学·汉代卷》。该书收录了苏联汉学家翻译的《黄帝内经》《淮南子》《春秋繁露》《盐铁论》《论衡》《太平经》等著作片段。至此，苏联的读者直接读到了中国哲学著作的俄文译本。

1994年，由季塔连科主编的《中国哲学百科词典》出版。该书认为，中国哲学和社会政治思想的特点有如下几点：（1）在中国，关于人和世界的哲学观点在社会发展的远古时期就产生了。（2）在中国，哲学知识是同伦理学和政治密不可分的。（3）尽管中国思想的某些学说是在宗教的范围内产生的，但在中国，哲学与其说是奉神的，不如说是奉传统的。（4）中国智慧看待事物的特点是在整体发展中观察事物，把人、自然和精神看成是互相联系的有机整体，特别强调现实结构中的有机性和整体性。（5）中国哲学的范畴和概念体系具有独特性和悠久的历史。在中国思想近三千年的发展历程中，关于自然和社会的独特观念有机地形成了概念体系。（6）在中国哲学和传统观念同质性与稳定性的背景下，中国哲学还积极回应与文明交往相联系的外来观念，如纪元之初外来的佛教，再如19世纪初中国文化同西方文化的交流。③《中国哲学百科词典》对从先秦到当代的中国哲学流派和代表人物作了全面介绍。后来，季塔

① М.Л.Титаренко. Древнекитайский философ Мо Ди, его школа и учение. М.: Наука, 1985, с.203.

② РАН.Михаил Леонтьевич Титаренко. М.: Наука, 2004, с.27.

③ Китайская философия. Энциклопедический словарь. Главный редактор М.Л.Титаренко, М.:Мысль, 1994, сс.5—8.

连科组织《中国哲学百科词典》作者的原班人马投入《中国精神文化大典》第一卷（《哲学卷》）的写作中。季塔连科积极倡导"新欧亚主义"（новоевразийство），它有利于破除西方中心主义的偏见，也成了《中国精神文化大典》写作中的一条精神红线。[①]

除了积极推广中国精神文化，季塔连科还开创了研究中国哲学的学派，致力于培养中国精神文化研究人才。1970年，由季塔连科提议，莫斯科大学哲学系开办了中国文化讲习班，讲授中国文化和汉语，当时在苏共中央国际部工作的季塔连科、科学院远东所的费奥克蒂斯托夫和哲学所的布罗夫去讲课，莫斯科大学亚非学院的教师们，如尼科利斯卡娅、卡拉佩吉扬茨（高辟天）、谭傲霜（Тань Аошуан）、刘凤兰（Лю Фенлань）、波梅兰采娃、波兹德涅耶娃等任教。从这个班上毕业了7名学生，现在他们中的一些人成长为俄罗斯研究中国哲学的中坚力量。比如，俄罗斯科学院蒙古学、藏学和佛教研究所的扬古托夫，俄罗斯科学院东方学所的科布杰夫和远东所的卢基扬诺夫，即《中国精神文化大典》的两位副主编。这几位学者把研究中国哲学当成自己的志业，而不仅仅是个人赖以生存的职业，因而津津有味，孜孜不倦，都作出了很大的贡献。学者们肯定了季塔连科的功绩，"借中国智者的话说，季塔连科和费奥克蒂斯托夫成了这个学派的开山祖师"。[②]

季塔连科1985年任苏联科学院远东所所长，1997年当选为俄罗斯科学院通讯院士，2003年当选为俄罗斯科学院院士。[③]他还担任国际儒联理事长。这使他具有相应的学术组织号召力，为他的学术组织才干的施展提供了更加广阔的空间，成为他组织写作《中国精神文化大典》的丰厚的"学术资本"。

回顾季塔连科的学术经历，环顾俄罗斯汉学界，以学术声望、学术眼识、组织驾驭才能而论，实无能出其右者。《中国精神文化大典》的思想创意者、发起人和组织者，非季塔连科莫属。

---

① 新欧亚主义是一个具有精神文化内涵的术语，它与具有地缘政治倾向的杜金所宣扬的欧亚主义截然不同。《中国精神文化大典》是这样概括新欧亚主义的："俄罗斯囊括了欧洲和亚洲空间的部分，并将它们结合在欧亚之中，因而容纳欧洲和亚洲的文化因素于自己的范围内，形成了最高级的，人本学、宇宙学意义上的精神文化合题。"（Духовная культура Китая: Энциклопедия. Философия. Редакторы М. Л. Титаренко, А. И. Кобзев, А. Е. Лукьянов, М.: Восточная литература, 2006, с.29.）

② Философиский мир ДАО в ИДВ РАН//Проблемы Дальнего Востока,No.5,2006.См.,М.Л.Титаренко,А.Е.Лукьянов, А.В.Ломанов.Филосовский МИР ДАО//Люди и идеи.Ответственный редактор А.В.Островский, М.:ИДВ РАН, 2006, c.143.

③ 若干资料所载季塔连科被选为通讯院士和院士的年份有误，请参见俄罗斯科学院出版的介绍其院士的丛书《季塔连科》：РАН. Михаил Леонтьевич Титаренко, М.,: Наука, 2004, cc.17,23.

二

《中国精神文化大典》有二百余位作者，他们分别来自莫斯科、圣彼得堡、乌兰乌德、符拉迪沃斯托克（海参崴）和新西伯利亚的汉学研究机构。由于人员众多，限于篇幅，我们下面仅介绍副主编卢基扬诺夫、科布杰夫，以及老一代俄罗斯汉学家中的杰出人物——李福清院士、佩列洛莫夫（嵇辽拉）等四位，他们既担负分卷编委的重责，又把自己的科研成果转化为《中国精神文化大典》的有关文章和词条。

李福清（1932—2012）[①]，1955年毕业于列宁格勒大学东方系中国语文科，1965—1966年在北京大学进修，俄罗斯科学院院士，俄罗斯科学院高尔基世界文学研究所首席研究员。1961年，他以《万里长城的传说与中国民间文学的体裁问题》获副博士学位。1970年，他以《中国讲史演义与民间文学传统——论三国故事的口头和书面异体》获博士学位。其著作的中文本主要有：《中国古典文学研究在苏联》（1987）、《中国神话故事论集》（1988）、《汉文古小说论衡》（1992）、《李福清论中国古典小说》（1997）、《关公传说与〈三国演义〉》（1997）、《〈三国演义〉与民间文学传统》（1997）、《神话与鬼话——台湾原住民神话故事比较研究》（2001）、《古典小说与传说(李福清汉学论集)》（2003）、《中国各民族神话研究外文论著目录》（2007）、《东干民间故事传说集》（2011）、《李福清中国民间年画论集》（2012）等。2003年，他荣获中国教育部颁发的"中国语言文化友谊奖"。李福清的学术成就涉及若干领域，除中国民间文学、中国神话、中国当代文学而外，他还对中国年画、中国古籍珍本在世界的流传等进行考索。

李福清研究中国文学的主要方法是大量搜集原始材料并开展比较研究，从中找出规律性的东西。通过对有关孟姜女的大量材料的搜集、整理、对比、研究，他发现了一个很重要的现象，即中国汉族的民间文学有一个特点：同一个情节往往会在各种体裁中反复出现，这是中国文化一笔极其宝贵的财富。孟姜女的故事，有民歌，有鼓词，有宝卷，还有大量的

---

① 关于李福清的学术成就，请参见钟敬文、马昌义为《李福清神话故事论集》（台湾学生书局，1984年）写的序言；李明滨先生在为《古典小说与传说——李福清汉学论集》（中华书局，2003年版）写的序言；刘亚丁《"我钟爱中国民间故事"——俄罗斯汉学家李福清院士访谈录》（上、下），载《文艺研究》2006年第7、8期；刘亚丁《历史形态学的启示——李福清院士的文学研究方法》，载《国外社会科学》2013年第3期；Люя Ядин.Методика литературоведа Б.Л.Рифтина:синтез типологии и исторической поэтики//Общество и государство в Китае.Том XLIV, часть 1, Институт Востоковедения РАН,2014.

地方戏，等等，这就构成了李福清的副博士论文《万里长城的传说与中国民间文学的体裁问题》的主要内容。他研究孟姜女故事在各种体裁中是如何变化的：宝卷中的孟姜女故事有很强的佛教色彩；传说中孟姜女到长城的行程叙说得很简略，但在戏曲里则很详尽，因为在戏曲里，可以用各种唱腔来表达人物在去长城时的思绪和情感。在《〈三国演义〉与民间文学传统》中，李福清实际上是以三国的题材为核心，展开对这个题材的历史流变考察。他对三国题材的流变史是从三个层面来加以研究的，即研究意识形态层、描写层和叙述层。在该书第一部分，李福清分析了《三国志》及裴松之《注》、民间的《三国志平话》，认为它们是《三国演义》的源泉；在第二部分，李福清以丰富的材料考察了书面的《三国演义》向民间各种体裁"回流"的过程。

李福清还曾参加大型工具书的组织和写作工作，如参加1980年苏联大百科全书出版社出版的由塔科列夫主编的《世界各民族神话百科全书》（两卷本）的若干项工作。在这本书中，李福清的作用非同寻常，他三种身份兼备：10位编委之一，14位编审委员之一，73位作者之一。除佛教神话的词条，中国神话的词条基本上是李福清一人写的。1990年，他同《世界各民族神话百科全书》的若干作者共同荣获苏联国家奖。后来，李福清出任《中国精神文化大典》编委及其《神话·宗教卷》的编者，他的很多前期研究成果也转化为此卷和《文学·语言与文字卷》的文章与词条。

佩列洛莫夫①（1928—2018，秫辽拉）的父亲是中国人，名叫秫直，曾与恽代英、任弼时共同组织工人运动，1924年被派到莫斯科东方劳动者共产主义大学学习。1925年"五卅"运动爆发，秫直回到上海，在腥风血雨中加入中国共产党。1926年，秫直第二次来到苏联，在符拉迪沃斯托克（海参崴）爱上了教自己俄文的西伯利亚姑娘佩列洛莫娃，并成就了一段异国姻缘。1928年，佩列洛莫夫出生。秫直多次往来于苏联和中国，并加入了苏联共产党，曾受苏共委派化名潜回新疆从事地下工作，第二次世界大战期间参加过莫斯科保卫战，战功显赫。1955年在张闻天的帮助下，秫直回到祖国参加新中国的建设。

父母分离后，佩列洛莫夫留在了苏联。他于1946年毕业于莫斯科第

---

① 关于佩列洛莫夫其人其事，请参见李明滨《佩列洛莫夫：莫斯科的孔夫子》（中文），载 Л.С.Переломов.Конфуций.Лунь юй. М.: Восточная литература,1998；阎国栋《俄罗斯有个儒学大师》，载《环球时报》2006年1月13日；Янь Годун. Корифей Конфуцианства//Проблемы Дальнего Востока, No.2, 2006, а так же:Люди и идеи.Ответственный редактор А.В.Островский, М.:Памятник исторической мысли. М.:ИДВ РАН, 2006, сс.83—86.

一炮兵学校，1951年毕业于莫斯科东方学院，1951—1972年在苏联科学院中国学研究所工作，在那里以《秦帝国之建立与覆亡（前221—前207）》通过副博士学位论文答辩，1970年以《法家与中国第一个集权国家之形成》通过博士学位论文答辩。1973年调到苏联科学院远东所工作，为首席研究员，担任俄罗斯儒学基金会主席。

他的《孔子及论语》于1998年在莫斯科出版。该书有三大部分：佩列洛莫夫写的"孔子研究"，以及他翻译注释的《论语》和附录。在"孔子研究"部分，包括孔子时代中国的政治经济制度、孔子生平事迹、孔子学说、孔子学说的命运等内容。在"孔子学说"这部分，佩列洛莫夫对儒学中的若干重要概念作了深入的探讨，而且列出了"仁""义""礼""道""三纲""五常""中庸""大同"等概念，并作了比较辨析。佩列洛莫夫的孔子研究引经据典，征引了程树德、杨树达、钱穆、范文澜、冯友兰、杨伯峻、赵纪彬、匡亚明、成中英、毛子水等人的相关研究成果，体现了其学术态度之严谨和学术视野之宽广。如在研究孔子生平的"任司寇"一节中，佩列洛莫夫引用了《论语》之语："子曰：'禄之去公室五世矣，政逮于大夫四世矣，故夫三桓之子孙微矣。'"接下来佩列洛莫夫引用杨伯峻的研究，列出了"五世""四世"和"三桓"的具体人物。[1]佩列洛莫夫的《论语》翻译也很有特色，可称之为"研究性翻译"。他反复比较各种译本、注本，最后才落笔译出。比如《论语》中的某些句子，他引述阿列克谢耶夫（阿理克）、克里夫佐夫（克立朝）、谢麦年科、马良文的俄文翻译，理雅各、亚瑟·韦利、刘殿爵、莫利兹、程艾兰等的英、德、法文翻译，以及中文的现代汉语翻译，甚至日文、韩文的翻译，经过比较后，推敲斟酌，才译出俄语句子。

2004年，佩列洛莫夫主持的"四书"译注由莫斯科东方文献出版社出版。[2]该系列包含了科布杰夫译注的《大学》、卢基扬诺夫译注的《中庸》、佩列洛莫夫本人译注的《论语》，以及一百年前俄国汉学家柏百福翻译的《孟子》。每种书的译文之前，都有译者写的小序（《孟子》的小序和注释是马仙作的）。小序包括对这四种书基本内容和它们在欧洲

① Л. С. Переломов. Конфуций. Лунь юй. М.: Восточная литература, 1998, c.101.
② 关于俄罗斯从18世纪到21世纪的儒学研究，参见刘亚丁《孔子形象在俄罗斯文化中的流变》，载《东北亚外语研究》2013年第2期；刘亚丁《20世纪90年代俄罗斯对中国智者形象的建构》，载《俄罗斯研究》2009年第3期。

他国与俄罗斯翻译情况的介绍。书的前面有时任中国驻俄大使、上合组织秘书长张德广写的序言《理解中国，认识孔子》。佩列洛莫夫写了长达60页的序言《"四书"：认识儒学的关键》，该文详尽罗列了孔子的学说。关于孔子对人的论述，他认为，孔子把人分为三类：君子、人、小人，并且孔子详细分析了君子的四种品性——仁、文、和、德。关于文，佩列洛莫夫举例说："文，即是'社会的精神文化'，孔子在他的时代捍卫了这个概念的原初意义。孔子离开魏国去陈国，被匡的暴民围攻，他在危急时刻说的话，就证明了这一点。'子畏于匡。曰："文王既没，文不在兹乎？天之将丧斯文也。后死者不得与于斯文也。天之未丧斯文也，匡人其如予何？"'①佩列洛莫夫挖掘了孔子对社会的论述，他指出："孔子认为理想的社会是建立在氏族社会（община）的道德规范和道德价值之上的，孔子本人对远古社会的道德规范作了新的解释和规范。"②这就是"仁""孝""礼""智"。佩列洛莫夫还讨论了孔子关于国家的观点。他认为，孔子非常注重礼在国家管理中的作用："上好礼，则民易使也。"③佩列洛莫夫又详细讨论了孔子的语录对国家司法的影响："在孔子建构的国家管理模式中，对乡党（община）的理解具有非常重要的地位。这里不仅涉及教育，还涉及乡党的法律特权：'吾党有直躬者，其父攘羊，而子证之。'子曰：'吾党之直者异于是，父为子隐，子为父隐，直在其中矣。'在那个时代，这段语录表明，孔子肯定了乡党领导人的司法权力。……此后，孔子的这句话不仅对中国，而且对儒家文化圈的司法实践有很大的影响。"④显然这里不乏以俄罗斯的文化模式来解读孔子学说之意。佩列洛莫夫的序言还涉及孔子与商鞅的关系，孔子和孟子学说在20世纪70年代中国大陆的命运，小康与中国当代社会等方面。佩列洛莫夫的孔子研究、儒学研究的不少成果直接转化为《中国精神文化大典》的内容，如《孔子的论语》和《"四书"：认识儒学的关键》的一些内容经过修改转化为《中国精神文化大典》的相关文章和词条。2004年这

---

① Л. С. Переломов. «Четрверокнижие» — ключ к пониманию конфуциансова//Конфуцианское «Четрверокнижие»(Сы шу). М.:Восточная литература, 2004, c.19.

② Л. С. Переломов. «Четрверокнижие» — ключ к пониманию конфуциансова//Конфуцианское «Четрверокнижие»(Сы шу). М.:Восточная литература, 2004, c.21.

③ Л. С. Переломов. «Четрверокнижие» — ключ к пониманию конфуциансова//Конфуцианское «Четрверокнижие»(Сы шу). М.:Восточная литература, 2004, c.25.

④ Л. С. Переломов. «Четрверокнижие» — ключ к пониманию конфуциансова//Конфуцианское «Четрверокнижие»(Сы шу). М.:Восточная литература, 2004, c.31.

本《"四书"：认识儒学的关键》作为国礼由普京总统赠送给了胡锦涛主席。

《中国精神文化大典》的副主编卢基扬诺夫（1948—2021）[①]，曾任国际儒联副会长。他于1975年毕业于莫斯科大学哲学系，1978年研究生毕业，1979年以《中国古代哲学的发生学研究》通过副博士学位论文答辩，1991年以《早期道家之道与德》通过博士学位论文答辩。他曾在各民族友谊大学任教，1997年任俄罗斯科学院远东所东亚文明比较研究中心主任。在《哲学在东方的发祥·古代中国、印度》一书中，他提出，在中国和印度都有过前哲学时期，这就是氏族内的神话—典礼—禁忌共同发挥作用的时期。他比较了《易经》和《奥义书》：自然之体与人的融合提供了微观世界和宏观世界同一的观念。在人和自然之间形成了精神和形体相互协调的思想状态：身体的部分和颂诗意识形成交互关系。这种平衡就是古代中国人和印度人的前哲学世界观的基本特点。[②]卢基扬诺夫还比较了《道德经》中的道和《奥义书》中的奥义。该书附有卢基扬诺夫翻译的《易经》的"系辞传"。

2001年卢基扬诺夫出版了《老子和孔子的道之哲学》，这实际上是两本书，即《老子的道之哲学》和《孔子的道之哲学》，附有作者自己翻译的《道德经》和《论语》。在《老子的道之哲学》中，卢基扬诺夫研究了老子哲学与宇宙观、道的诞生、道与名、道的本体论、道的认识论、道的心理学和道之君子、天下的和谐、老子与孔子、老子与赫拉克利特和恩培多克勒、老子的哲学自传等问题。他的一些见解是值得关注的，比如他写道："在自然领域，老子、赫拉克利特、恩培多克勒与无名的本质相嬉戏，在同人类文明交往时，他们不得不将自然的和谐倾倒进语言——逻各斯和道。它在同样的程度上既是肉体的，同时又是精神的，又是理想的。

---

① 参见刘亚丁：《咏中华经典 探文化精髓——访俄罗斯汉学家、〈中国精神文化大典〉副主编卢基扬诺夫》，载《人民日报》2013年11月17日。有必要说明：2010年10月四川大学当代俄罗斯研究中心成立时，卢基扬诺夫率8位俄罗斯汉学家代表前来祝贺，赠送给中心一套完整的《中国精神文化大典》。这是促成我们发愿翻译这套巨著的重要原因。在我们翻译《中国精神文化大典》的过程中，卢基扬诺夫多次率团来四川大学给予我们支持。他还主讲了四川大学中华文化研究院"观澜堂：汉学家论中国文化"系列讲座第一讲（2019年4月29日），笔者是主持人。2021年4月23日卢基扬诺夫遽然离世，我含泪以近体诗一首遥送他魂归道山："犹记当年图籍前，神州向往貌拳拳。八人儒硕来相贺，六卷宏文意更妍。君讲'观澜'声大吕，吾翻《大典》着韵鞭。来函旬日商询后，盼尔回音竟隔天。"

② См, А.Е. Лукьянов.Становление философии на Востоке. Древний Китай и Индия. М.: УДН, 1989, с.107.

九

それの言语同时是身体行为、精神信仰和绝对思维。它当然是魔鬼式的（更准确地说是开创式的）宇宙语言、生产式的语言。赫拉克利特、恩培多克勒和老子连同他们的逻各斯和道被视为从地心里钻出来的先知、黑魔法师、魔术师、预言家、估价师、诗人、智者、学者、哲学家和魔鬼。但是他们的语言不是自然本身，而是自然在文明环境中的反射性本质。"①在《孔子的道之哲学》中，卢基扬诺夫研究了《论语》与孔子，新人概念、君子和理想和孔子之道，道的精神原型与天下之国，孔子、《易经》和老子等问题。卢基扬诺夫认为道的精神原型是德、仁、义、礼、信。②卢基扬诺夫将中国文化与外国文化做汇通研究的成果，在《中国精神文化大典》的文章和词条中也得到了再现。

科布杰夫1953出生，1975年毕业于莫斯科大学哲学系本科，1978年研究生毕业。1978年以《王阳明的哲学(1472—1529)》通过副博士学位论文答辩，1989年以《中国古典哲学的方法论》通过博士学位论文答辩。从1978年开始任职于苏联科学院东方学所，从2011年起任该所中国部主任，从2011年起兼任俄罗斯人文大学东方哲学科教中心主任。他还任国际易联理事。科布杰夫关于中国哲学和中国文化的著述宏富。1993年出版《中国古典哲学中的象数学》，在该书中，科布杰夫研究了中国哲学与科学的关系，认为象数学是古代中国哲学和科学认识世界的，内容丰富且运用广泛的方法。他区分了显性的和隐性的象数学，分析了象数学与逻辑学的关系，具体研究了"三"与天文学的关系，研究了五行的本体论和认识论价值。在该书中，科布杰夫还研究了中国象数学与西方哲学的关系，比如他着重分析了其与毕达哥拉斯学说的相似关系。③2002年科布杰夫出版了《中国理学哲学》一书，研究了10世纪至20世纪初的新儒学。他分析西方汉学界的"新儒学"概念，将其同"宋学"等概念作比较辨析。他着重研究了王阳明的哲学，将其同朱熹、陆九渊学说作比较，同道家哲学和佛教相对比，借此建构王阳明的主观本体论的基本结构；他还分析了王阳明的"德""善""道""太极""仁""义"等概念，分析了王阳明关于知行的价值认识论和晚清的儒学遗产。④科布杰夫在《中国精神文化大典》

---

① А. Е. Лукьянов. Лао-цзы и Конфуций: Философия ДАО. М.:Востчная литература, 2000, с.155.

② А. Е. Лукьянов. Лао-цзы и Конфуций: Философия ДАО. М.:Востчная литература, 2000, сс.253-259.

③ См, А.И.Кобзев. Учение о символе и числах в китайской классичесой философии. М.:Восточная литература, 1993.

④ См, А. И. Кобзев. Философия китайкого неоконфуцинства. М.:Восточная литература, 2002.

中撰写了大量词条。①

上述因素，成就了《中国精神文化大典》这样一套巨著。我们还注意到，中国文旅部、驻俄大使馆、中国国家开发银行，以及一些企业、基金会对这套书的问世，也有不同程度的贡献。

三

国内有些同行对翻译出版《中国精神文化大典》这项工作表示不理解：俄罗斯人谈中国的东西，中国人又翻译回来，有什么价值呢？以下从外部因素和内在价值等方面来解读《中国精神文化大典》，尝试解答诸如此类的疑惑。②

从世界范围着眼，在历时性的维度上，基督教传教士、思想家和职业汉学家从事中国知识的生产，其产生的时间有先后，且相互影响；从共时性的维度看，其所产生的中国知识的宗教性面相、思想性面相和专业汉学研究面相互影响。愈到晚近，部分专业汉学家向思想性面相靠近的趋向愈发显明。中华传统文化是否能够创造性转化的问题，成为从事中国研究的学者们普遍关注的问题。

世界有关中国知识的生产，由17世纪的耶稣会传教士开启。他们通过翻译中国经典和撰写报告、游记等著作来传播他们对中国的认知和解释。他们的主要贡献在于对中国经典的译介以及编写学习汉语的书籍。比如意大利耶稣会传教士利玛窦用意大利文写的日记，后经比利时耶稣会士

---

① 科布杰夫一直关心《中国精神文化大典》的翻译工作。2022年6月24日，科布杰夫主讲了四川大学中华文化研究院"观涟堂：汉学家论中国文化"系列讲座第九讲 "俄罗斯和苏联的汉学"，笔者是主持人。在讲座中他把俄苏的汉学区分为两种学派：注重传统的俄罗斯汉学和注重研究现实问题的苏联汉学。笔者在《中国传统文化的创造性转换：俄罗斯〈中国精神文化大典〉价值平议》（《四川大学学报》2016年第2期）中指出俄罗斯汉学界长期具有研究中国国情学和中国传统文化的两种路径，并认为，东正教驻北京使团的汉学家就有大量研究中国国情学的成果。

② 中国学者介绍、评论《中国精神文化大典》的文章请参见：刘亚丁《鸿篇巨制传友情》，载《人民日报》2010年2月12日；刘亚丁《"永乐大典"在海外——俄罗斯科学院〈中国精神文化大典〉侧记》，载《中外文化交流》2011年第4期；刘亚丁《俄罗斯〈中国精神文化大典〉：翻译与思考》，载《俄罗斯文艺》2013年第3期；刘亚丁《探究中国哲学 溯源华夏心智——俄罗斯〈中国精神文化大典·哲学卷〉管窥》，载《甘肃社会科学》2013年第4期；刘亚丁《中国传统文化的创造性转换：俄罗斯〈中国精神文化大典〉价值平议》，载《四川大学学报》2016年第2期；李志强、谢春燕《踵事增华 汉学奇葩——评〈中国精神文化大典〉》，载《中国俄语教学》2010年第1期；李明滨《俄罗斯汉学的百科全书传统》，见《国际视野中的中国研究——历史与现状》，中国社会科学出版社，2013年，第99—102页；柳若梅《评俄罗斯科学院远东所〈中国精神文化大典〉》，载《国外社会科学》2009年第4期；Лю Ядин. Понимание и диалогичность: значение энциклопедии «Духовная культура Китая»//Проблемы Дальнего Востока, No.4, 2012; Ли Чжисян, Се Чуньянь. Важный мост между культурами. Об энциклопедии «Духовная культура Китая»//Проблемы Дальнего Востока, No.1, 2014.

金尼阁整理翻译为拉丁文，书名为《利玛窦中国札记》，1615年出版。[①]类似的著作有葡萄牙耶稣会传教士曾德昭1643年出版的《大中国志》[②]等。毋庸讳言，传教士在谈论中国文化时，往往会在不经意间流露出文化偏见。比如利玛窦叙及佛教的世界起源："看起来，这第二种教派的创始人有些概念是从我们西方哲学家那里得来的。例如，他们只承认四元素，而中国人则很愚蠢地加进了第五个。根据中国人的理论，整个物质世界——人、动植物以及混合体——都是由金、木、水、火、土五种元素构成的。"[③]从这里不难察觉到欧洲中心主义的文化傲慢。

传教士对中国文化典籍的翻译不失为西方中国知识生产的一个途径。利玛窦曾将"四书"翻译成拉丁文，但此稿下落不明。金尼阁的"四书"拉丁文译本曾在杭州出版。[④]1687年柏应理在巴黎出版了拉丁文本的《中国哲学家孔子》（《四书直解》），但缺了《孟子》。德国传教士卫礼贤把《易经》翻译成了德文。英国传教士理雅各在王韬等人的襄助下将多种中国经典译成了英文，出版了《中国经典》五卷，包括"四书""五经"《庄子》《道德经》《阴符经》等。这些译文对于在西方传播中国精神文化无疑具有积极作用。在对这些文化传播者满怀敬意之际，也应看到其明显的"文化误译"。有中国学者认为，柏应理的翻译不止是借译宣教，更是在宣扬一种中国文献中早有与天主教教义所谓一致的思想观点。[⑤]费乐仁发现，理雅各在对《论语》《大学》和《中庸》的翻译中表现出明显的汉学东方主义倾向。[⑥]

针对西方传教士对中国的研究，牟宗三、徐复观等指出："其动机乃在向中国传教，所以他们对中国思想之注目点，一方是在中国诗书中言及上帝，与中国古儒之尊天敬神之处，而一方则对宋明儒之重理重心之思想，极力加以反对。"[⑦]美国学者莱·M.詹森也发现了耶稣会士们所传播的中国知识是不可靠的，他以孔子为例作了分析："'孔子'作为想象的本土因素的等价物，依然是耶稣会士的虚构。对那些作为外人、对当地的环境缺乏亲近感的神父们来说，圣人只是多义的，但有特别意义的指涉对

① 利玛窦、金尼阁：《利玛窦中国札记》，何济高等译，广西师范大学出版社，2001年。
② 曾德昭：《大中国志》，何济高译，商务印书馆，2012年。
③ 利玛窦、金尼阁：《利玛窦中国札记》，何济高等译，广西师范大学出版社，2001年，第73页。
④ 张西平：《传教士汉学研究》，大象出版社，2005年，第137页。
⑤ 吴孟雪：《明清时期欧洲人眼中的中国》，中华书局，2000年，第191—192页。
⑥ 费乐仁：《理雅各〈中国经典〉第一卷"引言"》，in The Chinese Classics, Vol. I by James Legge, 华东师范大学出版社，2011年，第11页。
⑦ 牟宗三、徐复观、张君劢、唐君毅《为中国文化敬告世界人士宣言》，见封祖盛编《当代新儒家》，生活·读书·新知三联书店，1989年，第4页。

象。'孔子'从他们所研究的中国文化中剥离出来，成了他们发明的前提条件。中国的圣人只是表达耶稣会士的本土化的意愿载体，他已经不是中国的了，而是折射传教士的文化适应性、传达对付梵蒂冈日益增长的疑虑的文化适应性的载体，但这对于欧洲的学者而言却有很高的价值。"[1]这些讨论，仿佛是某种清醒剂，让人冷静下来，以便进一步认识传教士汉学的复杂性。

传教士和汉学家提供的材料，让一些启蒙思想家，如伏尔泰、魁奈等人得以建构"乌托邦中国"，以阐发自己的思想。尤其是伏尔泰，在《百科全书》里他推崇孔子，在自己的《风俗论》和《路易十四时代的风俗》中他构建了"理想国"——中国，将中国构筑成了与西方相反的模式。伏尔泰对中国文化满怀敬意，他在《风俗论》中征引了耶稣会士宋君荣、李明等人的旅华札记。[2]传教士对思想家产生影响，或许最有代表性的个案是莱布尼茨和荣格。德国哲学家、数学家莱布尼茨从八卦中得到启发，论证了二进制。[3]

20世纪的汉学出现了明显不同的进路，一部分职业汉学家在中国传统文化领域深耕，一部分汉学家则更多地关注历史上的中国与今天的世界的关系。

对于学术性的汉学在欧洲出现的时间，学界大致有比较一致的看法：1914年11月11日法兰西学士院设立汉语鞑靼语满语教授讲座，雷慕沙成为首席教授，此即为欧洲汉学的滥觞。[4]职业汉学家对中国的研究别开生面，与传教士汉学家相比较，呈现出聚焦专题研究因而异常深入的特点。在对传统中国展开学术研究方面，法国汉学家马伯乐堪称典范。他从1920年起任职法兰西学院中国语言文学的讲席教授，以对汉语、中国史和道教的研究为志业，著有《古代中国》（1927），其弟子整理出版了他的《道教与中国宗教》（1971）。在后一部著作中，第一辑为《中国宗教及

① Lionel M. Jensen, Manufacturing Confucianism: Chinese traditions and universal civilization, Durhan and London: Duke University Press, 1997, p.86.
② 伏尔泰：《风俗论》上册，梁守锵译，商务印书馆，1995年，第216—217页。
③ 参见莱布尼茨《致德雷蒙先生的信：论中国哲学》，见何兆武、柳卸林《中国印象：外国名人论中国文化》，中国人民大学出版社，2011年，第119—121页。李约瑟、艾田普以1703年莱布尼茨读到白晋的信时已然发明了二进制为由，否定莱氏受八卦影响发明二进制之说。胡阳、李长铎则论证了1687年底莱布尼茨就读到了包含六十四卦图的柏应理的《中国哲学家孔子》。参见胡阳、李长铎《莱布尼茨二进制与伏羲八卦图考》，上海人民出版社，2006年，第1—35页。
④ Herbert Frake, In Search of China: Some General Remarks on the History of European Sinology, in Europe Studies China, edited by Ming Wilson and John Cayley, London: Han-Shan Tang Books, 1995, p.13.张国刚：《文明的对话：中西关系史论》，北京师范大学出版社，2013年，第265—266页。对俄罗斯学术性汉学产生的历史概括与此有所不同，即将东正教使团成员的汉学视为学术性汉学的起点，请见下文。

其发展》，他研究了远古宗教、战国及宗教危机、道教、佛教和儒家。马伯乐善于从学者们忽视的细节入手来研究问题，得出结论。一般人认为，唐代在儒学发展中几无建树，而马伯乐首先肯定了孔颖达作《五经正义》的功劳，还详细介绍了韩愈对人性的分析以及他所提出的解决之道：通过教育来植善倾恶。他认为韩愈"将人的动机的古老问题置于世界和天性的领域来思考，主张与其将这个问题放在玄学中，不如放在道德和心理学领域来解决。"①有评述者将此辑称为"着眼于发生期的关于中国宗教传统的洞见纷呈的概论"②。这实际上是马伯乐研究中国宗教的纲领之作。接下来，马伯乐研究了中国现代的神话、古代中国的社会和宗教、佛教进入中国等问题。

　　荣格则因为受到卫礼贤翻译的《易经》和《金花的秘密》的影响，心理学观念发生了改变。1949年，荣格为故友卫礼贤的《易经》译文写了长篇序言，其中分析了鼎、坎、井等卦的爻辞。在他的序言中，可以明显感到《易经》对他的观念的冲击，他指出，"这种假设涉及我所谓同步性的奇异概念，它是同因果关系完全对立的。后者仅仅是统计学上的真相，而非绝对真理，它只是假设一件事是如何从另一件事发展而来的假设，而同步原理则立足于时间与空间的巧合，这是一种比变化更有意义的现象，它既是事件之间客观的依赖关系，同时又是一种主观的（心理的），即观察者之间的依赖关系。"③有学者认为，正是通过与《易经》等集东方智慧之大成的典籍进行对话，荣格才真正获得了原型假设的跨文化依据和进一步的研究突破，通过《易经》可以呈现荣格所受的中国文化影响的意义和价值。④

　　汉学家影响思想界的趋势继续保持，同时，一些职业汉学家逐渐像一些思想家那样，不但思考中国传统的意义和价值，也考察中国的历史传统是否适应现代的问题，从而形成了西方汉学和西方思想界研究中国问题的一条重要进路。就汉学界而言，这体现了汉学研究的汇通性和现实性。儒学之于当下价值如何？是否能进行现代转化？不但是吾人念兹在兹的大哉问，也是世界汉学史和思想史学术视野的聚焦点。

---

① Henri Maspero, Taoism and Chinese Religion, Translated by Frank A. Kierman, Jr., Amherst: The University of Massachusetts Press, 1981, pp.68−70.
② J. Russell Kirkland, Taoism and Chinese Religion, in The Journal of Asian Studies, Vol. 42, No.2, 1983, p.395.
③ C.G. Jung, Foreword, in The Iching, or Book of Changes ,Richard Wilhelm translation from Chinese into German, Rendered into English by Cary F. Baynes, Princeton: Princeton University Press, 1990, p.xxiv.
④ 参见李娟、沈士梅：《荣格的〈易经〉心理学思想探微》，载《周易研究》2011年第5期；申永荷、高岚：《荣格与中国文化》，首都师范大学出版社，2019年。

从思想界来看，德国学者马克斯·韦伯的《中国的宗教：儒教与道教》值得特别关注。韦伯于1915年出版了《中国的宗教：儒教与道教》，与其德国同胞黑格尔相似，他沉浸于一种西方欧洲中心论和历史终结论的迷思，似乎将新教伦理下的德意志资本主义视为人类历史的最高阶段，或曰历史终结。从这种迷思出发反推儒教和道教伦理下的中国，他写道："令人惊讶的是，在这个无休止的、强烈的经济盘算与非常令人慨叹的极端的'物质主义'（Materialismus）下，中国并没有在经济层面上产生那种伟大的、讲求方法的经营观念——具有理性的本质，并且是近代资本主义的先决条件。"[①]《中国精神文化大典》中，作者便以详尽的分析，对这种以资本主义为历史终结的迷思作了"隔空"反驳。

20世纪五六十年代，美国汉学家列文森在《儒教中国及其现代命运》中写道："从19世纪60年代开始，儒家与西方之间不同信仰的调和开始充斥思想生活。虽然这些都发生在改良主义者的圈子内，而不是发生在反儒教的革命者的圈子内，但它们极大地削弱了儒教的权威……这种转换，使儒教在思想上变得陈腐平庸，在社会上变得不起作用了。"[②]谈及儒学在当代中国的命运，列文森认为，保护孔子主要并不是想复兴儒学，而是把他作为博物馆的收藏物，其目的就是要把它从现实的文化中驱逐出去。[③]于是就此形成了当时所谓"儒学是博物馆收藏物"之说。随着"亚洲四小龙"的经济崛起，人们开始关注以儒家学说为代表的中国传统文化在现代的价值，国际汉学界也给予关注，如日本和韩国在20世纪六十年代曾举行过"儒家传统与现代化"的国际学术会议，我国香港也在八十年代举行过"中国文化与现代化"的国际学术会议。

从俄苏学界本身来看，1991年苏联学者Б.波斯别洛夫在《作为经济发展事实的儒家文化与西方文化的综合》一文中全面研究了这个问题，他首先指出日本、韩国、新加坡，以及中国台湾、香港地区取得了非常可观的经济成就。他介绍了儒家文化关于处理人际关系和人与国家关系的基本原则：仁、义、孝、忠、礼，认为它们具有现代价值。他分别分析了在这些国家和地区儒家文化与西方文化相互影响的状况，指出："在西方意识形态和道德规范的影响下，儒家观点的体系发生了变革。在日本、韩国、中国这种变革的形态不同，但是应该指出，恰恰是在东亚大多数国

① 马克斯·韦伯：《中国的宗教：儒教与道教》，康乐、简惠美译，上海三联书店，2020年，第329页。
② 列文森：《儒教中国及其现代命运》，郑大华、任菁译，中国社会科学出版社，2000年，第248页。
③ 列文森：《儒教中国及其现代命运》，郑大华、任菁译，中国社会科学出版社，2000年，第337—338页。

家中儒家文化与西方文化互相影响的结果形成了现代工业文明最重要的因素，这种工业文明被称为'人性化的事实'，保障这些国家步入了经济发达的前列。"①波斯别洛夫实际上也是在韦伯设定的框架内来思考问题的。

上述思路和举措都未能摆脱韦伯迷思之阴影，但《中国精神文化大典》则另辟新路，在拒绝承认西方话语对现代化的垄断的条件下认定：中国现代化的发展与儒学的新生有内在的关联性。在《历史思想·政治与法律文化卷》的《编者序》中，作者指出："与儒教文化圈的其他国家——建成了'儒家资本主义'的日本、韩国、新加坡不同，中华人民共和国在对早期与儒学相似的价值观做出重新解释的基础上，正在创建世界上前所未有的'中国式的市场社会主义'模式。"②《中国精神文化大典》的作者还表达了寻找中国经验对世界的，普遍性意义的意图。作为本书总序，《中国的精神文化》一文中写道："《中国精神文化大典》是俄罗斯和西方汉学界首次以如此宏大的规模出版的百科全书，本套书尝试展示从远古时代至今中国精神文明的独特性、整体性和丰富性。编撰这套百科全书是为了回应我们这个时代的科学和教育需求，与公众对中国文化的兴趣、对这个国家的现代化经验的非凡增长有关。百科全书的作者和编撰者，不仅考虑到中国精神文化对中国许多邻国文化的重要影响，还考虑到中国文化是世界文化宝库重要的组成部分这个事实，除此之外，也关注到在实施改革开放政策的进程中，迅速变化的中国已经成为世界强国之一，并在很大程度上决定了人类和世界文明的未来。"③

从汉学界来看，集体性、长期性的研究计划的出现，催生了多人合编、体量宏大的汉学（中国学）研究巨著，费正清主编的"剑桥中国史"与李约瑟主编的《中国科学技术史》最为典型。这些汉学家的史学、科学史学著作，实际上可视为与思想面相合流之作，它们在研究中国传统时，都是以西方的现实为参照。

费正清主编"剑桥中国史"，作者阵容强大，引证详尽，既参照最新史学成果，又能深入到史实内部，是不可多得的史学巨著。这套书以

---

① Поспелов Б. Ситез конфуцианской и западной культур как фактор экономического роста. Проблемы Дальнего Востока,1991, No.5.

② Духовная культура Китая: Энциклопедия. Историческая мысль. Политическая и правовая культура. Редакторы М. Л. Титаренко, Л. С. Переломов и др., М.: Восточная литература, 2009, c.15.

③ Духовная культура Китая: Энциклопедия. Философия. Редакторы М. Л. Титаренко, А. И. Кобзев, А. Е. Лукьянов, М.: Восточная литература, 2006, c.13.

《剑桥中国晚清史》为全书的逻辑节点。有西方学者在高度肯定《剑桥中国晚清史》价值的同时，也指出了它的不尽如人意之处："在此书中还可以发现其他问题，比如费正清试图将中国现代史简化为一元模式，即黑格尔式的'革命'进程以共产党的胜利而达到顶峰。"①中国学人也反思这套书的价值和问题。在这套书中，总体上透视出哈佛学派的"冲击—回应"模式，即夸大了西方文明在中国近代化、现代化进程中的积极作用，而无视现代中国崛起的内在动因。这种研究方式下，在研究20世纪中国的历史和革命时，主要关注西方文化和思想对中国的冲击与影响，以及中国对此的回应。②

李约瑟的《中国科学技术史》是首部对中国传统科学技术做出专题研究的史学巨著：不仅把科学技术置入思想史的纵深层面予以考察，探究科技的文化起源，分析中国社会转型期科技发展或停滞的影响机制，这成为《中国科学技术史》的重要特点，而且以详尽的材料论证了中国难题的深层结构。从这里可以看到李约瑟的研究方法和研究目的之间存在矛盾：研究中国科学的发展，却以欧洲的近代科学为标准。③尽管该巨著也从文明、制度等层面研究中国科学与技术，但就学科而言，它重在科学技术的各个分支。

无论是传教士对中国的解释，还是与思想界合流的西方汉学家对中国文化是否适应现代的阐述，往往都是在以西方的宗教或社会为人类基本模式的话语背景下，以西释中，以我化人（当然，也有启蒙思想家借中国的历史来建构自己未来的个案）。今天，这样的中国知识生产模式的局限性已日益显露，其合法性正在受到质疑。

在这样的大背景下，俄罗斯汉学界的《中国精神文化大典》具有突出的意义。《中国精神文化大典》既顺应西方汉学家和思想界合流的趋势，又在中国文化能否适应现代的问题上给予肯定回答，而且以其学科的全面性独具一格。具体而言，首先，《中国精神文化大典》在解释传统中国与今天中国的关系方面，凭借其区别于西方汉学界的话语方式，以

① Thomas A. Metzger, In The Cambridge History of China. by John K. Fairbank, in Pacific Affairs,Vol. 53, No.1 (Spring, 1980), p.124.
② 参见侯且岸《费正清与美国现代中国学》，载《史学理论研究》，1995年第2期，第108—109页；张铠《从"西方中心论"到"中国中心观"——当代美国中国史研究的发展趋势》，载《中国史研究动态》1994年第11期，第2—10页；冯天瑜、唐文权、罗福惠《评〈剑桥中国晚清史〉的文化观》，载《历史研究》1988年第1期，第87—95页。
③ 桂质亮：《李约瑟难题究竟问什么？》，载《自然辩证法通讯》1997年第6期。

新欧亚主义为对话的基础，对中华传统文化在现代社会的转化和对世界的意义等问题给出了肯定性答案（详见此序后文第五部分）。其次，它所展示的学科全面性（涉及哲学、宗教、文学、语言、历史思想、政治和法律文化、科技、军事思想、艺术等方面），使它成为俄罗斯汉学和世界汉学绝无仅有的大作。简而言之，《中国精神文化大典》既有职业汉学的专门性和深刻性，又不乏融合了思想界因素的汉学的汇通性和现实性。

四

俄罗斯汉学在整个世界汉学界举足轻重。研究中国国情和研究中国精神文化并行，是俄罗斯汉学的基本特征。

俄罗斯汉学始终对中国的精神文化和中国国情给予高度关注。俄罗斯的汉学滥觞于俄国开始派遣东正教使团到北京的时候（1725—1729年）。[①]俄罗斯汉学从一开始就注重翻译介绍体现中国精神文化精髓的经典，并对中国精神文化某些具体领域进行深入研究。A. 列昂节夫翻译了《大学》《中庸》。[②]东正教使团团长、俄罗斯帝国科学院院士比丘林（Н. Бичурин）翻译了《三字经》[③]，还出版了《中国的民众及道德状况》[④]等著作。东正教使团的随团学生、后来的帝国科学院院士王西里（瓦西里耶夫）在文学、历史学等方面都很有建树，他开创了俄罗斯的佛教研究，出版了《东方的宗教儒释道》[⑤]和《中国文学史纲》[⑥]。

从今天国情学的角度来看，俄罗斯汉学家利用东正教使团成员的身份，在中国居留期间对中国进行了全面的研究，发表了大量研究性的报

① П.斯卡奇科夫：《俄罗斯汉学史》，柳若梅译，社会科学文献出版社，2011年，第67页。阎国栋：《俄国汉学史》，人民出版社，2006年，第105页。

② Алексей Леонтьев. СЫ ШУ ГЕЫ,КНИГА ПЕРВАЯ.философа Конфуциуса.Санктпетербург: Императоская Академия наук, 1780.在此之前的一年，1779年《圣彼得堡通报》（Санкт-Петербургский вестник）5 月号发表了匿名作者的译作《大学，中国的最高哲学》（Та-гио, или великая наука, заключающая в себе высокаю китайскую философию），这是俄国作家冯维津对《大学》的俄文译本，他是根据汉学家冯国英（P.-M. Cibot）的法文本翻译的。若追溯更早，则有俄国科学院德裔院士拜耶尔（Байер）于1730年出版的《中文博览》（Museum sinicum），该书第一卷讲解汉语语法和中国文学，收录汉语的《大学》《孔子生平》和其拉丁文译文。

③ Иакинф. Сань-цзы-цзинь или Троесловие. С. Петербург, Типография Х. Киица,1829.

④ Н. Бичурин. Китай в гражданском и нравственном состоянии. Москва, Восточный Дом, 2002.

⑤ В. Васильев. Религии Востока: конфуцианство, буддизм и даосизм. Санктпетербург, типография В. С. Балашева, 1873.

⑥ 参见李明滨《中国文学在俄罗斯传播史》，学苑出版社，2011年，第23—29页；柳若梅《沟通中俄文化的桥梁——俄罗斯汉学史上的院士和通讯院士》，外语教学与研究出版社，2010年，第183—198页；赵春梅《瓦西里耶夫与中国》，学苑出版社，2007年。

告或译文。1837年比丘林发表了《大清帝国统计概述》[1]。王西里则根据实地考察写了大量的地理考察记，如1852年他在《国民教育部杂志》发表了《中亚和中国控制的主要山峰》，从1853年到1857年，他在《俄国皇家地理学会学报》发表了《满洲志》《宁古塔纪略》《流入阿穆尔河（黑龙江）的河流》《满洲的火山》等。[2]1899年，H.维诺格拉茨基在皇家地理学会的资助下出版了《大清帝国地理学、民族学、统计学概述》。该书以非常详尽的统计数据，对大清国的国境、气候和灌溉、舰队和军队、汉族、蒙古族、藏族、行政区划及其财政等作了描述。[3]这些大都是应俄罗斯帝国与大清国各方面交往之需而作的。

在苏联时代，阿列克谢耶夫院士为汉学研究扩展了新的领域，他以中国文学研究和年画搜集研究为主攻方向，旁及儒释道。[4]阿列克谢耶夫翻译了《聊斋志异》中的几乎所有作品，并发表了《〈聊斋志异〉中的儒生悲剧与官吏观念》[5]等研究《聊斋》的论文。他还翻译了朱熹所注《论语》的前三章。[6]在1937—1938年的肃反运动中，从莫斯科到列宁格勒，从喀山到远东，一大批苏联汉学家同其他东方学家一起蒙受迫害，有的被逮捕，有的被处决。如精通多种语言的青年汉学家Ю.休茨基（楚紫气），他翻译了《易经》《抱朴子》，在参加完博士学位论文《中国经典〈易经〉语文学研究及翻译》[7]答辩两个月后，他于1937年8月以"间谍罪"被捕，次年2月被枪决。750名汉学家遭到迫害，其中三分之二的人被枪决或死于关押中。[8]苏联汉学界蒙受了难以估量的损失。劫后余生，施图金在中风之后依然完成了《诗经》的全译本，斯卡奇科夫完成了《俄国汉学史》和《汉学书目》。

到了20世纪60年代末70年代初，由于中苏交恶，两国的关系降至冰点，部分苏联汉学家陷入对中国政治的狂热批判之中。尽管如此，那些真正的汉学家并未放弃对中国精神文化的探究。即使在中苏关系恶化的时

[1]　Иакинф. Статистические сведения о Китае// Журнала Министерства народного просвещения, т. 16, 1837 г., No. 10, с. 227–246.

[2]　Васильев (Василий Павлович)//Энциклопедический словарь Брокгауза и Ефрона,т.Va, Санкт - Петербург,1892, с.607.

[3]　Н. Виноградский. Китай. Географическое, этнографическое и статистическое описание Китайской империи, С.–Петербург, Невская типография, 1899.

[4]　В. Алексеев. Наука о Востоке, М.:Наука,1982, с.302.

[5]　В. Алексеев.Труды по китайской литературе.М.:Восточная литература РАН, кн.1, сс. 415–433.

[6]　В. Алексеев.Труды по китайской литературе.М.:Восточная литература РАН, кн.2, сс. 161–248.

[7]　Щуцкий Ю. К. Канон И цзин. СПб., Изд. Дом Нева. М.: ОЛМО ПРЕСС,2000.

[8]　Люди и судьбы.Изд. подг. Я. В. Васильков, М. Ю. Сорокина. СПб. : Петербургское востоковедение, 2003.

期，依然可以看到研究中国文化的著作。1972年莫斯科出版由杨兴顺主编、布罗夫和季塔连科等任编委的《古代中国哲学》第一卷，包括《诗经》《尚书》《道德经》《论语》《墨子》《孙子》《孟子》《庄子》《国语》及杨朱学派著述的译文、提要与注释。①1982年在莫斯科出版了三部苏联汉学家研究中国哲学的集体论文集，涉及儒、释、道等方面，如《儒学在中国》②《佛教、国家和社会在中世纪中亚和东亚》③《道与道教在中国》④。70年代，季塔连科倡导在莫斯科大学哲学系开设中国哲学史和汉语课程，他本人和波梅兰采娃（《淮南子》专家）等授课，激发了学生对中国哲学和传统文化的浓厚兴趣。从1985年起，季塔连科成为苏联科学院远东所所长。1994年季塔连科主编的《中国哲学百科词典》⑤出版。从1995年开始，远东所坚持举办"东亚哲学与现代文明"大型学术研讨会。

值得注意的是，自1970年至今，苏联（俄罗斯）几乎逐年出版《中华人民共和国年鉴》，1970年至1986年由苏联科学院远东所所长斯拉德科夫斯基任主编，从1987年开始，由他的继任者季塔连科任主编。《中华人民共和国年鉴》逐年对中国的政治、经济、文化和外交等领域的新进展作出及时描述。比如2014年的《中华人民共和国年鉴》就涉及2012年的中共十八大和2013年的十二届全国人大一次会议、"中国梦"和中美新型大国关系等内容。⑥对中国持续的国情学研究构成了编撰《中国精神文化大典》的基础条件。

在苏联时期，形成了由学术权威担纲、集体撰写大型学术著作的传统，直到世纪之交，这种注重集体协作的苏联学术传统之余绪在俄罗斯汉学界并未彻底式微。⑦在季塔连科的精心组织下，从20世纪90年代开始，

---

① Древнекитайская философия. М.:Мысль, 1972.
② Конфуцианство в Китае: Проблемы теории и практики. М.: Наука, 1982.
③ Буддизм и государство и общество в в странах Центральной и Восточной Азии в средние века. М.: Изд. Наука, 1982.
④ Дао и Даосизм в Китае. М.:Наука, 1982.
⑤ Китайская философия.Энциклопедический словарь. М.: Смысль, 1994.
⑥ См.,Китайская Народная Республика: Политика, экономика, культура: К 65-летию КНР / РАН. Ин-т Дал. Востока; Гл. ред. Титаренко М.Л. М.: Форум, 2014.
⑦ 如20世纪50年代起出版了苏联科学院世界史所所长Е. М. 茹科夫（Е. М. Жуков）院士主编的10卷本《世界史》（1953—1965），80年代起出版了由苏联科学院高尔基世界文学所所长Г. П. 别尔德尼科夫（Г. П. Бердников）通讯院士主编的8卷《世界文学史》（1983—1991），2014年上海译文出版社出版了由刘魁立、吴元迈两位先生任总主编的该书的中译本。更值得关注的是，2017年俄罗斯科学院远东所齐赫文斯基院士主编的《中国通史》第十卷出版，其第一卷以考古材料描述新石器时代的中国历史，第十卷则写到了21世纪。南开大学阎国栋教授于2018年开始主持翻译这部巨著的国家社科基金重大项目。

俄罗斯科学院远东所、东方学所等汉学机构和高校众多汉学家鼎力协作，《中国精神文化大典》全六卷于2010年始告完成。

从俄罗斯汉学艰难的发展历程看，《中国精神文化大典》的问世，既是对正在复兴的中国文化的正面回应，又是俄罗斯汉学发展的内在逻辑结果。当中俄两国关系处于良性发展阶段时，俄罗斯汉学界对中国文化往往给予正面评价；但是在中俄两国关系处于低谷时，俄罗斯汉学界对待中国文化的立场就会产生分化。其中某些俄罗斯汉学家在逆境中的坚守，令人肃然起敬。在中国改革开放取得极大成就的时候，俄罗斯汉学界通过编撰《中国精神文化大典》，阐明中国今天的发展同中国数千年文明史的内在关联，这是对俄罗斯汉学将中国精神文化研究与中国国情学相结合的传统的继承。

"扶正祛邪"既是中国传统医学的要旨，也应是中国学术界对待国外汉学（中国学）的态度。今天，俄罗斯汉学界又面临多重挑战，首先，正在进行的俄罗斯科学院改革，对研究中国传统文化的学术机构和学术人才势必产生冲击；其次，俄罗斯汉学界如同俄罗斯整个学术界一样，正转向更注重现状、更注重对策的研究。《中国精神文化大典》的问世，像是俄罗斯老一代汉学家划下了一个比较完满的句号。在这样的背景下，《中国精神文化大典》值得我们倍加珍视。

五

对中国的学术界来说，《中国精神文化大典》具有明显的学术价值。

《中国精神文化大典》倡导"新欧亚主义"，展开文化对话。认识《中国精神文化大典》的学术价值，要从中俄两个民族的历史渊源着眼。20世纪90年代以来笔者论证了历史上中俄两大民族文化上曾有的隔膜：俄罗斯人自认为是《旧约》中亚当子孙雅弗的后裔，同时把自己统治者的血脉上溯到罗马王公，因而同处于东方的中国文化异源异流，多有隔膜。[①]《中国精神文化大典》为中俄之间的文化沟通创造了契机。《中国精神文化大典》的作者群体提出了新的理论设想，他们通过倡导"新欧亚主义"来消除中俄文化间的隔膜。所谓"新欧亚主义"，其核心观念为：俄罗斯在地理上和文化上处于欧洲和亚洲两大板块，因而能够吸收欧洲文化和亚

---

① 参见刘亚丁《苏联文学沉思录》（四川大学出版社，1996年）第四章第二节"弥赛亚：苏联文学中的世界幻象"、刘亚丁《观象之镜：俄罗斯建构中国形象的自我意识》，见乐黛云主编《跨文化对话》第20辑（2007年）。

洲文化各自的优长，从而形成新的文化空间。在《中国的精神文化》一文中，作者指出："俄罗斯精神上的自我反省具有现实意义并使新欧亚主义的理念具体化。"[1]这种"新欧亚主义"消除了俄罗斯原来自恃的东正教（基督教）文化的傲慢和居高临下。正是在这个意义上，在《中国精神文化大典》中，俄罗斯汉学家将中国文化的元命题"道"同其他民族文化的元命题并置。"道"在《哲学卷》中被提到了"本体论"的高度，作者还将它同俄罗斯文化中的"言"（Глагол）相比较。他们认为，俄罗斯的"言"同中国的"道"、印度的"真言"和西欧的"逻各斯"一样，都是文化的原型。[2]

《中国精神文化大典》探讨中国文化的元命题，为我们认识中华文化的核心价值、演进规律以及未来走向提供了独特的参照。在《中国精神文化大典》中，俄罗斯汉学家对中国精神文化进行逻辑性归纳，为我们认识中国精神文化的价值提供了可贵的参照。在《中国的精神文化》一文中，作者强调了"道"在中国文化中的基础性地位，在俄罗斯汉学家看来：多层次的中国天下文化的宇宙之书获得了共同的文化命名，这就是"道"。中国的智者和哲学家详尽描绘了"道"的文化功能的有机结构。从中国的古籍来看，道的文化是充盈着肉体的、精神的和理想性品质的活的机体。在原型的层面上，可以发现建筑在宇宙最高法则"道"基础上的精神文化的一系列特征。其一，在道的文化中可以发现其特有的人与宇宙（天）的统一："天人合一"。其二，在道文化的原型中形成了文明主体言与行的逻辑、行为基础，"言行，君子之枢机……言行，君子之所以动天地也"。《易经》的作者借此肯定了宇宙的社会人本学地位，也就是说，人类生活的流程体现在天地自然矩阵中的社会规律。其三，人是道文化的精神实质的基本承担者。人是通灵者，是天之理念和地之物质汇聚、结合和分散的媒介。因此可以说，道的文化在归一中获得表达，即是说，发展着的精神文化与人本中心应统一。孔子用这样一句话来强调这一点："人能弘道，非道弘人。"[3]《中国精神文化大典》的作者还论述了道在

---

[1] Духовная культура Китая: Энциклопедия. Философия. Редакторы М. Л. Титаренко, А. И. Кобзев, А. Е. Лукьянов, М.: Восточная литература, 2006, с.29.

[2] Духовная культура Китая: Энциклопедия. Философия. Редакторы М. Л. Титаренко, А. И. Кобзев, А. Е. Лукьянов, М.: Восточная литература, 2006, с. 31.

[3] Духовная культура Китая: Энциклопедия. Философия. Редакторы М. Л. Титаренко, А. И. Кобзев, А. Е. Лукьянов, М.: Восточная литература, 2006, с.20.

中国各种哲学思潮中的地位。以儒家为例，儒家复兴道的方法是发挥个体和群体的能动性，其手段是扩展人之德（德乃社会形态之道的精神性相似语，即精神原型"五常"的概括性表达），其精神领袖是君子，其终极目标是经由"小康"达到"大同"。在《中国精神文化大典》的作者们看来，"道"这个概念在中国哲学，甚至整个中国精神文化中，具有基础性作用。《中国精神文化大典》还从本体论、认识论、伦理学等角度，阐释了中国文化的50对基本范畴。①

　　《中国精神文化大典》为中国学术界的相关研究提供了启发和参照。中国学术界在研究中国问题的时候有时会只顾自我沉思，或只同国内同行争鸣对话，而不顾国际同行的相关研究，更遑论与之对话、争鸣，共同将学术推进到新的层面。《中国精神文化大典》在中国文化的若干领域提出了俄罗斯汉学界的独特视角、独特观点，在不少方面足以拓展我们的视野，启发我们的思路，补充我们的研究。比如在《科学·技术和军事思想·卫生和教育卷》，作者论及中国先秦的"象数学"（нумерология）时认为，象数学的深处隐藏着令人震惊的科学材料，《管子》《吕氏春秋》《淮南子》和《山海经》都援引了"土地规划者"禹的说法：四海之内，东西二万八千里，南北二万六千里。《中国精神文化大典》的作者将这些数字按照周代的里数换算，然后作了比较：地球赤道直径为12756.28千米，上述古籍中为13379.52千米；地球南北两极直径为12713.52千米，上述古籍中为12423.84千米。《中国精神文化大典》的作者指出："这些数字，与地球穿过地心的东西直径、南北直径的公里数惊人的近似。"②这是值得中国古代科技史研究者关注的断语。再如，在《哲学卷》和《神话·宗教卷》，俄罗斯的汉学家探讨了道佛交融问题和儒释道三教和平相处的问题。我国的宗教问题研究者，不应对这些研究置之不顾。

　　对于今天的中国社会而言，《中国精神文化大典》的意义也不容忽视。

　　《中国精神文化大典》对中华传统文化在现代政治实践中的转化作了论述。前面已经叙及，西方汉学（中国学）界曾经流行的一种观点是，

---

① См., Лю Ядин, Понимание и диалогичность: значение эциклопедии «Духовная кулитура Китая»// Проблемы Дальнего Востока, No. 4, 2014, сс.137-143.

② Духовная культура Китая: Энциклопедия. Наука, техническая и военная мысль, здравоохранение и образование. Редакторы М. Л. Титаренко, А. И. Кобзев и др., М.: Восточная литература, 2009, сс.20−21.

以儒家为代表的传统文化在现当代中国已经成了"博物馆的陈列物"。《中国精神文化大典》的作者群体则阐发了与之相反的观点。在《历史思想·政治与法律文化卷》中有篇研究文章——《中华人民共和国政治文化中的儒家与法家思想》，文中分析了儒家和法家在新中国政治中的命运。谈及1987年邓小平在中共十三大上描绘小康生活目标时，该文作者指出，邓小平宣布要达到"小康"水平，提出了中国特色社会主义与儒家理想社会的合题。[①]该文还指出，2001年江泽民在中宣部的讲话中宣布，从今以后要把"依法治国"和"以德治国"联系起来，然后分析了当年颁布的《公民道德建设实施纲要》中提出的基本道德规范"爱国守法、明礼诚信、团结友善、勤俭自强、敬业奉献"，认为它与汉代董仲舒提出的儒家"五常"规范及后来朱元璋、康熙提出的道德准则有相似之处。[②]作者还分析了胡锦涛在"三个代表"重要思想理论研讨会上的讲话，认为讲话中"立党之本、执政之基、力量之源"的说法，是借助孟子的"仁政"理论，活用了儒家的术语。[③]该文还分析了胡锦涛所作十七大报告，认为报告中"努力使全体人民学有所教、劳有所得、病有所医、老有所养、住有所居，推动建设和谐社会"的提法，体现了儒家的社会理想——"大同"。作者指出："事实上，胡锦涛和现在的中共领导层接过了邓小平的接力棒，创造性地发展儒学思想，使之成为中国意识形态的组成部分，并逐渐由小康走向大同。"[④]

足见，不论是从世界汉学，还是从俄罗斯汉学着眼，《中国精神文化大典》都具有不容忽视的地位。由于对中国文化和中国现实的深入研究，它对中国的文化建设和学术建设都具有重要的参照价值。所谓"他山之石，可以攻玉"，全面了解俄罗斯汉学家的这些研究成果，有利于提升我们的文化自信和道路自信。

唐人《初学记》序云："非吾圣人直为是炳炳琅琅者，以夸耀于千万世之人也。由是以载其道，而济千万世之人者也。"[⑤]《中国精神文

---

① Духовная культура Китая: Энциклопедия.Историческая мысль. Политическая и правовая культура. Редакторы М. Л. Титаренко, Л. С. Переломов и др., М.: Восточная литература, 2009, с.212.

② Духовная культура Китая: Энциклопедия.Историческая мысль. Политическая и правовая культура. Редакторы М. Л. Титаренко, Л. С. Переломов и др., М.: Восточная литература, 2009, с.213.

③ Духовная культура Китая: Энциклопедия.Историческая мысль. Политическая и правовая культура. Редакторы М. Л. Титаренко, Л. С. Переломов и др., М.: Восточная литература, 2009, с.214.

④ Духовная культура Китая: Энциклопедия.Историческая мысль. Политическая и правовая культура. Редакторы М. Л. Титаренко, Л. С. Переломов и др., М.: Восточная литература, 2009, сс.215–216.

⑤ 徐坚等：《初学记》，中华书局，2004年，第1页。

化大典》的俄文版已可见出中国文化济外方人士之功，此系她不贾吾人之力，直入外人之心的"主动"走出去。现在《中国精神文化大典》中文版的出版，会为深化中俄学界的学术对话提供新的可能，双方可以围绕俄罗斯汉学界对中国文化的研究等方面展开对话。[①]新儒牟宗三先生已为我们导夫先路，他讲中西哲学会通的可能性，讲王阳明致良知与西方哲学，讲黑格尔跟王船山的会通，讲中国传统思想与西方民主精神的会通与相济。[②]以此而言，从更宏观的角度着眼，中国文化会在与域外文化的对话中获得新的生机，我们应该主动展开中国文化与俄罗斯文化的对讲，与俄罗斯哲学的对讲，汲取其精华，这是促进中国文化与域外文化会通并增进自身生机的方略，是文明交融互鉴的坦途。

****

　　《中国精神文化大典》中文版能够问世，有赖诸位领导大力支持，他们是吴元迈、陈众议、杨泉明、罗中枢、晏世经、姚乐野、李昆、熊兰、古立峰、李怡、彭亮、段峰等；众多学者相助，他们是陈建华、吴笛、舒大刚、姜生、何剑平、黄立良、蔡尚伟、何江南、匡宇和傅珩等先生和朋友；四川大学出版社领导和编辑团队为此书付出辛劳，尤其是侯宏虹社长、张宏辉总编、邱小平编审、舒星主任、杨岳峰主任和各位责任编辑。在长达八年的翻译过程中，季塔连科主编和卢基扬诺夫、科布杰夫副主编给予大力支持，中方的学术顾问项楚、李明滨先生时时与闻，不吝赐教。出版社领导不辞奔波劳累，用心筹划组建中文版学术委员会，叶舒宪、江晓原、李忠、杨国荣、张法、张立文、张晋藩、陈晓明、金冲及、高桂清、黄德宽、曹顺庆、彭锋、舒大刚、谢阳举、赖永海、詹石窗、霍巍（以姓氏笔画为序）共18位来自全国12所著名大学和研究机构的先生们，在万忙之中阅览卷帙浩瀚的译稿，在肯定该书的同时，更是

① 笔者也尝试做过这样的工作，2006年11月笔者曾与俄罗斯科学院东方学所圣彼得堡分所（现俄罗斯科学院东方文献所）首席研究员C.A.马尔蒂诺夫进行对话，马氏翻译了《论语》，并对儒学作了深入研究。对话的内容首先发表于《跨文化对话》第22辑"海内外儒学专号"（《儒学具有巨大的机遇》，[俄]亚·马尔蒂诺夫/刘亚丁），后又作为附录收入刘亚丁《龙影朦胧——中国文化在俄罗斯》（北京大学出版社，2018年，第282—291页）。
② 参见牟宗三著、罗俊义编：《中西哲学之会通十四讲》，上海古籍出版社，2007年。

中国精神文化大典 文学·语言文字卷

提出了不少中肯、专业的意见和建议。除我担任《神话·宗教卷》的分卷主编，其他五位分卷主编——夏忠宪、刘文飞、张建华、李志强和王志耕呕心沥血，我们带领六十多位学者移译甚勤……我想到的名字很多，难以尽述，感激之意，岂能言表。"俄罗斯《中国精神文化大典》中文翻译工程"作为国家社科基金重大招标项目，结项时受到专家们高度认可，被评定为"良好"。出版时这套书又受到国家出版基金资助。六卷十四册的《中国精神文化大典》中文版篇幅宏大，所涉学科甚多，翻译中错讹难免，望读者诸君不吝指正。作为这套巨著翻译工作的主持者，感慨良多，不免赋诗言情：

友俄赞夏意宛蜒，格物致知著巨篇。
聃籍儒行知俗圣，羲轩彝鼎辨愚贤。
西来童寿圆通义，东返慈恩遍照诠。
端赖同侪皆勠力，八音迭奏韵悠然。

谨为译序。

刘亚丁：四川大学中国俗文化研究所研究员、四川大学文学与新闻学院教授

中国的精神文化

М.Л.季塔连科　　А.Е.卢基扬诺夫

　　《中国精神文化大典》是俄罗斯和西方汉学界首次以如此宏大的规模出版的百科全书，本套书尝试展示从远古时代至今中国精神文明的独特性、整体性和丰富性。编撰这套百科全书是为了回应我们这个时代的科学和教育需求，与公众对中国文化的兴趣、对这个国家的现代化经验的非凡增长有关。百科全书的作者和编撰者，不仅考虑到中国精神文化对中国许多邻国文化形成的重要影响，还考虑到中国文化是世界文化宝库重要的组成部分这个事实，除此之外，也关注到在实施改革开放政策的进程中，迅速变化的中国已经成为世界强国之一，并在很大程度上决定了人类和世界文明的未来。

　　不同于近些年来在俄罗斯和西方出版的一般概述性的参考书和辞典，五卷本①百科全书旨在提供关于中国精神文化的综合概念，展示其在世界文化中的作用。百科全书的首卷为《哲学卷》，它揭示了中国精神文化的基础，即古代和现代所有重要的哲学思潮和流派具有代表性的学说。第二卷为《神话·宗教卷》，涵盖了中国古代的神话和宗教思想，它们是在宗教体制和日常信仰之中形成的。第三卷向读者介绍中国文学和艺术的丰富遗产。独特的历史思想、政治文化和法律意识是百科全书第四卷的内容。第五卷的内容涵盖最广泛的人文科学和自然科学领域——从教育学、经济学到数学和天文学等。《中国精神文化大典》与《中国哲学百科词典》（莫斯科，1994）一样，成为对俄罗斯汉学的创始人——Н.Я.比丘林、П.И.巴拉第、В.П.王西里、В.М.阿理克的遗训的回应。这些人都在研究和出版关于我们伟大邻邦的、具有重要价值的著述方面树立了榜样。正如编撰者所希望的那样，这套百科全书将有助于解决启蒙的难题：面向读者首次以如此巨大的规模用俄文出版揭示中国深邃思想和精神的材料。百科全书力求从整体上再现中国作为天下之国的精神全貌，揭开许多中国文化现象未知且神秘的面纱，这些文化现象通常不能纳入俄罗斯和西方流传的概念和价值体系框架。

---

① 后又增加了第六卷《艺术卷》。——译者注

中国国家的形成也像整个文明的形成一样，一直基于灌溉农业的发展，始于夏商时期。大规模灌溉和水利工程的实施不仅需要集中整个国家的经济和政治资源，而且还需要由氏族贵族阶层掌控的大批人力的集体努力。作为国家、氏族、家庭最高权威的权力来源的祖先崇拜和对天的崇拜，维系了这种氏族贵族阶层的统治地位。上帝和祖宗神的灵魂起到了一种有机联系的统一体的作用，对他们的崇拜奠定了宗教天命观的基础。氏族贵族内部、统治者及其官员与氏族贵族阶层之间的关系，以及平民阶层与政府官员之间的关系，都受到严格的礼仪规范的约束。基于对天的崇拜，这个礼仪规范形成（转化）为一个完整的政治思想管理体系，它"赋予"统治者至高无上的权力和对祖先的崇拜。与此同时，亦保留了对"亲亲"的尊崇规则，而父慈子孝、兄友弟恭、尊长爱幼等，则成了宗族内、家庭内、家庭间关系的调节器。

在西周、春秋、战国，直至建立大秦帝国的时代，可以发现中国人围绕着对礼、对作为最高权力来源的天、对作为天意的实现的命、对效仿其始祖的传统立场取向及传统礼仪与新的法典的相互作用等问题的解释，持续不断地发生争论和尖锐的思想斗争。围绕着其体现者（世袭封号继承者）的权利与侵犯这些权利的新富地主和商人之间，也产生了尖锐的矛盾。因此，"正名"的思想具有特殊的现实意义，这些冲突也反映了氏族特权阶层和新贵之间的冲突。氏族特权阶层力争恢复其政治地位，新贵则力求在由传统礼仪调节的、现行的政治体系框架内拥有一席之地。在《庄子·天下》中，这一情景是以下列意识形态话语呈现的："以天为宗，以德为本。"

人与灵性的宇宙（天）和周围世界（地）的复杂关系记录于哲学典籍之中，呈现为以下情节：气化的辩证法式的演变，五行的相生相克，最高法则道与太极的辩证衍化，对立能量阴阳的相互作用。它们的相互影响、相互转换及蜕变的过程通过中国哲学一系列专门的范畴和概念再现出来：天与人，神灵与凡人，包容与单一，一与多，直与曲，静与动，古与今，恒与变，有与无，知与行，心与物，它们的相互关系也具有相互影响、相互转换的辩证性质。

中国文明的承载者是地球上人口众多的超级族群——中华民族，它始终如一地历经了人类历史发展的所有阶段，因此可以作为东方文明起源的典范。纵观其五千年的历史，中国文明表现出非凡的生命力和凝聚力。

中国精神文明是在相同的地理空间和族群社区的基础上形成的（在汉族占主导地位的情况下，内部部落和语言的差异只强调统一）。这促成了人们对自己的历史家园产生长久的热爱之情，并发展出深厚的族群内部团结的传统。

中国文明在世界观、意识形态和政治上构建为中央之国。时间和空间的周期循环和节奏在这里以这样一种方式组建起来，即离心力始终存在并被专注于社会自然中心的向心力所平衡。该中心体现了民族的自我认同、自给自足、经久稳定的理念，并为内在文明运动设定了指导方针。

诚然，在现实中，中国文明史比在社会演变规律逻辑上的理论再生产要丰富得多。它不仅包括中华民族（首先是汉族）发展和繁荣的时代，而且也包括悲剧性的同室操戈，还有兄弟相争，以及统一的中华国家体制的衰落甚至分裂的阶段。曹植著名的《七步诗》就是其鲜明写照。他的皇兄胁迫他写诗，否则他会遭到可怕的惩罚。曹植面对坐在王位上的兄长，走了七步，并诵咏了以下即兴诗：

> 煮豆持作羹，
>
> 漉豉以为汁。
>
> 萁在釜下燃，
>
> 豆在釜中泣。
>
> 本自同根生，
>
> 相煎何太急？

中国文明始终在自身内部找到活力和更新的内在资源。这方面最重要的前提是其最强的适应性、注重自我完善、从其他文化的经验中学习。自孔子（前6世纪—前5世纪）时代以来，中国人自我意识的主要表现就在"修身"和"好学"上。

中华民族的地理位置在其自我意识中被定义为中心，其特征在于，最初的几个世纪以来中国一直在自身的基础上发展，与其他文明发展的中心——古希腊、古罗马、古印度、波斯、阿拉伯国家并没有密切的和直接的相互影响。

直至秦始皇时代，大秦帝国才开始与中亚国家和游牧民族接触。在此之前，汉族仅与邻国交流，其文化发展水平超过了邻国。中国与这些部落和族群进行交流，建立了朝贡关系。其中许多部落被征服和同化，另一些部落，如匈奴则离开了与这些国家和地区毗邻的领土，完成了从亚洲到欧洲的大迁徙。他们一路上与其他许多部落同化，成为芬兰等民族的祖先。

　　大约在公元1世纪，佛教从印度传入中国。然而，在中国的土地上，佛教经历了显著的变化并吸收了中国民间信仰、道家和儒家思想的许多因素，而被韩国、日本和越南所接受的正是中国版的佛教。在中国精神文化"修身"这一传统的影响下，佛教发展出一种深刻的精神和身体自我调节、自我完善的哲学与心理学体系。这一体系在当时的日本得以广泛的传播和发展。佛教也从日本以禅宗的名义传播到欧洲和北美，在知识精英中特别流行。

　　公元9—10世纪，伊斯兰教传到中国，部分汉人接受了它。传统的中国文化与伊斯兰文化的综合，在中国超级族群范围内造就了一个独立而完整的族群——东干人。

　　思想观念变化的例子还可以继续列举，例如，孙中山的思想体系，即本着中国传统的精神，将西方现代主义的自由主义思想和社会主义思想重新加工并综合成一种统一的学说。

　　这些思想在毛泽东的解释中一度成为动员民族解放斗争和中国伟大复兴以及中国文明发展的意识形态。

　　在现代中国，沿着毛泽东思想，马克思主义"中国化"发展形成中国特色社会主义的新概念，在构建和谐社会的口号下，它基于以下三种文化的发展和繁荣：

　　——物质文化（经济的发展与人口福利的增长）；

　　——精神文化（文化、科学、教育的全面发展）；

　　——政治文化（立足于中国特色，不断发展和完善人民民主）。

　　中国精神文化的显著特点之一是它的世俗性，即不依赖于宗教的独立性。中国人可同时善待不同的宗教——基督教、道教、佛教等的仪式和习俗，即中国精神文化素有的特点是信仰宽容和愿意对话。

　　虽然传统的民间信仰、万物有灵、道教、佛教，以及伊斯兰教、天主教、新教、东正教，都以某种方式对中国哲学乃至整个社会思想产生过影响，但在中国五千年的历史上，上述任何一种宗教并没有成为占主导地位的意识形态。

　　国际经济、政治和文化发展的现状和前景表明，中国因素和中国文明的经验，在支持不同文明之间建设性的对话方面发挥着越来越重要的作用。因此，我们可以认为，中国文明的崛起及其影响力的增长，从总体上看，将成为整个人类文明发展的重要促进因素。

中国精神文化的概念

今天任何一种严肃的人文学科都离不开"文化"这一概念。然而，每一学科均以自己的方式、目的、认知能力和价值取向来界定文化。因此，在现代研究文献中出现了数十种对"文化"的定义，但它们并未给予文化完整的解释。这种状况也反映在对通过文化所界定的"文明"范畴的理解上。文明被称为"广义上的文化""文化的完整性""文化特征和现象的汇集""城市文化""文化的命运"等。结果出现了许多有关文明概念的定义，这些定义非但未使"文化"这一定义深化和相互补充，反而招致更多的混乱。当精神文化和精神文明现象成为研究对象时，问题不仅更趋复杂，而且发展成一个研究课题。

似乎可以通过揭示文化和文明形成的关键因素，使这个问题在相当程度上得到简单解决。这种关键因素固定在一些名称中，例如中国的"道"、印度的"真言"和西欧的"逻各斯"、俄罗斯的"言"。定义文化和文明的这种方法以它们的结构-功能原型为基础。在这种情况下，中国文化和"道"的文明就可以作为例子。

"цивилизация"这个术语在汉语中用"文明"两个汉字来表示，而"культура"这个术语在汉语中用"文化"两个汉字来表示。"文明"这个术语的字面意思是"文采光明""文治教化"，而"文化"这个术语的字面意思是"文化发展""文化化"。这些概念直接表明"文明"源自"文"。换言之，中国文明，在理性的"明"和历史的"化"的程度上，是"文"的一个发展阶段。

"文"这个术语从词源上可追溯到"纹"和"图案装饰"义。在哲学语境中，它历经了内容上的变化，已经开始表示天网和地纹，每一种哲学学说都将其对自然和人类生活的理解置于其中。例如，在古代典籍《易经》中就能见到"文明"一词，在《文言传》里就揭示出第一卦（乾卦）九二爻的含义："《易》曰：'见龙在田'，天下文明。"这里提到的龙象征着人的土生土长、氏族的实质，其意义体现在龙纹上。潜龙（乾卦的初九爻）、见龙在田（九二爻）、龙纹使宇宙之光——阳光和月光明媚。因此在平面纹路上排列着海量的"象"，人从中可以读取其氏族生活的含义。

"文明"这个词在对第四十九卦（革卦）解释性的语句中也能见到，这一卦为异卦相叠（离下兑上）。"文明以说，大亨以正。"在此，

亦可发现内在与外在的结合——隐藏在"文"和"明"中"道"的实质，后来它反映在文明的概念中。它集文化内在的奥秘及其外在的自觉意识与实际的体现于一身。

随着时间的推移，在文明时代的更替序列里，永恒定格在天地宇宙之纹中的"文"得到越来越新的启蒙阐释。这样一来，层层叠加，延续扩展，就形成了多层次的中国天下文化的宇宙之书，通称为道文化。

中国圣贤和哲学家详细描述了道文化的有机结构和功能。根据古老的文字资料，道文化是一个活生生的有机体，充盈着物质的、精神的和理念的（思维的）特质。其生命进程是由宇宙能量阴和阳促进的，根据《易经》的说法，中国文化的名称由此而来："一阴一阳之谓道。"阴和阳是从每个定性成分中形成五阴和五阳的元素。从物质定性的阴和阳分离出物理性的元素——木、火、土、金、水，被统称为五行。从精神定性得出仁、义、礼、智、信，它们被统称为五常。从理念（思维）定性得出数字元素——十进制内5个奇数和5个偶数：阳——1，3，5，7，9；阴——2，4，6，8，10，被统称为天数和地数，它们总括起来构成五数。在道文化中，阳的元素垂直分布，阴的元素横向呈十字形分布（一个元素在中间，四个元素在十字形对角线的两端）。这些元素均镜像般地成双成对并相互关联，沿着封闭的环状路径运动。它们相遇在其构成中心并在一个完整的循环周期中编织着物质的、精神的和理念的三位一体的螺旋曲线。后者扮演着道文化的结构功能原型的角色并携带其遗传密码。螺旋曲线在道文化原型的总螺旋曲线里是其精神原型。每个原型成分——五行、五常、五数乃是其宇宙域的基础：五行是物质领域（物质圈）的基础，五常是精神道德领域（伦理圈）的基础，五数是理智领域（智力圈）的基础。

在道的原型元素的结合过程中，天下宇宙被建构起来：理念－思维品质构成天和理智领域（智力圈），物质品质构成大地和物质领域（物质圈），精神品质构成中心和精神道德领域（伦理圈）。与此同时，实现人、物、祖先（氏族图腾）的综合，它们分散在宇宙的各个层面：祖先升天成仙，物质下降大地，而人立于这个精神中心。由此产生中国古代哲学关于人类学的格言，如杨朱（前5世纪—前4世纪）所言，人乃"有生之最灵者"。一旦一个人改变了精神中心阴阳能量脉动的节奏，哪怕是一点点，就会立即引起整个精神的变化，随之而来的是道的、物质的和思想的调整。这就是为什么中国人自古以来就如此珍视保持其精神的和谐运行，并称之为"五常"。

在此，在原型的层面上，已经显现出一系列具有道的精神文化和文明的特性，它们建立在道——宇宙最高法则的构成原则基础上。

第一，在道文化中呈现出亘古以来人与宇宙（天）的内在同一性，古语曰："天人合一，天人相生相克。"这种同一性展开为基本的思维反省模式，根据这一模式，活生生的宇宙以人的形象进行思维，而人则按照宇宙的法则典范思考，达到所求的精神上的统一和启智澄澈，如《易经》中写道："子曰：天下何思何虑？天下同归而殊途，一致而百虑。天下何思何虑？日往则月来，月往则日来，日月相推而明生焉。"

第二，道文化的原型奠定了文明主体的言行逻辑和行为基础："言行，君子之枢机……言行，君子之所以动天地也。"这就是《易经》的作者所说，并由此确认了宇宙的社会学地位，即人类生活的进程依照体现在天地自然矩阵中的社会规律。

第三，道文化中精神实质的主要体现者是人。人是通灵者，是天之理念和地之物质的品质在他身上根据自己的位置汇聚、统一和分化的媒介。若没有一般的人类灵性，道文化的整个和谐结构就会崩溃。因此，可以得出结论，以统一状态表现出来的道文化是一种以"人"为中心的不断发展的精神文化。孔子用自己的话巩固了这一点："人能弘道，非道弘人。"

随着时间的流逝，由于人无限度的自由和活动，尚未稳固的文明和谐被破坏。从世界观来看，这表现为人与世界的中间环节脱节。他降落到大地上，在自己对世界的感受中与"万物"平等。人与宇宙的联系断裂，精神中心空虚，整个世界陷入混沌。在重建昔日和谐的愿望中，中国人从其大众精神领袖中挑选出了"圣人"。他们弥合了巨大的精神鸿沟，按照道的原型组成了联盟，融入自然节奏，使新的社会节奏与之相协调，开辟了国家社会结构的前景，也发展了道文化原型的新模式。他们创造的结果构成了由八卦演变而成的六十四卦爻组成的螺旋图。

这是对《易经》中描写的道文化的和谐进行精神修复的首次尝试。哲学家们保持了自己导师的美德和能力，继承了圣人的智慧、预言的天赋和诗性。他们取代了圣人的位置，实现了对道文化进行精神修复的第二次尝试，为道家和儒家的产生奠定了基础。

老子（前6世纪）被认为是道家的创始人，道家的学说基于道的横向构成原型。它在世界观上指向氏族的过去。道家修复道的方法——"无为而无不为"，依靠的是自然；手段——常德（精神原型"五常"的概括性

表达和道的道德类比）；精神领袖——圣人；最终的目标——恢复业已丧失的人与自然和祖先的统一。道家的哲学信条用"绝学"这个术语来表示，它具有双重含义：在儒家方面"断绝巧智之学"，以及在道家学派的自我意识方面"完善学识智慧"。

孔子是儒家的创始人，儒家的学说基于道的纵向构成原型。它在世界观上面向未来，面向世俗社会的理想。儒家对道进行修复的方法——根据古代道德-精神样板弘扬道的个人和集体的积极性；手段——人所扩展的德（精神原型"五常"的概括性表达和社会形态的道的道德类比）；精神领袖——君子；最终的目标——通过"小康"社会的中间阶段，建设"大同"社会。儒家的哲学信条用"好学"（"哲学"）这个术语来表示，它与道家的"绝学"概念相对立。

道家和儒家基于世袭的文化原型发展出了各自道的原型。它们充分地反映在书面文献《淮南子》（前2世纪）和《白虎通》（前1世纪）中，这些文献对古代道家和儒家的发展做出了总结。然而，这两大学说虽然在世界观上有不同的指向，但如果在《易经》的基础上结合起来，或许能够形成一种和谐的综合学说。这种和谐综合是双方在中国漫长的历史长河中试图实现的，在郭店发掘的竹简特别能证明这一点。

应当指出的是，在战国时期，还存在过其他哲学流派，其代表人物积极地与道家和儒家信徒展开辩论。其中占有特殊位置的是伟大的智者和中国逻辑及认知理论的创始人墨翟（前5世纪）及其追随者——"后期墨家"。他们为了将自己导师的原则付诸实践，创建了为"兼相爱""交相利"的理想而奋斗的独特团体。墨家是这些年代产生的工匠、商人、浪迹天涯的学者、读书人等人数众多的阶层的代言人。

与儒家相反，墨翟及其学派所倡导的上下之间关系的调节，并不基于礼仪，而是基于在社会中贯彻百姓和明君的"圣王""尚同"的契约原则。墨翟试图将自己的学说与"天命"相提并论，同时反对儒家关于每个人的命运都是预定的见解。

在前3世纪—前2世纪之交，墨家失去了其继续存在的社会和思想基础，退出了哲学舞台。直到18世纪末，特别是在20世纪上半叶，墨翟具有民粹主义性质的类似于原基督教乌托邦的思想才再次引起列夫·托尔斯泰等研究者和道德家的关注。

总的说来，儒家、道家和《易经》按照道的原型模式对道文化——宇宙和人真正的道的和谐——进行的修复，部分地运用了战国时期"名家"

的精神价值、共相和范畴，实质上成为中国精神文化和文明的基础。这一自觉而又有明确目的的修复变成了真正的创造。它根据时代的需求将神话和宇宙的纹（形象地说是龙纹）变为文化的"文"（道的纹）及其"明"，并将它"化"于时代的需求且体现在中国精神文明（文明、文化）中。本书的基本内容论证了所有这一切。

通常，精神文化的概念及其范围仅限于哲学和宗教，即反映精神和灵魂的那些理智和信仰领域。在本书中，这些框架得到了显著的扩展，而且在我们看来是有理由的：每个部分都根据其对象和方法的特色反映了道的精神文化的发展。例如，文学以神话-仪式性祖先的道为出发点，在精神话语中掌握其奥秘（《易经》曰："神也者，妙万物而为言者也"），在道的原型模式中，以音乐和诗歌的韵律展开，编织出一幅浩瀚的道的精神心灵之书卷（《易经》曰："《易》之为书也，广大悉备，有天道焉，有人道焉，有地道焉"），其流派、体裁、风格倍增，在神形、兽形与人形的形象中体现了《易经》、道家和儒家的道，以氏族和社会礼仪使之充满活力，在口头和书面语中把它们拓展到人民的广度，提升到中国官僚等级的高度，在人及其自然环境中将它们本体论化，以精神的道充盈现实。

历史意识也起着精神变化的作用。中国史学的奠基人之一司马迁（前2世纪—前1世纪）将历史进程视为封闭的循环。司马迁运用阴阳家学派主要代表邹衍（前4世纪—前3世纪）提出的原理，把这些循环投射到五行——道的原型的物理建构上。根据五行的数量，司马迁引用了临近他所处时代的相互更替的五个王朝：英雄大禹的王朝与土元素相关，夏朝与木元素相关，殷朝与金元素相关，周朝与火元素相关，秦朝与水元素相关。继秦朝之后，又从土元素开始了新的历史循环。

司马迁就这样将朝代置于原型模式中。然而，这还仅仅是历史自发的现象部分，它借助于原型结构载入中国的宇宙学。同时，历史的道德意义表现在"五常"的五种精神美德中，它们与"五行"和朝代所指称的物理元素一起，通过道的原型产生联系并循环往复。在它们中间起作用的还有性情率直、孝敬长辈等。这种理解历史意义的原型方法，在中国的世界观中牢固地占据了一席之地。它被运用于建构古代的历史概念，也在现代使用。因此，历史意识的部分理所当然地包含在精神文化的构成中。

读者或许最没想到的是，中国的经济思想会被纳入精神文化的范畴，然而自古以来，正是在这里，"利益"这一经济原则与"责任/正义"这一精神原则之间最密切的联系可以得到追溯。例如，为了平定天下

的混乱，儒家提出了两个相互关联的社会观念：其中第一个被称为"大同"，它对应于"天下为公"的和谐阶段。"大同"之后，混沌时期到来，"大道既隐，天下为家"，为了克服这种失去和谐的状态，儒家提出了"小康"这一过渡性的概念。它完全基于道的精神原型，在《礼记》中能够见到对它的清晰描绘："今大道既隐，天下为家。各亲其亲，各子其子，货力为己。大人世及以为礼，城郭沟池以为固。礼义以为纪，以正君臣，以笃父子，以睦兄弟，以和夫妇，以设制度，以立田里，以贤勇知，以功为己。故谋用是作，而兵由此起。禹、汤、文、武、成王、周公，由此其选也。此六君子者，未有不谨于礼者也；以著其义，以考其信，著有过，刑仁讲让，示民有常。如有不由此者，在势者去，众以为殃。是谓小康。"

上述概念，现在已经按从"小康"奔向"大同"的顺序，表现在中国的现代生活中。然而，它并非作为遥远古代的令人难忘的事实，而是作为官方构建和谐发达社会的文化、政治和经济纲领。例如，中国的"中国特色社会主义"建设就是在更新小康观念的背景下进行的，小康将每个家庭"实现平均收入"和全民"建设精神文明"结合起来。"精神文明"应该吸收道的精神文化中的一切精华。与此同时，它的影响力还超出了中国的边界。对于亚太地区而言，形成诸如"儒家文化圈国家"正在成为现实，其中"道"的儒家精神文化在社会和经济进程中发挥着主导作用。因此，经济思想的篇章在这套百科全书中有其应有的位置。我们在制定本套书的编撰体例时，每个部分的基本原理都是相同的，这反映在文章内容中，因此没有必要在这里正式介绍所有这些基本原理。

中国精神文化的演变与分期

中国精神文化的演变始于它的源头——道的氏族原型。最初它以生动的螺旋曲线内接天地的宇宙纹理，人类就在天地之间，位于宇宙的中心。作为集体氏族共同体的一部分，圣人从宇宙纹理中读取和谐恒常的典范，将其固定在氏族的记忆里，并以精神自我调节的新内容补充它们，将它们再次解读为天地纹理。所有这一切均由人通过集体的神话仪式交流来实施，其快慢与大自然的阴阳节奏一致。由于这种解读，道的精神象征以动物化、神化或拟人化的形式在氏族的意识中形成。《山海经》（前4世纪）中的凤凰就是这方面的例子，它是氏族的精神象征。在凤凰的身上，在低吟、舞蹈和以自然补给能量的过程中，在五彩纹理中，"五常"原型的精神螺旋形图式得以显现："有鸟焉，其状如鸡，五采而文，名曰：凤凰。首文曰德，翼文曰义，背文曰礼，膺文曰仁，腹文曰信。是鸟也，饮食自然，自歌自舞，见则天下安宁。"

随着氏族向国家过渡，道的原型被人类主体复制、图式化，并转移到与之一起被人类主体积极运作的领域，而不管自然节奏的交替和存在的循环过程。与此同时，精神的氏族象征也历经变化，在图式化的过程中撕下了它们的神化、动物化和拟人化①的面纱，其纯粹的概念本质得以揭示，迅即得到了口头名称和书面象形文字符号。老子曰："吾不知其名，强字之曰道，强为之名曰大。"在破除道的神话性时他如此言道。

精神文化之书建立在由宇宙纹理、图形符号和象形汉字组成的"道"的原型螺旋形图解之上，成为内容丰富且具有严格的固定联系和一定数量的概念共相——五阴和五阳范畴。根据正在发生的社会变化，相同范畴名称的新层次建立在它们之上，只不过充满补充的意义，并通过新的联系结合在一起。在这个同心的结构里，每一个范畴层次都是对上一层次的注释，补充、发展并改变"道"的精神面貌。这些层次被松动了，在节点连接之间布满了补充的连接链和范畴，并被压缩，恢复到原初的规模。用古代经典大师的话来说，精神的"道"的文本呈现着变化。

道文化的层次按照"结"或"系"的方法层层相连。例如，根据《易经》八卦和六十四卦的图形系统，复制着铭刻在宇宙纹理中道的原型、天、地之道的画面完全交织在一起。这是氏族祖先与宇宙原型基础联系在一起的第一层。接下来是新的一层，它由引入新的循环、节奏和舞蹈的新形象和词句构成，以圣人与八卦和六十四卦图联系起来，如《易经》曰"圣人立象以尽意，设卦以尽情伪，系辞焉以尽其言，变而通之以尽利，鼓之舞之以尽神"，从而将创建变化体系的优先权交给圣人。

接着是第三层，即哲学家作为作者创作的层面，它与第二层（其中包括连接六十四卦的词句）联系起来。这一方法程序在《易经》中是由孔子亲自完成的："易曰：何校灭耳，凶。"接下来，孔子将自己的阐释与这一覆盖层词句联系起来。"子曰：危者，安其位者也。亡者，保其存者也。乱者，有其治者也。是故君子安而不忘危，存而不忘亡，治而不忘乱，是以身安而国家可保也。"

在道家的论著，例如在《道德经》中也可发现同样的情况。与圣人

---

① 也可译为：神形说、兽形说和人形说。——译者注

有关系的新论旨将作为其结果的某个原初的（原型的）论旨联系起来："为者败之，执者失之。是以圣人无为故无败，无执故无失。"

应当指出的是，将道文化演变的阶段联结起来的"系"（反之为拆解）的方法，具有普遍性。它无所不在——无论是在印度文化的"真言"里（一个囊括无遗的好例子是吠陀语料库的创建和基于它的哲学学说），还是在希腊的逻各斯文化中（在神话转化为逻各斯的任何环节中均可发现）。

有趣的是，"系"的方法，还在英语"引导程序"直译的称谓中，在现代物理学中表现出来。它奠定了将量子力学和相对论相结合的粒子理论的基础，这样一来，保证了西方基础科学方法的激进突破。这一理论的实质集中在拒绝探寻物质宇宙的"最初组成部分"，并将其视为相互关联的事件的动态网络。在建构科学世界观的领域里，"引导程序"理论被引入"引导"哲学的框架中，并被誉为"西方思维最深刻的体系"。显然，在其基本的原理中引导的方法类似于"道"文化原型的同心的扩张和收缩方法。只是道的原型不仅包括物质，而且还包括人的心理和意识。"引导程序"方法和"引导程序"哲学的理念再次证实了：第一，基于螺旋原型文化起源方法的普遍性；第二，"引导性"无论在哪里显露，无论是表现在自然科学中还是哲学中，均既不是独一无二的特点，也不是"西方思想体系"的首先发明；第三，新，就是很好被遗忘的旧。

因此，中国精神文化的演变是对道文化最初本义和形象的层层扩展的注释。每一层都是道的精神起源的一个阶段，以万花筒般的概念和美学形象呈现出来。这种演变运动的驱动力是人类社会的自然（大自然）和历史（文明）的脉动，以道为中心，以它的精神导师——圣人和哲学家为代表。它们与道一起被理论化，与其外形和含义合而为一，与此同时，其注释外壳涵盖了社会的所有生命过程。因此，根据人文主义的目标倾向，精神文化每层的范畴都充满含义内容，它们中的同一套系统在内容方面可以是哲学的、宗教的、政治的、伦理学的，等等。

这并非通常归因于象形文字并被研究者们称为"概念混合主义"的道文化的缺陷，而是哲学语言毋庸置疑的优势，它能够在一个螺旋式的范畴模式中表达道的辩证意义的全部丰富性。除此之外，必须考虑到易学、理学和儒学三大学说中的每一个学说，都提出了自己的分层注释的含义展开，这可以在单个的范畴中得到展现，例如"仁"的范畴。

在仁的神话仪式的象征化中——这就是图腾鸟凤凰——歌者（神话）

和舞者（仪式）世界观身体上的色彩花纹（文），承载着天下和谐的精神意义："膺文曰仁……见则天下安宁。"

在《易经》中，仁被纳入道的宇宙精神生成："一阴一阳之谓道，继之者善也，成之者性也。仁者见之谓之仁。"

在道家老子那里，仁爱与友爱紧密相连，充满善心："与善仁。"

在孔子那里，仁被置入人之道的生成，有其家族和宗族关系的基础，而在家族和宗族关系中，有对长辈的敬畏："君子务本，本立而道生。孝弟也者，其为仁之本与！"

按照道的原型模式对范畴的并置和关联，保障了它们的自我反省，其中每个范畴内的阴阳的对立通过中间环节相互反映，具有正负的模态。这极好地彰显了老子的一系列回文式的哲学范畴："为无为""知不知""学不学""德不德""道可道"等。与此同时，每个范畴也反映了范畴的一般原型结构，并揭示了五个词义。当孔子被问及仁时，孔子曰："能行五者于天下为仁矣。请问之，曰：恭、宽、信、敏、惠。"仁的范畴可以过渡到下一注释层面，并且不是以其专有名称，而是以同义词和范畴定义关系从上一注释层面移到下一注释层面，构成无穷多的填字游戏。

道的精神文化演变的分期乃是其层层叠叠的形成过程，它与中国社会的历史进程交织在一起。它历经氏族社会、过渡社会、国家体制社会的阶段，继而改变其形式，直至现代的共和国。每一重要的历史阶段都会在精神文化的同心建构中对应于自己的圈层。通常，这些阶段由王朝统治的更替来划分。因此，在这套百科全书里，材料的呈现在形式上是按朝代、按时间的先后顺序进行的，但对应为欧洲纪年法，并在道特定的文化层面的语境中对具体现象进行分析阐释。毫无疑问，在诸如哲学、宗教、艺术等某个特定学科领域内部，精神文化演变的动态进程可能不尽相同，有时会断断续续，或是以儒学，或是以道家，或是以易学，或是以中国佛教，或是以它们的综合思想构成为主导。然而，本套书所提出的分期方法考虑到了所有这一切，并有助于再现道的精神演变的总体图景。

新欧亚主义与文化的交响乐

关于中国精神文化百科全书式的编撰工作，是由既在中国本土，也在整个亚太地区所发生的现代进程所推动的。首先，这直接涉及文化—文

明人类学的问题。建构中国精神文明的规划面向教育体系、学者和政权机关提出了塑造新人的任务，它在"以人为本"的纲要中得到言简意赅的表述。历史表明，在从一个发展水平过渡到另一个发展水平的过程中，没有哪一个文明过去和现在解决过这样的问题。

例如，在《山海经》中早已记录了从氏族到国家的过渡，谈到了"能"与"不能"从事经济和政治活动的人的新范畴："此天地之所分壤树谷也，戈矛之所发也，刀铩之所起也，能者有余，拙者不足。封于太山，禅于梁父，七十二家，得失之数皆在此内，是谓国用。"

孔子实现了在精神和道德基础上构建文明的思想，提出了一种理想的新型完人——君子，集"学问"和"自然"的和谐于一身："质胜文则野，文胜质则史，文质彬彬，然后君子。"

道家的创始人老子提出了人与自然统一的理念，塑造了新型的完人——精神领袖，在人造的社会宇宙的那一边，领导着自发形成的精神世界："知其荣，守其辱，为天下谷。为天下谷，常德乃足，复归于朴。""朴散则为器，圣人用之，则为官长……故大制不割。"

所有这些新型的人被作为中国所有民族共同体理想的主体提供给社会。

历经数世纪，中国文明已经过渡到了下一个历史阶段，再次号召必须塑造新人。与中国接壤的一些国家的人民，乃至整个人类都有兴趣知道，这将是何许人也？会用何种方法和精神材料来塑造他？他的理想是否在永恒的天地间的宇宙中心，即在其精神发祥地得以确立，抑或这一理想被置于底层大地之上，置于物质价值和道德邪恶统治的领域？他是何种类型的人：仅是一个中国人，抑或是一个新的地球人？我们应该如何以及基于什么精神基础与他建立关系？他会向我们提出什么样的人道主义要求？我们对他又有什么样的要求？显然，这并非地域性民族的问题，而是一个普遍的课题。中国正在向全球提出其人类学的挑战，而这一挑战我们必须共同面对。

中国的道文化是一种土生土长的文化。它有一个原型基础，并在此基础上持续产生了国家民族的精神价值。这方面的一个例子是公民道德，这是一个发展社会道德原则的纲领，其中包括了数千年高深的精神传统价值。在亚太地区国家政治和经济一体化以及中国融入全球化进程的条件下，中国的道的民族精神价值可以发展成全人类的、能影响其他民族的精神生活的倾向。对此该怎么办：否定抑或接受，保持沉默抑或寻找自己的文化原型并与之对话？它们会带来什么——"中国化"的危险抑或民族文化发展的促进因素？其影响的边界以及整个中国的边界延伸到什么地理范围？中国的道的景观在中国境外是"自己的"还是"异己的"？

中国位于欧亚大陆，不可避免地会参与欧亚世界观的形成，因而，了解中国精神文化对于俄罗斯具有原则性的意义，这对在最为复杂的时期培养民族自我认同思想至关重要。就其位置而言，俄罗斯位于世界上所有伟大的文明，如欧洲－日耳曼文明、美洲文明、希腊文明、中国文明、日本文明、阿拉伯－伊斯兰文明、乌戈尔－芬兰文明、突厥文明的交叉路口。俄罗斯在"历史轴心"上使东西方紧接在一起，这为文明的形成和发展设定了循环周期，使它在欧亚大陆活生生的有机体中发挥了纽带作用。历史不止一次地表明，欧亚大陆所有文明的精神以及随之而来的智力上和身体上的自我感觉在很大程度上取决于俄罗斯精神上的自我感觉：无论是精神因素胜过智力和身体因素，还是智力和身体因素胜过精神因素。因此，在其内在实质和外在表达中了解其他文明的精神文化，是不同文明以交响乐的方式相互接近的必要条件——在保持自身独特性的同时，维护它们的平等和统一，百科全书《中国精神文化大典》的使命就在于此。

了解邻国的精神文化及其相互作用对于俄罗斯来说具有特殊的意义。

首先，中国的精神文化在地理上和种族上有着根深蒂固的深厚传统，历经不间断演变的漫长道路，为世界精神价值的武库做出了重大贡献，并给予日本、韩国、越南、蒙古的精神文化以生气勃勃的推动力。其身后有着数千年的精神经验，掌握了精神共相的集体再生产手段。揭示这种文化的真正面貌有助于俄罗斯精神上的自我反省，并在自己的精神文化中突显一系列亚洲特点。也许读者可能会感到惊讶，但是，例如，人道主义（仁爱）作为俄罗斯精神的一种特质，最初便具有广泛展开的亚洲根源。这一论点源于仁爱的理念和基于人与人之间关系的和谐、人与周围自然世界的和谐、人与国家之间的和谐——这些基本的价值既是俄罗斯欧亚主义，也是我们亚洲邻国的民族意识形态所素有的。中国古代文献《中庸》里的名言"仁者，人也"美妙地"响彻"在这一语境里。

其次，俄罗斯精神上的自我反省具有现实意义并使新欧亚主义的理念具体化。应该专门指出的是，现代俄罗斯欧亚主义是影响到全球客观存在的事实，是地理的、人文的和社会的现实。俄罗斯包括欧洲和亚洲的部

分空间，并将其连接到欧亚大陆，集欧洲和亚洲文化元素于一身，综合了人类学宇宙品质最高的精神文化。俄罗斯欧亚大陆的遗传密码对应于特定类型的世界观，这种世界观浓缩在欧亚主义的理念之中，自俄罗斯诞生以来它就一直存在，然而，它是思想家小圈子的精神财富，遗憾的是，真正意义上的它仅保持在人们的潜意识层面，或者以不适当的宗教形式表达，却被外来的投机的政治学说控制，并被有欧洲中心主义取向的政权蔑视。目前，这些学说变得走味了，以焕然一新的形式出现的欧亚主义理念在俄罗斯族群自我意识中浮出水面。其复兴、范畴化并植根于民族土壤的主体——是俄罗斯科学和精神精英的代表，杰出的俄罗斯哲学和宗教欧亚主义思想家的继承者。

对于俄罗斯来说，新的欧亚主义理念，不仅是解决地缘政治问题的关键，而且也是解决俄罗斯民族的人文精神自我认同问题的关键，并揭示了俄罗斯文明的精神奥秘及其目的论和原则形成基础，没有这一点就不可能与任何一个文明达到相互理解。新的俄罗斯欧亚主义理念赋予俄罗斯文化新的力量，这些力量将俄罗斯民族的其他文化吸引到使人有好感的领域，并为它们开辟了共同发展的新视野。

新的俄罗斯欧亚主义理念给予俄罗斯文化团结和俄罗斯文明繁荣的内在范式，形成伟大民主的俄罗斯复兴的世界观基础，并作为其强国建设的意识形态。它集中并相应地反映着所有民族、所有社会阶层、所有宗教信仰最共同的、生命攸关的切身利益：恢复俄罗斯民族的激情，并肯定俄罗斯人民因共同的历史命运而团结一致的聚合性、互助与合作的原则。

作为欧亚主义的普遍原则，新的欧亚主义理念不仅具有纯俄罗斯和俄罗斯联邦的特色，而且也具有全球的特征。欧亚主义展示了其他文化、文明、族群吸收某些文化、文明、族群的多种可能的抉择方案，它是全球文明间关系未来新秩序的组成部分之一，这些关系能够保障文化和文明的生态，保护种族和文明的多样性。欧亚主义肯定这一点：欧亚主义乃是世界发展的要素，并强调对历史进步的理解恰恰需要各种不同文化的平等和相互丰富。

新欧亚主义是俄罗斯文化伟大聚合性的人文传统的接受者、继承者和保护者。它为克服自古相沿的东方－西方、北方－南方的两极分化提供了可能，并为欧亚空间里所有国家的繁荣发展开辟了道路。新欧亚主义具有独特的机制，能够确保欧亚文化的协调、共同发展和共同繁荣，使深厚的民族传统得到提升、复兴和充满崇高精神，揭示其起源，显示其统一性和差异性，并形成其协调的方式。

在理论和实践的横断面，新欧亚主义带有整个欧亚文化的遗传密码，并将这密码植入民族的土壤和文明的现实（文明的"位置""发展之地"），从而将文明体系精神内核的神圣奥秘祛神圣化，消除封闭的反射作用，并倾向于开放性。与此同时，它保障每个族群文化的无冲突、存续和繁荣发展。

自古以来，欧亚主义的这些规律性在中国文化中清晰可见。例如，它们都反映在墨家的意识形态中，并直接反映在墨子的十项原则中，如"兼相爱，交相利""强扶弱""贵义"，等等。中国现代性以19世纪80—90年代就宣扬的洋务原则（中国完美的精神道德文化与海外工程学技术的结合）为标志，以孙中山在20世纪初发展的创造性借鉴外国经验的原则——化西，如今在开放、改革和现代化的基础上，建设"中国特色社会主义"以及"社会主义精神文明"，"以崇高的精神塑造人"。

所有这一切都证实了欧亚主义的全球客观性，其全球性表明中国精神文化并非与新欧亚主义格格不入，它是其民族文化学的变型。

在世界观的维度上，新欧亚主义创建了一个全球领域，这使得其中的每一种文化，第一，具体化了与其他文化的关系；第二，都重新发现了自己的传统，并积极朝着自我认同方向发展；第三，都根据其性质获得存在和发展的途径；第四，都与其他文化共同参与人类精神词汇的开掘。因此，所有的文化都获得了统一，消除了文化间发生冲突的可能性，进而达到了文化交响乐的状态。

在这个领域可以实现中国和俄罗斯文化真正的对话。从中国方面来看，即将奋起的是一个具有高度精神性的人；从俄罗斯方面来看，即将奋起的则是一个新欧亚人。他们将运用人类精神词汇进行对话。我们出版的百科全书《中国精神文化大典》会在文化交响乐战略中促进这种对话。

善于思考的读者会注意到，中国确实拥有植根于自然景观和中华民族的强大文化。它基于自己的原型，拥有道的名称，专心于人的精神再生产，使真正的本体具有遗传密码。它铭记自己的过去，洞悉自己的未来，使自己的智者、诗人和哲学家发挥启迪作用，并借他们之口说出预言。它既具有可塑性，同时又是稳定的，不惧怕外来文化的入侵，并时刻准备和这些外来文化进行对话。这是一种与伙伴的原型协调构建的对话。是什么，是谁站在古代俄罗斯一边？数十年来理论家们都在谈论俄罗斯文化，却让它无名。俄罗斯文化叫什么名字？它的原型结构是什么样的？谁是我

们觉悟了的精神文化的先贤和先知？俄罗斯精神文化在数百年中是如何在中国文化所掌握的领域中表明自身的？中国古代哲学家庄子（前4世纪—前3世纪）曾经说过，道在秋毫之末。无论往哪里看，无论看何处，无论做什么——道无处不在。中国的大自然－人的宇宙就是如此。

在俄罗斯文化中，也有这样的宇宙，即便不是文本构造的，那也是诗意的。这便是——普希金，他的名字在我们这里已经变成了生命的源泉和日常的生活形象。上苍令他成为先知，并说出俄罗斯文化原型的名称：

于是我听见上帝的声音在呼唤我：

起来，先知，瞧吧，听吧，

按照我的旨意行事吧，

走遍陆地和海洋，

用言去点燃人们的心灵。

言是俄罗斯文化之名及其原型。俄罗斯之言与中国之道、印度之真言和希腊的逻各斯作为原型之名一样，它们都具有言——话语、言语、说话的词义。

对言的歌唱并非只有先知普希金一人，还有罗蒙诺索夫、果戈理、托尔斯泰、陀思妥耶夫斯基，他们用不同的体裁创作做到了这一点。但是，重要的是，人们已经证明，言的原型亦即我们的欧亚空间，不是无亲无故和无精神的虚空。普希金表明，自己的祖国有先知！根据他们所给定的言的原型，我们可以恢复自己的精神性，并与任何精神文化建立对话。

最后，应当强调的是，在十余年里，百科全书《中国精神文化大典》的概念一直发生着变化和发展。在1994年《中国哲学百科词典》问世后，我们产生了超越中国哲学史这一中国文化的精神内核的想法，并试图展现中国精神文化其他部分——历史、文学、艺术、宗教、政治、法律和军事思想的丰富内容。

编撰这样的大典的想法得到了中华人民共和国文化部同行、中国大使李凤林、武韬、张德广、刘古昌，香港著名商人许智铭博士，以及美国学者、黄兴基金会代表薛君度教授的热烈赞许。这个想法还得到玛格丽特·基维特女士——美国著名的基维特慈善教育基金会（美国波士顿）的代表的支持。多亏他们的精神和物质支持，编委会才能够召集到一个高度专业的作者团队，邀请的不仅有俄罗斯科学院远东研究所和莫斯科东方研究所的重要学者，也有一些来自圣彼得堡、乌兰乌德、符拉迪沃斯托克（海参崴）、新西伯利亚和中国的著名专家。筹备关于中国精神文化的两卷本百科全书的最初计划，已经成为出版五卷本百科全书《中国精神文化大典》的大项目。

　　同时，这套百科全书的编撰者觉得完全有必要说明，这五卷不管是从内容角度来看，还是从分析深度来看，都还与充分地揭示世界上伟大的、最古老的"活的"文化的全部丰富性和独特性相距甚远。我们希望新一代汉学家在与中国学者更紧密的合作中完善这项工作。

　　　　　　　季塔连科：俄罗斯科学院远东所所长、院士

　　　　卢基扬诺夫：俄罗斯科学院远东所中国文化研究中心主任、首席研究员

　　　　　　　　　　　　　　　（夏忠宪译）

作为汉学集大成之作的《中国精神文化大典》

А.И.科布杰夫

人与其他任何动物之间的主要区别在于人拥有和积极地运用非遗传的信息，即文化。文化在其历史发展中，类似于黑格尔的绝对精神，越来越少地依从于体现它的物质形式。人类的进步恰恰在于物质与精神文化之间的平衡日益变化，有利于后者，最终导致在智力圈理念中形成自我意识。提出这一理念的是20世纪两位杰出的学者和思想家——一位是法国籍的耶稣会士德日进，他在中国生活了20多年，参与鉴定了北京猿人；另一位是使他产生灵感的俄罗斯的В.И.维尔纳茨基院士。令人惊讶的是，诺伯特·维纳的控制论和阿兰·图灵的算法"机器"理论、"通用计算机"理论等其他计算机工艺学的组成部分是同时创建的，并且独立于它们。

智力圈在现代以全球信息文明的身份出现，它的形成至少需要具有三大有重大价值的发明：文字、印刷、计算机。

汉字是当今尚在使用的文字中最为古老的文字。它具有现代信息工程工艺学最宝贵的品质特点，诸如形式化（半人工的、接近逻辑语法的、等级上标准化的、广为术语化的词汇）、紧凑性（自我归档和以超文本的形式展开）和视觉的象征化。

中国印刷术传统同样也是世界上最古老的，因为它起源于这里，此外，它有机地集排字和雕版印刷术于一身，创立了心智分析与视觉综合的统一。

固定在中国书面文化的原型——《易经》从形式上（数量上和几何上）有机地组织起来一套爻、卦——中的普遍二进制的符号化的原则，预示了后来的逻辑运算和莱布尼茨的二进制算术、布尔的二进制代数，而且还被运用于现代的计算机。其首个典范是约翰·阿塔纳索夫在1937年设计的二进制运算法。

因此，上述中国人的发明可以被认为是产生现代后工业文明信息技术工程的先驱，它们在世界智力圈内，在我们的眼前将一切人类知识变成互联网式的超级百科全书。

在这些条件下很难重新评价任何一部参考书，尤其是重新评价关于中国的百科全书的意义。中国本地土生土长、不间断发展的、最古老的文明成就了当今全球化的世界上最大的民族共同体。它向西方先进的"黄金十亿人"①展示了一种同样卓有成效的替代生存方式，同时保留了完全不同且完全独特的文化基础。如此令人印象深刻的成就要求人们对它具有同样清楚的认识，但如果没有关于这一现象真实可信和多方面的信息，则是不可能认识的。

1912年在俄罗斯由著名的布罗克豪斯叶弗龙出版公司出版的书，是最早接近解决编撰关于中国精神文化百科全书问题的。它有代表性地选择了与俄罗斯有密切联系的B.格鲁别（他在彼得堡工作，师承B.Π.王西里）关于中国文学、哲学、宗教的单行本。该书非常成功地冠名为《中国精神文化》，尽管其内容并没有这么宽泛。它的主要部分在当代的再版证明，它至今仍未丧失意义（参阅《中国面面观》，第1册，莫斯科，2003年，第15—81页；第2册，2002年，第102—109页、第172—209页；《中国史》，莫斯科，2003年，第103—213页）。同样富有象征性的是，正如序言"编者按"所表明的那样，1912年此书出版的动机针对的是新的全球化形势——"世界联盟"：过去分散的国家和民族进入了"密切而多样性的且愈加复杂的互动"，某些历史进程变成了"全世界的历史——囊括整个人类的统一进程"和"我们星球上所有有人居住的层面"。（B.格鲁别：《中国精神文化》，圣彼得堡，1912年，第3页）

这一被B.格鲁别同时代人的许多见证所证实，又以似曾相识的效果令我们吃惊的、首次尝试的全球化图景，在世界大战状态下被世界联盟激进地改画，并被尖锐地划分为敌对的联盟。但后者同样也导致了两大"阵营"——或三个"世界"内部的联盟，提高了一体化的整体水平，并为一个世纪前"铁幕"崩落之后的世界全球化创造了更为严峻的先决条件。在这种情况下，对统一世界舞台上的重要角色的精神面貌和文化价值的了解，就具有特殊的、至关重要的意义。得到公认的是，中国就是这样的角色，它发挥着越来越重要的作用。中国文化具有独立发展创纪录的持续时间，不仅在其体现者的数量上，而且在内在复杂性的程度上，无疑是世界的引领者。

由此可以直接得出结论：必须最充分、最准确，同时又最方便和最紧凑地描述中国文化的精神特色。而这些特征要求明确地对应于百科全书

---

① 20世纪70年代中期，人们首次谈论"黄金十亿"。它是西方发达国家人口在资源有限的情况下生活水平相当高的一种表达方式。它与美国（3.105亿）、加拿大（3430万）、澳大利亚（2250万）、欧洲联盟（27个国家，总共5亿）、日本（1.274亿）等国家和地区的总人口有关。——译者注

的形式。这一形式的形成恰逢欧洲启蒙运动时代，而其发展自"百科全书派"时代以来，已成为在现代西方文明构建中占主导地位的智力因素之一。

编撰这样一部"汉学集大成之作"，应当基于对中国"精神文化"历史和逻辑的整体描述。中国"精神文化"作为遗传内核，始终决定中国文明的现象型形式。正是这样，中国自古以来一直将自己理解为"礼乐之邦"，其中"文"与质、朴，以及更原始的野与武的对立，被认为是一种赋予符号意义的活动，这首先体现在审美化的象形文字和文学中。由"文"派生的"文化"一词形成于西汉时代。[①]当时著名的学者刘向写道："凡武之兴，为不服也，文化不改，然后加诛。"在20世纪，这个词已相当于现代西方的"culture"这一术语，在非严格的划分中带有与文明同一"词根"所派生的含义。"焕然一新，此之谓文明"，这可以追溯到周代的文本：《尚书》和《易经》的注释部分。

19世纪末至20世纪初在北京出版的华俄大词典（巴拉第、柏百福，1888；因诺根基亚，1909）尚未记录此类术语。《哲学辞典》专门用来解释西方的术语，1925年由樊炳清在上海出版，文化（culture，Kultur）的概念得以界定，辞典中突出了教化（教育、学习）和修养（教育、培植、完善）两个词，但指出了可以使用"文化"来传达这一西方的概念，而"文物"则可用于对"文明"这一术语的翻译。六年之后，在P.马修斯的辞典（上海，1931）中，教化和文明被界定为"文化"和"文明"，而文化被界定为"文明"和"文化"。时过两年，在《王云五大辞典》（上海，1930）中"文化"与"культура"（culture）平等地得到了规定。后来，文明与"цивилизация"（civilization）一起被平等地收录在宏大的百科全书式详解辞典《辞海》（上海，1947）里。

从上述简短的补论中可以看出1939年B. M. 阿理克院士所写的这段话的正确性："文化的这一称谓本身表明了它与儒家文学思想意识的直接联系，因为文化一词可以通过'文学启蒙（或影响）'来表达。"（B. M. 阿理克：《中国文学研究》第一册，莫斯科，2002年，第41页）

中国文化特有的文学性质无可争议地由另一个源自"文"的现代术语——"文学"所证实。它可追溯到孔子的《论语（第十一章）》中，其

---

① 在中国古代，"文"与"化"联缀使用最早见于先秦时代的《易经》中，"观乎天文，以察时变；观乎人文，以化成天下"。而"文化"一词正式出现是在西汉刘向的《说苑·指武》中。——译者注

中这个词的意思是"以文学为教也"（在不同的翻译里，"文化"和"文学"出现的概率相同）。儒家哲学的确是在古代中国将文学－文化联系起来的焦点。儒家哲学认为文的创始人是前11世纪周王朝的奠基者——文王（即字面意义上的"文化主宰"或"文化之王"）（《论语》第九章），他使自己的信徒——来自将过去理想化的文人（《尚书》卷四十八、卷五十六）成为文学志士（《韩非子》卷四十六）。

从语文学方面看，"文"这个术语具体表示韵文文本或者追荐祷告体裁；从语言学方面看，"文"这个汉字表示交错呈现的纹理——"错画"①，如第一部大型汉字辞典《说文解字》中的定义，其名称本身也可反映出来。"文"这个字在最大的程度上与周围世界基本意象相似，如天文，或地上的鸟兽之纹、虎豹毛皮的斑纹，或人的文身和手纹，或钱币上的图案和甲骨文。同样，文也系统地反映在阳"—"和阴"--"的"错"和"纵"的抽象语言之中，它们构成"书之书"的卦（三爻卦和六爻卦）。《易经》可供选择的另一个名称《周易》表明它是与周代的文化传统一致的。

在现代语言中，"文"这个范畴并未丧失其语义广度，它一方面表示文字，而另一方面表示文明或一般的文化，包括其精神的（文学）和物质的（文物）以及延伸至大自然的对象（天文学）。

文化－文之最大的奥秘就在于中国历来对人为与自然、人与神的对立的扬弃，这是西方再熟悉不过的，它包括哲学和科学、文学和艺术、诗歌和散文、文言和文物。

中国人自身在编撰各种文选、辞典和百科全书方面，传统上就是"世界冠军"，其各类辞书是整体描述自身文化成就的信息库。中国学者在20世纪上半叶掌握了西方的科学标准后，便开始从事新的学科——文化学。黄文山（他名字的第一个汉字就是文化之意）于1932年开始发表这方面的文章。在这之后，中国学者的活动已获得了特殊的意义。所有这一切甚至促使B. M. 阿理克在1948年断定："事实上，欧洲汉学家所起的参考书的作用已经结束：现在已经不可能追赶上中国人了。"（B. M. 阿理克：《中国文学研究》第二册，莫斯科，2003年，第262页）

B. M. 阿理克在一卷本《中国文学家大辞典》的书评里得出了他的结论。这部辞典囊括了近7000名文学家，1934年由谭正璧首次在上海出版，

---

① "文"字，《说文解字》的注释是"错画也，象交文"，即"文"的基本意义是"错画也"，一是指"纹"，即各种形状的线条，二是指由交错的线条所组成的图案。——译者注

1981年再版。从那时起，现代的中国学者们就已经取得给人越来越强烈印象的成果。在1980年代，已是二卷本的《中国文学家辞典》（《中国文学家辞典》1—2卷，成都，1980—1983），其范围仅涉及从上古到唐代（618—907）部分的中国文学史①。除此之外，由马良春和李福田主编的八卷本《中国文学大辞典》于1991年在天津出版，1987年由吴文治编撰的二卷本《中国文学史大事年表》在合肥出版，书中囊括了从公元前772年至1919年的大事件。

在1980至1990年代，由廖盖隆、罗竹风、范源共同编撰的三卷本《中国人名大辞典》，囊括了近3万人，其中包括"历史人物"一卷中的14000人（1990）。另外还有更大型的二卷本《中国历代人名大辞典》（1999），由张扬之、沈起炜、刘德重共同编撰，囊括了近55000人，近3000页。而在天津由陈炳华编撰的近1000页的《中国古今诗画名人大辞典》（1998，2002），囊括了近3万人。

在上海，出版了由施宣圆编撰的《中国文化辞典》（1987），篇幅1500多页，30个专题，包含了近10000个词条；由虞云国等人编撰的，篇幅1000多页的《中国文化史年表》（1990），收录了从旧石器时代到1949年中华人民共和国成立的现象和事件；由冯至等人共同编撰的十四卷本《中国历史大辞典》（近4万个词条），包括"思想史"（1989）和"史学史"（1983）；六卷本《哲学大辞典》，包含了近13000个词条和"中国哲学史"一卷（1985）。

在北京和上海出版了胡乔木等共同编撰的80卷《中国大百科全书》。它包含的词条数量创造了世界纪录——近10万个，而哲学（1987）和中国文学（1986）两卷的内容均非常丰富。

最后，由罗竹风等编撰的、在汉学信息方面史无前例的12卷百科全书式详解《汉语大词典》（上海，1986—1993年，平均每本1500页，大开本），其中包括近37万个词条。而在北京，1990年姚鹏等共同编撰的《中国思想宝库》（约1400页，大开本小号字）选集，涵盖了100多个文化学问题。2003年，同样在北京，由钟福邦、陈世铙、肖海波等人共同编撰的庞大的中国精神文化辞典《故训汇纂》（2700余页，小号字），其规模超出自己著名的前辈先驱《经籍纂诂》（它是此前200多年由杰出的哲学家戴震和著名的版本学家阮元编撰的）四倍。

---

① 本书涉及中文出版物信息时，有局部差错，为保留文献原貌，局部与实际不符的信息予以保留，下同。——译者注

所以，"关于中国通用的大型工具书项目"，B. M. 阿理克在1944年提出，作为战后必须编撰的工具书，资料翔实，内容丰富，实际上历经半个世纪后才在中国得以完成。

俄罗斯关于中国的首批百科全书式的成果，最初由俄国驻北京的传教团成员撰写。第七届传教团（1781—1794）的小教士伊万·奥尔洛夫出版了近1000页的《中华帝国历史和地理最新详志》（莫斯科，1820）。第九届传教团（1807—1821）的团长、俄罗斯汉学的创始人Н. Я. 比丘林（亚金甫神父）赋予其百科全书式的描述以科学研究的性质，其主要的成果：《中国，其居民、道德、习俗、教育》（圣彼得堡，1840）；《中华帝国详志》（圣彼得堡，1842；北京，1910；莫斯科，2002）；《中国的民情和风尚》（圣彼得堡，1848；北京，1911—1912；莫斯科，2002）。它们在俄罗斯驻中国外交官的出版物中得以继续：И. Я. 廓索维慈《中国人及其文明》（圣彼得堡，1896）；А. В. 涂日林《近代中国》第1—2卷（圣彼得堡，1910年），并且补充了翻译文献。

在苏联和最近的后苏联时期，已经不是由单个作者，而是由合作者和集体编撰一系列类似的出版物，它们也是按专题原则编撰的：И. 马马耶夫、B. 克罗克罗夫《中国》（莫斯科，1924）；B. M. 阿理克、Л. И. 杜曼、А. А. 彼得罗夫《中国：历史·经济·文化》（莫斯科、列宁格勒，1940）；М. Л. 季塔连科《在现代化和改革路上的中国：1949—1999年》（莫斯科，1999年）。

在这方面的最高成就有6本书，它们兼顾材料组织的专题原则和历史原则，综合并始终一贯地描述了从诞生到20世纪初的中华文明，它们是——М. В. 克留科夫、М. В. 索夫罗诺夫、Н. Н. 切博克萨洛夫《古代中国人：民族起源问题》（莫斯科，1978）；М. В. 克留科夫、佩列洛莫夫、М. В. 索夫罗诺夫、Н. Н. 切博克萨洛夫《中央帝国时代的中国人》（莫斯科，1983）；М. В. 克留科夫、В. В. 马良文、М. В. 索夫罗诺夫《中世纪初的中国民族》（莫斯科，1979）；М. В. 克留科夫、В. В. 马良文、М. В. 索夫罗诺夫《中世纪的中国民族》（莫斯科，1984）；М. В. 克留科夫、В. В. 马良文、М. В. 索夫罗诺夫《中世纪与近代之交的中国民族史》（莫斯科，1987）；М. В. 克留科夫、В. В. 马良文、М. В. 索夫罗诺夫、Н. Н. 切博克萨洛夫《19世纪—20世纪初的中国民族》（莫斯科，1993）。

至于说作为专门研究对象的中国精神文化，在俄罗斯文献中，迄今尚未准确完整地得以呈现。在B.格鲁别有促进作用及预言精神的书首次尝试之后，紧接着出现了一系列完全建立在俄国学术成就基础上的其他成果。

后续的尝试是在1959—1960年。列宁格勒和莫斯科的汉学家共同筹备编撰多卷本的《中国文化史概要》，然而，未能印刷。这一活动的印迹散见于各出版物，相当晚才问世（参阅C. E. 亚洪托夫《中国语言研究史：公元前一千纪至公元一千纪》，载《语言学研究的历史：古代世界》，列宁格勒，1980；C. E. 亚洪托夫《中国语言研究史：十一至十九世纪》，载《语言学研究的历史：中世纪的东方》，列宁格勒，1981；B. A. 维尔古斯《中世纪中国》，莫斯科，1987）。

自20世纪50年代末到90年代初，总共出现了三部研究范畴的书，篇幅都不大，均用流行的特写轻松风格写成：Б. И. 潘克拉托夫总编《汉的国度·古代中国文化概述》（列宁格勒，1959）；В. Я. 西吉赫缅诺夫《中国：历史篇章》（莫斯科，1974年）；И. А. 阿利莫夫、М. Е. 叶尔马科夫、А. С. 马尔蒂诺夫《中央之国·中国传统文化引论》（圣彼得堡，1997）。其中第一部仅涉及古代，第二部涉及清代精神文化和政治文化、日常生活与风尚，第三部篇幅最小——仅涉及中国传统文化的某些方面。

迈出新一步的是Г. А. 特卡琴科编撰的、信息量极大的"辞典参考书"《中国文化》（莫斯科，1999），其中全部材料——256个词条和相应的俄汉对照索引——都按字母顺序排列。然而，这一小型教科书偏重实践与教学应用的倾向决定了其内容的不完善和庞杂，而且缺乏相应的附录，也没有参考文献和引文注释。正如其摘要中所说的那样，М. Е. 克拉夫佐娃尝试在"有重大价值的、百科全书性质的"教科书《中国文化史》（圣彼得堡，1999，2003）里，首次呈现"中国文化从古至今的发展和现状，以及所有构成其传统和精神价值的完整图景"。这本书无疑在材料的系统化程度和广度方面比其前辈具有优势，但其内容要窄得多，仅略微涉及了物质文化，甚至连"中国精神文化"的概念也缩小了，因为它实际上几乎没有涉及哲学方法论、教育学、科学和技术思想、医学和军事艺术。除此之外，显然，教科书的体裁使之缺乏对西方和中国文献的引文注释以及索引。

标志着这项工作大大向前推进了一步的是B. B. 马良文的《中国文明》（莫斯科，2000）一书的问世。其篇幅比之前所有类似的成果大两到三倍，正如在其简介中所指出的，这是"我国首次系统地描述中国人民的生活方式和精神价值的书"。这的确是俄罗斯首部相当充分地描述中国传统精神文化的主要领域和物质文化的某些领域的出版物。但是，这一重要之作还不能被称为严格意义上的百科全书，因为，首先，它体现的是作者的"亲身经验"和"看待中国文明的本性的独创观点"，而不是对公认的和无可争议的整个汉学成就的汇编；其次，除了人名、名称的索引，还缺乏参考书式的和百科全书式的出版物的形式特征，其中包括缺少任何形式的参考书目。

在上述用俄语概述的关于中国精神文化的这个名单里，还应当包括不久前出版的两部文选，尽管选集基于至少半个世纪前的资料：《中国面面观》（2002，2003）和《中国的过去》（2003），以及Ч. П. 菲茨杰拉德的两本书：《中国文化简史》（1998）、《中国史》（2004）。

应当承认，西方汉学家从最开始就遵循如今全世界普遍接受的科学方法论，在过去的两个世纪里在上述方面已经做了大量而卓有成效的工作，尽管要么只涉及中国文明的某些领域，要么虽涉及整个中国文明，但没有分类，没有将中国精神文化作为一个独立的对象。

从19世纪中叶起，西方开始出版涉及面最广的"中国手册"：S. W. 威廉姆斯《中央之国：大清帝国地理、区划、教育、社会生活、宗教考察》[第1—2册，纽约，1848年（1883年、1901年；台北，1965年）]；W. M. 迈耶尔《中国手册：史传、神话、文学》[上海，1874年（1910年；伦敦，1924年）]；H. A. 吉勒斯《远东研究的参考文献》[上海，1878年（1886年、1900年；伦敦，1974年）]；D. 贝尔《中国面面观》[上海，1892年（1893年、1900年、1926年、1934年）]，该书部分被翻译成了俄文《按字母顺序排列的中国问答手册》，第1册，载《符拉迪沃斯托克东方研究所学报》1903—1904年，第8卷第1册；H. E. 戈尔斯《中国》（伦敦，1899年）；S. 科林《中国百科全书》（上海、伦敦），1917年；H. E. 艾克斯《中国》（哥达，1918年）。这些最早的经验逐渐得以完善[例如，参阅：R. 道森《中国遗产》，牛津，1964年；B. 霍克斯《剑桥中国百科全书》（伦敦，1982）]，并在21世纪初编撰出了内容丰富、质量上乘的参考书，例如，德国长达千页的辞典《中国大百科全书》（达姆施塔特，2003）。除此之外，1987年，在北京面向西方用英语出版了《新中国大百科全书》，1989年，它的俄语版在莫斯科问世。

从19世纪末起，先是开始出现简明的介绍，然后是对中国历史的详细描述并倾向于对中国文化的历史概述，这些为1986年开始出版有重大价值的、包含丰富历史文化内容的十五卷本"剑桥中国史"（到2003年出版了十二卷）奠定了基础。直到20世纪中叶都沿着这样的轨道发展，尽管不算全面，但也出版了概括性的出版物、文集：H. 齐索菲亚的《中国文化专题》（上海，1931）；A. F. 赖特等的《中国思想研究》（芝加哥，1953）；费正清等的《中国的思想和制度》[芝加哥，1957，1973（第六版）]；C. A. 穆尔等的《中国意识》（檀香山，1967）；在"认识中国"丛书中出版了董集明的《简明中国历史》[北京，1959（第二版）]。

杰出的英国科学家和百科全书式学者李约瑟与顶尖专家集体合著并持续合作，打造了巨作系列《中国科学技术史》（剑桥），这是中国科技思想史上在理论深度和事实广度方面前所未有的集大成之作。这些内容涉及从哲学、逻辑学、语言学到数学、天文学、地理学、物理学、化学和生物学的中国科学思想史。从1954年到2004年的半个世纪里，这个系列出版了七卷二十册令人印象深刻且篇幅巨大、插图丰富的大开本。

对西方汉学成果的概述表明，20世纪末西方出现了对四百年的交往和两百年中国学术研究中积累的海量信息加以蓄积的明显需求。如同任何科学一样，汉学不断发展、分化。如上所述，这个过程在20世纪80年代的中国蓬勃发展，同样也促进了国内的现代化和国外的全球化。

其中最引人注目的证明之一是1986年12月15日—17日，在那不勒斯召开的题为"中国历史文化百科全书：研究纲要"国际会议，这是一个宏大的项目，旨在以国际汉学协会的力量编撰规模宏大的十卷本《中国历史文化百科全书》。计划第一卷是对中国的一般性描述，接下来的五卷是从新石器时代到现代某些历史时期的描述，从主题视角来看，最后四卷是按字母顺序排列的各种词典条目。这个出色的项目以世界汉学的著名代表，例如兰乔蒂、弗兰克、胡可、罗威、加福利科夫斯基、陈启云等为首，但遗憾的是，该项目没有实施。数十年以后来看，正如兰乔蒂所说，这仍然是一项紧迫的任务。（《欧洲的中国研究》，伦敦，1995年，第74页）

苏联学者也计划积极参与编撰"百科全书"，因为俄罗斯/苏联汉学是西方最古老和最强大的汉学之一。在对欧洲汉学史的简述里，弗兰克明确地指出："在17世纪征服西伯利亚地区之后，俄罗斯和中国已经成为有着数千公里共同边界的邻国。俄罗斯人也成为首批与中国缔结条约（尼布楚，1689；恰克图，1727）的欧洲人，并因此体会到汉学和满洲学发展所

具有的切身利益。"（弗兰克《中国研究：中国汉学史的核心问题》，载《欧洲汉学》，伦敦，1995年，第15页）

这种情况反映了百科全书一般的演变。它从个体发生到系统发生，起初遵循的是内容原则——按照专题、具体内容、问题和时间顺序来排列，然后，遵循的是形式的原则——按字母顺序来排列。这一进程的发展显示出这两种方法的优缺点：第一种方法具有理论上的优势，与现象的意义、逻辑和历史联系相对应，第二种方法具有实践的优势，能保障读者方便快捷地获得信息。由此可见，最佳的是两者相结合。1986年拟定国际项目《中国历史文化百科全书》编撰计划的汉学家们所得出的正是这种合乎逻辑的结论。

俄罗斯百科全书《中国精神文化大典》的编撰者们，基于上述理论和历史前提，以常理为指导，完全独立地制订了类似的计划。与此同时，他们并不奢求像自行车发明人那般的荣耀，而是乐于承认其杰出前辈们的优先权。

除此之外，我们的项目凸显了一系列特点。

第一，其卷数少一半，不过，相应地内容也"少一半"——只是中国精神文化，而不是整个中国文化。五卷本将包括下列组成部分：（1）《哲学卷》；（2）《神话·宗教卷》；（3）《文学·语言文字卷》；（4）《历史思想·政治与法律文化卷》；（5）《科学·技术和军事思想·卫生和教育卷》。顾名思义，各卷可以由几部分组成，它们同样也分章节。

第二，基于这样的划分，此项目第二个最重要的特点，恰恰在于独立成卷或者各卷的某些部分的建构方法。每卷结构的基础是三个部分：（1）概论部，符合内容上的标准要求，在逻辑的相互联系、历史的连贯性和高度的概括性中反映所含内容的基本主题和问题；（2）词条部，符合词条按字母顺序排列的形式标准要求，最大限度地使第一部分的内容具体化；（3）附录部，也符合形式标准要求，包括必要和足够数量的人名、书名、术语索引，以字母顺序排列，并附原作语言，与词条部相配合，以使现在这一版本不仅能发挥百科全书的功能，而且能发挥词典的功能。

第三，在我们这个时代，以丰富的百科全书和词典产品为标志，电子版本的效能成倍增加，甚至将其魅力扩展到美文（例如，参见，M. 帕维奇：《哈扎尔辞典》），在这件事上，有必要在斯库拉和卡律布狄斯之

间①（即前者是无所不包的、无边无际的客观主义，后者是满不在乎的或傲慢的主观主义，甚至在其最好的典范中宣称"客观性顶多不过是一种专横的幻觉"）铺设一条艰难的道路。（B. П. 鲁德涅夫：《20世纪文化百科辞典》，莫斯科，2003年，第2页）

在各种自我限定中间，为使我们的出版物不至于"扩散"无形，并赋予它"非一般的表达力"，其核心的、个体化的追求是利用量子物理学的范例，不仅反映主题对象，而且还反映方法，即透过俄国汉学的三棱镜呈现中国精神文化，从而创造一个类似于表现画家画作的超文本。这是非常受人尊敬的，因为是被前辈实践过的，所以现在很流行。

当然，从另外一些学术传统的观点来看，这种方法先验地意味着一定的不平衡。在俄罗斯研究得好的方面，将会呈现得较为详尽，而未被研究的方面，尽管很重要，却可能暂付阙如。然而，这种不平衡类似于面部的不对称性，这种不对称性乃是其最重要的特征之一。

第四，这个项目的第四个主要特征是它的开放性，即进一步发展、补充和矫正上的可能性。

在这种情况下，开放性还指最大限度地广泛地（在体裁限定的框架范围内）参考西方和东方前辈的著述，不过首先是俄罗斯的。П. Е. 斯卡奇科夫在题为《中国专题书目》的"关于中国的图书、期刊文章系统俄语索引"中收集了关于俄罗斯汉学研究最完整的书目数据，其中第一版（莫斯科、列宁格勒，1932）涉及从1730年到1930年的200年。在第二版（莫斯科，1960）里，则截至1957年（含1957）。后来，B. П. 茹拉夫廖娃在1974—1988年发表的年鉴《关于中国的俄语书籍和期刊文章》（《中华人民共和国俄语参考文献索引》，1976—1991）、专题图书目录《1989—1999年关于中国的俄语书籍》（《在现代化和改革路上的中国：1949—1999》，莫斯科，1999）等其他出版物中继续从事这项工作。П. Е. 斯卡奇科夫的《中国专题书目》直接延续了其1957年以后用俄语描述的汉学文献项目，其主要部分将收录在这本百科全书的附录部里，特别是第一卷包含的1958—2005年的哲学专题书目里。

科布杰夫：俄罗斯科学院东方所中国研究部主任、首席研究员

（夏忠宪译）

---

① 斯库拉和卡律布狄斯是古希腊神话中的两个著名角色，是专门溺死过往的航海者的妖怪，分别代表着危险和恐怖。这个典故后来成为"陷入斯库拉和卡律布狄斯之间"（Caught Between Scylla and Charybdis）的表达，用来形容进退两难、左右为难的境地。——译者注

文学·语言文字卷
引言

　　本卷包含两个部分，即《文学卷》（第一部分）和《语言文字卷》（第二部分），每卷皆有其"概论"和"词条"，但"附录"为两卷共享。

　　第一部分《文学卷》的"概论"主要为对各文学体裁的描述，旨在概括跻身世界最古老、最丰富文学之列的中国文学之不同创作类别和体裁的特性，及其在不同阶段的基本特征和发展取向。"词条"与其他各卷相同，对象为中国诗人、剧作家等 的姓名或作品名称，表示某些基本概念、范畴、文学流派、诗歌团体等的术语。全书词条以中国古代诗歌和经典诗歌为对象，分析中国古代诗歌和经典诗歌之杰出代表的创作以及作品。本卷许多词条讲述中国中古文学，即用"文言"和"白话"写成的叙事文学。俄国读者借助俄文译本熟悉的中国小说多属此类文学。"词条"部分还广泛呈现中国当代文学，这在俄国汉学界尚属首次。本卷还收入数项反映俄国的中国文学研究史的概述性词条。

　　第二部分《语言文字卷》介绍语言和文字。语言和文字具有与中华文明其他构成因素同样的作用，使中华文明在世界诸种伟大文明中独树一帜。俄国历史上的著名汉学家[И. К. 罗索欣和Д. П. 西维洛夫，Н. Я. 比丘林和П. И. 卡法罗夫，В. П. 王西里（瓦西里耶夫）和В. М. 阿理克（阿列克谢耶夫）]的中国研究均始自对中国语言和文字的先重实用、后重学术的研究，这并非偶然（关于俄国的中国语言研究史在"概论"部分有简要介绍）。在数千年时间里，在多种差异甚大的方言始终并存的条件下，中国的象形文字和官方书面语言保障了中华民族的统一。"概论"概括中国语言的起源学和类型学特征，简单描述其发展历史，并对有时近乎是独立语言的各种中国方言进行分类。此处亦论及现有语言中这一最为古老文字的起源、现状和结构特征，并涉及亚洲广阔汉语圈不同部分之语言现状的多样性。"词条"的关注重点在于书面语的两个基本形态，即"文言"和"白话"。许多词条介绍传统的中文工具书，这些工具书包含了对数千甚至上万汉字的解法，是韵书或以部首为编排依据的字书。

在《大典》的不同卷中会遇见相同或相近的词条，它们讲述与本卷内容相关的某些现象或人物。如关于被编入孔子经书的中国最古老的文学文献《诗经》的词条，就分别出现在《哲学卷》和本卷；这两卷也同时收有关于19世纪杰出哲学家、政治活动家和诗人谭嗣同的词条。《神话·宗教卷》和本卷均可见汉武帝（刘彻）的词条，他在位期间施行诸多重大政治和宗教仪式改革，他不仅享有"哲学、艺术和文学庇护人"之美誉，其本人亦为著名诗人。本卷中，关于"古文"和"甲骨文"的词条就分别出现于《文学卷》和《语言文字卷》。

在本卷或其他各卷《词条》中另有词条介绍的名词用加黑体标出。《大典》不同作者对专有名词和书面文献名称的翻译或有不同，对古代人物活动年代和作品真伪的确定抑或有差异。词条作者的姓名标注在该词条之后或他所撰写的词条部分之后。

大部分词条均附有参考书目，这些书目既有公认的经典，亦不乏最新论著，优先选择第一手材料。单星号（*）之后所列为原著（书面文献出版物，本词条所讲述之中国思想家或学者、文学家或艺术活动家的著作），包括中文、日文、俄文和西方各语种出版物，以出版年代为序；双星号（**）之后所列为与该词条内容相关的主要参考书目，包括俄文、中文、日文和西方各语种出版物，以俄文字母顺序为序。古代诗歌和文学部分词条（М.Е.克拉夫佐娃撰）的参考书目、索引不同于标准编排方式：缩略形式的参考书目以俄文字母顺序为序，起始部分列出关于某位文学家之生平的文献。关于文献和研究著作的完整目录置于"附录"部分的"参考书目之二"。

"附录"部分包括略语表、两份参考书目、年表、中国不同时期历史地图、语言学图表、人名索引、术语和概念索引、作品索引，以及本卷作者名单。

中文名词和人名用传统的俄文标音法来标示，其汉字写法（尽量充分地）在索引部分标明。在《语言文字卷》词条中，多数例句均附有汉字。本卷继承俄国汉学和西方汉学界一个由来已久的做法，即将书面的"文言"单词分开标注，或加连字符。为避免混淆单音节同音字，在该词之后方括号中标注数字，以表示不同含义，如ши[3]表示"事"，ши[6]表示"氏"，而ши则为"诗"。

本项目的主要目的之一，即透过俄国汉学的棱镜呈现中国精神文化。因此，本书作者，亦即本项目参加者中便包括大量20世纪下半期至21世纪初的俄国著名汉学家，其中不乏新一代俄国汉学家的代表。编委会衷心感谢参加此卷编纂或为此卷材料提供咨询和审阅的所有学者。

特别感谢为此卷编纂和出版作出巨大贡献的下列人员：俄国科学院远东研究所研究人员А. Н. 科罗波娃，俄国科学院东方文学出版社的А. А. 科茹霍夫斯卡娅、Р. И. 科托娃和М. П. 格尔申科娃，俄国国家图书馆的И. И. 梅兰因，俄国科学院科学印刷厂厂长А. Д. 鲍勃罗维奇。

读者诸君的意见和建议请寄至：117848，莫斯科，纳希莫夫街32号，俄国科学院远东研究所。

（本卷编委会撰，刘文飞译）

甲部 文学卷概论

中国文学

书面文字形式的汉语文学主要由汉族人写成。中国的其他民族大多有其民族文学，如藏族文学、蒙古族文学、满族文学、维吾尔族文学等。从保存下来的文字证据看，中国文学的历史不少于2700年。正如我国汉学泰斗B. M. 阿理克院士（1881—1951）公允地指出，与世界许多民族的文学不同，中国文学较重要的特征之一在于其美学、思想和题材、体裁和形式、语言及其他方面从未被毁灭，在任何历史时刻均未中断，而始终在向前发展。

在这2700余年里，文学在社会各阶层均赢得尊重和爱戴，从将能诗善文视为不可或缺之教养标志的达官贵人，到目不识丁的普通大众——后者借助街头说书人和戏曲演员接触到文学。对语言艺术的敬畏如此之深，甚至形成这样一种传统，即禁止损毁一切写有文字的纸张。

创作于20世纪初之前的浩如烟海的文学作品，通常均被归为"古典文学"（有时亦称"旧文学"或"传统文学"），后来发表的作品则被归为"新文学"（20世纪上半期）或"当代文学"。古典文学用上古或中古的书面语"文言"写成，"文言"程度不等地有别于口语，时常难以看懂。新文学和当代文学除少数例外，则均用生动的口头语言"白话"写成。

诚然，古典文学并非凭空产生，作为其先声的是神话、传说、歌谣等其他民间文学种类。我们如今所知的中国神话散见于古代书面文献，且多为片段，这是因为汉族人既无希腊、印度和中亚诸民族的大型史诗，亦无日本《古事记》那样的神话合集，至少，此类大型史诗或神话合集未能流传至今。但神话和传说对艺术创作的影响相当巨大，相当深刻，直到不久前依然如此。

远古歌谣和其他民间文化样式的某些部分被记录下来，作为早期文学文献的组成部分流传至今。此处所言首指《诗经》，传统上将这部诗歌合集的最终成书定于公元前6世纪。这部文献标志着作为一种文学创作种类的诗歌之诞生，它对整个国家的精神生活产生了重大影响。

在论述古典文学时，考虑到青史留名的作家作品难以胜数，我们大体采用按体裁、按年代叙述的原则。如上所言，古典文学的发展持续达两千余年之久，若按照世纪更替的顺序追踪这一发展过程，则不仅需要大量篇幅，而且还可能导致叙述的零碎和难免的重复，最终极大地妨碍读者充分领略中国文学发展的基本特点、倾向和阶段。因之，概论部分词条包括诸种文类和体裁的特点，这些文类和体裁在不同文学发展阶段程度不等地决定了文学的面貌。譬如，位于书面文学发端处的诗歌在数量上始终占据优势，近乎独领风骚，自公元最初几个世纪起直至13世纪。但是，用"文言"写就的叙事散文也在这一时期出现，并在7—9世纪成熟，后又在14和17世纪再度繁荣。这一体裁仅为知识阶层所掌握，可归入"精英体裁"。

较为通俗的叙事散文体裁采用接近口语的文字（"旧白话"）。这一体裁自14世纪起流布开来，其重要角色一直保持至"新文学"发端。但实际上，与此同时，在13—14世纪和16—17世纪，古典戏曲也在文学生活中和戏剧舞台上占据突出位置，它集诗歌元素（曲）和散文元素（散白）于一身。

此部分结构与上文的叙述相吻合。前文言及的每一种文类或体裁，即诗歌、用文言和白话创作的叙事散文、戏剧等，均有概括性的专论予以介绍。这些专论只能以最简洁的篇幅揭示该体裁的形成、演化及其与其他文学种类的关系，以及它与相关时代的哲学、宗教和政治思潮的关系。对该体裁杰出代表人物之创作的分析，有可能揭示主题和形象的基本范围，有可能展示内容和形式方面的继承和创新。在分析的过程中，也会对一些较重要的中国文学术语进行阐释。坦白地说，其中许多术语，尤其是散文体裁方面的术语，所需要的与其说是阐释，不如说是翻译（譬如"传""志怪小说"），但有时也需加以说明。比如"章回小说"，即由若干情节相对完整的章节构成的长篇小说；或"演义"，即以历朝史传为基础的历史叙事。

面向母语非汉语的读者对中国诗歌作形式分析，此为一项更复杂的任务。在中国的诗歌格律中，诗行中的音节数（最常见者为五音节或七音节，但也可能有数十音节）、韵脚的交替或无韵、句中的停顿等自然也具有重要意义。但是，还有一种重要的形式构成因素，这一因素与汉语中存在的音乐调性密切相关，这些调性具有词义辨析作用。在全民族通用的语言中，此类声调共分四种，而在诗歌语言中，第一声调（"平"）与其余三种会随时变化的声调（"仄"）构成对比，"平""仄"交替形成诗的格律和旋律。还必须考虑到，古典诗歌与音乐紧密结合，因为诗句要么被吟诵，要么在乐器（主要是弦乐）伴奏下被演唱。而且，在"词"和"曲"等诗歌体裁中，每首作品中的格律（每一诗行的音节数和声调的交替规则）无疑源于古代旋律的曲式结构，这些数量夥众的曲式结构后成为固定的作诗法则。而那些旋律却已大多被人遗忘。显而易见，在将汉语诗歌译为那些不具音乐调性体系的语言时，这些特征便难以传达。再者，汉语诗歌大多使用单音节词。因之，在将其译成诸如俄语这样充满多音节词的语言时，便不得不增加诗行的数量（往往增加一倍）。如此一来，四行的"绝句"便会译为一首八行诗。

至于文学散文，亦与其他历史悠久的地区文学中的情形一样，是自哲学著作、历史著作、经济著作、宗教著作等一切非韵文文字中缓慢、逐渐地独立出来的。在上述诸领域著作中，文学因素时常清晰可见，譬如儒家先圣著述中的对话体，道家宗师笔下的寓言及其汪洋恣肆的文风，古代史家著作中引人入胜的情节片段［如司马迁（前2—前1世纪）《史记》中的列传］。一如柏拉图的对话录和卡拉姆津的历史巨著，其审美特征毋庸置疑，可上述中国思想家的作品通常仍被视为相应的哲学著作或史学著作。

能被归入文学散文的作品大约出现于公元1世纪，并在3—6世纪大量涌现。它们或为传记和神话片段，或为"奇史"和趣闻集，但均用文言写成。这些作品情节紧凑，语言简洁，风格洗练。这一散文种类在许多世纪的历程中多有变化，其发展历史在"文言叙事散文"中有所介绍。用文言写作的另一散文种类也有单独介绍，这一文体与其说是故事体，不如说是随笔体，俗称"美文"。它可以说是涉及各类主题的一系列"论说"，从哲学、政治到社会风俗，从对历史功过的评判到邻人的性格特征、读书偶得、友人书信、论争文字……这一文学创作种类已从文言过渡至口语，至今仍生生不息。

接下来论述一种更接近口语（即"白话"）的传统叙事文学。它发端于13—14世纪，在古典时期结束之前它始终在散文中占据主导地位，尽管它在很长时间里均不被视为经典，甚至被认为不配得到有教养人士的关注：众多译成俄语的中长篇小说均属中国文学的此一种类。这些小说描写崇高的英雄和卑鄙的恶棍，描写隐士和骗子；在这些小说中，幻想成分与日常生活相互交织，忘我的爱情理想和平庸的放荡行为比肩并存，散文描写和对话与各种抒情诗歌体裁有机地融为一体。

　　古典戏曲是叙事散文的同龄人（后者完整或部分地保存了14世纪的戏曲作品）。就题材的广泛、情节的新奇、人物形象的罕见多样（更多自伦理和社会角度而非心理角度来揭示）、想象的丰富和语言的精致而言，古典戏曲堪与叙事散文媲美。神仙和海怪，国君和武士，诗人和僧侣，商贾和妓女，年轻的恋人和贪婪的强盗，孤儿和寡母，各色人等一同生活于古典戏曲的天地。在这个世界，现实生活与历史传说、民间想象和宗教传奇相互交织。言及题材和形象的多样，自然应该指出，大体相同的形象和题材亦可见于不同的文类和体裁。但在不同场合，它们每每会被置于不同视角，被披上不同外衣。中国的戏曲或为单折戏，或有数百折，其结构相当复杂。散文化的独白和对话与单独或成组的诗体咏唱（即"曲"）相互穿插，此类"曲"均按指定的曲调和格律写成。常人力有不逮的复杂诗体语言使得古典剧本变成了"戏曲读本"，它们很少为舞台演出而作。伶工们另有一套剧目，其脚本更为通俗，但很少具有真正的艺术价值。

　　此部分中有一篇题为《文学理论和文学体裁》的文章，其中系统介绍了自公元最初几个世纪以来中国思想家的观点，内容涉及文学语言（主要是诗歌语言）的各种体裁，各种流派及其相互关系，诗歌技艺的复杂化和丰富化，以及向更早形式的周期性短暂回归，对于诗歌作品的风格、各流派的相互竞争、援引前人和借典的技巧等问题予以较多关注。理论作品通常为文学批评性文字，作者对他们所讨论作家的哲学、宗教和历史观点进行讨论，同时也就此类问题发表看法。大量诗法方面的教材（更何况诗赋还被列为国家科举考试科目）、韵书、典籍校勘本和卷帙浩繁的选集不断涌现。需要指出，许多文学理论和批评著作与随笔散文相近。至于戏剧，学者们的研究对象主要为音乐，也包括某些剧作之起源。

　　中国古典文学一个独一无二的特点，即它在其整个历史发展过程中实际上未与世界文学发生关联（中国文学自身则对毗邻民族，尤其是那些采用汉字的民族之文学产生过强大影响）。19世纪末至20世纪初，中国社会步入一个漫长的政治和社会改革期。中国旧文明的诸多弱点逐渐显现，许多貌似亘古不变的规则已经过时，重新建构的欲望开始涌动，文学自然也不会置身局外。中国文人甚至提出"文学革命"的概念，号召与旧的、"封建的"文学观念体系做斗争，以便确立那些从外部引入的新观念。与此同时，文学语言也从旧的书面语言过渡至鲜活的口头语言。

　　词条"新文学（1917－1949）"介绍这场革命的实质及其发展过

程，它与中国社会的思想和政治斗争、与反抗外部入侵的斗争始终密切相连。在这节以及随后一节中，分体裁、按年代的叙述原则被纯粹按年代的叙述原则所取代，因为先前那种让各种体裁轮流"登台"的做法实际上已失去意义，在重建的文学中，各种急剧变化实际上同时见于所有体裁。新的主人公同时诞生；各种新流派同时出现，如现实主义、浪漫主义、象征主义等；出现了其他各种新的形式、风格和美学观念。尽管与传统的关系并未完全断绝，但外国文学，亦即俄国文学、西欧文学、美国文学和日本文学的影响才是决定性的。而在1937—1945年，这样一种愿望则有所加强，即创造出更能为人民大众所喜闻乐见的新的民族文学形式。

中华人民共和国成立（1949）之后的中国文学走过一条艰难的，时而自相矛盾的发展道路。其道路在很大程度上受制于国家的政治事件和社会变革。但正如"当代文学"一节所指出的那样，当代文学直至"新时期"，亦即20世纪80年代的发展道路表明，中国文学虽然历经各种困难，却始终保持并增强了活力。在变换的条件下，它响应再度出现的需求和召唤，在寻找新的方向，丰富其主题、形式和表现手法。当代中国作家不懈追求，让文学在新的千年依旧能在社会生活中占据它应该占有的位置。

中国文学是我们这个星球上最古老、最丰富的文学之一，这部俄国首部中国文学大典的面世，毫无疑问将促进我们两国间各方面关系的进一步发展。

*《中国文学作品选》，Р. М. 马马耶夫编，Н. И. 康拉德序，莫斯科，1959年。

**В. М. 阿理克《中国文学论集》1—2卷，莫斯科，2002—2003年；В. П. 王西里《中国文学史纲要》，圣彼得堡，1880年[①]；《中国古典文学：俄译俄评书目索引》，И. К. 格拉戈列娃编，В. Ф. 索罗金序，莫斯科，1989年；П. Е. 孔气、И. К. 格拉戈列娃《中国文学：俄译俄评书目索引》，莫斯科，1957年；В. Ф. 索罗金、Л. З. 艾德林《中国文学简史》，莫斯科，1962年；《中国文学大辞典》1—8卷，马良春、李福田主编，天津，1991年；《中国文学大辞典》1—2卷，钱仲联等主编，上海，2000年；Idema W., Haft L. A Guide to Chinese Literature, Ann Arbor, 1997; Nienhauser. H. The Indiana Companion to Traditional Chinese Literature, T. 1 - 2. Bloomington, 1986 - 1998.

（В. Ф. 索罗金撰，刘文飞译）

---

① 此书汉译见王西里：《中国文学史纲要》，阎国栋译，中央编译出版社，2016年。——译者注

文学中的古代神话

在希腊和罗马、埃及和印度，神话在长达数世纪的时间里始终滋养着诗人、艺术家、铸造师、黏土工的创作。一定程度上的相似场景亦见于中国。至今尚不清楚，古代中国人的神话究竟以何种形式存在。根据由日本汉学家盐谷温与中国现代文学的奠基者鲁迅所共同开创的研究传统，中国古代神话通常被放在中国文学史中加以考察，被视为小说创作的直接源泉。但在与汉人为邻的其他许多直到20世纪仍保留古风旧俗和口头创作的民族（如瑶族、苗族和畲族）的民间文学中，却存在大量以相似的神话情节为基础的诗歌作品。比如，贵州东南部的苗族就记录下四组"古歌"或曰"古史歌"。其中一组诗叙述创世（开天辟地，打柱撑天，铸金日造银月），另一组诗叙述大洪水以及一对幸存兄妹的婚姻。可以推测，古代汉族也有诸如此类的歌，即独特的神话史诗，但它们未能流传下来。也可能仅存在过一些咏唱神话人物的单篇歌谣。可以成为此类假说的间接证据者，是一首被收入中国古代歌集《诗经》（前11—前6世纪）的颂歌，它颂扬的是将播种技艺传授给人们的后稷。此为《诗经》中唯一的神话歌谣，但这自然并不意味着在其他歌谣文本中不曾提及神话人物，比如治服洪水的大禹，可这恰恰仅为提及，而非对那些神话人物之伟业的铺叙。

《诗经》据传为孔子所编，如果是真的，他自然会以他素有的理性精神对《诗经》加以改编。在《诗经》之后，我们实际上已难见纯神话的歌谣文本，亦即那些描绘英雄、描述祖先之伟业的文字。

在这一方面构成例外的是我们知其姓名的第一位中国诗人屈原（前4—前3世纪），其诗作包含大量能让我们重构神话的素材。但他的诗不似苗族古歌，而是一位具有高度修养的艺术家之创作，其中充满质疑，质疑用神话的形式解释世界的可靠性。他的长诗《天问》含有一百七十余问，其中相当一部分与古代神话内容相关。对大禹治水的神话故事充满疑问的这四句诗，就是一个典型例子：

洪泉极深，何以窴之？
地方九则，何以坟之？

屈原的追随者宋玉也不完全相信关于世界的此类阐释。

自汉代（前3世纪末—公元3世纪）起，诗人们提及神话人物的名字便仅为装点自己的诗作。的确，关于世界的神话思维偶尔也会突然闪现出新的火花，在某首短诗或某部长诗中获得体现。比如，曹植（192—232）写出风格细腻的抒情长诗《洛神赋》，诗中写到主人公在梦中与"荣曜秋菊"的美人洛神相会。一般认为，此诗写的是作者对他爱恋的女子甄妃的思念，甄妃是曹植的嫂子，诗人将她喻为宓妃，即神话中古帝伏羲那位溺于洛河的女儿。曹植着意刻画洛水女神非尘世的容貌，对其他神话人物如女娲、冯夷等则仅作为这位美女的随从而一笔带过。显而易见，这是作者本人对神话形象的加工。

在哲理散文和叙事散文中，情形则有所不同。古代哲人，主要是公元前4世纪至3世纪的古代哲人，经常讲述当时众所周知的神话，以便道出他们治国修身的理念。道教哲人老子的追随者，尤其是庄子、淮南子和列子，他们的作品将很多神话人物形象带至今天。儒者们则试图修订神话，从中剔除一切唐突之处，对它们进行枯燥的唯理论阐释，从关于神话的新的理性解读角度出发论证神话的乖谬。论辩哲人王充（1世纪）也反对神话思维之余脉，他在其著作《论衡》中写道："尧上射十日……日者，大火也，察火在地，一气也，地无十火，天安得十日？"他未必能想到，有些神话正是由于他在这部批评著作中的提及方得以流传至今。

但是，古代神话并未完全失传。儒学哲人重新评估神话人物，将其转化为历史活动家，假借他们的名义来传播自己的学说。神话中的人物尧、舜、禹被视为理想的古代君主，后代君王均应效仿他们。不过，文学中并未发现关于这些神话人物之功绩的全新故事。

古代神话转变为历史，已成为中国传统历史的组成部分。正因为如此，如今我们在重构古代神话系统时就很难从神话中剔除那些历史的层累。古代神祇常常变身为"帝"，这个词后来具有"国君""皇帝"之意。古代神祇的助手和随从也被视为达官贵人，虽说在遥远的神话时代并没有、也不可能有那种能让人想起帝国时代社会的等级制度。

这些改头换面的历史神话继续存在于史家和哲人的著作中。前104年，伟大的中国历史学家司马迁

开始撰写《史记》，他从《五帝本纪》写起，开篇即是关于神话人物黄帝的故事。在司马迁看来，黄帝是一个相当真实的历史人物，是一位生来便具有诸多非凡才能的统治者。但不难猜测，在司马迁塑造的这个国君形象背后或许有一个神话中的文明英雄，他"治五气，艺五种，抚万民，度四方，教熊、罴、貔、貅、䝙、虎，以与炎帝战于阪泉之野"。黄帝率领的不是武士而是野兽，这会使人产生此种假设，即黄帝本人在远古亦被想象成某种兽类祖先。在司马迁这里，他与其他神话人物（蚩尤、颛顼、尧、舜等）一样被视为古代历史上的真实君主。但值得注意的是，这位伟大的历史学家从黄帝开始其叙述，而置更早的（就传统谱系学而言）先祖如伏羲、女娲和神农等于不顾。看来，他对这些更早先祖的真实性持怀疑态度。不过，他的"历史"中的这一空白后来在8世纪为司马贞所填补，后者在其《史记索隐》中添写"三皇本纪"一章，"三皇"即伏羲、女娲和神农。

此后，司马贞所撰此章被置于《史记》之首。[P. B. 越特金（维亚特金）的俄译本《史记》将其列为第一卷附录]。虽然司马贞无法打破传统，在描述"三皇"等形象时也保留某些神话特征，比如他说女娲是"蛇身人首"，可他笔下的伏羲、女娲、神农、共工等神话人物依然近乎远古时代真实的、代代相袭的君主。他将伏羲置于这一序列之首，随后才写到女娲，因此他不得不对女娲的主要伟业即造人不置一词，否则便很难说明伏羲统领的人自何而来。他却无法对女娲的其他功绩视而不见，因此女娲用彩石补天的故事就变得真实起来。在12世纪，文学家罗泌甚至尝试编纂一部独特的史书合集《路史》，其中的神话人物均被当成历史活动家。

与儒学（始自汉代）同时，道家传统在中国也获得发展。道家起初是一种自然哲学，后在公元后最初几个世纪转变为一个宗教体系，它吸收古代神话观念、巫术以及后来的佛教等因素（一般认为，道观礼仪在很多方面均依据佛寺仪轨制定）。道教作为宗教的典型特征，即为它关于不朽圣人（仙、神仙）的学说。道教徒积极利用某些古代中国神话形象，把神话中的黄帝和西王母纳入其神祇的行列。在这一过程中，这些形象自身发生重大变形，有时甚至出现实质上的

转变。比如，西王母原为古时一位掌管灾疫和惩罚的可怕女神，后却在公元后最初几个世纪道教作家的笔下脱胎换骨，其性格近似道教徒。在桓驎（2世纪）的《西王母传》中，她成为东王公之妻，她生于"西华至妙之气"，一如她丈夫生于"东华至真之气"。因此，他俩是人类先祖，与任何神话来源均无干系。我们顺便解释一下，首次出现于公元后文本中的东王公形象是依据西王母形象创造的，以便与"独身的"西王母成双成对。西王母形象起初近似可怕的兽类，有三只青鸟侍奉她，为她寻觅食物，而后来她则变成一位年三十许的天国仙女，伴她出行的是身着青衣（青鸟留下的标记）的十六七岁少女。至少，在被认为是班固（1世纪）所作的《汉武帝内传》中，西王母的形象即如此。

远古时期的神话人物在变身为道教的圣人和儒教的历史活动家之后，便步入后来民间成分复杂的神祇行列，据一些学者判断，这些神祇产生于12—14世纪。在这些神祇中，各种技艺和各种社会集团的保护神似乎占据首要位置，比如神农，但他与其说是教会人们耕地播种的古代文明英雄，不如说是位圣人，即医学的庇护者（因为人们重新意识到这一传说，即神农第一个确定哪些草药具有疗效）。在后来的民间年画中亦能看到，神农、伏羲和黄帝均被视为医学的庇护者。就这样，古代文明英雄的形象在民间混成式宗教中得以保存。

在汉代出现了许多文本（似乎与古代神话形象在逐渐形成的道教体系中的变形过程同步），其中亦可看到古代神话的现实化。所谓"纬书"即可为例，欧洲汉学界称之为"中国伪经书"。它们是对儒学经典的非官方补充。此类书籍仅有片段被保留下来，但依然能看出其关注重点为神话人物神奇诞生的传说，以及他们神奇的外貌。当时对神话谱系的此类兴趣，其根源很可能在于新的统治精英阶层登上历史舞台，他们需要证明其掌权的合理性。就当时的观念而言，这一合理性主要来源于古老的血统，家族的姓氏可以追溯到最古老的文明英雄。自汉代末期（3世纪初）起，显然因为受道教和佛教影响，中国文学开始出现一个独特的散文分支，它在16世纪得名"志怪小说"。当时编成多种短篇故事集（现存逾30种），其中收入许多形式简洁的故事，或寥寥数语，或若干段落，所叙为神怪类型的奇谈（人与鬼魂妖怪的相遇）以及古代神话片段。

比如，干宝（4世纪）的《搜神记》开篇即为关于神农的三言两语的故事，称神农用神鞭抽草，便能得知哪些草有益，哪些草有毒。

这些文集中的某些内容亦与古书《山海经》相近，后者是中国文学中独一无二的存在。此书实为我们关于古代中国神话之认识的基本来源。关于这部文献的成书时间和地点，人们莫衷一是。它显然不像过去认为那样为神话人物大禹及其助手伯益所作，亦非一人所撰，而系众多作者集体创作。同样显而易见，此书系在数百年间形成，袁珂认为是在公元前5世纪至公元前2世纪之间，而成书地点则在古代楚国，这里也是屈原的生活和创作之地，他的诗如前所述，亦为重构中国古代神话的最重要源泉。因此，我们在重构中国古代神话时所依据的主要是楚国文献。在先秦时期的众多诸侯国中，楚国别具一格。楚国居民主要为蛮族，即苗人和瑶人的祖先，楚国统治者实际并不承认周朝天子的政治权力。在前7—前6世纪，楚国虽然始终能够感觉到中原诸国强大的文化影响，但此地业已形成强大的地域传统，较中原的传统更为古老，有许多是在巫术传说基础上生发的。地域民间文化与中原书面文化形成一种独特结晶，我们在屈原的诗歌和《山海经》中均可看到这类结晶。在一系列中国古代书面文献中，《山海经》是一座独特的纪念碑。《山海经》的体裁特征也很难阐释。一般认为，这是一部古代风水书（即"地理占卜书"）。至少，班固如此定性此书，他将此书收入其编纂的古书分类书目集《汉书·艺文志》，置入"数术略"中的"形法"类（即对地域、城市、建筑和人的描述）。在古代楚文化中心长沙出土的一块丝绸上有一幅占卜画（很可能是巫师的画），画上的题词很像《山海经》中的话。此画四周画满各种神话形象（有角三头人、人脸公牛等），中央是几句题词，其表达方式和风格近似《山海经》。

古人以《山海经》为样板，在公元最初几个世纪编成《十洲记》和《神异经》，两书收有许多在我们看来富有幻想性质的传说，这些传说也可用于对古代神话的重构。

在3—6世纪的神话故事和唐代（7—10世纪）及稍晚时期的中国文学"传奇"之间有一条清晰的传承线索，但这些传奇故事的基础并非古代神话，而是所谓低层神话，即妖魔鬼

怪故事，更不用说纯粹的日常生活题材也已进入当时的散文。

中国古代神话也是16—18世纪某些历史演义①的创作基础。这些历史演义通常是口头民间故事和编年历史传统相互结合的产物。渐渐地，统治过中国的所有朝代实际上均被写进历史演义，其中也包括传说中的夏代。周游（16—17世纪）写出《开辟演义》。文人官吏钟惺（卒于1625年）撰有《有夏传》《有商传》，《盘古至唐虞传》亦被认为是他的作品。在这些书中，古代神话人物与中古混成性宗教信仰相呼应，常被后出的神祇所环绕。比如，在周游的作品中，开天辟地的盘古就与佛祖释迦牟尼同时活动，观音与天皇、地皇和人皇这三方主宰同时活动，而这些形象未必属于古代神话②。将这些作品（除我们未及目验的关于盘古的书）的文本与古代文献，尤其是《山海经》作比，可看出这些历史演义的纯书面性质，即其作者的写作素材并非取自口头传说，而是源于书面文学传统。当然，这并不意味他们的作品仅由引文构成。他们依循这一全新叙事体裁的规律，对素材进行创造性改编。而且，在古代文献中彼此毫无关系的人物被组合起来（围绕某一主角的独特组合）。许多日常生活细节被引入叙述，还添加了古代文本中没有的对人物行为的说明，对战争和打斗的出色描写，此类描写采用的是历史史诗和英雄史诗的手法；作者也描绘出一些神话人物肖像，但他们依据的是中古民间演义的模板。在这些历史演义中，神话人物通常为巨人（远古想象之遗迹），大多神人同形。比如，炎帝的女儿精卫鸟在《开辟演义》中被写成一位美丽公主，有"闭月羞花"之貌。总之，中古时期这些历史演义中的神话人物形象和情节均被作者依据"章回小说"的规则加以改造，这些历史演义无法成为我们重构古代神话主题的基础。

后几个世纪的小说家也在一定程度上借鉴古代神话。比如，曹雪芹著名小说《红楼梦》（18世纪）的主人公贾宝玉就是女娲补天后留下的一块石头之化身。神话主题似乎构成了这部博大作品的深层意蕴。

---

① 本篇中"史诗"对应的俄文词语为，是指对历史、传记、神话等进行叙述的大型叙事作品，而不论其是否押韵。作者将明清历史演义小说等均视为"史诗"。望读者注意此概念与通常"史诗"概念的区别。——译者注

② 《风俗通义·皇霸篇》引《春秋运斗枢》云，古代称为三皇的天皇、地皇、人皇分别就是伏羲、女娲、神农。——译者注

19世纪著名小说家李汝珍在长篇讽刺小说《镜花缘》中以另一种方式借鉴古代神话，尤其是《山海经》故事。小说中那位商人主人公的海外之旅会让我们想起格列佛的奇遇，区别仅在于，那些奇异国度的名称系由这位中国作家借自古代神话而赋予。比如，取自《山海经》的国名便有黑齿国、豕喙国、三首国、玄股国等。如研究者指出，作者在这部长篇讽刺小说中假借对神话国家民众的生活和风俗之描写，反映他所处时代的中国日常生活和风俗。

伟大作家鲁迅也继承了这种以讽刺为目的而借鉴古代神话的传统，并在新的基础上加以发展：1922—1935年间他发表了一组短篇小说，这些作品后结集为《故事新编》。鲁迅借用古代神话的题材（《补天》取自女娲用黏土造人、补天的传说；《奔月》写射手羿和他的妻子嫦娥；《理水》写大禹的功绩），创作出全新的作品，这些小说是以一位现代人的立场对古代神话的叙述，那些古代文明英雄的思维水准也近乎现代人。他将神话人物置于他们不曾体验过的日常生活环境，表现他们的痛苦和不幸。高傲的自然征服者、伟大的射手羿曾用自己的箭射落天上10个太阳中的9个，可在鲁迅笔下他却成为一位不太成功、疲惫不堪的猎手，他射得1只麻雀和3只乌鸦（暗指神话中曾视太阳为金乌），将这些猎物带回家，却立即遭到已不爱他的妻子嫦娥的责骂："又是乌鸦的炸酱面，又是乌鸦的炸酱面！"

鲁迅称其小说集为《故事新编》，这别有深意。起初，作家构思这些故事是作为一种尝试，"不过取了弗罗特说来解释创造——人和文学的——的缘起"[①]，但在创作过程中，这些故事却转变为讽刺文本，其中充满对当时一些鲁迅论敌的影射。比如有人认为，关于射手羿以及他那位背信弃义、企图射死老师的学生的故事就影射文学家高长虹的卑鄙和忘恩，后者在创作初期曾得鲁迅提携，后却与鲁迅决裂，恶意中伤自己先前的老师。

鲁迅的传统为袁珂所继承，后者在20世纪40年代末创作出一系列神话题材故事。袁珂在1956年写道："当时[②]很难说话，歌颂光明，攻打丑恶，不能不采取一些隐曲的表现形式，这类童话就是在这种情况下产生的。它们都带着一些讽刺的意味，所以虽名童

---

① 见鲁迅《故事新编》序言，引文中的"弗罗特"即弗洛伊德。——译者注
② 指国民党时期——原注

话，却不是专门写给小朋友们看的，倒多半是为了还没有失掉童心的大人。"比如，在这些故事中有《夸父和他的子民》。据古代文献，巨人夸父曾试图追逐太阳。袁珂以这则神话为基础，写出一篇独特的寓言故事，它与高尔基描写丹科的那篇故事十分相近。在这则故事中，夸父是闇冥国的国王。这个国度充满各种毒虫猛兽，黑暗中只能听到野兽吃人或人食兽肉的声音。突然，天边现出一道亮光。夸父唤自己的子民跟随他。数千民众奔向太阳，但乌云遮蔽光亮，并将瓢泼大雨洒向民众。民众怨声载道，有人转身返回。乌云请求"雪之宫"四兄弟即霜、雪、雹、霰来帮忙。太阳终于射穿乌云，可夸父和他的子民却无论如何也追不上太阳。高山大海挡住他们去路，可他们仍在不懈地奔向光明。他们在途中遇见一片桃林，饥寒交迫的民众留在桃林，不愿再往前走。首领孤身一人奔跑，但由于疲惫不堪而倒下，最后死在当地。见首领死去，人们纷纷扔掉甜蜜的果实，继续向太阳走去。就这样，生活在黑暗国度中的人们渴望光明，任何障碍均无法让他们止步。

袁珂利用神话创作出寓言故事，在这些寓言故事中，古籍中的只言片语因为他想象出的众多细节而显得绚丽多彩。

他对那则关于鲤鱼变龙的传说之改编则采用了另一种方式，带有讽刺性质。这则故事题为《龙门》。鲤鱼们想变成龙，就得跃过黄河上一道道高高的门槛，它们投机取巧，在尾巴上装了弹簧。它们实现愿望，变成小龙，幸福地生活在天国，把弹簧藏进特制的布套。可是有一尾年轻鲤鱼不愿效仿它们的做法，它在许多次尝试之后终于跃过龙门，成为一条大龙，那些作弊者均被揭穿，被从天上扔回河中，与普通鲤鱼一样死去。

袁珂借鉴神话传说，并对之加以发展，添加诸多具有讽刺意蕴的细节。关于鲤鱼的故事即如此：其中有鲤鱼曾研习一部题为《文坛登龙术》的著作。

与此类对神话题材的非传统借鉴同步，也有一些用传统多卷本长篇历史演义体裁叙述神话的尝试。比如在1935年，钟毓龙出版《上古神话演义》。1954年，历史学家陈穉常写出同类著作，该书试图以传统长篇小说的形式叙述古代神话，其基础是当代学术界对于原始社会的认识。

在以神话题材为基础的传统戏曲创作中亦可见对于神话的兴趣。比如，在20世纪50—60年代的京剧中，由中国著名的京剧演员梅兰芳、程砚秋等人创作的《嫦娥奔月》就广为人知。

中国上古神话人物形象也在其他国家的作家那里得到广泛借用。在日本、朝鲜和越南，这些形象常被当作塑造各类神话人物的标准范例。有时会通过某位人物之口完整转述中国上古的某一传说，比如在日本13世纪的史诗《平家物语》中，故事主人公平重盛召唤其武士，想试探武士们能否在艰难时刻召之即来，结果有万余人闻召前来。王公对他们讲述中国周幽王的故事：周幽王数次下令点燃城楼烟火，擂响大鼓，发出危险信号，见此凶兆，将士们从四面八方赶来，驰援京城，可国王这样做仅为逗美人褒姒一乐。在这部日本史诗中，这个故事有一个有趣的神话结局（在现存中国上古文献中均无这一结局）：当幽王的国都沦陷，国王本人被杀（不似中国传说所称为游牧人所杀，而是为叛军所害），褒姒"变成一只狐狸，躲了起来"。很有可能，这位日本作家要么采用了不为我们所知的某个中国传说，要么是自其他古代传说中援引这一结局，比如关于狠毒美人妲己的传说，她迷惑过纣王帝辛，据说她是一只狐狸精。[1]

如果说此处对中国古代传说的转述为中古无名氏所作，且对原作几乎没有改动，那么在后来的日本文学中我们便能看到对中国神话题材的创造性借鉴。1814—1841年间，著名作家曲亭马琴出版《南总里见八犬传》。精通中国文学的曲亭马琴借鉴了中国神话中帝喾高辛及盘瓠狗的故事，但将故事发生地移至15世纪的日本：强大的领主里见义实的城池为敌军所围，获救的希望很渺茫，于是义实许下诺言，谁能取来敌军首领的首级，他就将自己美貌的女儿嫁与谁。一条名叫八房的狗取来敌人首级，义实战胜敌军，应该兑现其诺言。他让女儿伏姬与八房一起住进山洞，一年之后他们生儿育女。[2]小说的开头重复了干宝在其《搜神记》（卷14，故事第341）中记述的古代传说。这部日本小说中情节的后续发展虽与《搜神记》有所不同，但其主要角色却均为狗和美女之子，他们以神奇的方式诞生于日本国内不同地方，即伏姬的念珠散落之处，八个孩子的名字里都有一个"犬"字。从中国古代传说中的高辛女儿和盘瓠狗的形象中也能看到先祖的特征，因为他们的孩子是各种类型人物的起源。正如Т. И. 列季科在谈到曲亭马琴这部小说时所说："伏姬和八房在一定程度上近似神话中的英雄先祖。他们是新一代英勇武士和君子的始祖，他们负有使命，要以对儒学道德神圣信条的严格信奉为基础在世上重建和谐。"

曲亭马琴的作品构成一个典型例证，可以说是对古代中国神话题材

---

① 按：《封神演义》，妲己本是狐狸精所化，原文所述不正确。——译者注
② 此处叙述与日本故事原貌有所出入。——译者注

及其复杂发展方式的创造性借鉴，这种借鉴与冒险幻想小说的体裁要求相吻合。中国神话传说在这里成为这位日本作家的新神话创作之基础，他出色地掌握了中国的神话诗学体系。

欧洲文学中也有对古代中国神话传说的借鉴。瑞士著名作家赫尔曼·黑塞（1877—1962）对前述关于褒姒的传说进行加工，将一系列新的艺术细节引入叙事。比如，在关于周幽王为取悦美人褒姒而点燃狼烟、敲响战鼓的中国传说中，黑塞除去所有版本均注定出现的一个细节，即狼烟，却对战鼓题材加以发挥。比如，他添加了这样一个细节：人们建造专门置放大鼓的城楼，好让鼓声渐次响起，把信号传递下去，此时，一位建造者用黏土做成一个边防工事模型，每一座小城楼里都有一位黏土做成的小卫士，在放置大鼓的地方则是一口小钟。在其他地方，黑塞的故事则与中国文献相当近似，虽说叙事方式本身以及对一系列细节的关注无疑符合现代欧洲传统。

*袁珂《雁侣》，汉口，1956年；《诗经》，А. А. 施图金译，莫斯科，1957年，第353页；鲁迅《中短篇小说》，И. 里沃娃译，莫斯科，1971年；《平家物语》，И. 里沃娃译，莫斯科，1982年，第102—103页；袁珂《中国古代神话》，Е. И. 卢博-列斯尼琴科、Е. В. 普季茨基、В. Ф. 索罗金译，莫斯科，1965年，1987年第2版；干宝《搜神记》，Л. Н. 孟列夫译，圣彼得堡，1994年。**黑塞《幽王》，载《东西方：研究、译作和论文》，莫斯科，1982年，第227—231页；Т. И. 列季科《日本文学》，载《世界文学史》，第6卷，莫斯科，1989年，第632页；Б. Л. 李福清《神话和古代中国叙事散文的发展》，载《中国古代文学》，莫斯科，1969年，第25—26页；Б. Л. 李福清《从神话到小说》，莫斯科，1979年；Б. Л. 李福清《中国古代神话和叙事传统》，载《民间文学在东南亚和东亚文学发展中的作用》，莫斯科，1988年，第14—47页；Э. М. 杨希娜《古代中国史诗性质神话歌曲遗迹》，载《古代东方文学研究理论问题》，莫斯科，1977年，第15—21页；钟毓龙《上古神话演义》，北京，1935年；陈禋常《中国上古史演义》，上海，1954年；Plaks A.H. Archetype and Allegory in the Dream of the Red Chamber, Princ., 1976.

（Б. Л. 李福清撰，刘文飞译）

诗　歌

"文"与中国诗歌的开端

　　诗歌创作在中国一直具有非常重要的地位。它并不局限于知识分子活动的小范围，而是被赋予泛文化的独特功能，这些功能在遥远的古代，在包括诗歌在内的文学本身即"文"出现前早已有之。

　　中国象形文字的起源特征先天决定了"文"的最重要属性和特征。象形文字出现于官方礼仪活动范围内。最早的文字是所谓"甲骨文"，即龟甲兽骨上的契刻，它们在占卜过程中形成。甲骨文在殷商时代（前17—前11世纪）的国家礼仪活动中占有最重要地位，殷商是中国国家形成史上第一个严格意义上的国家，其历史性已完全被考古史料所证实。这些出现于公元前14世纪中期的契刻清楚地证明，汉字与国家体制、上层权力制度、官方宗教观念与实践同根同源。此外，它还被赋予神奇的属性，即人与最高神力间的中介。

　　在其后的历史朝代，即周朝（前11—前3世纪），文字的原始宗教涵义转变为自然哲学和伦理哲学观点，它们体现在象形文字"文"的含义中。起先（约前1世纪），"文"表示任何文本。对"文"这个象形文字的词源学解释存在诸多说法。其中之一称，"文"起源于图画文字（中国象形文字是一种最古老的图示形式），它描述一个躯干有图绘（绘有图腾）的人正在执行一项祭祀活动。另一种说法是，"文"来自对若干交叉纠缠的线带的描绘，它具有"织纹""织花"的古老含义。还有一种说法是，它起初是一种彩色花纹，由红蓝两色勾勒而成，象征两大宇宙元素"阴"和"阳"，按照自然哲学观来解释，"阴"和"阳"的相互作用保证了宇宙万物的和谐，体现了一切宇宙活动过程之本质，由此产生周围世界的所有实体和物质（即"万物"）。因此，"文"的概念最早就被赋予了最崇高的宇宙和谐思想。

　　后来，"文"作为术语，被用来界定任何一种

有花纹式样的物品，如人工的艺术品（壁画、雕刻、织物装饰），以及源于自然的东西（云团、涟漪、纵横交错的树枝、动物毛皮上的条纹和斑点等）。自然图文的最高形式就是"天象之文"（"天文"），即星空，通过天体运动、星座分布来再现宇宙万物的运行原理。文字装饰和自然图案的同一性概念（根据异质同形原理）就此在中国文化中固定下来。"文字图文"即为"宇宙图文"的产物和体现。但是，"文字图文"能被想象成一种能力，即善于展示对世界施行和谐作用的能力（"文"的原始宗教观的回声）。对"文"的此种理解，绝佳地体现在关于最早的（根据传统）文字符号——"卦"（由三个或连或断的符号组成的图示）是如何产生的传说史料中。据说，这些符号被发明出来，或是（按照其他传说）被古代神话中的帝王伏羲从神兽的毛皮上临摹下来，目的是借助卦表现世界的基本坐标，揭示构成世界的自然本质。

在包括春秋时期（前770—前476）和战国时期（前475—前221）在内的周朝后半期形成的哲学学说范畴内，对"文"的看法成型，其基础是社会政治的和伦理的观念。象形文字"文"最终演变成中国理论思想的核心范畴之一，通过这些核心范畴传达"学问""文化""文明"等概念。"文"不仅开始表示社会的最高精神价值，还指代与暴力和死亡（即"武"）相对的充满生机活力的宇宙要素。"故有文有武。天地之位……生长之事，文也……"这是前4—前3世纪成书的《管子》里提出的说法（《管子·版法解第六十六》）。

古代宗教、自然哲学和纯哲学对文字的看法，注定要把文学创作转变为国家体系中一种有机的和极其必要的要素。同样，它们也决定了"文"作为高级文献的种类和体裁特点，在其中纳入一些"实用"体裁，亦即有助于国家治理的著述，如帝王的法令和指示、给皇帝的奏议、总结等。

由于文字的形式特点，且它起源于"文"的类型学特性，它最早也被称为"文采"，即外在的、修辞学上的完美，这决定了文字的形式特点。"言之无文，行而不远。"前5—前3世纪成书的一部儒家典籍《左传》中这样写道（《左传·襄公二十五年》）。由于诗歌文本是"文采"最有条理性、外部最规范的一种形式，诗歌创作不可避免地在"文"的等级秩序中占据了统治性地位。

此外，对于诗歌创作而言，其自身的特点以及比象形文字更具原始意味的文化渊源一直受到关注。中国的神话和传说总在重复讲述关于诗歌（更确切地说是诗歌创作）的神性起源故事，认为最早的诗歌作品要么为一些神话人物／传说中的古代帝王帝喾或帝俊（大约为殷人的图腾祖先）或黄帝本人所创，要么就是根据他们的诏令创作的。我们在前3世纪中叶成书的《吕氏春秋·仲夏纪第五·古乐》里读到："帝喾命咸黑作为声，歌《九招》《六列》《六英》。"前3—前1世纪成书的《山海经》卷十八《海内经》中如是说："帝俊有子八人，是始为歌舞。"在此后的理论文献中，这一说法被积极采用。在这里，一系列歌诗传统，首先是祭典用的音乐（"宫乐"），也被升格为古代神话人物和传说中的古代帝王所创造的作品。

在中国文化中，关于诗人的先知天赋和诗歌文本的预言性质的说法也很有地位。在周朝出现的用诗歌占卜（"爻辞"）的传统中，这种说法得到最明显的体现。后来，这些占卜法就变成世俗的诗歌创作。在传统的解释里，初看上去内容很普通的诗歌常被解释成预测未来的作品，它们往往能预知其作者死后数百年发生的事件。

诗歌的古老来源，这在一些文学和理论著作中得到证实，其作者多从自然哲学和伦理哲学的立场看待诗歌创作的起源问题。在这一方面值得注意的是5世纪末到6世纪初的大学问家兼文学家沈约在其"史论"中提出的看法。他论证说，对诗句的歌唱、写作和朗诵的艺术是与人类的出现同步的。

最新发现的考古材料（原始乐器、绘有舞者形象的陶器）均证明，音乐舞蹈艺术确实诞生于中国的远古时期，即新石器时期（约前8000—前3000）。完全有可能，最古老的典仪舞蹈动作中就包含诗歌（歌唱文本）的组成部分。

殷商时期，中国文化中分离出特殊的典仪音

乐综合体，在中国，它被称作"乐"，即音乐，这一点已为甲骨上篆刻的契文所证实。这个综合体融乐器弹奏、舞蹈和歌唱于一身。它的起源可用《吕氏春秋·仲夏纪第五》中的话来说明："昔葛天氏①之乐，三人操牛尾，投足以歌八阙。"这里强调的是"乐"和典仪动作之间的最初关系，以及组成"乐"的诸多艺术形式的有机统一。从文字的起源可以知道，在周朝，"音乐综合体"已稳固而长久地进入典仪动作（首先是献祭）和宫廷庆贺（包括宴饮和登基庆典）的脚本。构成"音乐综合体"的所有艺术形式，又具有像文字一样的神奇属性。此外，它们还用来实现神圣的功能：展示帝王对宇宙和共同社会环境施予的均匀而和谐的作用，确定他们和最高神力的联系。

对"乐"的这类观点详见于《乐记》，它是《礼记》一书的第19篇文章，亦是儒家经典之一："是故审声以知音，审音以知乐，审乐以知政……乐者，天地之和也。"诗歌创作与乐音－歌唱和宗教－典仪之氛围的关系，在此后许多历史朝代都得以存续。此关系最明显地反映在祭祀和典仪诗歌（"宫乐"）的传统中。

诗歌创作从"音乐综合体"中分化出来以及转变成文学诗歌的过程，初始于周朝前半期。能说明这一过程的首先是"诗"这一专门术语的出现（约始自公元前8世纪），任何一种诗歌文本（诗歌作品）最早（1—2世纪之前）均有赖于它而确定下来。该词的象形文字的词源颇能说明问题。一般认为它起源于图画文字，最初用来展示仪式（献祭程序）中伴随音乐和舞蹈的一个特定动作。它的图示内容吸收了一个关键要素（表意文字），在术语学意义上，该要素用来表示祭祀建筑（庙），也指代特殊的一类人（"寺"），据推断他们曾是古代的宫廷表演者，即乐师、歌手和诗人。根据某些资料判断，"寺"要么具有先天的生理缺陷（跛、盲），要么受过惩罚而后天致残（被阉）。换言之，古代中国文化也包含着一个在世界各民族广为流传的说法，即身体的残疾能激发音乐诗歌才能的发展。

还有一个能有力证明文学诗歌形成过程的证

---

① 中国古人相信，诸多远古首领均属这一氏族。——引者注

据，是创造体裁分类法"六艺"的尝试。

最古老的、真正的诗歌文本是青铜器上的铭文。目前已知超过40条诗歌铭文（前10—前8世纪）。其中一条铭文（有248个象形文字）刻在一尊献给宗庙的青铜器上。从其篇幅和构成（清晰划分的诗节、韵脚的存在、固定的结构模式）来看，这是一篇货真价实的诗歌作品。从内容上看，它重复了编年史书的记载：它记录青铜器主人的家谱，也叙述周朝最初几位帝王执政时期发生的事件。因此，诗歌创作在从"音乐综合体"中分化出来的时候，一方面保存了此前的一些宗教典仪功能（圣物上的铭文），一方面又吸收了象形文字的功能和属性。

与青铜器铭文的出现同时，书面诗歌文本也大量出现（古籍中也有所提及）。它们由在献祭仪式和宫廷典仪上表演的歌唱的记录组成。这些诗歌文本日积月累，为中国历史上第一部文学诗歌文献《诗经》的产生奠定了基础，此书的出现标志着文学诗歌的形成过程告一段落。

《诗经》亦是主要的儒家经典之一。而且，人们向来认为，创作（编纂）这个集子的就是孔子（前551—前479）本人。这令人信服地证明，在儒家传统中诗歌创作赋有特殊意义。《诗经》的独特结构，那些包含关于"诗"的各种说法的儒家经典（与《诗经》一同被归入"五经"），在《论语》中孔子的相关论述，还有后来被创作的理论著作《诗大序》，以上所有这些都能让我们可靠地重建孔子时代之前和孔子本人理论思想中的诗歌创作观。

这些诗歌观被简练地表达为"诗言志"。这一提法最初为《尚书》所接受，在此书中，此提法的首创者被认为是舜——古代传说中的帝王之一（《尚书·舜典》）。"诗言志"这一提法又以更加详细的形式被《乐记》所采纳，在其中，"志"与"德"息息相关，是人的道德素质的综合体现："德者，性之端也。乐者，德之华也。……诗，言其志也。"这一提法还有一个重要版本，它不仅把"诗"跟"志"联系，还把它跟"礼"联系在一起，在《礼记》第29篇《孔子闲居》中，孔子如是说："志之所至，诗亦至焉。诗之所至，礼亦至焉。"

"志"是一个含义广泛的术语。可以明确的是，在古代儒家理论思想的语境中，这一术语其实指人的逻辑－理性活动，一种独特的理智动力的冲动，它来自人的理性（mind's intention）而非心灵。在古代儒家著作中，诗歌创作被认为首先是个人的思维能力和道德素养的体现，而不是他的情感状态的反映。对诗歌本质的这种观点源自儒家的人类学观念，因为后者以极端否定人的情感（"情"）而著称。人的情感被认为是人的低级的、动物般的本能之显现，原则上说，人的本能一旦不受理性管控，势必歪曲他的"（真正的）本质"（"心"）及其对现实的认知，致使人做出有意无意的愚蠢行为。因此，即使是伦理学意义上最正面的情感（比如失去父母的悲伤或与朋友相逢的喜悦），在理想的状态中也要得到全面抑制。善于控制自己的心理情感状态，这种能力被视为一个受儒家思想熏陶的人即"君子"的基本品格之一："子曰：'君子道者三，我无能焉：仁者不忧，知者不惑，勇者不惧。'"（《论语·宪问第十四》）。

对于个人和国家而言，最具危害性的情感被认为是爱情，即男人对女人之爱，因为在爱情的强烈吸引下，男人不可能冷静地看待自己的对象，会以牺牲其他家庭成员为代价纵容她的任性要求，玩忽职守。对爱情的类似态度源自一夫多妻制的家庭经验，首先是皇族后宫的经验。同姓皇族内部的冲突、宠臣的出现和对长子继承帝位制度的破坏，事实上引发了诸多社会和政治矛盾。儒家对爱情的立场毅然决然地反映在诗歌创作中，讲述男人爱情体验的作品因而被视为淫荡之作。例如，B.M.阿理克曾指出："歌颂爱情的痛苦、爱情的成功，特别是爱情美好结局的作品，被认为简直是有失体面的、淫荡的主题（'淫词'），它们被逐出真正的文学领域，驱逐者不仅有那些正人君子，还有历朝历代读书人的集体意识。"俄国和国外的许多其他学者都认为，在中国的诗歌中，欧洲人所理解的爱情主题要么是缺失的，要么仅占据微不足道的地位。事实上，"歌颂爱情的痛苦、爱情的成功"不仅在中国诗歌中有一席之地，而且还发扬光大为一个个完整的主题流派（如"宫体诗"和"咏"）。然而，跟某些作者那些偶然出现的作品一样，这些流派也确实一直备受官方批评界指

责，这种官方批评最终在7—8世纪的中国帝王社会中占据上风。对爱情主题的这种态度，以及那些令欧洲读者感到新奇的爱情抒写方式之流行（如男性诗人对"女性"作品的仿写），都是中国诗歌的特性。

将诗歌创作与人的理性活动而非人的情感状态相联系，这种做法从根本上说是与诗歌，尤其是抒情诗的本质相对立的。儒家思想家们很清楚地意识到这一悖论（《乐记》中说：诗与歌唱、舞蹈一起，皆"本于心"），故而找到唯一可能的解决办法。他们将民歌立为样板，因为在民歌中找不到诗人——创作者，因此没有个体的情感因素，这是民歌特有的典型现象。有两点能说明这一现象：其一是《诗经》的构成，这一诗歌总集的绝大部分都是典型的民间口头创作的诗歌和冒充为此类的作品；其二是在世界文学背景下独一无二的民间诗歌的权威（"乐府民歌"），以及由乐府民歌派生出来的文学抒情诗体裁（"文人乐府"）的流行，这些体裁在其后多个历史时期均受青睐。

在"诗言志"这一说法中明确地包含一种思想，即诗歌创作要反映的首先就是人们（以及个人，但主要是作为群体成员之一的个人）的潜在能力和道德素质。同时，诗歌肩负教育功能，即发挥让人们的风俗和行为准则高尚起来的作用（"礼"），此外还要规范人们的情感状态。在《孔子闲居》中有孔子说过的这句总结之语："礼之所至，乐亦至焉。乐之所至，哀亦至焉。哀乐相生。"

儒家对"诗"的看法直接导致对诗歌创作和作为整体之文学所持的说教—实用主义态度。诗歌和文学的功用就在于巩固国家和管理体制，其方式是歌颂执政者，或是相反，批评他们的作为——借助君主及周围人的训诫，宣扬儒家理想和道德价值，或者揭露社会问题。要完成这些任务，有时需要重新改写儒家学说的观点，有时需要转述一些历史片段，以展示那些符合规矩（即符合儒家准则）的正面典型和不合规矩的反面典型，有时则需要讲述与文学家同时代的人与事相关的故事。结果，中国的具名诗歌里形成若干单独的主题流派，它们直接实现了儒家的诗学主张。其中流传最广的是谏辞、历史题材作品，以及带有社会和政治动机的

作品（后者在学界常被称为"公民抒情诗"）。它们均以儒家价值观为旨归，且以教诲调性著称。

原则上说，说教－实用主义的态度并不与诗歌创作的古风——宗教性的和自然哲学的认识相矛盾。前者自后者借用了一个极其重要的层面，即相信诗歌作品一定具备某种言外之意，它与外在叙事表层存在本质区别（类似诗歌预言的解密，类似自然物体的可见形式与内在本质间的区别）。这是中国阐释传统的思想基础，此一传统更为注重的与其说是外在的叙事，不如说是被推定出来的作品的内在含义，而后者的获得往往借助于建立在联想和形象比喻基础上的诸多繁复阐释。譬如，思想上无出众之处的爱情小诗往往能被解释成对伦理和政治主题的论断，而风景的描绘则会被解释为暗指对国家而言具有划时代意义的重大事件。象形文字的天然属性，即每个符号的形象本质及其意义多样性，本身就有利于进行类似解读。因此，《诗经》中的作品就得到大量相互矛盾的解释。

儒家的诗学观对中国诗歌的发展历史和现状具有巨大而又多面的影响。一方面，儒家诗学观最大限度地确定诗歌创作的社会立场，把诗歌创作变成社会知识精英代表们的必修课。这样一来，作诗原理培训便被纳入国家教学机构的教育大纲；在不同历史朝代，撰写诗歌文本形式的作品均成为科举考试不可分割的一部分，一旦考核通不过，此人便无法担任公职。另一方面，说教－实用主义的态度为诗歌创作制定了一套最严格的、从主题到内容的审美规则，使作者失去了创作实验的可能。正是这一态度实实在在地阻碍了具名抒情诗的发展，此类抒情诗因此在中国晚至3世纪方固定成型。一些欧洲研究者（如白乐桑）的观点值得注意，比如他们称儒家学说总是与真正的诗歌为敌。

"音乐综合体"、儒家诗学观和《诗经》的诗歌传统，均为古代中国文化根基的产物和特征，但远非全部。它们只是古代中国文化根基的一个组成部分，仅限于中国中原地区，即黄河流域中下游地带。在古代中国占有一席之地的还有另一种诗歌传统，它植根于古代楚国（前11—前3世纪）的文化，亦即南方地区（长江流域中游地带和部分下游地区）的文化。这一传统以楚国诗人屈原和宋玉的作品著称，他们生活在前4—前3世纪。楚国文化最重要的文献就是《楚辞》。从一开始，楚国诗歌中的典范之作就被中国语文学界公认为具名作品。它们不但因其易引起个人情感共鸣的魅力而让人着迷，而且还刻画出独特的抒情诗主人公形象，即经受剧烈生活动荡的被逐诗人。《楚辞》的核心主题是因周围世界和所处社会的不完美、因生活道路中遇到的不公而获得的个人体验。《楚辞》有其独特的、与黄河流域地区典仪活动截然不同的宗教—礼仪根源。在楚国地方文化中占据统治地位的典型礼仪中，诗歌文本不仅用以确立与崇高神力之间的交流，而且鼓励人去熟悉祭典，表达他在此时此刻的情感状态。

楚文化或许吸收了跟说教—实用主义方法下形成的诗学观全然不同的另一种诗学观，后者或许为个性化诗歌创作奠定了基础。这些诗学观源自道教，而道教也是南方文化传统的产物。但是，诗歌创作的情感审美手法这一概念的形成却出现得相当之晚，是在公元4—6世纪。

总之，古代中国文化中两个独立的文学—思想观念得以延续下来，它们对诗歌的本质和功能有着截然不同的理解。如果说，其中一种传统认为，诗歌创作的作用无疑在于巩固国家体制和管理体系，评判诗歌的出发点主要是伦理学，那么在另一传统看来，诗歌创作的目的即表达个体的情感状态。

在中国诗歌发展史中，接下来的关键阶段即汉朝（前3—3世纪）和六朝时期（3—6世纪）。

*《管子》，《诸子集成》第五册；《论语》，《诸子集成》第一册；《吕氏春秋》，《诸子集成》第六册；《礼记集说》，《四书五经》第二册，陈澔注；《尚书集传》，《四书五经》第一册，蔡沈注；《山海经》；《礼记》；孔子《论语》；The Book of Documents; *Legge J.* Li Chi… **B.M. 阿理克《唐代诗歌的主题》，载《中国文学论集》第1册，第264页；A. M. 高辟天《中国诗歌传统的开端和成型》；M. E. 克拉夫佐娃《中国古代诗歌》，圣彼得堡，1994年；M. E. 克拉夫佐娃《中国传统诗歌艺术和美学规范的形成》，博士论文，圣彼得堡，1994年；B. M. 刘克甫《中国的第一首诗》；И. С. 李谢维奇《上古和中古之交的中国文学思想》，莫斯科，1979年，第1章；Г. А. 特卡琴科《宇宙，音乐，礼仪：〈吕氏春秋〉中的神话和美学》，莫斯科，1990年；郭绍虞《中国文学批评史》，第9—10页；罗根泽《中国文学批评史》，第2—3章；顾易生、蒋凡《先秦两汉文学批评史》，第1—4章；张碧波、吕世伟《古典现实主义论略》；朱自清《诗言志辨》；Balazs E. Chinese Civilization and Bureaucracy…, p. 176; Chen S. X. The Shi-ching…; Chow T. T. The Early History of the Chinese Word «Shih» (Poetry); Cook S. Yue Ji — Records of Music…; DeWoskin K. J. A Song for One or Two…; V. Falkenhausen L. The Concept of Wen…; Keightly D. N. Art, Ancestors and Origin of Writing in China; Kern M. Ritual, Text and the Formation of the Canon…; Liu J. J. G. Chinese Theories of Literature; Pokora T. Pre-Han Literature;

Saussy H. Ritual Separates, Music Unites…; Vervoorn A. Music and Rise of Literary Theory in Ancient China.

（M. E. 克拉夫佐娃撰，万海松译）

前古典时期（汉朝与六朝）的诗歌创作

汉朝（前206—220），即继短命的秦帝国（前221—前207）之后第二个，也是最强盛的古代帝国的存续时期。由于国家政变（新朝，8—25），汉朝被分割为两个时期：前汉，又称西汉（前206—8）；后汉，又称东汉（25—220）。

汉朝完成了中国民族文化的统一事业，帝国的社会政治和精神基础已经奠定。汉代文学生活中的主要事件，即诗歌创作最终成为帝国文化有机的、不可分割的组成部分，不论是帝国社会的官方文化，还是高级特权阶层——贵族和官宦知识分子（"士"）的文化，其代表人物均会为满足自己的精神需求而从事文学创作。他们既是特权阶层的代言人，也是民族精神价值的创造者。

汉朝诗歌创作的杰出之处，首先在于散文诗体形式的诗歌（"赋"）在具名诗歌中占有绝对统治地位，而在抒情诗中占统治地位的则是发源于民间文学的歌唱诗歌体裁（"乐府民歌"）。具名抒情诗的真实状况尚不得而知。保留至今的只有一些典型的佚名诗歌文本（"古诗"），以及为数极少的具名诗歌作品。最著名的有汉武帝（刘彻）、班婕妤、班固和张衡的诗作。具名抒情诗的形成及其成为中国文学主要类型的阶段是六朝时期（3—6世纪）。

传统的中国史学依据历史和政治进程以及事件的动态发展，将3—6世纪划分为几个独立阶段。三国时期（220—280），在汉帝国的废墟上出现三个拥有独立政权的国家魏（220—265）、蜀（蜀汉，221—263）和吴（229—280）；西晋时期（266—316）再次出现短暂的中国统一，而东晋时期（317—420）的特点则是中国局部被侵占，原先帝国的残部和"蛮族"军事政治联盟间的对峙；南北朝时期（420—589）的典型特点是中国南北分治，南方（长江中下游地区）保存原来的国家制度，而北方（黄河流域地区）则在异族政权控制之下。根据相应的国家构成（朝代），南北方的政治史依次被划分为不同阶段，南方的这些朝代即宋或刘宋（420—479）、南齐（479—502）、梁（502—557）和陈（557—589）。

与政治史线索的细碎性相反，中国的文化和精神生活在3—6世纪的整个阶段却呈现为一个统一过程。种种迹象表明，这几百年时间给人留下的印象是中国文明史上一个完整而纯粹的阶段，它起着承前启后的作用，承继中国的上古时期，开启了民族帝国国家制度的鼎盛阶段[即唐朝（618—907）]。

在经济和政治都持续动荡的情况下（统治制度经常发生变更，没完没了的宫廷政变和叛乱；经济糟糕透顶，国土部分被侵占），六朝时期的精神生活却贯穿着疾风骤雨般的革新，决定中国传统文化的种种现实与表象得以形成。在这几百年里形成了中国的佛教传统，这在许多主要方面均有体现，如特殊的社会机构即僧人组织在中国社会出现，中国佛教哲学学派发展起来，佛教成为一种积极的政治力量，中国佛教崇拜艺术开始形成。道教传统（它的两个分支，即哲学支派和宗教支派）进入全新的演变阶段。中国帝王社会三大标准的意识形态系统，即儒道佛"三教"鼎足而立，它们在官方意识形态和个人世界观层面的互动机制（所谓宗教混合主义）也开始形成。文化和艺术方面重要的进程，则是美学思想（文学理论和绘画理论）的大繁荣、叙事小说的出现、绘画和园林艺术的确立。

文学理论思想的发展体现为3—6世纪面世的一系列奠基性著作，如曹丕的《典论·论文》、陆机的《文赋》、沈约"史论"、钟嵘的《诗品》和刘勰的《文心雕龙》。这些著作详细研究

自远古以来中国文学的历史发展路径，制定出体裁分类法，提出并分析诗歌创作乃至整个文艺创作的性质、本质和功能等问题，对前辈及同代作家的创作予以点评。还有一个重要指标能反映出具体诗人在当时的流行程度，即看他们有多少作品被收入6世纪两部最大的文选（亦为文艺理论思想的重要典籍），即由萧统主编的《文选》和由徐陵主编的《玉台新咏》。

就六朝时期的文艺理论思想而言，一个典型现象即诗歌发展进程是通过许多独立流派的出现而架构起来的，比如根据主题特征可划分出"玄言诗"流派，或者，更常见的做法是根据同时代诗人的创作活动来划分流派，如"建安风骨""正始体""太康体"和"永明体"。这种划分法以具体的社会文化现实为前提条件。在动荡飘摇的社会生活环境下，读书人被迫在军政头领处寻求庇护，军政头领的府邸对他们而言不啻一座座"安全岛"。六朝诗歌发展史的这一路线图已为学界所采纳（带有一定程度的修正）。

在六朝抒情诗歌的发展过程中，除了具名抒情诗得以确立外，抒情诗的体裁和主题构成，包括诗法在内的诗学标准，均得以确定，换言之，抒情诗的所有类型学特征均已显露无遗。

民歌创作向具名抒情诗的转变过程符合诗歌创作发展的客观规律。况且在当时的历史关头，引起这种转变的与其说是文学外部的原因，还不如说是文学的内在规律性，具体而言，即随着汉帝国的灭亡，中国社会的价值体系发生了变化。对于中央集权的、追求专制的国家体制而言非常典型的这一价值体系，是一种等级森严、组织严密的结构。它全方位地以拥护社会和帝国秩序的统一为目的，限制个体化的创作活动的自由，而后者本身恰恰是个性的自我体现。充当该体系之基础的是儒家，儒家在1世纪下半叶被正式封为国家学说，并在随后一个半世纪里演变为一整套保守主义教条。在六朝时期，得益于对同类型的历史时期（过渡期、转型期）的全方位评述，个体的价值开始作为决定结构之因素发挥作用。汉朝末期，百姓的意识已经成熟，他们愿意承认每一单独个人都是一个独立自主的个体，愿意承认每个人都拥有内心的自

由和个性化创作活动的权利。上述变化为对此前的观点（首先就是儒家诗学观）的修正，为对诗歌创作的本质和功能的新看法的出现创造了有利条件。因此，在六朝文化中，一种对"文"的全新看法，即情感审美法瓜熟蒂落，它确信抒情诗的真正用途就是表达人及其个人观感的心理情感状态。它在4—6世纪的文学理论著作中发展和壮大，其实它在更早些，即2—3世纪之交的诗歌流派"建安七子"的诗歌实践中就已生根发芽。

危机越是剧烈，不停更替的统治制度之无能越是明显，个人主义和虚无主义情绪便越是迅速地占领百姓的意识，百姓对儒家的理想和价值观、对公认的社会制度乃至人类社会本身都充满失望，建立在个人精神探索之上、受到道教和稍晚些的佛教之影响的诗歌流派（"太康体""玄言诗"），影响便越来越大。

但是，中国社会精英代表在现实日常生活中并不能随心所欲地表达自己的反社会情绪，也不能拒绝履行社会责任和义务。因此，六朝文化中开始出现一种行为模式，其原则是分场合写作：作为官吏的知识分子在公务（就该词的最广泛意义而言）时间自视为儒家中的"君子"，并让自己包括创作在内的活动统统服从儒家道德伦理准则的约束；而在闲暇时分，他们则自视为道教徒（或佛教徒），并醉心于智性的或创造性的活动，这些活动虽非公务，却能满足他个人的精神需求。仰仗这种行为模式，各种各样的诗学观点才得以付诸实践，这使诗歌得以在中国这一泱泱大国的艺术文化中占据一个如此独特的空间。

在中国文化中，对诗歌而言存在着一些外在的艺术要求，这势必导致诗歌出现千篇一律和墨守成规的现象。这种情况的确发生过，只要对六朝抒情诗的主题成分稍加研究就可确信。尽管这一时期众多诗人的创作呈现出无可争议的特色，但整体而言，抒情诗还是明显分裂为一系列数量相对不多、主题稳定的流派和种类。献给统治王朝和帝室的颂辞，这种官方文体抒情诗，经常在举行国家庆典、宫廷典礼及类似公事时根据皇室命令被创作出来，实质上已沦为祭祀音乐（"宫乐"）的世俗版。儒家主题的诗歌具有天生的说教—实用主义特性，它包括：以社会和政治为主题的作品，即公民诗歌，或通过描绘民族的灾难以及受到权贵不公对待甚至侮辱的个人之痛苦来抨击作者所处的统治制度，或阐述作者自己正面的社会和政治纲领；历史题材作品；军事题材作品，此类主题的作品之内容总体上可归纳为讲述从军服役的艰难，以及由军事冲突引发的悲惨生活，它们也符合儒家反对战争和暴力的地缘政治观。爱情抒情诗（"情诗"）则涉及各式各样的诗歌种类，可以按文化和文学的来源、内容、情绪及描写方法来细分，其中尤其突出的是"咏"和"宫体诗"。还应提及的是男性友谊主题的一类诗。道教宗教主题诗歌，首先以"游仙诗"这类诗歌为代表。道教哲学主题的诗歌则包括讲述道教学说的作品和具有归隐（往往也是反社会的）主题的作品；佛教主题的诗歌也具有一些分支，有申说佛理的偈颂歌赞；哲学主题的诗歌则在剖析哲学概念的原理。还有一类描写风景的抒情诗，即"山水诗"。

　　尽管以上列举的方向在每一具体文学家的创作中均以不同程度和面貌出现，但它们在整体上构成了六朝抒情诗乃至汉赋的多样性特征。此外，这些按主题分类的方向一直延续至唐朝的古典主义抒情诗。

　　抒情诗主题构成的局限性与其两大类型学特征即分场合写作及遵奉传统十分吻合。分场合写作意味着，某部作品的描写对象与其说是生活中的现实之物和与作者个人经历密切相关的体验，不如说是某种并非其自身酝酿，而是由此前的文学语境或大文化传统所营造出的抒情定式。除了纯粹讲故事的线索之外，这种定式还决定了抒情诗主人公的类型，即抒情主人公的内在和外在（性别、年龄）面貌特征，情感基调，其世界观的表达方式（儒家"君子"、道家的智者－隐者、佛教徒），以及诗歌世界的时空坐标和特质。抒情定式及其一系列呈现往往与诗人的真实形象南辕北辙。譬如，在以分手为主题的爱情抒情诗中，往往是男性作者以抒情女主人公的面目出现讲述女性的爱情感受。

　　中国诗歌尊崇之传统则在于，诗歌叙事有赖于从整个民族文化中积累下来的、从之前的文学典籍中得到巩固的经验。这一经验通过"典故"系统得出，此系统包括直接的和间接的引文、文学联想、民族称谓、地名、专有名词、哲学术语、社会—政治和自然科学术语，以及约定俗成的口头禅（下里巴人的惯用语）。所有这些都让读者联想到特定的著作或者某一类作品，如果不了解这些著述，将无法弄懂诗人所言之意。"他人的"文字无论如何都不会单独标出。（古代）中国不存在抄袭概念。相反，作品中充满"他人的"文字反而会得到极高评价，能显示作者学识渊博。然而，中国传统中被公认为伟大文学家的那些诗人，却均善于突破艺术上千篇一律的藩篱，在创作中描绘属于自己的生活现实和同时代发生的事件，也善于表达对这些事件的私人感受，并时常借此成为新的主题流派或风格流派的创始者。

诗歌创作成为脑力创造活动的一种最普及和必要（对社会精英的代表而言）的样式，这派生出某种诗歌创作实践机制，借助它，任何一个读书人都能写点诗歌，即便他并无文学天赋。这种必需的机制在六朝诗歌中也已开始形成并固定下来——诗法很快就被文学理论家们琢磨透了（如沈约关于诗歌的"八病说"）。

弄懂六朝文化中所发生的文学进程以及诗歌遗产的价值，把理解上升为科学，这还是不久前的事。大约从8—9世纪起，中国的人文科学（史学、社会思想、语文学）中出现一股激烈批评六朝的风气，原因在于这一时期历史和政治冲突不断。原先认为，在那个时代，治国理政的规则和古代智者留下的关于人在社会中的做人准则均遭遗忘，由此导致整个社会的精神生活的衰落，首先是雅文学的衰落。这种观点白纸黑字地写在姚铉（968—1020）的文章《〈唐文粹〉序》中："至于魏晋，文风下衰。宋齐以降，益以浇薄。"

对六朝诗歌遗产的兴趣在明朝（1368—1644）的语文学界再度觉醒，这是受一股总体趋势的影响而产生的，即力图在被蒙古人统治（元朝，1271—1368）之后恢复以往的精神价值。这种兴趣表现为编纂各种文集和汇编（大部分都是印数不多的雕版印刷品），如薛应祈的《六朝诗集》（16世纪下半叶）、阎光世的《文选遗集》（16世纪）、曹学佺的《石仓十二代诗选》（1631）、汪士贤的《汉魏诸名家集》（16世纪）、张燮的《七十二家集》（16世纪下半叶—17世纪初）。明朝语文学的最高成就是张溥（1602—1641）的大型汇编《汉魏六朝百三家集》，它是张燮的《七十二家集》的扩充版。张溥编的这个总集在不同地区的各家书坊或书局一版再版，如1877版、1879版、1882版等；民国时

期（1911—1949）再版两次（1917，1918）；中华人民共和国成立后又再版数次（1963，1989，1994……）。20世纪初还编有一部大型总集，它收录汉朝和六朝时期著名文学家的作品，这就是丁福保（1874—1952）的《汉魏六朝名家集初刻》。

在清朝时期（1644—1911），编纂集子的工作一直在积极延续，其规模在19世纪达到顶峰。主要出版物有严可均（1762—1843）的《全上古三代秦汉三国六朝文》和丁福保所编的《全汉三国晋南北朝诗》。这是收录汉朝和六朝的散文、散文诗和抒情诗较完备的两大总集。20世纪80年代，由逯钦立（1910—1973）编选的新集子《先秦汉魏晋南北朝诗》出版。此集1983年初版于中国大陆，后在中国台湾两次重印（1984，1998）。

在20世纪前三分之一时间里，中国文学界开始着手对六朝的诗歌遗产进行科学研究。其中有两部专著值得特别提及，即罗常培在抗日战争最关键时候出版的《汉魏六朝专家文研究》，以及刘师培的《中国中古文学史讲义》。在当时文艺学著作的大背景下看，后者的学术视野最为宽广，涉及六朝所有诗歌流派。然而由于沿袭旧说，这些著作在很多方面还显得不够连贯。它们的研究焦点是一些单独的文学现象（如"建安风骨"）、某些文学家的生活及创作，而由于这样或那样的原因，这些传统上一直受到关注的文学家大多为以下一些杰出诗人：曹植、嵇康、陶渊明、谢灵运、鲍照、庾信。对于其他潮流、其他的主题流派和作家，研究者则往往根据臆断，多半持怀疑主义态度。类似情景能在20世纪50—70年代的中华人民共和国文艺学中看到，这一情况同样存在于欧洲和俄国（从20世纪头几十年开始）的汉学界。他们提出一些论点：3—6世纪发生的历史和政治事件"对文学的发展和兴盛所起的作用很小"（赫·翟理斯，1845—1935）；"这一时期的诗歌与其说是深刻真诚的，不如说是斑斓奢华的"（巴德）；"中国人自己总是不公正地藐视它"（阿瑟·韦雷，1889—1966）。这一时期的典型做法，就是只将六朝诗歌分为两三个主题流派（不包括有爱情抒情诗）："田园诗"，以及"宣扬及时行乐，否定'艺术性'，即标准、规则和规律"（Н. И. 康拉德）的"山水诗"，与此有关联的是个别作家如陶渊明、谢灵运、嵇康的创作。六朝诗歌丧失了历史—文学的独立自主性。在对中国文学史的分期上，六朝诗歌要么被视作汉朝诗歌的终结阶段，要么被视作唐朝诗歌的开端阶段。较大的注意力被投向文学理论思想和诗法的发展史。直到20世纪七八十年代，对六朝诗歌遗产的研究态度才出现质的转变。这一时期出版了大量注释本，专门研究原先被视为"二流作家"的单个文学家的创作；出版了一些重要著作（包括王钟陵的专著《中国中古诗歌史》），作者详细研究文学—诗歌进程中最细微的事实和差别，并从历史—文化和思想意识的整体语境出发，试图阐释六朝诗歌的类型学特点，即思想性和艺术性，以及六朝诗歌演变的合理性。中国文艺学家们在目前阶段最了不起的、最有权威的专著当属《魏晋文学史》和《南北朝文学史》，以及学术指南型著作《魏晋南北朝文学研究》，后者系一个规模宏大的系列丛书"二十世纪中国文学研究"中的一本。

在西方汉学界也有很多专著和学位论文，专门研究六朝时期不同的文学家和诗歌现象；此外，还出版了大量诗歌作品译本，包括全文版的两部总集《文选》和《玉台新咏》。但是，截至目前尚无一部综述汉朝和六朝诗歌史的著作出版。

*作品合集见《书目文献（二）》中的作者条：丁福保（1916和1964）、逯钦立、张溥和严可均；《文心雕龙》。**《中国文学作品选》第1卷；Н. И. 康拉德《中国古代文学史略》；М. Е. 克拉夫佐娃《永明体诗歌》，圣彼得堡，2001年；《古代东方文学》第1部，第49—67页；В. Ф. 索罗金、Л. З. 艾德林《中国文学》；Н. Т. 费德林《中国文学》；《中国文学作品选》；王钟陵《中国中古诗歌史》；《魏晋文学史》；《魏晋南北朝文学研究》；罗宗强《魏晋南北朝文学思想史》；罗常培《汉魏六朝专家文研究》；陆侃如、冯沅君《中国诗史》第2卷，第1—2章；刘师培《中国中古文学史讲义》；廖薇卿《六朝文论》；胡国瑞《魏晋南北朝文学史》；曹道衡、刘跃进《南北朝文学编年史》；曹道衡、沈玉成《南北朝文学史》；钱志熙《魏晋诗歌艺术原论》；朱义云《魏晋风气与六朝文学》；朱希祖《中国文学史要略》，第16—18页；《中国文学史》第1卷第3章；程章灿《魏晋南北朝赋史》；Budd C. Chinese Poems; Cai X. Research on Wei, Jin…, pp. 103‑107; Chang K. Y. Six Dynasties Poetry; Giles H. History of Chinese Literature; Lai M. A History of Chinese Literature; Levy D. J. Chinese Narrative Poetry…; Waley. A. A Hundred and Seventy Chinese Poems.

（M. E. 克拉夫佐娃撰，万海松译）

古典诗歌

在中国的文学遗产中，最重要的地位永远属于诗歌，诗歌扮演着道德经验代言人的角色。因纪念诗人而为其建庙立祠的国家，在全世界或许并不多见。在中国，诗歌写作被认为是一项极其重要和必要的活动，因此数百年间，人们一直崇拜伟大的语言大师，对他们的天才魅力和崇高精神总怀着敬仰之心去仔细琢磨。自古以来中国诗人都相信，他们在创造美，在传播高尚的感情和伟大的思想。中国诗歌将艺术和哲学融于一身，因此，读者在阅读伟大诗人的作品时，就是和他们一道重温其道德发展和完善之路。诗歌形象具有潜在的、暗示的性质，读者的道德观借助对情感氛围的体验而形成，并在潜意识中得到巩固。古典诗歌作者的政治和社会坐标虽然已化为历史，但他们受整个历史和意识形态制约的道德理想却具有放之四海而皆准的内涵。中国的旧体诗具有世界观的功能，而大众文化则在相当程度上丧失了此功能，旧体诗能丰富一个人与儒、释、道特别是"禅"相关的世界观，促使一个人扩大其精神视野。

在中国古典诗歌中不同的哲学流派从各自立场出发确立了对万事万物美的价值的理解，同时自然对于个人及全民的物质丰富和精神健康的意义得到确认。尽管对自然生活的哲理认识千差万别，但诗人们总是提醒人们要呵护自然，呼吁人与自然合二为一，因为自然有助于人认识自身。

抒情诗的渊源

中国诗歌史始于《诗经》，这部典籍由《国风》《雅》和《颂》三部分组成，共收录创作于前11—前7世纪[①]（不言而喻，民间诗歌的出现还要更早些）的诗305篇。传统上认为，编集汇总该书的人是孔子（前551—前479），而书中的诗歌由专门的官吏采集，目的是让王室能据此判断其臣民的情绪以及其统治的效果。该典籍被赋予说教—实用主义功能，被列为儒家经典，在长达两千年的时间里从诸多方面确定了诗歌创作的道德和审美理想以及性质。该典籍的一大特色，即讲述周朝历史、征伐和与神话形象相结合的真实事件的史诗性作品为数不多，而大多为抒情诗歌，其中大部分还带有民间文学色彩。《诗经》描绘人类生活的方方面面：劳作活动以及跟劳动相关的礼仪、婚丧嫁娶、祭祀和宴饮。有的诗歌反映社

[①] 一般认为，《陈风·株林》刺陈灵公淫乱事（前599年），当创作于公元前6世纪初，为《诗经》中最晚的作品，故此处"前7世纪"当为"前6世纪"。——译者注

会的不平等，讲述想要远离贪婪的执政者，到不为人知的地方寻找幸福的愿望。在关于战士及其妻子的诗作里，鲜明地体现出反对杀戮、否定战争的态度。思念在外远征的丈夫的女人，成为抒情诗常见的主人公。关于爱情的诗歌占据重要地位，心理真实是其突出特点。诗中歌颂刚刚萌芽的情感，期盼少年吐露情话，赞美心上人高尚不凡。诗歌讲述者的口吻也五花八门：开玩笑的、热情激昂的、嘲讽的、忧郁的、悲伤的。有的根据真实生活讲述通往个人幸福之路上的障碍，说出女人的无依无靠、对丈夫的依赖。诗歌的创作者广泛采用自然世界的形象。自《诗经》后，意义与句法上的平行结构就成为中国诗歌惯用的艺术手段。诗句基本上为四音节格律，每一音节（一个象形文字）大多相当于一个词，但也有很多双音节词。它们的韵律结构通过韵脚来加强。一首诗一般可分为若干诗节，各诗节借助精巧的结构手法来保持联系。早在前3—前2世纪，诗歌所采用的"三类"特殊描写手法就被确定下来：直接描写事件、直白地讲述诗歌主旨的手法叫"赋"；建立在比喻基础上的诗被称作"比"；而"兴"的手法是说出一个开头，再让它隐喻式地预报一个大主题，或充当韵律性领唱的角色。

在前4世纪，发生了由民间创作美学转向个体创作法则的重大转变。我们现在所知的第一位诗人屈原（前340—前278），依靠《诗经》的经验，运用了历史和哲学著作中的词汇与风格进行创作。最为重要的是，这位诗人对中国南方地区的精神世界了然于胸：在南方跟儒家思想一同起着明显作用的还有道家观念、诗歌—神话传统和当地流行的迷信观念。在楚国（前11—前3世纪）国王的宫廷里，屈原曾担任较高职位，其职责是联合其他国家共同抵抗秦国的进攻。屈原因其政治主张被判有罪，两次被逐出都城。在流放期间，诗人见证了楚国可耻的失败，最终跳入汨罗江自尽。

屈原的遗产有长诗《离骚》和《天问》、组诗《九章》、组诗《九歌》等11篇。带有如此鲜明的作者烙印，如此充分地表达诗人理想、情感和生活悲痛的诗歌，之前从未有过。对于诗人而言，一个纯洁、诚实的人与充满罪恶和不公的世界之间的冲突已成为决定性主题。长诗《离骚》讲述执政者如何听信谗言以及如何解除诗人职务

的故事。诗人的愤怒直指"党人"的谎言和欺骗使得君王偏离古代传说中英明帝王的正途："岂余身之惮殃兮，恐皇舆之败绩。"神话化的思维决定了诗人对幻想中寻求同情与支持的天国之旅的描写。诗人的形象越来越高大，达到宇宙规模，他的孤独主题响彻悲剧之音。诗人相信，人间没有真理，天国亦无真理。《九章》中明显反映出的个性因素，使得它和《离骚》十分相似。托物言志的寓言诗《橘颂》赞颂保持对理想之信念的刚毅之士。长诗《天问》由173个问句组成，却没有回答，它表明作者熟稔中国神话，说明他具有左右求索的头脑，不满足于当时对历史事件与自然现象的惯常解释。组诗《九歌》的出众之处在于其诗歌情调的清新感，因为它由民间流传的祭神乐歌加工而来。大多数诗歌的主角是神祇，所表达的是处于分离中的恋人的爱情愁苦和思念。屈原的诗歌树立了形式与格律之多样性的榜样。诗句长短不一，从两言到八言不等，最常见的是五言、六言和七言；常常使用语气词"兮"，该词有时用以增强情感色彩，有时意味着结尾和诗句中的停顿。屈原及其后继者的诗歌获得一个名称，即"楚辞"。《诗品》的作者钟嵘（467？—518？）认为，屈原之后若干世纪中，一些诗人的创作源头为《诗经》，但大多数诗人的创作源头为楚辞。

在中央集权的汉帝国（前206—220），占统治地位的是散文诗体作品，即"赋"。其突出特征是韵律的组织、韵脚的灵活使用、辞藻的斑斓多姿、音节的丰富多彩与鲜明生动。据《汉书》（1世纪）记载，在汉朝历史上，这一体裁有名有姓的作者达60多位，作品逾900篇。公认的大师是司马相如约前179—约前118，他用庄严的语气歌颂汉朝的高门巨族，抒发对强大而辽阔的帝国的合乎情理的自豪感。班固（32—92）在《两都赋》里广泛使用夸张手法，生动描绘中国帝王的盛大祭典。在描写宫殿、庙宇、节庆、狩猎、武器和服装等方面，赋的作者们取得了很大成就；有时他们还把揭露性的主题写进作品。数量极其可观的赋的创作持续了3个世纪，到汉朝末期，小篇幅的汉赋得到广泛传播，成为更具情感色彩、更为抒情的诗歌。创作此种形式之汉赋的有张衡（78—139）和马融（79—166）。

为巩固汉朝统治者的权威，将其确立为远古以来帝王们的国家实践的继承者，在汉武帝（前

141—前87在位）统治时期成立了"乐府"，其职责是在全国采集民歌。以该机构名义记录下的诗歌获"乐府"之称谓。后来，该术语也指诗人们效仿民间文学作品创作的诗歌。12世纪，郭茂倩编成篇幅巨大的《乐府诗集》。《汉书》提及西汉（前汉）曾有歌138首，但保留至今的仅40首左右。为祭祀典礼而写的歌赋文本均出自文学家之手。为配合鼓乐而创作的军事诗歌，采用的是北方少数民族的格律。大部分诗歌都曾有管弦乐器的伴奏。后来音乐被遗忘，具有文学意义的文本却保留下来。应该强调的是，（诗歌）语词与音乐的联系是中国诗歌特有的，它决定了某些主要诗歌体裁的特点。跟《诗经》中的诗相比，乐府的史诗因素得到加强，常常描写日常生活中的某件事情（《妇病行》《东门行》）。在《十五从军行》一诗中，一个在外征战的老兵讲述自己的返乡之行，而在故乡等待他的却是贫穷和孤独。《战城南》一诗描写战斗过后尸横遍野的景象，结尾处呼吁皇帝停止征战。乐府中也广泛描写爱情主题。将自然拟人化，常被用作表达情感的手段之一。有些诗歌（《黄鹄歌》《蚨蝶行》《枯鱼过河泣》）为一个隐喻之发展，此隐喻将人的感受带入自然。共有353行的抒情叙事长诗《孔雀东南飞》展现毫无人性的家庭制度，在这个家庭，年轻人的婚姻全都受制于家族长者的苛求。凶恶的婆婆硬生生地拆散了一对年轻夫妻，随后他们双双自杀而亡。在他俩的坟墓上各自长出一棵树，在它们交叉的树枝上栖居着一窝鸟，它们悲惨的鸣叫声不禁让人想起逝者。除了表达儒家要求夫妻忠诚的婚姻义务观念外，这部长诗还强调人有追求爱情自由的权利。《陌上桑》一诗描写一个传统故事，歌颂拒绝达官贵人追求的女主人公的美貌与美德。乐府诗歌语言朴实，独白和对话是其广泛采用的手法。诗行长短不一，从两个字到十个字不等，其排列取决于抒情诗主题的发展和伴奏音乐的性质。乐府诗歌中初步形成使用五言诗句的稳定的发展趋势。约写于汉朝末期的一些诗歌作品（如4世纪时构成组诗《古诗十九首》），由一群无名作者受民歌影响创作而成。身处异地对故乡和妻子的思念，与友人告别时的忧伤，对生命易逝的忧虑和饮酒谈情的主题，都是组诗的主要内容。女诗人蔡琰在长诗《悲愤诗》里讲述自己被匈奴掳掠为人质的12年时光、返回祖国的情景以及作为人母的情

感，因为她的几个儿子只能和他们的异族父亲待在一起。在社会动荡和儒家学说失去权威的时期，文学家们致力于重新恢复个人的内心世界及体验。庄严宏伟的颂歌被相当素朴的抒情诗所取代，其中有很多东西来源于他们所掌握的乐府诗歌的经验。伟大的政治活动家曹操（155—220）同时也是个复杂而矛盾的普通人，他是乐府诗歌形式的先驱之一。传说曾"横槊赋诗"的曹操，善于讲述从军生活的艰险。虽然他的诗中常见忧伤的情绪，但亦能感受到力量与勇气。作者能够丰富乐府诗歌的内容，把对当时重要的社会大事的思考纳入诗中。他的长子曹丕（187—226）所写的轻松而温柔的诗作听起来像室内乐，因此他被称为"有妇女气"的诗人。曹氏父子中最有天赋的是曹植（192—232），其诗歌充满人道主义精神，激情澎湃，其中对行动的渴望被忧伤的思考所代替，建立英雄伟绩的追求被伤感的叹息所取代。漫游主题在他的诗作中得到多愁善感的表现，这恰恰因为他自己正经历被亲朋好友疏远的生活苦楚。他有很多诗歌提及生命的易逝，讲述人生在世的短暂。类似的情绪由道家观念和顾虑而引起：生命易逝，一个人来不及给别人带来好处，也无法展示自己的才能。他对道家渴望长生不老的幻想见于组诗《游仙》。在长诗《洛神赋》中，曹植以虚构融合现实，手法高超地借用了神话传说。在曹植的诗歌遗产中，乐府几乎占到一半；与乐府民歌相比，其诗作能让人感到作者在完善诗歌技巧、探索有表现力的形象方面自有一套手法。曹植引入诗歌中的极尽铺陈的自然描写，对之后描写风景的抒情诗的发展具有重要意义。除了曹氏父子，该时期较为优秀的诗人还有"建安七子"，即孔融（153—208）、陈琳（卒于217）、王粲（177—217）等7人，他们擅长描写人在战乱频仍的岁月里的痛苦感受和坚毅顽强。自那时起，诗歌群体的出现就成为国家文化生活的标志。

3—6 世纪的"诗"体裁

大约从3世纪起，在近千年时间里，"诗"一直是主导性的诗歌体裁。"诗"这个词在起初及后来常用来泛指诗歌。作为一种体裁，"诗"具有下列特点：诗行有平均的音步（常见的是五言和七言）；诗行的数量不限，从四行到几十行

不等；相邻的诗行存在意义与语法上的排偶关系；每行末尾遵循音调和押韵交替出现的规则。这些规则在早期的"诗"中并没有后来在诗歌的黄金时期即唐朝（618—907）时执行得那么严格。有别于"乐府""词"和"曲"等体裁，"诗"跟音乐旋律没有直接关系；爱情抒情诗在"诗"中所占比例亦相对较少。

汉朝灭亡后，北方地区被游牧民族占领，他们常常互相取代，轮流坐庄。而在中国南方，政权同样不停更迭。在三国和南北朝（3—6世纪）时期，人民生活不断遇到危险，故而企图在寻找长生不老药的过程中、在道家的"无为"理论中、在佛教学说中找到永生依据。诗人团体"竹林七贤"的成员之所以能团结在一起，是基于他们对自由、简单的人际交往、自然之美和坦率而又富有表达力语言的共同爱好。"竹林七贤"有阮籍（210—263）、嵇康（223—262）等7人。对同时代人而言，开启先河之作当属阮籍的组诗《咏怀诗》，它由82首五言诗组成。它们创作于不同时期，反映了诗人世界观的变化。在执政者专横恣肆和军事冲突不断的时代，诗人力图认识人的使命。他年轻时的高尚抱负已被现实打消，因为现实中有政治斗争、阴谋、杀戮和权力更迭。跟他的大多数同时代人一样，诗人在世时也常常遭到死亡的威胁，为保全自我被迫寻求一种安全的言行方式。具体的政治事件并非其诗作的描写对象，而不过是情感反映和哲理思索的催化剂。对危险的感知，对丧失崇高目标之生活的无意义的觉察，加剧了诗人对时光易逝的认识。令阮籍感到亲近的道家哲学并未给他带来多少慰藉，与朋友们的交往也只能给予他暂时的安慰，因为分离和死亡经常在上演。即使在自然世界，诗人痛苦的内心也无法获得平静，虽然自然世界胜过当权者的官场，但冰冷而寂静的宇宙的呼吸更加深了生老病死无可避免的感觉。深知自然规律对人的控制，了解人对社会的依赖，使阮籍的抒情诗染上一层忧伤的、有时更是悲剧的色彩。然而有些时候，跟这些光阴易逝的主题一道，诗中还提到诗人对生命的赞扬，珍惜生活乐趣的必要性。《咏怀诗》记录下阮籍倏忽不定、反省踌躇、充满矛盾的心理状态。创作组诗的原则被他引入诗歌实践，得到后世文学家的认可。

　　嵇康的世界观是杂糅性的：儒家的伦理观融合了道家思想，即信奉自然原则，相信人在草药的帮助下可获得长寿，还掺杂着出自老庄的对外部繁文缛节的拒斥。他不由自主地卷入政治斗争，被诬陷为否定儒家学说而遭处死。在狱中，他写下一篇悲伤却又英勇的诗体独白。在写于长兄赴军履职时的一组诗里，他谈到自己骄傲自大、少年老成的个性。对道教的偏好决定了他对任何一个主题的阐述。儒家的古代圣贤在被嵇康解释一番之后均带有道家特点（组诗《六言诗》，尽管他的代表作是四言诗）。

　　在晋朝（266—420）短暂的时间里，诗歌创作的积极性大为高涨。当时，用三大体裁——"赋""乐府"和"诗"写作的陆机（261—303）是公认的权威。在其创作的大部分"乐府"作品里，他严格遵守原创性民间文学作品的主题和抒情内容。他为民间诗歌从简单质朴、不加修饰的语言到书面语的转型做出了一定贡献，书面语反映了作者严肃的创造性劳动。陆机向往一种华美、精致的文体，他借用古代著作中的书面形象和句典，使精雕细琢的排偶法占据了重要地位。他在《文赋》里写道："诗缘情而绮靡。"他的诗作反映出一个生活在动荡时代的人的情感状态。因军事行动的失败，陆机终被一藩王所害。

　　左思（252？—305？）跟随自己被选入宫中的妹妹来到洛阳，他曾渴望谋一官半职，但后来还是决定将爱好诉诸流传千古的著述事业。在组诗《咏史诗》里，他名为《咏史》，实则揭露他所处的社会，因为那个社会对出身低贱者的才能视而不见。诗中回响的并非抱怨之词，而是面对无能者和短视者的精神优越感。他从真实印象入手，其语言朴实而优雅。刘琨（270—318）则满怀抱负，希望能帮助祖国摆脱军事混乱，保卫祖国不受异族入侵。他真诚地表达自己的内心想法，即对朝廷失去信心，因刚发生的事件而愤懑，痛苦地回忆国家往昔的伟大与安逸。他也投身军事行动，后为叛徒所害。

　　作为占卜术的专家、老庄学说的信徒，郭璞（276—324）醉心于作为宗教的道教，热衷寻找长生不老之药，在发扬光大"游仙诗"主题上颇有成就。他热衷该主题的主要目的就是希望远离可怕的现实，而置身于精神纯洁的最高境界。郭璞的创作促进了"玄言诗"的流传，"玄言"用

道家学说的术语说就是抽象的理念和假设。郭璞被控谋反而遇害。[1]

　　在中国，一个伟大的诗人，尽管他跟社会中流传的思想和看法存在千丝万缕的关系，但有赖于其不同于凡人的个性，他能确立自己的人格典范，在流芳百世的诗篇里给人留下至深的印象，引起人们的敬重和见贤思齐之心。跟哲学—宗教学说比肩而立的诗歌展示出强大魅力，能塑造人格行为的典范、民族心理的特征和价值观坐标的性质。陶渊明（365—427）就是一个典范，他远离鄙俗和官场庸碌，走向被自然怀抱的生活，将自己置身于劳动人民中间："结庐在人境，而无车马喧。问君何能尔？心远地自偏。"陶渊明以自己的方式化解人与社会的传统冲突，他所指出的道路是一种启示。他有儒家的信仰，相信远古以来的英明君主的良好统治，这种信仰又融合了道家关于理想之国的想象，在那个理想的国度，人们对官吏、赋税和战争均闻所未闻。他在散文作品《桃花源记》里描绘了那种理想的典范。陶渊明的才赋同时存在于多个维度，对他而言不存在高低之分和雅俗之分。尽管劳动主题仅仅通过诗人本身的形象得以展现，诗人歌颂田间劳作带给他的快乐，但此类诗作的出现意味着对现实的审美接受取得重大进步。他使诗歌接近了普通的、充满日常快乐与忙碌的世俗生活。然而，他的创作却并未因此而丧失哲学深度。组诗《饮酒二十首》中有一个多维度主旨，涉及情感反映、艺术接受和哲理思想，从中可以看出作者在试图寻求解答一个困扰他及其他同时代人的问题：人生活的意义和价值究竟何在？他借用许多历史典故和古代思想家的论述来阐释自己的思考，还把一些彼此对立的见解放在一起进行对比，使读者不唯权威者之观点是从，而去贴近诗人的思索。对儒家关于"善恶终有报"的理论，对道家的长生不老信仰，他均持怀疑态度。跟寺庙和尚的频繁交往和对佛教学说的兴趣，并未妨碍他拒绝佛教白莲社创始人对他的邀请，因为宗教的繁文缛节和规章制度不允许诗人有独立的头脑和自由的精神。达到与自然的和谐相处，对陶渊明而言方为理想的状态和真正的实践。乡村人的苦难他不可能视而不见（《劝农》），但乡村的生活和农民的道德特点被他用

---

① 据《晋书》，王敦将谋反，郭璞以占卜结果不吉劝阻，王敦怒而杀之。原文所述不确。——译者注

来作为统治阶层之缺陷的对比，因此，他的诗作多半描写乡村生活方式开朗、愉快和美丽的一面。"自然"原则决定了陶渊明诗歌语言的特征及其形象化性质。

子承父职的贵族们看重的是不受中央政权的制约，他们性喜奢华，他们的观点、极其讲究的谈话、文学写作以及对佛教学说的迷恋，所有这些在很大程度上决定了谢灵运（385—433）的精神气质和创作特点。他大胆勇敢，功名心重，敢于在政治斗争中铤而走险，因被人告密而遇害。他有幸在流放中回到故乡生活一段时间，在自家庄园，他把时间都花在与和尚道士、文人书家的交谈上。谢灵运喜欢带着大批仆从游山玩水，体验人生在世的愉悦感，沉浸于对自然之美的赞叹，这使得他能写出风景如画的山水诗，他也完全有资格被视为山水诗的顶级大师。他描绘的自然画面具有一种自在价值，既是审美接受的客体，亦有助于揭示人与周围世界相互关系的秘密。作者赋予大自然以灵性，揭示大自然隐藏的易变性和原生性，在与大自然的交往中获得了精神升华。他的山水诗的不足有时体现为描绘上的拼贴感、细节的过剩，以及将风景刻画与佛道思想的公然宣教生拉硬扯到一起。但是，这并未削弱谢灵运在山水诗艺术形成过程中所起的作用。鲍照（414？—466）经常触及民间文学主题，以其全新而多样的内容丰富了"乐府"诗歌，增强了它的主观因素。从其诗作中明显能听出一个出身卑微的天才对门阀世家强权势力的反抗之音。"戍边"主题，即军事征战主题，在其诗作中具有重要地位。在创作这一主题的诗歌时，作者常流露出自己的生活观：作者与神秘主义格格不入，他冷静地看待各种事件，希望人们个个英勇威武。

在南齐（479—502）统治时期，在太子萧子良周围形成了一个叫"竟陵八友"的诗歌群体，其中最有名的代表人物是萧衍（464—549）、沈约（441—513）和谢朓（464—499）。他们意识到在诗歌文本中体现汉语固有特性的重要性，这一特性即汉语的音乐调性，借助严格规定的抑扬顿挫才能让诗句更具乐感，调性更丰富，才能让诗歌具有更严谨、更完美的形式。其中，最多产、最有影响力的诗人非沈约莫属，他在《四声谱》一书中提出了一种新的诗学体系（"八病"说）。为演绎"诗"这一体裁的标准，沈约创作

了不少该体裁诗作，有渗透着道家思想的山水诗，有歌颂爱情和友情的诗歌。乐府诗占到沈约诗歌遗产的一半，可以给它们谱上配乐，它们也适于诵读，这些乐府诗在一定程度上反映了一位饱学之士的精神状态。

在那个时代，在对所有付诸文字的文学作品的传统解读法之外还出现了一种审美解读法，它将作品划分为两类，即内容上深思熟虑的作品和语言上追求精美雅致的作品。审美解读法首先看重的是形式和艺术性。萧统（501—531）的《文选》"集其清英"。诗法中的新趋势是对社会上刚出现的艺术趣味的呼应。谢朓的成功之处在于对风景细节的精挑细选、思想的新颖别致以及善于找到最能体现作者情绪之词语的文才。他坚信："好诗圆美流转如弹丸。"作为"竟陵八友"之一的萧衍，后来的梁朝（502—557）建立者，他留下90多首诗，其中大都是乐府诗。在他儿子萧纲（503—551）身边聚集了一群诗人，他们的诗作开创了"宫体诗"之先河。这类诗歌大多关注和宫内美人的爱情体验，再现她们周围绮靡雅致的环境。跟传统的描写此类内容的诗作不同，这些诗歌不再追求劝谕目的，只是一味表达对女性魅力的赞美以及跟女人交往的愉悦。根据萧纲的旨意编纂的诗集《玉台新咏》，收录3—6世纪的爱情诗，其中占主导地位的均为宫廷诗歌，但也有不少乐府诗歌。其中一个部分收有五言诗、七言诗（包括一些混杂的、以七言诗为主的诗句）以及五言绝句，这证明"诗"的体裁在此时业已形成。何逊（卒于518）保留至今的诗作约90首，它们赋予用外部描写衬托抒情内涵的修辞手法以重要意义。然而，何逊的诗作中有时亦可见语言表达法和细节的死板与单调。在另一个关键人物吴均

（469—520）的诗作中，语言更加朴实，既不奇巧雅致也不标新立异。他的五言诗，尤其是"戍边"主题的五言诗，隐藏着一种受到克制的力量和能量。随着时间的推移，宫体诗的不足也暴露得越来越明显：因袭成风，过分雕琢字词，主题贫乏。即使是创作这类诗最有名的诗人江总（519—594），他所写的大多也是贵族的冶游和宴饮，因为他也是贵族出身。

6世纪时，七言诗"歌行"得到最广泛的认可。4—6世纪具有最重要意义的是民歌（"乐府民歌"），它被分为两个主要流派：南朝乐府民歌和北朝乐府民歌。在南朝乐府民歌中，"吴声歌曲"

是出类拔萃者，它流行于长江下游地区，而"西曲歌"则广泛分布于长江中游地区。在保留至今的约500首南方乐府民歌中，主题多是对爱情的歌咏，既有羞涩的单相思，也有幸福的互相爱慕，还有痛苦的难分难舍，几乎所有诗作都涉及女性的感受。完全有可能，那个时代抒情诗歌的出现与民间的婚姻礼仪密切相关。许多歌曲由女歌手在宴会上演唱，创作是为了取悦达官贵人，它们跟社会生活中的节庆密不可分。这些诗歌的特点在于描绘恋爱体验时的真诚和毫不拘束，因为恋爱中的男女通常都听从内心的声音，并不顾及"家规"的教导。南方乐府民歌大多是五言绝句。押韵相同的众多绝句就形成组诗。"吴歌"的杰出特点是采用谐音异义的双关手法，譬如同样都发"si"的音，却可表示"丝"和"思"。这种手法丰富了抒情诗的言外之意，产生了诗的另一层意思。在4—6世纪及后来的若干时代，南方诗歌对诗人创作的影响是多方面的，包括诗法、语言、形象塑造、主题以及生活态度。在中国北方，游牧民族的世界观和风俗习惯日积月累地影响到中国传统文化，这体现在保存至今的约70首民歌里。它们大部分系鲜卑、羌等少数民族所创作。它们或在当时直接用汉语创作，或译自少数民族的语言。北朝乐府民歌刚毅而英勇，反映军事主题，歌颂战功。有些诗作讲述乡民的贫苦，他们在战乱岁月的无依无靠以及劳役。至于爱情和夫妻关系，最常见的做法是克制而平淡地叙述。长诗《木兰诗》则占据特殊地位，它叙述一个替年迈父亲去从军的姑娘的故事。历经十余年从军生涯，在班师回朝后战士们才得知，他们勇敢的指挥官竟然是个姑娘。[1]此诗让人对女性心生敬意，即使在艰巨的军事任务方面，女性的才略和胆识也不输男性。庾信（513—581）和王褒（513？—576）的创作极大丰富了北方的精神生活，他们均曾在南朝做过高官，后来又同被异族押为人质，也都因其作品和文才又受北朝重用，官至高位。他们保留着对中国传统的信仰，将作诗技巧、细腻情感和文雅用词引入北方诗歌。庾信最著名的作品是《哀江南赋》，它讲述一个人因历史事件的不可抗力而与故土分离，并被迫身仕敌国的悲剧。组诗《咏怀》具有哲理抒情诗性质。道家和禅的思想使庾信的创作更加深刻，意味更加深长，其晚年创作的五言绝句尤为同时代人所推崇。

（E. A. 谢列布利亚科夫撰，万海松译）

---

① 《木兰诗》："出门见火伴，火伴皆惊忙。同行十二年，不知木兰是女郎。"只提及"火伴"，即战友。原文所述不确。——译者注

中国诗歌的"黄金时代"：唐代（7—10世纪初）

历经400年分裂之后，隋朝（581—618）统一了国家。后继的唐朝（618—907）实行中央集权，扩大与他国的经济和文化接触，在宗教和哲学领域以宽容闻名，鼓励文学创作，通过科举制度吸收文人参与国事，所有这一切使诗歌创作产生了一些新动向。在帝国重建之时，儒家治国理念、体现"君子"之风和修养心性的文学重新受到欢迎。科举考试要求展示诗歌创作才华，由此可见诗歌所具有的重要社会意义。不言而喻，大多数人只是表明其掌握了作诗技法，然而在崇尚诗歌的环境下，真正的天才便有很多机会脱颖而出并得到扶持。

有唐一代完全可称为中国诗歌的"黄金时代"。有姓名可考的唐诗作者超过2200位，他们中有皇帝、皇帝的亲信、各级官吏、隐士、僧人、尼姑和歌妓。存诗约49000首。唐朝时期，"诗"这一体裁登峰造极。那些未及采用平仄格律的诗作被称为"古体诗"。与之相对的是"近体诗"，包括律诗（8句）、排律（10句及以上）和绝句（4句）。近体诗的句数、长短、特征和韵律、配调都要遵守严格的规则。在律诗和排律中，除首尾两联外，每联都必须对仗。

国家生活和精神生活中对文学重要作用的认可，使得人们关注诗歌语言问题，导致了关于不同修辞手法的争论。许多按照6世纪诗歌精神创作出的作品（宫体诗），因其泥古不化和过分雕琢的形式，既不能适应唐帝国的需要，也不符合文学发展的目标。但唐初的作者们很长时间都未能摆脱这种惯例。上官仪（卒于665年）以宫体诗体例写出优美的诗作进献皇帝，他倡议使用对仗的"六对"和"八对"，在律诗的发展中功不可没。许多人模仿他的五言诗，称为"上官体"。宋之问（656？—713？）、沈佺期（656？—713）和杜审言（645？—708）稍许偏离宫廷诗体例，他们用游历国土和出任地方官得来的经历丰富诗歌内容。魏徵（580—643）是著名的帝师，他表现出唐帝国初兴时期活动家们的振奋与精力。如果说魏徵是在儒家学说影响下改变艺术话语，那么王绩（585—644）有此作为则系因其信奉道家学说。他既无意仕途，也无法亲近平民，

由此产生孤独感以及对隐居和纵酒的嗜好。在佛教诗（"偈"）的影响下，唐代僧人用接近平民的语言写诗。王梵志是他们中的翘楚，他的名字在18世纪前广为人知，后则被淡忘。1900年在中国西北敦煌石窟庙宇中发现的约380首诗作，呼唤世人以清醒的、时而痛苦的幽默态度对待死亡、贫困和苦难。佛教僧人寒山在竹枝和山崖上写诗，他的创作独树一帜。景仰其诗的人收集了他300余首诗作，它们都远离通行的诗艺，主要用来表达禅宗佛学的世界观。类似谈话的语言和所描绘的情境俱显平白质朴，然其背后隐藏着追求永恒之奥妙的深刻而又矛盾的思想。

为摆脱"宫体诗"的浮靡轻艳，"初唐四杰"进行了郑重尝试，他们是王勃（649—676）、杨炯（650—约693）、卢照邻（637？—689？）和骆宾王（生于638？）。他们的抒情诗主要为送别友人和怀念故土而作，或书写戍边，或针砭时弊，或描绘山水。他们认为人周围的物质世界与宇宙存在有机联系，这一基本观念决定诗人们偏爱某些特定命题的诗歌，要领悟这些命题，需要这几个层次的有机结合：本质性的哲学和宗教层面，与神话观念、历史传说的联系，传统诗意联想的境界。"初唐四杰"的成就在于使五言律诗的形制臻于完美，他们的诗歌遗产中五言律诗占一半以上。他们对七言古体诗也有影响。在卢照邻的长诗《长安古意》之前，还没有如此大型的诗作以这一形制写成。该诗通过描写京师宫廷、富豪显贵府邸内歌妓的莺歌燕舞，最终得出如下结论：人们追求的荣华富贵不过是镜花水月，而书写下的文字作为精神原理的载体却具有无限和永恒的价值。比《长安古意》篇幅更大的长诗《帝京篇》则出自骆宾王的手笔。

最初的唐代诗人未能完全摆脱因袭和矫饰，于是陈子昂（661—702）倡导进一步变化，他在评价过去几百年的文学时首推审美标准，断言汉和三国之后语言艺术便失去了体现崇高奋发精神的能力。年轻时对老庄思想的迷恋并未让他脱离尘世，相反却促使他在短暂的人世经历中及时建功立业。他自视为修养完善的儒家"君子"，并积极参与朝廷政务和军事征伐。他历时多年创作的《感遇诗》三十八首，内容包括对时事的情感反应和评价。他敢于抨击帝国权贵，后在狱中辞世。有时他为公开阐述自己的见解而不惜损害诗意形象。陈子昂的诗歌天赋并没有强大到能说服所有人相信他所选定

的创作原则富有成效，但毫无疑问，他的诗具有鲜明的形象话语、生命力和深刻的玄思，这样的路径被后代诗人延续。唐代诗歌风格多样，堪与陈子昂的诗比肩者还有刘希夷（651—680？）的七言歌行，后者依照南朝乐府民歌体咏唱春天和女性的爱情，思考时光飞逝与生命美好之间无法纾解的矛盾。张若虚（666？—730）的诗作仅存两首，但几乎每个读书人都知道他的七言诗《春江花月夜》。诗人精妙入微地传达面对造化之雄伟神秘时的狂喜和对自己无限内心世界的理解。写作抒情诗的乔知之（卒于697年）写诗给他钟情的一名侍女，为此招致杀身之祸，因为该侍女被一位权势熏天的显贵夺去颐养天年。张说（667—730）、苏颋（670—727）和张九龄（673—740）系唐初一代名臣，颇有诗才，他们的文风刚健高蹈，行动果敢明确，精神坚毅，虽遭贬谪也未丧失这些品质。

玄宗皇帝在位期间，历经开元（713—741）和天宝（742—756）两个年号，被视为唐帝国繁盛的顶峰，因涌现出一系列杰出诗人而彪炳史册。孟浩然（689—740）的200余首诗多为壮丽的山水诗。对于见弃于朝廷的诗人而言，生命的意义就在于交会自然，吟诗作赋，思考佛道义理。他喜好描绘探访庙宇而引发的情绪，书写佛门高僧和道家隐士的智慧。禅宗佛学吸引诗人之处，在于它能加强反躬自省和澄心净虑的能力。对哲学和宗教流派的嗜好非但没有降低、反而提升了诗人对世界的审美领悟。孟浩然高度的个性意识使他在直观自然和自然之美中获得安宁和幸福。清新的领悟化作鲜明准确、内容丰富的视觉形象。他的语言空灵清旷，所描绘的画面美不胜收。他喜爱的形制是五言诗，但他的七言诗中也不乏佳作。诗人和画家王维（701—761）是大自然的杰出歌咏者，有论者说他："诗中有画，画中有诗。"王维的世界观里可以看出儒家和道家的特点，但南支禅宗的思想居主导。他在晚年尤其频繁地参详佛学，在创作中大量使用佛教作品中的论题、形象和词汇。虽然在朝廷为官，但他始终向往大自然怀抱中的生活。他的诗作中有的写成边将士，有的写田耕，有的写闺怨，但他对诗歌的真正贡献当属山水诗。豁然的顿悟使人能够理解大自然的幽深与变化，重建与周围世界的有机联系。在澄明的心境中，王维照见自然之壮伟，感受独特的灵魂升华，这使他在诗句中再现参透

造化奥妙之感、佛门禅宗弟子的世界观。他掌握所有的诗歌形制，获"五言宗匠"之美誉，在他400余首诗作构成的遗产中，五言诗占多数。组诗《辋川集》20首绝句尤其受人称道，其宏大布局为局部细节所丰富。

强大的唐朝成功地保卫自己的领土并出兵征伐，这孕育出获得广泛社会反响的边塞诗。这些诗体现作者在遥远边疆的个人经验和印象，他们熟悉行军布阵和当地居民的风土人情。诗人们歌颂唐朝军队及其忠勇将士的威武，同时也展现戎马生活的艰辛，对将士表示同情，为战死者哀哭，有时他们也因朝廷的失误和将领们的玩忽职守而愤怒。异国边疆凛冽肃杀的自然风光更凸显出士卒们的英勇和顽强。七言的"歌行"被提升至新高度，成为喜闻乐见的形制。王昌龄（698—757?）两次踏足边塞，他所感兴趣的与其说是战事，不如说是将士们的心意、他们对故土和亲人的思念。他为绝句这一体裁的发展做出了卓越贡献。高适（702—765）两度出征，他记录下战士们英勇豪迈的行为和他们身属伟大国家的自豪感。他在诗中描写各种战斗场面和士卒平日的生活细节。任职地方使得诗人熟悉乡村及其存在的问题，这在他的创作中得到了反映。他的抒情诗主人公的性格具有始终如一、热爱真理和豪爽直率的特点。岑参（715—770）与高适齐名，他在长城下度过6年。他的语言意绪轩昂，擅长描写奇特非凡的场景和风光，经常使用夸张和大胆的比喻。他为七言诗的发展贡献良多，他的绝句以及长篇歌行尤为妙绝。

伟大的"诗仙"李白（701—762）不愿意为金钱和富足的生活放弃自由和人的尊严，在京城只驻足3年，随后就遭驱逐，浪迹平生。他的诗歌记录下矛盾的情感：干预时事、改善民生的愿望伴随着退隐的思想；对人和人的灵魂之美的信念伴随着对永生世界的梦想；他精力充沛，满怀建功立业的渴望，可有时却只在酒中寻找慰藉，伤怀于人力之枉然。诗人以欢快之情感悟生活，无法遏制地欣赏尘世生活的美妙，而有关社会混乱、怀才不遇的思想却使这一切蒙上阴影。李白能够以引人入胜的从容之态言说自己的思想和感受。在他的时代，阶层隔阂和儒家规制不可避免地使人与人之间心灵疏远，诗人因其真挚、率直和诚恳显得卓尔不群。读者对李白诗歌有着长盛不衰的喜好，其秘密在于他诗中毫不造作的人文

主义。李白以广阔的气魄、天马行空的诗意想象、惊心动魄的形象称雄于世。他轻快自如地处理那些奇特非凡、常常是幻想出来的情景。其山水诗的绝妙之处在于视自然为友，诗人能够与之交流最隐秘的思想。在李白的诗歌中，对夸张、昂扬、鲜明色彩的喜好，与对人微妙至极的情绪的细致洞察融为一体。诗人一直在探索新的艺术手法，并参照民间诗歌经验。他有近770首诗流传至今，包括150首乐府，80首律诗，其余为古体诗。特别突出的是组诗《古风》59首，历史的对照在此既是对当代的评价，也是对传统的思考。

在唐帝国历史的转折时刻，杜甫（712—770）的才华达到全盛，他被称为"诗圣"。他的经历包括居于帝国朝堂，身陷异族囹圄，脱险于战乱，与著名诗人和普通农民结交，所有这些给他的创作提供了广博的素材，其创作表现出面对同胞的艺术责任感。受古代儒家理想的熏陶，杜甫自青年起便立下报效国家的崇高志愿，梦想用传说中的君主（尧、舜）之道来教导皇帝，因为据传在尧舜治理下人民安居乐业。他的诗中社会揭露主题表现得十分有力。《自京赴奉先县咏怀五百字》以及组诗"三吏""三别"呈现出唐代社会生活广阔的全景图。与那些竭力把帝国描绘成繁华天堂的文学家不同，杜甫写道："朱门酒肉臭，路有冻死骨。"他挺身而出，反对攫取国家政权的佞臣奸党，指责帝国宫廷的奢侈浪费。他把利欲熏心的官吏比作将中国劫掠一空的贪婪猛禽。诗人心痛于战争给农民生活造成的破坏，而官府却继续增加赋税。《蚕谷行》是对安宁的建设性劳动的赞歌。在《茅屋为秋风所破歌》中杜甫表示，只要世间再无冻馁之人，他情愿牺牲生命。他的诗十分真实，被称为"诗史"。他孜孜不倦地修改写下的文字，使得诗句极富表现力。他炼字精到，似乎字字均熔铸于诗句之中。凭借深刻的感悟和心理描写，杜甫的1400首诗塑造出诗人自己令人神往的形象——他聪敏睿智，热爱生活，同情他人的痛苦。杜甫把古体诗（他创作了339首）和近体诗（1006首）提升至新的艺术水平。

安禄山叛乱（755—763）给唐帝国带来的打击，使很多诗人沉痛回忆国家往昔的强盛，感受个人生活的颠沛流离，希望在道家学说和佛教禅宗内获得精神平衡。刘长卿（709—780？）性情孤高直爽，屡遭谗谤。刘长卿的山水诗笼罩着禅意，具有独特的风格。他的诗集里五言律诗数量最多。韦应物（737—790？）的创作反映尽忠职守的愿望和对乡村生活的向往相互交织的矛盾情绪。他成功地找到自己的风格，将陶渊明的简淡与谢灵运、谢朓的语言优美融为一体。

唐朝的衰落迫使读书人寻找失败的原因。韩愈（768—824）倡导"复古"运动，认为王朝衰落的原因在于遗忘了古代儒家的"仁""义"原则，在于佛教和道教的传播，它们使人放弃履行对社会所负的义务。他写诗谈宦官专权、藩镇割据、国内饥馑，以此提醒统治者们记住他们的责任。他数遭贬谪，生活困窘，但仍坚守自己的信念。他的哲理诗和山水诗价值最高。他欣赏杜甫卓越的诗歌技法，师法杜甫甚多。韩愈摆脱陈词滥调的表述、暗示和形象，尽力以奇诡之词、妙手偶得的诗意来惊世骇俗。他率先在诗歌文本中广泛使用典雅散文的词汇、文法结构和自由的篇章布局，而他正是写作这种散文的圣手。因此他偏好古体诗，热心创作带有描写和议论的长篇作品。柳宗元（773—819）是韩愈的同道，他由于大胆的政治表态被贬14年。他同样为儒家思想而斗争，但从青年时期就对佛道之说颇感兴趣，这赋予他对自然的理解以特殊色彩。受《庄子》影响，他的一些诗类似寓言。有140余首诗归诸他笔下，抒情主题在其五言诗中展现得特别细腻，他所留遗产大多为古体诗，但也以典雅的散文著称。孟郊（751—814）和贾岛（779—843）曾受韩愈庇护，在他们的诗中，社会主题和功名之心被简淡冲和的佛教理想替代。在韩愈的圈子里，李贺（790—816）天分最高，他从前者身上悟到要大胆处理诗歌形式。他成功锻造出独一无二的诗风，其语言和形象瑰丽迷人。他有很多诗写鬼神、仙域和非凡之境。他继承楚辞的传统，使用神话形象和奇峭的比喻。他近一半的诗以乐府体裁写成，并以唐代诗人们锤炼出的艺术手法丰富它们。同代人高度推崇李贺诗中的唯美、虚构、夸张和拟人写作手法。

同"复古"运动相应和，与白居易（772—846）之名相关的一个流派得到确立，并对诗歌发展产生重大意义。白居易要求："文章合为时而著，歌诗合为事而作。""新乐府运动"由此发端，其倡导者采用民间文学形式呼应国家和人民生活的重大问题。白居易写《新乐府》50首，以

关怀国家和国之生民为己任，抨击佞臣和贪官。他推崇"逐行无空话，每歌唱民苦"的诗歌。他在很多诗中使用对照手法，结合两种形象：一面专权、富足，另一面无权、贫困。他于收笔处常有出乎意料的反差，整篇作品最末几句至为关键，于此方显露诗歌的内在（思想）取向和情感取向。他尖锐地感到自己未能尽到对劳动人民的责任，他因为无法回答他为何比他们更为幸福的问题而深感惭愧。白居易在中国诗歌中首次如此广泛地展现沉重的农业劳动，传达农民的痛苦和希望。其大量描写妇女命运的诗洋溢着人道主义的光辉。诗人以京城歌妓作为抒情长诗《琵琶行》的女主人公，把当时传奇小说中十分流行的人物引入诗歌。另一首长诗《长恨歌》同样包含情节，讲述美人杨贵妃和唐明皇（玄宗）的爱情悲剧。他没有把这个皇帝描写成被奉若神明的统治者，而是将他写成满怀愁苦的平常人。他在《闲适诗》中展现精神自由，直接呈现生活印象的流动和生活的欢乐。白居易存诗近3600首，其中700余首是优秀的绝句，它们蕴含广博，内容深刻，语言浅白却意味深长，使用丰富的民间话语。

白居易的社会观点和创作立场得到其友人元稹（779—831）的赞同，元稹以两大组乐府诗闻名，诗人在其中针砭社会弊端，回应社会问题。他的创作反映出他在寻找可以接受的道德理想和自己的生活角色。其诗题材广阔，情调多样：既有对敌手的峻刻，也有对友人的关心；既有对亲人的同情，也有分离之苦；既有身边人离世的悲伤，也有创作的欢欣。张籍（768—830）的400首诗属于具有忧国之音和鲜明思想的诗歌，在他著名的乐府中描写了战争的苦果、农民的日常习俗和风尚、妇女的操劳和命遇。李绅（772—846）的20首《乐府新题》同样属于这一诗派的创作成就。他曾戍守多处边塞，其经历体现于诗集《追昔游诗》中。白居易与刘禹锡（772—842）系文笔之交，刘禹锡的遗作包括谴责诗、历史题材作品和民谣类的歌行。他观察事物兼具儒家的清醒眼光和禅宗的直观顿悟。刘禹锡自成一家，诗风清朗优美，音韵铿锵。白居易和元稹都曾为歌妓薛涛（768？—831？）献上热情的诗篇，薛涛以美貌、聪慧、学问和诗才声名远播。她创作了约500首诗，存世89首。这些诗均为抒发心怀的抒情诗，用于酬答友人或记录自然风光。鱼玄机（844？—871？）的创作在女性抒情诗中是一个

引人注目的现象，她居于道观，却感受到尘世的欢乐和烦恼。她存诗约50首，其中许多被赠予一些著名文学家。鱼玄机意识到自己的才华，惋惜妇女没有机会在国家政治舞台上崭露身手。

在唐代最后一百年里，杜牧（803—853）独具一格的创作享有盛名，他出身著名的官宦家族，渴望从政。他诗中的悲愁情绪缘于朝廷中的纷争和将领间的不合，以及外族愈益频繁的进攻。他在诗中经常回溯历史典故，以此针砭时弊，讴歌过去的可敬人物。杜牧的抒情诗大多悲慨忧愤，但其中保留了对于改变个人际遇和国家命运的希望。杜牧熟练掌握形象语言，他的诗富含潜在诗意。最为诗歌鉴赏家们看重的是他的七言绝句，其次是七言律诗。

另一位著名诗人李商隐（813—858）也身为官员，不得不依附于变幻无常的国家生活，但他的诗所记录的并非外部环境，而是对外部环境的心理反应。他的作品大多为了回应社会事件和描述他生活的新状态。他的诗歌广泛表现爱情主题（有关妻子及其早亡的哀婉之诗）。有多首诗写到歌妓和宫苑美人。诗中弥漫着淡淡的忧伤情绪，黄昏、夜色和秋景是他的最爱。著名组诗《无题》中那些令人心醉神迷的诗句极富情感表现力，暗藏大量联想。很多诗"云山雾罩"，意蕴丰富，要求读者展开丰富联想。他的七言律诗最受称道，追随其诗风者甚众。

唐帝国逐渐走向灭亡，很多诗人继承杜甫和白居易的传统，直接书写国家之难。但是，一些回避时代问题的诗人却决定了这数十年间的诗歌面貌，他们的诗被当作沉入忘乡的手段。《新唐书》中诗人司空图（837—908）的列传被置于卓行部，因为他得知唐朝末代帝王的死讯后自尽。诗人内心综合儒、道、佛的思想，表现为纵论无意仕途、简约冲淡、落寞不群、纵情美酒和结交高僧等传统主题。司空图的抒情诗气韵哀婉，表达个性在孤独和抗拒状态中的痛苦，以及个人内心世界的深邃。长诗《二十四诗品》使他声名远播，诗中描述24种"诗品"，其基础是伟大的道。诗人的声音实质上变成最高的超自然力量的声音。玄妙的"道"最完整地显现在自然之中，因此艺术家应当以自然的形象、着意惝恍的语言、似是而非的词语来表现他在灵感勃发时所掌握的最高智慧。

"词"体裁：宋代（10—12世纪）

10世纪，当儒学权威衰弱之时，个人生活和隐秘的爱情体验对人而言具有越来越重要的意义，这也反映在以民间歌谣创作为源头的诗歌体裁"词"中。在敦煌洞窟里发现的160余首词便是佐证。白居易、韦应物、杜牧、李商隐转向民间文学范式，他们的一些诗歌已使用词这一体裁。然而到了10世纪，词才获得独立体裁的一些特点，如平仄音交错，长短句配合曲调构成整齐的系统（词这种诗作是和曲填写而成的）。词原本用于歌唱，历经几百年后曲调遗失，然而缺乏音乐伴奏的文字仍保留其艺术价值。最初人们认为词只能用于休闲娱乐，没有赋予它严肃意义，然而它逐渐扩大其表现能力，数百年来与诗共同主导诗歌。在这一文体中温庭筠（812？—866？）首获成功，他存词约70首。他主要描写歌妓和她们的美貌。其词作风格温婉，外观绚丽，其中有很多标示贵重物品的词汇，造成豪奢富贵的印象。女性之美并非总是被直接描写，而经常通过她们的服饰和周围环境来加以表现。温庭筠的词已具有独创的节拍和音律。五代时期（907—960）词人尊温庭筠为师。词集《花间集》以他的66首词作为开篇并非偶然，这本词集编撰于940年，收录18位词人的约500首词，这些词人大多生活在蜀地（今四川省）。韦庄（847？—910）有48首作品被收入《花间集》。韦庄不同于温庭筠，他言说爱情的语言更加直白，不事雕琢。他以长篇抒情叙事诗《秦妇吟》而闻名，此诗写于黄巢农民起义之后。南唐（937—975，今江苏和浙江两省）国君李璟（916—961）也酷爱写词，但该国末代君主李煜（937—978）成就最高，刚刚建立的宋帝国（960—1279）军队征服南唐后，他被宋军俘虏，作词感怀过往，抒发亡国之痛。

宋朝，国家重新统一。在始终变化的政治、经济和思想观念条件下，近4000位诗人创作诗词。宋初"西昆派"影响最大，该派得名于17位诗人的近体诗辑成的一部诗集。这些诗或用作酬赠，或用来唱和友人诗作的主题和韵律，颂扬丰功伟绩和嘉德善行，表现优游之乐。该派领袖杨亿（974—1020）、刘筠（971—1031）、钱惟演（977—1034）以李商隐诗风为典范，但只看重形式美。西昆派诗作题材狭隘，内容贫乏，后来受到诟病，但不应否认它在诗艺发展中的积极作用。一些诗人推崇杜甫和白居易的审美理想，反对西昆派代表人物的标新立异，反对不问社会问题的诗歌。王禹偁（954—1001）的诗表达对诗歌创作的社会使命的信念。他对国内时局有很强的责任感，因此对周围环境造成的当下印象的叙述可自然而然地转变为关于国家问题和道德问题的思考。诗人终生都在为民族的命运、边关的安全而忧虑。王禹偁偏好诗体裁，尽力以直白语言写作。他的风格中已出现属于宋朝时期诗的本质特点，即诗近乎散文，散文语体渗透进诗歌创作语言。

梅尧臣（1002—1060）存诗约300首，他不满足于对时事作情绪反应，力图从生活事实中引申社会和道德教训。其诗作反映作者的平民立场和改革国家的渴望。诗人经常以农民为抒情主人公，使其诗成为一位民间人士的自白，以人的深刻痛苦震撼心灵。日益加重的外患促使诗人研究兵法，以上古战争和当代战事为例，在诗中言说增强兵力和巩固边防的措施。在梅尧臣的世界观中智思原则至关重要，为此他偏重理性，偏重对事实和现象做政治解释。他喜爱五言古体诗形制。

宋朝时期，儒生圈子改变了对战事的态度，充分意识到必须亲自披坚执锐投身战斗。苏舜钦（1008—1048）在宋代诗人中第一个十分详尽地表现与异国侵略者斗争的主题。他歌颂保卫北方边境的将士的战功，本人也梦想参加战斗，喜爱写表现军队和乡村状况的长篇作品，经常给朋友们写诗体书信，信中兼具坦率的情感与社会哲理思考。较之其他文学家，苏舜钦更愿意描写震撼人且威慑人的自然现象。他时常以儒家的观念作出判定，认为自然力量的状态也取决于治理国家的方式和帝国的主流风尚。

在宋代，词体裁借助语言的音乐性、抒情性、大众性和鲜明性越来越广受欢迎，涌现出一些十分多产的作者。有120余首词归于晏殊（991—1055）笔下，他占据高位，官至宰相。他的富贵意识以及对宴饮游乐的喜爱，决定了其诗的欢畅基调，即便是关于时光飞逝、老之将至的想法也仅引起淡淡的愁绪。他有很多献诗以及写友朋相聚和女性之美的词。优美的诗句记录下转瞬即逝的印象和刹那间的情感反应。晏殊以书面典籍中的词汇丰富词的语言。他是"婉约词派"

的领袖。晏殊死后，家道中落，他的儿子晏几道（1036？—1106？）把忧伤主题引入写遇合和离别的诗。

欧阳修（1007—1072）是诗文革新的领袖，他第一个用两种诗歌体裁（诗和词）进行多产、有效的创作。他指责西昆派忽视严肃的诗歌内容，认为艺术思维的实质和它的语言表现手法应当由作者的个性和道德风貌决定。欧阳修的高超造诣首先表现在古体诗上，尤其是七言诗。其诗的魅力在于世俗的现实指向和看待世界的乐观眼光。诗人体会到仕途的变幻无常，但他善于保持内心的操守和旷直的情怀。诗人的逍遥放达超脱儒家的克己精神，这使他与李白相近。欧阳修采用政论和哲理作品的词汇，在诗中揭露国内的弊端，思考乡村凋敝和边关失利的原因。对他来说，农耕者不只是亟须怜悯和扶持的穷人，而且是知晓成功和欢乐的劳动者。他写大自然的诗各有不同的诀窍：一些诗以哲思与玄想为主，另一些诗完全旨在表现锦绣风光。凭欧阳修之力，词在体现主题和思想之丰富、艺术手法之繁多上接近了诗。他用80个词牌创作了约260首词，其中经常见出诗人自身及其具体命运、复杂精神世界的形象。在使用表达爱慕之情的民歌传统的同时，欧阳修加强诗文与其他书面文化形式的联系，决定性地拓展了体裁的主题范围，丰富了语言，引入了联想。10—11世纪初的词作者们以小令形制写作，其长度不超过58个汉字。欧阳修与柳永（1004—1054）一起为中调和长调奠定基础，中调为计有59到90个字的词作，长调是容纳超过90个汉字的长篇大作。科考失利后，柳永成为青楼女子的密友。他的词赞美超越等级隔阂的爱情。甚至在别离时，在异乡，他都不曾感觉孤独，

因为内心珍藏着回忆和美好的形象。在柳永笔下，城市生活首次进入词作，富庶的商铺和市场、庙宇和寺院、园林和花园、游乐、行路的人群，这些构成他描绘的现实画面。柳永的诗歌流传广泛。"凡有井水处，皆能歌柳词。"12世纪的一位文学家这样写道。

至11世纪60年代中期，大政治家王安石（1021—1086）成为改革派的思想家和领袖，他的文学天赋甚至连其政敌也无法否认。积极的社会立场激发诗人在诗中引入哲理、治世主题和社会问题。他在杜甫诗歌中找到许多东西可与自己的创作产生共鸣，他热衷历史题材，将之与当代的事件进

行比较。政治活动失败后，王安石在他的田庄赋闲10年，创作了大量抒情绝句。他在词里引入历史和哲理层面的新主题，诉诸佛教的思想、词汇和术语，采用中调和长调形制。他有超过1300首诗和约30首词流传至今。

在诗和词这两种体裁中，苏轼（1036—1101）为丰富新的主题和难以忘怀的诗歌形象贡献良多。卓越的才华、政治活动家的丰富阅历、对祖国文化的深刻认识，使苏轼写诗时举重若轻。他的遗产包括约4000首诗和300余首词。他信守古代儒家思想，因此在诗中直率、顽强地诉诸社会主题。他觉得王安石推行的改革没有给国家带来好处，应该用其他方式寻找出路。但他在很多方面也不同意反对改革的一派，为此他屡遭排挤，这使他得以面对辽阔而独特的祖国土地。他身上既有儒家世界观的根基，也有面对变幻莫测的生活、多种多样的自然所持的佛、道态度。苏轼坚信必须将人从外来观点和习惯中解脱出来，让他自由地实现构成个体真正本质的自然本性。由于认识到天地之永恒，苏轼明达而冷静地理解个人坎坷和朝中变故，这使得他的诗歌具有光明乐观的语调。在他的诗中，丰富的诗意想象暗示惊人的细节和形象。他笔下的风景是动态的，他喜爱书写四季更迭和天气变化。在诗体中他的才华最大限度地展现在律绝和七言古体诗中。如果说此前在词中占主导地位的是爱情题材，那么苏轼则在词中记录关于生命目的和意义的思考、对故乡的怀念和对社会弊端的揭露。他率先开始在词中再现乡村生活画面和农民、渔夫、船家、老人、妇女和儿童等形象。诗人总是追求让诗词完整地表达自己的构思，因此他在词中常常突破既定的法则，树立豪放独立的典范。他借助诗和典雅的散文语言及口语来丰富词的内容。

在苏轼的追随者中，秦观（1049—1100）的词成就最高。他存世约90首词，其中以爱情主题为多。他以尊重的态度描绘歌妓形象。在贬谪中，他笔下生出忧伤和愤懑的诗句。他有捕捉和表达抒情情境典型特征的才能。黄庭坚（1045—1105）出自苏轼的圈子，但他开宗立派，他的遗产包括1500余首诗和180余首词。他认为，创作成就首先取决于渊博的学识，而道德完善之路则始于对儒家经典的把握。他把善于运用前辈经验看作诗人的艺术；他提倡两种方法：用自己的语言阐述继承得来的诗歌理念，或借助别人的形象和个别的表述传

达自己的思想和感情。黄庭坚宣称自己师法杜甫，但实际上他只学杜甫诗歌的技法。他的诗笔法含蓄。他回避社会问题和尖锐评语，喜爱探讨禅宗佛教和理学义理。在生命的最后20年里，诗人两次遭贬，诗风于是变得悲怆，更加富于深情。黄庭坚诗的特色是出人意料的布局、非同寻常的句法结构、多样化的笔调、丰富的联想和暗藏的典故。他热衷形式和语言方面的创新，使用俚语和方言。黄庭坚被称为诗宗和"江西诗派"的领袖，该诗派遵从他的美学旨趣，对文学生活的影响延续近百年。韩驹（1086？—1135）有时为一首诗锤炼数年，从前辈处寻找富有表现力的词语，因为他赞同黄庭坚的断语："无一字无来历。"一些词作者再次以爱情和自然为题，他们对形式也表现出强烈兴趣。贺铸（1052—1125）作词风格优美，旋律精炼，巧妙使用前辈的诗歌精华。

1127年，女真人攻城夺寨，直抵长江沿岸。宋室逃亡，在南方（长江中下游地区）建立南宋王朝（1127—1279）。女真人在占领区建立自己的国家——金（1115—1234）。严峻的时代气息侵入中国诗歌，爱国主义主题、忧国忧民情怀表现得高亢激越。以痛切和悲愤之意写诗（诗和词）记述时事者，有文学家、政治活动家、军事将领王庭珪（1079—1171）、李弥孙（1058—1153）、李纲（1083—1140）等。民族悲剧改变了江西诗派追随者的世界观和创作实践。吕本中（1084—1145）、曾几（1084—1166）转向爱国主义题材和更加自由的个性化诗风。陈与义（1090—1138）是12世纪上半叶最重要的诗人，他意识到师法杜甫不应仅学作诗手法，而且还应学习其勇气和爱国情怀。在他直白明快的诗中，我

们可读到他对不久前的强大宋朝的回忆、对宋朝军队骁勇善战的期望以及对怯懦和背叛的抨击。曹勋（卒于1174年）率先倾吐他出使金国期间体会到的痛苦和屈辱。南宋词具有新的特点。张元幹（1091—1170？）赞赏爱国派的行动，梦想北征收复失地。当时一位大臣因要求处死叛国宰相秦桧而遭贬谪，张元幹写出刚勇直率的词，为此身陷囹圄。女词人李清照（1084—约1151）恰逢宋代由和平转向战乱的时代。对自然美景的细致理解，享受生活的喜悦，对艺术和诗歌作品魅力的敏锐感受，这些因素决定了她早期作品的抒情内容和情感基调。靖康之难后，她在作品中主要

表达一个幸福生活被战争摧毁的妇女的悲痛，恸哭丈夫的亡故，讲述为寻求庇护和依靠在异乡的漂泊。对被异族强占的北方故土的思念，更加重了她的痛苦。她的词亲切真挚，婉转清丽，音韵丰富。理论著作《词论》也出自李清照之手，其中强调体裁的特殊法则，慧眼独具地臧否一些世所公认的作者。

陆游（1125—1210）成为国人思想和希望的真正表达者，他留下近9300首诗和130首词。他倡导摒弃投降政策并主张与女真人坚决开战。他满怀亲自与侵略者作战的希望，但报国无门。陆游的诗歌彰显出帝王宫廷与坚守祖国独立的豪杰之间的鸿沟。诗人虽然希望国家摆脱战乱，却仍忠实于本土文化的人道主义传统，对女真人不抱民族仇恨，但谴责他们对别国领土的侵占和劫掠。他的诗作触及许多主题，体现其心理状态的复杂变化，包含对儒、道、佛义理的思考，然而对许多读者来说，陆游的弥足珍贵之处在于他的爱国主义情怀。他孜孜不倦地强调国家命运依赖于人民的处境，他因苛捐杂税而怒不可遏。他有多首诗赞颂祖国边陲和田间劳作。诗人焚毁了年轻时受江西诗派影响所写的几乎全部诗作，之后创作的作品真实而准确地体现了风起云涌、充满矛盾的时代中人的复杂心态。

范成大（1126—1193）受过儒家教育，但很早就遭遇亲朋离世，目睹人们死于战祸；他力图识破生死奥秘，确定自己在生活中的位置，于是转向禅宗。他的诗证明，这位诗人喜爱寺庙及其内部装饰，喜爱宗教仪式。他在僧人的举止和心理中看到一些崇高品质，那些使僧人有别于争权夺利的凡夫俗子的品质。禅宗的观念和实践使他心平气和，能够以最高的道德理想、宇宙的时空为坐标系处理世事和现实问题。他的现实感触极其发达，与此同时他却从未舍弃他的政治和伦理信念。范成大拥护主战派，但拒绝直白地抨击投降派，把恪尽增强国力的臣子责任看作个人义务。出使北方期间他写下72首绝句，表达因目睹沦陷的土地和被俘的国人而生的心灵痛楚。诗人在禅宗触动下对自然的观察力更加敏锐，这使他摆脱虚无感，以清醒的眼光发现所观察现象和事物的美和深刻本质。范成大的诗有时带有民族学特征，描写不同地区居民的劳作、休闲、礼仪和习俗。他的60首组诗《四时田园杂兴》为传世名作。

范成大的同代人杨万里（1127—1206）写诗4200余首，编成9卷诗集，每一卷都与其人生的特定阶段相联系，包括30年仕途和与当政者意见不合后赋闲独居的15年。诗人有很长时间尊崇江西诗派，但在1162年焚毁1000多首诗，并首先向晚期王安石、尔后向唐朝末年诗人们学习绝句的抒情风格，这造就了他独具一格的诗风。其诗很少写轰动一时的政治主题，大多记录作者在目睹山水时稍纵即逝的感悟，在置身日常生活场景时获得的非同寻常、震撼想象的发现。作者喜好出人意料的主题转变，喜好诙谐，这种取向富有禅意。其诗的语言浅近直白，常夹杂口语。

词坛大家辛弃疾（1140—1207）享有盛誉，他目睹祖国利益遭出卖，俊士豪杰被弃置不用，为之感到悲愤。他创作的词现存620余首。青年时期他参加了抗金斗争。在有关战争的回忆里，他找到道德支点和同代人的心性标准。一个主要思想贯穿他的全部创作，即当北方居民受到奴役之时绝不能无动于衷，无所作为。由于不被理解、不受信任和遭到仇视，他的爱国主义志向屡屡碰壁。他因遭构陷而被逐出官场，居乡间多年，他在那里描写时光的流逝，思考人的使命。他在生命飞逝的传统主题中加入出师未捷身先死的痛苦思想。他记录乡村自然的生动画面、纯朴的农村生活氛围和他对农民的真心喜爱。他的诗歌鼓动英雄豪气，增强国人的民族自豪感。

南宋政权得以巩固，与女真人之间维持长期和平，社会精英因此产生苟且偷安的情绪，寻欢作乐之风加剧。受包括这一因素在内的一些因素影响，在词这种诗歌形式中再次滋生追求风格精致唯美、诗歌音韵动听的倾向。姜夔（1155？—1230？）的创作有决定性意义，他极大地丰富了词的节律和曲调，巧妙地使用各种艺术手法（他留下80余首词）。像著名的描写毁于战祸的扬州城的这一类诗篇，在他笔下并不多见，其作品多数为吟咏爱情和羁旅感触。咏物主题占有重要地位。他的词和谐、温婉，以形象生动和旋律优美而动人。张炎（1248—1320？）与姜夔齐名，他在著述《词源》中阐述了对这一体裁的理论观点。他创作的词存世近300首，其风格技法臻于化境，语言清丽典雅。12世纪末江西诗派的坚定反对者是"永嘉四灵"，其中徐玑（1162—1214）最负盛名。他们在寻求最佳形式时反对墨守成规，

偏好五言律诗。这一群体促发"江湖派"生成，该派名称得自诗集《江湖集》，《江湖集》收录62位作者的诗歌。尽管天赋才情不一，创作手法各异，但相似的命运和对江西诗派美学的否定把这些诗人统一起来。他们对国家政务感到失望，浪迹天下，试图在庄子、禅宗和新儒家[1]思想中获得精神支撑，大自然对他们来说是解忧良方和不可理解的神道体现。一些作者在诗，甚至词中以社会—政治问题补充抒情—哲理主题，其中刘克庄（1187—1269）、戴复古（1167—?）和方岳（1199—1262）最负盛名。严羽的《沧浪诗话》提出严肃的诗歌创作问题，因此广受称道。新儒家朱熹（1130—1200）、叶适（1150—1223）的诗妙趣横生，表现出对宇宙、世俗生活和人的个性的新理解。

1279年，南宋帝国被蒙古摧毁。许多诗人哭诉丧失独立之痛。名臣文天祥（1236—1282）写于1276年之后的诗编为三部诗集。身陷囹圄之后，他拒绝为蒙古人效力。临刑前，他写下悲愤豪迈的《正气歌》。

女真人的金帝国依然保持对汉语诗的尊重态度。金国的词大多散失，而诗则保存在诗集《中州集》中，编者系北方最杰出的诗人元好问（1190—1257），他的七言古体诗和律诗颇有建树。30首绝句构成的组诗《论诗》表明，他摒弃西昆派和江西诗派的文风，推崇杜甫、欧阳修、梅尧臣的创作原则。在词体裁中他师法苏轼，获得广泛认可。他虽然意识到自己的两难处境，但仍在女真人帐下任职，他认为能够以此改善国人命运，并能加速"夷人"掌握中原价值观的进程和国家重新统一，这种情况在南北朝时也曾发生。他拒绝出仕元朝，隐居20余年，在诗中表达了他的悲剧感受。

"散曲"体裁：元明时期（13—15世纪）

在元朝（1271—1368），文学的体裁结构发生重要变化，诗歌的主导地位让位于戏剧，但诗歌的传统威望和读书人的创作需求仍促成大量作品问世。据大略估算，2600余位诗作者的名字保存下来。在很大程度上，词体裁在这一时期被新的吟唱文体"散曲"代替。散曲从宋词里借用了超过75个曲调。与词不同，散曲可以增加衬字，这些衬字不受格律的制约，且经常取自口语词汇。散曲用韵允许平仄通押，使用变韵，以顾及当时的口语发音。散曲里看不到诗词所特有的文法简略的规律，而广泛使用

---

[1] 此指理学，下同。——译者注

各种辅助言语，使得曲文更富表现力，生动自然。散曲分为小令（单一曲调的作品）和套数，后者即用两种或更多曲调写成的组诗。14世纪20年代之前，散曲艺术兴盛于京城（大都，今北京）和其他北方城市。作者有著名的戏曲家关汉卿、白朴等；以散曲体裁写作最积极的是马致远，他有约140首作品流传至今。乔吉（卒年1345）留下209首小令和11首套数，这些曲辞音律精美，用词大胆且出人意料。张可久（1279？—1348？）有855首小令和9首套数存世，他描写爱情和风景的诗句富于表现力且清新明快。散曲符合市民的趣味和世界观，其作者在一定程度上使用俚语，以戏谑的方式对待许多旧有的价值观和历史权威，维护人们享有感情自由的权利。可以观察到两种倾向：一些作者更接近广大市民阶层的语言和生活观念；另一些作者则向往传统文化，热衷词的题材和风格。张养浩（1270—1329）辞官后写道："兴，百姓苦；亡，百姓苦。"他嘲笑官吏，歌咏归隐。

14世纪，中国创作生活的中心移至南方城市。经历过蒙古军队入侵和南宋王朝败亡的元初诗人，在诗中真实地描写这些事件，描写众多国人的死亡和村落的破败。刘因（1249—1293）记载在异族政权统治的土地上中原人民的痛苦和绝望，思考宋帝国崩溃的原因。他倾心于那些肩负崇高义务、英勇无畏和具有自我牺牲精神的人，颂扬忠于故国的英雄。在诗和词中他刻画自己坚定勇敢的性格。作为知名的新儒家哲人，他在诗歌里也探讨生活的严肃问题，在那个悲剧性时代，思考这些问题使他能以更为开阔的视野评价各种政治和军事事件。新朝代一建立，诗人们便面临如何对待异族政权这一棘手问题。或此或彼的答案决定诗人的生活形象及其创作的本质层面。刘因在短暂为官之后隐居于自己的田庄。很多诗人也过着闲居生活，在诗歌创作中获得内心力量。邓牧（1247—1306）自号"三教外人"，其诗表现出大胆的思想和独立的判断。在他保存下来为数不多的诗作中有作者世界观的体现，他否定儒家理学、佛教和道教的学说，主张人应当依照自然法则生活，反对帝王和官僚对人的欺压。仇远（1247—1326）的诗刻画感情的迷乱、传统社会标准丢失所导致的痛楚、在饮酒和日常作乐中找到慰藉的期望以及对自由

的热爱。他的七言律诗最受称道。戴表元（1244—1310）的多首诗表现战争给人民带来的灾难和新政权征收的沉重赋税。一部分文学家出仕元朝，但他们当中很多人并不能因为外在的成功而摆脱难堪的心灵矛盾，他们意识到无力改变自己的命运，对生活中作出的选择感到懊悔和怀疑。这类情绪对于诗人和书画家赵孟頫（1254—1322）来说极为典型，他出身宋朝皇族，接受蒙古政权的召请为其效力，来到京城后仕途显赫，同时也成为京城文人创作圈的精神领袖之一。他把南宋的文化经验、文雅感情和精微思想、传统诗学知识带入北方的京城生活。他的精神影响和诗歌影响十分巨大；其五言古体诗尤享盛誉，其中的心理描写和表现力令人叫绝。但因生活处境，他不得不借助暗示和隐晦的联想。自14世纪初起，蒙古政权得到巩固，社会稳定，此种情况决定了"元诗四大家"的创作特点，这"四大家"即虞集（1272—1348）、杨载（1271—1323）、范梈（1272—1330）和揭傒斯（1274—1344）。他们彼此间风格手法不同，但均了解局势巨变时传统儒家思想对于社会和文学活动的重要性。他们都严肃关注作诗技巧、布局法则、格律规制和语言的塑造及表现能力，这些因素使他们相互接近。四人均学识渊博，供职于翰林院。他们的作品大多用于应酬庆典、饮宴和朋友交际。在这些诗中除风景元素和环境细节外，还有不少对这类题材作品而言习以为常的词语和形象。但作者对于民间疾苦并非视而不见。在这一方面揭傒斯十分突出，他在诗中讲述一些平民的不幸。杨载、虞集和范梈涉足国内各地，不同地区的自然风光、风俗和习惯成为他们诗作的内容。在虞集的诗歌里可以感觉到一种不满，因为蒙古政权即使对读书人也态度傲慢，中原人毫无权利可言。蒙古人（或为突厥人）萨都剌（1300？—1355？）的生活和创作道路堪为少数民族代表成功掌握中原文化的范例，他是翰林院学士，长于写诗，以歌颂宫廷的词享有盛名。他多次出游，其山水诗内蕴地方色彩。他对非汉民族的制度和风土人情的描写十分有趣。对中原诗歌传统的归属感鼓舞诗人效仿最优秀的范例，但在他的诗歌里也体现出个性特点和强烈的抒情元素。

元末数十年，城市文化和东南地区经济影响愈加突出，精神生活中凸显出这一倾向，即承认个人独立的理念，承认个人的思想和行为自由。于

是，诗歌中的儒家影响减弱，诗中开始饱含情感内容。这一时期最具独创性和重大意义的作者之一是杨维桢（1296—1370），人称"文妖"，他摧毁对"人文"和"责任"原则的信仰，贬损"先圣之道"。对正统观念的攻击并未妨碍他的世界观和美学观念吸引了很多同代人。他的诗深受庄子思想和佛教禅宗影响，满怀对自然世界的欣然接受之情，天真地梦想能够避开战争，不受国家政权约束，相信人们在时间的永恒和飞逝面前一律平等。杨维桢写普通人和他们领会时事的立场，其动机并非儒家重视农民社会作用的观点，而是坚信农民人性本质的自我价值。他最常使用古体乐府形制，在唐代作者中偏好李商隐，间或也写一些优美而朦胧的诗。他的七言绝句组诗《竹枝》接近民谣，受人推崇。杨维桢的创作，正如14世纪的全部诗歌，已表现出戏剧和平民散文繁盛时精神转变的征兆；作者们开始转向非传统的生活材料，作出不同寻常的评判。比如，儒学修养并不妨碍顾瑛（1310—1369）成为富商，他罔顾传统观念对经商的鄙夷态度，在诗中讲述这一行业的重要和艰辛。倪瓒（1301—1374）是一个趣味十足的画家和诗人，一生从未出仕。在50岁时他把自己的家财散给亲属和邻居，开始过隐士生活，泛舟于江湖。有时他在友人处和寺庙里驻足，以诗画作品酬谢招待主人。他的山水诗吐露心灵纯洁、热爱生活的气息，其中见出精致的品位。王冕（1300？—1359）所获成就最高，他因蔑视仕途和向往稳定的生活，主张独立和自由，被称为"狂生"。他写自然之美、用以自奉的渔耕劳作，梦想改良社会风尚和制度。看到人民被课以越来越重的赋税和徭役，看到人们在遭遇天灾时沦为赤贫并冻馁至死，他十分痛心。在乐府诗创作上他师法白居易，面向社会主题。他以风格质朴鲜明的古体诗、律诗和绝句揭露统治者的自私、昏聩和奢靡。王冕也是著名画家，他特有的敏锐目光决定了其挑选风景细节的精准，也使他的诗歌具有画面感。

元朝在农民起义的打击下灭亡，明王朝（1368—1644）的建立使得多数诗人欢欣鼓舞，但一些人之所以毫不动摇地赞成新政权，部分是为了复兴儒学权威，另一些人则怀有复杂、矛盾的情感。当时最重要的诗人高启（1336—1374）即属后者，他在青年时醉心仕途，但很快确信在元朝统治下自己改变国人生活的努力将徒劳无功，于是长

年隐居乡村。传统隐士信奉的道家和佛教禅宗的价值观并不符合高启的追求，他的支柱是其投身诗歌创作的意识：从事这种创作应不带功利之心，只为他本人。著名的《青丘子歌》洋溢着大同世界的崇高思想。高启将与大自然共同创造视为自己的使命，他希望用诗歌语言创造新的美，这种美超越身外世界中的可见之美。即使在隐居时他也与社会保持联系，与社会的不相协调决定了他的抒情式自我感受及其诗歌中的紧张情绪。他欢迎明朝的建立，但随后对新政权的政治和经济措施感到失望。他的《题宫女图》一诗表现出对京师上层的指责，据传闻，此诗触怒皇帝，导致高启遭受惩治。高启辞去官职，但明朝统治者仇视文人离群索居，将之看作独立和孤傲的表现。高启被卷入一场官司并被处以可怕的死刑——腰斩。

"台阁体"形制的诗逐渐在诗歌中取得统治地位，时值皇权稳固，社会上理学关于书面文字与社会伦理学说密切联系的观念得以确立，这种诗符合富贵官员的趣味。以这一形制写诗的主要名家有杨士奇、杨荣和杨溥，他们身居高位，以诗文取悦统治者和自己的亲友，表达忠君的情感和对生活的满足。但有一些台阁体的作者能够讲述自身感受（徐有贞、王鏊）。李东阳（1447—1516）对作诗手法思考良多，倡导学习杜甫的技巧，在相当程度上保持了诗的抒情表现力。

古典时代的终结：明清时期（16—18世纪）

在15世纪末，"前七子"享有盛名。他们看到社会上日益增长的祸乱，认为必须复兴他们认为有效的社会和道德理想，使文学表现善于思考和情感丰富的人的心绪。该团体领袖系李梦阳（1473—1530）和何景明（1483—1521）。他们倡导拒斥宋代文学传统，将之与新儒家学说的普及相联系，主张"文必秦汉，诗必盛唐"。李梦阳甚至以激烈的论战口吻断言："宋无诗。"他认为，应该追思古代，那时人们的生活和语言创作风格还没有处在法则和规制的僵化体系中。他倡导追随古代儒学观念，觉得它们更具当代性和必要性，他同时经常提醒民谣创作知识对诗人的

重要性——"真诗在民间"。他把民谣的精神情绪、语言和直白性带进自己的创作，在某种程度上革新了诗歌。在古体诗上他取法汉魏时代，而在近体诗上追随盛唐诗歌，尤其尊崇杜甫。李梦阳有不少情感洋溢的诗，书写当时生活中的各类时事和现象。何景明在复古中看到有可能获得某种自由来议论当代问题和使用诗歌积累的创作原则。除了抒情诗，他还写有描写不同社会地位的人的生活片段的作品。"吴中四子"（吴城在今江苏省苏州市）的首领系大名鼎鼎的画家唐寅（1470—1524），他们接近"前七子"的审美旨趣和诗歌实践。经济繁荣的东南地区城市文化给"前七子"的精神面貌打上印记。祝允明（1461—1527）精通哲学，对理学采取批判态度，希望把富于感情的诗歌与学理教条分开，他的诗表现活跃的智慧和实现其才干的希望。在商人出身的代表人物中，唐寅较早接受教育，他在国家科举考试中金榜题名（1498）并步入官场，可后来却因行为狂放被牵连进一桩官司，失去仕途前程。他鬻画为生，在诗中嘲笑追逐功名的行为，表达对其生活处境和日常闲适生活的满足。作诗才能本身和灵感迸发的时刻让他感到幸福，于是写出质朴浅白的文字。这个时期，台阁体文风失去了吸引力。

以朋友相交的"后七子"认为必须巩固"前七子"的建树。李攀龙（1514—1570）和王世贞（1526—1590）在此团体中起领袖作用。他们提出的要求是："文必西汉，诗必盛唐，大历以后书勿读。"王世贞成就最大，他创作了一部妙趣横生的艺术和诗学理论著作。他博采多种艺术手法，但墨守古代典范，诗文中词汇和形象用典过多，痴迷于诗的形式，这一切降低了这一派诗作的艺术水准。这派诗人中的一员谢榛因为反对夸大前代艺术经验的意义，与盟主产生分歧，于是被逐出团体。陈陈相因的模仿引起诗人、作家、戏曲家和画家徐渭的反感。生活中戏剧性的变故熔铸出他诗歌中情感恣肆的张力和个性十足的风格，他八次考取功名未果，家中一贫如洗，在消沉的心境下杀死妻子并被打入监牢。醉心于王阳明的学说和禅宗佛学，使他形成一种对待社会和伦理问题的独创性态度。他试图找到一种文辞形式，能够表现他饱受折磨且奔放不羁的天性，因此他认为韩愈和李贺独出心裁、不同寻常的诗最适合自己借鉴。杰出的戏曲家汤显祖（1550—1616）

是一位优秀的抒情诗人，他把自己对人性的理解带进诗歌，赋予情感和爱情体验以巨大意义。他反对因袭，在过去的诗歌经验中他心仪六朝诗人的风范。否定拟古是"公安派"的主要美学要求，其代表人物为袁宗道（1560—1600）、袁宏道（1568—1610）和袁中道（1570—1623）三兄弟，他们生于湖北省公安县（该派由此得名）。他们主张文学随时而变，认为古代的语言风格现在已不适用。他们把体现作者的世界观和心理、传达情感经验看作诗歌的首要使命。他们赞同在戏曲和传奇中表现的新的世界观念，并且将之带入诗歌。"三袁"与思想家李贽（1527—1602）关系密切，后者以怀疑态度对待儒家典范，并且不承认该学说创始人的权威。他的直接和自然地领会外部世界的"童心说"，启发了公安派的一个基本观点，即诗歌只需再现摆脱统治理论和社会规范影响的个人心态。该派成员否定新儒家思想的决定作用，坚信诗歌优劣首先取决于它在何种程度上反映了作者的个性。"三袁"中最有才华者被认为是袁宏道，他率直流露情感，直接主张："信心而出，信口而谈。"他和两位兄弟一样，以直白的语言在诗中描写瞬间的感受，他没有臻于完善的作诗技法，因此他那些妙趣横生的创作方针未能得到严肃的艺术成就之佐证。钟惺（1574—1624）和谭元春（卒于1631年）赞同这种美学立场，但认为必须匡正其创作的失误。他们均生于湖北竟陵，该流派因此得名"竟陵派"。这些诗人回避社会现象，专注于表现自己的内心世界，经常传达孤独、悲伤、绝望的感情，多写秋天和傍晚的风景。他们"幽深孤峭"的风格与公安派的"平淡"风格对立，故意破坏押韵准则和文法规矩，用字冷僻。

明朝时期，写作散曲的有330人，有大量作品集面世。这一时代初期，朱有炖（卒于1439）乃其中翘楚，他创作出优美的曲调，生动而透彻地描写爱情、宴乐和花草。15世纪末，康海（1475—1540）、王九思、常伦（1492—1525）声名鹊起，他们生活在北方，以自由的笔调描写宦海沉浮、曲高和寡的愁郁。16世纪80年代起，南方地区出现许多散曲创作风格各异的作者。冯惟敏最为重要，除了写爱情和自然的作品，他有很多散曲写社会题材，这在该文体中甚为罕见。梁辰鱼（1520—1594）立足于昆曲源头，他的散曲写得优美，风格近乎词，这引起了相互矛盾的

评价，一些人赞叹它们的奇特，另一些人指责它们的唯美主义和对音律的过度推敲。散曲体在明朝时期受到戏曲家和大诗人的喜爱。

随着清政权（1644—1911）建立，与之相关的战事成为诗人们的严肃体验，这要求他们创作另一类主题和基调的诗歌。陈子龙（1608—1647）参加了抵抗侵略者的战争，身陷囹圄，自尽身亡。最充分地表现他诗歌造诣的是七言律诗，这些诗作讲述作者的坚强精神、勇敢和悲恸。夏完淳（1631—1647）死于狱中，他那些才华横溢的诗篇描写了明王朝的覆灭。顾炎武（1613—1682）的政治、哲学和学术思想具有重大影响，他拒绝出仕清朝，致力于统一各种反抗力量。他写诗400余首，在诗中思考明王朝灭亡的原因，抨击叛变者。他偏好五言古体诗，广泛采用历史和文学联想。与他齐名者还有思想家、爱国诗人王夫之（1619—1692）和黄宗羲（1610—1695），他们的诗博大精深，准确再现现实生活的场景和事件。诗人钱谦益（1582—1664）颇有声望，他的作品将唐诗的优美音节和严格的节律法度与宋诗的谈道说理融为一体，描绘作为民族传统拥护者和新制度抨击者的个人精神面貌。他的创作遗产在乾隆时期（1736—1795）被禁。钱谦益的追随者们自视为宋朝创作经验的继承者。有两位诗人合称"南施北宋"，其创作广受关注。诗人施闰章（1619—1683）以山水诗闻名，这些诗接近王维的风格和哲理内涵。他尤工五言古体诗和近体诗。宋琬（1614—1673）遭构陷下狱三年，他的部分诗讲述绝望和心灵痛苦，但绝大多数诗篇写得生机勃勃，清新明快，精神振作。他在七言诗和词曲上有相当的造诣。辞官还乡的吴嘉纪（1618—1684）书写当时之事、频繁的自然灾害和盐场工人的生活。吴伟业（1609—1672）传达了出仕新王朝的读书人的复杂心态。他呼应重大时事，讲述个别人的命运，着眼于重大社会问题，描写爱情。他是唐以后抒情史诗的大家之一，写作七言诗。因为不愿接受清王朝，屈大均（1630—1696）削发为僧。他的独特风格、情感和家国情怀极其鲜明地表现在五言律诗中。大部分诗人逐渐顺应异族政权，他们中有官运亨通的王士禛（1634—1711），他是"神韵"理论的创立者，这一理论筑基于自然、虚、顿悟这些道家和佛家概念。诗人首先致力于再现人的原初纯质和大自然宏伟而无法言传的伟力。王维

和孟浩然的山水诗被他奉为典范。王士禛作诗约4000首，其才华、精深的哲理思考和敏锐的审美能力使他广受称道。沈德潜（1673—1769）声望亦隆，他倡导格调理论，要求严格遵守声调和音律的交错法度。他的诗讲究节制，体现传统儒家道德承担者的面貌。这一派的拥护者赵执信（1662—1744）在诗人们的帮助下撰写论著《声调谱》。他指责王士禛仅仅墨守诗歌中的山水一脉。袁枚（1716—1797）作诗4200余首，他论证上述两种概念之不足，主张必须坚守"性灵"原则，天分和灵感因此被认定为创作过程的必要前提。袁枚的诗记录个人的心灵识见，能够发现美并享受生活情趣，善于真诚婉约地描写爱情、与女诗人和歌妓的友谊。他的创作观点既得到历史学家赵翼（1727—1814）的称赞，也得到诗人张问陶（1764—1814）的认同，前者的古体诗在评点古今之事和哲理思考时显得从容不迫，极富胆色，后者以罕见的直率描绘隐秘的心思，他的一些七言近体诗极富才情，书写一位才子的激动、忧虑和梦想。翁方纲（1733—1818）提出"肌理说"以抗衡王士禛和袁枚的创作理念，根据这一理论，掌握儒家经籍和传统学识，能自然而然地使诗人创制出他需要的诗歌形式。黄仲则（1749—1783）的创作风格清新雅致，形象新颖生动，心理刻画真实可信。他因为贫病交加、爱情不幸而愁苦万分。他的个性在七言绝句和古体诗中得到最大程度的体现。

诗歌中的新风气：清朝末年（19—20世纪初）

在清代，词这一体裁再度兴盛。文学家们追求精致和高雅的诗风，这使得元明时期大受欢迎的散曲体裁遭到排挤。诗中的义理常常凌驾于感情之上，由此产生以词体裁抒发自我情感的需求。清代编成许多论述词艺的文集和书籍，完善了关于这一体裁的理论。满人纳兰性德（1655—1685）真挚地书写爱情感受和怀念亡妻，他的炽烈才情使他可将质朴的词汇引入华丽浓艳的语言，把日常用语变成抒情的载体。著名的诗人朱彝尊（1629—1709）也享有作词大家的盛名，他开创"浙西词派"，其追随者秉持南宋姜夔和张炎的创作原则，创造闲适悦耳的作品。这一派在100多年间居文坛主导地位。在清中期，执牛耳者为"常州词派"，其奠基者系理论家和诗人张惠言（1761—1802）。该派确立的风格即广泛使用潜文本、隐语、暗示、类比和讽喻，它符合这一观点：诗就是人的情感状态之音乐般的缥缈表达。周济（1781—1839）出现之后，该派追随者人数大增。他更明确地指出，词的决定性特征系作者对自我的抒发。周济坚持心理和对象描写的具体可感、单独的形象和词汇协调一致。19世纪的词人在很多方面仍保守传统权威，表现了高度的创作技巧，除抒情作品外，他们笔下也出现以忧国忧民为主题的作品。

启蒙思想和对革新之路的寻求决定了龚自珍（1792—1841）的激昂诗情，他的诗充满对祖国的爱和对人的个性的尊重。他针砭时弊，同时也同情孤苦无依之人，梦想完美的社会。诗集《己亥杂诗》（1839）尤受称道，共收315首七言绝句，其主题相当广阔，涉及哲学、社会和个人。

两次鸦片战争（1839—1842；1856—1860）在诗人中引起爱国主义感情的高涨。林则徐（1785—1850）、魏源（1794—1857）和张维屏（1780—1859）书写军事冲突、民众的英勇、将领们的怯懦和软弱以及军队的溃败。朱琦（1803—1861）真实展现侵略者的残酷，讴歌战争中殉国人员的英勇。贝青乔（1810—1863）的作品，尤其是诗集《咄咄吟》，成为历史的记录，诗人再现具体的事实，同时抨击颓涣的军纪，揭露不学无术、腐化堕落和毫无责任感的军吏。林昌彝（生于1803年）论述必须从鸦片战争吸取教训，主张诗人只写重要和迫切的事件。他的大量书写鸦片战争和社会状况的作品，使得人们有理由把他的遗作当作"诗史"。19世纪与诗歌中的进步倾向发生抵牾的是正统派，其代表人物力主保持传统的国家和道德基准，效仿过去时代的典范。影响较大的是"宋诗派"，以何绍基（1799—1873）、祁寯藻（1793—1866）、莫友芝（1811—1871）和大臣曾国藩（1811—1872）为代表。这一派在很多方面复兴江西诗派的审美旨趣，要求作者具有学识和强烈独立的性格，拒斥平庸粗俗的诗风。郑珍（1806—1864）对中国西南的自然风光多有描写，触及社会问题，喜爱出人意表的形象、修饰和比喻。

19世纪下半期国际局势和中国国内形势发生重大变化，推动了诗歌的革新。资产阶级改革派领袖康有为（1858—1927）、梁启超（1873—1929）和被处斩的谭嗣同（1865—1898）、夏曾佑（1863—1924）在19世纪90年代中期提出"诗界革命"口号。这一派诗人并不否定文言这种文学语言和过去的传统，但试图给诗歌注入新的内容，即改革思想、西方的哲学和科学观点、对迅速变化的

现实做出的回应。他们在诗中引入借自日本和西方语言的新概念和术语、散文词汇和文法形式、民间作品的风格元素。渴望了解西方世界的读书人在增多。新诗派最重要的代表人物是黄遵宪（1848—1905）。1876年考取进士后，他在日本、英国、美国、新加坡的中国使领馆工作近20年，他把中国人不知道的主题和印象带进诗歌。1868年，尚且年轻的他便批判儒家书蠹的保守和局限，为对抗守旧而宣称："我手写我口。"作为改革的拥护者，他描写清朝统治者的无能，沉痛地讲述帝国在战争中的失败和国土沦丧，展现异国的风土人情、西方社会的成就和弊端。他展示出诗歌有能力及时反映重大政治事件，向社会灌输爱国主义、人文主义和改革思想，针砭时弊的政论和引人入胜的游记。黄遵宪大胆新颖地使用多种诗歌形制。他尤其擅于创作五言和七言古体诗，他从民间文学中借用三言格律，依照民间题材撰写抒情组诗《山歌》。早期改革者的代表之一、报人王韬（1828—1897）的诗歌创作在当时的文学生活里占据显著一席，他翻译的德文和法文诗歌合为两部诗集。在反帝制的诗人斗士中，重要的社会活动家章炳麟（1868—1936）和被清政府处死的女诗人秋瑾（1875—1907）尤其突出。章炳麟写讽刺诗和民谣形制的作品，其中洋溢着革命情绪。秋瑾性格刚毅果敢，决意牺牲自己，希望唤醒国人的公民感情和民族感情，实现妇女平权，这些因素决定了她200余首诗的慷慨之气。她接近屈原、杜甫、辛弃疾的高昂激扬的情感和拜伦的精神面貌。民族革命运动领袖孙中山（1866—1925）的追随者们于1909年11月在苏州创建"南社"，辛亥革命前其成员逾200人，后达千人。至1922年，即"南社"解体前一年，该

社出版22本文学集刊，其中诗歌占有相当大比重。创办这些刊物的目的是促进民族自觉意识的形成，确立民主革命理想。柳亚子（1887—1958）被视作南社之"灵魂"，他的政治抒情诗号召推翻清朝帝制，摆脱外国威胁。在为祖国的不幸深感悲痛的同时，他激发对未来的信念，讴歌革命烈士。陈去病（1874—1933）创作的诗情感充沛，风格鲜明，气势奔放，颂扬历史上的英雄豪杰和革命运动中的同袍。高旭（1877—1925）的诗歌及其忧国之情、表现力和豪迈基调起到巨大的宣传鼓动作用。马君武（1881—1940）系最早翻译西方诗歌的人之一，诚如其同时代人所言，他善于在政治和抒情诗中"融

欧亚文学之魂于一炉而共冶之"。周实（1885—1911）写的诗洋溢着爱国主义感情和对革命的忠诚，他被反动派秘密暗杀。当时最具才趣和天分的文学家之一苏曼殊（1884—1918）也是南社成员，他创作了约100首抒情诗。他在诗中将中国诗歌的优雅精致与浪漫主义题材和抗争情绪融为一体，其诗的浪漫主义题材和抗争情绪源自拜伦、雪莱和歌德的诗，他是这些诗人的中译者。20世纪，中国诗歌在关于人的理想和社会制度的探索方面获得丰富经验，积蓄起各种审美价值，掌握了丰富的体裁和艺术手法。尽管时代要求创建一种能够用现代语言把正在变化的现实转化为复杂的形象结构的新诗歌，但古典诗歌仍旧是中国精神生活的一种强大元素。

*《屈原诗选》，莫斯科，1956年；《中国诗选》1—4卷，莫斯科，1957—1958年；《李白抒情诗选》，莫斯科，1957年；《王维诗选》，莫斯科-列宁格勒，1959年；《宋代诗歌》，莫斯科，1959年；《乐府》，莫斯科-列宁格勒，1959年；《陆游诗选》，莫斯科，1960年；《杜甫抒情诗选》，列宁格勒，1967年；《陶渊明诗集》，莫斯科，1972年；曹植《七哀诗》，莫斯科，1973年；李清照《漱玉词》，莫斯科，1974年；苏东坡《诗曲赋》，莫斯科，1975年；《印度、中国、朝鲜、越南、日本古典诗歌》，莫斯科，1977年；《白居易诗选》，莫斯科，1978年；《王维诗选》，莫斯科，1979年；《8—14世纪中国抒情诗》，莫斯科，1979年；《梅花开：中国古典诗词》，莫斯科，1979年；《中国古代诗歌》，莫斯科，1984年；《3—14世纪中国山水诗》，莫斯科，1984年；《辛弃疾诗选》，莫斯科，1985年；《唐代诗选》，莫斯科，1987年；《玉笛之音：中国古代词选》，莫斯科，1988年；《玉台：中国明代诗歌选》，莫斯科，1989年；《枫叶晨霜：谢氏家族诗歌》，莫斯科，1993年；《王维、皎然诗选》，新西伯利亚，1994年；《中国山水诗》1—2卷，莫斯科，1999年；《伤别离：中国四言诗》，莫斯科，2000年；《遥远的回声：中国抒情诗（7—9世纪）》，圣彼得堡，2000年；《悲欢集：宋代诗人十二家》，莫斯科，2000年；《天桥：高启（1336—1374）诗歌》，圣彼得堡，2000年；《云上居士：宋代诗歌（10—13世纪）》，圣彼得堡，2000年；《秋菊：陶渊明诗选（4—5世纪）》，圣彼得堡，2000年；《常道：唐诗选》，В. М. 阿理克译，圣彼得堡，2000年；《清影：明代诗歌》，圣彼得堡，2000年；《干芦苇：唐代诗歌》，圣彼得堡，2000年；曹植《洛神赋》，圣彼得堡，2000年；屈原《离骚》，圣彼得堡，2000年；《清流：唐代诗歌（7—10世纪）》，圣彼得堡，2001年。**Л. Е. 别任《谢灵运》，莫斯科，1980年；Л. Е. 别任《"风水"符号背后》，莫斯科，1982年；Л. Е. 别任《杜甫》，莫斯科，1987年；Г. Б. 达格达诺夫《王维创作中的禅宗》，新西伯利亚，1984年；Г. Б. 达格达诺夫《中国中古文化中的孟浩然》，莫斯科，1991年；Т. С. 扎亚茨《秋瑾：生活与创作》，符拉迪沃斯托克（海参崴），1984年；《李白：诗歌与生活》，莫斯科，2002年；М. Е. 克拉夫佐娃《中国古代诗歌》，圣彼得

堡，1994年；M. E. 克拉夫佐娃《永明体诗歌》，圣彼得堡，2001年；И. C. 李谢维奇《中国古代诗歌与民歌》，莫斯科，1969年；Д. Д. 马萨里莫夫：《金国诗歌（1115—1235）》，乌兰乌德，2001年；E. A. 谢列勃里亚科夫《杜甫》，1958年；E. A. 谢列勃里亚科夫《陆游：生活与创作》，列宁格勒，1973年；E. A. 谢列勃里亚科夫《10—11世纪的中国诗歌》，列宁格勒，1979年；А. Г. 斯托罗茹克《元稹：一位唐代诗人的生活与创作》，圣彼得堡，2001年；Т. Х. 托米海《庾信》，莫斯科，1988年；Н. Т. 费德林《〈诗经〉及其在中国文学中的地位》，莫斯科，1958年；Н. Т. 费德林《屈原：创作源头和问题》，莫斯科，1986年；Н. Т. 费德林《作品选》1—2卷，莫斯科，1987年；费什曼《李白：生活与创作》，莫斯科，1958年；Л. Е. 车连义《曹植的诗歌》，莫斯科，1963年；В. А. 施图金译《诗经》，莫斯科，1987年；Л. З. 艾德林《陶渊明及其诗作》，莫斯科，1967年；陆侃如、冯沅：《中国诗史》1—3卷，北京，1957年；Chinese Lyricism: Shih Poetry from 2nd to 12th Century Watson B, N. Y., L., 1971; Liu J. Art of Chinese Poetry, Chic., 1962; Ming L. A History of Chinese Literature, N. Y., 1964; Owen S. Traditional Chinese Poetry and Poetics, Madison, 1985.

（E. A. 谢列布利亚科夫撰，徐乐译）

古典散文和戏剧 [1]

文

多种小型散文体裁形式共同构成中国文学中的一个专门类别，这些小型散文只用文言文书写，它们具有或隐或现的超文学功能。此类文学称为"文"或"古文"，俄语译作"雅文学"。另有一些称谓，如"非情节性散文"和"随笔散文"。文这一体裁主要源自仪式生活（如哀、诔、祭文、祝），或国家事务（诏令、碑志、颂赞，官方信函亦属此类），或做官文人的文学活动（论辩、书、说、难）。纯文学体裁的范畴也涵盖甚广，如记、传、序、跋和赋。争论性的文章（如反驳佛教学说、劝诫君主的文章）、哲理随笔以及各种勘注，也构成此类文字的一个独特分支。

文被认为是一种崇高的，即具有文学性的体裁。这些体裁体现了书

---

[1] 本篇的一些论述，如"文"的内涵和外延，"小说"概念，文、笔、散文、古文等概念的区别，部分体裁的特点等问题，与我国学界通行观点有一定出入，为保存原貌，均按原文直译，不作修改，供读者参考。——译者注

面语在社会上承载的崇高使命。曹丕（187—226）曾对文的地位做出评价："盖文章，经国之大业。"文学活动、文学本身都被视为国家政治行为。晁错（前2世纪）的《论贵粟疏》，李斯（约前284—前208）的《谏逐客书》，司马相如约前179—约前118的《上书谏猎》，都被视为文学作品，与诗一同被收入文学作品集。

这些体裁的超文学功能取决于文本的创作目的，如记载重要事件（造桥、修塔、铺路等）的纪念碑上的碑文、呈递给皇帝的报告、对逝者的哀悼、列举官员功绩的生平传记，等等。传统文学理论对这些体裁的特点理解得非常透彻。比如，在《毛诗大序》（1世纪）中关于"颂"的部分写道："颂者，美盛德之形容，以其成功告于神明者也。"在此类文本的杰作中，艺术性往往超越实用性，所以哀歌可以感情丰沛而富有表现力，传记也可成为讲述个人命运的有趣故事。好文章确立了每一体裁的修辞标准。曹丕在《典论•论文》中指出了不同体裁的作品在修辞上的差别："夫文本同而末异，盖奏议宜雅，书论宜理，铭诔尚实，诗赋欲丽。"文的体裁非常多样，有百余种。文的特点就是遵守体裁范式，使用固定的形式，形式本身已说明文本的目的。在素材的选择上要遵守体裁规范，讯息和事件的拣选都要合乎标准（如生平传记），文本结构也要合乎体裁规范。

至公元3世纪已出现关于文的理论，即上文提到的曹丕论著，以及陆机（261—303）的《文赋》。《文赋》阐明了文的体裁构成，界定了这一文学创作种类的特点。刘勰（465—520）的《文心雕龙》详细论述了文的体系和文的结构原则。

对文的本质的理解以及对形成这一文学范畴的各种体裁之本质的理解，随着历史的发展而变化。文曾被理解为宇宙之存在。天通过星辰的排列传递自己的意志。刘勰写道，孔子"观天文以极变，察人文以成化"。刘勰不仅抓住了文化中确实存在的符号特点，而且也一定程度地给所有文学文本都强加上一个或许并不存在的隐晦语境。刘勰对几类文体的"划分"依据并非文在社会中承载的功能以及导致文出现的社会因素，而是一些典籍：《易经》成为论、说、传、序等体裁的源头，《尚书》是法令、敕令、呈文和奏折的源头，《诗经》是演说、颂诗、赞歌的源头，《礼经》是题词、悼文、预言和祷文的源头，编年史《春秋》是纪事和铭文的基础。以典籍为基础的文学后来被看成一个统一的整体。在典籍未被纳入文学构成时，某些体裁的超文学形式便不被视作"文"，而称之为

"笔"。刘勰认为押韵是文的一个重要的、不可或缺的因素："以为无韵者笔也，有韵者文也。"对文的这一理解一直延续到9世纪，当时，辩论性的哲理散文仍被视为"笔"。稍后出现另一种文的体裁划分，历史散文和典籍被列入文的范畴，文的主导原则是"文以载道"，此处"道"通常指儒家道德和为人之道。哲学家周敦颐（1017—1073）、政治家曾国藩（1811—1872）以及"桐城派"（18—19世纪）的拥护者均倡导这一观念。

这一文学活动领域不仅是宗教宣传（如反对佛教或反对道教）和政治斗争的战场，同时也是进行风格探索、尝试建立新的文学文本规范的试验区。韩愈（768—824）与"骈俪文"拥护者间的论战人尽皆知。韩愈和柳宗元（773—819）共同成为"古文运动"的倡导者，他们提倡恢复秦汉时期（前3—3世纪）的语言形式。文的风格问题总是与世界观问题联系在一起。究竟该如何理解文，是将其视为宇宙的一个领域，还是儒家思想的一片领地，抑或语言艺术的狭窄范畴，风格的标准便由此设定。或用"古文"，即历史和哲学散文素来使用的古文，或用"骈俪"，其基础是以4到6个汉字组成的押韵对偶句结构。

在文学形成的过程中，在逐渐意识到文学是艺术活动的一个特殊领域的过程中，文与大量用书面文学语言书写的非情节性小型体裁产生了越来越清晰的关联。有时，文的含义就是"华美""艳丽"，尤其骈俪文和对仗结构。"华美"被视为美之不可或缺的要素；骈俪文风格的运用体现了对优雅文学性的追求，以及对句子和句子内部结构的关注。无论哪种观点，无论对文的体裁界限做何解释，崇高文体的观念均占据主导地位。在文学史上，这一观念成为各种文学语言标准和文学技巧标准的温床。小型作品可以让人直观地概览文本整体，目睹不同方法的运用结果。借助文化的符号学特点，文的范畴里有过关于各种表述技巧的实验性探索，表述的内容自然而然地取决于文的体裁形式。这些方法专为此一类型的文学而建立，也呼应着特定的世界观。

对于古代中国人来说，世界充满天意和天命，因此，文学有必要形成一些再现这一世界的方法。常见的文学方法，例如对偶法，似乎还不足以实现这个目的。此类创作非常重视隐含意义，有时是寓喻。在随笔《种树郭橐驼传》中，柳宗元通过描写园丁的种树技艺和他对树的关怀，提出为官治民是否也可采用类似办法的问题。文可以表达作者的哲学立场和其世界观的核心思想。哲学家邵雍（1011—1077）的《无名公传》就是这样的作品。如果说柳宗元自视为一个带有糊涂人面具的人，邵雍则对一个众人熟知的传统哲学公设进行戏仿，这一公设即所有具有实用意义的物品均有其名，他却宣称自己是无名氏，是被现实除名的人。他认为，唯有他自己的意识方能在他的个人存在中构建起他的个性面貌，他的自我存在和官方世界观没有任何共同之处，在官方世界观中他注定无立足之地。

在雅文学领域最为流行的是那些已失去自身的实用性、在文学发展过程中成为类别，如描写名胜古迹的游记[如姚鼐（1731—1815）的《登泰山记》]，僧侣、先知、艺术家等著名人物的生平传记，以及叙事长诗。这些作品较主要、较突出的特点就是其体裁的小型，其语言的精练，其主题展开方式的精致和优美。小型体裁作品被收入作者选集和大量文选，而且，无论作品的构成还是文集自身的体裁等级排列，均在说明文集编纂者关于这一种类文学之界限的理解。在所有年代，文这一文学种类既可以是激烈的论辩，是反抗情绪的表达，也可能是捍卫贫苦大众的"呼声"，是思想上和政治上的反对派进行论战的舞台。在20世纪初，随着反对文言文运动的发展，文的体裁系统被摧毁，但文的小型体裁仍在文学中以"散文"的形式继续存在。

*《阿理克院士译中国古典散文》，莫斯科，1958年（1959年再版）；《韩愈、柳宗元选集》，И.索科洛娃译注，莫斯科，1979年；《阿理克院士译中国古典散文杰作》1—2卷，莫斯科，2006年。**В.М.阿理克《中国文学》，莫斯科，1978年；К.И.郭黎贞《中国雅文学理论》，莫斯科，1971年；И.С.李谢维奇《中国诗歌和文学批评中的体裁"颂"》，载《中国和朝鲜文学的体裁和风格》，莫斯科，1969年。

（К.И. 郭黎贞撰，侯丹译）

文言叙事散文

中国语文学将统称为"文言小说"的作品视为传统的小说体裁。文言小说这个术语在历史上有着非常广泛的涵盖范围，从用文学语言写成的叙事作品（短篇，中篇，甚或长篇），到书面记事阶段的鬼怪故事和神话传说。这种散文形式上的固定特点，即用书面语，或称"文言"写成。"文言小说"这一术语保留了它与古代文化的某种联系，而且该术语本身也证明，这种称为"小说"的文学种类源自口头文学传统。叙事作品源于一些官员的文集，这些官员专门记录民间无意间道出的"天意"。在占卜文化中，"文言小说"这一术语的意思即"借天兆和话语之契合道出预言"。《汉书》的作者班固（32—92）熟知900多部此类文集。专门的官吏（"笔官"）记录民间创作，即鬼怪故事和真情实事，这些故事被阐释为上天用其"言语"对某件事情表示赞允，或用来证明他们根据星象所做出的预测准确无误。有时，"小说"这个术语也指早期被称为"小言""微言"之类的叙事散文作品，由此可见，有情节的散文被排斥在非情节文学即雅文学——"文"的范畴之外。在现代汉语中，"小说"这一术语涵盖从短篇小说到长篇小说的各种不同体裁形式，意指有情节的散文。与诗歌不同，它在中国的出现相当晚：第一批叙事作品出现的年代是公元1世纪，是叙事化的历史人物生平传记。

在唐朝以前，叙事散文受到撰写朝代历史的编年史叙述方式影响，在美学意义上被理解为"史"。早期作品利用历史人物传记的技巧，作品的基础通常是朝代历史文本。首先出现的是伶玄的《飞燕外传》、无名氏的故事《燕丹子》，以及《汉武故事》和《汉武帝内传》，后两部作品为班固所写。

在文学散文形成的早期阶段，以传统体裁"传"的面貌出现的故事与历史原型的区别在于，它所依据的与其说是历史事实，不如说是笑话趣闻、宫廷谣言、口头传说和轶事。文学传记与历史人物传记不同，它具有完整的情节，同时也保留了历史人物传记的一些重要特点，如描写的内容合乎礼节，宏大的时间背景（不太适于描写人物的个人生活事件），关于家族的信息，包括从生到死的完整一生。文学传记中通常没有贯穿始终的故事，事件按照年代顺序逐一排列。与历史人物传记的联系决定了第一批文学传记具有相对庞大的篇幅，现代文艺学因此称这些作品为"古代故事"。古代故事在文学中确立了人物传记作为叙事散文主要体裁的地位。人物传记标题形式单一，在标题中就指明人物名字，而且通常是真名（当时文学尚无虚构名字的主

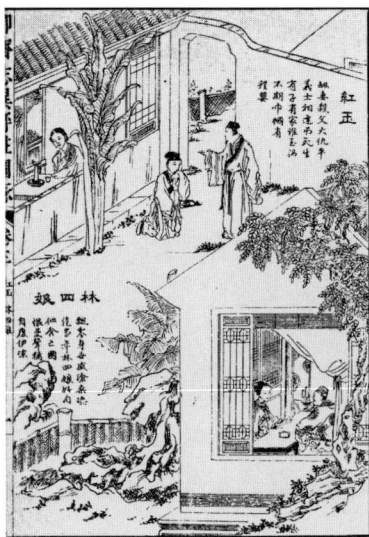

人公），随后要靠读者自己来判断传记小说的类别。其或为"内传"，它经常与官方版本的历史人物生平记载相矛盾；或为"自传"，通常会说出作者的诨名，甚至笔名；或为"外传"，远离历史本原的叙述；或为"列传"，即对不同类型主人公的分类系列描写。作者们敏锐地感觉到了文学素材的特性，会为不同的文学素材选择他们认为最为适合的文学形式。直到19世纪，文学散文仍被中国传统文学思想视为一种体裁"包装"，这是中国传统美学认识的一个特点。在叙事散文的整个发展过程中，体裁始终是一个主导范畴，但它最终又抑制了叙事散文的发展。

早在古代即已经形成叙事散文的两种类型，一是具有一定现实成分的叙事化生平传记，一是由占星历书演变来的描述性散文。后一种作品以对宇宙环境的想象为基础塑造遥远国度的野蛮形象及其古怪居民，世界的神话图景有其自身特征，即各种神话对象（西王母娘娘的居所昆仑山，长生不死者居住的漂浮在东海上的岛屿等）。东方朔的《海内十洲记》和无名氏的作品《穆天子传》均属此范畴。后一部作品是对星相学的自由阐释，作品追求摆脱历史时间，而用在学界被称为"民间文学时间"的日历来代替。整个中古时代，篇幅长短不一的故事中所有片段均遵循民间文学时间写出，在中国传统文学中尚未真正分离出个人时间。

在叙事散文形成的早期阶段（1—2世纪）已形成叙事技巧的一些典型特点，如一定要点明宏大的时间背景（某个皇帝的统治时期），将事件按照年代顺序结合在一起，主要人物都属于精英阶层，描述性内容不多，作者的注意力都倾注在单个物品上，通常是人物的衣裙、家用器具、主人公的头饰或梳妆细节，但从不描写人物的外貌。但是，通过人物的某个显著特征来描绘其肖像的传统逐渐形成（赵皇后因步态轻盈被称为"飞燕"，她妹妹合德因眉毛的形状而得名"远山黛"），这种传统符合这一态度，即把每个物品或每个人都看成"世界万物"中独一无二的现象。所以，此类散文中，任何描写都十分罕见，且总是功能性的。在《杂事秘辛》中，对皇后美貌的描写是为了强调躺上婚床的是个身体健康的皇后；描写合德的衣着，意在以

此强调合德朴素的生活作风，与皇后形成对比——皇后在宫廷女眷中早就引领了一种"效仿皇后穿着"的风尚。然而，在这种渗透着官方历史观的散文中业已显现出人物多面的个性。尽管对客观世界的描写过于标签化，其概括过于狭隘实用，但隐在的叙述者声音和作者语调却利用那些轶事和趣闻构成一个戏剧化的、充满隐在意义的叙事线索。古代故事中的主人公已有复杂的心理。

3—6世纪出现的散文构成叙事技巧发展的一个新阶段。古代小说并无统一的情节发展。历史人物传记多为一个人物诸多趣闻轶事的集成，它并不分析事件发生的历史背景，也不描写事件发生的地点。3—6世纪，故事从伪占星学作品中获得世界形象，并将世俗人物引入这个世界，从而完成从历史到文学的过渡。在传统语文学中，这一时期的此类散文被称为"志怪小说"。志怪小说继续收集各种证据，以证明在人类世界中存在非人世的事物，而且力求让读者相信此类信息。在现代文艺学中此类故事被称为"神话故事"。此类作品的基本情节就是人与妖精鬼怪的相遇。事实上，那一时期的小说为神话形象增添了宗教色彩，通过这些形象表现大众意识。3—6世纪的故事以文集的形式流传至今，这些文集有：曹丕的《列异传》，干宝的《搜神记》（4世纪），《搜神后记》（通常认为是诗人陶渊明所著），刘义庆（403—444）的《幽冥录》和《世说新语》，邯郸淳的《笑林》，东阳无疑编纂的《齐谐记》，吴均（469—520）编纂的《续齐谐记》。Л. Н. 孟列夫（缅希科夫）（1926—2005）言简意赅地指出了这类故事的形式特点："3—6世纪的小说是关于恐怖、不可思议之事的短篇故事（少则一两行，多则一页半），或是记录熟悉之人离奇遭遇的笔记。"借助这些文集，非民间故事的民间创作进入文学，一种新的体裁得以形成，这一体裁在近代之前一直保持着强大生命力。

关于妖精鬼怪的故事情节总是围绕单一事件，即与另一世界的精灵相遇，或触及另一世界或代表另一世界的物件。这类接触可能在最平常的地方发生，因此，落入另一个世界、异域之境的情节均具有日常生活化的特点，如人掉入裂缝、坑、井、岩洞，误入庙宇、鸡舍，登上一座

桥，跨过一条河，或往炉灶里看了一眼。但是，这些地方在古人看来均属"边缘地带"，都具有符号性特征：河不是普通的河，而是将生者的世界与逝者的世界隔开的那条河，如此等等。另一世界被描写为不同于人的日常环境，即某种独特空间，它体现出古老的宇宙观（方、圆、平、阔）。在带有神话色彩的故事中主要的描写对象不是人，而是既能变成兽形，也能变成人形的妖精鬼怪。它们可能是天上的神仙，圣山的男女主人，星辰、河流、彩虹的化身，但更多是一些低级的邪恶生物，即妖精（狐狸、蛇、狗、猴子、熊、蚂蚁），或是魔鬼和不能得到安息的逝者灵魂。虚幻人物的描写符合民间观念为其附加的一些特点。这些民间观念反映在古老民间故事包罗万象的情节当中，如：妖精妻子（向主人公走来的美貌少女实际上是狐狸、丑八怪、猴子变化而来的）；落入另一世界；疾病及其神奇的治愈过程；等等。小说中会描写一系列神奇怪异的物件，如会变身的捣杵、扫帚，烧不着也浇不湿的布，里面的米吃不完的贝壳，自动摆上美味佳肴的桌布，不同种类的护身符。另一世界的对象和客体作为本质完全不同的事物，通常借助"如""似"等修饰语或比喻词来表示。1—2世纪的散文要比3—6世纪的散文在修饰语的使用上与被修饰物的联系更密切，因为1—2世纪散文中的修饰语指向真实事物。3—6世纪小说中的修饰语则用来说明神奇事物，不具有具体的可感知性，修饰语出自神话化的宇宙图景，指向的是另一个世界的客体所固有的独特性质。故事确立了一套情节发展标准模式，且情节依附于特定类型的人物。自此类散文开始的叙事手法之一，即建立一个独特的故事结构，这一结构的实质在于，主人公对现实的接受是一个层面，而故事的结局却将叙述带入另一层面。两个存在层面通过一些共用的细小物件联系在一起，有时这个物件非常普通，如金手镯、姑娘的小鞋子、小马玩具。主人公最终会明白究竟发生了什么事，认识到这个手镯正是他在另一个世界作为贿赂送给仆人的，那只小鞋是从死人脚上取下的，而死去的女子正是他见过的美丽少女，小马玩具就是送葬的平板车，这辆车在一夜之间将父母送到远方，送到已经死去的儿子身边。3—6世纪的故事建立起叙事散文的基本原则，民间文学的主要主题都获得书面记载，主人公发生转变，他在社会阶层上变得更加普通平凡，虽然仍旧没有人物的肖像描写，但故事中也会提及一些他的某些符合儒家标准的特征。

唐代（618—907）散文标志着艺术意识发展过程中的一个新阶段。如果说3—6世纪的散文仍处于文学和笔记相交的阶段，那么唐代散文已经完全属于文学作品。在文学发展史上，这是一个具名散文和具名文集的阶段。作家们讲述的主题似乎仍与3—6世纪的散文一样，但文学中却建立起一种独特的故事类型，即"传奇"，它有其典型人物和对体裁而言的典型环境。虽然传奇故事是在神话故事和魔幻故事的强大影响下形成的，后者为传奇故事作者提供了大量可供借鉴的故事叙述技巧，但传奇故事对人的个性却有新的理解，最为重要是，它转而描写同时代人。这一时期的散文对似乎是同一类型的素材进行多样化的解释：时而利用童话情节，在其基础上形成文学故事，或模仿冒险故事，写成独特的主人公"奇遇记"；时而写成寓言故事和志怪小说，甚或诉诸日常生活情节。唐代作家仍然将创作视为有目的的行为，创作的目的可能是教诲、警告甚至进行政治论战，与此同时，他们也力求创造出风格华美、情节结构雅致的艺术作品。也许，其中的原因还在于，创作传奇故事的大作家同时也是当时的高级官员。写作还没有成为一门手艺或谋生手段，但已成为高级官吏喜爱的活动。文学上的完美和雅致使传奇成为文学史上的一种文体现象，后世继续有人创作"传奇风格"的作品。

在唐代传奇故事的早期文集中应该指出以下几种：牛僧儒（779—848）的《玄怪录》，李复言（9世纪）的《续玄怪录》，裴铏（约825—880）的《传奇》，陈翰所编《异闻集》，谷神子的《博异志》，薛用弱的《集异记》。大多数唐代故事集没有完整保存下来。这一时期的故事在一些选本中流传下来。许多著名文学家均写过传奇，如王度（约生于585）、沈既济（750?—800）、李公佐（约763—850）、元稹（779—831）、白行简（776—826）、沈亚之（8—9世纪）、陈鸿（8—9世纪）和蒋防（9世纪初）。

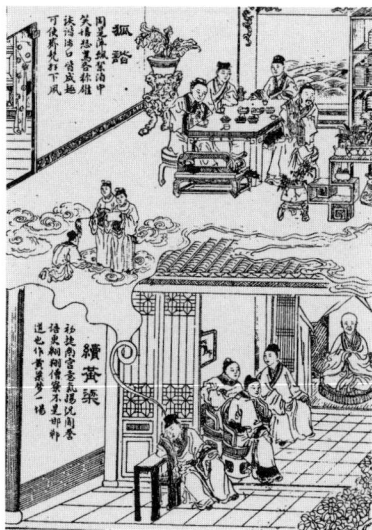

　　唐代的故事在现代文艺学中通常被称为中短篇小说，我们可以按照主题对其做如下分类：爱情故事，历史故事，关于"武士"和超自然现象的故事。但无论是怎样的主题，其情节基础通常也是民间文学和神话传说。一些故事采纳了世界民间文学中人们耳熟能详的主题。作者不详的故事《补江总白猿传》即以妻子被劫和获救为情节基础。这篇故事是唐代故事的典型之作，因为作品表明了故事与民间文学的联系，与此同时，这篇故事又利用人所共知的情节来实现文学之外的目的。这部作品旨在针对文学家欧阳询（557—641），因为欧阳询相貌丑陋，故事的上下文具有侮辱性暗示，暗指欧阳询是白猿之后。在小说史上，利用熟悉的情节影射现实人物，这并非孤例。在唐代形成一种借用民间文学基本主题的短篇故事，仙怪化身的妻子是这类故事中的一个典型形象，她可能是水中的仙女、龙王的女儿、狐狸精、猴子精和花精。这些故事中的男主人公通常都孤身一人，穷苦贫寒，没能通过科举考试，没能获得官职以及与官职联系在一起的财富，往往处于窘境（没钱、生病、在押，等等）。在与有魔法的姑娘成婚之后，主人公获得财富、公职和社会地位，如若他曾失去自由，便会重获自由，甚至能长生不死。有时，故事以和仙怪化身的妻子的分离或她的死亡作为结尾；有时，和仙怪化身的妻子的婚姻会导致男主人公死亡。在稍后的宋代小说中，这种处理模式被固定下来。故事作家将童话情节置入历史时间的框架之内，以此来强调故事的真实性，但在故事中从未有过纯粹的童话场景，这说明魔幻情节是对现实的模拟。

　　与3—6世纪的散文故事相比，唐代传奇的惊人之处在于对现实中活的素材和同时代人的强烈兴趣。这一时期最有名的作品不是"志怪"，而是描写日常生活的故事，如元稹的《莺莺传》、白行简的《李娃传》等。这些故事的中心人物完全是尘世之人，如大家闺秀（莺莺）、歌女（美女李娃）和小妾（步非烟）。关于莺莺的故事情节众所周知：莺莺和年轻人张生彼此爱慕，但没有成婚，后来轻浮的张生决定离开莺莺，他的理由是要摆脱女性的诱惑，因为他觉得女子犹如魔鬼。在这里，唐代故事中第一次出现被抛弃女性的主题。过去的语文学家将元稹的作品理解为爱情小说，张生性格中理智和情感的分裂受到谴责，致命的激情使他饱受煎熬。元稹建立起文学中的一个新形象，他用自然本性来解释主人公的行为。唐代传奇开始表现个体的爱情，但对于儒教的世界观而言，爱情好似魔鬼，具有破坏力，能让国家和个人命运均遭厄运。皇甫枚的《非烟传》描写的就是"欲望的危害"。故事的女主人公步非烟是一个富贵人家的小妾，有一天，邻居看见她，立刻被不可抑制的欲望所吞噬，这种状态通过一些面部特征表达出来，与元稹笔下主人公的特征也很相似："忽一日，于南垣隙中窥见非烟，神气俱丧，废食息焉。"皇甫枚的传奇文，即一部书信体短篇小说。最终，主人公使非烟爱上了他。故事以非烟的悲剧性死亡作为结局，步非烟的丈夫撞见他们约会，他将非烟鞭打至死。在"才子佳人"的固定人物模式业已形成的背景下，莺莺和非烟的形象显得非常出人意料。唐代叙事散文并不局限于带有神奇色彩的传奇小说，它还创造出以不同素材为基础的日常生活故事，它并不回避真实事件，但此类真实事件通常以趣闻轶事的面貌出现。很有可能，这一趣闻逸事已被收入此类文本的合集。最具代表性的文学性轶事文集，当属孟棨的《本事诗》（9世纪下半期）。孟棨故事的主人公是将领、诗人、执政者、低级官吏、忠诚的妾和痴情的妻。文集中的每个故事都以诗结尾，因此，大多数故事都写的是唐代的诗人。孟棨的文集收入了一些人尽皆知的故事，中国文学的所有体裁几乎均写过这些故事，其中包括：陈国公主和她的丈夫徐德言因叛乱分离，之后根据碎为两半的镜子又找到彼此；歌女碧玉的故事①；诗人顾况从护城河中捞起一片叶子，上面有禁宫妃嫔题写的诗句。文集中还记载了一则非常有名的故事，即宁王将卖饼人之妻带回了家。很可能，孟棨从某部作品中摘录了这些故事，有时自己也会记录一些趣闻轶事，但有一点毫无疑问，即故事中引用的那些诗句均出自故事中写到的那些诗人之手。孟棨创立的这种体裁就此成为文学中的短篇故事或文学野史，这一体裁必定以诗作为结尾。孟棨的短篇

---

① 孟棨的《本事诗》中并无"歌女碧玉"的故事，见孟棨《本事诗》，中华书局2014年版。——译者注

故事描写的不是个体肖像，而更像是同时代人的群体肖像。孟棨文集中的故事提供了中国唐代日常生活的生动画面。孟棨的文集在中国十分流行，在它的基础上形成了戏剧和小说。在日本，它也对"物语"小说体裁的形成发挥了一定作用。在中国本土，对这本文集的模仿之作也为人熟知。

唐代故事的文学手法从整体上看并不十分丰富，但诗与散文的结合成为传奇小说的体裁特征。力求有韵是那个时代普遍的美学倾向，唐代故事以其高度的艺术性为中国中古文学史写下光辉灿烂的篇章。这一时期的故事文笔非常雅致。唐代作家似乎没有发现丑陋的东西，生活的负面特征仅仅构成悲叹的理由。作者奉行的是儒教信条，他们写作是意在让故事"规劝"人，而非"激怒"人，所以在这类故事中没有悲剧情节，主人公的戏剧化命运从未发展为悲剧。从整体上看，中国传统文化中很少具有悲剧性世界观。

叙事散文发展的新阶段是宋代（960—1279）的故事，这是与唐代故事相对立的全新叙事结构。在宋代故事形成的过程中，自然的口语，即口头叙述发挥了重要作用。这一时期文学发展的主要特点在于形成了两种文学语言，除文言散文之外还出现了白话文学，但文言散文仍为主要的文学形式。文言散文已积累起丰富的情节，这些情节成为城市小说、说书人的创作和戏剧改编的来源。民间口头故事对短篇故事的叙事技巧影响重大，因为民间口头故事改变了传奇故事的外在形式，打破传奇故事体裁上的刻板模式，使短篇故事具有更大篇幅，近似中篇小说，促进了新的文学风格的形成，简化了语言，并将具有心理性格特征的新型主人公引入文学，建立了新的情节冲突模式。在民间口头故事的影响下，文本的结构变得更加复杂，结构具有多层次性，因为叙述人或叙事作者的声音被分离出来。中国文言故事首次呈现"多声部"。宋代故事表明，当时的文言故事中即已体现出的文学与现实的接近已在此时达到顶峰。这一时期的故事有了新的意识形态特点，这归功于民间口头文学，也归功于一些新的哲学著作，这些著作出现在儒家理学最终

被确定为主导意识形态之前。

10—13世纪是各种传统散文体裁交相辉映的时期，与这些传统体裁相对，出现了一种被称为"杂说"或"笔记小说"的叙事散文，其中包括带有迷信色彩的鬼怪故事、宗教传说、神话故事、轶事趣闻、民俗笔记、野史以及对3—6世纪故事传统的借鉴。日记和游记亦属此列。有情节的故事在传统术语学中并未获得明确定义，仍称"小说"，这也在某种程度上说明了中国语文学和美学在艺术范畴划分方面所经历的复杂过程。

这一时期以及此前时代的文学作品得以保存至今，各种文选功莫大焉。文集汇编《太平广记》成书于10世纪，稍晚时期出版了文集《类说》《绀珠集》和《青琐高议》。最后一本文集十分独特，因为它收有编撰者刘斧同时代的一些故事，刘斧生活在1023—1101年间。

当时的作家有徐铉（916—991）、吴淑（947—1002）、刘斧、乐史（930—1007）等，根据传统标准，他们均不属于为中国文学增光添彩的作家，因为叙事散文处于体裁系统的边缘地带，被列入"低级"文学范畴，传统的文学批评都绕开这些作家不谈，关于他们生平的信息因此非常少。宋代对文学创作的任务和文学的目的有了新的认识，主张文学家应成为读者的指导者和谋士，文学应反映时代的基本理想。政治乌托邦在故事中首度得到表现，这一乌托邦宣传伟大帝国的新观念，把国家理解为皇帝、官吏和人民的人际统一体。总体而言，这种思想一直存在于中国文化之中，但在此时，这种理想通过"天下"这一形象获得新的具体体现，"天下"即美好的尘世，那里永远欢乐祥和，幸福如意。在钱希白（11世纪）的故事《越娘记》中，主人公爱上一个已离世多年的女鬼，他不带任何讽刺地对女鬼讲述她不曾生活的世界："今乃大宋也。数圣相承，治平日久，封疆万里，天下一家。四民各有业，百官各有职，声教所同……外户不闭，道不拾遗，游商坐贾，草行露宿，悉无所虑……歌咏圣时耳。""圣"指宋代皇帝赵匡胤（927—976），宋朝的建立者，官方史学将他的登基视作"天之恩赐"。

社会和谐的理念作为政治乌托邦的

必要基础，同时也被哲学家们加以研究。张载（张子厚，1020—1077），理学创始人之一，在作品《西铭》中描绘超越等级和阶层的理想的天下一统宇宙图景："乾称父，坤称母；予兹藐焉，乃混然中处。故天地之塞，吾其体；天地之帅，吾其性。民，吾同胞；物，吾与也。大君者，吾父母宗子；其大臣，宗子之家相也。尊高年，所以长其长；慈孤弱，所以幼其幼；圣，其合德；贤，其秀也。凡天下疲癃、残疾、惸独、鳏寡，皆吾兄弟之颠连而无告者也。于时保之，子之翼也；乐且不忧，纯乎孝者也。违曰悖德，害仁曰贼……"

社会和谐的理念得到同时代人的认同，并为文学提供了思想基石，带有社会批判和揭露倾向的散文在此基础上成长起来。根据传统历史哲学的逻辑，保证国家的繁荣安宁是君主要履行的个人职责，因此，散文中社会批判的矛头有时直指皇帝身边的人，甚至指向皇帝本人。在宋代，对国家上层达官显贵的揭露达到从未有过的规模。公开谴责权贵在后来的朝代（明代、清代）变成了"地下活动"，多采用影射和隐喻的方式，然而在宋代，政治讽刺作品或揭露性作品却是文学生活中较为重要的内容。无名氏的作品《李师师传》中写道："徽宗帝即位，好事奢华，而蔡京、章惇、王黼之徒……于是童贯、朱勔辈复导以声色狗马宫室苑囿之乐。"这里列举的不是抽象人物，而是一群真实的宠臣，他们耗尽官款，背叛国家利益，引诱在1100—1125年间统治国家的徽宗皇帝腐化堕落。政治讽刺文的特点在当时的一些作品中表现得相当鲜明，如无名氏的故事《开河记》叙述大运河的建设过程，隋炀帝（604—618年在位）的这个决定被视为痴心妄想；秦醇的作品《杨太真外传》①和无名氏的作品《李师师传》中列出详细的"礼单"，标明应送给每个宠妃及其亲属什么礼品，该送多少。在同一部《李师师传》中，轻佻放荡的皇帝宋徽宗与令人尊敬、品德高尚的都城妓女形成对比，

① 《杨太真外传》的著者为乐史，参见《唐宋传奇集》，鲁迅编，岳麓书社2014年版，第128页；鲁迅《中国小说史略》，上海古籍出版社2013年版，第66页；郭箴一《中国小说史》，中国社会科学出版社2010年版，第123页。——译者注

按照作者的观点，正是这个女人体现了儒家的责任观，因为她宁肯自杀，也不愿成为蛮夷侵略者的妻妾。"然观其晚节，烈烈有侠士风，不可谓非庸中佼佼者也。道君奢侈无度，座召北辕之祸，宜哉。"哲学著作中倡导的责任观就此进入文学，促成理想主人公形象的出现。宋代故事的结尾均为有教育意义的训诫格言，作者不对所讲述的内容进行概括，而就更为广阔的范围，即国家的状况发言："方知世代兴亡，非偶然也。"（《迷楼记》）或写道，精灵鬼怪遍布四周；有时也会说到自己："落魄寄傲于酒色间，未始有分毫顾息。"（清虚子的《温琬》）在中国散文史上，只有宋代故事以如此令人信赖的真诚态度表现道德。

10—13世纪文言叙事散文中出现侦探主题，描写抢劫、谋杀、行骗的故事在散文中占据不小地盘，这反映了当时的城市生活。正是在这一时期出现了世界上第一部关于侦查学和法医学的专著，即宋慈的《洗冤录》。这一时期的文学讨论婚外情主题以及往往会毁掉年轻人命运的娃娃亲是否合理的问题，还有失去贞操的问题；同时出现了新的小说主题，即歌女主题。这个主题始于唐代文学（《霍小玉传》《李娃传》），但在唐代传奇中是按照小型戏剧的规则安排故事情节，或是美丽的歌女不喜欢年轻人，先让他破产，然后抛弃他；或是年轻人抛弃歌女，最后歌女因为忍受不了分手而死去。这种浪漫主义的处理方式在宋代散文中依然存在，但宋代小说更着力表现歌妓的职业特点和她们的社会构成，如《温琬》中写道："娼者，固冗艺之妓也，有不得已而流为此辈，所以藉赖金钱，活其生、养其亲而已矣。"此外，也写到歌妓的悲剧性结局——摆脱自身阶层的唯一机会就是嫁人，只有这样她们的名字才会从歌妓名录中除去；当然，歌妓的挣钱本领也得到描写。文学开始表现出对生活复杂性的理解，因此，10—13世纪的叙事散文中很少有幸福结局，而唐代传奇却充满幸福美满的结局。

宋代故事仍然表现关于彼岸世界的主题，但此时，民间创作提供给文学的任何一个情节都被想象成日常生活场景。和仙怪化身的妻子结婚的主题发展得十分多样（如钱希白的作品《西池春游——侯生春游遇狐怪》，秦醇的《温泉

记》《王榭——风涛飘入乌衣国》等）。来自彼岸世界的人物被赋予人的特点，且要点明他们不会做什么（如缝纫、写字等）。

宋代故事在传统语文学中没有获得术语定义，虽然从本质上看宋代故事是一种与唐代传奇不同的全新体裁。这一新体裁的产生是口述故事的叙事技巧进入文言散文的结果。故事的标题即已鲜明地表现了这一点，它通常不仅指明体裁，如"传"或"记"，而且还附加一个简短介绍内容的副标题（如《谭意歌传——记英奴才华秀色》《卜起传——从弟害起谋其妻》《李云娘——解普杀妓获恶报》）。新故事以大量的对话及其多样表达方式见长，并具有美得惊人的描写，这些描写运用散文叙事方式，并不采用"修饰性的"的骈俪体："于时万物摇落，悲风素秋，颓阳西倾，羁怀增感。"（张实《流红记》）但是，在描写女性之美时仍旧主要使用骈俪体，在肖像描写时通常会借助比喻来描写眼睛、手腕、腰身和步态，如头发好似乌鸦的羽翼，腰身若柳，步态好似赵飞燕。在这类散文中没有现实主义的肖像描写。10—13世纪的故事具有形式自由的特点，甚至有些非形式化；对传统素材进行艺术再现的原则已不再是一直被视为艺术完美之标准的体裁规范，而是个人对体裁的感觉。宋代故事是一种独特的形式，近似中篇小说。

元代（1271—1368）的文言叙事散文只留下不多的重要名著。在保留下来的作品中，最引人关注的是宋梅洞的小说《娇红传》。关于其作者，人们几乎一无所知，只知他大概生活在13世纪末期。当时有一部同名剧本非常著名，并出现很多模仿之作，明代面世的许多戏作的名称证明了这一点，其中一些模仿之作流传至今。

明朝时期，宋梅洞的小说被编入小说合集。他的作品有受戏剧体裁影响的痕迹，如作品的规模（俄语译文大概5个印张）、对每个片段的加工以及近1200行的大量诗句，但它仍为中国文学中从未有过的一种新的艺术结构。小说为拓展叙事框架、通过系列事件来建构主人公的生平提供了可能性，从而推动了其性格的发展。小说的情节是描写来自贵族家庭的姑娘娇娘和她的远亲申纯之间的"秘密爱情"。父母并不知道这两个年轻人的恋爱关系，因为他们自己也身陷复杂的相互关系。年轻人的私情导致了悲剧性结局，娇娘后嫁给一女真人。这个女真人有一日见到娇娘的画像就决定娶她，虽然周围人都说这女人已经失贞，但他并未改变决定。娇娘因痛苦而终，申纯在得知娇娘死去之后也自缢而亡。小说以作者的议论作为结尾，作者谴责娇娘的父母对悲剧的发生负有责任，也谴责这对年轻人的婚外情。[①]娇娘的父亲似乎因为害怕触犯法律而阻碍年轻人的婚姻，因为法律不允许内亲婚配，但实际上，他是想讨好自己的女真人长官。娇娘和申纯的故事延续了元稹《莺莺传》开启的私情关系这一主题，但对情节冲突的解释更为复杂，也更加符合现实。申纯是愿意为爱而死的主人公中的又一形象。

宋梅洞的小说在中国散文史上具有独特意义。这部小说中第一次试图表现主人公的情感变化，突破了过去的文学所塑造的传统性格框架（《莺莺传》里的张生，《越娘记》中无忧无虑的酒鬼舜俞，《西池春游》里的侯生），过去文学中的主人公总是被"自然情感"（性情）所操纵，因此产生了个人意志和宗法制环境的冲突。在宋梅洞的中篇小说中第一次出现了"个体的人"。

14—16世纪是文言叙事散文发展过程中的新阶段，也是文学语言发展过程中的新阶段。文学语言变得更加书面化，广泛使用典籍和过去诗歌中的句子，甚至用词，因此散文中的口语色彩消失。14世纪文言叙事散文最鲜明的代表人物是文集《剪灯新话》的作者瞿佑（1341—1427）。作者在世时这部文集多次被禁，所以很长时间内在中国很少有人知道这部作品。这是1442年文集被禁的证据之一："近有俗儒假托怪异之事，饰以无根之言，如《剪灯新话》之类。不惟市井轻浮之徒争相诵习，至于经生儒士，多舍正学不讲，日夜记忆，以资谈论；若不严禁，恐邪说异端，日新月盛，惑乱人心。乞敕礼部行文内外衙门，及调提为校金事御史，并按察司官，巡历去处，凡遇此等书籍，即令焚毁，有印卖及藏习者，问罪如律。庶俾人知正道，不为邪妄所

---

① 查《娇红传》结尾并无作者指责之词。——译者注

惑。从之。"这项禁令的影响如此之大，以致17世纪那些著名的书籍编目均未收入瞿佑的文集。当然，此书被禁并非因为其中大部分篇章写的是鬼神，或某些故事中的诗歌有色情意味。在瞿佑小说的"无稽之谈"中能够发现政治现实的特征。文集命名为"新话"并非毫无根据，其中确实具有面向其同时代人的潜台词。

整体上看，瞿佑的小说借鉴了唐代传奇中即已出现的那些著名的民间文学主题，但他选择传奇故事中已有的情节，将其带入现实的历史时间，甚至是同时代读者非常了解的不久之前的现实，他影射的是那些内讧不断、让人民陷入贫困的宠臣。文本的这个层面即被视为"异端邪说"。与通常有童话般幸福结局的传奇体裁不同，瞿佑的小说更具戏剧性。主人公通常会遭遇令人震惊的事情——蒙受损失，失去妻子、财产甚至生命。

瞿佑的小说在远东地区十分流行，对日本、朝鲜、越南小说体裁的形成发挥了重要作用，因为瞿佑的小说是真正的文学现象。瞿佑建立了故事小说的经典形式，有重要意义的细节会成为此类小说情节展开的必要因素（芍药灯笼意味着美女是个鬼魂，凤簪表明它的主人就是曾与主人公定亲的那个姑娘，等等），这些重要细节定会被列入故事的标题。14世纪以前的文学体裁已具有相当大的假定性，瞿佑在此基础上建立起"文学中的文学"，因为他将过去散文中的经典形象和情节作为对人物进行不同阐释的论据。瞿佑没有塑造现实的、生活中的主人公，他更想说明，生活要比早期散文中反映的世界观更为复杂，也更具有悲剧性。

"戏仿"主要的情节主题，或对这些情节主题进行新的加工，这种倾向在李祯的文集《剪灯余话》中表现得更加明显。李祯（李昌祺，1376—1452）是著名文学家，曾参与《永乐大典》编纂工作。他的这部文集在他生前出版两次，其作者序言标注的时间是1421年。从文集名称看，李祯是想延续瞿佑的传统，但他的小说却是另一种风格。他的作品形式更加模糊，叙述中夹入更多道德说教成分。作者经常对一些著名的情节（比如孟棨《本事诗》中关于卖饼人之妻的情节）进行改编。李祯的小说《贾云华还魂记》就是对上文中提到的宋梅洞的小说《娇红传》的改写。小说中有大量诗歌，部分为李祯本人所写，但创作方式独特，即用从前人诗作中摘录的句子组成。对传统的尊崇在这一时期发展到极致，甚至直接借用古人文字。因为在题材的选择上极其有限，且受制于种种书面语规范，尽管短篇小说传统仍然以传奇体的形式存在于文学中，但文学发展的接力棒已交到口语化的体裁形式和"白话"小说手中。

16世纪出现了邵景詹的文集《觅灯因话》。该文集表面上保留了这种体裁的全部特点，即散文与嵌入的诗歌相结合、采用文言以及彼岸世界的主题等，但大部分情节与后来出现在"话本"和"拟话本"文集中的情节相一致，这说明它们具有共同的来源，即民间口头故事和戏剧。

蒲松龄（1640—1715）是中国志怪小说最伟大的作家之一，他复兴了此类小说并使其达到前所未有的文学高度。他创作了小说集《聊斋志异》。这部文集力求使文学面向现实世界，但这个世界矛盾复杂，情况混乱，悲观绝望，有时也悲喜交加。唯有借助非人世的鬼神之力，主人公才能够看清复杂的态势，或让事情变得于己有利。蒲松龄作品的主要特点是情节矛盾非常多样化，所有矛盾的解决都有鬼神之力参与。但与过去的传统不同，蒲松龄让不寻常的事情落入日常生活层面。像瞿佑一样，蒲松龄在讲述进入中原的清军的残酷暴力时，采用了寓言化的表达方式。在揭露卖官鬻爵、贿赂考官的讽刺小说中，作者表现得更为明显。蒲松龄的小说再次证明，当作家拒绝了那些作为体裁基础的既定规则之后，故事小说仍然具有生命力。他的叙述形式非常多样化，既有3—6世纪式的微型作品，也有扩展性的叙述，这使得他能够高明地传达出主人公的心境，通过某些动作或古代文学中的类似情节来描写主人公的感受。蒲松龄从民间传闻中汲取素材，寻找新的情节。作者本人在文集的序言中写道："四方同人，又以邮筒相寄。"他的小说中有很多时代特征以及对时代特征的批判性解读，这些解读有时具有幽默诙谐的色彩，通过幻想人物之口说出。在小说《潍水狐》中，狐翁拒绝与县令相识是因为"彼前身为驴"。蒲松龄将时代特征植入众所周知的情节，使这些情节焕然一新。沈既济（750?—800）的《枕中记》讲述一个人熟睡之后通过枕头上的孔窍进入另一世界，在那里度过功名起伏的一生，蒲松龄利用这一情节塑造了一个反面人物大官僚，这个大臣只好女色，加诸他身上的惩罚除了前程和命运的无常变化（流放，与将他杀死的流浪汉相遇）之外，还有一个在地狱的惩罚：他被命转世为少女——穷人家的女儿，感受生活的艰难困苦。蒲松龄很会讲故事，他在自己的创作中将"低级趣味的""平民化的"内容与古典文言文学和故事传统结合在一起。他建立了一种独特的叙述文体样式，与此同时，他又比前人更为高超地运用了古典文学语言的范式。

18世纪，描写妖魔鬼怪的幻想小说集仍然流行。此类作品中，纪昀（1724—1805）所著的内容丰富的文集《阅微草堂笔记》十分突出。纪昀力求表现现实生活的整体画面，将每一个故事都看成生活的直观例证。他以"真实事件"为基础写成具有劝导性的小说，使其道德家身份超越了文学家身份。他的小说围于被称为"笔记"的小型叙事体裁的框架，尽管有情节，但在传统观念中仍与虚构叙事散文相对立。袁枚的文集《子不语》（完成于1796年）亦为此类作品。文集的名字值得注意，因为众所周知，孔夫子并未讲过有关彼岸之事和神怪之力的故事。袁枚"搜集"民间旧故事并将它们记录下来，有时则对世界民间文学中一些人们耳熟能详的情节进行加工，或根据古代书籍《山海经》的传统编造一些关于虚幻国度的故事。袁枚是一位民族学者（他写了有关于非汉族部落的风俗习惯和中国不同地区婚礼仪式的札记），但他受制于关于居天下之边、未得到中华文化良好影响的"蛮夷部落"的传统认识，将他们写成其伪地理学国度里的居民。纪昀和袁枚的作品表明，在传奇的基础上创建新的情节已不可能，相反，却显示出了文言用于民族学描述的可能性。日记散文成为这一时期文言叙事散文的一个独特分支。这一体裁早就十分流行，一些杰出文人成为其代表，其中包括一些大诗人。18—19世纪之交形成一种体裁上十分独特的作品，如沈复（1763年生）的传记小说《浮生六记》（1808年），作品将日记体笔记和小说化的自传结合在一起。小说的基础是沈复的家庭故事：他的妻子芸和他本人的故事。小说以第一人称讲述。沈复的小说描写生活的酸甜苦辣，作者对悲伤与欢愉的感受各自独立，就像在人的意识中一样，所以每个章节均有其主题。《坎坷记愁》描写沈复生活中一段悲伤时期，他与家人关系紧张，这给他及其家庭造成的结果就是长期贫困，而贫困的生活又使他的妻子过早死去。《浪游记快》记录他在给大官担任秘书时的旅行，以及他和亲属去广东经商时的旅行，当时他认识了一个歌女，这多少丰富了他离家在外的生活。《闲情记趣》讲的是作者的审美原则，这些原则是他感知艺术品、日常事件、大自然和全部生活的基础。沈复的小说超越了体裁标准和传统，作为一个偶然现象，其形式独一无二，空前绝后。

19世纪，文言叙事散文在流行程度上已落后于近似口语的"白话"小说，而到20世纪，它实际上已不复存在。但是，这一体裁的优秀之作不仅在中国文学史上占据一席之地，亦成为经典文化遗产的一个组成部分。

---

*《唐代传奇》，О. Л. 费什曼译，莫斯科，1955年；《唐代故事》，И. 索科洛娃译，莫斯科，1960年；《闲人和仙人：7—10世纪唐代故事》，莫斯科，1970

年；沈复《浮生六记》，К. И. 郭黎贞译注，莫斯科，1979年；《朱玉：1—6世纪的中国话本小说》，莫斯科，1980年；《剪灯新话：11—14世纪中国故事》，К. И. 郭黎贞译注，莫斯科，1988年。**К. И. 郭黎贞《中国中古故事》，莫斯科，1980年；К. И. 郭黎贞《太极：1—13世纪中国文学与文化中的世界模式》，莫斯科，1995年；П. 乌斯金《蒲松龄及其传奇小说》，莫斯科，1981年；О. Л. 费什曼《三部中国小说》，莫斯科，1980年；王梦鸥《唐人小说研究》1—3卷，台北，1971年；郭箴一《中国小说史》，上海，1937年；《太平广记》1—5卷，北京，1959年；Edwards C. I. Chinese Prose Literature of the Tang Period, 618‑906, L., 1937‑1938,; Ladstatter O. P'u-Sung-Ling: Sein Leben und seine Werke in Umgangssprache, München, 1960.

（К. И. 郭黎贞撰，侯丹译）

白话叙事散文

白话叙事散文（简称"白话散文"），即以近乎口语的文学语言所作之"白话小说"，是中国重要的文学创作形式之一，也是自11世纪以来文学家创作的主要方向之一。到20世纪，这种文学形式已成为现代叙事散文（长篇小说、中篇小说和短篇小说）的基础。白话小说这一名称是后期产生的概念，当时在中国文化中清晰地标示出了书面语（文言）和口头语（白话，字面义为"清楚的""明了的"语言）的区别。虽然白话文学现象出现相当早，可在19世纪和20世纪之交才产生对如上术语的理解。与丰富多样的文言散文不同，白话散文可看作近似口语标准的叙事散文。在白话散文形成的公元9—12世纪，人们通常称其为话本（字面义为"故事的基础"）。话本在当时是佚名作者口头故事的记录。此后话本的概念便存留下来。此后（15—17世纪）出现一些作者对老故事的复杂仿写，名为"拟话本"，即对话本的模仿。在明清时期，小说的概念开始频繁出现，小说的字面义是"琐细话语"（区别于历史或哲学著作的"崇高话语"），该概念逐渐变成白话叙事散文（情节散文）的共同名称。由于这种文学能为各社会阶层的读

者所理解，故在当时非常流行，人们称其为"通俗小说"，即普及的或面对百姓的叙事散文（这实为白话散文的同义词）。这两个概念一直存在至今。白话叙事散文的来源多种多样。对它产生重要影响的是一些哲学的、历史的书面作品。例如，哲学经典作品中的一些讽喻短篇（如道家基本典籍《庄子》《列子》中的寓言）后来便以或短或长的文学故事形式得以再现。司马迁（前2世纪—前1世纪）《史记》一类的历史书籍对文学情节的发展起到特殊作用。比如，其"列传"（有关复仇者、游侠、古代士兵等的故事）中的某些情节促进了文学散文中叙事传统的发展，无论文言还是白话的文学散文均受影响。很多历史事件和人物都成为以后历代文学散文中广为传播的形象。六朝时期（3—6世纪），文言志怪小说作为后世情节的真正宝库，成为白话小说的重要来源。志怪小说集（干宝的《搜神记》等）成为直至20世纪的中国小说家创作想象的源泉。佛教叙事文学（寓言、骈文故事）给予带有佛教色彩的故事情节的发展以重要影响。佛教因果报应、惩戒和再生的观念成为后来许多故事情节最重要的思想基础。这种小说的世俗情节从其风格上看类似宋朝的话本故事。

宋元时期（10—14世纪）白话散文得以繁荣，此时社会生活和文化生活发生显著变化，它们亦反映在文学中。精神生活重要特征之一是文化的民间形式的发展，如民间戏剧和各种民间创作（说唱叙事体裁、民间故事）。书面形式的宋元话本也获得发展。虽然在历史书籍中曾列出某些作者的名字并指出他们的社会地位，但最初的话本通常是佚名的。在一些专门娱乐场所（民间草台戏）将民间故事作为独特的戏剧予以演出，并在当时或之后将其以书面或口头简短故事的形式记录下来。早期话本（例如收入16世纪故事集《清平山堂话本》的作品）风格上十分多样：在艺术方面多朴实无华，但其中也不乏风格十分超前的范例。明代话本集《京本通俗小说》是宋朝的老故事，它们的突出特征就是高超的艺术手法。

话本故事有独特的艺术结构，给予后世所有长短篇小说以影响。故事通常

以一个楔子为开头（一个独特的引子，即"入话"），以训诫式的结尾结束（常为一首有教益性的诗作）。诗歌在白话散文中起到重要作用，在文学文本中占据显要地位。在诗歌中，作者描绘主人公形象、自然与现实的图景。有时，话本也有近乎说唱叙事体裁的韵文文本类型。口头民间文学传统给白话散文带来大量民间故事的类型化用语，如"话说……"或"现在我们言归正传……"，这些句子模仿口头故事，似在不断提醒我们注意到讲故事人的存在。大量丰富的形象词汇、俚语、俗语、方言词在更大程度上制造出虚幻的口述故事场景。

话本文学所有这些风格特点都保留于后来的叙事文学即拟话本中。这种文学体裁产生于16—17世纪，当时文人开始关注平民的文学创作样式。话本故事再次获得生机，并与小说一起走到那一时代文学创作的前台。成百上千的白话故事层出不穷，它们多在出版业兴盛的北京、南京、福州和其他一些城市印制。城市故事既出单行本也出文集，文集会收入早期（宋元时期）文本、对这些文本的仿作或独创作品。此类文集已具专题性质（如《西湖佳话》），但它们在内容和题材方面大多十分随意，包含不同体裁的作品。偶尔，文集名称具有讽喻或说教含义，如《石点头》《醉醒石》，而且，还意指某个可以借鉴的古代故事（如《石点头》便暗指一个连石头在他面前都要低头的佛教僧侣的讲法活动）。冯梦龙（1574—1646）的三部著名故事集的名称也包含深刻的讽喻意义，其统称为"三言"的三部小说，即《喻世明言》《警世通言》和《醒世恒言》，反映了当时文人的思想与美学观念。冯梦龙如当时某些文学家一样，十分透彻地指出了白话散文的重要特点，强调其通俗性、明确性和长远价值。因为拥有提醒、警诫及劝导的功能，白话散文的严肃性和包容性也得以凸显。由此，白话散文的训导和说教性质得到鲜明体现。

冯梦龙的"三言"共包括120个故事。题材多种多样（包括历史的、神怪的、爱情的和惊险的故事），但它们的修辞风格、文学语言和叙事特征却有共性。所有这些故事均为对旧有故事的仿

作。然而，冯梦龙的作用并不局限于对旧有文本的艺术再加工，实际上，他已成为这些故事之作者的合作者。"三言"在传播和普及白话散文及巩固白话散文美学价值方面发挥过重大作用。冯梦龙的"三言"催生出大量仿作，在这些仿作中有两部作品最为著名，即凌濛初（1580—1644）简称为"二拍"的两部作品，这两部作品出现在"三言"面世（1627年和1632年）后不久。凌濛初的"二拍"共收入80篇故事，风格上与冯梦龙几乎没有差别，但是凌濛初的作者角色有更大程度的显现（而不仅仅是编纂者），因此，他很多作品的情节均取自他所处时代，生活和风俗描写占据更重要的位置。冯梦龙和凌濛初的故事构成后来小型叙事文学发展的基础。

李渔（1611—1680）是极具独创性地继承了前辈创作成果的作家之一。他是一位文学多面手，集剧作家、散文家、小说家、戏剧理论家于一身。作为白话散文作者，他以两部故事集闻名于世，即《十二楼》和《无声戏》。李渔虽然采用传统话本形式写作，却将许多新手法引入其中。他所作故事近30部。从风格看，这些故事与冯梦龙和凌濛初的作品很类似，但他的故事中有更多与日常生活和风俗描写相关的情节，历史情节或神怪情节出现较少。因此，很多故事缺乏各种英雄气概，作品充满强烈的市井气息（关于骗子和不如意夫妇的故事）、滑稽的情景以及人物描写中表现出的作者的嘲讽。情节发展的独特特点，即情节的戏剧性，仿佛带有舞台演出性质。李渔在进行叙述时经常变换结构，用第一人称的"我"代替假定的故事讲述人。可是，李渔和其他作者的艺术探索并未得到实质性发展，小型白话散文直到20世纪依然大致保持16—17世纪，即它最为繁荣时期的样式，只在19—20世纪之交出现了一些作品，从中可以看出作者试图改变创作题材[如出现了《六月雪》这种关涉政治的作品集，故事描写女诗人革命家秋瑾（1875—1907）]，同时也尝试更新结构和艺术手法。

中国的白话故事在其自身历史沿革中与名为章回小说的大型作品联系紧

密。章回小说在作者艺术观所具有的单一方法框架中形成。作者在中篇和长篇小说中运用同样的艺术形象手段和统一的风格。它们的区别仅在于所叙述素材的篇幅，因此，长篇小说对历史事件和人的描写更详尽，更多面。如同长篇小说，中篇小说亦与民间创作传统关系密切，尤其是与数世纪间流传相当广泛、至今依然流行的散文体"评话"故事关系密切。无论短篇故事（如冯梦龙采集的故事），还是内容多为历史故事的大型作品（如有关唐朝灭亡和五代出现的历史评话），均追求评话风格。早期评话多写神怪与宗教题材（如唐僧玄奘及其前往印度的取经之行）。宋元评话作为表现日常生活的白话散文的形式之一，成为章回小说之基础。含义与之相近的另一概念"演义"（字面义即与历史记事相比有"意义的扩展"），首先是为了进行历史叙事。章回小说的概念体现出这一叙事散文结构的复杂特点，即多部分结构（有别于通常只有一章的话本和仿本，虽然也有例外）。明清时期的中国小说就篇幅而言通常为大型作品，章节数达到100章甚至200章之多。从篇幅和素材的规模看，此类小说具有史诗性质。此类小说被称为"史诗"和"神话史诗"等，时常与此相关。

明清时期的长篇小说（如同话本故事）亦为"某人说"，即其中存在着一个无形的、虚构的故事讲述者，他与读者或听众进行交谈，这不可避免地影响到对素材的叙述方式和文学语言。长篇小说的个别章节似乎是不长的故事，通常是一些结构完善且设计精确的"一次性"口头叙述（章回的字面意义即"章次"）。长篇小说中，各类口头故事常用的固定模式和艺术手法得到广泛运用。长篇小说中有诗文穿插其间，它们凸显出艺术风格之特性。小说源于口头故事，而后天才的说书人创作出了各种各样的文学作品。

明清时期白话长篇小说是一个复杂多样的现象。在体裁方面，一些白话长篇小说可与西欧小说相提并论，但它们首先与民族的文化和文学传统紧密相关。在中国长篇小说史中，可以假定地划分出几种体裁种类，在其框架中演变出一些题材和艺术结构相近的作品。首先是历史长篇小说（或称史诗），它在

中国明清时期极其常见。罗贯中（1330—1400）的著作《三国演义》就是历史长篇小说的范例。

这部史诗的内容源于中国3世纪的戏剧性历史，当时汉朝瓦解，在其废墟上形成三个王国（或称三个朝廷），即蜀国（汉）、吴国和魏国。三个国家之间以及三国统帅之间的复杂关系（政治阴谋、短暂联盟、敌对行动和战争）不仅成为史书内容，而且也是大量文学作品的描写对象。那个时代英雄的历史形象存在于民间记忆中。3世纪末期历史学家陈寿在朝代编年史《三国志》中反映了那个内战不断的动荡时代，此书成为很多小说的写作基础。早在宋代便出现同名评话故事，很多历史片段均被写入剧本（此类剧作有30余部）。历史著作和各种艺术阐释在14世纪为罗贯中这位集诗人和剧作家于一身的文学多面手所采用。他的才华最为鲜明地体现于这部史诗般的文学作品中，其全称为《三国志通俗演义》。最早的版本在15世纪出现。文学家毛纶及其子毛宗岗（1632年生）修订了旧版本，120章的新版开始在中国广为流传。这部长篇小说仅描述了一个相对短暂的历史时期（数十年），却囊括进一些紧张激烈、颇具戏剧性的历史事件。汉朝的没落，权臣董卓对帝位的狂妄觊觎，汉朝忠臣（刘备、诸葛亮①）的讨董言行，后来的内战，上述两位英雄反对魏朝实际奠基人曹操的斗争，这一切构成罗贯中这部作品的内容。小说贯穿着忠于汉朝合法政权的忠君思想，因此，这一思想的捍卫者便成为历史真理的承载者，获得理想主人公的特征[近似"明君"的刘备（161—223）；诸葛亮（181—234）是足智多谋的将帅形象之化身]。反之，他们的竞争对手，首先是曹操（155—220），则是一切恶的化身（曹操常被称为"奸雄"，虽然这一定性并不完全符合历史真实）。正面主人公均为各种美德的承载者：个人的勇敢，正义，忠于职责，崇高的人生目标。因此，诸如"桃园结义"这样的片段便获得特殊意义：结义时，三位主人公发誓献身崇高的理想与目的。他们的优点最鲜明地表现在军事

---

① 诸葛亮未参与讨董，原文有误。——译者注

舞台和独特的外交活动上，他们在这些场合展现出个人的英勇（如后来被奉为战神的关羽）和机智（如高超的战略家和精明的外交家诸葛亮）。主人公们的正面品质往往被夸大，20世纪作家鲁迅后来曾有深刻评价："欲显刘备之长厚而似伪，状诸葛之多智而近妖。"实际上，主人公们的行为往往带有超自然性质，这亦为明清时期所有小说所共有（张飞"一声怒吼喝退曹兵八十万"，曹操"梦中杀人"等）。《三国演义》并非历史著作，清朝学者章学诚（18世纪）写道，这部小说"七分真实，三分虚构"。然而，正是艺术虚构赋予其作为一部文学作品的生命力。

《三国演义》对整个历史叙事体裁产生了巨大影响。在这部作品之后出现大量以令人惊异的方式将历史现实与纯虚构交织为一体的作品，其中就有小说化的朝代史或描写某些朝代的历史小说。与此同时出现了描写个别历史人物的长篇小说，如钱彩（17世纪）描写宋朝爱国将领岳飞之事迹的长篇小说《说岳全传》。历史叙事形式直到20世纪仍被文学家广泛运用。

与演义型叙事同时，故事情节并不严格受历史事实制约的作品获得很大发展，在此类作品中，作者的艺术想象常起到主要作用。施耐庵（约1300—1370）的《水浒传》即如此。小说情节与北宋末年（11—12世纪）的历史事件相关，这些事件在朝代史书与口头故事中得以保留。比如，元朝的话本《大宋宣和遗事》曾闻名于世，其中描述了那个混乱时期的几个片段，如与女真人的战争、北宋最后两位皇帝被掳、逃亡者聚义梁山泊、镇压方腊起义等。后来，北宋末期的历史事件在有关梁山好汉的有趣故事中得到反映。长篇小说《水浒传》没有亦步亦趋地遵循史实，因为在作者看来，重要的首先是叙事的纯艺术方面，即叙事的引人入胜。这类作品后来常被称为"英雄传奇"。施耐庵的这部小说是英雄传奇史诗，真实的历史与虚构的成分在其中相互交替。小说原版含100章，但在明朝，文学家和出版人余象斗则将其扩展为120章，这一版本流布最广。17世纪著名文学家金圣叹（1608—1661）对这部

小说的结构予以修改，缩至70章，并作盎然有趣之评论。该版本在之后几个世纪中获得广泛传播（它亦被译为俄语）。

在这部小说中，宋朝帝王及其宠臣得到描述。达官显贵们（童贯、高俅和蔡京，他们均为历史人物）的阴谋诡计凸显出朝廷的软弱无力，他们奉行卖国政策。以这些奸臣为代表的社会不公以及生活中无处不在的恶，逼迫遭受凌辱和迫害的人们"遁入江湖"，即走上暴乱之路。但他们的暴乱是高尚的，因为他们尽力捍卫公平，维护人的荣誉和尊严。水浒好汉们的斗争目的，就在于铲除皇帝身边的奸佞。以宋江为首的好汉们（小说中写到108个人物，其中包括豹子头林冲、黑旋风李逵和花和尚鲁智深）的功绩与遭遇，构成这部小说的重要组成部分。作品中还存在另一情节线索，即朝廷镇压方腊起义，被招安的"绿林"好汉们参加了这场镇压。小说结尾处，"招安"的理想得以实现，与此相关，劫后余生的好汉们与朝廷达成和解。

《水浒传》的主人公与《三国演义》中高尚的将领与政治家不同，他们的特征是某种平民化，这体现在他们相对较低的社会地位（宋江并非显赫官员，林冲是地位不高的军官，李逵则是普通、粗鲁的农民）以及他们的行为举止上。然而在小说中，他们却被写成真正的英雄：他们英勇无畏，随时准备扶危济困；他们具有独立和内心自由的意识；他们对政权的反抗之举因其惩恶扬善而显得高尚。当时的读者在小说主人公身上能看到高贵的侠义品质，他们拥有自由的灵魂和不受拘束的性情。因此，在以后几个世纪里，梁山泊英雄的形象（他们的功绩，甚至他们的名字与绰号）始终得到人民运动与秘密社团成员的热情借用，这并非偶然，而自由逃民的思想成了与恶斗争的象征。施耐庵的小说对英雄传奇小说的发展具有重要影响，产生所谓"后传"，其中活动着同样的主人公，或发展着同样的小说情节。在最有影响力的"后传"中，陈忱（1613—1670？）在17世纪所著小说《水浒后传》尤为有趣，在这部小说中，游记小说的特征与社会乌托邦元素合成一体。

《水浒后传》中的某些主人公（李俊等人）因躲避地方官员的迫害而逃离中原，在南海的岛屿上觅得栖身之地，并在那里创建了一个律法公正的独特社会。

"公案小说"这一独特体裁也受到施耐庵这部小说的重大影响。公案小说在明清时期甚至近代均流传甚广。在诉讼冲突的框架中，成为主要人物的常为公正清廉的法官（如宋朝法官包公或明朝法官海瑞等），出场的还有一些类似《水浒传》主人公的侠义好汉。18—19世纪相当流行的作品有《彭公案》《施公案》和大量其他类似作品。《水浒传》中的某些片段后来发展为文学创作和民间创作的情节基础。比如，小说中一个不长的片段（第23—26回），其中有英雄武松、奸狡恶徒西门庆及其情妇潘金莲出场，这个片段后被一位佚名作者扩展为一部长篇小说。好汉武松的形象在评话形式的作品中获得主角特征[如王少堂（1889—1968）描写武松的现代评话即源于更早的同类作品]。中国戏曲史上存在大量剧本，其情节均源自《三国演义》和《水浒传》。

很难想象明清时期的白话散文中会没有传奇和魔幻成分，甚至在远离魔幻体裁的日常生活叙事作品中也几乎总能发现奇异和幻想成分，因为奇幻已经构成那个时代中国文人艺术手法有机的组成部分。在明清时期的文学进程中，"神魔小说"始终占据重要位置，这并非偶然。这一文学种类的特征鲜明地体现于吴承恩（1500—1582）的史诗作品《西游记》中。作者童年时即体现出对奇异之物的兴趣，长大后，他编成一部神魔故事和寓言集《禹鼎志》。然而，其代表作仍为拥有历史基础的长篇小说《西游记》。唐朝太宗皇帝在位期间（626—649）玄奘法师去往印度求取佛经。他的旅程长达17年，归来后，他讲述了自己在长期旅行中的见闻。他的讲述成为《大唐西域记》一书的基础。其弟子编成老师的行传，其中真实事件与虚构传说相互缠结。后又出现各种各样的口头创作故事，如宋代关于唐三藏（玄奘的尊称）的冒险故事。在这个故事中，与怪异国度中大量神奇景象一起，还出现了类似猴子的孙悟空、变幻无常的白虎妖怪等人物形象。故事的早期版

本之一存于15世纪的大百科全书《永乐大典》。元朝与明朝戏剧中均可见僧人游历的情节片段（如吴昌龄等人的剧作）。因此，至16世纪，《西游记》作者可利用的口头与书面素材已大量存在。除最初7、8回，即对以孙大圣为首的自由猴国的描写外，小说之后的章节直到结尾，皆叙述唐僧及其弟子（除孙悟空外还有猪八戒、沙僧和作为佛教信仰之象征的白龙马）的旅程。吴承恩这部小说大部分情节具有幻想性，属于游记体小说。主人公（猴子和猪）具有非同寻常的特征，妖怪则具更为浓重的幻想性，他们都是魔界的代表（白骨精、铁扇公主，等等）。主人公们所到之地均非比寻常（很多地名取自《山海经》）。师徒四人来到神灵之界，面见玉帝和如来佛。一些神（如观音菩萨）襄助主人公，其他神灵则不时制造某些事端。恶鬼（牛鬼蛇神）在小说中占据重要篇幅，他们象征取经人路途中遭遇的千难万险。主角唐僧是佛门弟子，佛家思想因此统摄整部小说。佛家思想甚至体现于主人公的名字：唐僧取名三藏，孙猴子取名悟空（悟到四大皆空）。苦行僧之路荆棘丛生，却有如来佛祖指引。与佛教形象世界一起，小说中还对道家神庙与民间信仰中的形象予以广泛展现。神话因其反映善与恶的争斗而往往具有讽喻性，大量幻想形象本身涵纳寓意，在神魔人物的行为中不难感觉到尘世的情怀和人类的情感。

唐三藏是一位坚忍不拔的佛教信徒，为了崇高的目标，他甘愿去战胜任何艰难险阻（"八十一难"就是他路途艰险的象征）。但是，小说中的唐僧却并不总是真正的英雄主义精神的样板，作者常对其举动行为加以讽刺性描写。他胆怯优柔，常犹豫不决，其率真近乎愚钝，其平静几近冷漠。

与唐僧性格完全不同，弟子孙悟空则展现出积极进取、活力四射的英雄特点。他永远处于运动和激情之中（小说中说他"破石而出"），他自由自在地生长（在独特的猴子伊甸园中），不晓禁忌与苦难，他不拜龙凤，不服帝王。孙悟空集机灵鬼、调皮鬼和捣蛋鬼于一身，他无所畏惧（大闹龙王殿，扰乱天庭，甚至愚弄阎王），他欲搅动整个世界，只有如来佛祖能使其归顺。据佛教思想，猴子形象象征人类本应被平息的欲望。在小说结尾，孙悟空

"成熟"且驯顺，这意味着欲望被平息。但在民间的记忆中，孙悟空根本不是听话的取经人，而是好惹事者与胡闹者。另一个主人公猪八戒则是滑稽可笑的形象，他本为天神，但因醉酒后调戏女神嫦娥而铸下大错，为赎罪他被化身为猪，同时附带一系列令人讨厌的品质，如贪吃、好色、滑头、固执和懒惰。然而在小说中，这些恶习并未成为罪行，而是作为人的寻常弱点引起读者会心一笑。其名八戒（意为"八条戒律"，也就是佛教的"八戒"），看来似乎是作者对这位违反佛教戒律的人物之讽刺。他的形象具有喜剧色彩，令人联想到戏剧中的"丑角"类型，其行为可降低叙事的激昂情调，但其滑稽感依然处于粗糙的形而下水准。孙悟空与猪八戒的形象使严肃的思想主题（取经）染上某种不和谐性，但另一方面，主人公们有趣的旅程却引起读者关注，因为这很贴近普通人的世界观。

吴承恩的这部小说引发不少模仿，其中突出的是董说（17世纪）篇幅不大的长篇小说《西游补》。小说中的主人公（首先是孙悟空）均来自《西游记》，但旅程本身却具有某种玄学特点。主人公落入鲭鱼精的"青青世界"，鲭鱼精象征忙乱的肉欲世界；其后他又来到"万镜楼台"，意为一个人可能同时处于多个世界。他深入人类历史的深处，设立特殊法庭，对众多历史人物予以审讯，等等。叙事的重心由魔幻奇遇转向对存在和历史的思考。

《西游记》之后出现大量类似题材的作品。比如在16世纪，许仲琳的长篇小说《封神榜》（或曰《封神演义》）流传甚广。虽然这部小说部头颇大且趣味盎然，直到20世纪一直广受欢迎，但小说作者却名不见经传（一部老刊本曾标出他的笔名"钟山逸叟"）。这部小说中的很多情节后被用于戏剧演出。小说的内容以自汉代流传下来的民间与书面素材为基础，后来也出现一些故事（如关于武王伐纣的评话）。这一情节之基础为历史事件（神话化的历史事件），即相互敌对的两个王朝商朝和周朝（以及两种相互对立的信仰）之间的斗争，但其中也掺杂大量神话传说片段。书中的某些人物形象（如智者姜子

牙）后来成为无数小说的主人公。罗懋登所著长篇小说《三宝太监西洋记通俗演义》（16世纪末—17世纪初）应属奇幻旅行记作品之列。作品中反映真实的宫廷官员、太监郑和受明朝永乐皇帝派遣而进行的旅程。由于这些游记，当时航海船员所记录的历史笔记得以保存。郑和航行到达非洲海岸与阿拉伯海，途中经过众多令旅行者们惊异不已的国度。在罗懋登的长篇小说中，现实与魔幻以最奇诡的方式交织，神话形象与民间传说中的英雄得以广泛呈现。就这样，作者的笔端描绘出了海外的风光。

随着时间的推移，叙事散文越来越关注普通人的生活，在作品的人物形象中也越来越多地出现社会中下层的代表，如商人、手艺人、僧人、农民、城市贫民等。在后来被收入冯梦龙、凌濛初合集的早期话本中，已可发现对上述主人公及其日常生活、风俗的描写。大型作品也开始描写日常生活和风俗。17世纪初，长篇小说《金瓶梅》面世。该小说很可能写于16世纪下半叶，但其初版于1617年。这部小说为整个风俗描写文学提供了强大动力，并对现实主义叙事的发展产生重要影响。作家取笔名"兰陵笑笑生"，其身份至今为谜，但据猜测系山东人，因为小说的故事情节发生地主要在今山东省，且小说中山东方言的运用也很明显。

因散文文本与诗词在小说中交替出现，这部小说的初版取名"词话"。这一版本被认为最早，亦最全。后来的各种版本多有差异，加有各种序言与注解。在中国文学史上，这部小说被称为"世情小说"。的

确，兰陵笑笑生的这部小说是详尽反映16世纪中国社会风俗（尽管小说情节发生在宋朝）的第一部大型作品。与其他大部头长篇小说作品不同，《金瓶梅》并无民间创作来源，它在这一方面十分独特，尽管其故事情节（更确切地说是情节线索之一）源于《水浒传》的一个片段。该片段中的两个人物（西门庆与潘金莲）成为这部长篇小说的中心人物。男主人公与其他几位与其关联的人物构成叙事轴线。结构上的完整性是这部小说的长处之一。小说始于一个激烈的冲突情节，即武松为被嫂子毒杀的哥哥复仇，打死的却并非他视为首恶的西

门庆，而是另一人。这一纠葛引起读者关注，但其后叙述便集中于再现富翁西门庆及其众多妻妾和姘妇的生活。西门庆（一位家境殷实的药材商人）在当地拥有巨大影响力，这种影响力系由收买官府、行贿与施行阴谋诡计所得。其身旁围绕成群帮闲，助其扩张称霸城乡的影响力。朝廷显贵的庇护甚至使西门庆获得官职，使他几近无法无天。对西门庆奸诈狡猾行为的描写充满抨击的激情与作者的嘲讽，这一点凸显出这部作品总体的批判倾向。主人公生活的另一部分通过家庭展开，这一部分在叙事中占据重要位置。西门庆与妻妾和姘妇的关系构成大量情节，这众多妻妾包括发妻吴月娘，还有李瓶儿、潘金莲以及其他一些在家庭中处于不同地位的女性（几位妻妾的名字甚至用于构成这部小说的名称①）。西门庆的家庭关系极其复杂，家庭成员间的不断争执、勾心斗角、阴谋陷害与公开不睦均可佐证，不和往往发展为相互凌辱，有时也导致死亡。作者在描写这个家庭的日常生活时，其态度并非无动于衷，相反，他着重描绘这个家庭令人窒息的阴郁氛围，这预示了大多数主人公的悲惨命运：西门庆年纪轻轻便因精力耗竭而死，潘金莲死于复仇者武松之手，李瓶儿死于贪淫，等等。因此，佛教中善恶到头终有报的思想便在这部小说中得到贯彻。作者写出主人公们的各类恶习，将使人堕落的淫荡置于特殊位置。因此，性爱场景描写并非偶然地占有很大篇幅，这些描写常常具有突出的自然主义特征，这使得此书后来被列为禁书。然而，当时却有文学家在类似场景中看到警示意味。早期一篇序言的匿名作者曾写道：欲要止淫，以淫说法；欲要破迷，引迷入悟。

尽管《金瓶梅》被视为禁书，但在中国与其他国家（如日本），人们依然熟悉此书。在此书影响下出现大量主题和风格与其近似的作品，如李渔的长篇小说《肉蒲团》、西周生（一位佚名作者的笔名）的长篇小说《醒世姻缘传》等。还有这部小说的许多"续作"，如《续金瓶梅》《隔帘花影》等。在这类

① 大约指这一说法，即《金瓶梅》的"金"指潘金莲，"瓶"指李瓶儿，"梅"指庞春梅。——译者注

续作中出场的仍为那些相同的主人公，或为他们的转世替身，意在突出因果报应的思想。

18世纪长篇小说中对社会风俗的刻画更为广泛与细致，如《儒林外史》和《红楼梦》。前书的作者吴敬梓（1701—1754）称自己的作品为"野史"，似在暗示其描述事实之可靠性（但非官方性）。小说名称中的"儒林"指小说的主要描写对象，即孔子道德与学说的承载者儒家弟子，亦即士大夫阶层与官僚集团的代表。在以往文学中曾有此类人物，但对他们的行为举止、道德和习俗做如此详尽的刻画，在吴敬梓之前尚未出现。这是文学作品中首次对中国社会这一最富影响力的阶层给予社会评价与道德评价。这一评价大体上是批判性的，因为作家将自己的主人公描绘为伪道德的承载者，这些伪儒生们的行为与思想充满谎言和虚伪。在这些人的生活中，对相当低俗的利益之追求被放在首位，这些利益被提炼为这样一个公式，即"功名利禄"。作者认为，类似的人生追求把传统的道德价值破坏殆尽，也损害了社会的道德准则。作者推出一系列反英雄人物，其中包括楔子中孤傲倔强的狂人王冕、书呆气十足的周进、因金榜题名而发疯的范进、地主匡超人以及数十位其他人物。此外，小说还塑造了另外一些伪儒生，即因声名卓著而步入社会精英圈的"名士"。许多反英雄形象均用讽刺笔法塑造而成，这在很大程度决定了此书文学叙事的主要特点，即犀利的讽刺。

小说中也存在一个与伪儒生们的伪理想相对立的作家的理想世界。因此，描写诗人和画家王冕（他是元明之交的真实人物）的楔子一章便具有特殊意义，王冕怀有与其他官吏与士人相对立的人生观。作为一名普通农民，他依靠自身才华与苦学而声名鹊起。他并不贪图"名"和"利"，对官场仕途很反感，因此在该章结尾处他拒绝了要他做官的各种建议。小说中还有另外一些与王冕精神上接近的人物（研究者认为，其中部分人物具有作者的自传色彩），如青年学士杜少卿（作者思想的体现者）、虞博士和高士庄绍光。他们社会活动的最高成就（以及他们人生理想的最高呈现），就是为古代智者泰伯修建的庙宇举行落成仪式，泰伯的所作所为便象征着真正的、崇高的道德。作者以对"四大奇人"的描绘作为这部小说的结尾。按照其社会地位看，这四人均为普通人，即"布衣"，但他们均为道德高尚、极有修养之人（音乐家、画家等）。小说最后一章对正面人物进行描述，作者似在着重强调他们在社会生活中的特殊地位。

吴敬梓的这部小说没有一个核心主人公。从结构来看，小说是由众多主题一致的故事构成的一个链条。描写画面的丰富多样性营造出一幅中国社会生活的全景图。这部小说的批评调性和讽刺特性对19世纪与20世纪之交所谓"谴责小说"的发展产生了重大影响。

曹雪芹（约1715—1763）的长篇小说《红楼梦》是18世纪社会风俗小说的杰出典范。曹雪芹出身名门，但家道中落，一生作为一位穷书生，历尽贫寒。他大半生居于北京及周边地区，曾在军中服役，后以卖画为生。他自18世纪50年代直至去世一直在从事其主要作品《红楼梦》的创作，但并未写完，存世共80章。第一批手稿写于18世纪中期（1754，1757），其中一个版本附有脂砚斋（一位熟悉作者的人之笔名）的极为有趣的批注。1792年，为使这部作品结构完整，崇拜曹雪芹及其小说的高鹗与出版人程伟元一起出版了由120回构成的全本。但这个版本是否完全符合作家原意，一直存在争议。

这部小说拥有不同的书名，每个书名均可揭示这部作品内容的某个重要方面。小说最初名为《石头记》，反映了故事情节的神话与隐喻方面（宝玉的由来及其与人的命运之关系）；《金玉良缘》的书名暗示不同人物的生活相互之间的关系；《金陵十二钗》则指12位女性角色的命运。《红楼梦》这个书名流传最广，它同样也具有隐喻意义。"红楼"意为富贵高雅之宅或家族，其中居民的生活恍如梦境，因为这种生活充斥着虚幻与谎言。在体裁方面，这部小说因为含有不同的艺术层面而显复杂。该小说有自传小说、家庭小说、爱情小

说，甚或政治小说等各种判定，这并非偶然。上述特征的确存在于作品中，但这部作品在更大程度上具有风俗小说的特征，因为曹雪芹以一个大家庭，确切地说是以整个家族为例表现了广阔多彩的社会生活画面与个人生活画面。

贾府处于叙事核心，其先祖取得"国公"的爵位（小说中还讲述了贾府的两个分支，即荣府与宁府），且与宫廷保持密切联系，这决定了家族崇高的社会地位。然而贾府逐渐衰落，最终瓦解，家族的崩溃（作家在一定程度上反映了自己家庭的历史）是小说情节最重要的结构因素。小说中出现了大量人物（近600人），主要是与其他贵族（王、史、薛）有紧密关联的贾氏家族，其中包括家族的首领——年迈的贾母，她的作为家族继承者的两个儿子，即博学而迂腐的贾政和他贪淫好色的兄弟贾赦，还有年轻一代的代表，他们的行为举止无论如何也难以促进家族的兴盛稳固。女性形象范围甚广，如：宝玉之母王夫人，她善良的外表下隐藏着残忍；狡诈、专横的王熙凤（她又名凤姐）；不幸的孤女林黛玉，她是守旧的家庭传统的牺牲品；以及黛玉的对立面——受过良好教育、聪慧过人的薛宝钗。大量人物形象来来往往，却都得到了准确的心理刻画，这些形象构成了那个时代名门望族的生活图景。

小说基本情节主线与主人公、年轻的贾宝玉均有关联，作者为其设计了不寻常的命运（与西王母的灵石有关，他似乎为灵石的化身）。作为

家中女性的宠儿，他常常表现为不安分的、任性的"混世魔王"形象（有时人们叫他"冥顽之石"）。在父亲眼中他是这个名门望族的不肖子孙，因为他的行为与思想方式往往与传统家规不符。宝玉亦不愿强迫自己去读书登仕。虽然家里已为他另择佳偶，他仍对孤女黛玉情有独钟。家中长辈对他与平民戏子等交往的行为甚为不满。高鹗续写的最后几章中，贾宝玉舍弃家庭与道士一起出走（这一情节大体上看符合宝玉的形象，因为他是一位冲动、脆弱且犹豫不决的青年）。主人公的命运与另外两个主要人物林黛玉和薛宝钗密切相关，二

位女性表现出不同的思想与人生观。宝玉与她俩的关系（拂逆长辈意愿爱上黛玉而抛弃宝钗）以及这种关系的悲剧性结局，赋予这个故事以特殊的悲剧意味。数百年间，中国读者均视这部小说为爱情悲剧。

小说中存在大量人物和大量情节线索，由此生成小说多面、多维的叙事特性。这部小说的特别之处就在于其真正的百科全书式的丰盈。描写最为详尽的贾府日常生活画面（家庭风俗、宴席、服饰、家具、器皿、娱乐等），与大量社会生活画面和场景（节庆、祈祷、庙会、占卜）相互交织。这部小说延续了始自《金瓶梅》的日常生活细节描述传统，但曹雪芹作品中的风俗图景（细节化的）展现更为饱满丰富。这部小说的主要优点就在于其白话语言，它至今仍为文学话语之典范。

社会舆论对于这部小说的看法曾经并不一致。主流观念认为它是"伤风败俗"的例证。个别场景的轻佻浮夸（其实并无粗俗与淫秽）使此书一度被禁。然而，小说艺术上的优点又使其获得极大普及。19世纪出现了20多部"续作"，但均未达到原作的艺术水准，也有大量仿作，如《青楼梦》《品花宝鉴》《儿女英雄传》等。19、20世纪对该小说的论争和讨论促成了一个学科的产生，即"红学"，目前该学科已成为文艺学的一个完整领域（如同英国的莎士比亚学或俄国的普希金学）。围绕这部小说的讨论持续至今。

在19世纪，白话小说的发展势头非常强劲，各种体裁（以长篇小说为主）的作品数量巨大，但作品的艺术手法与风格并未有显著改变。甚至直到20世纪初，白话小说的发展仍遵循之前时代的艺术传统。传统的题材仍旧占据主导地位（当然也稍有改变），如爱情故事（才子佳人的感伤故事）、英雄历史故事和虚构历史故事。神怪小说、武侠和公案小说仍极为流行。实际上，除了著名的包公，还出现了大量新的断案人物，如清代的施公、彭公和因禁烟运动而驰名的林则徐（小说《林公案》）。这些作品以各自不同的方式反映当时社会现实情况。许多作品的出发点是强调帝制的合法性，这些观点反映了清政权的意识形态。俞万春在小说《荡寇志》中竭力将《水浒传》中的英雄丑化为暴徒强盗，于是小说中的英雄精神得到完全不同的解释。文康所著侠义小说《儿女英雄传》（带有言情小说因素）从自身对《红楼梦》主题的态度出发，重申传统道德伦理价值观，试图在纯小说范围内提出严肃的精神和道德问题。

李汝珍（1763？—1830？）的《镜花缘》也属当时著名作品，其中歌颂佛道寻求幸福归宿的思想。这部具有社会乌托邦特征的游记体小说中，主人公（文士唐敖及其同伴林之洋、多九公）离开故乡，去遥远的陌生国度寻求好运与真理（探究成仙之法）。漂泊中他们到过奇异国度（双面国、不死国、翼民国），在这些地方他们常遭遇绝望，因为这些国家与中国的现实生活一样，也充斥着同样的恶，诸如背叛与贪婪（不死国）、傲慢与阴险（翼民国）等。上述奇幻国度的风土人情通常以讽刺批评手法描绘（独特的斯威夫特式手法），思想深刻的讽喻表达了作者崇高的道德修养。作家的理想体现于居住在乌托邦式的国家（黑齿国、女儿国）的那些正面人物形象，那些国家风清气正，尊重天赋和学识。作者的理想与"才女"的形象密切相关，她们是天使女神的人间化身，具有许多美德。小说第二部分主要展现她们的才华，堪称一部艺术与知识的百科全书。

如同这一时期的其他小说，李汝珍的这部白话小说也夹杂大量文言。这一时期的不少叙事散文作品均以纯文言写成，尽管就许多体裁特征而言更近似白话小说。与此同时，纯口语化作品不断涌现，且带有大量民谚和方言（如前文提及的文康的小说或石玉昆的武侠小说《三侠五义》）。某些作品带有口头故事的烙印（石玉昆曾为著名说书人）。19世纪出现了用方言写成的大型作品，其中包括韩邦庆以苏州方言所著长篇小说《海上花列传》，小说主要讲述上海妓女的生活。

19、20世纪之交，白话小说发生显著改变，这些变化由中国社会与文化生活的新进程所决定。白话小说在文学作品中的比重急剧上升。当时著名社会活动家和文化活动家（梁启超、夏曾佑）更多论及白话小说重要的社会和文化意义，因为白话小说更多针对现实生活，能更为犀利地提出社会生活问题。报刊与政论（中长篇小说大量发表于报纸副刊和文学杂志）的蓬勃发展使白话小说的重要性不断增强。西欧的社会思想与文学（当时狄更斯、司各特等人的作品译本大量出现）和日本的政治小说也产生了影响。带有社会批判与讽刺特点的谴责小说获得广泛传播。在当时多如繁星的作者中，一些天才小说家在文学史上留下了自己的印记。

著名报人和政论作家李宝嘉（1867—1906）写下数部谴责小说，如《官场现形记》《文明小史》《活地狱》等，对中国中高级官吏加以批评。作为一位民主派爱国者（如同当时持反清立场的其他许多文人一样），他展现清政权各个不同方面（官府敕令、法庭惩治、科举考试）腐败崩溃的鲜明图景。在一些作品（如《文明小史》）中，作家有批判性地描述了中国人与外国人之间的相互关系。

从作品描写对象与性质来看，另一位文学家吴沃尧（1866—1910）

的创作与李宝嘉近似，吴沃尧写有一部大型谴责小说《二十年目睹之怪现状》。他描述的现实图景较李宝嘉的作品更为广泛（除官场外还写佛家僧侣、城市商贾和乡村地主），其批评也更加尖锐犀利（作家在作品中称其立场为"厌世"）。这一立场鲜明地体现在对一些反面人物的塑造上，如追名逐利的苟才、机灵狡诈的子仁等。吴沃尧的几部历史作品亦具谴责特征，《痛史》是一部关于爱国将领文天祥的小说，《九命奇冤》描写一桩凶杀命案。作家在小说《恨海》和《新石头记》中描写19、20世纪之交轰动一时的义和团起义，《红楼梦》中的主人公们又在义和团起义的年代再度现身。李宝嘉和吴沃尧在其作品中延续了吴敬梓在《儒林外史》中运用过的艺术原则，但他们两人的艺术手法已具有某些新特征，如他们对社会风气的批判更为严苛尖锐，对社会的讽刺往往带有夸张性质，近乎恶讽。故事叙述将谴责置于首要地位，这种谴责源自当时特殊的政治局势。

对社会风俗进行描绘的还有刘鹗（1857—1909）的长篇小说《老残游记》。小说的主人公老残是一位郎中，他忧心国家命运，试图帮助人们摆脱苦海。老残仁慈和善，但本性稍显天真，他目睹社会之恶（其化身诸如巡抚张宫保、奸臣刚弼等"昏官"），而自身却无力作为。然而，他对人间痛苦的同情却唤起了读者的敬重。这部小说之有趣不仅因为它大量再现了当时的生活情景，还在于作者借独白所表达的关于生活和人的深思。主人公的思考与论断将心理描写特征融入叙事，心理描写从此在中国文学中为自身开辟了道路。

作家曾朴（1872—1935）开创了文学中的一个独特主题，他创作出有趣的长篇小说《孽海花》，小说中不仅描述当时中国社会生活的场景（宫廷、官场与外交圈），而且首次在文学中表现中国人视野下的西方社会。小说主人公、外交官金雯青（其原型为真实人物洪文卿）携情妇傅彩云游历西方国家（他们也曾到过俄罗斯）。主人公的观光感受、他与中国和欧洲许多社会活动家的会见构成这本独特游记的内容。因为曾朴的这部小说自20世纪初开写，直到20年代末方才写完全部35回①，所以此书实际已属于新时代。有趣的是，在40年代，作家的朋友和同乡张鸿续写这部小说，几乎将小说的篇幅增加了许多，拓展了叙事的历史框架。"外国主题"在小说中渐趋增多。这种题材也见于著名革新家梁启超的未完成之作《新中国未来记》以及佚名作者的长篇小说《苦社会》中，后者主要讲述

---

① 资料显示，《孽海花》三十五回，系金松岑于1903年创作了前六回，刊于《江苏》杂志，后由曾朴陆续修改并续写完成。——译者注

华工和华商在美国的命运。

19、20世纪之交，中国出版了大量欧洲各国的文学译作，但这些译作对中国文学的影响还很微小。不过能相当明显地感觉到，一些作者十分熟悉西欧文化。诗人、翻译家兼散文家苏曼殊（1884—1918）即位列其中，其创作在20世纪最初20年间展开。苏曼殊身世坎坷，他身为混血儿，生于日本，后居日本与中国，痴迷宗教与哲学（其许多诗作深受禅宗哲学之影响），为研究梵文、深入领会佛教根源，曾远赴东南亚多国（此时他已剃度出家）。他在中国时即已通晓多种西欧语言，了解西方文化，因此成为许多西方浪漫派诗人（如拜伦、雪莱）的译者。其散文创作相对而言数量不大（几篇用文言写成的短篇小说，以及一部篇幅不大的长篇《断鸿零雁记》），但同样含有新艺术观之特征。《断鸿零雁记》在很大程度上是一部自传作品，一部自白小说。主人公三郎的形象彰显出自传因素，三郎同作者一样漂泊流浪，以理解存在的意义和自己在生活中所处位置（在小说中，这一漂泊经历被写成主人公寻找生母和恋人的旅程）。读者也能参与主人公与自己的独特对话，作者文本仅为强调主人公的内心状态、思想和感受。作者对于"人的心灵"的关注以及由此而来的形象的心理化，这些特征将在20世纪的新散文中获得进一步发展。

*《今古奇闻》，B. 维尔古斯、И. 奇一得译注《今古奇闻》，莫斯科，1962年，1988年；《懒龙手段：16—17世纪故事25篇》，Д. 华克生译，莫斯科，1989年；《七侠五义》，莫斯科，2000年。**Д. Н. 华克生《17世纪中国文化的特性及诸多文学新倾向》，载《世界文学发展中的17世纪》，莫斯科，1969年；Д. Н. 华克生《古代中国的文学世界：中国古代白话小说集》，莫斯科，2006年；А. Н. 热洛霍夫采夫《古代中国的城市小说——话本》，莫斯科，1969年；Б. Л. 李福清《中国历史史诗和民间文学传统》，莫斯科，1970年；В. И. 司马文《中国长篇小说的演进》，莫斯科，1970年；О. Л. 费什曼《中国讽刺小说》，莫斯科，1966年；阿英《晚清文学丛钞》，上海，1960年；叶朗《中国小说美学》，北京，1982年；孔另境《中国小说史料》，上海，1957年；罗烨《醉翁谈录》，上海，1957年；鲁迅《中国小说史略》，北京，1953年；孟瑶《中国小说史》1—4卷，台北，1969年；孙楷第《中国通俗小说书目》，北京，1957年；谭正璧《中国小说发达史》，上海，1935年；《增补通俗小说书目》，大冢秀高编，东京，1987年；《中国古代小说百科全书》，北京，1993年；《中国历代小说论著选》1—2卷，南昌，1985年；《中国小说史稿》，北京，1960年；《中国通俗小说总目提要》，北京，1990年；周先慎《古典小说鉴赏》，北京，1992年；陈平原《小说史：理论与实践》，北京，1993年；Bishop J. L. The

Colloquial Short Story in China, Cambr., 1956; Plaks, A. H. Chinese Narrative Critical and Theoretical Essays Princ., 1978; Hanan P. The Chinese Short Story: Studies in Dating, Authorship and Composition, Cambr., 1973; idem. The Chinese Vernacular Story, Cambr. (Mass.), 1981; Hegel R. E. The Novel in Seventeenth-century China, N. Y., 1981; Idema W. Chinese Vernacular Fiction: The Formative Period, Leiden, 1974; Levy A. Le conte en langue vulgaire du XVII sie`cle, Lille, 1974; Liu J. Y. The Chinese Knight-Errant, Chic., 1974; Mao N. K., Lin T. Y., Li Y., Bost., 1977; Plaks A. H. Archetype and Allegory in Dream of the Red Chamber, Princ., 1976; Chinese History and Literature, Prague, 1976; Santangelo P. Sentimental Education in Chinese History: An Interdisciplinary Textual Research on Ming and Qing Sources, Leiden, 2003; Birch. Studies in Chinese Literary Genres, Berk., 1974; Wang T. C. Wu Ching tzu, Boston, 1978; Widmer E. The Margins of Utopia, Cambr., 1987.

（Д. Н. 华克生撰，王丽欣译）

说唱艺术

中国艺术遗产中说唱艺术占据特殊地位，以往这种艺术名为"说唱文学"，而当代中国则称"曲艺"。曲艺根植于民间创作的深厚基础，其形式既有演员伴有音乐的表演，也有文字记录。曲艺与说书艺术密不可分，因此它常被称为民间故事。虽然很多故事的曲调源于农民的劳动歌曲，但曲艺仍为一种城市艺术。民间故事在塑造中国人的民族自觉意识方面起着特别重要作用。对当时的普通百姓来说，民间故事往往成为精神食粮，听书便成为其了解民族历史之途径，他们以此了解不同历史时期的神话故事与文学作品。各种曲艺体裁与其他文学艺术类型紧密相关，常自后者借用某些情节，同样也慷慨地与后者分享其成果。

中国说唱艺术作品在内容上可假定地划分为传统型与新型两类。属于前者的包括具有悠久存在历史的民间故事，它们利用历史文献中记录的事件，以及各个时代文学名著中的故事、过去的诉讼故事与日常生活故事。属于后者的则是写于1949年之后、反映中国生活变化的作品。大多数曲艺作品的特点是带有混乱纠葛的复杂情节，其原因在于，故事必须吸引听众的持续关注。但是，也有一些篇幅短小、情节简单的抒情作品。

在民间故事的传播中说书人起到主要作用，他们要合理改编文本并配上音乐。多数中国传统的民间故事为佚名作品，源于民间口头创作。创作者的名字或者失传，或者有意隐去，这说明这门"二流"艺术的创作活动地位不高，也说明说书人的社会地位低下。尽管如此，署名作品在中国民间艺术中仍为数众多，其创作者往往即说书人本人。

中国帝王对待民间说唱的态度千差万别。比如宋朝（960—1279）和元朝（1271—1368）某几位皇帝统治时期，民间说唱曾遭禁止。然而在某些城市，如当时的开封和杭州等地，说书艺术得以蓬勃发展。众所周知，唐朝皇帝玄宗和清朝皇帝乾隆都极喜听书。

说唱艺术的发展中有过繁荣兴旺，也经历过几近消亡的衰落时期。不过，人民喜闻乐见的各种体裁最终均得以复兴。民间故事还用以普及宗教信仰，其中某些体裁与各种宗教的布道直接相关。

在中国，故事文本通常为口口相传，因此，说唱故事有固定书面文本还是非常罕见的现象。但是很多故事以嵌入形式进入文学作品，于是便有了单独的书面形式。传授说书艺术均是口口相传，由此产生了不同的说书流派和世代相传的说书世家。这些流派的创始人均收徒弟，徒弟对师傅的保留节目、说唱方法与风格反复揣摩记忆，以此传承特定流派的传统。

民间说书人，即"说书的"，往往深得听众喜爱。一些说书人有固定演出场地，另一些人则时常成为流浪艺人，被迫变更演出场地。唐朝（618—907）时面向城市居民的各种演出即已存在，其中包括说书，但主要在宗教节日和约定的赶集日举行。一直到了宋朝，当各种演剧艺术形式蓬勃发展时，才出现称为"瓦肆"的专供民间演出的场地，其

中设有"勾栏"，即用围栏专为演员隔出的带有幕帘的一块场地。在当代中国，民间说书人已有机会同其他各类艺术演员同台演出。

从曲艺的发展中可以看到一系列趋势，一些趋势只是特定时间段的特征，另一些趋势则更为包罗万象，涵盖很长的历史时期。比如，在某些民间故事中可以看出由独白话语向对话话语的发展；演员的构成也在逐渐扩展；大型作品逐渐转变为中小型故事。

曲艺的各种体裁较之于中国戏曲有更多观众，因为其道具简便，用于伴奏的乐器数量很少，更重要的是演员仅一人，至多两人，实际上时时处处均可演出。表演者进行第三人称叙述，其舞台动作极其有限，或坐于桌旁（散文故事），或站于鼓旁（由大鼓伴奏讲故事）。中国东北地区颇为流行的二人转表演则是例外，它是两个人的舞蹈，两位演员各司其职，舞台上的情节动作表现为手持折扇的舞蹈。

同一著名的故事情节经常出现于不同的曲艺体裁，但每一体裁的文本均有所不同，以适应该体裁的特性。

数百年间，各种曲艺体裁间发生着相互影响与相互渗透，这使得它们之间的形式界限和艺术特征往往很难界定。某一体裁发生变化的原因，往往是它不再流行，观众对它的兴趣有所下降。比如河南坠子，即河南省的一种说唱艺术体裁，据一种说法，它产生于20世纪初，系由"道情"与"莺歌柳"融合而成，后两种说唱艺术体裁曾流行该地，但后来在听众间已不再流行。"道情"是有旋律的故事叙述，由道士表演；"莺歌柳"是河南农民的抒情小调。中国的每一历史时期均会有某种故事形式占据首位，但主导的艺术形式与次要的艺术形式往往界限模糊，它们的繁荣兴旺也未必一定吻合特定的历史分期。

中国现有曲艺体裁近400种，各个省份均有分布，其中既有所谓的合成体裁，也有原始体裁，前者具有某些共同特征，也有它们特定的内部等级；后者具有典型的文学特征，散文和诗歌清晰对比，并伴有某种旋律。合成体裁与原始体裁的地方变种同样数量众多，结果衍生出大量形式。某部作品的体裁属性取决于其地理分布或发源地、有无音乐伴奏、乐器种类、演奏方法、唱词与旋律的不同组合方式、诗歌和散文构成间的关系、有无舞台动作以及故事篇幅等因素。

属于曲艺的所有作品均需舞台呈现，这决定了这些作品的戏剧属性，无论作品结构还是语言本身均为直接呈现。说唱表演由一两个演员进行，伴奏乐器不多，通常仅一件乐器，这就使得语言的优雅显得至关重要，因为在此场合，对于观众而言，听觉比视觉更为重要。因此，在19世纪中国广为流传的"子弟书"体裁便成为一种相当精致的文学形式。

（H. A. 司格林撰，王丽欣译）

唱腔说唱故事

在中国三大主要说唱种类（唱腔说唱、诗体说唱和散文说唱）中，体裁形式最为丰富的是唱腔说唱故事，其特点是形式简短和伴乐表演。根据中国传统，唱腔说唱故事称为"唱词"。这一概念包括几大合成体裁及其众多分支，它们在当代所有民间故事形式中占三分之二强。

唱腔说唱故事传统上划分为以下7个种类：

1. 大鼓及其众多变种，流传于中国北方和西北地区，伴奏乐器为鼓和三弦。

2. 渔鼓道情，一种古老体裁，遍及中国北部和南部，伴奏乐器除鼓以外还有竹板和弦乐器。

3. 琴书，其种类多样，有北京琴书、山东琴书、徐州琴书、四川琴书等，目前除琴以外又增加了几种弹拨乐器，上述几种琴书的唱词以七言诗句为基础。

4. 弹词，主要流行于江苏省和浙江省，主要伴奏乐器是琵琶，演唱者自弹自唱，唱词长短不一，其中包括七言句。

5. 牌子曲，融合各种曲牌，伴奏乐器为三弦，最早的牌子曲体裁（单弦）流行于中国北部，特别是北京，牌子曲的特点是说唱曲牌有几种（约10种）小曲曲牌，根据演唱内容选择曲牌，唱词长短不一。

6.时调小曲，流行于中国北部，最早的时调小曲是北京时调和天津时调，唱词配以不同曲调，其长度不一。

7.走唱，这一种类流行于中国东北地区、四川省（车灯）和安徽省（凤阳花鼓）。

唱腔说唱故事主要由诗体文本构成，其中有时也插入散文。

根据总谱特点可将唱腔说唱故事分为两类。第一类是鼓和响板类，其特点是节奏有力（大鼓、琴书、坠子），此类脚本唱词为对偶七言句，偶句押韵，其韵文主体称为"鼓词"，而曲调类型称为"板腔体"；第二类的特点是有固定曲调，其脚本基础为长度不一的诗句。

所有唱腔说唱故事可能均源于宋朝时即已流行的古老鼓词。有一种看法，有些被研究的体裁源于唐朝的佛经诵念和曲调，是和尚用于化缘的。然而，尽管佛教对某些说唱种类的形成和发展有巨大影响，但这一过程中起决定性作用的仍是自古流传下来的中国古老的农民歌曲和街头巷尾的商人歌曲，这些也成为很多曲艺种类的基础。

唱腔说唱故事的角色主要是英雄人物，人民寄希望于他们，希望他们来拯救自己，保护自己免受压迫。一般来说，这些人物或是非常具体的历史人物，或是中国中古时期的长篇小说，如《三国演义》和《水浒传》中的主人公。但在不同的说唱种类中，对主题的风格处理仍有其特点。例如，河南坠子倾向于对人物形象进行抒情性解释，而京韵大鼓则常通过详细描述主人公参与的各种战斗来阐发英雄主题。一般来说，作品的音乐基础决定主题。

如同其他各类说唱叙事艺术一样，唱腔说唱故事也有各种流派，首先是表演风格和剧目不同，它们由各个流派创始人的后继者们悉心保留下来。例如，京韵大鼓的泰斗即刘派创始人被认为是刘宝全（1869—1942），其学生和模仿者众多。享有盛名的还有另外一个流派，即白云鹏（1874—1952）的白派。

表演者的剧目（这涉及所有曲艺种类）通常不是很多。例如，女演员刘兰芳专门表演宋朝名将岳飞的故事，而扬州的王少堂则是《水浒传》评话的大师。白云鹏更喜表演长篇小说《红楼梦》中的情节，而刘宝全则擅于表演《三国演义》。在对于同样一些作品的

风格处理上，有些表演者通过夸张的形象、舞台动作，丰富的面部表情、手势表现出来，而有些表演者则相反，没有舞台动作，仅借助优美文辞的朗诵、丰富的语调、语速的快慢等加以表现。因此，对于鼓曲而言，重要的与其说是观众业已熟知的作品情节，不如说是表演本身，即表演者的嗓音、风格和表演方式。

说唱的基础脚本也具有一系列特点，主要表现为积极利用特定的范式性文学手法，特别是对比、重复或特殊叠句、各种形式的铺排。最为著名的京韵大鼓曲目是《俞伯牙摔琴》《战长沙》《马失前蹄》等。古时曲艺作品仅由男性表演，直到20世纪20年代初舞台上才出现女演员。

唱腔说唱故事的乐谱与唱本关系密切，也是其不可分割的有机组成部分。乐谱由乐调和伴奏组成。旋律声部和伴奏同步，但伴奏本身，特别是前奏和各声部之间的演奏，具有具体的功能意义。说唱旋律的基础通常是乡村民歌。结构、声部和说唱节奏，所有这一切均与语言的规律性相呼应，较之单纯的演唱更像和谐悦耳的韵诵形式。说唱旋律基本上与唱词调性的连贯性相匹配。旋律令人联想起诗歌，受制于故事的诗歌结构，但旋律只是模仿声调，并不等同于声调。

唱腔说唱故事的音乐结构可分为三个主要类别。第一类的基础是某种单一曲调，曲调简单，节奏强弱明显，常由两个或四个乐句组成并多次重复。这类曲调变化较少，相当单调，缺乏表现力，适用于演唱叙事类型的故事。第二类是曲牌连套体（牌子曲），其音乐基础是中间连缀若干曲牌，并有一个或几个主要曲牌用于曲头和曲尾，各个曲牌的节奏、速度、情绪各不相同。宋元时期的诸宫调和现代的单弦均属此类。第三类是前两类的融合，比较少见，其主要曲调中又插入若干其他曲调，如山东琴书和渔鼓。

民间说唱中使用的曲调类型首先取决于其体裁及内容。某种说唱通常使用特定的、仅适用于此种说唱的一套由不同拍子和节奏构成的曲调。按照速度，曲调可分为慢调和快调。慢调为四四拍，第一拍是强拍，其他三拍为弱拍；快调为四一拍，每个节拍均为强拍。

诗体说唱故事

诗体说唱故事与唱腔说唱故事不同，表现为不同长短的韵文形式，表演时通过击打专门的响板来突出其格律和节奏。诗体说唱故事中唯一的综合类形式是快书（或快板），其特点是格律和节奏清晰鲜明，速度渐快，一韵到底。其最初体裁有莲花落、数来宝，尤其是快书（快板），这些名称即表明它们均为某种综合体裁。这些说唱种类流行全国，但在中国北部更为盛行。诗体说唱故事的脚本主要由七言韵句构成，韵句数量或多或少。有些独特的是山东快书。所有这些体裁均相当"年轻"，其流行的历史不超过150—200年。

所有这些现代诗体说唱故事体裁均源于莲花落这一特别的文学形式。莲花落出现于7世纪，是在和尚化缘唱曲的基础上形成的。直到9—11世纪，莲花落才开始由穷人表演。这一文学形式的兴盛时期是19世纪。经过一系列转化，出现了几种不同的莲花落变体，其中主要有两种。一种变体继承莲花落的基本传统，一直存在至19世纪末，当时其表演者像以前一样走街串巷，说着吉祥口彩拜求施舍。这是一些即兴诗作，其中重要的因素是格律，尤其是节奏。从清朝（1644—1911）末期起，这些诗体即兴之作开始被称作"数来宝"。这是一种短小的顺口溜，合辙押韵，幽默风趣。数来宝的表演者大多是穷人，如在大城市走街串巷的乞丐，他们路遇店铺，便夸赞其商品，预言其昌盛，因而获得店铺主人的赏钱。1949年后，数来宝成为一种独立的诗体说唱故事体裁并登上戏剧舞台。其特点是上下句合辙押韵，篇幅不长，体裁现代新颖，关注现实生活。

莲花落的另一变体也同样硕果累累，这种变体是莲花落和凤阳花鼓融合形成的，后被称作"十不闲"，在清末被称作"太平歌词"。

当代中国最流行的诗体说唱故事体裁是快板，这一体裁于1949年后方出现在中国。在其形成过程中，快板多借鉴山东快书，其中包括山东快书的形式和特别生动活泼的语言。快板的特点是故事情节复杂，形象鲜明，同时篇幅较长，有些快板书长达数千句。其主题多种多样，从中国的革命史到对中国传统文学作品的改编，后者是快板取之不尽、用之不竭的源泉。长篇小说《三国演义》《西

游记》中的情节最常用到，但也有现代题材，如《劫刑车》（取材于罗广斌和杨益言的长篇小说《红岩》）、《金门宴》等。对于该体裁而言最为重要的因素是表演速度，它通常要比唱腔说唱故事快两倍。

在民间创作传统十分深厚的山东省及其周围地区，山东快书的体裁十分流行。山东快书这一名称在1949年后才出现，根据传统惯例以其发源地命名。然而，由于很多年间所有山东快书的主要人物均为一位民间英雄，即长篇小说《水浒传》中的人物武松，这一艺术形式也被听众称为"武二郎传"（武松在家排行老二）或"好汉传"（武松身材高大）。山东快书表演者的经典剧目除了少数例外均描述为真理和正义而战的好汉武松的事迹。这是一系列表现武松生平的故事，由统一的情节贯穿始终，严格按照其生平的时间顺序排列。整个系列统一命名为《武松传》。每个故事均为一个完整作品，如《武松打虎》《武松打店》《武松装媳妇》等，其中的简短序言都会回顾武松的英勇事迹。山东快书中关于武松的韵文长达8000行。将山东快书脚本与施耐庵的长篇小说作对比，可发现某些民间流传的武松故事经过说书人的加工，被编入快板故事，与小说完全不同。说书人常借鉴中国中古时期的文学文本，利用适合说唱的部分或全部情节。山东快书出现新的选题主要在1949年以后，其中的英雄题材得以保留，这依然是一些情节紧张的故事，其中有英雄好汉建功立业。山东快书流派的创始人高元钧（1916年生）赋予表演者本人的角色以重大意义。任何说唱故事均为说书人的二度创作，他们对故事的文学基础进行加工。所有快板故事的结构均编排完整，其中各个部分界限分明，如开场白、开端、发展、高潮和结局。圆满的结局是武松快板故事的必要条件。有时作品会有较长的说白片段，从而避免快板特有的一韵到底所造成的单调。说白可以为快板脚本增加许多简短的人物对白甚至较长的对话。正是在说白部分，作品嵌入了更多情节片段。

散文说唱故事

散文说唱故事是中国说唱艺术中规模最大的一个种类，其中最为有名的合成体裁是评书，它流行于华北、东北地区以及四川省（四川评书）、湖北省（湖北评书）。在长江以南，主要江苏、江西、浙江和福建各省，评书被称为评话（苏州评话、扬州评话和福州评话）。一般来说，评书故事是史诗性的长篇作品，说书人要表演数日，有时是数十日。例如，众所周知，扬州评话中《水浒传》英雄传记共83万字。散文说唱故事的表演者表演时坐于方桌后，桌上盖着桌布，上面写着或绣着表演者的名字及其表演作品的名称。演员的道具只有一小块方木，情节转换、需要转移观众注意力时用它敲响桌子，有时也用来惊醒打盹的听众，因此得名"醒木"。

散文说唱故事体裁评书于17世纪末出现在中国北部，它具有篇幅较长、结构严谨的特点。每部作品均可分为若干片段，每段讲述某一个事件，如长篇小说《水浒传》中名为"三打祝家庄"的片段，或取自《三国演义》的"赤壁之战"片段。每个片段又分作若干所谓的"小高潮"，其中采用各种手法设置紧张的情节以吸引听众注意。评书体裁的说书人用到的大型传统作品达40部，如历史类作品（《西汉演义》《三国志》《三国演义》《隋唐演义》《说岳全传》等）、惊险探案作品（《水浒传》[①]《包公案》）和奇幻作品（《西游记》、蒲松龄的鬼狐故事）。

扬州评话也出现在17世纪中期，它用扬州方言表演，流行于江苏省和上海，其特点是人物外貌描写尤为细腻，故事细节丰富，结构严谨。表演者出身世家的很多，其中最著名的是柳敬亭（1587—1670）。现代评话艺人中的名家是王家，即王少堂（1889—1968）和王筱堂（1918—2000）。扬州评话故事总以英雄主题见长，在很大程度上与评书相似，而艺人们的主要作品仍是长篇小说《水浒传》和《三国演义》中的片段。评书故事常与唱腔类的弹词相互结合。在这种情况下，两种体裁的结合会使散文说唱中出现用于演唱的诗句甚至诗作片段：这一体裁得名"评弹"，仅流行于江苏省（苏州市）和上海。

在散文说唱故事中占有特殊地位的是具有明显喜剧因素的相声。通常说到的"四艺"是这一体裁表演者必须具备的，即"说学逗唱"。相声的来源之一便是模拟声音，它因此而得名。相声演员首次出现在春秋时期（前8—前5世纪），司马迁（前145？—前86？）的《史记》曾提到这些艺人。喜剧因素是相声的必备特点。

---

① 《水浒传》似不应归属于"惊险探案作品"——译者注

散文说唱故事体裁中的八大幽默故事似可看作最早的单口相声，其中有神话、传说、长篇故事和笑话。这是一种逗乐体裁，其众多构成部分仅服务于一个统一目的，即通过笑来揭示作品的主要内容。相声根据表演者的人数可分为三类，即单口（一人）、对口（两人）和群口（至少三人）。不管人数多少，表演时长通常在20分钟以内。

单口相声以第三人称讲述，以方便演员在需要时扮演不同的人物形象并以他们的名义展开谈话。然而与此同时，演员却从不会变为他所塑造的人物，在直接面向观众的时候，他可以对故事中的事件做出评判。单口相声，实际上就是一种短小的幽默评书。这类相声传统作品中的优秀之作具有尖锐的社会指向，其讽刺矛头指向执政者的贪污受贿、中饱私囊，官员的贪得无厌、卑躬屈膝和刻板教条（《连升三级》《珍珠翡翠白玉汤》《糊涂县令》等）。

对口相声采用对话形式，演员交替表演短小喜剧，类似于两人报幕。逗哏和捧哏的角色严格分明。这类相声的特点是讽刺性极强，一般是针砭时弊。在中国，任何时候，对口相声都是很受喜爱的曲艺形式。

尽管中国民间曲艺非常盛行，但在20世纪30年代前全国并无一本研究中国说唱艺术的专著。直到1936年，陈汝衡出版了《说书小史》，这是中国第一部关于说唱艺术的专著。他还完成了几部有关中国宋代民间说书历史的著作，以及一部关于17世纪著名说书艺人柳敬亭的专著。在20世纪30年代开始研究说唱艺术的还有赵景深，他于1937年出版《大鼓研究》一书。自此，对曲艺各具体种类的研究开始出现。中国民间说唱的研究者们通常一点点地收集关于某些体裁的史料，其来源有史书、关于古代中国大城市中名胜古迹和文化生活的记录，还有文学作品。在这方面资料极为丰富的是宋代，因为宋代是中国说唱艺术繁荣发展的时期。在诸如《都城纪胜》（13世纪，作者以"耐得翁"为笔名）等作品中，用于民间说唱和其他表演的瓦舍得到描述。类似的有趣信息我们还可在其他书籍中获得，如著于13世纪的周密的《武林旧事》和吴自牧的《梦粱录》等。孟元老的《东京梦华录》（12世纪）讲述了北宋都城汴梁的

风俗习惯、宫廷礼节、店铺和节日。罗烨的《醉翁谈录》（12世纪）言及民间说唱何等普及。关于康熙年间（17世纪末—18世纪初）民间表演的情况，可在佚名作品《百戏竹枝词》获得了解。关于清朝都城北京的节日及一些民间表演的情况记载于《燕京岁时记》（1901），其作者是满人富察敦崇。

中国曲艺研究的新阶段始于1949年。一些研究民间说唱问题的专著和文章出现，如叶德均的《宋元明讲唱文学》。在民间说唱作品目录的出版方面起到重大作用的是傅惜华，其奠基性的著作《子弟书总目》和《北京传统曲艺总录》为研究者提供了重大帮助。最后，这一阶段出版了大量传统和现代曲艺作品，编著了曲艺百科词典，发行了专门研究曲艺问题的杂志。1979年成立了中国曲艺家协会[①]。

**Б. Л. 李福清《中国历史史诗和民间文学传统》，莫斯科，1970年；Н. А. 司格林《中国通俗文学：说唱体裁》，莫斯科，1986年；汪景寿、王决、曾惠杰《中国评书艺术论》，北京，1997年；倪钟之《中国曲艺史》，沈阳，1991年；陈汝衡《说书史话》，北京，1958年；《中国大百科全书·戏曲曲艺卷》，北京—上海，1983年；Bordahl V. The Oral Tradition of Yangzhou Storytelling, Richmond, 1996; idem. The Eternal Storyteller: Oral Literature in Modern China, Richmond, 1999; Kaikkonen M. Laughable Propaganda: Modern Xiangsheng as Didactic Entertainment, Stockh., 1990; Ross T. Chinese Storytellers: Life and Art in the Yangzhou Tradition, Bost., 2002.

（Н. А. 斯佩什涅夫撰，孟宏宏译）

---

① 中国曲艺家协会的前身是1949年7月成立的中国曲艺改进协会，1958年8月成立中国曲艺工作者协会，1979年召开中国曲艺工作者第二次代表大会，决定将协会名称改为中国曲艺家协会。原文所述似不够准确。——译者注

古典戏剧

流传至今的最早的中国剧本出现在13世纪。因此，中国戏剧比诗歌和小说的产生晚了许多年，也比希腊、印度等古代文明中心的戏剧晚了许多年。然而众所周知，至少自7世纪始，中国即已存在相对简单的戏剧表演形式。其中有些表演可能已拥有脚本，但未能保留下来，只留下近千部演出剧目的名称。这些剧目主要是滑稽剧，其主人公出身于社会各阶层。这类表演在北宋时期（10—12世纪）繁荣的大城市和寺庙中尤为流行，被称为"杂剧"。

与此同时，各种说唱和歌舞形式越来越流行。在所有这些种类中起着重要作用的是伴乐，很多作品是诗文结合，这是中国各类传统戏剧的共同特点。说、唱、舞有时在表演杂剧的地方表演，这自然会促进这些艺术种类的互相充实，说书人和歌者有时"步入角色"，临时变身为演出作品中的主人公，而喜剧表演则常常伴有音乐和歌唱。一种成熟的、综合的戏剧演出形式由此形成，其中包含白、唱和科。

演出持续时间长，题材发展相当成熟，出场人物数量多，这就使得演出无法仅靠即兴发挥和"口口相传"，而需要书面文本，即剧本。起初剧本出现在南方，南方至1279年始终在宋朝的统治之下，那里的剧本称为"南戏"或"戏文"。在起先被女真人统治、自1234年起被蒙古人统治的北方形成另一剧种，其最初的称呼"杂剧"保留至今。这一剧种盛行于整个元朝（1271—1368）统治时期，并以"元剧"之称享誉后世。蒙古人灭掉南宋王朝后，一段时期内杂剧也开始在南部城市的文化生活中占据优势地位，而早先兴盛的南戏则被遗忘。直到21世纪才偶然发现了13世纪—14世纪初的三部南戏剧本。尽管其文学色彩不足，但其情节真实且富有戏剧性，结构自由，语言生动，三位佚名作者对弱者所持的一以贯之的同情态度，这些均颇为引人注意。

当时戏剧创作繁荣的原因应与蒙古统治者起初并未广泛吸纳汉族文人为官有关，选拔人才的主要方式科举制度一度废止数十年。汉族文人过去通常身居显位，如今只落得位微俸薄。尽管到元代统治末期，科举制度已被恢复，但持续数十年的士大夫阶层地位的下降以及他们处境的恶化所造成的诸多后果之一，即

以五言七言律诗、歌唱体的词和文言散文故事等为代表的"崇高体"文学的显著衰落，其在文化生活舞台上的位置为一些更为平民化的、运用鲜活口语的文学体裁所取代，后者首先是一些戏剧作品和叙事文学作品。这些体裁在宋代已开始积聚力量，但当时被视为低级体裁，并未引起文人们的关注。如今，众多出身于特权阶层的人为了养家糊口或出人头地，开始关注这些"低级"体裁，并将他们的满腹经纶和文学技巧带入这些体裁。

由于当时印刷术的发展，粗识文字的人能买到价格便宜、文字简化的散文和诗歌出版物，此类出版物的资料由"书会"提供，书会是由行会式职业文人组成的团体。这类书会除编制民间小说、故事和诗集外，还出版戏剧作品，几乎所有（至少大半）戏剧作品均出自书会。当时的戏剧作品数量颇丰，已知名称的杂剧剧本约750部（创作于13—14世纪），其中保留至今的约160部。不过，这主要是后来（15—17世纪）的版本，而在确属元代的30部剧作中，对话被大量删减，或完全阙如。主题和情节的选择范围十分宽泛，周围现实的尖锐冲突、古今事件、道家和佛教神话、民间传说，所有这些都通过鲜明的形象在众多的城市戏剧舞台上和乡村庙宇的戏场上得到再现。历史著作、文学作品集和平民故事集、哲学寓言、著名诗人的长篇诗作——这一切都成为戏剧家创作想象的原始素材，它们后来也常成为其他体裁新作的来源。

在中国古典文学的各种体裁中，剧本的艺术结构最为复杂，形式最为多样，风格和语言手段最为繁多。为适应剧本的目的，让各个部分相互呼应，之前形成、但与戏剧继续共存的多种文学元素被引入剧本。这一点于元剧尤为突出，但所有其他戏剧种类或多或少亦如此。

中国传统戏剧的名称确定为"戏曲"，它呈现为散文片段和诗歌片段的相互交替。散文部分包括独白、对白和问答，通常用很接近口语的语言写成，虽然在某些时期某些作者的作品中能感到古文言的影响。散文部分与诗歌部分交替进行，后者首先是曲。曲是中国古典诗歌三大重要体裁之一，其结构和节律由其所用曲牌决定。后来曲调遗失，但曲名和节律却保存下来，成为剧作家写作唱词的指南。

诗歌的行数应与乐句的数量相配，但每行的字数（音节数）可多于乐音的数量，同时可通过问答来打断唱段，因此较之于其他古典诗歌体裁，它更加灵活多样。不过，它们也经常

作为独白的首尾进入剧本的诗歌结构。同时，作品还会利用民歌、佛教歌曲和民间口头创作的各种元素。

剧本的诗体部分（其语言中的口语成分同样很明显）是剧作家最为关注的对象，因为他们首先要通过唱段来从情感和审美上尽力感染读者和观众，宣扬自己的善恶观念以及对戏剧和生活中事件的看法，此外，也是为了展示其才情。与唱段相比，散文部分大多看起来枯燥无味，仅用于传递信息，其任务是介绍事件参与者，从头至尾推动其行为，散文部分的中断是为了主人公能够表达自己满溢的感情。唱段本身一般不起情节结构作用，只通过唱词无法了解剧中角色的相互关系（如果读者不了解作为剧本基础的历史著作、小说或故事，则理解会产生严重偏差）。而且，剧本中通常只指明演员所扮演的某一角色的行当，其名字和其他必不可少的信息则由演员在出场的散文念白中道出。这种自我介绍可能在整个戏剧演出中多次重复，或许是为了照顾迟到的观众。因此，阅读14世纪初流传下来的木版印刷元杂剧剧本时，其中的对白或缺失，或严重删减，使得理解剧本的情节变得极其困难。元代剧作家们带有对白和唱段的完整版本出现于16世纪—17世纪初（臧晋叔编纂的《元曲选》收录作品100部）。

同一曲调的唱段连缀而成同韵套曲，它们与相应内容的对白共同构成剧本的结构划分单位"本"。在元杂剧中，除极少数例外，通常一剧四本，每本前可有楔子和简短的唱段套曲。王实甫（13世纪—14世纪初）的著名抒情戏剧《西厢记》实际上由五本彼此衔接的杂剧构成，杨景贤的奇幻剧本《西游记》由六本组成。在后来的明朝时期，杂剧体裁不再受一系列形式规制的限定，出现了很多单本剧，有时按照传统将内容不同的四本戏合在一起。杂剧的重要特点是，整个剧本或至少是每一本中，所有唱段均由男女主角演唱，男主角称"正末"，女主角称"正旦"。因此，在安排剧情时就必须使主人公在重要时刻处于事件中心位置，围绕他们渲染气氛。

目前，最完整的元杂剧目录共记录了737部剧目，其中包括有完整剧本、残篇或只有标题的剧目，其作者有名有姓者约500部（虽然该数目常有争议），其他为佚名。完整的或以缩写形式存在的元杂剧现存162部。近代之前，中国尚无悲剧、喜剧、正剧等概念范畴，但所有这些均属古典戏剧。这些作品题材范围宽泛，历史事件、倾轧算计、民间传说、公案、爱情奇遇、家庭生活、宗教传说和其他很多主题都吸引着剧作家。毫无疑问，大部分题材源于之前的文学和民间创作，但很多情节似也取材于周围的现实生活。

需要明确的是，在剧作家针砭时弊的作品中，却很少有针对蒙古统治时期具体、专门对象的描写。比如，我们在现存任何一部剧本中都看不到蒙古人，即便是作为次要人物的蒙古人。一些中国学者竭力论证元代剧作家的爱国主义，认为他们作品中的某些反面人物虽然是汉语名字，但应为蒙古人，但这似乎不足为证。首先，有严格的规定反对"诽谤"和"淫秽"剧本（这当然可被推而广之）。其次，需要考虑到中国北部在蒙古人统治之前也由外族统治，普通人民在日常生活中更常与汉族官吏产生冲突。更主要的是，剧作家抨击的恶习并非中国历史中相当短暂的蒙古统治时期所特有，而是源自千百年间形成的社会关系的总和。同样，描写古代历史的剧本中也没有多少远古特征。以不同时代的故事为对象的元代剧本，其情节像是发生于同一时期。

元代剧作家塑造出数千个人物形象，他们的社会地位、道德面貌、性格和追求均不相同。但是，这些人物之基础，即他们所处的社会却有着严格的阶层、行业、宗教特征和家庭地位等划分，因此便能归纳出主要特征和行为举止相近的某些类型，虽然他们有某些具体的细部差异。他们代表着社会金字塔的所有等级。

执政者位于金字塔顶端，这类形象的思想—审美功能取决于君主在封建社会所处的特殊地位；取决于传统哲学思想，首先是儒家思想赋予君主道德品质的意义；取决于中国文学的"社会性"传统，其代表往往自视为国君的谋士和判官。在将周王或唐朝皇帝的形象写进戏剧时，剧作家注定要讨论此类问题，即究竟何为明君，明君的作为应能呼应国家和人民的需求，而国家命运的现实主宰者距理想明君的距离究竟有多远。

君王的作为传统上非此即彼，或为明君，即万民之父，或为昏君。这种态度亦在某些杂剧中得到体现。然而，更为典型、十分重要的却是一种面对君王的新态度（虽然这在某种程度上也源于先前的文学发展）：既恭敬却也清醒，从君王的品质中挖掘出普通人的特点，不过度美化也不过度丑化。呈现于杂剧观众面前的并非端坐"龙位"、常人不可企及的天子，而是具有七情六欲、时常

犯错的普通人，观众可以根据自己的善恶观来评判他。

朝臣是元剧人物形象最具代表性的类型。传统的政治智慧始终强调，善于将称职的帮手团结在自己周围，这几乎是明君的一个主要品质。一般认为，在一个朝代的上升期大多如此。当王朝走向衰落，君主周围则会出现一群自私、愚笨、软弱、阴险的臣子。这些观念也体现在戏剧中。

在国家以及作为国家之化身的君主面前尽职尽责，这是称职臣子诸多道德品质中最为人称道的一点。将忠诚的概念和尽职尽责的概念置于首位，这并非中国中古文化的特有属性。但在欧洲，服务上帝却被视为履行职责的最高形式。在中国，为国效力是最可敬的尽职行为。假如明君"无为而治"，那么臣子们在国家事务中的作用以及他们对人民命运的影响就将是决定性的。这是君臣的区别。对臣子的行为和道德的评判更加严苛和明确。剧作中出场的大臣或地方官员，是典型化的"忠臣""奸臣""酷吏"和"贪官"。剧作家将这一类型人物的所有行为和情感都与国家、仕途或个人威望联系在一起，甚至谈及家事时也是如此。

称职臣子的主要美德是不惧迫害和死亡，恪守职责。责任和感情的悲剧冲突，以及主人公由此而来的内心挣扎，这类主题在元代剧作家笔下很少呈现。他们塑造的人物都对在困境中如何行事一清二楚，如果他们偏离应有的行为方式，则也是出于一些非常具体的、通常是自私自利的动机。

时刻准备为道德责任舍弃性命，这也像是自然而然的事。因道德因素而自杀的情节在剧作中十分多见，主人公总是坚定就死，毫不抱怨。这不得不说是表现了某种"东方宿命论"，对人的生命价值认识不够。当人物面临无辜的死罪，他对天抱怨，哭诉发生的非法行为和不公，却从容就死。

官场人物有好坏之分的命题与这一事实并不矛盾，即有时正面人物也会犯错。在这种情况下，剧中所写并非人物精神面貌的复杂性和矛盾性，而是他一时错误行事，或受外界环境左右，或难以迅速克服卑微的欲望。剧作家通过展示本性善良之人的罪行以达到双重目的，一是使剧作更为引人入胜，二是给观众上一堂道德课。

在表现将帅人物的剧作中揭示出可感召年

轻勇士从戎的三个主要动机，即渴求建功立业、光宗耀祖和报效国家；实际上，如同很多剧作所表现的那样，这三个动机常融为一体。对于未来的战士而言，极为重要的是意志力和个人的果敢。特别的身体条件，如身高、力量、耐力、锐利的目光等，常见之于戏剧主人公，但与其他民族的武士史诗或中国的民间传说相比，其夸张程度较小。

在这些剧作中，对中国作为强国参加的战争也有所反映。例如，有几部杂剧的情节描述7世纪唐朝军队远征当时位于朝鲜半岛的三个国家。中国中心的观念影响着剧作家，使得他们坚定地认为，"东夷"只能是中国的附庸或进贡国。在舞台上，中国军队总是轻易取胜（实际上唐朝军队在初次告捷后就被打败，并被赶出朝鲜半岛），敌方将帅被漫画化。不过，单纯以中国素材为基础的剧作也这样刻画"正面主人公"的敌人。

以公案为主要情节的剧作描述英明法官如何断案并惩罚罪犯，此类剧作在诸多方面都很有趣。在戏剧层面，它们是巧妙设置情节、巧妙利用神秘因素的范例（不过秘密并非针对观众——观众一开头便知谁是罪犯，而是针对断案的官署而言）。在整个文学层面，它们关注的中心并非国家和贵族英雄的命运，而是一位被强盗所杀的普通商人的命运，或是一位被不忠的妻子谋害的手艺人的遭遇。尤其是在社会层面，与任何其他主题的杂剧不同，公案剧作毫不掩饰地、尖锐地展示时代的缺陷和病症、当权者的滥用权力、官吏的独断专行、诚实穷人的无能为力和含冤之人的痛苦，以及关于"仁政"的花言巧语与现实之间的巨大鸿沟。

这些剧作的共同点是正义必胜的主题：真正的罪人受到惩罚，他们因卑鄙下流的一己之利而犯罪，那些表面上违法、但实际上目的崇高的人洗清冤屈，遭遇不幸和维护法纪的人获得奖赏。戏剧结局圆满——如果可以把这样的结局称为"圆满"的话，即被害之人死后得以昭雪沉冤，已享恶行果实的罪人遭到惩罚。虽然结局圆满，但这并不妨碍剧作家向观众展示周围世界的阴森与残酷、显而易见的不公以及与之抗争的艰难。关汉卿（13世纪）的悲剧《窦娥冤》是元代戏剧的巅峰，在这部悲剧中，正义只有借助非人间的力量才能得以伸张。

展现封建社会司法体制的残酷、不公或至少是不力，这是公案剧作给人留下印象最深刻的一面。"人皆草木"这一说法多次出自各个剧作的不同人物之口，表现了当权者对百姓的

典型态度。很难断定，杂剧作者为司法专横的无辜受害者大声疾呼，就是在有意识地反对残酷的司法制度本身，然而，这样的戏剧情节常常复现，即不幸之人屈打成招，蒙冤受屈，真正的凶手却因此逍遥法外，这不仅在客观上证明了体制的毫无人性，而且表明这种体制完全无望发现真相。

佚名剧作《陈州粜米》最为惊人地表现了当权者的肆意专横，这部剧作是元剧中社会批评剧作的高峰。在这部剧作中，人民不仅遭受苦难，而且也发出谴责，他们借老张之口怒骂贪官："则这官吏知情，外合里应，将穷民并……都是些吃仓廒的鼠耗，咂脓血的苍蝇……你正是饿狼口里夺脆骨，乞儿碗底觅残羹……有一日受法餐刀正典刑！"

与恶势力斗争的方式广泛呈现于关于梁山泊好汉的系列剧作中。这些剧作涵括大量关于12世纪宋江及其弟兄起义的民间口头创作素材，我们已知的文献中却很少有此类记载。后来，这些素材成为施耐庵长篇史诗《水浒传》的创作基础。起义者们承担起官方司法体制无法履行的职能，无私地保护普通民众。观众明白剧中情节的真实性，因此他们眼中的人物便栩栩如生、引人入胜。

拒不与徇私舞弊的官府合作，这是元朝前半期流行的"儒家隐世"思想（实际上往往并非自愿而为）的特点。拒不合作的主题在狄君厚的剧作《介子推》中被从逻辑上发展到极致，剧中主人公宁愿被大火烧死在林中，也不愿出仕接受昏君的厚禄。这种结局应是在责备那些儒家士大夫，随着时间的推移（特别是在蒙古统治初期一度被取缔的科举考试又得以恢复之后），他们开始效忠"侵略者"。

在一些有年轻书生出场的剧作中，一开始便设定，这位年轻才子的主要目标就是在科举考试中金榜题名，从而获得高官厚禄。外界环境或其秉性特点往往构成其前进路上的阻碍，但主人公往往受友人之助，克服重重困难，剧作也以圆满的结局收场。

几乎所有此类作品都是喜剧。很难相信，同样一批剧作家竟能在其他剧作中展现关于生活及其种种复杂性的基本认识，极其认真地写作那些充满书生气的故事，描写美梦成真或有情人终成眷属。作者就像是邀请观众参加一场游戏，游戏的规则和结局人尽皆知，不过，这游戏仍会带来某些意外，使观众愉快地消磨时间。这类戏剧是寓教于乐的。

有几部剧作，其主题是正直的穷书生怀才不遇，求学路上多遇坎坷，剧作家们对这一主题的处理更为合理一些。当然也有这样一种推论，即这些剧作家是在描写自身的命运，在这种情况下，常见的圆满结局就会转变成象征性的胜利，象征剧作家战胜了在现实中难以战胜的种种困难。

年轻书生形象的主要有趣之处和特点还在于，与他们一同进入元剧世界的还有爱情，热烈的、尘世的爱情，同时又是富有诗意的有时甚至纯真到胆怯的爱情。并且，剧作家不仅借鉴，而且发展了古老而丰富的爱情描写传统。这种发展在于，剧作家们更为坚决地克服了两性关系中禁欲主义的禁忌观，反对将两性关系封闭在纯家庭范围内的"家训"企图。

剧作家们赞同"选择自由"，将能战胜习俗势力和父母专横的爱情力量诗意化，以此反映宋元时期城市生活环境中萌发出的面对个性的新态度。

与古代中国社会中妇女的地位一致，妇女在剧作中也大多是从家庭或私人关系的角度来刻画的，即作为爱人、未婚妻、妻子和母亲。与男性角色相比，在杂剧中女性人物的生活里，情感占据更重要的地位。女性在爱情关系方面起着非常重要的作用。中古时期的中国女性完全处于宗教、"家训"伦理和父（夫）权的压迫之下，这种视女性为物的观念并未借助古典戏曲素材得到充分证实。引人注目的是，很多歌女仍保有（在剧作家的刻画中）高尚的品质、真诚爱人的能力，以及对意中人的忠诚，即便是在困难的条件下。著名剧作家在几部剧作中塑造了几个全新的侍女形象，这类形象在很大程度上证明了这一时期文学大众化趋势的发展。

上述内容并不意味着杂剧未反映另外一种观点，即中古时期更为特有的把女性看作下等人的观点。特别突出的是，剧作家们通常谴责女性对夫妻忠诚的破坏，而当时的男性则完全没有对忠诚的义务。

当时存在的两种社会现象，即贸易的发展和高利贷的流行，也反映在杂剧中。剧作中经常出现商人形象，但剧作家对他们的态度具有两面性。剧作家们承认并公正地评价这一新型阶层的道德规范，如务实勤劳、善于持家；与此同时，剧作家们又厌恶图财敛富、贪得无厌的行为。剧作家们认为，这些富有但知识水平和文化素养不高的商人作为新生力量登上舞台，会对文雅但往往贫穷的书生构成威胁。

至于元剧的主题思想，则后来得到阐释及

简化的儒学思想在其中占据最重要地位。这首先表现为这样一种观念，即君子的唯一要务乃研读四书五经，以便通过科举考试，从而实现忠君报国的理想。与此相关的还有无条件地尊老以及男性为一家之主的主题。仅从人道主义的角度指出儒学的负面作用是不公平的。儒家色彩主要体现在反对作逆谋乱的忠臣或者保家卫国的良将形象上。另外，颂扬文人阶层即儒家学说的主要代表，这在元朝统治最初几十年间也具有社会抗议的色彩。后来，儒家学者重回朝廷，新派学说又回到道教和佛教思想，宣扬摆脱政事，特别是远离"尘世"。这种情绪在蒙古统治后期广泛流行，当时，起义、战争和社会混乱遍布中国大部分地区，百姓生活再度陷入动荡不安。

大部分以道教和佛教传奇为基础的剧作，其题材结构相似。某人生活在"尘世"，如"芸芸众生"一样，他积累钱财，放纵七情六欲，伤害别人，有时自己并未意识到这一点。他没想到实际上他并非凡人，而是某位神仙的化身，下凡来到尘世，以偿还宿罪。他需要再次恢复自己的"本性"，但只有通过仙界大师指点，预先斩断尘缘，才能了悟本来面目。由于常人很难下定决心走出这一步，大师必须借助魔障使其害怕，从而点化度人。

看似宣扬宗教思想的剧作，实际上讲的是宗教思想与人的"正常"需求和情感的互不相容，克服这些需求和情感只能借助神通。在马致远的《任疯子》和无名氏的《蓝采和》等剧中，主人公为救赎自己，需做残忍之事，即杀害亲生骨肉，抛弃贫寒之家。这种现象在欧洲奇迹剧中也常见，即宗教宣扬的神圣理想高于公认的日常道德。整个元代，戏剧均程度不等地具有单纯的中古时期特点，这一点在此类剧作中表现得特别明显，这也影响到它们的艺术价值。与此同时，有些剧作中只有神仙，几乎没有宗教说教。例如，杨景贤的《西游记》（篇幅最大的一部杂剧）讲述玄奘和尚受天界保护，去西天求取佛经的故事。而宗教神话背后隐藏着关于各类妖魔鬼怪打斗的神奇冒险叙述。

中国传统戏剧无悲剧、喜剧、情节剧等体裁划分，然而，所有这些剧种其实全都存在，尽管未用术语标明。善最终获得胜利，而恶遭到惩罚，这是始终不容置疑的审美（和伦理）要求，但这绝不意味着每部剧作均有大团圆结局，正义的胜利往往只有在悲剧之后方才赢得，借助超自然力量的介入在阴间和理想之国

实现。尽管如此，可以确定的是，元剧在总体上更为典型地体现的是一种肯定生活、活泼乐观却不轻浮的精神。

关于元剧作家，人们知之甚少。他们没有官位，因此无法进入正史列传。1330年，钟嗣成著《录鬼簿》，加上后人无名氏对其增补形成的《录鬼簿续编》，共记载元代剧作家170人，偶附生平简介和作品目录，未注明时间，仅根据年龄大略排序，年代归属常有争议。朱权的专著《太和正音谱》（15世纪初①）中包含同样简短却十分珍贵的文献资料。按照传统，多会列出元剧的"四大家"或"六大家"，其中通常包括关汉卿（"元曲之首"）、马致远、白朴、王实甫、郑光祖和乔吉。

元杂剧是以用北方曲调演唱的古典戏曲中最为鲜明的代表，但杂剧这一体裁本身在蒙古统治结束之后还活跃了约三个世纪。但是，这一体裁发生了变化，如：剧作特有的严谨形式要求被弱化；除常见的四本剧外还出现了单本剧，甚至还出现了以南方曲调为基础的杂剧。约有150部15—17世纪期间的杂剧以当时的印本或抄本形式保留下来，其中不少是非常成熟的剧作，有的引人入胜，有的凄恻感伤，然而这些剧作很难算作真正的原作，更不能算作杰作。它们在题材和人物范畴方面没有多少拓展，甚至缩小了这一范畴，或许仅增加了对科举考试（在元朝曾长时间废止）中舞弊行为的批判，这大约为那些考场失意的剧作家们所作。题材发展的方式方法也越来越单一。

戏剧史上最常提到的明代杂剧作家有如下几位：在15世纪有皇室出身的朱有燉和朱权；在16世纪有王九思、康海和徐渭；在17世纪有叶宪祖、吕天成和孟称舜。上述剧作家中有几位还著有在明朝广泛流行的戏曲理论和批评著作。在他们中间，只有多才多艺的徐渭（1521—1593）在"大"文学史中留名。北方杂剧这一体裁虽然还是戏剧创作和演出的一个重要组成部分，但在这一时期已不再居于首位。

占据首位的是戏剧的南方分支，这类戏剧始称"南戏"，后称"传奇"。南戏（以中国东南部的曲调为基础的戏曲）与杂剧大致同时产生，时在13世纪的南宋时期。南戏的突出特点是结构灵活，本或折均无数量限制，许多角色均有诗体唱段，也可能有合唱形式。

幸存至今的早期南戏（戏文）有三部无名

---

① 《太和正音谱》成书于明洪武三十一年（1398），即14世纪末，原文所述不确。——译者注

氏作品，它们保存在1405年前后编撰的百科全书《永乐大典》中（据该书可知还有几十部此类戏文和杂剧），有完整翔实的对白和唱段记录。宋朝戏文和元朝杂剧形式不同，但二者均广泛展现了其时代人民的生活方式和思想方式，均充满对受苦受难者的同情，风格上具有平民化特征。

14世纪中期的戏文继承了前期戏剧的发展方向，当时所有著名的南戏作品均为对之前剧作情节的加工。例如，高明的剧作《琵琶记》（约1356年）与之前的戏文《张协状元》中的故事情节基本相同：一位年轻的书生告别农村的妻子，赴京赶考，中状元后被朝臣之女招赘，忘了昔日发妻。但两部剧作间也有明显区别：在先前的戏文中，负心汉主人公明显受到谴责；高明却千方百计为其辩白，认为他是为境遇所迫，并使剧情的结局皆大欢喜（朝臣之女同意将正室之位让给农村妻子）。问题在于，当时的剧作家越来越关注文人观众的品位和观念，其创作更多面向受邀入王府和宫廷表演的戏班。他们的剧作结构严谨，修辞华丽，失去了元剧"黄金时代"特有的活力和自然。

新的高潮直到16世纪中叶才出现，这是因为改革派与专制制度的斗争愈演愈烈，同时涌现出许多反对理学的进步思想家。李开先（1502—1568）在传奇剧本《宝剑记》中再次关注梁山泊起义的主题，剧中主人公林冲揭发"祸国殃民的"朝廷奸臣时的言论完全是具有现实意义的。《鸣凤记》由当时著名的文学家王士祯（1634—1711）所作，或为他所加工，这部巨作首次揭开戏剧"历史性"的帷幕，再现了当时真实的政治事件，即几位忠臣与祸害国家的朝廷帮派之间的斗争。这两部作品均属传奇体裁，实际上是南戏的后期发展之延续，是其"文学"版本。传奇通常是篇幅较长的作品，每部有几十出戏，人物众多，故事情节大多很复杂。这使得天才剧作家们写出的剧本充满尖锐的冲突，能更为详细地描绘背景，深化主人公性格；而平庸的剧作家则机械地加大剧作篇幅，一味增加雷同的地点和场景。由于后者的勉力，一些千篇一律的题材广泛流传，被称作

"才子佳人故事"，即一些缠绵悱恻的爱情故事，写贫寒的书生与富家小姐彼此相爱，经历各种磨难后结为夫妻。传奇主要用来阅读而非演出；由于许多传奇篇幅过长，因此往往只选取其中最突出、最高潮的片段用来演出。我们重点分析一下三部最负盛名的"传奇故事"。

首先是由汤显祖写于1598年的《牡丹亭》。"情不知所起，一往而深，生者可以死，死可以生。"剧作家在该剧的序中如此断言。作者以情反理，将主观的情感因素与理学的理性道德教条构成对立。汤显祖将现实与想象结合起来，颂扬战胜死亡的爱情，旗帜鲜明地反对扼杀爱情的卫道士。故事的女主人公杜丽娘出身达官贵人之家，她极力挣脱家庭的束缚，即各种训诫和约束以及学究塾师的教条讲授，梦想着与梦中书生的幸福爱情。由于无法实现心愿，她因愁闷而病亡，但变为阴魂之后仍坚持自己的理想。她最终找到她的梦中情人并与其结合。后来，她说服爱人掘开其坟墓，从而起死回生，两人终成眷属。我们似乎再次看到一贯的大团圆结局，但这并不是偶然的金榜题名带来的结果，而是主人公永不妥协的斗争之结果，是他们相信人心所具有的强大力量的结果。

梦的主题在《牡丹亭》中占有重要地位，它也出现在汤显祖其他几部剧作中，但寓意已不相同。《南柯记》的题材源于9世纪的同名传奇小说，其中以梦喻人世，表现人生转瞬即逝，空有满腔愿望，但浮华无常，追求无益。该作与《牡丹亭》的主题思想形成鲜明对比，但二者在形式上相似，都表现了剧作家对当时生活的极度不满，从而或在理想、或在梦境中追求超脱的人生。这部作品除了称之为浪漫主义作品外别无他称，虽然欧洲的浪漫主义哲学基础与16—17世纪之交这位中国剧作家的世界观少有共同之处。

汤显祖创作之时，正值国家陷入停滞并隔绝于其他文明中心，同时激进的变革诉求又被残酷压制，因此，剧作家的几部作品均笼罩着的悲观主义氛围。但他确信，即使无神明相助，幸福和自由的获得也是可能的，他将这一信念写入其技艺高超的诗行，这些诗行数百年间一直为美文鉴赏家们所津津乐道。

歌颂能战胜死亡的情感，这是约100年后洪昇写于1688年的历史悲剧《长生殿》的主旨。其题材源于唐明皇与其宠妃杨贵妃的爱情故事，该故事在洪昇之前曾在一系列著名文学作品中出现，其中包括白居易的长诗《长恨歌》和元代剧作家白朴的剧作《梧桐雨》。洪昇借用前人的某些情节，甚至直接移用白朴剧作中的个别唱段，但他在情节处理方面有其特色，具有美化杨贵妃的明显倾向。白朴刻画的杨贵妃轻率肤浅、贪图享乐，在很大程度上导致了安史之乱，给国家带来无数灾难。她死于群情激愤的士兵之手乃是其应有下场，且皇帝也并未试图救她。的确，洪昇保留了皇帝为讨妃子欢心从遥远的南方运来荔枝而劳民伤财的片段，但就整体而言，杨贵妃被刻画为一位品德高尚、专一、用情极深的女子。皇帝意欲为其舍弃生命，但她愿意为了国家的利益而自绝。白朴所作悲剧的结局是，年迈的皇帝陷入无限悲痛，回忆着往昔的幸福；洪昇则采用古老的传说使剧情圆满结束：唐明皇用爱情感动神仙，从而得以再次与永生的杨贵妃结为夫妇。洪昇的剧作和谐优美，富有虽非完全原创却光彩夺目的诗意形象，因此流传广泛。然而一年之后，此剧却遭禁演。有一种猜测称，官方在异族叛乱首领安禄山的形象中看出了对在17世纪中期占领中原并建立清朝的满族人的影射。

这一事件在最后一部传奇体裁戏剧名作，即孔尚任的《桃花扇》（1699）中得到直接反映。但是，这部巨作并未引起统治者反对，因为其中（根据真实历史）描述的明朝末世极为不堪，这可被视作替满人入侵所作的间接辩护。剧中的所有人物几乎均确有其人。剧作家围绕一对恋人，即歌妓李香君和年轻书生侯方域的爱情故事展开极其复杂的情节，再现明帝国亡国时波澜壮阔的时代全景。孔尚任的创作意图是让观众"知三百年之基业，隳于何人，败于何事，消于何年，歇于何地"，他抨击贪婪好色、自私自利的高官，以及胆小怕事的朝臣和平庸无能的将领。虽然他对主人公充满同情，但亦有斥责之语。侯方域和李香君出家之前，道士对其断喝："呸呸！两个痴虫，你看国在哪里，家在哪里，君在哪里，父在哪里，偏是这点花月情根割他不断么？"由此，剧作家再次突出其主要思想，即国家兴亡人人有责，国家不兴便难言个人的幸福。

在18世纪，特别是19世纪，传统戏剧创作陷入停滞。不过，戏曲表演却在这一时期步入繁荣，崭新的地方剧种不断涌现，表演技艺日臻完善。但是，表演剧目主要是改编先前创作的剧本和流行小说的片段。此类改编由不知名的匠人或演员本人所完成，其文学性通常明显逊于原作。当时比较突出的原创只有杨潮观创作于18世纪60—70年代的剧作集《吟风阁杂剧》，这是"短剧"体裁的鲜明样板。这部集子包括32部独幕短剧（作者按照传统仍称其为杂剧，但它们在形式上与元代杂剧并无相似之处）。杨潮观从历代古书和民间传说中发掘题材，主人公多是他熟悉的官场人物。每部剧作均有说教性质的"超主题"，作者在剧前小序中加以说明。杨潮观在其优秀创作中通过有限的空间成功营造了激动人心的戏剧场景，人物虽然不多，却"面目各异"。杨潮观的剧作实际上标志着中国古典戏剧历史的终结。

*《六十种曲》，北京，1955年；《盛明杂剧》1—2集，北京，1958年；《元曲选》1—4册，北京，1958年；《元曲选外编》（三册），北京，1959年；《元代戏曲》，В.В.彼得罗夫编，列宁格勒－莫斯科，1966年。**В.П.王西里《中国文学史纲要》，圣彼得堡，1880年；《东方古典戏剧》，В.Ф.索罗金编，莫斯科，1976年，第245—536页；Т.А.马林诺夫斯卡娅《中国古典戏曲体裁"杂剧"简史（14—17世纪）》，圣彼得堡，1996年；В.Ф.索罗金《13—14世纪的中国古典戏剧》，载《苏联的中国文学研究》，莫斯科，1973年；В.Ф.索罗金《13—14世纪的中国古典戏剧》，莫斯科，1958年；Н.Т.费德林《关汉卿——伟大的中国剧作家》，莫斯科，1958年；《王国维戏曲论文集》，北京，1957年；《古本戏曲曲目提要》，李修生主编，北京，1997年；罗锦堂《现存元人杂剧本事考》，台北，1960年；孟瑶《中国戏曲史》1—4册，台北，1969年；《曲海总目提要》，上海，1959年；《中国戏曲通史》（三册），张庚等编，北京，1980—1981年；周贻白《中国戏剧史讲座》，北京，1958年；庄一拂《古典戏曲存目汇考》（三册），上海，1982年；Arlington L. The Chinese Drama, Shanghai, 1930; Dolby W. A History of Chinese Drama. L., 1976; Zbikowski T. Early Nan-hsi Plays, Warszawa, 1974.

（В.Ф.索罗金撰，孟宏宏译）

文学理论和文学体裁

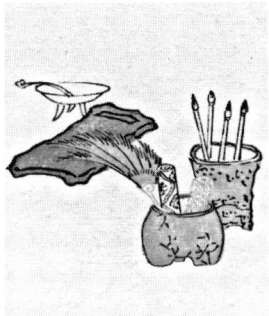

传统文学理论

中国传统文学理论最早出现在古典哲学家的著作中。在他们以哲学的方式把握世界的同时，也出现了对艺术实践进行思考并将之纳入文化与存在之统一语境的各种尝试。如果说，在最初阶段文学术语的形成所反映的还是关于研究对象的尚未固定的概念，还是对一些相邻领域，如当时的世界观体系或政治生活等领域的描述性语言之借用，有时甚至就是那些领域的组成部分，那么后来，在理论的形成阶段，同样也存在着对儒、道、佛、禅宗哲学术语的借鉴。文学理论在某种程度上被看作这些体系所提出的关于存在的理解。因此，在文学理论尤其是创作和接受理论中，有众多的特定领域均未得到充分探究。传统文学理论在其运作之初即已成为文学史，它或对文学名著进行鉴赏，或对用来称谓这些体裁的术语做出解释，但均在体裁或体裁术语出现的历史语境中进行。对文学名著的阐释之变化，或某一新概念之出现，首先标志着理论思潮的运动和世界观的进化，预示着社会意识形态朝向的重大转变。早期对于包括典籍在内的文学作品的语言学评价，首先强调的是它们与礼仪意识形态相关联的那些方面。

诸如"道""文"等基本概念，均起源于古代礼仪文化中最古老的层面，这一礼仪文化孕育出后来的典籍。

最初的文学术语与当时的政治生活和世界观密切相关，实质上不属于文学范畴。

在这方面值得关注的就是对《诗经》的接受。文学史上关于这部典籍的诠释一直在变化。孔子（前551—前479）把《诗经》视作一种教育工具，他尤其关注"诗""礼"和"乐"等概念，他曾说："兴于诗，立于礼，成于乐。"孔子这里的"诗"指的就是《诗经》，即一部由礼仪歌曲和独特的"政治抒情"汇编而成的诗集；"礼"指《礼经》和礼仪规范；"乐"则指《乐经》和礼仪音乐。《诗经》被与其他用作礼仪活动的典籍列为同类书籍。

在孔子的时代，"文"和"诗"这两个术语（顺便提及，这两个概念中已经暗含书面用语和口头用语之对立）已与宇宙共振的理论①产生了关联，该理论是意识形态和政治生活的基础，它在上天和统治者家族之间建立起联系。普天之下的世界以及上天本身均被喻为一个和谐的有机体，其中一切现象，包括星球、星座和王国，均有其"声"和"音"。上天凭借某些特殊征兆和"万物之声"评判尘世的主宰，"负责"施以惩罚或赐予好运。《礼记·乐记》中有对共振理论所作的解释："凡音者，生人心者也。情动于中，故形于声。声成文，谓之音。是故治世之音安以乐，其政和；乱世之音怨以怒，其政乖；亡国之音哀以思，其民困。声音之道，与政通矣……德者，性之端也；乐者，德之华也；金、石、丝、竹，乐之器也。诗，言其志也；歌，咏其声也；舞，动其容也。三者本于心，然后乐气从之。是故情深而文明，气盛而化神，和顺积中，而英华发外。唯乐不可以为伪。"这里形成的关于宇宙和上天的存在概念甚至是在机械地解释，说上天以本体的振动向居住在星球上的神祇传达脉冲，而神祇通过"行星之声"传达上天对地球上的人或王国等客体的意志，后者捕捉住这一脉冲后同样开始"发声"。诗、礼、乐均为这种脉冲的接收器。②

孔子在《论语》中首次总结了《诗经》的四种作用，即"兴""观""群""怨"。这些术语中反映了《诗经》与根据天空中星宿的位置即"天象"来祈求上天的祭天仪式之间的联系。③"天象"以其明暗或位置来预示凶吉。

祭祀礼仪中的意识形态在一段时间里始终是哲学和文学的思想基础。"兴""观"和"群"三个词源自《易经》，其中"兴"有"比较"的意义（"是以明于天之道而察于民之故，是兴神物以前民用"），"观"指"看星象"，"群"是岁星与太岁的同义词，是表示一年开端和结束的乾坤卦第一对的同义词。孔子曰："小子何莫学夫《诗》？诗，可以兴，可以观，可以群，可以怨。迩之事父，远之事君；多识于鸟兽草木之名。"这里说的"鸟兽草木之名"，是古老占星术的余

---

① 似指"天人感应"。——译者注
② 由于俄译《礼记》将"凡音者，生人心者也"中的"人心"理解为"北斗星座"，故词条作者有此发挥。——译者注
③ 此说及以下所论与国内主流观点相去甚远，存之备考。——译者注

音，在古老的占星术中，"草木"是岁星和太岁的同义语，"鸟兽"是黄道的象征。孔安国在这里讲到的只是《诗经》的百科全书式特征。

晚些时候，《毛诗大序》中重新提及这些术语。毛苌把智者孔子的所有著名论断合而归一，将体裁意义上的诗确定一种诗歌话语，重申了其独特的非文学功能："诗者，志之所之也，在心为志，发言为诗。可以兴，可以观，可以怨，可以群。"[①]孔子认为，《诗经》与诗礼仪的语言形式，是诸如缔结政治联盟时使用的"有声语言"，它有别于为舞蹈伴奏的音乐，更有别于作为礼仪脚本的文字。

毛苌认为，《诗经》体现出一种概括性的诗歌方法，即"兴"，这部分地说明，他把这部典籍理解为民歌总集，而民歌的典型特征即句法上的排偶。毛苌借用孔子的上述观点，同样提及诗歌语言源于歌（"长词"），其中的语言与曲调和节奏相关联，由此确定了诗歌理论中的诗歌来源问题，这一看法在数百年间始终被视为一个基本观点。

毛苌认为，最早的词语就是诗歌的词语。古代中国政治生活中典型的宇宙共振思想，被他缩略为以"六义"为支撑的政治和谐观念，这六义即"风""赋""比""兴""雅""颂"。第一个范畴是"风"，在《易经》中，"风"是假想的"太阳系"太岁的象征。"风"这个术语的意义在"上以风化下"这句话中得到揭示，即"上"（天）通过"风"（太岁）来完善"下"（天下）。毛苌强调，《诗经》具有社会功能，这本质上就是一种调整社会的功能。第二个范畴"赋"具有"外显统治事业"之含义，就是把它们向上天显示。"风"和"赋"这两个范畴呼应"共振与回声"的观念，这一观念在古代中国具有官方概念的地位。另一对范畴"比"和"兴"，同样可以在政治生活语境中得到理解。"比"和"兴"通常被理解为统治者周围的人对统治者的劝诫，在谈话中借助例子就是"比"，以事实、形象和思想的隐秘对比形式对他进行劝诫则为"兴"。这些范畴均无涉对诗歌形象特征的接受。"雅"和"颂"的范畴指《诗经》的颂扬功能。后来，《诗经》的"六义"还被理解为

---

① 此处原文所引似有误，《毛诗大序》中并无"可以兴，可以观，可以怨，可以群"等句。——译者注

具有体裁特征的诗歌的特殊表达方式和意义构成。

中国文学理论始终处在文学的边缘，其基础是那些在文化中业已形成的概念。其发展过程与自古以来文学和意识形态领域的发展阶段相吻合，可以划分为几个阶段。第一个阶段对应的是古代文学阶段（自远古至1—2世纪）。文化生活中出现一些基本概念，如："文"，最初指"天象符号"和"文字"；"道"，即道路，存在的规律，包括宇宙和道德层面；"经"，即经典；"诗"，即诗歌，礼仪话语；"字"，即单词；"文章"，即书面文学文本。文学理论中出现这样的术语："德"，即美德，最初是北斗七星之一以及土星的名称；"人"，即人性；还有"道"，等等。在这些术语的基础上后来形成一些简洁说法，这些说法构成了文学理论中的基本范式，如"文以载道""文以贯道"（这两种表达均说明意识形态与书面表达的相互作用）。文学理论发展的新动力来自注疏传统，它产生于古文经典文本被发现之后，对经典文本意义的阐释成为必要。东汉（25—220）初期完成了对典籍的编注，这就整体而言促成了语文学分析方法的出现。从那时起直到20世纪初，注疏传统始终是传统语文学最重要的组成部分。

在古代中国，哲学和起主导作用的世界观是文学理论术语和基本思想建立过程中的决定性原则，而政治生活本身也派生出一些构成文学事实的现象。"小说"这个术语也是这样。它最早指由"稗官"记录的传闻，以使君王据此评判国家的风俗和秩序，同时也领会上天在其"声响"里给出的提示。稗官搜集的"野史"成为3—5世纪奇异故事的基础，而"小说"这一术语本身后来被用来指称叙事散文，亦即一个文学种类。其他术语也是这种情况，如"赋"也成为美文体系中一种体裁的称谓，而"比"和"兴"这两个范畴则在理论中成为诗歌的两种比喻方式，即明喻和隐喻。"文"这一术语在保留其多重意义中的一种——文字，即被说出的语词——的同时，也一分为二，体现着关于自然存在和人类存在相互关系的共同理解：在中国文化中，人类的存在表现为一种符号和象征体系。

1世纪提出的一个思想亦属于传统理论的基本观念，即六经是所有词语的源头。这意味着，

在此时已被视作不同文学形式的各种体裁常常是以其非文学功能得以确立的，它们均源于某一部经书。类似的确立在其形成时代是不无根据的，因为经书本身最初与礼仪有直接关系。经书的作者被解释为"智者"。但王充（27—约100）在《论衡》中已对经和美文做出明确划分，确认它们属于不同范围的文学活动。他在理论用语中引入"儒生""通人"和"文人"等概念，"文人"指给统治者书写文书的人。他愿把所有"能在天下理解世界"的人均称为"智者圣人"。他在书中试图从健全思维的立场推翻那些落后陈旧的平庸理论，即关于世界存在的共振说。

整体来看，从远古到1—2世纪都是一个对各种文学形式进行概括确定的时期，这些形式在其发展过程中被具体化，比如，"诗"这个概念被确定下来，诗歌即一种语言现象。文学术语体现了文化的方法论与世界观问题，但所有定义的基本决定因素在于其功能。文学理论术语，无论是各种体裁还是各个文学种类，均为其在社会上具有的不同功能之实现。理论思想的这一特点在文化中得到相当长久的保持。甚至连在8—9世纪出现的唐代"传奇"之称谓，仍在指其"讲述奇闻逸事"之功能。在文学理论术语中得到体现的文学进程，体现在"作家"及其"作品"等概念的演进中，这些概念均为哲学、美学思想和艺术、批评思想的阶段性反映。

从3世纪起，理论思想中清晰地表现出一种愿望，即试图把具有审美价值的部分作品从文字遗产中分离出来，使它们有别于历史著作和哲学著作。这类作品如过去一样依然被称作"文"。例如，在曹丕（187—226）的《典论·论文》中已谈及各种不同的体裁形式及其风格："夫文本同而末异，盖奏议宜雅，书论宜理，铭诔尚实，诗赋欲丽。"曹丕谈到每种体裁的风格规范，虽然当时的文学理论中尚无风格这一概念和共同术语。这篇文论中没有提及"经"，因为在3世纪"经"已不属美文。但在"四科"中他首先说的是"奏议"，然后才谈及"书论""铭诔"和"诗赋"。陆机在《文赋》中也未提到"经"，而把美文分成十种体裁，即"诗""赋""碑""诔""铭""箴""颂""论""表"和"说"。在这篇文章中，各种韵文体裁部分地被理解为诗歌的同义语，放在开篇探讨，因为"诗缘情"，而事务性和政论性作品

则放在最后考察。挚虞（4世纪）的《文章流别论》提出相近的体裁划分，即"颂""赋""诗""契""箴""诔""问"和"铭"①。由此，人们从3世纪就开始在无情节的散文与诗歌的基础上划分两大体裁体系，并给予诗歌以特殊地位，这既反映在体裁的等级排列上，也体现为一种在认识论上确立诗歌地位的迫切愿望。值得注意的是，"史"和"经"一直未被归入"文"。但是，曹丕的这一论断依然牢不可破，即"盖文章，经国之大业"，所以"文"中自然也包括各种事务性体裁和礼仪性体裁。在4—5世纪，出现了对文学作品进行细节分析的文学批评。沈约（441—513）言及"八种文病"，表现出对诗歌形式原则的兴趣，形成调性和韵律规范。沈约的论述成为中国开始教授文学技艺的最早教科书。沈约在理解诗人的个性方面表现出了新的非儒家倾向，即诗人的创作仅表现为用语言进行的工作，诗对于诗人来说就是一项情感工作。3—5世纪，不仅出现了体裁形式的进化（比如五言诗的繁荣），出现了最终导致迷恋骈俪体的风格规范要求，同时也出现了对于这些新现象进行思索的要求。文学理论中开始对"文"这个术语的意义进行思索。起初，"文"的概念中去除了"上天语言"之功能，后又去除经、史、哲，后又在这一术语的框架内完成了向"美文"甚至"特殊装饰风格的文学"之概念的过渡。在这个背景下，刘勰（466？—522？）的《文心雕龙》显得极不和谐。在这部著述中，作者回到对"文"这一概念的广义解释，试图建立一个语言画面，并将其纳入他认为真实的世界图景。对于当时中国人的世界观来说，一个新的现象学立场十分典型，它呼应一个业已形成的世界观念，即世界就是"万象"。相似的世界图景在文学理论中也被用来观察每一孤立的现象，这表现在孤立地考察任何一种现象的文学理论中，这种现象甚至被作为一种独特现象，但与此同时，一个统一的本体论贯穿这一世界中的一切，将它连为一体。刘勰的这部著作就是在表达语言艺术与宇宙的关联。刘勰在书名中联结起两个隐喻："文心"即呼应上天符号系统的意识之心；"雕龙"指这些符号意义借助技艺在文字中的落实。刘勰强调："夫文心者，言为文之用心也……古来文章，以雕缛成体，岂取驺奭之群

① 此处还有"哀辞""哀策""对问""碑铭"四种，原文未提及。——译者注

言雕龙也？"如果假设这一标题是个隐喻，则可这样翻译："在文字之心上雕刻的一条龙。"这一标题的意义就在于，将从古老文字中形成的文学语言传统比作一条龙。阅读时的重音有时也被放在"心"上，这是便会出现另一种翻译，即"文学意识在雕刻龙"。在当代研究者的著作中，暂时尚未形成关于这一书名之含义的一致理解。

在描述古今各种文学体裁形式时，刘勰将视文学为系统的一个概念引入传统语文学，他援引《易经》，首次提出文学起源问题和文字传统在远古的产生问题，把文字理解为世界的组成部分，理解为世界理性构成的象征与结果。这个贯穿始终的思想已体现在这部著作的标题中，其中的"文"就是"文字"的意思。也许，这部著述的标题就是一个隐在的引文，它强调一个老生常谈的思想，即那些祭司智者曾将文字说成是星星的组合，北斗七星的首星就是"作"之体现，即"术"或"心"，凭借它们来标明假想的太岁星之位置和周期位移，而太岁星的象征就是龙。刘勰利用这一引文谈论远古时代以"文"为表现形式的文字传统，当时的"文"就是古代铜器和石碑上的表意图形。"心"在佛教中意味着意识，但刘勰更倾向于认为，"心"即世界构造的理性元素。他写道："是谓三才……实天地之心。心生而言立，言立而文明，自然之道也。""三才"在《易经》中指的是太岁星（天）、北斗星（人）和木星（地）。文字是自然世界的一部分。"盖文心之作也，本乎道，师乎圣，体乎经，酌乎纬，变乎骚：文之枢纽，亦云极矣。"

对于刘勰来说，文字是自然之道，而文学，则首先是词，是源自远

古、源自北斗星座的"始初之词"，它用其星辰来显示未来命运的符号，所以"以文言道"。他著作中的"原道"一章回顾了世界的创建以及词语在古代历书文化术语中的出现。他尤其突出那一时刻，即："《乾》《坤》两位，独制《文言》。言之文也。"刘勰回到了毛苌把《诗经》理解为"言"的思想。但是刘勰认为，在《易经》中体现的不仅是可以发音的词，而且还有记载下来的词，这种词最初具有远古象征符号的外形。刘勰的观念与儒家认为文学首先是意识形态之体现的观念有所不同，后者体现在这一公式中，即"文以载道"。

刘勰划定的文学领域是一个各种体裁的综合体，其高峰就是那些智者创作的经书。智者们"原道心以敷章"。孔子"熔钧六经"，"圣人之情，见乎文辞矣"。一些主要文学体裁均来自经书：辞、论、说、序源于《易经》；诏、策、章、奏源于《尚书》；赋、颂、歌、赞源于《诗经》；铭、诔、箴、祝源于《礼记》；纪、传、盟、檄源自《春秋》。从经书中衍生出来的文学后被视为一个整体。如果如刘勰所说，经书具有直接连接宇宙的特点，那么其内容便总是被解释为最高意义的表达，这很快就推动了对《诗经》与所有诗歌的寓意阐释（这一观念甚至在18世纪的词论中也有反响）。

刘勰做了一项基础性工作，即从本体论和认识论相互结合的角度做出了综合性的美学、文学研究和描述。他联结了文学史和批评思想史，对作为体系的体裁进行详尽描述，同时触及创作心理问题，制定范式诗学原则，对古代和当代作品给予美学评价。这部著作中有一个关于接受心理的部分（《物色》[①]），此章循序渐进地展开一幅"作家创作"画卷，即"六观"，"一观位体，二观置辞，三观通变，四观奇正，五观事义，六观宫商"。刘勰认为，这种创作方法在文学作品中可表现为"八体"，其中有典雅、远奥、壮丽、新奇。其中，远奥用来修饰典籍，壮丽用来形容高论宏辞。刘勰试图建立一种适用于所有文学体裁和文学种类的统一的范式诗学。

在结尾他再次返回标题所说明的思想，这就是被他称为"雕龙"的关于美学价值与艺术不朽的思想。"古来文章，以雕缛成体，岂取驺奭之群言雕龙也？""位理定名，彰乎大易之数。"刘勰正是将韵律视作文（"美文"的同义语）之不可分割的成分，他在著作中这样阐述："今之常言，有文有笔，以为无韵者笔也，有韵者文也。"但应当承认，刘勰并未把"文"看作文学，把"笔"看作"非文学"，在此处，这种差异仅被视为风格上的差异。他认为韵律是艺术的特征，这也反映在他这部著述的风格上，这部著作通篇都是用对仗押韵的骈俪文写成。

---

① 此处恐有误，"六观说"是刘勰在《文心雕龙》中《知音》一章提出的。——译者注

　　这一时期理论思想的另一位杰出代表是钟嵘（约467？—518？）。他的论著《诗品》继续讨论了毛苌提出的议题，同时尝试在他所处时代诗歌的基础上建立五言诗体诗学。钟嵘是现代意义上文学批评的奠基者，他将诗人归入不同范畴。《文选》的编者萧统（501—531）被他置于最高级范畴①，被纳入这一范畴的还有其他一些伟大的诗人，如李陵、班婕妤、阮籍、谢灵运等。他把诗人（共122位②）分为三类（上、中、下），首次提出"九品"的概念。刘勰将诗歌中的情感视为共振，情感由包括星座在内的"万物"唤起，产生共振的星座再给出其"指"，钟嵘的观点与刘勰不同，他再度"发现"作为艺术家的人，后者能对世界万物作出反应，因此，诗人能在描绘客观世界时抒发其情感。

　　钟嵘从毛苌提出的《诗经》"六义"中仅选取三个范畴，即"赋""比""兴"，把它们作为三种艺术表现方法。在论著中，钟嵘创建了一座诗人的艺术肖像画廊，讲述他们的生活与创作。关于汉朝诗人与名将李陵，他写道："陵，名家子，有殊才，生命不谐，声颓身丧。"

　　总体来说，对于中国传统文学思想而言，创作个性不具有自在价值，它仅被视为某种能将世界的无形意义转换为词语的有形形式的媒介。所以，正如阿理克院士在总结中国传统文学观时所言："'文'是最高智慧的表达，是把我们与绝对真理观联结起来的最佳词语。"一种对美文理解的新趋向更为清晰地反映在萧统所编《文选》中，此文集已不再收录经书、史著和哲学著作。《文选》体现了关于文学构成的类似理念，在方法论上标志着传统文学研究中一个新流派的出现。此后的每一种文集都以自己的等级构成表明编者对文学范围的理解。关于文学作品，梁元帝（552—554在位）在其著述中做了更清晰的理论思索和术语界定。他把文学作品划分为四类，即儒学文章、研究经书的文章、事务性文体和美文。他还说，传授老师教导的孔子门徒即"儒"，能唱的"词"和"赋"即"文"，对哲学家和史学家的意义进行解释的儒生即"学"，而那些善于起草报告的人所作的文章即"笔"。"笔"是刘勰引入文学理论的一个

---

① 《诗品》未评价萧统，原文有误。——译者注
② 似应为"120人"，即所谓"凡百二十人"。——译者注

新术语，目的是按照功用来区分体裁，以此凸显那些没有或几乎没有功利目的的美文体裁。

5—6世纪在文学理论史中被视为文学体系的形成期，要求把经书与文学区分开，在区分两者时，不仅要根据体裁，而且还要依据文本的存在类型。颜延之（384—456）的一个著名论断，即"经典则言而非笔，传记则笔而非言"，更是强化了这种理解。如果说，《诗经》曾被理解为上天道出的话语，那么此时，经书则被解释为智者说出的话语。在类似的解释中，美学功能逐渐消失，一如它消失于毛苌关于《诗经》的定义。但在这一时期，美学功能却始终隐含在"文"这个术语中。"儒"与"文"、"文"与"比"等相对概念有助于"文"这一概念的确立，即"文"就是语言的艺术。一些专门研究作品文学形式的批评家，如颜之推（531—591？），就体现了这种倾向。

传统文学理论中对"艺术语言"之定义的进一步追寻，与关于"骈俪文""古文"等大型体裁的概念密切相关。"骈俪文"体裁要求押韵，所以在这种作品中诗与散文的区别便不再存在。但很容易就产生出一种大规模的文学现象，它似乎符合因押韵这一共同特点而结合在一起的"艺文"的观念，隐隐形成一个概念："文学即韵文。"文学中与"骈俪文"体裁的斗争首先反映在韩愈（768—824）的作品中，他确立了几个世纪以来文学理论中最主要的一个流派，即"复古"派。

到7世纪至8世纪初，美文构成中分化出一些具有特殊的非文学事务功能的非韵文体裁。在美文极其狭窄的构成中，"诗"被当作"文"的同义词来使用。理论家们仅通过韵律的形式运用来考察文本的艺术性问题。例如，长期居住在中国并用汉语写作的日本人遍照金刚（9世纪）在其《文镜秘府论》中缩小文学语言的范围，他把官文归入事务性文体，把有韵的诗歌归入美文。一些很少使用韵文的传记、笔记、词话等都被剔除出"文"的范畴。这一时期，韩愈的创作被视为事务性文体。这时，韵律的强势甚至体现在从不归属于"文"的叙事性散文的美学标准之中。唐代（618—907）文学中出现了故事性作品，它们在描写妇人之美和景色之美时广泛使用韵文，有时整篇文本也可能押韵。

将文学作品划分为事务性文体和优美文体，这为外在形式与风格问题的提出做好了准备。可以认为，风格问题对于文学理论来说是首要的、事关其体系建构。风格问题是各种不同的世界观模式之反映，而问题的提出本身就说明，风格首先就是世界观和意识形态，它们体现在这样一些模型公式中，诸如"文以载道""文以贯道"等。

到9世纪，文学思想完全反映了以"文言"为基础的传统文学体系，它将传统文学体系视为一个体裁体系，文学思想由此披上了体裁技术术语的外衣。在中国，任何一项"工"都被理解为专业活动（木工、石工、铁工等），但诗歌却不是一门手艺，尽管它也是一项专业活动。所以在文学理论中，诗人首先是专门从事某一体裁创作的人。他或是"诗人"，即"诗"的创作者；或是"骚人"，即挽歌体的"骚"的创作者；几百年后又增加了"词人"，即"词"的创作者。而诗歌本身则称"佳作"或"雅作"。诗人以崇高的心灵状态而与众不同，这呼应"作"这个词的新含义，而非"工"。人们开始在诗人这一与宇宙融为一体的人身上，在他富有神秘灵感和迷狂的创作中看待诗歌特殊地位的来源。对诗歌的这种理解体现在司空图（837—908）的《二十四诗品》中，它表现出"模糊学说"对文学理论的影响。司空图的著述诗意地描写了诗人隐含在不可捉摸的、模糊的修饰语中的灵感。司空图把诗人的心灵状态分为24种，由此产生出24种诗歌风格，这是对自然现象的直接反映（24是农历节气的数目）。司空图在《二十四诗品》中描绘了一幅幅自然画面，诗人置身其间，恰

如祭司置身迷狂。司空图笔下的诗人是内心自由的。在司空图的著述中，诗人近乎巫师，他不仅如神灵一般自由徜徉于云朵和彩虹之上，而且能深入存在的本质（"行神如空，行气如虹……天地与立，神化攸同。期之以实，御之以终"）。诗人即便身在人们中间，也不从属于人的世界。司空图笔下的诗人总是背衬着风景（"月出东斗""太华夜碧"）。司空图建立了新的诗歌概念，诗歌不再被理解为词语，而是一种状态，即"沉着"。司空图的"沉着"只是24个种类中的一种，但在严羽（13世纪）和陈廷焯（19世纪）的论述中，"沉着"已成为评价诗歌的主要范畴（陈廷焯说

"笔力在沉着")。

在10—12世纪的宋朝,理学思想的广泛传播阻碍了文学思想的发展,因为文学的边界扩展至无垠的宇宙,文学形式也被赋予宇宙实体的地位。哲学家朱熹(1130—1200)把文学比作"宇宙的树叶",因为宇宙本身即"体","似树"。理学家们把文学隐没在世界的整体本体论中。

可见,把文学语言划分为诗歌或散文作品两种形式的过程,是借助把经学、历史学和哲学从文学中区分出来的方法进行的。这是把文学视为一门艺术的第一阶段,但这个概念中依然包含各种事务性体裁。3—6世纪,作为体裁体系的中古文学的基本原则得以形成。8—9世纪是根据韵律特征区分美文和事务性文体的重要阶段。把文学仅视为美文和事务性文体,这成为理论家们的传统,他们不支持把孔子学说与美文等同的正统儒家观点。儒学理论家通常把"六经"和历史文章都纳入美文的范畴。传统理论与哲学体系如理学、道教、佛教建立了稳固的联系,艺术与占主导地位的意识形态相互连接。直到14世纪,才借严羽(即《沧浪诗话》的作者)之口道出,文学创作是一种特殊活动,诗歌是现实生活的特殊表现形式。严羽提出这样的观点:"夫诗有别材,非关书也;诗有别趣,非关理也。"这时,一般理论问题的提出仍局限在一种体裁的范围内,虽然在14世纪已产生"词"这一诗歌体裁。只是在方东树(1772—1851)的艺术理论中才表达了这样的思想:"大约古文及书、画、诗四者之理一也,其用法取境亦一……别有不可思议之妙。"

文学思想发展的新动力是口头白话文学,它在17—18世纪得到广泛传播。虽然在14世纪就出现散文故事,就已写出最初的小说,唐朝的故事和无情节散文已成为历史,换句话说,以"文言"和"白话"两种文学语言为基础的新的文学体系已经建成,但传统的文学理论依然术语庞杂,且与体裁诗学和诗歌流派紧密联系在一起。这一时期在传统科学知识里没有建立起用以划分文学种类的术语,甚至没有区分文学和文学的术语,虽然汉代就出现了"小说"这一术语;不过出现了一些定义新的诗歌与散文体裁的新术语,即"词话"和"话本",以及"评话"。

新的文学思想出现在17、18世纪之交关于章回小说的理论中,当时出现了一个特殊的文学思

想流派，其形式是对散文的批注和批评分析，它被称为"评点"。在中国，各种小说版本通常伴有批注，其结果是文本的空白处和字里行间留有各种标点和红色批注。其他的批注方式还有写在字里行间的批注，即"夹评"，以及写在书眉上的批注，即"眉评"。最后一种形式叫"读法"，即一种独特的小说阅读指南。从17世纪中期开始，这些方法就被应用于一些小说，如罗贯中的《三国演义》（毛宗岗评本）、施耐庵的《水浒传》[金圣叹（1608—1661）评本]、《金瓶梅》（张竹坡评本）、曹雪芹的《红楼梦》（张新之评本）。举例来说，对《红楼梦》的评注传统开始于一群注家的劳动，他们有一个集体笔名"脂砚斋"。这种注释意义如此重大，以致这一做法本身被列入了书名。在这种情况下，批注者成了语文研究家，有时甚至构建出小说含义的新版本。在分析多章节长篇小说基础上产生的文学批评流派起着文学导读的作用，它汇入"读法"流派。例如，周春（1729—1815）在《阅〈红楼梦〉随笔》中建议"以史学之眼光"阅读这部小说，而不是用语文学家金圣叹的方法，因为后者的阅读方式在他看来不会有太多收获。1850年，张新之的《石头记读法》写成，他建立起自己关于这部小说的概念，认为这部作品具有隐喻性质，体现了自然的痕迹和存在的原则。他甚至把小说中的一些场景与《易经》中卦的变化相比。他看到了小说中源于《易经》的显在和隐含的引用，但他同时又把小说外在的事件层次的基调确定为一部关于金钱与性的小说。

小说的批注传统一直持续到19世纪末期，它与其自身独有的术语一起成为语文学的一个流派。被注家们用过的已知术语超过500个，其中一些表明文学研究的科学语汇正在形成，比如"直笔""正笔""章法""句法""文法"；其他一些术语运用了隐喻，如"活色生香"。部分术语是从绘画理论借用的，但在文学语境中就有了诗意的隐喻，如"小桥流水"，或许就意味着对小说事件发生地的详尽描绘，使它如在画中那样一目了然，浅显易懂。但总体来说，17—19世纪的文学思想仍旧只是体裁的理论，它相当专注于体裁诗学的创建，这一点表现为诸多文学和批评流派的产生。其中，占据特殊地位的是桐城派，其创作代表人物包括方苞（1668—1749）、刘大櫆（1698—1779）、姚鼐（1731—1815）、

方东树（1772—1851）、曾国藩（1811—1872）和林纾（1852—1924）。在数世纪的时间里，该派始终在研究一种理论方法，这种方法要能在无情节散文作品中表现清朝（1644—1911）占据统治地位的意识形态学说。桐城派体现了中国19世纪美学思想中最为保守的一种倾向。

通常被视为这一流派创始人的方苞，把史书和经书（"六经"及《论语》《孟子》《左传》和司马迁的《史记》）以及7—12世纪儒家文人即"唐宋八大家"的作品都归入文学。正是对于这种文学，他给出一个方法的定义，即"义法"，指的是文学的思想原则和每一部作品的实际作用。虽然到18世纪，许多具有实用色彩的体裁事实上已不再属于文学，但桐城派却恢复了"文"的体裁理论，重新致力于它的体裁构成特征，这样做的原因显然还在于，这些体裁的作文常常出现在清朝的科举考试中。对于方苞思想的某些背离始于刘大櫆，他在其著述《论文偶记》中提出文本结构的思想，这种结构由三个层次组成，即"神气""字句"和"音节"。他宣称文人是渴望辅佐君王治理人民的"大匠"。在儒家的文学理论中没有天才的概念，只有"圣人"才是天才。传统的文学理论总是追求成为一门关于文学的综合学科，希望发挥建立体裁诗学理论体系的功能，它承担导师的角色，害怕放任读者的想象，因为要防止读者丧失道德感。张惠言（1761—1802）在其所编《词选》（1797）的序言中决定铲除诗歌的三种流弊，即淫荡、空虚和消遣。

到19世纪末，文学理论成为美学理论的一部分（姚鼐引入"美"的概念）和艺术理论的一部分，这在刘熙载（1813—1881）的著述《艺概》中得到体现，此书由6个部分组成，即文、诗、词、赋、书法和经。刘熙载把文学的"低级"体裁，即叙事散文和戏剧从艺术中剔除出去。他认为艺术是"道"的集中表达和艺术家"意念"的体现。他引用孔子的话说："思无邪。"可他随后又忆及严羽的话，即"信手拈来，头头是道矣"，而这对于真正的儒家追随者来说是不可思议的。

19世纪上半期形成几个诗歌流派，其中有"常州词派"和"宋诗派"。前者的奠基人是观点接近桐城派的张惠言，他的追随者有周济（1781—1839）、陈廷焯（1853—1892）、谭献（1832—1901）和冯煦（1842—1927），他们逐渐远离儒家的唯理论，成为极端主观主义的表达者，指向理学的美学传统。对诗歌和艺术的非理性主义诠释由况周颐（1859—1926）完成，他建立了新的诗歌观和诗歌接受观。他把"沉着"这种对诗歌意义的理解释为"情真理足"，是从文本的外部语言层面过渡到其内在层次。况周颐还在诗歌理论中引入禅宗术语（"三昧"），强调诗歌的静观特点。文学体系的体裁特点阻碍了统一术语的出现和具有共同特点的概念的创造。与此同时，这种情况却派生出许多关于体裁的有趣概念，例如"词"的概念。中国的文学观念中没有将艺术现象作形式和内容的划分，却有内在形象及其结构的思想，内在形象及其结构带有难以捕捉却有形的"美"。

诗歌理论家们对于体裁的探寻，始终是在中国诗歌评价体系中，也就是说，他们所使用的是一套专门术语。对经典散文和长篇小说的分析是中国文学史上的重要贡献，至少是对共同的理论概念的重要贡献，因为无论是从历史渊源，还是从个体见解来看，术语上的分歧阻碍了统一的话语体系的形成。章回小说理论的出现也未能在整体上改变文学理论的一般特征。即便拥有一套术语系统，章回小说理论还是没有成为统一的小说理论。各种诗歌体裁（如诗、词等）理论的发展，以及对诗歌创作与接受问题的兴趣，促进了一些一般问题的提出，虽然这也未能导致统一的诗歌理论的建立。传统的文学思想仍是中国文学史和文学批评与美学史的事实存在。

20世纪前十年，将文学划分为文言与白话两大部分的传统告一段落，随着文学革命的兴起，文言几乎完全淡出使用范围，文言文学也随之消失。这10年证明，只有摧毁体裁的障碍、重新把文学视为艺术的一部分，才能产生出新的文学观念。但这10年也证明了另外一点，即新的文学观念只有在全新的欧洲美学理论的基础上才能产生，新的文学观念不局限于自身的文明，它们永远卸下了传统的重负。一些概括性术语（如"美学""文学"）的使用，使理论家们挣脱束缚，有可能去构建新的文学理论观。比如，王国维（1877—1927）就说："唯美之为物，不与吾人之利害相关系。"这个概念源于欧洲美学，通过日本传来（"美学"这个术语也引自日文）。王国维指出，文学具有"自在价值"，是"纯艺术的最高形式"，在这个意义上，文学应是"一辆空车"（儒家通常把文学比作"负载之车"，以此强调文学狭隘的功利目的）。

20世纪初，在欧洲哲学与美学基础上产生出一些新思想，新的文学观步入文学理论，这在刘师培（1884—1919）《读书随笔》和章炳麟（1869—1936）《论文学》中得到体现。章炳麟的文学定义由风格来决定："论其法式，谓之文学。"在尊重传统的同时，章炳麟把文学分为"有韵"与"无韵"两种，他把诗、词、曲、颂、赋、哀歌、器物铭文、卜文均归入"有韵"文学，把科学文章、历史、公文、法律条文、序跋、咒语、书信，最后还有叙事散文均归入"无韵"文学。梁启超（1873—1929）坚持把雅文学和美文联成一体。20世纪前十年的文学思想表明，要想解决文学的一般问题，只有摧毁旧的体裁体系，建立新的美学范畴。

**B. M. 阿理克《一部论诗人的中国长诗：司空图的〈二十四诗品〉》，圣彼得堡，1916年；B. M. 阿理克《中国文学论集》第1卷，莫斯科，2002年，第69、382页；К. И. 郭黎贞《中国文学理论》，莫斯科，1971年；К. И. 郭黎贞《中国美学思想》，载《美学思想史》第4卷，莫斯科，1987年，第350—368页；К. И. 郭黎贞《太极：1—13世纪中国文学与文化中的世界模式》，莫斯科，1995年；И. С. 李谢维奇《上古和中古之交的中国文学思想》，莫斯科，1979年；郭绍虞《文学批评史》，上海，1936年；罗根泽《中国文学批评史》，上海，1962年；Rickett. A. A. Chinese Approaches to Literature from Confucius to Liang Ch'i-chao, Princ., 1978; Rolston. D. L. How to Read the Chinese Novel, N. J., 1990; Shin. W. The Literary Mind and the Carving of Dragons by Liu Hsieh, N. Y., 1959.

（К. И. 郭黎贞撰，侯玮红译）

文学体裁

最早尝试进行体裁划分的是古代中国出现的"六义"或"六诗"说。在公元前7—前3世纪的论述中这两种表述所指皆为：风、雅、颂和赋、比、兴。风、雅和颂都源于古代中国的诗歌遗产，代表不同的诗歌体裁，《诗经》中的作品构成其样板。有一种推论，即这种分类背后隐藏着的不仅是各种诗歌体裁的划分经验，而且是整个文学种类的划分经验，因为"风"被认为是抒情诗，"雅"即抒情史诗，而"颂"则是具有戏剧萌芽的图腾崇拜诗歌。

另外三个概念得到之后的文学批评家们的积极讨论，直到如今仍在学界引起争论。传统语文学家与当代学者唯一相近的立场在于，它们确定的并非诗歌的种类，而是诗歌艺术手段和表达方式。"比"通常被视为比喻、联想，或被解释为

一种把不同事物或不同现象进行对比的方法，或是一种既含有讽喻也含有比喻的隐喻。"兴"或被看作同样与隐喻或讽喻相似，或指在副歌中得到体现的用以激发情感的方法。至于"赋"（这个术语后来被用来指颂歌体诗歌），多少可以从古代文章的片段信息中判断，它最初是歌咏的一种形式，可能具有强烈的宗教礼仪特征。不过在古代的术语体系里，这个汉字已具有明确的范畴意义，近似于"艺术手法"，而且是某一平面上的艺术手法，也就是说，是在诗学层面上不具特殊表达手段的描写或叙述。

对于表达手段的这种思索，是古代世界文学史上的唯一先例。"六义"的概念也证明古代中国思想家意识到了文学创作的独立性，以及他们对于文学创作之构成的兴趣。然而在当时，不同种类的艺术（如音乐和诗歌）尚未独立，各种文学现象（如不同的诗歌传统）之间的界限还很模糊，这些都阻碍着真正的体裁理论和体裁分类的完成。

体裁理论发展史中的关键时期是六朝（3—6世纪）。此时，在文学理论思想作为一种独立的智性活动种类开始形成（2、3世纪之交），体裁问题已处于文学理论家们关注的中心。这个问题与一些更加广泛的问题如文学的天性、本质与标准等紧密联系在一起。确定"文"的概念、建立体裁分类的最初尝试出现于曹丕的《典论·论文》。体裁分类的不同方法出现在4—6世纪一些重要的文学理论著述中，如陆机的《文赋》和刘勰的《文心雕龙》。

挚虞的著作《文章流别论》为人知晓，但仅有片段留世，它由两部分组成，即文选部分（1—6卷）和理论部分（7—8卷，又分为"治"和"论"两部分）。一般认为，挚虞是第一个意识到现实的文学形式与其术语间之区别的文学理论家，他曾尝试给"诗"下定义。5—6世纪有大量不同文选集出现，这表明了文学批评家对体裁问题的普遍兴趣。在官方史学著作《隋书》（7世纪上半期）的书目部分共列入419部文集，或为总集，或为体裁别集和断代集，其中只有2部留存下来，即《文选》和《玉台新咏》。

萧统所作的体裁分类是六朝时代文学理论的总结。它在《文选》这部集子的前言中得到阐述，也以稍有不同的形式落实在这部典籍的构成中。这种分类最终确立了"文"的体裁构成和文学体裁的等级。

《文选》中共划分出37种文学体裁（另说为38种，萧统称之为"类"）和体裁种类/范畴（萧统称之为"体"），它们被划分为三个基本类型，即诗、文和诗文"混合"。

诗歌创作被划分为四种体裁："赋"为颂歌体诗歌；"诗"为抒情性诗歌，但它又有一系列的主题划分和体裁划分；属于"骚"即哀歌体的只有那些继承古代中国南方地区传统的作品，也就是说，这种体裁事实上已被视为"死体裁"；最后是"七"（更像是范畴而非完全意义上的体裁），它指由七个部分组成的散文诗作品，它起源于枚乘的《七发》。

"文"由各种纪实性体裁组成。排在首位（按照《文选》的结构）的是"诏"，即帝王的命令，就是圣旨、宣言和其他以帝王名义写就的文本。之后是"令"，即命令，就是朝廷最高级官员（宰相、最高统帅等）写出的指示和决定等文件。"教"即由被公认为道德高尚、具有极高社会地位的人写成的纪实性或教谕性文章。"表"即写给帝王的报告、奏章或备忘录，它又有几种类型："章"是对帝王恩典的感谢；"奏"（包括"奏诗""奏书"）是写给帝王的报告，提请帝王注意某个问题或者建议帝王作出某种决定；"启"是报告和汇报；"弹事"是写给帝王或最高国家权力机构的诉状。"笺"是下级写给上级的公务文件和信函。"书"是一种书信体，书信体中有严格的身份等级规定，或是身份相同（或彼此自认为相同）的人们互相所写，或是上级给下级所写。还有其他一些"报告"体裁。之后一个重要的体裁是"论"，即小型理论文章，比较接近论文随笔。那些包含诗歌因素的文本被合理地归入"混合"体裁（在选本中它们均被归入散文部分）。值得注意的是回忆与纪念体裁的丰富，比如"铭"，即刻在石头或金属器具（钟、兵器、器皿）上的题词（有时是严格的诗作）。墓志铭分为三种："诔"，一般是插有散文的四言诗（每行四字）；还有"碑"和"碣"，也是由诗歌和散文文本组成的墓志铭，只刻在石质平面（石板、石碑）和石柱上。"志""墓志"是用四言诗写成的悼文。"吊""吊文"有很长的散文序言和六言诗部分，其中的哀婉不因逝者之死而生，而是在惋惜逝者未竟的愿望与计划，对逝者也可以有批评性质的评价。有些"悼亡"体裁没有获得准确的文艺学定义，如"辞"（挽歌）、"悲"（哭诉）、"哀"（哀伤）等，可能用于悼念女性（从皇后到写作者的妻子）。

除上面列举的体裁外还有"颂"和"赞"，一般同样是带有长篇散文序言的四言诗。

综上所述，中国体裁系统有如下一些主要特点。首先，承认诗歌在文学等级中的统治地位。其次，把"事务性"的体裁，即那些服务于国家职能的文章也归入"文"的范畴，这自然是儒家观点影响的结果。与儒家道德伦理观和更加古老的宗教观念（子孙的孝敬和对先辈的崇拜）相关的，是相当数量的"祭奠"体裁的存在。欧洲人意识中的文学散文被排斥在"文"的框架之外。最后，体裁范畴在绝大多数情况下不被视为文学指标，文本属于特定的社会活动方式、某一生活境况或历史时代（如那些"死体裁"）。

*《文选》。**И. С. 李谢维奇《上古和中古之交的中国文学思想》；罗根泽《中国文学批评史》，第161—163页；顾明栋《赋比兴》；Hightower J. R. Wen Hsuan and Genre Theory; Tokei F. Genre Theory in China of the 3rd–6th Century…

（M. E. 克拉夫佐娃撰，侯玮红译）

诗　法

诗法包含4个基本组成部分，即诗歌格律、韵律结构、诗句的音韵构成和韵脚体系。

诗歌格律由每行诗的字词数决定。在古代诗歌（如《诗经》）中运用的是四言诗。在1—6世纪，它几乎全被五言诗所取代。这种诗歌格律的来源和产生时代，以及它在3—6世纪具名抒情诗歌中占据统治地位的原因，至今仍是学界争论的问题。一些学者认为，五言诗产生于公元前2世纪汉代的乐府民歌；另一些人认为它的产生不早于公元1世纪，生成于"古诗"传统的框架之内。7—8世纪，除五言诗外又增加了七言诗。最流行的观点认为，这种格律源自古代中国南方地区的诗歌创作（即楚国诗歌），同时也依据本地的音乐艺术（有些歌是在弦乐乐器伴奏下演唱的）。两种格律的诗歌均有一个必要的因素，即借助停顿严格地将诗行一分为二。五言诗是两字后停顿，七言诗是四字后停顿。

对于诗歌传统（歌唱体抒情诗和颂歌体诗歌）之外的所有诗歌种类与形式而言，混合格律的运用引人注目，即每行字数不同。在3—5世纪的抒情诗中，这种混合格律在仿民歌的"文人乐府"中得到继续运用。

中国诗歌的韵律结构单位是单句、两行诗和四行诗。这种文本构成（两行或四行为一节）的倾向早在古代诗歌中即已出现。这种韵律结构后成为音律的定律（韵律学），它源于发声不同的汉字的排列顺序。声调在汉语里有表意功能。音节相同的词（即同音异义词）如声调不同，其所表达的意思完全不同。古代汉语中存在四种声调，即平声、上声、去声和入声。语言的这一语音特征是在数百年间自然发展出来的，而它首次被意识到并得到分析，则是在5世纪末文学理论家开始着手研究作诗规则的时候。对于诗歌创作来说，四种声调被分为两组，即平声，以及包括其他三种声调在内的仄声。

韵律学规律以及其他作诗标准（即"格律"）最终在7—8世纪的具名抒情诗框架中得以确立，此种具名抒情诗称作"新体诗"或"格律诗"。格律诗只有两种形式，即八句的"律诗"和四句的"绝句"，绝句像是律诗的一半。这两种形式均采用五言或七言格律。

四行诗和八行诗的韵律结构服从于严格的声调规则。在32种平声和仄声的组合中，原则上适应于五言诗的仅4种。如果按照数字来表示（1代表平声，0代表仄声），则是这样的：11100；00011；00110；11001。这种组合构成两种平仄方式，每四句一换（在八行诗中，后四行的声调规则是对前四行的重复）。一种平仄方式是，首行始自仄声，第一行为：00//110；第二行为：11//001；第三行为：11//100；第四行为：00//011。另一种平仄方式用于首行由平声起，则第一行为：11//100；第二行为：00//011；第三行为：00//110；第四行为：11//001。

显然，格律中所规定的韵律学标准是为了通

过声调的变化营造富有乐感的效果。

对于七言格律而言，除了句中的停顿外，又增加了两种小的停顿，一个小停顿把句中停顿前的句子划分为两个音步，另一个小停顿则强调了韵脚，第一行为：11/00//01/1；第二行为：00/11//00/1；第三行为：00/11//10/0；第四行为：11/00//01/1。

允许有一些轻微的偏差，它们一般不会出现在停顿之前的那个字上，因为它们承载较少的发音重任。

押韵规则同样在古代诗歌中即已形成。《诗经》中多种多样的押韵方式就十分引人注目，其中有偶数行押韵、双行韵（相邻的两行押韵，即aa）、交叉韵（一、三行和二、四行押韵，即abab）。后来成为标准的偶数行押韵的倾向出现于汉朝的歌唱体抒情诗中。在3—6世纪的具名抒情诗中，无论是模仿民歌的诗作，还是独创的诗歌文本，均可以看到丰富的韵脚，尽管偶数行押韵的方式已逐渐占据上风。与此同时。平声韵更受青睐，原因在于平声的发音特点，即它在朗诵时更易于被拖长，韵脚因而能得到强调。最初的诗歌韵律能符合当时的发音规则，但在3—6世纪时二者之间却出现差异。音节的押韵不是按照真实的发音，而是按照它们所属的"韵"，即在过去诗歌经验的基础上人为划分出的范畴。"韵"中包含同一声调的元音与尾辅音的声音组合。比如，在"东"这一组韵中就有"同""中""空""风"等，共有155个字。7世纪初编成第一批分类书籍，即韵书，其中制定了"韵"的标准数目和组成。"韵"的数量后来发展至206组。

格律诗中通常仅用平声韵，偶数句押韵，首句也可用韵。要求用通韵，即一韵到底。

格律中同样有各种内容和结构方面的规则，它要求诗作（四行诗和八行诗）由四个部分构成，即起、承、转、合。"起"（四行诗的第一行或八行诗的前两行）的作用是结构性的（引入主题）；"承"是说明主题；"转"开始新的情节过程，给叙述带来新的色彩，或与之前所述形成对比；在"合"的部分需要对诗作的内容做总结，或为诗歌主线收尾。

律诗与绝句至今仍运用于中国的文学实践。不过除格律诗外，始终存在多种不符合格律的体裁。对于唐朝的诗歌而言，这就是"古体诗"，一般认为它是对民歌的模仿，它允许采用不同的诗歌形式、格律和韵脚。在11—13世纪，古体诗被同样起源于民歌（城市民谣）的"词"所取代。严格押韵的词却使用混合格律（每行字数2至14个不等），其中有仄声韵，甚至平仄互押。14—15世纪，诗歌体裁宝库中又添入了"曲"，一种起初用于戏剧演出的歌唱性诗歌作品。除了混合格律和相对自由的韵脚外，它还允许即兴发挥（在演出过程中可在文本中加上插入语和感叹词），此外，它所使用的语言也更贴近口语。体裁的多样化，包括那些源于活生生的创作、与口语相关的体裁的出现，为20世纪前30年中国诗歌中自由诗的出现和确立奠定了基础——虽然中国的自由诗是在欧洲自由诗的强劲影响下出现的。

中国诗歌同样拥有丰富的艺术结构，在其中占据独特地位的即各种各样的复沓。有些复沓，如头语重复（相邻诗句句首的一个字或几个字重复）和头尾重复（相邻诗句结尾和开头的几个字重复），在欧洲诗歌中也广为使用。更加富有特色的是叠字（同一个字重复两次），这是一种所有诗歌体裁均爱使用的手法。叠字的特点在于其意义的复调和不确定性，例如"愁愁"的叠字就可以传达出一个心情哀伤的人丰富的内心情绪，表现引起这些情感的周围世界的不同现象（凋敝的自然画面、秋风的怨诉等）。基于读音和字形相近的叠字种类有同音叠字、同韵叠字和同形叠字。上述这些艺术结构经常起到意义构成的作用，成为作者创作个性的表达方式。但总的来说，中国诗歌在形式方面并非完全取决于作品的主题和内容，因为同一种诗歌形式可被用来表达完全不同的思想和情绪。

**《双恩记变文：东方学研究所敦煌档案手稿》，Л. Н. 孟列夫译注，莫斯科，1972年，第108—111页；М. Е. 克拉夫佐娃《永明体诗歌》，第224—254页；И. С. 李谢维奇《中国诗学》，第128—130页；王力《汉语诗律学》；王力《诗词格律十讲》；林庚《唐诗的格律》。

（М. Е. 克拉夫佐娃撰，侯玮红译）

现代中国的文学

新文学（1917—1949）

文学的最初十年（1917-1927）

可以确定，新文学（现代文学）的诞生时间为1918年5月，当时进步杂志《新青年》上发表了鲁迅（1881—1936）的短篇小说《狂人日记》。该杂志的两位主要编者，即北京大学教授胡适（1891—1962）和陈独秀（1879—1942）在此前一年间预言的"文学革命"终于发生。种种变化迅速波及文学的所有层面，从语言（用现代口语代替古代文言）到思想倾向（展开了与传统的、当时称为"封建"的意识形态和文化的斗争），再到内容（如实地反映普通百姓的生活、情感及愿望被提到首位）。不言而喻，新生事物的某些特点在较早时已有所体现。对外国文学（首先是欧洲文学）的介绍早在20年前即已开始，这在中国新文学的确立过程中起到重要作用。在"科学和民主"的旗帜下，同封建思想的斗争也已展开。由激进的青年大学生在1919年发起的五四运动，对所有这些进程的发展起到了强有力的推动作用，由此，在"文学革命"过程中萌生的新小说、新诗歌和新戏剧便获得"五四文学"这一总的称谓。在狭义上，这个称谓的时间范围是新文学形成的那几年，与国内革命运动的高涨时期相吻合，直到激进派在1927年遭遇失败；在广义上，这个称谓的时间范围下限为日本全面入侵之时，战争使包括文化领域在内的国内局势发生了剧烈变化。

陈独秀（中国共产党成立初期的领导人）于1917年2月提出文学革命的"三大主义"：以国民文学取代贵族文学，以写实文学取代"陈腐的铺张的古典文学"，以阶级社会特有的社会文学取代"山林文学"。另一位激进派人士钱玄同（1887—1939）在1918年1月写道："正是要用质朴的文章，去铲除阶级制度里的野蛮款式……对那些腐臭的旧文学，应该极端驱除，淘汰净尽。"胡适则采取了较为温和的立场，他把语言与风格的革新、各种新文学方法的掌握放在头等位置，而很少涉及思想内容层面。他在留学美国期间成为实用主义的信徒，之后不久便走上与陈独秀截然不同的道路，反对马克思主义在中国的传播。

《狂人日记》的作者鲁迅并非文坛新手，早在留学日本期间，他就发表了一系列关于科学、哲学与文学问题的文章。不过在1911年革命后马上到来的社会停滞时期，他没有再从事积极的创作活动，直到文学革命时期才重操旧业，自觉运用手中的笔来完成改造旧社会、创造新文化的任务。在谈及自己早期创作的、后收入文集《呐喊》的那些短篇小说时，他写道："这些也可以说，是'遵命文学'。不过我所遵奉的，是那时革命的前驱者的命令，也是我自己所愿意遵奉的命令，决不是皇上的圣旨，也不是金元和真的指挥刀。"

《狂人日记》被当时的人们称作"投向封建礼教的一枚重磅炸弹"，在这部作品中，写实的情节与讽喻紧密交织在一起。小说借鉴果戈理的中篇小说《外套》，其主人公疾病缠身，但病痛使他猛然领悟到最高真理：自己周围的社会建立在人吃人、尔虞我诈和仇视人类的基础上。在人们司空见惯的关于公正、道德和善良的言语外衣下，隐藏的是一个弱肉强食、对孤单的掉队者群起而攻之的世界。主人公想要民众睁开眼，想帮助他们认清现实的可怕，但一切皆枉然。他所能做的，只剩下大声疾呼"救救孩子"，至少让他们能够成为"真正的人"。与此同时，主人公将罪魁祸首——旧秩序的维护者区别于"沉默的大多数"，即那些被县官用绳索捆绑、被地主扇耳光、妻子被差官霸占、父母被放高利贷者逼死的人。鲁迅在其后来收入文集《呐喊》的短篇小说中，主要讲述这些人物的故事。他言简意赅地表达了自己对他们的态度："哀悲所以哀其不幸，疾视所以怒其不争。"

鲁迅笔下的人物是他自小就熟悉的，他深知他们的优点，他们勤劳、喜爱小孩、有耐心。然而他也知道，他们又是冷漠、残忍至极、迷信、下意识地敌视一切新鲜事物的。这些短篇小说基调晦暗，往往以悲剧告终，即便有时最终闪现一线希望之光，用作者的话来说，也是他为鼓舞那些未来斗士而专门"装点"的。

鲁迅对现实的讽刺在其中篇小说《阿Q正传》中达到顶峰。小说的主人公是一位苦命的雇工，受尽凌辱，但他鄙视周围所有人。面对那些欺侮他的人，他用"精神

胜利法"来安慰自己。他是个不成功的小偷，在勾引女人方面更不成功。尽管对他日常生活的描写是真实可信的，可他却构成一个对旧中国的讽喻：旧中国的统治者因骄傲自大而试图掩饰自身的软弱和落后。在小说末尾，阿Q成了革命的追随者，而他对何为革命却一无所知，他最后因为并未参与的抢劫罪被处死。这样的结局表明了唤醒民众、让他们看清现实的必要性。

作家鲁迅描写的世界一片黑暗，但并非毫无希望。光芒来自一位满身灰尘的、瘦小的黄包车夫，那是一个具有真正高尚心灵的人（《一件小事》），来自《药》中一闪而过的、对自己的信仰至死不渝的青年革命者形象。希望还蕴藏在作家的言辞间：主人公的孩子们"应该有新的生活，为我们所未经生活过的"（《故乡》）。极度客观的叙述和抒情及揭露性插叙之大胆结合，描写和对话的简洁流畅，在艺术家鲁迅的笔下十分突出。他赋予嘲讽和潜台词以重要意义。作家渴望揭示日常生活的滑稽可笑和可悲可叹，避免紧张刺激的情节和出人意料的转折。作为中国首位心理分析大师，鲁迅的作品同19世纪—20世纪初的俄国小说十分接近，与中国古典短篇小说和笔记的诗学有着丝丝缕缕的联系，而从更广泛的层面上来说，他与自己祖国所有的传统美学都有着千丝万缕的联系。

自20年代中期开始，鲁迅当时定居的北京变得越发令人窒息，军阀和蒙昧主义者的压迫尤其令人难以忍受。作家越来越频繁地转向政论，他那些饱含讽刺和愤怒的文集一部接一部出版。但他这一时期的文集《彷徨》（1926）中的短篇小说和《野草》（1927）中的抒情散文则主要反映另外一些情绪，即对漫漫长夜中义无反顾的斗士如此之少的痛苦思索。在《野草》中，"影""墓碣文""死火"的形象占据主要位置，同恶势力的斗争时常用悲剧性的笔调来描述，而那些斗士则被刻画为永远的孤独者。作家对最美好的未来并未丧失信心，但对它能否很快到来则充满怀疑。

鲁迅身边的一批青年作家亦十分突出，他们于1921年初创建"文学研究会"。这是个相当松散的团体，核心人物有叶圣陶、王统照、许地山、王鲁彦、茅

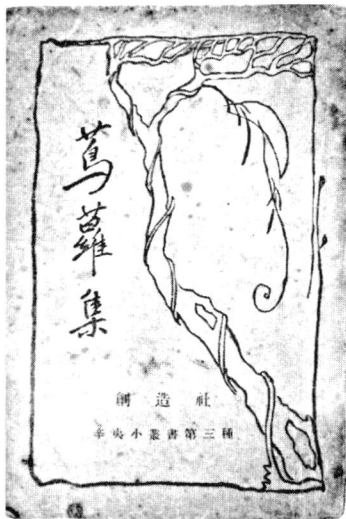

盾和郑振铎。研究会的口号是"（文学）为人生"。它反对将文学作为无所事事的消遣或个人发泄工具，赞同饱含着被压迫者血泪的文学。研究会的主要机关刊物是《小说月报》杂志。在研究会成员、主要是茅盾（1896—1981）的文章中，文学要反映现实、文学在社会改造中的作用、文学要揭露恶与肯定理想人物二者之间的相互关系等问题被提了出来。无论是研究会成员关于现实主义（常被称作"自然主义"）的理论阐释，还是他们在那些年的艺术实践，都使得他们的创作被归入批判现实主义范畴。

文学研究会成员基本的创作体裁是短篇小说，直到20世纪20年代后期才开始出现大型作品。叶圣陶（1894—1988）、许地山（1893—1941）和王鲁彦（1901—1944）的短篇小说，王统照（1897—1957）的中篇小说，体现了研究会创作面貌中最好的方面，即对生活的肮脏和黑暗面的无法容忍，对自己作品中的主人公（普通人和外省知识分子居多，很少是农民）之命运的关注与同情。

叶圣陶的中篇小说《潘先生在难中》（1925）在所有这一系列作品中非常典型。军阀战争打到了潘先生供职的小城，因此他拖家带口逃到上海，忍受着种种不便与困苦。作家既怜悯潘先生，因为潘先生毕竟深受内战之苦，又对潘先生在现实面前不能明辨是非、不能找到自己的生活方向而气愤。这种同情和愤怒并没有直接表现出来，更多是在字里行间、在少数细节中有所流露。与作者作为"旁观者"的客观立场相伴随的是其张弛有度的叙述手法及干净利落的心理描写。这种手法最早出现在19世纪的欧洲文学中，但如果更加细致地加以研究，可以发现，这部作品某些结构和风格上的特点与中国古典散文也很相似。

文学研究会的成员，特别是茅盾和郑振铎，为使读者了解境外文学的过去及现状做了大量工作，而且他们始终对俄国予以极大的关注。

起初，他们对俄国文学的认识是肤浅的，一度将阿尔志巴绥夫的《萨宁》和萨文科夫的《白马》作为革命小说的典型。但随着信息的增加，概念更加准确起来，他们对新俄国的兴趣日益浓厚。文学研究会成员、后成为中国共产党领导人之一的

瞿秋白（1899—1935）发自莫斯科的报道被收入《新俄国游记》（1922）和《赤都心史》（1924）两书，第一次向中国舆论界讲述了发生在北方邻国土地上的种种变化。他还在一些文章中介绍"苏俄新文艺时代的第一燕"，这些文章对于中国革命文学的形成意义重大。

另一个作家联合组织创造社几乎与文学研究会同时成立（也在1921年），并推出同名刊物。创造社的核心由曾留学日本的郭沫若、郁达夫、田汉、成仿吾等组成。该组织通常被归为浪漫主义流派；我们可以保留诸如此类的定义，但需要补充的是，它只适用于上述几位作家的早期创作。在该团体成员的纲领性声明中，浪漫主义的意味更为浓郁，从中可以看到很多对"创作精神之力量"的溢美之词以及关于如何探索"唯美"的思考。但这些声明主要是用以反对那些机械模仿的、唯利是图的作品，此外，与这些声明并行的是关于"艺术的社会意义"及同"资本主义毒龙"作斗争之必要性的言论。创造社的领袖郭沫若（1892—1978）几乎涉猎了文学的所有领域。在我们考察的这一阶段，引起最大反响的是他的诗歌和历史剧本，这些剧本歌颂对暴政和精神奴役的反抗；他的小说，即中篇小说《漂流三部曲》（1926）及短篇小说，在很大程度上具有自传性质，表现的是身处乱世的知识分子内心之无所适从。晚些时候，在流亡国外时，郭沫若转而写作历史小说及学术文章。

郁达夫（1896—1945）的创作也有很强的自传色彩，他是创造社的小说家中最复杂、最有趣的一位。他的首部文集《沉沦》和他后来的中篇小说《迷羊》及《她是一个弱女子》一样，都体现了作家极度坦率的心性、心理剖析的深刻以及对描述病态心理的偏爱，这种偏爱促使某些批评者在西方颓废主义那里挖掘他的创作根源。

创造社在加强文学的主观因素方面起到了重要作用，这表现在强调作品主人公的个性特征、情感、知觉及其内心的隐秘世界等各个方面。促使这种情况发生的，是对日记、信件、第一人称自述等形式的长期关注。因为该组织的多数成员曾留学日本，我们自然会在这一倾向中发现私小说之类世纪初日本文学之重要现象及其论述要点的影响，仿佛唯有由作者来书写自己的故事才真实可信；总之，最主要的显然是对表现自我的渴求，即对

现实及处世之道的方方面面发表个性化的、与众不同的观点。即便犯错，即便流于"邪道"，也胜过因循守旧、墨守成规，胜过压制那个绝无仅有的"我"、压制自己的意愿与好恶。

主观主义的本质特征当然并不为创造社所独有，比如说，它在文学研究会成员冰心（原名谢婉莹，1900—1999）的笔下十分突出，在鲁迅的创作中也极为重要。至于茅盾所提出的"客观主义"这一概念，在现实的文学生活当中，它与其说与"主观主义"流派相对立，不如说是与后者共存的。实质上，这两种倾向的表达者所要解决的是同一个问题，即人在这个具有瑕疵而又缓慢变化的世界上的位置与自我感觉，而结果就是文学的丰富、方法和表现手段的多样化、美学对现实之把握范畴的扩展。

取得这样一些成果的原因，还在于中国文学同外部世界的联系得到了前所未有的扩展，更确切地说，即中国文学如饥似渴地汲取各种外来的思想体系、科学理论、艺术概念以及相关的艺术创作成果。这一过程在更早的时候即已开始，但直到20世纪20年代初才蓄足力量。实际上在同一时期，中国的读者，也包括年轻的文学工作者，开始初步了解马克思主义和无政府主义、实用主义和社会达尔文主义，他们因尼采和克鲁泡特金、伯格森和弗洛伊德、托尔斯泰和普列汉诺夫而振奋，稍晚又译介了另外一些人物。不同文明之间的联系迅速增加。

1921年，创造社的又一位成员、戏剧家田汉（1898—1968）开始了创作活动。此前，如何创作新的、"口语化的"戏剧，以区别于传统的音乐化戏剧，这一问题曾是理论界争议的主要论题。田汉的早期剧作在技巧上尚欠成熟，却以充满浪漫色彩的慷慨激情和提出大量道德问题而独具魅力。在田汉后来的创作中，可以发现他努力将戏剧转化为对民众具有政治影响力的、有积极作用的现实要素。他于1928—1929年创作的社会剧剧本，是20世纪30年代初中国革命戏剧创作繁荣的先声。

洪深（1894—1955）的创作也极为重要。他不仅是剧作家，还是一位著名导演。他的悲剧《赵阎王》（1922）表达了对摧残士兵心灵的战争的抗议。这种抗议确实给人留下了深刻印象，尽管在情节的展开上有模仿奥尼尔剧作的痕迹。值得重视的还有丁西林、熊佛西在新喜剧创作方面的初步尝试。不过总体

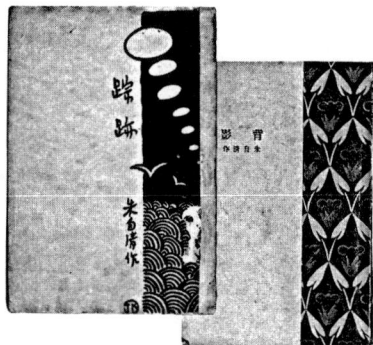

上，20世纪20年代的戏剧尚属不发达的文学体裁。

诗歌是反映当时事件敏锐而准确的晴雨表，它用以表达愤怒，抒发感情，毫不留情地批判自己不能接受的丑恶生活，包含深刻的人道主义精神。诗人们提出种种社会问题，谈论造成不平等的原因，如地主的为所欲为、资本主义城市的冷酷等。不言而喻，社会主题存在于过去时代很多伟大诗人的诗作中，但他们的诗仅仅证实了世界的不完善。而新文学诗歌作品中出现了反抗者式的人物，树立了如太阳般驱散黑暗的、光辉灿烂的形象。

惠特曼、维尔哈伦、拜伦、席勒、泰戈尔以及俄苏诗歌，都对"五四诗歌"产生了重大影响。本民族经典作品固然起了重要作用，但新的内容却需要以中国诗歌前所未有的表现形式来表现。这种形式即自由体诗，它灵活多变，每行不再拘泥于严格的字数限制。自由体诗的作者广泛使用协和韵与同音重复，追求音调的自然。在年轻诗人当中也有"规范"诗歌或格律诗的追随者，这种诗既保留古典诗体的成分，又得到西欧诗歌经验的充实，而过去的经典形式也并未消亡（运用这些形式的既有老一辈专业文学家，也有包括毛泽东在内的许多社会和政治活动家）。

如果说过去在诗歌中居主导地位的是文言，一种听起来费解、未经专门训练便难以阅读的文学语言，那么现在诞生的则是一种通俗易懂、鲜活生动、口语化的诗歌。其先锋人物是胡适，他于1920年在上海发表《尝试集》。随后问世的有刘半农、刘大白、朱自清及冰心的诗集。他们借以反对中规中矩的古典诗歌的表达方式是自由体诗，即一种通常并不押韵的自由诗（尽管受传统教育的知识分子仍长期执着于经典形式）。将欧洲诗歌的格律及包括十四行诗在内的诗歌形式移植到中国诗歌中来的种种尝试，由于语言体系的根本性差异而未获成功，但世界诗歌对中国诗歌的创立及进一步发展所产生的影响则是深刻而广泛的，况且后者的大部分奠基人都曾留学海外。举一个明显的例子，"小诗"之所以颇受欢迎，就是因为受到了泰戈尔诗作和日本俳句的影响。

这种年轻诗歌的突出特征就在于人道主义精神的强化，在于为被压迫、被剥削者而痛苦的情感（这种情感当然也为某些经典诗人所持有）；在部分诗人笔下，它转化为一种渴望，渴望有助于为改变社会底层人的命运而进行的斗争。刘大白（1880—1932）就是如此，他因为痛惜贫穷饥饿的乡村而开始写作革命诗歌；蒋光慈（1901—1931）更是如此，从莫斯科留学归国时，他带回了献给东方革命青年的诗集《新梦》，而在《哀中国》一书中，他为帝国主义者和地方军阀践踏下的祖国大地而痛心，号召人们同恶势力斗争。当然，新诗不仅局限于社会和政治主题，在新诗中得到广泛展现的还有一些"纯粹的"抒情诗，如爱情诗、风景诗、哲学诗等。但既然是有所创新的诗歌，尽管存在各式各样的风格和倾向性，读者从新诗中还是能够明显感受作者到对新世界、对自由的热爱态度，以及对封建道德的厌恶、对女性优点及其爱的权利的认可。实质上，这类抒情诗也说明了社会生活发生根本性变化的必然性。

最为突出的浪漫主义者是郭沫若，他以作品集《女神》（1921）开始了自己的诗歌创作道路。在他笔下，女神象征着觉醒的人民，而凤凰（长诗《凤凰涅槃》）则象征着为了新生活而重生的祖国。在他的诗中，惠特曼的影响与民族经典并存，传统形象与新概念和外语词汇并存，高涨的情绪、动人的情感与充满激情的思考交替出现。郭沫若和最初宣扬"艺术自由"的创造社许多成员一样，很快就表现出自己的政治倾向性，开始向革命靠拢。

1923年，新月社成立，其主要代表人物徐志摩（1897—1931）和闻一多（1899—1946，被国民党特务杀害）的诗具有高雅的诗学文化，深受英语文学的影响，在他们的诗中能发现稍许不同寻常的浪漫主义气息，如沮丧、晦暗、纯理想的彻底破灭。如果说闻一多的诗中回荡着反帝爱国主题，那么徐志摩在谈到革命的必要性时则指的是某种"精神革命"，并顺带对俄国革命进行了谴责。在20世纪20年代中期，受法国的影响，出现了象征主义流派，其首位忠实信徒是李金发（1900—1976），评论者认为他的诗不易理解，甚至有辱国人的耳朵。比较容易理解且因此获得更大成就的诗人是穆木天（1900—1971），特别是戴望舒（1905—1950）。

由此可见，新诗的特点是题材、思想及形式的多样化，及其所受影响的多样化。这也能够用来说明20世纪20年代广为流行的小开本小说的情况，这些小说有随笔式、抒情式、政论式，它们在一定程度上沿袭了古典"文言"的传统。

对中国新文学发展的起步阶段做总结，必须首先指出，以口语为基础的年轻文学迅速取得了决定性胜利，它包含着民族和社会解放思想，是对传统文化、主要是对机械模仿式的文化的胜利。它掌握了新的创作方法，首先是社会的、心理的现实主义，并在较小程度上掌握了浪漫主义和象征主义。它与世界各国、各种文明间的联系迅速扩展。

不过，与各种传统体裁和手法的骤然决裂也限制了新作品的影响范围。此外，作为文学语言的"白话"也往往有着或过于欧化、或过多借用古风陈词的缺陷。

（В. Ф. 索罗金撰，孔霞蔚译）

社会动荡时期（1927—1936）

大革命于1927年暂时失败后，进步知识分子陷入沮丧怀疑，但这种情绪没有持续很久。尽管有"白色恐怖"，但次年起文学艺术便重现繁荣，反映了革命形势的新发展（土地革命和城市地下斗争）。

茅盾的《蚀》（1928）包括《幻灭》《动摇》和《追求》三部中篇小说，是对大革命前后种种事件的认真反思。小说题目相当清晰地揭示了三部曲中所描绘人物的进化，即青年知识分子和小资产阶级在革命运动中的变化。起初，由于革命工作既单调又常不见成效，他们对革命感到失望。后来，当革命形势需要全心全力、坚持到底时，他们却犹豫不决。大革命失败后，他们苦苦寻求新的生活道路，尝试战胜绝望和怀疑，却常常无果。茅盾的下一部小说《虹》（1929）则以女主人公、青年教师准备开始参加革命工作作为结尾。

"知识分子和革命"的题材激起很多作家的创作热情，此类作品包括蒋光慈的《冲出云围的月亮》（1930）、丁玲的《韦护》（1931）和叶圣陶的《倪焕之》（1929），其中《倪焕之》是上述作品中艺术性最强的一部。这些作品的共同点是作家都深切关心自己笔下人物的命运，并具有坦率的自我批评精神，实际上作家是在写自己或自己的友人。同时，1928—1929年间进步阵营内部对革命文学的下一步发展问题展开了激烈论争。掀起论战的是创造社和有相近宗旨的太阳社青年成员（蒋光慈、钱杏邨等）。他们竭诚创造服务于革命实际需要的艺术，强调艺术的宣传功能，却忽视了作家的生活经验和创作技巧。这些疏漏遭到鲁迅和茅盾的批评，而其论敌几乎将其二人视为反动分子。但后来，双方在马克思主义的平台上相互走近。

1930年3月2日，中国左翼作家联盟（简称"左联"）在上海成立。左联工作由中共

上海分部主持。在蒋介石"白色恐怖"政策下，左联进行秘密活动。1931年初，胡也频、殷夫、柔石、李伟森和冯铿5位左联成员被枪杀。此后又发生多次镇压迫害，多位作家被捕入狱。这导致左联在随后几年的工作中对纯文学创作的轻视。同时，作为国际革命作家联盟的支部，左联也难免犯一些普遍的理论错误。左联成立之后就立即与坚持极端民族主义立场的"中国民族文学运动"展开斗争，后者意欲召集"亚洲列强"与俄国和共产主义作斗争。该派创作缺乏活力，取而代之的是坚持在艺术上走"中间道路"的所谓"第三种文学"的代表人物胡秋原和苏汶，瞿秋白及鲁迅与之进行了激烈论争。

茅盾的创作在左联时期的文学中占有重要地位。这一时期，茅盾的长篇小说《子夜》、中篇小说"农村三部曲"和《林家铺子》等作品都成功描绘了当时中国社会生活的广阔画卷，史诗性地再现了当时复杂的矛盾和冲突，包括中国民族资本家与外国垄断资本支持的买办资产阶级之间的斗争、商人的破产、贫困农民的暴动、青年人的思想分化，等等，这还远非作家涉猎的问题之全部。这位艺术大师首次在中国文学中展开一幅激动人心的工人运动的全景图，这场运动发生在工人运动的中心——上海。

大多数左联年轻成员也倾向于揭露尖锐的社会冲突，特别是农村的阶级斗争。在这方面较为突出的是由天才作家叶紫（1912—1939）创作的短篇集《丰收》（1935）。他的作品充满强烈的仇恨和悲痛，展现了农民由于深陷绝望而爆发的猛烈力量。张天翼（1906—1985）的"乡村"小说则较为严肃，然而他的大部分作品则以揭露小市民的市侩气为主题，有的通过日常小事描绘其心理，有的则使用怪诞讽刺手法，例如《鬼土日记》。"乡土文学"发展起来，例如，艾芜（1904—1992）是较早几位描绘中国与东南亚各国边远地区生活的作家之一；沙汀（1904—1992）的短篇小说以及后期的长篇小说描绘四川偏僻乡镇看似平静、实则激动人心的生活；著作等身的沈从文（1902—1988）生动地描述少数民族众多的湖南的乡村生活，但其创作并不受区域限制。

20世纪20年代末出现一批未加入左联的民主派作家，巴金（1904—2005）便是其中之一，其成名作是中篇小说《灭亡》

（1928），小说讲述一位具有革命倾向的热血青年进行暗杀活动但不幸失败的故事。他接着又创作了"爱情三部曲"和《家》（1931），其中的"爱情三部曲"讲述青年人从犹豫到积极、从怀疑到坚信的转变过程。《家》后来又有续写，作家以自己的亲身经历为素材，描写一个封建家庭的崩溃，及其年轻一代不断摸索新的生活道路的故事。这部小说成为中国青少年喜爱的作品。

如果说巴金喜爱的西方作家是赫尔岑和屠格涅夫，那么老舍（1899—1966）的早期创作则明显受到英国幽默讽刺文学的影响，例如《猫城记》（1933）中的想象力和寓意。老舍辛辣嘲讽国民党统治时期中国的世俗生活，同时也对"左"倾现象进行批判。在老舍这一时期的其他作品尤其是最著名的小说《骆驼祥子》（1937）中，幽默元素已退居次要。老舍深谙故乡北京的风俗和语言，他笔下的人物往往生活在社会底层，他希望他们获得幸福，但他既看不到能够幸福生活的条件，也看不到创造这些条件的可能。

作家们控诉日本军国主义致命威胁的呼声愈发强烈。1932年的上海保卫战、战斗中涌现的普通英雄和遇难者以及东北人民的反抗斗争，这些都成为田汉、白薇以及许多诗人和政论家的创作主题。东北地区被日军侵占，涌现出一批进行抗日主题创作的年轻东北作家。

萧军（原名田军，1907—1988）在小说《八月的乡村》中表达了这批作家的共同主题，即激起人民对侵略者暴行的满腔怒火。该书于1935年出版，鲁迅为其作序，书中讲述游击队在满洲里山区的抗日故事。小说情节明显受到法捷耶夫《毁灭》的影响，但大多数人物形象完全是独创的。其妻萧红的中篇小说《生死场》与《八月的乡村》几乎同时出版，其中描写不断觉醒的民族意识和拿起武器、不可战胜的人民。另外，舒群、罗烽、骆宾基等也创作了同类小说。尽管这些作品的水平参差不齐，却均成功地发挥了作用，即唤醒同胞们关注自身命运，揭露日本侵略者的真实嘴脸。

这一时期有不少作品的主题看似与热点事件相去甚远。此类作品主要是取材于历史、文学和神话传说的短篇小说。鲁迅即是此类体裁的代表人物，另外还有郑振铎、郭沫若、茅盾和巴金。从历史和他族

生活中取材不仅是为了躲避书刊审查，而且也是希望能够探究为自由而斗争的传统，发掘爱国主义的根源。

各类政论文章和随笔作品不断涌现，包括针砭时弊的杂文和小品文、随笔、旅行札记、散文诗、回忆录，这是20世纪30年代中国文学生活的典型特征。

发表政论文章的不仅包括有民主倾向的文学家，也包括不问政治的自由派。这一倾向的代表刊物是《论语》和《人间世》，其主编为林语堂（1895—1976）。周作人（鲁迅之弟）常发表政论文章和随笔作品，他是一位具有个人主义和怀疑主义知识分子。这一时期的诗歌延续20世纪20年代中期开始的发展路线。冯乃超以及太阳社成员蒋光慈、钱杏邨、冯宪章创作了革命诗歌。

殷夫（1910—1931）是中国无产阶级革命坚定的歌颂者之一。他的诗作包含富有激情的政论、斗志昂扬的诗行、细腻巧妙的景物描写、亲密无间的爱情和充满哲理的思考。殷夫描写革命者艰难的日常生活、秘密集会、罢工和游行。他被敌人枪杀，几个月之后，蒋光慈去世。

与他们的诗歌相对立的是新月社和现代派诗人的诗歌创作，他们在诗歌领域的影响更大。当代研究者发现，施蛰存、穆时英和刘呐鸥等作家的一系列作品在形式和内容上具有现代主义和新感觉主义的某些特点。20世纪20年代末，一些狂飙社成员的剧作中出现了表现主义的特征。然而这些文学团体的活动并未获得广泛反响。新月社宣扬个人主义，斥责"歉收和混乱的时代"，号召诗人脱离斗争，追求诗歌的艺术形式美。社会思想家梁实秋发表了一篇纲领性文章《文学与革命》，他在文中对"无产阶级文学"这一术语的合理性提出异议，认为文学是超阶级的。

无产阶级革命思想的拥护者反对新月社的理论观点和艺术创作。其中，诗人冯乃超对梁实秋进行驳斥，他写道：无产阶级就是普罗米修斯，能将人类从不合理的制度中解放出来，将劳动从奴隶制的枷锁中解放出来，将艺术从金钱的羁绊中解放出来。政治家、思想家、文学家以及其他科学、艺术领域的活动家是这一信仰旗帜下思想统一的斗士。

新月社的代表人物徐志摩、朱湘、饶梦侃和陈梦家等则没有这样的信仰，但

他们的诗作有时能够强烈而完美地（特别是徐志摩）表达人们面对各种事件时的迷惘不安、忧国忧民却又看不到未来出路的思虑。以李金发为首的象征派诗人追随新月社，他歌颂"悲哀的美丽"，在自己的诗歌中否定现实生活的价值，宣称生命不过是"死神唇边的笑"。

1932年出现了所谓的现代派，并创办《现代》杂志。以戴望舒（1905—1950）为首的现代派诗人表达了20世纪30年代一部分知识分子的心情，他们倾心于绝望、忧愁、孤独、怀疑等主题，力图"表达无法表达的感觉"。戴望舒批判正在衰亡的世界，表达自己因看到人类苦难而生的痛苦心情。他把自己称作"被时光之浪打翻吞没的残舟破片"和"寂寞的夜行人"，诗歌成为他心灵的栖息之所和自己的"小宇宙"（其后期创作中也出现了爱国主题和社会主题）。

无疑，与新月派相比，现代派诗歌对青年人的影响更为深刻。现代派诗歌的独特魅力能使人摆脱生活的灰暗，从而走进充满奇异意象和声音的世界。然而，时代需要的是一种可以培养公民和斗士的文学。1932年，在左联领导下成立了中国诗歌会，并在各城市设立分会，这是当时文学生活的重大事件。中国诗歌会的发起人是蒲风（1911—1942）、穆木天、杨骚和任钧等。该诗歌团体认为诗歌应具有现实性、积极性，能够适应新的革命浪潮，其成员应时刻注意诗歌的大众化（创作人们喜闻乐见的作品）。瞿秋白是中国诗歌会的思想领袖。中国诗歌会提出"要使我们的诗歌成为大众歌调""藉着普遍的歌谣、时调诸类的形态"等口号。另外，中国诗歌会也将研究诗歌理论、介绍外国新诗作为自己的目标。

中国诗歌会的灵魂是蒲风。这位诗人试图探究20世纪30年代中国乡村的复杂环境，此时的乡村因循守旧，但农民们却顽强地、越来越难以抑制地渴求摆脱贫穷的桎梏。蒲风那里也不时出现一些表面的看法和抽象的口号，但他却是创建面向人民的大众诗歌的不屈干将之一。一些大诗人在20世纪30年代中期开始走上创作道路，如臧克家（1905—2004）、艾青（1910—1996）、田间（1916—1985），但他们的诗歌直到战争年代才得以开花结果。在这一时期许多诗人的创作中，反叛的情绪、对现实的厌恶与现代主义流派的影响相互结合。许多长短诗作的主人公均为被社会所戕害的人，他们无力走出无法解决的矛盾之迷宫。

1927—1936年见证了中国新文学的成熟和丰富。进步流派确立甚至扩大了其影响。如果左翼阵营的工作中少一些宗派主义倾向，他们或许能取得更大成就。当团结一切力量以抵抗日本侵略的问题被提上议事日程之后，宗派主义倾向就显得愈加醒目。1936年春，为倡导广泛的团结，左联宣布自动解散。广泛的团结并未立即实现，但分歧很快得以消除，这在很大程度上仰仗鲁迅的努力。这是这位伟大作家的最后一次亮相。他于1936年10月19日去世，时在全面抗日战争爆发前数月。

（B. Ф. 索罗金撰，孟宏宏译）

战时文学（1937—1949）

1937年7月7日，日本发动全面侵华战争。中国共产党和国民党宣布建立统一战线，这是民族团结的标志。为联合爱国作家的力量，中华全国文艺界抗敌协会组建（1938年3月成立，老舍任总务部主任）。除个别投敌叛国的作家外，全国几乎所有作家都加入了该协会。突如其来的灾难性战争使工业条件落后的中国雪上加霜，同时，它要求作家们以全新的感觉和形式将战争现实展现出来。自然，散文、短篇小说、小剧本及宣传诗歌之类短小体裁的作品便以最快的速度达到了这一目的。其中尤以散文为盛，占据了当时文学杂志的大幅版面。抗日战争时期的主流杂志有官方机构文协创办的《文艺阵地》和茅盾主编的《抗战文艺》[1]等。

最初的散文多表达爱国热情，但通过广泛观察人们的生活，作家们对时势的理解也逐渐深化。这在邱东平和刘白羽所写的有关游击队员的优秀散文中表现得尤为明显。丁玲、周立波及沙汀则在作品中描述了在共产党、八路军领导下的华北根据地农村的新生活。

全面抗战早期，除散文作品外，诗歌也呈现出前所未有的繁盛景象。自1937年至1941年，有近百部诗集问世，另有大量诗刊在全国各地涌现。其中最受欢迎的是胡风主编的《七月》杂志，它主张延续鲁迅传统，深入挖掘百姓生活。全民性的战争扩大了文学的影响范围，底层民众也参与到创作中来。对祖国的热爱与对侵略者的仇恨战胜了所有其他情感。诗人在其战争诗篇中描绘人民受难的场面和侵略者的可憎嘴脸，强调中

---

[1] 《抗战文艺》是全国文协的会刊，1938年5月创刊于武汉；《文艺阵地》创刊于1938年4月，由茅盾主编，作者疑将二者颠倒。——译者注

国人民作为被侵略者的道德优势。许多诗歌以住所、家庭和母亲为描写对象，而这些对象也逐渐演变为祖国的形象。战争年代的中国诗人几乎忘记了爱情诗的存在。这些诗在群众大会或夜间集会时朗诵，或通过广播传播。人们甚至组织专门的宣传队伍，不止一次地深入前线朗诵诗歌。诗歌朗诵的轰动性、政治倾向，加上通俗的语言和形式，保证了这种大众艺术形式的传播效果。业余戏剧表演的迅猛发展和前线剧团的大量涌现，要求剧作家们更加积极高效地创作。人们开始尝试使用传统的戏曲和说书形式，许多剧本也由民众集体创作。并不复杂的故事情节，近乎样板式的人物性格，使这些宣传剧在战争初期受到广大观众的热烈欢迎，但很快便不再能满足人民的需求。

1938年以后，在短篇小说和剧本之外，开始出现思考战争时期国家命运的中长篇小说，如茅盾的《第一阶段的故事》和巴金的《火》。茅盾的小说记录了历时三个月的淞沪会战的景况，从日本入侵一直写到上海沦陷。但作家关注的并非该事件的战斗部分，而是不同类型上海居民的行为和生活态度，主要描写资产阶级和知识分子形象。他们中有些人因不安而东躲西藏，有些人准备与侵略者合作，还有些人建立了抗日小组。在巴金的长篇小说中，第一部分的主要描写对象是上海及当地的爱国青年，但随后主人公的活动范围不断扩大：他们组成戏剧小组，奔赴农村，在群众中展开讲解工作。之后读者被带到敌后城市，并见证一位信守基督教教义的主人公如何在民族解放战争中找到自己的位置。总的来看，全面抗战早期的小说，其绝对主题是提升人们的爱国热情，唤醒民众的自觉意识。

而直接诉诸军事题材的文艺作品，数量和质量都不高。原因之一是作者对前线情况了解不充分，所掌握的信息主要来自其他目击者的转述，要么就是空洞的理论说教，就连文学大师老舍的《火葬》也未能免俗。而前线作家则有这样的弱点，即他们总是描写极端形势下敌军的兽行和同胞们神话般的战功，并试图以此打动读者。

全面抗战初期，作家们经常对国内敌后生活的阴暗面避而不谈，他们认为这种批评性作品会分散读者对抗战大事的注意力。但随着时间的流逝，这种做法的负面

影响越来越明显。所以，1939年张天翼的短篇讽刺小说《华威先生》引起舆论界一片哗然。从华威这位虚伪、爱好空谈的利己主义者身上，大家也许能看到稍显夸张的蒋介石政府的化身，该政府其时正在奉行"积极反共、消极抗日"的政策。

一些未能及时转入中共领导的敌后根据地的进步作家都设法去了香港。1941年，茅盾在香港发表长篇小说《腐蚀》。这部小说采用日记体，主人公是一名年轻的国民党保密局女特务。书中各种心理描写、政治批评和暗探侦查交织在一起；作者声讨国民党政府的特务制度和恐怖行径，痛斥其不道德。这部小说连同其他在香港出版的优秀作品，历经磨难，最终都到达"大后方"读者手中。但1942年1月日本占领香港后，这条路径也遭封锁。

在战争年代，许多作家极其担心其作品受众的局限性。他们时常认为造成这一问题的罪魁祸首是语言民族化问题。这一问题由瞿秋白和鲁迅提出，但并未得到解决。所以，普通读者还不习惯他们那种欧洲文学式的叙述方式。战争开始后不久，有些作家（如老舍、赵景深、欧阳山）曾尝试用传统民间故事的形式创作。随后，人们围绕"民族形式"问题展开一场持久而热烈的大讨论（1939—1940），争论的焦点在于：应当继续发展"五四文学"（"欧化"）的传统还是应回归中国民间文学的形式？持极端观点的人并不多，大部分人保持这样或那样的中立态度，但立场的相似并不能解决问题，或许只有分别实际采用上述两种原则，以瞻后效，才能解决这个问题。

敌后根据地作家的创作活动在另一种条件下开展起来。作为"共产主义知识分子的熔炉"的延安及延安鲁迅艺术学院成为创作的中心。最初，诗歌是根据地文学最有力的武器，参与其中的既有专业人士，又有农民或者士兵。在马雅可夫斯基"罗斯塔之窗"的影响下，受到中国诗人青睐的"街头诗"在延安出现，并很快流行起来。之后军队中又出现"枪诗"，战士们把诗贴在枪托、炮身和枪管上。

艾青的抒情诗和叙事长诗是抗战时期诗歌的里程碑，同样，其自由诗、歌词及

宣传诗的写作手法也颇为成熟。也许，中国现代诗人中没有人能比艾青更了解农民和战士的心灵，没有人能比艾青更有力、更绝望地表达出对祖国大地的热爱。1942年，他写下献给苏维埃共青团员的诗作《卓娅》，此后，苏维埃主题成为他创作的重要部分。

与艾青并肩创作的还有诗人田间，他被闻一多准确地誉为"时代的鼓手"。田间的诗歌热烈激昂，朗诵起来铿锵有力。诗人的第一部诗集《未明集》（1935）对"没有笑的祖国"表示深切的哀痛；全面抗战初期他还创作了爱国长诗《给战斗者》《她也要杀人》，以及众多充满战斗气息的"街头诗"。成熟的诗人柯仲平（1902—1964）在抗战时期创作的长诗《边区自卫军》《平汉路工人破坏大队》也颇负盛名。

抗战后期根据地作家的创作异常活跃。1943—1945年间出现了赵树理的短篇小说《小二黑结婚》《李有才板话》，李季的长诗《王贵与李香香》，贺敬之与丁毅的现代戏《白毛女》等。它们是新小说、新诗歌和新戏剧的范本，也翻开了中国文学史的新篇章。

而此时，国民党统治区文艺工作者的处境却愈加艰难。他们身陷压抑的政治环境，疲于持久战，物资匮乏，只有极少数意志坚强的人从战斗和恶劣的生活泥淖中抽身出来。纯娱乐性的作品和"深度"感伤的作品数量交替上升，但关于平凡生活和日常感受的作品始终很少。战争主题几乎销声匿迹。历史题材重回舞台，激昂的艺术家们站在人民的立场上，以隐讳的方式将自己的感受和思考传达给读者。其中最先发挥作用的便是戏剧，阳翰笙、陈白尘、欧阳予倩创作了一系列剧本，讲述人民为自由而战的传统，以及进步力量团结一致的重要性。剧作家们经常从太平天国运动中挖掘素材，这一发生于19世纪的历史事件本身即颇具戏剧性。而郭沫若的剧作所追溯的年代更为久远，其历史剧之一《屈原》（1942）给观众留下极为深刻的印象。作者表现了这位伟大诗人在古代的命运，并充满激情地号召人民与邪恶力量做斗争，绝不妥协，为保卫祖国而团结一致。

全面抗战时期的文学图景相对单一贫乏，但也有一系列严肃的现实主义作品，这些作品并不直接关乎时事问题，如沙汀描写四川人民各方面生活的《淘金记》和《困兽

记》，曹禺的戏剧《北京人》，以及其他中老年一代作家的作品。他们一次又一次将中国社会一些尚未解决的现实问题摆在读者面前，这些问题曾被战争掩盖；他们重新燃起人道主义的理想信念，准备为祖国的复兴投入新一轮战斗。

1945年日本投降，人民群众情绪高涨。国民党反动派已无力压制不满民声，对立派结成了民主联盟。政论作品、长诗（尤其是讽刺性长诗）复苏。1947年，袁水拍（1916—1982）出版诗集《马凡陀的山歌》，其中有大量揭露和批判性诗歌。20世纪40年代，讽刺作品不断抨击政客、国民党反动派和国民党保密局，它们鞭挞落后阶层的固有缺陷，并对人类精神复兴充满希望。

在战后发表的长篇小说中，首先值得一提的是老舍先生的三卷本长篇小说《四世同堂》（1945—1950），它展现了日军占领期间北平人民的生活。路翎（1923—1994）的长篇小说《财主底儿女们》引起社会的广泛讨论，它讲述20世纪30年代抗战期间人们的道路选择，包括年轻人在内。学者钱锺书（1910—1998）也创作了一部优秀的长篇小说《围城》，它以幽默、讽刺、同情相结合的笔触塑造了小城知识分子形象。古典现实主义以及时常与其混为一谈的社会主义现实主义的拥护者（胡风）同毛泽东提出的"工农兵文学"思潮的追随者（周扬、何其芳）之间重新掀起争论。1946年夏，战争再次爆发，这次是内战。国民党统治区的政治气氛日趋压抑，越来越多的文艺工作者开始逃离，先去香港，后又辗转来到解放区。国家的政治生活和文学生活均步入一个新的时期。

*《正传：中短篇小说集》，莫斯科，1929年；《中国文学作品集》，哈尔科夫，1939年；田军（萧军）《八月的乡村》，列宁格勒，1939年；《中国短篇小说》，莫斯科，1944年；《中国作家短篇小说》，莫斯科，1953年；《中国中短篇小说》，莫斯科，1955年；《中国诗选》第4卷，莫斯科，1958年；《中国新诗（20—30年代）》，莫斯科，1972年；《雨：20—30年代中国作家短篇小说》，莫斯科，1974年；《记忆》，莫斯科，1985年；钱锺书《围城》，莫斯科，1990年。**《中国1919年的五四运动》，论文集，莫斯科，1971年；《20—40年代的中国文化与当代》，莫斯科，1993年；Н. Ф. 马特科夫《殷夫：中国革命的歌手》，莫斯科，1962年；Н. Т. 费德林《中国当代文学概述》，莫斯科，1953年；Н. Т. 费德林《中国笔记》，莫斯科，1955年；Л. Е. 车连义《战时中国诗歌》，莫斯科，1980年；М. Е. 施耐德《瞿秋白的创作道路（1899—

1935）》，莫斯科，1964年；Л. З. 艾德林《论当代中国文学》，莫斯科，1955年；Essays in Modern Chinese Literature and Literary Criticism, B., 1978; Lee L. The Romantic Generation of Modern Chinese Writers, York, 1981; Modern Chinese Literature in the May Fourth Era, Cambr., 1977; Modern Chinese Literature and Its Social Context, Stockh., 1978; Prusek. Studies in Modern Chinese Literature, B., 1964; A Selective Guide to Chinese Literature, 1900－1949, Vol. 1－4, Leiden, N. Y., 1988; Scott A. Literature and the Arts in the Twenties Century China, L., 1963; Zhang J Y. Psychoanalysis in China: Literary Transformations, Ithaca, 1992.

（B. Ф. 索罗金撰，葛灿红译）

当代文学

1949年，中华人民共和国成立，许多中国作家都对此表示热烈拥护。同年7月2日至19日，在北京召开了第一次中华全国文学艺术工作者代表大会。与会人员一致认为，务必汲取民族文化遗产中的一切精华，尽可能吸取苏联文学的经验。作家协会①成为国家文化政策的传播者。

中国共产党的胜利并未导致大批文学力量迁居国外，这与1917年苏维埃俄国革命后的情况有所不同。茅盾、郭沫若、巴金、老舍、夏衍、田汉等文学大师受到人们尊敬，他们的许多作品也重新编校出版。一套包含177部"样板"作品的"人民文学丛书"问世，主要收录20世纪40年代创作于解放区的作品，其中包括周立波的《暴风骤雨》、丁玲的《太阳照在桑干河上》、赵树理和刘白羽的中短篇小说、田间和李季的长诗以及贺敬

---

① 1949年，中华全国文学工作者协会成立；1953年，正式更名为中国作家协会。——译者注

之和丁毅的剧本《白毛女》等。

加入中华人民共和国文学队伍的既有来自解放区的作家，又有来自国统区的作家。这导致两个风格结构不同的文学流派的形成，但有时这两种风格又会在同一作家的创作中并行不悖，作家们很少泾渭分明地仅代表某一风格。前一流派的作品明显受传统文化中民间文学和大众体裁——民歌、童话、传统冒险小说的影响，这在该派作品的语言和结构上清晰可辨。如解放区作家赵树理的作品，其中广泛运用童话的形式和民间文学的素材；而周立波和丁玲创作的有关土地改革时期东北农村的小说也不例外。这些作品尽管具有公开的政治取向，但它们反映的仍为中国农民的思想意识。在丁玲的小说《太阳照在桑干河上》中，老农民郭全对进村的领导说："你们是好人，你们把富人的东西全分给咱们穷人了……你们的头子毛主席叫你们这么干的嘛……他为的是穷人。他是穷人王。"20世纪50年代初的文学主人公多是"完美的"共产党领导人和需要进行意识形态改造的有"思想缺陷"的知识分子。主人公的私生活在文学中无足轻重，这也是该时期作品的特点之一。

后一流派的作品以20世纪20—30年代进步的城市文学传统为支撑，带有欧化小说痕迹。这一派别的作家很了解外国文学，他们有意识地吸收国外文学尤其是苏联文学的经验。鲁迅、瞿秋白、曹靖华、巴金、耿济之、戈宝权等中国文学大师重新翻译出版的很多苏联文学作品，它对中华人民共和国文学的影响之大简直难以想象。中华人民共和国政府拨出一大笔资金用于培养中国的俄语专家，北京、上海、哈尔滨、沈阳、大连、重庆等地创办了俄语学院，很多高校均设置了俄语系。20世纪50年代，许多苏联作品被译为中文，如高尔基、马雅可夫斯基、阿·托尔斯泰、肖洛霍夫、尼·亚·奥斯特洛夫斯基、西蒙诺夫、潘诺夫等人的作品。

20世纪50年代初，军事主题在文学中占有重要地位。情节丰富的军事革命历史小说满足了广大中国读者对惊险故事的向往，其中颇受欢迎的作品有马烽和西戎的《吕梁英雄传》（1946）、孔厥和袁静的《新儿女英雄传》（1949）。这些作品甚

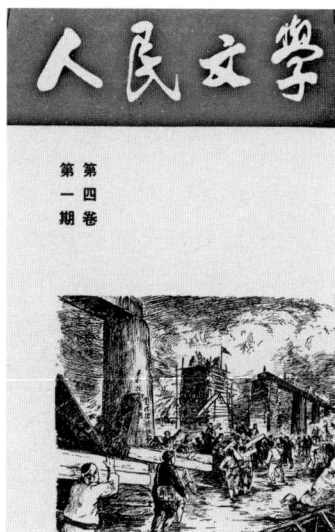

至被译为俄文。这种题材的成功掀起一股创作热潮，迎合大众口味的同类型作品大量涌现，作品人物多是机智勇敢的共产党员、叛徒地主、在黑暗中寻找光明的农民、愚蠢残酷的敌人等。亦有采用欧化形式创作的游击战题材军事小说，如陈登科的《活人塘》（1950）和《淮河边上的儿女》（1953）、杜鹏程的《保卫延安》（1954）。《保卫延安》基于历史事实创作而成，与个性鲜明的人民战士周大勇并肩作战的即是真正的历史人物，参加过抗日战争、解放战争和抗美援朝战争的著名元帅彭德怀。朝鲜战争也为军事冒险文学提供了素材，但相关的文学作品并未取得显著成就。

据官方资料和相关评论来看，20世纪50年代的中国文学对城市生活和工人阶级主题涉猎最少。

中华人民共和国成立初期，作家们多半以短篇小说的形式反映社会及个人生活的方方面面。孙犁、李准、马烽、茹志鹃、峻青、王愿坚、王汶石、艾芜等作家的作品大量出版印刷，其中大部分作品美化了现实。

中华人民共和国成立后的诗歌并未抛弃以前的传统。中国经典的古体诗形式保留下来，在毛泽东诗词中亦有体现。毛泽东的诗词在中国非常流行，这不仅由于其特殊的社会地位，也要归功于其诗歌天赋。中国评论界认为，20世纪50年代的著名诗人有李季、田间、艾青、郭小川、闻捷和严辰。抒情诗刊印得很少，热情洋溢的宣言式的社会生活主题诗歌是大多数，口号性常取代其形象性。

1957年，刊登中国现当代诗歌的杂志《诗刊》创办，其中也经常出现苏联主题的诗。大量苏联诗歌被译成中文，尤其是马雅可夫斯基的诗歌。同样，1951—1959年间苏联也翻译出版了8种中国现当代诗集。

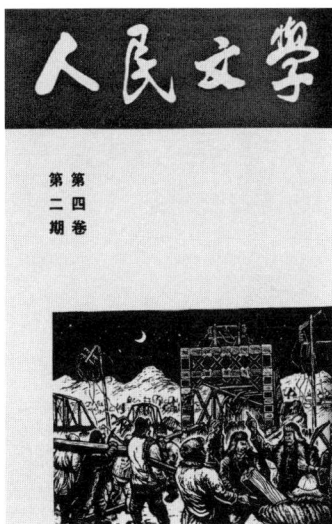

中华人民共和国成立后的戏剧创作方面尤其值得一提的是老舍，剧本《龙须沟》（1950）使他赢得"人民艺术家"称号，但他创作于1955年的喜剧《西望长安》后来被认为是丑化之作。

1956年5月，"百花齐放，百家争鸣"的政治方针提出，以保证中国文艺的多样化和繁荣发展。中国作家在各自的创作中尝试遵循这一方针，有些作家逐渐开始摆脱一边倒地美化现实的做法，转而以批评的态度直面生活。然而在1957—1958年间，这些作家被错划为右派分子而被逐出文坛，之后长期销声匿迹。中国文学的题材范围急剧缩小。

1958—1965年间出现了不少革命和军事历史题材的长篇小说。中国读者喜欢规模宏大的叙事，因此这类长篇小说深受好评，如：李六如创作的关于反抗清朝帝制的长篇小说《六十年的变迁》（1957）；梁斌创作的关于20世纪20年代中国农村革命斗争的长篇小说《红旗谱》（1957）；杨沫创作的关于20世纪30年代爱国主义运动的长篇小说《青春之歌》（1958）；冯德英创作的关于抗日战争的长篇小说《苦菜花》（1958）和《迎春花》（1959），以及李英儒创作的《野火春风斗古城》（1958）；罗广斌和杨益言合著的描写解放战争后期关押在重庆监狱的地下工作者的《红岩》（1961）；柳青创作的关于中国农村合作化运动的长篇小说《创业史》（1959）。在戏剧创作方面出现了几部有意思的历史剧，它们以古讽今，直指现实生活中的尖锐问题，如田汉的《关汉卿》（1958）、老舍的《茶馆》（1957）、吴晗的《海瑞罢官》（1961）。邓拓在其政论小品文中尖刻、隐晦地批评普遍的教条主义偏见，在中国国内引起广泛共鸣。1965年底金敬迈发表的长篇小说《欧阳海之歌》标志着这一文学时期的结束。1966年，"文化大革命"开始，文学发展中断，上述众多作品遭到猛烈批判。

意识形态运动周期性地震动着中华人民共和国成立后17年间的文学，极左倾向破坏了创作的基础，使创作失去个性。文学作品成功与否，取决于其与当时重大政策的同步程度。无论作家还是读者都已习惯各种政治口号，习惯对当下处境的无条件服从。政治性书籍也按其内容的觉悟高低来出版；作为大众信息的来源，这些书籍的受欢迎度、发行量及再版量都得以保证。长篇小说被列为政治必修课，成为千百万读者的必读作品，从而保证了其数百万的印量。"文化大革命"开始后，在1967—1969年间，全国没有出版一部专职作家的文艺作品，也没有

发行一种大众文学杂志。直到1971年，专职作家的名字才重新见诸报端。1972年出版了至少130部文学作品，然而这些作品均为典型的意识形态任务摊派，完全不是社会现实的真实再现。1972—1976年间发表的作品没有一部译成俄语，在中国也很快被淡忘。

中国当代文学通常被称为"新时期文学"，这一时期公认的第一部具有新气象的文学作品是刘心武的短篇小说《班主任》，虽然它发表于1977年，并在1978年获得广泛好评，但"新时期文学"常从1979年算起。文学的重新繁荣始于揭露性的"伤痕文学"，它得名于作家卢新华的同名短篇小说。伤痕文学的创作取材于各种可怕事件留下的强烈印象，它在20世纪70年代末、80年代初的中国空前流行，其数量之多同样让人印象深刻，仅1983年就有500多种文学杂志问世。由于猛烈揭发"文化大革命"中的怪象，中国作家很快转入文学的"思想解放"时期。20世纪80年代，优秀的当代中国文学作品被积极译成俄文，俄国读者也因此了解了王蒙、阿城、王安忆、高晓声、李准、陆文夫、刘心武、冯骥才、谌容等当代中国作家的创作。

随着时间的推进，对"文化大革命"（1966—1976）的回忆逐渐让位于反映时代潮流的"改革文学"主题。政治和经济的改革开放，使人民的生活方式和社会意识发生了转变。一方面，国门对外打开，广泛接受外国文化，除了露骨的色情描写外，各种创作试验都毫无禁忌。翻译的苏联与西方文学的作品数量并没有增加，只是在规模上偶尔超过中国本土文学，包括经典作品的再版。但另一方面，在大众意识中，文学丧失了过去的地位。在大众交际中，视听媒体的作用占有优势，文学活动的威望降低。图书市场充斥着古今中外各种文学作品，这种饱和现象对中国作家的命运产生重要影响。他们开始在传入中国的不同体裁、形式和流派上各显身手。文学开始分为"纯文学"和"通俗文学"。通俗文学成了赚钱的买卖，台湾和香港作家的作品占据主导地位。其中包括男生喜欢的传统的惊险刺激的武侠小说，女生青睐的"美女"故事，以及描写幸福婚姻的女性情感文学。尽管

作品

ZUO PIN

一九五九年 十一月号

从1949年到1979年"政治教育"一直在强化，但大多数读者的目光还是转向了传统体裁，显示出民族审美的良好根底。爱情小说和武侠小说成百上千万册地出版发行。在中国，平均每年有数百部此类小说问世。

揭露社会的主题在20世纪80年代末的"纯文学"中已不再具有优势。20世纪90年代，心理方面的小说占据显要地位，它们明显带有欧洲现代派的痕迹，强调情绪分析，像新自然派一样注重日常生活描写。之前完全单一类型的中国文学经历了文学派别和文学种类的分化。在20、21世纪之交，现实主义占据优势，但其社会批评的力度越来越弱。中国的现代主义诗歌和散文受到知识分子的小范围关注，并显出自身影响力，也促进了文学的多样化，但大众读者对此并无兴趣。某些现代主义作家将王蒙视为该派领袖，王蒙本人对此并不认同。20世纪80年代中期兴起"寻根文学"，作品主题由政治转向民族心理，倾向于揭露中国人民族性格中的缺陷。此外，新写实主义，或者更准确说是新自然主义，聚焦"原生态"，该派的特点是对日常生活进行详细描写。中国当代文学保留了旧有主题，但转变了形式，拓宽了题材和体裁。它的特点是纪实性，强化中国人自古以来对民族历史的热爱。史实文学、回忆录与传记文学与之前的作品不同，它以真实史料为基础，查阅档案的便利性使作家们可以用真实文献丰富自己的作品，逼真地再现历史情境。如果说20世纪80年代传记文学的传主主要是艺术家（徐悲鸿）、作曲家（贺绿汀）及军事将领（彭德怀），那么90年代流行的则是统治者的传记，从清朝皇帝康熙、顺治，末代皇后隆裕，到国民党政府的首脑。而在文献资料基础上也创作出下列作品，如唐浩明的《曾国藩》（1992）、二月河的《康熙大帝》和《雍正皇帝》（1993）、周而复描写蒋介石的《黎明前的夜色》（1992年）、陈淼抨击江青的中篇小说《稀有作家庄重别传》（1980）。

特写和随笔在中国文学中占据显要位置，知识分子一如既往地在这两方面创出佳绩，如年高德劭的中国作家巴金的杰出作品《随想录》。中国纪实文学的题材非常广泛，20世纪90年代出现的俄罗斯题材也成为其中一部分。而中国人在境外的题材俨然成为中国当代文学

的一大特征，甚至是时髦特征。这种题材始于邓友梅的《在东京的四个中国人》（1985）。之后是柯岩的中篇小说《曼哈顿的中国女人》（1992）[1]。随笔文学中有中国作家游历俄罗斯的随笔合集《俄罗斯的白桦林》（1997），以及著名俄语专家、翻译家高莽所著的《域里域外》（1997）。

诗歌爱好者人数众多，中央和地方出版发行各种诗刊、诗集，诗友会和诗歌研讨会也定期举行。新诗在中国最为流行，诗人们不断探索形式，进行现代主义诗歌尝试，也涌现出一些新流派。老诗人的创作成就斐然，大量新诗人的作品也可圈可点。1976年4月，人们在天安门广场上创作一组反对"四人帮"的诗作，此事成为轰动全中国的大事件，这些诗在1978年得到公开发表。20世纪最后10年声望最高的中国诗人艾青写道："走过苦难的路，/我理解血腥的悲剧：/必须扭转一切，/阻挡脚步的一切。"[2]许多诗人的作品被译成俄语，如艾青、李瑛、牛汉、舒婷、雁翼、流沙河、北岛、顾城、公刘、臧克家等。中国至今仍保持着自己的诗歌传统。

饱受市场"幼稚病"摧残的90年代文学逐渐稳定下来，成为完整而独特的中国文化现象，并在质量上明显有别于20世纪80年代的"伤痕文学"和"改革文学"。现代派和写实派同生并存，创作更为自由，各种探索得到认可，外国文学受到高度的接纳，而中国文学已明显分化为"通俗文学"和"纯文学"两大流派。这样一来，多声部代替单声部，且所有人一致认为目前的文学多元化优于之前习以为常的"整齐划一"。如果说之前主要是写实主义和现代派文学之间的两极对垒，那么20世纪90年代的文学则是人文主义文学和商业文学的对峙。事实证明，虽然流行文学发行量巨大，但"纯粹的"、人文主义的文学却拥有更深厚的根基：文学杂志数以百计，长篇小说也数以千计地印刷。系列丛书在中国取得显著成就，例如，长江文艺出版社自1992年开始出版"跨世纪文

SHOU HUO

收穫

1981
1

---

[1] 此处有误，《曼哈顿的中国女人》的作者应为周励。——译者注
[2] 未能找到相应的原文。——译者注

丛"，至今已出版52位中国当代知名作家的作品。

历史证明，在中国，与其说作家们是因表达形式的明显不同而分为不同的文学流派，不如说他们是按照各自青年时代存在的创作风尚而分为不同的年龄群。评论家将其分为5代人。

第一代是在20世纪30—40年代即中华人民共和国成立前步入文坛的那一批作家。他们人数不多，作品不定期出版，虽不是中坚力量，但在文学界享有好评，受人尊敬。

今天①的主导力量是20世纪50年代即中华人民共和国成立后进入文坛的这批作家，即第二代作家群。其中尤为活跃的是1957年被错划为右派并遭受迫害的那些作家。他们有着丰富的生活经验，亲身经历了"思想解放"过程，摆脱了之前官方灌输的教条主义，倾向现实主义——不过是"开放的"现实主义，即没有限制和禁忌的现实主义。他们虽年事已高，但仍笔耕不辍。属于第二代作家群的有王蒙、李国文、陆文夫、张贤亮、从维熙、高晓声等。

在新时期文学发轫之初步入文坛的作家组成第三代作家群。其中有20世纪50年代开始创作、但在70年代才获得声望的老一辈作家，如谌容、张洁、刘心武、凌力、霍达、陈忠实等。一些年轻的"知青"作家也在此列，他们20世纪60年代被下放至边远地区，70—80年代才在文学圈初露头角。中国社会的发展特点孕育出这一代作家群的创作。他们与第二代作家们一起构成20世纪90年代国家文学生活的全景图。他们的作品多描写知识分子和年轻人的生活。不管是逝去的历史还是当下的现实，他们都支持公开其过程。他们倾向现实主义，甚至比第二代作家更看重透明度。他们创作颇丰，并时常成为社会焦点。这代作家有张承志、邓贤、陆天明、李锐、王安忆、史铁生、韩少功等。

第四代作家群由20世纪80年代后半期进入文坛的"先锋派"和"新写实主义"年轻作家组成。前者倾向于现代派，后者是本土派，侧重日常生活的描写。这两个流派曾是20世纪80年代末文学界关注的中心，此后这些作家也并未失去创作活力，依然十分多

---

① 本篇创作于2000年前后，其叙述为当时视角。——译者注

产。这批作家有张辛欣、刘索拉、残雪、莫言、苏童、刘恒、刘震云、方方、池莉、叶兆言、余华等。

第五代是最年轻的一批作家，他们从20世纪90年代开始发表作品。30多岁的这一代不同于之前的任何一代作家。中国国内对这代作家的称谓也不尽相同，比如"新生代"和"后代"。他们不用背负往事的重担，不喜欢回顾历史。他们身心自由，个性十足，完美融入现代生活，追求直接的自我表现，不愿费心去追求文学的创新和形式的探索。都市生活是他们青睐的主题，其语言形象生动，感情充沛，但缺乏历史深度。他们备受争议，但该文学派别本身的存在无可置疑。这群作家中知名度较高的有陈染、林白、海男、徐坤、邱华栋。中国文学良才辈出，积极上进，生机勃发，它经受住市场动荡的考验，业已走向规范。

文学时尚成为一种社会现象。1988年，当年轻作家王朔的4部作品被改编成电影上映后，他就成了流行作家。他借助电视、广播和电影等媒介进入文学领域。1993年，王朔的创作广受争议，因为其中包含很多不雅言辞和商业气息。

20世纪90年代，后现代主义思潮的各种观点开始对中国文学产生强烈影响，这种后现代主义是在拉美地区作家影响下产生的。后现代主义文学在中国也开始本土化。中国文学研究者将马原、余华、格非的创作归入此类范畴。20世纪末，后现代主义文学开始成为精英元素与流行文化的融合体，中国文学越来越受到社会消费需求的左右。

同时，中国作家也愈加清楚地意识到中国文学是世界文学的一部分；他们在任何方面都不甘落后于发达国家的作家，积极借鉴其创作经验。他们也逐渐意识到遍布世界的所有汉语文学是一体的，尤其是台湾文学和香港文学，如今这两地文学进入大陆（内地）的渠道十分畅通。改革开放时期中国作家不仅对外交流频繁，且有作家常年旅居国外，如阿城等。中国文学与侨民文学，尤其是旅美作家的创作之间出现接近趋势。

台湾地区有着悠久的文学传统。目前已知的最早在台湾创作并出版的作品出现于17世纪，时在1685年，当时沈光文创办诗社"东吟社"，出版诗人合集。作为诗社成员之一的林谦光出版有《台湾纪略》一书。此后两百年间，每年都有多种图书出版，但无论是形式还是内容上均无明确的分类。1895年，台湾被日本占领，学校开始使用日文授课。

在五四运动思潮的影响下，20世纪20年代台湾开始发行中日双语的文学杂志，但到1937年，所有中文出版物均遭到日本殖民者禁止。赖和（1894—1943）于1926年创作第一部短篇小说《斗闹热》，开启了台湾地区以白话文为基础的新文学。除短篇小说外，他还创作了许多新体和旧体诗、随笔和政论文章。赖和的现实主义创作手法为其赢得"台湾新文学之父"的美誉。其后众多新作家中表现突出的有杨逵（1905—1985）、杨守愚（1905—1959）等。他们讲述台湾普通劳动者、农村和城市贫民的生活境况，讲述他们不得不忍受的压迫和凌辱。吴浊流（1900—1976）的长篇小说《亚细亚的孤儿》是日据时期最伟大的一部文学作品，但直到1945年战争结束后才得以出版。

国民党在大陆溃败之后，一批知识分子精英与国民党政府和军队一同抵达台湾，如胡适、梁漱溟、吴稚晖、梁实秋等，还有众多打算投身文学的年轻知识分子和学生。国民党政府想尽办法利用他们达成自己的政治目的。1950年5月，"中国文艺协会"第一届代表大会召开，据其路线创作的对读者影响最大的作品是上海女作家张爱玲的《秧歌》和《赤地之恋》，她于1952年离开中国大陆。《秧歌》讲述一位知识分子的命运，他对革命的福祉充满期待，却在第一次群众政治运动中牺牲。张爱玲的作品在香港地区和台湾地区出版，作家本人则移居美国。

20世纪50—60年代，思念故土的"怀乡文学"逐渐盛行。作家们，尤其是女作家们，满怀忧伤与热爱之情再现祖国风貌及不久前的历史，并常带有理想色彩。发表于20世纪60年代初林海音的《城南旧事》、於梨华的《梦回青河》、聂华苓的《失去的金铃子》均属此类。

作家白先勇（1937年生）在台湾地区享有盛名。1961年，他在台湾创办《现代文学》杂志，团结了一批熟练掌握西方文学技巧的作家。1963年后他定居美国，并在那里工作。在短篇小说集《台北人》（1971）中，他将现实主义写作手法与中国传统的长篇小说表现手法糅合在一起。到美国后，他开始描写中国人在美国的生活。在其最优秀的作品、长篇小说《孽子》（1983）中，他回归台北主题，更准确地说，这部小说被视为"怀乡文学"而受到评论界好评，只是它更加阴郁沉闷。

20世纪最后10年间，"现代派"诗社（纪弦、郑愁予、方思）、"蓝星"诗社（余光中、向明）和"创世纪"诗社（洛夫、张默）三大诗歌团体主导台湾诗坛。他们创作的形式自由的诗，没有韵脚和清晰的诗节，充满隐喻和联想。这类诗歌需要读者在思考时自由联想世界文化。洛夫被公认为最著名的现代华语诗人。

20世纪70年代"乡土文学"应运而生。该派作家主要描写熟悉台湾乡村生活的"小人物"。此类代表作有黄春明的中篇小说《锣》、王拓的中篇小说《一个年轻的乡下医生》，以及王祯和的长篇小说《美人图》。台湾大众文学也逐渐形成，其代表人物是擅长爱情主题的"女性长篇小说"作家琼瑶，她在大陆也广为人知。20世纪最后10年科幻作品流行，著名作家有黄凡、张大春、李昂等。与在中国大陆类似，长篇历史小说备受欢迎，尤其是多产作家高阳（1922—1992）的作品，其篇幅最长的是六卷本长篇小说《慈禧全传》。评论界认为，自20世纪90年代起，"纯文学"，或者说"高雅文学"的威望开始下降。

目前，许多台湾文学作品在大陆出版发行，大陆的作品也在台湾流行。

*《中国短篇小说集》，莫斯科，1950年；草明《原动力》，莫斯科，1950年；《中国中短篇小说》，莫斯科，1953年；《中华人民共和国诗人》，莫斯科，1953年；《萧三选集》，莫斯科，1954年；陈登科《淮河边上的儿女》，莫斯科，1956年；杜鹏程《保卫延安》，莫斯科，1957年；毛泽东《诗十八首》，莫斯科，1957年；田汉《关汉卿》，莫斯科，1959年；冯德英《苦菜花》，莫斯科，1959年；梁斌《红旗谱》，莫斯科，1960年；冯德英《迎春花》，莫斯科，1961年；邓拓《燕山夜话》，莫斯科，1974年；《人妖之间：中国作家短篇集》，莫斯科，1982年；《蜀道难：50—80年代中国诗选》，莫斯科，1983年；《人与影》，莫斯科，1983年；《当代中国小说：王蒙、冯骥才》，莫斯科，1984年；《人到中年：当代中国中篇小说》，莫斯科，1985年；古华《芙蓉镇》，莫斯科，1986年；《相遇兰州》，莫斯科，1987年；戴厚英《人啊，人！》，莫斯科，1988年；《当代中国小说》，莫斯科，1988年；《当代中国中篇小说》，莫斯科，1988年；《神树》，莫斯科，1989年；张洁《沉重的翅膀》，莫斯科，1989年；《当代中国戏剧》，莫斯科，1990年；张欣欣、桑晔《北京人》，莫斯科，1992年；《稀有作家庄重别传》，莫斯科，1993年；《腾飞的凤凰》，莫斯科，1995年；《中国之变：中国当代小说和随笔》，Д. Н. 华克生编，莫斯科，2007年。**А. Н. 热洛霍夫采夫《中国文学理论与治斗争》，莫斯科，1979年；《中国的文学和艺术：1976—1985年》，莫斯科，1989年；《中华人民共和国90年代初的文学艺术》，莫斯科，1995年；И. М. 纳杰耶夫《"文化大革命"和中国文学的命运》，莫斯科，1969年；《中国人民共和国文

化的命运（1949－1974）》，莫斯科，1978年；H. T. 费德林《中国当代文学概述》，莫斯科，1953年；Л. З. 艾德林《论中国当代文学》，莫斯科，1955年；汪华藻等《中国当代文学简史》，长沙，1985年；王瑶《中国新文学史纲》（上下册），北京，1954年；刘登翰等《台湾文学史》（上下册），福州，1997年；朱寨、张炯《当代文学新潮》，北京，1997年；《中国作家大辞典》，照春、高洪波主编，北京，1999年；《共和国文学50年》，杨匡汉、孟繁华主编，北京，1999年。

（A. H. 热洛霍夫采夫撰，葛灿红译）

中国文学在俄罗斯

古典文学研究

俄罗斯的中国文学研究产生于19世纪末，这是一门以自古代到19世纪的中国传统文学为研究对象的科学。稍晚些时候大学里开设了相应课程，即中国语文学。俄罗斯的中国文学研究学派形成于20世纪，并在很多方面不同于欧洲汉学。这种现象源于俄罗斯语文学的特点，而后者又受到俄罗斯传统文学特性的影响。中国文学研究一直在俄罗斯语文学的框架内进行，但这并不意味着对中国远古和中古文学进程的认识被俄罗斯化了，相反，中国文学发展鲜明的阶段性使我们能够从其他角度审视俄罗斯的中世纪文化，并从整体上推动俄罗斯中世纪学的创建。

俄罗斯汉学肇始于18世纪。俄罗斯社会对中国持久不衰的兴趣对俄罗斯汉学的形成一直起着很大的促进作用，而期刊上发表的文章便是这种兴趣的集中体现。早在18世纪，诺维科夫和科泽尔斯基主编的杂志就登载了一些关于中国的文章，其在讨论俄罗斯国家体制问题时把中国当作典范加以参照。某些中国经典作品的最早译文就发表在这些杂志上，其中既有从法语转译的（冯维辛翻译的《大学》），也有直接译自汉语的。译自汉语的译本（《易经》片段、《大学》《中庸》）出自列昂节夫（1716—1786）笔下，他是外务院亚洲司工作人员，出版了20余种著作，其中包括《大清律例》《圣谕广训》《中国圣人》《古代中国札记》等。列昂节夫还出版中国传统儿童启蒙教材《三字经》。另一位汉学家列昂季耶夫斯基（1799—1874）继承了这一具有广泛人文意义的方法。他编纂词典，翻译文学作品，编写地理记述，还把卡拉姆津著的《俄罗斯国家史》译成汉语。1835年他发表的中篇小说《旅行家》，即王实甫的剧作《西厢记》的散文体俄译本。这部中国文学名著的俄译本

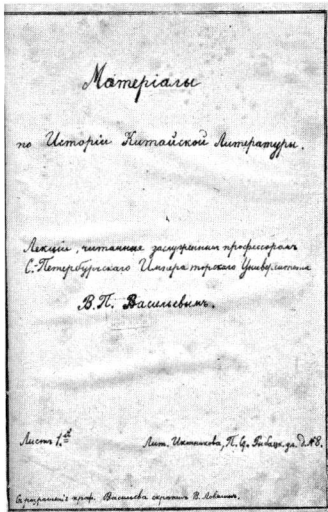

比19世纪80年代在日内瓦出版的儒莲译本几乎早50年问世。此前数年，由普希金出版的《1832年北方花朵丛刊》发表《好逑传》（17世纪）的节译。这是欧洲人认识的第一部中国长篇小说。也正是在这一年，即1832年，这部译自法语的小说以《好逑传》或称《圆满的婚姻》为名在俄罗斯问世。早在18世纪，即在翻译学派形成的最初阶段，汉学研究中便出现一个直到20世纪中期都未能解决的问题，即译者和研究者使用的根植于西欧文化的一套术语到底能在多大程度上适用于中国传统文化理念。

在俄罗斯，理想化并有几分异国情调的中国形象的形成离不开法国的影响。这种形象开始有所改变应归功于俄罗斯驻北京传教团的活动。在这一方面，1807年到1821年担任传教团领班的亚金甫神父（比丘林，1777—1853）的作用尤为突出，他翻译了许多历史、地理、哲学及部分文学方面的中国著作（后共编成12种），这些译著为汉学这门对中国进行综合研究的科学奠定了基础。比丘林在期刊上发表自己的译作，这使他拥有广泛的读者。他发表的这些译作以及列昂季耶夫斯基的译文共同促成了俄罗斯文学中"中国题材"的萌生（奥陀耶夫斯基的乌托邦小说、先科夫斯基的讽刺性"中国小说"、波列伏伊的喜剧），体现了一种新颖且具批判倾向的中国认识。在汉学处于"杂志"生存状态的时期，一些原则性的问题就已被提出，即批判地对待中国历史文献及其注疏以及中国断代史可能具有的倾向性问题。一个世纪后的1929年，阿理克在《中国的中国史和欧洲的中国史》（1975年发表）一文中重新思考这个问题。比丘林意识到，研究"中国学问"的不同领域需要具备专门的知识。在俄罗斯汉学史上他的科研活动被称为"比丘林时期"。由于俄国传教团成员编纂出版了词典，翻译作品以及发表的汉学著作的水平都有了相当大的提高。修士大司祭巴拉第（卡法罗夫）的词典[1888年由柏百福（波波夫）补编而成]和大主教英诺肯提乙（诽古罗夫斯基）编纂的两部汉俄大辞典（1909）就像百科全书，信息量非常大，因为编者力图在词条中为查阅者提供尽可能全面的中国文化信息。在俄罗斯汉学史上，俄国传教团的活动类似于西欧汉学发展史上的"传教士时期"。

俄罗斯民族汉学学派的形成与王西里

В.П. 王西里

（1818—1900）的活动紧密相关。王西里对俄罗斯汉学的贡献在于他创立了一种新的文本和注疏研究方法，王西里自己把这一研究方法定义为"从中国人提供的事实中获得自己的认识"。他确立了文本研究中的批评趋向，并意识到树立文学发展总体理念的重要性。在某种程度上，他将这一思想体现在他的中国文学史教程之中，该教程以《中国文学史纲要》为名，成为东方学家科尔什主编的"世界文学史"丛书之一，同年又出版单行本。这是世界上第一部中国文学史。在该书中王西里向读者介绍编年史《春秋》，介绍《诗经》《尚书》，还介绍中国古代的主要诗人、小说家和剧作家。他以朝代更替的历史为序，也就是以现今所采用的朝代分期方法研究分析文学作品。王西里把白话形式的俗文学也编入《中国文学史纲要》（例如中国众所皆知却少被研究的"诗体小说"——弹词）。正是从王西里起，开始了对俗文学和民间文学的专门研究。他是《诗经》研究传统（诗经学）的奠基人，其1882年出版的《〈汉语文选〉第三卷释读：〈诗经〉译解》至今仍不失其价值。在儒学和佛学这样一些中国传统世界观的研究方面，他的学术个性显得尤其突出。他的《佛教及其教义、历史和文献》（第1卷，圣彼得堡，1857；第3卷，圣彼得堡，1869）后来被阿理克称为用欧洲语言写成的最优秀的佛学著作。

中国文学研究形成于19世纪末的大学课堂。王西里出版了他的《中国文学史资料》和三卷本《汉语文选》。在这些年里他还出版了文选的补充材料《译解》，里面收录谚语、笑话、《圣祖仁皇帝庭训格言》、《圣武记》，甚至还有《国朝俄罗斯盟聘记》这样的材料。编写配有译文和注释的文选在当时是一种很受欢迎的培养语文系学生的方式，同时也是某些译作的初次发表形式。王西里的弟子们也做着同样的工作。伊万诺夫斯基出版了讲义和《汉语文选》（东方语言学生用书，1889）。伊万诺夫斯基在书中提出的观点成为俄罗斯汉学研究的基本信条，即从广泛意义上去理解中国文学的构成，作者在这里指的是"雅文学"。这一思想也体现在他的另一部著作，即《中国人的雅文学（中篇小说、长篇小说和戏剧）》（1890）中。后来，"雅文学"这一术语主要被用来表示属于"高雅文学"

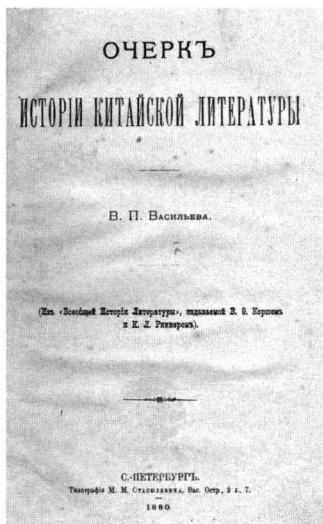

ОЧЕРКЪ

ИСТОРІИ КИТАЙСКОЙ ЛИТЕРАТУРЫ

В. П. ВАСИЛЬЕВА.

(Изъ «Всеобщей Исторіи Литературы», издаваемой В. Ѳ. Коршемъ и К. Д. Рахмеровымъ).

С.-ПЕТЕРБУРГЪ.
Типографія М. М. Стасюлевича, Вас. Остр. 2 л. 7.
1880

（文、古文）的功能体裁。中国文学研究的形成与发展同图书的收集和对这些图书的整理及说明的编写同步进行。卡缅斯基和利波夫措夫合编的书目和简介《皇家科学院图书馆馆藏中日文书目》（1818）被保存下来。收集图书并介绍典藏的传统一直延续至今，构成俄罗斯汉学独特的文献研究方向。

对中国传统文化的统一性及文学传统的特殊意义的认识，激发出俄罗斯人对神话的兴趣。中国直到20世纪初还没有出现作为一门系统科学的神话学。俄罗斯第一部、也是世界第一部研究中国神话的论著是格奥尔吉耶夫斯基的《中国人的神话观和神话》（1892）。他研究的特点是不仅对神话题材进行研究，而且还努力探寻原始神话的起源。他在论著中特别关注神话的语言学层面，可这种研究方法后被遗忘，直到20世纪80—90年代的研究著作中才有所运用（斯特拉塔诺维奇、杨希娜、李福清（里夫京）和克拉夫佐娃）。格奥尔吉耶夫斯基关于神话和天象之间有关联的论点也同样被遗忘。尽管格奥尔吉耶夫斯基的著作也存在一些不足之处，但仍不失其价值。这部著作是汉学研究领域礼仪神话方向的先驱。马佐金篇幅不大的文章《中国的神话：帝王与图腾崇拜》（1917）同样是一部具有开创意义的神话研究著作。

19世纪的汉学研究表明，中国文化（其中也包括中国文学）是一个完整体系，必须对其进行综合研究，由此促进中国文学研究中文化学研究方法的形成。学术界还确立了这样的观点，即上古和中古书面文学的构成很广泛，不仅包括历史和哲学典籍，还包括俗文学体裁。20世纪初汉学面临的重要问题有中国文学研究的对象分类、传统文学之构成以及建构能够对其进行描述的术语。中国传统文学的独到之处在于它拥有一套独特的术语词汇与文学体系，同欧洲人对文艺作品及其界定的看法并不一致。文学概念既不能直接借用中国传统文学的概念，也不能同于西方，这是因为中国人所理解的文学多为礼仪和功能体裁，而后者的术语，例如belles－lettres、fiction、prose－artistique等，则无法体现中国传统文学体裁的独特性。为表示古代中国传统文学现象，俄罗斯汉学界提出"文

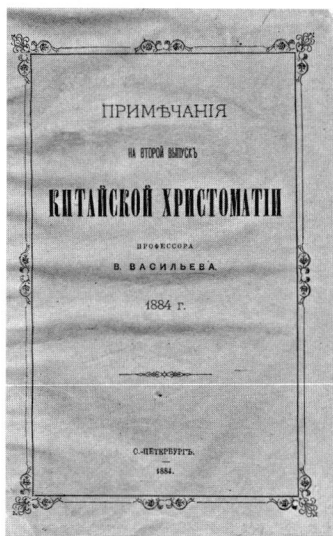

之学"（словесность）或者"雅文学"（изящная словесность）这个术语。这个术语是汉语中"文"这一术语的成功翻译，中国人用"文"这个概念来表示无情节散文体裁，是非文学体裁的总称。在俄罗斯读者头脑里，这个术语既包括文艺小说，又包括诸种功能体裁，正如俄罗斯古代和中世纪文学的功能体裁一样。

中国传统文学研究发展的新阶段与科学院院士阿理克（1881—1951）的活动联系在一起。他使汉学走出大学校园，使其具有学术研究性质。他以比王西里更充沛的精力致力于完成一部"不同于学生课本"的系统介绍中国文学的著作。他坚信中国文化是一种无法用欧洲尺度衡量的独特文化，反对用欧洲文学研究术语翻译中国传统概念。与王西里相反，他较为关注文本的传统注疏。他认为离开中国传统美学思想便无法研究传统文学，于是，他从翻译和研究司空图（837—908）的《二十四诗品》开始自己的科研和文学活动。1916年，其巨著《一部论诗人的中国长诗：司空图的〈二十四诗品〉》出版。阿理克为大学的中国文学研究课程写了两种《中国文学概论》（1920，1940），而西欧大学甚至到20世纪50年代还没有开设这样的课程。阿理克认为自己是汉学新流派的拥护者，这一流派"属于普通语文学流派"。他特别强调汉学的综合性这一特点，甚至希望创建同汉字具有密切联系的"中国文化综合体"理论。阿理克预先提出许多未来的语文学理论问题，其中就有传统问题（即他所说的"文学进程稳定性"问题）。他深化了关于文学构成的理解，以自己对传统文论的研究对其进行理论上的巩固。阿理克第一次在汉学研究中运用历史比较语言学的研究方法（这是后来类型学的雏形），他运用这种方法确立中国作家或典籍在世界文学史上的地位。对这个问题，他在20世纪40年代发表的《罗马人贺拉斯和中国人陆机论诗艺》《法国人布瓦洛和他同时代的中国人论诗艺》及其他文章中都有论述。

阿理克为我国翻译学派奠定了基础，是汉语作品文学翻译理论的奠基者。20世纪初俄罗斯就开始尝试翻译中国诗歌，后世对这些译文（如《中国笛声》，彼得格勒，1914）的质量表示怀疑。前面提到的阿理克的第一部专著《一部论诗人的中国长诗：司

B.M. 阿理克

空图的〈二十四诗品〉》（1916）就研究了文学翻译的理论问题，他还有许多文章也讨论这一问题，如《中国古代经典俄译的新方法和新风格》。阿理克翻译的蒲松龄（笔名为聊斋[①]）的小说《狐妖集》（1922）、《神僧集》（1923）、《志怪集》（1928）、《异人集》（1938）以及无情节散文集《中国古典散文》（1958）等，向俄罗斯读者展示中国文学。楚紫气（休茨基）在翻译方面做了大量工作。1923年，他出版了《7至9世纪中国诗选》。该诗选的出版规模比预期要小得多（预期是5卷，而实际才出1本小册子），然而它却起到创作实验室的作用，成为对阿理克在该书序言中所提出的汉俄翻译原则的实践。《东方》杂志（全称为《东方——文学、科学与艺术杂志》）以及著名的同名文集《东方》（第一辑为《中日文学》，莫斯科－列宁格勒，1935）刊登大量文章，尤以译作居多。阿理克是研究中国民间文化和民间文学的第一人，他在民间年画领域的著作广为人知（其中有《中国民间文学与中国民间年画》，1935；《中国民间年画及其体现的旧中国精神生活》，1966）。"阿理克时期"的出现标志着中国文艺学领域中传统学派亦即以经典文献或名家文集研究为主的学派结束。"阿理克时期"出现的标志是"六经"中的两部典籍被翻译成俄文，但过了很久才出版，一是楚紫气翻译的《易经》（1960），二是施图金翻译的《诗经》（1957）。这一时期的成果是，确立了传统文学的概念，并运用历史比较语言学的研究方法确立中国传统文学在世界文学史上的地位。这一时期奠定了中国文学的术语词汇基础。在"阿理克时期"，人们开始把传统人文科学中习惯上通称为语文学的综合学科进行学科上的细分。汉学学科包括哲学、美学、文艺理论、神话学、民间文学、文本学、文艺学、语言学。学者们在研究中专门研究某些文学种类、某些体裁、某些作家甚至某些作品。汉学家能获得的资料信息比以前大大增多，然而却逐渐忽视将中国文化和文学作为一个整体去理解，不把中国文明看成一种独特的文明。早期将中国文学放到世界文学大背景下去考察的结果便是将文艺学研究的普遍方法照搬到对汉语文献的分析上，这种

---

① "聊斋"并非蒲松龄的笔名，而是他书房的名称。——译者注

做法不利于将远古文学、古代文学和中古文学作为文学发展史上特定时期现象这一概念的确立。

　　这一点在第二次世界大战之后几年表现尤为明显。在俄罗斯文学与文艺学中，现实主义思想占据统治地位，而在哲学和美学领域里，则是唯物主义与马克思列宁主义的天下。波兹德涅耶娃编辑的文选《中国古代无神论者、唯物论者和辩证论者》（1967）就是这种观念的反映。运用现实主义理论研究古代文献之后，过去许多富有创见的思想逐渐为人们所遗忘，并引发了对正在形成过程中的描写术语的大清洗，因为类似于"人民诗人""封建文学""上层特权贵族与下层被压迫人民文学"这样的术语只不过是一些抽象概念。汉学领域出现了相应的文学现象起源思想及文学事实分类方法。例如，屈原（前340—前278）这位"巫师诗人"①成了中国"第一位人民诗人"，3—6世纪的神话故事是"人民想象力的体现"，而唐代（618—907）传奇小说则是"现实主义的短篇小说"。类似的思想体现在费德林的著作（1956）、费什曼的著作（《唐代传奇》序，1955）和艾德林的著作（索罗金和艾德林主编《中国文学简史》中的古典文学部分，莫斯科，1969）中。文学进程问题研究或被搁置，或被看作"现实主义的深化"。汉学领域出现类似情形的部分原因在于20世纪50年代中华人民共和国形成了自己的语文学派，在苏联的影响下发展类似的文艺学。的确如此，毛泽东思想被补充进马克思列宁主义，在"普遍的、永恒的现实

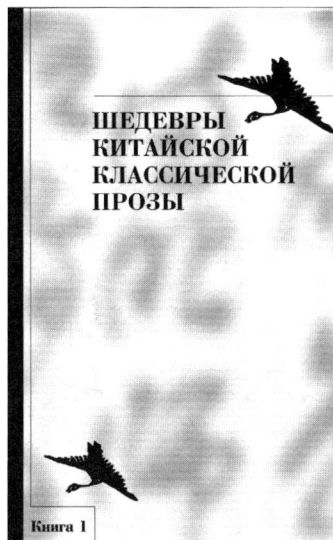

Китайская классическая поэзия

ШЕДЕВРЫ КИТАЙСКОЙ КЛАССИЧЕСКОЙ ПРОЗЫ

Книга 1

---

① 作者认为屈原有"巫"的倾向。——译者注

主义"概念之外又加上"浪漫主义"。中国文艺学的一些典型观点是："神话的基础是现实主义，而神话形式则是浪漫主义的。"我国汉学界开始研究中国哲学，不仅自然要研究其文献，而且也考察其思想。在这种情况下出现"翻译复兴"现象，中国文学在俄罗斯的传播显著扩大。这个时期某些中国经典的中古长篇小说被译成俄文，有罗贯中的《三国演义》、施耐庵的《水浒传》、曹雪芹的《红楼梦》以及其他一些经典戏剧和诗歌作品。"汉文翻译"开始成为一种职业（如帕纳秀克、车连义、艾德林和雅罗斯拉夫采夫等）。在他人完成的逐字翻译的译文基础上从事翻译的有著名诗人阿赫玛托娃、吉托维奇、阿达利斯和施泰因贝格等。当时的文学译作达到很高的专业水准，并成为汉译俄的典范。这一时期翻译界形成了不同流派，如艾德林等提出可以不考虑韵脚来翻译诗歌，而另一些人，如瓦赫金、车连义和雅罗斯拉夫采夫则坚持押韵翻译。汉学家积极的翻译活动使新的作家和作品被纳入文学研究范畴，研究质量进一步提升，并形成新流派。在主编鄂山荫领导下由汉学家集体编纂的四卷本《华俄大词典》的出版（1983—1984）对中国文学与文化的研究起到不小的促进作用。曾经是一个整体的"国别"文艺学在20世纪60年代分化出如下几个方向：

1. 历史文学方向，研究文学现象的起源、世界观（儒、道、释的基本思想）与文学的相互联系问题，这一方向将文学家的"肖像描写"与对文本的文化历史研究结合在一起；

2. 仪典神话方向，将仪式典礼的研究与神话文学理论相结合，将神话作为一种叙事来研究；

ЧИСТЫЙ ПОТОК
ПОЭЗИЯ ЭПОХИ ТАН

АЗИАТСКАЯ МЕДЬ
АНТОЛОГИЯ СОВРЕМЕННОЙ КИТАЙСКОЙ ПОЭЗИИ

3. 民间文学方向，包括对口头民间文学、书面民间文学及其体裁的研究，民间文学体裁（民间说书、评话、话本）现已成为文学体裁的组成部分，同时，这一方向的研究内容还包括民间文学对文学的影响，以及书面文学传统对民间文学创作的反作用；

4. 理论方向，既包括对传统文学理论、传统艺术及戏剧理论的研究，也包括对中国文学进程理论问题的研究；

5. 文献学方向，对包括文学作品在内的典籍进行描述和出版。在半个世纪的时间里，孟列夫一直引领这一方向。

汉学文艺学曾经历这样一个过程：在掌握一般文艺学理论的同时，也在努力探寻中国文化和文学的独有范式。这一点在有关"中国文艺复兴"的争论中表现得尤为突出。康拉德在其《西方和东方》（1966）一书中曾提出东西方文学类型对等的思想，"文艺复兴"便是对等现象之一。此论基于对中国中古文学作品的研究得出，且受到当时材料研究水平的限制。这种观点的主要论据就是韩愈（768—824）的论辩作品（无情节散文体裁）：韩愈倡导"复古"。在中国文学历史上，这场运动曾试图恢复秦汉时期哲学家和历史学家所创立的古代文学（古文）的文风。另外一个证据是唐代小说，又称唐代传奇。唐代传奇形式古老，大多还采用民间文学形式，其语言则为古典书面语"文言"。众所周知，康拉德所认为的"东方文艺复兴"思想源于意大利文艺复兴，而"意大利文艺复兴"是建立在人文主义思想基础之上，在文学中则基于新出现的使用意大利口语的短篇小说。无论是韩愈复兴古典儒学的思想，还是古文运动"复古"，或是主人公充满神奇色彩的唐代传奇（因此被称为"传奇"），都不能在类型学上证明中国在9世纪存在过"文艺复兴"。争论并没有使这一问题得到解决，这一方面由于我们缺乏对东方文学之文明模式的认识，另一方面则是由于文学进程类型对等理论的不成熟。

神话

俄罗斯汉学界在20世纪60—70年代开始积极研究中国神话。其实早在20世纪20年代，中国和西方汉学家就对这个领域

ДУНГАНСКИЕ
народные сказки
и предания

萌发了浓厚兴趣。从民族学方法到具体文献研究，俄罗斯形成多种神话研究流派。费德林的论文《中国神话的题材特点》（1967）是最早的神话学研究著作。李谢维奇（利谢维奇）在论文《中国神话中的世界模式与五行学说》（1969）、《文化英雄神话的时空周期》及《古代中国的宇宙起源观》（1998）中尝试将中国神话视为文化整体中相对独立的现象，对其结构特征进行分析。综合研究法是俄罗斯神话学派的典型特点。比如，思乔夫在《作为宇宙象征体系组成部分的中国装饰》（1977）中讨论神话中的宇宙象征及其审美作用。叶夫修科夫从考古学角度研究神话，《新石器时代的中国神话》（1988）是其代表之作。杨希娜撰写了《古代东方文学》中的《神话》部分（1971），并出版《山海经》俄译本（1977）。杨希娜的专著《古代中国神话的形成与发展》（1984）探索太阳和月亮神话及某些神话情节（如天神征战、天地分离等）。1980年，民族学家斯特拉塔诺维奇发表《伏羲》一文（伏羲词源考证），恢复了从语言学角度分析神话的研究传统。1979年，李福清出版《从神话到小说》一书，在俄罗斯开神话文艺学之先河。两卷本《世界各民族神话》百科全书的问世极大地推动了中国神话研究的发展，李福清、孟列夫、司徒洛娃和库切拉参与该书的编写。神话文艺学是文学情节、叙事以及人物肖像形成研究的重要组成部分。

民间文学

民间文学研究起源于对神话的研究，这是因为正是在民间文学中，神话叙事才成为一门语言艺术。早在20世纪50年代民间文学研究就已经开始，最初是就单个情节进行研究，后来才开始研究一些普遍性问题。那些年人们探讨书面文学与民间文学的起源问题和相互间的关系，出版了一些中国民间文学作品的译文，如《中国南方各族史诗传说集》（1956）和《中国民间故事》（1957，1959，1972）。将中国民间故事同俄罗斯民间故事进行对比研究，始于李福清发表的论文《论中国民间故事的民族特点》（1957）。受俄罗斯民间文学研究的影

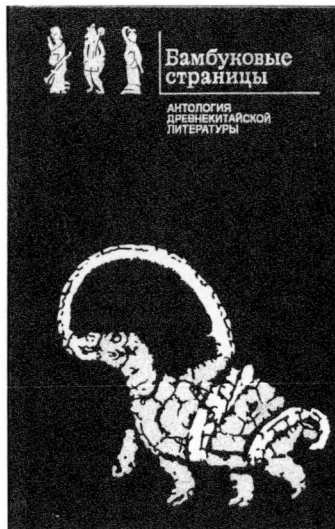

响，中国文学研究者开始运用更为准确的分析方法，因为民间文学研究是一种有既成情节和母题描述方法的非常形式化的学问。在《东干民间故事与传说》（1977）一书中即可见这种新的汉学研究方法的影响，在该书"东干民间故事情节来源及分析"一章中，李福清利用哈恩－汤普森的世界民间文学和艾伯华的中国民间故事母题目录，对照汉族民间故事资料，对东干民间故事的母题进行研究。在这项研究工作中，他既是一位研究者，又是一位东干人现存民间文学的收集者。20世纪90年代，他收集台湾高山族的神话和传说，并用汉语撰写研究专著。对民间文学的研究表明，正如神话是中国古代文学必不可少的组成部分一样，书面流传下来的民间文学也是中国中古文学不可分割的一部分，民间文学与文学之间的相互关系开始成为对题材和形象进行阶段划分的主要根据。因为二者之间存在这种相互关系，便可把中古文学看作整个文学发展进程中的一个特殊阶段。于是出现了民间文学文艺学这门学科，提出了书面文学对口头创作的反作用问题。李福清于1970年率先在其论著《中国讲史演义与民间文学传统——论三国故事的口头和书面异体》中研究这一问题。作者对长篇小说《三国演义》和与该小说相关的民间故事进行对比研究，指出哪些情节取自历史事件或其他文字材料，而哪些情节属于小说作者和说书人的添加。

民间文学（口头形式和书面形式的民间文学）的研究有助于人们对中国文学和蒙古文学、中国文学和朝鲜文学以及中国文学和越南文学之间在地域上的相互影响获得更为全面的认识，因此在汉学研究中出现了建立民间文学比较研究的趋势。比如，李福清在20世纪70年代曾记录蒙古说唱艺人（汉民族小说故事讲述者）讲述的故事，并提出汉族小说在蒙古的命运问题（参见论文集《蒙古文学关系》中的相关论文，莫斯科，1981）。在《〈西游记〉与民间传说》（参见《李福清论中国古典小说》，台北，1997）一文中，除汉族的故事外，他还研究达斡尔族、鄂温克族、彝族和白族的传说。巴甫洛夫斯卡娅在自己的一些论著中研究书面文学记述佛教民间故事的传统。她全文翻译并详细分析《新编五代史平话》（1984）和《三藏法师取经诗话》（1987），把它们定义为

Н.И. 康拉德

"民间长篇小说"。巴甫洛夫斯卡娅认为孙悟空这一形象源于《罗摩衍那》，并证实长篇小说《三藏法师取经诗话》的情节与吴承恩的《西游记》情节之间的联系。司格林在一部非常详尽的专著《中国通俗文学：说唱体裁》（1986）中研究中国俗文学的体裁体系。该书配有大量插图，全方位展示这门艺术的形成过程。

散文

对古代散文的积极研究始于20世纪60年代，不仅研究小说（根据历史事实加工改写而成的古代故事和传记），还研究司马迁（约前145—约前86）历史性质的"列传"，以及哲学和宗教寓言。中国文学的古代部分可以通过波兹德涅耶娃的一系列论文获得认识，其中包括《中国古代哲学著作史料分析问题》（1958）、《中国古代辩术及文献》（1962），译文集《中国古代无神论者、唯物论者和辩证论者》。波梅兰采娃的《辩术及哲学流派》（1971）、《晚期道家论自然、社会及艺术（〈淮南子〉——公元前2世纪）》（1979）、《〈淮南子〉中的人与自然及其时代艺术风格》（1983）也在一定程度上体现了这样的思想以及某些新的研究方法。"世界文学文库"丛书对古代散文作品的出版推动了古代文学的研究。费德林的《中国古典文学名著》（1978）与康拉德在《世界文学史》（1983）第1卷中的论文《中国文学》对中国古代文学领域所有翻译与研究工作做了相当全面且通俗的概括总结。哲学散文的研究与翻译在古代文学艺术研究中占有特殊地位（参见《中国古代哲学》，两卷本，莫斯科，1972—1973）。中国古代文学选本的出版对研究工作也起到不小的促进作用，如《朱玉》（1979）、《圣言节录》（1987）和《简书》（1994）。

俄罗斯的中国中古文学研究发端于20世纪60年代，其形成得益于对神话及民间传说的研究，原因是这些研究成果论述中国中古文学的本源，且这一本源一直存在于16世纪前的文学中。学界开始按照这一民间神话传说基础在文学中的体现深度来确定文学变革的各个历史阶段，同时关注民间文学情节类型、主人公形象的民间文学

H.T. 费德林

化程度、作者的表达性质和语言因素。况且，在文学研究领域运用语言学研究手段（对书面文学语言，即"文言"形成的研究）的学者，除亚洪托夫的《7—13世纪汉语书面语及口语》（1969）和《中国诗语语法》（1974）外未见其他著作。

季什科夫、帕纳秀克、孟列夫、郭黎贞（戈雷金娜）、苏霍鲁科夫、李福清、叶戈罗娃和李谢维奇所翻译的3—6世纪散文表明，一个以往鲜为人知的中国文学层面即"志怪小说"成为汉学家研究的对象。如果说"志怪小说"在中国文艺学中仅被看作是出现在特定历史时期的一种体裁，即"六朝小说"，在西方被看作是短篇小说或幻想小说，那么，俄罗斯汉学家则以所描写的内容为依据将其定义为一种"神鬼故事"和"神话小说"。这些术语借自俄罗斯民间文学术语库，不仅表明俄罗斯汉学流派的形成与本国文艺学紧密相关，而且表明俄罗斯汉学采用了类型学研究方法。郭黎贞的著作《中古前夕的中国散文：3—4世纪神话及情节起源问题》（1983）对"志怪小说"做了详尽研究。对于文本、情节与主题的分析，郭黎贞是在汉学文艺学中运用民族学材料（婚丧礼仪）的第一人，同时，她在更为晚近的文学文本中发掘"残留遗迹"，而这对确定传统在文学进程中的作用非常重要。

波兹德涅耶娃（副博士论文《元稹的〈莺莺传〉》，1946）和费什曼（《〈唐代传奇〉序》，1955）于20世纪40—50年代开创了对中国中古短篇小说（这种体裁又称"传奇"）的研究，索科洛娃（《唐代传奇》，载《世界文学史》第2卷，1984）和郭黎贞（《中古中国传奇：题材渊源及其演变》，1980）是此类研究的后继者。将中国中古传奇小说材料引入科学研究有助于明确各历史文化区域之间（这里指远东）的相互联系问题，揭示统一的文学语言在朝鲜、日本、越南的文学体裁形成过程中所发挥的作用。

在对上古和中古文学的研究中学者们意识到，文学现象与文化的文明类型密切相关。郭黎贞在其《太极：1—13世纪中国文学与文化中的世界模式》（1995）一书中对此问题进行了详细考察，探讨随着宇宙观改变而演变的散文艺术世界。

A.A. 施图金

令人遗憾的是，对于作为"文"（雅文学）组成部分的无情节散文体裁的研究成果寥寥无几，而在中国人的传统意识中这些题材恰与高雅文学密切相关，展示了上古和中古初期社会与文学中意识形态的发展进程。1971年，郭黎贞在其《19世纪—20世纪初中国的雅文学理论》一书中提出无情节散文体裁的功能实用倾向的思想，此后，缺乏功能几乎被看成小说作品及其追求非实用性的基本标志，因此成为文学家在创作艺术作品时有意为之的标志，这是中古文学理论研究极其重要的根本原则。索罗金在《世界文学史》第3卷（1985）发表《诗歌与无情节散文》一文；古萨罗夫在《韩愈论道》（1972）一文中详细分析韩愈的思想及其散文；郭黎贞的文章《中国无情节散文（古文）体裁形式分析》（1973）对无情节散文作品的体裁"古文"进行分析。这一时期佛教在中国传统文化中的地位也引起汉学家们的注意。比如，对佛教寓言体裁进行细致研究的有1986年古列维奇和孟列夫出版的《百喻经》。齐一得的论文《中国的杂纂体裁——研究历史及体裁特征》（1969）考察一种特殊的文学创作形式，即杂纂。

关于中国中古文学有一个根深蒂固的结论，即中国中古文学一直都与民间文学反映世界的方式有密切联系，其许多体裁都介乎于书面文学和民间文学之间。学术界一直寻求对等的术语，这种探索有助于更准确地确定中国文学现象在世界文学史上的地位。汉学研究中已经确定下来一些术语：使用"новелла"（传奇小说），而不仅仅是"рассказ"（短篇小说），就是想以此来强调作品的叙事特征以及情节的鲜明结构；用"народная книга"（民间书）和"народный роман"（民间小说）来表示由口头民间故事向书面文学过渡的文学形式；用"повесть"（中篇小说）以及"многоглавый роман"（章回小说）形容中古文学中典型的叙事小说形式；而"мифологический рассказ"（神话故事）、"быличка"（神鬼故事）特指3至6世纪的短篇故事。这些术语无论在西方文艺学还是在中国文艺学中均不存在。在中国文艺学研究中采用中国固有的体裁传统术语体系（传奇、话本、小说、杂纂），或者创造一些不太成功的仿造词，例如用"рассказ"表示"短篇小说"，而用

Б.Б. 瓦赫金

202

"повесть"表示"长篇小说",都不利于创建中国传统文学理论。

对中古"话本"的研究开始于20世纪60年代。这一研究既包括对某些具体典籍的分析和描述,也表现为对一种体裁理论的创建。这一方面的理论思考非常必要,因为使用"中篇小说"(повесть)这一术语并不十分恰当,未能传达口头民间故事书面化这一体裁特征。这方面较早的著作有热洛霍夫采夫的《中国古代的城市小说——话本》(1969),作者在书中介绍这一体裁的主要作品,提出宋代口头民间故事和说书人问题,同时将这些作品与俄罗斯17世纪的中篇小说进行比较研究。关于16—17世纪的中篇小说"话本"和"拟话本"(指通过有意识模仿说书人表达方式及"话本"小说外在形式而创作的作品)的体裁特点在华克生(沃斯克列先斯基)的一系列文章中有详细描述,此外他还出版了一些译文集。他以"机巧小说"(плутовская повесть)这一术语界定"话本",以此来界定散文体裁的新范围。

俄罗斯对于中国长篇小说的研究始于对其主要作品的翻译,主要译者包括帕纳秀克(译有《三国演义》《红楼梦》《封神演义》《说岳全传》和《三侠五义》)、罗高寿(罗加切夫)[译有《水浒传》、《西游记》]、马努辛(译有《金瓶梅》)、华克生(译有《儒林外史》)、司马文(译有《老残游记》和《孽海花》)和费什曼(译有《镜花缘》)等。17—18世纪这一时期被定为中国历史上的近代时期,在文学史上则被称为启蒙时代。这一提法首先由费什曼提出,并在其《中国长篇讽刺小说》(1960)中加以论证,作者认为这一时代的重要文学体裁长篇小说具有启蒙性质。这一观点得到波兹德涅耶娃、乌斯金、林林与马努辛的支持,但还有许多人不赞成这一提法,他们倾向于称之为启蒙倾向(华克生)。

对思想进程、世界观、宗教体系和社会制度进行分析成为此类长篇小说研究工作不可分割的部分。长篇小说鲜明地再现时代的社会问题,也首次在中国文学史上反映出作者的个性。华克生创造了一种特殊的研究风格,旨在塑造文学中创作者的

心理形象。他撰写一系列文章，研究长篇小说的佛道母题、小说的乌托邦母题、传统文化中的个性理念、章回体小说的体裁特点及其文化地位。他著文论述中国17世纪最为突出且独具风格的作家和剧作家李渔（1994），以及18世纪长篇小说《红楼梦》的作者曹雪芹（1995）。

对于长篇小说，尤其是著名长篇小说的研究使得研究者有必要拓宽这一体裁的定义范围，对于这一体裁而言，"启蒙"这一术语的界定无疑过于狭隘。于是出现一些新术语，如用"长篇史诗"形容《西游记》，用"日常生活小说""'大家族'史诗"形容《红楼梦》，称《金瓶梅》为"道德小说"，《三国演义》是"史诗"。长篇小说的研究者和翻译者华克生（译有《儒林外史》《肉蒲团》）、鲍列夫斯卡娅（译有《郑和下西洋》）、尼科里斯卡娅（译有《西游记》）和李福清（译有《三国演义》《金瓶梅》）对中国古典长篇小说进行了详细论述。Л. П. 思乔夫的文章（《曹雪芹〈红楼梦〉中物品及名字的传统象征意义》，1970）和他与В. Л. 思乔夫合作的专著《中国服装：文学和艺术中的象征意义、历史及阐释》（1975）阐释了长篇小说所反映的中国文化的象征意义。

费什曼在其《17—18世纪三位中国小说家：蒲松龄、纪昀、袁枚》（1980）一书中对近代中国小说的另一个分支"笔记"小说进行研究。在这本书面世之前，作者已经出版纪昀（1974）与袁枚作品的译文集（1977）。他曾尝试采用统计学方法将三位小说家的作品进行比较，同时试图在民间信仰体系内重构小说情节，并视其为稳定的"国际性"情节。对蒲松龄小说研究的传统，始于阿理克与王希礼（瓦西里耶夫）（《〈聊斋〉探源》，1931），而后乌斯金在其总结性著作《蒲松龄及其传奇小说》（1981）一书中延续了这一传统。

诗歌

对中国古典诗歌的研究源于19世纪末王西里的《汉语文选第三卷释读：〈诗经〉译解》（1882）。他几乎是世界上第一个摒弃传统注疏、开始将《诗经》视为民间创作丰碑的学者。阿理克在《中国古代典籍〈诗经〉俄译之前提》（1948）中指出《诗经》的巨大艺术价值。由施图金

所译《诗经》于1957年出版，并附有费德林所写后记。同时还出版了一个节译本，由康拉德和施图金分别做了序和跋，阐述翻译原则。费德林的《〈诗经〉及其在中国文学中的地位》一书于1958年问世。20世纪70—80年代研究《诗经》的有瓦赫金（《论〈诗经〉中的复沓诗句》，1971）、谢列布里亚科夫（《儒家注疏者笔下的抒情诗歌〈诗经〉》，1985）和李谢维奇（《〈诗经〉大序》，1974；《上古和中古之交的中国文学思想》，1979）。20世纪90年代，克拉夫佐娃开始关注《诗经》，在其《中国古代诗歌：文化学试析》（1994）中辟专章论述。近年来俄罗斯"诗经学"研究引入新理念，其实质在于将《诗经》置于其他典籍著作以及传统注疏的语境中加以考察，同样也研究其神话和礼仪层面。在诗歌研究过程中，人们对楚辞给予特别关注。阿理克、费德林、艾德林和谢列布里亚科夫都曾研究屈原的著作。译著《屈原及其诗歌》（1954）是对这些研究的一定程度的总结，此书由费德林作序。随后费德林发表《屈原问题》（1956）一文，就胡适的观点发表看法，论证屈原这位诗人的历史性以及其作品的真实性。谢列布里亚科夫在《屈原与楚辞》（1969）中首次分析长诗《离骚》的形象体系。最早对汉朝"乐府"进行研究和翻译的是楚紫气，也正是他关注了著名的乐府诗《孔雀东南飞》（1935）。

对中国诗歌的积极探索始于20世纪60年代，尤其是70年代，重新讨论古文中文学语言界线的趋势增强。瓦赫金的《作为文学作品的古代经典文献》（1969）一文探讨这一问题。60年代以理论总结为标志的对民间文学的新探索在汉学研究中也得到体现。比如，民间歌谣是作为单独的体裁现象加以研究的，这方面的著作有《中国古代诗歌与民歌》（李谢维奇，1969）、《乐府的产生》以及上面提到的《论〈诗经〉中的复沓诗句》（瓦赫金；1958，1971）。李谢维奇、瓦赫金和车连义还对古代署名诗歌的主要题材及诗人如司马相如、沈约和曹植进行研究。

20世纪70年代问世的著作提出了一系列重要的汉学研究问题，其中之一便是传统文学的体裁特点，以及体现于任何一本传统诗歌选本中的层次结构特点等。李谢维奇撰文研究"颂""赋""诗"的特点

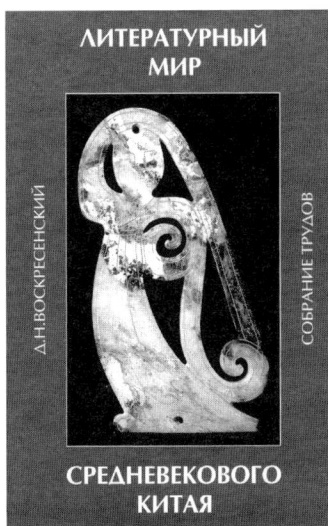

ЛИТЕРАТУРНЫЙ МИР

Д.Н.ВОСКРЕСЕНСКИЙ

СОБРАНИЕ ТРУДОВ

СРЕДНЕВЕКОВОГО КИТАЯ

（1969）。1979年，谢列布里亚科夫发表了他对古典文学中主要诗歌体裁——"诗"和"词"的特点进行的最为全面的研究成果。他首次在汉学文艺学中准确分析每一体裁的格律、功能意义、所具有的题材范围以及诗歌形象特征。作者认为，词是一种新的形式，标志着文学体裁系统的进化（不仅以文言为基础展开，而且还借鉴口语成分），是文学进程新纪元来临的象征。在这方面，我们也不能忽略斯米尔诺夫的论文《中国的诗歌体裁"曲"》（1978）。

瓦赫金（《中国诗艺的发展——上古、中古、文艺复兴时代：翻译问题》，1967）和艾德林（《白居易诗歌中的对仗》，1946）研究中国诗歌的创作手法。阿理克早在自己关于唐代诗歌的著作中即已详细论述中古中国诗歌题材的独特性。艾德林在《陶渊明及其诗歌》（1969）中将译文、原文与传统注疏进行对比，试图塑造一位中国诗人的形象，并透过他的诗塑造中国诗歌的总体形象。对这一主题进行详细研究的还有别任（《"风流"符号之下：中国3—4世纪一位艺术家的生活方式》，1982）和克拉夫佐娃（《"仕女"：中国抒情诗中的妇女形象》，1983）。谢列布里亚科夫在《人名在中国诗歌中的作用》（1987）中将作品与作者个人意识相联系进行研究。很多诗歌研究著作是对传统世界观——道、释、儒的探讨，因为离开它们就不能正确理解中国传统文化中的创作个性。某些著作尤为关注这个问题，最主要的有达格达诺夫的《王维创作中的禅宗》（1984）和《古代中国文化中的孟浩然》（1991），以及马丁诺夫的《佛教与儒生：苏东坡与朱熹》（1982）和《儒家个性与自然》（1983）。

进入20世纪八九十年代，研究者逐渐明白这一事实，即用过去的描述方法研究某些作品和题目已不可行。部分译作和观点已过时，这说明随着文献的重新出版、考古方面的发现以及普通文学理论著作的问世，新的研究基础已经形成。这种趋势尤其体现在上古和中古诗歌研究领域，形成了分析文学现象的全新综合方法（见齐宁1990年和1997年有关"谣"这一体裁的论述以及多罗费耶娃1992年对《诗经》中空间概念的研究）。新的研究倾向在克拉夫佐娃的《中国古代诗歌：文化学试析》（1994）中得到充分的体现。在这部著作中，作者首次在俄罗斯汉学史上提出中国古代民族文化氛围问题，其中产生了与屈原相关的独特文学传统的"南方"地区尤为引人关注。在对屈原的研究中克拉夫佐娃首次采用业已形成的史诗、神话和民间文学研究方法。作者对屈原作了迄今为止最详细的介绍，从楚国神话和楚国祭祀两个方面研究屈原的作品。克拉夫佐娃的著作证明了文化学方法对于研究古代文学文本的积极作用，因为这些文本的内容涉及宇宙理念、崇拜祭祀、基本的世界观体系以及有关诗人及其创作的诗论。克拉夫佐娃延续阿理克通过出版诗集介绍中国诗歌杰作的传统，即将作者选编的《文学译作集》也纳入书中。为《世界文学史》所撰专论在中国诗歌研究中也占有一席之地，其中包括艾德林撰写的关于唐代诗歌的文章以及费什曼具有一定补白作用的有关中古后期诗歌发展的总结性论述。

戏剧

《世界文学史》中的专论同样促进了戏剧研究，填补了有关中国戏剧认识的空白。除一般信息外，《世界文学史》还对戏剧在文学史上的地位给予关注，考察各种戏剧体裁的美学层面及其进化过程。

孟列夫的《中国古典戏曲改革》（1959）是关于中国戏剧的第一部著作。他还是几部剧作的译者：1960年他翻译（自序并注释）出版王实甫的《西厢记》，1976年他节译出版汤显祖的《牡丹亭》。从"阿理克时期"起在我国汉学领域形成一种标准，即把经典著作的研究和翻译结合起来。20世纪70年代出版了由谢列布里亚科夫、索罗金、马林诺夫斯卡娅翻译的一些重要戏剧作品。盖达的《中国传统戏剧》（1971）第一次从整体上介绍中国戏曲，索罗金也撰写了一部概论（1979）。索罗金的著作《13—14世纪中国古典戏曲：起源·结构·形象·情节》（1979）对13—14世纪的戏剧进行了详细研究。这是我国汉学史上第一部全面研究代表中国戏剧繁荣的"杂剧"的著作。作者着重研究杂剧中的主要角色，对现存的162种剧作的情节详加介绍。作者证明了中国传统文学在情节上的一致性，这一发现有助于将中古文学视为一种特殊文学现象的观念之产生，从而推动中国中古文学研究方向的形成。作者依例附录了戏剧术语、剧作家和剧作索引，这对有效拓展研究课题的范围提供了可能。

马林诺夫斯卡娅在一系列文章以及专著《中国古典戏曲体裁"杂剧"简史（14—17世纪）》（1996）中对17世纪戏剧进行了非常全面的论述。中国古典戏曲美学作为大文化学领域的新方向，也在谢罗娃的专著《黄幡绰〈明心鉴〉与中国古典戏曲美学》（1979）以及论文《李调元的戏剧观》中得到研究。

文学理论与美学思想

中国的文学理论属于意识形态的一部分，在任何时候都是思想倾向的晴雨表。也就是说，类属于"文学批评"的文学理论研究具有重要的文化学意义，从来都不是对文学体裁或文学类型的形式描述。阿理克最先认识到，只有传统文学理论，即序言、诗话、词话、曲话、注疏等才能帮助学者理解中国传统文学即"文"本身。在文学思想研究中出现几个方向，如对19世纪末、20世纪初传统美学思想与理论的研究。最早的中国文学理论研究成果有司马文的文章《19、20世纪之交中国的散文理论》（1964），而第一部专著则是郭黎贞的《19世纪—20世纪初中国的雅文学理论》（1971），书中除对传统文学和美学主要流派（桐城派、常州词派等）进行探讨之外，还特别研究过渡时期，即20世纪初，此时以古文和传统文学体系为基础的传统文学被颠覆，并开始在白话文基础上建立新文学和新体系（王国维、早年的鲁迅）。书中对无情节散文的主要体裁进行研究，分析古代文学的体裁构成及传统无情节散文集所体现的等级特征。作者认为，传统文集中文学构成的变化可被看作文学以及更宽泛意义上的"文"的界限被重新审视的一个指标。阿理克以《文选》为例，首次分析古代文选的构成。斯米尔诺夫的《中国中古诗选及其序文》（1999）也深入探讨了这一问题。

李谢维奇在其大作《上古和中古之交的中国文学思想》（1979）一书中研究中国上古和中古的文学思想，作者介绍这一时期主要的文学思想经典著作，其中包括刘勰的《文心雕龙》[1978年克立朝（克里夫佐夫）曾分析刘勰的美学观点]。李谢维奇是俄罗斯第一位研究这部作品的学者，他还翻译了部分章节（1991）。他建议依托中国传统宇宙起源说研究与中国哲学思想相通的传统文学理论范畴，这极大地扩展了美学术语的内容，揭示其宇宙属性。他还首次提出研究古代对文字和诗歌的认知特点。他第一次在汉学研究领域提出词语和诗歌的古代认知特点问题，认为这些自古以来的中国特色经由对世界、时间和存在的民族认知而模式化了，运用综合方法研究古代诗论和被研究者定性为民间抒情诗的《诗经》是最有效的办法。

术语分析在传统文学理论研究中占有极其重要的地位，其中也包括对"文"这一术语的认识（郭黎贞、李谢维奇、孟列夫等）。李谢维奇、郭黎贞、李福清、索罗金、克拉夫佐娃、谢罗娃等人著作后所附索引和中国诗学术语是传统文学美学思想以及术语研究的特殊形式。诗学术语词典虽未汇编成册，但这些索引极大拓展了读者对中国传统文学思想的认识。

中国传统美学思想主要作为文学理论和艺术理论的一部分发展而来。20世纪70年代出现一种将中国传统美学观念作为整体文化范畴加以认识的倾向。克立朝的一系列著作首开美学思想研究之先河，如《中国古代美学观》《中国中古美学观》（1961）。作者是较早在汉学文化学领域提出中国传统文化具有体系特征的学者之一，他发表了《中国艺术文化体系：传统与现代》（1985）一文。扎瓦茨卡娅（1985）和郭黎贞（1987）曾为《美学思想史》撰文探讨古代和近代中国文学理论的美学问题。扎瓦茨卡娅在其著作中还考察了作为中国语言文化范畴的美学价值问题，研究中国诗词绘画常见主题的美学层面。

文化学是汉学文艺学研究的一个新方向。它的主要目的就是确立统一的文化体系中各个方面的内在联系。很多学者都强调中国文化的整体性，如伊萨耶娃的《论音乐体系中的律与中国的普遍认识论》（1988）、纪宁的《中国文化中的宇宙和人：星辰与八风》（1993）、高辟天（卡拉佩吉扬茨）的《儒学四书中的人与自然》（1983）、特卡琴科的《宇宙、音乐与仪式：〈吕氏春秋〉中的神话与美学》（1990）。近些年的研究成果显示，在汉学文艺学研究领域形成一个新的方向，即用文化学研究的普遍方法对文学文本、事实和现象进行整体性研究。阿理克认为这种方法的基础是建立一种"中国文化综合体的科学理论"，换言之，就是具有语文学性质的普通文化理论。

汉学文艺学学者善于借鉴其他人文科学的研究方法，但这只能起一部分作用，因为研究古老的中国文化以及作为其组成部分的文学需要采用建立在类型相近文化基础之上的其他方法。建立在"俄罗斯基础"（如波波夫的神话理论）上的一些文学研究领域，某些民间文学和神话学理论曾一度得到汉学界青睐。20世纪末的到来促使研究者们回顾世纪初的学术研究，那时的学者已经认识到中国文化的整体性和独特性。王西里就坚持过这种观点，阿理克亦部分赞同。20世纪40—50年代，作为整体的文化学研究"分裂"成一个个专业，学者的专业变得更窄，成为俄罗斯文艺学研究模式的翻版。在某种程度上，年轻学者就这样被培养出来，他们的副博士学位论文也是这样写出来的。以历史文化类型比较方法为依托，以文明特征为参照，确立新的文化模式和新的中国传统文化及文学研究方法，是20世纪末俄罗斯汉学学派的显著特征。

（К. И. 郭黎贞撰，阎国栋译）

现当代文学研究

中国现代文学（与历史分期上的近代相呼应）形成于旧文学体系内部，可它直到20世纪初方获其独特表征。在中国语文学中，这一时期有"新文学"之称谓。

中国新文学发端于1917年的"文学革命"，后在1919年五四运动这一社会政治民主运动的强大影响下得以确立。其最突出表征即"白话"（此前仅用于通俗小说和民间歌谣）得到近乎无处不在的运用，其最重要表征则为源自西方和日本的各种思想、各种新文学形式和风格之流布。

新文学之前的19世纪和20世纪初为向新文学体系的急速过渡阶段，这一阶段更主要的是为向新文艺意识的急速过渡做了铺垫。在19世纪和20世纪初的散文和诗歌中，其实已有过诸多尝试，旨在创建新的文学形式、新的文学语言，甚或新的艺术手法。关于此一阶段文学发展的最充分研究见诸司马文的著作。

司马文在其专著《中国长篇小说之进化（18世纪末—20世纪初）》（1970）中详尽地研究了这些发展趋势。他将启蒙倾向提到首位，这些倾向发端于18世纪后半叶的古典小说，兴盛于19世纪末—20世纪最初十年间的散文。此书辟出相当篇幅论述这一时期重要的作家李宝嘉（李伯元）和吴沃尧（吴趼人）。由这两位作家及其同道创作的"谴责小说"，其中包括李宝嘉的《官场现形记》、吴沃尧的《二十年目睹之怪现状》和曾朴的《孽海花》，反映中国封建君主制的衰落、官僚体制的瓦解以及个人与社会环境的冲突。在这些作品中能程度不等地体现出19、20世纪之交康有为、梁启超、章太炎、严复等人改良思想的影响，社会思想史家对这些中国思想家有过研究。

司马文指出，与此同时亦能发现西方文化之影响，其中包括西方文学之影响。与一些哲学和政治著作的译本一同，一些欧洲作家的小说、戏剧和诗作也被改编为中国文言。然而，这些改编本形式陈旧，无法使读者充分意识到西方文学的变革特

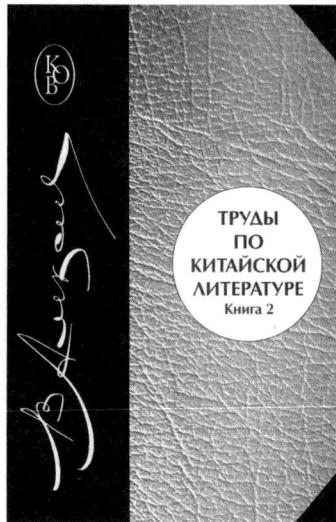

征及其与尚且传统的中国文学之原则性差异。正如司马文在前述曾朴小说的译本前言中所言，西方现实在中国小说中首次成为表现对象。诗人和外交家黄遵宪在诗中言及异国生活，言及世上政治事件，彼得罗夫的副博士论文研究这位诗人之创作。扎亚茨在《秋瑾：生活与创作》（1984）一书中塑造了这一时期诗歌另一位代表人物的形象，这位女诗人因反君主制活动而遇害。

应该指出，我国学者的此类研究表明，19世纪末、20世纪初中国文学中的这些创新特征（当然还有其他创新特征），仅体现在中国文学的某些种类（"谴责小说"、"现实小说"、政治诗歌、政论）中，且大多存在于具有思想性和社会性的主题范畴。艺术结构、人物肖像和语言大体上仍囿于传统文学框架。此情形亦见于冒险小说、爱情小说、幻想小说和抒情诗歌等通俗体裁。真正的"新"文学之诞生时期尚在迫近。在因国内战争和社会动荡而山河破碎的俄罗斯，并未及时关注并评价1919年五四运动的文学和文化意义，中国出版物在俄罗斯很难读到，偶尔有之亦姗姗来迟。20世纪20年代，仅偶见数篇来自北京的报道和新书评论。其中一篇为阿理克所作，《东方》杂志（1925年第5期）刊载其《您研究新诗吗？》一文。阿理克写道："这句话是一部中国新诗人诗集的出版广告，这些诗人用半口语的'白话'写诗，他们欲与古典语言和古典诗歌决裂……该诗集（前文提及的这部诗集出版于1919年）……向旧的诗歌批评方式（'酸腐的'方式）宣战，欲用如今'科学的、以现代科学精神为基础的'新方式取代之……该诗集由杰出的革新家胡适、刘延陵等人作序①。就这样，诗歌冒险以这种直接诱惑的方式宣传自己，要挟社会。"至20世纪30年代末，我国实际所知的唯一中国诗人即此时旅居苏联、在国际左翼文学运动中担任中国代表的萧三。但在1929年，在莫斯科和列宁格勒同时出版了两部带有序跋的中国现代中短篇小说集，仰仗这两部集子，我国读者得以获悉鲁迅、郁达夫、张资平及其他一些名声稍逊的新文学代表人物。1930—1931年间，王西里和卡拉－穆尔扎在杂志上发表了几篇文章，其中包括

Л.Н. 孟列夫

---

① 由胡适和刘延陵作序的这部诗集应为汪静之的《蕙的风》。——译者注

卡拉－穆尔扎为《文学百科》第5卷所撰词条。这可视为关于中国新文学的严肃研究事业之开端。

在这些材料中，主要关注点置于新文学的思想政治层面、新文学与革命的关系以及外国文学的影响。重要的创作团体和联盟、著名作家和诗人（主要为左翼作家和诗人）以及新文学的国际关系均得到简洁归纳，俄苏文学对中国新文学的影响亦被点明。百科全书中出现关于鲁迅和茅盾的词条，这两位作家在20世纪30年代成为在我国被翻译较多的中国作家。在此应指出鲁德曼为1937年翻译出版的茅盾长篇小说《子夜》所撰之长篇序言。此序实为首次尝试，不仅揭示了这部长篇小说的思想和社会内涵，展示其在中国革命文学中之地位（这部小说无疑是中国革命文学的巅峰佳作之一），而且还分析小说的艺术结构（尽管并非完全令人信服），使读者意识到革命文学的美学层面。

中国新文学奠基者鲁迅于1936年10月的逝世，这在我国报刊上引起报道热潮。这些报道大多具有社会政治性质，而非文学性质。两年后，在阿理克的领导和参与下出版了一部纪念这位伟大作家的书（1938）。此书大部分为鲁迅短篇小说之俄译，但也收入数篇评论文章，这些文章主要是思想评论，如中国共产党人王明和萧三的两篇文章，仅史萍青的文章《鲁迅与中国语言文字问题》论及纯文学问题。

我们还要再次提起阿理克的名字，他负责主编了大部头著作《中国：历史，经济，文化，捍卫民族独立的英勇斗争》（1940）。其中关于文学的文章有两篇，即尼·彼得罗夫的《中国近现代文学》和萧三的《为民族独立而斗争的中国文学艺术》。前者系对18世纪至全民族抗日战争爆发时的中国文学发展过程之相当简约（且不无疏漏）的概论，对一些著名作家也只有简短论述。而后者则相当生动具体地介绍了小说家、诗人、剧作家、音乐家、电影工作者等中国知识分子在全民族抗日战争初期的爱国激情和创作成就。我国的报刊，尤其是《国际文学》杂志对这一题材亦很关注。

我国进行的伟大的卫国战争以及稍后爆发的中国内战，使我们两国的文化关系停滞近10年。向苏联读者介绍中国新文学

的开端期戛然而止。这一时期的成果只能说相当有限。我国读者对中国文学中因政治和社会变革而发生的激进变革、对新的思想进程和新的题材有所了解。一系列作家的名字被提及，对他们有所简介，一些作品（并非总是最好作品）被译成俄语。但这一切均仅针对中国的左翼文学，且通常是与自称"革命的"文学组织直接相关的那一部分左翼文学家。其他作家则未得到考察，其中包括那些无疑持有民主和爱国观点的作家，更遑论自由派、西方派和现代派作家。仅提一例便足以说明问题，即20世纪20年代末至30年代得到公认的中国杰出作家之一、十余部长篇小说和其他许多作品的作者、于1938年担任中华全国文艺界抗敌协会（文协）负责人的老舍，直到1944年才被介绍给我国读者（一个短篇和一则简历）。

研究中国当代文学的新时期始于20世纪40年代末，即中华人民共和国成立前后。这一研究时期之标志为一系列论文，作者为费什曼（刊于《列宁格勒大学学报》）、艾德林（刊于《旗》杂志和科学院学术要报）、费德林（刊于《布尔什维克》杂志）以及当时还是大学生的瓦·彼得罗夫（刊于《星》杂志）。翻译热潮亦在此时兴起。其中包括丁玲、赵树理和周立波的长篇小说以及其他许多小型作品，如短篇小说、诗作和特写，这些译作通常配有序言和评述。

1953年，第一部论述中国当代文学的著作面世，即费德林的《中国当代文学简史》。该书一半篇幅为作家素描，20世纪20—40年代中国新文学的奠基者和大师鲁迅、茅盾和郭沫若等得到介绍。如若说鲁迅和茅盾在我国已或多或少为人所知，而郭沫若这位诗人、剧作家、学者和社会活动家则首次在我国得到如此详尽的介绍。那二三十年间的其他最重要作家再度与我们擦肩而过。之后一章题为"新阶段"，作者以相当概括的形式论述抗日战争开始至中华人民共和国成立这一时期政治和文学形势的发展、解放区文学的形成、1949年夏的第一届文代会以及一些新创作组织的成立。作者强调，毛泽东"遵循列宁和斯大林的美学原则"，就文学艺术问题作出的表述具有奠基意义，与中国的官方路线相吻合。该书作者自信地提出这一命题，即中国文学正沿着社会主义现实主义的道

Л.З. 艾德林

路发展。随后几章按主题分列，整个中国当代文学仅呈现为前述三位大师之速写。在对作家作品的筛选和评价上，该书作者遵循中国官方批评界的看法——在当时的中国尚无其他观点出现。

三年之后，费德林在此作基础上推出新作《中国文学史纲》（1956），篇幅较初版增加两倍多。新添"文学遗产"一章，系对近3000年中国文学史的简洁概述。作者强调中国文学杰出代表所具有的爱国主义、爱人民、同情被压迫者等特征，同样也论及他们高超的艺术技巧以及多样的形式、题材和形象。作者认为，"这也是新文学应该继承的宝贵遗产"（传承问题在书中并未更具体地展开）。书中的"文学革命"一章具有新意，系对新文学最初20年历史之叙述，内容主要涉及左翼文学进程。丁玲的创作在这一部分占据主要位置，但这位女作家的名字一年后便引起反感，迅速淡出我国的出版物，甚至淡出文献目录。这是意识形态斗争之结果，"文学和文艺学中反对资产阶级影响的斗争"一章介绍最初几次意识形态斗争。此外，此书另辟"戏剧"一章，得到专章论述的艺术家则新添老舍、小说家赵树理和诗人艾青。费德林的著作尽管遭遇种种时代限制，仍不失为当时最具代表性的中国文学总论，且至今似仍为关于中国现当代文学唯一的概括性论著。

在这部论著出版之前，艾德林推出《中国当代文学》（1953）一书，其论题与费德林的著作同样广泛，但论述方式却有所不同。此书包括论述经典文学和论述现代文学（20世纪20—30年代）等部分，论述现代文学的部分近乎关于鲁迅之专论。但全书大部系对"中国当代文学"的介绍（作者将"中国当代文学"的起点定为毛泽东1942年在延安文艺座谈会上的讲话），论述一泻而下，不分时期，不分体裁，亦未突出介绍某些作家。叙述节奏更像是对社会进程的呼应：在这个国家发生了某某事件，这些事件也在文学中得到反映。作者选取的作品，正是那些在他看来对这些社会现象作出最准确反映的作品。他提及一些公认大作家的长篇小说，也涉及许多昙花一现作者的短篇故事。此书显然为意识形态所累，这也是此书的写作年代即20世纪50年代初的时代环境之反映。贯穿全书的主题是共产党的领导及其对文学创作的有益影响。

与此同时，作者似对所选作品的缺点视而不见，未能在年轻的中国文学中发现任何"成长病"。应当承认，在整个20世纪50年代始终遵循一种沉默原则，即在书籍、书评和大量译作的序言中，关于新文学只有正面之词，仅偶尔指出某些作品的"冗长"和"结构松散"。偶尔有之的例外，即当某位作家或某一现象在中国遭到官方层面的批判，我们这里则对此类批判尽量少做介绍。

除前述之著作、大量论文和小册子外，20世纪50年代还出现了关于中国新诗歌的两项研究，即彼得罗夫篇幅不大的评传《艾青》（1954）以及马尔科娃关于抗日战争时期诗歌的研究（1958），文艺学中对于具体作家、剧作家和诗人的专著性研究也在这一时期展开。

进入研究者关注中心的第一人为鲁迅。1949—1960年间，共出版关于这位伟大作家的四部书和若干论文：起初是波兹德涅耶娃多篇影响很大的论文（1949，1951，1952）以及她那部被收入"杰出人物传记丛书"的《鲁迅传》（1957），随后有索罗金关于鲁迅早期创作的专著《鲁迅世界观的形成》（1958）和就篇幅而言独占鳌头的波兹德涅耶娃的专著《鲁迅：生活与创作（1881—1936）》（1959），最后是彼得罗夫的著作《鲁迅：生活与创作概论》（1960）。如书名所示，后两部著作类型相同，均涵盖鲁迅生活和创作道路的各基本阶段，论述鲁迅的思想进化过程以及他对文学和意识形态斗争的参与，揭示其小说的形象结构、其杂文的主题以及他与世界文学，尤其是俄苏文学的关系。两书的立场和评价大体一致，亦与当时中国学界的观点大致相同。

差异当然也有，这表现为对鲁迅多面创作活动不同侧面以及其不同作品的强调和思考。波兹德涅耶娃最重视鲁迅的杂文，其某些观点受时代氛围影响而显得不尽合理（该书写于20世纪50年代上半期）。彼得罗夫的书充满周密准确的论证，细致可靠的表述，尤其是当作者论及鲁迅在当时文学论战中的立场以及鲁迅作为俄苏文学在中国的宣传者所做的工作时。对诸如《野草》这样复杂作品所作的详尽可信的分析亦很突出。

索罗金在书中首度详细分析鲁迅早期的科学杂文和文史杂文，以及包括少为人知的

短篇小说《怀旧》在内的鲁迅早期文学创作尝试。作者将天才的中篇小说《阿Q正传》归纳为"对中国人因受历史局限而有的种种民族性格缺陷的饱含爱国忧伤的反映"，这一归纳可以说是成功的。

稍晚（1967），司马文的研究成果《鲁迅及其先驱》面世，作者在书中将鲁迅的创作与20世纪之初所谓"谴责小说"联系起来加以考察。在思想、题材、形象、语言等不同层面展开的这一细致入微的、时而充满发现的比较，既能更突出展示鲁迅的创新精神，同时也揭示了他与传统的联系。西欧美学对早年鲁迅之影响的问题被首度提出。此书引起许多研究者的兴趣，其译本在美国和中国面世。值得一提的还有彼得罗夫的长文《鲁迅与中国诗歌》（1958），因为鲁迅的诗歌一直没有得到其他学者的足够关注。

最后，还必须提及艾德林的论文《论鲁迅的情节小说》，这是为《世界文学丛书·鲁迅卷》所作序言（1971）。此为我国鲁迅研究中的上乘之作，虽篇幅不大，但文笔生动细腻，既富有联想，又有理有据。

施耐德1964年出版的专著《瞿秋白的创作道路（1899—1935）》考察鲁迅的战友、杰出的共产党活动家瞿秋白的文学活动。瞿秋白被描述为20世纪30年代初左翼文学运动的主要理论家、马克思主义美学和苏联文学的宣传者，他曾与在文学的阶级性和党性原则方面的敌人激烈争论。施耐德强调，瞿秋白在自己提出的"无产阶级现实主义"的创作方法中所关注的是现实主义，是对生活真实的反映，但与此同时，他对中国古典文化的意义却估计不足。该书还论及瞿秋白的文学批评和杂文创作。

茅盾在数十年内始终是中国文学生活的核心人物之一，索罗金在《茅盾的创作道路》（1962）一书中研究茅盾的创作遗产。此书首次向俄罗斯读者揭示茅盾文学活动的广泛和多样，尽管对这位艺术家形象的描绘尚不够充分，有时显得过于简单，因为在莫斯科很难获得诸多资料，此时在中国关于这位作家之创作的研究也很薄弱。此书的主题为："茅盾是现实主义艺术的宣传者，是'为人生'艺术理论的奠基者，他也试图在实践中落实其观点。"书中分析（主要从思想和主题层面分析）茅盾20世纪20—40年代

ЛАО ШЭ
ПОД
ПУРПУРНЫМИ
СТЯГАМИ
老舍

的主要作品（后来他放弃了文学创作）。大量茅盾研究成果在1996年即茅盾100周年诞辰时涌现。

1967年，安吉波夫斯基出版专著《老舍早期创作》，研究老舍这位不属于左翼阵营的重要作家。该书论述老舍40年创作生涯的第一个十年，止于抗日战争全面爆发。作家在这一时期写出多部最重要的长篇小说，安吉波夫斯基逐一介绍这些作品，转述内容，并给出许多注释，旨在证明这些作品尽管体裁不同，题材多样，却无一例外地既具有人道主义倾向，又不乏现实抨击倾向。读者首次读到早先被认为有思想问题的讽刺小说《猫城记》，这部小说不久被司马文译成俄语，成为最受俄罗斯读者欢迎的中国作品，因为读者从中读到关于"文化大革命"的悲剧之寓言，作家本人也成为这场悲剧的牺牲品。在安吉波夫斯基的书中，老舍被写成一位"自在作家"，即一位脱离当时文学和思想进程的作家。向外国人揭示这位作家独特艺术造诣的任务相当艰难，其难度首先在于揭示老舍对北京生活口语的出色把握上。

之后很久，博罗金娜的《老舍：战争年代的创作（1937—1949）》出版（1983），此书描绘的老舍不仅是一名作家，而且还是一位公民，因为他曾任"文协"负责人，此书首次对这一问题进行详细论述。除其他散文作品外（博罗金娜未涉及老舍这些年间的剧作和诗歌），此书分析了老舍篇幅最大、最为重要的作品，即《四世同堂》。令人遗憾的是，这部作品尚不为俄罗斯读者所知，甚至从未出版其缩编本。

我们的文艺学对20世纪30—40年代中国文学另一位核心人物巴金的研究也不够充分，尽管巴金作品的译本在俄罗斯出版很多。但除译本序言（多为彼得罗夫所作），关于巴金的研究成果仅有尼科利斯卡娅那部篇幅不大的书《巴金：创作概论》（1976），此书仅对这位多产、多面的作家做了简明扼要的介绍。

阿吉马姆多娃发表了一部内容翔实的关于新文学初期与"创造社"有关的一个新文学分支的研究著作（1971）。专著《郁达夫与"创造社"》由两个篇幅相当、但叙述方式有异的部分构成。第一部分系对"创造社"细致的历史和文学研究，该团体通常被认为属于浪漫主义潮流（正如该书作者不无

B.B. 彼得罗夫

假定地论证的那样）。第二部分是郁达夫专论，这位小说家、散文家和诗人在20世纪30年代中期之前的文坛占据显著位置。作者将郁达夫的创作特色概括为对"忏悔体裁"的偏爱，对"感伤抒情散文及其浑然和含蓄"的偏爱。阿吉马姆多娃的观点合理且是原创，在她之前尚无人对这些题材做如此细致翔实的研究。还应指出的是，此书出版时已无法参考中国文艺学界的意见，因为中国的"文化大革命"已经爆发。

我们的学者迅速作出反应，起初在杂志上撰文，之后是写书。"文化大革命"于1966年开始，两年之后便出版了一本专著，其作者是一个文艺学家小组，取笔名"纳杰耶夫"（1969）。该书认为"文化大革命"中针对文化活动家开展的迫害是非马克思主义的（稍后又定性为"反马克思主义的"）。该书证明，文学中并不存在任何"黑色路线"，中国作家始终不渝地追求为人民服务，为被压迫者喊出了善良的声音。关于当时中国文学的悲哀处境，关于当时文艺政策负责人的庸俗观点和错误实践，许多文章均有涉猎，热洛霍夫采夫的《中国文学理论与政治斗争》（1979）一书亦属此列，该书就体裁而言实为一部论文集。

但是，关于中国新文学的正面研究并未中止，书籍继续出版，论文和译作继续发表，学术会议也在继续举办。20世纪60年代出版了两部篇幅不大的诗人专论，即马尔科娃的《郭沫若的诗歌创作》（1962）和苏霍鲁科夫的《闻一多：生活与创作》（1968）。尤其应该提及车连义的奠基之作《中国新诗（20—30年代）》（1972）。车连义给出了一幅广阔而又细致的中国新诗最初20年（自其诞生至抗日战争）的发展图景。中国新诗的各主要流派均得到考察，如现实主义诗人（徐玉诺、汪静之等）、浪漫主义诗人（朱自清、王独清）、象征主义诗人（李金发）、"新月派"（徐志摩、朱湘）、"国防诗歌"（蒲风）。每位诗人均得到篇幅不等却尽量客观的评价，他们的"独特面容"得以展示。应该指出，在当时的中国，这些诗人中的很多人要么被彻底淡忘，要么正遭受批判。此书作者分析各种基本的诗歌体裁，从微型诗作到史诗，也分析各种基本的诗歌形式，如自由诗和欧化格律诗。该书还论及西欧文学（不仅仅是俄罗斯文学）之影响，他在此

Л.Е. **车连义**

前出版的《马雅可夫斯基在中国》（1976）一书中已探讨这一问题。

作为此书之继续，车连义又出版了探究抗日战争和解放战争时期中国诗歌的专著《战争时期的中国诗歌（1937—1949）》（1980）。残酷的年代在诗歌中留下烙印。被置于首位的是不同主题的爱国诗歌，从英雄壮举到自我牺牲，政论因素常取代抒情因素，先前的诸多诗歌流派销声匿迹。这自然也会影响到该书的研究风格，该书的公民激情时而盖过美学分析，尽管诗的形式问题得到足够关注。战争诗歌的悲剧层面似亦未得到足够探讨，这部分原因是，当时重要的作品、黄宁婴的长诗《溃退》暂付阙如（仅在书后的图书目录中提及）。1993年，车连义的著作《艾青：向太阳》出版，作者指出，艾青这位杰出的诗人在漫长、多难的一生中始终保持对于善良和道德纯洁的信念。

戏剧继续得到研究。尼科利斯卡娅出版了关于中国最伟大剧作家曹禺的著作《曹禺：创作概论》（1984），阿吉马姆多娃那部材料更为翔实的专著研究另一位著名的、复杂的剧作家田汉（《田汉：时代背景下的肖像》，1993）。后一部著作首度详细分析田汉的创作发展过程（20世纪20—60年代），这一过程与国家的社会政治生活，尤其是戏剧生活密切相连。该书包含有关"口语戏剧"（田汉即为"口语戏剧"的干将之一）的丰富史料，这使得该书亦成为一部综合性的文学戏剧研究著作。

20世纪80年代至90年代初，一些革命前中国大作家的作品得以再版（并增添一些新译），所附论文更为全面、客观地论述了这些作家的创作。比如，文学家和艺术理论家钱锺书的创作首次得到译介，并引起读者关注。与此同时，当时文学中的一系列现象仍未得到研究，如以沈从文为首的"新京派小说"、乡土文学、现代派潮流等。

以上研究均以所谓"文化大革命"前的文学为对象。与此同时，"新时期文学""新时期小说"在20世纪70年代末出现并迅速聚集其力量。我国文学研究者（呜呼，其队伍日渐稀疏，几乎未见新人加入）对其表现出应有的关注：出版了一些译文集，如《中国当代小说》（1988）等，序言和评述中言及中国图书出版数量和文学杂志数量的爆发式增长，创作题材空前扩大，体裁、风格和形式也日益丰富。在当时的文艺学研究著作中出现许多新姓氏，先前被淡忘的作家复又回归。潮流和题材的更替也受到关注，出现了一些新概念，如"伤痕文学""寻根文学""先锋派实验""新现实主义"等。无论是文学界所谓保守派和革新派之间的争论，还是意识形态领导层的态度变化，如从提出"创作自由"到开展反

"资产阶级自由化"运动，均得到我国研究界的关注。国际交流的视野进一步扩大，西方文学流派和文艺学流派的影响亦越来越大。

这一问题首先在1983年后出版的众多译本的序言中得到探讨，"新时期文学"主要代表作家如王蒙、古华、刘心武、冯骥才、张辛欣、张洁等，他们的作品被译成俄语。艾德林、李福清、司马文、索罗金、热洛霍夫采夫、法捷耶娃等人也在报刊发文，关注这一问题。俄罗斯科学院远东研究所推出的《信息通报》和《中国年鉴》也含有关于中国当今文学生活的信息和概述。但显而易见，这仅为关于当今中国文学的严肃研究之开端。

（B.Ф. 索罗金撰，刘文飞译）

乙部 文学卷词条

中国精神文化大典

阿城

原名钟阿城，1949年生于北京。当代作家。中学还未毕业即下放农村，到过山西、内蒙古、云南，做过建筑工人。1979年返回北京。1984年开始在报刊发表作品。作品题材多是"文化大革命"灾难期间知识青年下放农村的劳动生活。作品《棋王》1984年获全国优秀短篇小说奖，使作者一举成名。他是寻根文学的重要代表，其作品深受中国传统文化、宗教信仰和风俗的影响。中篇小说《树王》1989年被译成俄语，并成为一部俄译中国小说集的书名。除3部中短篇小说外，他还创作了一些短篇小说及政论集《常识与通识》。作品曾在台湾地区出版。20世纪80年代末他移居海外，在国外报刊上发表关于中国电影、中国绘画、中国文学的文章。著有随笔集《威尼斯日记》和《闲话闲说》。目前在美国生活。

*阿城《棋王》，B.阿吉马姆多娃译，载《中国当代小说》，莫斯科，1988年，第3—45页；阿城《树王》，Г.特卡琴科译，载《树王：中国当代小说》，莫斯科，1989年，第418—467页。**《中国当代文学史》，王庆生主编，北京，2003年，第389页；《中国当代文学辞典》，武汉，1996年，第140页。

（A. H. 热洛霍夫采夫撰，侯玮红译）

阿英

原名钱德赋，笔名钱杏邨。1900年2月6日生于安徽芜湖，1977年6月17日卒于北京。剧作家，文学理论家，文学史家，批评家。1920年前后开始发表作品。1926年加入中国共产党。1927年和诗人蒋光慈（1901—1931）共同发起组织文学团体"太阳社"，该社以积极参加20世纪20年代末在中国报刊上展开的关于中国文学发展道路的论战而著名。编辑《太阳月刊》和《海风周报》等报刊。1928年出版诗集《饿人与饥鹰》。1930年加入在镇压中秘密行动的中国左翼作家联盟。1933年加入在国统区领导电影行业的地下党支部，发表大量电影批评文章，并与现代中国早期戏剧家与电影剧本作家夏衍（1900—1995）和郑正秋（1888—1935）①一起创作电影剧本《盐潮》《时代的儿女》《丰年》及其他作品。20世纪30年代上半期在参与电影工作的同时，他还积极从事中国文学研究，出版8部专著，包括《小说闲谈》等。

阿英的爱国主义话剧《碧血花》（1939）和《海国英雄》（1940）在上海的租界获得成功，1937—1941年间的上海租界四面都是日占区，但租界本身实际上几乎未被日本侵占（这个时期的上海文学被称为"孤岛"文学）。当时他与郭沫若和夏衍一起出版《救亡时报》。

1941年进入抗日根据地，在新四军从事文化教育、政论宣传工作。中华人民共和国成立后在天津担任文化部门的领导工作，曾任作家协会天津分会的主席，主编杂志《民间文学》和*Chinese Literature*。他创作了160多部作品（小说、戏剧、时评、诗歌、政论、评论及其他），其中包括中华人民共和国文学史上的很多珍贵之作，如《现代中国文学作家》（1928）、《晚清戏曲小说目》（1954）。阿英的重要著作《晚清小说史》（1937）在中国多次再版，并被译成日语和德语，至今也未失去其学术意义。

其戏剧遗产中较突出的是话剧《春风秋雨》（1937）、《海国英雄》（1940）以及关于农民起义（1628—1645年间）领袖李闯王（李自成）的历史剧《李闯王》（1948）。

*阿英《晚清戏曲小说目》，上海，1957年；阿英《中法战争文学集》，北京，1957年；阿英《小说闲谈》，上海，1958年；阿英《晚清文学丛钞》，上海，1960年；阿英《李闯王》，北京，1962年；《阿英剧作选》，北京，1980年；《阿英散文选》，钱小云、吴泰昌编，天津，1981年；《阿英书话》，姜德明编，北京，1996年；阿英《晚清小说史》，北京，1980年；《阿英全集》（1—12卷），合肥，2003年。

（A. H. 科罗博娃撰，侯玮红译）

---

① 此处应为郑伯奇（1895—1979），原文混淆了这两个人。——译者注

艾青

原名蒋正涵，1910年生于浙江金华，1996年卒于北京。20世纪著名诗人。出身地主家庭，幼年被一位农妇养育。毕业于一所不完全中学，之后在杭州国立西湖艺术院学习。1929年到法国继续接受教育。1932年回国后加入中国左翼美术家联盟，但很快被捕并入狱3年，其间真正开始诗歌创作。他用自己保姆的名字命名的第一部诗集《大堰河》于1936年一经出版，就成为新诗歌中令人瞩目的现象（像他后来的多数作品一样，该诗集中的诗均为自由诗）。他的诗歌表达诗人对家乡及其人民的热爱，对他们精神之解放的渴望，也表现出20世纪初法国文学以及马雅可夫斯基对中国文学的巨大影响。

艾青的才华在民族解放战争年代得到充分展现。从1938年到1941年，他创作了诗集《北方》《旷野》《他死在第二次》《黎明的通知》，长诗《向太阳》《火把》和其他作品。艾青的很多作品都渗透着巨大的悲剧力量，同时也创造出光明的、"太阳般的"形象。1941年艾青来到解放区的中心延安，加入中国共产党。他继续创作关于抗日战争和苏联人民伟大卫国战争的诗歌（长诗《卓娅》）。1942年，他发表了几篇反对文学功利化和不尊重作家态度的文章，在官方报刊引起评论。后主要从事党的工作和教育工作。

中华人民共和国成立后，他在创作团体、社会机构和杂志社编辑部中担任一系列领导职务。出版诗集《欢呼集》（1955），两部题为《诗论》的论文集（1949）。苏联之行为他带来《宝石的红星》（1953）这本书的灵感。智利之行使他创作出一系列关于美洲的诗（1955）。1957年他被错划为右派，多年在遥远的边区进行"劳动改造"。1973年回北京治病，直到1978年才重新开始诗歌创作。其批判"文化大革命"的长诗《在浪尖上》（1978）及诗集《归来的歌》（1988）引起广泛的社会共鸣。

*艾青《黎明的通知：长短诗集》，A.吉托维奇译，B.彼得罗夫序，莫斯科，1952年；艾青《我的一生》，载《远东问

题》，1985年，第3期，第183—184页；Г.雅罗斯拉夫采夫、Л.车连义、И.С.戈卢别夫、М.巴斯曼诺夫所译一组艾青诗作，载《中国20世纪诗歌小说集》，莫斯科，2002年，第108—128、182—189、261—280页。**В.В.彼得罗夫《艾青》，莫斯科，1954年；Л.Е.车连义《艾青：向太阳》，莫斯科，1993年；王克俭《艾青怀乡诗选析》，北京，1994年；周红兴《艾青研究与访问记》，北京，1991年；杨匡山、杨匡满《艾青传》，上海，1984年。

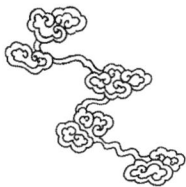

（В.Ф.索罗金撰，侯玮红译）

艾芜

原名汤道耕，1904年生于四川新繁，1992年卒于成都。作家。出身教师家庭，年轻时漂泊于中国西南部和缅甸，以打零工勉强度日。在缅甸加入共产党，被殖民主义者驱逐出境。1931年回到中国。这一时期的生活成为他早期短篇小说集《南行记》《南国之夜》及其他作品的素材。1932年加入中国左翼作家联盟，遭当局迫害。1937年日本全面侵华后继续书写战争年代里四川农民、城市贫民和农村知识分子的生活，著有中篇小说《芭蕉谷》（1937）、《秋收》（1944）、《丰饶的原野》（1946）。最为突出的是长篇小说《山野》（1948），小说讲述捍卫自己村庄、抗击侵略者的农民的大无畏精神。革命胜利后的主要作品、"生产小说"《百炼成钢》（1958）是作家在冶金联合工厂工作之后写成的，主人公是一位模范的工人革新家。他的自传作品、旅行札记、随笔和散文也很著名。"文化大革命"期间受到迫害。后写有一些关于少数民族地区生活变化的作品。

*艾芜《丰饶的原野》，重庆，1946年；艾芜《乡愁》，上海，1951年；艾芜《艾芜选集》，北京，1958年；艾芜《艾芜近作》，成都，1981年；《艾芜短篇小说集》，В.司马文译，莫斯科，1956年；《百炼成钢》，С.伊万科译，莫斯科，1959年；《芭蕉谷：中短篇小说集》，В.索罗金译，莫斯科，1962年；《石青嫂子》，Т.索罗金娜译，《黄昏》，В.索罗金译，

（B. Ф. 索罗金撰，侯玮红译）

八病

中国精神文化大典

文学·语言文字卷

沈约针对抒情诗歌提出的理论（其中包括韵律规则）的总称。沈约在他的著述《四声谱》中对此做了阐释。据《梁书》中有关沈约生平的记载，他大约在480年前后向梁武帝郑重介绍了这一理论。《隋书》（7世纪上半叶）中的图书目录部分是证明这部著述存在的最近证据。此书后遗失，因此沈约的这一理论学说及他所推荐的实践方法只能根据不同的信息来源部分地恢复。

一般认为，《四声谱》由两部分组成。第一部分包括汉语音调及两种诗歌音调，即"平""仄"的特点。第二部分讲述一句诗、双行诗和四行绝句中音律交替的最佳方案，但仅针对五言格律诗（每行诗5个字）。这些方案归结为八种基本规则：平头、上尾、蜂腰、鹤膝、大韵、小韵、旁纽、正纽。其中前四种与音律相关，其余四种与韵脚相关，包括诗行里的押韵。对于这八个规则的破坏，便被称为"八病"[①]。

"平头"要求第一、第二字不能与第六、第七字同声，即二行诗停顿前的部分应该声调相反。允许第一字和第六字同声，如果它们皆为平声。结果可以有以下五种组合方式（1代表平声，0代表仄声）：00：11，01：10，11：00，11：10，10：01。"上尾"则要求第五字不能与第十字同声，即二行诗每行的最后一字必须声调相反。"蜂腰"指第二字不得与第五字同声，即同一行中停顿前后的部分应该声调相反，除非它们皆为平声。"鹤膝"指的是第五字不得与第十五字同声，即第一行最后一字不得与第三行最后一字同声，这已涉及四行诗的音律组合问题。它要求区分仄声的三种声调，这一规则后不再被关注（在古典诗作标准中）。

---

① 此处所述不确。平头、上尾等"八病"是指八种诗歌创作应避免的声律弊病，而非"八种规则"。——译者注

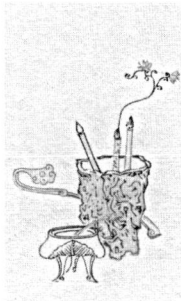

在后来的中国语文学界和文学界，关于沈约是否是"八病"理论的首倡者这一问题时而引起争议。有一种说法认为，他建立的只是声调理论，而"八病"理论出现稍晚。还有一种观点认为，5世纪末、6世纪初的学者之所以对汉语的特点感兴趣，并非出于文学探索，而是为了应对翻译问题。

文学家对于沈约学说的看法迅速分为两类，支持者和反对者都不少。6世纪—7世纪初出现了一批他的追随者，他们对诗法的各种问题展开研究。对该理论的阐释做出最大贡献的是刘善经（5世纪末—6世纪上半叶），他发展、扩充了沈约提出的理论，尤其是其中与"八病"理论相关的部分。

沈约学说反对者的代表即梁武帝，他曾是沈约的好友和文友。据说他无论如何都不能明白沈约研究与创立的这一学说到底是什么，因此公开拒绝在自己的诗歌创作中运用沈约的理论。沈约反对者还有甄琛（5世纪下半叶）、陆厥（472—499）和钟嵘，其中钟嵘为《诗品》的作者。甄琛指责沈约忽视古代智者的学说，背离数世纪以来的经典传统。陆厥崇尚诗歌作品的自然属性，认为"八病"理论试图使诗歌程式化。钟嵘（在《诗品》的序中）主张，这一作诗理论是绝对抽象的，既无任何文学文化前提，对于诗歌实践来说也无任何现实意义。沈约把对甄琛和陆厥的反对意见写在《答陆厥书》中，他在信中部分地重复了他此前在《诗论》中提出的论据，这些论据证明，他表述的那些音韵规则实乃自然属性，类同于音乐结构和绘画色谱的规律性。

对沈约的反对意见，尤其是陆厥的观点，得到多数当代学者同意，他们同样认为，"八病"理论是5世纪下半叶—6世纪初在文学批评中占据统治地位的形式化倾向的最高表现，它在中国抒情诗歌的发展史上起了负面作用。以后，这一学说促使作诗规则转化为程式，使诗人为顾及表面的精美和韵律的细节而牺牲诗作的思想和情感。针对"八病"理论，有人甚至提出这一界定，即"技术理论"（technical theory），以此来强调该学说的拥护者对诗歌创作形式层面的特别关注，对外在的（技术性的）精巧的热烈追求。

然而，对于古代诗歌文本声调构成的分析，对于沈约本

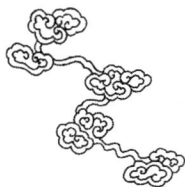

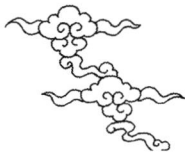

人以及他所领导的永明体诗歌流派其他代表人物的诗歌创作的分析，却能使我们对关于"八病"理论的类似评价之合理性产生怀疑。

首先，沈约的理论显然是他对诗歌实践中业已存在的声调规律进行思索的结果，这些规律源自汉语的特性，至少在1—2世纪就已形成。在五言古诗的早期文本中就存在特定的音韵规律（包括二行诗中结尾的字根据声调轮替的倾向），这些规则出现在沈约的总结之前。与此同时，沈约总结的规律并没有被他本人及其他永明体作家在创作实践中所遵守，这些作家在传统上被认为是他的同道（王融和谢朓）。例如，他们各自创作中大约四分之一的作品都不符合避免"蜂腰"这条规则。更加典型的是，他们的作品与萧衍（梁武帝）作品中的音律结构并没有多大差异。因此，这四位诗人的创作均真实地体现了当时抒情诗中存在的自然、独特的声调规律。沈约的规则只是一种推荐，无论如何也不是一种标准。

其次，"八病"理论的规则要比唐朝（7—10世纪）所采用的格律诗的作诗规则"格律"宽松得多。

再次，沈约的理论符合3—4世纪那些一如既往为诗歌的外在完善而斗争的文学理论家们的追求。而且，陆机在《文赋》中已提到诗歌中音律基础的存在，并将之与色阶的规律相提并论。也就是说，"八病"理论真正的创新之处仅限于把音韵规律带入艺术风格的概念。

作诗标准（格律）产生和确立的原因不应在某个作者个人的创作立场中去寻找，也不应在某一个人的理论中去寻找。诗歌创作转化为一种最为广泛的智性活动，对于中国人生活的某些领域来说，它也是必不可少的智性活动，这一现象注定会导致这样一种诗歌创作实践机制的产生，仰仗这一机制，任何一个受过教育的人均可写诗，即便他不具文学天赋。从沈约"八病"理论衍生出的中国作诗标准，其实质恰恰在于为作者提供了一些处理语言素材的标准。

**M.E.克拉夫佐娃《永明体诗歌》，第224—234页；И.C.李谢维奇《中国文学思想》，第131—132页；《古代东方文学》第1部，第53页；H.T.费德林《中国文学》，第94页；《魏晋南北朝文学研究》，第427—433页；郭绍虞《中国文学批评史》，第79—96页；郭绍虞《中国古典文学理论批评史》，第102—125页；罗根泽《中国文学批评史》，第167—179页；陆侃如、冯沅君《中国诗史》，中卷，第386—389页；Brooks B. E. A. Geometry of Shi pin, p. 130; Lai M. A History of Chinese Literature, p. 140; Liu J. J. G. Chinese Theories of Literature, pp. 88‐89.

（M. E. 克拉夫佐娃撰，侯玮红译）

巴金

　　原名李芾甘。1904年生于四川成都，卒于2005年。小说家，政论家，社会活动家。中学在一所外国语学校学习，受到1919年五四运动影响，他离开这所学校去更易受新思潮影响的沿海城市学习，受无政府主义思想影响，这反映在他早期的政论文章中（后来他远离这一流派）。由于健康原因他没有考入北京大学[①]，1927年去法国并在那里生活一年有余。他在那里创作中篇小说《灭亡》，1929年刊于上海的重要刊物《小说月报》。小说主人公是一位左翼青年，他以暗杀省长的方式回应反动军阀的恐怖镇压行动，但自己也死去。作家下一部中篇小说《新生》中的人物也相继死去，小说鲜明表达出拒绝为了集体斗争而采取个人恐怖手段的思想。寻找生活道路的青年人对个人幸福的思想争论与探寻，这一主题反映在"爱情三部曲"（1931—1933）中，这是由几个共同人物串联起来的三部中篇小说。小说如帮忙出主意一般真诚而不安的叙述语调为作者赢得青年人的喜爱。

　　20世纪30年代，巴金非常高效地尝试所有小说体裁的创作，并在作品中最大限度地反映各种问题。长篇小说《家》（1931）为他带来很大声誉。这部小说具有明显的自传性，小说令人信服地讲述一个走向灭亡的富裕的宗法制家庭，讲

[①]　原文所述不确。巴金当时是准备报考北京大学，后因病于上海休养，没有报考，并非没有考入。——译者注

述这个大家族中几个年轻代表所选择的不同道路。《家》与另两部长篇小说《春》（1938）和《秋》（1940）共同组成"激流三部曲"，不过后两部小说问世时，国家所面临的已是另外一些问题。

巴金没有参加文学团体。他参与左翼文学运动，发表过关于时事的政论。他也从事翻译，主要翻译俄国文学，尤其是使他感到亲近的屠格涅夫的作品，他还翻译了赫尔岑《往事与随想》的一部分。

作家对抗日战争文学作出的最重要贡献是长篇小说《火》（1943），小说讲述上海青年参加反击侵略者斗争的故事。之后，他开始深入关注大后方艰难生活中人们的心理状况，如短篇小说集《小人小事》（1945）、长篇小说《寒夜》（1947）等。

中华人民共和国成立后，巴金担任很多创作机构的领导工作，当过重要文学杂志《收获》的主编，参加过争取和平的运动，写过两部关于朝鲜战争的随笔集、大量政论和文学研究作品。

*《巴金文集》14卷，北京，1958—1962年；《巴金选集》10卷，成都，1982年；《百年激流：巴金回想录》，海口，2000年；巴金《论创作》，上海，1983年；巴金《家》，В.彼得罗夫译，莫斯科，1956年；巴金《爱情三部曲》俄译本，莫斯科，1956年；巴金《春》俄译本，莫斯科，1957年；巴金《秋》，姆德罗娃译，莫斯科，1957年；巴金《巴金文集》，Н.Т.费德林编，В.彼得罗夫序，莫斯科，1959年；《巴金选集》，В.索罗金编，莫斯科，1991年。**《作家巴金在中国社会的作用》，载《远东文学问题：纪念巴金百年诞辰国际学术研讨会论文集》，圣彼得堡，2004年，第1辑，第6—43页；高莽《巴金和俄国文学》，载《远东问题》2004年第5期，第147—155页；Л.П.捷留辛《巴金和"文化革命"》，载《第27届中国社会和国家学术研讨会文集》，1996年，第147—159页；А.Н.热洛霍夫采夫《巴金：一位爱国作家》，载《远东问题》1983年第4期，第139—148页；Л.А.尼科利斯卡娅《巴金（创作概论）》，莫斯科，1976年；В.И.司马文《友谊之书》，载《跨越时间之河的桥梁》，莫斯科，1989年，

第156—166页；汪应果《巴金论》，上海，1986年；《巴金年谱》，成都，1989年；《世纪的良心》，上海，1996年；Lang O. Pa Chin and His Writings: Chinese youth between two revolutions, Cambr. (Mass.), 1968.

（B. Ф. 索罗金撰，侯玮红译）

乙

白居易

字乐天，772年生于下邽（今陕西渭南）[①]，卒于846年。中国伟大的诗人之一。青年时代即意识到自己的使命，即致力于诗歌创作和国家社稷，于是目标坚定、刻苦努力地学习。他在由75篇政治和哲学笔记组成的《策林》中肯定儒家思想在治国中的必要性，此书由他和他的朋友、诗人元稹（779—831）编成于806年。他于800年考中进士。自808年5月起任三年左拾遗。他在给皇帝的奏疏中反对加强宦官的权力和军事将领的专权，谴责苛捐杂税，反对自私自利的官员占据高位。他看到唐帝国日益加重的危机，认识到社会需要通过诗歌提出国家生活中存在的迫切问题，于是成为"新乐府运动"的倡导者之一。他强调"裨补时阙"的揭露性诗歌的重要性，强调《诗经》讽喻时事的传统。他坚信，民歌的诗学和结构为艺术反映现实提供了最大可能性，但必须远离传统的乐府即文人乐府，转向新题材；诗歌写作要取材于生活环境和现实事件，这样的诗歌才能向皇帝和国民传达真理。新乐府的主要目的即讲述人民的生存状况，反映他们的情绪，因为人民的痛苦证明皇帝并未依"天命"行事，这就意味国家面临倾覆的危险。他最重要的创作原则，即用清晰易懂的语言写作，诗歌"不为文而作也"。他的诗学纲领在50首七言诗系列《新乐府》和10首五言诗系列《秦中吟》中取得巨大成功。诗人因贵族的富有和普通百姓的贫穷对比而生的义愤，鲜明体现在他的多部作品中（如《轻肥》《买花》和《霓裳羽衣舞歌》）。中国诗歌中首次如此广泛而真实地再现了农民艰苦的劳动和悲惨的境遇（如《观刈麦》

———————————
[①] 原文不确。白居易祖籍太原，曾祖时迁居下邽，生于今河南新郑。——译者注

《村居苦寒》和《杜陵叟》）。在《黑潭龙》一诗中，诗人直接以副标题"疾贪吏也"确定这首诗的主题。他谴责令农民倾家荡产的苛捐杂税（《重赋》），谴责官吏的不法行为（《卖炭翁》）。白居易坚决反对危害极大的征战与内讧。他的诗歌有时是普通人的独白。诗人遵循这样的原则，即每首揭露性诗作的基础都是一个情节场景，客观描写常以作者直接表明立场的诗句收尾。家庭的不幸、长期的被逐加深了诗人对佛教的兴趣，他的诗传达出对人生短暂的思索，他在佛教中找到精神完善的出路，周围世界各种可见现象均有其自在价值的禅学观点让他感觉亲近。白居易成功表现了丰富多彩的心理状态和最为隐秘的思想活动。他的抒情诗中最为著名的是精巧的绝句。白居易曾任杭州（今属浙江）和苏州（今属江苏）刺史，一度成为太子少傅，也曾被贬谪，但他总是无视环境，对他来说，每个上天赋予的生命都有其自身价值。抒情长诗《长恨歌》讲述皇帝唐玄宗（712—756年在位）与美女杨贵妃的爱情故事，抒写了甚至叫天下之主宰也欲罢不能的情感。长诗《琵琶行》写一位京城歌女的命运，她的讲述让诗人再次回忆起自己被贬谪的生活。白居易在世时其诗歌便广泛流传于社会各阶层，并迅速在新罗和日本赢得赞誉。

*《白氏长庆集》10卷，北京，1955年；《白居易集》4卷，北京，1985年；白居易《四言诗》，Л.艾德林译，莫斯科，1949年；《白居易诗选》，Л.艾德林译，郭沫若序，莫斯科，1958年；《白居易抒情诗选》，Л.艾德林译，莫斯科，1965年；《白居易诗选》，Л.艾德林译，莫斯科，1978年；《唐代诗歌》，Л.艾德林编，莫斯科，1987年，第288—379页；《禁中夜作书与元九》，Л.Е.波梅兰采娃译注，载《东方》1995年第3期，第115—125页。**Г.Б.达格达诺夫《禅宗佛教对唐代诗人之影响：以王维和白居易为例》，学位论文，莫斯科，1980年；Н.Т.费德林《白居易：纪念诗人诞生1200周年》，载《远东问题》1972年第3期，第168—172页；王拾遗《白居易生活系年》，银川，1981年；朱金成《白居易年谱》，上海，1982年；Yan X. S. Money matters: Bai Juyi's self image as a

septuagenarian // Monumenta Serica. St. Augustin, 2000, Vol. 48, pp. 39 – 66.

（E. A. 谢列布里亚科夫撰，侯玮红译）

白朴

乙

字仁甫，号兰谷先生。1226年生，卒于1312年后。元代（1271—1368）著名诗人和曲作家。金朝官员之子，在蒙古人占领中国时幸得著名诗人元好问保护而免于难。一生中大部时光居住北方，即今河北省，过着游闲生活。主要作品是历史悲剧《梧桐雨》，其主人公是唐玄宗，他荒废朝政，专宠年轻的杨贵妃。后者与将军安禄山有私情，安禄山发动叛乱向都城进发，皇上和忠诚于他的贴身将士退向内陆省份四川，但在逃亡途中士兵们要求将罪魁祸首杨贵妃及其兄宰相杨国忠处死，玄宗被迫同意。最后一幕，皇帝在雨声中追忆他的宠妃，杨贵妃化身仙女出现在皇帝的梦中，这一幕也是整个元代戏剧的诗意高峰。剧本《墙头马上》讲述裴尚书之子与失宠大臣李总管之女的秘密爱情故事。他们起初幸福的结合因受傲慢而刚愎自用的尚书阻挠而中断，后历尽艰难终于重新团圆（且裴尚书和李总管子女们的哀求发挥了主要作用）。

*白朴《阳春曲》，И.С.李谢维奇译，载《中国诗选》第3卷，莫斯科，1957年，第108页；《白朴杂剧》，T.A.马利诺夫斯卡娅、C.博特维尼克译，载《元代戏曲》，莫斯科，1966年，第185—230页；《白朴散曲》，载《东方文集》第6辑，莫斯科，1978年，第530—531页；《白朴诗词》，C.A.多罗普采夫译，载《3—14世纪中国山水诗》，莫斯科，1984年，第205—210页。
**В.Ф.索罗金《13—14世纪中国古典戏剧》，莫斯科，1979年；《辽宋元文学研究》，张燕瑾等编，2003年，第410—414页。

（В. Ф. 索罗金撰，侯玮红译）

班固

字孟坚，32年生于扶风安陵（今陕西咸阳），92年卒于河南洛阳。史学家，诗人。后汉（1—3世纪）时期"赋"的主要代表人物之一，较早的具名抒情诗作者之一。

班固的生平，《后汉书》中有记载。他出身文人世家，其父是著名的文学家和学者班彪（3—54），其兄弟班超（32—102）是著名军事将领。班固童年时就表现出对知识的渴望和非凡的文学才能。明帝时（58—75）步入仕途，做宫内藏书之处"兰台"的管理者，即"兰台令"。62年被任命为宫廷史官。89年参加对匈奴的战争（被任命为"中护军"，即保护统帅大本营的军官）。92年在和帝统治时被诬谋反，死于狱中。

班固最重要的著述有《汉书》和百科全书式的著作《白虎通》。

其诗歌遗产包括三部完整的颂诗，即《西都赋》《东都赋》[1]和《幽通赋》；三个片段，即《终南山赋》《览海赋》和《竹扇赋》；另有诗8首。这些作品均收入《班兰台集》，按照传统，该集中的作品均源于班固本人所编的作品集（共17卷）。班固本人所编的集子（但仅存4卷）被收入张溥（1602—1641）所编合集。除此之外，班固的抒情诗被收入丁福保（1874—1952）辑本（1964）和逯钦立（1910—1973）辑本，颂诗则被收入严可均（1762—1843）辑本。

传统上认为班固最重要的颂诗作品是《西都赋》和《东都赋》，有时并称《两都赋》，它们颂扬的分别是西汉（前3—前1世纪）的都城长安（今陕西西安）和东汉（1—3世纪）的都城洛阳（今河南洛阳），它们被公认为赋的典范之作。现存两个版本，一为《文选》（卷一）所收，一为班固的生平传记所录。两首颂诗不仅是诗歌作品，而且也是带有理论色彩的著作，它们体现了班固对于诗歌创作本质和功能的看法。他认为诗歌创作是国家元素，是最高道德价值的捍卫者，这一观点在《两都赋》的序言中得到表述："或曰：'赋者，古诗之流也。'昔成、康没而颂声寝，王泽竭而诗

---

[1] 此处原文误作《西京赋》和《东京赋》，班固的《两都赋》题目实为《西都赋》和《东都赋》。——译者注

不作。大汉初定，日不暇给。至于武宣之世，乃崇礼官，考文章。……以兴废继绝，润色鸿业。……且夫道有夷隆，学有粗密，因时而建德者，不以远近易则。……故臣作《两都赋》，以极众人之所眩曜，折以今之法度。"

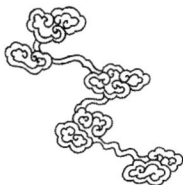

两首赋作的内容是对城市自然地理位置特点的宏大描述，一一列举当地景观构成（高山、低地、河流、湖泊等），描绘都城建筑物的细节（城市、帝王宫苑、殿宇街衢等），同时探究城市历史及其建筑的特色，再现城市生活场景："披三条之广路，立十二之通门。内则街衢洞达，闾阎且千，九市开场，货别隧分。人不得顾，车不得旋。"（《东都赋》①）

个别的场景和片段汇成统一、壮观、鲜活的城市生活全景图，集中体现了帝王统治下精神与物质均一派繁荣的壮观景象。

班固抒情诗创作的主体（有5首见于他的生平传记，或作为诗歌片段见于《东都赋》）是一些歌颂殿堂和礼仪活动的诗作，如《明堂诗》《灵台诗》和《宝鼎诗》。在注疏传统和文学研究方面，他的《咏史》一诗十分著名，诗中讲述皇家粮库管理者因过失被判死刑②，其女以女儿对父亲的爱打动皇帝（文帝，前180—前157年在位）。这首诗开创"咏史诗"先河，使这一题材在之后的具名抒情诗歌中得以确立。此外，这首诗还是五言诗的最早范本之一。

*《后汉书》第40卷（下），第1359—1394页；《班兰台集》；《文选》第1卷；收录班固诗赋作品的集子，见丁福保编，1964年，第1卷，第34—35页；逯钦立编，第1卷，第168—170页；严可均编，第1卷，第602—613页；Knechtges. D. R. Wen Xuan or Selections of Refined Literature, Vol. 1. Rhapsodies on Metropolises and Capitals. Princ., 1982, pp. 93‑180. **《班固》，载《中国哲学》，第21页；И.С.李谢维奇《中国文学思想》；刘大杰《中国文学发展史》上卷，第150—151页；《先秦两汉文学研究》，第328页；曹道衡《汉魏六朝辞赋》，第

① 此处有误，这几句引文出自《西都赋》。——译者注
② 原文不确，当为肉刑。——译者注

77—83页；《中国文学史》第1卷，第143—147页；《中国古代文学词典》第2卷，第588页；A Study of the Fu.

（M. E. 克拉夫佐娃撰，侯玮红译）

班婕妤

即班夫人（约前46—前8），西汉（前3—1世纪）成帝（前33—前7）嫔妃。原名不详。"婕妤"是宫中妃嫔的正式称呼。班夫人被视为中国文学史上最早的女诗人之一，同时也是古代重要的抒情诗人。

她的简短生平记载于班固所著《汉书》（卷97）的"外戚"部分。她是班氏望族的女性代表，班固的远亲，成帝甫一即位她即被选入宫。班婕妤貌美超凡，很有修养，文才颇高，因此被赐封为"婕妤"。她的家庭幸福和富贵因新宠赵飞燕的出现而终止，赵飞燕公开诬告班夫人，说她行巫蛊之术。班夫人不想再参与宫廷争斗，使个人生活处于危险之中，便自请前往偏僻的长信宫侍奉守寡的王太后。她在那里度过余生。

班夫人现存唯一作品是《怨歌行》，此诗共10行，用严谨的五言诗格律（每行5字）写成。这是一首关于扇子的寓言诗，背后隐藏着关于个人命运的诉说，扩而言之，是关于一位注定成为君王美丽玩物的女性之悲苦命运的诉说。团扇用如霜似雪的细绢剪裁而成，状若明亮的满月，它能为爱人带来宽慰，在夏日的酷暑中为他送去凉风，但秋天一到，无用的扇子就被弃置和遗忘："常恐秋节至，凉飙夺炎热。弃捐箧笥中，恩情中道绝。"

班婕妤的这首诗在后代文学批评中获得了相当高的评价，被收入较权威的文集《文选》（卷27）和《玉台新咏》（卷1）。在钟嵘著名的《诗品》中，班婕妤被列为上品诗人。在这位批评家看来，她在中国诗歌史上具有开创性作用。钟嵘对她的这首诗作出简短评价，指出其诗作中内容深度与艺术完美的和谐结合："怨深文绮。"

注疏家和文学理论家从一开始就对班婕妤作品的体裁

属性甚至名称持有不同意见。《文选》将她的诗歌归入"乐府",亦即歌唱体诗歌,其诗作标题中的"歌"和"行"二字为这一看法提供了佐证。它作为乐府诗也被收入郭茂倩(1041—1099)所编《乐府诗集》(卷42)。在《玉台新咏》中,它又被冠以"怨诗"之名,即被视为一首创作诗作。在《诗品》中,《怨歌行》被叫作《团扇歌》,同样被归入"古诗"。

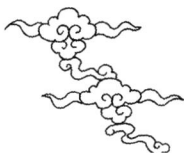

在更后的注疏传统与语文学中,《怨歌行》的原创性和班婕妤的作者权受到质疑。7世纪《文选》批注中指出,《怨歌行》是对一首同名乐府民歌的模仿。关于《怨歌行》的来源以及它究竟属于具名抒情诗抑或民歌的争论一直在学术界持续,一部分研究者赞同此诗作者权属于班婕妤,另一部分人认为在汉代诗歌中可能存在几首同名诗歌,其中一首为班婕妤所作,但也是对乐府民歌的模仿。还有一些人认为《怨歌行》本身就是民歌,20世纪出版的文集中常这样处理(如余冠英编注《汉魏六朝诗选》),俄译乐府诗集也收入此诗。

不论《怨歌行》的真正作者是谁,这部作品都有理由被视为古代中国抒情诗的杰作。它对爱情诗的进一步发展起到重要影响,开创了"咏"这一诗歌传统。《怨歌行》在"文人乐府"诗歌范畴内赢得众多模仿。班婕妤本人的命运也成为中国抒情诗钟爱的题材,她的形象成为爱情幸福之短暂和女性悲剧命运的象征。

*《汉书》第97卷,第1册,第1011页;《文选》第27卷,第1册,第598页;《玉台新咏》第1卷,第1册,第99页;《乐府诗集》第42卷,第2册,第1152—1156页;收录班婕妤作品的选集:丁福保,1964年,第1卷,第49页;逯钦立,第1卷,第116—117页;《乐府:中国古代民歌》,第50页;Regret // New Songs from a Jade Terrace…, p. 43; Resentment // An Anthology of Chinese Verse, pp. 21–22; A Song of Grief // The Orchid Boat…, p. 3. **И.С.李谢维奇《中国古代诗歌与民歌》,第100—102页;萧涤非《汉魏六朝乐府文学史》,第102—103页;黄节《汉魏乐府风笺》,第53页;《中国历代诗歌鉴赏词

典》，第118—119页；《钟嵘诗品译注》，第47—48页；《乐府诗选》，第46—47页；Women Writers of Traditional China..., pp. 18 - 21.

（M. E. 克拉夫佐娃撰，侯玮红译）

鲍照

字明远，约414年生于东海（今江苏连云港），卒于466年。六朝时期（4—6世纪）的主要诗人之一。

现存文献没有关于鲍照生平的专门记载，其生平可在六朝时期不同文献资料和诗人自己的创作中得到复现。据推测其出生年代应在405—422年间，当代研究认为最有可能是414年。鲍照出身于并不富裕的地方小官员之家，这个家族在中原被部分占领之前（311—317）生活在北方地区（今山西上党）。据他表述，他很早成为孤儿，青年时代在贫寒中度过。他的仕途始于5世纪30年代，时任刘义庆（403—444，封号临川王）的私人护卫，即"侍郎"，后者是著名文集《世说新语》的编撰者。宋（刘宋，420—479）孝武帝（454—464）即位后，鲍照成为太学博士兼皇家中书舍人。孝武帝统治末期他两度任县令，后任临海王子顼（孝武帝第七子）的参军，成为荆州（今湖北省南部）执事。临海王在父亲去世后起兵反对新帝，鲍照死于战乱。

众所周知，鲍照大部分作品都已散佚，然而诗人保存下来的文学遗产也相当可观：130首诗作（44首乐府，其余为诗），9首赋，以及近30篇不同体裁、传统上归入"文"的作品，其中包括表、辞、书、铭和颂。据说7—10世纪时曾存有10卷本《鲍参军集》。现有的《鲍参军集》为汪士贤（16世纪）编纂《汉魏诸名家集》时所辑，后收入张溥（1602—1641）和丁福保（1874—1952）辑本（1916）。也有其作品的注释单行本。此外，鲍照的抒情诗被收入丁福保辑本（1964）和逯钦立（1910—1973）辑本，赋和散文作品收入严可均（1762—1843）辑本。

鲍照抒情诗的主题，是关于个体命运之微不足道的感

受。使这些感受更为强烈的，一方面是想到时间的无情飞逝及其毁灭一切的力量，另一方面是对他所置身的混乱时期的思索。生命之短暂和人类事业之转瞬即逝的主题在诗人早期作品中就已清晰展现，其中包括由18首诗（属乐府体裁）构成的组诗《拟行路难》。个人之不幸，如亲人（姐妹、妻子）的离去，以及鲍照所认为的不成功的仕途，都加重了他天性中的悲观情绪。诗人的心情和世界观特征最集中地体现在他的乐府诗《代蒿里行》中，此诗依照乐府民歌的题材写成："赍我长恨意，归为狐兔尘。"

鲍照的创作中还有一组诗抒发怀才不遇和生活贫苦。比如，一首题为《代贫贱苦愁行》的乐府诗这样写道："湮没虽死悲，贫苦即生剧。长叹至天晓，愁苦穷日夕。"

"小人物"的痛苦感受及"世上强人"对小人物的漠不关心，这样的主题也鲜明体现在鲍照的军旅诗歌中。军旅生活构成这位参加过多次征战的诗人创作的又一主题。这一主题的诗作，乃至诗人所有公民诗歌中的最优秀作品，是乐府诗《代东武吟》。此诗讲述一位年老士兵一生忠诚，效劳皇帝，如今却穷困潦倒："时事一朝异，孤绩谁复论。少壮辞家去，穷老还入门。"

鲍照的友谊和爱情诗作中充满孤独和难以摆脱的痛苦、与友人相见无望的思绪或与爱人相处的幸福感。诗人爱情诗的突出代表是乐府诗《代白头吟》，它与据传为女诗人卓文君（公元前2世纪伟大的辞赋作家司马相如的夫人）所写的诗同题："何惭宿昔意，猜恨坐相仍。人情贱恩旧，世议逐衰兴。"

一般认为，正是由于诗人精神上的痛苦和他面对死亡的恐惧，才使他去诉诸不朽的主题。道教主题的诗歌同样在鲍照的诗歌遗产中占据重要地位，其主人公为获得超凡能量、长生不老的道士，如乐府诗《代升天行》："从师入远岳，结友事仙灵。……风餐委松宿，云卧恣天行。"

鲍照的写景抒情诗与上述题材的诗歌迥然不同。它们充满感情，拥有一种内在的平静，富有表现力，语言相对朴素，与鲍照的同时代人、山水诗的奠基人谢灵运的诗歌对比

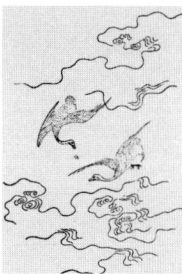

鲜明，比如《望孤石》一诗的这些诗句："江南多暖谷，杂树茂寒峰。朱华抱白雪，阳条熙朔风。"

当代研究者特别关注鲍照寓言性质的诗歌"咏"，认为它们是这一抒情诗形式的开山之作。

鲍照赋作中著名的是《芜城赋》和《舞鹤赋》。前者写广陵（今江苏扬州），它早在汉代（前3—3世纪）上半期就成为繁华之都，数世纪来始终保持富庶。456年，当地统治者（竟陵王刘诞）举兵反对皇帝，后被严酷镇压，广陵这个当时有45000人口的城市被猛烈攻打，几乎被毁，成年男子均被杀，女子被赏给士兵玩乐。据说，鲍照在三年后（459年或460年）到过广陵。他因不久前发生的这场悲剧而震惊，写了这首悼念长诗，并把此诗（74行）刻在城墙的残垣上。诗中再现了城市毁灭的可怕画面，人的孤立无助、生活的悲剧及时间对于人类创造之残忍态度等主题，比在他的抒情诗中表现得更为突出："千龄兮万代，共尽兮何言。"

赋作《舞鹤赋》歌颂"玄鹤"，即道教信仰中富有魔力的鸟。曾有一篇《相鹤经》（仅存片段），据称为传说中的圣人浮丘公所作，人们对这位圣人一无所知，只知其姓名。《相鹤经》中写道："鹤者，阳鸟也。……因金气，依火精。……故十六年小变，六十年大变，千六百年，形定而色白……七年飞薄云汉。又七年，学舞。"鲍照的赋化用《相鹤经》一典，详细描述玄鹤的非凡之美和神奇天性："精含丹而星曜，顶凝紫而烟华。引员吭之纤婉，顿修趾之洪姱。叠霜毛而弄影……"虽然这种富有魔力的鸟不得不"归人寰之喧卑"，甚至会沦落到受人奴役的地位，然而它依然能凭借自己内在的力量战胜任何困难与考验，联合自己的同类，在自由的飞舞中去向遥远的仙境："唳清响于丹墀，舞飞容于金阁。……逸翮后尘，翱翥先路。"鲍照的赋与其说是对道家传说的改写，不如说是对作家创作个性及其天赋力量和精神完善的歌颂。

鲍照的诗歌获得同时代人及与之相近的几代文学批评家的承认。对他的抒情诗特点的最充分分析，出现在6世纪初著名文学理论著述钟嵘的《诗品》中。尽管钟嵘只是把鲍照归入二流文学家（"中品"），但他特别指出鲍照的诗歌天赋（用钟嵘的术语来说即"才秀"）以及其作品的独创性。按照钟嵘的观点，鲍照的创作在刘宋时代的诗歌中已经自成一"家"。在六朝负有盛名的文集《文选》和《玉台新咏》中，鲍照的作品分别被收入18篇（包括上述两首颂诗）和9篇。也就是说，他被两部文集的编者归入古代和六朝时期十位最优秀诗人的行列。

后世的文学评论家也完全认同鲍照创作的独创性。10—12世纪确立了一个专门概念，即"元嘉三大家"。元嘉指刘宋文帝统治时期（424—453），"元嘉三大家"指鲍照、谢灵运和颜延之。这个概念的出现意味着这三位诗人均被公认为一种诗歌风格的奠基者。鲍照诗作以爱国激情和对民间诗歌的艺术借鉴而获殊誉。当代研究者也对其作出类似评价。同时，按照一些学者（如张康宜）的观点，他对民歌的兴趣与其说是对普通人的同情（鲍照作为"人民诗人"的特点），不如说是对新的表现手段的寻找。确实，他的诗为中国抒情诗学开创了新天地。正如许多著述所指出的那样，鲍照还对"七言诗"的发展作出巨大贡献。随着时间的推移，七言诗后来在唐朝（618—907）和宋朝（960—1297）的抒情诗中占据统治地位。

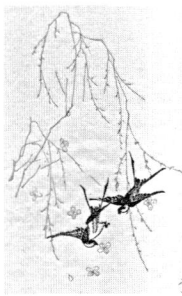

*《文选》，第1卷；《鲍参军集注》；《鲍参军诗注》，黄节注；《鲍参军集注》，钱振伦注；《玉台新咏》卷4，第2册；收录鲍照抒情诗的辑本：丁福保辑本，第1卷，第664—708页；逯钦立辑本，第2卷，第1295—1313页；严可均辑本，第3卷，第2867—2690页；《中国诗选》第1卷，第347—358页；《3—14世纪中国山水诗》，第43—51页；《文心雕龙》俄译本，第196—206页；C.A.托罗普采夫《组诗〈悲白发〉》，第43页；《中国文学文选》，第201—205页；《阿理克院士译中国古典小说杰作》第1卷，第250—256页；An Anthology of Chinese Verse, pp. 142‑156; Die Chinesische Anthologie... Vol. 1; New Songs from a Jade Terrace..., pp. 115‑119; Watson B. Chinese Rhymeprose..., pp. 92‑96; Wen Xuan... Vol. 2, pp. 253‑262; Vol. 3, pp. 75‑82. **Л.Е.别任《鲍照创作中的民歌体裁》；Л.Е.别任《论鲍照的诗》；Л.Е.别任《谢灵运》，第153—161页；E.B.鲁季斯《鲍照诗歌中的人生易逝主题》；

中国精神文化大典

文学·语言文字卷

E.B.鲁季斯《鲍照诗歌中的友谊主题》；E.B.鲁季斯《鲍照诗歌的题材特征》；王钟陵《中国中古诗歌史》，第595—626页；《魏晋南北朝文学研究》，第418—423页；林庚《中国文学简史》第1卷，第221—224页；陆侃如、冯沅君《中国诗史》中卷，第374—378页；谭丕模《中国文学史纲》上卷，第194—196页；胡国瑞《魏晋南北朝文学史》；曹道衡《汉魏六朝辞赋》，第162—167页；曹道衡、沈玉成《南北朝文学史》，第83—92页；《中国文学史》第1卷，第271—275页；《中国历代诗歌欣赏词典》，第250—252页；《钟嵘诗品译注》，第144—146页；《鲍照生平及其诗文研究》；Chang K Y. Pao Chao: In Search of Expression // Chang K Y. Six Dynasties Poetry; Kotzenberg H. Der Dichter Pao Chao (†466).

（M. E. 克拉夫佐娃撰，侯玮红译）

北岛

另一笔名为艾珊，原名赵振开。1949年生于北京，当代诗人。1969年中学毕业后当过建筑工人、编辑、记者。他是激荡中国诗坛的"朦胧诗"流派的创始人和活动家之一。1978—1980年创办诗歌杂志《今天》（共出版6期）。他1970年开始诗歌写作。青年时代经历两次悲惨事件：好友遇罗克在"文化大革命"中罹难和妹妹为救落水儿童而身亡，这些都反映在他的诗歌情绪中。1979年《诗刊》杂志刊登北岛的诗《回答》，标志整个"朦胧诗"流派得到社会认可。1980年5月，评论家谢冕在一篇文章中确认这一新诗歌流派的诞生。北岛出版了一系列诗集，包括在国外期间出版的汉语诗集。他的《诗选》曾获得1985—1986年度最佳诗集奖[①]。北岛的诗风格艰涩而考究，意义模糊，能唤起青年人对诗歌的兴趣，深受他们欢迎。除诗集外，他还出版过北欧诗人的译诗以及小说集《归来的陌生人》、中篇小说《波动》。

北岛的诗是"文化大革命"后年轻一代思想意识获得解放的结果，其诗歌的特点是充满对自由的热爱和反抗的激情，诗人自己则被称为"青年觉醒的象征"。

---

① 《北岛诗选》（1986），1988年获中国作协优秀诗集奖。——译者注

*《跨越时间之河的桥梁》，莫斯科，1989年，第357—360页；《亚洲铜：中国当代诗选》，刘文飞编，圣彼得堡，2007年，第72—80页。**《中国当代文学辞典》，武汉，1996年，第321页；《二十世纪中国文学史》，黄修己主编，第2卷，广州，2002年，第107页。

（A. H. 热洛霍夫采夫撰，侯玮红译）

北方

真名萧元，1957年生于长沙，文学评论家、作家。父亲是大学教师，母亲是医生，父母在"文化大革命"时期遭受迫害。他多年没有机会上学，1985年考入武汉大学（在今湖北）哲学系。曾在湖南人民出版社做了9年编辑，为残雪、徐晓鹤及其他作者的作品撰写评论（总计10万字），为此曾获多项文学奖。自1996年起任湖南文艺出版社编辑。自1998年始任《芙蓉》杂志主编，该杂志在其领导下从一家地方杂志成为全国知名的先锋刊物，首次刊登了众多先锋画家、摄影家、音乐家和作家的作品。2002年，北方离开编辑部，同年出版的《行为艺术家谢德庆专访》一书在艺术界引起很大反响，随之出现大批模仿之作。他40多岁开始小说创作，接连出版《春天的故事》《四如意》《谁比谁美丽》《一天一日》等书。这些作品中所反映的中国社会与成功的中国人、官员、知识分子的类型，与官方和大众传媒中塑造的形象大相径庭。在他们卓越的成就与堂堂的仪表背后隐藏着虚伪和空虚的心灵。北方的小说保持明清时代风俗小说的特色，在许多评论家看来，他的作品是著名情色小说《金瓶梅》的现代版。中篇小说《谁比谁美丽》的题材是妓女生活，作者有意回避心理刻画，使叙述失去暴露色彩。其小说充满幽默与讽刺，语言直接采用中国南方口语，贯穿着俗语、流行歌曲歌词、毛泽东语录，这使北方的作品成为当代中国有趣的小说样本之一。

*北方《书法美学史》，长沙，1990年；北方《初唐书论》，长沙，1997年；北方《自言自语——萧元文学评论选集》，长沙，1998年；北方《谁比谁漂亮》，北京，2001年；北方《做壹年》，西安，2002年。

（Г. А. 尤苏波娃撰，侯玮红译）

《北梦琐言》

笔记小说集。孙光宪在荆南高氏处为官时所作，后又有补充（笔记集标注的最晚年代为961、962年）。《宋史》著录《北梦琐言》有20卷。在陈振孙（1190—1249）所编书目中记载：“《北梦琐言》三十卷，黄州刺史陵井孙光宪孟文撰，载唐末五代及诸国杂事。光宪仕荆南高从诲，三世在幕府。北梦者，言在梦泽之北也。”宋代（10—12世纪）可能至少有两个版本，两者相差10卷，但更有可能，《北梦琐言》的一部分在宋代即已散失。孙光宪在笔记集序言中写道，《北梦琐言》计有30卷。以清代版本学家缪荃孙（1844—1919）家藏手稿为基础出版的现代注疏版本也证明了这一点，在该手稿中，除作为主体（在稍晚书目中有过描述的）的20卷外，还增加了先前遗失、后据《太平广记》重新恢复的4卷。在清初钱谦益（其藏书楼在1650年冬毁于大火，仅余4卷书目）的《绛云楼书目》中列明《北梦琐言》为20卷。清代张金吾在《爱日精庐藏书志》中指出，他拥有的版本是辛跃学所藏宋代陕刊旧本，但其中多有不确和错讹，看来，张金吾最终觅得他搜寻已久的版本，并进行了严肃的版本考订，因为正是他考订的书目被收入皇家藏书。不过，《四库全书总目》中还提及清代流行的《北梦琐言》另一版本，即为明代文选《稗海》所录，言其“脱误殆不可读”。至于《北梦琐言》的第一个刻本，可能是作者的几个儿子在968—977年间编成。

《北梦琐言》的大多片段记录唐朝末年、后梁（907—923）、后唐（923—936）和后晋（936—946）时期发生的事件。孙光宪是许多事件的同时代人和见证者，他能记录

下这些事件，是因为他依靠其社会地位得以认识当时很多历史人物。此外，如他在序言中所说："唐自广明乱离，秘籍亡散，武宗已后，寂寞无闻，朝野遗芳，莫得传播。"而孙光宪"每愧面墙"，决定填补这一空白。整部《北梦琐言》为一个宏大目标而作，即在繁荣强大的唐帝国将不可避免地成为历史的时刻，保存下那些在混乱与权力斗争中急速远去、隐没的时代细节和历史事件。在某些片段中，孙光宪会遵循始自《史记》的传统，在正文之后加上自己的观点，或以"葆光子曰"为起始的句子作为补充，似乎以此与前面所述撇清关系，强调所传达信息的客观性。孙光宪除在《北梦琐言》中使用文献典籍外，还提及两位"在世的"信息提供者，他在与他俩的谈话中得到很多他感兴趣的信息，这两人即凤翔少尹杨玭和太子中允元澄，关于这两人我们再无其他信息。在《北梦琐言》中还会见到此类提示，即孙光宪会向那些亲历者求证某些事实："葆光子曾遇蓟门军校姓孙细话张大夫遇水仙。"此外，在一些片段结尾（在第6—9卷尤其多见）常有此类补写："闻于刘山甫。"此处指现已遗失的刘山甫所著《金溪闲谈》。在其他场合则不甚清楚，孙光宪系听刘山甫亲口讲述，抑或自刘山甫的文集摘录信息。若有所摘录，那么其中一些片段或至少是对《金溪闲谈》中情节的转述，无论是口述还是转录，均仅见于孙光宪的这部笔记集。

应当再次着重强调，孙光宪在其序言中声明，其编著的主要原则之一即对所获信息会仔细核对，旨在填补官方史书中的空白。他对每一条信息均"未敢孤信，三复参校"。孙光宪这部文集的珍贵性和独特性在同时代人眼中即已显而易见，在编纂前文提及的《太平广记》时，皇家编纂团队对《北梦琐言》引用颇多："宋太平兴国李昉等编500卷《太平广记》，多采《琐言》。"不过，《北梦琐言》中既有真正罕见的信息，也有对历史事件的不准确讲述；这些不准确之处直到人文科学发展的现代方才显现，而孙光宪本人在运用他所得到的资料时并未产生怀疑，虽然他也按照传统对人类知识的局限性给予了应有评价："通方者幸勿多诮焉。"

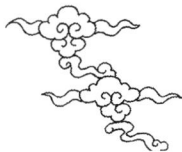

《北梦琐言》是一部规模甚大的笔记集。当代版本共有20卷主体部分和4卷补充部分，计有416个野史故事。虽然作者对《北梦琐言》中的素材未做组织，但文集的主题都十分典型，易于区分。

这些片段记述历史人物，并对我们在官方和半官方历史文献中能够看到的有关他们的信息进行扩展（增补、推翻、确定和补足）。首先是对皇族成员之生活的记录，包括多个唐朝帝王及其亲眷的故事。这些人物还包括五代（907—960）时期的统治者和其他人，更有统治荆南（南平，925—978，今湖北北部）的高氏家族。孙光宪这部文集中的人物还有不少著名诗人和藏书家，且描写他们的片段均很长，信息量很大，常录有诗歌。《北梦琐言》中的大多数人物是不同朝代身居要位的朝廷命官，他们均为作者的同时代人，对于他们中的绝大多数，我们如今除名字外再无所知。他们多为有教养的社会上层代表，这可从他们的官衔和名号看出，如达官、尚书、朝臣、进士等，较为少见的是藏书家、隐士、道士或佛家子弟。有关这些人物的信息独一无二，常能极大地拓展我们关于某位历史人物之生平的认识（当然是以他们的生平故事能流传至今为前提）。

随后是一些片段，讲述唐朝统治末期和五代时期重要事件的某些细节。与同时期其他作品不同，《北梦琐言》包含相当多细节，这些片段拓宽了我们对于这段历史时期的认识，或给出与官方正史对于这些事件完全不同的评论。

除此之外，《北梦琐言》中还有一些故事涉及神话世界和超自然存在，如鬼魂、神灵、仙人、因果报应等，但比重不大，主要集中于4卷补录。收入文集主体部分的类似片段就幻想成分的意义而言通常不具自在价值，但与那些描述某一历史人物生平的鲜活段落却能构成呼应。孙光宪常将历史人物置于非同寻常的环境，他对那些异乎寻常世界的超自然力量感兴趣，但似乎仅将其作为叙述的背景。

《北梦琐言》就整体而言独树一帜，鲜有同类，就这一意义而言，它是关于中国唐末和五代时期历史的最珍贵史料。它赢得同时代人高度评价。宋代伟大史学家司马光

（1019—1086）在编纂《资治通鉴》时对《北梦琐言》引用甚多。

*孙光宪《北梦琐言》，上海，1981年；И.А.阿利莫夫《笔端》第1部，圣彼得堡，1996年，第74—89页。

（И. А. 阿利莫夫，侯玮红译）

笔记

笔记，个人文集的一种特殊形式，或按О. Л. 费什曼的说法，为一种"超体裁体系"。笔记源于古代中国的历史典籍、远古的哲学著作和现在归为情节散文的那些典籍。最早的笔记出现在唐朝（618—907），但其真正的繁荣在宋朝（960—1297），宋朝也是整个中国文化，尤其是书面文化迅速发展的时代。正是从宋朝开始，"笔记"这个术语开始被使用，即作为确定个人文集这种形式的文字"种类"，也作为汉语书面语传统中一个完整流派的名称。书籍从卷状变成笔记本一样的册状，刻本的流行和书籍数量的增多，使书籍能够为广大民众所拥有，并方便地阅读。这种变化也反映在对待学问和知识的态度上，那些知识是通往仕途的科举考试的必考内容。社会上出现更多需求，要求对各类体裁的古籍进行大量系统化编纂，变成"类书"，这也对笔记的形成产生了一定影响。

此术语第一次使用于书名是宋祁（998—1061）的《宋景文公笔记》。似乎宋代的每位大文学家和官吏都在身后留有此类文集。笔记通常会标明作者一生的最后年月，由此它可被看成作者生活道路和文学探索的独特总结。在有些情况下，当作者来不及编完集子，会由其后人补续。比如，宋代大文学家苏轼的《东坡志林》即由其后代续写。① 有些笔记规模宏大，需要花费作者相当多的时间与精力，其中通常有对各部分材料的严密组织；另一些笔记篇幅较小且内容杂

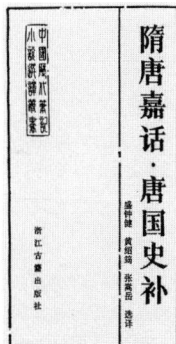

---

① 《东坡志林》为苏轼随手所记，其后人辑录，而非续写。——译者注

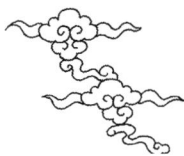

乱，使人觉得是一位学者的笔记草稿，上面留有他未及用到其他作品中去的思想、观察、初稿、摘录和资料。但在宋代早期笔记中便可看到一种倾向，即对素材的百科全书式的把握，而不局限于狭窄的方面，其表面的混乱往往具有欺骗性：之所以产生这种印象，是因为暂不理解这些文本的结构原则。

当代中国学者为笔记这一形式总结出以下特征。一、完全自由。文集中的材料可能以某种方式做内在划分，比如划分为卷，也可能完全不做任何划分；集子可能很大，如洪迈（1123—1202）的《容斋随笔》，也可能很小，如上面言及的《宋景文公笔记》；集中收入的片段可具有相当篇幅，也可短至数字；笔记的构成中几乎一定有诗话性质的片段。二、集子内在结构的自发性，无法言表的组织结构，作者常在集子序言中声明这一点。笔记较早的研究者之一刘叶秋的表述稍有不同："我认为，笔记的主要特点即内容繁杂，不受题材限制，所记即所闻，形式之散，不论篇幅长短，均编排随意。"

笔记按照内容一般划分为：主要由长短不一的情节片段构成的"小说故事笔记"；包含正史中没有记载的历史信息的"历史琐闻笔记"，或是对官方历史的补充，即"野史旧闻笔记"；"考旧辨真笔记"，即对各种不确、错误、疑难之处、词语、概念进行的修正、确定与解释；"丛考杂辨笔记"，即在阅读他人作品时所做的研究性质的分析，或各种考古学、词源学、版本学方面的信息；"杂录丛谈笔记"，包括各种意见、笑话、趣闻等，即不会被收入其他类型文集的一切东西。以上这些分类具有一定程度的假定性，因为集子的内容通常并不依据题材来划分。一部文集属于某种类型的笔记，比如说属于小说故事笔记，仅因为这部文集中收入一些富有情节色彩的片段。比如，《宋景文公笔记》主要属于考旧辨真笔记，它由一些没有情节、不以共同故事串联的简洁笔记构成，纯粹的信息片段、美学评价、诗句、警句和自传式记录等交织一体。与此同时，虽然这些材料没有清晰地按照题材划分，但其中却显然贯穿着宋祁感兴趣、不断提

及的一些主题，即评点国事，匡正错误，评价诗作。

笔记文集的作者所利用的不仅有流传至今的书面典籍，还有如今已不可见的文献，正因为他们的缜密劳作，我们如今才可能评判那些古籍。例如，在孙光宪（895？—968）的《北梦琐言》中有几个片段，其末尾均有此类补写："闻自刘山甫。"这里指的是现已失传的刘山甫的《金溪闲谈》。尽管我们不知孙光宪是自刘山甫处得到口传，抑或直接摘自刘山甫的文集，但无论如何，《金溪闲谈》的片段或至少是经转述的情节借助孙光宪的文集而得以保存。

笔记作者们将维护知识和所述信息的准确性视为己任，除书面典籍外，他们也使用口头素材，即同时代长者讲述的故事，这些人大多为亲戚、导师或作者敬重的人，最后，还有作者的搜寻和观感，即"所见所闻"，而且无论见闻来自何处，他们均会尝试用现存的书面文字去验证所获信息。比如，宋代龚明之（1091—1182）就在《中吴纪闻》的序中写道：他这部作品的基础是从爷爷及熟人那里听来的故事（"明之幼尝逮事王父，每闻讲论乡之先进所以诲化当世者，未尝不注意高仰云"）；他曾随父生活多地，听闻父亲及其同僚和亲朋好友所讲之事（"少长，从父党游，皆名人魁士"）；他在教书期间以及与友人同僚谈话时的见闻（"及又获识典刑于亲炙之人"）。龚明之把所有这些材料与他掌握的书面文献一一比对，发现"皆新旧《图经》及吴地志所不载者"。

如此一来，笔记文集所录信息有很多是独一无二的，因为它们均为作者的个人印象，因此不见于其他文献。这首先与这些笔记作者相关，他们均为历史上的真实人物，其中大多数人为我们所知，而凭借其著作，他们又成为中国历史上相当重要、个性鲜明的人物。他们还会言及其亲人，在这一方面，笔记便成了这些人唯一的信息来源。比如，朱彧（1075？—1119后）详尽记述了其母胡氏一家的事迹，历数家族人物及男性代表所任官职（在朱彧所编集子中这些信息共有28段）；而所有关于龚宗元（10世纪）的资料均源于他的曾孙龚明之所编文集。

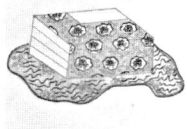

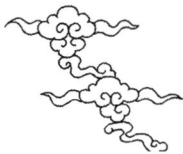

笔记中包含许多没有写入官方史著的著名历史人物的生活片段，或是某些一直不为人所知的传记事实。如王得臣写道，寇准年纪轻轻便很出名，因为一年大旱，皇上问为何久旱无雨，寇准大胆回答这一问题，认为是当朝宰相为政不公，藏有私心；宰相被罢免，于是天降大雨。朱彧记录了中国百科全书式的著名人物沈括（1029—1093）的家庭生活，称沈妻对他"棰骂，捽须堕地……须上有血肉者"，她还常在他的同僚面前折磨他，败坏他的名声；沈括对她的行为百般忍耐，却在她死后悲伤之极，甚至想要投水自尽。

朱彧的集子中有许多片段涉及当时不同级别官服的规定、宫廷和官员职务的世袭规则，都具有毋庸置疑的价值（如有一种用狨的皮毛制成的坐垫，明确规定哪一品官员自何时起有权使用这种坐垫）。关于不同历史事实和风俗的描写也丰富多彩，绝无仅有，因此同样十分有趣。王得臣详细描写当时各种样式的头巾，以及帽子的制作历史和方法，有用芦苇编成的，有用浸透清漆的薄纱制成的，还有草制帽子。还有关于君臣在朝廷上相见时所持的"笏"的演变之描写。笔记中的记述往往具有民族语言学特征。宋慈写道：南人称水为江，北人称水为河，因言有异，淮水与济水则无确称。①

关于某地生活习俗与生活方式的信息尤为重要。这些信息十分罕见，因为自宋朝至今流传甚少。这一方面首推诸如龚明之那部书名漂亮的文集《中吴纪闻》。龚明之在文集中记述他的家乡今江苏省苏州和昆山地区的习俗、风尚、事件和历史人物。这部文集是关于上述地区的一部别具特色的百科全书。最令人感兴趣的，是在其他历史资料中无法找到的有关吴地人士的大量传记资料。在上文提及的朱彧文集中很多地方均有关于宋朝时中国南方的独一无二的资料，首先是关于广州及该城外国人居住区的情况，包括海关、关税以及对商人和货物征税的规定。

具名笔记文集为重建宋朝社会的真实图景提供了一组可靠的资料，这是关于那个时代的历史证据，它们形成于具体

---

① 未查明此段引文出处。——译者注

的历史时期并记录了那个时期，从微不足道的小事到对当时风俗的广阔描写，无所不包。对宋代具名笔记文集进行合理的科学研究，能为研究中国物质和精神生活的各个方面打下坚实的史料基础，因为研究者们将会看到一系列丰富多样的素材。或由于很少为人所知，或由于难以对其进行分析、认定与归类，这些素材至今仍未得到充分研究，但此类素材的重要性难以估量。

**И.А.阿利莫夫《笔端：宋代具名笔记集历史资料》第1部，圣彼得堡，1996年；И.А.阿利莫夫、E.A.谢列勃里亚科夫《笔端：宋代具名笔记集历史资料》第2部，圣彼得堡，2004年；О.Л.费什曼《17—18世纪三位中国小说家：蒲松龄、纪昀、袁枚》，莫斯科，1980年；刘叶秋《历代笔记概述》，北京，1980年；郑宪春《中国笔记文史》，长沙，2004年。

（И. A. 阿利莫夫撰，侯玮红译）

变文

"变文"作为一种体裁，约在9世纪初（或8世纪末）产生于中国唐朝（7—10世纪）都城长安（今陕西西安）的佛教寺庙。至少，这一时期的文献提及都城的说唱者，即变文作者。最著名的说唱者是文溆（约卒于845年），关于他的说唱艺术在一系列文献中均有记载。但他不是变文体裁的唯一大师，文献中提及很多与他同时代及在他之后的说唱者。后来，这一体裁的作品通过不同渠道向外传播，甚至传至位于边疆地区的敦煌（今甘肃省西边的城市）。早在9世纪30年代末，在山东的寺庙里即已使用变文。在一些史籍和敦煌所藏的其他资料中均可发现关于变文手稿的补记，这使我们能做出一种整体推断，即变文以何种方式从中心向边疆地区传播。第一种方式是毗邻地区居民在造访长安时直接获取（他们或为外交使团成员，或为朝觐者，或为手稿收集者）。第二种传播方式与佛教受压制有关，压制最甚期为845年，稍后也有压制，虽说规模不大。许多违犯戒规的和尚说唱者被发

配至边远地区，在那里他们无疑会继续说唱。这显然部分地说明，为何在敦煌近郊莫高窟的藏书里竟藏有大批变文文本（且为已知的唯一藏本），而在全国中心城市却不见此类藏本。每逢节日，包括国家的重大活动（如帝王诞辰、年号变更等），均会进行变文表演。每逢此时，会发布专门命令，预先确定庆祝仪式的程序以及"百姓故事"的演出时间。这些故事的说唱文本提前写好，由说唱者在节庆时表演。确知的变文作者有两三位，即文溆、圆鉴，可能还有匡胤。文溆被视为《观音变文》的作者，他也可能是《维摩诘经变文》的作者之一；圆鉴应是孝子故事的变文作者；匡胤是《维摩诘经变文》中"维摩碎金"部分的作者。但我们无法断定，在敦煌发现的变文文本就出自上述三位作者之手，或系其他作者所写的同名作品。"维摩碎金"属例外，因为此书明确标明（或由他人标明）其作者是匡胤。变文最初是佛教布道的一部分，因此它与用于口头布道的释经文本有很多共同特点。这首先表现在其外在形式上，在诵经、释经时和表演变文时均要使用"押座文"、祷文和仪式文本（如"许愿"、"请佛邀圣"、撒花时的祷文、"赞"等），它们被穿插进对主要作品的朗诵中。所有这些专门用于佛教仪式的作品与布道和释经一同构成变文赖以发展的背景和这一体裁的"天地"。变文与布道和释经有着共同起源，这也为两者的结构和内在构成方面的许多共同特征所证明。这一共性在"讲经文"中尤为突出，讲经文和释经、布道一样，其叙述的基础是引文，它们引自被解释作品或情节以变文为基础的作品。

变文的起源与底本使我们有可能确定其表演者的构成。主要的表演者是"法师"，即说唱僧人，他负责解释源文本中的疑难之处，诵读构成叙述的诗文。变文的表演除要求说唱者具有一般技能外，还要求他会唱，或按照特定旋律诵读所需文本，亦即需具备特定的音乐技能。比如，文溆甚至被视为一种旋律的创始者，这种旋律在他之后成为艺人学校（"教坊"）的规范曲目。如果说唱延续数日，就会有助手在法师表演之前先把法师昨日所讲再重复一遍。第二种表

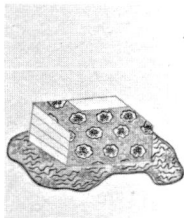

演者是"都讲"，他咏诵故事所依附的经文，且以一种叫做"宣讲"的方式咏诵。会场由"维那"负责，他的职责是维持秩序，并在必要时向集会参与者发出表演信号。此外，集会上有经过专门培训的僧人宣读底本、祷文、颂词及其他文本的梵语名称。经常出现所有参加者齐声诵读祷文的情形。在讲述时会将作为集会地的寺庙中的壁画和一些绘画作品作为图示，关于这一点有许多间接证明和直接说明，其中一些见于多种变文文本。这些图示被称为"变相"。据史料中的相关资料判断，"变相"这一术语较"变文"出现要早，后者源自前者。

布道、释经和变文作品之间存在着本质区别。如果说前二者在整体上不承担美学负荷，那么后者则为文学作品，它以情节为基础，具有一系列唐代文学（叙事散文、哲理散文及诗歌）的典型特征（虽然变文文学在唐代未必已经形成，它仅为一系列文学新体裁的进一步发展奠定了基础）。在变文的组成中，除对于讲经文而言十分典型的支撑引文外，还有以固定规律交替出现的散文和诗歌片段。变文的许多情节和主要结构原则（诗与文交替）均借自翻译过来的佛教文学。佛教文学的诗歌形式（伽陀）在汉译中无韵，它们是变文中诗体形式的开端。同样借用的还有佛教文学的诗节结构，即若干诗节均以相同一句作为结尾诗行。不过，变文中所有这些借用来的形式均发生了很大变化，以适应中国听众或读者的习惯与趣味，适应中国诗法的特点。一些借用来的艺术手法也同样发生了变化。比如，数量词的列举就很容易使人想起佛教经典中的相似段落，但与后者相比，这些列举更有序，且富节奏感。可见，所有这些都不是简单的借用，而是创造性的把握，能使这些借用来的方式方法永久步入后世中国文学的艺术手法宝库，我们在那座宝库里可以看到这些手法的进一步发展。

另一方面，变文也使用了中国诗歌和散文固有的形式。除与佛教伽陀相似的诗歌外，在唐诗中广泛流传、与"古体诗"相同（当然指形式上而非功能上的相同）的长篇韵诗也被引入这一体裁的作品。与之并存的还有律诗和绝句，它们

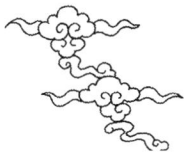

共同组成"新体诗"。此外,变文中还有"两绝",它在变文中首次被用作叙述部分的结尾两句。后来,这种手法成为长篇小说、故事、戏剧及其他"平民"文学体裁中的惯用手法。变文中的散文通常按照中国对仗散文"骈俪"的规则写成,但有时也模仿古代中国另一种有韵哲理散文"赋"的形式。无韵的散文也很常见,主要是作为开场白。

变文从以前的中国文学中借用了诗歌和散文的所有主要形式,反映了唐代末期文学中呈现的那些新潮流。在诗歌领域,这些潮流的特征是古体诗和新体诗之间的距离在缩小,二者相互渗透,两种作诗法相互融合。在韵律散文领域,这个时期表现出对仗结构的进一步发展。如果说以前的对仗是严格的,要并联起相邻的两个句子或一个句子的前后两半,那么现在则较为自由,但结尾的段落大都使用对仗句式。这种现象可称为"复杂对仗"(或"功能对仗")。这原是与"复古"运动相关的"古文"之特点。在变文散文中,特别是在《观音变文》中,复杂对仗俯拾皆是。变文诗歌也具有晚唐诗作的一些特点。因此可知,"高雅文学"和"平民文学"在这一时期同步发展,两者尚未完全分离,"高雅文学"尚未像后来那样停滞不前,而是呈一种生机勃勃的现象,与"平民文学"循着同样的规律发展。

然而,这两种文学的分裂已经开始,这首先反映在变文的语言上。"高雅文学"素有一种标准严谨的文学语言,"古文"体裁的散文尤其如此,也会影响到诗歌和传奇故事,新的语言现象在"高雅文学"中仅偶然出现。在变文中我们则看到另一画面,即这种体裁的语言尚未确立,但刚诞生的新文学语言以当时的生动口语为基础,在很大程度上吸收了一些方言的特点,这导致书面语言也没有固定标准,很多字在同一部手稿中竟有不同写法。出现这种情况的原因之一,即变文是用于口头表演的文字作品。因此,作者为使作品易于接受,就必须考虑听众们使用的是哪种语言,哪种语言更易于他们理解。

变文还有一个不同于其前文学的特点,即这是中国文学史上第一批大型叙事作品,它们的结构相当复杂,吸收

了先前文学发展中锻造出的一切艺术方法，并将这些方法融入其独特结构，将散文与诗歌融为一体。由此，变文是第一种可称为"组合体裁"的形式，即它能把之前整个文学的经验连接为一个统一整体。后来在不同时期又出现过几种组合体裁，如元代（13—14世纪）的"杂剧"和明代（14—17世纪）的"传奇"，明清小说也可归入此列。但是，变文作为这类体裁的开先河者，是未来中国文学发展的先驱。因此，变文在被发现、出版和研究之后便在中国文学史上占据了重要的位置。

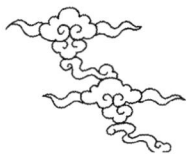

*《双恩记变文：东方学研究所敦煌档案手稿》，Л.Н.孟列夫译注，莫斯科，1972年；《维摩诘经变文》，Л.Н.孟列夫译释，莫斯科，1984年。**И.С.古列维奇《非佛教变文的体裁问题》，载《远东：文史哲论文集》，莫斯科，1961年，第24—35页；И.С.古列维奇《佛祖传变文片段》，载《苏联科学院亚洲民族研究所简报》，第69期，莫斯科，1965年，第99—115页；А.Н.热洛霍夫采夫、Ю.Л.克罗尔《变文概念的来源和意义》，载《亚非民族》1976年第3期，第138—146页；И.Т.佐格拉芙《变文和话本（论体裁传承问题）》，载《中国语言学迫切问题》，莫斯科，1992年，第118—122页；И.Т.佐格拉芙《敦煌变文在中国语言和文学史中的地位》，载《东方各民族典籍和文化史问题》第3部，1985年，第90—95页；Е.Б.康德拉季耶夫《唐代变文的若干语法特性》，载《远东、东南亚和西非的语言》第1部，莫斯科，2003年，第155—169页；Л.Н.孟列夫《变文的体裁史问题》，载《东方各民族典籍和文化史问题》，1970年，第113—117；Л.Н.孟列夫《变文外围研究问题》，载《东方文学理论问题》，莫斯科，1969年，第275—281页；Б.Л.李福清《万里长城的传说与中国民间文学的体裁问题》，莫斯科，1961年；Н.Т.费德林《敦煌手稿（论文学的相互关系问题）》，载《远东问题》1975年第2期，第113—124页；第3期，第168—180页。

（Л.Н. 孟列夫撰，侯玮红译）

《卜居》

古代中国诗歌集《楚辞》中的一篇散文诗体作品,代表古代中国南方地区即楚国(前11—前3世纪)的诗歌传统。这部篇幅不大(共53行)的作品在内容和艺术结构特点(运用对话体)上均与《楚辞》中的《渔父》相近,其中同样有伟大的楚国诗人屈原流放时期与别人的对话,此次交谈对象为占卜者郑詹尹。屈原对他阐述自己的生活立场,说明令他痛苦的矛盾心情:"吾宁悃悃款款,朴以忠乎,将送往劳来,斯无穷乎?宁诛锄草茅以力耕乎,将游大人以成名乎?"这部作品多为屈原的独白,其结尾则为拒绝占卜的郑詹尹所说的话:"用君之心,行君之意。龟策诚不能知此事。"《卜居》在注疏传统中一直被认为是屈原所作,它也被认为是早于《渔父》的作品。从内容的角度看,它一直不曾引起太多质疑。《卜居》在表现力、内在张力和主要人物形象的鲜明性上显然都逊于《渔父》,所以它对之后的中国文学没有产生太大影响,没有受到当代研究者的关注,只是在谈到屈原及其创作遗产时才会提及这部作品。

《卜居》之文本可见于各种版本的《楚辞》。

*屈原《卜居》,载《阿理克院士译中国古典散文》,第39—41;屈原《卜居》,载《阿理克院士译中国古典散文杰作》第1卷,第37页;屈原《卜居》,阿理克译,载《中国诗选》第1卷;Buju: Mantique d'une situation // E' le'gies de Chu…, pp. 153 - 154; Divination // Hawks 1959, pp. 88 - 89; The Soothsayer // Li Sao…**陈子展《〈卜居〉〈渔父〉是否屈原所作》。

(M. E. 克拉夫佐娃撰,侯玮红译)

字文姬，又字昭姬，约172年生于陈留郡（今河南新乡南部），约卒于220年。女诗人。其生平见于范晔（398—446）《后汉书·列女传》。后汉末期著名学者和文学家蔡邕（132—192）之女。蔡琰家学极佳，很早出嫁，但不久丧夫，回到娘家。192年卷入血腥战事。大将军董卓（卒于192年）统帅由雇佣军（匈奴、羌人等胡人）组成的边关军进入都城洛阳，支持宫廷诸派别之一。皇家的内部混乱使得这位大将军肆意妄为，他的部队占领并捣毁洛阳。蔡琰为匈奴人所掳，被带往异域，成为一位部族首领之人质，但不久再次守寡，按匈奴风俗，被迫成为该部族首领儿子之妾，生下二子。她在异域生活近12年，3世纪初汉朝政权与匈奴缔结和约，蔡琰得以归国，但被迫留下两个儿子。归国后幸得成家，夫妻恩爱，夫君获罪时，她亲自去向位高权重的丞相曹操求情，救了夫君之命。此为关于蔡琰生平的最后记载。

现存3篇被认为系蔡琰所写的作品，2篇以《悲愤诗》为题初见于蔡琰列传，其中之一后最为知名，即一部用五言诗写成的长篇诗作（108行，或称54对诗行）。第三篇作品系组诗《胡笳十八拍》，就内容而言，此组诗初看似为《悲愤诗》之扩展，但两者在形式（多为七言诗）和形象上却差异明显。

3篇作品均有自传色彩。《悲愤诗》语言朴实，却有惊人的内在力量，它表达蔡琰和整个国家经受的苦难。董卓大军入侵的可怕场景得到再现："卓众来东下，金甲耀日光。平土人脆弱，来兵皆胡羌。猎野围城邑，所向悉破亡。"

无数被俘者置身荒凉异域，经受肉体和精神的苦难，情景触目惊心："斩截无孑遗，尸骸相撑拒。马边悬男头，马后载妇女。"蔡琰与两个儿子的道别场景更充满绝望："儿前抱我颈，问母欲何之。人言母当去，岂复有还时？……见此崩五内，恍惚生狂痴。号泣手抚摩，当发复回疑。"

一边是母爱，一边是对分崩离析的祖国的爱，女主人公陷入深刻的内心矛盾。尽管有周围人的同情，她仍丧失了最主要的东西，即能助她经受一切苦难的希望："奄若寿命尽，旁人相宽大。为复强视息，虽生何聊赖。"《悲愤诗》

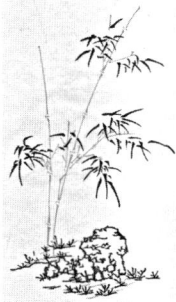

蔡琰

乙

257

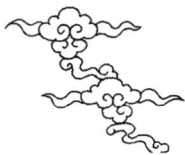

的结尾两句是蔡琰悲伤思绪的痛苦总结："人生几何时，怀忧终年岁。"人生几何的感叹是这一时期中国诗歌（包括"古诗"在内）的典型主题，但在此处它却作为作者的个人感受和思考十分自然地融入叙述整体。

《悲愤诗》为蔡琰所作，这在中国传统学界和当代学界基本得到承认，但围绕《胡笳十八拍》作者权的激烈争论却由来已久，持续至今。此诗情节再现蔡琰的经历，但许多细节却表明，此诗作者与蔡琰不同，似并不熟悉匈奴风俗。组诗题目中的"笳"字4世纪方才进入汉语。对此诗所作的细致的版本学和历史语文学分析尚无法说明其作者权和创作时间等问题，反而表明其中的形象和术语分属不同时期的诗歌类型和民族生活。当下多数研究者支持这一观点，即这部作品为民间说唱的书面记录，所录为4—7世纪间众多说唱艺人根据《悲愤诗》主题所作的大量改编。

对《悲愤诗》的此类改编最好不过地说明了蔡琰创作的独特价值。这部高度个人化的文学作品就精神和风格而言却又十分接近民间创作，成了民间创作的有机组成部分。

*《后汉书》第84卷，第10册，第2800—2803页；收入蔡琰作品的文集见参考文献II：丁福保辑本（1964年）第1卷，第51—55页；逯钦立辑本第1卷，第199—203页；《汉魏六朝诗选》，余冠英编，第20—24页；蔡琰《悲愤诗》，B.茹拉夫列夫译，载《中国诗选》第1卷，第285—292页；"Poem of Sorrow" // An Anthology of Chinese Verse, pp. 9 - 13; "Poems of Grief and Indignations. 18 Songs under Accompaniment of Barbarian Pipe [отрывок]" // The Orchid Boat..., pp. 23 - 30. **И. C.李谢维奇《中国古代诗歌与民歌》；Л.Е.车连义《曹植的诗歌》，第132—133页；《魏晋文学史》，第148—154页；《中国历代诗歌鉴赏字典》，第165—167页；Frankel H. H. Cai Yan...; Women Writers of Traditional China..., pp. 23 - 30.

（M. E. 克拉夫佐娃撰，侯丹译）

本名邓小华。1953年生于长沙（今属湖南）。父亲是湖南一份中心报纸的主编。1969年初中毕业，由于家庭受到迫害，她被迫去工厂工作，做过多个工种。1985年起在《人民文学》《中国》等杂志发表作品。1988年出版第一部文集《天堂里的对话》，收录中篇《黄泥街》和多个短篇，如《公牛》《旷野里》《山上的小屋》《天堂里的对话》《关于黄菊花的遐想》，这些作品鲜明体现出作家的独特个性。残雪的创作很难归类，因为在她的创作中，西方现代派、后现代的手法与中国古典诗歌的主题神奇地交织一体。对于其作品的独特风格和大胆内容最先予以高度评价的并非中国评论家，而是外国学者。残雪的作品已被译为世界多国语言，在日本、美国和中国台湾地区尤其流行。她最著名的中篇小说有：《苍老的浮云》（1988）、《突围表演》（1990）、《思想汇报》（1993）、《痕》（1993）和《黑色的舞蹈》（1999）。残雪写有关于卡夫卡、博尔赫斯创作的论文和随笔，并将英语文学译成中文。

残雪

乙

*《残雪文集》4卷本，长沙，1998年；《残雪作品选集》5卷本，北京，2000年；《从未描述过的梦境》2卷本，北京，2003年；残雪《山上的小屋》《天堂里的对话》，C.A.托罗普采夫译，载《今日亚非》1990年第12期；残雪《阿梅在一个太阳天里的愁思》，Г.А.尤苏波娃译，载《今日亚非》2002年第7期；另载《中国之变：中国当代小说和随笔》，莫斯科，2007年，第371—406页。**Г.А.尤苏波娃《残雪作品中的男女关系、爱情和家庭》，载《第三十五届中国社会与国家学术研讨会论文集》，2005年，第304—311页；Г.А.尤苏波娃《天堂里的对话，抑或人间的对话·残雪的创作》，载《当代中国文学语境中的王蒙》，莫斯科，2004年；Г.А.尤苏波娃《残雪的创作探索》，载《远东问题》2003年第3期。

（Г.А. 尤苏波娃撰，刘文飞译）

曹操

字孟德，谥号魏武帝，生于155年，谯县（今安徽亳州）人，卒于220年。政治家，军事统帅，诗人。诗歌流派"建安风骨"代表人物之一。

曹操生平见于陈寿（233—297）所撰正史《三国志》（卷1）。他生于官宦之家，其父为宦官养子。18岁离家参战，参与2世纪80年代诸多事件（镇压黄巾军起义，内讧冲突，讨伐大将军董卓的战争），自一名骑都尉成长为很有影响的军事政治首领，称霸黄河中游地区。他将沦为叛将人质的年幼皇帝献帝置于其保护之下（196），获封司空和车骑将军，完全统掌大权。他以献帝之名行事近10年，与其他军事政治首领交战不断，直至掌控整个黄河流域和整个东北地区（至如今与朝鲜接壤地区）。在获封领地（魏国）、被册封为"王"（216）后，曹操本可登上皇位，但他有意留任丞相，希望帝国能得以留存。直到去世（他死于急病），他始终在为中国的统一而战，攻打另两位统帅孙权（222—280年间统治长江下游的吴国）和刘备（161—223），后者后成为蜀汉国（221—263，今四川地区）奠基人。在后世诗学和文学传统（如罗贯中的《三国演义》，14世纪）中，曹操的形象被固定为"奸雄"，即一位天才统帅，但极端残忍狡诈。

曹操的文学遗产包括大量官方文献（近150种，包括各种法令）、书信和散文。其诗作存12首诗（均为乐府诗）和3篇赋作片段。曹操的抒情作品作为对民歌的具名仿作之范例（文人乐府），最早被收入沈约所撰史著《宋书·乐志》，后刊于郭茂倩（1050？—1126）所编《乐府诗集》，并依据该书总体结构和分类被分列各处。曹操的首部文集《魏武帝集》（13卷）编于6世纪前30余年间（六朝时期的梁，502—557），今存编于16世纪的同名文集，分别收入两部辑本，即张溥（1602—1641）辑本和丁福保（1874—1952）辑本（1916）。曹操的抒情诗见于丁福保辑本（1964）和逯钦立（1910—1973）辑本，亦见于曹操与其二子曹丕和曹植的作品合集，如《三曹诗集》《曹魏父子诗

选》《魏武帝魏文帝诗注》。曹操的散文和赋作收入严可均（1762—1843）辑本。

曹操诗作就形式而言（据其题目判断）均为古代民歌（乐府民歌）之仿作。他写有数种同题组诗，如《短歌行》（2组）、《秋胡行》（2组）和《善哉行》（3组），但这些作品均为具有自传成分的诗作。

曹操的抒情诗据内容可分为三大主题，即社会政治主题、道教主题和纯粹抒情诗。第一类诗作描写诗人亲身参与的各种戏剧化事件，充满对国家蒙受灾难的真诚感受，作者对一些古代送葬歌（乐府民歌）的题目如《蒿里行》《薤露行》的借用便已传导出这一情感。曹操怀着愤怒和嘲讽描写那些使帝国处于灭亡边缘的人，如《薤露行》中写道："惟汉廿二世，所任诚不良。沐猴而冠带，知小而谋强。犹豫不敢断，因狩执君王。"《蒿里行》中写道："关东有义士，兴兵讨群凶。……军合力不齐，踌躇而雁行。势利使人争，嗣还自相戕。"

但曹操认为，恶的真正根源并非仅在于个别人的恶性和恶行，他质疑中国文化中广泛流行的一个观念，即地方诸侯若认为国君治国理政无能，便有理由取而代之。这一概念又称"天命"（即上天会剥夺君王的至高权力，并授权于新选中之人），它为各种分离主义情绪和叛乱提供了可靠的理论基础。曹操以诸多具体史实为例，论证必须为了国家的统一和福祉而保持对君王的忠诚，即便他远非理想君王："周西伯昌，怀此圣德。三分天下，而有其二。修奉贡献，臣节不坠。"（《短歌行》其二）

自一位效忠君主的忠诚诸侯的立场出发，曹操这样描绘他与献帝的关系："快人由为叹，抱情不得叙。显行天教人，谁知莫不绪。我愿何时随？此叹亦难处。今我将何照于光曜？释衔不如雨。"曹操用这种夸张炫耀的口气谈及他与帝王的初次相见，尽管在他找到献帝时，后者逃避董卓部下追捕，正带着几个精疲力尽的太监和妻妾在分崩离析的国家四处流浪。

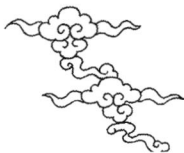

曹操是一名赢得数十次战争的统帅，可他的作品却充满反战情绪，这一点很值得注意。在他看来，战争永远是最深重的灾难，他笔下的战争主题作品，仅为表现战时生活之艰难、士兵阵亡之无意义："行行日已远，人马同时饥。担囊行取薪，斧冰持作糜。"（《苦寒行》）

体现曹操的社会组织原则和治国理政观的作品构成一个特殊类别，其中包括《度关山》和《对酒》，后者完全是一种独特的理论阐述，清晰呈现出一幅"太平"盛世的理想场景："对酒歌，太平时，吏不呼门。王者贤且明，宰相股肱皆忠良。咸礼让，民无所争讼。"

在曹操道教主题的作品（组诗《气出唱》3首和《陌上桑》）中，神秘漫游的主题在诗中（而非赋中）首次出现，但它们反映的完全是与寻找长生不死之术相关的当时的信仰："驾六龙，乘风而行。行四海外，路下之八邦。……骖驾六龙饮玉浆。河水尽，不东流。解愁腹，饮玉浆。"

寻找长生不死之术的主题在《精列》一诗中的处理稍有不同，此诗为曹操最后作品，约在他死后由人笔录。诗人认为肉身不老的观念固然诱人，但他却为自己选择了儒家的"君子"之道，即渴望以自己的作为赢得不朽的永恒荣誉："莫不有终期。圣贤不能免，何为怀此忧？愿螭龙之驾，思想昆仑居。见期于迂怪，志意在蓬莱。……周孔圣徂落，会稽以坟丘。陶陶谁能度？君子以弗忧。"

曹操的一些作品在当代研究中被归为抒情诗，这些作品突破严格的题材框架，所表达的似乎是偶然场景下突如其来的情绪。当然，此类诗作中也可能有社会政治主题或哲理主题。此类作品最鲜明之范例，即组诗《步出夏门行》（又称《却东西门行》）4首和《短歌行》其一。前者首先以组诗中每诗结尾的叠句著称，即"幸甚至哉！歌以咏志"。这极好地再现了曹操的生活座右铭，体现了他的乐观主义，以及他对人的理智和意志之力量的坚定信念。这组诗的第一首《观沧海》（有时也被作为单独诗作）的知名之处还在于，人们能在其中发现诗歌传统中首次出现的一种尝试，即对周围自然的诗歌描绘，这在形象体系方面为山水抒情诗开了

先河："东临碣石，以观沧海。水何澹澹，山岛竦峙。树木丛生，百草丰茂。"

《短歌行》其二①的5—8行最为有名，它因中国抒情诗中罕见的酒神主题而独树一帜："慨当以慷，忧思难忘。何以解忧？唯有杜康。"

曹操诗歌的创作特性因其诗歌创作手法的独创性而更显突出。他的诗作充满历史典故、术语及诸如此类的语言公式，给人以即兴创作之感。他似乎不循任何准则，不受任何束缚，写得轻松自如。他的诗叙述生动，语言充满激情，格律短促果敢（这被视为他有意识的艺术手法，而非对民间诗歌美学方式的模仿）。这一切使得曹操的抒情诗特色鲜明，不论在建安风骨派文学家中，还是在后世所有诗人间，曹操的诗均独树一帜。

曹操诗歌的艺术特长远未得到及时承认，6世纪上半期的文学批评对他的创作多持公开的怀疑态度；在钟嵘的《诗品》中，曹操的诗作被列入"下品"；在刘勰的《文心雕龙》中，曹操（以魏武帝之名）仅被提及两次，一次在关于汉末诗歌发展总体趋势的概论中（卷2，篇7），一次在列出建安风骨代表人物时（卷9，篇45）；《文选》仅收入曹操诗2首。

在后来的文艺学中，关于曹操作品之"悲"与"雄"的说法成为共识，如沈德潜在《古诗源》中便如此界定曹操的创作，他将曹操的5首诗选入《古诗源》。曹操的诗在16—19世纪间被编成数种文集，这些文集后被收入多种辑本（包括除张溥和丁福保辑本外的一些罕见刻本）。

直到20世纪70年代，学界才开始关注作为政治家的曹操。1959—1961年间在中华人民共和国爆发一场广泛激烈的争论，争论主题即曹操在汉末历史事件中的真正作用，争论期间发表约200篇文章，大多刊于大众媒体和普及性出版物。近数十年的中国文学界和世界汉学界越来越关注曹操的诗歌遗产。有一种看法已获广泛认同，即曹操是中国最有特色的文学家之一，是"豪迈体"文学的奠基人和"诗歌新领

① 或为《短歌行》其一。——译者注

中国精神文化大典

文学·语言文字卷

域的开创者"。

*《三国志》第1卷，第1册；《曹操年表》；《曹操评传》；《魏武帝魏文帝诗注》，第3—30页；《魏武帝集》；《文选》第27卷，第1册，第598—599页；《三曹诗选》，第3—9、53—64页；《宋书》第19—21卷，第2册；《曹魏父子诗选》，第3—36页；《曹操集》；《乐府诗集》，第203卷；曹操散文和赋作收入参考文献Ⅱ：严可均辑本第2卷，第1055—1071页；曹操抒情作品收入丁福保辑本（1964第1卷，第117—124页）和逯钦立辑本（第1卷，第345—356页）；《中国诗选》第1卷，第281—284页；《文心雕龙》，第21—60页；《中国文学作品选》，第138—143页；An Anthology of Chinese Verse, p. 28‐29. **M.E.克拉夫佐娃《永明体诗歌》，第109—110页；M.E.克拉夫佐娃《中国古代诗歌》；И.С.李谢维奇《中国古代诗歌与民歌》；Л.Е.车连义《统帅诗人曹操》，载Л.Е.车连义《曹植的诗歌》，第16—20页；王钟陵《中国中古诗歌史》，第229—241页；《魏晋文学史》，第26—47页；《魏晋南北朝文学研究》，第62—78页；《刘勰文心雕龙注》第2卷第7篇，第9卷第45篇，萧涤非《汉魏六朝乐府文学史》，第128—133页；谭丕模《中国文学史纲》第1卷，第160—161页；《曹操论集》；张可礼《建安文学论稿》，第128—151页；周东平《曹操》；《中国文学史》第1卷，第208—210页；《钟嵘诗品译注》，第177页；沈德潜《古诗源》第5卷；Balazs E. Two Poems of Cao Cao, pp. 173‐186; Dieny J.P. Les poe`mes de Cao Cao...; Kroll P. W. Portraits of Ts'ao Ts'ao…

（M.E. 克拉夫佐娃撰，刘文飞译）

曹丕

字子桓，谥号文帝，生于187年，谯县（今安徽亳州）人，卒于226年。魏国（220—265）奠基者、开国皇帝（220—226年在位），文学理论家，诗歌流派"建安风骨"主要代表之一。

曹丕生平见于陈寿（233—297）所撰正史《三国志》（卷2）。曹丕为曹操长子，年少时便被父亲领入政界，16岁参与远征，亲率一支部队独自展开军事行动。24岁任五官中郎将。后被立为曹操正式继承人，即魏王世子。父亲病逝数月后，他废除汉代最后一位皇帝（献帝，189—220年在位），自立为魏国皇帝。在后世史书中，曹丕被描述为一个近乎病态的人，他生性多疑，心狠手辣，报复心重。汉朝末代皇帝之死、他所建立的王朝持续不长，这些均被视为曹丕之过。但他最受谴责之过，系对其弟曹植的迫害，这次冲突成为整个中国文化和文学中的一大话题。为公正起见，应指出，曹丕的性格特征并非全系天生，作为曹操的长子和法定继承人，曹丕始终处于众多弟弟，首先是受到父亲宠爱的曹植所造成的阴影中，曹丕一直担心失去继承人之位，遭到驱逐甚至肉体迫害。这种处境对他伤害很大，他的天赋并不亚于他的众多弟弟，他8岁能读，年轻时博览经传，且精通领兵之道，英勇善战，掌握各种武艺，工于射箭。曹丕的这些内心矛盾也体现在他的诗歌之中。

曹丕的文学遗产由大量带有官方色彩的作品构成。他最主要的作品是文学理论著作《典论·论文》。已知他写有逾100首诗作，现存45首，25首乐府，20首诗（其中一些诗作的作者权尚存争议）。这些诗作中有多首同题之作，如一组诗和一首单篇诗作共题《善哉行》，另一组诗和一首单篇诗作同名《秋胡行》。另存完整赋作11篇，赋作片段17篇。现存的《魏文帝集》编于16世纪，见于张溥（1602—1641）辑本和丁福保（1874—1952）辑本（1916）。另有当代注疏本《曹丕集校注》。曹丕抒情诗收入丁福保辑本（1964）和逯钦立（1910—1973）辑本，另见曹氏父子作品集，如《三曹诗选》《曹魏父子诗选》《魏武帝魏文帝诗注》等。曹丕散文作品和赋作见严可均（1762—1843）辑本。

曹丕抒情诗的主要特征与曹操和曹植的创作相比有所不同，如自传色彩和社会政治主题相对较弱，隐秘性和悲剧感较强。他一些作品中有现实事件之遗音，如《黎阳作三首》，作为曹丕平生首次参战的观感之记录，此诗充满诸多生动细节："殷殷其雷，濛濛其雨。我徒我车，涉此艰阻。"（组诗之二）这组诗体现出曹丕诗歌的一个内容特

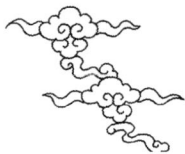

点，即歌颂将士凯旋主题的贯穿始终，此类主题不见于"建安风骨"其他诗人的创作，在整个中国抒情诗歌中也很罕见："千骑随风靡，万骑正龙骧。金鼓震上下，干戚纷纵横。……经历万岁林，行行到黎阳。"

内容相近的诗行在乐府诗《饮马长城窟行》中也能看到，该诗在形式上模仿古代同题民歌（乐府民歌），那首民歌描述一位女子，其夫死于建造长城的工程。曹丕此诗写道："浮舟横大江，讨彼犯荆虏。武将齐贯甲，征人伐金鼓。"此诗同时表明，曹丕的乐府诗或为完全的独立之作，或为对古代民歌十分自由的改写。属此类改写之作的还有《上留田行》，此为曹丕为数不多的社会政治主题作品（有时亦被视为其最佳作品），诗人以一首古代民歌的素材（叙述一位孤儿的悲惨命运）为基础，保留民歌调性，却对人类生活和社会体制的不公平展开思考，在诗人看来，这种不公平源自上层："居世一何不同，上留田。富人食稻与梁，上留田。……禄命悬在苍天，上留田。今尔叹息，将欲谁怨？上留田。"

作为一位诗人，曹丕最感兴趣的仍为永恒问题，即与其个人生活相关的存在之意义。仿佛给人这一印象，即他在诗歌中寻求遗忘日常生活之重负。曹丕的抒情主人公是这样一个人，他生活在相对安宁的封闭世界，占据他身心的是此刻的欢乐和悲伤："东越河济水，遥望大海涯。钓竿何珊珊，鱼尾何簁簁。行路之好者，芳饵欲何为。"（《钓竿行》）

曹丕的许多诗作（无论诗还是乐府），如《十五》《清河作》《夏日诗》《丹霞蔽日行》等，均为无情节抒情小品，在风格上近似哀歌："丹霞蔽日，采虹垂天。谷水潺潺，木落翩翩。……古来有之，嗟我何言。"（《丹霞蔽日行》）

此类诗作中可见一组主题、形象和表现方式（摆脱日常生活的忙乱后静享自然的乐趣、对自然风光的精细描写、唯美的世界观），这些因素后成为"归隐"诗和山水诗之基础。

值得注意的是，曹丕的抒情诗中没有关于自然的道教

观点，这与他的世界观立场相关。与多数同时代人不同，他对长生不老的可能性持极端怀疑态度，他直言道家思想是对人民有害的空洞妖言："达人识真伪，愚夫好妄传。追念往古事，愦愦千万端。百家多迂怪，圣道我所观。"（《折杨柳行》）

在曹丕看来，对神奇之道的迷恋与自然规律相悖，自然规律决定人类存在的终结性。这便意味着，不必沉湎于对死亡不可避免的悲伤思考，没有必要寻找长生不老之术，仅需享受你所拥有的每个瞬间，《芙蓉池作》一诗中写道："寿命非松乔，谁能得神仙。遨游快心意，保己终百年。"对于存在的此种态度和情绪稍后构成"风流"文学文化潮流抒情诗之精髓。

曹丕的浪漫哀歌风格在其爱情诗作中得到更为新鲜之体现，其最突出范例即组诗《燕歌行》。其一曰："秋风萧瑟天气凉，草木摇落露为霜。群燕辞归鹄南翔，念君客游思断肠。……贱妾茕茕守空房，忧来思君不敢忘。"在当下学界，此诗不仅被公认为建安风骨抒情诗作和整个3—6世纪诗歌中的上乘之作之一，亦被视为七言律诗形成过程中的开山之作之一。

在自然怀抱中歇息的主题被置入思考永恒问题的语境，这经常出现在曹丕的赋作中，如《沧海赋》《济川赋》《愁霖赋》等。诗人也写有表现女性感受的赋（《寡妇赋》）和一些讽喻赋作（"抒情"形式），如《柳赋》《玉玦赋》等，但曹丕此类作品都没能在中国诗歌史中留下显著痕迹。

曹丕的创作在4—6世纪文学批评家处获得保守却又宽厚的评价。最全面的概括见于刘勰的《文心雕龙》（卷10，篇47）："魏文之才，洋洋清绮。旧谈抑之，谓去植千里，然子建思捷而才俊，诗丽而表逸；子桓虑详而力缓，故不竞于先鸣。"刘勰精准地指出了曹丕创作手法的决定性特征，即"虑详"，这或因为诗人担心打破语言形式的外在平衡，或由于他不愿一览无余地展示其内心世界，灵感的冲动似乎遭到了冷静理智的有意抑制。《诗品》将曹丕归入"中品"，但又言他近乎"上品"，在《诗品》作者钟嵘看来，

乙

曹丕的创作就艺术风格而言直逼王粲。曹丕有数首诗被收入著名文集《文选》（5首）和《玉台新咏》（3首）。

后形成一种观点，认为曹丕创作不仅逊于曹植的抒情诗，也次于曹操的抒情诗。这一观点的最鲜明表达见于沈德潜在《古诗源》中为曹丕的8首[①]诗所写序言："子桓诗有文士气，一变乃父悲壮之习矣。"

在20世纪80年代的学界，研究重心转向曹丕的文学理论著作。如今曹丕在中国诗歌史中占据独特一席，他首创的独特的"浪漫哀歌"风格对中国抒情诗歌之后的发展产生了重大影响。

*《三国志》第2卷，第1册；《曹丕评传》；《魏文帝集》；《魏武帝魏文帝诗注》，第33—57页；《文选》第27卷，第1册，第598—599页；《三曹诗选》，第9—19、63—76页；《曹魏父子诗选》，第37　81页；《曹丕集校注》；《玉台新咏》第2卷，第1册；曹丕抒情诗作见参考文献II：丁福保辑本（1964）第1卷，第124—163页；逯钦立辑本第1卷，第389—407页；其散文和赋作见严可均辑本第2卷，第1072—1100页；《中国诗选》第1卷，第310—312页；《文心雕龙》，第62—77页；《中国文学作品选》，第145—147页；An Anthology of Chinese Verse, p. 33; New Songs from a JadeTerrace..., p. 64. **M. E.克拉夫佐娃《中国古代诗歌》；И.С.李谢维奇《中国古代诗歌与民歌》；王钟陵《中国中古诗歌史》，第260—270页；《魏晋文学史》，第48—67页；《魏晋南北朝文学史参考资料》第1卷，第42—44页；《魏晋南北朝文学研究》，第89—105页；《刘勰文心雕龙注》第10卷，第47篇，第2卷，第100页；萧涤非《汉魏六朝乐府文学史》，第133—188页；吴小如《诗词札丛》，第58—61页；《建安文学研究论集》，第195—206页；钱志熙《汉魏乐府的音乐与诗》，第160—165页；张可礼《建安文学论稿》，第128—151页；章新建《曹丕》；《钟嵘诗品译注》，第90页；沈德潜《古诗源》第5卷。

（M. E. 克拉夫佐娃撰，刘文飞译）

---

① 或为6首。——译者注

曹雪芹

字梦阮，名霑，号芹圃、芹溪居士。约生于1715年，约卒于1763年。生于高官富商之家，祖先缘起河北，但长居东北，因此被征入清军。祖父曹寅曾接近皇族，但18世纪初曹家失宠，失去南方富裕领地，迁居北京。曹雪芹一生多半时间均极其贫困，时而得清廷微薄接济，但主要靠文学写作和各种小手艺（作画、卖画、制作赝品、卖字）为生。晚年居北京近郊。他准确的生卒年代不详，准确的长眠之地亦不明。曹雪芹写有很多诗文，但多未留存。他在生命最后十年间写作著名的长篇小说《红楼梦》，但未完成（作者写有80回）。这部小说有多种抄本，其中最有价值者当属1754年脂砚斋抄本（脂砚斋系笔名，这位注疏者真名无考）。1792年，书商程伟元和文学家高鹗刊刻这部小说全本（120回），后40回为高鹗所续。《红楼梦》有诸多续本（及仿本），对这部小说的研究促成一门新学科，即"红学"。

**Д.Н.华克生《一个大家族的传奇（论长篇小说〈红楼梦〉）》，载Д.Н.华克生《古代中国的文学世界：中国古代白话小说集》，莫斯科，2006年，第562—579页；王永泉《曹雪芹》，北京，2003年；端木蕻良《曹雪芹》，1—3卷，北京，1980年；《台湾红学论文集》，胡文彬、周雷编，北京，1993年；《海外红学论文集》，胡文彬、周雷编，上海，1982年。

（Д.Н. 华克生撰，刘文飞译）

曹禺

原名万家宝，字小石，1910年9月24日生于天津，1996年逝于北京。戏剧家。

祖籍湖北潜江，出身富裕官僚家庭。自小在家接受传统教育，后入天津南开中学学习，该校十分重视学生的艺术教育。曹禺参加剧团活动，在易卜生的《人民公敌》和《娜拉》以及莫里哀的《悭吝人》等剧中扮演角色。酷爱戏剧的继母在唤起曹禺戏剧创作追求方面发挥了重大作用。曹禺广

泛涉猎中国和世界经典剧作，尤其潜心研究易卜生、奥尼尔和契诃夫。他感兴趣的不仅是文学，还有中外文化的方方面面。他最喜爱的作曲家有莫扎特、海顿和贝多芬，这在当时的中国是很罕见的。1928年，曹禺考入南开大学，后转入清华大学并于1933年在北京毕业。

曹禺创作分为4个阶段。1930年他进入文坛，写了几部社会心理剧作并立即处于现代戏剧斗争的中心。对旧中国现实情况的不满自然而然地促使曹禺进行创新。他洞察人的心理，通过人物多种多样的性格展现人民的生活。他创作的是现实主义之作，象征是作品的有机组成部分，赋予作品艺术效果和完整性。他在这一阶段创作了悲剧《雷雨》（1933年创作，次年发表，1936年在东京和中国各地演出，1960年出版俄译本，译者B. 克立朝、M. 斯捷潘诺夫，译名为Ураган和Тайфун，20世纪60年代在苏联演出）、《日出》（1935年创作，次年发表并演出，1960年出版俄文译本，译者И. 瓦西科夫、B. 费奥克蒂斯托夫，译名为Восход）、《原野》（1936年创作，次年发表）。他于20世纪40年代的创作中展现出更为乐观的生活态度。他创作了悲喜剧《北京人》（1940年创作，次年发表，20世纪60年代出版俄译本，译名为Синантропы）、滑稽剧《正在想》（1940年创作）、话剧《蜕变》（1941年创作，并于当年发表），改编巴金的小说《家》（1942年创作），创作剧本《桥》（1946年出版两幕），他翻译的莎士比亚剧作《罗密欧与朱丽叶》被中国评论界视为最好的中译本。1946年同老舍赴美归国后创作电影剧本《艳阳天》。20世纪50年代积极参与思想意识斗争。这一时期曹禺创作了话剧《明朗的天》（1954年创作，并于当年发表，1956年修改，1960年出版俄文译本，译者Л. А. 尼科利斯卡娅），该作品获第一届全国话剧观摩演出大会一等奖。20世纪60年代后曹禺转向历史剧创作：创作了历史剧《胆剑篇》（1961年创作，并于当年发表和演出，与梅阡、于是之合作，未发表的俄译本译者为Л. А. 尼科利斯卡娅）和《王昭君》（1962—1978年创作，1978年发表，1979年演出）。

《雷雨》《日出》和《北京人》是现代文学经典中的伟大开创之作。《雷雨》的题材立足于日常事件，其中清晰地显示出整整一个时代的矛盾和20世纪20年代整个中国的全貌。剧情在24小时内展开，所有人物的生活都变了样，但剧中的时间范围更广。30多年前的事件在主人公的回忆中再现。虽然随着剧情的发展可以发现所有人物都有亲属关系，但这部悲剧的中心仍是两个家庭、两个世界。人物形象关系是为揭露社会体制和断定其必然灭亡服务的。在《日出》中，曹禺再现了20世纪30年代中国沿海城市的生活状况。其情节基础是几个有机联系在一起的冲突，但最主要的是新旧世界的冲突。剧情展开地点的选择，即从华丽的大饭店到肮脏的妓院，加强了环境的对比。这部剧作的人物性格鲜明，表现手段丰富，保留了巨大的知识价值和艺术价值，是很好的舞台演出剧目。悲剧《原野》讲述农民和地主之间的仇恨和斗争，沿袭了古代农民起义小说的传统，但每一幅画面都富有表现力。长篇的序幕、详细的注释、重复和类比都对事件产生影响。开端之后剧情沿着多条线索发展，结尾的跳跃性极大。这部悲剧不如上述几部剧作成功。在剧中，作者表现重点从思想转向情节继而转向人物性格，明确地追求舞台效果，因为舞台效果能够比现实画面更容易表达思想。很明显，剧作家更了解城市而不是农村。对农村主题的转向说明曹禺的多样化尝试。

　　悲喜剧《北京人》以展示北京"贵族之家"曾家的家庭关系为情节基础，展示大户人家的没落、贵族阶层的分化以及先进的新生力量的出走。发生在曾家的悲剧是战争时期中国社会贵族阶层普遍的社会心理冲突的缩影。《北京人》与契诃夫《樱桃园》的主题相似，其相似之处可见于主题思想的揭示、社会环境的展示和艺术手段的使用等。《北京人》可被称作中国作家对契诃夫戏剧的创造性接受。

　　曹禺思考对戏剧的责任（《正在想》），号召文化界人士明白艺术的使命是反映大千世界。剧作家看到了现代社会的毛病，但与此同时又赞同知识分子希望通过创作型劳动来解决社会矛盾的想法（《蜕变》）。20世纪50年代之前曹

禺通过描述新生力量的斗争和必将倾塌的世界，展示了社会各个阶层的生活画面。他确信，往昔的贵族只剩下一个"空壳"，取代它的资产阶级有一身致命的毛病，国家的未来寄予大众的民主阶层、工人阶级和创作型的知识分子。

1952年曹禺访苏，参加在莫斯科举办的果戈理逝世一百周年纪念活动。

曹禺是中共党员（1956年起），历任北京人民艺术剧院院长（1952—1966，1979），中国戏剧家协会主席（1940—1966，1979），中国作家协会书记处书记（1953—1966，1979），全国人大常委会委员（1979），中央戏剧学院副院长（1950—1966，1979），期刊《剧本》编委（1952—1966）和《收获》编委（1957—1960）。他呼吁爱护民族和世界遗产，增进各民族间的文化联系。1979年曹禺访问瑞士和法国，1980年访问英国和美国。1980年他率领剧团完成了现代中国历史上的首次欧洲巡回演出。曹禺的剧作在苏联、匈牙利、捷克斯洛伐克、罗马尼亚、拉丁美洲各国、美国、日本、新加坡等国演出。《雷雨》被译成多国语言，20世纪60年代在俄罗斯舞台上多次演出，1983年又在布拉戈维申斯克演出。

*曹禺《雷雨》，上海，重庆，1948年；曹禺《原野》，上海，重庆，汉口，1948年；曹禺《北京人》；曹禺《蜕变》，上海，重庆，1948年；曹禺《家》，上海，1948年；曹禺《日出》，上海，1950年；曹禺《正在想》，上海，1950年；《曹禺选集》，北京，1951年，1954年，1955年，1978年；曹禺《胆剑篇》，北京，1962年；曹禺《王昭君》，成都，1979年；曹禺《剧作选》1—2卷，莫斯科，1960年。**Л.А.尼科利斯卡娅《曹禺》，莫斯科，1984年；《文学词典》，徐乃翔、张晨辉主编，北京，1999年；李希凡《〈胆剑篇〉和历史剧——漫谈〈胆剑篇〉的艺术处理和形象创造》，载《人民日报》1961年9月6日；茅盾《谈〈北京人〉》，载《解放日报》1962年8月12日；欧阳山尊《〈日出〉的导演分析》，载《戏剧论丛》1957年第1期；张葆莘《曹禺同志谈剧作》，载《文艺报》1957年第2期；《中国当代作家小传》，林曼叔、程海、海枫编著，香港，1976年；《中国现代文学史》，唐弢、

严家炎主编，北京，1980年；颜振奋《曹禺创作生活片段》，载《剧本》1957年第7期；Hu J. Y. H. Ts'ao Yu. N. Y., 1972.

（Л. А. 尼科利斯卡娅撰，孟宏宏译）

*《曹禺剧本选》，北京，1955年；曹禺《北京的昨天和今天》，载《人民中国》1954年第19期，第48—51页。**田本相《曹禺剧作论》，北京，1981年；Lau J. S. M. Ts'ao Yu: A Study in Literary Influence. Hong Kong, 1970.

（А. И. 科布杰夫补充参考文献，孟宏宏译）

曹植

字子建，谥号陈思王，简称陈王。生于192年，谯县（今安徽亳州）人，卒于232年。诗歌流派"建安风骨"的主要代表，中国最伟大的文学家之一。

曹植生平见于陈寿（233—297）所撰正史《三国志》（卷19）。他是曹操第三子，自幼性格热情，酷爱读书，具有罕见文学天赋，因此深得父亲宠爱。年轻时便常随曹操征战（209—213），22岁获封临淄侯。曹操本想正式立曹植为继承人，这招致哥哥曹丕对曹植的仇恨。但随年龄增长，曹植对国事的兴致越来越低，他更爱文学创作，与友人畅饮，使父亲对他日益不满，终于爆发一场公开冲突：在一次例行征战中，被任命为大军统帅的曹植纵欲过度，次日清晨无法起床发起进攻，作为惩罚，曹操不准曹植迎娶心爱姑娘，并硬将这位姑娘许配给曹丕（甄皇后，183—221）。对于曹植而言，兄长曹丕和侄子曹叡（魏明帝，226—239年在位）在位时的日子更为难熬。他名为亲王，位居高位，却不断遭受屈辱（如被封边远地区），甚至为性命担忧（曹丕逐一诛杀众多弟弟）。曹植卒于41岁。

曹植的创作遗产数量很多，琳琅满目，包括用各种文体写作的散文，如"铭""赞""表""章""书"等。曹植的文学遗产由36篇赋和近90首诗作构成（在不同版本文集

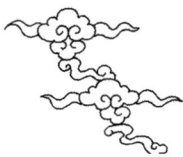

中，这些诗作的总数和篇名均有所不同）。其诗作中有50余首用乐府体（文人乐府）写成，其余为诗。

六朝时期（3—6世纪）和唐代（7—10世纪）存有曹植数种文集（12卷或13卷）。15—19世纪间编成近10部新文集，其中最权威版本为《陈思王集》和《曹子建集》，这两部文集均收入张溥（1602—1641）辑本和丁福保（1874—1952）辑本（1916）。另编有曹植的抒情诗单本，其中包括丁晏（19世纪人）于1871年首刻的《曹集铨评》，此书为现代版本《曹子建诗注》（1957）奠定了基础。此外，曹植抒情诗作见于丁福保辑本（1964）和逯钦立（1910—1973）辑本；其散文和赋作见于严可均（1762—1843）辑本。

曹植的抒情诗（由于其体裁属性）以外在形式的规整著称，其诗多以严谨的五言格律写成。就内容和情绪而言，曹植的诗可清晰地划分为两大板块，即220年之前和之后的诗作。这两个阶段的创作中均有几首"纲领性"诗作。

曹植青少年时期的诗歌充满对世界的喜悦和浪漫态度。他笔下的理想人物多是毫不犹豫为祖国献身的战士，这一理想在乐府《白马篇》的主人公形象中得到体现："白马饰金羁，连翩西北驰。……弃身锋刃端，性命安可怀？……名编壮士籍，不得中顾私。捐躯赴国难，视死忽如归。"

曹植显然蔑视那些心胸狭隘之人，那些人或为无所事事的京城少年（《名都篇》），或为仅考虑个人幸福的皇亲国戚，他将他们比作污水中的虾和鳝鱼，不知大海之广阔（《虾鳝篇》）。曹植将自己视作一位能拯救国家和朝廷的武士："雏高念皇家，远怀柔九州。抚剑而雷音，猛气纵横浮。泛泊徒嗷嗷，谁知壮士忧！"（《虾鳝篇》）他真心喜悦地目睹兄长气宇轩昂，状若春日的大自然："白日曜青春，时雨静飞尘。寒冰辟炎景，凉风飘我身。……翩翩我公子，机巧忽若神。"（《侍太子坐》）

在曹植的意识中，武士的形象与儒家的伦理道德观密切相关，他主张忠于孔子遗训，称颂"君子"的品质，即"仁""义""智"等，并引古代儒家典籍中的话语佐证，比如，乐府《惟汉行》中的"行仁章以端"一句，就是对

《孟子》中"恻隐之心，仁之端也"的引用。

在曹植稍晚（215—217）的作品中，浪漫的激情有所减弱，慌乱的调性和对灾难的预感开始出现。欣欣向荣的春天场面为多愁善感的秋日风景所取代，出现一些传导孤独感的形象（如徒然呼唤伴侣的鸳鸯）和内心空虚沮丧的主题，如《赠王粲诗》（217）写道："端坐苦愁思，揽衣起西游。……欲归忘故道，顾望但怀愁。悲风鸣我侧，羲和逝不留。"在曹操死后曹植所作诗中，这些主题体现得极其明显，如《赠丁仪》（220）："初秋凉气发，庭树微销落。……朝云不归山，霖雨成川泽。"秋天大自然的阴沉枯萎景色是对曹丕统治的隐喻，此诗以忠于友谊的誓言结束："子其宁尔心，亲交义不薄。"

这些话不仅仅是诗体宣言，曹丕的确打算镇压他无辜弟弟的朋友们，曹植虽苦苦哀求，他们仍被曹丕杀害。悲伤、绝望和无能为力的感情回响在曹植最优秀的诗作之一《野田黄雀行》中，此诗写捕鸟人幼小的儿子刺破父亲所设捕鸟网，大胆放飞小鸟，但该诗开篇却写道："高树多悲风，海水扬其波。利剑不在掌，结友何须多？"

222—223年间曹植创作两组著名组诗，即《杂诗》（6首）和《赠白马王彪》（7首）。后一组诗充满对弟弟们的命运之担忧、即将与他们分手的苦楚，以及对朝中规矩和习气的厌恶，这些情绪与诗人关于存在本质的思考有机地融为一体，他得出一个最终结论，即真正宝贵的是人们精神上的相近和血缘关系，而非抽象的伦理理想："心悲动我神，弃置莫复陈。丈夫志四海，万里犹比邻。恩爱苟不亏，在远分日亲。"（《赠白马王彪》之六）

曹植也试图唤起曹丕的手足之情（《七步诗》）。关于此诗的创作有一传说，即曹丕嫉恨弟弟的诗歌天赋，便设下阴险圈套，要曹植在七步之内作成一诗，七步恰是走至王座的距离，若曹植拒绝或写不出诗，便要被杀头。曹植不仅经受住这场考验，还写下一首难以超越的杰作："煮豆燃豆萁，豆在釜中泣。本是同根生，相煎何太急？"

曹植的晚期抒情诗充满走投无路的绝望情绪，他感觉

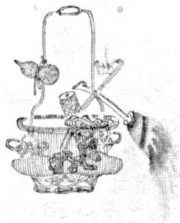

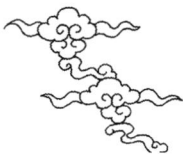

自己是个丧失一切生活依靠的人，是无家可归的浪子（《门有万里客》），他更常把自己比作随风飘零、不知何往的蓬草："吁嗟此转蓬，居世何独然。……惊飙接我出，故归彼中田。当南而更北，谓东而反西。宕宕当何依，忽亡而复存。……愿为中林草，秋随野火燔。糜灭岂不痛，愿与根荄连。"（《吁嗟篇》）

在这个与他年轻时所处环境全然不同的世界，曹植也目睹了身边的现实。希望国家在他家族的统领下获得繁荣的希望已灰飞烟灭，他十分准确地描绘了他所目睹的一个个离别、贫穷和堕落的场景："剧哉边海民，寄身于草野。妻子象禽兽，行止依林阻。柴门何萧条，狐兔翔我宇。"（《泰山梁甫行》）

曹植的创作中有两组主题，即爱情主题和道教主题。爱情主题诗作有《美女篇》（主题源自古代长诗《陌上桑》）、《悲歌行》（仿班婕妤同题歌作）、《浮萍篇》和《情诗》等，多写离别场景。曹植作品的女主人公丧失了获取感情回报或家庭幸福的最后希望："明月照高楼，流光正徘徊。上有愁思妇，悲叹有余哀。……君行逾十年，孤妾常独栖。……愿为西南风，长逝入君怀。君怀良不开，贱妾当何依？"（《七哀诗》）

曹植抒情诗中有这样一个想法，即真正美丽的女子一如真正高尚的男子，注定孤独，因为周围人无法理解她，无法看出她的价值："南国有佳人，容华若桃李。……时俗薄朱颜，谁为发皓齿？"（《杂诗》之四）

曹植对爱情的态度如此悲观，在研究者看来，源于他的生活现实，因为他未能与那位心爱的姑娘成亲。

道教主题的作品包括《远游篇》《飞龙篇》《驱车篇》等共13首，在某些文集中也合为一组，题为《游仙》。此类诗作中的主线多为道士的神秘漫游，这一形象源自古代伟大诗人屈原的作品和《楚辞》中的其他文本。诗中给出魔幻世界的一幅幅幻想场景，主人公步入其中，不仅赢得永生，而且获得了对于诗人而言最为重要的东西，即逃离社会，摆脱各种现实烦恼："西登玉台，金楼复道。授我仙药，神皇所

造。教我服食，还精补脑。寿同金石，永世难老。"（《飞龙篇》）

　　曹植此诗与屈原的作品一样，时常被学界视为寓言诗，寓示想象的自由即诗人的唯一所有。在诗人逃离尘世的意愿背后，隐藏着他对他所处社会中恶和不公正的抗议。这或许也是诗人心理状态之体现，诗人对这个充满敌意和仇恨的世界如此厌恶，一心只想转身离去。曹植究竟在多大程度上真心相信长生不老的可能性，这很难确定。在其散文作品中，他对道家术士的评价相当尖锐，称他们"挟奸宄以欺众，行妖隐以惑民"（《辩道论》），但与此同时他也认为，必须了解只有道士才能获悉的"真知"，由道教观念派生出的信仰实为"虚妄"。无论如何，曹植的作品在中国抒情诗歌史中皆占据最重要一席，它为一种题材流派（道教主题诗歌）开了先河，同时也是反映当时道教信仰的珍贵文献。

　　《洛神赋》被视为曹植赋词之杰作。此作初看亦为对凡人和仙女之爱情故事的二度创作，这一题材源自古代诗人宋玉的赋作（汉代许多作家和建安风骨代表人物均写有内容相似的赋作）。此诗叙述抒情主人公（此处为诗人自己）的神奇幻境，他与美丽的洛河女神相遇，神仙与凡人无法共处，仙女消失。曹植保留了总体的神幻氛围，将神奇世界的物品、有神仙魂灵参与的场景大量引入叙述："尔乃众灵杂沓，命俦啸侣。或戏清流，或翔神渚……腾文鱼以警乘，鸣玉鸾以偕逝。六龙俨其齐首，载云车之容裔。"

　　与此同时，这篇诗体故事也有着惊人的具体性和逼真性，它有真实的时间和地点（曹植出京城途中，洛河畔，洛阳城外），赋词前的序言中甚至交代了事件发生的准确日期，即"黄初三年"（222年）。从神女的形象中清晰可辨出人间女子之容貌："襛纤得衷，修短合度。肩若削成，腰如约素。延颈秀项……修眉联娟。丹唇外朗，皓齿内鲜。明眸善睐，靥辅承权。"抒情主人公的感受和他的痛苦因此也得到更加可信的表达："于是背下陵高，足往神留。遗情想像，顾望怀愁。冀灵体之复形，御轻舟而上溯。浮长川而忘反，思绵绵而增慕。"曹植的同时代人证实，诗人在这篇赋

中写入了他自己的爱情悲剧史。

曹植在世时即被视为一位天才诗人。他之后数代批评家乃至后世各代的批评家均一致认可其天赋。山水诗派奠基人谢灵运曾言："天下才有一石，曹子建独占八斗，我得一斗，天下共分一斗。"

钟嵘《诗品》有云："魏陈思王植：其源出于国风。骨气奇高，词彩华茂，情兼雅怨，体被文质，粲溢今古，卓尔不群。嗟乎！陈思之于文章也，譬人伦之有周孔，鳞羽之有龙凤，音乐之有琴笙。"

沈约在《史论》中对曹植诗歌的长处及其在中国文学史中地位的论述不似钟嵘那般夸张华丽，却更为准确开阔："自汉至魏，四百余年，辞人才子，文体三变。相如巧为形似之言，班固长于情理之说，子建、仲宣以气质为体，并标能擅美，独映当时。"沈约这一评价最清楚不过地解释了曹植诗歌流布很广之原因，并不仅在于他极高的艺术水准和语言技巧，更为重要的是，曹植在抒情诗传统中首次塑造出这样一种抒情主人公形象，这一形象身上既有不懈追求造福国家的儒家"君子"之特征，也有得不到亲人理解和接纳的"落难者"之成分，两者合二为一。这一形象更有说服力，因为他与曹植的历史面貌和生平事实完全吻合。

著名的《文选》收入曹植23篇作品，即《洛神赋》（卷19）和22首诗。《玉台新咏》收入曹植诗9首（卷2）。

对曹植生活和创作的研究构成中国文艺学的一个分支，它可分为3个阶段。第一阶段为20世纪20—30年代，当时曹植和屈原一样被视为公民诗人，民族文学的样板（见吴景超《中国式的文人曹子建》一文，1924）。与此相应，对曹植创作的考察亦主要在社会政治内容层面展开，他与曹丕的冲突甚至也被视为诗人对统治集团的反抗。第二阶段（1950—1970）的特点是放弃之前对曹植认识的偏见和单一，即仅视曹植为一位历史人物，并开始意识到曹植作品的复调内涵。第三阶段始于20世纪80年代，研究转向对历史文化语境中曹植诗歌艺术和思想特色的细致揭示。

在欧洲汉学中，较之于其他建安风骨代表如曹操和王粲，曹植受到的关注仍然不够。在俄语学界中，曹植的生活和创作得到专门研究，其大部分作品均有俄译，且他的一些作品还成为多位译者的翻译对象，如《洛神赋》就有数种译本，В. М. 阿理克、А. Е. 阿达里斯、Л. Н. 孟列夫和Л. Е. 车连义等先后译过这篇名作。

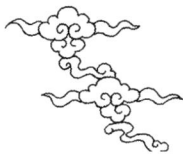

*《三国志》第19卷，第2册，第557—576页；《曹植评传》；《文选》第1卷；《三曹诗选》，第23—50、77—123页；《曹魏赋词诗选》，第87—208页；《曹子建集》；《曹子建诗注》；《陈思王集》；《玉台新咏》第2卷，第1册；曹植抒情作品见参考文献II：丁福保辑本，1964年，第1卷，第141—157页；逯钦立辑本第1卷，第421—464页；其散文和赋作见严可均辑本第2卷，第1122—1159页；《中国诗选》第1卷，第303—319页；《中国诗歌》，第14—44页；《印度、中国、越南、朝鲜、日本古典诗歌》，莫斯科，1977年，第204—208页；А.吉托维奇《新译中国古典抒情诗》，第67—90页；《文心雕龙》，第79—106页；《中国文学作品选》，第148—151页；曹植《洛神赋》，载《孟列夫译中国诗歌》，第62—69页；曹植《七哀诗》，Л.Е.车连义译；曹植《洛神赋》，В.М.阿理克译，载《阿理克院士译中国古典散文杰作》第1卷，第215—219页；An Anthology of Chinese Verse, pp. 35‑50; Die Chinesische Anthologie... Vol. 1 (см. Содерж.); The Goddess of the Lo / Watson B. Chinese Rhyme Prose..., pp. 55‑60; New Songs from a Jade Terrace..., pp. 66‑70; "Rhapsody on the Luo River Goddess" // Wen xuan... Vol. 3, pp. 355‑366. **В.М.阿理克《中国文学论集》第2卷；И.С.李谢维奇《中国古代诗歌与民歌》；О.Л.费什曼《中国七位伟大诗人》，第8—10页；Л.Е.车连义《曹植的政治和文学观》；Л.Е.车连义《曹植的诗歌》；Л.Е.车连义《罗马的流放者和魏国的流浪者》；王钟陵《中国中古诗歌史》，第271—298页；《魏晋文学史》，第68—100页；《魏晋南北朝文学研究资料》第1卷，第115—116页；《魏晋南北朝文学研究》，第106—141页；林庚《中国文学简史》第1卷，第160—167页；陆侃如、冯沅君《中国诗史》第2卷，第299—320页；刘大杰《中国文学发展史》第1卷，第255—258页；萧涤非《汉魏六朝乐府文学史》，第139—154页；《建安文学研究文集》，第251—263页；张可礼《建安文学论稿》，第128—151页；《钟嵘诗品译注》，第49—50

页；沈达材《曹植与洛神赋传说》；沈约《史论》，第1100
页；Cutter R. J. Cao Zhi's (192‑232) Symposium Poems; Dunn
H. Cao Zhi…; Frankel H. H. The Flowering Plum…, pp. 33‑46;
он же. Fifteen Poems by Ts'ao Chih…; Holzman D. Ts'ao Chih and
the Immortals.

（M. E. 克拉夫佐娃撰，刘文飞译）

岑参

　　生于716年，荆州江陵（今属湖北）人，770年卒于成
都（今属四川）。唐代（618—907）诗人。出身显贵，后家
境困顿。20岁至京都，但10多年间求仕无成。为官后常年在
唐朝西北边塞与游牧民族和邻国作战。岑参写于745年前的
作品几乎均未留存，他是著名边塞诗人，诗歌描述遥远的边
疆、天山和阿尔泰诸山景色以及将士们的艰苦生活。岑参善
于描述战事，颂扬强盛的唐帝国及其强大兵力，却不提及战
事失利。岑参最喜爱的诗歌形式是仿民歌七言诗。岑参的诗
简单朴实而又慷慨雄壮，成为所谓"边塞诗派"（中国把描
述国境战事的诗歌称作边塞诗）的代表。

*《中国7—9世纪中国抒情诗选》，莫斯科－彼得格勒，1923
年，第25、74、77页；《中国诗选》第2卷，莫斯科，1957
年，第181—184页；《中国古典诗歌：唐朝》，莫斯科，1956
年，第202—209页；《唐代诗歌（7—10世纪）》，Л.艾德林
编，莫斯科，1987年，第235—238页。**《中国文学史》，游
国恩等主编，第2卷，北京，1964年；陆侃如、冯沅君《中国
诗史》，北京，1957年，第436—439页。

（A. H. 热洛霍夫采夫撰，孟宏宏译）

字孔璋，生年不详，广陵（今属江苏）人，卒于217年。诗歌流派"建安风骨"的主要代表人物之一，"建安七子"之一。

陈寿（223—297）所著正史《三国志》卷21《王粲传》中载有陈琳的简短生平。他出身官宦之家，后至曹操麾下，任其记室，负责起草官方文书。在洛阳瘟疫流行时染病而亡。其诗歌作品遗世4篇（1首乐府，3首诗），另有5篇完整赋作，5篇赋作片段。现存其3种作品集：其一为《陈记室集》，被编入张溥（1602—1641）辑本；另两本均题为《陈孔璋集》，分别被收入杨逢辰（19世纪）辑本和丁福保（1874—1952）辑本（1916）。其抒情作品见于丁福保辑本（1964）和逯钦立（1910—1973）辑本，其赋作见于严可均（1762—1843）辑本。

在中国传统及当代学界，陈琳的乐府诗《饮马长城窟行》被视为其最佳作品，此诗为模仿古代同名民歌（乐府民歌）所作。与大多数"建安风骨"派诗人不同，陈琳精确遵循民歌的诗学。他的乐府（与谣曲形式一样）《饮马长城窟行》采用长篇叙事手法（28行），诗歌格律方面长短句交织（每行字数不同），古乐府民歌的情节和感情基调也得到完整保留。该诗中描述了一位丈夫被强征去修长城的女主人公的感受，与此同时，作者对故事情节稍作扩展，加入新的人物（如监工），强化了作品的社会意义和戏剧冲突。他创造性发展了古代民歌的结局，即将女主人公收到丈夫来信的古乐府诗结尾，改为夫妻间的书信对话，对话中饱含夫妻间的深情和高尚情怀。丈夫预感到自己将不久于人世，恳请妻子另寻新夫。而妻子回答，她不仅不会再嫁，甚至在丈夫死后也无法再活下去："作书与内舍：'便嫁莫留住！善事新姑章，时时念我故夫子！'……'结发行事君，慊慊心意关。明知边地苦，贱妾何能久自全！'"

陈琳的赋作题材更为多样，有征战题材（如《武军赋》《神武赋》），有根据现存片段的标题看应为寓赋（如《柳赋》《鹦鹉赋》），还有两首爱情题材的辞赋，其中之一《神女赋》描写凡人与神女的爱情，情节取自古代诗人宋玉

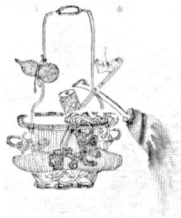

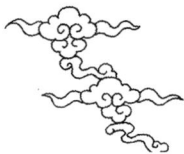

的作品——这在"建安风骨"派诗人的创作中极为流行，另一篇为组赋《止欲赋》，讲述男性的爱情感受——这类题材在"建安七子"如王粲、阮瑀、应玚等人的创作中均占据重要地位。

陈琳的诗歌创作实际上并未得到其同时代人以及后世文学评论家的关注。即便曹丕的《典论·论文》将陈琳列入"七子"，即2—3世纪之交最著名的诗人，却仅对陈琳写作公文的技艺予以称赞："琳……之章表书记，今之隽也。"5—6世纪的文学评论家提到他，也仅把他作为"建安风骨"代表之一。著名文集《文选》也并未收录其诗作。乐府诗《饮马长城窟行》仅作为早期爱情抒情诗的代表被收入文集《玉台新咏》。当代研究对陈琳这部作品的关注主要集中于民歌传统对抒情诗歌的影响这一层面。

*《三国志》第21卷，第3册，第599页；《陈孔璋集》；《陈记室集》；《玉台新咏》第1卷，第1册；收入陈琳抒情诗作和赋作的文集见参考书目II：丁福保辑本，1964第1卷，第182—183页；逯钦立辑本第1卷，第367—368页；严可均辑本第1卷，第967—968页；《中国诗选》第1卷，第299—300页；《中国文学作品选》，第157—159页；New Songs from a JadeTerrace…, pp. 48‐49; Putting a Stop to Desire // Hightower J. R. The Fu of T'ao Ch'en, pp. 178‐179. **В.М.阿理克《中国文学论集》第1卷，第382页；И.С.李谢维奇《中国古代诗歌与民歌》，第114—115页；Б.Л.李福清《关于长城的民间故事》，第63—71页；《魏晋文学史》，第120—124页；《魏晋南北朝文学史参考资料》第1卷，第126—128页；陆侃如、冯沅君《中国诗史》第2卷，第283页；《汉魏六朝诗选》，余冠英编，第113—114页；《中国历代诗歌鉴赏辞典》，第172—174页。

（M. E. 克拉夫佐娃撰，靳芳译）

字伯玉，661年生，四川梓州人，卒于702年。唐代（618—907）著名诗人、社会活动家。生于显贵之家，684年举进士，不久因上书论政，得到武则天赏识，屡任要职，其中包括与皇帝接触频繁的"右拾遗"之职。694年因宫廷阴谋被捕入狱，受禁一年有余。赦免出狱后，自愿前往契丹边区。他就各种内外政治问题多次上书皇帝，但始终未实现其政治抱负，699年辞官还乡。不久遭当地官员迫害，囚禁入狱，冤死狱中。

他是中国传统诗歌的革新者，反对5—6世纪的"宫廷诗歌"和唐朝初期绮靡婉媚的诗风。他有120多首诗存世，大部分为五言"古诗"，其中最著名的是抒情组诗《感遇诗三十八首》和《登幽州台歌》。

组诗《感遇》的写作历时多年，它秉承阮籍抒情诗的传统，其中《咏怀集》一篇反映诗人多年来世界观的转变，并对李白《古风》组诗的创作产生了影响。

中国诗歌传统主题诗作（"离别诗"和"羁旅诗"）多为五言八行诗（即律诗），其中最为评论家推崇的是《白帝城怀古》和《岘山怀古》。

陈子昂的某些诗作中不乏道教和佛教形象。他在唐朝诗歌发展，尤其是五言律诗的发展过程中发挥了重要作用。

乙

*《陈子昂集》，北京，1960年；陈子昂诗作，载《印度、中国、朝鲜、越南、日本古典诗歌》，莫斯科，1977年，第238—239页；《唐代诗歌（7—10世纪）》，Л.艾德林译，莫斯科，1987年，第33—35页；《常道：唐代诗选》，В.М.阿理克译，圣彼得堡，2003年，第37—39页。**Ho R. M. W. Ch'en Tzuang, Innovator in T'ang Poetry. L., 1993；林庚《陈子昂与建安风骨：古代诗歌中的浪漫主义传统》，载《文学评论》1959年第5期，第138—148页。

（А. Н. 科罗博娃撰，靳芳译）

中国精神文化大典

文学·语言文字卷

谌容

1936年生，女作家。因家庭贫困于1951年中断中学学业，到出版社门市部做营业员，后转到工人日报社读者来信组工作，1954年考入北京俄文专修学校。毕业后到广播电台做编辑，后下放农村，像普通农民一样劳动4年。1973年回到北京，到一所中学任教。1979年，她发表第一部长篇小说《光明与黑暗》，之后开始职业作家生涯。1980年，谌容发表描写普通医生艰苦处境的中篇小说《人到中年》，一举成名，获当年全国优秀中篇小说一等奖。1982年，她的中篇小说《太子村的秘密》再次获奖。

谌容能从简单的日常事件中挖掘出深刻的社会意义。她的主人公性格鲜明，易于理解，他们的行为举止具有深刻的社会动机，是深受读者喜爱的活生生的人。

*谌容《人到中年》，载《人到中年》，莫斯科，1985年；谌容《十年之后》，载《中国当代小说》，莫斯科，1988年；谌容《太子村的秘密》，载《树王》，莫斯科，1989年；谌容《赞歌》，载《腾飞的凤凰》，莫斯科，1995年。

（A. H. 热洛霍夫采夫撰，葛灿红译）

池莉

1957年出生，湖北沔阳人。作家。中学毕业后下放农村，曾在中学任教，后在武汉接受医科教育并成为医生。曾就读于武汉大学中文系。自1981年开始发表作品。中国作家协会会员，武汉市文联主席。池莉主要从事短篇小说、中篇小说、诗歌、随笔和电视剧本的创作。其短篇和中篇小说写作成就斐然，小说以现实主义倾向、丰富的生活细节和取自当代中国生活场景的鲜明人物形象而著称。1988年，中篇小说《烦恼人生》获全国年度最佳中篇小说奖。短篇小说《月儿好》被译成日文，并入选当代中国作家代表作品文集。

80年代初期，池莉描写了大量当代文化青年形象。她高举新写实主义旗帜，并成为该流派领军人物之一，此后她进入文学创作成熟期。她关注家庭生活的日常琐事，在日常生活描写方面颇有造诣。90年代，她开始描写城市生活。其作品反映青年人内心对理想的执着追求与现实生活中家庭琐事之间的冲突。当代社会人类存在的商品化趋势与青年人内心的激情和美好理想难以兼容，离婚成为年轻夫妇的唯一出路。作家认为，这无疑是悲剧式的结局。在她描写的主人公中有这样一群聪明的年轻姑娘，她们拒绝婚姻的诱惑，从而摆脱了日常的低级趣味。

池莉以风格大师著称，她擅长在生动的湖北方言间自由转换，其小说透露出从容不迫的自然性和令人心悦诚服的可信性。同时，她也具备鲜明的讽刺天赋。新写实主义的创作信条使她对当代生活的细节观察和描写出类拔萃。池莉已出版4卷本文集，被选为武汉市文联主席。

**H.杰米多《武汉城及其居民》，载《远东问题》2001年第6期，第152—161页；《中国当代文学辞典》，武汉，1996年，第128—129页；於可训《池莉的创作及其文化特色》，载《中国现当代文学研究》，1996年第10期，第120—124页。

（A. H. 热洛霍夫采夫撰，靳芳译）

《楚辞》

诗歌作品汇编，是中国古代楚国（前11—前3世纪）的诗歌创作以及汉朝（前206—220）延续其传统的诗歌的集成。"楚辞"这两个汉字也被用作文学术语，指这部文集中的某一部作品（无论其为何种体裁）。

史料记载，第一部《楚辞》（有16篇文本）由著名学者刘向（前77—前6）编成。《楚辞》的"经典"版本由王逸（89—158）编纂，全称《楚辞章句》。有人认为，王逸在刘向版本基础上添加了自己的作品。王逸版本是《楚辞》的第一个注疏本。

《楚辞》共有17篇（西方当代文学中所谓sections），

它们由单独的作品（长诗和散文）及组诗组成。这些作品前7篇依次为：长诗《离骚》、组诗《九歌》、长诗《天问》、组诗《九章》、长诗《远游》，以及诗文合一的作品《卜居》和《渔父》。传统注疏认为，这7篇作品均为屈原所作，他是中国第一位具名诗人，也是中国最伟大的诗人之一。

此后为3首古体长诗，即宋玉的《九辩》《招魂》和《大招》。早在2世纪，后两篇诗歌的作者权问题就已引起争论。古代《楚辞》中的每一篇作品都具有独特的意义特征，在中国诗歌史上占有一席之地，均值得成为单独研究的对象。

其余7篇作品属于汉代，即贾谊的《惜誓》和《招隐士》，严忌的《哀时命》，汉代著名哲学家东方朔（前161—前78）的《七谏》，王褒（卒于公元前59年）的《九怀》，刘向的《九叹》以及王逸的《九思》。

《楚辞》"经典"版本的真实性引发了当代学者的质疑。直到11世纪，这部文献的历史实际上无迹可寻。其存在的唯一证据是著名的作品集《文选》（6世纪）曾收入楚辞，将其作为一个特殊的诗歌体裁，即"骚"。《文选》（卷32—33）收有《离骚》节选、《九歌》6篇、《九章》1篇以及《卜居》《渔父》《招魂》《九辩》《招隐士》的片段。这些文章的入选原因尚不明确。

现存最古老的校订版本是洪兴祖（1090—1115）的《楚辞补注》，中国后来的官方文选和标准文选均依据该版本。《楚辞》也存在其他校本，但与"经典"版有出入。朱熹（1130—1200）所编《楚辞集注》未收入东方朔、刘向和王逸作品，却收入贾谊2篇赋作及50多篇汉代之后的作品。在王夫之（1619—1692）的《楚辞通释》中，王逸编入的最后5篇被其他作品替代，其中包括王夫之自己的作品。王逸的编纂成果经由16世纪的两个版本（1518年版与1571年版）才为我们所知。

学术界把《楚辞》作为一种文学现象来研究，对其中作品进行阐释，研究者们的目光并不仅仅在于《楚辞》文

本的真实性以及屈原的历史形象等问题，更重要的是，他们认为，楚辞是中国文化背景下中国诗歌历史初始阶段的一个标志。不久前，世界汉学界形成这样一种观点，即认为中国古代民族文化的根基具有原生的完整性，因此中国古代文学创作也具有完整性。据此观点，《诗经》和《楚辞》与创作过程演变的两个基本阶段息息相关，即民间诗歌创作阶段和具名诗歌创作阶段。《楚辞》的意义特性在于屈原真实的传记、独特的诗歌才能及其世界观立场。

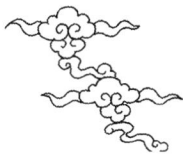

逐渐取代上述观点的是这样一种意识，即楚国诗歌是一种原生的诗歌传统。这基于对楚国的整体认识，古代历史文献关于楚国历史起源首见于司马迁的《史记》，司马迁称楚国历史始于前11世纪，而据考古发现，楚国的历史仅始于前8世纪。但这些考古发现明确证实了楚国文化起源的独特性。有人提出这样一种假设，楚国由南方地区（长江流域）土著民族文化群体创建，其渊源可追溯至新石器时代（前10—前9世纪）晚期，或由迁居中国南方的外来民族建立。前5世纪至前3世纪，楚国疆域辽阔，从四川盆地（今四川省）至东南沿海地区（今安徽省和江苏省），其历史和文化也在此时进入鼎盛时期。楚国发祥地及其文化中心都在长江中游地区（今湖北省和湖南省），特别是洞庭湖附近，这里也是大部分楚辞诗篇故事的发生地。可以肯定的是，楚国鲜明而独特的（相对于中国古代其他地区的精神传统而言）宗教和宇宙观不仅反映在诗歌作品中，还体现在道教学说中，道教也是这一文化土壤的产物。

值得注意的是，在史料文献中被称为楚辞诗人的，除屈原和宋玉，还有唐勒和景差。这一批杰出诗人的存在使我们确信，具名诗歌的发展并非个别诗人努力创作的结果，而是当地诗歌传统类型学特征的一种显现。

楚辞的主要艺术特点有：（1）大量使用宗教、神话情节和形象，再现"神话世界"的景象；（2）对世界、社会和人性中的不完善表现出极端悲痛；（3）占据首位的是一类特殊的抒情主人公形象，他们具有极高天赋和高尚情怀，却不被世人理解，受尽排挤，遭遇重重考验。上述主题、情

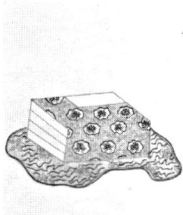

节和被社会所弃的诗人形象，都成为此后中国抒情诗歌的精髓。以道教和道家哲学为主题的诗歌和山水诗的题材范畴都源于楚辞。同时，楚辞对赋的创作也产生了极大影响。

楚辞形式上的典型特点是大量采用七言诗行和标志性的感叹词"兮"。这个感叹词或是二行诗节的间隔，或是（比较少）一行诗起始和结束部分的标志。七言诗逐渐与五言诗一并成为中国抒情格律诗的两大主体。

5—6世纪的文学理论家（如钟嵘、沈约）即已认为，楚辞，或更广泛地说，古代中国南方的诗歌传统，继《诗经》之后构成了中国诗歌创作的第二大源头。

如今，《楚辞》除不断再版各种旧版外，还有诸多注释本面世，也有现代汉语译本（最先做此尝试的是郭沫若）。所有的中国文学史选本都有《楚辞》。《楚辞》研究已成为中国语文学界最为重要的研究方向之一。楚辞的文化学研究致力于在文献文本与楚国历史、政治及其他社会生活间确立联系，在历史文化语境中阐释楚辞，该研究已取得长足发展。

《楚辞》的欧洲语言全译本有英文版（D. Hawks）和法语版（R. Mathieu），系在20世纪下半叶完成。而被译成俄语的仅有其中的屈原作品以及《九辩》和《招隐士》。对《楚辞》的研究更是寥寥无几，可以说西方和俄罗斯汉学界对这部文献的研究尚处于起步阶段。

*《楚辞》；《楚辞补注》；《楚辞通故》；《楚辞通释》；《楚辞集注》；《楚辞章句》；《文选》第32—33卷，第2册，第711—746页；《中国诗选》第1卷，第149—196页；《中国和朝鲜诗选》；《阿理克院士译中国古典散文杰作》，莫斯科，2006年，第39—43页；《中国文学作品选》，第61—91页；《阿理克院士译中国古典散文杰作》第1卷，第37—39页；屈原《诗选》；Elegies de Chu... (tr. R. Mathieu); Hawks 1959; Li sao and other poems of Qu Yuan. **B.M.阿理克《中国文学论集》第1卷，第340、397页；郭沫若《论〈《离骚》之外的屈原其他译作〉》，载郭沫若《封建割据时代》[①]，第

---

① 没有查到对应的文章与著作。——译者注

218—223页；Н.И.康拉德《汉学论文选》，第482—484页；M.E.克拉夫佐娃《中国古代诗歌》，第51—59页；E.A.谢列勃里亚科夫《论屈原和楚辞》，第172—204页；H.T.费德林《屈原：创作源头和问题》；王力《楚辞韵读》；郭沫若《屈原赋今译》；李长之《中国文学史略稿》第1卷，陆侃如、冯沅君《中国诗史》第1卷；刘大杰《中国文学发展史》第1卷，第83—104页；刘永济《屈赋通笺》；马茂元《楚辞选》；聂石樵《楚辞新注》；苏雪林《楚骚新诂》；《先秦文学史》第5卷；《先秦两汉文学研究》第4卷；萧兵《楚辞文化》；汤炳正等《楚辞今注》；谭丕模《中国文学史纲》第1卷，第46—59页；金开诚、董洪利、高路明《屈原集校注》；姜亮夫《屈原赋校注》；姜亮夫《楚辞书目五种》；蒋天枢《楚辞论文集》；蒋天枢《楚辞校释》；《中国文学史》第1卷；郑振铎《插图本中国文学史》第1卷，第4章；《楚辞学论文集》；《楚辞研究论文集》1—3卷；陈洪绶、萧云从《楚辞图注》；Blakeley B. B. Recent Developments in Chu Studies...; Hawks D. Ch'u tz'u; Hightower R. J. Chu Yuan Studies; Tokei F. Naissance de l'e′le′gie Chinoise...

（M. E. 克拉夫佐娃撰，靳芳译）

《大招》

中国诗歌合集《楚辞》中的一首长诗。《楚辞》建构了古代中国南方地区楚国（前11—前3世纪）的诗歌传统。

这篇很长的诗作（160余行）主要用四言句写成。就内容和形象性而言，它在很多方面重复了《楚辞》中的另一首长诗《招魂》，它描写隐藏在世间四面八方的种种危险，它们威胁着已告别肉体的灵魂："魂魄归徕！无远遥只。魂乎归徕！无东无西，无南无北只。……魂乎无南！南有炎火千里，蝮蛇蜒只。山林险隘，虎豹蜿只。"

《楚辞》编选者王逸（89—158）认为，这首长诗的作者可能是伟大的楚国诗人屈原，也可能是楚国下一代文学家的代表景差。当代学者关于这首长诗的来历也众说纷纭，其中有种说法认为它产生于前3—前2世纪。在学术研究界有一种观点占了上风，即《大招》是对《招魂》的直接模仿，但

就艺术水准而言要比《招魂》差很多。一般的《楚辞》版本并不收录此诗，而且也很少对之进行单独的文艺学分析。《大招》文本见于足本《楚辞》。

*严可均辑本第1卷，第87页；"Dazhao: Grands Rappels" // Élégies de Chu..., pp. 187－194; "The Great Summons" // Hawks, 1959, pp. 109－116. **郭沫若《奴隶制时代》，第220—222页；И.С.李谢维奇《中国古代诗歌和民歌》，第37页；孙作云《〈大招〉的作者及其写作年代》。

（M. E. 克拉夫佐娃撰，万海松译）

《道德经》

又名《黄帝书》（以神话宇宙结构中处于核心地位的先帝黄帝之名命名）①、《老子》（以传说中的智者老子之名命名）。道家学说的奠基之作。据司马迁（前2—前1世纪）记载的传说，此书系出身楚国的老子（前6世纪）所写，他曾长期担任周朝守藏室主管。目睹周朝式微，老子决定远遁关外（据推测他是想回归故里楚国），在过关时受关令尹喜所求写下此书，全书共五千言，分上下两篇，分别解释"道"和"德"的含义。

《道德经》的现代文本也由两个部分即《道经》和《德经》组成，共分81章。1973年马王堆（在今湖南）的考古发掘中发现了两份录于绢帛上的抄本，其中某些片段所处的章节位置与通行版本不同，两个部分的顺序也完全相反，这使得此作可以合称《德道经》。

《道德经》作为一部典籍，包含着史诗、戏剧和抒情诗等多种体裁。其典籍意义在于它反映了中国古代经典作品的一个结构原则：这并非一个扁平的文本，而是一种容量极大的立体文本，它包含着始自阴阳八卦之原型的各种形象。

其典籍意义还体现在每一篇的开头部分。上篇第一章给出一个能动的、三合一的"道"的模式，即自我混淆的

---

① 原文如此，未详所据，待考。——译者注

常见的"道"在语言学上和本体论上可分为"可道"和"非常道"，然后又重新合为"天地之始"的一统。下篇第一章给出一个镜像般的精神模式"五德"，即仁、义、礼、智、信。这三种"道"和"五德"的两大模式，便是《道德经》的原型基础，它们也促成了关于《道德经》文本及其艺术与哲学情节的语文学研究。

《道德经》的情节是一种体验，即在宇宙起源和再生的宏大图景中体验到世界进化和退化悲喜相对两位一体的过程，体验宇宙的诞生和混沌的消失。新的宇宙作为未来之和谐的前奏，以"子道"的形式诞生，它备受全智之人（精神之人）的宠爱，而作为天体演化之尾声的混沌，则被立于宇宙与混沌之间的全智之人的内心所吞没。这个人是宇宙的缔造者兼建筑师，他试图将人类的历史与万物的本能循环合为一体。

宇宙大戏的场所即这片生机蓬勃的球形舞台，它被天地所拥抱，被日月所照耀，被自然万物所点缀。世界的所有剧情均在此上演。掌控"道德"剧情发展的是三位主角，即作为自然存在之代表的存在和虚无，作为民众之代表的智者（人们能猜出他就是老子），以及他们两者之间的媒介，即作为仲裁者和各种失误和缺陷之伟大矫正者的全智之人。三位主角之间有两种交流方式：一是形而下的沉默交流（在现代人看来即面对彼岸世界的玄秘交流），在这里，世界的剧情集中到一点，并得到充分认识；二是形而上的语言交流（在现代人看来即面对此岸的玄秘交流），在这里，世界的剧情在生活的所有领域循序渐进地展开，又持续不断地展现于生活的所有领域。存在和虚无在"三道"和"五德"中默默运行，借助"三道"和"五德"的字眼发出声音（"此两者，同出而异名，同谓之玄"，第1章）。人类的语言在反面滑过这两大模式，在能动的自然中沉默（"希言自然"，第23章）。

自然韵律与人类语言在"道"和"德"的原型中交汇与整合，给出一种能转变为世界观的艺术风格。《道德经》是一部融诗歌、智慧与哲学于一体的史诗，诗歌、智慧和哲学

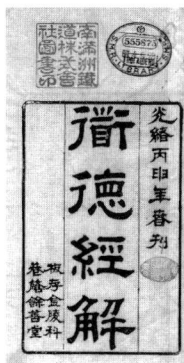

分别在审美、精神和智性方面塑造了世界的样式。

孕育着宇宙和混沌之循环往复的主人公，就是万物之祖和天下之母，就是世界剧情的三位主角自然、全智之人和老子，与他们一起活动的还有君主和官吏、君子、匿名的参与者孔子、老师和学生、军事理论家和将军、氏族风俗习惯的立法者和维护者。叙述的基本剧情和风格通过他们获得具体体现。

《道德经》描绘了三位世界剧情的演绎者各自在世界舞台上三个基点的逗留。老子（或冒名为他的人）以第一人称进行诗体叙述。从腾飞状态坠落至原始宇宙的黑暗（彼岸的玄秘），他也心生人类常有的恐惧，他利用了五级比拟和缩小时空的诗歌手法。在汹涌的自然力的海洋中，他又变为"婴儿之未孩"，并且和宇宙的"食母"脐带相连（第20章）。这一整章都是对勇敢的无名智者的歌颂，这位无名智者克服了人的本体论和心理学上的缺陷，自觉自愿地投身于能量沸腾的宇宙再生炉，想要汲取生命的琼浆，去拯救注定灭亡却仍在欢呼、毫无疑虑的人类。

老子利用拓展时空的诗歌手法实现向上的腾飞（此岸的玄秘）。他到达"虚极"，他的心灵得以"静笃"，忧愁和恐怖之情转换为与之相反的情绪。由此，他开始静观万物世界的循环往复，并用语言开始文学和哲学创作。他将万物的周期性循环分为五个具有范畴意义的共相，即根、静、命、常、明。在老子这里一切应有尽有：作为世界运动之本源的"根"，新的创世纪之前的"静"，蕴含着万物生死之意义的"命"，能使命运摆脱偶然性致命伤害的"常"，最后还有"明"，即能在瞬间为自在、完善、自我创造的宇宙留下一幅精神画面（第16章）。这也是一种颂歌，歌颂宇宙缔造者，因为他有意让人意识到人在万物世界中的使命。

老子秉持"大道之象"前往此处，天下之人均往"大象"而去，以求"安平泰"（第35章）。在这里，老子描绘出一幅普天之下群集一处的田园牧歌式画面。他开口道出永无穷尽的"道"。众人应像中了魔法一样倾听他，可就自然的本性而言，"道"看不见、听不到，也无法感知。与人进行的心灵感应式的交流无法成功，于是，老子转而借助另一种方式，即语义转换。他用平白易懂的话来说"道"，却得到相反的效果。"道"只能用悖论的方式来表达，这不仅会引起普通人的不解（"天下莫能知"，第70章），而且还会引起"中士"和"下士"的嘲笑（"不笑不足以为道"，第41章）。老子此处的话带有忧伤、悲痛甚至绝望的情绪。

《道德经》的核心主题之一便是文明遭受蒙昧之攻击，因为统治者的碌碌无为（第53、75章），因为滋生小偷与强盗的法律（第57章），因为完备的军队和毁灭性的战争（第30、31章），因为对荣誉的觊觎与渴望。老子预见到文明的悲剧性后果，于是采用诗歌的形式进行说教和训示，对统治者发出呼吁。与他并肩而立的始终有一个完美智者的形象。老子用手指着他，将他视为一个恒久的民族理想典范，认为他充满活力、理性和信仰。他随即指出，以"无名之朴"的形式出现的自然无欲无为，可以约束任性的"创造者"（第37章）。

老子在《道德经》里用诗句的形式写下军事教条"非暴力"和"三宝"（"慈""俭""不敢为天下先"）以及"哀者胜"的战争法则（"故抗兵相若，哀者胜矣"，第69章）。文明是一种力量，既不能用和平手段也不能用武力手段与之斗争。因此，老子确立了"非暴力"和"无为"的原则，在本体论上它们与自然密切相关。由此发展出一个社会再生的概念，即对自然的脉动之"道"的重复。因为战争而处于水深火热中的国家，理应瓦解成不同的氏族村社（第80章）。氏族定居在自古以来的土地上，人们就会沿袭"常德"，"复归于婴儿"，那也是老子本人常去的地方。由此，"为天下谷，常德乃足"（第28章）。

老子并未与文明作斗争，但对文明的理论表明了不妥协的态度。他在儒家学说（正是就该词的本体论意义而言）、诗歌与哲学中发现了文明的理论基础。孔子有其"言"，他提倡"正名"，以呼应包罗万象的精神原型"五常"。老子也有自己的"言"，他提倡"止名"，即"始制有名"（第32章），他同样借助于"五德"的原型，不过只是从其共相

沉默的角度出发。不管是老子的"无言"还是孔子的"有言"，人们皆不理解。因此，谁掌握了具有真正实质而非虚名实质的精神原型共相，谁就掌握了天下的精神能量。

老子对于伪装成原型共相的儒家之"言"提出一系列激烈批评（第17—19章、第38章）。他往往越出文明的视域，把自己等同于自然，号召人们放弃儒家的价值观，即智与识、虚伪的仁义、世故与名利。他把儒家的礼仪或礼节贬斥为混乱元凶、迟钝之花和信仰贫乏。他对儒家学说做出严酷的判决，即"文不足"，也就是说，孔子之"言"缺乏概括性、智慧和哲学思想的诗意联想。

现代科学往往把《道德经》定义为一部用"押韵散文"撰写的著作，认为散文才是反映哲理的最佳方式。《道德经》却反其道而行之，它以诗歌的方式准确地定义历史和哲学。只有建立在精神原型基础上的诗歌，才能让哲学脱离神话，唤醒人潜意识中的原型，在这一模型中重建"道"的全息形象（外形），从而建立其智慧（人与自然的关系，即神话-逻各斯）和哲学（对人与自然始初本质的洞察，即逻各斯-神话）与人的交流。

如《山海经》中所言，自然用世间万物的语言说话，万物也在宇宙的声响和自然的循环运动中"自歌自舞"。这些普天之下的歌舞在人世间就体现为精神的共鸣。天下被拟人化为凤凰，它饱受自然的滋养，这里出现了比喻"五德"的五种色彩，它们是自歌自舞的凤凰的统称。《山海经》中作为精神形象的凤凰在中国文化中首次揭示了诗歌创作的过程和神话的本质。这一点在《易经》中也得到合理化的表达："微显阐幽，开而当名。"在这里，作为"道"的诗歌逐渐发展为隐而不显的巨能宇宙，然后又穿上文字的衣裳，以万物的语言或声音说话，呈现自然的面貌。

老子重复了神话的说法。他将自己本体化，变成"自然"（第17章），同时也将那些"微妙玄通"的"善为道者"本体化（第15章）。他把自然、神话以及普天之下的人间共鸣精神统统拟人化，它们在沉默中具有诗歌语言的能量。其结果是，任何一种关注自然的道，如果它试图用人类的语言开口，便不由自主地按照"五德"的原型模式说话，带有自然的必然性力量，具有神话般的神奇魅力，采用悖论和诗歌的形式。老子在《道德经》中给世界文艺学提供出一种有待探索的诗歌本体论，即"道"之"自歌"的本体论。

这部典籍是道家哲学与道家诗歌的源头，它的每一片段都决定着某一思想或某一诗歌形象的发展方向。它包含着道家文化的所有基本要素。《道德经》的学说不是偶然产生的，其诗体构造生成了后世佛教扎根于中国的精神土壤。同样，《道德经》还为世界的文化对话宝库添加了新的原则，如对不同文化的接受，对不同文化的"开放性和封闭性"的接受，这在当今对于解决不同文明的对话问题尤其重要。

《道德经》已被译成多种欧洲语言，并有若干诗体译本，此书中所蕴含的思想也已广泛传播于欧洲。

*《诸子集成》第3册，上海，1986年；老子《道德经》，И.С.李谢维奇译，莫斯科，1994年；《神秘的道：〈道德经〉的世界》，А.А.马斯洛夫编，莫斯科，1996年；《老子：在道中寻求自我》，И.谢缅年科编，莫斯科，1999年；《道德经》，В.Ф.佩列列申译，莫斯科，2000年；А.Е.卢基扬诺夫《老子和孔子：道家哲学》，莫斯科，2001年；《道德经·列子·管子：道家经典》，В.В.马良文译，莫斯科，2002年；《道德经》，Л.И.康德拉绍娃译，莫斯科，2003年。

（А. Е. 卢基扬诺夫撰，万海松译）

邓拓

原名邓子健，福建闽侯人，生于1912年，卒于1966年。政论作家，诗人，历史学家。青年时代起热衷文学与历史。1937年出版专著《中国救荒史》。曾在解放区从事编辑工作，任新华社分社社长。1944年主持编辑第一版《毛泽东选集》。抗日战争时期在中国共产党报刊上发表许多文章、诗歌和报道。中华人民共和国成立后主管《人民日报》。1961—1962年是其政论写作的顶峰期，他在《北京晚报》副

刊开设"燕山夜话"专栏，并与吴晗、廖沫沙在《前线》杂志开设"三家村札记"专栏。其杂文鞭挞当时的社会丑恶现象，以简洁明快、切中时弊和选材的尖锐性而著称。邓拓与两位友人一起在报刊上发表了220篇杂文。"文化大革命"初期他遭到严厉批判，被迫自杀。其诗作（保存下来的超过500首）后被收入诗集单行本《邓拓诗词选》，散文则被收入单行本《邓拓散文》。

*《邓拓诗词选》，北京，1979年；《邓拓散文》，北京，1980年；邓拓《燕山夜话》，A.H.热洛霍夫采夫编，莫斯科，1974年；邓拓杂文两篇，载《远东问题》1974年第1期，第141—149页。**A.H.热洛霍夫采夫《邓拓案件：恢复名誉还是沽名钓誉？》，载《远东问题》1980年第1期，第172—178页；A.H.热洛霍夫采夫《邓拓的身后命运》，载《远东问题》1984年第3期，第115—126页；A.H.热洛霍夫采夫《邓拓的杂文》，载《远东问题》1972年第2期，第182—189页；《中国当代文学辞典》，武汉，1996年，第406页。

（A. H. 热洛霍夫采夫撰，万海松译）

《典论·论文》

中国历史上第一部伟大的具名文学理论专著，作者为曹丕，他是三国时期（220—280）魏国（220—265）的创立者和首位君主，也是2世纪末至3世纪时伟大的诗人之一。

《典论·论文》其实只是曹丕《典论》这部渊博的理论著作中的一篇，原书约完成于218年，全文有20篇。众所周知，曹丕死后，根据他的儿子兼继位者曹叡（魏明帝，226—239年在位）的命令，此书被刻在6块石碑上，分别立于曹丕陵庙和太学。据最新发现的文献记载，这些石碑于北魏孝文帝（471—499年在位）统治后期尚存（但仅余4块）。孝文帝是北魏（386—534）拓跋氏政权的君主，北魏是少数民族占领黄河流域后建立的政权。在北魏迁都计划的有关文献中曾提及这些石碑，而北魏的新都就是原先魏国都

城的所在地（今河南省洛阳市）。显然，曹丕这部著作的手
稿早已散佚。

我们今天所接触到的《典论·论文》版本最早见于萧
统选编的著名文学总集《文选》（卷52），名为《典论·论
文》。除此篇外，该书的引言部分即《自序》也被保留下
来。这篇序被收入陈寿（233—297）修撰的官方史书《三国
志》卷2曹丕的传记《文帝纪》裴松之（372—451）为之所
作的注解中。从《自序》可知，《典论》这部专著广泛论述
许多社会和政治问题，具体探讨了前人留下的所有理论和文
学遗产。曹丕在《自序》的结尾部分列举他读过的著作：儒
家的"五经"；两部当时的奠基性历史著作，即司马迁（前
2—前1世纪）的《史记》和班固的《汉书》；"诸子百家
之言"，即周代（前11—前3世纪）下半期时诸多哲学流派
和学说。正因为如此，一些中国当代研究者（如李逸津）认
为，曹丕这部专著名称中的"典"字并非只是文学范畴，而
是泛指性的术语。"典"这一术语的定义是特定标准的总
和，包括社会基础、法律规范、行为准则；它的通常意义是
"定理""原则"和"范例"。

除《文选》中的版本外，曹丕这部以《典论·论文》
或《论文》为题的著作还被收入曹丕的文集、散文类作品集
中，首先见于严可均（1762—1843）编选的集子，以及文学
理论类论文集。它带注释的俄文全译本有两种，分别由阿理
克院士和И.С.李谢维奇完成。

《论文》按照意义可分为两部分。第一部分是曹丕对7个
同时代人的创作的评定，这些人后来均被认为是该时期独领
风骚的文学和诗歌流派"建安体"的主要代表。在评语之前
的引论里曹丕谈到，以前对文学作品所作的任何评价都具有
相对性和主观性，他声称这是由于作者们与生俱来的对领袖
地位的向往："文人相轻，自古而然。……夫人善于自见，
而文非一体，鲜能备善，是以各以所长，相轻所短。"如此
一来，曹丕为自己确立一个任务，即将"文"的类型学标志
和主观审美标准划分开来。他在《论文》第二部分尝试解决
这一任务。

他首先界定的是文体，按他的话说，就是"文"，这是中国文学批评史上第一次尝试建立文体分类法。曹丕划分出8种文体（确切些说，是著作和作品的8个等级），将它们分为"四科"。这种分类法的基础是孔门"四科"类型学，表示4种认知（或精神完善）领域，"四科"就是孔子本人为他几十个最优秀的学生而创立的（经学传统中通常这么认为）。"四科"分别为："德行"（一个人的道德伦理素质以及在实践活动中贯彻这些素质的能力），"言语"（一个人的智力和博学程度以及他在口语和书面语中表达自己想法的能力），"政事"（一个人的组织能力以及他履行自己职务的能力），"文学"（一个人的学习能力与学习志向及其文学天赋与技能）。汉代（前3—3世纪）的孔门"四科"类型学被具体化，被用来对拟任国家公职者进行高低排序，这些被举荐者有四类：（1）以善良的行为和纯洁的心灵而著称者；（2）在精通典籍和学识才能方面无懈可击者；（3）法律专家和能拿出理由充分的解决方案的人；（4）善于"肃清腐败"者。如此一来，不论形态如何千变万化，孔门"四科"的首要标准主要还是儒家的道德伦理价值和目标。

在文学（诗歌）创作的社会功能及其对国家制度所起的作用上，曹丕完全赞同儒家观点："盖文章，经国之大业，不朽之盛事。"因此毫不奇怪，在曹丕所划分的8种文体中有6种都是所谓的实用性和纪念性文体，这些文体能促进国家观念的建构，有助于通过赞美某些人的善行来宣传社会的道德基础。这6种文体分别是：奏、议、书、论、铭、诔。文学（诗歌）的体裁只有两个，即诗和赋，它们与"文学"相关，在文体分类学的这一变化形态中占据最低位置。在对每一对文体的本质性特征的判定中，曹丕首先依据的是其功能，而非艺术特点本身。对"奏"和"议"，曹丕用"雅"这一术语来表明其特征——一提到"雅"，人们最先想到的是"精致""古典作品的无懈可击"："奏议宜雅"。然而，曹丕在这里所使用的术语是用来说明上古时代的赋体诗歌的，该术语在儒家文献中一般被解释为"正"。"书"与"论"的本质性特征的传达借助一个范畴性术语"理"，即

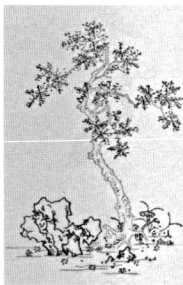

"原则""秩序"，在这里，"理"可被理解为一种规定，即作品结构要严整合规，作品中思想的表述要清晰。至于"铭"和"诔"的本质特征，曹丕规定它们要"实"。只有"诗"和"赋"可在审美层面上理解："诗赋欲丽"。大多数研究者都把"欲丽"解释为确凿无疑的审美范畴："押韵的诗歌和散文，永远追求形式美"（阿理克）；"诗赋追求明艳"（郭黎贞）。但也不能排除一种说法（李谢维奇的观点），即"丽"在这里并非"美"（审美范畴），而指额外的引申意义，即"艳"。

曹丕所提出的这些标准具有模糊性和含混性，他试图将儒家观点引入文学的意图，在许多研究者（如匈牙利汉学家杜克义）看来，事先就注定了他所建立的文体分类法是残缺不全的。但显而易见，这种分类指出了作"文"的总体方法（当把文学创作的社会功能放在首要位置时），"文"成为中国文学理论思想的基础。

在提出文体分类法后，曹丕转而讨论文学创作的本质问题。他言简意赅地提出一系列非常重要的意见，这也给理解他的思想造成了不便。关于文学作品中必须具有精神要素的想法是这段话的核心，它体现在"文以气为主"这一论断里。从"气"这个字作为规范性术语（空气、呼吸、生命力、精神等）的意义出发，上述论断经常被认为体现了自然哲学观，即关于文学创作和诗人灵感的宇宙语义学观点，即宇宙的动力学外形（或实体）之流动。然而，从《典论·论文》的内容看，曹丕将"气"更多地理解为一个人天生的创作才能。结果是，他给"气"这个概念增添了"某一作者的创作个性"之意。曹丕也引入了"体"的概念，作为"气"的具体体现："文以气为主，气之清浊有体，不可力强而致。譬诸音乐，曲度虽均，节奏同检，至于引气不齐，巧拙有素，虽在父兄，不能以移子弟。"

后来，"气"和"体"这两个概念就成为中国文学理论和美学思想中的支柱性范畴，这两者间的关系问题也随之成为中国文学理论和美学思想中的主要问题之一。此外，尽管曹丕对文学艺术应体现儒家思想这一观点信守不渝，他还是

在背离这一观点的道路上迈出了严肃的第一步，因为他实际上试图提出个性化文学创作的论据，这种个性化创作源自作者的内心状态和天赋（而不仅仅是其道德素质）。

对曹丕《典论·论文》的研究在中国文艺学界已自成一派。不但如此，在所有直接研究曹丕创作遗产以及中国文学理论思想史的著作（包括综合性的中国文学史著作的个别章节）中，《典论·论文》都得到或多或少的分析。

*《文选》，第1127—1128页；《三国志》，第90页（序言部分）；《汉魏六朝散文选》；严可均辑本第2卷，第1096—1098页；B.M.阿理克《中国文学论集》第1卷，第381—384页；曹丕《典论》，И.С.李谢维奇译注；Die Chinesische Anthologie... Vol. 2. **К.И.郭黎贞《中国中古文学中的"文"的定义》，第193页；К.И.郭黎贞《19世纪—20世纪初中国的雅文学理论》，第14—16页；И.С.李谢维奇《上古和中古之交的中国美学思想》；工运熙、杨明《魏晋南北朝文学批评史》，第25—31页；《魏晋文学史》，第59—66页；《魏晋南北朝文学研究》，第639—647页；郭绍虞《中国文学批评史》，第43—48页；郭绍虞《中国历代文论选》第1卷，第158—162页；罗根泽《中国文学批评史》第1卷，第74—78页；罗宗强《魏晋南北朝文学思想史》，第16—42页；《中国古代文论》第84—89页；Hightower J. R. Wen Hsuan and Genre Theory, pp. 513; Holzman D. "Literary Criticism in the Early Third Century A. D". // Holzman D. Chinese Literature in Transition…; Liu J. J. G. Chinese Theories of Literature, pp. 70‐71; Tokei F. Genre Theory in China, pp. 57‐58.

（M. E. 克拉夫佐娃撰，万海松译）

丁玲

原名蒋冰之，1904年生于湖南，1986年卒于北京，曾在上海和北京求学。1927—1928年间发表的处女作《梦珂》和《莎菲女士的日记》引起读者关注。与后来出版的短篇小说集《女性》（1930）及其他作品一样，它们都以青年的精神探索和女性解放为主题，以严肃的观点和大胆的评判著称。20世纪30年代初，丁玲在中国左翼作家联盟非常活跃，社会题材占据了其大多数作品（长篇小说《韦护》和中篇小说《水》等）。1933年，国民党当局逮捕了她，关于她将被处决的新闻惊动国际社会。1936年，她成功到达西北地区，在那儿度过整个战争岁月，参加前线部队，投身政治运动，发表了一系列短篇小说和特写集。《太阳照在桑干河上》（1948）这部讲述土地改革和农民生活变迁的长篇小说获1952年苏联斯大林奖金。

中华人民共和国成立后，她在中国共产党中央委员会工作，任中央文学研究所所长，并作为时事评论员和批评家发表作品。1957年被错划为"反党集团"成员，并被下放接受"再教育"。"文化大革命"期间被关进监狱。晚年发表有回忆录、散文和访谈。1956年开始撰写的长篇小说《在严寒的日子里》最终未能完成。

*《丁玲文集》6卷本，长沙，1982—1986年；丁玲《太阳照在桑干河上》，莫斯科，1949年；《丁玲选集》，莫斯科，1954年。**Л.B.巴拉诺娃《中国作家丁玲（1904—1986）的生活和创作道路》，学位论文，莫斯科，1996年；H.A.列别杰娃《作为对儒教禁忌之突破的20世纪中国女作家的命运和创作》，载《中国、中国文明和世界：历史、当代和前景》，《第四届国际学术研讨会论文》第2卷，莫斯科，1993年，第51—56页；H.A.列别杰娃《丁玲的三种生活》，载《远东》，哈巴罗夫斯克，1989年，第149—153页；A.C.季托夫《不屈者队列中的一员：忆丁玲》，载《远东问题》1987年第6期，第96—101页；H.T.费德林《中国文学》，莫斯科，1956年；Л.З.艾德林《论中国当代文学》，莫斯科，1955年；《丁玲研究在国外》，长沙，1985年；周良沛《丁玲传》，北京，1993年；Alber, C. J. Embracing the Lie: Ding Ling and the Politics of Literature in the PRC, Westport, 2004. Feuerwerker Y. M. Ding Ling's fiction: Ideology and Narrative in Modern Chinese Literature, Cambr. (Mass.) , L., 1982.

（B. Ф. 索罗金撰，万海松译）

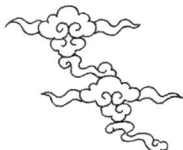

《东坡志林》

宋代著名文学家苏轼（苏东坡，1037—1101）的一部笔记。苏轼是"唐宋八大家"之一、诗人、古文大师、书法家、画家。《东坡志林》（5卷）的现代版本收录202则片段，按主题分为29大类，如《记游》、《送别》、《官职》、《道释》、《异事》（分上下两部分）、《人物》等。其中卷5由单独的一类（《论古》）组成，正是该部分内容让人不免心生疑窦，怀疑并非苏轼本人所作，而是作家死后由他的子孙后代完成。这部分收入13则篇幅较大（与其他绝大多数的短则相比）、具有抽象性质的史论（均未注明撰写时间），这与《东坡志林》其他部分形成鲜明反差。这些史论是常见的、具有古代风格的无情节散文（"古文"）的典范之作，且是完全独立的作品，这对笔记体文集而言不太典型。

当今已无更加确凿的证据可考，究竟何人于何时赋予《东坡志林》如今所知的样貌，但或许17世纪初的权威抄本本该如此。该书很多再版本皆依据明万历己未年（1619）赵开美刊本印刷，赵开美之父赵用贤为此本增加了一篇序言，按照传统，此序一直为所有后出本沿用。《东坡志林》另有3个刊本：宋《百川学海》收《东坡志林》1卷和单独的13篇史论[①]，明《稗海》本作12卷，据清代学者夏敬观考察，《稗海》本与其他版本有很大差别（尤其是《稗海》本无"史论"）夏敬观提及一个分为5卷的《东坡志林》版本，这最值得信赖，因为无论如何这一版本在宋代还能见到；清代官修图书目录《四库全书总目》同意此说，它断定将全文打乱、重新分卷肯定是苏轼死后的事情。此书的第三个刊本，即清代《学津讨原》本，收录的正是这一文本。

《东坡志林》所述故事跨越20年。根据文本注明的日期，最早一则笔记写于1080年，最晚一则在1101年，但绝大部分作于1086—1098年间，这是苏轼一生中变故最多的一段时间。1080年，45岁的失宠官吏苏轼赴黄州任团练副使一职。来到此地两年后，苏轼给自己取别号"东坡居士"，这也是这部笔记名称的由来。11世纪80年代上半期是诗人一

---

① 按：《百川学海》所载《东坡志林》一卷本仅收13篇史论。——译者注

生第二个时期的最后几年，这一时期苏轼被逐出京城，被迫到偏远外省任低微官职；1085年他又被召回京城，任礼部郎中，又任起居舍人。1086年苏轼在京城汴京（今河南开封）度过，因为诗人重获皇帝恩宠，升任翰林院学士知制诰（皇帝秘书，负责起草任命官员之诏令）。形形色色的升官晋级接踵而来，但在1093年妻子死后，苏轼再度失宠，被派往南方任职，一次比一次偏远。1098年①，诗人来到海南儋耳（今儋州）。这段时期苏轼全身心投入创作，众所周知，他在1099年着力撰写《东坡志林》，但未完成此书（此事也构成一个论据，可证明赋予此集以如今形态的并非作者本人，而是后来的其他人）。翌年，接到朝廷召他回京的调令后，苏轼在途中撰写呈文，称自己年老体衰，提出致仕请求，但未等到答复，就于1101年病逝常州。《东坡志林》的主要内容即对这20年间各种事件的反映。此书的自传因素很强，所有笔记要么是苏轼本人的印象与观察，要么是他在读书或与亲朋好友聊天时产生的原创性思想。书中没有绝大多数宋代笔记中常见的静观手法和距离感：宋代笔记作者多仅仅记录各种他们认为必须留给后代的事件和事实。

　　该书所收故事绝大多数为无情节的短札和素描，如某些著名朝廷大官和国务活动家身上发生的事情、宫廷里发生的事件，以及地理描写、各地风俗习惯，还有对应验之梦和异乎寻常之事的记录。该书最像一本多年记录却未完成的零散日记，有些段落早已散佚，造成时间上的空缺，剩下的篇章奇怪地混作一团，后落在一个了解作者的人手里，但他未能完全领会作者的意图，于是便根据自己的理解将零散的手稿整理归纳，分为若干题材界限并非十分清晰的类别。不过如果愿意，我们仍可将《东坡志林》中的笔记划分为如下这些相当程度上出于假定的题材组：

　　（1）描写苏轼逗留之地的短则（诗人每到一处，必要造访当地的每处名胜），描绘给诗人留下深刻印象的风景，描绘让诗人留下回忆的地方。有些地方他此前到过，多年后他再度造访，看着那些亭子、房子和庙宇，诗人又在记忆的

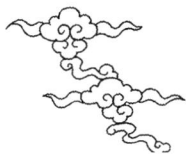

---

① 当为1097年。——译者注

海洋里遨游："追思曩时，真一梦耳。"这样的短则包含许多细节，涉及当地的风俗和建筑，如大小庙宇和寺院。这些笔记往往可作为对官方地理著作的补充。

（2）讲述各地民俗、风习和风气的短则。那些与奇闻怪事有关的、被收入《异事》编的故事均应归入此类。《异事》是《东坡志林》中篇幅最大的一编，其中的故事涉及幻象、应验之梦、算命、造访冥世和占卜。

（3）作为苏轼私人笔记的短则。它们的主题最为芜杂，往往具有格言警句的特点，比如对道教修炼功夫（苏轼在此方面用力甚多）的某种经验总结，或是他与朋友饯别时写下的文字。那些记录苏轼亲朋好友的经历以及他们所述故事的短则也应归入此类，因为这些故事绝大多数被记录下来，就是为了记录一个同时代人或一位朋友的精彩讲述，让脱口而出的一句机智的话语或成功的诗句成为子孙后代的精神财富。

（4）与佛教、道教和医术相关的短则，如一些与著名法师（比如苏轼的好友辩才和尚和道士参寥子）、道教徒和医生（比如不止一次治好苏轼病的聋人医生庞安常）相关的故事，关于典籍文本、疾病等的故事。

（5）苏轼以各种方式论及中国历史（历史故事和历史人物）的短则，即《论古》部分，另有其他许多短则也言及一些著名历史人物。

该书在宋代笔记中独树一帜，首先因为作者没有将其当成一个统一文本来对待，尽管有局部的编排（此种情况也见于其他那些最终未及编成文集的作者，但后者至少已构建出未来文集的基本框架）；很有可能，苏轼本人与该书的结构布局毫无关系。但该书的价值却毋庸置疑：这是一位众多历史事件目击者留下的精彩证言，也是一份研究诗人苏轼生活与创作的最珍贵史料。

*苏轼《东坡志林》，上海，1982年。** Hatch G. C. "Tung-p'o Chih-lin" // A Sung Bibliography. Hongkong, 1978, pp. 280 - 288;

Hatch G. C. "Su Shih" // Sung Biographies, Vol. 3, Wiesbaden, 1976, pp. 900 - 968.

（И. А. 阿利莫夫撰，万海松译）

杜甫

乙

　　字子美，712年生于河南巩义，卒于770年。中国伟大的诗人之一。生于古老官宦家族，尽管历史风云变幻，该家族仍保持传统道德价值观，并不断为之增光添彩，这使得杜甫从小具有乐观主义信仰，相信精神因素总能获得胜利。他曾打算出仕做官，实现古代儒家的理想。杜甫早年对创作的热爱随着对祖父的思念而不断增强，其祖父杜审言（648？—708）亦为著名诗人。杜甫曾说："诗是吾家事。"731—741年间在全国各地的两次出游丰富了杜甫的生活阅历，增强了他的民族自豪感。744年夏初，他结识诗人李白，并与之同游一年多。746年他移居京城长安，十年间努力求仕而未获成功。诗人敏锐地觉察到唐帝国（618—907）表面繁荣下隐藏的不祥之兆，从8世纪50年代初起，其创作中开始出现社会揭露主题，或揭露朝廷的扩张政策（《兵车行》《背城》），或揭露高官宠臣的危害性（《丽人行》《秋雨叹》）。755年，杜甫写下著名诗作《自京赴奉先县咏怀五百字》，它将个人情怀与史诗形象相结合，对现实画面的描绘与作者对其命运和时代的思虑不可分割。在安史之乱期间（755—756），杜甫遍尝被俘、逃亡与被任命为左拾遗之滋味。严峻的历练丰富了诗人的爱国主义精神和公民情感，拉近了诗人与普通百姓的距离。杜甫这一时期的诗作有许多让人惊叹的特点：深刻的真实性和人道主义、热情满腔和激动不安、形象的威力和积极作用。杜甫那些喷薄而出的反映战事和对时代与国家进行思考的诗作，具有小型的抒情彩画或广阔的史诗油画的形式。其诗歌贯穿着国破人亡的忧伤，对敌人的憎恨，因战败而感受到的痛苦与因战胜而感受到的喜悦。杜甫的立场和原则引起朝廷不满，759年秋他被迫放弃官职，举家前往西部，辗转来到成都（今属四川）。他曾

短暂居于茅屋，歌颂农村茅舍的生活、农村迷人的景致和全家团圆的安乐。但与此同时，他仍饱含对整个国家的忧虑，战事仍让他心潮起伏。很快，诗人的创作中响起抗议之声，他反对挑拨离间的内讧和分裂国家的企图。杜甫有描写老百姓因无力承受数不清的苛捐杂税而家破人亡的诗作，也有描绘战争岁月让人震惊不已的人民受苦受难的画面的作品。诗人一直想让自己的同胞过上美好的幸福生活，他幻想和平和创造性的劳动（《蚕谷行》《茅屋为秋风所破歌》）。他的诗歌形象来自生活，真实可信，表现力强。对中国不同地区自然美景的描绘手法，体现了诗人对故土的热爱。杜甫的晚年在漂泊流离中度过，那时他虽然身患重病，描写晚年景象，但仍然反映社会问题，仍在评判当权者的所作所为。中国诗坛第一次出现所谓"社会倾向"，其代表人物对社会问题有异乎寻常的兴趣，将真实的、内容丰富的诗歌当作真理与公正的喉舌。杜甫的同胞称他为"诗圣"。

*《杜诗选注》5卷本，北京，1979年；《杜甫诗选》，北京，1984年；《杜甫诗选》，A.吉托维奇译，E.A.谢列勃里雅科夫序，莫斯科，1955年；《三位唐代诗人：李白、王维、杜甫》，莫斯科，1960年，第261—412页；《杜甫诗选》，A.吉托维奇译，莫斯科－列宁格勒，1962年；《杜甫抒情诗选》，A.吉托维奇译，E.A.谢列勃里雅科夫序，列宁格勒，1967年；《李白、杜甫抒情诗选》，A.阿赫玛托娃等译，Л.E.别任编注，莫斯科，1987年；《唐代诗歌（7—10世纪）》，莫斯科，1987年，第163—234页；杜甫《百哀集》，圣彼得堡，2000年。**Л.E.别任《杜甫》，"杰出人物传记系列"，莫斯科，1987年；A.И.科布杰夫《论中国诗歌中自然形象的哲理和象征意义：以杜甫的两首诗为例》，载《中国传统学说中人的问题》，莫斯科，1983年，第140—152页；E.A.谢列勃里雅科夫《杜甫传略》，莫斯科，1958年；《杜甫研究论文集》，3卷本，北京，1962—1963年；莫砺锋《杜甫评传》，南京，1993年；陈贻焮《杜甫评传》，3卷本，上海，1988年；Davis A.R. Tu Fu. N.Y., 1971; Hawkes D. A Little Primer of Tu Fu. Oxf., 1967; Hung W. Tu Fu: China's Greatest Poet. Cambr. (Mass.), 1952.

（E. A. 谢列布里亚科夫撰，万海松译）

字牧之，号樊川居士，803年生于长安（今陕西西安），卒于852年。晚唐杰出诗人，中国古代军事思想的研究者。生于名门贵族，是宰相、历史学家杜佑（735？—812）之孙。杜牧10岁时，祖父和父亲相继离世，家道中落，被迫出售房产偿债。家庭的没落并未让杜牧受阻，他自小发奋苦读，才华出众，26岁即中进士，即科举考试的最高学位。随后在中国南方多地出任一系列高级官职。其生平见于《新唐书》。他还是军事著作《孙子》较权威注解者之一。

杜牧生活在唐朝行将衰亡之际，朝廷内的宦官专权和腐败加剧了政治动荡。杜牧一生经历8位皇帝，其中2位死于对炼丹术的迷恋（为求"长生不老药"），至少还有2位死于宦官之手。对国家前途的忧虑，对国家昔日强盛的追念，对生活的认知而引发的苦痛与担忧，在杜牧的绝大多数诗作（《泊秦淮》《阿房宫赋》）中皆有反映。

杜牧创造了优美的抒情诗典范之作（《秋夕》）。他的许多诗作直接描写女性的爱情感受，饱含离别之痛苦（《赠别二首》），风格上与李商隐的诗作十分相似。杜牧描写风景的抒情诗同样著名（很多诗歌选集都选入他的《山行》）。对中国古典诗歌而言，"行旅"是较有代表性的主题，在杜牧的诗歌中，"行旅"往往还结合着对历史人物的思考（《过华清宫》《题木兰庙》《题乌江亭》）。

作为政治家和高官，杜牧反对佛教的流播。有研究者认为，杜牧在诗中讽刺了信奉佛教的信徒（《江南春绝句》）。

杜牧的诗歌语言容量丰富，情感充沛，表现力强，充满寓意和联想，这足以说明杜牧的诗风格独特，富有原创性。

杜牧最为著名的还是七言绝句，其流传至今的作品集有《樊川文集》，内收450首（篇）诗歌和散文作品。后人称杜牧为"小杜"，以区别于杜甫。

*《〈樊川文集〉注》，冯集梧注，北京，1962年；杜牧《樊

杜牧

乙

杜舍人

川文集》，上海，1978年；《全唐诗精选译注》，第2卷，长春，2000年，第372—424页；《杜牧集》，张厚余注，太原，2004年；《杜牧诗作》，A.谢尔盖耶夫译，载《印度、中国、朝鲜、越南、日本古典诗歌》，莫斯科，1977年，第325—329页；杜牧《山行》，Л.艾德林译，载《外国文学》1981年第10期，第175页；杜牧诗作，Л.艾德林、A.谢尔盖耶夫译，载《唐代（7—10世纪）诗歌》，莫斯科，1987年，第391—395页；《杜牧诗两首》，B.佩列列申译，载《边界》1992年第1期，第256—257页；《杜牧诗作》，Л.H.孟列夫译，载《清流：唐代（7—10世纪）诗歌》，圣彼得堡，2001年。**缪钺《杜牧传》，北京，1977年；缪钺《杜牧年谱》，北京，1980年；《唐诗鉴赏辞典》，上海，1992年，第1059—1101页；Kubin W. Das lirische Werk des Tu Mu (803–852): Versuch einer Deutung, Wiesbaden, 1976.

（A. H. 科罗博娃撰，万海松译）

杜鹏程

　　原名杜红喜，笔名司马君、红喜、普诚等，现代作家，1921年生于陕西韩城，卒于1991年。由于家境贫寒，他被基督教传教士收养，在教会学校半工半读。1937年，杜鹏程加入抗日先锋队。1938年来到延安，并在鲁迅艺术文学院学习，毕业后在延安解放区的农村工作。1941年进入延安大学学习，1944年作为基层干部被派往工厂工作，在此之后他开始文学创作。

　　1947年，杜鹏程任《边区群众报》的军事记者，撰写大量报道、札记、散文和剧作。1951年，作家起初为新华通讯社西北地区特派记者，后任新华社新疆分社社长。1955年，加入中国作家协会。这一时期，杜鹏程完成其大型长篇小说《保卫延安》（1954）。该小说以历史编年为结构，大量、具体地描绘了中国人民解放军和国民党军队之间的战斗。从内容和风格看，《保卫延安》是一部英雄主义的史诗；就对主要人物性格的刻画而言，小说又接近长篇叙事小说，受到中国古典小说的影响。

因为描写了后来被批判的元帅彭德怀的形象，该小说在1959年遭到批评并被禁。

杜鹏程的其他优秀作品都被收入短篇小说集《光辉的历程》和中篇小说集《在和平的日子里》。"文化大革命"开始后，作家被错误指控"利用文学创作反党"。

1977年，杜鹏程重新开始写作。他担任中国作协和中国文联的一系列高级职务，其中包括中国作协陕西分会副主席、中国文联陕西分会副主席。杜鹏程晚年发表了一些散文和论文学创作的文章，包括《速写集》《杜鹏程散文特写选》《我与文学》等。

*杜鹏程《保卫延安》，北京，1954年；杜鹏程《保卫延安》，A.加托夫、B.克立朝译，莫斯科，1957年；杜鹏程《在和平的日子里》，Я.舒拉文译，莫斯科，1959年；杜鹏程《年轻的朋友》，Д.波斯佩洛夫译，载《〈春雷〉及其他》，莫斯科，1959年，第27—45页；杜鹏程《平凡的女人》，Л.普利谢茨卡娅译，载《中国作家短篇小说》，莫斯科，1959年，第2卷，第304—318页；杜鹏程《李同志》，Н.涅斯捷连科译，载《贝加尔湖上的光》，乌兰乌德，1960年，第87—95页。**陈思和《中国当代文学史教程》，上海，1999年，第55—61页。

（E.A.扎维多夫斯卡娅撰，万海松译）

二月河

原名凌解放。1945年生于山西昔阳。高中毕业后入伍。1978年转业到南阳市委工作，现任河南省作协副主席。中国《红楼梦》学会河南分会理事，发表多篇有关《红楼梦》的研究论文。

二月河40岁开始文学创作。他的13卷"落霞"系列清代皇帝三部曲《康熙大帝》《雍正皇帝》《乾隆皇帝》引起巨大反响。其中，《雍正皇帝》获河南省优秀文艺成果奖，并于1999年改编为电视剧，广受国内外好评。

20世纪80年代末，人们阅读历史题材作品的兴趣大增，

二月河的创作满足了这类阅读需求。90年代，二月河的长篇小说追求恪守史实，同时关注情节发展和人物性格。作家本人曾表示，选择清代皇帝来写，是因为他们对国家统一贡献巨大。就文体风格和成文结构而言，二月河的长篇小说与中国传统章回小说相类似。

二月河是中国长篇历史小说的领军人物，其作品在国内外多次再版，影响甚广。

*《雍正皇帝》，武汉，1991；《乾隆皇帝》，郑州，1996；《康熙大帝》，郑州，1999。

（E. A. 扎维多夫斯卡娅撰，靳芳译）

反思文学

20世纪70年代末至80年代接替"伤痕文学"出现的一个文学流派，标志着现实主义在中国文学中的复兴。

这一流派作家将"文化大革命"十年动乱时期的事件作为沉思、寻找事发原因和进行哲理思考的对象。他们作品的政论激情与"伤痕文学"相比有所降低，但作者更为深入地表现作品主人公的心理状态。如果说"伤痕文学"只是简单揭露过去的暴行，那么"反思文学"则力求克服过去事件的消极后果，描写已经平反的知识分子代表人物和曾经的党内干部所遇到的问题。

亲人的背叛是"文化大革命"时期人们经历的最为可怕的考验之一。无法愈合的伤口是谌容短篇小说《玫瑰色的晚餐》的中心内容。王蒙在自己的作品如中篇小说《蝴蝶》（1980）和长篇小说《活动变人形》（已有俄译，1986）中描写被蒙蔽的年轻人对过去充满怀疑的虚无态度、他们对过去理想的绝望，以及子辈对父辈的评价等问题。

冯骥才的杰作之一中篇小说《感谢生活》（1984）试图回答这样一个问题：是什么帮助人们存活下来而没有毁灭？

巴金的政论随笔集《随想录》（1978—1986）、王蒙

的中篇小说《布礼》（1979）、古华的长篇小说《芙蓉镇》（1981，已有俄译本）、高晓声（1928—1999）的短篇小说《李顺大造屋》（1979）等也可列为这一流派最杰出的作品。

20世纪80年代"反思文学"中最常用的体裁形式是回忆录文学，即关于"文化大革命"的回忆录、传记和特写。纪实散文成为80年代末、90年代初中国文学的主要体裁之一。大部分作品试图重建知识分子形象，恢复知识分子的社会角色。属于此列的作品包括：杨绛（1911年生）在中国非常有名的回忆录《干校六记》，内容是知识分子和干部被送去进行"再教育"的干校中的生活；剧作家陈白尘的作品《云梦断忆》；丁玲的回忆录。这些作品讲述国家的优秀人才被驱赶到荒凉偏僻的乡村，年复一年地做厩肥工作，他们失去从事自己喜欢的事业和与亲人交往的权利。冯骥才的作品《一百个人的十年》在体裁风格与上述作品很相似，作者同样提出了所发生恶行的责任问题，问题非常尖锐，他指出大多数年轻人是被宣传蒙蔽而加入红卫兵（这种提出问题的方式在中国文学中并不常见）。总而言之，这一流派作家在创作中对过去的看法发生了本质上的改变，他们在寻找导致十年群众性疯狂的真正原因，一些作家转而分析困难情势下人们的行为心理，对一些现象进行思考，如背叛、怯懦、一些人对另一些人的阴谋诡计、受过屈辱的人们心理上无可逆转的改变。

反思文学在中国文学中的主导地位持续到20世纪80年代末，但对"文化大革命"后果的反思主题至今在中国仍有其现实意义，这一主题通过各种方式反映在不同中国作家的作品中，他们的创作并不局限于这里提及的两个流派以及现实主义的框架之内。

*冯骥才《一百个人的十年》，江苏文艺出版社，1997年；
《一个人和他的影子：中篇小说集》，A.H.热洛霍夫采夫编，
莫斯科，1983年；冯骥才《中短篇小说集》，莫斯科，1984
年；《人到中年》，莫斯科，1985年；古华《芙蓉镇》，B.司

马文译，莫斯科，1986年；杨绛《干校六记》，载钱锺书《围城》，B.索罗金译，莫斯科，1989年；巴金《随想录》，载《巴金选集》，B.索罗金编，莫斯科，1991年。**《中国的文学和艺术：1976—1985年》，莫斯科，1989年。

（A. H. 科罗博娃撰，侯丹译）

范云

字彦龙，451年生于南乡舞阴（今河南泌阳西北），503年去世。政治家，"永明体"诗歌流派的代表人物，"竟陵八友"之一。

姚思廉（卒于637年）所著《梁书》（卷13）和李延寿（618?—678?）所著《南史》（卷57）中载有范云两种列传。他生于4世纪初登上国家政治舞台的武官之家。范云的仕途起点（479—480）是为竟陵王萧子良做幕僚，在后者倒台、去世前始终是他的秘书和心腹。5世纪90年代末期，范云转而投靠为获统治权而斗争的萧衍。南梁（502—557）建立后，范云接连担任各种高官（包括吏部尚书和尚书右仆射），并被赐予贵族尊号，封为霄城县侯。范云的诗歌遗产共40首（2首乐府，其余为诗），主要是小型诗（四行诗和八行诗）。曾有13卷文集存世（7—10世纪），后遗失。保留下的作品收入丁福保（1874—1952）辑本（1964）和逯钦立（1910—1973）编纂的汇编文集当中。范云的作品中最多的是写给包括沈约和谢朓等在内的朋友们的献诗；一些"咏"作，如《咏桂树诗》《咏寒松诗》《咏早蝉诗》；还有一些对从前诗歌主题的拟作，如《拟古》《拟古四色诗》。无论具体诗作是何主题，范云的诗均富有音乐性，思想忧伤而明澈。四言诗《别诗》是典型例证，此诗被视为诗人最优秀的作品："洛阳城东西，长作经时别。昔去雪如花，今来花似雪。"

钟嵘所著《诗品》在评价范云创作时点评了其抒情诗的这些特点，他将范云的诗列为"中品"："范诗清便宛转，如流风回雪。"

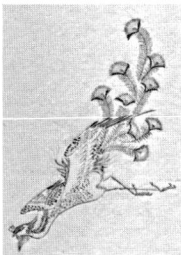

虽然范云的抒情诗具有毋庸置疑的创作个性和高超的艺术技巧，但其并未得到同时代诗人和后世文学批评家的特别关注。在学界，范云多作为永明体的代表人物，同时也作为沈约的友人和思想同道而被一笔带过（最新的研究除外）。

*《梁书》，第13卷第1册，第229—232页；《南史》，第57卷第5册，第1415—1422页；收录范云抒情诗的文集参见参考文献Ⅱ：逯钦立辑本第2卷，第1543—1553页；丁福保辑本（1964）第2卷，第1055—1063页。《孟列夫译中国诗歌》，第73—75页；《文心雕龙》俄译本，第301页。**M.E.克拉夫佐娃《永明体诗歌》，第61—62、70—71页；王钟陵《中国中古诗歌史》，第672页；曹道衡、沈玉成《南北朝文学史》，第178—181页；《钟嵘诗品译注》，第158—159页；《汉魏六朝诗选》，余冠英编，第293—295页。

（M. E. 克拉夫佐娃撰，侯丹译）

原名汪芳。1955年生于南京。1957年随同父母迁居武汉。中学毕业后当了4年装卸工。1978年考入武汉大学中文系，后在湖北电视台任电视剧编辑和剧本作者。1989年成为职业作家。曾任湖北省作家协会主席。

1975年开始创作诗歌，1982年发表第一篇小说《大篷车上》，后出版同名小说集，早期作品还有文集《十八岁进行曲》和《江那一岸》。方方的早期创作主要描写年轻人的生活和内心体验，如中篇小说《桃花灿烂》将悲剧性音符与几分朴素浪漫主义格调结合在一起，讲述在同一个装卸站工作的青年男女间的爱情关系，男主人公是被下放农村的反革命分子的儿子，而女主人公是一个女大学生。

1987年中篇小说《风景》发表，这是方方最杰出的作品之一，获1987—1988年全国优秀中篇小说奖。这篇小说标志着中国小说创作出现一个新倾向，即新现实主义。这部作品讲述武汉底层市民多子女家庭的沉重命运，作品以已经死去

的孩子作为讲述人，这样就产生了距离感，突出作者对所描述现实不加评论的客观态度。中篇小说《风景》提出新的美学问题，反映为肉体生存而挣扎、失去希望和理想的普通人的生存状态。

20世纪90年代出版的自传体长篇小说《乌泥湖年谱》讲述武汉乌泥湖一带的故事，作者叙述参与长江水利工程建设的一些家庭的生活，他们居住的地方曾是清澈的乌泥湖水荡漾之处。小说获威望极高的人民文学奖。

中篇小说《行云流水》《祖父在父亲心中》《白雾》《埋伏》等也得到批评家和读者极高的评价。在后期创作的一部中篇小说《奔跑的火光》中，方方脱离城市主题，转向乡村问题，讲述农村姑娘英芝的故事。作者远离20世纪80年代初期小说创作固有的理想主义，她显然开始追求表现真实的生活、日常生活中的陋习，以及以女主人公悲剧性死亡为结局的理想与现实之间的残酷斗争。

方方的小说集和随笔集已逾13本，5卷本《方方选集》已出版，她的很多作品获得文学奖。

*方方《风景》，载《当代作家》1987年第5期；方方《奔跑的火光》，载《小说选刊》2001年第12期，第4—54页；方方《乌泥湖年谱》，北京，2002年。**连佩珍《论方方的悲剧小说世界》，载《中国现代、当代文学研究》，北京，1996年第11期，第123—127页；黄惠清《又是一种风景》，载《中国现代、当代文学研究》，北京，1996年第9期，第138—143页；陈思和《中国当代文学史教程》，上海，1999年，第310—313页。

（E. A. 扎维多夫斯卡娅撰，侯丹译）

冯德英

乙

　　1935年生于山东乳山。他出身贫苦农民家庭，多数家庭成员都是共产党员，他们中的很多人都将生命献给了革命和解放斗争。在小学学习5年后，冯德英在1949年初参加中国人民解放军。服役期间在解放军通讯学校学习，毕业后任报务员、电台台长。1958年冯德英进入空军政治部文化部。对外国文学作品的阅读激起了冯德英的创作欲望。长篇小说《苦菜花》是他的第一次文学尝试。由于当时中国文化领域发生政治运动，1955年完成的手稿直到3年后才获准发表。该作品以作者抗日战争时期的童年经历为基础，发表后立刻得到批评家的高度评价和读者的认可。年轻的作者描写农民由于日军的摧残而遭受苦难，同时对民族的力量坚信不疑，以乐观的精神结束叙述。作者塑造的革命母亲的形象尤为成功。小说被译成包括俄语在内的多种语言。1965年在抗日战争胜利20周年即将到来之际，小说被拍成同名电影，此后又数度被改编为戏剧。革命解放斗争也是冯德英后来所有作品的中心主题。不久，冯德英完成长篇小说《迎春花》（1959）和《山菊花》（写于20世纪60年代，1979年发表）。"文化大革命"开始后，根据江青的个人指示，这3部小说全部被禁，作者和他的家庭成员被发配到干校进行劳动改造。

　　1980年后冯德英主动提出回到家乡山东省，开始在济南市文联工作，担任地方杂志《泉城》主编。后来他当选为山东省作家协会主席、济南政协副主席。20世纪80年代冯德英的三部曲"大地与鲜花"非常有名，其第一部《染血的土地》（1986）描写中华人民共和国成立后农村的生活。除了长篇小说，冯德英还创作一些短篇小说、散文和电影剧本。在冯德英反映革命解放斗争的长篇小说出版近半个世纪之后，他的作品在称为"红色经典"的电视剧中又迎来了新生。2004年，根据长篇小说《苦菜花》拍摄了20集连续剧，2005年根据长篇小说《迎春花》拍摄了20集连续剧，长篇小说《山茶花》的拍摄也已纳入计划。冯德英现为山东省文联名誉主席。

迎春花

*冯德英《苦菜花》，Б.帕纳秀克译，莫斯科，1959年；冯德英《迎春花》，Б.帕纳秀克译，莫斯科，1961年。**《中华人民共和国的文化命运（1949—1974）》，莫斯科，1978年。

（О. П. 罗流沙撰，侯丹译）

冯骥才

当代作家、画家、政论家。1942年生于天津。年轻时是职业篮球运动员，当过售货员、工人，教过美术。1977年发表合著历史长篇小说《义和拳》。作家后从历史主题转向揭露"文化大革命"的"伤痕文学"。丰富的生活经历决定了作家创作选题的多样性，他的创作具有宽阔的艺术视野，对人物性格的探究颇深，艺术技巧高超。冯骥才多次获文学奖。他不仅创作短篇、中篇和长篇小说，还创作诗歌，在画展上展出个人作品。他的中篇小说《啊！》（1979）使他蜚声国内。他最优秀的作品包括短篇小说《高女人和她的矮丈夫》（1982）、《感谢生活》（1985）、《神鞭》（1984）、《意大利小提琴》（1981）等。冯骥才是中国作家协会理事会成员，天津市作家协会副主席。

*冯骥才《高女人和她的矮丈夫》，Б.李福清译，载《中国当代小说》，莫斯科，1984年；冯骥才《啊！》，В.索罗金译，载《中国当代小说》，莫斯科，1984年；另载《记忆》，莫斯科，1985年，第224—235页；冯骥才《酒的魔力》，В.司马文译，载《相遇兰州》，莫斯科，1987年，第160—171页；冯骥才《中短篇小说选》，Б.李福清译，莫斯科，1987年；冯骥才《船歌》，В.索罗金译，载《中国当代小说》，莫斯科，1988年，第324—340页；冯骥才《俗世奇人》，Н.司格林译，圣彼得堡，2003年，2006年；冯骥才《雕花烟斗》《书桌》《快手刘》，А.科罗波娃译，载《中国之变：中国当代小说和随笔》，莫斯科，2007年。**А.Н.科罗波娃《冯骥才作品中"文化大革命"主题的发掘特性》，载《从民族传统到全球化，从现实主义到后现代主义：中国当代文学的发展道路》，圣彼得堡，2004年；А.Н.科罗波娃《中国当代作家冯骥才的早期

创作》，载《第十一届东亚地区哲学和当代文明学术研讨会论文集》第2卷，莫斯科，2006年，第192—210页；A.H.科罗波娃《当代中国作家冯骥才创作中的故乡城主题》，载《远东文学问题：第二届国际学术研讨会论文集》第1卷，圣彼得堡，2006年，第288—299页。

（A. H. 热洛霍夫采夫撰，侯丹译）

冯梦龙

字犹龙。1574年生于苏州（今属江苏），卒于1646年。明朝末年杰出的文学家，篇幅最大的城市小说集"三言"（120部作品）的作者。冯梦龙生于并不富裕的地主之家，受过良好的传统教育。他和他的两个兄弟（梦桂、梦熊）皆有才名。虽在晚年当上县令，但他在学术和仕途上均不特别成功，在文学领域却声名赫赫。他被看作文学导师，被不同的文学集团奉为魁首。冯梦龙是民间文学（民歌、趣闻和笑话）的收集者，编有不同主题的文集，如爱情故事集《情史》、关于睿智机灵之人的故事集《智囊》和幽默故事和笑话集《笑府》。他既是编者又是合著者，既是诗人又是剧作家，但他最大的荣耀源于17世纪20年代刊刻的那些故事，这些作品被他辑为3本文集，即《喻世明言》《警世通言》《醒世恒言》。冯梦龙的故事用"拟话本"体裁写成，遵循了10—13世纪宋代口头故事的传统。冯梦龙的文集对17世纪以及后来城市小说的发展产生了巨大影响。

*冯梦龙《李道人独步云门》，Д.H.华克生译，载《东方辑刊》，1980年，第8辑，第494—546页；《回归的珍宝：中国17世纪故事》，Д.H.华克生译，莫斯科，1982年，1986年；《道士念咒：中国17世纪故事》，Д.H.华克生译，莫斯科，1982年，1987年；《二郎神的靴子：中国古代故事》，Д.H.华克生译，莫斯科，2000年。**Д.H.华克生《中国小说中的佛教观与一部作品的艺术性问题》，载Д.H.华克生《古代中国的文学世界：中国古代白话小说集》，莫斯科，2006年，第206—217页；A.H.热洛霍夫采夫《冯梦龙辑本中故事的完整程

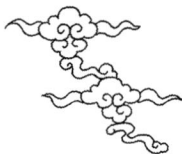

度》，载《苏联科学院亚洲民族研究所简报》1965年第84期，第71—82页；T.A.马利诺夫斯卡娅《冯梦龙的戏剧活动》，载《历史语文研究》，莫斯科，1974年，第209—216页；Hsu P. C. "Feng Menglung's Treasury of Laughs: Humorous Satire on Seventeenth Century Chinese Culture and Society" // JAS. 1998, Vol. 57, No. 4, pp. 1042–1067.

（Д. Н. 华克生撰，侯丹译）

赋

这一术语指称"颂诗"类体裁和此类体裁单篇作品。赋形式上分为两种，即"大赋"和"小赋"。大赋篇幅较长（数百行），不严格遵循诗法。大赋里可长短句交替出现，诗句和散文句式并存。所以在欧洲和俄国的学术文献中它们有时被称为"韵律散文"（rhyme-prose）或"散文诗"（B. M. 阿理克语），并被翻译为散文。赋的前面常有纯粹的散文序言，介绍该赋的创作过程。

汉代（前206—220）是赋的古典形式形成并发展到顶峰的时期。据班固所撰《汉书》所言（《艺文志》），在公元前2—前1世纪期间共创作1000余首赋，其中有230首存世，有全文也有片段。汉赋的作者很多，一些非常著名的国务活动家（包括帝王和皇族王子）和文化活动家（学者，思想家）也位列其中。作赋是汉朝社会精英阶层十分流行的事情。传统上许多作家被视为杰出的诗赋家，如枚乘、贾谊、司马相如、扬雄、班固、王延寿和张衡。

"小赋"出现于2世纪的诗歌实践，其所有形式上的特点（文本规模、诗行长短、韵脚规则）都说明它更接近于诗。

两种赋的形成与发展贯穿整个中国文学史，六朝（3—6世纪）时期最为活跃，但它再也没能取得在汉代享有的在诗歌领域和中国社会精神生活中的重要地位。

早在5—6世纪，赋作为一种独特的文学现象就在沈约和刘勰的文学理论著作中被集中论述，他们探讨了赋的起源、

主题和形式特点等问题。提出这样一个问题，即赋与《诗经》、与屈原和宋玉的创作间均存在继承关系，也就是说，它同时继承了古代中国中部地区和南部地区（楚国，前11—前3世纪）两种不同的诗歌传统。沈约在《史论》中写道："周室既衰，风流弥著，屈平、宋玉，导清源于前，贾谊、相如，振芳尘于后……"就外在形式而言（在标题中出现"赋"字），最早的赋是宋玉的作品。

繁多的文学源头决定了赋内容上的丰富性和主题的多样性。6世纪的文集《文选》对赋进行了最为细化的分类（按主题分成15类），它们可归纳为6个概括性的题材组别。

1. 颂诗赋，通过歌颂都市和其他大城市（"京都赋"）、宫殿（"宫殿赋"）、官方祭祀活动（"郊祀赋""耕藉赋"）和宫廷活动（主要是狩猎仪式，"田猎赋"）来美化王朝和帝王统治。司马相如、扬雄、班固、张衡、王延寿的赋被视为汉代最具代表性的作品。此外需要指出的还有李尤（1世纪下半叶—2世纪初）的《德阳殿赋》和邓耽（1世纪下半叶—2世纪初）的《郊祀赋》。

2. 行军赋（"纪行赋"），如班彪（班固之父，3—54）的《北征赋》、崔骃（？—92）写的一系列赋（片段）。

这两种赋都延续了《诗经》颂诗的路线，属于此类的作品都具有明显的赞颂和训诫的特点。

3. 道教神秘主题的赋（记述寻找长生不老的方法、神仙和长生不老之人居住的美好世界），如刘歆（前53—23）的《遂初赋》、桓潭（前43—28）的《仙赋》、黄香（1世纪末—2世纪上半叶）的《九宫赋》、朱穆（2世纪）的《郁金赋》、杨修（2世纪末—3世纪上半叶）的《节游赋》。

4. 哲思赋（"志"）也常具有道家思想色彩，避世主题经常出现，最明显的例证是杨修和张衡的作品，还有董仲舒（前190/179—前120/104）的《士不遇赋》和司马迁的《悲士不遇赋》。

5. 爱情主题的赋（"哀伤赋""情赋"），又分为在司马相如的创作中体现得非常清楚的几个小类。首先是离别

赋，其中所运用的方法后被爱情抒情诗普遍采用，即在男诗人的作品中以女性人称进行叙述。另一小类是具有情欲暗示的赋。还有一类赋描写普通人对神女的爱情，它们继承宋玉的传统，例如杨修的《神女赋》。

6.隐喻赋（"五色赋""鸟兽赋""音乐赋"）描写自然现象、自然元素和手工制品，其隐喻的却是人和人的遭遇。此类赋源自屈原（组诗《九章》系列中的《橘颂》）和宋玉的创作。在汉赋中天体和大气现象、动物、鸟类、昆虫都可成为叙述对象，如韩安国（前2世纪）的《月赋》和《文鹿赋》《招隐士》的作者淮南小山（前2世纪）的《鹤赋》、蔡邕（132—192）的《蝉赋》（片段）、祢衡（2世纪）的《鹦鹉赋》。还有一些赋描写舞蹈艺术、乐器、文房四宝、桌上游戏和各种不同的日常器物（最常见的是扇子），如马融（79—166）的《琴赋》《羌笛赋》《围棋赋》《樗蒲赋》，蔡邕的《琴赋》《笔赋》《圆扇赋》，傅毅（47？—92）的《扇赋》《舞赋》。作者们对扇子给予特别关注，扇子形象在中国诗歌中常与抒情诗联系在一起，特别是与古代女诗人班婕妤的诗赋联系在一起。3—6世纪赋的描写对象有所扩展，出现了描写河流海洋的作品（"江海赋"），如郭璞的《江赋》和木华（3世纪下半叶）的《海赋》。

可见，在汉赋中已最终形成一个主题组，它们后来为一代又一代的赋作者和抒情诗作者所继承。

赋无论内容如何都极具个性特点，作者的个人意志和表现力非常鲜明，同时继承了南方诗歌创作的特点。除此之外，作为极富才华之人的诗人形象与赋也联系在一起，在5—6世纪刘勰的文学理论著述中对此有专门阐述："然则赋也者，受命于诗人。"（《文心雕龙·诠赋第八》）赋极大地革新了诗歌语言，原因在于赋生动鲜明，叙述内容富有神话色彩，运用大量鲜活的修饰语、暗喻以及由政治术语和哲学术语派生而来的词语。正是赋诗学上的独特性导致正在形成过程中的文学思想内部出现了美学的观念。赋作者本人，如司马相如和扬雄，也宣称"美""丽"是赋主要的形式特点。但是，善是儒家艺术观中的一个要素，最初对美的理解与善的范畴紧密相连，即在很大程度上对美的理解基于道德标准，而非美学标准。"丽"的意思并不是"美"（美学意义上的），而是指附加因素的华美（修饰语、装饰性语言、精巧的文体）。3世纪理论家的美学观完全继承了对这两个范畴的理解。皇甫谧就是首批此类理论家之一，他写道："引而伸之，故文必极美；触类而长之，故辞必尽丽。然则美丽之文，赋之作也。"

　　虽然赋在汉代文学遗产中的主导地位显而易见，但学界对它的系统研究直到20世纪30—40年代才开始。在这一时期，学者们分析了个别作家的作品，梳理了这一体裁的发展历史，对赋进行了概括性点评。在中国文艺学中讨论的是留存下来的汉赋文本的真实性问题，以及赋在中国文学史上的作用，然而最常见的是对赋的社会属性的分析：赋被认为是权贵阶层的文学实验，与民间诗歌创作（乐府民歌）相对立。

　　直到20世纪70年代末，赋的研究在中国文艺学和世界汉学领域都没有受到重视。这一时期普遍的观点认为赋的主题和选题范围狭隘，必然具有政治暗示，且具有说教色彩（君主与臣民的相互关系问题）；认为赋的决定因素不是形式，而是体裁功能，即为王朝增光添彩，赞美某些君主的优点和国家的强盛，实现具体的政治目的和任务；强调赋是朝廷上进行政治哲学论辩的手段，甚至能够以此升官。也就是说，这一时期赋不仅被视为文学现象，同时也被看成政治文化现象。20世纪70—80年代对赋的看法发生转变，关于赋的研究成为中国文艺学中的重要领域之一，出版了包括文本注释和体裁发展史汇编在内20余种学术专著。

　　所有流传至今的赋作的全文和片段大多收入严可均（1762—1843）的辑本。

　　*《文选》第1—19卷，第1册；Die Chinesische Anthologie…Vol. 1‐2; Watson B. Chinese Rhyme-prose Poems…; Wen xuan…Vol. 1‐3. **B.M.阿理克《司空图的〈二十四诗品〉》，第98页；B.M.阿理克《中国文学论集》第2卷，第224—230页；

M.E.克拉夫佐娃《中国古代诗歌》，第194—196、317—323页；Ю.Л.克罗尔《中国古代的一场争论对汉代文学的影响问题》；И.С.李谢维奇《上古和中古之交的中国文学思想》，第4、9章；И.С.李谢维奇《汉赋》；王钟陵《中国中古诗歌史》，第7—30页；万光治《汉赋通论》；刘大杰《中国文学发展史》第1卷，第128—166页；马积高《赋史》；郭维森、许结《中国辞赋发展史》；《先秦两汉文学研究》，第284—328页；陶秋英《汉赋之史的研究》；陶秋英《汉赋研究》；何沛雄《汉魏六朝赋论集》；曹道衡《汉魏六朝辞赋》；姜书阁《汉赋通义》；简宗梧《汉赋史论》；曲德来《汉赋综论》；张清钟《汉赋研究》；Bischoff F. Interpreting the «Fu»...; Gong K. C. Studies in the Han Fu; Graham W. Mi Heng's Rhapsody on a Parrot; Margoulies G. Le «fou» dans le Wen siuan...; Wilhelm H. The Scholar's Frustration: Notes on a Type of «Fu».

（M. E. 克拉夫佐娃撰，侯丹译）

傅玄

字休奕，218年生于泥阳（今陕西铜川市耀州区东南地带），卒于278年。政治家、思想家、文学家。西晋（266—316）时期最杰出的诗人之一。

在官方正史《晋书》（卷47）中有他的列传。傅玄生于古老的官宦之家（他的父亲曾任太守），但幼年即成孤儿，童年和少年时期生活贫困。他凭借天赋引起地方官注意，被举荐任职。2[①]世纪40—50年代在重要部门担任要职，出任县太守和郡太守，被赐予贵族尊号"鹑觚男"，获鹑觚赏地。他几乎没有任何犹豫便投靠三国时期（220—280）与曹魏王朝争夺权力的军事统帅司马氏家族。在司马氏完成国家政变、建立晋朝（266—420）后，傅玄继续其辉煌仕途，官至司隶校尉。他是武帝（265—290年在位）的近臣之一，也是宫廷诗人。

傅玄留下包括官方文献和随笔在内的规模宏大的文学理论遗产。两卷本的《傅子》在其遗产中占据重要一席，上卷收入关于哲学和伦理政治主题的随笔（"论"），如《道德

---

① 当为3世纪。——译者注

论》《仁论》《正论》等，下卷收录历史故事和个别人物的记述（"传"）。傅玄的诗歌遗产共有30余首祭祀和典礼歌曲（宫乐）、约60首世俗诗歌（乐府和诗）、8篇赋（全文和片段）。《傅鹑觚集》为张溥（1602—1641）所编辑。傅玄的抒情作品（包括宫乐）收入丁福保（1874—1952）辑本（1964）和逯钦立（1910—1973）辑本，散文和赋收入严可均（1762—1843）辑本。

傅玄的世俗抒情诗是在过去的歌唱传统艺术经验基础上，以自娱为目的的创作实验。他的大多数作品（包括乐府和诗两种体裁在内）或是对民间诗歌（乐府民歌）固有的艺术结构的改变，或是对某些形象的改变。诗歌形式各异，有四言诗、五言诗和七言诗。傅玄最喜欢的方式是利用旧有的文学情节，使其具有明显的讽刺挖苦色调："车遥遥兮马洋洋，追思君兮不可忘。君安游兮西入秦，愿为影兮随君身。君在阴兮影不见，君依光兮妾所愿！"（《车遥遥篇》）

傅玄的抒情诗普遍具有浪漫感伤气息，且为即兴之作，这一特点在他的小型作品（4—8行）中表现最为明显。经常出现的《无题》之名表明大多数作品均为即兴之作。此外，其作品多叙述生动有趣，作者对人生的态度较为轻松，这些均非当时诗歌的固有特点。甚至仅以短短四行诗，他便能对生命易逝、存在短暂展开议论："飞蓬随飘起，芳草摧山泽。世有千年松，人生讵能百。"（组诗《无题》之五）

爱情主题作品在傅玄抒情诗中占据重要位置，在爱情诗中他重复离别和女子孤单寂寞的主题，如《明月篇》《秋兰篇》《西长安行》。《秦女休行》是其中杰作，诗歌讲述女性自出生之日就遭受无休止的侮辱和摧残，作品的严肃性和沉痛性在傅玄的作品中非常突出。女性对自己的父母来说是个累赘，需要更多的家庭开销来维持她的生活，还要为她准备嫁妆。女性很少幸运地因为爱情而嫁人。一旦嫁入夫家，她必然要忍受公婆的苛责。对著名长诗《陌上桑》和其中作为女性美、善、德行传统化身的女主人公秦罗敷的提及，更强化了这部作品的悲剧性和绝望处境。傅玄摧毁了这一女性形象的浪漫色彩，展现了秦女的真实命运。

傅玄的赋可按主题进行分类，主要有以下几类：（1）描写节日和宫廷庆典的作品，内容和文体接近祭祀诗，如《喜宵赋》《阳春赋》《元日朝会赋》；（2）讽喻赋作，如《笔赋》《琵琶赋》《琴赋》。这些作品的意义在于讨论艺术创造的道德教育功能。傅玄抒情诗的独特性仅获得那些坚持强调爱情诗的艺术重要性、捍卫爱情诗在中国文学中重要地位的文学批评家的承认。《玉台新咏》（卷2）中收入傅玄8篇作品，对傅玄其余作品则评价很低。在钟嵘的专著《诗品》中他被归入"下品"。《文选》（卷29）仅收入他的1首诗（《杂诗》中的一首）。如今（从20世纪70—80年代起），傅玄包括理论文章在内的文学遗产引起研究者越来越大的兴趣。他艺术方法的独特性和他的诗歌对中国抒情诗后来的发展所产生的影响得到了认可。

*《晋书》第36卷，第4册，第1068—1047页；《文选》第29卷，第1册，第645页；《傅鹑觚集》；《玉台新咏》第2卷，第1册；傅玄的抒情作品见参考文献Ⅱ：丁福保辑本（1964）第1卷，第239—240页；逯钦立辑本第1卷，第553—576页；赋作见严可均辑本第2卷，第1714—1749页；《文心雕龙》，第130—135页；An Anthology of Chinese Verse, p. 51; New Songs from a Jade Terrace..., p. 73‐78. **Б.Б.瓦赫金《傅玄的〈明月〉一诗》；王钟陵《中国中古诗歌史》，第343—351页；《魏晋文学史》，第275—281页；《钟嵘诗品译注》，第189页；《汉魏六朝诗选》，余冠英编，第159—162页；Paper J.D. Fu Hsuan...

（M. E. 克拉夫佐娃撰，侯丹译）

又称"改革题材文学",形成于20世纪80年代初的中国当代文学流派。"改革文学"的肇始者被认为是蒋子龙,他在1979年发表的中篇小说《乔厂长上任记》里塑造了一种全新的领导人形象,这是1978年中共十一届三中全会提出的经济上改革开放的政治主张的宣传者。为"改革文学"的发展做出各自贡献的还有张洁、张炜、张贤亮、陆文夫、路遥等著名的当代中国作家。

"改革文学"流派出现和发展的客观前提是20世纪70、80年代之交中国社会生活中发生的根本转变,国家领导人提出的靠文学来形成新的社会共识、培养"社会主义新人"的任务,以及用塑造新的正面主人公的"历史乐观主义"文学来平衡揭露性的"伤痕文学"和反省式的"反思文学"的想法。

"改革文学"在很多方面继承中国20世纪50年代工业化和农村改革题材小说以及50—60年代苏联"生产小说"的特点。首先,它们的"源头"是革命的(或社会主义的)现实主义的艺术手法,这决定了主人公的选择、人物的性格、行为的动机、冲突及作品的立意。"改革文学"完成"社会订货",根据"订货"的要求和条件把现实加工成小说。与此同时,中国在1978年前经历过最剧烈的社会动荡,这些动荡揭示了社会-经济方针的失误,激发了对新的发展观的探索,而在20世纪70年代末80年代初,中共领导层对中国社会今后的发展道路并未达成共识,这些都使得"改革文学"有可能扮演社会与政权之间对话发起人的角色。"改革文学"所面临任务的特点决定了其审美功能居于次席,而思想教育功用和鲜明的社会倾向性则显然占据主导地位。

"改革文学"在形成阶段集中描写经济和管理机制的具体改革方法。这一时期的典型手法即通过单枪匹马的主人公的作为来反映改革,他们在城市或农村的某个单独经济主体的封闭空间里发挥作用。人物表的两极对立模式由此固定下来:一边是正直的官员改革者及其支持者,另一边是反对改革的保守派。两个对立阵营、两股对立势力、两类人物交锋构成作品的思想冲突(蒋子龙的中篇小说《开拓者》,

改革文学

乙

1980；张洁的长篇小说《沉重的翅膀》，1981；张洁的长篇小说《改革者》，1982；柯云路的中篇小说《三千万》，1980）。到20世纪80年代中期，"改革文学"中出现一种趋势，即将改革描写成一个吸引中国社会全体成员的进程。这给予作家们以很大自由，他们可以自由选择和处理主要人物的形象，尽管新型领导者的形象依然占据统治地位（柯云路的长篇小说《新星》，1985）。这一时期出现最多的是中国农村改革的主题（蒋子龙的中篇报告文学《燕赵悲歌》，1984；王润滋的中篇小说《鲁班的子孙》，1983）。1986—1988年间，当改革的正面效果和负面效果均开始出现，"改革文学"在形成阶段所固有的浪漫乐观主义就被对现实更加冷静的、实际的描写和公正的评价所代替。"改革文学"集中描写生活在市场改革时代的人，讨论传统的生活方式、道德伦理价值被破坏，习以惯之的生活目标和理想的丧失等问题（张炜的长篇小说《古船》，1986；路遥的长篇小说《平凡的世界》，1987；达理的长篇小说《你好，哈雷彗星》，1987）。改革者主人公退居二线，普通劳动者走向台前。尽管文学家仍需要"献身于社会主义精神文明建设事业，创造具有共产主义理想和高尚的道德面貌、遵守革命纪律、能够为人民群众特别是青年做榜样的先进者和英雄人物的形象"，这一时期显著的特点，仍是摆脱了单调人物和单一冲突的陈旧模式。一方面，这在艺术层面充实了"改革文学"，扩大了它的主题范围；另一方面，也冲毁这一流派的界限，使其逐渐丧失了继续存在的可能性。

"改革文学"作为独立流派在20世纪80年代末不再存在，消失在新现实主义小说中，而20世纪90年代的文学现状在很多方面就取决于这种新现实主义小说。

*蒋子龙《乔厂长上任记》，载《人民文学》1979年第7期；蒋子龙《开拓者》，载《十月》1980年第6期；柯云路《三千万》，载《人民文学》1980年第11期；张洁《沉重的翅膀》，北京，1981年；张洁《改革者》，载《当代》1982年第5期；王润滋《鲁班的子孙》，载《文汇月刊》1983年第8

期；矫健《老人仓》，载《文汇月刊》1984年第5期；柯云路《新星》，北京，1985年；张钟、洪子诚等《当代中国文学概观》，北京，1986年；张炜《古船》，载《当代》1986年第5期；达理《你好，哈雷彗星》，北京，1987年；路遥《平凡的世界》，北京，1986—1988年。**郑万鹏《中国当代文学史：在世界文学视野中》，北京，1999年。

（Н. Ю. 杰米多撰，万海松译）

干宝

字令升，约285年生于新蔡（今属河南），约卒于360年。高官，史学家，著有《搜神记》。《晋书》（7世纪）录有《干宝传》，曰："宝少勤学，博览书记。"干宝在皇室担任佐著作郎（史官职务），奉命领修国史《晋记》。

*干宝《搜神记》，Л.孟列夫译，圣彼得堡，1994年。**E.A.谢列勃里亚科夫《中国古代文学的珍贵文献——干宝的〈搜神记〉》，载《列宁格勒大学学报（历史、语言和文学版）》1958年第8期，第2辑，第151—162页；徐公持编《魏晋文学史》，北京，1999年，第478—488页。

（К. И. 郭黎贞撰，万海松译）

高行健

1940年生于江苏泰州。1962年毕业于北京外国语学院法语系，后从事翻译工作。1977年调任中国作家协会对外联络委员会工作。1978年开始发表作品。1981年调任北京人民艺术剧院，其剧作《绝对信号》、《车站》、"现代折子戏"四部、《野人》等以大胆的艺术形式探索而著称，开启了艺术新路径。他发表过中篇小说《寒夜的星辰》和《有只鸽子叫红唇儿》以及论著《现代小说技巧初探》。20世纪80年代移居法国，后成为法国公民。

*高行健《秋花》，З.阿勃德拉赫马诺娃译，载《跨越时间之河的桥梁》，莫斯科，1989年，第379—395页；高行健《灵山》（长篇片段），Д.Н.华克生译，载《东方收藏》2002年第1期（总第8期），第57—65页。**Д.Н.华克生《90年代中国小说的艺术探索：论高行健的长篇小说〈灵山〉》，载《亚非文学：20世纪的经验》，莫斯科，2002年，第21—33页；《中国当代文学辞典》，王庆生主编，武汉，1996，第504页；Li X. "«Bus Stop», «Signal Driver» — the dramaturgy of Waiting: Gao Xinjian, Patrick White and Samuel Beckett" // Neohelicon, Budapest, Amsterdam, 2002, Vol. 29, No. 2, pp. 227‑246.

（А. Н. 热洛霍夫采夫撰，万海松译）

高明

字则诚，号菜根道人，人称"东嘉先生"，约1305年生于温州瑞安（今属浙江），卒于1359年（一说卒于1368年之后）。诗人、剧作家，戏剧体裁"杂剧传奇"的创始人之一。1345年中进士，但随后担任的官职不高，晚年辞官归隐。著有20卷诗文，保存至今的仅有约50首诗，这些诗作表明他热心"家规"道德。他唯一流传至今的剧作《琵琶记》采用诗文中流行的一个题材：讲述一个辞别侍奉双亲的妻子和赴京城应举的年轻寒士的故事。他应试及第后被丞相招为女婿。在双亲死于饥荒后，其"糟糠之妻"走上寻夫之路。该戏的结尾皆大欢喜：由于丞相之女的认可，原配保住其合法地位。这一英勇忠贞的女性形象饱含其刻画者的深切同情。跟流传民间的其他版本讲述上天惩罚背信弃义者不同，高明将主人公描绘成一个内心仍忠于结发妻子的无辜的"环境的受害者"。该戏现有译自法语的俄译本，即高东嘉《琵琶记故事》。

*《辽金元文学研究》，张燕瑾等主编，北京，2003年，第486—506页。

（В. Ф. 索罗金撰，万海松译）

字季迪，自号青丘子。1336年生于平江（1367年起称苏州），卒于1374年。明朝（14—17世纪）杰出的诗人。创立"北郭十友"，即居住在苏州北郊（今属江苏）、自称为"十才子"的青年诗人的团体。明朝之前未曾出仕，隐居于吴淞江畔的青丘。与张羽（1333—1385）、徐贲（1335—1380）和杨基（约1334—1383）一同被时人并称为"吴中四杰"。四杰中只有徐贲寿终正寝[①]，由此可见他们所处时代之状况。

约在1369年，即明朝开国（1368）后不久，高启应召入朝，参与纂修官方史书《元史》。致仕后隐居不出，专事著述。后被人告发与苏州知府魏观的反政府阴谋有牵连，被处腰斩。

高启的创作体现了整个明代诗歌最有代表性的一些特征，如：表面上简单朴实，复杂性和深刻性隐藏在字里行间；抒情性；对创作本质的思考；诗歌形式的多样性。高启的诗歌几乎接近理想的"淡"，亦即语言的平实质朴、去除雕饰，但又罕见地完全实现了中国诗歌一些重要的本质，如"含蓄""理很深"，亦即中国诗学术语所说的"味外之旨"。

作为诗人的高启还首创了一种关于诗歌本质的诗学观，并对他之后一代诗人产生了影响。他把诗分为三个属性，即"格""义"和"趣"。高启自己对诗人和诗歌的思考最为充分地体现在其著名诗作《青丘子歌》中，并且，他以此继承古老的"诗歌诗学"传统，司空图的《二十四诗品》即此传统的最高成就。但如果说唐代诗论家司空图创建了二十四"类"或"品"的规范诗学，探讨理想的道家诗人的创作灵感，那么高启书写的则是关于灵感的自白。不过，凭借或隐或显的引文、想象以及其他符合司空图"味外"之意的修辞手法，这种自白与文本独特的饱满性完全而有机地结合起来。

高启认为诗歌的最高成就是中古诗歌，即"盛唐"诗人

高启

乙

---

① 原文不确。徐贲于洪武十三年（1380）以"犒师不周"被处死，似不可谓"寿终正寝"。——译者注

的创作。

最权威的高启诗集是20卷《青丘诗集注》，它由金檀在18世纪辑注，除各种形式的诗歌作品外，还收有诗人的年谱。

*《青丘诗选》，载《中国历代诗人选集》，广州，1985年；《印度、中国、朝鲜、越南、日本古典诗歌》，莫斯科，1977年，第372—377页；《8—14世纪中国抒情诗选》，И.斯米尔诺夫编，莫斯科，1978年，第171—241页；《明泉：中国、朝鲜、越南中古诗歌》，Е.季亚科诺娃编，И.斯米尔诺夫注，莫斯科，1989年，第210—259页；《玉台：中国明代诗歌选》，И.斯米尔诺夫译，莫斯科，1989年，第36—108页；《清影：明代诗歌》，И.斯米尔诺夫译，圣彼得堡，2000年，第45—63页；И.斯米尔诺夫《天桥：高启（1336—1374）诗歌》，圣彼得堡，2000年。**Mote F. W. The Poet Kao Ch'i, Princ., 1962.

（И.С. 斯米尔诺夫撰，万海松译）

高适

字达夫，世称"高常侍"。约700年生于渤海郡（今属河北），约卒于765年。唐代诗人，"边塞诗派"著名的代表之一。年少时生活贫困，四处漂泊，一度行乞。733年参加围剿契丹人的军事远征。30岁时结识李白和杜甫，跟他们的友谊维持终生。732—749年间功名蹭蹬，在此期间开始诗歌创作。749年为朝廷高官荐举，应有道科，中第授官，服役军中。然而3年后由于不愿鞭笞百姓、侍奉高官，他辞去军职，客游长安。后在河西幕府任掌书记，并随之奔赴西部边境。749—756年是高适诗歌创作的辉煌期。由于在军事首领安禄山叛乱时期（755）他忠于皇帝，在叛乱被镇压后获升迁，任地方高级官职节度使。晚年（756年之后）虽然是诗人仕途的上升期，却是其诗歌创作的下滑期（尽管这一时期也有几首天才诗作问世）。

高适终任散骑常侍，后受赏获封为渤海侯。其生平见于

中国精神文化大典

文学·语言文字卷

《旧唐书》。

高适的抒情诗具有鲜明的形象性和丰富的情感。边塞诗最著名之处在于讲述军事远征、士兵生活的艰辛以及对故乡的思念。其《燕歌行》被认为是优秀的抒情诗之一。他也有一些诗作描述游牧民族（不一定是敌对民族）的生活和习性，譬如《营州歌》就包含对契丹人风俗习惯的观察。常见的主题还有与朋友作别、身处异乡的孤独。高适的诗歌里常能看到历史比喻。

除《高常侍集》（诗集8卷、骈文2卷）外，诗人的大部分创作未能保存至今。

*《高常侍集》8卷，上海，未著录年代；《高适诗选》，刘开扬注释，成都，1981年；《高适岑参诗选注》，涂元渠注释，上海，1983年；高适诗俄译，载《印度、中国、朝鲜、越南、日本古典诗歌》，莫斯科，1977年，第275—277页；《唐代诗歌（7—10世纪）》，Л.艾德林编，莫斯科，1987年，第153—156页；《遥远的回声：中国抒情诗集（7—9世纪）》，Ю.К.楚紫气译，圣彼得堡，2000年；《常道：唐代诗选》，B.M.阿理克译，圣彼得堡，2003年。**周勋初《高适年谱》，上海，1980年；杨荫深《高适与岑参》，上海，1936；Chan M. Kao Shih, Bost., 1978.

（A. H. 科罗博娃撰，万海松译）

原名刘勇，1964年生于江苏丹徒。1985年毕业于上海华东师范大学中文系，并留校任教。1997年获中国当代文学博士学位。[1]现任教于北京清华大学中文系。中国作家协会会员。作为作家，格非于1986年发表处女作《追忆乌攸先生》。1987年中篇小说《迷舟》的发表确定了格非对实验主义小说的兴趣。格非还著有中短篇小说集《敌人》《雨季的感觉》，长篇小说《边缘》（1992）和《欲望的旗帜》

格非

乙

① 格非于1997年考取博士研究生，而非获得学位。——译者注

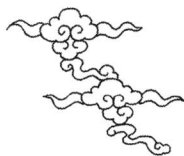

（1995）。出版有三卷本《格非文集》。

著名的中篇小说《褐色的鸟群》（1988）充分展示了格非的创作特点：象征性，抽象性，意义的多层性，结构的原创性，对时空关系的压缩和拓展。格非也在中篇小说《青黄》《大年》《马玉兰的生日礼物》中涉及历史情节。其长篇小说《欲望的旗帜》关注的是当代知识分子圈中的人际关系问题。

*格非《褐色的鸟群》，载《钟山》1988年第5期；格非《青黄》，杭州，2001年；格非《欲望的旗帜》，太原，2001年。
**洪子诚《中国当代文学史》，北京，1999年，第337—341页；陈晓明《表意的焦虑：历史祛魅与当代文学变革》，北京，2001年，第93、95、108—110页。

（E. A. 扎维多夫斯卡娅撰，万海松译）

宫乐

即官方乐府，中国传统概念，用以表示那些具有仪式和典礼性质的作品，为一种特殊类型的乐府诗歌。在学术界，表示此类形式的乐府常使用不同术语：在中国学界最常见的是"贵族乐府"，在欧洲学界则是"典仪歌谣辞"（ritual songs），在俄国学界则称"颂歌""文学乐府"或"官方乐府"。

按照郭茂倩在《乐府诗集》中定下的传统分类法，宫乐包括四类：郊庙歌辞、燕射歌辞、横吹曲辞和舞曲。

郊庙歌辞，按其术语学意义，即在帝王宗庙和所谓郊庙中演唱的歌辞，这些神圣的庙宇建在都城的东南西北，四季供奉。郊庙歌辞分为两类：（1）大予乐，按规定只能在帝王宗庙中演奏；（2）雅颂乐，在祭祀六尊时演奏，祭祀天地、四季和后稷，后稷是农业之神，保佑年年五谷丰登。

郊庙歌辞是内容和意义都最丰富的一种宫乐，中国的史书多有提及，如班固编撰的《汉书》中有《礼乐志》，

沈约编撰的《宋书》（卷19—20）有《乐志》。在中国的语文学中（如刘勰的《文心雕龙》卷2第7章和《乐府诗集》卷1），这些郊庙歌辞均被归入古代礼仪乐，传说这些礼仪乐是由中国上古时代睿智贤能的统治者创立。"然自黄帝已后，至于三代，千有余年，而其礼乐之备，可以考而知者，唯周而也已。……然则祭乐之有歌，其来尚矣。两汉已后，世有制作。"（《乐府诗集》）

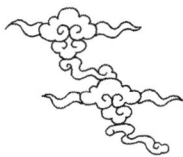

郊庙歌辞的直接前身是相传由传奇帝王舜所创"韶舞"，以及描绘周朝征服商国的"武德舞"，后者经过当代人改编后成为适合演出的剧目。"始皇改周舞曰《五行》，汉高祖改《韶舞》曰《文始》，以示不相袭也。又造《武德舞》，舞人悉执干戚，以象天下乐己行武以除乱也。故高祖庙奏《武德》《文始》《五行》之舞。"（《宋书》卷19）最古老的郊庙歌辞有两组：一组叫作《安世歌》或《安世房中歌》（17章）；另一组叫作《郊祀歌》（19章）。

组诗《安世歌》（据《汉书》和《宋书》之言）源于周代礼仪乐"房中之乐"，为上古时期秦朝和汉朝初期礼仪活动所用，秦改曰"寿人"，汉孝惠帝（前194—前188年在位）改曰"安世"。这组诗的最终形成，与汉武帝（前141—前87年在位）下令设立的特殊的机构即乐府（前112）有关。

这组诗中的颂赋均为汉高祖的宠姬唐山夫人所作。学术界常视它们为纯粹的具名作品（明显体现出个人情感因素的作品），认为它们是最古老的具名抒情诗的典范。

这组诗中的作品由6—10行构成，其中大部分（13篇）用四言写成，有3篇用三言写成，1篇用两句七言和四句三言写成。换言之，从形式上看，它们近于最古老的典仪歌（如《诗经》里的"颂"）和早期的民歌（乐府民歌），亦即没有任何特殊外在标志的民歌。

这组诗的典型特征是贯穿着浓烈的儒家思想（歌颂作为治国理政之基础的道德伦理价值和立场）。诗中频繁使用神话人物形象和源于古代中国南方地区的仪式诗歌中的词汇。比如，《安世房中歌》第十章中有句："都荔遂芳，窅窊桂

华。孝奏天仪，若日月光。乘玄四龙，回驰北行。"

这组诗起初也许用于宴饮上歌唱，后来才改变用途，只允许在帝王宗庙中表演。

《郊祀歌》的出现跟乐府的活动直接相关。《郊祀歌》收入不同作者写于前122—前94年间的作品，譬如，部分作品被认为系司马相如所作。

这组诗最初用于郊庙祭祀表演。比如，在春夏交替的祭礼上便唱颂《青阳》和《朱明》。其他唱词多献给各种圣人，如黄帝，他是世间的神圣统治者，世界中央的保护神（《帝临》）。

在汉光武帝（25—57年在位）和汉明帝（58—75年在位）统治时期，随着礼仪和典礼形式的不断改革，《郊祀歌》开始被用于祭祀天地，祭祀就在庙宇的中央明堂举行。"北郊及祀明堂，并奏乐如南郊。……春哥《青阳》，夏哥《朱明》，并舞《云翘》之舞。"（《宋书》卷19）

从3世纪中期起，随着统治朝代甚至一国之君的更替，郊庙歌辞时常得以复兴。郊庙祭祀歌的容量急剧扩大，还出现一些新的文本范畴（从名称上看）。它们根据帝王的特殊指令写成，作者已是当时最权威的文学家和礼仪方面的公认专家。保存至今的3—6世纪文本仅250篇，它们根据用途被分为数组，比如傅玄的《晋天地郊明堂歌五首》和《晋郊祀歌五首》、谢庄的《宋明堂歌》、谢超宗的《齐南郊乐歌》、沈约的《梁雅乐歌》。唐朝时期郊庙歌辞的创作更加积极（有380篇之多）。

汉朝后的郊庙歌辞，特征最典型的是拟古风格的颂赋：篇幅简短（二至六句），以三言和四言句为主，这种形式几乎被当时五言和七言（唐朝）的世俗抒情诗所完全排斥。文本充满陈词滥调、专门的典仪术语和神话人物形象。谢朓的组诗《齐雩祭乐歌》曰："奠春酒，秉青珪。命田祖，渥群黎。"郊庙歌辞的独特社会地位通过它们在作家全集和合集中所占据的位置便可看出（它们与世俗抒情诗分开），比如在丁福保（1874—1952）所编合集（1964）中就是如此。

燕射歌辞原系用于宫廷典礼的一种唱词，形成于西晋时

期（266—316），比如傅玄的组诗《晋四厢乐歌》。燕射歌辞一直延续到唐朝。

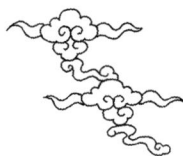

横吹曲辞是军队进行正式队列操练或者行军时演奏的曲乐。据刘勰《文心雕龙》（卷2第7章）所言，横吹曲辞源自神话帝王统治的远古时期用号角吹奏的军乐（为了鼓舞士气）。这一种类唱词最早的典范之作便是李延年对"蛮夷"之乐的文学加工，李延年是汉武帝的太监与宠臣，也是乐府的主管。这类乐府的创作一直延续至唐朝末期。

舞曲则分为"雅舞曲"和"杂舞曲"。"雅舞曲"源于《武德舞》，原用于为在庙宇表演的舞者伴唱。"杂舞曲"用于正式典礼上的舞蹈。舞曲作于唐朝前半期。杂舞曲通常与其作者的世俗抒情诗不做分割。

在学术界，汉赋被研究得最多，学者们对汉朝之后若干世纪的"宫乐"则持典型的怀疑主义态度，它们承认的仅是其史料意义，即通过它们可以了解国家的宗教活动。人们认为，跟古代颂赋相比，"宫乐"处于次要地位，其艺术水准不高，因此从文学角度看，它们在中国诗歌史上所发挥的作用相当有限。

*《乐府诗集》卷1至卷12，第1册，第13—15、21—25、52—56页；丁福保辑本（1964年，第1卷，第9—14、47—48页），逯钦立辑本（第1卷，第145—155页）。**M.E.克拉夫佐娃《中国古代诗歌》，第248—263页；И.С.李谢维奇《中国古代诗歌和民歌》，第88—97页；《先秦两汉文学研究》，第402—407页；萧涤非《汉魏六朝乐府文学史》，第33—60、167—194页；黄纪华《汉〈房中祠乐〉的时代作者辨》；钱志熙《汉魏乐府的音乐与诗》，第49—60页；Frankel H. H. Yueh-fu Poetry, pp. 72‑76.

（M. E. 克拉夫佐娃撰，万海松译）

宫体诗

530—540年间在中国抒情诗歌中占主要地位的题材流派。传统认为，其创立跟南朝梁（502—557）简文帝萧纲（503—551）为太子时（531—549）宫廷中一个文学团体的理论探索和诗歌活动有关。加入这一文学团体的还有萧绎（508—555）、长期担任萧纲太子侍读的徐摛（474—551）与庾肩吾（487—550），以及徐摛的儿子徐陵（507？—583）与庾肩吾的儿子庾信（513—581）。"宫体诗"这一术语由他们自己提出，暗示太子萧纲所居住的"东宫"。

这一流派的理论基础由萧纲在致其兄弟的信中首次清楚阐述。其实质，在于倡导跟"吟咏情性"之作一样的真正诗歌。这里的"情性"主要指爱情。然而在宫体诗的理论家们看来，爱情主题不仅指对人的爱情感受的再现，更指对作为审美享受之源泉的女性之美的赞颂。居住在宫中的"宫女"成为宫体诗的抒情主人公。因此，女性形象出现在艺术审美的整体之中，其背景是宫廷生活的总体场景，即华丽的宫廷屋宇、奢华精美的内闱陈设。萧纲为宫体诗总结出一个在艺术审美上具有共性的范畴术语，即"艳"（后由此衍生出另一个概念"艳体诗"），并为与此范畴相关的文学主题和形象作了一整套界定："双鬓向光，风流已绝，九梁插花，步摇为古，高楼怀怨，结眉表色，长门下泣，破粉成痕。复有影里细腰，令与真类；镜中好面，还将画等。此皆性情卓绝，新致英奇。"此处所引诗句表明，宫体诗应特别注重抒情女主人公的容貌，传达出最微小的细节和最细微的差别。至于她们的内心世界，则应限于已成为中国诗歌传统主题的"幽怨"之情。

这一模式在萧纲本人的创作《美女篇》中得以完全实现："佳丽尽关情，风流最有名。约黄能效月，裁金巧作星。粉光胜玉靓，衫薄拟蝉轻。……朱颜半已醉，微笑隐香屏。"这一模式也体现在宫体诗的其他作者的创作里，比如庾信的《舞媚娘》："朝来户前照镜，含笑盈盈自看。眉心浓黛直点，额角轻黄细安。秪疑落花慢去，复道春风不还。少年唯有欢乐，饮酒那得留残？！"

宫体诗的追随者们不仅注意到中国爱情诗的经验，还

对之前的诗歌流派永明体进行了有效革新。但是，永明体代表人物的创作中固有的情感体验、乐观愉悦、为爱情力量的辩护和对女性美的由衷崇拜等，在宫体诗里却统统变成纯粹的唯美主义。尽管属于此类诗歌的一些诗作充满色情象征，但它们已不再具有真正的肉欲。其抒情女主人公一旦沦为抽象的"理想美人"形象，便丧失了一切细微的生命力和真实性特征。真实和虚构间的界限消失之后，诗歌叙事便如同戏剧情节，往往具有幻想的轮廓。活生生的"美人"既等同于自己的镜中影像，亦等同于对圣女形象惟妙惟肖的描绘。譬如，在萧纲《咏美人看画》中我们可以读到："殿上图神女，宫里出佳人。可怜俱是书，谁能辨伪真？"

严格来说，宫体诗并非爱情诗，而是一种迷恋，对幻想世界的迷恋。人在那个世界里都过着优裕富足的闲适生活，一掷千金，欣赏着天仙佳人的美貌和才赋（歌、舞和乐器演奏）。

萧纲及其文友们的理论主张集中体现于文集《玉台新咏》。

宫体诗这一题材流派很快遭到一些对诗歌创作的本质与功能秉持通行传统观点的文学家和批评家的激烈反对。从唐朝（618—907）中期开始，宫体诗流派被牢牢贴上"颓废"之标签，此标签的定义完全符合欧洲的"颓废"含义。在学术界，对宫体诗的研究大约始于20世纪60年代。[①]在中国文艺学界，对宫体诗的研究从一开始就被置于分析6世纪三大流派即守旧派、折中派和趋新派的学术语境中。作为守旧派之代表的批评家和理论家（首先是《诗品》的作者钟嵘），坚持儒家文学观的权威地位；折中派的代表人物（首先是《文选》的编选者萧统）则竭力将儒家诗学观与对文学创作的审美情感态度相结合；宫体诗的理论家和创作者则被视为趋新派（第三派），即他们对抒情诗之本质与功能的看法被认为是一种事实上的创新之举。但是，宫体诗本身却被定性为"淫靡的"。

宫体诗是中国文学史中较独特的现象之一，这一看法

---

① 当指俄罗斯学界。——译者注

已是当今学界共识。还有人认为，这一现象是受多种历史文化因素的影响而产生的。其中有一种说法认为，宫体诗与城市民谣在起源上密切相关，城市民谣是城市大发展的结果，它首先出现于6世纪上半叶，当时正值商业交易和手工业活动兴起，都市文化开始形成。在此情况下，宫体诗作为"词"体裁的先驱应运而生。此外还有一种观点认为，表面上看，宫体诗似与唐朝前半期的诗歌格格不入，实则对其产生过巨大影响，其影响鲜明地体现在唐朝后半期文学家们的创作中，如白居易、李商隐、温庭筠。而称宫体诗对中国造型艺术（此处指仕女画的产生）产生过影响（尽管不是直接的），这一观点也很有道理。

** 《魏晋南北朝文学研究》，第440—449页；罗根泽《中国文学批评史》第1卷，第136—139页；曹道衡、沈玉成《南北朝文学史》，第237—245页；周勋初《梁代文论三派述要》；沈玉成《宫体诗与〈玉台新咏〉》；Birrell A. The Dusty Mirror...; Miao R. C. Palace-style Poetry…; Wu F. S. The Poetics of Decadence.

（M. E. 克拉夫佐娃撰，万海松译）

龚自珍

字璱人，号定庵，1792年生于杭州，卒于1841年。诗人、文学家、哲学家。生于官宦家庭。在龚自珍的创作中，占据首要地位的体裁是"诗"。诗人揭露阴暗的现实，为将人性从封建道德之束缚中解放出来而斗争，畅想中国会有更加美好的未来。在遭到外国侵略的艰难时代，龚自珍的诗歌中响彻着爱国主义基调。他呼吁禁止鸦片进口，坚决反对投降派。后来的中国教育家对其作品给予高度评价，认为其作品内容将现实迫切性与作家广博的学识结合在一起。尽管龚自珍的创作未能突破文学传统的藩篱，但他对五四运动之前的诗歌以及"新诗"的出现产生了有益影响。

* 《龚自珍全集》，上海，1980年。** 《中国哲学百科词典》，莫斯科，1994年，第82页；B.K.托瓦罗夫《论龚自珍诗中的世界观》，载《东方文学的诗学、美学和风格学问题》第1卷，莫斯科，1977年，第133—149页；任冠之《论龚自珍诗歌的悲剧美》，载《中国古代、近代文学研究》1995年第3期，第266—272页；《中国文学史》第4卷，北京，1959年。

（A. H. 热洛霍夫采夫撰，万海松译）

乙

辜鸿铭

1856年生于马来西亚槟榔屿，卒于1928年5月6日[①]。文化史学家、散文家、翻译家。在英国爱丁堡和德国莱比锡的大学接受古典语文学教育。曾到过俄罗斯，并前往亚斯纳亚·波里亚纳拜会列夫·托尔斯泰。辜鸿铭将日本看作中国应该效仿的榜样。曾加入过极端反动的阵营。担任张之洞幕僚17年，张之洞曾任中国东南地方的两江总督，是太平天国起义的镇压者之一。[②]作为儒家思想的信徒和君主主义者，辜鸿铭无法接受清朝灭亡的事实，遂辞去公职，后在贫病中去世。他著有大量将欧洲文化和中国文化进行比较的著作，其中最著名者为《清流传》（《中国的牛津运动》）和《春秋大义》（《中国人的精神》），这两本书均用法语写成，还翻译了《中庸》《大学》等儒家经典。辜鸿铭的著作首先面向欧洲读者，却不失爱国主义的自豪感。

* L'esprit du peuple chinois. P., 1927; Boттеy F. Un sage chinois Kou Hong Ming, P., 1930. **Arkush D. "Ku Hung-ming (1857 - 1928)" // Papers on China, 1965, No. 19, pp. 194 - 238; Hao T. H. "Ku Hung-ming, an Early Chinese Reader of Milton" // Milton Quarterly, 2005, Vol. 39, No. 2, pp. 93 - 100; Lo H. M. "Ku Hung-ming: Schooling" // East Asian History, 1988, Vol. 38, pp. 45 - 64; idem. "Ku Hung-ming: Homecoming: In 2 pt." // East Asian History, 1993, No. 6, pp. 163 - 182; 1995, No. 9, pp. 67 - 96.

（A. H. 热洛霍夫采夫撰，万海松译）

---

① 一说辜鸿铭生于1857年，卒于1928年4月30日。待考。——译者注
② 张之洞未参与镇压太平天国起义，原文不确。——译者注

古华

原名罗鸿玉，1942年生于湖南嘉禾。作家。中学未毕业便开始工作，自食其力，这在中国农村的环境中非常不易。自农业专科学校肄业后，他在农技站一直工作了14年。1962年开始写作。进入作协组织后才得以周游全国，在文学讲习所学习，与著名作家和学者建立私交。古华的第一批作品未获成功，不过在20世纪80年代初，他已出版一部中短篇小说集，接着就是长篇小说《芙蓉镇》（俄译本为司马文所译，1986年出版），该小说在文坛一炮走红，并获茅盾文学奖。其作品多有自传色彩，详尽描绘作者熟悉的湖南乡村生活。

*古华《芙蓉镇》，В.司马文译，莫斯科，1986年；古华《贞女》，В.司马文译，载《远东》，哈巴罗夫斯克，1992年第8/12期，第52—104页；古华《爬满青藤的小屋》，В.司马文译，载《中国当代小说》，莫斯科，1988年，第132—154页。
**《中国当代文学辞典》，武汉，1996年，第124页。

（А. Н. 热洛霍夫采夫撰，万海松译）

古诗

这一中国传统概念专指古代（汉代，前3—3世纪）创作的、不具音乐和歌唱性质的诗歌作品。古诗有别于源自民间的抒情诗（乐府民歌）。

"古诗"被作为一个独立的诗歌现象看待，始于钟嵘的《诗品》（卷1）。在其文学批评分类法的"三品"中，"古诗"被归为上品。古诗是具有独特艺术价值的作品，直接源于作为中国诗歌创作标准的《诗经》之《国风》中的诗歌。

《古诗十九首》是古诗的重要文献，它见于《文选》（卷29）。这组古诗没有独立名称。所有文本均用8—20行五言诗写成。它还被收入许多抒情诗合集，如丁福保（1874—1952）辑本和逯钦立（1910—1973）辑本，也有带注释的单行本。

《古诗十九首》自问世之日就备受传统训诂和古文经

学界的关注，并一直是当今学术界研究的热点对象。关于古诗的作者和创作时间的争议最多。《文选》将其视为无名氏之作。文集《玉台新咏》收有被认为是枚乘的9首杂诗。当今学术研究界对此存在三种说法：其一认为，枚乘是古诗中9首诗的作者；其二认为，所有诗作皆为无名氏所作，创作于汉代不同时期，部分作于前2至前1世纪，部分作于1—2世纪；其三认为，古诗作于2—3世纪之交，与建安派诗人们的创作相关。关于古诗创作年代的争论直接关乎具名抒情诗的出现时间问题，并间接地关乎在3—4世纪时占据抒情诗主导地位的五言诗的问题。

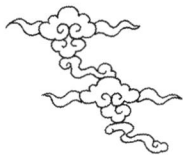

从内容和情绪看，古诗与汉代乐府民歌显然相异。实际上，古诗中并无包括战争主题在内的社会政治性主题。其中得到最鲜明表达的是人生短暂等情绪，是个人的感受，如《古诗十九首》之第三首："青青陵上柏，磊磊涧中石。人生天地间，忽如远行客。……极宴娱心意，戚戚何所迫？"爱情主题也很突出，男性和女性的情感均得到表达，且多为对所爱之人的思念，如第六首："涉江采芙蓉，兰泽多芳草。采之欲遗谁，所思在远道。……同心而离居，忧伤以终老。"

有一种推论，即古诗中的爱情诗起初为夫妇间一场完整的诗歌对话之片段，或为对夫妻间的献诗之模仿。类似手法在后来的爱情诗中得到广泛应用。

古诗的诗学中有不少对歌唱类抒情诗而言很典型的要素，其中就包括：正文前确定事情发生的时间和地点的引子；对欢快宴饮的描绘（第四首《今日良宴会》）；对荒冢的描写，走出城门的主人公看见被废弃的坟墓（第十三首《驱车上东门》）。但是，《古诗十九首》仍有着有意识的结构手法，这一手法能给读者一个确定的调性，或作为叙述的开端。荒冢的样子能让主人公思考人生的易逝。

许多古诗为独特的诗歌速写画（没有特定的情节线索），诉诸"永恒主题"，如第十五首《生年不满百》："生年不满百，常怀千岁忧。……为乐当及时，何能待来兹？！"其余诗作却相反，它们围绕个性化的人物形象，具

有严格的叙事逻辑。第十首《迢迢牵牛星》讲述一个美妇人的悲惨命运，她拥有姣好的容貌，长长的衣袖里隐约可见她细嫩白皙的手臂，她曾为都城的青楼歌女，如今是一位"浪子"之妻，丈夫早已离家，留下她在孤独中煎熬。①

细腻的抒情性和饱满的感染力，完美的内在完整性，丰富的表现手法，高超的艺术结构，这一切使得古诗堪与后代那些著名诗人的杰作相媲美。

《古诗十九首》俄文全译本由Л. З. 艾德林完成。

*《文选》卷29/第1册，第295—297页；《玉台新咏》卷1/第1册；丁福保辑本（1964年，第1卷，第24—25、56—57页）、逯钦立辑本（第1卷，第329—334页）；《中国古典诗歌》，Л.艾德林译，第15—42页；《中国文学选集》，第124—127页；Die Chinesische Anthologie..., Vol. 1, pp. 513‑520; New Songs from a Jade Terrace., pp. 37‑40. **И.С.李谢维奇《中国古代诗歌和民歌》；梁启超《中国之美文及其历史》，第127—131页；隋树森《古诗十九首集释》；《先秦两汉文学研究》，第416—422页；朱自清《古诗十九首释》；《中国文学史》第1卷，第182—189页；《钟嵘诗品译注》，第39—41页；Dieny J. P. Les Dix-neuf poèmes anciens; Kao Y. K.. The Nineteen Old Poems...

（M. E. 克拉夫佐娃撰，万海松译）

古文

即"古文字""古字符""仿古文体"。俄译为"古代的文"和"雅文学"。在中国文学中，这一术语指用书面文言写作的、非情节性的传统文学作品。

这一文学类别的名称本身就说明，此类作品具有语言上古色古香的特点，但决定古文文体的并非语言上的古风。

古文体裁多种多样，如历史故事、景色描绘、官方公告和就各种行政问题上书皇帝的表奏，以及近乎散文诗的抒情

---

① 此处所述内容似为第二首《青青河畔草》，原文或因"纤纤出素手"（第二首）、"纤纤濯素手"（第十首）将二者混淆了。——译者注

作品、哲学寓言、历史或道德主题的论说、致友人的书信、追悼亡者的哀歌和墓志铭等。这表明，主题并非古文的决定性特征。古文作品篇幅不大，大都限于200—300字。最短的篇幅少于100字，它们因短小精练而备受好评，但这样的短篇为数不多，因为格言并未归入古文类别。

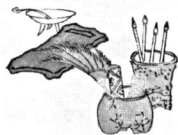

古文作品首先应具备内容上的统一。所选定的主题要得到一以贯之的表达，并保持最大程度的简洁。道德或哲学的思想必不可少。思想是古文的核心，而并非引人入胜的故事或华丽的描写，文中的一切文字均为某一思想的解说和例证。这一思想可在行文之初以三言两语开门见山，或以单独的总结出现在篇末，或在某个可供理解主要思想的关键词里。这一道德或哲学思想通常是古文作品的作者所关心的主要对象，是其唯一目的。他细心回避不必要的细节，往往并不介绍整个事件的来龙去脉，而仅叙述其某一部分或某一场景，如有必要，再加上三言两语的说明。古文文学的这一主要特点极其鲜明地体现在与传记体裁相关的作品中，这也是历史著作和故事所固有的特点。古文体传记最常见的形式是充满抽象哲学思想的对话，或为表达传主生活观的独白。韩愈（768—824）的《圬者王承福传》即为一例：主人公一生阅历丰富，其所经历的事件不但足以写成一则故事，也能写成一整部长篇小说，但韩愈的作品中仅用三言两语介绍人物生平，其余篇幅均用于阐释主人公的道德和哲学原则。

古文作品的众多体裁之一是议论文，包括历史主题和哲学主题的论述。论述对象由作者随意选择，或为一个历史事件，或为一个时代（时期），或为一个人。可列入议论文体裁的还有形形色色的说明和问答，如韩愈的《原毁》《杂说》《原性》《原道》，柳宗元的《天说》。

在唐朝首次出现的序跋体裁极其风行，除一般性序言外，它还包括整整一组被称作"序"的文体，这些序言实为完全独立的完整作品。与表达抽象的道德思想的议论文不同，序跋文要交代著文的缘由，其出发点往往就是这些"序"所赠献或寄送的对象。韩愈所作《送李愿归盘谷序》和《送孟东野序》即属此类体裁较著名的典范之作。

在古文作品中占据重要地位的还有呈递皇帝的报告、提醒、劝诫和正式回复，属于此类的有韩愈所撰《论佛骨表》《御史台上论天旱人饥状》《钱重物轻状》《血仇案表》《进顺宗皇帝实录表状》。这类体裁作品的突出特点在于特殊的雄辩术，它们富含历史暗示，作者在作品中主要致力于逻辑严谨的基本思想阐释，并对所提出的论点进行严格论证。这些作品全都贯穿官方语调，必定采用彬彬有礼、能通过朝廷礼仪审查的客套用语。这类体裁的作品最难被欧洲读者所理解，因为它们多指某一具体语境、某一具体事件，因此要求读者对中国的历史、哲学、法律和文学著作有专门的阅读和广博的学识。

书信体也是古文作品广泛采用的一种体裁。有些书信是一般的通知（如韩愈的《与孟东野书》），但大部分是对某一问题的简要研究（如韩愈的《答刘秀才论史书》和《与孟尚书书》）。韩愈在一生中的不同时期写给高官的信都属于谒书，如《应科目时与人书》《与于襄阳书》《与陈给事书》。

古文传记体裁作品似乎保留下了传主所处朝代传记故事的结构特征。它们大多先从历史传记中常用的名讳套语入手，然后历数主人公官场生涯中最重要的里程碑事件，最后以传统的"赞"结尾。但是，主人公的一生只是对作者所选定的抽象思想的阐释，这一思想通常在文末给出。由于主人公的选取受预先给定的结论制约，因此，传记主人公往往并非真实的历史人物，而是虚构的人物（如柳宗元的《宋清传》《童区寄传》）。著名的讽刺性传记则有柳宗元的《蝜蝂传》和韩愈杰出的《毛笔传》，后者的确切题目为《毛颖传》。

在古文文集中占核心地位的或许还有所谓"记"（笔记体）。从传播程度看，笔记体堪与议论文体裁相媲美。宋明时期，它成为古文文学中最受推崇的体裁。韩愈的此类作品不多，但柳宗元对此体裁十分喜爱，留下许多出色的典范之作。一般在"记"中要详细交代创作经过。写作此类作品的缘由，通常是为了解释建造某座公用或私人建筑、园林的原

因和命名理由，说明某一件器具和艺术品的来源。此类作品的结构相当单调，它们饱含诗意的描绘，有时在描绘前加以简短的序言，接着是富有哲理性的结论，最后，如果作品是奉某一重要人物之命而写，还要以惯用的谦辞结尾，为言词的不完美致歉，自称作者的文学禀赋有所不逮。有时，作者会在结尾处非常简短地提及他写下此文的缘由（韩愈的《画记》《燕喜亭记》）。在柳宗元被贬谪至遥远蛮荒的南方时创作的"记"中，常见他对所目睹的神奇自然现象或边疆地区致的描绘（此为柳宗元之前的"记"体裁作品所不见），作品结尾仍为对主要思想的阐述（《永州龙兴寺西轩记》《柳州复大云寺记》）。

*《韩愈、柳宗元文选》，И.索科洛娃译注，莫斯科，1979年；《阿理克院士译中国古典小说杰作》第2卷，莫斯科，2006年。**В.М.阿理克《中国文学论集》2卷本，莫斯科，2002—2003年；В.П.王西里《中国文学史纲要》，圣彼得堡，1880年；《中国文学史》1—4卷，北京，1959年；Margoulies G. Le Kouwen Chinois, P., 1926.

（И. И. 索科洛娃撰，万海松译）

顾城

1956年生于北京，卒于1993年。诗人。1969年开始在山东农村生活，1974年返回北京，1977年起发表诗作，1980年由于诗歌创作获"《星星》诗歌奖"。美国和菲律宾都有研究他的论文发表。出版过两部诗集，发表过两首长诗，即《我是一个任性的孩子》（1981）和《永别了，墓地》（1982）。1983年在瑞典出版一部诗集，1987年移居海外。1993年在新西兰杀害妻子后自杀。顾城一生创作的作品超过500篇，有抒情诗、长诗、文章、札记、童话。就其大多可归入"朦胧诗"流派的诗作，评论界不止一次展开争论。其诗作在20世纪90年代读者中大获成功。

*《跨越时间之河的桥梁》，莫斯科，1989年，第347—352页；《顾城诗作》俄译，И.阿利莫夫、О.特罗菲莫娃译，载《亚洲铜：中国当代诗选》，刘文飞编，圣彼得堡，2007年，第132—136页。**《中国当代文学辞典》，武汉，1996年，第337页。

（А.Н.热洛霍夫采夫撰，万海松译）

关汉卿

　　生年不详，约卒于1306年，居于大都（今北京），曾加入杂剧作家行会，并亲自登台演出。他历来被视为杂剧体裁的奠基人和最杰出的大师。他有63部杂剧的名称为人所知，但全本保存至今的仅12部，另有6部的著作权存疑。根据内容，这些剧作可分成社会生活剧、抒情喜剧和历史剧，不过此种分法是假定的，因为就情节而言，剧中的悲剧和喜剧成分常有交叉重合。百姓在封建主、贪官污吏和地主恶霸的压迫下所遭受的苦难，在杂剧《鲁斋郎》《望江亭》，特别是悲剧《窦娥冤》（写于1291年后）中给人留下深刻印象。不公正的审判、严刑逼供、敲诈勒索导致主人公们家道中落，妻离子散，甚至家破人亡。按照民间文学传统，关汉卿最终还是让恶贯满盈者受到惩罚，让正义得以伸张，但要做到这一点，有时是依靠超自然力量，有时是传说中铁面无私的判官之努力。关汉卿的抒情喜剧《救风尘》《玉镜台》《谢天香》，是对那个时代日常生活栩栩如生的描摹，其中既有鲜活的人物，还有让人发笑的事件，也有善意的幽默。历史剧《单刀会》和《双赴西蜀梦》的直接意图，是对历史上，特别是三国时期（3世纪）几位英雄人物形象做完美模仿。从保留至今的关汉卿生前刊印的若干作品看，其创作风格以自然本色和极具表现力见长。关汉卿尚存47首以散曲为体裁的诗歌作品，它们体现了作者丰富的内心世界、对生活的热爱以及人的尊严感。

*《关汉卿戏剧集》，第1—2卷，北京，1958年；关汉卿《救风尘》，B.司马文、Г.雅罗斯拉夫采夫译，载《东方辑刊》1958年第2辑，第165—175页；关汉卿《窦娥冤》，B.索罗金译，载《东方古典戏剧》，莫斯科，1976年，第263—307页。
**H.T.费德林《中国伟大的剧作家关汉卿》，莫斯科，1958年；H.T.费德林《作品选》，第2卷，莫斯科，1987年，第216—244页。

（B.Φ.索罗金撰，万海松译）

《归田录》

系欧阳修（1007—1072）的一部笔记集。欧阳修晚年出知亳州，在该地完成此书（序中注明成书日期是宋神宗治平四年九月乙未，即1067年农历九月二十日，故此书记载的绝大部分故事所发生的年代确为11世纪上半叶）。《宋史·艺文志》载此集有8卷，而晁公武所编书目称此集有6卷，但在陈振孙的藏书目录（约1240年编成）中此书仅2卷。卷数差异如此巨大，其原因或许就隐藏在文本自身的历史里。比如，陈振孙在一条批注中提及："公为此录，未传而序先出，裕陵索之，其中本载时事及所经历见闻，不敢以进，旋为此本，而初本竟不复出，未知信否？"此言大致可信，因为还有其他文字来源可证明事情的发展过程，如王明清（1127—1214?）在《挥麈录》中说："欧阳公《归田录》初成未出，而序先传，神宗见之，遽命中使宣取。时公已致仕在颍州，以其间所记述有未欲广者，因尽删去之。又恶其太少，则杂记戏笑不急之事，以充满其卷帙。既缮写进入，而旧本亦不敢存。今世之所有皆进本，而元（原）书盖未尝存之。"但在周辉的《清波杂志》中，这段故事以如下语句结束："原本亦尝出。"清代（17—20世纪）考据学家夏敬观却发现了可证此说的证据，他将宋版《归田录》和收录有后出版本的其他集类著作进行文本对照，发现了一些经典版本中缺失但又毫无疑问属于《归田录》的若干片段。因此可以断定，《归田录》的最早版本要比现在广为流传的版本多

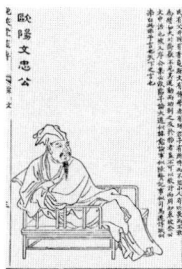

347

出不少内容，约有4卷（甚至6卷）之多，而这些正是作者担心遭遇审查而自行删除的。不过，也存在一种两个版本并存的说法，即最初的版本和经过校订呈送朝廷的版本并存，此说证据略显不足，更符合逻辑的推测是，《归田录》在流传过程中，由于不同原因，一些片段自文集中散失，这些片段跟其他笔记体小说集的命运一样，被后世的中国文献学家重新发现，并被补入原文；而传奇性的"初版"文本，要么被欧阳修本人删除，要么由于其他原因在流传中亡佚。《归田录》在宋代之后的命运似毫无波折，从宋代起就广为人知的两卷本损失很小地一直保存至今，仍有116段（卷一有60段，卷二有56段，外加序言），未按照主题分类。据欧阳修本人的叙述，唐朝李肇（9世纪上半叶）的著作《国史补》是《归田录》的原型："唐李肇《国史补》序云言报应、叙鬼神、述梦卜、近怪异悉去之，记事实、探物理、辨疑惑、示劝诫、采风俗、助谈笑则书之，余所录大抵以肇为法，而小异于肇者，不书人之过恶，以为职非史官，而掩恶扬善者，君子之志也，览者详之。"文集之名得自张衡（78—139）的名作《归田赋》，张衡赋作的主要思想是将朝中生活的空虚与归隐自然、隐居耕读的朴素生活作对比："超埃尘以遐逝，与世事乎长辞。……挥翰墨以奋藻……"欧阳修也确实如此，他晚年辞官，移居早已心仪的偏远地方，远离朝廷争斗和政治纷争，醉心于著述，总结人生阅历，沉湎于回忆。《归田录》的内容给人留下的总体印象，绝妙地体现在作者自序的开头部分："《归田录》者，朝廷之遗事，史官之所不记，与夫士大夫笑谈之余而可录者，录之以备闲居之览也。"因此，这部篇幅其实不大的文集就题材而言大致可划分为如下几组：

其一为专论各种历史人物的事迹、言行和杰出的道德品质。他们多为欧阳修的同时代人，他本人很熟悉他们。欧阳修在讲述这些故事时一般都严格遵循事实，从这些事实可判定某人的言行举止之得体："夏英公竦父官于河北，景德中契丹犯河北，遂殁于阵。后公为舍人，丁母忧起复，奉使契丹，公辞不行，其表云：'父殁王事，身丁母忧。义不戴天，难下穹庐之拜；礼当枕块，忍闻夷乐之声。'"作者仅偶尔在篇末作出"此对小人亦足训"之类的评断。显然，那些讲述皇帝与其近臣关系的故事亦可归入此类。

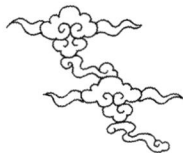

其二为历史逸事，亦即描述名人在不同场合遭遇的奇事，如考场故事、履行公务时的经历，以及在其他一些需要当机立断的困难局势下做出的举动。这些故事的潜在意义类似对"小人"的道德启迪，即读者应从故事主人公的个人品质中吸取行为端正或行为不端的经验教训。

其三为当今意义上的笑话，亦即可笑的故事。"故参知政事丁公、晁宗悫往时同在馆中，喜相谐谑。晁因迁职，以启谢丁，时丁方为群牧判官，乃戏晁曰：'启事更不奉答，当以粪壤一车为报。'晁答曰：'得壤胜于得启。'"此类故事在《归田录》中不胜枚举。

其四为欧阳修所处时代中国社会的真实生活，比如官制："官制废久矣，今其名称讹谬者多，虽士大夫皆从俗，不以为怪。"比如年号："国朝百有余年，年号无过九年者。"比如茶叶："茶之品，莫贵于龙团、凤饼，谓之团茶，凡八饼重一斤。"还有地理实况、货币名称、著名建筑，等等。有时还有相当曲折的意外之事："丁文简公罢参知政事，为紫宸殿学士，即文明殿学士也。文明本有大学士，为宰相兼职，又有学士，为诸学士之首。后以'文明'者，真宗谥号也，遂更曰紫宸……"

总之，《归田录》是一本非常完整统一的笔记，幸得作者在有生之年独立完成，尽管它篇幅不大，不像其他笔记那样包罗万象，却是了解11世纪上半叶宋朝社会独特历史的不可或缺的资料来源——那个社会是伟大的诗人、文学家欧阳修所目睹、接受和理解的社会。

*欧阳修《归田录》，见王辟之《渑水燕谈录》；欧阳修《归田录》，北京，2006年；**И.А.阿利莫夫《笔端》第1部，圣彼得堡，1996年，第100—112页。

（И.А. 阿利莫夫撰，万海松译）

鬼子

原名廖润柏，生年不详①，广西罗城人，当代作家。生于贫穷的农村家庭，是少数民族作家的代表，父亲是仫佬族，母亲是壮族。曾就读于当地师范学校，并在罗城县文化宫和农村小学工作。1987年就读于鲁迅文学院，1989年毕业于西安的西北大学中文系，1991年起定居桂林，曾任文学期刊《漓江》的副主编。

处女作短篇小说《妈妈和她的衣袖》发表于1984年的《青春》杂志，随后鬼子很长时间没有从事文学活动，因为靠写作的收入无法养活全家。新的短篇小说《古弄》和《家癌》1990—1991年发表于《收获》杂志后，鬼子的创作引起关注。他写过许多中短篇小说，用现实主义手法反映农村现实情景。鬼子笔下的人物都是农民工、乡村教师、贫苦家庭的孩子、刚起步的作家。在他的小说中，艰难困苦是生活不可或缺的属性。在鬼子的短篇小说中，一桩不起眼的小事往往能引起一连串不可逆的后果，这一点增强了其小说的宿命论情绪。

他的中篇小说《被雨淋湿的河》曾获2001年鲁迅文学奖，中篇小说《上午打瞌睡的女孩》曾获1999年《人民文学》杂志优秀中篇小说奖。

*鬼子《遭遇深夜》，成都，2001年；鬼子《艰难的行走》，北京，2002年；**王干《边缘与暧昧》，昆明，2001年，第205—213页；张钧《小说的立场：新生代作家访谈录》，桂林，2001年，第405—419页。

（E.A.扎维多夫斯卡娅撰，万海松译）

---

① 鬼子生于1958年。——译者注

1892生于四川，1978年卒于北京。诗人，剧作家，历史学家，小说家，社会活动家。1914年中学毕业后留学日本，接受医学教育，但并未从事医生行业，1919年起弃医从文。文学团体"创造社"的创立者之一。《女神》（1921）是他最早的新诗诗集，这部诗集使郭沫若声名大噪。这部诗集在形式上有所创新，对西方诗人有很多借鉴，具有浪漫主义和表现主义风格，充满从反抗到失望的情绪过渡（在其后另一部诗集《星空》中，失望情绪开始占据上风）。20世纪初，他还发表了几部反封建主义倾向的历史题材短剧、一些颇具自传色彩的感伤主义中篇小说（包括《橄榄》）以及爱情诗集《瓶》，还译有《浮士德》和《战争与和平》片段。

1924年，他开始向"革命文学"阵营转变，这体现在其诗集《前茅》中，1926—1927年间作为国民革命军政治委员参加北伐战争。革命失败后流亡日本（1928—1937）。在日期间，他主要从事对中国中古史、文字和哲学的研究，同时撰写关于自己在文坛和政坛经历的四卷本回忆录。

郭沫若在全面抗战初期回到中国，在共产党的协助下在国民政府军委会中担任高官，后任重庆（战时陪都）文化工作委员会主席。20世纪40年代初，他创作了六部轰动一时、寓意鲜明的大型历史剧，其中最有名的是讲述古代伟大爱国诗人生平的悲剧《屈原》。抗日战争期间，他还出版了诗集《战声集》《蜩螗集》以及许多其他体裁作品。日本投降后，他又参与了为争取中国民主、反对政府恐怖统治的斗争。1948年，他移居解放区。

中华人民共和国成立后，郭沫若作为著名的社会人士之一，先后担任中华全国文学艺术界联合会主席、中国科学院院长、全国人民代表大会常务委员会副委员长等职，并经常出访国外。这一时期，他出版了多部诗集、两部历史剧（《蔡文姬》和《武则天》）以及大量政论和学术著作。

*《郭沫若文选》，H.费德林编，B.彼得罗夫注，莫斯科，1955年；《郭沫若文集》，H.费德林编，3卷，莫斯科，1958

郭沫若

乙

年；《郭沫若文集：诗、剧和中短篇小说》，H.费德林编，莫斯科，1990年；郭沫若诗作俄译，载《20世纪中国诗歌与说》，莫斯科，2002年。**А.Н.热洛霍夫采夫《郭沫若——"文化大革命"的"英雄"还是牺牲品？》，载《远东问题》1982年第1期，第147—153页；А.Н.热洛霍夫采夫《郭沫若个性和创作的评价问题》，载《苏联科学院远东研究所讯息》1982年第3期，第2册，第350—380页；А.Н.热洛霍夫采夫《郭沫若的历史剧新作》，载《第三届中国的社会和国家学术研讨会文集》，1972年，第437—445页；С.Д.马尔科娃《中国新诗的先驱郭沫若与世界文化》，载《东方－俄国－西方：历史和文化学研究》，莫斯科，2001年，第461—472页；С.Д.马尔科娃《郭沫若的诗歌创作》，莫斯科，1962年；С.Л.齐赫文《我和郭沫若的几次会见》，载《远东问题》2002年第5期，第143—147页；С.Л.齐赫文《中国科学院的首任院长》，载《俄国科学院学报》2002年，第72卷第11期，第1001—1007页；Н.Т.费德林《郭沫若的世纪》，载ННИ1993年第4期，第123—130页；Е.А.奇宾娜《郭沫若抗日战争期间的戏剧》，莫斯科，1961年；《郭沫若著译系年目录（1949—1979）》，上海，1980年；《郭沫若研究（3卷本）》，北京，1985—1987年；秦川《郭沫若评传》，重庆，1993年；张毓茂《阳光地带的梦：郭沫若性格与风格》，北京，1993年；Roy D. T. Kuo Mo-jo: The Early Years, Cambr. (Mass.), 1971.

（В.Ф.索罗金撰，万海松译）

郭璞

字景纯，276年生于河东郡（今属山西），卒于324年。语文学家、训诂学家，"游仙诗"的代表诗人之一。

其生平见于官方史书《晋书》卷72。他生于高级官吏家庭，亲身经历300—306年间（"八王之乱"）的诸多事件，在此期间结识权贵王导（276—339），后者为太子司马睿即后来东晋政权（317—420）建立者晋元帝（317—322年在位）的死党。在西晋政权（266—316）覆亡前，郭璞便随王导（作为后者的副官）奔赴中国东南地区。他进入司马睿于316—317年在建康（今南京）成功建立的政权的领导层。郭璞长期在晋元帝及其继位者晋明帝（323—326）朝中任职，他后来因卷入朝廷阴谋而被处死。

郭璞注释过一系列古代典籍，如辞书类著作《尔雅》《山海经》，小说《穆天子传》，总集类著作《楚辞》。据说郭璞学识渊博，无论历史文化遗产（包括古代中国南方地区的信仰），还是他同时代的道教思想和炼丹术，他均精通。他的同时代人相信，他的死只是表象，他其实是不朽的。郭璞作为一个长生不老者的生平传记被收入志怪小说集《神仙传》，该书作者据称为4世纪著名的道教哲学家兼学者葛洪。

郭璞的诗歌遗产《郭弘农诗》被张溥（1602—1641）收入其编选的集子。郭璞的抒情诗作被收入丁福保（1874—1952）辑本（1964）和逯钦立辑本，其赋作见于严可均（1762—1843）辑本。

郭璞的《游仙诗》被视为其创作中的优秀之作，也被视为3—6世纪所有道教题材诗歌中的瑰宝，其中7首见录于《文选》，被归类在同题的"游仙"题材名下（卷21）。这组诗的主题是歌颂永生者的老生不老和非凡力量："京华游侠窟，山林隐遁栖。……临源挹清波，陵冈掇丹荑。灵溪可潜盘，安事登云梯。"（其一）

郭璞的诗中神仙形象和专有词汇俯拾即是，给人最深刻的印象是妙不可言的即兴作品，它们均为一个满怀天赋之才和不可遏止之幻想的人所作。他最有表现力、如万花筒般千变万化的绚丽诗作会引人踏上神奇的旅程："吞舟涌海底，高浪驾蓬莱。神仙排云出，但见金银台。"（其六）

郭璞不仅具有独特的想象才能，还善于细腻地感受周围的世界。在"游仙"主题的诗歌传统中，他第一次达到以假乱真的效果。通过他所描绘的降临凡间的众神形象，神仙世界的画面变得清晰可触："琼林笼藻映，碧树疏英翘。丹泉溧朱沫，黑水鼓玄涛。"（其十）

郭璞的文本体现了那一时代抒情诗所具有的全部艺术手法，想象世界的画面借助这些手法方得以创造。将原始的自然因素和现象转化为未知形象，诗人要借助于以下三点：其一，将其极力夸张，并将其向"玄""神""灵""妙"

这些特定范畴的术语靠近；其二，他要把表达自然界的活物（植物）和死物（金属、矿物）的概念结合起来，如用树木比喻由宝石和此类珍贵矿物（用中国人的观点看）所组成的东西，而青草比喻金子等；其三，使用自然现象中不常见的有寓意的色彩，比如蓝宝石般的霞光和紫红色的波浪。在诗歌世界中，以红色（如红、朱、绛、赤）为主调的特殊色谱，是"游仙"的固定搭配。最常见的是朱砂的颜色即"丹"，这也许说明当时炼丹术很发达。朱砂，即"丹"，是水银的硫化物，被视为炼制长生不老药的常见成分，带有红色斑渍的白色矿物被想象成宇宙元素的阴阳结合。特殊的芳香是"游仙"神奇世界的另一"标配"。文本中总是融合了"芳""香""嗅"等词语，这些词通常用来形容生长在水边的植物、大气现象（香风阵阵），甚至是星空中的物体（香气袭人的月亮）。所有这些艺术手法和系列形象，都被后来的风景抒情诗即"山水诗"所继承。

传统认为，郭璞的《江赋》特色鲜明，亦被《文选》收录（卷12）。此赋歌颂与世隔绝的隐居生活，展现恢宏的山水背景，渲染想象的神秘主义色彩。

根据不同来源的各方观点可以认定，郭璞的组诗给其同时代人留下深刻印象。阮孚（278—326）这样评价这组诗："泓峥萧瑟，实不可言。每读此文，辄觉神超形越。"（《世说新语·文学第四》）刘勰对郭璞的诗也有过形象的论述，即"飘飘而凌云"（《文心雕龙》卷47《才略》）。相比"游仙诗"其他代表人物的诗作，《诗品》的作者钟嵘更加赞赏郭璞的作品。在《诗品》序言给出的名单中，郭璞是"游仙诗派"中唯一被归入中品而非下品的诗人。钟嵘认为，郭璞抒情诗的特点在于修辞手法和表现力。后世批评家一直对郭璞的创作保持沉默。对其诗歌遗产的兴趣在18—19世纪得以复兴，当时其作品开始被不同文集收录。在学术研究界，对郭璞诗歌的关注随着对山水诗文学源头探索的深入而一直有增无减。在20世纪最后三分之一时间的文艺学著述中，就整体而言，郭璞已被公认为4世纪最杰出的诗人，研究者肯定其创作对后世山水诗有明显影响。

*《晋书》卷72，第7册，第1899—1909页；《郭璞评传》；《文选》卷12至21，第1册，第254—264、460—464页；《郭弘农集》；收录郭璞抒情诗的集子参见逯钦立辑本（第1卷，第862—869页）和丁福保辑本（第1卷，421—425页）；郭璞的赋参见严可均辑本第3卷，第2147—2150页；《中国文学选读》，第182页；An Anthology of Chinese Verse, pp. 92‑93; Die Chinesische Anthologie..., Vol. 1, pp. 184‑192, 327‑331; Wenxuan... Vol. 2, pp. 321‑352. **M.E.克拉夫佐娃《永明体诗歌》，第118、153页；王钟陵《中国中古诗歌史》，第481—497页；《魏晋文学史》，第489—500页；《魏晋南北朝文学史参考资料》，第1卷，第331—332页；刘勰《文心雕龙》卷四十七，第2册，第701页；胡国瑞《魏晋南北朝文学史》，第77—81页；《中国历代诗歌鉴赏辞典》，第214—215页；《钟嵘诗品译注》，第118页；余冠英编选文集，第194—202页；Frodsham J. D. Origins of the Chinese Nature Poetry, pp. 81‑82; Holzman D. Immortalityseeking in Early Chinese Poetry, pp. 103‑118.

（M. E. 克拉夫佐娃撰，万海松译）

《海录碎事》

共22卷。作者叶廷珪（字嗣忠，号翠岩，1090？—1152年后），1115年中进士，在宫中任太常寺丞，1148—1149年任泉州知府，于1152年被罢免漳州知府。据写于1149年的作者序，叶廷珪出身穷苦之家，自幼喜爱读书，因书不够读而总是郁郁寡欢。在学堂上学时和之后在高等书院学习和任职期间，他都不断借书来读。阅读的同时他做笔记，对个别他认为有趣或重要的地方反复抄录。在坚持40余年后积累大量材料，他将这些材料合在一起，于1149年整理成书，命名为《海录碎事》。

这部作品是一部为文学家编撰的类书。记录分门别类，标立词目。中日两国的图书编目专家和16—19世纪的书商认为，叶廷珪这部百科全书的杰出之处在于易在书中找到所需内容，且与同类资料相比错误较少。此书可与著名的类书如

《玉海》《艺文类聚》《事物纪原》《初学记》等相提并论。有人指出，叶廷珪的编著虽信息过于简短，注释也只言片语，但这些内容均出自原著，其中不乏新颖且出人意料之处，其有一系列过去在同类著作中不曾有过的表达方式和用语，从这一角度看，叶廷珪的类书对从事文学工作的人来说是一部很好的参考书。这个评价说明了此书在当时所具有的实用价值。如今，除它的历史价值外还另具重要意义，即用作指南手册，在其中可发现一些现已不用的词语和表达方式，以及一些词语已失去的原义。

叶廷珪还编有另外5部类书，即《海录杂事》《海录未见事》《海录事始》《海录警句图》《海录本事诗》。所有这些著作皆已遗失，但仅从列举的书名便可清楚看出，作者完成的著作体量庞大，并将所有搜集到的信息仔细地分门别类。规模最为宏大的类书《海录碎事》得以保存，从现存版本看，其共有584门类（也许由于笔误，作者自言书中有575门类），这些门类共归入16部。至于类书的卷数，中国不同的编目文献的记载各不相同：或为33卷（如《直斋书录解题》），或为23卷（如《宋史·艺文志》），或为22卷（如《钦定四库全书总目提要》），我们使用的版本为22卷，但其中9卷（卷3、4、7—11、13、22）分上下两卷，目录单独成章。

这部类书16部的内容如下：第一部天部（包括天象），卷1—2；第二部地部，卷3上（大地、高山、水域等），卷3下（河流、湖泊、桥梁、水泉、冰、火），卷4上（京城、州府、县城、边疆关塞、风俗习惯等），卷4下（边陲、宫廷、屋宇、梁柱等）；第三部衣冠服用部，卷5；第四部饮食器用部，卷6；第五部圣贤人事部，卷7上下（记述与人物相关的一切事项，诸如亲属关系、仆人、性格、才学），卷8上下（忠君之事、评论等），卷9上下（外貌、友人、学生、沦落贫境之人）；第六部帝王部，卷10上（统治者和臣民，法令），卷10下（用人之道、纳谏等）；第七部臣职，卷11上下，卷12；第八部鬼神释道，卷13上下；第九部百工医技，卷14（如算术、医疗、占卜、绘画、各种游戏、

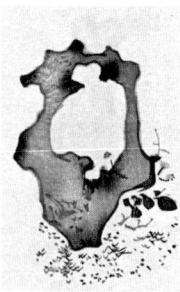

杂技）；第十部商贾货财，卷15；第十一部音乐，卷16；第十二部田地，卷17（土地、耕作、收成等）；第十三部文学，卷1—19（所有与文学相关的事宜，如文字、科考、碑刻等）；第十四部武，卷20（所有相关事项）；第十五部政事礼仪，卷21；第十六部鸟兽草木，卷22上下（陆地和水中的所有动物、植物）。

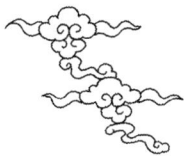

两个明代木刻本《海录碎事》广为人知，即明嘉靖间刘凤校勘本和明万历戊戌沛刘应广勘本（1598）[①]。日本文化版本（东京，1818）是以明代稿本为依据的再版，在文献文本前面有傅自得（1116—1183）序、作者序、刘凤的序以及详细目录；在附录中收入源自《钦定四库全书总目提要》和《四库全书总目提要补正》的文献目录，以及书商松崎复敬所作跋文。这一版开本较小，使用起来最为方便，这得益于松崎复敬的编辑方法，即正文用大字体写入一行，下面两行小字为作者点评。

*B.A.维尔古斯《中古中国：历史、对外关系和文学研究和资料》，莫斯科，1987年；胡玉缙《四库全书总目提要补正》，王欣夫编，北京，1964年，第40卷，第2册，第1059—1060页；《钦定四库全书总目提要》，纪昀等编，上海，1933年，第135卷，第3册，第2795—2796页；周中孚《郑堂读书记》，北京，1959年，第61卷，第2册，第1205—1206页；余嘉锡《四库提要辨证》，北京，1958年，第16卷，第972页。

（B. A. 韦尔古斯撰，侯丹译）

---

① 最早的刻本是明万历二十六年刘凤与其族孙刘应广校刻本，两人共同完成此刻本，所以俄国学者提到的两个版本实为同一版本，参见胡道静《叶廷珪和〈海录碎事〉》，载《辞书研究》1990年第1期，第114—115页。——译者注

韩东

1961年生于南京。诗人，政论家，散文家，20世纪80年代末开始积极发表作品。毕业于山东大学哲学系，曾在西安工作，在南京担任大学哲学教师。1993年辞去教职，全身心投入文学创作。

在求学时期，韩东已开始写诗。20世纪80年代他和李亚伟等人一起组成新的先锋派诗歌潮流。先锋派诗歌否定"朦胧诗"和"寻根文学"的美学理想，呼吁表现当代生活的现实性。发表诗作《有关大雁塔》《你见过大海》《山民》等，这些诗歌运用民间口头语汇。

第一批短篇小说写于1982—1983年间，在评论界引起反响，但并非均为赞扬之声。如有人指出：冰冷的环境、由不幸和可怜的人组成的世界使他的小说变得压抑，且违背人性。韩东最著名的作品集有《白色的石头》《我们的身体》《西天上》《交叉跑动》。韩东的作品兼具讽刺性与戏剧性。作品的主人公为寂寞的城市青年、不幸的恋人，或跌入低谷、心灵困苦、身陷绝境之人。他认为生活美满之人的故事毫无趣味。韩东的作品叙述线索清楚明晰，作者利用朴素的表现方法努力凸显作品的本质。韩东用自己的作品表达他对所描写的社会的反感和厌恶，同时强调他对自在的社会并无恨意。他对世界、对人的态度并非单义的，作者同时又爱又恨。韩东最有意义的作品是长篇小说《扎根》，作品描写了被下放农村进行再教育的知识分子的家庭生活。

韩东另有关于新时期作家和诗人作品的论文和评论（为杨键的文集《暮晚》、伊沙的诗集《我的英雄》、魏毅的中篇小说《失败和心慈》[①]等作品所写序言）。作家的政论随笔主要发布在网络上。

韩东积极组织建立文学团体，发行定期出版物，并建设网站。1985年和于坚一起成立文学团体，创办民间刊物《他们》。1998年与朱文发起名为"断裂"的文学团体。2001年与杨黎一起创建"橡皮文学网"，在文学爱好者中引起很大反响。

---

① 魏毅为音译，《失败和心慈》为意译。——译者注

中国精神文化大典

文学·语言文字卷

*韩东《扎根》，2004年；韩东《论民间》，载《芙蓉》2002年第1期。

（Г. А. 尤苏波娃撰，侯丹译）

韩少功

1953年生于湖南长沙。"文化大革命"时期作为知青在农村度过6年。1974年在县城文化馆工作时开始写作。1978年考入湖南师范学院中文系。1982年大学毕业后任编辑，1984年调入湖南省作协工作，1987年任湖南省作协副主席。1988年迁居海南岛。1996年与同仁一起创办杂志《天涯》，并领导杂志编辑工作。他于1978—1985年间发表的中短篇小说是与当时盛行的"伤痕文学"和"反思文学"相契合的现实主义作品。两个短篇《西望茅草地》和《飞过蓝天》分别在1980年和1981年获国家级奖项。《月兰》（1979）是其早期创作的代表作，作品讲述一个善良农村妇女的毁灭，她为了让家人免于挨饿把自家母鸡放到公家田地上，因此被认为具有小资产阶级恶习。1985年作家发表探寻中国文明之根的随笔《文学的根》，后被视为新文学潮流"寻根文学"的代表人物。韩少功偏爱描写智力或身体有残缺的人物，这种倾向体现在很多作品中。此类作品中最著名的是中篇小说《爸爸爸》（1985）和《女女女》（1986）。作家选择的主题不同寻常，与中国古代短篇小说的传统相联系，同时也可看出作者受拉美"魔幻现实主义"影响。1996年长篇小说《马桥词典》发表。作者多年研究古代（前11—前3世纪）楚国（地理位置约在今湖南）未流行儒学时的文化，寻找占统治地位的儒教之外的另一种选择，《马桥词典》即为其研究成果，作品的这一视角引起了国外批评家的特别关注。

*韩少功《爸爸爸》，中短篇小说集，济南，2001年；《文学的根》，散文集，济南，2001年；《归去来》，中短篇小说集，济南，2001年；《马桥词典》，长篇小说（2卷本），济

南，2001年；《西望茅草地》，济南，2001年；《在小说的后台》，济南，2001年；韩少功《西望茅草地》，载《相遇兰州》，莫斯科，1987年；韩少功《月兰》，B.索罗金译，载《中国当代小说》，莫斯科，1988年。**李庆西《说〈爸爸爸〉》，载《读书》1986年第3期；McDougall B. S., Kam L. The Literature of China in the Twentieth Century. Gosford, 1998; Rong Cai. The Subject in Crisis in Contemporary Chinese Literature. S. L., 1995.

（H.K. 胡齐亚托娃撰，侯丹译）

《红楼梦》

中国文学杰作，中国小说史上的最高成就之一。小说写于18世纪中叶，一般认为，《红楼梦》的作者是曹雪芹。

小说将史诗般的规模、广泛的描写内容和作者提出的深刻问题（宗教哲学问题、伦理道德问题、社会问题）结合在一起，艺术上生动形象，揭示人物性格的心理描写精细准确。小说堪比巴尔扎克或托尔斯塔的作品，这不仅因为这部作品具有史诗般的力量，而且也因为作者具有成功刻画中国社会生活和人物心理、表现民族精神的高超技艺。

小说曾有几个名字，每个名字都与小说的内容相关，具有深刻的象征性。在第一回中已指出小说最初的名字《石头记》，寓意性人物之一空空道人找到一块神秘的石头，上面记载石头的经历。此处又说，《石头记》又名《情僧录》和《风月宝鉴》。第一个名字大概暗示小说人物的故事（剃度出家），而第二个名字则以隐喻的形式再现作品中讲述的"风月"之事，"风月"即指人物之间的爱恋关系，他们的情感仿佛照映在神秘的"宝鉴"之中。作者对《石头记》"增删五次"。他还给作品另起一个名字，即《金陵十二钗》（金陵是南京的别称），暗示作品中的12个女主人公。"十二钗"的形象在古代就有，她们作为代表女性世界的形象在很多诗人（如白居易）的作品中均曾出现。小说还有另一个名字《金玉缘》，借用金玉的形象指代作品中的主要主人公（如宝玉的意思就是珍贵的玉石）。在作品文本

中，《红楼梦》作为一首歌曲的名字出现（第五回），这是主人公在梦中进入太虚幻境之时听到的乐曲。"红""楼"和"梦"这几个汉字本身就具有多种含义，它们的结合既可以让人理解为"奢华楼宇中的一场梦"，也可以理解为"在女子隐秘的闺阁中由梦到醒的过程"，而且梦表示持续时间非常长的睡眠状态，主人公们沉入梦境，且他们一边身在梦中，一边继续在现实生活中积极存在。

　　小说的情节非常朴素，没有中古小说所固有的带有娱乐性和冒险性的开端。《红楼梦》讲述同属贾氏一族的两个富裕贵族之家荣国府和宁国府内发生的故事（而且仅限于一段时间）。年轻的主人公贾宝玉就住在其中一个府上，情节发展大多围绕他进行。主人公总是处在女性群体之中，且小说中的大部分幻想也与女性有关。在这些女性当中重要人物有一家之主、宝玉的祖母贾老夫人，宝玉的母亲王夫人，还有一些更为年轻的深闺女子，如堂兄的妻子王熙凤（凤姐），表姐妹薛宝钗和林黛玉等。宝玉的父亲贾政、伯父贾赦、堂兄贾琏以及来自宁国府的亲戚们也在叙述中经常出现。除这些人物外，在小说某些片段中还有大量人物登场，其中最为突出的人物就是令作者喜爱和亲近的12个女性形象，可以说，她们的生活和行动决定了小说的内容。

　　作品的情节可分解成几个部分。第一回是一个独特的寓意深刻的序言。曲折隐晦的序言包含重要的暗喻和寓意，它们的含义会在后文中得到揭示，此类序言在过去的中国小说中经常出现。第二回至第十八回描写荣国府的日常生活，并对其中主要人物进行评鉴。随后（第十九回至第四十一回）描写主要人物之间爱情的产生和矛盾的最初显现；第四十二回至第七十回描写两府之间复杂的相互关系。在原本（通常认为前八十回为原本）的最后一部分，作者继续前文的叙述线索，并为家族后来的没落埋下明显伏笔。在第八十回，作者的叙述戛然而止，文学家脂砚斋的批语也同时中断，也有一些研究者认为他是曹雪芹的合著者。脂砚斋对作者和作品本身进行精准、深入的评点和暗示，为作家的个人创作形象补充了一系列细节特点，这些特点只有了解他的生活环境和

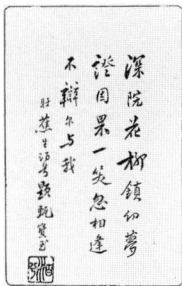

乙

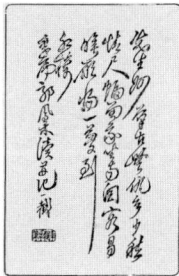

他非常熟悉的人才会知晓，但这并未引起人们怀疑（另一种观点认为，脂砚斋是曹雪芹的小妾或情人）。

在小说的主体部分没有任何导致情节急剧转折的特殊事件。情节的发展就像一条宽阔的大河，按照自己的节奏缓慢前行，只是偶尔涌起的波浪说明水面下隐藏着岩石和危险的浅滩。但在这一部分，促进叙述内容迅速推进的几个情节发展的结点已经出现，后来矛盾发展的轮廓已显现出来，只是在目前还隐隐约约、并不明朗。例如，主人公的表妹林黛玉来到贾府，以及后来另一个姐妹薛宝钗的到来就属此类情节结点。皇妃元春的到访和另外一些具有重大象征意义的事件（一些重大的仪式，如秦可卿的葬礼等）也属此类情节结点。原稿最后几回中属于此类情节的事件还包括：贾府在已预感到未来灾难的气氛中举行的晚宴；因为一个遗失的香囊在家里抄检；宁国府的丑闻。宝玉与父亲的冲突是主要情节结点之一。所有这些结点事件决定了后来情节的发展，但作者却在半路停笔，似乎在犹豫该如何写下去。

小说没有写完这一事实，长久以来一直引起中国读者和文艺学家的关注。众所周知，在乾隆统治（1736—1795）末年出现了120回的"全本"《红楼梦》。它作为一部有完整情节的作品流传甚广。续四十回的作者是文学家程伟元（1745—1820）和高鹗（1738—1815）。他们在搜集小说多种稿本之后，"细加厘剔，截长补短，抄成全部"，根据曹雪芹的草稿在短期之内独立完成了作品。程伟元作为书商为"全本"《红楼梦》的刊行提供资金，并在前言中谈到小说的续写工作。

程伟元和高鹗按照自己的想法破解情节之谜，他们围绕宝玉安排矛盾冲突。宝玉的亲戚们背着他（当时宝玉正在生病，几乎处于神经错乱的状态）安排了他和宝钗的婚事，因为他们认为宝钗更适合做他的妻子。生病的黛玉无法承受打击而死。被亲人欺骗的宝玉不得不屈从父母的意志，他甚至走上科举之路，考中举人，这为他打开了仕途之门。但主人公出人意料地改变计划，和云游僧人一起离开。主人公后来的命运无从知晓，因为情节线索就此中断。程、高版本的小

说就此结束。我们发现，这两位文学家遵循了情节发展的逻辑，尽管他们自己杜撰了小说的结尾。

在小说问世之后两百多年时间里，围绕这部小说的叙述"主旨"和"主题"的争论从未停止。一些人把它叫作爱情小说，另一些人把它叫作风俗描写小说或家庭小说，还有人称之为社会小说，甚至认为是政治小说。小说的内容和它的艺术特点为各种不同的诠释都提供了依据。无论从意义层面还是从艺术层面来看，这部小说均具多样性。作者描写了当时的社会风俗，展示了他所见的时代精神氛围和生活，所以《红楼梦》可称为风俗描写作品。鲁迅曾将它界定为"人情小说"。

曹雪芹的小说作为风俗描写的典范之作并非凭空出现。英雄侠义小说《水浒传》，甚至神怪小说《西游记》都非常出色地描写了日常风俗，但囿于体裁规则的限制，后两部小说的作者不可能广泛而全面地描写时代风尚。16—17世纪，中国小说开始将注意力转向描写人们的日常生活，风俗描写小说开始在中国文学的核心位置占据一席之地。例如，冯梦龙、凌蒙初的优秀故事小说和其他作家的作品相继出现，这些作品详细再现了时代风俗。大型长篇小说开始出现，匿名作者所写的长篇小说《金瓶梅》是此类作品中最有名的一部，作品用大量细节描写表现城市居民的生活、日常起居和矛盾。

风俗描写形成了《红楼梦》作者叙述内容中外在的、可见的部分，对理解作品来说更为复杂的则是它的内在层面，深刻的哲学内涵就在这一层面形成。内在层面与小说复杂的象征意义和表现在各种隐喻和象征符号中的寓意紧密相连。如果没有这个层面的存在，曹雪芹的小说便会沦为一部寻常的风俗描写作品。正是这个层面使小说具有了哲理性，从而成为真正的文学巨作。

象征体系以及作品中充斥的复杂形象，决定了这部作品的艺术结构特点。读者从第一回到最后一回都能真切地感受到象征和隐喻的巨大作用。小说的寓意层面由当时社会思想特有的传统宗教哲学观和作者想象出的艺术形象共同组成，

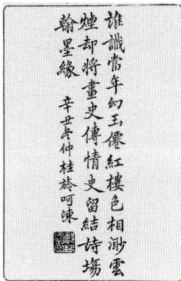

就此形成小说艺术结构的复杂性。例如，在第一回读者便与独特的"宇宙"象征相遇，这个象征立刻形成一种独特的哲学氛围。石头的形象具有重要的象征意义（小说起初就叫作《石头记》），石头在中国文化史上有非常多的含义。在古代编年史《左传》中就描写一块会说话的石头（能揭穿谎言、预言未来的石头）。石头的形象也出现在一些文学作品的标题中（如17世纪的小说集《石点头》《醉醒石》），石头在这里也具有隐喻色彩，还有一些人物也以石为名（李渔的小说《肉蒲团》中的主人公就把自己叫作"顽石"）。耐人寻味的是，我们在曹雪芹的作品看到的正是这个形象，宝玉就是"顽石"的化身。那块神奇的护身符玉石（宝玉身上的那块玉石）是神秘现象的标志。小说中的石头是上天的造物，是宇宙的一部分，因为它是女神女娲的补天之石。石头作为自然的一部分由此具有了灵性，不再是僵死之物。小说中的石头的确是个生命体，它能说话，会思考，有感受，对它的称呼也是"石兄"。它讲述自己的生平故事和自己的情感经历。石头就是人，就是宝玉，宝玉胸前挂着玉石并相信自己就是石头的化身。石头获得大自然的灵性，具有知觉、感受和思考的能力，这反映出作者遵循的是道家关于生命体与非生命体之间具有相关性、生与死互有关联的理念。石头（宝玉）是人生道路上的旅行者，它想要理解生活的意义。

石头作为上天的造物是非常事物的象征，所以它的遭际非常令人惊讶，而作为石头化身的人也非此世之人。作者不止一次强调宝玉与众不同的特点，谈到他奇怪的性格，品行矛盾，做事往往出人意料。他天赋过人却又不学无术（无须惊讶，石头就自称为"蠢物"），善良又满心愤恨，怯懦却又放荡不羁，这些矛盾都令人讶异。但是，也许最让人震惊的是他出人意料地表达出自己的感情。作者既赞赏"通灵宝玉"化身而成的人物，同时对他的态度又带有明显的讽刺和怀疑色彩。从中可见作者对人物的态度也是矛盾的，石头带着热情投入人世，一直生活在激情澎湃的状态中，经历着生活的酸甜苦辣，逐渐走向人生的终点。

"太虚幻境"在小说中具有重要地位，这是另一个世

界，是幻想的世界。"顽石"在天地之间、人生之路迷路徘徊之际进入这个世界，主人公也在梦境之中造访此地。在小说结尾处也出现了这一形象。"太虚"（虚空）的形象非常复杂，与道家思想和佛教思想都有关联。在"太虚"之中人会领悟最高真理。在道教中指的是悟仙道，在佛教中指的是一种独特的神圣境界，即涅槃。"太虚"为最高祥和之地，在"太虚"之中人豁然省悟，与最高理念和谐地融为一体。宝玉在梦中（第五回）进入这个独特的幸福欢乐之地，与仙境中仙女们的交往让他感到无限的快乐幸福（身心两方面皆是如此）。幻境里的仙女令主人公着迷，神思恍惚。主人公欲涉水，所过之溪叫作"迷津"并非偶然。"太虚幻境"不仅是幸福之地，而且也预言了主人公在生活中即将面临的危险与灾难。这是对种种虚幻诱惑的预警，主人公已像落入蛛网一样身处种种虚幻的诱惑，虽然他本是一块神石，有着不同寻常的"神性"出身，但是虚幻的理想、没有依据的渴望、空泛的激情会把人引向绝境。对"太虚幻境"的理解即在于它的双重性：这既是祥和幸福之所，又是悲伤哀痛之地，人在幻境之中会感到变化无常，产生非现实感。值得注意的是，小说中经常使用"无常""朦胧""虚幻""模糊"等用来形容"尘世"。在幻象世界，人会受到幻觉的影响，这是道教和佛教的重要观点，这种思想观念贯穿很多古代的作品。著名的美猴王孙悟空，起初也受到幻像的影响，最终从幻象中挣脱出来（在吴承恩的小说中这是佛的意志）并领悟了真理（"悟空"的字面意义即"领悟太虚"）。从本质上看，《红楼梦》的主人公们也幡然醒悟，但人物的觉醒并未立刻发生。

太虚幻境的形象与梦的隐喻紧密相关，在小说中梦的隐喻同样具有重要作用（甚至小说的标题都表现了这一特点）。在梦（梦幻）中，人处于一种特殊状态，"似生非生"，即"半生半死"，处于独特的"镜里乾坤"，其中的一切就像现实中的一样，但一切又正相反。梦是阴险的幻象，甜蜜而又危险。梦的隐喻是相当流行的艺术手法，过去的注释者有时直接将曹雪芹的小说与庄子关于蝴蝶的寓言联

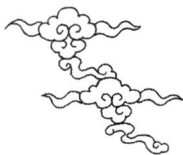

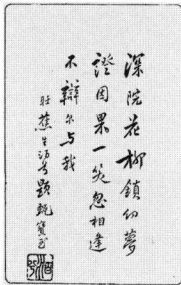

系在一起。文学家们不止一次在自己的情节中使用梦的隐喻，如王希廉曾指出文学作品中梦的种类，有"惊梦"（王实甫的戏剧《西厢记》）、"噩梦"（小说《水浒传》）等。在曹雪芹的小说中涉及各种不同的梦，如"春梦""幽梦""痴梦""空梦"等。不仅有生命的个体即人会做梦，甚至植物也会做梦，如"菊梦"。在梦中，花的灵魂感受到了秋的凉意。小说中有一处由梦的"虚幻"联想到"霜痕"。当然，梦具有多样化的诗性并非偶然。梦的诗性在于将不明确的、令人惆怅痛苦且预感不祥的氛围加以再现。人物不仅在梦中生活，而且在梦中"省悟"。在梦境中，主人公们有时能够看见和了解一些在现实生活中没有留意的事情，能对现在和未来进行思考。小说的第一批注释者已理解了梦在小说中的隐喻意义，指出梦构建了意义并设定了规则，王希廉曾感叹："《红楼梦》一书全是梦境，余又从批之，真是梦中说梦，更属荒唐。"要理解评论家的夸张之语（梦中说梦），他指的是隐喻、用典和未尽之言在小说中的作用。梦是对不能直言的现实的独特反映。

在中国，这部作品的主要情节几乎老少皆知，作品中的主要人物和《三国演义》中的军师诸葛亮、《西游记》中的孙悟空和梁山泊的好汉一样广受喜爱。这部小说的出现不仅是文学上的一件大事，同时也是社会生活中的一件大事。小说直接震惊了中国所有阶层的知识分子。早在19世纪，中国就刊行大量仿续本，在这些作品中或继续不幸的（或幸福的）的爱情，或描写封建家庭日常生活场景和严厉的社会风习。也出现了一些有大量情欲描写的低级趣味版本，在文学价值上它们与原作不可同日而语。原作本身多次再刊，手抄本盛行，喜欢它的人们为此书花费大量钱财。年轻人尤其对该小说着迷，力图效仿作品中的主人公。还有一些年轻人在读完小说后自杀。19世纪末到20世纪初，反清的叛逆思潮十分强烈，《红楼梦》被理解为一部尖锐的社会小说。许多杰出的文学家和文艺学家均对《红楼梦》进行过研究，如鲁迅、胡适（1891—1962）、陈独秀（1879—1942）、茅盾、俞平伯等。小说被当作具有高度艺术性的文学文体的范

例加以仔细研究。直到今天，这部小说仍被视为典范之作。学者们以这部作品的语言为基础撰写现代汉语语法、修辞和成语方面的书籍。文艺学家和语言学家全面研究小说中的语汇和形象的词语结构，这种词语结构在小说的诗词部分非常明显。

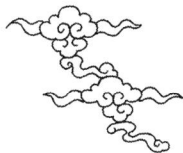

中国现有研究《红楼梦》的学会，该学会出版专著、小册子、词典和其他研究成果。在北京有专门的《红楼梦》研究所，这大概是世界上独一无二的仅为一部作品设立的研究机构。这部小说多次被搬上银幕。20世纪80年代末拍摄了36集电视连续剧，再现了小说的主要情节。

（Д. Н. 华克生撰，侯丹译）

《红楼梦》是一部风俗描写小说，描写严格遵循儒家传统的贾氏一族的生活。作品的名字本身在某种程度上为读者理解这部作品提供了一把钥匙。在佛教哲学中，梦是人在尘世的生活；在远东的诗歌当中，梦是日常生活中难以企及的崇高的爱的形象。作者选择"楼"这个词语来表示居所，强调的是故事发生在一个富贵之家，住在里面的人不时进行一些娱乐活动和与智力有关的消遣游戏。将其称为"红楼"并非偶然，"红"这个汉字也具有"美丽""女性""胭脂"的隐含意义，因此小说的主要冲突均与女性有关。

小说中的主要事件发生在两个京城府邸中。叙述内容从一个事件过渡到另一个事件，没有准确指明时间。季节性节日、家庭节日和重大事件成为时间坐标。奢华宴会、家庭戏台上演出的戏剧、作诗比赛、礼仪和传统，也就是对作为皇亲的富贵之家生活中的一切都进行了详细描写。主要人物和次要人物在登场前都已有各自的经历，这些故事建立起大家族日常生活的宽广画面。小说中的人物近500个，代表了不同的阶层。但在曹雪芹之前，无人将"表现女子闺阁生活"作为写作目标。作者不仅表现府邸中女性的力量和柔弱一面，而且公开宣称女子在很多方面都优于男子。

在小说情节开始之前，作者通过一个人物之口详细介

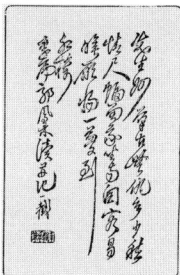

绍了贾家的家族谱系。在占据整整一条街的华丽府邸的屋檐之下住着一个家族的四代人，这个家族曾大富大贵，权倾一时，如今却逐渐走向衰落。"外面的架子虽未甚倒，内囊却也尽上来了"，而年轻一辈更是一代不如一代。然而，多年来成为家庭关系之基石的古老传统仍然神圣地保留下来，老祖母成为旧秩序的化身和家族的象征，她掌握着解决所有重要问题的最终话语权。但统治家族的是贾家的另一辈人，即家族奠基人的孙辈们，如贾敬、贾赦和贾政。贾敬埋头于炼丹术，寻找长生不老之法，他把所有职责都转嫁到儿子身上，而他的儿子除娱乐消遣外却无所事事。宁国府就这样逐渐走向了衰落。贾赦继承祖父和父亲荣国公的职位和尊号[1]，却无力干正经事，他不仅未为家族的繁荣做任何贡献，反而一手促成了它的衰亡。只有贾政在努力履行作为一家之长应尽的责任，继续家族的事业，尽管根据法律他不能继承先辈的职位。贾政是将封闭的家庭世界和外面的大千世界联系起来的特殊环节，在公务上他比在家庭中更独立自主，在家中他难以处理日常问题和财务问题。所有的家务事项均由他的侄媳妇凤姐掌管，这是小说中最生动、最鲜明的形象之一。19岁的凤姐令人惊讶之处在于，她既美丽又精明，她为自己喜欢的人提供庇护，冷酷地嘲笑屡受挫折的追求者，除掉情敌，对于己不利的变化提前做出防范，在帮人办事时，凤姐巧妙地收受贿赂，她掌握家庭里的所有开销，将一部分钱截留下来放高利贷，贪财和贪权让她最终走向了毁灭。

在荣国府的众多成员中，作者重点描写了贾家的第四代，即贾宝玉和他的表姐妹林黛玉、薛宝钗，并且在这个三角关系中集中表现了封建家庭中的爱情、自由和婚姻问题，这些问题在中国文学中首次被尖锐提出。

贾宝玉是老祖母最喜爱的孙子，在他身上寄托着未来家族掌门人和光宗耀祖者的使命。出生时的情况更突出了他的不同寻常——他衔玉而生，这是远古时代女娲娘娘的一块石头落在了他身上。虽然宝玉娇生惯养，任意妄为，但他并

---

[1] 贾赦袭一等将军爵位。——译者注

未变成一个铁石心肠、没有心肝的人。这个敏感的少年和年轻姑娘们一起在大观园里度日。他对女性有着盲目的崇拜之情，认为她们是可奉若神明的更高级的生命。

林黛玉是宝玉在心灵上最亲近的人。在这位姑娘刚到荣国府时，两个年轻人一见如故，似乎久别重逢，有命里注定的感觉。黛玉十分聪慧，饱读诗书，但体格纤弱，她总是觉得别人看不起她，对她有偏见。她有时十分固执刻薄，以此作为保护自己的手段。作者常将黛玉和仙女作比，以此强调她的脱俗超尘。唯有对宝玉的爱情给了她力量，当结婚的希望破灭之后，这世上已无任何东西让她牵挂。薛宝钗是宝玉母亲那边的表姐，她在别人家中也并不完全自在，但她宁愿隐藏自己的感情而顺应环境。她具有女性的智慧，讲求实际，同时又心思敏锐，赢得家中不同人的喜爱。老祖母、母亲和姨母都将宝钗看成与未来家族掌门人般配的听话女儿家，而宝玉和黛玉则把她当作知心的、善解人意的好朋友。

宝钗和黛玉彼此互补。宝玉虽然只爱慕黛玉，但他也从没想过不与宝钗经常往来。他们三人个性不同，却又形成一个统一的整体。因为老辈人的意愿，这个联合体遭到破坏，一个姑娘的生命猝然而止，另一个姑娘则永远孤独，而出家的年轻人彻底抛开了尘世的生活。《红楼梦》主人公多舛的人生直观地说明了遵循儒家思想的家庭秩序对年轻人命运的毁灭性影响。"孝顺儿女"只能令作者扼腕叹息。他反对已过时的人与人之间相处的陈腐规则，但并未提出取而代之的新规则。作为佛家思想的信徒，作者试图让所有事件都与人物的因果报应有关，他要表现的是，人物的每句话、每个想法和行动不仅会决定他们这一世的命运，也决定了其来世的命运。

《红楼梦》自诞生之日起便成为文学家和文艺学家关注的焦点。一些研究者力求找出小说中描写事件的历史原型，另一些研究者则寻找一些人物的原型，将作者的生平事实和情节发展进程进行比较。20世纪50年代，在中国关于这部小说引发一场争论，这场争论带有更多的政治色彩。

曹雪芹的小说为戏剧演出提供了丰富材料。1796—1820

年间和1821—1850年间，这部小说被改编为京剧和昆曲。1875年，一些戏迷演员在北京演出根据《红楼梦》情节改编的京剧，《黛玉葬花》和《宝玉摔玉》这两出戏最为著名。第二部戏后成为说书人的节目，说书人一边敲鼓一边演出。

20世纪，世界著名演员梅兰芳、剧作家兼演员欧阳予倩又对《红楼梦》新做改编，他们饰演了剧中的12位女性角色。1962年，上海电影制片厂和香港公司联合推出越剧电影《红楼梦》。这部小说被译成俄、英、法、德、意等国语言。

（C.B. 尼科利斯卡娅撰，侯丹译）

*《石头记》（中苏联合出版的苏联科学院东方学研究所《红楼梦》79回藏本），6卷本，北京，1986年；《八家评批红楼梦》3卷本，北京，1991年；曹雪芹《红楼梦》3卷本，北京，2006年；《红楼梦》4卷本，上海，2007年；曹雪芹《红楼梦》2卷本，B.A.帕纳秀克译，H.T.费德林序，莫斯科，1958年；曹雪芹《红楼梦》，B.A.帕纳秀克译，高莽序，Д.H.华克生跋，莫斯科，1955年；Cao Xueqin. The Story of the Stone / Tr. by D. Hawkes. L., 1973. **Д.H.华克生《古代中国的文学世界：中国古代白话小说集》，莫斯科，2006年，第562—579页；Л.H.孟列夫、Б.Л.李福清《长篇小说〈红楼梦〉的未知刻本》，载《亚非各民族》1964年第5期，第121—128页；Б.Л.李福清、B.Э.博格拉德《俄国汉学家德明、他的中国之行以及〈红楼梦〉的翻译》，载《亚非各民族》1983年第6期，第78—86页；B.И.司马文《一部中国长篇小说的演化》，莫斯科，1970年；Л.П.思乔夫《曹雪芹的小说〈红楼梦〉中的服饰》，载Л.П.思乔夫、B.Л.思乔夫《中国服装：文学和艺术中的象征意义、历史及阐释》，莫斯科，1975年，第81—89页；王蒙《红楼梦启示录》，北京，1991年；一粟《红楼梦书录》，上海，1981年；李福清《红楼梦年画在苏联》，载《美术研究》1986年第2期，第62—69页；刘梦溪《红楼梦与百年中国》，北京，2005年；刘心武《红楼望月》，太原，2005年；刘心武《揭秘〈红楼梦〉》，北京，2005年；刘心武《揭秘古本〈红楼梦〉》，北京，2006年；隋邦森、隋海鹰《〈石头记〉密码·清宫隐史》，北京，2005年；孙逊、陈诏《〈红楼梦〉与〈金瓶梅〉》，银川，1982年；吴竞存《〈红楼梦〉

的语言》，北京，1996年；《红楼梦大辞典》，冯其庸、李希凡主编，北京，1991年；胡风《〈石头记〉交响曲》，长沙，1986年；胡适《中国章回小说考证》，上海，1980年；张爱玲《红楼梦魇》，哈尔滨，2005年；俞平伯《论〈红楼梦〉》，上海，1998年；杨丽娜《〈红楼梦〉诗词曲赋修辞俄译研究》，硕士学位论文，天津，2006年；Hsia C. T. The Classic Chinese Novel: A Critical Introduction. N. Y.–L.,1968; Plaks A. Archetype and Allegory in the «Dream of the Red Chamber». Princ., 1978; Wu Shih-ch'an. On the Red Chamber Dream. Oxf., 1987.

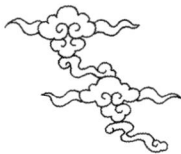

（参考文献为 Д. Н. 华克生，С. В. 尼科利斯卡娅所辑，侯丹译）

洪昇

字昉思，号稗畦。1645年生于钱塘（今浙江杭州），卒于1704年。清初戏剧家。成长于落魄贵族家庭，多年在京任职，官位低微。因传奇体悲剧《长生殿》闻名于世，作者花费10余年时间创作此作，剧本广受追捧，但在1689年因在哀悼皇后期间演出而被禁，所有参演出人员均受惩处。洪昇被革职，回到南方。一日酒醉后，他失足落水而死。他的另外3部传奇体剧本没有保存下来。短篇杂剧作品集《四婵娟》留存于世。这4个剧本描写不同时代才女的生活片段，作品的抒情性超越戏剧性。

*《长生殿》（片段），E.维特科夫斯基、T.A.马利诺夫斯卡娅译，载《东方古典戏剧》，莫斯科，1976年。**Л.Д.波兹德涅耶娃、В.С.马努辛、Л.Н.古谢娃《戏剧：洪昇与孔尚任》，载《近代东方文学》，教科书，莫斯科，1975年，第430—448页；T.A.马利诺夫斯卡娅《中国17世纪剧作家洪昇和他的剧作〈长生殿〉》，学位论文，列宁格勒，1970年；В.С.马努辛《洪昇〈长生殿〉一剧的思想渊源》，载《中国文学与文化》，莫斯科，1972年，第238—247页。

（В. Ф. 索罗金撰，侯丹译）

胡风

原名张光人。1902年生于湖北，1985年去世。文学批评家、理论家、诗人、翻译家。出身农民家庭。在兄长的资助下读完中学，并考入北京大学，二年级退学参加革命军。在1925—1927年革命活动失败后于1928年前往日本留学，在日本与左翼文学运动成员来往密切，从事翻译工作。1933年被捕，很快被日本当局驱逐出境。回到上海后，他加入中国左翼作家联盟，成为鲁迅好友。从1933年起，他作为文学批评家、马克思主义理论家编辑了一系列重要杂志。1936—1951年间出版5本诗集，并发表9篇文学评论文章，其中包括《文艺笔谈》（1936）、《论民族形式问题》（1940）、《剑·文艺·人民》（1943）。他捍卫文学中的现实主义路线，认为社会主义现实主义是对经典现实主义的直接继承，号召人们同外来侵略者和国内的反动势力做斗争。由于审查制度，他开始强调作家"主观战斗精神"的重要性，"自我成长"（深入生活，钻研先进理论）的必要性。但胡风的这些观点遭到毛泽东理论（"工农兵文学""理论学习高于一切"等）拥护者们的批评。对他的批评一直延续到1949年之后。1954年胡风向中央政治局递交一份报告，以论战的形式陈述自己的文学艺术观。根据上级指示，社会各界对胡风的观点展开广泛批评，批判行为越出文学的边界进入政治领域。胡风被宣布为所谓反革命分子。1955年5月他和一些拥护者一起被捕，直到1979年被释放。在他去世半年后，他的遗体被移葬在革命烈士公墓。他的作品再次出版。

**В.Ф.索罗金《胡风：他的观点和命运》，载《远东问题》2000年第4期，第170—178页；В.Ф.索罗金《胡风的美学观和20世纪上半期的欧洲思想》，载《当代中国思想理论倾向：民族传统和现代化道路探索》，信息资料集，1999年第4期，第34—37页；戴光中《胡风传》，银川，1995年；戴知贤《文坛三公案》，郑州，1990年。

（В.Ф. 索罗金撰，侯丹译）

古代民间故事体裁，在宋代（10—13世纪）得到发展。话本源自于口头说唱的故事；从广义上看，话本指的是源自民间文学的文本，即民间故事的脚本。通过对唐代和宋代多样化叙事散文体裁和功能进行研究，可得出这样的结论，即叙事文学产生于"小说"，即"说话"，用叙事故事区别于历史故事和宗教故事。从体裁上看，话本故事仅指从民间叙事发展起来的作品；在那一时期，故事的内容和功能决定了其体裁归属。

说唱和故事在中国文学中属低级体裁，所以并无系统化的专著对这些作品进行书面研究，作品产生和成书的日期出入很大。流传至今的文集《今古奇观》（1646）几乎是流行一时的话本体裁之唯一代表，一般认为，此书编者是冯梦龙和凌蒙初。1915年藏书家缪荃孙公布一个有价值的发现，即推测《京本通俗小说》成书于17世纪初。同样重要的话本文集还有洪楩所编《清平山堂话本》。后在17世纪，冯梦龙对很多话本小说进行加工改写，收入其文集《醒世恒言》（1627）和《警世通言》，但文集保留了宋代话本独特的文学形式。

话本故事的体裁是功能性的，就是对说唱艺人所讲故事的记录，此为这一体裁起初的判断标准。明代（14—17世纪）出现了纯文学小说，称为"拟话本"，但由说唱艺人建立起的故事结构直到后来仍未发生改变。

话本故事描写私人生活，但不怕触及严肃的社会问题，它从个人角度讨论社会问题。话本嘲笑佛门僧侣的荒唐行为和帝王的放荡生活，同情军事统帅，指责不公正的审判，感伤战乱之苦，所有这一切均通过普通人的感受表现出来。话本故事主要描写社会风俗，根据社会习俗对人物行为进行审判（说书人在这里会直接向公众征询意见），叙述方式真诚亲切，像是彼此交谈。甚至在后来作者的作品中也保留这一倾向，即表达公众集体的看法而非个人观点。避免作者的个人性是话本的体裁属性所要求的。

话本故事总是以诗歌开篇（"篇首"），这些诗逐渐脱离曲调而独立存在。篇首诗之后是引子（"入话"），由

话本

乙

串在一起的诗和歌组成；后来出现一般性议论，引子变成纯粹的散文（如关于汉朝将军李广的小说引子讲的是战争的变化无常）。引子（若有引子）之后就是主要故事（"正话"），正话与唐代传奇相比有很多新意。过去的书面文学语言只表达会话的意思，不带任何主观色调，而话本则引入了生动的对话。在宋代故事中，说书人的语言风格和人物的话语风格开始明显分离，这为表现人物的性格特点提供了可能性，人物属不同阶层，其语言也各有特色。民间说书人成功塑造出不同阶层的典型形象，典型形象的产生源于宋代社会结构的复杂性和城市生活的发展。新的体裁将新的人物即城市市民引入文学。宋代首都汴梁和临安是最常见的情节发生地，话本故事的主人公们住在那里，故事的听众们也住在那里。

正话分为若干片段，每个片段均以诗结尾。每首诗过后，说书人都会向听众讨赏。著名诗人的名句仅用于引子，正文中常用意义更像谚语的两行诗，也有小说人物的诗作。话本通常以诗结尾，用诗表达说书人对所讲之事的评判，经常包含作品的中心思想，且说书人的评判应和听众的看法相吻合。

在宋代耐得翁所著的《都城纪胜》和约于1334成书的《书梦录》中均有证据表明，话本故事有多个流派。在日本发现的罗烨的笔记《醉翁谈录》对话本小说进行了主题分类，这也是有关说书人能力的珍贵材料。

话本可分为4个选题倾向：断案故事，描写案件审理过程，猜谜解密；历史英雄故事，作品中有很多魔法迷信内容，体现因果报应思想；爱情故事，继承源自唐代传奇的大量传统情节；神幻故事，其中一些情节与道教思想相关，即描写由道教圣人完成的奇迹，讲述他们长生不老和"得道升天"的故事。民间话本故事的特点在于，它是在书面语文学（文言小说）、朝代编年史、笔记和说书人鲜活语言的共同影响下形成的。

话本体裁的发展史可分为3个阶段：11—13世纪，说书艺术繁荣发展，出现了简略记录；13—14世纪，笔记与主流

文学语言相混合，民间故事获得优势地位；17—18世纪，文学家创作话本故事的繁荣期，各种汇编和文集问世。最后一批话本文集出现在18世纪末。

*《京本通俗小说》，上海，1954年；《清平山堂话本》，北京，1955年；《今古奇观》2卷本，莫斯科，1962年；《今古奇观：17世纪话本故事16篇》，莫斯科，1966年。**А.Н.热洛霍夫采夫《中国中古城市故事"话本"》，莫斯科，1969年；《中国文学大辞典》上册，上海，2000，第701—702页。

（A. H. 热洛霍夫采夫撰，侯丹译）

《淮南子》

又名《淮南鸿烈》。公元前2世纪淮南王刘安主持编撰的重要文献。据史学家考证，该书共分为三部分，即"论道"的《内篇》（21卷）、"杂说"的《外篇》（33卷）和"言神仙黄白之术"的《中篇》（8卷）。《淮南子》生动形象，采用结构精巧的演说体，融合不同的文体风格（从形式化用语到具有高度诗意的语言）。文集中源自儒家思想的世界观倾向已变得完善，即人的维度和人的行为被视为与天和地同等重要的宇宙特性，可以为证的是实践活动在《淮南子》中的崇高地位，将"适""合""度""和"作为美的标准。虽然如此，宇宙仍是真与美的主要衡量标准。在中国思想史上，《淮南子》是继《吕氏春秋》之后进行全面哲学总结的第二次尝试。儒家的唯理主义和依此理论建立的社会制度，以及偏好观察与研究的道家非理性主义，均为《淮南子》编者进行哲学建构的理论工具。为论证将对立思想结合在一起的合理性，《淮南子》编者引入前所未有的广泛材料，包括神话、传说、历史知识、不同实践领域的经验材料，以及对个别理论和整篇哲学经典文本的注解。《淮南子》编者承认儒家理论的正确性，却又偏好道家深入的思辨性，这两者之间的矛盾通过区分人类思维的两种方式而得到解决：一种是科学，另一种是宗教和哲学神秘主义。

*《诸子集成》第7册，北京，1956年；《淮南子》，Л.Е.波梅兰采娃译，莫斯科，2004年；Morgan E. Tao, the Great Luminant. Essays from Huai-nan-tzu. L., 1933; Kraft E. "Zum Huai-nan-tzu. Einfuhrung, Ubersetzung (Kapitel 1. und 2) und Interpretation" // Monumenta Serica. 1957, No. 16; 1958, No. 17; Wallacker B. E. "The Huai-nan-tzu, Book Eleven: Behaviour, Culture and the Cosmos" // JAOS. 1962, No. 48. **Л.Е.波梅兰采娃《晚期道士论自然、社会和艺术（公元前2世纪的〈淮南子〉）》，莫斯科，1979年；Г.А.特卡琴科《中国文化词典》，莫斯科，1999年，第234—235页。

（Л. Е. 波梅兰采娃撰，侯丹译）

黄遵宪

字公度。1848年生于嘉应（今广东梅县），卒于1905年。19世纪最杰出的诗人，传统教育和中国历史发展新时期所产生的变化共同影响了他的精神面貌的形成。1864年，在诗作《感怀》中他谴责当时的儒生："儒生不出门，勿论当世事。"1868年在《杂感》中他反对模仿，反对只用古文作诗，他声言："我手写我口，古岂能拘牵！"他为诗歌反映不断变化的现实而斗争。从青年时代起诗人就对民歌感兴趣，民歌为他的系列作品《山歌》提供了灵感。黄遵宪于1876年考中举人，开始担任重要职务，年末被任命为驻日本使馆参赞。1867—1868年的明治维新取得的成绩令他印象深刻。他集中精力研究日本应用西方思想和技术的经验，用近9年时间写出具有重要价值的专著《日本国志》。对他国的印象和对中国的思考都反映在诗集《日本杂事诗》中的200余首诗里。

黄遵宪于1882年春被任命为驻旧金山总领事。他在美国任职时期的诗歌表现出新的特点，如主题具有时事性、政论性，描写中国诗歌传统不熟悉的外面的世界。1885年回国之后，在诗体信函中他希望朋友们成为挽救时代危机之人。19世纪90年代初他赴伦敦担任使馆参赞，诗歌中反映许多见闻，英国的国家体制、技术成果、居民的公民权利更坚定了作者希望中国效仿西方的信念。1891—1894年他担任驻新加坡总领事。清军在中日战争中战败的消息连续不断地反映在他的诗歌中，如《悲平壤》《东沟行》《哀旅顺》《哭威海》。《马关纪事》的悲痛诗行是他对1895年签订的不平等的《马关条约》的回应。《台湾行》表达因台湾落入日本之手而生的悲伤之情。写景诗和叙事诗运用了来自散文的词汇、句法结构和短语，以及一些民间表达形式。1896年，他将自己的创作确定为"新派诗"。他与维新运动的代表人物相接近，是"强学会"上海分会的积极成员。1897年，黄遵宪在湖南政府担任高官，维新运动在这里发展到了顶峰。在维新运动失败后他身患重病，再加上外国友人的说情，使他免于惩处。他被准许退职，回到故乡生活。组诗《感事》即是对维新运动灰飞烟灭的感慨。晚年他与旅居日本的维新人士梁启超（1873—1923）时常通信，讨论中国国家体制问题、教育特点、儒教思想的作用、东西方相互联系的意义。他的诗作《初闻京师义和团事感赋》等描写历史事件的作品都写于1900年以前。令黄遵宪感到自豪的是，他的诗继杜甫之后再次被称为"诗史"。黄遵宪对新时期诗歌的形成发挥了重要作用，新诗歌的出现是为了在思想和艺术上满足不断变化的中国提出的诸多新要求。

*黄遵宪诗作，A.奇维里辛、Г.雅罗斯拉夫采夫译，载《中国20世纪诗歌小说集》，莫斯科，2002年，第15—19页。**Н.А.彼得罗夫《中国19世纪末的爱国诗人黄遵宪》，学位论文，列宁格勒，1955年；В.И.司马文《黄遵宪诗歌中的反帝主题》，载《东西方文学关系》，莫斯科，1961年，第81—118页。

（E. A. 谢列布里亚科夫撰，侯丹译）

嵇康

字叔夜，生于223年，谯郡（今安徽宿州）人，卒于262年。哲学家，政治家，音乐家，文学家。魏晋风流名士和正始体诗风的主要代表人物之一，"竹林七贤"的组织者和精神领袖。

据官修史书《晋书·嵇康传》（卷49），嵇康出身贵族高官之家，父亲死后，其由兄长抚养成人，其兄是三国时期（220—280）魏国大官（官至刺史）。娶曹魏宗室公主为妻，任中散大夫。嵇康虽身居官位，但主张"越名教而任自然"的生活方式（崇尚风流），推崇"名士"的思想典范和行为准则。他在当时的文人中享有很高威望。司马家族（后建立晋朝，266—420）逐渐崛起，企图篡权和发动政变，嵇康明确拥护曹魏政权利益，坚决拒绝为司马氏做官。司马氏看到嵇康是能够团结和领导异己的政治代言人，因而决定将其除去。嵇康被人告密，言其背叛，被判死刑。据说行刑当日，几百名嵇康的追随者齐聚刑场为其请愿，请求赦免嵇康。司马氏害怕群情激愤，便宣布赦免嵇康并令其秘密离京。据另一传说，嵇康站在断头台上，仍在弹奏自己爱弹的琴。后来嵇康被当作"名士"形象的化身，成为刘义庆（403—444）所编名士趣闻轶事故事集《世说新语》中的著名人物。

嵇康著有一系列关于道家哲学、宗教的论著，包括《释私论》《养生论》，以及音乐美学论著《声无哀乐论》。《圣贤高士传赞》是一部关于道家历史的论著，记录古代道家圣贤，其中包括老子（传说是道教的创始人）、庄子（著有古代道家名篇《庄子》），还记有传说中《道德经》注疏第一人河上公以及一些著名隐士和文学家，特别是古代辞赋诗人司马相如。

现存嵇康诗歌作品包括一部《琴赋》和53首乐府（文人乐府）和诗。其作品集《嵇中散集》被收入两部文集，分别为张溥（1602—1641）辑本和丁福保（1874—1952）辑本（1916），同时还有几部现代注疏版本。另外，嵇康的诗歌作品收入丁福保辑本（1964）和逯钦立（1910—1973）辑本。《琴赋》和散文作品收入严可均（1762—1843）辑本。

嵇康诗歌的形式特点如下：（1）多长篇组诗，如《秋胡行》（又名《代秋胡诗》7首）、《酒会诗》（7首）、《六言诗》（10首）、《四言赠兄秀才入军诗》（18首）；（2）多为中等篇幅（8—12行）；（3）广泛应用当时已较少使用的四言诗形式。作品内容丰富，情感多样，包括社会政治主题诗歌（《六言诗》）、赠答诗、道家哲学（《酒会诗》）和道家宗教（《游仙诗》）主题诗歌。

嵇康通过在《六言诗》中叙述古代传说和刻画英明帝王尧舜的形象，阐述其关于理想社会的思想。同时，作者的理论依据还包括道家社会政治思想，特别是"无为"的思想。《六言诗》最后一首诗歌颂秉承尧舜遗风的历史人物，他们的服务对象不是个别君主和统治制度而是黎民大众。

《酒会诗》歌颂身处自然、天人合一的生活，所表达的观点即为自然能够体现真实美，激发创作灵感："乐哉苑中游，周览无穷已。百卉吐芳华……坐中发美赞，异气同音轨。临川献清酤……素琴挥雅操，清声随风起。"（之七）类似主题是2—3世纪诗人（建安风骨代表诗人）诗歌作品的特点，稍后成为隐逸主题诗歌的精华，为后来的山水诗奠定了思想艺术基础。

赠答诗《与阮德如诗》和《答二郭诗三首》表现了嵇康对友谊之情的理解。在他看来，友谊是精神默契的人之间的情感，双方志向和世界观（包括审美观）一致，这种结交是一个人存在必不可少的前提。这些诗歌是竹林七贤的特殊宣言。

与此同时，嵇康的诗歌与建安风骨诗人（包括曹植）的创作相比，具有更明显的概括抽象性。他的诗歌类似逻辑讲述，发端于某种具体现象或事件，以"因事而释"的个体和整体统一为基础。通常认为，最能代表嵇康创作风格的诗歌是《赠兄秀才入军》（四言诗），这是诗人写给兄弟的诗歌。这组短诗借反对兄长从军表达讽喻之意。这些诗歌同样利用了古代作品《诗经》和乐府民歌中的形象和词句。这组诗借用民歌形象和风格，为四言八行："鸳鸯于飞，肃肃其羽。……邕邕和鸣，顾眄俦侣。俯仰慷慨，优游容与。"

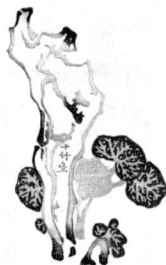

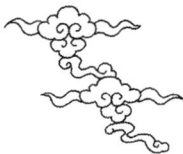

（之一）通过相爱鸳鸯的形象表达亲人分离有悖人之常情的思想，这也从一个侧面说明诗人反对兄长离去："所亲安在，舍我远迈。……虽曰幽深，岂无颠沛。言念君子，不遐有害。"（之六）随着主要情节的发展，诗歌具有普遍意义的主题，即探寻人与人之间的关系和生存的真正意义，并不断深化。接下来很自然地阐发出无论如何都不应以牺牲友谊为代价来获取尘世的荣耀、长生不老和精神完善："人生寿促，天地长久。……思欲登仙，以济不朽。缆辔踟蹰，仰顾我友。"（之七）接下来诗曰："我友焉之，隔兹山梁。……徒恨永离，逝彼路长。瞻仰弗及，徙倚彷徨。"（之八）

嵇康最为独特、情感最为丰富的作品是其临终的诗歌《幽愤诗》。诗中讲述诗人与社会的悲剧冲突以及其种种遭遇：幼年丧父、朋友背叛致其被害，以及生活的缺憾，不能像自由的飞鸟那样只需遵循自然规律："嗷嗷鸣雁，奋翼北游。顺时而动，得意忘忧。"

最早对嵇康诗歌进行评价的是5—6世纪的文学评论家，他们指出其诗歌多论述而少抒情。刘勰认为："嵇志清峻"（《文心雕龙》第2卷，第6章）。钟嵘《诗品》把嵇康划为"中品"。《文选》共收入嵇康诗歌8首，远少于其志同道合的好友阮籍的诗歌被收入的数量。后来嵇康也首先被看作"名士"的代表人物和对抗政权（司马家族）的社会政治人物。

20世纪20年代起，嵇康的生平和理论创作成为中国人文科学领域长期以来的研究对象。第一部嵇康生平和创作注释本《嵇康集》为最伟大的文学家和文化活动家之一鲁迅而作。当时已有不同的嵇康研究学派，可分作哲学思想派、历史传记派和文学研究派。世界汉学界的研究情况亦基本如此。

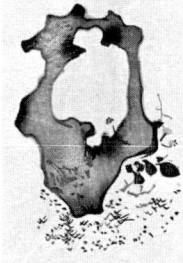

*《晋书》第49卷，第5册，第1369—1373页；《文选》第1卷；《嵇康集译注》；《嵇康集校注》；《嵇康诗文选

译》；《嵇中散集》；嵇康抒情作品见参考文献Ⅱ：丁福保辑本（1964）第1卷，第203—211页，逯钦立辑本第1卷，第479—492页；《琴赋》和散文作品见严可均辑本第2卷，第1319—1349页，第210页；《文心雕龙》，第110—114页；《中国文学作品选》，第166—167页；嵇康《赠兄秀才入军》（片段），B.罗果夫译，载《印度、中国、越南、朝鲜、日本古典诗歌》；An Anthology of Chinese Verse, p. 68‑71; Die Chinesische Anthologie..., Vol. 1. **B.B.扎伊采夫《嵇康的朋友和敌人》；B.B.扎伊采夫《嵇康与中国的宗教限制》；И.И.谢缅年科《嵇康诗歌中的自然》；И.И.谢缅年科《公元3世纪的中国伟大作家嵇康》；И.И.谢缅年科《嵇康与3纪中叶的若干思想斗争节点》；王钟陵《中国中古诗歌史》，第299—313页；《魏晋南北朝文学研究》，第229—259页；《魏晋文学史》，第198—218页；任继愈《中国文学史》第2册，第182—186页；刘大杰《中国文学发展史》上卷，第262—263页；《刘勰文心雕龙注》上册，第2卷，第6章，第67页；《嵇康评传》；《中国文学史》第1卷，第225—226页；《钟嵘诗品译注》，第94页；Henricks R. G. Philosophy and Argumentations in the Third Century China: The Essays of Hsi Kang; Holzman D. La vie et la pense´e de Hsi K'ang…

（M. E. 克拉夫佐娃撰，孟宏宏译）

纪君祥

生卒年份不详，元代（1271—1368）剧作家，可能是悲剧《赵氏孤儿》的作者，这是第一部闻名欧洲的中国剧作，其中的故事发生在中国古代春秋时期的晋国，武将屠岸贾觊觎王位[①]，与忠臣赵盾不和，欲除其全族，然而赵盾好友以牺牲自己及至亲为代价，成功保住赵氏婴儿。屠氏不知情将其收为义子，赵氏孤儿长大成人后被告知家世实情，终报前仇。18世纪传教士马约瑟删减之后将其译成法文，伏尔泰据此译本改编创作的新剧本《中国孤儿》大获盛名。

（B. Ф. 索罗金撰，孟宏宏译）

---

① 屠岸贾并非觊觎王位。——译者注

纪昀

字晓岚，谥号文达，生于1724年，献县（今属河北）人，卒于1805年。出身官宦世家，其父曾任云南姚安知府。纪昀1747年得中举人，1754年中进士，入选翰林院庶吉士。1762年任提督学政，视学福建。1768年因泄漏国家机密（私自向身为学者和藏书家的好友卢见曾通风报信，让后者逃避可能的追捕）被判刑，发配至乌鲁木齐。1771年释还京师。纪昀主持编订《四库全书总目》，任总纂官，奉命收集整理图书目录，辑修《四库全书总目提要》。纪昀历任礼部各类官职，先后5次担当乡试和会试主考官，曾任左都御史、兵部尚书和太子少保，1805年3月任协办大学士，几天后病卒。为纪昀带来文学声誉的《阅微草堂笔记》主要包括五种各类志怪故事，写成后立即刊刻，具体为：1789年刻《滦阳消夏录》，1791年刻《如是我闻》，1792年刻《槐西杂志》，1793年刻《姑妄听之》，1798年刻《滦阳续录》。

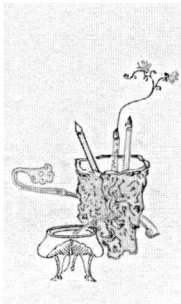

*《阅微草堂笔记》，O.费什曼译，莫斯科，1974年；圣彼得堡，2003年。**O.费什曼《17—18世纪三位中国小说家：蒲松龄、纪昀、袁枚》，莫斯科，1980年，第160—211页；周积明《纪昀评传》，南京，1994年。

（K. И. 郭黎贞撰，孟宏宏译）

甲骨文

又称甲文，是"龟甲兽骨文字"的简称。这一学术概念指在占卜过程中创造的文本，即文字符号（象形文字）被刻在家畜（牛、猪）、野兽（鹿）或者人（极为少见）的骨头（通常是肩胛骨）上以及乌龟的甲壳上。

根据最新考古资料，兆纹（火灼龟甲出现的裂缝）占卜出现于中国新石器文化时期。两种占卜方法，包括龟甲灼卜（甲卜，起源于前7000年）和骨卜（起源于前5000年），存在于殷商王朝建立之前的各个部落（龙山，前3000年；二里头，前20—前17世纪）以及殷商王朝的前半阶段（前

1600—前1300）。公元前13世纪中期殷商王朝第21位商王武丁（前1250—前1192）在位时，占卜成为最重要的国家仪式活动，同时形成卜辞。这种占卜形式使用至周朝初期（前11世纪）。

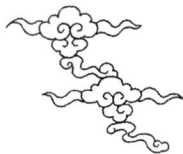

甲骨文是最早发现的殷商时期的人工制品。众所周知，甲骨文是在最近几百年期间在殷商王朝都城遗址（今河南北部安阳地区）陆续发现的。当地居民以为是"龙骨"，可以治病，医药人士买来用于药剂配方。首先发现"龙骨"上刻有文字的是著名语文学家和古文物收藏家王懿荣（1845—1900），1899年他偶然发现一些此类龙骨。王懿荣殉节之后，刘鹗开始研究甲骨卜辞，石印出版第一部甲骨文著作（1903）。其后，以罗振玉（1866—1940）、王国维（1877—1927）和郭沫若为首的一批学者继续对甲骨文进行研究。

现存甲骨约155000片，大部分是刻有些许字符的骨片。完整甲骨片上的字符达200个之多。约有10万片甲骨藏于中国大陆的博物馆和科学院研究所，30204片在台湾，89片在香港，还有26700片散落于12个国家，其中日本藏有12443片，加拿大、英国和美国分别有7862片、3355片和1882片。大约96%的甲骨都是在1928—1937年的考古工作中被发现的，其中包括一次重要的发现，即王室甲骨文档案库。另外还有两个档案库分别于1976—1977、1977—1979年间被发现（分别发现5335片甲骨和296片周朝初期的刻字甲骨）。

甲骨文研究是世界汉学研究的一个分支，到20世纪末约有300多位研究专家：中国约有150位，日本50位，韩国20位，其他为美国和西欧各国的研究者。除远东国家外，最有影响力的是吉德炜（David Keightly）创立的美国学派。甲骨文的一些最重要特征得到揭示，包括占卜的程序。研究者发现甲骨的表面经过仔细清理，甚至有可能进行过人工软化，其背面被钻上小孔，他们认为这些小孔便于祭祀者插入燃烧的小棍或注入熔化的青铜，然后根据裂缝的形状占卜解读上天对卜问之事给出的答案。占卜由专门的觋主持进行，王朝统治者和宫廷高官在旁观察。占卜完成后，整个过程都

用文字记录下来。首先记录占卜时间、占卜人员及参与者的准确信息（叙辞），接着是卜问之事（命辞），即记录对上天提出的问题，可以是关乎国计民生的重要事情和问题，例如，新的一年是否有好收成？是否能够进行征伐？狩猎能否顺利？是否可以开始进行相应的农事活动？祭品是否充足？这些问题后面记录所得答案（占辞），再过一段时间（并非每次如此）则会记录占卜之后发生的事情（验辞）。

因此，甲骨文是真实的历史文献，为中国的编年传统奠定了基础。甲骨文是中国所有文字传统和书法艺术的源头。这些字符被用毛笔和墨汁描摹，后来又被用青铜雕刻。殷商末期还可能存在世俗文本（写在竹板或模板上）。甲骨文体现了具有一定的语法标准和修辞规则的发达的文字系统，其词汇总量达4000个字符（中国古代1世纪的词典《说文解字》中记录了10000个汉字），其中的1200—1500个字符已得到完全识别（意义和发音标准），还有两千多个字符的含义尚有争论。

甲骨文说明了中国象形文字本身和艺术创作的许多特征。汉字形成于实物绘画形状（图画文字），尽管后来出现诸多形式和内容上的变化，但仍保留了其本身的线条结构和图形本质。象形文字的发展经历了由最初的图形系统到表意文字系统的变化，此后象形文字开始与概念建立起联系。虽然文字已经与所指实物看起来并不相似，且这些文字各不重复，但人们仍然能够看到、理解并识别其图形特征。如果象形文字的意义没有因此发生丝毫变化，那么就会彻底改变人们对所指对象的理解，从而产生抽象理解。其结果为，中国人需要阅读和运用的就并非是逼真的图画，而是约定的符号。这就涉及汉字的象征意义和多义性。汉字艺术形式的原始特性使其获得了自身的美学潜质（书法艺术），并对中国其他创作形式，首先是绘画，产生了形态方面的影响。

占卜过程中文字的使用意味着赋予了文字以特殊的神圣意义，使其成为人与上天之间的媒介。在中国的整个历史进程中，人们一直相信汉字的魔力，因此形成各种图形符咒、诅咒符、护身符。有些汉字成为独立的祝愿符，至今仍广泛用于各类制品的装饰图案，其中包括具有护符功能的日用物件。

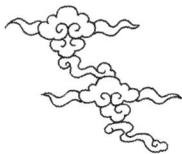

**Ю.В.布纳科夫《河南甲骨》，列宁格勒－莫斯科，1935年；Ю.В.布纳科夫《中国文字》，第351—384页；M.E.克拉夫佐夫《中国艺术史》，第111—114页；В.М.克留科夫《文本和仪式》；A.A.谢尔金娜《中国远古文字判读》；谭丕模《中国文学史纲》第1卷，第21—23页；《先秦文学史》，第163—166页；Keightly D. N. Sources of Shang History...; Wilkinson E. Chinese History..., pp. 377‑406.

（M. E. 克拉夫佐娃撰，孟宏宏译）

乙

贾平凹

作家。1953年生于陕西丹凤。童年在农村度过。1972年进入西北大学中文系学习，毕业后从事编辑工作。其处女作写于1973年，并在西安发表。1980年加入中国作家协会，自1983年起成为专职作家。1978年《满月儿》获全国优秀短篇小说奖。贾平凹创作成果颇丰，创作多部短篇、中篇及长篇小说。他善用西北方言土语，作品富含地域特色，反映了改革对农民观念的影响，因此常成为评论界关注的焦点。贾平凹开始创作时是一位富有地域特色的作家，属于寻根文学流派（"寻根文学"）。作家从民间文化中汲取养料，崇尚佛教。长篇小说《浮躁》（1987）获美国美孚飞马文学奖。长篇小说《废都》（1993）引发争议，却深受广大读者喜爱，这在当代中国文学界是前所未有的。这是一部仿古典作品的玄幻小说，作家在作品中讲述了社会生活问题。作者并没有回避自然主义的细节描述，同时描述了迷信谶纬等现象。

*贾平凹《商州》《美穴地》，П.博加奇科译，载《中国20世纪诗歌小说集》；贾平凹《小白菜》，P.沙皮罗译，载《中国之变：中国当代小说和随笔》，莫斯科，2007年；贾平凹《祭父》《树佛》，Д.华克生译，同上。**П.В.博加奇科《中

国作家贾平凹作品中的"幻境"》，载《东方：历史、语文学和经济》，莫斯科，2004年，第3辑，第1卷，第159—172页；A.H.热洛霍夫采夫《贾平凹长篇小说〈废都〉中的佛教思想》，载《俄国科学院远东所情报资料》，1996年，第1辑，第129—134页。

（A. H. 热洛霍夫采夫撰，孟宏宏译）

贾谊

世称贾长沙、贾太傅，洛阳（今河南洛阳）人，生于公元前200年，卒于公元前168年。政治家，文学家，哲学家，诗人，西汉时期（前3—前1世纪）赋体诗歌主要大师之一。

贾谊生平（与屈原合传）在司马迁（前2—前1世纪）的《史记》（卷84）和班固的《汉书》（卷48）中都有记载。贾谊出身诗书世家，18岁即有文学和古书行家之名，20岁被文帝（前180—前157在位）召入宫中封为博士，参与制定汉朝的礼仪法典、革新法令和改革管理机构。大臣们害怕贾谊的政治声望日益增长，向皇帝进谗言，言其假仁假义，专欲擅权，因此贾谊被发配南方地区（中国古代楚国的主要政治文化流放地，前11—前3世纪），任长沙（今属湖南）王太傅。个人抱负无法实现，再加上他来自中原，难以适应南方气候，这一切使其身体受损，返京一年后便去世，年仅33岁。

贾谊的创作颇丰且类型多样，据《汉书·艺文志》称，贾谊有文58篇，其中主要是政论哲学和史料作品以及奏疏，其《秦本纪》是关于秦朝的论述，被编入《史记》独立成章。

贾谊的诗歌遗产不算丰富，据称，他写有作品5部，保留下来3部，即收入《楚辞》的长诗《惜誓》、以吊文体裁写成的《吊屈原赋》，以及《鵩鸟赋》。后两部作品收入贾谊传记和《文选》（卷13，卷61）。流传至今的《贾长沙集》为明朝（1368—1644）时期所辑，收入张溥（1602—1641）辑本和丁福保（1874—1952）辑本（1916）。同时存

有今人所辑《贾谊集》（1976）。另外，其赋作和散文作品被收入严可均（1762—1843）所辑《全上古三代秦汉三国六朝文》。

传统认为，贾谊是西汉时期中国南部（楚国）诗歌传统的主要继承人，继承了伟大的楚国诗人屈原的精神衣钵。《吊屈原赋》中言："谊为长沙王太傅，既以谪去，意不自得，及度湘水，为赋以吊屈原。……造托湘流兮，敬吊先生。遭世罔极兮，乃殒厥身。呜呼哀哉兮，逢时不祥。"《惜誓》（《楚辞》编者王逸怀疑此作作者为贾谊）是一部以道教为主题的作品，是道教徒游仙题材的变体（如同《楚辞》中的《远游》）："惜余年老而日衰兮，岁忽忽而不反。登苍天而高举兮，历众山而日远。……飞朱鸟使先驱兮，驾太一之象舆。苍龙蚴虬于左骖兮，白虎骋而为右騑。"

目前认为贾谊最重要的作品是《鵩鸟赋》。这部辞赋的写作源于诗人谪居长沙时的一件生活小事：有一只鵩鸟（楚地象征凶恶）突然飞入其舍，此为不祥预兆。该赋是第一部具有道教哲学思想的作品，发掘并发展了古代道学著作《道德经》和《庄子》的主题，即现世统一，万物千变万化，生死具有相对性："万物变化兮，固无休息。斡流而迁兮，或推而还。形气转续兮，变化而蟺。"

*司马迁《史记》第84卷，第1册，第281页；《汉书》第48卷，第574—577页；《贾谊评传》；司马迁《屈原贾生列传》，载《司马迁文选》，第181—188页；《文选》第13、61等卷，第1册，第279—282页；第2册，第1302—1304页；《贾谊集》；《贾长沙集》；贾谊《治安策》，载《中国古典散文杰作》第1卷，第71—78页；贾谊《鵩鸟赋》，载《中国诗选》第1卷，第201—205页；贾谊《鵩鸟赋》，M.克拉夫佐娃译，载《中国文学作品选》，第101—104页；贾谊《吊屈原赋》，B.M.阿理克译，载《古代东方诗歌和散文》，第295页；另载《中国古典散文杰作》第1卷，第78—80页；贾谊《吊屈原赋》，A.阿赫玛托娃译，载《中国诗选》第1卷，第199—201页；贾谊《吊屈原赋》，E.托普奇诺夫、Я.博耶

娃译，载《彼得堡东方学》第1辑，圣彼得堡，1992年，第225—227页；贾谊《吊屈原赋》，M.克拉夫佐娃译，载《中国文学作品选》，第99—101页；The Owl // Watson B. Chinese Rhymeprose..., pp. 21 - 24; Rhapsody on the Houlet // Wen xuan… Vol. 3, pp. 41 - 48 Sorrow for Troth Betrayed // Hawks, 1959, pp. 115 - 118; Xishi. Regrets d'une confance trahie // E´le´gies de Chu..., pp. 195 - 200. **Н. И. 康拉德《文选》，第491—508页；Л.Д.波兹德涅耶娃《贾谊》，第396 - 399页；曹道衡《汉魏六朝辞赋》，第33—38页；《中国文学史》第1卷，第115—118页；《中国古代文学辞典》第2卷，第590—591页；Knechtges D. R. Two Han Dynasty Fu on Ch'u Yuan...; Schindler B. Some Notes on Chia I and His «Owl Song».

（M. E. 克拉夫佐娃撰，孟宏宏译）

建安风骨

2—3世纪之交中国文学中的诗歌流派，在5—6世纪的文学理论著作中被首次论及。其名称由两个术语组合而成。"建安"（皇帝登基时昭告天下的年号多用两字词组）是汉朝（前3—3世纪）最后一任皇帝汉献帝统治期间（190—220）的年号。虽然建安风骨形式上还是汉朝时期的文学流派，但所有文学理论家和研究者无一例外地将其看作新文化思想进程的产物，这一进程源于汉朝末年，并确定了六朝时期（3—6世纪）中国社会精神生活的本质。值得注意的是，这一术语又称"汉魏风骨"，在这一说法中，这个流派只与三国时期（220—280）的魏（220—265）相关。

"风"和"骨"是范畴术语，其详细解释（作为"建安风骨"这一词组的一部分）见于刘勰的著名论著《文心雕龙》第28章。从刘勰本人的理论体系及后人的注释（中国传统语语文学和现代学术文献）中可以看出，"骨"表示的概念接近于西方的"构造"，即根据文学作品所有结构要素的有机统一性来确定其建构原则。在儒家诗学观念中，"风"是对一个国家民风的形象表述（如《诗经》中的"国风"），与之不同的是，这里的"风"具有自然哲

学意味，通过这一术语表达天地之气变化而引起的一种"宇宙之风"。对于人而言（异质同形转移），由此形成其内心活动，即"意"和"情"的总和。因此便提出一个论题，即诗歌是人的心理情感状态及其个人感性认知的产物和表达。沈约的《史论》也对建安风骨的本质特点进行了简短论述："甫乃以情纬文，以文被质。"六朝时期文学理论家对建安风骨的评价在传统语文学和现代研究中得到一致认同。这一流派与古代诗歌创作相比具有根本性创新，个人抒情诗成为中国文学的主要形式，文学创作出现情感审美倾向，这些都得到广泛认可。建安风骨的基本特征还包括爱情诗的兴盛和诗歌创作中五言诗主导地位的确立。

建安风骨的主要代表人物通常认为包括10位文学家，分别是"三曹"和"建安七子"。"三曹"指的是曹氏家族的曹操及其子曹丕和曹植，曹氏家族是汉朝末年最强大的军事政治派系，建立了魏朝。"三曹"用于这一意义始于胡应麟（1551—1602）所著《诗薮》，而在此前（包括沈约的《史论》）"三曹"指的是曹操、曹丕和曹叡（曹操之孙，即魏明帝，226—239年在位），其中并无曹植。

"建安七子"之称始于曹丕本人所著《典论·论文》，其中列举了"七子"之名，分别是孔融、陈琳、王粲、徐幹、阮瑀、应场和刘桢，这七人都是曹氏近臣。曹丕对其一一进行简评并对其进行了整体评述："斯七子者，于学无所遗，于辞无所假，咸以自骋骥騄于千里，仰齐足而并驰。"

"建安七子"又称"邺中七子"（因魏都邺而得名），这两个名称经常出现于稍晚的文学理论著作中，但"建安七子"成员多次发生变化。例如在刘勰的《文心雕龙》（第9、10章）中论及曹氏父子时，提及的"七子"人数便时多时少。最早的建安七子合集是杨德周（16世纪下半叶—17世纪上半叶）编辑的《汇刻建安七子集》（1638年木版印刷），其中有曹植而没有孔融。清朝时期（1644—1911）的中国语文学中最终确立曹丕提出的"七子"说法。杨逢辰（19世纪）在新辑建安七子合集《建安七子集》中使用了这

一说法，这部合集也成为最具权威的版本。

另外，据说还有一个与曹氏家族有关的诗人团体"邺城团员"，但其构成、准确纪年及其在建安风骨中的角色均不详。钟嵘《诗品》序言中称："曹公父子笃好斯文，平原兄弟郁为文栋，刘桢、王粲为其羽翼……自致于属车者，盖将百计。"这一团体的历史真实性在其他文献中也得到确认，如相关传记对其进行的简短评述。当代研究认为，邺城团员可能存在于212—217年间，当时正值曹丕[①]在位，开创了举办赛事会的传统。邺城团员当然包括曹氏父子、某些"七子"成员、杨修（175—219）以及曹植的好友丁氏兄弟。但其创作仅保留下一些片段，所以研究建安风骨时邺城团员往往忽略不提。在最新的（从20世纪最后三分之一时期开始）中国文学研究论著中出现了对建安风骨进行扩展性研究的倾向。日常科研中引入了"建安文学"这个新概念。目前这一流派的文学家队伍更加庞大，有些人与曹氏家族无直接关系，其中包括繁钦（卒于218年）和女诗人蔡琰。

建安风骨传统代表诗人的创作无论题材、诗风还是艺术价值都丰富多彩。尽管有曹丕对"七子"的评述以及对这一流派热情洋溢的评价，但后世却对他们总是评价不一：有些历来被认为是优秀诗人，而有些却被5—6世纪的文学理论家们归入"中品"，甚至"下品"（见《诗品》分类）。这种创作上的纷争也构成了建安风骨一个重要的类型特征。题材的多样性表明，在建安诗歌形成时期个人创作的抒情诗与后来相比个性更强，创作更自由。

*《文心雕龙注》，第9、10、28章；《钟嵘诗品译注》，第5页；沈约《史论》，第1099页；B. M. 阿理克《中国文学论集》第1卷，第381—382页。**И. С. 李谢维奇《上古和中古之交的中国文学思想》第3章；Л. Е. 车连义《建安文学》；王钟陵《中国中古诗歌史》第3卷；王运熙《从〈文心雕龙·风骨〉谈到建安风骨》；《魏晋文学史》，第13—18页；《魏晋南北朝文学研究》，第35—62、143—168页；刘大杰《中

---

① 应为曹操。——译者注

国文学发展史》上卷，第249—250页；刘知渐《建安文学编年史》；徐公持《建安七子论》；《建安文学研究文集》；张可礼《建安文学论稿》；Liu J. J. G. Chinese Theories of Literature, ch. 3.

（M. E. 克拉夫佐娃撰，孟宏宏译）

江淹

字文通，生于444年，济阳考城（今河南兰考）人，卒于505年。政治家，南朝时期著名诗人。

江淹传记的两个版本见于姚思廉（卒于637年）所编官修史书《梁书》和李延寿（约618—约678）所编官修正史《南史》。江淹出身显赫官宦家族，虽少时孤贫，但受到良好教育。青年时代受到南朝宋（420—479）王子庇护。5世纪70年代末江淹在萧将军幕下任职，很快萧氏发动政变，建立南齐（479—502）。这一时期江淹身居高位（包括中书侍郎、尚书左丞等），483年升任骁骑将军。5—6世纪之交正值政权之争激烈之时，江淹递交辞呈，但后来又重回政坛，在萧衍建立的新政权南朝梁（502—557）任职。很快（502）便任相国右长史一职，之后任左卫将军，封醴陵侯。62岁因病去世。江淹在南朝梁时期的社会地位有下列史实为证：梁武帝为其素服举哀，赠钱三万、布五十匹，并专门下令宣告江淹为梁朝最伟大的文学家。

江淹作品现存诗100多首（其中2首为乐府诗）和赋13篇。江淹第一部作品集《江淹集》（12卷本）辑于梁朝时期，据说6—7世纪曾辑有《江淹集》（9卷本）和《江淹后集》（10卷本），但这三部作品集均已佚失。15—18世纪还辑有几部江淹作品集，其中最权威的是收入张溥（1602—1641）辑本的《江醴陵集》和胡之骥（16世纪）点校的《江文通集汇注》。另外，江淹的诗歌作品收入丁福保（1874—1952）辑本（1964）和逯钦立（1910—1973）辑本，赋作收入严可均（1762—1843）辑本。

江淹极擅写拟古诗，这一点充分体现在其著名组诗《杂

体诗》中。《杂体诗》共有30首诗，均模拟3—5世纪文学家作品而作，其中包括曹丕、曹植和陆机等人的作品。有些情况下，江淹的模拟是被模拟对象作品存世的重要，甚至唯一的证明（如对于许询、殷仲文而言）。《杂体诗》的独特性和艺术价值历来受到中国文学批评界认同，全部被收入《文选》（第31卷）。

然而，江淹最为著名的作品被认为是《别赋》和《恨赋》，这两篇赋作也被收入《文选》（第16卷）。《别赋》最能完整体现江淹的思想和艺术观点，其中也表现出其模拟才能。该赋由11个片段组成，每个片段都再现了此前爱情诗特有的主题，即离别主题。赋中保留相应的抒情主人公类型、情绪特征、诗歌情境和所用意象："是以行子肠断，百感凄恻。风萧萧而异响，云漫漫而奇色。……居人愁卧，恍若有亡。"

《别赋》如同囊括中国爱情诗歌的一篇小型文赋。更重要的是，其中表现了离别本身的反常，宣称两情相悦和家庭幸福是人生的最高价值，无论为了任何理想和目的都不能牺牲之。该作品以中国古代备受推崇的"侠士"形象，即为了君主和国家甘愿受到政治迫害和牺牲生命的人为例，驳斥占主导地位的儒家伦理道德原则："乃有剑客惭恩，少年报士……割慈忍爱，离邦去里，沥泣共诀。"同样基于这一立场，赋中也反对道家避世追求长生不老的思想，因为长生不老同样会使人遭遇别离，夫妻一方忍受孤寂痛苦："傥有华阴上士，服食还仙……暂游万里，少别千年。惟世间兮重别，谢主人兮依然。"

《别赋》这种对待爱情和家庭幸福的观点使其成为中国诗歌这一流派的纲领性作品，该流派代表诗人不仅把人的感受作为最高价值，而且把爱情诗提高到文学领域中的优先地位。

《恨赋》的主题同样也是别离和孤寂，但其描述角度更为广阔，突破了为情所苦的主题。诗人选取一些历史片段和个别人物，有男有女，他们经历各种磨难，或远离故里，或遭友人背叛，或被爱人（通常是夫君）抛弃（如班婕好）。

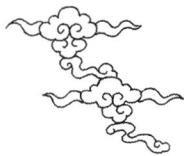

虽然皇室对江淹评价甚高，但当时的文学理论家仍有微词。在钟嵘的《诗品》中江淹被归入"中品"，钟嵘特别指出其具有模拟才能："文通诗体总杂，善于摹拟。"但钟嵘认为，正因为如此，"尔后为诗，不复成语，故世传江淹才尽"。大约至8世纪之前，江淹一直被视为南朝齐梁年间最伟大的文学家之一，后来则因擅写拟古诗而闻名。

20世纪对江淹诗作的学术研究一直持续不断，但与对六朝时期（3—6世纪）其他一些诗人（曹植、陶渊明、鲍照、庾信）的研究相比，数量和深度都相差很多。目前，江淹被视为5世纪末至6世纪上半叶最重要的文学家之一，也是这一时期独具一格的大诗人。

*《梁书》第14卷，第1册，第247—251页；《南史》第59卷，第5册，第1447—1452页；《文选》第16、31卷，第1册，第341—347页，第2册，第691—709页；《江文通集汇注》；《江醴陵集》；江淹抒情作品见参考文献II：丁福保辑本（1964）第2卷，第1032—1054页；逯钦立辑本第2卷，第1555—1587页；其赋作见严可均辑本第3卷，第3140—3145页；《文心雕龙》，第302—305页；江淹《别赋》，M.E.克拉夫佐娃译，载M.E.克拉夫佐娃《中国古代诗歌》，第400—405页；An Anthology of Chinese Verse, pp. 174–175; Die Chinesische Anthologie... Vol. 1, pp. 582–605; Wen xuan... Vol. 3, pp. 193–210; Partings //Watson B. Chinese Rhyme-prose..., pp. 96–101. **《魏晋南北朝文学研究》，第423—426页；曹道衡《汉魏六朝辞赋》，第167—172页；曹道衡、沈玉成《南北朝文学史》，第106—125页；《中国历代诗歌鉴赏辞典》，第257—258页；《钟嵘诗品译注》，第155页；Frankel H. H. The Flowering Plum and the Palace Lady..., pp. 74–79; Frodsham J. D. Origins of the Chinese Nature Poetry, pp. 104–110; Marney J. Chiang Yen.

（M. E. 克拉夫佐娃撰，孟宏宏译）

蒋子龙

1941年生于河北。1958年初中毕业考入天津重型机器厂技工学校，1960年参军。1965年回原厂，任车间党总支副书记、车间副主任等职。20世纪60年代中期发表几篇短篇小说和随笔。1975年根据真实事件创作短篇小说《机电局长的一天》，1976年因这部小说遭受批判。1979年发表小说《乔厂长上任记》，开"改革文学"之先河。

20世纪80年代上半期蒋子龙的创作进入活跃期并蜚声文坛（创作《蒋子龙短篇小说集》《蒋子龙中篇小说集》等）。《乔厂长上任记》之后发表《一个工厂秘书的日记》，随后发表中篇小说《赤橙黄绿青蓝紫》，获文学奖。1980—1984年期间完成《开拓者》《乔厂长后传》《弧光》《拜年》《修脚女》《锅碗瓢盆交响曲》《悲剧比没有剧好》等中短篇小说和一部中篇纪实小说《燕赵悲歌》，后一部小说的名称富有寓意，描绘两个农业合作社的对立和矛盾。

蒋子龙是公认的工业题材小说大师，他塑造了一系列深入人心的企业领导、工人、职员形象，他们是"新历史时期的新人"，新时期即改革开放时期。作家描述自己熟悉的工厂环境，最大限度地使虚构接近现实，把文学、政论和报刊社论的风格结合在一起。与中国20世纪50年代的早期工业题材小说不同，蒋子龙作品涉及的问题更广更深，其主人公的性格更矛盾、更真实。正如作家本人所言，他刻画了工业人物，但工厂只是个舞台，他的人物在上面演出，而全景是整个社会生活。蒋子龙对改革的描绘中明显有从表层到深层的变化，如果说作家开始只限于描写工业生产中的冲突（《赤橙黄绿青蓝紫》），那么后来他则上升到改革拥护者和反对者的思想冲突（《燕赵悲歌》），继而又上升到植根于社会心理的社会冲突（《阴错阳差》）。

*蒋子龙《乔厂长上任记》，载《人民文学》1979年第7期；蒋子龙《开拓者》，载《十月》1980年第6期；蒋子龙《燕赵悲歌》，载《人民文学》1984年第7期；蒋子龙《阴错阳差》，载《黄河》1986年第3期；《蒋子龙集》，福州，1986年；蒋子龙《乔厂长上任记》，B.戈兑娜译，载《人到中年》，莫斯科，1985年，第431—476页；蒋子龙《拜年》，E.罗日杰

斯特文斯卡娅译，载《中国当代小说》，莫斯科，1988年，第357—379页。**Б.李福清《论中国当代小说及其作者》，载《人到中年》，莫斯科，1985年，第3—22页；《当代作家论》，北京，1986年；张钟、洪子诚等《当代中国文学概观》，北京，1986年；郑万鹏《中国当代文学史：在世界文学视野中》，北京，1999年。

（Н. Ю. 杰米多撰，孟宏宏译）

《今古奇观》

中国13—17世纪的短篇小说集，刊行于1632—1644年间。编者署名抱瓮老人，真实姓名无考，从17世纪初"三言二拍"中共选40篇小说入编。这些作品是用口语写成的市井小说，源于为市井下层人民表演的民间说书艺术。每部小说正文前有段开场小故事作为引子，其中插入诗句和具有概括意义的格言。作者常参与讲述，直抒胸臆。

《今古奇观》反映中古时期中国社会各阶层生活情况，以当时一个普通人的视角进行讲述。小说作者通过描述皇帝的奢华无度和官员的专横跋扈，展现社会生活的真实画卷。这些小说充满人文情怀，主张人生来自由，歌颂爱情、友谊、真诚和无私。小说中常见神仙鬼怪，他们被赋予现实中人的特征。该小说集被多次译作各种亚欧语言，部分小说的第一个俄译本出版于1909年。

*《今古奇观》上下册，顾学颉注释，北京，1957年；《今古奇观》1—2卷，莫斯科－列宁格勒，1962年；《今古奇观》，В.维尔古斯、Вельгуса и И.奇一得译，莫斯科，1988年。

（А. Н. 热洛霍夫采夫撰，孟宏宏译）

《金瓶梅》

中国中古时期最为独特神秘、最具争议的长篇小说名著，可能是16世纪第一部由文人独立创作的小说，作者署名"兰陵笑笑生"，真实姓名至今不详，因此几百年来一直被称为"第一奇书"。

《金瓶梅》是"四大奇书"，即中国传统文学史最著名的4部长篇小说之一，其他3部为《三国演义》《水浒传》《西游记》，后又列入《红楼梦》。

这部情色生活小说共100回，约100万字，从《水浒传》中的情节入手，描述宋朝时期（10—13世纪）1112—1127年间发生的事件，宋朝是中国传统文化的繁荣时期。本书写于明朝（14—17世纪）末期，当时中国传统文化发展至顶峰，又像12世纪那样临近崩溃边缘，这在整体上为《金瓶梅》中古典主义和颓废主义的有机结合提供了条件。

这一时期有一批怪癖的思想家和作家，如王艮（1483—1541）、何心隐（1517—1579）、李贽（1527—1602）和徐渭，是公认的狂妄好色之徒，同时又存在各种思想争鸣。有些老学究酷爱《金瓶梅》，这些老派博学之士在17世纪初见过小说手稿，他们拒绝公开小说，或藏于密室（沈德符，1578—1642），或提议焚烧（董其昌，1555—1636），认为该书实在有失体统。清朝（1644—1911）统治时期，《金瓶梅》被正式列为禁书，当时曾先后颁布几十条法令（1687年、1701年、1709年、1714年、1724年、1725年、1736年等先后颁布）。1869年，江苏巡抚不仅禁止公开刊印该小说，而且禁止其续书出版。

到目前为止尚未发现《金瓶梅》的手稿，因此难以查明小说的真实版本，一般认为至少存在3个最初版本，3个版本的文本各异，有的有序、注释和插图，有的则无序、注释和插图，同时作者身份、作品名称和回目名称也不尽相同。

小说手稿似未保存下来，但目前专家们掌握了15个不同版本，均在1617年至17世纪末之间问世。中国"情色文学"的头号作品反复刊行，目前其印刷版本之前的古老手稿未知，造成这一情况，既有文化因素的作用，也有经济因素的作用。《金瓶梅》手稿的价值远远超过一座房屋或一个仆人

的价值。这种手稿印刷带来的巨大利润便首先能够证明手稿出现于17世纪初。

　　《金瓶梅》第一个（未保留下来）印刷版本可能问世于1610年（或1611年）的苏州，这是沈德符在《万历野获编》（万历，1573—1619）一书中的看法，他是最早对这部小说进行评论的读者之一。他在书中指出，袁中道抄录的原本中没有第53—57回，然而将这些回目补入至刻本中，带有伪造作者身份和吴方言痕迹。专家们认为，小说的这一部分，特别是第53—54回，流传至今已有很多增补。长泽规矩也（1948）和孙楷第（1957）研究认为，《金瓶梅》的作者是明代官员和文学家李开先（1502—1568）。17世纪保存下来的15个版本，包括一部手抄本在内，通常分为3类，第一类是最早最冗长的版本，第二类和第三类是较晚的精缩本。

　　第一类包括3个词话版本，其中最早的几近足本（10卷20册），作于1617或1618年，1931（1932）年发现于山西省，后藏于北京图书馆。1933年应读者要求出版了100套影印本，补上所缺第52回3页内容，并配上其他版本的200幅插图。1957年在北京重印2000本，第三次（1989年）重印发行量也很小，成为中华人民共和国特别档案馆的珍宝之一。排字印刷版本中删去色情段落，大部分现代版本都以此版本为基础，底本因战乱转移到美国，1975年美国将其交给台湾。

　　这一版本中正文前有三篇序、两组诗词（每组4首）和目录。第一组诗和目录的标题中都把小说的名称注明新刻，从而证明存在更早版本。第一篇序在其他所有版本中都没有出现过，署名为欣欣子，称兰陵笑笑生作《金瓶梅传》。有些专家认为两个化名实为一人。兰陵是现山东兰陵，与小说中广泛使用山东方言相符，鲁迅认为，小说中所有对话均为山东方言。马努辛（1974）则认为这一地名具有象征意义，即"醉醺醺的自由思想，嘻嘻哈哈的酒鬼"，因为兰陵就像勃艮第和香巴尼（香槟）一样代表着当地居民对酒的热情。芮效卫（D.-T. Roy，1981）持有类似观点，在其之后可推断暗指中国最为著名的兰陵人荀子，他曾任兰陵令，死后葬于兰陵，荀子是哲学家，提出人性本恶的观点（《金瓶梅》

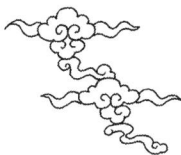

通过艺术手段描绘了各种恶），并在晚年自称疯子。明朝晚期与《金瓶梅》同期的春宫图《花营锦阵》中的第22图"鱼游春水"署名亦为笑笑生，该春宫图由高罗佩出版和翻译（1951）。

第二篇序署名廿公，作者可能是袁宏道（1568—1610），他在《觞政》一文中称《金瓶梅》为"逸典"，在跋中称其作者为嘉靖年间（1522—1566）的"巨公"，与之巧合的是沈德符在《万历野获编》中说《金瓶梅》是"嘉靖间大名士手笔"。

第三篇序署名东吴弄珠客，据推测是冯梦龙，写于"万历丁巳季冬"。

第一类其他版本现存日本，皆以第一本为底本刊刻，且为残本。最接近底本的版本直至300年后的1933年才出版。而在这3个世纪间最为流行的乃是另一个完全不同的版本。这一版本属于第二类，发行量最多，基本出现于明朝末年即崇祯年间（1628—1644）。这类版本为20卷，标题中注有新刻，附绣像和批评，删削诗词韵文和山东方言词汇（郑振铎认为这是为了让中国南方人更加易懂），去其生活细节描写之烦琐、对话内容和说书人叙述，回目名称和情节脉络更加工整清晰，引言完全不同，主要言及爱情、而非女性对公元前3世纪末期古代统帅刘邦和项羽的命运所起的作用，引子不同，不是从《水浒传》全本（120回）第23—27回中人物武松的故事开始，而是开篇讲述主人公西门庆及其相关片段，这些片段在词话版本的第10—11回中才出现。

据推测，编辑这一删减本的是李渔，这是根据其号回道人推断而来，该号署于北京图书馆所藏20卷《新刻绣像批评金瓶梅》第101幅插图（前99回每回一幅，最后一回两幅）后的题词下方，另外第三类版本中还直接指出"李笠翁先生著"，李笠翁即李渔。俄罗斯科学院东方学研究所的中国木刻家基金会所藏7种旧刻版本中有两个版本指明作者为李笠翁（索引目录，1973年，第2098条和2099条）。

第二类版本中最为出名的是马廉收藏的36卷含200幅插图（每回两幅）的版本，现藏于北京大学图书馆。郑振铎

将新发现《词话》的前33回与之进行比较，并于1935—1936年在上海发表对校成果。这些成果被台北出版的《金瓶梅词话》转载（1960）。郑振铎这一研究的后续成果于1937年毁于日军轰炸。北京大学出版社1989年出版马廉版本的影印本，内部销售。但首先，价格极高，约为150美元，这在当时是人们好几个月的工资。其次，只出售给专业研究人员，即文学研究者和语言文字研究者，且职称不低于教授。当年山东的出版社齐鲁书社出版了排版印本。

第三类是第二类印本的删节本，配以大量校记注释和张竹坡（张道深，1670—1698）的12篇序文（共计10万余字），他发现小说中复杂的象征结构反映了幻化世界中佛家苦的观念和与之对立的儒家孝的观念。20世纪最后25年里，张竹坡的评点原稿及其传奇人生成为详细研究的对象，研究者不仅有中国学者（侯忠义、王汝梅，1985；吴敢，1987），也有西方学者（芮效卫，1977，1990；华克生，1994），尤其是1984年其传记的发现更促进研究的发展，该传记为张竹坡之弟张道渊写于1721年（俄译本包括两篇《金瓶梅》序：华克生，1994；部分文章、包括最长的一篇关于小说"读法"的文章之英译，D. -T. Roy，1977，1990）。冠以"第一奇书"之名和不分卷的第一个版本于1695年问世，其中，该名称出自皋鹤堂谢颐所题第一奇书之序，谢颐被认为与张潮（1650—约1703）为同一人。

这些版本称小说作者为著名官吏和文学家王世贞（1526—1590），宋起凤撰于17世纪70年代的《稗说》中首次提出这一推断，即沈德符所指"大名士"被认为是王世贞。因此，20世纪初之前盛行的说法是，王世贞作此书以嘲讽其杀父仇人严世藩，甚或将其杀害（不着痕迹地将书页浸满毒药），严世藩（1513—1565，据说是西门庆的原型）是高官，权臣严嵩之子（1480—1565，蔡京的原型），或其仇人是著名文学家和学者唐顺之（1507—1560）。这一传说也证实了传统上认定的小说写作时间是16世纪60年代。

两个标明李渔著的版本于1975年在香港以8卷本形式出版。"在兹堂"刊本同样断定作者为李渔，其20卷本于1981

年在台北再版。与此同类的"本衙藏版"36卷，有200幅插图，1987年由齐鲁书社出版删节排版印本。

总体而言，一些研究专家（如小野忍，1963）认为，删节本是对完整（冗长）版本改编的结果，另外一些研究者（如韩南，1962；任希之，1964）则认为二者均从遗失的底本演变而来。1979年发现的谢肇淛所做《金瓶梅跋》（俄译本：华克生，1994）称该书百万言，共20卷。

《金瓶梅》成书以来的近400年间，中国先后至少刊行40次。另外还有10多种外语译本，1708年公开的满文译本（华克生俄译，1994）由皇室王爷、康熙皇帝（1662—1722年在位）之兄主持完成，在此基础上又转译为蒙文。小说还被译作日语、越南语和马来语。《词话》版本的几乎全部内容由小野忍和千田九一首次译为日语（东京，1956—1960），并先后出版3卷本和10卷本。《词话》日文全四卷本由冈本隆三翻译完成（东京，1971）。

西方第一部译本为法语译本，该译本是十足的缩减本，行文十分流畅，但为其他西文的译本提供了基础，其中包括英译本[*The Harem of Hsi Men*. N. Y.（S. d.）；*The Love Pagoda, the Amorous Adventures of Hsi Men and His Six Wives*. Nort Hollywood, 1968]。1930年著名德国翻译家弗朗茨·库恩（1884—1961）以1695年版本为底本，对底本删减近一半，在莱比锡出版了节译本。该译本大获成功，不仅多次再版，而且被转译为英语、法语、荷兰语、意大利语、瑞典语、芬兰语、捷克语等，其中亚瑟·韦利（A. Waley）作序的英译本（B. Miall，1939）和皮埃尔·拉维尼（P. Lavigne）作序的法译本（J. -P. Porret，1949）也多次再版。以崇祯本为底本的德译本是首个全译本，前两卷分别于1928年和1932年在哥达由奥托·祁拔和阿尔图尔·祁拔兄弟翻译出版。然而，后来出版被迫中断，6卷本（附单独一卷注释）直至1963—1983年期间才在苏黎世全部出版。克莱门特·埃杰顿（F. C. C. Egrton）的英译本共4卷，接近全译本（淫秽语句译成拉丁语），篇幅较全译本略小，却也是库恩译本的两倍，1939年在伦敦出版，埃杰顿经常向老

舍征求建议，1924—1930年老舍在伦敦大学教授汉语。1972年该译本在纽约再版，由富兰克林（J. M. Franklin）将拉丁文隐藏的含义翻译为英语。首个《词话》注释版本的5卷英译本是由美国汉学家芮效卫翻译完成，由普林斯顿大学出版社出版，迄今已出版3卷（1993，2001，2006），芮效卫早年曾研究张竹坡评注，认为《金瓶梅》作者是戏剧家汤显祖（1550—1616）。

在俄国，李福清证实，20世纪50年代蒙泽勒（1900—1959）开始着手《金瓶梅》的翻译，但他不久后去世。当时马努辛（1926—1974）也在从事该书翻译工作，1969年11月7日完成了西方世界首个《金瓶梅词话》全译本，共计100个印张。这部译著分上下两卷，李福清作序，思乔夫润色，经过书籍出版总局和苏共中央委员会汉学部的审查，删减了一半，大部分删减片段由霍赫洛娃编辑复述，直至1977年译者辞世3年后才出版问世，该删减译本于1986年、1993年（单卷本）和1998年再版。1994年，《中国色情》一书尝试列入被还原和加工的两个章节，此后，科布杰夫开始编辑马努辛的全译本，同时补充漏译的内容，并附上中外学者的详细注释、评论和研究。但仅出版3卷，约五分之三内容，这与译稿整理者之一塔斯金（1917—1995）的离世有关。鉴于种种出版状况，《金瓶梅词话》西文第一全译本的桂冠由安德烈·莱维的两卷集法译本摘得（1985），译作质量精良，由艾田蒲（R. Etiemble）撰写序言，该译本收入"七星丛书"世界经典丛书，此套丛书的前两本是《圣经》和《古兰经》。

《金瓶梅》是世界一流杰作，是一部堪与荷马史诗、《神曲》、《巨人传》、莎士比亚戏剧、《唐吉诃德》、《战争与和平》、《卡拉马佐夫兄弟》等比肩的作品。这部中国作品的体裁可与上述任何一部西方杰作相媲美，因为这部作品集长篇小说、史诗和戏剧的特征于一身。实事求是地讲，把《金瓶梅》归入长篇小说完全是相对的。这是一种高度复杂的综合形式，若是简单划分则是大量诗文（计千余篇，有类别和规律性，自成体系，接近于有韵律的散文）、

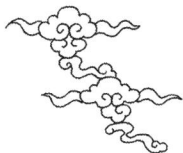

戏剧对白（部分回目设定结构并配以必要的情景说明）和散文（大幅度跨越，从生活描写到转述佛经再到科学论著）的有机集合。

一方面，《金瓶梅》没有西方古典小说的心理主义，另一方面也缺少东方古典小说的纯洁主义，其客观描述、"行为主义"的风格给人留下现代主义的怪异感觉。用当今词汇来讲，可以把《金瓶梅》称作第一部百集"肥皂剧"，"集"即"回"，完全符合这个字"动作反复"之义。《金瓶梅》所引大部分诗歌都是用来伴乐吟唱的，附有相应的曲谱。另外，《金瓶梅词话》这一名称本身就包含了"词"这一体裁。这一多层次文本同时也起着学术参考指南的作用，用以研究宋明时期中国的社会经济、文化生活的方方面面。

《金瓶梅》的出现预示着明朝"美好时代的终结"，这是中国第一部文人独创的长篇小说，换言之，成为第一部完全独创、最高形式的文学创作，其问世时间与莎士比亚、塞万提斯等新欧洲文学先驱们的作品出奇地一致。与这些显赫的名字一样，《金瓶梅》也出现了作者是谁的问题。一方面，其无名氏作者被称作当时的"名士""门客（孝廉）"或"老儒"，表明可能是16—17世纪中国的大文学家，另一方面也有完全相反的说法，认为作者是出身社会底层的无名人士，并进而指出是普通的盲说书人刘守（刘九）。该书目前候选作者人数已近40位，其中包括如下知名人物：王世贞、李渔、李贽、徐渭、李开先、汤显祖、沈德符、贾三近（1543—1592）、屠隆（1542—1605）、冯梦龙、谢榛（1495—1575）、李先芳（1510—1592）等。同时，有些专家（潘开沛，1954；徐朔方，1984）认为，《金瓶梅》并非一个天才人物的独创，而是集体创作的结果，是各种文本的大杂烩，先由流浪说书人伴乐说唱，后由文化程度较高的文学家们加工而成。

中国文学中常见一部作品多个名号的现象，这部小说亦是如此，常被称作"第一奇书""四大奇书之一""八大文学名著之一""一夫多妻鉴"等。但是当然，主要仍被称作《金瓶梅》，这一书名充满奥秘，含义丰富，甚至可理解

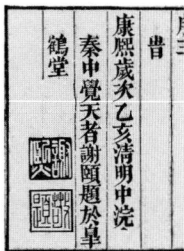

为一种奇异的双关语，即为汉字谐音"今评梅"（梅国桢，1542—1605）。小说文本中可看到这一书名的词汇根据，即3位女主人公金莲、瓶儿、春梅名字的缩写。例如，在全书结尾诗中，瓶儿和春梅被合称为瓶梅。

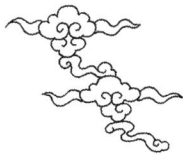

对《金瓶梅》书名的这一解释是袁中道于1614年根据读到的半部未公开的手稿提出的。这一观点也出现在弄珠客序言中，他认为这3个女主人公用作书名分别象征"奸""孽""淫"。

然而，《金瓶梅》中具有上述特征的人物比比皆是，其中也包括男主人公西门庆及其女婿陈敬济，但是缘何偏用女性人物来给小说命名呢？为了解释上述隐去男主人公甚至全部男性人物的奇怪现象，需要认识到置于首位的名字具有更为简单的称名语义，概括指出女性（即"阴"）是万能的破坏源泉。接下来需要说明金莲、瓶儿和春梅这三个名字的重要意义是由其组成汉字本身的特殊含义而来的，即这三个汉字分别代表了三个概念——"奸""孽"和"淫"。

潘金莲的名字容易让人联想起女子缠足习俗来源的历史掌故。南朝齐统治者东昏侯（498—501年在位）下命凿金为莲花以铺地，让其宠妃潘妃（潘玉儿）舞于其上，这时他欣然感叹："此步步生莲花也。"由此，女性因缠裹而成的小脚被称为"金莲"，并在中国古代被看作诱人性感之物。瓶儿这一名字的字面含义是"小瓶子"，象征生殖器和放荡，这一恶之"容器"的孔洞通向地狱。最后，春梅这个名字中的"春"是用于表示所有情色的主要术语之一，而"梅"则是产生肉欲的诗意化象征，即盛开在春天的梅花，同时也意味着因淫荡性欲而沾惹"花"柳梅毒的可耻下场。

因此，3位女性的全名具有象征意义，能够传达情色致祸之意。然而，金、瓶、梅这3个汉字的组合好像不是用来指代一种罪的3种形式或方面，而是3种不同的罪，即贪财、纵酒和好色。这一观点可以通过《金瓶梅》序中的《四贪词》来证明，"四贪"即"酒""色""财""气"。

第四贪大概首先源于四位一体诗歌结构的形式。然而根

据内容来看，最后一首词与"傲为万恶之源"的主旨类似，可看作结构排序中更高一级的元素，即是一种独特的概括总结，而且这首词用"气"来命名，该汉字概括性极强，既表示身心之气，又表示宇宙之气。因此，此处不仅能表示单一的、道家代表人物庄子（前4世纪）认为会"乱心"的傲慢或怒气之罪，而且能够泛指精神道德缺陷。王阳明（1472—1529）指出的正是这一点，他是明朝大哲学家，曾说"人生大病，只一傲字"，王阳明的理论为《金瓶梅》的出现奠定了理论基础。

《金瓶梅》的全部内容是一幅描绘爱神和死神紧密关系的广阔画面。关于小说用以复仇的传说也是一个象征，同时这一传说也用一种独特的方式说明至今为止尚未发现原稿。由于这一悲剧象征，郑振铎的手稿也被毁掉，马努辛无私的译作迄今未完全发表。马努辛在1974年曾预言："《金瓶梅》将遭受诅咒长达几百年。"

关于《金瓶梅》续书的最早尝试也为沈德符所证实，他指出，17世纪初还有一本《玉娇丽》（亦作《玉娇李》，即"娇丽如玉、李"或"孟玉楼、李娇儿、李桂姐"），亦出自此"名士"之手，其中的人物相同，书名结构类似，同样含义丰富。然而此书不久便遗失，未能保存至今（还有另外一部稍晚的小说，多次被译成西文，其书名与之相似，最后一个字为同音字，即《玉娇梨》，"娇丽如玉、梨"或"白红玉与卢梦梨的爱情故事"）。但是，早在1661年就出现了丁耀亢（1599—1669）续书，直接命名《续金瓶梅》（64回）。1665年该书被禁，丁耀亢也被捕入狱4个月。后有佚名文学家据此书又写出两部续书：一部是《隔帘花影》（48回，17世纪末，德译本，1956；弗朗茨·库恩法译本，1962），四桥居士作序，此人可能是作者，删掉了其中金国与宋朝以及清朝与明朝之间的政治对立内容；另一部是《金屋梦》（60回，1912），明显暗指《红楼梦》，其作者署名梦笔生，较之于前两部续作，缩减了佛教因果报应的内容。三部续作经过对淫秽内容的删节，合成两卷，于1988年在济南出版。日本著名作家曲亭马琴（1767—1848）将《金瓶梅》改编为日本本土故事，书名为《新编金瓶梅》。

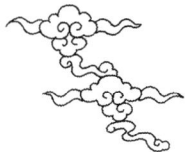

*《金瓶梅词话》，施蛰存编，上海，1935年；《明万历本
金瓶梅词话》，1—5册，东京，1963年；《金瓶梅——两种
竹坡评点本合刊天下第一奇书》，1—8册，香港，1975年；
《明万历丁巳刻本金瓶梅词话》，1—2函，1—20册，台北，
1979年；《金瓶梅词话》，魏子云编，1—6册，台北，1981
年；《全本金瓶梅词话》，1—6册，香港，1982年；《皋鹤
堂批评第一奇书金瓶梅》，济南，1987年；丁耀亢《金瓶梅
续书三种》，1—2册，济南，1988年；《金瓶梅词话》，北
京，1989年；《新刻绣像批评金瓶梅》，北京，1989年；济
南，1989年；《金瓶梅词话》，1—4册，梅节校订，陈诏、
黄霖注释，香港，1992年；《金瓶梅》，B.C.马努辛译，1—
2卷，莫斯科，1993年；《金瓶梅》，B.C.马努辛译，А.И.科
布杰夫编，1—3卷，伊尔库茨克，1994年；《中国情诗——
中国16世纪禁书〈金瓶梅〉中的诗词》，О.М.格罗杰茨卡娅
译，圣彼得堡－莫斯科，2000年；又载《东方》2002年第2
期，第145—158页；Кимпэбай (Цзинь пин мэй) / Пер. Оно
Синобу, Тида Куити. Кн. 1 - 10. Токио, 1973 - 1975; Кимпэбай
дзэнъяку (Полный перевод «Цзинь пин мэй») / Пер. Окамото
Рюдзо. Т. 1 - 4. Токио, 1979; Ting Y. K. Blumenschatten hinter
dem Vorhang / Verdent.Von F. Kuhn. Freiburg im Breisgeu, 1956;
Femmes derrie`re un voile / Tr. par. F. Kuhn. pp., 1962; Fleur en
Fiole d'Or (Jin Ping Mei cihua) / Tr. par. A. Le´vy. Vol. 1 - 2. p.,
1985; Kin Ping Meh oder Die abentenerliche Geschichte von His
Men und seinen sechs Frauen / Ubertr. Von F. Kuhn. Bd 1 - 2. Leip-
zig-Weimar, 1988; The Golden Lotus / Tr. by C. Egerton. Vol. 1 - 4.
N. Y., 1972; Djin Ping Meh, Schlebenbluten in goldener Vase /
Ubertr. Von O. Und A. Kibat. Bd 1 - 6. Zurich, 1967 - 1983; The
Plum in the Golden Vase, or Chin P'ing Mei / Tr. by D. T. Roy. Vol.
1 - 3. Princ., 1993, 2001, 2006. **Д.Н.华克生《古代中国的文
学世界：中国古代白话小说集》，莫斯科，2006年，第433—
475页；А.И.科布杰夫《最神秘的中国生活百科全书（〈金瓶
梅〉）》，载《第二十六届中国社会和国家学术研讨会论文
集》，莫斯科，1995年，第314—322页；О.М.格罗杰茨卡娅
《小说〈金瓶梅〉的时代顺序和时代错乱》，同上，第323—
339页；О.М.格罗杰茨卡娅《小说〈金瓶梅〉中的人物》，载
《第二十七届中国社会和国家学术研讨会论文集》，莫斯科，
1996年，第211—213页；О.М.格罗杰茨卡娅《小说〈金瓶梅〉

中的诗歌和音乐》，载《第三十一届中国社会和国家学术研讨会论文集》，莫斯科，2001年，第216—236页；B.B.扎伊采夫《金瓶梅》，载《莫斯科大学学报东方学版》1979年第2期；《中国色情》，A.И.科布杰夫编，莫斯科，1993年，第435—498页；B.C.马努辛《长篇小说〈金瓶梅〉和中国批评中与传记倾向展开的斗争》，载《高校科研报告：语文学》1961年第2（14）期，第116—128页；B.C.马努辛《小说〈金瓶梅〉中的人物塑造方法》，载《远东文学研究理论问题》，莫斯科，1977年，第106—113页；白维国《金瓶梅词典》，北京，2000年；魏子云《金瓶梅词话注释》，1—2册，1987年；高越峰《金瓶梅人物艺术论》，济南，1988年；叶桂桐、刘中光、阎增山《金瓶梅作者之谜》，银川，1988年；刘辉《金瓶梅成书与版本研究》，沈阳，1986年；《名家解读金瓶梅》，盛源、北婴选编，济南，1998年；孟昭连《金瓶梅诗词解析》，长春，1991年；吴敢《张竹坡与金瓶梅》，天津，1987年；蔡国梁《金瓶梅社会风俗》，天津，2002年；《金瓶梅论集》，徐朔方、刘辉编，北京，1986年；《金瓶梅女性世界》，王汝梅等，长春，1994年；《金瓶梅资料续编（1919—1949）》，周钧韬编，北京，1990年；《金瓶梅资料汇编》，侯忠义、王汝梅编，北京，1986年；《金瓶梅资料汇编》，黄霖编，北京，1987年；《金瓶梅鉴赏辞典》，石昌渝主编，北京，1989年；《金瓶梅鉴赏辞典》，上海，1990年；《金瓶梅词典》，王利器主编，长春，1988年；《金瓶梅之谜》，刘辉、杨扬编，北京，1989年；《金瓶梅研究集》，杜维沫、刘辉编，济南，1988年；姚灵犀《瓶外卮言》，天津，1989年；Carlits K. Puns and Puzzles in the Chin P'ing Mei, a look at chapter XXVII // T. P. 1981, Vol. 67, livr. 3‑5, pp. 216‑239; Chang Chup'o on How to Read the Chin P'ing Mei (The Plum in the Golden Vase) / Intr., tr. by D. T. Roy // How to Read the Chinese Novel / Ed. by D. L. Rolston. Princ., 1990, pp. 196‑243; Hanan P. D. The Text of the Chin P'ing Mei // Asia Major. 1962, Vol. 9, No. 1, p. 1‑57; idem. Sources of the Chin P'ing Mei // Ibid. 1963, Vol. 10, No. 1, pp. 23‑67; Hsia C. T. Chin P'ing Mei // The Classic Chinese Novel: A Critical Introduction. N. Y., 1968, pp. 165‑202; Plaks A. K. The Chong-zhen Commentary on the Jin Ping Mei: Gems amidst Dross // Chinese Literature: Essays, Articles, Reviews. 1986, Vol. 8, No. 1‑2, p. 19‑30; Roy D. T. Chang Chup'o's Commentary on the Chin P'ing Mei // Chinese Narrative: Critical and Theoretical Essays. Princ., 1977, pp. 115‑123; idem. A Confucian Interpretation on the

Chin P'ing Mei // 《"中央研究院"国际汉学会议论文集》，台北，1981年；Wrenn J. Textual Method in Chinese with Illustrative Examples // Tsing Hua Journal of Chinese Studies. 1967, Vol. 6, No. 1‑2, pp. 150‑199; Le'vy A. Pour une clarification de quelques aspects de la proble'matique du Jin Ping Mei // TP. 1980, Vol. 66, livr. 4‑5, pp. 183‑198.

（А. И. 科布杰夫撰，孟宏宏译）

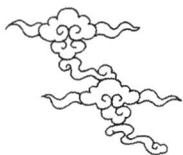

禁书

　　即"被禁书籍"。这一概念指的是未通过官方书刊检查从而被禁止公开的作品。被禁的原因包括：意识形态的对立，对现有权力机关进行批判，有悖道德伦理标准。

　　中国的"禁书"历史悠久。一般而言，被禁的突出原因并不是与政治对抗，而是对传统文化和道德的批判。书籍检查官员认为不符合儒家道德准则、对皇权稍有不敬的书籍都会遭禁。例如，文学家金圣叹、李贽等都受到残酷迫害。兰陵笑笑生的《金瓶梅》虽是世界文学经典，但因"淫秽"而长期遭禁。中国历史上的清朝曾设立"文字狱"并焚毁书籍，被疑反对清朝统治者的文学家们都受到残酷迫害。

　　禁书的历史在秦始皇著名的焚书坑儒事件之前即已开展，如政治家和改革家商鞅（前390—前338）曾下令焚毁《诗经》。

　　西晋时期（266—316），用于占卜的神学预言即谶纬之学相关书籍遭禁，此举延续至唐朝时期（618—907）。北魏时期（386—534）开始压制佛教，佛教经典和书籍因而遭禁。唐朝统治初期《三皇经》被禁，唐朝鼎盛时期多次试图禁废占卜术和阴阳术数相关著作。

　　明朝（1368—1644）和清朝（1644—1911）时期市井文化兴起，随之出现消遣娱乐和色情文学，但常遭到当局禁止。此类书籍数量很多，但鲜有艺术水准突出者。然而中国文学家和研究者认为，诸如《肉蒲团》《飞燕外传》《海陵王》等爱情小说属于中国文学经典中的宝贵财富。

明朝时期的禁书之一《剪灯新话》成书于正德年间（1506—1521），书中公开描述情欲以及人鬼爱情。该书是中国最早的禁书之一。其他一些艳情作品命运同样如此，如成书于万历年间（1573—1619）的《国色天香》，这部娱乐性小说的人物为市井寻欢作乐之人及轻佻的漂亮女子。

清朝时期艳情文学传播更为广泛，很多情节过于露骨的作品遭禁，如《醋葫芦》写于嘉庆年间（1796—1820），由于描述大量婚外情而遭禁。《品花宝鉴》写于道光年间（1821—1850），遭禁原因是描述同性恋，有反常理。其"花"实指卖淫男子、男伶及居于娱乐城所之人。

清朝被推翻后兴起新的书刊检查限制。1914年袁世凯（1859—1916）共和政府颁布《出版法》，其中明确规定所有出版物都必须上报审查。国民政府时期《湘江评论》《觉悟》《新青年》等都遭查禁。

20世纪70年代北京出现几个地下诗歌沙龙，诗人们在这里朗诵自己的诗歌和外国诗歌。黄翔（《火神交响曲》）、食指（原名郭路生，《疯狗》《相信未来》）、多多（原名栗世征）等诗人创作的诗歌饱含抒情风格，其炽烈的情感感染了读者，这些诗歌很快就获得广泛传播。70年代末这批诗人在北京成立地下诗歌流派"白洋淀诗派"，又加入一些年轻诗人，他们后来成为朦胧诗派的领袖。这一诗派的北京诗人寻求新的现代派手法和象征意象。最具代表性的是地下诗人芒克（原名姜世伟）、根子（原名岳重）、多多等人的作品。他们作品中居于中心地位的是作者的"我"，痛苦不安，矛盾重重，陷入对宇宙潜在象征符号的认知剖析。这些诗歌中常采用反差、对比、强烈的对照等手法，这从其诗行结构、跳跃性的诗句旋律中都可见一斑。

"文化大革命"时期最为突出的地下文学代表作品有北岛的小说《波动》和张扬的小说《第二次握手》。小说《少女之心》和《一双绣花鞋》的手稿也传阅开来。《少女之心》以日记形式写成，继承古代艳情文学传统，描写女性爱欲的觉醒和性幻想。《一双绣花鞋》是一部通俗探险小说，类似于唐宋时期的传奇故事。这两部作品的作者不详。[1]总

---

[1] 《一双绣花鞋》作者为况浩文。——译者注

体而言，这两部作品是文笔粗糙、不太专业的小说，只是因为当时形成的文化真空而得以流行传播。《第二次握手》亦无突出艺术性，描述几个当代科学家的生活，作品表现出对科学家和科技进步的赞赏。

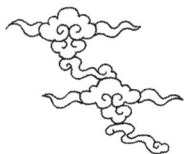

从20世纪70年代末起，中华人民共和国进行政治改革，此后出现一系列民间刊物，如《第三代人》（1983）、《日日新》（1984）、《现代主义同盟》（1985）、《大学生诗报》（1985）、《中国当代实验诗》（1986）、《汉诗：二十世纪编年史》（1986）。其中最大的诗刊之一《今天》由北岛和芒克创办于1978年，北岛、芒克、江河、多多、杨炼等一批有才华的诗人开始在该刊发表诗作。批评家不懂新诗的形象，将其称作"朦胧诗"，这一名称固定下来，但诗人们更喜欢"今天派"这一名称。如今，曾在《今天》上发表作品的诗人们仍在国内外进行大量创作。不久前还在地下文学之列的作品已进入中小学教学大纲，如北岛的《回答》、江河的《纪念碑》、舒婷的《致橡树》。中国地下文学的作者先后有几代人，其中最有影响、最有趣味的作品是诗歌。第一代诗人"走出地下"，获得官方承认，接着又涌现出另外一批诗人，他们喜欢更为激进的表达手段，创作了取代"朦胧诗"的"新潮诗"。在中国，这些诗人被称作"第三代诗人""后朦胧诗人"，其特点是对后浪漫主义的反叛，极力否定和讥讽"朦胧诗"的标准，主要表现为否定前辈诗人们的表现手法、暗喻和价值。这种新思潮的代表刊物是创办于1985年的《他们》，其领军人物是韩东和于坚等诗人。至1995年共出版9期，主要作者包括韩东、于坚、马原、苏童、李苇、王寅、小海等，这些诗人不同于《今天》的作者，他们提倡诗歌的"人民性"和简单直接的情感表达。尤为突出的是韩东的《有关大雁塔》《你见过大海》等诗，于坚的《零档案》用口语写成。因此，《他们》上刊载的诗歌打破了70年代末形成的"朦胧诗"空想现代主义的风格。

更为激进的形式和内容变革是1986年在四川出现的"非

非主义"诗派,该派诗人在其出版的刊物《非非》上宣称"反文化、反语言",代表人物有周伦佑、蓝马、杨黎。宣称文字需要自然,不要思想负担,在中国文学界引起强烈反响。非非诗人及其刊物《现代主义同盟》(1985,编者为万夏、杨黎和赵野)、《中国当代实验诗》(1986,编者为杨顺利、何小竹和李亚伟)和《汉诗:二十世纪编年史》(1986,石光华、宋炜)蜚声海内外。《他们》和《非非》的诗人们拓宽诗歌的主题范围,引入了多种多样的题材,除了诗歌,刊物还刊登小说和文学评论。韩东的小说《扎根》和文学随笔《论民间》成为中国当代散文名篇典范。积极参与这些刊物的作者包括韩东、于坚、马原、周伦佑、何小竹、李亚伟等,他们享誉中国文学界。其作品中没有对权力的公开批判,更多的是对自我表达自由的追求。

20世纪90年代一批独立诗人的创作引人注目。这一时期的新诗主要在民间刊物或国外发表。中国先后出现至少15种此类文学刊物。朱文和韩东发起的以"断裂"为名的问卷和56份年轻作家的问卷答案在官方杂志《北京文学》(1998年第10期)发表,这成为当时的重大事件。文中对当代文学发展情况和文学批评标准进行猛烈抨击,同时表明与前辈作家的决裂。

20世纪末,地下文学(经典意义上的)不复存在,不再有统一的目标,只以个别派别的创作形式存在。直至今天,《今天》仍在国外出版,但已丧失先前的尖锐性和现实性,完全融入西方文学主流。

从20世纪90年代末起,中华人民共和国地下文学获得飞跃式发展。2001年至2004年期间,由杨黎和韩东创办的橡皮文学网站集中了早期在正规刊物《芙蓉》上发表作品的大多数作家和诗人。

*《少女的心》《一双绣花鞋》，20世纪60年代手抄本目录；
张扬《第二次握手》，北京，1980年；《〈今天〉十周年纪
念》，牛津，1989年；《〈他们〉十年诗歌选》，桂林，1998
年；北方《谁比谁美丽》，北京，2002年；韩东《扎根》，北
京，2004年。**《中国禁书大观》，安平秋、章培恒主编，上
海，1990年

（E. A. 扎维多夫斯卡娅，Г. A. 尤苏波娃撰，孟宏宏译）

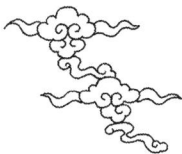

《九歌》

即"歌九篇"，是中国古代诗歌总集《楚辞》中的一组诗，《楚辞》代表古代中国南部地区楚国（前11世纪—前3世纪）的传统诗歌。

《九歌》共11首诗，其中9篇为祭祀楚国神灵而作，篇章以诸神之名命名，如《东皇太一》、《云中君》、《湘君》、《湘夫人》、《东君》（当地太阳神）、《河伯》、《山鬼》、《大司命》（即主寿夭之神）和《少司命》（即主子嗣之神）；最后两首，即《礼魂》和《国殇》，分别是送神曲和追悼阵亡士卒的挽歌。

关于《九歌》的来源，传统注疏学和现代研究中存在两种主要观点：一种观点认为，《九歌》为楚国伟大诗人屈原所作，即完全是个人创作的作品；另一些学者，包括《楚辞》注本编者王逸（89—158）在内，认为《九歌》原为祭神用歌，屈原仅对其进行整理加工。很多研究者也认为这些作品是真正的楚国祭祀诗歌典范之作。甚至还有非常大胆的推测（当代学者程嘉），认为是公元前2000年初期的礼乐记录。《九歌》的来源问题超出了单纯的屈原创作问题研究范畴。根据上述第一种观点，《九歌》被视作屈原创作想象的产物，或至少是他对楚国祭祀文字的艺术改编。第二种观点则能使我们把这一组诗当作史料展开研究，以再现中国南方的宗教观念和仪式，同时也可以对当地诗歌传统的文化思想追根溯源。

《九歌》与古代中国中原地区的祭祀诗歌即《诗经》

中的"颂"差别极大。首先，《九歌》中的人物肖像刻画突出生动，其外部特征易于识别，内部面貌独一无二。其次，《九歌》具有一定的情节结构，其中的诗歌与其说是对诸神的颂扬，不如说是对其生活的叙述："青云衣兮白霓裳，举长矢兮射天狼。操余弧兮反沦降，援北斗兮酌桂浆。撰余辔兮高驼翔，杳冥冥兮以东行。"诗中如是描述东君的外貌及其白天司职路上的最后一幕。显而易见，楚国诸神崇拜中的日神是一位驾着太阳车的男性，日落时分是神圣的，因日神喝长生不老琼浆（桂树即长生不老树）而突然发生变化。第三，《九歌》中的爱情主题非常突出，有些篇章实际上就是讴歌爱情的抒情诗，描绘主人公的心情和感受。《山鬼》是一位美丽的山鬼姑娘的自述，她生活在空荡荡的山林，孤寂忧伤，等待自己的心上人（不知是神还是凡人）："余处幽篁兮终不见天，路险难兮独后来。表独立兮山之上，云容容兮而在下。……怨公子兮怅忘归，君思我兮不得闲。"

《河伯》讲述（同样以女主人公独白的形式）放荡的河神乘着神异的龙车遨游浩荡的江河，众女神伴其左右，他忘记了昔日的爱人。祭祀湘江（在今湖南境内，发源于洞庭湖）之神的诗篇是挚爱夫妻（二人之名通常译作"湘君"和"湘夫人"）之间的诗意对话，他俩均恐失去对方："君不行兮夷犹，蹇谁留兮中洲？美要眇兮宜修，沛吾乘兮桂舟。……时不可兮再得，聊逍遥兮容与。"（《湘君》）对方的回应为："朝驰余马兮江皋，夕济兮西澨。闻佳人兮召予，将腾驾兮偕逝。……时不可兮骤得，聊逍遥兮容与。"（《湘夫人》）

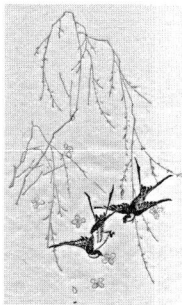

《九歌》证实，楚文化有众多神祇和丰富的神话题材，喜欢用神话和诗歌来认识和理解世界。这些诗篇本身就像一部以众神生活为主题的宗教剧剧本。从《九歌》的结构特色来看，这种宗教剧由两个或多个巫师表演，他们装扮成不同的神祇，简化成为朗诵形式的独白和对白。表演中有合唱，合唱者不时对正在发生的事件进行解释或简短对答。这种仪式需要装扮对象与表演者的一致性（与抒情主人公的形象性格完全相符）和高水平的即兴表演能力。与此同时，诗歌

（歌唱性的诗歌）文本不仅应与最高力量建立联系（古代中国中原地区祭祀仪式的特点），而且还使人对其某一时刻所处的狂喜状态进行神圣表达。这可能就是楚国诗歌的文化艺术根源，它因而具备下列典型特点，即诗歌创作的个人倾向和个性鲜明的情感表达力度。

《九歌》见于《楚辞》所有版本，也有单行本。除文学研究外，一些研究古代中国宗教神话观念的论著也对《九歌》中的某些诗歌进行分析研究。

*缪天华《离骚九歌九章浅释》；《九歌》；《九歌新注》；《屈原九歌今绎》；《九歌》，A.吉托维奇译，载《中国朝鲜诗选》；另载《屈原诗选》，第41—65页；《屈原》，第53—73页；Hawks, 1959, pp. 35 - 44; The Odes // Li sao and other poems of Qu Yuan, pp. 14 - 29; Jiuge. Neuf Chants // É΄lé΄gies de Chu..., pp. 66 - 78. **И.С.李谢维奇《中国古代诗歌与民歌》，第80—81页；孙元璋《关于〈九歌〉的思想意义》；金开诚《〈九歌〉研究》，载《屈原辞研究》；褚斌杰《论〈九歌〉的性质和作意》；Waley A. The Nine Songs...

（M. E. 克拉夫佐娃撰，孟宏宏译）

《九章》

意为"九篇哀歌"，中国古代诗歌总集《楚辞》中的一组诗，《楚辞》代表古代中国南部地区楚国（前11—前3世纪）的诗歌传统。

《九章》包括9篇作品，即《惜诵》《涉江》《哀郢》《抽思》《怀沙》《思美人》《惜往日》《悲回风》《橘颂》。

《楚辞》编者王逸（89—158）在注疏中认为《九章》所有作品均为楚国大诗人屈原所作，并认为此为屈原主要作品，其中反映了作者主要的人生阶段和内心世界的状态。后来的注疏传统和学术文献对于《九章》的来源颇有争议，其中的部分作品（《惜诵》《思美人》《惜往日》《悲回

风》）被是认为是后期（汉朝）仿作（如陆侃如）。目前，中国学界多数人（如李长之）认为《九章》确为屈原所作，但作于不同时期，因此反映了诗人在不同人生阶段的观点和心绪。有些研究者（如任国瑞）对其创作时间进行精密考证，如认为《橘颂》作于公元前323年，是诗人青年时期作品；《惜诵》作于公元前313年，为屈原在宫中（楚国郢都）所作；《抽思》和《思美人》作于公元前304—前303年。《橘颂》不同于其他作品，其中展开长篇讽喻，即通过生动描绘蓬勃开花的橘树，讴歌人的高雅的外表、气度以及坚定而纯洁的内心："后皇嘉树，橘徕服兮。受命不迁，生南国兮。深固难徙，更壹志兮。绿叶素荣，纷其可喜兮。……嗟尔幼志，有以异兮。独立不迁，岂不可喜兮。深固难徙，廓其无求兮。苏世独立，横而不流兮。闭心自慎，不终失过兮。秉德无私，参天地兮。愿岁并谢，与长友兮。淑离不淫，梗其有理兮。年岁虽少，可师长兮。行比伯夷，置以为像兮。"《九章》的文学价值在于开创了托物言志的讽喻讴歌先河，即创立了中国诗歌创作中独特的主题流派，后发展为"赋"和"咏"。

《橘颂》之外，《九章》中其他作品基调一致，主要反映诗人对个人命运和君主统治问题之矛盾的思考。君主身边都是谄媚诽谤之人，在《惜诵》中，诗人悲痛叹息："竭忠诚以事君兮，反离群而赘肬。忘儇媚以背众兮，待明君其知之。"在《哀郢》和《怀沙》中，诗人的思考具有特别的悲情意味，前者或被认为是屈原在流放时期所作的绝唱之一，或被认为（多数现代研究者的观点）是诗人哀悼楚国郢都被秦国军队攻陷之事（前278年）。《哀郢》中除诗人本人的哀伤痛苦，还描述了国家遭遇的灾难："皇天之不纯命兮，何百姓之震愆？民离散而相失兮，方仲春而东迁。"这首诗理应被列入中国具名诗歌历史上具有鲜明公民主题诗作的开山之作。《怀沙》一般认为是诗人临终的绝命词，其名称意指屈原投汨罗江之前怀抱沙石以自沉。与《九章》中的其他诗篇相比，该作更为强烈地表现出高尚的个人品格与"溷浊世界"之间的对立："曾伤爰哀，永叹喟兮。世溷浊莫吾

知，人心不可谓兮。知死不可让，原勿爱兮。明告君子，吾将以为类兮。"

将《九章》的作者身份问题搁置一旁，可以说，这组诗在中国诗歌史上占有一席之地，首先因为诗中首次塑造出一个鲜明的"流放诗人"的形象，同时又因为该诗提出了追求精神完善的个人与社会共存的问题。《九章》见于《楚辞》各个版本，同时也有单行本发行。

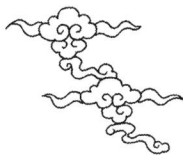

*缪天华《离骚九歌九章浅释》；《屈原九章今绎》；《九章》，A.吉托维奇译，载《屈原诗选》，第80—122页；《屈原》，第74—110页；The Elegies // Li sao and other Poems of Qu Yuan, pp. 30‑61; The Nine Declaration // Hawks 1959, c. 59‑80; Jiuzhang. Neuf Declamations // E´le´gies de Chu..., pp. 116‑138.
**任国瑞《屈原年谱》，第6页。

（M. E. 克拉夫佐娃撰，孟宏宏译）

《孔雀东南飞》

作品得名自正文首句，古题为《焦仲卿妻》，乐府民歌中篇幅最长的作品（共335句，1765字）。作品以整齐的五言诗句写成。最早见于6世纪文集《玉台新咏》，题为《古诗为焦仲卿妻作》。无法确定它准确的文体归属。根据《玉台新咏》，该篇作品为"诗"，这符合它的形制特点。郭茂倩（1041—1099）《乐府诗集》（卷73）首先将其归入民歌，收在《杂曲歌辞》部。正文前的序言称，此系无名氏之作，叙述汉末即2—3世纪之交的事情。绝大多数当代研究者认为它是民间歌谣的典范。学术界认为其创作年代在3世纪中叶到4世纪初。

这部作品以复杂的结构和情节线索见长，它可分解成数个相对独立的意义片段（研究者有3至12种的不同划分），这些片段的布局近似戏剧作品的结构。《孔雀东南飞》讲述年轻官员焦仲卿和他妻子刘兰芝的悲剧爱情故事。

作品开篇为抒情女主人公独白（第1段，20行），她讲

述自己在少女时期即已展现的才能、品质和美德："十三能织素，十四学裁衣。……十六诵诗书。"随后她埋怨家庭生活纠纷：丈夫忙于工作，最主要的是婆婆吹毛求疵，逼人太甚。独白的结尾处讲到，她希望离开夫家。

第2段（32行）是仲卿和他母亲的对话。母亲指责新妇傲慢轻浮，行为不检，她建议儿子尽快把妻子遣回娘家，另娶一个姑娘，那是一个贤明美丽的女子（堪比《陌上桑》中的女主人公罗敷），后者的父母已同意结亲。

在第3段（38行）和第4段（32行），夫妻间展开激烈争吵。兰芝责备丈夫软弱，无力阻止母亲以保证他俩的家庭幸福。他却责怪她不愿意迎合婆婆。收拾完自己的陪嫁（一一列举所有物品），着好盛装（同样给予详细描写），兰芝离开夫家。第5段（25行）描写去兰芝娘家路上夫妻两人的感受。他俩忘记了不久前的相互责怪，预感到新的考验，他们相互立誓保持永远的爱情和忠贞："下马入车中，低头共耳语：'誓不相隔卿，且暂还家去……誓天不相负！'新妇谓府吏：'……我有亲父兄，性行暴如雷，恐不任我意，逆以煎我怀。'"

第6—8段（分别为15、23、62行）写兰芝回到娘家并在娘家居住。母亲认为女儿的行为违背了一切规矩和风俗，责备她辱没自己和全家。但兰芝的美貌和美德众人皆知，以致媒人接连上门，他们提出越来越优越的对象。母亲暗中同情女儿，以她配不上如此显贵的配偶为托词回绝媒人。兰芝的哥哥横加干涉，严令她再嫁："作计何不量！先嫁得府吏，后嫁得郎君，否泰如天地……不嫁义郎体，其往欲何云？"兰芝无法坚持，同意新婚。两家开始筹办婚礼，新郎家送来贵重的聘礼。

婚前的整个夜晚（第9段，54行）她都在准备嫁衣。仲卿得知这场婚姻在即，出乎意料地突然来访。他指责前妻背信，破坏他俩立下的誓言，带着不加掩饰的讥消希望她有幸福的婚姻，并表明他唯一的出路便是自尽身亡："贺卿得高迁！……卿当日胜贵，吾独向黄泉！"

情节再次转至仲卿家（第10段，26行）。他告诉母亲自

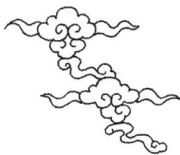

己决意赴死，但母亲只是嘲笑他对兰芝的钟情，并再次劝说他迎娶她选中的新娘。明白再作交谈和劝告都属无益，仲卿告辞离去："府吏再拜还，长叹空房中，作计乃尔立。转头向户里，渐见愁煎迫。"

兰芝筹备婚礼只是障眼法（第11段，12行）。利用家里人让她独自裁剪嫁衣的机会，她偷偷走出家门投湖自尽。得知爱人的死讯，仲卿上吊自杀。

第12段是尾声（12行）。夫妻被合葬，人们在他俩的坟边种树，树枝相互交叠，如同恋人拥抱，有一对鸟儿在上面筑巢："东西植松柏，左右种梧桐。枝枝相覆盖，叶叶相交通。中有双飞鸟，自名为鸳鸯。……多谢后世人，戒之慎勿忘！"

《孔雀东南飞》与罗密欧和朱丽叶的爱情故事有着惊人的相似之处。它以其诸多艺术优点在民歌中脱颖而出，如巧夺天工的情节安排、细致的人物肖像刻画、对人物情绪和感觉的真实表达和精准的心理描写。这部作品被公正地列入中国文学的杰作行列。仅在1900—1949年间，中国学者便发表了20多篇研究它的论文。迄今为止，它仍是中国文学研究者的关注焦点。所讨论的问题包括：抒情主人公的原型、作品的创作时间、体裁属性、艺术特点、对后世诗歌的影响等。关于这部作品的文本-语文学研究也构成一种倾向，即探讨它与民间诗歌创作诗学的亲缘关系。有一种推测，认为它与欧洲谣曲（法国和西班牙的谣曲）有着类型学上的相似之处。

*作品文本见丁福保辑本，1964年，第1卷，第81—84页；逯钦立辑本，第1卷，第283—286页；《玉台新咏》第1卷，第1册；《乐府诗集》第3卷，第1715—1721页；《焦仲卿妻》，Б.Б.瓦赫金译，载《乐府：中国古代民歌》，第67—79页；《孔雀东南飞》，Ю.К.楚紫气译，载《中国文学作品选》第1卷，第200—209页；《焦仲卿妻》，Ю.К楚紫气译，载《中国诗选》第1卷；"A Peacock Southeast Flew" // New Songs from a Jade Terrace..., pp. 53‑63. **《先秦两汉文学研究》，第429—439页；谭丕模《中国文学史纲》，第1卷，第211—214页；

《中国文学史》，第1卷，第169—173页；《乐府诗选》，第62—75页；《乐府诗研究论文集》，第138—199页；Frankel H. H. The Formulaic Language of the Chinese Ballad «Southeast Fly the Peacocks»; он же. The Chinese Ballad «Southeast Fly the Peacocks».

（M. E. 克拉夫佐娃撰，徐乐译）

孔融

字文举，号北海。153年生于鲁国（今山东曲阜），卒于208年。大臣，社会活动家，文学家。"建安风骨"诗歌流派的主要代表人物之一，名列"建安七子"。

孔融传记载于范晔（398—445）著正史《后汉书》（卷70）。他是孔子20世孙，据传记作者考证，他从童年起便聪颖过人，特立独行，渴望参与国家的社会生活。尚为10岁孩童时，孔融试图成为"清议"运动的全权成员，但未被接纳。该运动的代表人物，即都城的官员和文人，反对宫中宦官专权。他成功地与这一运动的领袖之一李膺（110—169）会面，请求引为同道。孔融在何进（卒于189年）的太子行政部门做官（180—181），何进是灵帝（167—189年在位）皇后何太后的兄弟，后迁至何进的封邑北海国（今属山东省）为相。在数年内实际上是他亲自治理该国，为此获称"孔北海"。黄巾起义（184—185）期间他直接参加镇压起义的军事行动。曹操任丞相（196）后，孔融成为他较亲近的幕僚之一。他任将作大匠，负责重建都城洛阳（189—190年战后）。他受封宫廷荣誉职位少府和显贵的爵位中大夫。这段时间他始终都是曹操的谋士，掌管公文和文件。但孔融断定曹操觊觎篡夺最高政权，敢于犯颜直谏，结果被定谋反之罪并处以极刑。

孔融创作遗产的主体是他撰写的各类公文（上书、奏折、条陈、宣令等）。它们皆被认为是社会政治性质的杰作，属于文体中的"文"。孔融诗作的准确数量不得而知。归在他名下的有6—7首诗。孔融文集有3个最权威的版本存世：其一为《孔少府词》，被收入张溥（1602—1641）辑本；其余二者俱冠名《孔文举集》，收入杨逢晨辑本（19世纪）和丁福保（1874—1952）辑本（1916）。孔融的抒情作品见逯钦立（1910—1973）辑本和丁福保辑本（1964），其散文作品见于严可均（1762—1843）辑本。

孔融最知名的诗作是《临终诗》和组诗《六言诗》（3首）。前者系孔融临受刑前写于狱中的绝笔之作，他在其中痛苦地谴责曹操不能辨人和执政残暴。组诗《六言诗》描写不久前举国震惊的历史政治事件，突出强调统治制度的总体衰微和人民的灾难："汉家中叶道微，董卓作乱乘衰。僭上虐下专威，万官惶怖莫违。百姓惨惨心悲。"（其一）孔融这些诗与曹操和王粲（组诗《七哀诗》）的诗作相比，在内容上相同，但在精神层次和情感上则明显略逊一筹。

最鲜明生动和令人难忘的是组诗《杂诗》（2首）的第二首，诚然，关于该诗为谁所作仍有争论。与陈琳和阮瑀一样，孔融在此使用民谣（乐府民歌）题材。该诗讲述一个人（未说明其社会地位）出门很久后回到家中，碰上悲痛欲绝的妻子，因为他们的小儿子已死，没等到父亲归来："远送新行客，岁暮乃来归。入门望爱子，妻妾向人悲。闻子不可见，日已潜光辉。"悲哀的父亲穿上丧服，走到埋葬儿子之处。嗣后的叙事间或转为主人公独白，他不但恸哭丧子之巨痛，而且也痛苦地思考人生在世的苦难——即便在死后，逝者的灵魂也注定要永久游荡："孤魂游穷暮，飘摇安所依？……人生自有命，但恨生日希。"诗歌的心理描写、作者对主人公的真诚同情、节制的叙事表现力等，都很打动人心。

把孔融列入"建安七子"和"建安风骨"流派主要代表人物之列，起初曾引起文学理论家们的怀疑。须知在依附曹氏家族宫廷的一代诗歌精英最终确立之前，他已去世，而且他本人甚至不认识其他六"子"。5—6世纪的文学批评家们就已经提出这一问题。在刘勰的著作《文心雕龙》中，孔融之名不在建安七子之列。钟嵘的著作《诗品》也对孔融一字不提。在第一部"七子"作品汇编，即杨德周（16世纪下

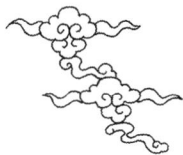

半期—17世纪上半期）辑《汇刻建安七子集》（1638年、1758年刊刻）中，以曹植文集取代孔融文集。汉和六朝时期（前3—6世纪）的抒情诗汇编和选集中，孔融作品通常在建安风骨代表人物的创作遗产之外另行刊载，置于汉代诗歌之部。学术文献中占主导的是这样一种观点，即曹丕在著作《典论·论文》中提到孔融之名，指的不是他隶属"建安七子"，而只是希望以此表达对他的尊重："孔融体气高妙，有过人者。"在一系列最新的文学研究中（20世纪70年代起），孔融的创作同样也被置于建安风骨的范围之外，学者更多视他为汉末文人官员情绪的表达者和一些散文作品的作者。

*《后汉书》，第70卷，第8册，第2261—2279页；《孔文举集》；《孔少府词》；孔融的抒情作品见丁保福辑本（1964年，第1卷，第44—45页）和逯钦立辑本（第1卷，第196—198页）；其散文作品见于严可均辑本，第1卷，第919—924页；《中国文学作品选》，第162—163页。**B.M.阿理克《中国文学论集》第1卷，第382页；B.B.马良文《古代帝国之衰亡》；Гибель древней империи（см. Указ. имен）；И.И.谢缅年科《公元3世纪的中国作家稽康》，第19—24页；《魏晋文学史》，第134—137页；刘勰《文心雕龙注》，第2卷，第673页；吴云《建安七子集校注》，第1—6页；余冠英编《汉魏六朝诗选》，第17—20页。

（M. E. 克拉夫佐娃撰，徐乐译）

孔尚任

字聘之，又字季重，号东塘、云亭山人，1648年生于曲阜（今属山东），卒于1718年。清（1644—1911）初文学家。孔子第64代孙。康熙皇帝（1662—1722年在位）拜谒孔子家乡曲阜时遇到孔尚任，对他颇为赏识，并召其为官。孔尚任因公务居于南京时，结交了一些对前明王朝（1368—1644）覆灭之事犹有记忆之人，这些事件以及与之相关的年轻读书人侯方域和名妓李香君的爱情故事，构成了孔尚任以杂剧传奇为体裁的剧本《桃花扇》的情节基础。孔尚任以写"实人实事"为宗旨，同情"三百年之基业"，表现明朝面对内部起义和外族入侵时的软弱无力，宫廷佞臣的结党营私，这些因素使得忠臣们注定无力回天。该剧的年轻主人公们在一连串波折后得以相聚，但孔尚任偏离了戏曲传奇固有的大团圆结局。他写道，当明朝最终覆灭，主人公们决意入山出家。《桃花扇》情节紧凑，布局严谨，诗句流动自如。该剧于1699年面世，大获成功。可孔尚任不久辞官回归故里，该剧此后几乎不曾上演，直到1911年辛亥革命推翻清朝政权后才又受到欢迎。孔尚任的其余诗歌和散文作品均无太大文学意义。

*《桃花扇》两卷本，梁启超编注，北京，1954年；《桃花扇》，E.维特科夫斯基译诗，T.A.马利诺夫斯卡娅译文，载《东方古典戏剧》，莫斯科，1976年，第500—523页。**Л.Н.古谢娃《孔尚任剧作〈桃花扇〉（1699）之命运》，载《远东文学研究理论问题》，莫斯科，1974年，第120—127页；Л.Н.古谢娃《孔尚任剧作〈桃花扇〉（1699）的主人公》，载《莫斯科大学学报》1972年第2期，第52—57页；Л.Д.波兹德涅耶夫、В.С.马努辛、Л.Н.古谢娃《戏剧：洪昇和孔尚任》，载《近代东方文学》，教科书，莫斯科，1975年，第430—448页；Strassberg R. E. The world of K'ung Shanjen: A Man of Letters in early Ch'ing China, N. Y., 1983.

（В. Ф. 索罗金撰，徐乐译）

兰陵笑笑生

　　古代著名长篇世情小说《金瓶梅》匿名作者的笔名。据推测作者生于山东（兰陵系该省城市），且小说情节大多发生在该地。《金瓶梅》的作者曾被推测为明代（1368—1644）的许多文学家，如著名诗人和散文家王世贞，文学家李开先、赵南星等，被假设为作者的还有著名思想家李贽（1527—1602）和17世纪文学家李渔，但所有这些推测至今尚无令人信服的论据。兰陵笑笑生的长篇小说系第一部描写世俗风情的鸿篇巨制，它在长篇小说这一体裁的发展中起到巨大作用。由于在世情描写中自然主义手法占据较大比重，这部小说屡屡遭禁，刊行时常遭删节和严重歪曲。这部小说约写于16世纪下半叶，可到1617年才首次刊刻（《金瓶梅词话》），该刻本有东吴弄珠客（可能是作者笔名）的序言。另一流行版本（与第一个版本有很大差异）是17世纪30年代刻本。这两个刻本都成为后世各版的底本。这部小说有大量不同"续书"，其中有同样或相似的主人公。

*《金瓶梅》1—2卷，B.马努辛译，Б.李福清序，莫斯科，1977年，1986年；《金瓶梅》3卷本，B.马努辛译，Б.李福清等序，伊尔库茨克，1994年。**Д.Н.华克生《兰陵笑笑生和他的长篇小说〈金瓶梅〉》，载Д.Н.华克生《古代中国的文学世界：中国古代白话小说集》，莫斯科，2006年，第433—445页；B.马努辛《社会谴责小说〈金瓶梅〉（16世纪）：从传统到创新》，学位论文，莫斯科，1964年。

（Д. Н. 华克生撰，徐乐译）

《兰亭诗》

乙

　　全名《兰亭诗集》。著名书法家王羲之（4世纪）编纂的诗歌选集，收录在三月三日会上即兴创作的诗。此次诗会由王羲之于353年在友人谢安（320—385）的庄园举办，谢安是南方望族世家陈郡谢氏的代表人物，他在自己周围聚集起一批文学家、画家和哲学家。谢安的封地在会稽郡（今浙江省绍兴市），此地自然风光享有盛名。

　　三月三日会是历法上的春日庆典，具有古老的宗教仪式根源（修禊礼）。六朝时期（3—6世纪）这一节会是半世俗半宗教性质的官方活动。对于这一节日的歌颂成为诗歌作品中的传统，很多诗人以此为题写有诗作，如陆机、潘尼、谢灵运、谢朓、张华、沈约、颜延之等。可所有这些作品均为宫廷诗范本，充满为统治制度歌功颂德的调性，内容亦为描写官方典礼。王羲之举办的节会则相反，纯属个人活动，被设计和实施为诗人们欣赏初春的聚会。但庆典的例行程序在此被部分保留，即河畔宴饮、曲水流觞、诗人们即兴唱和。

　　参加这一节会的有42人，包括其举办者（王羲之）、谢安，以及他俩的亲属（儿子和侄子，如王玄之、王凝之和谢万），还有朋友庾阐和许询。诗选收录41首即兴诗，俱为形制短小（4—8句）的诗文，以四言（共14首）和五言（共27首诗）诗歌格律写成。诗人们聚会之所系一座小亭，坐落于当地河中岛上，诗选即从此亭得名。

　　王羲之在其散文《兰亭集序》中阐发他组织节会的意义。这是一篇独特的艺术宣言，表达了看待诗歌（以及整个艺术）创作的观点。它将诗歌（及整个艺术）视为灵感勃发的产物和体现，影响人的情感和审美的源泉。上古道家认为世界在本体上终归于一，构成世界的过程与现象融汇共通，王羲之即以此和人与宇宙之道交感思想为起点，在中国文学理论和审美思想史上第一次把这些观念与直观山水的实践相联系："此地有崇山峻岭，茂林修竹，又有清流激湍，映带左右。引以为流觞曲水，列坐其次，虽无丝竹管弦之盛，一觞一咏，亦足以畅叙幽情。是日也，天朗气清，惠风和畅。仰观宇宙之大，俯察品类之盛，所以游目骋怀，足以极视听之娱，信可乐也。"

423

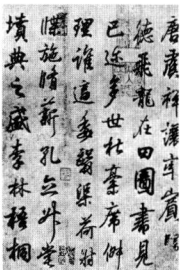

收入《兰亭诗》中的即兴诗均体现此类观点。这些诗作清晰地考察着重哲理宗教的（玄学的）世界观如何转化为以审美情感对待自然："相与欣佳节，率尔同褰裳。薄云罗物景，微风翼轻航。醇醪陶元府……"（谢安《兰亭》）

学术界认同这一观点，即且不论其所收诗作的艺术价值如何，《兰亭诗》都构成诗歌发展史中山水诗兴起的重要里程碑。

*王羲之《兰亭集序》；收入该文集的诗作见丁福保辑本，1964年，第1卷，第436—443页；《3—14世纪中国山水诗》，第25—26页；《阿理克译中国古典散文杰作》，第1卷，第232—234页；《中国文学作品选》，第183—184页。**M.E.克拉夫佐娃《中国中古早期仪式的阐释问题》；王钟陵《中国中古诗歌史》，第506—513页；《魏晋文学史》，第522—524页；Bischoff F.A. The Songs of the Orchid Tower; Chang N.S. Chinese Literature..., pp. 7‐9; Holzman D.Landscape Appreciation in Ancient and Early Medieval China..., pp. 144‐154.

（M. E. 克拉夫佐娃撰，徐乐译）

老舍

本名舒庆春，1899年生于北京，卒于1966年。散文家，剧作家，诗人，社会活动家。满族人，毕业于北京师范学校，在学校工作。1924—1929年在伦敦大学教中国语文，自此开始文学活动，出版了3部长篇小说，均取材于北京年轻人的生活和中国移民在英国的生活。回到中国后，老舍在山东省数所大学任教。他未接近任何文学组织，不参加辩论，只是加紧创作，出版了取材于小公务员生活的社会心理长篇小说《离婚》（1933）和引发论战的讽刺长篇小说《猫城记》（1933）。在后一部小说中，作者以描写火星上的生活为幌子，尖锐地批评国民党统治下中国的制度和风尚。1936年，老舍出版了给他带来国际声誉的长篇小说《骆驼祥子》，其叙事饱含生活真理，描写一个强壮、勤劳、诚实的北京贫民在命运打击下沉沦到底。这些年间，作家发表了4部短篇小说集和一系列其他作品，它们都真实可靠，主题广阔，类型多样，作家将鲜活生动的北京话运用得炉火纯青。

1937年全面抗日战争开始后，老舍被迫转移至南方，一开始到武汉，后至重庆。他在重庆开展不懈的爱国主义工作，即领导中华全国文艺界抗敌协会，编辑协会出版物。他努力把战斗文艺传递给最广大群众，热衷使用各种传统大众文学形式，既有散文也有诗歌。

老舍作为剧作家的才华也展现无遗。他以中国新的"口语体"语言创作了9部戏剧，有《残雾》和《国家至上》等。除两部新短篇小说集外，他在1943年写作长篇小说《火葬》，讲述为争夺一座小城市而发生的战斗，揭示爱国者的英雄主义道德根源，抨击叛国者。爱国主义和通敌卖国的对立，也是老舍篇幅最大、具有史诗气魄的长篇三部曲《四世同堂》的中心主题。这部小说于1944年动笔，1951年出版（长篇小说的一部分写于美国，1946—1949年间老舍在美工作和治病）。尽管这部小说的情节发生在日本人占领下的北京的一条胡同里，其描写的事件却洋溢着全中国甚至全世界规模的气息。

中华人民共和国成立后不久，老舍返回祖国并投身民族文化建设。1950年，他即已发表戏剧《龙须沟》和《方珍珠》，作品描写以新原则重建生活的过程中取得的初步成就。随后，他又有近20部各种体裁的戏剧作品问世，包括对传统剧目的改编。《茶馆》（1958）尤其引人关注，剧本借助一家北京茶馆的狭小空间来反映20世纪上半叶国家历史的三个转折关头。他另一部描写老北京生活的长篇小说《正红旗下》未能完成，仅写完第一部。老舍参加社会活动，积极呼应大众关心的问题；在文学家中，仅有他被授予"人民艺术家"称号。但在1966年"文化大革命"爆发时，老舍成为这场运动的第一批牺牲品之一（据称他被逼自杀）。

1999年2月，中国纪念这位20世纪杰出文化大师的百年诞辰。

老舍

*《老舍文集》12卷，北京，1980—1987年；《老舍文集》2卷本，莫斯科，1957年；老舍《全家福》，Л.А.尼科利斯卡娅译，莫斯科，1961年；老舍《一枚硬币》，А.А.法因加尔译，莫斯科，1965年；老舍《离婚》，Е.罗日杰斯特文斯卡娅译，莫斯科，1967年；老舍《猫城记》，В.И.司马文编，莫斯科，1969年，1977年；老舍《骆驼祥子》，Е.罗日杰斯特文斯卡娅译，莫斯科，1970年；老舍《赵子曰》，В.И.司马文译，载《东方辑刊》，1979年，第7辑，第89—279页；《老舍选集》，莫斯科，1981年；老舍《鼓书艺人》，Н.А.司格林译，莫斯科，1986年；老舍《小波的生日》《牛天赐传》，В.И.司马文译，莫斯科，1991年；《老舍作品选》，Е.罗日杰斯特文斯卡娅编，莫斯科，1991年；老舍《幽默小品选》，Н.А.司格林编译，圣彼得堡，1997年；老舍《二马》，В.И.司马文译，载《远东》1998年第8—9期，第11/12期；老舍《正红旗下》，Д.Н.华克生译，莫斯科，2007年。**З.Ю.阿勃德拉赫马诺娃《老舍创作的后一阶段（1949—1966）》，学位论文，莫斯科，1987年；З.Ю.阿勃德拉赫马诺娃《论老舍的文学和美学观点》，载《远东问题》1987年第1期，第106—113页；З.Ю.阿勃德拉赫马诺娃《剧作家老舍》，载《莫斯科大学学报》1987年第3期，第39—48页；А.А.安吉波夫斯基《老舍早期创作》，莫斯科，1967年；《巴金、臧克家忆老舍》，载《远东问题》1986年第3期，第144—150页；О.П.博罗金娜《老舍：战争年代的创作（1937—1949）》，莫斯科，1983年；И.К.格拉戈列娃《老舍：书目索引》，莫斯科，1983年；А.А.罗流沙《老舍和20世纪中国文学中的民族性格问题》，圣彼得堡，2006年；Н.А.司格林《老舍创作中的民间文学》，载《远东问题》1983年第1期，第177—189页；舒乙《老舍的最后岁月》，А.Н.热洛霍夫采夫译，载《远东问题》1987年第6期，第142—151页；王建华《老舍的语言艺术》，北京，1996年；谢昭新《老舍小说艺术心理研究》，北京，1994年；Chen W. M. Pen or Sword: The Wen-Wu Conflict in the Short Stories of Lao She (1899–1966), Berk., 1985; Ho K. K. "From the absurdist to realist: A reading of Lao She's «Teahouse» from a comparative perspective" // Oriens Extremus, Wiesbaden, 1996, Jg. 39, H. 2, S. 204‑227; S-lupski Z. The Evolution of a Modern Chinese Writer, Prague, 1966; Vohra R. Lao She and the Chinese Revolution, Cambr. (Mass.), 1974.

（В.Ф. 索罗金撰，徐乐译）

一个含义模糊的中国传统术语。据著名文学理论家刘勰定义："乐府者，声依永，律和声也。"（《文心雕龙·乐府第七》）它得名于国家特设的音乐机构"乐府"，班固的《汉书·礼乐志》中记载，乐府由汉武帝（前141—前87）创建（前114）。乐府的任务之一是创作祭祀歌，以满足宗教仪式改革，引入新的官方礼仪，如新的季节性祭祀、太一神和后土神的祭祀。乐府的掌管者是武帝的宦官宠臣李延年，编内有10位文官，以声名远扬的辞赋家司马相如为首。他们创作了19首歌。不久，乐府又被委以一项职能，即收集、整编、加工民歌，这意味着儒家诗学观的实现，据此诗学观，诗歌作品，首先是民歌杰作，具有表达国民情绪与精神状况的能力（诗集《诗经》之《国风》）。人们有意根据收集的民歌来评价君王的功过。

在前6年（哀帝在位时期，即前6—前1年），乐府因传播"郑卫之音"被改造，仅管理祭祀歌的"太乐署"得以保存。但收集、笔录民歌的活动一直持续至6世纪，且常有高官和文化活动家的倡导。记录下的文本存于皇家档案馆。8世纪初，乐府机构在形式上被撤销，被另一类型完全不同的音乐机构"教坊"所取代（714），教坊负责为宫廷演出培养乐师和歌手。

如此，乐府机构自一开始便与两种不同的诗歌传统相关，一是属于具名诗歌的祭祀歌，一是地道的民歌；2世纪末期，又出现了具名作者对民歌的仿作。这3种不同类型的作品均称为"乐府"。

当时所有的乐府第一次完整地呈现于沈约《宋书》（卷19—21）的"乐志"部分，这些乐府被分门别类，并给出了每一类别乐府的特征和起源历史。所有这些资料均被收入7世纪上半叶编写的《晋书》中的同名章节（卷22—23）。

最全的乐府汇编为郭茂倩（1041—1099）所编100卷本《乐府诗集》，它收入自汉代保存下来的乐府和3—9世纪间创作的乐府，也继承了中国古籍中同行的乐府分类方式，分"宫乐"和"常乐"两大类，归入第一类的是宗教仪式性质的作品，又分4组，即"郊庙歌辞"（卷1—12）、"燕射

乐
府

乙

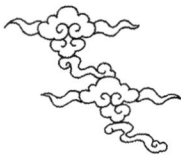

歌辞"（卷13—15）、"横吹曲辞"（卷21—25）和"舞曲歌辞"（卷52—56）。民歌和作者仿作的民歌，即"常乐"，则分为5组，即"鼓吹曲辞"（卷16—20）、"相和歌辞"（卷26—43）、"清商曲辞"（卷44—51）、"琴曲歌辞"（卷57—60）和"杂曲歌辞"（卷61—78）。根据主题和时间顺序排列分组，不同时代诗人对古代民歌或具名诗歌的仿作也分列成若干系列。《乐府诗集》的最后有3个部分，其中两部分为"近代曲辞"（卷79—82）与"新乐府辞"（卷90—100），收入隋朝（581—618）和唐朝（618—907）诗人的乐府，而"杂歌谣辞"（卷83—89）则收入谣。

学界也常使用另一些乐府分类法，其基本标准并非作品起初的音乐属性，而是作品的创作时间、目的和作者身份，由此可分为5大类：（1）与宫乐相关的礼仪性质的作品；（2）古代民歌，即乐府民歌；（3）具名作者仿作的民歌，即文人乐府；（4）南北朝时期（4—6世纪）创作的民歌，即南北朝乐府民歌；（5）模拟歌作和唐代时期创作的作品，即"新乐府辞"，其中包括白居易的组诗《新乐府》和《秦中吟》。

每一种乐府形式其实均构成一个独立的诗歌走向，有其独特的文本选择、演进路径、思想特点和艺术特点。

*《宋书》第19—21卷，第2册；《晋书》第22—23卷，第3册；《乐府诗集》。**Б.Б.瓦赫金《汉代和南北朝时期的乐府》，第5—10页；И.С.李谢维奇《中国古代诗歌与民歌》，第14—17页；王运熙《乐府诗述论》，第177—179页；刘勰《文心雕龙》第7章，第1卷，第101页；《先秦两汉文学研究》，第399—401页；萧涤非《汉魏六朝乐府文学史》，第1—16页；钱志熙《汉魏乐府的音乐与诗》，第47—48页；Frankel H. H. Yuehfu Poetry, pp. 69‑70; Kamatani Takeshi. The Early Bureau of Music...; Knechtges D. R. A New Study of the Han Yuehfu; Loewe M. The Office of Music...

（M. E. 克拉夫佐娃撰，文导微译）

或称"民间乐府"（简称"乐府"，popular songs），是民间的乐府歌（简称乐府歌）、流行歌曲。学术概念，用来指称乐府官员收集、记录的民歌作品，乐府系汉武帝（前141—前87）创建（前114）的专门音乐机构。乐府民歌为乐府诗歌之一种。

班固编撰的《汉书·艺文志》收入从全国20多地收集来的138首民歌。据沈约《宋书》（卷19—21）和郭茂倩（1041—1099）《乐府诗集》的乐府分类，自汉代留存的诗歌文本中有51首被归入乐府民歌。这些作品分为两组：（1）"鼓吹曲辞"，又名"铙歌"，18首；（2）"相和歌辞"，33—37首。通常认为，第二组里有由乐府官员所录的民歌作品。根据民歌音乐上的细微差别，这些诗作又分为7组："相和曲"，10首；"吟叹曲"，1首；"平调曲"（"平调"是一个音乐术语，指五声调式，即一种汉代音律的变体），3—5首；"清调曲"，5首；"瑟调曲"，11—14首；"楚调曲"，2首；"大曲"，1首。这组诗里有些同名作品，如有3首《长歌行》。有关这一名称的说法和译法多种多样，因为汉字"长"有多重含义，它的词典释义主要有：长久的，长的，永恒的。作为音乐术语，它是指拉长的旋律。

两组诗里都有作于不同时间的歌，它们从形式特点（有四行诗和六行诗，也有二十行以及二十行以上的作品）到内容特点均不一致，这些作品主要由混合诗律（长短不一的诗行）写成，多为三、四、五和七言诗行。乐府民歌的一个外在标志是，它们的题目里常有汉字"行"，"行"在此为文学术语，意指"歌"。

这些乐府出现的真正时间以及它们是否属于自发创作的歌，均为学术讨论的议题。其中一种观点认为，一些乐府作品可能是具名作品，是乐府机构官员从许多不知名诗人的作品中挑选出来的，并配上音乐。

最古老、内容最为独特的乐府民歌是《江南》《蒿里》《薤露》，它们均被列入第二个系列。《江南》是一首寓意性质的情歌，其中莲与戏鱼的形象大获成功，后成为常用的

乐府民歌

乙

形象。"江南"是汉语中通用的描述长江以南地区的形象称谓，它也成了诗歌形象："江南可采莲，莲叶何田田！鱼戏莲叶间，鱼戏莲叶东，鱼戏莲叶西，鱼戏莲叶南，鱼戏莲叶北。"《蒿里》含古代诗歌中唯一有关阴间（蒿里）的故事。人们认为，它原为近似长诗《招魂》和《大招》这类祷告（送葬）歌的片段："蒿里谁家地，聚敛魂魄无贤愚。鬼伯一何相催促，人命不得少踟蹰！"《薤露》（可能同样原为送葬歌）在中国诗歌中首次将人之存在的无常和自然现象的永恒循环作明确对照，这篇作品开创了后来抒情诗里最为流行的晞露形象，它象征人生的转瞬即逝及人世的虚无缥缈："薤上露，何易晞。露晞明朝更复落，人死一去何时归。"

人生转瞬即逝的旋律也在许多其他乐府中响起，成为乐府诗歌一个特别的意义特征，与《诗经》中的古代抒情诗歌很不相同。比如，我们在组诗《相和歌辞》的《满歌行》中读道："凿石见火，居代几时。"

总体看来，乐府民歌在主题与情绪上对《诗经》（《国风》）多有重复，比如，有包含长寿、富有、家庭幸福、事业有成等愿望的赞颂性质的作品（《相和歌辞》系列中有《相逢行》《长安有狭斜行》），也有颂扬酒乐的作品，其情绪背景是对生命之艰辛与易逝的意识，如《鼓吹曲辞》系列中的《对酒行》，组诗《相和歌辞》中的《善哉行》与《西门行》："何能坐愁怫郁，当复待来兹。"（《西门行》）一些歌讲述古情，有训诫口吻（《相和歌辞》系列里的《折杨柳行》）；其他一些作品歌颂君子（《鼓吹曲辞》系列里的《芳树》）；第三类作品包含训导，如已提及的《相和歌辞》系列里的《长歌行》："少壮不努力，老大徒伤悲。"

在打猎主题的歌（如《鼓吹曲辞》系列里的《临高台》）和属于这类主题的讽喻性质的歌里，使用了兽类和禽类的形象（如《鼓吹曲辞》系列里的《朱鹭》）："朱鹭，鱼以乌路訾邪。鹭何食？食茄下。不之食，不以吐，将以问诛者。"为数最多的组歌描写主人公由于生活上的

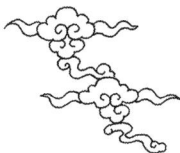

冲突而背井离乡，精神痛苦（如《鼓吹曲辞》系列里的《巫山高》），讲述普通百姓之困境、兵役之重负、官员之专横的歌（如《鼓吹曲辞》系列里的《战城南》，以及《相和歌辞》里的《妇病行》《孤儿行》《东门行》《平陵东》）。《平陵东》中写道："平陵东，松柏桐，不知何人劫义公。劫义公在高堂下，交钱百万两走马。……心中恻，血出漉，归告我家卖黄犊。"爱情诗数量众多，虽然它们的主题范围与《诗经》相比明显要窄。占多数的是女性主题，如离别、与爱人书、祈愿得到两情相悦之福的自述，如《有所思》和《上邪》（属《鼓吹曲辞》系列）："上邪！我欲与君相知，长命无绝衰。山无陵，江水为竭。冬雷震震夏雨雪，天地合，乃敢与君绝！"特别出众的有《相和歌辞》系列里的健妇赞歌《陇西行》和带有轻佻潜台词（"马"是象征男性潜能的形象）的逗乐性质作品《君马黄》（属《鼓吹曲辞》系列）："君马黄，臣马苍，二马同逐臣马良。"

《饮马长城窟行》（属《相和歌辞》系列）因其特别丰富的意义而别具一格，其中融合了爱情主题、社会主题和历史主题。它叙述生活在秦朝（前221—前207）的一对夫妇，丈夫被派去修筑长城，诗中传达出夫妇彼此间的相思："长跪读素书，书中竟何如？上有加餐饭，下有长相忆。"此歌第一行"青青河畔草"是句套语，常在其他歌作、古诗和文人乐府里用作开头。

道教神秘主题的歌形成一个不同于《诗经》的新的题材组，讲述为求长生不老而做的努力，讲述仙人事迹，如《圣人出》（属《鼓吹曲辞》系列）、《王子乔》和《长歌行》（均属《相和歌辞》系列）。《长歌行》中写道："仙人骑白鹿，发短耳何长。导我上太华，揽芝获赤幢。"

这些民歌的特点是具有冗长详细的叙述、清晰展开的情节线索和文学主人公的精致肖像，这些特点使它们在类型学意义上接近叙事诗。在后世的中国语文学和当今学界，得到最多关注的是《陌上桑》（属《相和歌辞》系列）和《孔雀东南飞》。

乐府民歌作为反映底层居民生活与情绪的古代作品，

始终处于学者注意力的中心。20世纪20—40年代出版了中国文学研究者的几部大作，如黄节的《汉魏乐府风笺》（1924）、罗根泽的《乐府文学史》（1931）和萧涤非的《汉魏六朝乐府文学史》（1944）。论述民歌的章节见于所有中国文学史著。欧洲和俄国的学术界在20世纪下半叶开始研究乐府民歌。大部分乐府民歌由Б. Б. 瓦赫金译成俄语。

*《乐府诗集》第16—20、26—43卷；《乐府诗选》；相关作品见参考文献Ⅱ：丁福保辑本（1964年版）第1卷，第15—20、63—77、47—48页，逯钦立辑本第1卷，第155—162、255—275页；《中国诗选》第1卷，第232—280页；《中国文学作品选》，第115—123页；《乐府：中国古代民歌》，第3—81页。**Б.Б.瓦赫金《汉代民间文学》；Б.Б.瓦赫金《汉代和南北朝乐府》，第10—13页；И.С.李谢维奇《中国古代诗歌与民歌》；Л.Д.波兹德涅耶娃《风景与乐府》；Б.Л.李福清《万里长城的传说与中国民间文学的体裁问题》，第63—71页；王运熙《乐府诗论丛》；王运熙《乐府诗述论》；罗根泽《乐府文学史》；刘大杰《中国文学发展史》第1卷，第195—201页；萧涤非《汉魏六朝乐府文学史》，第60—97页；谭丕模《中国文学史纲》第1卷，第102—113页；黄节《汉魏乐府风笺》；《中国文学史》第1卷，第165—169页；Birrell A. Popular Songs...; Dieny J. P. Aux origines de la poe'sie classique en China...; Pease J. Popular Songs...

（M. E. 克拉夫佐娃撰，文导微译）

《离骚》

古代中国诗歌总集《楚辞》中的一部长诗，《楚辞》构成了上古中国南方地区亦即楚国（前11—前3世纪）的诗歌传统。

这部长诗共376行（或曰188组双行诗），主要以六言押韵的骈句写成，包括尾声（5行）。长诗标题的解释和翻译均源自其第一个字"离"。"骚"则是一个文艺学术语，在体裁分类中用来表示散文作品（后也包括抒情作品）的一个特殊变体，通常以"哀歌"这一概念来表达。在注释传统中，早在司马迁（前2—前1世纪）的《史记》中，这部长诗就被十分肯定地归在伟大的楚国诗人屈原的名下，它被认为是屈原最鲜明、最重要的作品，也是整个中国诗歌的杰作之一。

按照内容，这部长诗可清晰地分为两个基本部分。第一部分（1—90行）带有作者自传性质，在主题和情绪上呼应组诗《九章》。其中详细讲述作者即抒情主人公的生活（他的出生、童年、后来的生活冲突），全面而极富情感地叙述他的思想和体验，涉及国家建制的应有状态、统治制度的不合理、国家的命运和对他的不公正。其中还写到屈原的出生日期（孟春月庚寅日）和他的家庭信息：他出身贵族，其祖先可追溯至神话中的上古帝王颛顼，还指出了其父的名字和封号（公爵伯庸）①。父亲亲自给作者起的名字（"原"和"平"）也得到解释："原"是一个具有抽象哲学意义的概念，意为一种始初的、内在的状态；"平"这一范畴术语则表示下列一些概念，如公正、诚实、良心、原则性等。抒情主人公被表现为这样一个人，他富有杰出的品质和才华，在生活目的和道德方针上接近儒家的理想人格："纷吾既有此内美兮，又重之以修能。扈江离与辟芷兮，纫秋兰以为佩。……乘骐骥以驰骋兮，来吾道夫先路。……忽奔走以先后兮，及前王之踵武。荃不察余之中情兮，反信谗而齌怒。"

《离骚》的第二部分再现抒情主人公奇幻旅行的画面。乘坐套上龙和凤的大车，他的漫游飞越天界，他登上群星，拜访凡夫俗子不可企及的神秘之处，与神仙交游："驷玉虬以乘鹥兮，溘埃风余上征。……前望舒使先驱兮，后飞廉使奔属。……飘风屯其相离兮，帅云霓而来御。纷总总其离合兮，斑陆离其上下。"

学术文献中一直在争论这部长诗作者的身份（在20世纪上半期学界特别积极地提出一种说法，认为《离骚》创作于

---

① 《离骚》："朕皇考曰伯庸。"未言及封号。原文所谓"公爵"，不知何据。
——译者注

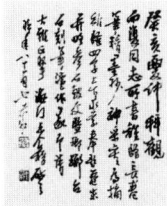

公元前2世纪—前1世纪），以及它总体的思想倾向，即诗人的感受是否仅源自他个人的命运波折，这些感受是否具有社会和家国情怀。

奇幻旅行情节引起的讨论最为热烈。对它做出的众多阐释，决定了这首长诗的诸多特点（指它的意义）。根据某些阐释，奇幻旅行画面只是作者想象的结果。它具有讽喻的潜文本，所再现的要么是屈原的心理状态，要么是他的浪漫主义情感或不满现实的情绪。在第一种情况下，在现实生活中失去自由的诗人只剩下幻想的自由，他逃向梦幻世界，流连忘返，不再思考个人的生活矛盾和社会的不公，奔放不羁的漫游飞翔是他深刻感受的一种隐喻。第二种说法是，诗人在寻找理想的爱情，寻找在平常生活中不可能找到的爱侣。第三种说法为，屈原通过神话形象批评当时的社会，甚或表明天庭秩序亦非十全十美，并辛辣嘲笑神仙们的性格和恶劣习气："保厥美以骄傲兮，日康娱以淫游。虽信美而无礼兮，来违弃而改求。"

持其他观点的人则论证奇幻旅行情节的宗教来源。他们认为，这或是以诗意的方式再现萨满教的飞行法术实践（itineraria），这一见解产生于20世纪中期的欧洲学术界，欧洲学术界此时将楚国的信仰视为巫术特殊的中国变体（即"巫风"）；或再现宗教性的漫游，即spiritual journey（J. S. Major），这种仪式亦源于楚国，但性质与巫术的飞行法术略有不同。这些实践活动同时假定施术者进入迷狂状态，此时他的灵魂被想象为能飞越宇宙并与神灵沟通，但其目的是获得个人的不朽。

根据另一观点，这一情节具有宗教神话来源，系神秘主义漫游（"游"）的文学版本，"游"是地方信仰体系中的一个有机要素。这一信仰体系还包括其他要素，如：认为西方是圣洁的世界；崇拜女性神祇，女神是不朽的主宰者和授予者；认为可以通过神秘的漫游这种再现太阳运行及其重生（嬗变）的行为在彼世获得不朽。《离骚》第二部分艺术世界的空间结构尽管看上去混沌无序，却清晰地指向世界的两个方向，即东方和西方。抒情主人公的旅行严格按照

"从东到西"的流程，重复太阳的运行轨迹。主人公驾驭神车的题材，符合把日神看作驾着太阳车的车夫的观念。漫游的关键一节，是主人公与一个名为"灵氛"的"神卜"的相遇，主人公从他那里得到能获得不朽的食品（"琼糜"）和神物"琼树"。诗文中没有说明这一人物的性别，但她与主人公相互关系的性质，以及她所处之地（在西方）和完成的举动（赠送能获得不朽的物品），能让我们看出她是一个女神，系西王母形象之前身。见过灵氛后，主人公潜入世界的西方之极，即神山昆仑，并获得与"仙界至福"相媲美的特殊状态："抑志而弭节兮，神高驰之邈邈。奏《九歌》而舞《韶》兮，聊假日以媮乐。"

对周朝末年神秘主义知识和南方葬礼的最新研究结果（对葬礼中艺术装饰品的主题和形象阐释），同样证明楚文化中存在关于"死后永生"的观念。

"游"这一情节尽管形态变化极大，但仍被视为后世的宗教神话观念（"西游"），同时也被视为道家的哲学传统（作为道家信徒生活典范的云游）和宗教传统。这一情节也体现于关于道教创始人老子的传说、周天子穆王的巡游（《穆天子传》）以及关于射手羿（后羿）的神话。在诗歌创作中，"游"（始于长诗《远游》）直接成为道教题材作品（"游仙诗"）、归隐主题作品、尔后的山水诗等广为接受的情节范式。这一情节确定了中国人看待原始自然的态度，即视之为不朽的源泉。此外，《离骚》所创造的神话形象构成一座真正的艺术宝库，其手法在道教哲学和宗教主题的诗歌中、在山水诗中均得到了运用。

《离骚》的文本收在所有版本的《楚辞》汇编中。有单行本，包括它的现代汉语译本。

*《离骚纂义》；缪天华《离骚九歌九章浅释》；《屈原离骚今译》；《离骚》，阿赫玛托娃译，载《中国诗选》，第1卷，第149－161页；《离骚》，А.И.巴林译，载《中国文学作品选》，第1卷，第123－140页；А.吉托维奇译，载《中国古典抒情诗》，第23－64页；《离骚》（片段），М.克拉夫

佐娃译，载《中国文学作品选》，第65－71页；Li sao // Hawks 1959, c. 21－34; Li sao // Li sao and Other Poems of Qu Yuan, c. 1－13; Lisao: `A la rencontre du chagrin // E′le′gies de Chu..., c. 44－60. **M. E. 克拉夫佐娃《古代中国神话宗教传统中的"游"》，载《亚非民族》1986年第2期；Kravtsova M. Ancient Animistic Beliefs of the Southern China...; она же. Space and Time in Culture of Southern China; 李嘉言《从离骚看屈原的思想和艺术》；詹安泰《离骚笺疏》；Hawkes D. Quest of the Goddess, p. 126－128; Izutsu Toshihiko. Mythopoetic «Ego» in Shamanism and Taoism; Knechtges D. R. The Han Rhapsody..., p. 15－17; Major John S. Characteristics of Late Chu Religion, p. 139; Schneider L.A. A Madman of Ch′u..., p. 32－33.

（A. A. 罗流沙撰，徐乐译）

李白

　　字太白，生于701年，卒于762或763年。关于其出生地主要有两种说法，或为突厥汗国碎叶城（今吉尔吉斯斯坦托克马克），或为青莲乡（今四川省江油市）。他是中国伟大的诗人之一。李白5岁时，其父携全家迁至绵州昌隆县（今四川省江油市），诗人也视此地为故乡。他在研习儒学典籍和诗歌方面都有建树。他曾在山中度过数年，向出家人请教佛道经典。15岁开始学习剑术，因为他想成为像古时"游侠"一样的人，那些人以锄强扶弱名满天下。中古时期的中国作家即已指出，李白的性格中有机地融合着儒家、道家学说信徒和游侠的品性。他梦想造福苍生，"使寰区大定"，赞赏功成身退的豪杰，愿襄助明君，功成归山。724年秋，他顺长江前往中部地区。他的诗句体现出作者独树一帜、狂放不羁的性格，以及坚持个性独立和人格尊严的强烈感情。他的诗作想象丰富，大胆使用夸张手法，书写神话形象和历史上的英雄豪杰，同时渗透因现世颓靡而引起的悲痛和苦闷。他善于保持纯净高尚的心灵和直率的感受力，善于发现和珍惜尘世生活的欢乐，从民间创作中大量借鉴形式、主题和表现手法。他的诗作风行全国。742年，李白应邀赴京，接近宫廷并担任翰林院学士。诗人向往摆脱伪善和私利，

盼望交结品行高洁之士。新朋友中有人称他为"天上谪仙人"，但李白在京城遭人妒恨和构陷，于744年离开宫廷，浪游10年。

组诗《古风》辑录59首诗，以广博的历史和神话材料与当世对比，融儒家立场与道家主张于一体，常使用怀才不遇的传统主题，接踵而至的是梦想天上神仙世界，希望与道相合。作为一个热爱生活、积极活动、情感充沛的人，李白讴歌尘世的欢愉——酒、乐、舞、与美人相会、与朋友交谈、游乐、宴饮。他的创作中大自然呈现为一个光明、自由、幸福的世界，也是怀才不遇者的避风港。755年安禄山叛乱的消息激起诗人对祖国未来的忧虑："志在清中原。"他一面指责朝廷无力平叛护国，同时书写人民的苦难。李白投奔皇子李璘的军队，然李璘后被定罪为谋反。诗人身陷囹圄，被判处死罪，后改判流放至西南。在流放路上，他因不公正的命运、孤独和年迈发出怨诉。759年，他遇大赦，乘舟返回东方，"旷如鸟出笼"。761年他再次加入征战，但因病被迫回到当涂县（今属安徽）亲戚家里，并谢世于此。他在《临终歌》里自比威力无边的神鸟鹏，遭摧折跌落凡尘。在中国，李白被称为"诗仙"。在领悟前辈艺术经验价值的同时，李白坚守独立，用语言实现自己的才华和个性。他的典型特点是自然从容的诗歌风格、创作上的大胆和令人难以忘怀的形象性。

*《李太白集》1—8卷，上海，1928年；《李白抒情诗选》，A.吉托维奇译，莫斯科，1957年；《李白诗俄译》，载《三位唐代诗人：李白，王维，杜甫》，A.吉托维奇译，莫斯科，1960年，第37—169页；李白《玉柱》，圣彼得堡，2000年；李白《古风》，C.A.托罗普采夫译释，莫斯科，2004年；李白《心灵风景》，C.A.托罗普采夫编译，圣彼得堡，2005年。
**A.E.卢基扬诺夫《在道的怀抱里》；C.A.托罗普采夫《诗的尘世之兆》，载《东方收藏》2004年第3期，第116—126页；《太白之书：李白的诗歌和生活》，C.A.托罗普采夫译释，莫斯科，2002年；E.A.谢列勃里亚科夫《中古民间传说的一位伟大中国诗人》，载《东方学》第17辑，列宁格勒，1991

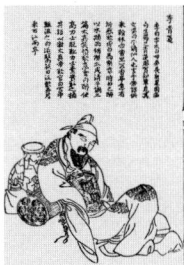

年；C.A.托罗普采夫《8世纪中国诗人李白抒情诗中的时间范畴》，载《历史、文学、艺术通报》第2卷，莫斯科，2006年；O.Л.费什曼《李白：生活和创作》，莫斯科，1958年；《李白资料汇编：金元明清之部》3卷，裴斐、刘善良编，北京，1994年；林继中《李白歌诗的悲剧精神》，载《中国古代、近代文学研究》1995年第2期，第149—156页；杨海波《李白思想研究》，上海，1997年。

（E. A. 谢列布里亚科夫撰，徐乐译）

李宝嘉

字伯元，1867年生于山东，卒于1906年。著名文学家，数部社会谴责长篇小说和政论的作者。父亲死后，他生活在官位显赫的伯父家中。李宝嘉受过良好教育，少年起就热爱文学、绘画、书法，跟从传教士学习英文。青年时考中秀才，但后来却放弃进学和仕途。1896年他在上海开始创办《指南报》《游戏报》等报纸，1903年开始主编最早的文学期刊《绣像小说》，他在这份期刊和其他期刊中发表大量特写、随笔、长篇小说形式的作品。李宝嘉一方面对清朝帝制持批判立场，另一方面也对激进的改革运动持怀疑态度。在自己不长的一生中他出版了大量不同体裁作品，其中较著名的是长篇小说《官场现形记》《文明小史》，在这些作品中他描绘了当时的官场风气。在未完成的长篇小说《活地狱》中，作者表现司法体系的弊病（长篇小说在他死后由他的朋友、作家吴沃尧和欧阳巨源写完）。1900年的起义事件被他用一种故事说唱体裁"弹词"记载下来（《庚子国变弹词》）。李宝嘉留下几部未完成作品，如《中国现在记》等。发诸他笔端的还有几部形式短小的作品，如《南亭笔记》（"南亭主人"系作家笔名之一）、《滑稽丛话》等。

**В.И.司马文《中国长篇小说的演进》，莫斯科，1970年，第130—218页。

（Д. Н. 华克生撰，徐乐译）

李洱

1966年生于河南，现居郑州。作家。大学时即开始写作。现在高校执教，亦是文学杂志《莽原》副主编。

1987年，作者的第一篇短篇小说《生命》在文学杂志《广东文学》上发表，之后在西方文学影响下写作中篇小说《福音》。自中篇小说《导师死了》（1993）问世起，李洱开始形成独立风格。作家把注意力放在当代知识分子的日常生活上，那些飘荡在空气中的、塑造受教育阶层自我意识的思想和情绪，在他的短篇小说里得到反映。比如，中篇小说《午后的诗学》反映从精神空虚向幻想世界的逃离。李洱小说的特点是反讽、对细节的注意和结构上的实验色彩。

李洱的长篇小说《花腔》（2000）叙述抗日战争时期诗人和翻译家葛任的命运，提出历史中的个性这一问题。这部长篇小说获得非官方的"鼎钧"文学奖。李洱最新的长篇小说为《石榴树上结樱桃》（2003），描写的也是历史事件。

*李洱《午后的诗学》，北京，2002年；李洱《花腔》，北京，2004年。**张钧《小说的立场：新生代作家访谈录》，桂林，2001年，第420—441页。

（E. A. 扎维多夫斯卡娅撰，徐乐译）

李清照

号易安居士。1084年生于今山东济南，卒于1151年。[①] 中国最伟大的女诗人之一。

童年和少年时期，李清照身边俱为与艺术和文学密切相关的人，父亲为高官和知名文人，母亲也是博学多识的著名才女。李清照早年即已写诗，获京师文学圈认可。她爱好收藏书籍、字画和实用艺术品。难怪她的诗中常有仿佛从金石瓷器制品上移来的形象，而她有多首诗使人联想到中国宋代著名画家的山水画。她20岁嫁与著名金石家赵明诚。女诗人

---

① 关于李清照生平系年，国内学界多认为李清照18岁（1101年）嫁与赵明诚，1134年移居金华，1155年左右去世，与本词条所述略有出入。存之备考。——译者注

的家庭生活没有丝毫阴影，只因爱人出任州官而频繁分离方有些许短暂苦痛。

李清照早年诗作通常仅抒写自然风光和个人感悟。女诗人在每一节诗文中都坦率表露女性的内心世界。

1127年，宋帝国都城汴京（今开封市）沦陷于女真后，李清照与成千上万国人分担痛苦命运。她丧失家园，备尝艰辛，颠沛流离，被迫逃至南方，国家半壁江山落入敌手，地位屈辱，所有这一切皆在李清照晚年的创作中打下悲恸印记。赵明诚死后，女诗人只身一人留在遥远异乡。她从一地迁到另一地，有时寄寓小船，流落在杭州地区（浙江省）江湖之上，晚年（自1132年起）隐居金华山中，如古人所言，避开"利禄功名"。

李清照诗词中高昂的浪漫调性逐渐变为严谨和节制，绝望和孤独的语调显得更加尖锐和决绝。女诗人更经常地使用风声、细雨声、一去不返的春天和阴沉的秋色来描写她周围的"冰冷世界"："伤心枕上三更雨，点滴霖霪；点滴霖霪，愁损北人，不惯起来听。"

若根据流传至今的李清照作品判断，可以肯定地说：不同于辛弃疾和陆游等中国南宋诗人，她的缪斯并不具有前两位诗人的爱国情怀和论战热情。当国家面临外敌军事威胁时，南宋王朝统治高层却沉迷于饱食荒淫、阴谋诡计和权力斗争，她以自己的方式抗议这种无所作为和奴颜婢膝的行径，这种方式是她得心应手的，可能也是积极有效的。

女诗人满怀凄苦，却又富有灵感地描绘祖国旧时的强盛繁华景象，讴歌故乡独一无二的美好，在同胞心中唤起爱国主义情感。她的诗句似在无声地指责每一个忘记为国尽责的人。"落日熔金"，女诗人轻蔑地回绝轻薄浪荡子弟的游玩邀约，"来相招，香车宝马，谢他酒朋诗侣。"

李清照是一位抒情诗人。她的绝大多数诗作均以"词"的体裁写成。为离别和单相思而痛苦，期待与爱人相见和怀念逝去的韶华，惋惜浮生易朽和希望融于自然——这些皆为她诗作的基本主题。其诗词中广泛使用唱词常用的手法，如借喻、排偶、引子、叠句等。词常分为两阕，上阕包含对风

景或情境的描写，下阕常为完全独立的诗节，表达全诗的基本思想。

李清照仅有约50首诗词、数篇论诗歌和戏曲艺术的文章流传至今，但这些不多的作品已足以使人判定女诗人杰出的诗歌天赋、深厚的知识和极高的造诣。值得注意的是，其创作后来被视为中国抒情诗中的一个独立流派，即"易安体"。

一代又一代诗人将她的作品奉为圭臬。她的多首诗词历久不变地刊刻在中国的各种诗歌选本中，最终入选学校读本。将真挚的情感、深刻的抒情和音乐性与鲜活形象的语言和完美的形式融为一体，这是决定李清照诗歌的生命力和影响力的主要原因。

*《李清照集》，北京，1962年；《李清照全集评注》，济南，1996年；李清照《漱玉词》，М.巴斯曼诺夫译注，莫斯科，1974年；李清照词作，载《梅花开：中国古典诗词》，М.巴斯曼诺夫译注，莫斯科，1979年，第177—243页。**В.А.维尔古斯《宋代（960—1279）文学》，载В.А.维尔古斯《中古中国：历史、对外关系和文学研究和资料》，莫斯科，1987年；《宋代文学研究》第2卷，张毅主编，北京，2001年，第882—943页。

（М. И. 巴斯曼诺夫撰，徐乐译）

字松石，约于1763年生于直隶大兴①，约卒于1830年。学者和文学家。在江苏省生活多年，做过河南县丞。以博学广识闻名（通乐律、小学、数学、书法、占卜、天文）。他广博的学识反映在其长篇小说《镜花缘》中。该作品融长篇游记、神怪乌托邦、讽刺文学的特色于一体，因包含各门学问的丰富知识而使读者兴味盎然。按照最初构思，长篇小说应有200回，但作者仅写完100回。小说似分两部分，第一部

李汝珍

① 大兴今属北京市。——译者注

分讲述主人公去往海外（神怪）诸国的奇幻旅行，第二部分叙述各门学问和才艺知识，谈论各种习俗、仪式、戏乐和其他故事。

*李汝珍《镜花缘》，В.А.维尔古斯、Г.蒙泽列尔等译，О.费什曼序，莫斯科－列宁格勒，1959年，1998年再版。**Л.Д.波兹德涅耶娃、Л.С.斯科罗博加托娃《李汝珍的乌托邦小说》，载《近代东方文学》，教科书，莫斯科，1975年，第510—527页；В.И.司马文《新环境里的旧作家》，载《中国的文学和文化》，莫斯科，1972年，第267—281页；Л.С.斯科罗博加托娃《李汝珍长篇小说〈镜花缘〉中的中国和其他民族》，载《远东文学研究理论问题》，莫斯科，1977年，第139—145页；Л.С.斯科罗博加托娃《李汝珍小说〈镜花缘〉中对儒家学说某些观点的批判》，载《中国的文学和文化》，莫斯科，1972年，第260—266页；Л.С.斯科罗博加托娃《李汝珍和他之前的文学》，载《莫斯科大学学报》1988年第1期，第32—39页；О.Л.费什曼《李汝珍和斯威夫特（乌托邦类型学）》，载《第八届中国的社会与国家学术研讨会论文集》第2卷，1982年，第187—195页。

（Д. Н. 华克生撰，徐乐译）

李商隐

　　字义山，号玉溪生，813年生于怀州（今河南沁阳），卒于858年。生于贫困家庭。童年在中国西南部度过[1]，那里以山水秀美闻名。童年时他便显露文学才华，16岁时他的才华引起高官令狐楚注意，后者帮助李商隐取得巡官职位。833年，诗人为考取进士去往唐帝国首都长安，未果。在这一时期，李商隐醉心道教，但诗人对当时的政治事件并非漠不关心，写于835年变故后的诗对此可作证明。837年，李商隐终于金榜题名，考中进士，但未获任具体官职。838年入泾原（今甘肃省一带）节度使王茂元幕府工作。不久，诗人娶其女为妻。839年，李商隐获任秘书省校书郎，但很快

───────────────

[1]　李商隐约10岁前随父在浙江度过，原文言"中国西南部"，不确。——译者注

便调任县尉，负责抓捕罪犯。842年诗人再次投奔其岳父麾下。同年李商隐通过考评，结果再次授任秘书省正字职位，但因母亲去世，他不得不辞官守孝。846年李商隐之子衮师出生。851年之前，诗人在各处任职。他（约在848年）获博士衔，于最高学府之一（太学）宣讲儒家经典，教授学生写作。这一年①，李商隐的妻子去世。根据他第二部散文作品集（853年）的序言记载，妻子死后，李商隐皈依佛教。858年，诗人最后一次丢官，迁居荥阳城，不久去世于此，时年45岁。

李商隐的创作遗产包括600余首诗作，其中多首为古典情诗杰作。最出名的是组诗《无题》。这组诗带有概括性质，不以讲述具体某人的感情或现实事件为目的，作者力图传达出自己的情绪和感受，整组诗气脉沉郁。诗人以特殊的艺术造诣表现恋爱中的人均会体验到的那些感情。组诗《无题》中几乎所有诗作都被认为晦涩难懂，这种情况促成了多种不同阐释和注解。李商隐的情诗中有一系列献给妻子的诗作（《夜雨寄北》《正月崇让宅》），它们的基本主题皆为与爱妻的分离。

李商隐诗歌遗产中约有六分之一的主题是反映当时政局。9世纪上半叶政治斗争频繁，先有"甘露之变"，后有牛李党争、宦官专权。李商隐目睹了数个帝王的更替。他看到帝王的奢靡生活和百姓的贫困。李商隐没有机会实现青云之志，深切感受到他无力改变现状。这些俱反映在他的诗歌中（《有感》《重有感》《曲江》《哭刘司户》以及200行的诗作《行次西郊作一百韵》）。

李商隐的诗精致婉转，带有大量的联想。他对形象系列之来源的选择不受任何局限，他使用神话形象、哲学历史著作和文学典籍，他娴熟地使用前辈的一切文学创作遗产和精神遗产。但大量用典使他的诗难以理解，因此他的一些作品至今仍无法解读。形象鲜明的比喻和修辞赋予李商隐的诗歌一种特别的美。李商隐诗歌的另一特点是使用排偶，这是写

---

① 国内学界一般认为李商隐妻子王氏卒于851年，原文所言不知所据，俟考。——译者注

443

八句新体诗的必要条件。然而诗人在创作它们时展现出极高的艺术水准。此外，李商隐常常不在整体上描写基本情节，只是稍做暗示，通过细节描写和表现与基本情节没有直接关系的行动或事件的地点，取得深刻和强烈的效果。他的诗生气勃勃，仿佛处在流动之中，前一句中他尚在描写发生于此刻的事件，后一句中情节已然转到过去，诗人思接千载。李商隐娴熟掌握八句律诗的技巧，他的七言绝句也得到批评家们的高度评价。

尽管同代人更看重李商隐撰写的官方文件和书信，但李商隐的诗作在中国文学中占据特殊地位，它们在多个世纪里始终广受欢迎。

*《李商隐》，北京，1980年；《李商隐诗选》，北京，1986年；《李商隐诗集疏注》2册，叶葱奇疏注，北京，1985年；李商隐诗作，载《唐代（7—10世纪）诗歌》，莫斯科，1987年，第396—400页。** Liu J. The poetry of Li Shang-yin, Chic., L., 1969.

（Е. И. 米特金娜撰，徐乐译）

李陀

本名孟克勤，1939年生。作家。达斡尔族。1958年中学毕业于北京。做过工人，曾在《北京工人报》做编辑。1976年，他的短篇小说在媒体上发表。1978年，短篇小说《愿你听到这支歌》被授予当年的优秀短篇小说奖。从1980年起从事职业文学创作。出版小说集《李陀短篇小说选》。编写数部电影脚本，其中一些系合作。他的短篇小说情节严密，富于强烈的抒情性。作家乐于运用"意识流"手法，特别是在描绘主人公的民族心理特点时。他在1978年获奖的短篇小说于1982年被译成俄语。近年来他撰写了多篇关于当代中国文学的批评文章。

*李陀《愿你听到这支歌》，A.热洛霍夫采夫译，载《外国文学》1981年第11期，第141—153页；李陀《人妖之间：中国作家短篇小说选》，莫斯科，1982年，第141—160页；另载《中国当代小说》，莫斯科，1988年，第187—206页。**《中国当代文学辞典》，武汉，1996年，第133页。

（A. H. 热洛霍夫采夫撰，徐乐译）

李渔

原名仙侣，字笠鸿，号笠翁。1611年或1610年生于江苏雉皋，卒于1680年或1679年。戏曲家、戏曲理论家、随笔作者、小说家。生于富商家庭。在祖籍兰溪（今属浙江）生活多年。清朝建立（1644年）后迁居杭州（今属浙江），后迁居南京（今属江苏），在此从事戏曲活动和文学创作，也经营业务（他创办"芥子园"书铺）。李渔组建自己的戏班，他的戏班几乎走遍全国，在富人之家演出。他不仅是家族剧团的掌门人，而且也是独特的经理人、导演和剧本作者。

李渔的创作多样而丰富。他写有剧本《笠翁十种曲》，在《闲情偶寄》及其他多部著作中论述他在舞台艺术和戏曲领域的广博知识。作为小说家，他以两部中篇小说集闻名，即《无声戏》和《十二楼》，他在其中使用了"拟话本"的艺术形式，给这一形式带入不少独创特色。另有两部长篇小说被归诸李渔笔端（并非所有人均承认其作者身份），即浪漫主义长篇《回文传》和世情长篇《肉蒲团》。李渔的大量诗歌和随笔创作收入他的作品集《一家言》。

*李渔《十二楼》，Д.Н.华克生译注，莫斯科，1985年，1999年；李渔《肉蒲团》，Д.Н.华克生译文，Г.雅罗斯拉夫采夫译诗，莫斯科，1996年，2000年；《中国情色小说》，Д.Н.华克生译注，圣彼得堡，2004年。**Д.Н.华克生《中国小说中作为研究对象的作者因素：对李渔创作手法之特性的某些观察》《李渔的伦理和哲学观》《李渔——一个众说纷纭的人》《中国唐璜之命运》，均载Д.Н.华克生《古代中国的文学世界：中国古代白话小说集》，莫斯科，2006年，第337—342、264—

276、506—511、512—539页；Л.Д.波兹德涅耶夫《李渔的剧作以及他的美学观点》，载《近代东方文学》，教科书，莫斯科，1975年，第418—429页；《清代文学研究》，北京，2003年，第308—351页。

（Д. Н. 华克生撰，徐乐译）

《梁山伯与祝英台》

中国民间传说。与《孟姜女》（Б. Л. 李福清俄译，1963年）、《白蛇传》（Б. Л. 李福清俄译，1972年）、《牛郎与织女》（Б. Л. 李福清俄译，1972年）并列为"四大传说"。得名于两个中心主人公的名字：祝英台和梁山伯。祝英台不愿像富家小姐那样坐守家门，于是乔扮男装游学，在学校与梁山伯结为好友并同居一室，而梁山伯与先生一样都不曾怀疑她是女儿之身。她以第一名身份结束学业，在启程返家前建议梁山伯娶她的妹妹为妻，实指自己，但父亲强迫她另嫁他人。得知全部真相后，梁山伯忧闷而死。当祝英台被迎亲花轿抬着经过他的坟时，她要求在墓前祭拜。坟墓裂开，女子消失其中，随后从墓中飞出一对并翼蝴蝶。有人认为该传说形成于浙江省。传统上把这个故事归属到3—5世纪；在梁载言撰《十道四蕃志》和张读撰《宣室志》中提及该故事情节。此传说的诗意情节引出大量不同体裁的民间作品和戏曲改编。20世纪50年代上演的绍兴戏尤其出名。根据传说还拍摄了故事影片。梁山伯与祝英台的故事在朝鲜、日本、越南、印度尼西亚也很有名，在朝鲜衍生了民间故事《梁山伯传》。

*路工编《梁祝故事说唱集》，1955年；《关于梁山泊、祝英台以及一对不愿分离的鸟儿》，载《中国民间故事》，莫斯科，1959年；《中国民间故事》，莫斯科，1972年。

（Б. Л. 李福清撰，徐乐译）

原名林白薇，1958年生于广西北流市。1982年毕业于武汉大学（在今湖北），曾在图书馆、电影制片厂、编辑部工作。现居北京。林白起先写诗，后转向小说，写有5部以上中短篇小说集和3部长篇小说。1990年她以中篇小说《子弹穿过苹果》获得文学声誉。1998年林白出版4卷本作品集。林白作品关注女性，讲述她们的爱情历险，作者本人将之命名为"个性化写作"。按照批评界的意见，她是在挑战既定的文化和社会。当代女性在与男性的交往中感受到的困难，在她的作品中以新的方式得到书写，其中许多东西被认为是对中国文学的贡献。她所描写的一些个人体验，在以往的中国文学中实际上被视为禁忌。她的作品写紧张的"两性战争"，这种"战争"经常导致绝望和悲剧。她的女主人公们的情感时常"转变为友谊"，这看上去有些令人难堪。少女成年的过程本身在女作家笔下呈现为"一个人的战争"。林白的书受到年轻读者欢迎。

* 《20世纪中国诗歌与小说》，莫斯科，2002年，第570—535页。** 王庆生主编《中国当代文学》第2卷，武汉，2003年，第306—311页。

（A. H. 热洛霍夫采夫撰，徐乐译）

林白

乙

林语堂

原名林和乐，1895年生于福建省坂仔镇，1976年卒于香港。作家，翻译家，语言学家。生于新教牧师家庭，童年起便浸濡西方文化。1916年林语堂在上海圣约翰大学人文学系获学士学位，1922年在哈佛大学获硕士学位，并在该校研究比较文艺学，1923年在莱比锡大学被授予语言学博士学位。1916—1919年、1923—1926年，林语堂在清华大学、北京大学和北京师范大学教授英语语言文学，积极参加"文学革命"，参与讨论有关文学语言和书写文字拉丁化的问题。1924—1926年，林语堂与鲁迅和周作人密切合作创办杂志

《语丝》，经常在该刊发表社会批评性质的文章。此外，林语堂是20世纪20年代率先在中国鼓吹"幽默"的人士之一，是他把这个欧洲概念译成汉语。早在1913年，林语堂便用英语写出第一篇短篇小说，之后他有多部作品以英文创作，再被译成汉语（很少由作者本人执笔翻译）。林语堂20世纪20年代的杂文收入文集《剪拂集》（1928）。1928年，其唯一的剧本《子见南子》问世。在1925—1927年间的中国革命时期，他短暂参与政治活动，嗣后便专注于语言学研究和文学活动。1932年创办杂志《论语》，把推行幽默文学定为其主要任务。1934年，林语堂创立杂志《人间世》，以发表"性灵文学"体裁的杂文为宗旨：这种杂文应当反映心灵感悟和作家个性，而非中国社会的迫切问题。林语堂本人把这一体裁与复兴晚明随笔传统联系在一起。1935年，他组办杂志《宇宙风》，与持不同政治立场和创作原则的文学家合作。林语堂的杂志强调政治中立，以至于逃避现实，屡屡遭到左翼文学界的批评。鲁迅写道，林语堂及其追随者们的幽默小品"将屠夫的凶残，使大家化为一笑"。尽管相当一部分文学团体和读者受众不赞成他的活动，但仍可断言，林语堂作为作家和组织者为当代中国随笔和幽默文学的形成做出了巨大贡献。林语堂的幽默作品在1936年集为文集《语堂幽默文选》。林语堂另一重要活动方向是在国外推广中国文化和在中国推广西方文化。林语堂1936—1966年间常去美国休养，这一事实对上述推广活动有不小的促成作用。在林语堂的文化学著述中，在西方（主要在美国）最成功的是用英文写作并在纽约出版的《吾国与吾民》（*My Country and My People*，1935；1990年中译本在中国以《中国人》为题出版）、《生活的艺术》（*The Importance of Living*，1937）、《啼笑皆非》（*Between Tears and Laughter*，1943）、《苏东坡传》（*The Gay Genius: The Life and Times of Su Tungpo*，1947）。此外，他为英语读者翻译和改写了多部中国古典文学作品。林语堂以他第一部、也是最优秀的长篇小说《京华烟云》（*Moment in Peking*，1939）对抗日战争做出反应，他的这部小说以20世纪的历史动荡为背

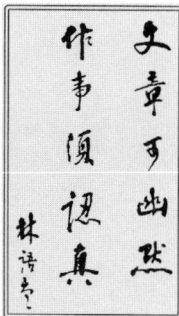

景，描写两个名门望族的命运起伏①。《京华烟云》兼具当代文学艺术手法和中国古典长篇小说传统，但由于它很晚才为广大中国读者所知，在20世纪中国文学史上仍未得到充分评价。1966年，林语堂迁居台湾，在此主持国际笔会台湾中心，积极参加世界文学界的活动，直至逝世。

*《林语堂自传》，刘志学主编，石家庄，1994年。**钱理群、温儒敏、吴福辉《中国现代文学三十年》，北京，1998年；《中国三十年代文学发展史》，郭志刚、李岫主编，长沙，1998年；《中国现代文学手册》，刘献彪主编，北京，1987年；Hsia C.T. A History of Modern Chinese Fiction, 1917 - 1957, New Haven, 1962.

（A. A. 罗流沙撰，徐乐译）

刘白羽

1916年生于北京。现代作家。他在中学时开始文学创作。1931—1933年在国民党军队服役。1935年参加北平学生运动。1936年在上海杂志《文学》上发表第一篇描写军队生活的短篇小说，从此成为军旅题材作家；1937年即出版第一本短篇小说集。1938年他奔赴中国共产党总部所在地延安，但继续在上海发表作品，1939年在上海出版他的短篇小说集和政论集。此时刘白羽已名动全国。1944年他在重庆《新华日报》编辑部工作，1946年起在林彪军中担任新华社随军记者，创作了大量描写中国人民解放军的军事短篇小说和特写。1950年，刘白羽作为中国文化工作者代表团成员赴莫斯科参加制作电影《中国人民的胜利》。因为参加制作这部影片，刘白羽成为首位被授予斯大林文艺奖的中国作家。

抗美援朝战争时期作家两次奔赴前线，之后访问亚非拉多国，撰写了一组旅途札记、8本短篇小说集和15卷各类政论。20世纪70年代末，他发表了记述中华人民共和国多位领

① 《京华烟云》主要描写了曾、姚、牛三家，原文"两个名门望族"似不确。——译者注

袖，如毛泽东、朱德、周恩来等人的大型传记特写，任中国作家协会副主席和中国作家协会书记处书记。他虽偏好短小的文学形式，但仍成为中国文学中军旅题材方面最重要、最知名的作者。1978年后刘白羽转向长篇形式，1987年发表描写内战结束阶段的长篇小说《第二个太阳》。

*《刘白羽小说选》，北京，1979年；刘白羽《血肉相连：短篇特写集》，Л.波兹德涅耶娃序，莫斯科，1950年；刘白羽《火光在前》，С.伊万科、В.帕纳秀克译，莫斯科，1951年；《刘白羽选集》，С.伊万科编，莫斯科，1955年；刘白羽《熊熊的火焰——无脚拖拉机手李来财的故事》，В.斯米尔诺夫译，莫斯科，1959年。**Н.巴拉绍夫、Б.李福清《刘白羽的创作》，载《人民民主国家作家》第3辑，莫斯科，1959年；《刘白羽研究专集》，北京，1972年；朱兵《刘白羽评传》，天津，1995年。

（A. H. 热洛霍夫采夫撰，徐乐译）

刘彻

生于前156年，卒于前87年，西汉（前3—1世纪）皇帝，谥号武帝（前141—前87年在位）。

他的生平载于司马迁（前2—前1世纪）《史记》（卷12）和班固《汉书》（卷6）。刘彻之闻名，在于他既是重要的政治家（他在位期间汉帝国之繁荣强盛登峰造极）、诗人，也是哲学、艺术和文学的庇护者。

刘彻的诗歌作品共存2首，即纪念他宠爱女子的《李夫人赋》和《秋风辞》，后者系古代个人抒情诗中最具浪漫色彩和神秘气息的作品之一。它共9句，每句七言，主题为一个处在暮年之人的愁思，此人失去他最亲近的人——朋友或爱人："秋风起兮白云飞，草木黄落兮雁南归。兰有秀兮菊有芳，怀佳人兮不能忘。"

此诗的神秘性在于，人们不知诗中所指为何人。诗中所

---

① 《塔铺》为短篇小说，曾获1989—1988年全国优秀短篇小说奖。——译者注

用"佳人"一词在中国诗歌中自《诗经》起便既可指男人也可指女人，分别表示"心灵美好的人"和"漂亮的人"。在训诂传统中确立了一种说法，认为《秋风辞》紧随祭祀后土（前113）而作，即《秋风辞》被认为类似祭祀赞歌，只可能关乎国事。按此，武帝是在抒发失去某位同袍或谋士的憾意。可《秋风辞》的整个形象体系都证明其文本潜藏爱恋之情。它在郭茂倩（1041—1099）《乐府诗集》（卷84）中的位置尤能说明问题：它位于最后几个分类之一，此处收录基本体裁和主题门类之外的作品，《秋风辞》的位置就在李夫人本人和她哥哥李延年（武帝崇信的宦官）的诗作之前，李延年则在诗中歌咏他的妹妹。《秋风辞》的模棱两可和意犹未尽同样也无法排除，这一方面增加了它的神秘气息和艺术魅力，另一方面也见证了武帝的匠心独运。

尽管《秋风辞》（与武帝的赋一样）从未引起文学理论家和研究者们的关注，但它在中国诗歌史上仍占有非同小可的一席。从形式的观点来看它结合了不同性质作品的特征，如诗（形制短小，节奏和韵律明快）、歌行（奇数句）和散文诗（重读的语气词"兮"，标题中引入术语"辞"）。这篇辞直观地展示了具名抒情诗诗学的来源和初始阶段。

《秋风辞》在形象性方面清晰地呼应代表上古时代中国南方地区诗歌传统的作品，首先为宋玉的长诗《九辩》。武帝作品中确立并发展了秋风之象和大自然凋零之景，以此隐喻人到老年的哀怨和睿智。

*司马迁《史记》第12卷，第1册，第330—336页；《汉书》第6卷，第1册，第601—607页；《乐府诗集》第84卷，第4册，第1920—1923页；收录刘彻（武帝）作品的辑本见参考文献Ⅱ：《先秦汉魏晋南北朝诗》，逯钦立，北京，1983年（台北，1984年，1998年），第1卷，第93—97页；《全汉三国晋南北朝诗》，丁福保编，上海，1964年，第1卷，第2页；《全上古三代秦汉三国六朝文》，严可均编，北京，1987年，第1卷，第140页；《中国文学作品选》，第127—128页。**B.M.阿理克《中国文学论集》第1卷，第335—339页；H.И.康拉德《汉学论文选》，莫斯科，1977年，第497页；M.E.克拉夫

佐娃《中国古代诗歌》，圣彼得堡，1994年，第294—302页；《汉魏六朝诗选》，余冠英编，北京，1958年，第5—6页。

（M. E. 克拉夫佐娃撰，徐乐译）

刘鹗

字铁云。1857年生于江苏丹徒，1909年卒于乌鲁木齐。文学家，出身殷实的地主家庭。早年醉心医学、自然科学和文学。科举失利，转而经商和行医。以收藏古董、字画，研究甲骨文和金文著称。他将其水力学知识应用于河南和山东两省灌溉工程的修建。刘鹗是在19世纪为数不多开始创办新兴制造企业的人士之一。义和团起义（1900年）时他与外国人接触，从事粮食买卖业务，为此被定罪，流放至新疆并在此去世。刘鹗是多部学术著作（包括数学、医学领域）的作者，也著有实用性书籍（《治河七说》等）。作为文学家，他首先以长篇小说《老残游记》闻名，但他也写作随笔和诗歌。长篇小说《老残游记》于1903年出版，署笔名"鸿都百炼生"。这部篇幅不大的作品（20回）的情节主线是主人公——一位郎中老残在全国城乡的游历以及他对人们生活习俗的观察。对社会生活诸多方面的批判性理解和评价表明了这部作品的揭露倾向。

*刘鹗《老残游记》，海口，2002年；刘鹗《老残游记》，B.司马文译，莫斯科，1958年。**В.И.司马文《中国长篇小说的演进》，莫斯科，1970年；В.И.司马文《刘鹗的一生》，载《十三届远东文学研究理论问题学术研讨会论文集》第2卷，1988年，第249—256页；Chinese Novels at the Turn of the Century / Ed. M. Dolezelova'-Velingerova'. Toronto, 1980.

（Д. Н. 华克生撰，徐乐译）

字越石。271年生于中山（今属河北），卒于318年。西晋大臣，军事将领，文学家。西晋（266—316）末年最重要的诗人。

刘琨列传载于正史《晋书》（卷62）。他是上古汉帝国（前3—3世纪）统治家族一条支脉的后人。刘琨早年出仕，26岁即任司隶校尉从事，与宫廷接近，得惠帝（290—307年在位）皇后贾后宠信。刘琨厕身宫廷诗歌集团"二十四友"。"八王之乱"（300—306）时他保持忠君；曾任尚书左丞等国家领导职务。怀帝（307—313年在位）即位后，刘琨受任并州（今属山西）刺史。当时并州正遭遇饥荒，人们因匈奴侵略而惊慌失措。他尽力整顿秩序，帮助居民。当匈奴攻占都城洛阳之时（311），刘琨投靠宗室亲王（后来的愍帝，313—317年在位），后者正主持帝国第二大城市长安（今陕西省）的防卫。在西北三州都督之位上（313—317），刘琨试图阻止匈奴攻击，战死疆场。[①]在后代人的记忆中，刘琨被视为爱国志士。

刘琨共有4首诗作存世：3封致朋友的诗函（包括8首诗合成的一组诗）和1首诗《扶风歌》，他凭此赢得优秀诗人的身后名。《刘中山集》（另名《晋刘越石集》）收入张溥（1602—1641）辑本。此外，刘琨抒情诗也载入丁福保（1874—1952）辑本（1964）和逯钦立（1910—1973）辑本。

《扶风歌》系刘琨从京城去往并州（307）途中受所见悲惨景象触动而作的即兴诗，尽管这首诗里没有人间惨祸的具体场景，也没有抨击把国家引至这步田地的执政者，但它仍被认为是中国爱国抒情诗的优秀典范之一："据鞍长叹息，泪下如流泉。……挥手长相谢，哽咽不能言。浮云为我结，归鸟为我旋。去家日已远，安知存与亡？"

《诗品》的作者钟嵘评刘琨诗曰："多感恨之词。"虽说他把刘琨仅列为"中品"作家。用陈自明（1109？—1170）的话说：越石真英雄，历经不遂。其诗多伤悲，然出

---

① 318年，刘琨被幽州刺史、辽西鲜卑左贤王段匹磾下狱缢杀，事见《晋书》，原文所谓"战死疆场"不确。——译者注

刘琨

乙

类拔萃！在沈德潜编纂的文集《古诗源》和当代学术著作中也以类似言语界定刘琨的创作。

*《晋书》第6卷，房玄龄编，北京，第1679—1691页；《刘中山集》，见《汉魏六朝百三名家集》，张溥编，江南，1879年；北京，1963年；上海，1989年（1994年）；收录刘琨抒情诗的汇编本见附录部分参考文献Ⅱ：《先秦汉魏晋南北朝诗》，逯钦立编，北京，1983年（台北，1984年，1998年），第1卷，第849—852页；《全汉三国晋南北朝诗》，丁福保编，上海，1964年，第1卷，第415—417页；Frodsham J. D. An Anthology of Chinese Verse, Oxf., 1967, pp. 76‑77; Chinesische Anthologie: Ubersetzung aus dem Wen Hsuan von E. von Zach / Ed. by I. M. Fang, introd. by J.R. Hightower. Vol. 1, Cambr., 1958, pp. 511‑512. **《魏晋文学史》，徐公持编，北京，1999年，第425—435页；《魏晋南北朝文学史参考资料》第1卷，北京，1962年，第310—313页；《钟嵘诗品译注》，徐达编注，台北，1994年，第114—115页；沈德潜《古诗源》第8卷，北京，1963年，第173页；《汉魏六朝诗选》，余冠英编，北京，1958年，第191—192页。

（M. E. 克拉夫佐娃撰，徐乐译）

刘伶

字伯伦。约225年生于沛国（今安徽濉溪），约卒于280年。文学家，3世纪著名哲学家，"竹林七贤"代表人物之一。

刘伶生平载于正史《晋书》（卷49）。他出身中层官僚家庭，在后人记忆中他是嵇康和阮籍最忠实的同道，也是依"风流"这一思想文化倾向所打造的生活方式的坚定追随者。刘伶被公正地视为性格最鲜明的历史人物之一，这些人具体体现"名士"（风流个性的理想化身）形象。后来他成为刘义庆（403—444）《世说新语》里有关"名士"的趣谈中最受欢迎的人物。刘伶特别出名之处是他形貌奇特（他身高近2米①），举止乖僻，嗜酒如命。传说他随时随地携一壶酒，嘱咐侍从务必连同酒壶一道将他埋葬。

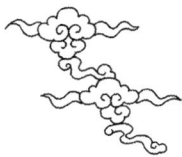

刘伶有2首诗存世，即诗作《北芒客舍》和长诗（"颂"）《酒德颂》，诗作收入丁福保（1874—1952）辑本（1964），长诗收入著名文集《文选》（卷47）和严可均（1762—1843）辑本。

这篇长诗完全有理由被视为"风流"的纲领性作品之一、"名士"生活方式的宣言，其中给出了饮酒的理论根据。长诗把酒醉状态解释为"大人"主要和必然的品质，大人则通过与宇宙存在原则"道"融为一体，达到精神完善的巅峰并获得超自然能力："有大人先生，以天地为一朝，以万期为须臾，日月为扃牖……行无辙迹，居无室庐，幕天席地，纵意所如。止则操卮执觚，动则挈榼提壶，唯酒是务……"（《酒德颂》）

之后，长诗中揭示了人在醉酒状态下获得的特征。他已浑然不觉外界纷扰，如温暖、寒冷和发肤之痛："不觉寒暑之切肌……"身体的生理活动（饥饿、性欲）引起的所有愿望和需求都在减退，即不觉"利欲之感情"。取而代之的是从具体现实——不仅是世俗纷扰，而且是自然界事物——中彻底抽身而出："兀然而醉，豁尔而醒；静听不闻雷霆之声，熟视不睹泰山之形。"这种状态完全符合道家的人学理念，导致终止逻辑理性活动，彻底忘却思虑："无思无虑，其乐陶陶。"这是彰明"道"本身所必需的条件，而"道"因其同宇宙本体统一，为任何存在物所固有。

*《晋书》第5卷，房玄龄编，北京，第1375—1376页；《文选》第2卷，萧统编，上海，1959年（北京，1974年；台北，1976年）第1034—1035页；刘伶的诗和长诗收入参考文献Ⅱ：《全汉三国晋南北朝诗》，丁福保编，上海，1964年，第1卷，第317页；《全上古三代秦汉三国六朝文》，严可均编，北京，1987年，第2卷，第1835页；刘伶《酒德颂》，载《阿

① 《晋书·刘伶传》："刘伶……身长六尺，容貌甚陋。"按，晋制1尺约合公制24.4厘米，"六尺"即不足1.5米。原文谓"身高近2米"，显系按今制1尺=33.3厘米换算，误。——译者注

刘勰

字彦和，约466年生于东莞郡（今山东莒县），约卒于522年。文学理论家，名著《文心雕龙》作者。

刘勰生平载于姚思廉（卒于637年）著《梁书》（卷50）和李延寿（618？—678？）著《南史》（卷72），均位于这两部正史中"文学传"部。然而这些记载过于简略零散，无法确定刘勰准确的生卒年月。包括《辞典》在内的当代学术文献考订他生于465年或466年，卒于522年、532年或537—540年。关于刘勰出生地歧说甚多，除东莞郡外还可举出彭城和京口（今江苏省镇江市）。

据《梁书》，刘勰出身名门宦族，其伯祖父在刘宋朝任司空，即国家三位高级官员之一。《南史》中提到刘勰父亲，但仅说他有官衔且早亡。刘勰随母亲在贫困中长大，母亲去世后他约在20岁时迁居佛寺定林寺（都城建康境内，今南京市）。在僧祐和尚主持下，他在此参与编订佛教文集《弘明集》，这项工作由僧祐完成（515—518）。16世纪初梁朝政权（502—557）建立后，刘勰在京城做官。有段时间他任宗室亲王幕府的记室，甚至被招揽进太子萧统的东宫（萧统后编纂《文选》）。据史料，萧统和他的老师、当时重要的政治家和社会活动家之一沈约很器重刘勰的才华，但在萧统和沈约传记中却对他一字不提。经过一段时间后，刘勰返回定林寺编纂经藏，有传闻说是遵梁武帝（502—549年在位）钦命。刘勰晚年剃度皈依，法名慧地，在佛寺中圆寂。

有一种观点认为刘勰约在30岁时创作《文心雕龙》，尚在南朝齐（479—501）时便完成著述。可传统上一般认为这部作品的创作时期为6世纪前30年，这符合刘勰做官和辞世的时间。除《文心雕龙》外，刘勰还著有《灭惑论》和一篇佛教碑文，两者俱收入文集《弘明集》。

*《梁书》第3卷，姚思廉编，北京，1987年，第710—712页；《南史》第6卷，李延寿编，北京，1986年，第1781—1782页；《弘明集》，东京，1963年；收录刘勰主要作品的辑本见参考文献Ⅱ：《全上古三代秦汉三国六朝文》，严可均编，北京，1987年，第4卷，第3309—3310页。**《阿理克院士译中国古典小说杰作》第1卷，莫斯科，2006年，第441页；王元化《文心雕龙创作论》，上海，1984年；牟世金《刘勰年谱汇考》，成都，1988年；曹道衡、沈玉成《南北朝文学史》，北京，1998年；第316—317页；《中国文学史》第1卷，游国恩主编，北京，1981年，第313页；《中国古代文学词典》，王力、王季思主编，南宁，1985—1989年，第1卷，第85页；杨明照《梁书刘勰传笺注》，载《刘勰文心雕龙新述》，北京，1951年，第178—183页；杨明照《刘勰卒年初探》，载《四川大学学报》1978年第4期。

（M. E. 克拉夫佐娃撰，徐乐译）

刘心武

1942年生于四川成都，作家，中学时即在报纸上发表简报和通讯。1958—1966年间发表70多篇短篇小说。1961年毕业于师范学校，开始在北京一所中学任教，做过多年班主任。1975年出版第一部小说《醒来吧，弟弟》。1977年发表现实主义短篇小说《班主任》，"文化大革命"后，这篇作品给作者带来广泛的知名度。作家创作的大量中篇和短篇小说以真实见长，充满生动鲜明、精雕细琢的细节，形象饱满，感情真挚。刘心武有匠心独运的诗意叙事风格。他的长篇小说《钟鼓楼》被授予茅盾文学奖。作家著有数十部短篇和中篇小说集，其中很多被译成俄、英、法、日等语言。

*刘心武《我是刘心武》，北京，1996年；刘心武《班主任》，A.热洛霍夫采夫译，载《人妖之间》，莫斯科，1982年，第84—106页；刘心武《我爱每一片绿叶》，B.阿吉马姆多娃译，载《人妖之间》，第177—189页；刘心武《幸福的拐杖》，O.林林、П.乌斯京译，载《一个人和他的影子》，莫斯科，1983年；刘心武《立体交叉桥》，B.阿吉马姆多娃、B.索罗金译，载《人到中年》，莫斯科，1985年；刘心武《相遇兰州》，B.戈登译，莫斯科，1987年，第241—255页；刘心武《都会咏叹调》，B.索罗金译，载《中国当代小说》，莫斯科，1988年，第215—246页。**E.A.奇宾娜《论刘心武的小说》，载《第八届远东文学研究理论问题研讨会论文集》第2卷，1988年，第289—295页。

（A. H. 热洛霍夫采夫撰，徐乐译）

刘桢

字公干。生年不详，东平（今属山东）人，卒于217年。诗歌流派"建安风骨"主要代表人物之一，"建安七子"之一。

刘桢生平简况见陈寿（223—297）著正史《三国志》卷21《王粲传》。刘桢出身世家，系汉帝国（前3—3世纪）统治家族旁支。他八九岁时即诵读古代哲学著作和诗歌作品（赋、抒情诗）。出仕曹操后，刘桢厕身其亲信之列，系曹植密友。后失宠，且有被斩之虞，曹操定他对其长子和继承人曹丕有不敬之罪。刘桢在肆虐都城洛阳①的大瘟疫中染病身亡，这使他免遭处罚。

刘桢创作的诗歌作品准确数目不明，归诸他笔下的计有14—26首诗和6篇赋。刘桢文集现存3种同名版本，即《刘公干集》，分别收入张溥（1602—1641）、杨逢晨（19世纪）和丁福保（1874—1952）辑本（1916）。此外，刘桢抒情作品收入丁福保辑本（1964）和逯钦立（1910—1973）辑本；赋收入严可均（1762—1843）辑本。

刘桢抒情诗中值得一提的是《公宴诗》（"七子"中

---

① 应为邺城。——译者注

几乎所有文学家的创作中均有此题诗作）、诗体书信《赠徐干》和组诗（4首）《赠五官中郎将》。他的其余诗作系讽喻性的短诗、独特的印象派式小品，笔调迅疾流畅，但言之凿凿，富有表现力，勾勒似乎从现实流动中随意抓取的细节。刘桢喜爱的手法是隐喻、暗示。在他的意识中，对周围现实的理解似乎依交织在诗句中的形象顺序发生变形（在这种情况下，它们是继承自前辈诗人抑或产生于他本人的创作经验，这并不重要）。他千方百计避免循规蹈矩，不愿费神解释所说的话，让读者完全自由地理解其创作。

组诗《赠从弟》由3首五言律诗组成，被视为刘桢最优秀的作品。按照传统阐释和学术训诂，其中第一首诗的内容是以极其隐晦的形式推许收信人，他是虽谦恭有礼然而才华横溢的乡土少年，此外还间接表示赞同改革行政官僚机构，这一改革由曹操实施，为依照天赋和学识而非家族血统选拔人才打开门路："蘋藻生其涯，华叶纷扰溺。采之荐宗庙，可以羞嘉客。岂无园中葵，懿此出深泽。"之后的诗歌颂（通过分别吟咏松树和凤凰形象）真正高尚之人内心的坚贞："亭亭山上松……松枝一何劲！冰霜正惨凄，终岁常端正。"（第2首）"凤凰集南岳，徘徊孤竹根。……岂不常勤苦，羞与黄雀群。"（第3首）

刘桢赋作的意义和主题都十分明确，对那一时代散文诗而言典型的主题类型在他的赋中大多都有典型表现。有歌颂京都的赋（《鲁都赋》）；有涉及社会政治题材的赋（《大暑赋》）；有道教主题的赋（《黎阳山赋》）；有讽喻型的赋（《瓜赋》）。

3—6世纪的文学理论家对刘桢创作的评价带有模棱两可的印记，他们虽然一致认可其创作的极高艺术水准，但每每强调他创作手法的某种缺陷，且很难理解他们的所指。用曹丕的话说，"刘桢壮而不密"（《典论·论文》）。在钟嵘的《诗品》中他位列"上品"，但有如下特点："其源出于《古诗》。仗气爱奇，动多振绝。贞骨凌霜，高风跨俗。但气过其文，雕润恨少。然自陈思已下，桢称独步。"刘勰《文心雕龙》（第6卷第27篇）中也谈到刘桢"气"弱：

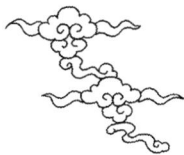

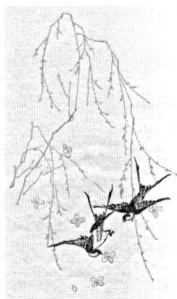

"公干气褊，故言壮而情骇。"《文选》收入刘桢10首诗（与王粲诗数量相同），大多为诗体书信组诗。

后世文学批评对刘桢的创作多有赞赏，将他与曹植或与王粲相提并论，但这些批评用词过于藻饰和抽象，以致无法理解刘桢建树何在："曹刘坐啸虎生风，四海无人角两雄。"（元好问）"刘桢、王粲，诗胜于文。"（王世贞）

在当代著作中，刘桢名义上被承认为"建安风骨"领袖之一，但在整体上他的创作并未得到研究者详细研究，甚至还存在一种观点，认为以往对刘桢的评价针对其散佚的作品，因为其存世诗文并未高出中等艺术水准。

*《三国志》第1—5卷，陈寿编，北京，1982年，第3卷，第599页；《文选》第1—2卷，萧统编，上海，1959年（北京，1974年；台北，1976年）第1卷，第424页，第510—512页，第640—641页；《刘公干集》，见《汉魏六朝名家集》，丁福保编，上海，1916年；《汉魏六朝百三家集》，张溥编，江南，1879年；北京，1963年；上海，1989年（1994年）；《建安七子集》，杨逢晨编，北京，1989年；收录刘桢抒情诗的辑本见参考文献Ⅱ：《先秦汉魏晋南北朝诗》，逯钦立编，北京，1983年（台北，1984年，1998年）第1卷，第368—375页；《全汉三国晋南北朝诗》，丁福保编，上海，1964年，第1卷，第184—187页；赋参见《全上古三代秦汉三国六朝文》，严可均编，北京，1987年，第1卷，第828—829页；《3—14世纪中国山水诗》，莫斯科，1984年，第23页；《印度、中国、朝鲜、越南、日本的古典诗歌》，莫斯科，1977年，第206页；《中国文学作品选》，圣彼得堡，2004年，第154—155页；Die Chinesische Anthologie: Ubersetzung aus dem Wen Hsuan von E. von Zach / Ed. by I. M. Fang, introd. by J. R. Hightower. Vol. 1, Cambr., 1958, pp. 378 - 381; Frodsham J. D. "Three Poems Presented to My Younger Cousin" // An Anthology of Chinese Verse, Oxf., 1967, pp. 30 - 31. **B.M.阿理克《中国文学论集》2卷本，莫斯科，2002—2003年，第1卷，第382页；《魏晋文学史》，徐公持编，北京，1999年，第113—120页；《魏晋南北朝文学史参考资料》第1卷，北京，1962年，第146—147页；《文心雕龙注》第6卷第27篇，范文澜编注，北京，1957年（1958年，1978年），第506页；《建安七子集校注》，吴云主编，天津，1991年，第11—15页；张可礼《建安文学论

稿》，济南，1986年，第143—144页；《钟嵘诗品译注》，徐
达编注，台北，1994年，第58—59页。

（M. E. 克拉夫佐娃撰，徐乐译）

刘震云

1958年生于河南延津，现居北京。1973—1978年服兵
役。1982年毕业于北京大学中文系，后分配到《农民日报》
工作。中国作家协会北京分会会员。1988—1991年在鲁迅文
学院读研究生。1987年开始发表作品。他的中篇小说《一地
鸡毛》（1991）、《官场》（1992）、《单位》（1992）和
4卷本文集（1996）使刘震云跻身20世纪90年代知名作者之
列。在这些中篇小说里，刘震云以讽刺形式反映城里人和小
公务员的生活习俗和他们循规蹈矩的生存方式。描写故乡的
系列长篇小说《故乡天下黄花》（1991）、《故乡相处流
传》（1993）、《故乡面和花朵》（1999）标志着刘震云创
作中的一次转折，转向研究中国农村的风土人情和历史。在
长篇小说《故乡相处流传》中，作者展现故乡县城延津与中
国历史的联系。在长篇小说《故乡面和花朵》中，他运用先
锋派手法和文本拼贴的方法，提出现代化压力下农村的一
体性和农民的自我意识遭到破坏的问题。中篇小说《温故
1942》（1993）涉及1942年作者故乡河南省内发生的大饥
荒，是对这一悲剧性事件做历史调查的典范之作。刘震云最
新长篇小说《手机》（2003）提出他同时代人之间的交往问
题，根据网络评选结果获"新浪"文学奖（2003）。刘震云
中篇小说《塔铺》获1987—1988年全国优秀作品奖。①

*刘震云《故乡面和花朵》，北京，1999年；《刘震云自选
集》2册，北京，2001年；刘震云《手机》，北京，2004年。
**《理解90年代》，北京，1996年，第90页；陈思和《中国当
代文学史教程》，上海，1999年，第313—317页；陈晓明《表
意的焦虑——历史祛魅与当代文学变革》，北京，2001年，第
356—361页。

（E. A. 扎维多夫斯卡娅撰，徐乐译）

柳永

字耆卿，原名三变，字景庄。约987年生于崇安（今属福建），1053年卒于润州（今属江苏）。宋代杰出诗人，对"词"这一体裁的（词句之长短依曲调而不同）发展产生过重大影响。

他出身殷实的官宦家庭，但仕途不畅，因为仁宗皇帝（1022—1063年在位）读到他的一首讲述不愿为国效力、渴望流连于歌妓之间的词（《鹤冲天》），颇为不悦，从科举进士榜单上划去了他的名字。诗人度过多年闲散生活，与歌妓寻欢作乐。成年时决意改名，47岁终于科考及第并取得官职。

宋词中所用约880个词牌（"调"）中，有100多个系柳永创制或首次使用。柳永有用133个词牌所写的213首词存世。他是率先开始写作所谓"慢词"的词人之一，慢词篇幅较大（100到200字），其中结合数个依次变化的词调。他拓展了词的题材和艺术潜力，利用转喻、对话、俚词俗语对之加以丰富。他诗词的主题为：美酒、青春、爱情（《蝶恋花》《迷仙引》）、离别、孤独、羁旅（《雨霖铃》）和老之将至（《望远行》）。

他歌咏京师汴京（今河南省开封市）和杭州（今属浙江）这两座大都市的繁华富足，首次在词中反映生活和城市风光（《望海潮》）。其山水作品也同样知名。柳永的诗几乎完全佚失，但他在沿海省份担任盐监时创作的《煮海歌》被视为宋代优秀的民间题材抒情诗之一。

尽管名满天下，他死时却穷困潦倒，据说是"烟花巷陌"的女子为他出资安葬。

*柳永《乐章集》，上海，2005年；柳永诗词，载《宋代诗歌》，莫斯科，1959年，第41—53页；柳永诗词，M.巴斯曼诺夫译，载《3—4世纪中国山水诗》，莫斯科，1984年，第122—128页；《中国抒情诗》，圣彼得堡，2003年，第199—222页。**《东方古代文学》第1卷，莫斯科，1970年，第145—152、171—172页；《柳永》，见《中国大百科全书·中国文学》，第1册，北京—上海，1986年，第462—463页；

Leung Lai-fong. *A Study of Liu Yong (987? - 1053?) and His Lyrics*. Hong Kong, 1985;《唐宋词鉴赏辞典·唐、五代、北宋》，上海，1988年，第316—375页。

（A. H. 科罗博娃撰，徐乐译）

乙

柳宗元

字子厚。773年生于长安（今陕西西安），819年卒于广西柳州。中国杰出的作家、政论家、思想家。"唐宋八大家"之一。793年考中科举，参与王叔文（735—806）政治改革（805）。改革者失败后他遭清洗，被发往南方做永州（今湖南省南部）司马。与韩愈（768—834）一道倡导"古文运动"。在文学上柳宗元反对拘泥于形式的骈文，主张恢复上古典籍的质朴自然。他是古文体裁作品的作者，较出名的作品是《种树郭橐驼传》《梓人传》《捕蛇者说》。柳宗元宣扬人超越等级的价值（《六逆论》），把为政者的责任表述为"盖民之役，非以役民而已也"（《送薛存义之任序》）。柳宗元在他的《天对》《封建论》等作品中反映出看待自然和社会发展的自发的唯物主义观点，但这种观点未能贯彻到底。柳宗元风格上精雕细琢的山水描写富于人道主义思想，即认为应使人的生活如大自然一样和谐美丽。有《柳河东集》（因河东得名，在今山西省，系柳宗元祖籍）存世。

*《柳河东集》，北京，1958年；《阿理克院士译中国古典小说杰作》第1卷，莫斯科，2006年，第298—340、458—467页。**A.H.热洛霍夫采夫《韩愈和柳宗元的文学观》，载《历史语文学研究》，莫斯科，1974年；H.И.康拉德《中国文学史概述》，载《中国文学作品选》第1卷，莫斯科，1959年。

（B. C. 马努欣撰，徐乐译）

《六一居士诗话》

又称《六一诗话》《欧公诗话》《欧阳永叔诗话》《欧阳文忠公诗话》。第一部"诗话"体裁作品，出自宋代伟大文学家欧阳修手笔。《诗话》首句曰："居士退居汝阴而集，以资闲谈。"此处言及欧阳修晚年生活，当时他最终辞官还乡，居于3年前依他安排在颍州（今属安徽）汝河岸上修建的庄园。1071年《六一居士诗话》在此问世，在中国文学发展中起到了重要作用。

《诗话》共1卷，含29个篇幅相对较小的段落，其中散文句式与诗句（通常为两句）结合，且正是后者构成段落的核心成分，余者皆为其而写，围绕其展开，作者叙事的逻辑线索也归结其中。但在如此短小的篇幅中，欧阳修诗话的内容却极其多样，既谈论作诗技法，也论及各种作品如何存亡于世和诗歌流派的风格差异，并提供了许多诗人的情况。材料分成数组固定或不太固定的题旨。

1. 一些段落对诗中的句子、短语或个别词汇作各式各样的评注。第4段可用作典型范例，其中评注了两首诗中描绘京城士大夫生活特点的4句诗。第2段中欧阳修揭示并论证李方诗句中暗藏谬误。还应注意到，依照最优秀的中国修史传统，欧阳修收入其诗话的也有那些虽然优点不显著，但却符合历史真实的诗句——"其语虽浅近，皆两京之实事也。"

2. 在一些段落中，作者评点各种诗句或其作者。这些评点多为褒扬，但也有完全贬低性的。

3. 一些段落简要记载诗人们的掌故趣闻，它们在欧阳修看来值得关注。此处经常谈到有趣的故事，如九位僧人与许洞的诗赛（第10段）；也有简略的见闻笔记，介绍一些小有名气的诗人之特点，如赵师民（第27段）、宋祁（第29段）等。这一组段落特别接近有情节的小说。

4. 还有一些段落包含欧阳修本人或他的朋友梅尧臣（欧阳修对其诗评极为折服）的诗歌理论观点。这一组段落的精神接近唐代司空图的诗歌论著。

诗话体裁可以也必须被看作中国文学诗歌批评的源头之一，而欧阳修则是其创始人之一。

*欧阳修《六一诗话》，见《历代诗话》第1卷，北京，1981年，第263—272页；欧阳修《六一居士诗话》，И.А.阿利莫夫译，载И.А.阿利莫夫、Е.А.谢列勃里亚科夫《笔端》第2部，圣彼得堡，2004年，第71—104页。

（И. А. 阿利莫夫撰，徐乐译）

鲁迅

本名周树人。1881年生于绍兴，1936年卒于上海。生于家道中落的官僚家庭，受过古典和现代教育，1902—1909年赴日本学医，在那里转事文学。发表一系列学术普及著作，宣传西方文化，其中突出的有文章《摩罗诗力说》，他在文中首次向中国读者推介拜伦、普希金、莱蒙托夫、密茨凯维支和其他欧洲文学经典作家。1909年出版两本西方作家译文集（与弟弟周作人合作），俄国作者在其中占显著地位。他一生都在不断推广俄国文学，翻译果戈理、契诃夫、阿尔志巴绥夫、卢那察尔斯基和法捷耶夫等作家的作品。

1911年革命后在民国政府教育部工作，并执教于北京的几所高校。随着"文学革命"开始，1918年发表第一部现代白话文短篇小说《狂人日记》，揭露封建社会的缺乏人性。后来创作了许多现实主义、人道主义的短篇小说以及天才的讽刺中篇小说《阿Q正传》，与此同时编写小说集《呐喊》，后又有文集《彷徨》（1926）和散文诗集《野草》（1927）。这些作品对现代中国现实主义文学流派的形成产生了决定性影响，鲁迅也被视为这一流派的奠基人。

同样是在1918年，鲁迅开始写作政论，他的各种形式的政论作品，从政治文章和小品文到文学批评札记和散文诗（作者本人将它们统称为"杂文"），共编成10部文集，第一部是《热风》（1925）。1918—1924年的作品大多批判概称"儒教"的旧社会秩序和旧道德，与旧文化捍卫者论战，支持青年大学生争取个性解放和自身权利的斗争，抗议反动政府对学生运动的镇压。鲁迅政论文体裁繁多，风格多样，巧妙运用讽刺和反讽，词汇丰富。

1925—1927年革命失败后，作家迁居上海并很快身处文学争论的中心。他赞同有助于解放斗争的真实、严肃的文学，反对极"左"革命口号。同时他与"中间道路"的鼓吹者展开斗争，按照他的看法，这些人使文学脱离了现实。1930年他成为中国左翼作家联盟的组织者和非正式领导人之一。他积极参加民主组织、全世界反法西斯运动，公开支持苏联。

1928年出版回忆录《朝花夕拾》，作家以诗意的形式讲述故乡和友人。1936年出版《故事新编》，以独特手法诠释古代神话传说，时而采用讽刺性模拟，时而采用英雄主义的浪漫手法，且明显影射当时的迫切问题。不过在上海时期，政论为其主要体裁。

20世纪20年代至30年代之交，鲁迅了解到马克思主义思想，接触到一系列马克思主义著作译本，开始与共产主义知识分子重要代表人物如瞿秋白等来往。他宣传本国和世界的革命文化，反对国民党政策及其在文学界的拥护者。在生命的最后几个月，他投身抵抗组织，应对日益迫近的日本侵略危险。

鲁迅坚决反对他视之为"封建的"旧意识形态以及反映这一意识形态的传统文化，但他赞成继承经典遗产和民间创作的积极方面。他对此贡献出一系列著作，其中包括《中国小说史略》（1924）。

鲁迅的葬礼成为一场非同寻常的民间示威。作家、思想家、爱国者和国际主义者鲁迅被视为20世纪中国历史上最伟大的人物之一。他的文集和单行本多次以俄、日、英和其他语言出版。

*《鲁迅文集》1—4卷，莫斯科，1954—1956年；《鲁迅选集》，莫斯科，1989年。**И.К.格拉戈列娃《鲁迅书目索引》，莫斯科，1977年；А.Н.热洛霍夫采夫《伪造还在继续：中国报刊关于鲁迅的文章概览》，载《远东问题》1973年第2期，第143—148页；《鲁迅创作遗产对于中国文化领域的当下问题和世界各民族精神价值之确立的意义》，载《远东

文学问题：第二届国际学术研讨会论文集》，第1卷，圣彼得堡，2006年，第9—229页；H.A.列别杰娃《鲁迅与中国东北作家》，载《远东问题》2006年第5期，第156—164页；B.B.彼得罗夫《鲁迅》，莫斯科，1960年；Л.Д.波兹德涅耶娃《鲁迅》，莫斯科，1957年；Л.Д.波兹德涅耶娃《鲁迅：生活与创作》，莫斯科，1959年；B.И.司马文《鲁迅和他的先驱》，莫斯科，1967年；B.Ф.索罗金《鲁迅世界观的形成》，莫斯科，1958年；C.托罗普采夫《鲁迅和中国电影为现实主义而进行的斗争》，载《远东问题》1982年第4期，第164—176页；H.T.费德林《鲁迅》，载H.T.费德林《中国当代文学概论》，莫斯科，1953年，第38—84页；H.T.费德林《作家的技巧及其阐释：纪念鲁迅诞生90周年》，载H.T.费德林《作品选》第2卷，莫斯科，1987年，第274—289页；包忠文《鲁迅的思想和艺术新论》，南京，1989年；王润华《鲁迅小说新论》，上海，1993年；林志浩《鲁迅传》，北京，1981年；房向东《鲁迅与他"骂"过的人》，上海，1996年；《中学鲁迅作品助读》，北京，1990年；Lee O. F. Lu Xun and His Legacy, Berk., 1987.

（B. Ф. 索罗金撰，徐乐译）

陆机

字士衡，号平原。261年生于吴郡（今属江苏），卒于303年。大臣、文学家、文学理论家。"太康体"和整个六朝（3—6世纪）诗歌的主要代表人物之一。

据正史《晋书》（卷49）所载《陆机传》，他出身南方名门，其家族在三国时期的吴国（222—280）享有崇高社会地位。西晋帝国（266—316）武力吞并吴国后，陆机退居故里，躲避新政权追捕，隐居十余年。3世纪90年代初他去往京师洛阳，在此引起张华（时任太常）的注意，并成为其亲信，他也同样被朝廷接纳。张华被处死（300）后，陆机依附"八王之乱"（300—306）参与者之一，后来成为这一叛王军队的参军和所辖封地的平原内史（302）。该藩王落败后，他被定谋反之罪并被处以极刑。[1]

陆机主要的理论著作为《文赋》，它被视为3—4世

---

[1] 陆机于303年被成都王司马颖疑有异志而遇害，原文所述不确。——译者注

纪最重要的文学批评著作（与曹丕的论著《典论·论文》并列）。

陆机本人的诗歌遗产包括约100首诗歌作品，其中近半数为对民歌的模仿（"文人乐府"），还有25篇或完整或仅有片段的赋。他最权威的两部文集《陆平原集》和《陆士衡集》分别收入张溥（1602—1641）的辑本和丁福保（1874—1952）的辑本（1916）。另有一些当代注疏本。抒情作品收入丁福保辑本（1964）和逯钦立（1910—1973）辑本；赋收入严可均（1762—1843）辑本。

陆机的抒情诗在诗艺和题材上都十分多样。他精湛地掌握了所有诗歌形制（从8—12行的诗作到150行及以上的完整长诗），积极采纳民谣的艺术经验（混杂格律，即长短句）、多种艺术结构手法（各式各样的叠句、排偶、修辞性提问）以及谣曲的样式。他的创作形态大多以广受称道的上古民谣（即"乐府民歌"）为主，如《陇西行》《日出东南隅行》（长诗《陌上桑》的仿作）和《饮马长城窟行》。陆机的大部分乐府（与建安风骨的代表人物一样），或创造性地发展歌词的主题和形象，或为原创之作。他的诗中有用于宫廷典礼和为权贵定制的颂诗，标题即说明其性质，如《元康四年从皇太子祖会东堂诗》。有大量写给朋友和弟弟陆云的诗体书信，如《答潘尼诗》、组诗《答贾谧诗》（11首）和《与弟清河云诗》（10首）。他的情诗同样主要采纳民谣和古诗题材，如《拟青青河畔草诗》《拟西北有高楼》。有13首这类诗收入6世纪文选《玉台新咏》，以此来看，陆机在六朝时期极受推崇，被看作情诗巨匠。

陆机抒情诗的中心主题是人在意兴萧索时的感受。组诗《赴洛道中作诗二首》中云："夕息抱影寐，朝徂衔思往。顿辔倚高岩，侧听悲风响。"（组诗第2首）。这种心力交瘁的原因是失去生活目的和意义。陆机是中国诗歌真正的"悲情骑士"，他展示和证明人生由于难逃一死而了无意义（《日重光行》："惟命有分可营。日重光，但惘怅才志。日重光，身殁之后无遗名。"）

悲剧情绪表露得最直白和最浓烈，甚至对读者最残酷

的作品，是组诗《百年歌十首》。它包括10首七言诗，每首吟咏抒情主人公生活中一个单独阶段：童年、少年、成年、老年。按照中国人的观念，主人公本身品质绝佳：他相貌英俊，聪明睿智，精力充沛，有将相之才。他的命运是传统幸福理想的化身。他仕途锦绣，身居显贵，享尽荣华，且建立起关系和美、人数众多的大家庭："行成名立有令闻。力可扛鼎志干云。……跨州越郡还帝乡。出入承明拥大珰。……荷旄仗节镇邦家。……子孙昌盛家道丰。"但年华逝去，他变成一个患病在身、对一切都不满意的老人，连自己儿孙都认不出来。最可怕的是，他坚信他的全部生活皆由痛苦构成："指景玩日虑安危。"活到百岁，这是中国人的梦想。陆机无情地揭穿其真相："百岁时。……四支百节还相患。……呼吸顿蹙反侧难。茵褥滋味不复安。"即使自己的命运，人也无力改变，这在陆机眼里加深了存在的无意义之感，也加强了对建功立业、实现理想的渴望。他完全依赖万物之序（《月重轮行》）："吉凶倚伏，百年莫我与期。临川曷悲悼，兹去不从肩。"

陆机赋予隐士生活方式以引人入胜之魅力，因为它能消除人的心灵痛苦，使其摆脱空虚的日常生活，融入雄伟壮丽的自然世界（《招隐诗》）："明发心不夷，振衣聊踯躅。踯躅欲安之，幽人在浚谷。……激楚伫兰林，回芳薄秀木。山溜何泠泠，飞泉漱鸣玉。……至乐非有假，安事浇淳朴。富贵苟难图，税驾从所欲。"

可是归隐亦不过是虚假的理想。须知它不能使时光停止流逝和预防无可逃避的终局。不止如此，它暴露人的一切缺陷，而人无力像大自然的真正居民即鸟兽那样过真正自然的生活（《猛虎行》）："整驾肃时命，杖策将远寻。饥食猛虎窟，寒栖野雀林。日归功未建，时往岁载阴。"

陆机转向获得永生的思想，但主要在赋中：《浮云赋》《白云赋》《列仙赋》。他的抒情诗中则淡化永生主题，加强其悲剧性和无出路的感觉。

陆机的诗歌饱含文人官员身处危机时的情绪，获得当世及后几代文学批评家们的激赏。钟嵘在其论著《诗品》中将

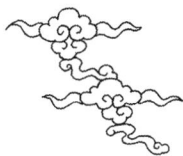

他列为文学家之"上品",曰:"才高词赡,举体华美。"在沈约的论著《史论》中,陆机与潘岳一道被视为3世纪下半叶最重要的文学家。沈约强调这两位诗人作品的艺术造诣和深度:"降及元康,潘、陆特秀……缛旨星稠,繁文绮合。"刘勰在其著作《文心雕龙》中三次论及陆机创作,对他做出如下概评:"士衡矜重,故情繁而辞隐。"文集《文选》收入陆机45首诗,在包括伟大的曹植在内的六朝时期文学家中,陆机作品数量最多。

之后的历史中,文学批评家和文论家对陆机态度发生变化。他们虽未在原则上否定他作为"太康体"领袖的角色,但怀疑他创作的艺术价值。比如,沈德潜仅指出陆机作品的幽怨题旨,并认为其涉及陆机本人的生活波折,即他因吴王之死、本人社会地位下降与家道中落而生的感悟。也有人(宋濂,1310—1381)认为他的创作模仿曹植诗歌:"陆士衡兄弟则仿子建……"(《答章秀才论诗书》)。按照很多20世纪学者的见解,陆机的最高成就是其理论分析,而他的诗歌则未超出中等水平。直到20世纪80年代,中国文学研究才真正关注作为历史人物的陆机和他的诗歌遗产(修订他的传记和文集注疏本)。现在他被视为3世纪下半期的主要诗人之一。

*《晋书》第5卷,房玄龄编,北京,第1457—1480页;《陆机评传》,见《中国历代著名文学家评传》第1卷,山东,1983年;《文选》第1—2卷,萧统编,上海,1959年(北京,1974年;台北,1976年);《陆平原集》,见《汉魏六朝百三家集》,张溥编,江南,1879年;北京,1963年;上海,1989年(1994年);《陆机集》,金涛声编注,北京,1982年;《陆士衡集》,见《汉魏六朝名家集》,丁福保编,上海,1916年;《陆士衡诗注》,郝立权编注,北京,1958年;《玉台新咏》第1卷,徐陵编,东京,1959年;收录陆机抒情作品的汇编本参见附录参考文献Ⅱ,《先秦汉魏晋南北朝诗》,逯钦立编,北京,1983年(台北,1984年,1998年)第1卷,第651—693页;《全汉三国晋南北朝诗》,丁福保编,上海,1964年第1卷,第323—350页;陆机的赋作见《全上古三代秦

汉三国六朝文》，严可均编，北京，1987年第2卷，第2008—2016页；《文心雕龙》，M.E.克拉夫佐娃译，圣彼得堡，2004年，第155—166页；《中国文学作品选》，M.E.克拉夫佐娃编，圣彼得堡，2004年，第172—173页；Frodsham. J.D. An Anthology of Chinese Verse, Oxf., 1967, p. 89–91; Die Chinesische Anthologie: Ubersetzung aus dem Wen Hsuan von E. von Zach / Ed. by I.M. Fang, introd. by J.R. Hightower. Vol. 1. Cambr., 1958; New Songs from a Jade Terrace: An Anthology of Early Chinese Love Poetry / Tr. with annot. by A. Birrell. L. –Bost. –Sydney, 1982, p. 88‑94.**B.M.阿理克《中国文学论集》2卷本，莫斯科，2002—2003年；王钟陵《中国中古诗歌史》，江苏，1988年，第366—397页；《魏晋文学史》，徐公持编，北京，1999年，第357—364页；《魏晋南北朝文学研究》，见《20世纪中国文学研究》第2卷，季羡林主编，北京，2001—2003年，第288—293页。林庚《中国文学简史》第1卷，上海，1995年，第229页；《文心雕龙注》第6卷第27篇，第7卷第38篇，第10卷第47篇，第2册，范文澜编注，北京，1957年（1958年，1978年），第506页，544页，700—701页；姜亮夫《陆平原年谱》，上海，1957年；《钟嵘诗品译注》，徐达编注，台北，1994年，第66页；沈德潜《古诗源》第7卷，北京，1963年；沈约《史论》，见《文选》，第2卷，第1100页；Holzman D. Landscape Appreciation in Ancient and Early Medieval China: The Birth of Landscape Poetry, Taiwan, 1996, pp. 113‑118.

（M. E. 克拉夫佐娃撰，徐乐译）

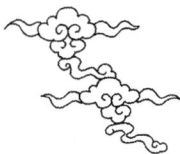

陆游

字务观，号放翁。1125年生于山阴（今浙江绍兴），卒于1210年。诗人。出生于以治国和军功闻名的古老家族。陆游意识到自己身为历代先辈之代表，负有光耀门楣的责任。对他来说，人生要务即与南宋（1127—1279）政权的投降政策进行斗争，该政权将长江以北土地拱手让给女真人。因1153年触犯权贵，诗人虽两次科考俱名列榜首，仍被撤销，直到1158年秋才开始担任官职。1160年在朝中任低级职位，向皇帝呈递数份重要奏折。因为反对佞臣的主张惹怒皇帝，陆游被放外省。1166年有人弹劾他教唆大将出征北方收复失

地，因此被免职。这一时期，陆游开始拒绝模仿历史上的经典作品。1170年他用半年时间乘船沿长江往西抵达四川，其途中见闻与感受反映在旅途日记《入蜀记》和52首诗中。诗人逗留四川时期，家国主题在他创作中占有重要一席。经常以饱受异族奴役的人民反衬尸位素餐的权贵和一事无成的将领，使他的诗具有特殊的悲剧情调。

诗人继续痛斥朝廷对敌屈膝投降，坚信人有权选择不见容于正统儒家观念的生活方式。他保持先前的社会责任感，与此同时也提升个人生活的意义，诗人力图在这种个人生活中获得个性自由。道家哲学启发了陆游道法自然的智慧，从而与佛教禅宗的理解世界现象重在破执的观念相呼应。陆游的吟酒诗开拓向往自由的情绪空间，其中经常重复"狂"字，表明超越日常平庸之人的特殊状态。在四川时期创作的诗中，陆游言说自己狂放不羁的性格、对生活不屈不挠的渴望；这些诗在许多方面接近李白的创作。二者相近之处在于对生活欢乐的欣赏和诗歌语言中的昂扬情绪。1178年，他奉旨入京。诗人在福建和江西两省任高官时恪尽职守，却遭构陷并去官。他乡居5年，愈发频繁地论说陶渊明，把他作为自己的楷模。陆游高明地在风景画要素与抒情自白之间确立相互联系。他思考诗歌艺术法则，认为创作行为尽管非同寻常，却来源于日常生活现实。用他的话说，才华能够理解"往事"和"神力"，诗人对世上一切都洞若观火。1189年①陆游奉召在京城礼部任职，他连续给皇帝上奏章，提出永远使他激动的问题，即收复中原失地和改善农民处境。他以大不敬之罪遭弹劾，后被罢免。诗人最后20年住在山阴。他坚定地认识到，身处大自然之间且与农夫交往充满哲学意义，并能获得道德满足。乡村题材成为他创作的主要题材之一。存在的完满感觉与乡野有关。他在诗中举出大量农民习俗的特征和细节，描写官员的专横霸道和普通人的无权地位。陆游的文学遗产十分丰富，计有9000余首诗、130首词、旅途日记《入蜀记》、著作《南唐书》和许多美文范本。

---

① 当为1190年。——译者注

*陆游诗作，载《中国诗选》第3卷，莫斯科，1957年，第74—80页；《宋代诗歌》，莫斯科，1959年，第209—252页；《陆游诗选》，И.С.戈卢别夫译，莫斯科，1960年；陆游诗作，载《А.吉托维奇新译中国古典抒情诗》，列宁格勒，1962年，第141—162页；陆游《入蜀记》，Е.А.谢列勃里亚科夫译，列宁格勒，1968年；陆游诗作，载《印度、中国、朝鲜、越南、日本古典诗歌》，莫斯科，1977年，第357—364页；陆游《老学庵笔记》，Е.А.谢列勃里亚科夫译，载《彼得堡东方学》，1994年，第6辑，第9—102页。**Е.А.谢列布里亚科夫《陆游：生活与创作》，列宁格勒，1973年；Duke M.S. Lu You, Bost., 1977.

（E. A. 谢列布里亚科夫撰，徐乐译）

**陆
云**

字士龙，号清河。262年生于吴郡（今属江苏），卒于303年。诗歌流派"太康体"的主要代表人物之一。

陆云列传载入正史《晋书》（卷54）。他是陆机之弟，在陆机身边度过一生，且命运相同：隐居故里，来到京城，进入宫廷圈，卷入内乱（在这些年里他掌清河内史），最后被处决。

陆云的诗歌遗产包括25首诗（包括组诗）和9篇赋。明清时期编有数个版本的陆云文集（包括陆氏兄弟的汇编文集），其中较权威的是《陆清河集》和《陆士龙集》，分别收入张溥（1602—1641）辑本和丁福保（1874—1952）辑本（1916）。此外，陆云的抒情作品载于丁福保辑本（1964）和逯钦立（1910—1973）辑本，赋载于严可均（1762—1843）辑本。

陆云抒情诗中，写给兄长和友人的书信占主要地位，如《答兄平原诗》（2首同名诗）、组诗《答顾秀才诗》（5首）和《赠郑曼季诗四首》。他另一主题的组诗为赞咏各种宫廷典礼的颂诗。它们都有很长的标题，其中点明因为什么缘由和依照谁的命令创作这些诗，如组诗《征西大将军京陵王公会射堂皇太子见命作此诗》（6首）。陆云的创作除标

题很长外，其特点还有强烈的外部效果：音节优美、辞藻华丽。他笔下这类丰富的诗文表明，他享有宫廷诗人的威望，其创作不可能不影响官方抒情诗独特风格的形成，但由于大量"文辞装饰"，陆云的作品过于矫饰和繁冗。

爱情组诗《为顾彦先赠妇往返诗四首》则以完全不同的风格写成，被认为是诗人的巅峰之作。后来它作为优秀情诗之一被收入文集《玉台新咏》。组诗模仿夫妻互往书信，这一文学手法也被其他作者使用（如张华）。从艺术角度看，其中既有民谣，也有2、3世纪之交诗人们（徐干、曹丕）的情诗风格路数的延续："悠悠君行迈，茕茕妾独止。……京师多妖冶，粲粲都人子。……佳丽良可美，衰贱焉足纪。远蒙眷顾言，衔恩非望始。"（第2首）

与以往情诗相比，陆云作品之创新处在于其中详细讲述抒情主人公的感受。男性的爱情痛苦过去是赋的固有主题，它被移植到抒情诗里，可使诗人增加叙事的情感和可信度，上述陆云组诗即证明这一点："目想清惠姿，耳存淑媚音。独寐多远念，寤言抚空衿。"（第1首）

陆云的创作在5—6世纪文学批评中得到相当负面的评价。刘勰在论著《文心雕龙》中说："士龙思劣，而雅好清省。"在钟嵘《诗品》中他被列为"中品"诗人，钟嵘对他的创作不予置评。文集《文选》共收入陆云4首诗：1首赋、爱情组诗中的2首（但被置于"赠答"类）和1首诗体书信。在传统中国语文学和当代学术文献中，陆云主要作为陆机之弟和在列举"太康体"代表人物时被提及。20世纪最后几十年，中国文学研究界对他诗歌遗产的兴趣有所增长，开始着手确定陆云创作的艺术独特性和他在中国诗歌史上的真实地位。

*《晋书》第5卷，房玄龄编，北京，第1480—1485页；《文选》第1卷，萧统编，第427—428，539—541页；《陆清河集》，见《汉魏六朝百三家集》，张溥编，江南，1879年；北京，1963年；上海，1989年（1994年）；《陆士龙集》，见《汉魏六朝名家集》，丁福保编，上海，1916年；《陆云

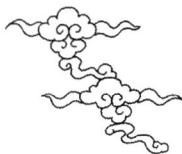

集》，黄葵编注，北京，1988年；《玉台新咏》第1卷，徐陵编，东京，1959年，第335—340页；收录陆云抒情诗的汇编本见附录部分参考文献Ⅱ：《先秦汉魏晋南北朝诗》，逯钦立编，北京，1983年（台北，1984年，1998年），第1卷，第697—719页；《全汉三国晋南北朝诗》，丁福保编，上海，1964年，第1卷，第351—366页；陆云赋作作品见《全上古三代秦汉三国六朝文》，严可均编，北京，1987年，第2卷，第2031—2034页；《文心雕龙》，M.E.克拉夫佐娃译，圣彼得堡，2004年，第168—170页；Die Chinesische Anthologie: Ubersetzung aus dem Wen Hsuan von E. von Zach / Ed. by I. M. Fang, introd. by J. R. Hightower. Vol. 1, Cambr., 1958, pp. 293‐294, 410‐412; Birrell. A. New Songs from a Jade Terrace: An Anthology of Early Chinese Love Poetry, L., Bost., Sydney, 1982, pp. 94‐96. **《魏晋文学史》，徐公持编，北京，1999年，第377—383页；《魏晋南北朝文学研究》，见《20世纪中国文学研究》第2卷，季羡林主编，北京，2001—2003年，第292—293页；《文心雕龙注》第7卷第32篇，第2册，范文澜编注，北京，1957年（1958年，1978年），第544页；《钟嵘诗品译注》，徐达编注，台北，1994年，第110页。

（M. E. 克拉夫佐娃撰，徐乐译）

1949年生于陕西清涧，卒于1992年。当代作家。童年在贫穷的山村度过。中学辍学后，1969年起在农村劳动，后成为农村小学教师。1973年进入延安大学中文系读书并开始发表作品。他的短篇小说《惊心动魄的一幕》和中篇小说《人生》分获短篇和长篇全国优秀作品奖[1]。1991年，长篇小说《平凡的世界》获茅盾文学奖。他的作品情感充沛，生动描绘他十分熟悉的山区居民生活和对美好未来的向往，且富浓烈地方色彩。

路遥[1]

*路遥《人生》，В.И.司马文译，莫斯科，1988年；另载《远

---

[1] 《惊心动魄的一幕》为中篇小说。该作与《人生》分别获得第一届和第二届全国优秀中篇小说奖。原文所述不确。——译者注

东》1988年第6期第80—105页，第7期第81—102页，第8期第95—117页。**《中国当代文学辞典》，武汉，1996年，第158页。

（А. Н. 热洛霍夫采夫撰，徐乐译）

罗贯中

号湖海散人。生于1330年，卒于1400年。小说家和戏曲家，中国第一部长篇小说、史诗巨著《三国演义》的作者。有关他生平的信息少之又少，且互相矛盾，已知他曾参加抗元活动。明代（1368—1644）一些史料提及他的文学活动。归在他名下的作品有《隋唐志传》、神怪长篇小说《三遂平妖传》和其他作品，而《十七史演义》和长篇小说《水浒传》（与施耐庵合著）是否为他所作如今存疑。他有杂剧体裁的戏曲传世。《三国演义》的历史背景是汉朝末年的动荡时代和之后的内战时期（魏蜀吴三国鼎立）。2—3世纪的戏剧性事变及其参与者在许多历史著作、民间故事和文学作品中均有记载，罗贯中的这部长篇小说在某种程度上系之前文献的集大成者，最早版本被认为是1522年的刻本。

*《三国演义》1—2卷，В.帕纳秀克译，莫斯科，1954年；罗贯中、冯梦龙《三遂平妖传》，В.帕纳秀克译，Д.Н.华克生序，莫斯科，1983年，里加，1997年；《三国演义》，В.帕纳秀克译，Б.李福清序，莫斯科，1984年；Л.孟列夫序，里加，1997年。**А.热洛霍夫采夫《关于罗贯中的新发现》，载《远东问题》1999年第2期，第133—140页；Б.李福清《中国讲史演义与民间文学传统——论三国故事的口头和书面异体》，莫斯科，1970年；Б.李福清《中国小说理论：毛宗岗的"〈三国演义〉的读法"》，载《东方文学思想典籍》，莫斯科，2004年，第335—382页；Б.李福清《16—17世纪的绘本史诗〈三国演义〉》，载《东方语言和智慧》，莫斯科，2006年，第365—388页；叶维四、冒炘《〈三国演义〉创作论》，南京，1984年；《〈三国演义〉研究集》，成都，1983年。

（Д. Н. 华克生撰，徐乐译）

中国精神文化大典

文学·语言文字卷

马烽

原名马书铭，1922年生于山西。作家。生于贫苦家庭，15岁起参加革命运动。做过《晋绥大众报》记者、晋绥出版社总编。与西戎合著长篇小说《吕梁英雄传》（1945—1946，1951年出版俄译本），系以传统长篇小说形式讲述抗日战争事件的最初尝试。1949年人民解放战争胜利后，马烽发表描写农民和工人生活转变、中国人民解放军的战斗的短篇小说（《韩梅梅》，1954；《结婚》，1951、1955年出版俄译本）。

太阳刚刚出山

*马烽、西戎《吕梁英雄传》，А.罗高寿、В.斯佩兰斯基译，莫斯科，1951年；马烽《结婚》，А.加托夫译，莫斯科，1955年；马烽《一个不能忘记的人》，莫斯科，1960年；马烽《结婚现场会》，载《中国当代小说》，莫斯科，1988年，第273—285页。

（Б.Л. 李福清撰，徐乐译）

马致远

约1250年生于大都（今北京），卒于1324年。戏剧家和诗人，元代戏曲体裁"杂剧"重要的代表人物之一。做过官，后隐居。加入戏剧家社团"元贞书会"。其已知剧名的15种剧作中仅留存7种。马致远反映对蒙古人压迫的反抗情绪、对光荣往昔的悲悼和出世的意图，这种意图为许多失去国家高位的中国知识分子所共有。马致远大部分剧作宣扬道家拒绝现实的观念，以道教神仙传说为根据，如《任风子》《岳阳楼》等，它们讲述神仙们有时对人施加残酷的考验，使他们皈依道门。戏曲《荐福碑》叙述有才华的书生时命乖蹇，表达对摧残知识分子之现状的不满，尽管结尾按传统方式圆满收场。

马致远的巅峰之作是抒情悲剧《汉宫秋》，它以诗意的方式改写中国上古历史中的一个故事情节。在浓厚的人道主义氛围中，该剧叙述皇帝对宫女王昭君为时晚矣的爱情、他

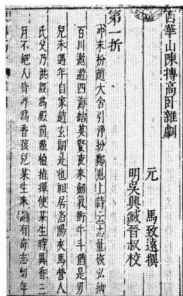

们的离别和美人在异乡自尽。它满怀爱国主义的愤怒，矛头直指对国家衰弱负有罪责的廷臣，痛斥卑鄙和变节，赞美纯直和忠贞。宁死不落入游牧敌酋掌中的王昭君形象，在蒙古统治时期成为对征服者的挑战。

马致远戏剧中唱段的诗体语言优美高雅，口语元素不多。马致远同样也是"散曲"体裁的大家，他流传至今的120首作品中有很多以感情真挚见长。

*马致远《秋思》，A.特尔-格里戈里扬译；马致远《寿阳曲》，A.斯塔罗斯金译，均载《中国诗选》第3卷，莫斯科，1957年，第109—112页；马致远《汉宫秋》，E.谢列勃里亚科夫译，载《元代戏曲》，莫斯科、列宁格勒，1966年，第231—270页；马致远《汉宫秋》，E.维特科夫斯基译诗、E.A.谢列勃里亚科夫译文，载《东方古典戏剧》，莫斯科，1976年，第308—346页。**E.A.谢列勃里亚科夫《论元代戏剧家马致远的剧作〈汉宫秋〉》，载《东方国家语文学》，列宁格勒，1963年，第110—125页。

（B.Φ.索罗金撰，徐乐译）

毛泽东

1893年12月26日生于湖南韶山冲，1976年9月9日卒于北京，马克思主义者，中国无产阶级革命家、战略家、理论家、军事家，中国共产党、中国人民解放军和中华人民共和国的主要缔造者，马克思主义中国化的伟大开拓者，毛泽东思想的主要创立者，中国各族人民的领袖。

1923年，他最初的诗问世。他以古典的律诗和词体裁写作，1957年前皆未正式发表。1957年1月他在《诗刊》首发18首诗。俄国优秀的翻译家和诗人（C.马尔夏克、A.苏尔科夫、H.阿谢耶夫、И.戈卢别夫、M.巴斯曼诺夫、Л.艾德林）在这些诗问世后立刻将其译成俄文。其青年时代的诗涉及国内战争的严酷岁月。有关长征的一首诗在中国发表前便由萧三逐字翻译成俄文于1939年发表。20世纪50年代初，A.别济缅斯基、A.吉托维奇、C.博特维尼克、C.贝托沃伊分别发表此诗的诗体俄译。1957年之后，毛泽东共发表40多首诗。追随毛泽东以古典旧体形式写诗的还有其他国务活动家，如陈毅、董必武、朱德，他们的一些诗被收入中学课本。1979年出版文集《十老诗选》，辑诗350首。在中华人民共和国，写旧体诗的著名诗人和作家有许多，如郭沫若、田汉、老舍、赵朴初、公木、聂绀弩、夏承焘等。

毛泽东去世后出版的《毛泽东诗词选》（1986）收录了50首诗作。毛泽东的诗作为书法典范多次再版，也在绘画和音乐等作品中得到表现。

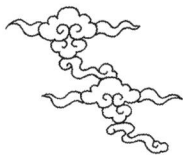

*毛泽东《诗18首》，H.费德林、Л.艾德林译，莫斯科，1957年。**《当代中国文学概观》，北京，1998年，第83—89页；《毛泽东的诗词艺术》，济南，1991年；《中国当代文学辞典》，武汉，1996年，第351页。

（A. H. 热洛霍夫采夫撰，徐乐译）

茅盾

原名沈雁冰。1896年生于浙江，1981年卒于北京。作家和社会活动家。受过中国古典和现代教育。曾在上海一家出版社工作（自1916年起）。主持宣传新文学的杂志《小说月报》（1920—1922）。文学研究会（1921）创始人之一。参加1924—1927年革命。身为政论家、文学研究者、批评家、翻译家，茅盾宣传产生巨大社会反响的现实主义文学，推介俄国和西欧的优秀作家，讲说刚刚起步的苏联文学。

茅盾第一组艺术作品是三部曲"蚀"（1927—1928），在革命暂时失败的影响下创作。三部曲中的多数主人公都是彷徨不安的青年知识分子，他们对革命迅速失望，只有为数不多者在继续斗争。三部曲引起进步阵营内年轻批评家的反驳，但这些争议并非都有充分根据。茅盾以文章《从牯岭到东京》（1928）对他们做出回应，在文中阐述他对革命现实主义文学任务的理解。1928—1930年侨居日本，在此写作两部短篇小说集，这些短篇小说在情绪上多与三部曲保持衔接；他另写有一部未完成的长篇小说《虹》，年轻女教师梅的形象是中国文学中探究知识分子投身革命道路的较早的严

肃尝试之一。

回国后茅盾在中国左翼作家联盟担任领导职务。长篇小说《子夜》（1933）系中国新文学的主要成就之一，成为社会史诗的首部典范。它反映了20世纪30年代初中国城市和部分乡村生活的广阔画面、经济和政治危机、罢工和农民运动。长篇小说的中心是上海资本家吴荪甫，此人敢作敢为，精力充沛，冷酷无情，他同买办资产阶级展开坚决斗争，同时镇压其工厂里的工人运动。描写工人的群体斗争对于中国文学而言是一创举；在罢工领导人的形象塑造上，作者突出了他们的"左"倾特点；从心理学角度描写得极为可信的人物内心世界，与其职业和社会活动存在密不可分的联系。

"农村三部曲"（1932—1934）由3部篇幅较大的短篇小说组成，展现了经济危机影响下农民从宿命论的顺从转向武装斗争的过程。小商人在国民党横征暴敛和广大群众赤贫化的打击下破产，是中篇小说《林家铺子》（1932）的主题。主人公精明善良，但不问政治也无力反抗，其形象十分典型。

全面抗日战争年代（1937—1945），茅盾在创作的同时组织文学界进行爱国斗争，编辑杂志《文艺阵地》。他把相当大的注意力投入纪实文学性质的中篇小说，这种小说的特点是与国家生活中的大事件直接相关，具有自传性质，艺术虚构的作用降到最低。1941年茅盾在香港出版长篇小说《腐蚀》，其形式是一个成为国民党秘密警察的年轻女性的日记。该长篇小说揭露了蒋介石的特务体系、针对爱国人士的恐怖手段。1945年他写作了戏剧《清明前后》，描绘战争临近结束的黎明时分复兴中华的斗争前景。

日本投降后，茅盾参加民主主义运动，翻译外国文学作品（B.卡达耶夫《团的儿子》、B.格罗斯曼《人民是不朽的》等）。1946—1947年完成访苏旅行，这次访问的成果是《苏联见闻录》一书。他主持多方面的社会政治活动。1949—1964年间他担任中国文学艺术界联合会副主席和中国文学工作者协会主席。1949—1964年间担任中华人民共和国文化部部长。他发表了大量文学批评和政论文章、报告，部

分收入《夜读偶记》（1958）、《鼓吹集》（1959）等书。在"文化大革命"造成的长期缄默结束后，他出版了3卷本回忆录《我走过的道路》（1981）[①]。

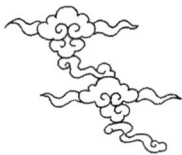

*茅盾《我走过的道路》2卷本，北京，1981年；《茅盾全集》16卷本，北京，1984—1988年；茅盾《动摇》，C.辛译，莫斯科，1935年；茅盾《林家铺子》，B.鲁德曼译，莫斯科，1955年；《茅盾作品集》3卷本，H.T.费德林编，莫斯科，1956年；茅盾《虹》，Б.里西查、Б.穆德罗夫译，彼得罗扎沃茨克，1959年；茅盾《腐蚀》，C.伊万科译，莫斯科，1968年；《茅盾选集》，B.索罗金编，列宁格勒，1990年。**B.B.库宁《茅盾书目索引》，莫斯科，1958年；Б.Я.里西查《茅盾的创作道路》，载《人民民主国家作家》第3辑，1959年，第5—71页；B.Ф.索罗金《茅盾的创作道路》，莫斯科，1962年；B.Ф.索罗金《茅盾美学观的演进》，载《俄国科学院远东所讯息》1997年第2期，第141—147页；H.T.费德林《茅盾》，莫斯科，1956年；叶子铭《论茅盾四十年的文学道路》，上海，1959年；杨扬《转折时期的文学思想：茅盾早期文学思想研究》，上海，1996年；Chen Y. S. Realism and Allegory in the Early Fiction of Mao Tun, Indiana, 1986.

（B.Ф. 索罗金撰，徐乐译）

枚乘

字叔，生年不详，淮阴（今属江苏）人，约卒于前140年。西汉时期（前3—1世纪）辞赋大家之一。

枚乘生平载于正史《汉书》卷51（与诗人邹阳生平合录），作者班固。他出身外省官员家庭，在藩国吴国（今浙江省[②]）国君宫廷开始做官，吴王是汉朝建立者刘邦（高祖）庶子之一。[③]得知吴王意欲参与叛乱，枚乘向京城告

---

① 《我走过的道路》分为三册，于1981年、1984年和1985年分别出版。——译者注

② 吴王刘濞封国包括东南三郡五十三城，地跨今天江西、安徽、江苏、浙江数省，远大于浙江省，原文不确。——译者注

③ 吴王刘濞为汉高祖刘邦之兄刘仲之子，系刘邦之侄，而非庶子，原文不确。——译者注

发，本人去往梁王（梁孝王刘武，前168—前144在位）治下的梁国（今河南东南部），梁王是汉文帝（前180—前157在位）第四子。[①] 梁王被视为学士文人的庇护者，枚乘进入其亲信圈子后，在很短时间里便名扬天下。汉景帝（前157—前141在位）即位之初召他进京做官（任弘农都尉），但不久他便辞官返回梁王宫廷。在自己的庇护者死后，枚乘回归故里。汉武帝（前141—前87在位）尚在太子之位时就闻枚乘才名，亲召他进京。尽管年事已高且路途艰远，他仍接受征召，但卒于道中。

据《汉书·艺文志》所载，枚乘创作了9篇赋，此外存有他的文集《枚乘集》（2卷），但仅存下2篇赋，即《梁王菟园赋》和《柳赋》，另一篇散文诗作《七发》，无法纳入通行的体裁形式。由于其结构布局特点（文本包含七个部分），在《文选》（卷34）中《七发》被置于一专门体裁，即"七"。枚乘的很多诗作被收入严可均（1762—1843）辑本。此外，传统训诂学也把部分上古具名诗作"古诗"归在枚乘名下。

在中国文学研究界，枚乘赋作的真实性以及有关他写有大量作品的说法，长期以来引起严重怀疑（有人认为这些文本系后来的伪作），因为这与赋体诗歌发展历史的总体格局相矛盾，赋不可能在公元前2世纪便已臻鼎盛。近几十年对待枚乘诗歌遗产的怀疑态度发生改变，人们对它的兴趣与日俱增。

他最富独特性和意义的作品是《七发》，这篇作品篇幅宏大，由楚国太子（虚构的人物）和"吴客"（"客"是对依附藩国国君的文人的通行称谓）之间的对话（哲学论著特有的结构手法）构成。太子苦于疾病，渴望心灵平和，问及导致他身体疾患和内心不安的事务与问题，如治理国家的方法、摆脱日常烦扰的休养方式和恢复健康的途径。"客"给出详尽回答，阐述社会政治理念、关于世界和人的认识、医学和生物学知识，包括人的生活方式对其身体状况的影响：

---

① 梁孝王刘武当为汉文帝嫡次子（窦氏所生，不计代王后所生四子），必言"第四子"，当是将刘武与梁怀王刘揖（？—前169，汉文帝第四子）混淆。——译者注

"纵耳目之欲，恣支体之安者，伤血脉之和。……四支委随，筋骨挺解，血脉淫濯，手足堕窳……此甘餐毒药，戏猛兽之爪牙也。"

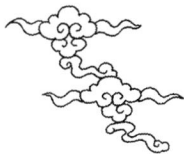

有人认为，《七发》在内容上呼应上古中国的哲学著作《管子》和《荀子》。而从艺术观点看，这部作品延续了《楚辞》所呈现的上古中国南方地区的诗歌传统。尤其应注意，《七发》探究了对于周围世界的审美态度。它发源于道家把大自然视为道之大美体现的观念，特别突出地表现为，为了精神完善和获得内心和谐（乐），它呼吁欣赏大自然："太子曰：'仆病，未能也。'客曰：'既登景夷之台，南望荆山，北望汝海，左江右湖，其乐无有。'"

此类主题包含着一种接受周围世界的范型，该范型很久以后在中国抒情诗首先是山水诗中得以确立。

如今，《七发》被视为最早体现诗歌和哲学这两种观察世界的方式之交融过程的文学作品之一。特别引起人们注意的是，该作品语言独出机杼，其中哲学范畴和术语转化为诗意语言，按照研究者们的见解，这促进了赋体诗歌表现手法的形成。

*《汉书》第51卷，第1册，第584—585页；《文选》第34卷，第2册，第747—756页；见严可均辑本第1卷，第236—239页；枚乘《七发》，载《孟列夫译中国诗歌》，第40—57页；"Die sieben Anregungen" // Die Chinesische Anthologie... Vol. 2, pp. 607‑617; "The Seven Stimuli" // Frankel H. H. The Flowering Plum and the Palace Lady..., pp. 186‑202. **龚克昌《散论作家枚乘》；谭丕模《中国文学史纲》第1卷，第96—97页；《先秦两汉文学研究》，第320—321页；毕万忱《试论枚乘的〈七发〉》；《中国文学史》第1卷，第119—120页；Frankel H. H. The Flowering Plum and the Palace Lady..., pp. 202‑203.

（M. E. 克拉夫佐娃撰，徐乐译）

孟浩然

689年生于襄阳（今属湖北），卒于740年。杰出的山水诗诗人，尤以五言绝句闻名。他是一个薄有地产的地主之第六子，受过儒家传统教育，一生中大部分时间隐居于襄阳附近风景如画的鹿门山。40岁时方至京城，试图考中进士，但失利落第。在京城结识著名诗人和大臣王维、王昌龄、张九龄，虽然他们坚持向皇帝举荐孟浩然，可他却心生忧惧，不愿面君。传说一次孟浩然在时居高位的王维处做客，适逢皇帝驾临，王维决意利用时机向皇帝举荐孟浩然，可孟浩然惊匿床下。"卿不求仕，而朕未尝弃卿，奈何诬我？"这便是君王的最终判词。适值前任丞相张九龄遭黜，贬为荆州（襄阳南部）长史，孟浩然被召为其幕僚。尽管官职没再晋升，他却有幸被载入《旧唐书》和《新唐书》，这有违中国史乘之常例。他生活贫简，但无论同时代人还是后代诗人都把他与王维、李白和杜甫相提并论。

他诗歌的基本主题为山水抒情诗，交友、离别和归隐主题（《寄赵正字》），以及饮酒主题。陶渊明恬逸冲淡的诗风对他有很大影响。他的山水诗充盈禅意和对尘世云烟的淡然，堪与他的挚友王维的创作相比，批评者们仍在争论他们二人中谁对谁的影响更大。

《孟浩然集》存诗260余首，包括22首绝句，较著名的是《宿建德江》和《春晓》。他的诗被世代传颂，绝句《春晓》在中国家喻户晓。

*《孟浩然集》，上海，1954年；《孟浩然诗》，载《中国古典抒情诗》，莫斯科，1975年，第163—176页；《印度、中国、朝鲜、越南、日本古典诗歌》，莫斯科，1977年，第242—247页；《唐代诗歌（7—10世纪）》，Л.艾德林编，莫斯科，1987年，第45—57页；《明泉：中国、朝鲜、越南中古诗歌》，Е.季亚科诺娃编，莫斯科，1989年，第11—16页；《遥远的回声：中国抒情诗选（7—9世纪）》，Ю.К.楚紫气编，圣彼得堡，2000年。**Г.Б.达格达诺夫《中国中古文化中的孟浩然》，莫斯科，1991年；《唐代文学史》上册，吴庚舜、董乃斌主编，北京，2000年，第294—306页；Kroll P. W. Meng Haojan, B., 1981.

（А. Н. 科罗博娃撰，徐乐译）

宋代百科全书式学者沈括的笔记体文集。"梦溪"是他私家园林之名，1088年后他在此定居并写作这部著作，此书与沈括在这段时间所取的笔名"梦溪翁"相关。文集主体部分包括《梦溪笔谈》507篇，分为26卷17个门类，还有《补笔谈》3卷（91篇）和《续笔谈》11篇。文集未注明日期，但通过文本可判定，沈括完成《梦溪笔谈》主体部分的时间不早于1089—1090年，而书中没有晚于1087年的日期标注。至于《补笔谈》，根据文本的时间标注和内容判断，则在1092到1093年间写成。

　　我们没有掌握最初版本，但可知沈括以"笔谈"为题的著作在作者去世后不久便迅速风行全国，至少在宋代王辟之（1032—？）成书于1095年的作品《渑水燕谈录》中便提到《笔谈》，言及其主体26卷。主体最初刊刻于1087年或1088年，1091年刊刻30卷扩充版本（极有可能是重新编排的文本，缺《补笔谈》）。1166年汤修年在扬州（今属江苏）州学书局雕版刊刻26卷（非30卷）文本；该刻本今已不存，但正是以它为底本的《梦溪笔谈》元刻本（1305）成为流传至今的唯一版本。沈括在文集主体之后撰写的《补笔谈》（3卷）并不十分知名，有个别（极有限）手稿行世，它们约在南宋（1127—1279）统治末年增补进全书。我们所知的《补笔谈》最早刻本刻于明朝万历年间，即1573—1619年。明朝稍晚时候，又有11篇之前未编进总文本的文章被编入《梦溪笔谈》。胡道静批校（当时最权威的版本）的《梦溪笔谈》现今文本以明清刻本为底本，分为三个部分（主体、补和续），包括609篇。

　　《梦溪笔谈》涉猎主题极其多样。《梦溪笔谈》与宋代一些笔记体文集相类，其材料实际上（而非形式上）按主题整理，且由作者根据他感兴趣的主题来排列。

　　比如，头两卷（《故事》）收集的篇章涉及宫省规章和官员通行的礼节、部分宫署笔录。这类篇章根据"故事、结果和起因"的原则改写历史典故。对最后一个问题即起因，沈括并非总是给出答案，但在寻找答案时他会征引他能获得的所有资料。

《梦溪笔谈》

乙

在卷3、卷4（《辩证》）的部分篇章中，沈括探究某些术语或名称的来历或词源学问题，推演其正确解释，经常论及地理学。

卷5、卷6（《乐律》）涉及广义的音乐和乐器，从音乐术语到具体的历史考论。对于研究11世纪中国音乐史乃至整个中国音乐史的专家来说，这一部分的很多材料具有重大价值。

卷7、卷8（《象数》）论及天文、星象、哲学。此处记载了天文观测中使用的仪器，首先是关于浑天仪及其历史的资料具有特殊价值。这一部分的篇章经常集天文、星象、哲学原理于一体，其浑然一体之状是中古时期科学知识的典型特征。然而此处也有一些妙趣横生的片段，其中写到的一些发明并无普遍意义，如写到一种捕鼠器，其外形状若镇鬼的钟馗。

卷9、卷10（《人事》）记述生活于唐代（618—907）、五代（907—960），主要为北宋（10—12世纪）的名人事迹。有些片段极为有趣，如描写宋代著名诗人石曼卿与某一布衣刘潜的友谊和他们夜间共饮的篇章。这一部分的多数篇章在趣闻之意义上十分符合"志人小说"的内涵，其事例并不可笑，但令人难忘，常富于教益。

卷11、卷12（《官政》）包括的篇章涉及官员和与行政问题相关的各类事务，从记叙具体官职的历史沿革、官府机构到记述官营行业，比如采盐场的品质、开采量和国家获取的利润，也有关于具体行政单位历史的附论。

卷13（《权智》）收录事例为官府考虑周密的决策使某地的艰难时局迎刃而解，且照顾到各方利益。

卷14至16（《艺文》）如题所示，讨论文学和艺术。此处头几篇说明一些复杂的或作者同时代人不太明白的词语和表述，它们存在于艺术作品文本（主要是诗歌）中。作为该部分的主人公被提到的重要文学家包括韩愈和欧阳修。这里可以读到与古代相关的有趣片段。

卷17（《书画》），论及绘画的各种微妙技巧。此处也有中国画著名大师的生活详情，比如徐熙（10世纪）和黄荃

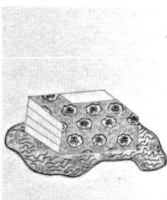

（900—981）。

卷18（《技艺》）涉及各类技术成就、游戏、体育。特别突出的是谈及建筑的篇章，其中包括著名的民间木工和建筑师喻皓，沈括引用了他的建筑理论的一些要义，具有宝贵的价值，因为喻皓的作品未能流传至今。同样有价值的还有一篇讲述另一位民间巧匠毕昇发明的活字印刷术。

卷19（《器用》）收集关于各种器物及其特性的知识。有一篇很长的篇章描写居住在宋代中国北方的游牧部落青堂羌人所锻造铠甲的惊人特性，还有关于弩、弓、铸币的知识。

卷20（《神奇》）和卷21（《异事异疾附》）记述异乎寻常的事件和超自然现象，这些属于绝大多数笔记集和一般中国古代散文集的必备文章。但沈括在此表现出对自然实验的偏好，除梦兆、神药和神灵附体这些十分传统的事例外，他记录的那些对他及其同时代人而言异乎寻常的事件，如今却成为珍贵的文献，使我们可以看到11世纪的一个中国人对我们今天十分了解、研究充分的事物持何看法。比如，沈括相当详细地描写陨星降落，或指出地震活跃地区，更不用说他还描写了球形闪电，观测了彩虹的特性。

卷22（《谬误谲诈附》）整理各类谬误。其实，指出错误和修正错误仿佛一条红线贯穿《梦溪笔谈》，该卷绝非孤例。从收集滑稽片段并插入讽刺段落的卷23（《讥谑谬误附》）起，读者便能更多地认识11世纪中国滑稽现象的本质，沈括此处收集的片段在今天即使没有任何专门注解也能被理解："有一故相远派在姑苏，有嬉游，书其壁曰：'大丞相再从侄某尝游。'有士人李璋，素好讪谑，题其傍曰：'混元皇帝三十七代孙李璋继至。'"

卷24、25（《杂志》）包含的篇章因某些原因未收入之前任何一部分。可恰恰是这一部分提供了独一无二的信息，涵盖了沈括最为多方面的科学兴趣。首先当然是磁性指南针，我们正是在《梦溪笔谈》中发现了对它的第一次正规记载。作者触及的第二重要的对象是石油。在这几卷里还谈及沈括制作的立体地形图、他在出使契丹过程中获知的有关北

方城市的情况，还有其他很多内容。

最后的卷26（《药议》）包含对医学的论述，大量关于药用植物及其特性的知识（经常顺便揭露虚假知识、迷信和肤浅的无知）。沈括对之做了详细清理。

我们在《补笔谈》中或多或少也能读到上述所有主题，而《续笔谈》中的篇章主要涉及文学。据李约瑟统计，文集主体中共有270篇[1]谈到各类历史人物和与之相关的事件（其中60篇涉及官员生活和宫廷事件，10篇有关科举考试和皇家翰林院，70篇论文学和艺术，11篇论法律，27篇涉及军事；有72篇讲述作者从不同渠道得来的见闻，并且复原在他之前失传的知识；最后，有22篇叙述与具体历史人物相关的占卜、法术和民间迷信或传说）；207篇关涉自然现象和科学知识主题（19篇论天文和历法，18篇论星象，17篇论地质学和矿物学，15篇论地理学和绘图法，6篇论物理学，3篇论化学，18篇论工程、冶金和制造工艺，6篇论水利，6篇论建筑，52篇论生物学和植物学的各种问题，6篇论农业，23篇论医疗和药理）；最后，有107篇谈我们今天归诸人文学的各门科学（6篇论人类学，21篇论考古学，36篇涉及语言学，44篇涉及音乐）。《梦溪笔谈》被视为在题材层面较多样化的宋代笔记文集之一，科学性质的观测占文本全部篇幅的三分之二之多。作为中国10—12世纪科技史极为难得、不可替代的文献材料，《梦溪笔谈》多次吸引不同学者注意。正是根据《梦溪笔谈》中的一系列笔记，我们如今才能称某事为"最早记载"或"最早的此类记载"。

*沈括《新校正梦溪笔谈》，胡道静校注，北京，1958年；И.А阿利莫夫、E.A谢列勃里亚科夫《笔端》第2部，圣彼得堡，2004年，第120—153页。**《沈括研究》，杭州，1985年；Needham J. Science and Civilization in China. Vol. 1; Fu D. "A Contextual and Taxonomic Study on the «Divine Marvels» and «Strange Occurrences» in 梦溪笔谈" // Chinese Science, 1993–1994, No. 11, pp. 3 - 35.

（И. А. 阿利莫夫撰，徐乐译）

---

[1] 以下所到共计272篇。——译者注

又称《罗敷行》或《日出东南隅行》（据该诗首句得名）。最知名、最流行的上古（汉代）民谣。

该长篇作品（52句）形式上（五言格律，押韵齐整）接近个人抒情诗，可用术语"叙事诗"指称它。故事情节是，一位名叫罗敷的女子不愿接受高官的调戏。此诗分为三个结构段落。

第一段讲述女主人公的身世（出自秦家），并详细描绘这个美貌女子的肖像："头上倭堕髻，耳中明月珠。……行者见罗敷，下担捋髭须。……耕者忘其犁，锄者忘其锄。"第二段再现女主人公与一位过路高官偶然相遇的插曲，她当时正在路边采桑叶（古代中国妇女从事的一项典型工作）。高官兴致勃勃地想了解这个令他神魂颠倒的美人，叙事即围绕这些问题展开，而罗敷的情况（身世、年龄）也再次被编入叙事框架。这一插曲的结尾是建议女主人公去做显贵姬妾（"使君遣吏往"①），她对此给出十分尖刻的回答："使君一何愚！使君自有妇，罗敷自有夫！"第三段是夸耀自己丈夫的独白：罗敷详细描述他显赫的仕途（15岁时是显要的官吏，40岁时为一城之主、将军）、尊贵的品德、风度和仪容："为人洁白皙，鬑鬑颇有须。盈盈公府步，冉冉府中趋。坐中数千人，皆言夫婿殊。"

此诗文本最初载于沈约的《宋书·乐志》（第21卷），这为其属于民谣提供了主要证据。中国文学传统中确立了一种观点（也得到许多当代学者认同），认为该作品起源于中国北方地区广大平民阶层中流传的一段传说，这些地区在前5—前3世纪并入赵国领土。正如郭茂倩（1041—1099）在此诗序言中所言，该诗讲述秦氏家族和家中美丽的女儿罗敷拒绝赵国统治者（赵王）本人的调戏。据郭茂倩之语，《陌上桑》系罗敷本人所作，以表达她对统治者行为的态度。

根据传说细节判断，此诗可能产生于周朝（前11—前3世纪）末期，也就是说，《陌上桑》属于上古民谣（乐府民歌），尽管晚些时候，在1—2世纪，其文本可能被抄录。按照当代研究者观点，此诗的歌词属性得到其词汇艺术特点

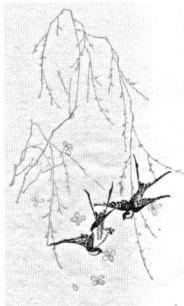

---

① 建议主人公去做显贵的姬妾应为后一句"宁可共载不"。——译者注

《陌上桑》

乙

（充满民间文学中固定的典型套话，形象的标准化）的证实。也有另一些不同观点：此诗或是民歌，但经过严肃的文学加工，或是匿名的个人作品，可为佐证的是其思虑周密的布局和清晰的儒家潜文本——罗敷的举止、对丈夫的描述完全符合儒家婚配宗旨和儒家"君子"的人格理想。

　　无论其起源何处，长诗《陌上桑》都在中国文化和文学史上占有独一无二的地位。其女主人公形象体现出女性的尊严，罗敷成为品德高尚的美人的代称。此诗文本在3—6世纪间始终是模仿和改写的源泉，现存40多首具名诗歌作品以此为主题。

*《玉台新咏》第1卷第1册；《乐府诗选》，第13—15页；《乐府诗集》第28卷第2册，第871—872页；收录《陌上桑》的辑本见参考文献第Ⅱ部分：逯钦立辑本第1卷，第259—261页；丁福保辑本（1964）第1卷，第65—66页；《陌上桑》，Б.Б.瓦赫金译，载《乐府：中国古代民歌》，第15—18页；另载《中国文学作品选》，第118—120页；《陌上桑》，Л.Е.车连义译，载《中国诗歌》，第5—8页；An Anthology of Chinese Verse, pp. 4–6; Hervouet Y., Kaltenmark M. Anthologie de la poe'sie chinoise classique, pp. 102‑103; New Songs from a Jade Terrace..., pp. 33‑34; Waley A. Chinese Poems, pp. 128‑130.
**Н.И.康拉德《汉学论文选》，第504—505页；И.С.李谢维奇《中国古代诗歌与民歌》，第60—83页；Dieny J. P. Aux origines de la poe'sie classique en China..., pp. 128‑136; Frankel H. H. Some Characteristics of Oral Narrative Poetry in China.

（M. E. 克拉夫佐娃撰，徐乐译）

莫言

　　原名管谟业，1955年生于山东高密。当代作家。11岁时因"文化大革命"被迫辍学。数次遭拒后，1976年参加中国人民解放军，后担任政工干部。在军队接受教育，1984年成为解放军艺术学院学员，后在鲁迅文学院读研究生。文学生涯开始于1981年。1986年加入中国作家协会。1997年

中国精神文化大典

文学·语言文字卷

退役并成为报纸编辑。作家早期作品如《民间音乐》，以传统现实主义手法写成，用第三人称叙事。从20世纪80年代中期开始，作家叙事手法极大地复杂化。1985年他的中篇小说《透明的红萝卜》引起读者关注，其中讲故事人的声音与中心主人公内心的声音混杂一处，该主人公是一个失怙的农村男孩，备受折磨，具有对大自然异乎寻常的敏锐感受。1986年在《人民文学》发表中篇小说《红高粱》，为作者赢得全国年度最佳中篇小说奖和世界性声誉（导演张艺谋1988年根据莫言脚本拍摄的电影《红高粱》获"奥斯卡"最佳外语片奖[①]）。作者在篇幅不大的作品中以20世纪30年代抗日战争时期的事件为背景，娓娓道出一篇引人入胜的家庭历史故事。叙事以被描写事件参加者的孙子的名义展开，由一系列打断事件线性顺序的片段"剪辑"而成。1987年，《红高粱家族》问世。这是一组由一个主人公串联起来的中篇小说，用作者的话说，这使得作品成为真正的长篇。本书是神话和传说与具有怪诞残酷性的历史的混合。《红高粱》之后，批评界开始把莫言的创作与20世纪80年代中期在中国风靡一时的"寻根文学"和"魔幻现实主义"相联系。作家承认，对他的创作产生影响的有弗朗索瓦·鲁本斯、帕特里克·怀特、加夫列尔·加西亚·马尔克斯和威廉·福克纳。莫言写有数部长篇小说、几十部中篇小说和众多短篇小说，包括小说集《透明的红萝卜》《爆炸》，长篇小说《天堂蒜薹之歌》《十三步》《酒国》《丰乳肥臀》等。他许多作品的情节都发生在高密。作家的著作被译成英、法、德、意、西、日、韩等语言。

*《莫言文集》12卷本，北京，2004年；Mo Y. Red Sorghum / Tr. by H. Goldblatt. N. Y., 1993; idem. The Garlic Ballads / Tr. by H. Goldblatt. N. Y., 1996; idem. The Republic of Wine / Tr. by H. Goldblatt. N. Y., 2001; idem. Big Breasts and Wide Hips / Tr. by H. Goldblatt. N. Y., 2003. **《莫言研究资料》，杨扬编，天

① 电影《红高粱》于1987年上映，1988年获得第38界柏林国际电影节金熊奖，未曾获得奥斯卡奖，原文不确。——译者注

津，2005年；McDougall B. S., Kam L. The Literature of China in the Twentieth Century, Gosford, 1998; Yang X. B. The Chinese Postmodern: Trauma and Irony in Chinese Avant-Garde Fiction, Ann Arbor, 2002.

（H. K. 胡齐亚托娃撰，徐乐译）

穆时英

笔名伐扬、匿名子。1912年生于浙江慈溪，1940年6月28日卒于上海。作家，社会活动家。生于20世纪20年代末家道中落的银行家家庭。穆时英自童年起住在上海，在此接受教育，20世纪30年代初毕业于光华大学中文系。资产阶级教育没有妨碍穆时英在大学时代醉心于马克思主义，这使他的创作最初走向革命文学轨道。1930年在《新文艺月刊》发表最初的短篇小说《咱们的世界》和《黑旋风》。1931年在主流杂志《小说月报》刊登短篇小说《南北极》，作家1932年在上海出版的第一部短篇小说集即此篇小说为题。此外，1930年穆时英发表长篇小说《交流》。1930—1931年反映流氓无产者生活、反抗当代现实的作品得到当时居主导地位的左翼批评界的肯定，他们把这位年轻作家看作无产阶级意识的代言人，他的作品情感浓郁，匠心独运地使用社会底层的语汇。

但穆时英的创作方向在1932年发生剧烈转折，这一转折将他领入现代主义，原因是他迷恋上在中国率先推行日本新感觉主义的刘呐鸥的作品，了解到日本作家横光利一、堀口大学、林房雄的创作，法国现代主义者保罗·莫朗的作品以及西格蒙德·弗洛伊德的心理分析学说。此外，对文学实验的偏好，因鲁迅在私下会晤中对其不留情面的意见而抱屈，这些也推动了穆时英改变创作方向。穆时英开始信奉文学回避政治的自主性，对他而言头等重要的是怎样写，而非写什么。此时他接受新感觉主义的方针，表现作者在独出机杼地解释周围现实时的主观情绪和感受。这种对无产阶级文学原则的背弃引起鲁迅和瞿秋白的痛斥，但穆时英同时也得到杜

衡的支持，后者系文学中"第三条道路"的著名拥护者。在艺术技巧层面，穆时英在中国率先开始使用蒙太奇、"意识流"、正向和反向的重复、叙事主体的变换、对标点符号的排斥、不同大小的字体等。他编造的叙事情节一般围绕在舞场或夜总会、餐馆或咖啡厅里的调情，这些东西在20世纪30年代的上海比比皆是。众所周知，穆时英本人也过着放荡不羁的生活，在这类场所消磨很多时间，甚至娶了一位舞女为妻。他笔下的主人公们不但享受现代大都市提供的灯红酒绿的娱乐，而且感觉自己必然落后于飞快的生活节奏。可是，作家描写的主要对象与其说是摩登青年，不如说是上海这座当时中国最西方化的城市。穆时英的短篇小说常带有色情渲染，作家甚至在描写城市景观时也广泛使用露骨的比喻。这类创新很快使他名声大噪，他被视为"中国新感觉派圣手"，超过其偶像和导师刘呐鸥。

　　穆时英、刘呐鸥、施蛰存和叶灵凤是20世纪30年代上海现代主义的主要代表。穆时英的现代主义短篇小说代表作有：受道斯·帕索斯长篇小说《1919年》影响写作的未完成的长篇小说《中国1931》的续篇《上海的狐步舞》（1932）、*Craven "A"*（1932）、《黑牡丹》（1932），这些作品俱收入小说集《公墓》（1933）。稍晚，穆时英出版短篇小说集《白金的女体塑像》（1934）和《圣处女的感情》（1935）。20世纪30年代中期，作家摇摆不定的政治观点又发生转变，他开始编辑国民党管辖的民族主义文学杂志，1937年加入国民党图书杂志审查委员会。抗日战争全面爆发迫使他去往香港，在《星岛日报》工作。穆时英参与了建立中华全国文艺界抗敌协会香港分会的工作。

　　1939年秋，穆时英政治立场再次发生突转，此时他返回上海，在依附日本的汪精卫傀儡政府任职，主持新闻宣传部、国民新闻社、《中华日报》和《文汇报》工作。1939年秋和1940年春他两次完成赴日本的工作旅行。1940年6月，穆时英被国民党特务刺杀。

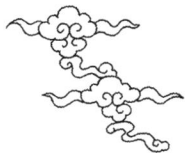

乙

** 《中国现代文学手册》，刘献彪主编，北京，1987年；
《二十世纪中国小说发展史》，易新鼎主编，北京，1997年；
Lee L. O. Shanghai Modern: the Flowering of a New Urban Culture
in China, 1930‐1945, Cambr. (Mass.), 1999; Shih S. M. The Lure
of the Modern: Writing Modernism in Semicolonial China, 1917‐
1937. Berk, 2001.

（A. A. 罗流沙撰，徐乐译）

中国古老的情节散文（小说）作品之一。

《穆天子传》文本在3世纪七八十年代（279—281）被盗墓者发掘出土，盗墓者钻入位于汲郡（今河南卫辉，旧称汲县）的古墓，发现大量竹简。盗墓者唯恐亵渎神灵（百姓迷信地对待书面文本，况且还是与阴间相关的文本），急忙向地方官府呈报所获之物。地方官员立刻禀告朝廷。奉西晋王朝（266—316）皇帝武帝（265—290年在位）之命，竹简被送往京城（需数十辆马车运送）并交付宫廷图书馆"秘府"。为研究这些被发掘出并命名为《汲冢书》的典藏，朝廷成立了以荀勖（卒于289年）为首的校勘委员会。委员会成员包括束皙（261—303）等一批当时权威的学者。竹简出土时顺序已乱，因为连接它们的绳子早已朽烂。上面的文字以上古字体（篆文）写成，一些地方被磨损。而且，盗墓者在黑暗中不知它们是书籍，竟用这些竹简做火把。然而委员会成员终究释读出原文，对竹简进行分类，整理出单部作品15种共49篇，其余还有19篇文本无从辨识，另有7篇竹简彻底被毁。对得到修复和辨识的作品进行抄录（以当时的写法）后，委员会也得出结论，被盗掘的墓冢主人系上古魏国（前403—前225）统治者，或为襄王（前334/318—前319/296年在位），或为安釐王（前276—前243年在位）。魏国是战国时期（前475—前221）最大的国家。这可以确定《汲冢书》的年代在前4—前3世纪。

在被辨读的著作中既有上古名著抄本，如《国语》和

《周易》，也有过去不知道的作品，其中最重要的被认为是《穆天子传》和编年史《竹书纪年》。有人提出，那里还首次发现《山海经》文本。

《汲冢书》的故事载于7世纪上半叶的正史《晋书》（第3、39、51卷）中武帝本纪、荀勖和束皙列传中（在细节和日期上略有不同）。《穆天子传》本身的存在由2部属于3世纪末4世纪初的文献证实：（1）荀勖《上穆天子传》，据之判断他亲自从事了修复该作品文本的工作；（2）郭璞笔记《山海经注》，这篇笔记尽管名为《山海经注》，大部分内容却论及《穆天子传》，故郭璞被视为《穆天子传》的第一位注疏者。这两部文献具有特殊价值，如果考虑到5世纪、6世纪之交的正史如沈约的《宋书》和萧子显（489—531）的《南齐书》均未提及《穆天子传》的话——尽管据说《竹书纪年》系沈约首次注疏。按之7世纪上半叶另一史料《隋书》，《汲冢书》原简在皇家书库藏至6世纪中叶左右，后在一次内乱爆发时无可挽回地散佚。上述情况极大地增加了研究《穆天子传》真实性问题的难度。

这部作品流传至今的文本之历史从14世纪起就有人在考据，当时它连同郭璞的注疏、荀勖的序言和王建所撰另一篇序言（所标年代为1350年）一同在"天一阁"辑本中被刊刻。《穆天子传》的这一版本收入张元济（1867—1959）编校并在他的私人印书馆刊刻（1919）的丛书《四部丛刊》。16—18世纪《穆天子传》文本（以及郭璞的注和荀勖的序）被列入各类辑本，包括吴琯（16世纪）辑的《古今逸史》（1571—1576）、何允中（16世纪）的《汉魏丛书》（1592）、王谟（18世纪）的《增订汉魏丛书》（1791）。

洪颐煊（1765—1837）和黄丕烈（1763—1825）最初尝试为《穆天子传》作新注，推出各自的文献版本。黄丕烈校注的《穆天子传》以《汉魏丛书》中的文本为底本，1934年首次以《穆天子传校》为题刊行（木版印刷）。这一版本至今仍是图书馆珍本。洪颐煊校注的版本以《穆天子传注》为题，最初收入汇编本《平津馆丛书》（1800），后再版于数部丛书，包括《四部备要》。

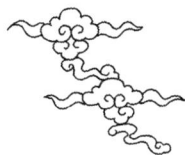

在这部得到仔细考证的作品的注疏和研究史上，顾实（19世纪下半叶—20世纪前30年）的著作《穆天子传西征讲疏》实为新的里程碑，它初版于1934年，其中重印的典籍文本带有标点、之前所有的（从郭璞开始）注疏以及顾实本人的讲解和阐发。

中国现存的《穆天子传》版本中，最完整的是卫挺生（1890—1977）的三卷本《穆天子传今考》，其中除重印文本注疏和分析外还详细考证了这部典籍的历史并证明其真实性。

19世纪末至20世纪前30年，《穆天子传》两度被译成英文（E. J. Eitel, Cheng Te-k'un），一次被译成法文（L. de Saussure），但所有这些译本都更像是对原文的改写。第一本具有学术性的准确注释译本不久前由法国学者雷米·马诸又完成，他译著中有广博的研究部分，其中分析了这部典籍的来历（包括对荀勖序言的完整翻译）、它的艺术特色和文化思想渊源。

《穆天子传》篇幅不大（约6640字），共6卷，依照内容它可分为2部事实上独立的作品：（1）《周王传》（或《周王游行记》，卷1—5）；（2）《盛姬录》（卷6）。作品主要人物是现实中的历史人物周穆王，西周王朝（前11世纪—前771年）第五代君主，按照传统年表，统治年代为前1001—前947年。在当代学术界，他在位时间被确定为前956—前918年。

《周王传》讲述穆王的奇幻巡游。他驾着八骏，驰过遥远的土地，抵达作为世界圣地的极西之土并会见女神西王母，西王母是西土的女性主宰和不死药的赐予者。第1—2卷记述穆王的西征。第3卷叙述穆王与西王母会见并共饮于女神宫邸，其间他们即席赋诗以相酬酢，分别时穆王从西王母处获赠神符。第4—5卷描写他的归程。所有涉及穆王巡游的部分均有大量地名和对该地的描写，它们大多被描绘成神仙居住的仙境。

《盛姬录》讲述穆王与他的爱妾盛姬的关系、盛姬之死和穆王对她的哀悼。根据传统和当代研究，《盛姬录》最初

系19篇未被辨读的作品中一部独立的艺术作品，它可能被校勘《汲冢书》的人并入《穆天子传》，借此编制类似穆王完整生平的传记，在此可找到对他各方面生活行为的反映。

《穆天子传》有理由被视为中国最神秘的文学典籍之一，它在整个20世纪都是持续而激烈的学术论争的对象。关于它的真实成书年代和文化思想阐释的问题讨论得最为活跃。对于这部典籍的时代属性存有两种基本观点。其中一种观点主要得到中国学者的支持和深入研究，认为古代校勘者基本上准确地（尽管承认有可能局部歪曲原文和掺加意义）释读和复写出了原始文本，因此，《穆天子传》系中国最古老的情节散文之一。它的叙事空间、复杂的谋篇布局和不容置疑的艺术优点，毫无疑问地表明在周朝时存在稳固的文学传统，它应是产生于历史编纂的萌芽期（采用传记形式），受到宗教神话观念的影响。有人（比如F. Tokei）甚至提出，这一假定的传统（由于某种原因后来中断）可能具有史诗文学的特征。

拥护另一种观点的人基本为当代欧洲研究者（包括R. Mathieu和A. Birrell），他们论证，流传至今的《穆天子传》文本要么是伪书，要么顶多是对某一上古作品主题的改写，可能系《汲冢书》的校勘者所为。有人注意到，西王母的文学肖像与在1—3世纪中国信仰中方才确立的这一女神形象（容姿绰约的不死药的赠予者）十分相似。《穆天子传》中采用的关于西王母在神山昆仑瑶池岸边的宫邸和在此举办礼宴的传说被融入对这位西方女主人的崇拜，这在时间上不早于上述年代。这部典籍的形象表现和修辞风格接近六朝时期（3—6世纪）的文学语言。他们的结论是，尽管关于穆王神奇巡游的传说在中国上古文化中占有一席之地，《穆天子传》却是六朝时期文学创作和信仰的产物。

还有多种见解涉及这部典籍的潜在含义和穆王巡游的情节语义学。一些研究者视之为实际上的地理学作品，其中讲述了穆王在现实中完成的一次旅行，尽管它采取了经神话大力改造过的形态，并且再现了上古中国人的地理学知识。学术文献中（例如在卫挺生、顾实和丁谦的著作中）多次尝试

复原穆王的路线，甚至根据文本中包含的地名及描写绘制那一时代的中国地图。其他研究者把《穆天子传》鉴定为独特的"亡灵书"，用于给死者在阴间指路，因此这本书也被列入魏国君主的陪葬品。一系列理由使人相信，穆王巡游情节之产生，是有关该国君完成的某次旅行或征伐的传说与神秘主义的旅行（"游"）情节相互交融混合的结果。后者在源头上属于上古中国南方地区，即楚国（前11—前3世纪）的信仰体系，反映在当地的诗歌作品中。

无论如何，《穆天子传》被列为中国艺术散文的杰作，是中国神话学历史上的重要资料。

*郭璞《山海经注》，第2153—2154页；顾实《穆天子传西征讲疏》；荀勖《穆天子传》，第1637页；Cheng T. U. The Mu Tien-tzu chwan..., Vol. 64, pp. 124‑142; Vol. 65, pp. 128‑149; Eitel E. J. The Mu Tien-tzu chwan, pp. 233‑240, 247‑258; Mathieu R. Le Mu Tianzi Zhuan; De Saussure L. La Relation des voyages du roi Mou... **《竹书纪年》，第8—9页；M.E.克拉夫佐娃《穆天子传：疑问和问题》，载《彼得堡东方学》1992年第2期；M.E.克拉夫佐娃《中国古代诗歌》，第183—188页；Б.Л.李福清《作为文学纪念碑的〈穆天子传〉》；Э.M.杨希娜《中国古代神话的形成和发展》，第80页；卫挺生《穆天子传今考》；《关于先秦小说》，载《先秦两汉文学研究》；丁谦《穆天子传地理考证》；《先秦文学史》，第61—67页；金毓黻《中国史学史》，第28—32页；朱希祖《汲冢书考》，第69—71页；陈天水《中国古代神话》，第104—106页；Birrell A. Chinese Mythology..., pp. 174‑175; Hulsewe A. F. P. Texts in Tombs; Mathieu R. Mu t'ien tzu chuan; Tokei F. A propos du genre du Mou t'ien-tseu tchouan.

（M. E. 克拉夫佐娃撰，徐乐译）

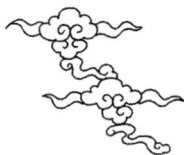

国家出版基金项目
NATIONAL PUBLICATION FOUNDATION

ДУХОВНАЯ
КУЛЬТУРА
КИТАЯ

ЭНЦИКЛОПЕДИЯ

ЛИТЕРАТУРА
ЯЗЫК И ПИСЬМЕННОСТЬ

主 编：

М. Л. 季塔连科　　　　С. М. 阿尼克耶娃
О. И. 扎维亚洛娃　　　　М. Е. 克拉夫佐娃
А. И. 科布杰夫　　　　　А. Е. 卢基扬诺夫
В. Ф. 索罗金

译 者：

刘文飞　阎国栋　侯玮红　徐　乐　万海松　孔霞蔚
王丽欣　侯　丹　葛灿红　文导微　刘　娜　孟宏宏
靳　芳　佟宝慧

译 校：刘文飞

中国精神文化大典

文学·语言文字卷

下

四川大学出版社
SICHUAN UNIVERSITY PRESS

用来指称4—5世纪所记录民歌的学术概念。南朝乐府即产生于长江流域的作品，这片地区在311—317年混战后由中原统治者管辖。北朝乐府即产生于黄河流域的作品，此时黄河流域由魏国拓跋氏政权（北魏，385—534）统治。郭茂倩（1041—1099）的《乐府诗集》集录南朝和北朝的民歌。南朝乐府列入独立的"清商曲辞"类（旋律为清和商的乐曲，卷44—51）。北朝乐府构成《梁鼓角横吹曲》（旋律由鼓、角、笛和管乐器演奏，卷25），该小类是构成"横吹曲辞"大类（管乐伴奏的歌曲）之一部，此类乐府源于"野蛮部族"的乐曲创作。这种分类一直存留于汉朝（前3—3世纪）和六朝（3—6世纪）的抒情诗歌汇编本中。

南朝乐府分为两个基本大类，即"吴声歌曲"和"西曲歌"，收录在长江流域创作出的作品。每一大类包含若干依据旋律或主题分类的组诗。吴声歌曲中篇幅较大、影响较广的组诗是《子夜歌》（42首）和《神弦歌》（18首），它们有时也被视为独立的一类。《子夜歌》传统上认为是一个名为子夜的女子所作，这组诗又依据一年四季划分为4个部分，即《春歌》《夏歌》《秋歌》和《冬歌》。

所有南朝乐府因其形式特征（五言绝句居多）和意义特征构成一个整体。与古代（汉朝）乐府民歌不同，南朝乐府除组诗《神弦歌》外，在内容上都是爱情歌曲。组诗《江陵女歌》（《吴声歌曲》）中有这样的诗句："雨从天上落，水从桥下流，拾得娘裙带，同心结两头。"《秋歌》源于组诗《子夜歌》："开窗秋月光，灭烛解罗裳。合笑帷幌里，举体兰蕙香。"用此类乐府早期的研究者之一郑振铎（他将此类乐府定义为"新乐府"）的话来说就是："在乐府诗中有一个主题——青年男女的爱情主题，其中有一种氛围——繁盛春天的激情。"学术界有一种意见占据上风，即认为南朝乐府源自古代礼仪表演诗（少男少女的诗歌对话）。在组诗《神弦歌》中，宗教祭祀仪式的来源尤为醒目。它们均为对神灵的赞美，其形象和内容均接近古代中国南部即楚国（前9—前3世纪）的以《九歌》为代表的歌曲。组诗《神弦歌》中有这样一首《姑恩曲》："明姑遵八风，蕃谒云日

南北朝乐府民歌

中。前导陆离兽，后从朱鸟麟。苕苕山头柏，冬夏叶不衰。独当被天恩，枝叶华葳蕤。"南朝乐府对5世纪下半叶—6世纪上半叶的具名抒情诗产生了巨大影响，也促进了独特的爱情主题诗歌"宫体诗"的形成。

北朝乐府（50余篇）也多为篇幅不长的作品，它们依据主题分为若干组，但是其内容和结构却与南朝乐府有很大差别。北朝乐府主要是反映军旅征战和日常生活的歌曲，最为常见的是对军人的勇敢和战斗技巧的歌颂，此为受拓跋人习俗风尚影响的结果，如《企喻歌》："男儿欲作健，结伴不须多。鹞子经天飞，群雀两向波。"如《琅琊王》："新买五尺刀，悬著中梁柱。一日三摩娑，剧于十五女。"

北朝乐府中篇幅最大的作品是谣曲性质的《木兰诗》，该诗讲述一位姑娘替年迈父亲出征的故事。姑娘女扮男装，在军中服役十余年，建立战功并得到当朝皇帝接见，但姑娘谢绝赐予她的荣誉与官位，返回家乡。这首诗歌渗透着民歌调性，充满表现军旅生活细节和泼辣幽默的片段："阿姊闻妹来，当户理红妆。小弟闻姊来，磨刀霍霍向猪羊。开我东阁门，坐我西阁床。脱我战时袍，着我旧时裳。当窗理云鬓，对镜帖花黄。出门看火伴，火伴皆惊忙。同行十二年，不知木兰是女郎。"

南北朝乐府民歌如同汉族诗歌一样，一直是中国文学研究者关注的焦点。北京大学教授胡适（1891—1962）的著作《白话文学史》（1928）奠定了此类研究之基础。在关于乐府诗歌的总体研究著作中，在中国文学史著作中，均会辟出专门的章节谈论这一问题。当代学者继续研究南北朝乐府的文化与文学起源及其艺术特色，发现了一些新的细微差异，为在这一领域的继续探索注入了动力。比如，有学者提出一种假设，即南朝乐府中可发现道家观念和信仰相关的主题。

南北朝乐府的多数文本已有俄译（主要为Б. Б. 瓦赫金所译）。

*《乐府诗词》第25卷（北朝乐府），第44—51卷（南朝乐

府）第2卷，第759—816页；第2—3卷，第1181—1328页；收录南北朝乐府的辑本见文献目录II：丁福保辑本，1964年，第1卷，第735—747页；第2卷，第1324—1333页；逯钦立辑本第1卷，第1040—1068页；第3卷，第2151—2160页；《中国诗选》第1卷，第344—346、362—365页；《中国文学作品选》，第225—228页；《乐府》，第83—386页；An Anthology of Chinese Verse, p. 99-110. **Б.Б.瓦赫金《汉代与南北朝乐府》，第13—17页；И.С.李谢维奇，《4—6世纪的中国民歌》；王运熙《六朝乐府与民歌》；《魏晋南北朝文学研究》，第577—619页；刘大杰《中国文学发展史》第1卷，第321—332页；刘跃进《道教在六朝的流转与江南民歌隐语》，第161—172页；萧涤非《汉魏六朝乐府文学史》，第195—322页；谭丕模《中国文学史纲》第1卷，第199—210页；曹道衡、沈玉成《南北朝文学史》，第297—315、452—469页；郑振铎《插图本中国文学史》第1卷，第195—201页；《乐府诗研究论文集》，第200—209页。

（M. E. 克拉夫佐娃撰，王丽欣译）

牛僧孺

779—848，文学家、国务活动家。官居宰相，与李德裕（787—848）政治集团进行长期斗争的牛党领袖，著有作品集《玄怪录》。牛僧儒的《玄怪录》已散佚，仅可从《太平广记》查到存留的33篇。据版本学家称，牛僧孺曾在文坛享有盛誉，其文章"恶言满篇"，常见政治隐喻。他创建了一种政治讽刺体裁，即"传奇"。他的手法受到后人模仿，李复言（9世纪）曾编纂《续玄怪录》。

*牛僧孺《玄怪录》，O.费什曼译，载《唐代传奇》，莫斯科，1955年，第71—78页；牛僧孺《玄怪录》，载《中国文学作品选》第1卷，P.M.马马耶娃编，莫斯科，1959年，第272—279页；牛僧孺作品，O.费什曼译，载《浪子与巫师》，И.索科洛娃编，莫斯科，1970年，第206—241页。

（К. И. 郭黎贞撰，王丽欣译）

欧阳山

原名杨凤岐，1908年12月11日生于湖北荆州，2000年9月26日卒于广东广州。作家，社会活动家。因家境贫寒幼年被卖给别人家。1922—1926年就读于广东师范大学附属中学。1927年在中山大学（广州）旁听，听过鲁迅的课。此间欧阳山积极参加革命与罢工运动，同时尝试文学创作。欧阳山的第一篇短篇小说《那一夜》于1924年在上海发表，第一部诗集《坟歌》1926年在香港出版，第一部中篇小说《玫瑰残了》于1927年在上海面世。1926年，欧阳山成为广州文学会组织者之一，该学会后在鲁迅参与下改组为南方国文学会，欧阳山任《广州文学》杂志主编。1928年因受通缉，欧阳山迁居上海，成为职业作家。1928—1937年，在抗日战争爆发前，欧阳山共发表6部长篇小说、2部中篇小说、11部短篇小说和随笔集，他的中篇《单眼虎》（1933）用粤语方言写就。欧阳山20世纪20年代的作品主题多为青年知识分子于不公正的社会寻觅定位，爱情幻灭。30年代，他的作品关注普通大众的生活重负，社会批判趋势进一步增强。1932年，欧阳山赴广州组织"普罗作家联盟"并领导《广州文艺》杂志社。1933年他返上海加入中国左翼作家联盟，成为其宣传部门的领导人之一。抗日战争开始后直到1940年，欧阳山在大后方的广州、长沙、重庆等地积极从事爱国工作和文学活动。这些年间，欧阳山尝试戏剧创作，写出剧本《敌人》（1938）。1940年，欧阳山加入中国共产党，后于1941年前往延安。毛泽东于1942年5月在延安文艺座谈会上的讲话对欧阳山的创作具有突出影响，使其作品出现了阶级意识，服从于现实的政治任务，语言显著简单化，努力贴近普通百姓的日常口语。尽管如此，欧阳山运用方言写作的追求仍保留下来，但此后系用陕西和甘肃等西北省份的方言。他这一时期最著名的作品为长篇小说《高干大》（1947），小说的故事发生在1941—1943年的陕甘宁边区。主人公为共产党员高声亮，绰号"高干大"，在当地居民支持下寻求组织农村合作社的新办法，但他仍不得不克服重重阻碍。中华人民共和国成立后，欧阳山任广东省文联主席、《作品》杂志主编，还担任其他一些党政工作。1959年，欧阳山的小说五部

曲《一代风流》（1959—1985）的第一部《三家巷》面世。在这部小说中，欧阳山以几个毗邻而居的家庭为例，展示了20世纪20年代中国社会的一个横断面和广东革命运动的诞生，展现了主人公、共产党员周炳走过的不平凡的思想成长道路。《三家巷》有清晰的阶级立场，并且因为它有复杂的情节设置和性格塑造、注重表现中国南方的地方风俗和生活习惯，而在当时的文学背景下仍显得别具一格。五部曲还包括《苦斗》（1962）、《柳暗花明》（1964，1981）、《圣地》（1984）和《万年春》（1985），这些作品反映了1949年之前革命运动和主人公们的命运。"文化大革命"期间，欧阳山被送至干校接受劳动改造。恢复名誉后，欧阳山继续积极地创作和参加社会活动，1979—1985年任中国作家协会副主席。

*欧阳山《人民公仆》，H.巴霍莫夫缩译，莫斯科，1951年；欧阳山《高干大》，H.巴霍莫夫、B.斯拉勃诺夫译，莫斯科，1961年。**《中华人民共和国的文化命运（1949—1974）》，莫斯科，1978年。

（A.A. 罗流沙撰，王丽欣译）

欧阳修

字永叔，号醉翁、六一居士。1007年生于绵州（今属四川），1072年卒于颍州（今属安徽）。伟大的宋代诗人、文学家、史学家、艺术家和重要的政治家。1010年，欧阳修年仅4岁，其父欧阳观去世，遂与母亲到随州（今属湖北）投奔欧阳修叔叔欧阳晔。叔叔家贫，母亲郑氏对欧阳修进行基础教育，据传，其母以荻秆于沙地教欧阳修读写。欧阳修天资聪颖，不久即可"书甫读毕，即能解其深意"。

拜读韩愈（768—824）的文章是少年欧阳修生活中最重要的事情，欧阳修在李家存放旧书的蔽箩中发现6卷本的《韩昌黎先生文集》，他精心研读6卷本并誊写下来，欧阳

修对这位不应被遗忘的作家满怀尊敬之情，并终生怀揣这份尊敬。在很多年间，韩愈都是欧阳修的榜样，是后者为文为官的模仿对象。

1023年欧阳修通过地方科举，此时他在文人骚客中已小有名气。于是欧阳修来到京城汴梁（今属河南），以魁首成绩被广文馆录纳，1030年1月，欧阳修参加殿试并名列前茅，几月后获得人生第一个官职，任西京（今属河南）留守推官。在此地，年轻的欧阳修结交数位名人，特别与诗人尹洙（1001—1047）结为至交，尹洙与欧阳修同是韩愈复古运动的支持者，后来欧阳修被公认为北宋复古运动的领袖。欧阳修视尹洙为朋友和导师，两人共同钻研"古文"技艺。此时欧阳修也与梅尧臣（1002—1060）交好，在诗词方面令其深深折服。

1034年，结束在洛阳的3年任期，欧阳修回京任馆阁校勘，参与编修《崇文总目》。初入朝廷，这位雄心勃勃的年轻文人即卷入政治斗争，反对以宰相吕夷简（979—1044）为首的群臣不顾国家人民利益把持朝政。欧阳修热情支持范仲淹（989—1052）的主张，范仲淹1036年上书题为《四论》的奏章，揭发吕夷简意图谋朝篡位，因此获罪（范仲淹被罢免所有官职，流放外省）；欧阳修修书批评谏官高若讷，指责其不作为，不保护正直官员，称其"不复知人间有羞耻事"，直言自己属范仲淹一派。欧阳修完全同意尹洙和同在馆阁任职的余靖（1000—1064）的观点，但皇帝的决定不容更改，高若讷上奏皇帝后，欧阳修同样被贬为夷陵（今属湖北）县令。受冷遇后，欧阳修自修《新五代史》一书，此书不同于此前同类史著，比如其中列入一些被作者称为造反者和变节者的人物。

直到1040年，欧阳修方得以重返京城，复任馆阁校勘，兼太子侍读，继续编撰《崇文总目》，并于1041年完工。在此期间欧阳修不断向执政者提出管理意见，但无一被采纳，由于政治失意，欧阳修主动请迁，并于1042年出任滑州（今属河南）通判。

1043年宋夏战争失利后，两国签订和约，按照这份屈辱的和约，宋朝不仅要割地，还要每年向西夏缴纳大笔贡税，仁宗皇帝（1022—1063年在位）不得已对朝廷作一些改革。之前一直不受重视的欧阳修于同年春重返朝堂，与其他六位反对派一起获得重用，成为知谏院首席。不久之后，吕夷简退归，范仲淹一派当权。范仲淹的掌权不无欧阳修的直接作用，因为仁宗皇帝此时已很重视欧阳修的建议："每进见，帝延问执政，咨所宜行。既多所张弛。"当然，并非所有人都喜欢这一点，《宋史》上这样记载："修论事切直，人视之如仇，帝独奖其敢言。"作为新上任的知谏，欧阳修前途无量，当时的欧阳修虽然只是一个有名无实的七品官，理应穿绿色官服，但皇帝对其格外重视，特许他穿红色官服（五品及以上官服）。皇帝曾对侍臣说："如欧阳修者，何处得来？"

但好景不长。1045年范仲淹下台之后，欧阳修在政治上倍受猜疑，即使没有任何有力证据，他仍被贬为滁州（今属安徽）太守，两年后又改至扬州（今属江苏），1049年为颖州（今属安徽）太守，5年之后他才重返京城。在重返京城之前的几年间，他为世界奉献出诸如《醉翁亭记》《丰乐亭记》等杰作，为宋代文学添上浓墨重彩的一笔，欧阳修在此期间以"醉翁"为号，建成以此命名的醉翁亭（1046）。欧阳修荣返京城，享誉文坛，"帝见其发白，问劳甚至"。1050年，欧阳修复任龙图阁直学士，但两年后母亲去世，孝子欧阳修守丧离职。直到1054年，欧阳修才最后一次回朝做官，出任翰林院学士，修《新唐书》。1055年，欧阳修奉使契丹，正值耶律族道宗皇帝（1055—1101年在位）登基之时，契丹对欧阳修表示出极大尊重。回国后，欧阳修向皇帝呈上《北使语录》一书。

1056年，欧阳修做了礼部贡举主考官。他不顾朝臣掣肘，出色地主持了科举考试。欧阳修对于"进士"首先应该掌握何种知识心知肚明，他遵循自己推崇的文学主张，选出一些志同道合者为官，而不给那些玩弄华丽辞藻的人以机会，正是在这次科举考试中，宋代著名的文学家苏轼、苏辙凭借其深厚的学识脱颖而出。

次年，欧阳修任开封府尹，他的前任就是以公正严明著称的宋代名臣包拯（999—1062），包拯后来备受赞誉，成为许多小说和戏剧的主人公。同年，皇帝赐欧阳修御字，书"文儒"二字。1060年，《新唐书》编纂完成。

欧阳修一生在朝廷历任诸多职位，如尚书省副使、兵部尚书、太子少师等。但在1067年，欧阳修再遭诽谤，朝野传言他与儿媳有不伦之恋。这在当时是重罪，足以使其失去一切职位，但证据不足。即便故交疏远，甚至被孤立，欧阳修的威望也足以维护其在朝中职位。他数次呈文解释此事，最终连神宗皇帝亦不信他犯此罪。尽管皇帝亲自调查并确定他无罪，但类似情况已使他无颜高居殿堂。欧阳修请准放任外省，先亳州（今属安徽），后青州。正是此时，欧阳修又与故友、曾受其提拔的王安石（1021—1086）交恶。此时王安石已为宰相，推行变法。欧阳修坚决反对名为"借贷用于早春耕种"之新政，即"青苗法"，禁止在他所管辖的州推行此法，并两次向朝廷呈文，阐释自己的立场，但未获朝廷回复。欧阳修最后任职于蔡州（今属河南），在此地，欧阳修自号"六一居士"。

欧阳修晚年依惯例托辞年老体弱，多次请求后终获辞官，迁往颍州田庄，11世纪50年代中期他已中意此地美景，愿在此度过余生，他辞职一年多后谢世，卒于1072年。

欧阳修的旷达个性对后世中国文化的发展影响巨大，其多方面的活动令人惊叹。作为国家重臣，他坚持将经典儒学原则的复兴贯彻于社会生活，《宋史》称："修平生与人尽言无所隐。"他并不在意论敌的地位和出身，为官时甚至荐拔一些与其立场相左的有识之士。欧阳修承袭韩愈，成为宋代文学革新运动的公认领袖。作为一位散文作家和独特思想家，欧阳修以其杰出的散文作品奠定了他崇高的文学地位，位列"唐宋八大家"，而欧阳修的"古文"则成为后世大量中国文人尊崇的完美典范。作为韩愈的继承者，欧阳修在确定其写作的风格个性、思维的明晰和逻辑性的同时，还主张必须掌握历代的文化遗产，他坚信，一切艺术创作的基础就是悟道，就是与绝对精神的交融，最后就是司空图（837—

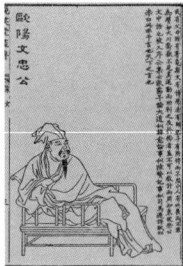

908）所言的位于词语之外的灵感，即"思"，作品应该服从的正是"思"，而非遮蔽内容的新奇形式。陆游在《入蜀记》中高度肯定了欧阳修对其所处时代文学进程之影响。欧阳修留下500多篇各种体裁的优美文章，他主要因其散文而非诗歌或历史著作蜚声海内外。

作为历史学家的欧阳修主修了《新唐书》和《新五代史》，他对官方历史书写的惯常界限进行拓展，将以往因意识形态或书刊检查而被拒斥的人物写入历史。在对经典文本的研究领域，他提倡重视原文，而不应过于看重后世的解释和注疏，因为典籍中的一切都已写得明明白白，典籍（如《春秋》）中对历史事实的叙述朴实简洁，恰好构成样板。欧阳修在考古和金石领域的研究均闻名遐迩，他的作品《集古录》（1063）收录从周朝（前9—前3世纪）到唐朝的许多文献（如石器和器皿上的铭文、庙墙上的题字），据同时代人称，欧阳修藏有各种版本书籍1万余册。

欧阳修的文学遗产广博丰富，现存其《居士集》50卷（有宋、明、清三种刻本）、《欧阳文忠公集》153卷（有宋代刻本1种、明代刻本3种、清代刻本1种），另有大量诗词存世，有3卷本的《六一词》（有宋、明刻本），《全宋词》收入欧阳修的近100首词，《全宋诗》则收有欧阳修的22卷旧体诗作（计有800余首诗和200余首词）。欧阳修所作《六一诗话》为第一篇"诗话"体裁作品，也保留至今。

*《中国诗选》第3卷，莫斯科，1957年，第27—28页；《3—14世纪中国山水诗》，莫斯科，1984年，第107—117页；《印度、中国、朝鲜、越南、日本古典诗歌》，莫斯科，1977年，第334—338页；《宋代诗歌》，莫斯科，1959年，第72—95页；E.A.谢列勃里亚科夫《10—11世纪的中国诗歌》，圣彼得堡，1979年，第207—246页；《梅花开：中国古典诗词》，莫斯科，1979年，第97—110页；《阿理克院士译中国古典小说杰作》第2卷，莫斯科，2006年，第213—278页；刘德清、郭预衡《欧阳修传》，哈尔滨，1995年；Liu J. T. S. Ou-Yang Hsuiu, an Eleventh Centure Neo-Confucianist, Stanf, 1967.

（И. А. 阿利莫夫撰，王丽欣译）

潘尼

又名潘正叔。约250年生于荥阳中牟（今属河南），约卒于311年。官员，晋太康体诗歌流派代表人物。潘尼生平见于正史《晋书》（卷55）。出身官宦世家，潘岳之侄。他才学优渥，早登仕途，为官升迁极顺畅。285年左右获"博士"称号后，潘尼任太庙仪令官（太常），此外兼任御前诗人。西晋（266—316）惠帝（290—307年在位）执政初年，潘尼任县令。内乱战火燃起（"八王之乱"，300—307）之后，潘尼弃官回归故里。怀帝（306—311年在位）当政后，潘尼再度为官，又任太常，后病卒。

潘尼的诗歌遗产由28首诗和13篇赋构成。《潘太常集》由张溥（1602—1641）辑成。潘尼的抒情诗见于丁福保（1874—1952）辑本（1964）和逯钦立（1910—1973）辑本，其赋作见于严可均（1762—1843）辑本。

潘尼的抒情诗依据主题可分为两大组，即写给友人的献诗和为各种皇家仪式所作颂词，这些仪式包括节日庆典和祭孔仪式等，如《七月七日应侍皇太子宴玄圃园诗》《上巳日帝会天渊池》等。不过，这些诗作的修辞手法并不符合抒情诗创作的范式，它们作为献诗，却近乎论文，充满直接或间接的引文和各种暗示。潘尼这两组不同的抒情诗均有道教色彩。潘尼在创作诗歌时，积极运用道教形象或之前道教诗歌的主题，如长诗《远游》、公元前2—1世纪的赋（其中包括司马相如的作品）、曹操与曹植的抒情诗等，但在运用这些主题时，潘尼却滥用专业术语，且老生常谈，这不仅极大增加了理解诗歌的难度，而且还抹杀了诗歌的创作特色。除大量引文、暗示和佶屈聱牙的古词外，潘尼的抒情诗还广泛采用古代的四言诗格律，这种形式在潘尼时代的诗歌创作中已几近消失。

潘尼的赋作给人以随笔一般的感受，这些作品常讨论纯哲学问题，如善恶之本质、处于强烈情感控制下的人所体现出的矛盾性，例见《恶道赋》和《怀退赋》。

5—6世纪之间以及后世的文学理论著作中，关于潘尼的创作通常没有任何评述，他仅作为潘岳之侄和太康体诗歌流派代表人物之一被提及。著名的《文选》仅录入他的3首诗

（卷24），均为献诗。当代中国文学研究界（约始自20世纪最后10年）对潘尼的赋作的研究兴趣有所增加，但这些作品在很大程度上被视为哲学著作，而非诗歌作品。潘尼被称为非凡的思想家，对随笔体赋作的继承被视为他的一大贡献。

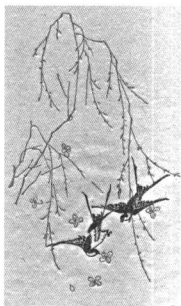

*《晋书》第55卷第5册，第1507—1508页；《文选》第24卷第1册，第533—535页；《潘太常词》。潘尼抒情诗和赋作见参考文献Ⅱ中辑本：丁福保辑本，1964年，第1卷，第377—384页；逯钦立辑本第1卷，第762—771页；严可均辑本第2卷，第1999—2004页；Die Chinesische Anthologie…, Vol. I, pp. 404‑407. **《魏晋文学史》，第347—349页。

（M. E. 克拉夫佐娃撰，王丽欣译）

潘岳

又名潘安仁，生于247年，荥阳（今属河南）人，卒于300年。官员，太康体诗歌流派和整个西晋（266—316）文学的重要代表之一。

潘岳生平载于正史《晋书》（卷55）。他生于官宦世家（祖父与父亲做过太守）。潘岳很早就表现出惊人的学习才能和文学天赋，周围人称其为"神童"。从2世纪60年代后期，潘岳跻身西晋武帝（266—290年在位）宫廷，后在核心行政机关身居要职，官至黄门侍郎，并成为当时宫廷诗歌团体"二十四友"的首领之一。众所周知，皇亲国戚与皇帝本人都是潘岳诗歌才华的崇拜者。晋武帝死后，潘岳借口年老体弱引退，隐居近十年。回归社会生活之初，他仕途通畅，直至尚书令，可他因间接参与内乱而被处死。

潘岳名垂中国文学史，不仅因其为诗人，还因其美男子之名。据说他相貌俊美，当他乘车走在都城的街道上，女人们都会向他的车上投送鲜花和水果。

潘岳的诗歌遗产由15篇诗（包括组诗）、12篇完整的赋和10篇赋的片段构成。他的两部最权威的文集《潘黄门集》和《潘安仁集》被编入张溥（1602—1641）辑本和丁福保

（1874—1952）辑本（1916年版）。此外，潘岳的抒情诗被收入丁福保辑本（1964）和逯钦立（1910—1973）辑本，赋作则被收入严可均（1762—1843）辑本。

潘岳的抒情诗就主题和情绪而言会使人联想到陆机。其抒情主人公同样处于内心空虚和压抑的状态（《哀诗》）："㴞如叶落树，邈若雨绝天。雨绝有归云，叶落何时连。山气冒冈岭，长风鼓松柏。虚堂闻鸟声，室暗如日夕。昼愁奄逮昏，夜思忽终昔。展转独悲穷，泣下沾枕席。人居天地间，飘若远行客。"

与陆机不同，潘岳感兴趣的与其说是这种心理状态的原因，不如说是其感受的微妙之处。比如，在由3首诗组成的《悼亡诗》中，一个人在最艰难时刻的心理状态得到了细致入微、非同寻常的描写，潘岳以一位心理学家的缜密思维阐述出了一位悲痛鳏夫的情感和行为（不清楚诗人本人的确经历了此种悲剧，抑或是在想象中描绘这一悲剧）。诗中主人公的妻子过世已经大半年，但这位可爱妇人的形象仍一直浮现在主人公的想象中，他可以感受到她的嗓音、她的脚步，房里的每样东西都让他想起她，想起他俩过去的幸福生活。他内心的悲伤已然无法承受，而春意盎然的大自然更加重了这份伤感："私怀谁克从？淹留亦何意？僶俛恭朝命，回心反初役。……流芳未及歇，遗挂犹在壁。怅恍如或存，回遑忡惊惕。……春风缘隙来，晨霤承檐滴。"（组诗第一首）

与此同时，这组诗中包含特定的哲学潜台词，即对古代道家哲学死亡观的驳斥。在道家哲学中（首先是《庄子》的第六章），死亡被说成是一种自然现象（近似一天或一年的结束），它引起的不该是对逝者的悲痛，相反，应该是快乐和轻松，因为肉体存在的结束赋予了人摆脱肉体躯壳的可能性，重新回归始初，回归一统，进入无穷无尽的变形过程。对于一个刚刚承受了无法弥补之损失的具体个人而言，此类论断颇有嘲弄意味："上惭东门吴，下愧蒙庄子。赋诗欲言志，此志难具纪。命也可奈何，长戚自令鄙。"（组诗第二首）

这组诗应被视为潘岳最优秀的作品，也是3—4世纪整

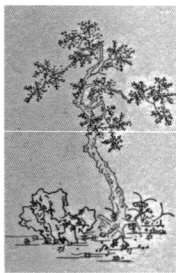

个抒情诗歌中的杰作之一。这组诗中的诗作被收入6世纪的两部著名文集，即《文选》（卷23）和《玉台新咏》（卷2），尽管这两部典籍的编者对诗歌创作的本质、功能和美学标准持不同看法。应该指出，这组诗开创了中国爱情诗中的一个独立题材，即悼亡诗，很多后世诗人都写有此类诗，其中就包括元稹（779—831），他写有组诗《遣悲怀》，苏轼也写有此类诗。

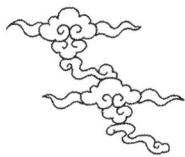

无论是潘岳的同代人还是后世文学理论家，对潘岳赋作的评价比对他抒情诗的评价还要高，《文选》收有他的6篇赋。潘岳的这些作品可分为三组基本题材：第一组为歌颂统治制度的"古典"赋作，常描述官方仪式和宫廷庆典以及军人的战功，如为纪念晋武帝耕田典礼所做《藉田赋》（卷6），还有《射雉赋》（卷9）和《西征赋》（卷10）。第二组由爱情体裁的赋构成，其中有与组诗《悼亡诗》相似的情节，即描述悲恸之人的内心状态，但这一次既写到了鳏夫也写到了寡妇，即《悼亡赋》和《寡妇赋》。第三组为一些具有鲜明个性特征的作品，如《秋兴赋》（卷13）和《怀旧赋》（卷16），赋中的主题与太康体诗歌近似，既有对仕途的失望情绪和自己随波逐流的无奈感受，也有对无所作为的统治者的指责，还包括对自身生活与仕途不顺的抱怨和对庸碌现实之外所存在的快乐的赞颂（《怀旧赋》）："今天子谅闇之际，领太傅主簿。府主诛，除名为民。俄而复官，除长安令。迁博士，未召拜，亲疾，辄去官免。"再如《秋兴赋》："且敛衽以归来兮，忽投绂以高厉。耕东皋之沃壤兮，输黍稷之余税。泉涌湍于石间兮，菊扬芳于崖澨。澡秋水之涓涓兮，玩游儵之潋潋。逍遥乎山川之阿，放旷乎人间之世。优哉游哉，聊以卒岁。"

与张衡的赋相同，潘岳也写到逃离尘世，但有个值得注意的细节，即他似乎并非隐居，而是生活在乡间，耕田种粮。如此看来，其创作延续着"田园诗"的体裁线索，是陶渊明抒情诗的先声。

隐居主题得到关注和发展，但其表现方式是这一主题的标准变体（在大自然中独处），是讽喻性的赋，首先是《笙

乙

赋》（卷18）。笙是中国一种专业性的吹奏管乐器——小型吹奏乐器，由成套竹管和气腔构成。笙的寓意可以从谐音角度理解：笙，即"生""生命"。

5—6世纪的文学家和评论家留下大量关于潘岳的热切评价，如诗人谢混（卒于412年）认为："潘诗烂若舒锦，无处不佳。"在当时的文论著作中，潘岳和陆机的创作齐名。沈约在《史论》的一篇文章中，将潘岳和陆机并称为3世纪下半叶的著名诗人。在钟嵘的《诗品》中，潘岳的诗被列为"上品"，该书写道："陆才如海，潘才如江。"潘岳作品的艺术表现力与美感为后世众多文学家所称道，如沈德潜在《古诗源》中所言（卷7）。

然而，对潘岳创作的学术研究直到20世纪70—80年代方才兴起。目前有关于其生平的研究成果与其文集的注疏版本。潘岳被公认为3世纪下叶继承"哲学"诗传统的文学大家之一。

*《晋书》第55卷第5册，第1507—1508页；《潘岳评传》；《文选》第6、9、10、13、16、18、23卷；《潘安仁集》；《潘黄门集》；《潘岳集校注》；《玉台新咏》第2卷第1册；潘岳抒情诗编入参考文献Ⅱ所列辑本：逯钦立辑本第1卷，第627—638页；丁福保辑本（1964年）第1卷，第371—377页；其赋作见严可均辑本第2卷，第1980—1994页；《文心雕龙》，第172—178页；《阿理克院士译中国古典小说杰作》第1卷，莫斯科，2006年，第222—231页；An Anthology of Chinese Verse, pp. 86 - 88; Die Chinesische Anthologie..., Vol. 1 (см. Содерж.); New Songs from a Jade Terrace..., pp. 88 - 94; Watson B. Chinese Rhyme-prose..., pp. 64 - 71. **Л.E.别任《"风流"符号之下：中国3—4世纪一位艺术家的生活方式》，莫斯科，1982年，第176—179页；王钟陵《中国中古诗歌史》，第397—418页；《魏晋文学史》，第333—346页；《魏晋南北朝文学史参考资料》第1卷，第286—287页；张国星《潘岳其人与其文》；《中国历代诗歌鉴赏辞典》，第205页；《钟嵘诗品译注》，第70页；沈德潜《古诗源》第7卷，第162页；沈约《史论》，第1100页。

（M. E. 克拉夫佐娃撰，王丽欣译）

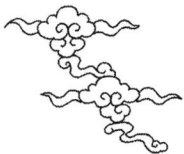

原名黄日华。生于1911年，卒于1942年。作为进步的中国诗歌会（1932—1937）的领导人之一，他坚持创作具有社会意义且通俗易懂的诗歌，其诗歌在这一时期的基本主题是农民的生活与抗争，如诗集《茫茫夜》与《钢铁的歌唱》、长诗《六月流火》等。1937年后致力于爱国题材作品的写作，竭力让诗歌描述祖国的捍卫者，如诗集《可怜虫》《取火者颂》等。卒于野战医院。蒲风的诗虽然有时有些空洞，却自由活泼，富有雄辩的调性。

*蒲风《抗战三部曲》，武汉，1957年；《蒲风选集》，北京，1985年；《中国抒情诗选》4卷本，第4卷，莫斯科，1958年。**Л.Н.车连义《中国新诗（20—30年代）》，莫斯科，1972年。

（B. Φ. 索罗金撰，王丽欣译）

号柳泉居士，笔名聊斋先生。1640年生于淄川，卒于1715年。小说家，小说集《聊斋志异》的作者，这部小说集收录约500篇故事。蒲松龄生于清贫的官员家庭，幼年热衷科举考试，渴望求取功名，但直到71岁才补为贡生，得以进入国子监。为生活所迫，蒲松龄不得不终身做官府幕宾并为私塾授课，将闲暇时光用于创作。据传说，他于路边专设茶桌与烟袋，请过路人歇息并讲述奇诡之事。他在小说集的一篇自序中写道："四方同人又以邮筒相寄，因而物以好聚。"蒲松龄在文学领域开辟妖魔故事传统，开创伊索式语言传统，以使言辞激烈，而批评清朝权贵的言辞不至过于显眼。蒲松龄以"怪异故事"的形式成为讽刺与揭露体裁小说传统的奠基人。他的小说集以抄本方式流传于世，作者去世半个世纪后得以全部刊行。这部作品被译为多种语言，其中包括俄语。蒲松龄亦著大量诗歌、童话及其他体裁作品。

蒲风

乙

蒲松龄

*蒲松龄《狐妖集》，彼得格勒，1922年；蒲松龄《僧集：聊斋志异》，莫斯科，1923年，2007年；《蒲松龄小说》，莫斯科，1961年；蒲松龄《聊斋志异》，В.М.阿理克译，Л.З.艾德林编，莫斯科，1983年；蒲松龄《聊斋志异》，В.М.阿理克译，М.В.班科夫斯卡娅编，圣彼得堡，2000年；蒲松龄《鬼狐传：中国传奇》，В.М.阿理克译，莫斯科，2003年。**В.М.阿理克《中国古代文学的民主化历史（论聊斋故事）》《官僚意识形态和聊斋故事中的儒家个性之悲剧》，载В.М.阿理克《中国文学论集》第1卷，莫斯科，2002年，第434—446、415—433页；Б.А.王希礼《〈聊斋〉探源》，载《苏联科学院学报》（社科版），1931年，第23—52页；Д.Н.华克生《蒲松龄的随笔创作》，载Д.Н.华克生《古代中国的文学世界：中国古代白话小说集》，莫斯科，2006年，第545—561页；П.М.乌斯金《蒲松龄及其传奇小说》，莫斯科，1981年；О.费什曼《17—18世纪三位中国小说家：蒲松龄、纪昀、袁枚》，莫斯科，1980年。

（К.И. 郭黎贞撰，王丽欣译）

钱锺书

字默存，1910年生于江苏无锡，1998年逝于北京。作家、文学史家。出身富裕书香之家，其祖父和父亲是清朝（1644—1911）时期的秀才，但民国时期仍教授其经史子集等国学。钱锺书在无锡一所教会中学读书，后以优异成绩毕业于京城最高学府清华大学的外文系。随后不久，他获奖学金赴牛津大学留学，1936年完成学位论文《十七和十八世纪英国文学中的中国》。此后，钱锺书与年轻的同窗妻子杨绛（后成为作家）先后在巴黎、柏林的大学工作[①]，并于1938年秋回到战火纷飞的祖国。年轻的学者经由香港到西南部省份云南任教，京城几所高校被迫南迁至此。一年后，他回到上海，杨绛同父母定居于此，边教书边写娱乐剧本。而钱锺书则经父亲引荐受邀前往偏远的湖南省，在一所新办师范学院担任系主任。长期坐车奔波于后方，与学院教员交往，这些为其写作积累了生活素材。但1941年他到上海休假

① 钱锺书回国前并未去过柏林。——译者注

时，局势发生变化。太平洋战争爆发，日军及日伪军占领曾享有治外法权的上海租界，局势进一步恶化。钱锺书勉强任教于一所女子学院。

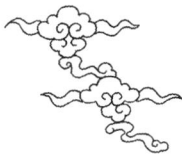

钱锺书的剧本简单平实却引人入胜，受到上海观众欢迎，这也促使钱锺书开始动笔写作。1941年，钱锺书的第一部作品散文随笔集《写在人生边上》问世。随后他开始就艺术和中国古典诗歌著书立说。与此同时，他也在进行文学作品的创作，完成三部短篇小说和一部中篇小说，四部小说合集命名为《人·兽·鬼》，于1946年出版单行本。该小说集以讽刺性模拟为主，但偶有戏谑揶揄色彩，其中讽刺了杜撰轶事之人、病态的写作狂和自以为是的伪饱学之士，只有最后一篇小说《纪念》（书名带有苦涩的讽刺意味）讲述一个真正的人的故事，这是一位空军飞行员，后牺牲，未返回空军基地并很快被所有人忘却。

同年，当时的主流文学杂志《文艺复兴》刊载了钱锺书的长篇小说《围城》，该小说于1947年出版单行本（加印6次）。小说取得这样的成功源于其极高的文学价值，其中既借鉴了欧洲风俗小说中的心理描写，又融合了中国传统"人情小说"中巧妙的诙谐幽默，同时融合了作者对人物未来命运的担心忧虑。小说主人公方鸿渐在某种程度上与作者的人生轨迹重合（本质不同的是，方鸿渐是骗取的假文凭）。从欧洲归国后，方鸿渐在外省或上海教书，与知识分子交往，通常都是小人物，同时寻找意中人，但最后他渐渐认识到希望毫无意义而失望不可避免，显然他还是不得不继续在"围城"中生活下去，因为他没有看到能够为其指明出路的人。

这部小说获得的不仅有赞许，也有批评，守旧派斥其为轻佻之作，激进派则认为小说缺乏思想性。与此同时，由于内战乌云密布，钱锺书停止写作，潜心治学。起初他在北京大学工作，此后直至去世都在中国社会科学院工作，任副院长一职。钱锺书的很多著作都是关于宋朝（10—13世纪）文学史的研究成果。其中占有特殊地位的是其4卷本比较文艺学专著《管锥编》，书中对中国中古时期和西欧的多位著名诗人的创作进行全面细致的分析。

乙

"文化大革命"期间，钱锺书被下放到菜园接受"劳动改造"。"文化大革命"结束后，掀起了关于钱锺书学术研究和文学创作的关注热潮。他创作于20世纪40年代的文艺作品在中华人民共和国境内再版，并被译成多国文字在国外出版，其中包括俄罗斯。钱锺书的名字在世界文艺学领域占有重要地位。

*钱锺书《谈艺录》，上海，1948年；香港，1967年；《管锥编》，1—4册，北京，1979年；《管锥编增订》，北京，1982年；钱锺书《围城》，В.Ф.索罗金译，Л.艾德林序，莫斯科，1979年；钱锺书《围城》，В.索罗金译，莫斯科，1989年。**《记钱锺书先生》，牟晓朋、范旭仑编，大连，1995年；季进《钱锺书与现代西学》，上海，2002年。

（В.Ф.索罗金撰，孟宏宏译）

《琴赋》

中国音乐学史和美学思想史上最重要的理论著作之一。作者是3世纪著名的思想家和文学家嵇康。该赋被收入其作品集，同时收入6世纪上半期的《文选》（第18卷）。

琴是中国最古老的弦乐器（与希腊的齐特拉琴相似），相关的传说很多，琴被赋予了宇宙学语义。传说琴为帝王伏羲发明。人们认为琴表现天地结构，即面圆法天，底方象地。琴弦的数量和组成特点也被赋予宇宙学象征意义，或五弦或七弦，丝数是特定的，前者为108丝，后者为99丝（都是9的倍数）。琴声柔和，音域宽，调音准。早在古时琴就被广泛用于独奏表演。琴受到文人雅士的高度评价。据说孔子本人就是一位抚琴方家，他随身携琴，常为学生演奏，并解读每一个旋律的真义。孔子曾写过一套琴曲。但是，琴在官方乐队演出中又一直排第二位。1—2世纪期间，儒学思想家却宣称琴不合乎"君子"之德，因为琴音为靡靡之音。因此，嵇康为琴作赋就意味着他与儒家学派在艺术创作上展开激烈论战。

根据内容，《琴赋》可分作两个主要部分。第一部分讲制琴，这一过程被描述为真正的创造活动，其中融合大自然赋予琴器用材的创造力和匠人的技巧。但只有特别的人才能制琴，这种人不单是巧匠，并且是可以通过精神洞察天地之美并能感受天地万事韵律之人："惟椅梧之所生兮，托峻岳之崇冈。……郁纷纭以独茂兮，飞英蕤于昊苍。……经千载以待价兮，寂神跱而永康。……夫所以经营其左右者，固以自然神丽……顾兹梧而兴虑，思假物以托心。……至人摅思，制为雅琴。"

　　《琴赋》第二部分阐述弹琴的原则及方法，详细讲述琴弦的调试顺序、演奏指法，对旋律进行形象生动的描述。文中反复强调琴生于自然，琴声应为自然之声，成为"泰素之乐"的有机组成部分："又象流波，浩兮汤汤，郁兮峨峨，怫愲烦冤。"尤为特别的是，文中将琴乐与春日的大自然作比。嵇康用春天的特征比喻琴声，赋予音乐净化修复人的精神的作用，好比使人重生，恢复其天生的才能。

　　《琴赋》结尾段落中阐明演奏与琴师内在品质的关系以及琴乐对听者的作用："性洁静以端理，含至德之和平。诚可以感荡心志，而发泄幽情矣。"该赋作的结束语是"能尽雅琴，惟至人兮"。能够使琴声发挥至极致并懂得琴声之美的唯有"至人"，即道家认为懂"道"之圣人。嵇康认为音乐创作的功能在于表达人的内心状态和灵感，而灵感的源泉是周围世界，其观点与儒家关于音乐本质和内涵的观点有着根本不同——儒家赋予音乐协调（促进社会和谐）和教化功能。

　　当代研究者认为，《琴赋》是一部总结汉朝时期（前3—3世纪）思想家研究成果的理论著作，其中首次提出关于艺术自身价值的论题和从纯美学角度欣赏艺术的观点。另外，文中对山地景色进行全景描述，因此该赋在山水诗形成史上占有重要地位。

*《文选》第18卷，第1册，第377—385页；И.И.谢缅年科《嵇

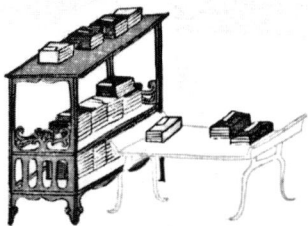

康的〈琴赋〉》；Die Chinesische Anthologie... Vol. 1, pp. 250 - 258; Wen xuan... Vol. 3, pp. 279 - 302. **В.В.马良文《阮籍》, 第122—123页；И.И.谢缅年科《稽康的美学观》；Gulik. R. H. van. Hsi K'ang…; Holzman D. Landscape Appreciation in Ancient and Early Medieval China…, pp. 103 - 108.

（M. E. 克拉夫佐娃撰，孟宏宏译）

《青琐高议》

　　宋朝刘斧编撰的笔记小说集。刘斧生平不详，唯有小说集所署其名确切。众所周知，名刘斧之人得中秀才，即通过了初级选拔填补官位空缺的考试，由此可推断，刘斧出身官宦之家，志在仕途。刘斧的生活年代可据小说中的日期进行判断，其中间接提到的最早日期是宋仁宗（1022—1063在位）统治时期，最晚则是宋哲宗（1085—1100在位）统治时期，文集中最后直接提到的日期是1077年。因此，刘斧很可能生活在1020至1100年间或稍晚，《青琐高议》也可能出现在1086年之后。另外由小说集序言可知，刘斧曾游历杭州（今属浙江）和北宋京城汴京（今开封），且有可能长期生活在开封或不止一次到过开封，因为开封是小说集中最常出现的地名。此外，刘斧本人也称其亲人（很可能是其父）曾在通州（今属四川）任狱吏，刘斧曾在此侍亲。

　　《青琐高议》保存完整，体裁独特，不同于宋朝其他笔记小说，这是宋朝早期唯一一部包含传奇的小说集，鲁迅正是据此作选录编辑了著名的《唐宋传奇集》。

　　《宋史·艺文志》"小说类"最早对《青琐高议》作简要记载。晁公武书目中著录道："《青琐高议》十八卷。右不题撰人，载皇朝杂事及名士所撰记传，然其所书辞意鄙浅。"元朝时期（1271—1368）《青琐高议》不再被列入官方书目，至多被列入稀缺书目。明朝（1368—1644）中期该书重现，但不完整，被分成三集。直到清朝时期（1644—1911）才最终由当时著名版本学家和藏书家黄丕烈（1763—1825）辑校，重又合编成一本，并作题跋，署其号复翁。

黄丕烈在每集后面所做的传抄记录表明，《青琐高议》很长一段时间都被列入各种书目，其中包括黄丕烈本人制定的书目，前两集由沈文辨所辑版本抄录而来，1522年沈文辨亦作传抄记录。黄丕烈对所获文本进行编辑校订，1813年农历一月上旬完成辑校。1814年夏，黄丕烈从友人处又得第二集篇章。在黄丕烈之前，第三集由王士祯（1634—1711）所辑，在书中题辞并署其名号渔洋山人。黄丕烈认为，王士祯所辑篇章出现于正德年间（1506—1521）。因此，在1500年之前中国就已存在三集《青琐高议》，其面貌保存至今。现代通行本以清朝版本为底本。宋朝时期闻名的两集很可能比现代第一、二集的篇幅长很多，但后来其文本佚失或遭到严重损坏，只得重新编写，在这一过程中重新划分集目卷章，因而文本已与原本面貌相去甚远。后来又发现宋朝时期的一些补遗并编辑合成第三集，这一集更为简短，似尚未完成。除我们熟知的《青琐高议》文本，还有一些片段直到最近仍不停被发掘出来，这也证实了上述假设。

该小说集体裁包括唐代兴起的篇幅长、故事性强的传奇，既有志怪小说，又有志人小说，另外，还有无情节作品（论议）、诗歌作品和诗话。

所有篇章文题字数不同（通常为三言），每篇文题下都有七言解题标目。这些作品不仅包括刘斧的个人创作，或者说更多的作品是其抄录改编而成，因此，《青琐高议》中的大部分作品都是前人创作。有些短篇小说和主要的改编传奇作品篇章名称后都有署名，因而可知其作者，此类作品共14篇（窦弘馀《广谪仙怨词》、张实《流红记》、秦醇《温泉记》和《赵飞燕别传》、丘濬《孙氏记》、庞觉《希夷先生传》、柳师尹《王幼玉记》、欧阳修《王彦章画像记》、钱希白《桑维翰》和《越娘记》、清虚子《温琬》、蔡子醇《甘棠遗事后序》、秦醇《谭意歌》、杜默《用城记》）。很明显，还有些作品也非刘斧所作，但其作者不详，如《隋炀帝海山记》和《朱蛇记》。对更早的笔记小说集等作品的研究表明，刘斧多次以他人作品为基础进行修改编撰，但并未指明出处来源。

《青琐高议》近四分之一的作品都有评点，这也非常重要。这类评点（通常以"曰"或"评曰"字样开头）可能是刘斧在他人作品中后加的，这些评点也说明刘斧并非作者本人。

就内容和体裁而言，刘斧的《青琐高议》具有笔记小说的典型特征，同时也是一部独特作品，在所有流传至今的宋代文献中，这是唯一一部记录了大量传奇小说的作品。作品选材多样，内容庞杂，为研究宋朝文化的方方面面提供了方便。作品中不仅有真实的历史人物，如韩愈、柳宗元、李昉、张咏、寇准、欧阳修、梅尧臣等，还有一系列道教仙人，如吕洞宾、韩湘子和何仙姑，另外还有一些佛门僧人。作品中的故事情节同样也有助于了解宋朝士大夫和藏书人的世界观特点，广义而言，可以了解当时的时代心理特质。《青琐高议》反映的不是刘斧一个人的观点和喜好（表现在对作品的选择上），它间接体现了宋朝社会文人阶层对世界以及人在世界中的地位之看法。

*刘斧《青琐高议》，程毅中校点，上海，1983年；И.А.阿利莫夫《笔端》第1部，圣彼得堡，1996年，第113—154页；第2卷，2004年，第105—119页；瞿佑《剪灯新话：中国11—14世纪故事集》，К.И.郭黎贞译，莫斯科，1988年。

（И. A. 阿利莫夫撰，孟宏宏译）

屈原

名平，约生于前340年，秭归（今湖北秭归）人，卒于前278年。中国古代第一位历史可考的诗人。屈原出身楚国贵族，曾任楚怀王（前329—前299年在位）左徒。第一个屈原传记见于司马迁（前2—前1世纪）《史记》，其文曰："博闻强志，明于治乱，娴于辞令。入则与王图议国事，以出号令。"屈原赞同与其他王国结盟以对抗强秦入侵，但在宫廷倾轧中受到陷害，约前304年被逐出郢都，流放至汉北。楚国朝廷缺乏有远见的人，楚军与秦国交战，溃败，怀王客死秦国，消息传来，屈原深感忧虑。新君即位后，屈原仍坚持自己的政见和道德理想，约前286年再度被流放南方。楚国郢都被秦军攻占后，屈原对恶势力深恶痛绝（"举世皆浊我独清"），他决心舍生取义，以死唤起楚国对道德沦丧的关注，于是投汨罗江（今属湖南）自尽。两千多年来，每年农历五月五日人们都会纪念这位伟大诗人。

司马迁写到，屈原作《离骚》《天问》《招魂》《哀郢》和《怀沙》。王逸（89—158）将《离骚》《九歌》《九章》《天问》《远游》《卜居》《渔父》收入《楚辞》，关于后三部作品的作者存有争议。屈原可能是《招魂》的作者，王逸则认为《招魂》为宋玉所作。

屈原的诗首次满怀热情地确立了精神品质和道德情操的主导地位，体现了文人阶层的忧国忧民思想。诗人的精神面貌和创作特征首先是由儒家思想决定的。诗人希望国君能够以德影响臣民，这种抱负被升华为君子的崇高使命与信念，即君子应信守"仁"和"道义"。与此同时，屈原的诗与中国南方文化关系密切，南方文化的突出特点是具有强烈的道家色彩、浓厚的楚地巫术和神话色彩。

诗人与社会的悲剧冲突反映在《离骚》的开篇部分，其中讲述了幻想中上天游历寻求理解和支持的经历。《九歌》中的所有作品均为据祭神乐歌改编或加工而成，每篇都有不同的祭祀神灵，如东君、云中君、湘君、湘夫人、山鬼等。《天问》与神话的关系尤为密切。屈原借鉴《诗经》的艺术经验，借用自然界中的形象通过比兴阐释自己的社会政治观点及道德理念，其中很多修辞手段在前7—前3世纪的哲学和历史文献中均可见。这种在文本中多次叩问古人的方式使其能够在诗歌中顺利引入古人形象。屈原的创作以诗歌形式、格律和结构方式的多样见长。

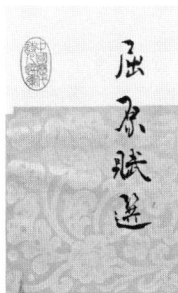

*《屈原诗选》，H.T.费德林译，莫斯科，1956年；屈原《离骚》，A.吉托维奇译，圣彼得堡，2000年。**Л.E.波梅兰采娃

《天的意识和人的命运：屈原和司马迁》，载《第二十四届中国社会和国家学术研讨会论文集》第1卷，1993年，第54—57页；Л.E.波梅兰采娃《再论屈原〈离骚〉的颂歌性质》，载《东方》1995年第2期，第132—139页；Л.E.波梅兰采娃《屈原〈离骚〉的宗教道德取向》，载《语境：文学理论研究（1994—1995）》，莫斯科，1996年，第426—435页；E.A.谢列勃里亚科夫《论屈原和楚辞》，载《中国古代文学》，莫斯科，1969年；H.T.费德林《活的遗产》，载《文学问题》1986年第9期，第147—161页；H.T.费德林《屈原：可信的存在和作者权：驳胡适和廖季平假说》，载《远东问题》1983年第3期，第135—144页；H.T.费德林《屈原：创作源头和问题》，莫斯科，1986年；H.T.费德林《屈原：时代和诗歌》，载《文学·语言·文化》，莫斯科，1986年，第102—109页；金开诚《屈原辞研究》，南京，1992年；詹安泰《离骚笺疏》，武汉，1981年；《楚辞直解》，陈子展编著，南京，1995年。

（E.A. 谢列布里亚科夫撰，孟宏宏译）

屈原传统上被视为中国具名诗歌的奠基人和中国最伟大的文学家之一。据司马迁（前2—前1世纪）《史记》中的《屈原贾生列传》记载，他出身楚国（前11—前3世纪，长江流域南部地区）贵族，与楚王同宗，天赋出色，道德高尚。曾官居高位，任楚怀王（前329—前299年在位）左徒，但招致其他大臣嫉恨。怀王听信谗言，将屈原放逐。楚国新君顷襄王（前298—前263年在位）也听信谗言再次流放屈原。诗人对实现公平正义感到绝望，投入汨罗江（湘江支流，汇入洞庭湖，位于湖南北部）自尽。

屈原的个人生平遭遇是以楚国充满戏剧性的事件为背景的，楚国与邻国对抗，经常被迫进行外交谈判和发动战事。怀王对外缺乏远见，政策失误（屈原也曾谏言反对），导致楚国失去盟友，只能孤立对抗当时主要的军事政治强敌秦国（后建立秦朝，秦朝存在时间为前221—前207年）。秦国攻入楚国，大败楚军，攻占郢都（前278），俘虏怀王。这些悲剧性事件更加触动屈原的忧国情怀，这一点在其作品中有所反映。《史记》中如此论述屈原："其文约，其辞微，其志洁，其行廉……濯淖污泥之中……皭然泥而不滓

者也。"

司马迁所列屈原作品共5部，包括《离骚》《天问》和《招魂》三部长诗及《九章》中《哀郢》和《怀沙》两首诗。

屈原传记与其诗作中出现的大量传记资料完全吻合，其传记记叙了诗人的童年和青年时期、报效祖国的尝试和流放经历，反映其思想和夙愿，尤为全面详尽地表现了诗人的烦闷痛苦，面对理想破灭、国破家亡和变得污浊不堪的世界，诗人感到真正的君子无容身之地。然而，中国前4世纪至前3世纪任何文献都对屈原或其作品只字未提。首次提及屈原的是贾谊的《吊屈原赋》和《鹏鸟赋》。《吊屈原赋》序中简要介绍楚国诗人屈原的生平，包括其自尽之事。西汉时期（前206—8）刘向（前77—前6）所作《新序》中也曾提及屈原。

屈原的形象和诗作在王逸（89—158）编撰的《楚辞章句》中得以明确，其中收录屈原的所有作品。王逸在屈原作品注疏中进一步明确了《史记》记载的屈原形象，视屈原为坚持儒家君子理想的政治家，由此确立了后来各历史时期文学和文化中的屈原形象。

屈原形象在中国王朝时期的下层社会中也颇为盛行。2世纪中国南部地区（曾归入楚国的地区）居民信仰中就出现了水神崇拜。这种崇拜尤为突出地表现在节气祭祀中，农历五月五日（原本是庆祝立夏的节日）的端午节恰逢屈原忌日，祭祀仪式转变为赛龙舟，千百年来这种形式的活动一直举行。

如何对待古代传统文化的问题从未如此尖锐地摆在中国知识分子面前。有的认为中国文化传统和思想体现了民族精神，有的则认为是服务于封建王朝正统思想和阻碍国家精神发展的陈规教条。由于屈原是历代被推崇的最伟大古人形象之一，因而成为关于"古代遗产"真正价值之论战的焦点。20世纪20年代反对古代文化的观点盛极一时。1922年，当时著名的政治家和学者胡适发表《读〈楚辞〉》一文，认为屈原完全是一个神话人物，关于屈原的传说均为汉朝史学家和

注疏家所杜撰，而其作品一部分是匿名作品，一部分是西汉著名诗人所作，其中包括司马相如。中国学术界分成两个阵营。有学者支持胡适观点，有的则去寻找证明屈原历史真实性的证据。语文学研究中出现专门撰写年谱的科研论文，这些文章尝试详尽再现屈原的生平事迹。

与此同时，也出现了重新认识屈原形象的研究趋势。以郭沫若为首的具有民主倾向的学者们认为屈原是"古代的革命家"，他与朝廷和出卖自己的宠臣们决裂，捍卫普通人民的利益。中华人民共和国成立后，屈原被正式认定为中华民族古代历史上最杰出的人物之一。在中国当时的学院派研究领域中，屈原彻底变成一位"爱国诗人"，甚至"人民诗人"。屈原的作品被认为具有强烈的反抗性和鲜明的社会性色彩，其中具有宗教色彩（对神奇世界、神灵人物的描述）的情节或被当作讽喻，或被认为是诗人表达反对宗教、偏见及迷信的手段。当代汉学家们也对屈原形象及其创作持类似观点。

能够如此彻底地重新认识屈原形象，也唤起西方研究者对屈原形象及其诗作（实际上，相关研究至今还未进入世界汉学范畴）的研究兴趣。西方学者重点研究的是楚辞中的宗教、楚辞与楚国宗教信仰的渊源，认为楚信仰的类型接近"巫"。这种观点需要对楚国的宗教进行进一步研究，新的考古发现也对此起了推动作用。大约在20世纪80年代，围绕屈原的争论失去政治色彩，回到真正的学术研究轨道，世界汉学开始思考过去论战过程中出现的事实、矛盾和空白。关于屈原的历史真实性、个人身份、其作品的来源和思想内容以及楚国宗教信仰的本质和特点等问题不再像以前那样观点一致。有研究者认为，楚国的所有诗歌都是屈原创作的，有的虽然原则上不否定这样一位历史人物的存在，却认为其创作是南方诗歌传统的一种体现，且重构和认识这一传统的思想文化来源和基础比弄清一个人物的生平和世界观的细微区别重要得多。对于楚国诗歌的不同态度在中国学者的著作名称中就已可见一斑——看他们是先给出屈原的名字还是先给出作品的标题。西方研究越来越趋于认为屈原是楚国精神精

英的综合形象，有可能是方术之士，不仅具有关于当地宗教信仰的渊博知识，而且可能具备神秘知识，这也正是其创作神秘奥妙和高深莫测的原因。

*司马迁《史记》第84卷，第280—281页；《屈原评传》；《屈原贾生列传》，载《司马迁选集》，第173—188页；司马迁《屈原贾生列传》，载《阿理克院士译中国古典散文杰作》，莫斯科，2006年，第114—123页。**B.M.阿理克《中国文学论集》第1—2卷；郭沫若《人民诗人屈原》[①]，载郭沫若《奴隶制时代》，第200—210页；M.E.克拉夫佐娃《中国古代诗歌》，第335—352页；Л.Д.波兹德涅耶娃《屈原》，第380—389页；E.A.谢列勃里亚科夫《论屈原和楚辞》；H.T.费德林《屈原：假说和确凿事实》；H.T.费德林《屈原：创作源头和问题》，第86—116页；郭沫若《屈原》；任国瑞《屈原年谱》；林庚《诗人屈原及其作品研究》；潘啸龙《屈原与楚文化》；黄中模《中日学者屈原问题论争集》；《屈原年表初稿》，第150—194页；《屈原的故事》；张中一《屈原新传》；赵逵夫《屈原与他的时代》；赵升平《屈原及其作品研究》；郑鸿之《爱国大诗人屈原》；郑在瀛《巫官屈原论》；Chan P. L. The Ch'u Tz'u and Shamanism in Ancient China; Schneider L. A. A Madman of Ch'u...; Sucku Gl. Monkeys, Shamans, Emperors, and Poets..., pp. 59 - 64; Waley A. The Nine Songs...

（M. E. 克拉夫佐娃补撰，孟宏宏译）

瞿佑

字宗吉，生于1341年，钱塘（今浙江杭州）人，卒于1427年。诗人、小说家，著有小说集《剪灯新话》。出身儒学世家。14世纪末瞿佑已颇有诗名。1400年任训导一职，1403年升任明朝（1368—1644）第一任皇帝之子周王的王府长史，周王曾多次被指滥用职权，甚至一度被剥夺封地。瞿佑失去周王庇佑后被贬职，后被新帝流放，谪戍塞外。经明代重臣张辅奏请赦还，并在张辅家中主持私塾。

---

① 在郭沫若1954年出版的《奴隶制时代》一书中，没有该文。——译者注

瞿佑一生著述颇丰，包括经典释注、诗词、诗话著作《归田诗话》和棋经。小说集《剪灯新话》在1378年（作者序文中标明此年份）之前就已编订成帙，但至1397年才刊行，后该书多次遭禁，但在日本、越南和朝鲜极受欢迎。

*瞿佑《剪灯新话：中国11—14世纪故事集》，K.郭黎贞译，莫斯科，1988年。

（К. И. 郭黎贞撰，孟宏宏译）

曲

中国诗歌的一种体裁。12世纪末，曲在民间歌曲和书面文学体裁词的基础上形成，用于伴乐演唱。据已知曲牌填词，曲牌的曲调决定了该曲的结构和字数，其中的散曲分为两类，即小令和套数，前者是单支曲子，后者是同一宫调的小令相连而成的组曲，其主题和韵脚一致，套数中的小令数量可能是2—30首不等（平均为10—12行不同音步的诗行）。曲的特点是可以根据曲调增加衬字，变换曲词的长度。衬字中的押韵和调式转换也独具特色。由于发音和音乐的不同，可分为南曲和北曲。中国古典戏曲中曲海包括剧曲。剧曲中的唱词可夹杂道白。曲的兴盛期在13—14世纪，这一时期最著名的曲作家有白朴、关汉卿、马致远、乔吉和张可久。

*《词林正韵》，北京，1957年。**В.Ф.索罗金《中国13—14世纪古典戏剧：起源，结构，形象，情节》，莫斯科，1979年；汪经昌《曲学释例》，台北，1962年；吴梅《顾曲麈谈》，台北，1966年；Wayne Schlepp. San-ch'u. Its Technique and Imagery. M., 1970.

（В. Ф. 索罗金撰，孟宏宏译）

字彦昇，460年生于乐安郡（今属山东），卒于508年。政治活动家，学者，"永明体"诗歌流派的代表人物，是以沈约为首的文学团体"竟陵八友"成员之一。

任昉的生平见于两处，一处是姚思廉（卒于637年）修撰的官方史书《梁书》（卷14），一处是李延寿（618？—678？）修撰的官方史书《南史》（卷59）。任昉生于北方一官吏家庭，祖上为1—2世纪的政治和军事活动家。14岁时，任昉被召入刘宋（420—479）朝廷，在此引起上层士人和萧氏家族成员的注意，萧氏之后不久建立南齐王朝（479—502）。由于萧氏家族的庇护，任昉得以进入竟陵王萧子良的幕府。5世纪末，跟很早就进入竟陵王幕府的其他人一样，任昉转投正在争夺政权的萧衍（梁武帝）一方。梁朝（502—557）宣布成立后，任昉进入新政权领导层（包括担任黄门侍郎和吏部郎中）。

任昉的创作体量大、种类多。众所周知，其作品有两大类：一类为经济和地理类著作，一类为哲学和宗教类著作，如《地记》和《杂传》。其作品总数达532卷，但它们后来均已散佚，遭受同样命运的还有其文学作品选集的最早版本（33卷）。

任昉保存至今的诗歌遗产仅为21首诗。《任彦昇诗》系15—16世纪时收集整理的集子，后被收入张溥（1602—1641）辑本和丁福保（1874—1952）辑本（1916）。任昉的抒情诗分别被收入丁福保辑本（1964）和逯钦立（1910—1973）辑本。

任昉抒情诗中占据首要地位的是诗体咨文和颂辞类诗作，它们均被用于宫中的不同仪式，就内容和形象性而言，它们与沈约的创作手法非常相像。这种相似性非常明显，以致出现了"沈诗任笔"之说。传说任昉听到这种对比后备感屈辱，多愁善感，以致病倒，从那以后一直梦想有朝一日要超过自己的保护人和文学导师沈约。但是，他未能成功地建立起自己的创作特性，也未能使自己的各类作品摆脱用典过多和联想泛滥的毛病。钟嵘在《诗品》中对任昉的创作进行评定时就曾公正地指出这一点，他将任昉与沈约、范云、谢

胱并列归入"中品"："彦昇少年为诗不工，故世称'沈诗任笔'，昉深恨之。晚节爱好既笃，文亦遒变。善铨事理，拓体渊雅，得国士之风，故擢居中品。但昉既博物，动辄用事，所以诗不得奇。少年士子，效其如此，弊矣。"

对于钟嵘的意见，后世文学批评家并无异议（尽管有时候任昉也被列入南齐和梁代的大文学家之列）。在当今学术界，他主要作为永明体的代表人物而被提及。

*《梁书》，第251—258页；《南史》，第1452—1459页；《任彦昇诗》；收入任昉抒情诗作品的大型文集见参考文献Ⅱ：丁福保辑本，1964年，第2卷，第1066—1071页；逯钦立辑本，第2卷，第1595—1601页。**M.E.克拉夫佐娃《永明体诗歌》，第62—63、71—73页；曹道衡、沈玉成《南北朝文学史》，第181—183页；《钟嵘诗品译注》，第162—163页。

（M.E. 克拉夫佐娃撰，万海松译）

《儒林外史》

18世纪中国最伟大的文学家吴敬梓（1701—1754）的讽刺小说，中国古典文学的杰出典范之一。

将这部小说与用传统小说形式创作的其他几部经典作品比较，就能看出这部小说的特点。比如，长篇小说《三国演义》和《水浒传》众多片段的情节基础均以说书人演绎的历史和传说的形式流传于民间，这两部长篇小说的作者分别为罗贯中（1330—1400）和施耐庵（约1300—1370），他们挑选一些故事和传说，将其加以综合并进行艺术加工，以此为基础创作出优秀的艺术画卷。吴承恩（1500？—1582）的经典长篇小说《西游记》同样如此，该小说以唐朝时期（7世纪中叶）玄奘和尚前往印度取经的真实故事为基础。长篇小说《儒林外史》跟上述几部作品不同，其主要的思想和众多情节都是吴敬梓创作构思的结晶。在这一点上，该小说能让人联想起另一部更早的古典长篇小说《金瓶梅》。不过，《儒林外史》的杰出之处在于其更加完美的艺术形式，这标志着中国叙事文学已发展到一个新阶段。

讽刺因素，对人与事近乎怪诞的描写手法，都可以在《水浒传》《金瓶梅》和蒲松龄（17世纪）的故事中找到。在吴敬梓的长篇小说中，讽刺是一种主要描写手段，当时社会生活的所有方面都被置于讽刺描写的焦点。吴敬梓采用的讽刺描写方法后亦被18世纪特别是19—20世纪的文学家所借鉴（如讽刺揭露小说《老残游记》《官场现形记》等）。

吴敬梓将士大夫和官宦阶层的代表人物即"儒林"当作其"外史"书写之对象，这些人是儒家道德和学说的承载者。在明代，尤其是在清代，儒家思想开始受到讥讽，作为儒家思想承载者的这一群体遭到了17—18世纪众多思想家如顾炎武、王夫之等的严厉批判。小说对社会的尖锐批评是其在清朝统治时期不受欢迎的原因，因而毫不奇怪，在相当长一段时期，吴敬梓的这部小说都被一座沉默的高墙所阻隔。这部约完成于1750年的小说在作者去世50年后才得以出版，此前仅以手稿形式私下流传。

小说的故事虽然发生在明朝，但其实作家描写的是他所处的时代。从结构来看，小说是一系列主题统一的故事的集合。小说没有核心的主人公，不过出场人物众多（约200个），从接近皇帝的达官显贵到衙门里的小职员。小说几乎每一章都集中描写某一个人或某一社会群体。按照所描绘人物的性格，小说正文的55回可大略分为三类。小说的开头部分（第2—30回）描写有影响力的官吏、士大夫、小骗子、为名利思想和贪腐行为所毒害者。中间部分（第31—37回）的主人公更愿意过简朴的生活，他们从事符合儒家道德精神的自我完善和教育工作，并未沽名钓誉地拼命追求更高的社会地位，即使是皇宫给出诱人条件，他们也不为所动。小说最后一部分（第38—55回）描写的一些主人公形象，才是真正践行儒家美德的典范。

《儒林外史》以一篇楔子开场，用作家的话来说，即"说楔子敷陈大义"。只在楔子里出场的人物也是一些独具特色的形象，作家借助他们为小说后面出场的人物打造样板。小说楔子中的主人公王冕是作家理想的代言人，这是一

位诗人兼画家（生活在元明之交的一位真实的历史人物）。作为一个普通农民，他多年研究古代典籍、历史、地理，喜爱文学，并在目睹文人堕落的现实后心怀忧伤。在科举体制的鼎盛年代，从事文学创作被认为是声誉较低的职业，而文学的爱好者会在国家科举考试中付出惨重代价。作家认为，一个人的优秀品格不能与财富和高贵身份兼具，这一观念就是小说的核心思想之一。

在楔子中，王冕遇到3位官吏，他们的梦想无非荣华富贵和显赫威望。小说中出现不同类型的官吏，从接近朝廷的达官贵人到衙门里的低级职员，他们的社会地位和影响力大不相同，但他们的梦想和追求却并非他们经常夸夸其谈的儒家美德。在小说第2回出现了高官王惠，他后来又现身于许多章回。他的粗鲁和不拘礼节说明这个人在精神上有局限性，他认为"举人"这个称号赋予他的不仅是担任官职的可能性，而且还有他无礼对待他人的权利，就因为别人比他的称号低或没有称号，即便那些人富有才华。吴敬梓非常细腻、极其幽默地描绘了王举人的自负与傲慢。譬如，王举人真心实意地认为，如果取得秀才称号的梅玖真的梦见日头掉在他头上，那么他王惠应该是天塌下来都得让他顶着。为了被别人视为有美德之人，王惠将儒家道德作为掩饰自己的屏风。尽管他每走一步都在破坏儒家道德的准则，但这并未引起他一丝一毫的后悔之意和良心谴责。

在反面人物画廊里，司书、文书、看守等低级官吏占绝大多数，他们跟他们的上级一样贪婪自私，时刻准备为了金钱做出一切欺诈行为。

在传统中国，官吏几乎始终有学位称号，而有学问的男性作为士大夫阶层的代表几乎总是占据官职或拥有当官的权利。获得学位，就意味着拥有大量特权，如免征赋税、免于受罚、免除劳役、免服兵役等。获得学位称号的人，往往也就成为土地收益、富裕领地的掌控者。

周进这个人物就是最鲜明的读书人形象之一。他做了数十年的私塾教师，过着极为艰难的可怜生活。跟许多人一样，他在拼命追求功名富贵的道路上逐渐丧失原先拥有的正

面特点。作家对周进的同情在一开始能感觉出来，后来却逐步让位于尖锐的嘲讽。周进在科举考试中获得进士称号，这使他后来成为一个主管科举考试的大官。周进在这个圈子的人生起伏，就是对整个科举喜剧的辛辣讽刺。周进和范进相遇的情节非常出色。范进不学无术却又渴求功名，30多年一直科场失意。吴敬梓在描写范进中举时，其讽刺达到尤其尖锐的程度：范进成为一个疯子。范进，始终渴望挤入士大夫阶层，他的同事，即跟他一样的"读书人"，在不学无术上与他不分伯仲。

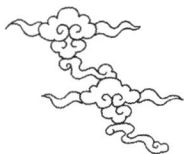

楔子中的王冕是这部小说中其他正面形象的原型。这些形象大致可分为三类。第一类是像虞博士和庄绍光这样的开明贤士，他们虽然就职于国子监，但跟王惠和周进这样的官僚没有任何共同之处。这些人道的饱学之士，凭借自己的在场有力促进了恶习的矫正和公正的确立。按照作家的想法，要荡涤社会的污垢，多多宣扬古代的生活准则即已足够，难怪作家会如此详尽地着重描写在泰伯祠举行的华丽的祭祀仪式，因为恢复古代礼仪正是褒奖虞博士及其同类主人公之言行的一项冠冕。

对另一类主人公，即蘧景玉，尤其是杜少卿之类人物的描写则非常鲜明。吴敬梓并未如他美化虞博士那样竭力美化杜少卿。杜少卿多少有些离经叛道、任性放荡，但他却是一个诚实善良的人，跟他圈子里的大多数人不同，他大公无私。杜少卿的利他主义和对钱财的漠视，再次印证了作家关于追求财富和保持人的精神纯洁这两者不可兼得的思想。

吴敬梓在小说中对普通百姓如工匠、戏子、小商贩、农民等的描绘较为简略。他们跟其他正面人物一样，是儒林和官僚阶层的对立面。在最后一回的开头部分，作家哀叹像虞博士那样的名士已渐渐消失，但小说的结尾却写到"四客"，作家强调他们在社会生活中的特殊地位，将其塑造成道德高尚、富有修养的正面人物。

小说的思想内容并不局限于批判官吏和士大夫阶层，吴敬梓还展现并批判了生活中诸多不良方面和丑陋现象，如迷信和蒙昧、某些毫无意义的风俗和传统，以及女性的被奴

役。作家在小说中提出非常之多的此类问题，这表明吴敬梓并非仅为日常生活的客观描述者、生活阴暗面的冷静叙述者。

这部小说的艺术语言构成其典型特征。作家很少为笔下人物代言，几乎不使用作家本人的语言。人物间的对话是小说语言的重要手段之一，被作家置于人物之口的，既有古老的书面语言，也有民间的形象化语言，还有谚语和俗语。作家的口语化语言使得人物形象生动鲜活，尽管他对人物外部面貌的描绘有些吝啬。

吴敬梓的这部长篇小说受到中国读者的欢迎和喜爱，其中的许多人物和段落已家喻户晓。这部小说已被译成俄语。

*吴敬梓《儒林外史》，北京，1954年；《〈儒林外史〉汇校汇评本》，李汉秋汇校汇评，合肥，1986年；吴敬梓《儒林外史》，Д.Н.华克生译，莫斯科，1959年（1999年再版）；**Д.Н.华克生《吴敬梓及其小说〈儒林外史〉》，载Д.Н.华克生《古代中国的文学世界：中国古代白话小说集》，莫斯科，2006年，第589—603页；Л.Д.波兹德涅耶夫《吴敬梓及其小说〈儒林外史〉中的理想》，载《东方文学史校际学术研讨会论文集》，莫斯科，1970年，第289—300页；О.Л.费什曼《中国长篇讽刺小说》，莫斯科，1966年；《〈儒林外史〉论文集》，北京，1987年；李汉秋《〈儒林外史〉的文化意蕴》，郑州，1997年；Ropp P. Dissent in early modern China: Ju-lin wai-shih and Ch'ing social criticism, Ann Arbor, 1981; Slupski Z. Ju-lin wai-shi: Pryba analizy lit, Warszawa, 1979.

（Д. Н. 华克生撰，万海松译）

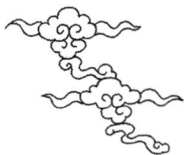

字嗣宗，210年生于三国时期陈留（今属河南）尉氏，卒于263年。思想家、诗歌流派"正始体"和诗人团体"竹林七贤"的主要代表，是3世纪著名哲学家、文学家嵇康的好友和战友。

阮籍最完整的生平见于官方史书《晋书》卷49《阮籍传》。他的父亲叫阮瑀，是曹操［三国时期（220—280）魏国（220—265）统治集团的创始人］的近臣，亦是同时代的"建安七子"之一。阮籍接受的是传统的儒家教育，但其少年时期却迷恋道教，并拒绝仕途。他的生活方式自始至终符合"风流"这一文化思想流派的世界观原则和行为准则，他最有资格被认为是个性最鲜明的"名士"，即"风流"个性的理想典型之一。后来，阮籍成为刘义庆（403—444）所编著的《世说新语》中"名士"故事的主角，他在书中被描绘成一个出色的音乐家和嗜酒如命者。嵇康被杀后，阮籍被迫出仕（据其传记作者所言，系因精神沮丧或惧杀身之祸），效命于司马昭政权，跻身魏国真正的统治者之列。他被任命为步兵校尉，因此被同时代人称为"阮步兵"。阮籍继续忠于"风流"的理想，公然藐视官职义务，声称礼法岂为他所设哉。他于53岁去世，与嵇康去世时间相近。阮籍著有一些哲学著作。他留给后人的诗歌遗产是82首《咏怀诗》和6篇赋。其著作集有两个版本，即《阮步兵诗》和《阮嗣宗诗》，分别被收入张溥（1602—1641）辑本和丁福保（1874—1952）辑本（1916）。其著作亦有当代注释本。此外，阮籍的抒情诗还见于丁福保辑本（1964）和逯钦立（1910—1973）辑本，其散文和赋作收入严可均（1762—1843）辑本。

阮籍的诗歌不受制于任何一种主题分类法，但完全符合欧洲对抒情诗的理解。这是一种对世界的自发性体验行为，它被突如其来的灵感热潮所激发，将严格的生活事实抛诸脑后，但它有赖于特定的世界观投射，即认为宇宙是恒定的过程和永恒变幻的实体之流动。对阮籍而言，唯一永不过时的真理即认识到一切皆是暂时的。他认识世界的这种原则被移植到诗歌领域。颇能说明问题的是，有些研究者在阮籍的抒

阮籍

乙

情诗歌中看到精神体验的表达，类似于佛教的顿悟。遵循上述原则，是人意识到摆脱"世间桎梏"获得自由的主要条件。遵循这一原则，固然让人高兴和轻松，但同时又是人难以摆脱的痛苦根源，因为世上最易逝和最短促的乃是人的生命："朝为媚少年，夕暮成丑老。自非王子晋，谁能常美好？"（《咏怀诗》第4首）

人生易逝主题在上古（汉代）诗歌"乐府民歌"特别是"古诗"中早已根深蒂固，那里经常重复着"居代几时""生年不满百"等诗句。但这一主题与其说是对死亡的体验，不如说具有确认死亡乃无可避免这一事实的性质。相比而言，在"建安风骨"代表人物应场和阮瑀的创作中，对死亡的认识更加感性。然而只有从阮籍的抒情诗开始，死亡才被提升到绝对悲剧的高度。

正是从这一立场来看，阮籍与儒家的道德伦理价值观是对立的，因为后者既不善于预防死亡，也不对下列问题做出回答，即人为什么会死亡，肉体死亡后人会遇见什么。阮籍带着痛苦的讥讽来嘲笑"荣名"这一思想，因为"荣名"宣扬对一个人的永恒记忆，这一记忆会被子孙后代一代一代传承下去："丘墓蔽山冈，万代同一时。千秋万岁后，荣名安所之！"（《咏怀诗》第15首）以及："岂知穷达士，一死不再生。视彼桃李花，谁能久荧荧！"（《咏怀诗》第18首）

在佛教广泛传播于中国（4—5世纪）之前，最通行的"解答死亡问题"的办法常见于六朝时期（3—6世纪）的艺术与文学：要么就是皈依旨在求得长生不老术的道教信仰与实践，要么就是通过醉酒和暂忘寻求摆脱死亡的恐惧。然而跟嵇康的创作相比，阮籍的抒情诗里相关的主题（道教主题与醉酒主题）明显要弱得多。若考虑到他的生平事实与他死后的形象（醉酒的象征），这一点会更加明显。诗人阮籍选择了一个在心理学层面最困难的变通之法，他把自己的恐慌与忧虑当作生命的无价恩赐，这种恩赐能揭示它本身所蕴含、原先一直被掩盖的精神力量。关于时光飞逝的思想，在他的理解中，恰恰表明生命中每一瞬间的独一无二性。阮

籍抒情诗的主要感召力就在于它们恢复了人与世界的内在联系；在日常的劳碌中，在被人们构想出来的准则与规范中，这种联系已消失殆尽。

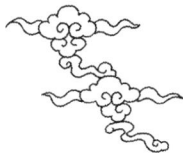

在阮籍的赋作中，出类拔萃者当属《元父赋》和《清思赋》。《元父赋》是一篇具有尖锐社会倾向的作品，其中描绘出一个神奇世界，到处都是凶猛的野兽和残酷的两脚动物，这个暴力横行、毫无法规的世界为掠夺者和恶棍们所统治，而真正的人却备受鄙视。《清思赋》则是一篇以道家哲学为主题的作品。

在5—6世纪的文学批评中有个主导观点，即认为阮籍和嵇康构成一个精神上不可分割的统一体，两人的诗歌创作在思想上十分接近。与此同时，人们也承认两人创作手法上的差异，并认为阮籍作为诗人更胜一筹。这一见解最明显地反映在刘勰的《文心雕龙》（才略篇）中："嵇康师心以遣论，阮籍使气以命诗，殊声而合响，异翮而同飞。"在钟嵘的《诗品》中，阮籍被列为"上品"，而嵇康则被列为"中品"。《文选》收入阮籍的17首诗作（是嵇康的2倍），不过它们均被列入"咏怀类"。

在此后的文学批评中和现当代学术界，对阮籍和嵇康的看法大抵如此。如今有一观点得到广泛认可，即阮籍的创作开启了中国抒情诗历史的新篇章，它们是深刻的哲理诗的典范之作，其特点是将逻辑的、理性的世界观和情感的、诗意的世界观有机地合为一体。

*《晋书》，第1359—1361页；《阮籍》；《阮籍评传》；《文选》，第487—493页；《阮步兵诗》；《阮步兵咏怀诗注》；《阮嗣宗诗》；《阮籍诗校注》；阮籍的抒情诗见参考文献总目Ⅱ：丁福保辑本，1964年，第1卷，第214—225页；逯钦立辑本，第1卷，第493—510页；阮籍的散文类和赋类作品见于严可均辑本，第2卷，第1303—1306页；《中国诗选》第1卷，第321—324页；《印度、中国、朝鲜、越南、日本古典诗歌》，莫斯科，1977年，第209—210页；В.В.马良文《阮籍》，第151—182页；《文心雕龙》俄译本，第116—128页；《中国文学作品选》，第167—170页；An Anthology of Chinese

中国精神文化大典

文学·语言文字卷

Verse, pp. 53 - 67; Die Chinesische Anthologie... , Vol. 1, pp. 353 - 359. **Л.Е.别任《"风流"符号之下：中国3—4世纪一位艺术家的生活方式》，莫斯科，1982年，第84—88页；B.B.马良文《阮籍》，莫斯科，1978年；王钟陵《中国中古诗歌史》，第314—337页；《魏晋文学史》，第179—197页；《魏晋南北朝文学研究》，第195—199页；罗宗强《玄学与魏晋士人心态》，第128—148页；刘勰《文心雕龙》，第67页；何启明《阮籍》；《钟嵘诗品译注》，第61页；Holzman D. Poetry and Politics.

（M. E. 克拉夫佐娃撰，万海松译）

阮瑀

字元瑜，约165年生于陈留（今河南开封），卒于212年。诗歌流派"建安风骨"的主要代表之一，"建安七子"之一。

关于阮瑀生平的简要信息见于陈寿（233—297）修撰的官方史书《三国志》卷21《王粲传》。阮瑀是士大夫阶层的后代，曾为当时的名士蔡邕（132—192）的学生。阮瑀以天生的非凡才赋和高尚的道德品格著称。曹操亲自请他出仕，但被他拒绝。他还试图躲进山林，万能的宰相曹操下令放火烧山，逼他出来。后阮瑀在曹操幕府担任一系列高级职位，成为曹操近臣。阮瑀曾任司空军谋祭酒官，掌管正式典仪组织，管记室，负责编写史书和官方书檄。一般认为，他死于被诛之恐惧，因为他偶然触怒了曹操之子曹丕。

阮瑀留给后人的诗歌遗产有14首诗作（其中2首是乐府体）、1首完整的赋和3首赋的片段。曾有3部题为《阮元瑜诗》的同名诗集分别被收入3部大型文集，即张溥（1602—1641）辑本、杨逢辰（19世纪）辑本和丁福保（1874—1952）辑本（1916）。此外，阮瑀的抒情诗作品还被分别收入丁福保编选的另一个集子（1964）和逯钦立（1910—1973）编选的文集，阮瑀的赋被收入严可均（1762—1843）辑本。

阮瑀的抒情诗中，最为中国传统学术界所认可的当属乐

府《驾出北郭门行》。从形式特征上看，这首诗无论如何都不会让人联想到民间的口头诗歌，因为全篇24句诗均用严整的五言诗句写成，韵脚严谨。但从内容看，这又是两首古代乐府民歌《上留田行》和《孤儿行》的变体，这两首乐府民歌都具有鲜明的社会主题。阮瑀诗作的第一部分（前6句）化用了《上留田行》中的片段：主人公骑马从城门出来，听到有人在悲伤哭泣；他下马行走，想看看发生何事，只见路旁有个在新坟前号哭的小孩。接下来的部分（后18句）是孤儿的独白，他倾诉自己痛苦的遭际，这几乎就是对古代诗歌《孤儿行》中类似情节逐字逐句的再创造。

阮瑀的乐府《琴歌》是一首具有阅兵仪仗性质的作品，系根据曹操的命令而作，用于曹操大军获胜时举行的庆典。"建安风骨"的代表人物之所以对此类诗歌文本感兴趣，首先是因为它们创建了一种独特的主题流派，即"官方抒情诗"，此类诗作根据上级命令创作，用于各种尚未列入严格礼仪的宫廷庆祝活动。

阮瑀的诗作中比较突出的作品是颂辞《公宴诗》（"建安七子"几乎每个人的创作中都有这首同名诗）和组诗《咏史诗二首》（跟王粲的同名诗一样，触及历史和社会主题）。其余的诗作（绝大部分为八句五言诗）从内容和情绪上看均属同一类型，其中心主题是对人生易逝的思考和对不可逆转之结局的忧伤感受。

中国抒情诗歌首次由一位年迈体衰的老人担任主角，他深受身体疾病的折磨，惶恐不安地等待着很快到来的死亡："四支易懈倦，行步益疏迟。常恐时岁尽，魂魄忽高飞。"（《失题诗》）在《七哀诗》中，叙述者是一位逝者："良时忽一过，身体为土灰。冥冥九泉室，漫漫长夜台。身尽气力索，精魂靡所能。嘉肴设不御，旨酒盈觞杯。"这首诗作系挽歌的奠基之作。挽歌成为抒情诗歌中的又一主题类型，在4世纪尤为流行。类似作品亦见于六朝时期（3—6世纪）诸多著名诗人如陶渊明（同名组诗《挽歌》）和鲍照等人的创作，诗人们在诗中描写自己死亡和肉体的腐烂。

阮瑀流传至今的唯一完整赋作是《止欲赋》。这部作品

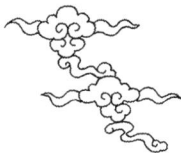

与"建安七子"其他文学家（王粲、陈琳、应玚）内容相同的其他赋作共同构建起一个特殊的主题群，即情爱诗（讲述男性欲望、具有露骨色情暗示的作品）。

尽管阮瑀的诗歌在情绪、主题和表现手法等很多方面都为之后的诗歌开了先河，但他在整个六朝时期并未得到知识分子代表人物们的明显认可。唯一对他多少有点明确态度的评语仅见于钟嵘的《诗品》，钟嵘认为阮瑀诗歌的主要成就在于"不失古体"，这正是针对其乐府《驾出北郭门行》而言的。但在钟嵘的这部文学理论著作中，阮瑀被列入"下品"。后世的文学理论家如胡应麟（1551—1602）等曾指出，阮瑀的创作对古代口头抒情诗歌多有继承。阮瑀的其他作品以及其诗歌遗产的其他方面，在传统批评界和当代学界均未得到详尽研究。同样处于批评家和学者视线之外的，还有阮瑀的文学理论著作《文质论》。

*《三国志》，第599页；《阮元瑜诗》；阮瑀的抒情诗和赋被收入以下大型文集：丁福保辑本，1964年，第1卷，第172—190页；逯钦立辑本，第1卷，第378—382页；严可均辑本，第1卷，第973、977页；《中国文学作品选》，第155—157页；An Anthology of Chinese Verse, pp. 32; "Putting a Stop to Desire" // Hightower J. R. The Fu of T'ao Ch'en, pp. 172‐173. **И.С.李谢维奇《中国古代诗歌与民歌》，第113页；В.В.马良文《阮籍》，第35—36页；《魏晋文学史》，第124—126页；《魏晋南北朝文学史参考资料》第1卷，第140—141页；萧涤非《汉魏六朝乐府文学史》，第156—157页；《钟嵘诗品译注》，第183—184页。

（M. E. 克拉夫佐娃撰，万海松译）

字天锡，号直斋，1272或1300年生于雁门（今属山西），约卒于1355年。诗人，画家，书法家。萨都刺成年时考中进士。一生多生活在江南，宦游各地。曾任江南监察官，但因揭露官员腐败遭贬被逐，晚年离群索居。

有14卷的《雁门集》存世，集名取自作者的出生地，集中有诗约800首。其文学遗产大部分为诗。萨都刺的抒情诗多为情诗和山水诗，其中虽然有时可见晚唐诗歌的影响（如《燕姬曲》），却也清新自然，即便悲剧体裁的诗作亦如此。一些诗作，如《早发黄河即事》《黄河月夜》《织女图》《京城春暮》等，均为对国家内忧外患的反映。他的另一些诗（如《上京即事》）也很有名，它们属"边塞诗派"，描述的是北方民族的生活与风俗。

萨都刺共创作约40首词，其中两首历史题材的词被视为元朝诗词的珍品，即《念奴娇·登石头城》和《满江红·金陵怀古》。萨都刺还留有两幅风景画作（现藏北京故宫）。

萨
都
刺

乙

*萨都刺《雁门集》，上海，1982年；萨都刺《早发黄河即事》，C.贝奇科夫译，载《印度、中国、朝鲜、越南、日本古典诗歌》，莫斯科，1977年，第371—372页。**《中国大百科全书·中国文学卷》第2部，北京—上海，1986年，第673—674页。

（B.Ф. 索罗金撰，王丽欣译）

《三国演义》

中国最早的历史演义小说，作于14世纪。作者罗贯中（1330—1400，另说为约1300—约1370）。据一些资料，他出生或生活于钱塘（在今浙江杭州附近）。这部作品描写中国历史上较动荡的时期之一，即三国（魏、蜀、吴）鼎立时期（220—280）。

中国文学的发展方向为由大型史诗转向描绘个体历史英雄的长篇小说。罗贯中时代的中国文学刚刚开始由描写真实的历史英雄向虚构英雄的转化，虽然这一转化受到诸多制约，因为中国的传统思维过于依赖丰富的历史遗产。《三国演义》的特点是，广泛反映以历史纪事为基础的各种事件，将历史命运而非个人命运提升到首位，情节发展按历史顺序安排，人物形象的塑造缺乏心理描写，人物不具有个性，而是概括的类型，因此可以说，这还不是一部历史小说，而是一部前小说的书面史诗。中国没有英雄史诗，取而代之的是后来由职业说书人讲述的历史故事，即说唱构成了史诗系列。14世纪初，说书人的简短叙述得以刊刻，其中就包括罗贯中这部史诗的蓝本《三国志平话》。此外，《三国演义》的主要来源还有：正史《三国志》，该书由晋代（266—420）官员陈寿（233—297）于三国时期之后、晋国统一之后依皇命所编，裴松之（5世纪）后又对《三国志》作大量补充；许多11—12世纪的中国编年史著，它们按年代顺序描述了从远古至10世纪的中国历史。

2世纪末至3世纪初的中国经历了大量不同性质的困境。社会上各种神秘教义泛滥传播，其中信众数量最多的派别为张角（卒于184年）及其兄弟为首的太平教。张角借宗教的神秘形式倡导建立公平社会。184年，张角发动黄巾起义（起义者都以一块黄布裹头）。罗贯中描述的事件发生于从黄巾起义到国家重新统一这段时间。朝廷军队与大地主的武装攻打起义者，10个月后起义者被彻底击败。人们把打败黄巾起义的功名归于几位军事将领，如出身贵族官宦世家的袁绍，袁术的部下和朋友、一位宦官的养子曹操，还有长江中下游地区吴国的统治者孙权。[1]最初曹操战胜刘备（161—

---

① 曹操父亲为宦官养子，且黄巾起义失败时，孙权尚幼，亦未建立吴国，该说法有误。——译者注

223），刘备是东汉（25—220）奠基人的远亲。但在黄巾起义被镇压后，这些军事将领开始为争夺天下而相互厮杀，皇帝事实上变成这些角逐者的掌中玩物。汉灵帝（167—189年在位）死后，其子少帝继位，但数月后便被扶植灵帝另一子的西北军阀董卓（？—192）推翻。7年后，傀儡皇帝献帝（189—220年在位）又遭曹操控制。曹操为人坚决果断，为达到目的不择手段，他也凭此登上高位。曹操的势力范围并非当时的整个中国，而大致为中原地区。长江沿岸的大片土地受控于孙坚，其后其子孙权（182—252）建立吴国（221—280），221年受封为王，8年后自立为帝。刘备在中国的西南地区建立蜀国（221—263），221年称帝。曹操本人早在216年便已称王，在他死后，其子曹丕于220年推翻汉室，自立魏朝。三国时期的政权争夺整整持续60年，直到280年国家重新统一为晋朝（266—420）。《三国演义》作者的理想主要在儒家学说的影响下形成，他认同儒家的国家管理方式以及个人在社会中的行为规范。罗贯中从儒家思想出发，接受了中国史学的一些主要原则，即宣扬儒家美德，赞颂合法的统治者，谴责谋朝篡位者。在展现汉朝的衰落与三国的争斗时，罗贯中的出发点是这样一种传统的历史观，即历史是一种持续不断的运动，天下合久必分，分久必合。世上的所有事件，如朝代的衰落与兴起、战争的胜利与失败、伟人的死亡与降生等，均为天意，这一思想一直贯穿于《三国演义》。天意在主人公们的生活中发挥着决定命运的作用，这不仅体现为各种凶兆，也表现为主人公们往往能神奇地转危为安。主人公们也应让自己的行为不单要顺应天意，也要符合现实的处境与自身的追求。

这部史诗中有400多个人物，他们几乎均为历史上的英雄人物，主要是一些名人，如宦官、将帅、军阀和官员。正面人物的基本特征由儒家的伦理标准所确定，即"义"和"孝"。被列入儒家美德的还有"敏"，这往往被解释为善于审时度势，想出克敌制胜的妙招。在这部史诗中，想出此类妙招的多为军师和大臣，他们中最出众者，便是大名鼎鼎的智者和战略家诸葛亮（181—234）。其实，整部《三国演

义》就由一系列计谋构成，这些计谋被用于不同阵营、不同国家、宫中不同集团之间的斗争。

罗贯中扬弃了民间文学和历史演义这两种不同的传统，创作出一部本质上全新的作品。他的创新首先在于，他用许多单独的、相互之间往往并无关联的事实串联出这部史诗的情节线索。在史书中，某一年的条目下会记录下各种不同事件，它们被放在一起仅仅因为它们发生在同一年。《三国演义》却将所有事实置于一个统一的因果关系链，人物生活中的偶然事件也会变成统一情节进程中有前因后果的步骤。比如，历史文献中曾提及董卓修建郿坞，他常在酒宴上处死官员，宰相王允密谋反对董卓等，但在史书中，这些事件之间并无任何逻辑联系。在罗贯中的小说中，这些事件却被串联为一体：王允在酒宴上见董卓命人将一位官员推下高塔，然后用红漆盘子端上该官员首级，于是感到不安，开始谋划除掉这个奸臣，就这样，分散的若干事实便构成了一个统一的事件链。

这部史诗的中心是三兄弟，即刘备、关羽和张飞。口头传说中的张飞是一位史诗中典型的草莽英雄，其勇敢和莽撞有可能毁掉英雄们为之奋斗的事业。历史上的张飞则是一位有学识的人，他不仅是一位将军，而且是一位书法家，而这部史诗小说中的他则文墨不通，只会与敌人厮杀。在保留张飞的民间史诗形象特征的同时，罗贯中也尽力使其形象更为合乎历史真实。《三国演义》中的关羽则得到另一种描述，其形象的主要特征即忠于桃园结义时立下的誓言，他直到生命最后一刻都忠于刘备，但并非臣子对国君的忠诚，而是弟弟对兄长的忠诚。对他来说，义气重于一切。关羽为人宽厚，不同陷入困境的疲累对手交战，他的原则是，交战应在势均力敌者之间进行。

每位主人公的外貌都符合其性格特征。彪悍的张飞豹头虎须，关羽的显著特征便是他的红色脸庞，即面如重枣。如果说，这部史诗小说作者对张飞与关羽的外貌描写是借助民间书本，那么刘备的外貌他则完全取自陈寿的《三国志》。刘备耳大垂肩，手臂长及双膝。这便是佛陀的"特征"，

常见于3—4世纪的史书，在描述创立朝代的国君外貌时常被运用。三国的英雄中只有刘备是合法嗣位的，从儒家的观点看，国君应为皇族继承人，刘备不同寻常的外貌意在突出这一点。作者对这部史诗小说主人公的外貌描写还包括服饰与武器。这些描述并不符合历史事实，而源自民间口头传说。《三国演义》中的每一位武士在战斗时均使用他们各自的独特武器。

《三国演义》中的刘备被刻画成一个十分被动的人。他从不做决定，表现得优柔寡断。他的形象塑造依据的是儒家思想，即理想的君王"无为而治"，由那些关心民众的智慧臣子替他们处理各种事务。这部史诗小说中的诸葛亮就是这样一位智慧的臣子，他是一位历史人物，是中国古代优秀战略家之一。诸葛亮的形象中似乎融合了儒家哲人和道家仙人的特征。他在作品中被描绘为一个道士的形象。他的突出特征是拿着一把鹤羽做成的扇子，而鹤会使中国人联想起道教信仰中的长寿仙人，他们常驾鹤升天。诸葛亮摇动羽扇指挥军队战斗，这也并非军事首领的特点，而是道家隐士的特征。这部史诗中的诸葛亮效仿公元前4世纪战国时期双腿损伤的著名军事家孙膑，总是乘坐四轮车出现在战场。他不仅上知天文，能想出克敌制胜的谋略，而且能使用咒语呼风唤雨。这部书面史诗的作者在塑造诸葛亮的艺术形象时，往往会把他人的作为也记在诸葛亮头上。

《三国演义》中，刘备的两个宿敌即奸雄曹操和吴国的统治者孙权却得到了另样的描绘。曹操虽然才华横溢，却如所有暴君一样多疑且阴险。在这部史诗小说中，他是刘备性格的对立面。刘备以仁治国，他的形象体现了人民期盼明君的理想，曹操则以暴力维护自己的统治。刘备孝敬母亲，曹操还在幼年时便因欺骗收养自己的叔父而臭名远扬。刘备在所有事情上都采纳诸葛亮的意见，曹操则刚愎自用，惩处敢于批评他的人。曹操生性多疑，因名医华佗提出可以为曹操麻醉后做开颅手术，曹操便杀了华佗。这个故事以及其他与曹操相关的许多片段，罗贯中均取自3—4世纪的野史。与此同时，罗贯中笔下的曹操形象也是复杂的。曹操十分英勇，

有时甚至表现出对战败者的高尚行为，此外，他还禁止自己的军士劫掠被征服地区的百姓。与主人公被划分为正反两种截然不同形象的民间文学不同，这部史诗小说的作者把曹操塑造成了一个十分复杂矛盾的人物。

数个世纪时间里，几乎所有中国的书面史诗都一直受到改编和改写，《三国演义》同样如此。17世纪，毛宗岗改编了罗贯中的演义文本，由原来的240段变为120回，并为这些回目新拟了诗体标题（依照罗贯中之后才出现的一种传统），减少文中的诗句和对官方文献的援引，增强了曹操形象的负面特征，取消某些细小的片段和个别细节，对多数片段与每一章节都作了有趣的注疏。自此时起，《三国演义》遂以毛宗岗评本的形式不断面世。这一版本被译为多种文字。按此版本创作了大量京剧剧目（已知近150部）和各种地方戏剧目（逾400部）。由罗贯中创作、毛宗岗评注的《三国演义》，也成为后世各种说唱版本的基础。16—17世纪出现罗贯中这部史诗小说的第一批画本，后来，三国交战的主题便在民间着彩年画中占据一席之地。《三国演义》在中国和其他远东国家非常流行。20世纪下半叶，人们对这部史诗小说的兴趣逐渐增强，且这一兴趣并非始于中国，而是始于日本，日本商人对《三国演义》兴趣浓厚，认为此书能最好不过地帮助他们理解中国人以及中国人的谋略。在日本也出版了《三国演义》的版本目录，辑入用东西方各种语言出版的《三国演义》书目。中国则出版了大量专著，如《〈三国〉与贸易》《〈三国〉与军事战略》等，出版了专门的辞书《三国演义大词典》（1991）。

毛宗岗评点版的《三国演义》由帕纳秀克译为俄语（1954年第1版，1984年出修订、缩略和注释版）。

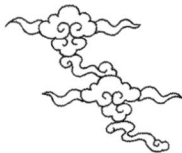

*罗贯中《三国志通俗演义》1—2卷，上海，1980年；《三国演义资料汇编》，朱一玄、刘毓忱编，天津，1983年；《三国演义汇评本》1—2卷，陈曦钟等编，北京，1986年；《三国演义》1—2卷，B.帕纳秀克译，莫斯科，1954年；《三国演义》1—2卷，B.帕纳秀克译，Б.Л.李福清序并注，莫斯科，

中国精神文化大典

文学·语言文字卷

1984年；《三国演义》1—2卷，В.帕纳秀克译，Л.孟列夫序，里加，1997年；Lo K. C. Three Kingdoms / Tr. by M. Roberts. N. Y., 1976. **Б.Л.李福清《中国讲史演义与民间文学传统——论三国故事的口头和书面异体》，莫斯科，1970年；Б.Л.李福清《中国书面史诗的风格问题》，载《书面史诗典籍》，莫斯科，1978年，第162—189页；Б.Л.李福清《中国中古书面史诗形象结构中的类似问题》，载《东方诗学·艺术形象特征》，莫斯科，1983年，第121—138页；Б.Л.李福清《中国小说理论：毛宗岗的〈三国演义〉读法》，载《东方文学思想典籍》，莫斯科，2004年，第335—382页；Б.Л.李福清《16—17世纪的绘本史诗〈三国演义〉》，载《东方语言和智慧》，莫斯科，2006年，第365—388页；Ким Бункё. Сам коку энги-но сякай (Мир «Троецарствия»). Токио, 1993; Ли Фу-цин (B. Riftin). Накагава Сатоси, Уэда Нодзому «Сам коку энги» кэнкю бун-кэн мокуроку ко хои (Дополнения к «Библиографии исследований по „Троецарствию" Накагава Сатоси и Уэда Нодзому) // Тюкоку кодэн сё-сэцу кэнкю дотай. 1994, No. 5 (посл. номер), с. 92 - 111; Б.Л.李福清《关公传说与〈三国演义〉》，台北，1992年（第2版）；Б.Л.李福清《三国故事与民间叙事诗》，载李福清《古典小说与传奇》，北京，2003年，第1—61页；Накагава Сатоси. «Сам коку энги» хампон-но кэнкю (Исследование изданий «Троецарствия»). Токио, 1998; Накагава Сатоси, Уэда Нодзому. «Сам коку энги» кэнкю бункэн мокуроку ко (Библиография исследований по «Троецарствию») // Тюкоку кодэн сёсэцу кэнкю дотай. 1990, No. 4, с. 71 - 98;《三国演义大辞典》，沈伯俊、谭良啸编，成都，1991年；沈伯俊《三国漫谈》，成都，1995年；郑铁生《三国演义叙事艺术》，北京，2000年。

（Б. Л. 李福清撰，王丽欣译）

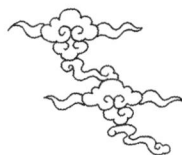

伤痕文学

当代中国文学中的现实主义流派，出现于"文化大革命"后，标志着文学创作沉寂十年后的复兴。实际上，正是从"伤痕文学"始，中国开始了"新文学时期"。

这一新流派得名自1978年8月卢新华（1954年生）发表的短篇小说《伤痕》。小说女主人公的命运与当时全中国千千万万年轻人一样，被迫与打成右派的母亲划清界限。粉碎"四人帮"后，她动身探望母亲，在路上回忆起她们一起生活和分离时的情景。但她刚到火车站，却得知母亲已在前一天去世。母亲的脸上布满深深的伤痕，但伤痕同样深深地刻在女主人公心上。这部作品的目的在于揭露"文化大革命"带给整个青年一代的巨大伤害。

通过"伤痕文学"的代表作可看出，中国人民一致把这场灾难的责任归咎于以江青为首的"四人帮"。1978年9月，王亚平（1905—1983）发表短篇小说《神圣的使命》，揭发"四人帮"拥趸们的专横暴行，这在中国引起巨大共鸣。小说中正直的老公安王公伯，为从"四人帮"所雇佣的杀手手中救下女证人（这个证人掌握的证据可能决定他人的命运）而牺牲。小说将王公伯的正直行为与"四人帮"的恶行进行对照。

1978年末，《天安门诗抄》出版，同年还发表了杰出诗人艾青的诗歌《在浪尖上》，这也是他沉寂多年后的第一篇作品。1976年4月，人们自发在天安门广场举行游行，以悼念逝去的周恩来总理。游行队伍遭到"四人帮"的残酷镇压，这些作品对此充满愤怒，同时也对牺牲者饱含悲痛。

很快，带有揭露性的作品一部接一部出现。第一阶段（1978—1981），大部分作者选择将自己经历过的悲惨遭遇倾注笔端，讲述种种残酷的镇压暴行。这些对当时恐怖现实的"记录"性作品自成体系，且大多带有自传性质。

这些年间，各种出版物纷纷涌现（其中包括文学杂志数量的激增），读者求知若渴。这些出版物在报刊上引起激烈讨论，作者们收到来自读者的大量来信。

"伤痕文学"的大部分作品采用短篇小说的形式。

"伤痕文学"的一个显著特征是对青年一代问题的关

注，这一代人失去了真正人的价值概念。刘心武的短篇小说《班主任》（1977）或许是"伤痕文学"中对当代文学产生了最重大影响的作品之一。作者涉略青少年的教育问题，展示了"文化大革命"中极"左"思想对孩子们心灵的荼毒。冯骥才的中篇小说《铺花的歧路》（1979）忠实地再现了红卫兵们的种种行为。这些青少年坚信他们是为正义而战，从不怀疑事实上他们只是这场可怕闹剧的导演者手中肆意操纵的线偶。"文化大革命"的最终结局，即红卫兵集团间你死我活的斗争，在郑义（1947年生）的短篇小说《枫》中得到了展示。

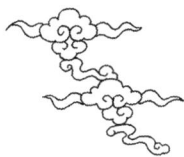

各种侮辱和批斗所导致的人性歪曲，对人格尊严的肆意践踏，恐怖的氛围，社会化的告密情形，这一切构成"伤痕文学"的基本主题，如鲁彦周的中篇小说《天云山传奇》（1979）和冯骥才的中篇小说《啊！》（1979）。

许多作品（如冯骥才的短篇小说《高女人和她的矮丈夫》）的字里行间都能体会到作者的主要思想，即在红卫兵最肆意妄为的时刻，也有一些人并未参与这场混乱，他们不愿承认自己的"罪行"，以免侮辱自己的人格，并以此表达抗议。

这一流派的其他著名作品还有：李存葆（1946年生）的中篇小说《山中，那十九座坟茔》（1983），其作者讲述的是为修建一座毫无用处的军事工程，一个巧妙的蛊惑性谎言造成十几条人命白白牺牲；周克芹（1936—1990）的长篇小说《许茂和他的女儿们》展示了极左方针带给农村的恶劣影响以及公务人员的徇私舞弊。

在从维熙（1933年生）的中篇小说《大墙下的红玉兰》（1979年）中，主人公冤死狱中。此后出现一系列类似作品，中国评论家称之为"大墙文学"。

"伤痕文学"以及在1979—1980年取而代之的"反思文学"，均为20世纪80年代末之前的中国文学的主要流派。

*《中国新文艺大系（1976—1982）·杂文集》，北京，1984

年[1]；《人妖之间：中国作家短篇小说选》，莫斯科，1982年；《一个人和他的影子：中篇小说集》，A.H.热洛霍夫采夫编，莫斯科，1983年；冯骥才《中短篇小说集》，莫斯科，1984年；《中国当代小说》，H.费德林编，莫斯科，1988年；《树王：中国当代中篇小说集》，A.热洛霍夫采夫采夫编，莫斯科，1989年。**《中国的文学和艺术：1976—1985年》，莫斯科，1989年。

（A.H. 科罗博娃撰，靳芳译）

沈从文

原名岳焕。生于1902年1月28日，1988年5月10日逝世，湖南凤凰人，苗族。作家，记者，艺术理论家。小学时在县立学校接受教育。自1918年起在当地部队服役，任司书，开始自学文化知识。除中国古典文学和民间文学外，他对启蒙和民主倾向的作品与西方文学作品颇感兴趣。作家关注以1917—1918年"文学革命"为开端的中国新文学。其创作深受鲁迅及"文学研究会"中鲁迅追随者的影响，其中充满生活的真实性、人道主义、对遥远故乡和乡邻的热爱等特点。

1922年，沈从文到北京求学。因生活困顿，他开始在报纸上的文学副刊发表文章。1926年，他的第一部小说集《鸭子》出版。1928年，沈从文来到上海，在中等和高等院校任教，从此开始持续终生的教员生涯。同时，他与其他年轻作家（胡也频、丁玲等）一起编辑当时主流报纸的文学副刊，并发表自己的新作（主要为短篇小说）。1927—1928年，其作品《蜜柑》《老实人》《入伍后》和中篇小说《阿丽思中国游记》问世。由于其创作丰硕，沈从文被评论家誉为"多产作家"。至1949年，他共出版作品70余部，包括小说、诗歌、随笔、政论、学术研究、自传及书信等。20世纪八九十年代，在作家生前和逝世后，其多种多卷本文集问世。

中华人民共和国文学史上的沈从文首先是一名中短篇小说家，主流观点认为，尽管其作品风格及体裁在其创作前期

---

[1] 出版时间或为1987年。——译者注

和后期有所区别，但其艺术思想具有统一性。这种统一性带有作家本人的鲜明个性。长期以来，作家的描写对象始终是湘西故乡，绿色的山丘谷地，湍急的河流、渡口，农民和渔夫、伐木工和艄公，按照古老氏族方式生活的苗族人家以及汉族的城市商人和工匠。作家对这些人的生活习惯、精神气质和思想信仰了如指掌；早期作品中，作家表现了他们中许多人固有的软弱和偏见，又竭力突出他们内心深处更美好、富有人性的内涵，有时还运用理想化和渲染性的创作方法。例如在小说《夫妇》（1929）中，一群思想保守的农民准备处置一对被告发"私通"的年轻夫妇，但当人们弄清原来他们是新婚夫妇，只是在回娘家的路上迷了路时，农民们的心理发生变化，人们开始尽力帮助他们。在当地民间文学的影响下，作家还创作了一些充满神秘主义色彩的浪漫主义作品，如中篇小说《神巫之爱》（1929）。

在其30年代的短篇小说中，作家最感兴趣的是"按照自然法则"生活的人们，他们精神自由，意志坚强，无拘无束。作品中出现了"自然的"，甚至是"原始的"人群（主要是农民），与代表城市文化、具有较多负面特征的"文明的、有文化的人"形成对比。这首先表现在短篇小说《绅士的太太》（1930）中，后在《虎雏》（1930）、《八骏图》（1935）和中篇小说《边城》（1936）中得以发展。《边城》讲述的是少女翠翠未获成功的平凡爱情和老船工渴望将孙女嫁给当地船总顺顺儿子的故事，作家细致刻画了主人公的心理，使读者感受到"当代"重商主义思想对身处其中的人物命运所带来的不利影响。左翼文化界承认该小说的艺术价值，但同时指责作家对阶级斗争估计不足。沈从文不接受指责，他坚信人的"阶级本性"远不能解决人的内在本质问题。秉持此立场，他没有加入当时极有影响力的左翼作家联盟，也没有表现出任何的政治积极性，但在创作中他没有以沉默来回避社会问题，而是塑造出众多令人印象深刻的备受屈辱的人物形象，从而揭露"上流社会"的伪善和精神空虚。

抗日战争期间，作家随学校迁至云南大后方。该时期他

的主要创作体裁是随笔和政论。战后返回北京后，他重新在北大执教，并主编一些主流刊物的文学副刊。1948年长篇小说《长河》的第一部出版，小说描写抗战前夕湖南乡下农民的生活情景。此时正值国内战争的高潮时期，一场彻底改变农民生活的土地革命正在全国上演，因此，这部历史题材的作品被认为"不符合时代精神"。

沈从文拥护革命胜利，几年内他发表了一组针对国内重大事件的政治评论。同时，他开始从事艺术理论的研究工作，先后在中国历史博物馆、故宫博物院和中国社会科学院（1981年起）工作，著有《中国古代服饰研究》一书。作家的文学创作活动止于1957年，当时他正筹备刊印自选集的新版本。

近年来国内对沈从文的关注日益增多，一批关于作家生平和创作研究的著作出版。沈从文作品的俄译本尚未问世。

*《沈从文代表作（小说散文集）》，北京，1987年；《沈从文名作欣赏》，赵园主编，北京，1993年。**吴立昌《人性的治疗者：沈从文传》，上海，1994年①；《沈从文与东西方文化》，兰州，1990年；Kinkley J. Shen Congwen's Legacy in Chinese Literature of the 1980s // From May Fourth to June Fourth: Fiction and Film in Twentieth-Century China / Ed. by E. Widmer and D. Wang. C., 1993, pp. 71 – 106; он же. The Odyssey of Shen Congwen. Stanford, 1987; он же. Shen Congwen // Dictionary of Literary Biography — Chinese Fiction Writers, 1900 – 1949 / Ed. by T. Moran. N. Y., 2007, pp. 192 – 205; MacDonald W. L. Characters and Themes in Shen Ts'ung Wen's Fiction. Seattle, 1970; Nieh H. L. Shen Ts'ung-wen. Bost., 1972; Peng Hsiaoyen. Antithesis Overcome: Shen Congwen's Avant-gardism and Primitivism. T. P., 1994; Prince A. J. The Life and Works of Shen Ts'ung-wen. S., 1968; Rabut I. La création littéraire chez Shen Congwen, du procès de l'histoire à l'apologie de la fiction. P., 1992; Wang D. Fictional Realism in Twentieth-Century China: Mao Dun, Lao She, Shen Congwen. N. Y., 1992; idem. Imaginary Nostalgia: Shen Congwen, Song Zelai, Mo Yan, and Li Yongping.

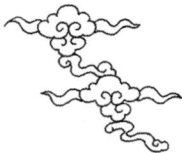

① 或为1993年出版。——译者注

From May Fourth to June Fourth: Fiction and Film in Twentieth-Century China / Ed. by E. Widmer and D. Wang. Cambr., 1993, pp. 107–132; Wong Yoon Wah. Structure, Symbolism and Contrast in ShenCongwen's The Border Town // In Wong. Essays on Chinese Literature. Singapore, 1988, pp. 67–81; Yue Gang. Shen Congwen's "Modest Proposal" // The Mouth that Begs: Hunger, Cannibalism, and the Politics of Eating in Modern China. Durham, 1999, pp. 101–144.

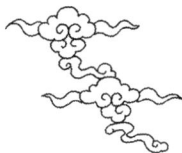

（В. Ф. 索罗金撰，靳芳译）

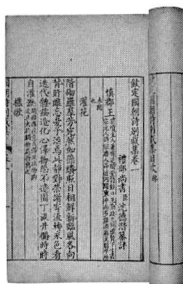

沈德潜

字确士，号归愚，生于1673年，长洲（今属江苏）人，卒于1769年。学者，诗人，文学家。出身清贫诗书之家，其祖父和父亲均从师任教，据传他8岁就开始教书。沈德潜儿时起就爱好诗文，6岁知韵，其祖父非常吃惊，预言他作诗必有所成。然而直到1739年（66岁时），他经过17次科举考试方才中举，同年第五次考试中进士。

沈德潜在都城历任各种官职，光荣致仕，97岁去世。死后追封谥号文悫。入土多年的沈德潜失宠，因其曾为徐述夔（18世纪）包含反清内容的诗作序而被追夺封号，并从贤良祠除名。

沈德潜的文学主张既见于其本人所著作品，又见于其所编中国文学作品，其文学观是在两位文学家的影响下形成的，一位是其师叶燮（1627—1703），一位是王世禛（1634—1711），虽然这两位文学家的诗论绝无相似，且有时恰恰相悖。

叶燮著有《原诗》（1686），是在刘勰的名著《文心雕龙》（5—6世纪）之后首部全面系统论述诗学的严肃之作，叶燮也决定了沈德潜坚持复古的思想。

沈德潜多次强调："诗不学古，谓之野体。"这种无条件崇尚古代诗歌的态度在很大程度上决定了他的整个诗歌理论，他的诗歌理论名曰"格调"。根据这一理论，诗歌首先要有教化功能和完美的经典性，其次要遵循古诗格律，第三

要有舒缓有序的形式。

沈德潜因编有几部历朝诗歌选集而闻名（在中国，编纂文选与个人创作同样受人重视），包括唐朝之前的诗歌选集《古诗源》、唐明清各朝诗歌选集，诗集名称中除朝代名称外还包括一种特别的体裁名称，即"别裁"，体现出鲜明的主观性。

*《沈归愚诗文全集》，北京，1975年；《清影：明代诗歌》，И.斯米尔诺夫译，圣彼得堡，2000年。**И.С.斯米尔诺夫《沈德潜与中国的文选编纂传统》，载《文化人类学论集》，莫斯科，2002年，第323—345页。

（И.С. 斯米尔诺夫撰，孟宏宏译）

沈 括

字存中，1031年生于钱塘（今浙江杭州），1095年卒于润州。宋代著名的百科全书式的学者、文学家。

与所有官宦子弟一样，沈括幼年随父宦游各地。1039年，8岁的沈括首次来到润州，1040年转至泉州（今属福建）。沈家居泉州4年，在此期间，沈括正式开始学习，由母亲教其读书习字。1042年，延师受业，不久便能读诵。

1043年，沈括首次随父沈周抵达宋朝都城汴京（今河南开封），并在那里迷上书法。1046年沈家迁至六朝（3—6世纪）古都金陵。沈括继续勤奋向学，潜心研究象形文字，同时开始学医。

1051年，沈括20岁，其父逝世。沈括将其葬于钱塘祖坟龙居里（应沈周亲属请求，由王安石为其撰写碑文，当时王安石只是一名通判）。这一时期沈括一直住在家乡，为父守丧至1054年。这3年对这位未来的学者大有裨益，他开始研究物质文化的各种类型，包括文物（考古学的起源），也研究各种信仰和传说，并从中获得极为宝贵的经验，这对他日后科学兴趣的形成产生了深刻影响。

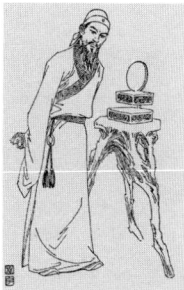

1054年初，沈括被任命为海州沭阳（今属江苏）主簿，这是他仕途的开端。在任上，他很快表现出实干精神，不但尽职尽责，还花费大量精力做了许多本职工作之外的事，如整治失修多年的河道、疏通流经该县的沭河和沂河。此外，他对农民在劳动中挖掘出的古物亦颇有兴趣。

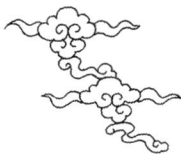

沈括喜爱地理，喜读此方面著作。他调任海州东海后遍访各地，亲登苍梧山，最终完整修订了该县地理志。沈括早期歌咏山水的抒情诗正是在这一时段写下。这一时期，沈括还完成《乐论》一书（1055）。

1061年，沈括来到其兄任职的宣州宁国（今属安徽），主持芜湖废圩的修复工程，将年久失修的堤堰整饬一新，顺利解决当地的灌溉问题。沈括将这些实践经验总结后撰成理论著作《圩田五说》。

沈括一直坚持学习医学。1062年，即将出任陈州宛丘（今属河南）县令的沈括生了一场大病（史书对此有所隐瞒），他研习道家气功，不满一年痊愈。同年秋，沈括在乡试中名列前茅。1063年进士及第（经过长期备考），因成绩优异而受到仁宗皇帝（1022—1063年在位）召见。沈括对京城国子监印象深刻，并对天文学产生兴趣。

1066年，沈括在京城获首份职事，即编校昭文馆书籍，自此他开始系统研究天文学。沈括在编修《南郊式》时显示出对外交的兴趣，遂开始研究澶渊之盟的历史，该和约由真宗皇帝（997—1022年在位）1005年在澶州与契丹人签订。因编校工作完成得十分出色，沈括得补昭文馆校勘。

1068年阴历八月，沈括母亲亡故。按照惯例，沈括停职守丧。守丧期满，沈括返京述职，恰逢王安石变法进行得如火如荼，遂积极参与其中。1072年沈括被提举为司天监。通过个人的观测以及阅读从全国征集来的观测天象的书籍，他考虑改革历法。为编制历书，1075—1092年沈括举荐卫朴入监修历。历书在1075年初完成，并顺利呈交宫廷。

1072年，经王安石举荐，沈括被派视察汴河（汴梁）沿岸。汴河对于都城意义重大，全国各地的税贡均仰赖此水路运抵汴京，因此汴河漕运不可一日不通。沈括巡查的主要任

务是恢复整个汴河的漕运能力。于是，他精准地绘制出汴河（长840里）地图，并标明其地势概况。尽管整个制图工作工程浩大，在此期间，沈括仍利用余暇绘制出200多张极星位置图。

1073年，沈括奉命前往两浙（今江苏和浙江）任职，他在那里兴修水利，取得成效，并推行王安石变法中的免役法。沈括历时半年，体察当地民情，返京后向皇帝提出一系列建议，包括减轻赋税，修筑新坝，整顿农田，分两浙为东、西两路以提高行政效率。在此期间，沈括还撰写了关于测量天体方位的《浑仪议》，关于计时漏壶的《浮漏议》，关于太阳历的《景表议》等著作，这些著作在中国科学史上至关重要。

1075年，沈括奉旨与使臣一同出使契丹辽国，此次行程为他提供了观察素材，满足了他寻根问底的求知欲。沈括详细记录并绘制当地的风土人情、生活习惯、地理地貌、动物种类等细节，撰成《使契丹图抄》。同时，他还绘制了与契丹接壤的边界图。

此后几年，沈括在国家权力中心官居要职，如掌管财政或军事要务。他功绩显赫（尤其在推行王安石变法方面），倍受嘉赏，受赐爵位，并食邑300户。1077年，沈括受命编校《天下州县图》，耗时10年，于1087年完成。沈括52岁时，参与王安石变法的高官纷纷被罢免，他也被免职，在随州法云禅寺度过一年时间。1085年重获官职（与之前所居要职相比，该官职确实微不足道），任秀州团练副使。沈括在当地考察潜水与汉水交汇处的地形地貌，并进行考古研究。

1086年，沈括因事过润州，回到9年前所购府宅，兴筑屋舍，取名梦溪园。

1087年，沈括完成《天下郡县图》的整理校订工作，并于次年被特许进呈朝廷。皇帝赐绢百匹，允其告老还乡，安度晚年。沈括举家迁至梦溪，开始隐居生活。他潜心阅读诗书，收集名家书画，研究医学、光学、天文、地质、数学、几何、三角、历法计算等。沈括居此终老，享年64岁。

同时代人及后辈高度评价这位奇才的学识，称："括博

学善文，于天文、方志、律历、音乐、医药、卜算，无所不通，皆有所论著。"沈括为后人留下极为丰厚的文化遗产，已知著述30余部，其中有4部保存至今，即《梦溪笔谈》《图画歌》《长兴集》《良方》，后者又称《苏沈良方》。

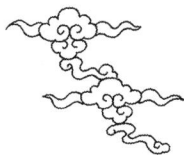

*沈括《新校正梦溪笔谈》，胡道静编，北京，1958年。**李光羽《沈括》，北京，1983年；张家驹《沈括》，上海，1972年；《沈括研究》，杭州，1985年。

（И. A. 阿利莫夫撰，葛灿红译）

沈约

字休文，谥号隐。441年生于吴兴（今属浙江），卒于513年。政治家，文学家，佛教思想家，文学理论家，5世纪后30余年—6世纪初文学领域的杰出代表，诗学流派永明体代表，文学团体"竟陵八友"的组织者和思想领袖。

姚思廉（卒于637年）所著《梁书》（卷13）和李延寿（618？—678？）所著《南史》（卷57）中均记有沈约生平。沈约所著《宋书》最后一章（卷110）为其自传。他出身南方门阀士族家庭，5世纪起三朝为官。其父因背叛皇权被诛，沈约幼年时孤贫流离，30岁乃获官职。他却在很短时间内跻身新王朝（南齐，479—502）太子近臣之列，后升为京都重臣。沈约聪慧谨慎，在多次宫廷和国家政变中化险为夷，免遭废黜。据史料记载，梁朝时沈约还是开国国君萧衍（502—549年在位）的政治顾问，官居高位，被封为侯。

沈约在人文各领域均有建树，才智非凡，堪称百科全书式学者。其史学著述颇丰，包括两部正史《晋书》（后亡佚）和《宋书》。他著有多篇政史论著，如《七贤论》，及数十篇佛学论著。沈约的主要文学功绩（除诗歌创作外）在于提出一套诗体理论（"八病"），对乐府诗进行归纳分类，对叙事文学进行研究。他著有一系列作品，如《宋文章志》（30卷）、《文集》（100卷）、《俗说》（5卷）和

《杂说》（5卷），其中仅文学理论短论《史论》存世。

沈约的文学遗产丰厚多样，有祭歌（宫乐）39首，诗作180余首，其中乐府（文人乐府）48首，其余大多为诗，另有赋作13篇。6—7世纪曾有其100卷文集存世，后佚失。15—16世纪，其部分作品被重新辑录，张溥（1602—1641）将其编为《沈隐侯集》。另有1916年丁福保（1874—1952）编纂的《沈休文集》。此外，沈约的祭祀诗见于郭茂倩所编《乐府诗集》，其抒情作品录于丁福保辑本（1964）和逯钦立（1910—1973）辑本，而严可均（1762—1843）辑本收有其散文和赋作。

尽管沈约的诗才略逊于六朝（3—6世纪）的主流诗人，但其创作的有趣之处却在于，在其中实际上可以看到当时中国文学中所有主题和风格的再现。诗人极为巧妙地超越了对乐府民歌简单的形式模仿，转而追求创作内容和结构更为复杂、富有哲学意蕴的作品。沈约把乐府诗视为其艺术结构和描写方法取之不尽的源泉，常加以借鉴。他擅长按照自己的方式摹仿民歌风格，其中还借用民间文学中诸多原型意象，如《夜夜曲》中写道："河汉纵且横，北斗横复直。星汉空如此，宁知心有忆？"他同样也别出心裁地把民歌特有的手法（套词、重复、排偶）变为诗歌的必要元素，借此用传统的乐府体裁创作出内容浩繁且形式新颖的作品，如《长歌行》："春隰荑绿柳，寒墀积皓雪。依依往纪盈，霏霏来思结。思结缠岁晏，曾是掩初节。初节曾不掩，浮荣逐弦缺。弦缺更圆合，浮荣永沉灭。"沈约还是当时顶级的颂词诗作高手，他善于使用隐喻、古词、神话意象（他精研佛理，通晓史学），赋予颂词诗作以宏伟壮丽的调性。《三日侍林光殿曲水宴应制诗》中有云："宴镐镲玉銮，游汾举仙軷。荣光泛彩旄，修风动芝盖。"

诗人表达个人感受的抒情诗也堪称杰作。此类诗作情感真挚，调性明朗，语意质朴，其中首推友情题材，如《别范安成》："生平少年日，分手易前期。及尔同衰暮，非复别离时。勿言一樽酒，明日难重持。"

沈约还有不少自成一派的道教和佛教题材的诗作。诗人

为其所有题材的作品都添加了微妙而独特的细节和调性。沈约的爱情诗最具创意。《玉台新咏》的编者认为，沈约是3—5世纪最优秀的文学家，其收录沈约诗歌的数量（27首）便可证明。其一，沈约首创讴歌爱情之欢愉和不可抗拒的主题，萧衍曾在其抒情诗中加以借用。最突出的例子是《四时白纻歌五首》中手持长白绢带的舞娘形象。该组诗共有5首，其中4首讲一年四季，而第五首《夜白纻》则专写夜晚。也就是说，夜晚是属于爱情的时刻，与年中四时等价："秦筝齐瑟燕赵女，一朝得意心相许。明月如规方袭予，夜长未央歌白纻。"

其二，沈约诗作具有女性形象审美化、个体化的明显趋向，女性及其秀美成为其抒情诗赞赏和崇拜的对象。诗中的抒情女主人公被描绘得如此真实，她是唯一的，独一无二的，使诗人痴迷神往。如《十咏二首》组诗中《脚下履》一诗以小巧精致的绣花鞋子为描写对象，一位美丽迷人、活泼可爱的女性形象跃然纸上："丹墀上飒香，玉殿下趋锵。逆转珠珮响，先表绣袿香。"

其三，沈约是少有的敢于违背文化传统和道德伦理的诗人，他充满诗意地表达一男子对非妻女子之美貌的爱慕，如《少年新婚为之咏诗》："我情已郁纡，何用表崎岖。托意眉间黛，申心口上朱。……裾开见玉趾，衫薄映凝肤。"

此类坦诚可以出现在赋作中，赋作较少受儒家的诗学观束缚，但在抒情诗中此种坦诚定位受到指责，被视为"淫词滥调"。

沈约在诗学方面的试验以及他对爱情题材的迷恋引起当时部分文人的异议，首先是《诗品》的作者钟嵘："观休文众制，五言最优……所以不闲于经纶，而长于清怨。永明相王爱文，王元长等皆宗附之。约于时谢朓未遒，江淹才尽，范云名级故微，故约称独步。虽文不至其工丽，亦一时之选也。见重闾里，诵咏成音。嵘谓约所著既多，今剪除淫杂，收其精要，允为中品之第矣。"尽管受到如此轻视，但沈约的诗作在当时市民各阶层中流传极广。《文选》收录沈约作品的数量（13篇）就可证明。

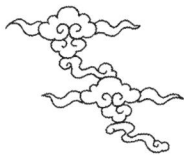

大约直到8世纪，沈约始终被视作六朝最后百年的一位主要文学家。但此后历代文学评论认为，沈约的创作是那个时代诗歌衰落的佐证。他的诗人名声，就在于他对"四声八病"的过分推崇。17—18世纪，沈约诗歌遗产广受关注，诸多评论家肯定这位诗人炉火纯青的诗艺及其作品的自然属性。如陈祚明（卒于1673年）评论沈约道："全宗康乐，以命意为先，以炼气为主。辞随意运，态以气流，故华而不浮，隽而不靡。"

但在20世纪70—80年代前的学术界，沈约一直被视为"二流诗人"。中国评论界的传统观点认为，沈约的爱情诗和宫廷诗是当时权贵轻浮生活的写照。在很多学术著作中，其中包括欧洲的相关研究，关注的重点是沈约的理论成就。近数十年来，人们开始关注沈约的诗歌遗产及其对中国诗歌发展的作用。

*《梁书》第13卷，第1册，第233—244页；《南史》第57卷，第5册，第1403—1414页；《宋书》第110卷，第8册；《沈约传记》，M.E.克拉夫佐娃译，载《东方学问题》，圣彼得堡，1992年，第1辑，第158—167页；《文选》第1卷；《沈隐侯集》；《玉台新咏》第5卷，第2册；《乐府诗集》第3、14卷，第1册，第283—292页、548—555页；收入沈约抒情诗的文集见参考文献II：逯钦立辑本第2卷，第1613—1668页，丁福保辑本（1964）第2卷，第970—976页、987—1029页；其赋作和散文作品见严可均辑本第3卷，第3097—3129页；《中国诗选》第1卷，第359页；《中国3—14世纪山水诗》，第233—234页；《文心雕龙》，第215—262页；《中国文学作品选》，第207—211页；An Anthology of Chinese Verse, pp. 171－172; Die Chinesische Anthologie... Vol. 1 (см. Содерж.); New Songs from a Jade Terrace..., pp. 136－144. **Б.Б.瓦赫金《论沈约的抒情诗》；M.E.克拉夫佐娃《"美人"——中国抒情诗中的女性形象》；M.E.克拉夫佐娃《沈约的诗歌世界》；M.E.克拉夫佐娃《沈约的诗歌创作》；《魏晋南北朝文学史参考资料》第2卷，第267—268页；李长之《中国文学史略稿》，第59页；刘大杰《中国文学发展史》第1卷，第304页；胡国瑞《魏晋南北朝文学史》，第137页；曹道衡、沈玉成《南北朝文学史》，第168—177页；《钟嵘诗品译注》，第

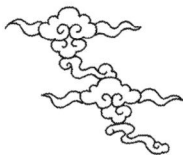

165—166页；Brooks B. E. A. Geometry of Shi-pin, pp. 131‑133; Giles H. History of Chinese Literature, pp. 138‑139; Mather R. W. The Poet Shen Yueh...

（M. E. 克拉夫佐娃撰，靳芳译）

诗

中国诗歌的一种形式。在《诗经》产生的时代，"诗"这个词指所有诗歌，后仅指书面的诗，以区别歌唱的诗。在中国古代相当长的时期，"诗"代表一种诗歌体裁（与词、赋、乐府等并列）。最古老的"诗"一行四字，以格律诗为基础。经典的五言诗以及之后的七言诗传播最广。从沈约和唐代（618—907）诗歌开始，诗具有了严格的平仄交替规律和复杂的韵律体系。诗行的韵律通常为一韵到底，韵脚主要为平声。停顿将诗行一分为二，五言诗中前半部分较短，七言诗中前半段稍长。绝句是古典诗的变体，一般为四行韵律诗（倒数第二行不押韵）。随着语言的发展（力重音、多音节词的出现），古典诗歌形式逐渐式微。20世纪初，中国出现自由诗，其承袭了"诗（旧诗）"的称谓。闻一多（1899—1946）等人曾尝试创建"新体格律诗"，但未获成功。吟唱诗对当代诗有所影响。

*К.И.郭黎贞《中国文学理论》，莫斯科，1971年；王力《诗词格律》，北京，1962年；王力《汉语诗律学》，上海，1962年。

（И.С. 李谢维奇撰，靳芳译）

《诗大序》

字面意思即"为《诗经》所作的长篇序言"，又称《毛诗大序》，中国最早的文学理论著作。①郑玄（127—200）首次将其列入古代诗歌选集《诗经》。此外，《诗大序》也作为独立文本被列入著名文集《文选》（卷45）。

在郑玄的笺注及《文选》中，《诗大序》的作者均被视为孔子（约前551—前479）的弟子卜商（即子夏，约前507—约前400），但4—5世纪的学者即已对此存有异议。范晔（398—446）的正史《后汉书》（卷79）之《儒林列传》认为，其作者为1世纪的儒家学者卫宏。后人对这部作品的作者权问题一直争论不休。中国传统注疏和当代学界关于这一问题提出16种意见，其中包括一种假说，即这部著作为孔子本人所著（首先提出这一假说的人是程颢，1032—1085，他是理学的创始人之一）。当代研究倾向于《诗大序》的作者及准确的创作年代已不可考，这部作品更像是一部合集，是古代儒生和汉代（前3—3世纪）学者作品的汇编，其最终版本应为卫宏和郑玄编成。

《诗大序》除被收入《诗经》和《文选》之外，也被编入各种文集和文学理论选集。俄译《诗大序》全本由И. С. 李谢维奇完成。

标准版《诗大序》（源自18—19世纪的《诗经》标准校订版）篇幅不大（约500字），其内容可分三部分。第一部分（相当于序言）以《诗经》的开篇之作《关雎》为例，对儒家主要的诗学概念"风"进行阐释。"《关雎》，后妃之德也，风之始也，所以风天下而正夫妇也。故用之乡人焉，用之邦国焉。风，风也，教也，风以动之，教以化之。""风"被视为教益和万物之始的化身，作为万物之始，非常重要的是，它并非自然力量的产物，而是人自身的美德，首先是统治阶层的美德之产物。

第二部分详细讲述诗歌创作的特性，诗歌创作照例（与中国古代理论思想的观点一致）被视为与其他音乐艺术样式（"乐"）有机统一。"诗者，志之所之也，在心为志，发言为诗，情动于中而形于言，言之不足，故嗟叹之，嗟叹之

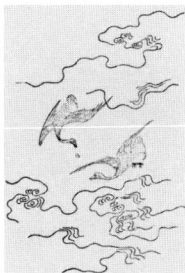

---

① 《毛诗序》是《毛诗》各篇前面的序，介绍作者或写作背景、题旨等。《毛诗》在《国风》首篇《关雎》的小序之后有一段较长的文字，后人称为《诗大序》。——译者注

不足，故永歌之，永歌之不足，不知手之舞之足之蹈之也。情发于声，声成文谓之音。"初看之下，诗歌创作在这里不仅与"志"相关（这符合"诗言志"的古老公式），而且更与人的"情"相系。然而，借助更细致的揣摩可以感觉到，此处的"情"并非指个体的感情，而指普遍的社会心理，这种心理受制于"治"或"不治"之现实。"治世之音安以乐，其政和；乱世之音怨以怒，其政乖；亡国之音哀以思，其民困。"由此可见，诗歌具有特定的道德教化功能，它有助于确立社会道德基础，以此巩固统治秩序："故正得失，动天地，感鬼神，莫近于诗。先王以是经夫妇，成孝敬，厚人伦，美教化，移风俗。"

第三部分提出"六义"概念，分析《诗经》的结构和体裁。《诗经》的内部结构逻辑以及《国风》《小雅》《大雅》《颂》等各组成部分的语义内涵得到揭示。"风"的范畴再次得到最大限度的关注，但是在体裁术语的意义上，指的是歌唱类作品。"上以风化下，下以风刺上。主文而谲谏，言之者无罪，闻之者足以戒，故曰风。至于王道衰，礼义废，政教失，国异政，家殊俗，而变风变雅作矣。国史明乎得失之迹，伤人伦之废，哀刑政之苛，吟咏情性，以风其上，达于事变而怀其旧俗者也。故变风发乎情，止乎礼义。发乎情，民之性也；止乎礼义，先王之泽也。是以一国之事，系一人之本，谓之风；言天下之事，形四方之风，谓之雅。雅者，正也，言王政之所由废兴也。政有小大，故有小雅焉，有大雅焉。颂者，美盛德之形容，以其成功告于神明者也。是谓四始，诗之至也。"

实际上，所有的《诗经》研究著作、中国诗歌史著作及文学理论思想（文学批评）史著作都会对《诗大序》进行详略不一的分析。当今这样一种观点受到推崇，即《诗大序》（与其作者及成书时间无关）是中国历史上第一部文学理论著作，其中清晰地表述了儒家理论思想关于诗歌创作的本质和功能的看法。

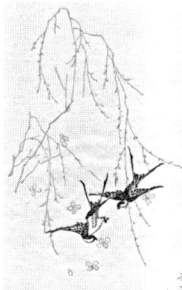

* 《毛诗正义》第1卷（1957年版），第36—37页；《文选》第45卷，第2册，第996—997页；《后汉书》第79卷，第9册，第2575页；И.С.李谢维奇《〈诗经〉大序》；Die Chinesische Anthologie... Vol. 2. **B.M.阿理克《中国文学论集》第1卷，第125—126页；Н.И.康拉德《中国古代文学史略》，第494—495页；М.Е.克拉夫佐娃《中国古代诗歌》，第287—288页；И.С.李谢维奇《上古和中古之交的中国文学思想》，第80—85页；В.Б.尼基金娜等《古代东方文学》，第425—429页；郭绍虞《中国历代文论选》第1卷，第60—64页；李逸津《〈毛诗大序〉对先秦儒家诗论的总结和发展》，载李逸津《文心拾穗》；罗根泽《中国文学批评史》第1卷，第74—78页；刘跃进《"六义"与诗教——对〈毛诗序〉臆札》，载刘跃进《古典文学文献学丛稿》；《先秦两汉文学批评史》，第398—400页；张西堂《诗经六论》，第116—124页；《中国古代文论》，第53—60页；郑振铎《读毛诗序》，载郑振铎《插图本中国文学史》第1卷；Chen S. X. The Shiching..., pp. 16‑17; Chow T. T. The Early History of the Chinese Word «Shih» (Poetry), p. 157; Holzman D. Confucius and Ancient Chinese Literary Criticism; Liu J. J. G. Chinese Theories of Literature, pp. 68‑70; Owen St. Readings in Chinese Literary Thought, pp. 40‑41; Zoeren St. van. The «Preface to Mao's Odes» // van. Zoeren St. Poetry and Personality…

（M. E. 克拉夫佐娃撰，靳芳译）

《诗经》

又称《诗》《诗三百》。诗歌总集，被视为中国最古老的文学典籍。通常认为，《诗经》为孔子（约前551—前479）所编。司马迁（前2—前1世纪）在《史记》中的《孔子世家》中写道："古者诗三千余篇，及至孔子，去其重，取可施于礼义……三百五篇。"

《论语》中孔子多次言及《诗》以及其中的一些作品。"子曰：'吾自卫反鲁，然后乐正，雅颂各得其所。'"（《论语》第9篇第15章）这句话暗示孔子曾参与《诗经》的编撰。"子曰：'《诗》三百，一言以蔽之，曰：'思无邪。''"（第2篇第2章）"子曰：'兴于诗，立于礼，成于乐。'"（第8篇第8章）"子曰：'小子何莫学夫诗。诗，可以兴，可以观，可以群，可以怨。迩之事父，远之事君；多识于鸟兽草木之名。'"（第12篇第9章）显而易见，儒学从一开始就赋予诗歌特别的道德（精神价值的体现）、启蒙（实用知识的来源）和教育意义。

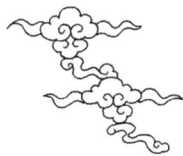

周朝其他文献中也提到过《诗》。前4世纪的道家典籍《庄子》中称，丘治《诗》《书》《礼》《乐》《易》《春秋》六经。据墨家主要典籍《墨子》（前5—前3世纪）记载，孔子的追随者"诵诗三百，弦诗三百，歌诗三百，舞诗三百"。证实《诗》存在的最早古本是1993年在郭店（今湖北南部）发现的竹简文本，确定其年代为前4世纪，其中出现了《诗》的名称和几首整体上与《诗经》个别诗歌重合的诗歌片段。因此，无论《诗经》来源的真实历史怎样，周朝时期存在与儒学相关的诗歌汇编这一事实并未引起特别怀疑。

据司马迁称，前213年《诗经》与其他儒学典籍在秦始皇（秦朝建立者）焚书坑儒中被毁（被焚）："非博士官所职，天下敢有藏诗、书、百家语者，悉诣守、尉杂烧之。有敢偶语诗书者弃市。"（《史记》）

儒学书面遗产的恢复是在汉帝国（前206—220）建立以后。据班固的《汉书》记载，在前2世纪存有《诗经》的4个版本，即"韩诗传""齐诗传""鲁诗传"和"毛诗传"，后者简称"毛诗"。所有这些版本均被视为《诗经》的抄本，存于某些藏书家处，他们或为地方儒学学堂的先生（据某些资料记载，至周朝末期此类私塾学堂有数十家）。

前三个版本的收藏者分别为韩婴（古代燕国人，燕国在今中国东北部）、辕固生（齐国人，齐国在今山东半岛）和申培（死后封号"申公"，与孔子同为鲁国人，鲁国在今山东半岛）。他们都是朝廷的书籍收藏家和学者，韩婴是文帝（前180—前157年在位）的文臣，辕固生是景帝（前157—前141年在位）的文臣，申培是汉武帝（前141—前87年在位）的文臣。《韩诗传》（共22卷）由韩婴本人推广传授。《齐诗传》（共2卷）和《鲁诗传》（共28卷，全称为《韦

贤鲁章句》）在其保存者死后大为兴盛。《毛诗》抄本（共29卷）最初由鲁国儒家学者毛亨（死后封号"大毛公"）保存，后传给同族毛苌（小毛公）。毛苌在河间王刘德（前155—前130年在位）宫内讲经，刘德与武帝是同父异母兄弟，他致力于推广《毛诗》。

或许还存在其他《诗经》抄本。20世纪70年代在阜阳（今属安徽）发现的文本（170多枚木简）与《汉书》中提到的4个版本无一相同。

随着儒学政治地位的提高，重新恢复古代典籍的工作便获得越来越大的社会意义。前139年，武帝将前文提及的经书中的5部（因《乐经》失传），即"五经"奉为"经书"。当时"经"也用来指《诗》。对经书的研究由"博士"们进行，在汉初几位皇帝在位时自发形成太学后得到武帝正式确立。《诗经》的每个抄本均形成一个注疏学派。1世纪下半叶，提出了确定现存《诗经》版本真伪的尖锐问题，当时儒学被确立为当朝正统思想（明帝在位时，57—75年）。长时间公开论战（从79年12月持续至80年初）的材料由班固整理，写成《白虎通》，最接近《诗》原作的抄本被确定为《毛诗》。

其他3个抄本又存在了一段时间。《齐诗传》大约在3世纪失传。《鲁诗传》保留下一些残篇，这是一些石经刻本碎片，即所谓《熹平石经》，刻于175—183年，3世纪初被毁（《熹平石经》保存至6世纪最后30年之前）。最后提及《韩诗传》的是《隋书》（7世纪上半叶）。

《毛诗》与《诗经》原作的接近程度和《诗经》全文、部分内容及具体篇章的来源历史等问题，一直是中国历代注疏学和古语文学关注的中心。这些问题也是现代学界的讨论对象。В. П. 王西里院士（1818—1900）对《毛诗》持怀疑态度："为何认定《诗经》原文没有增减删改？简称《毛诗》不是没有理由的，因此甚至不能推翻这样的假设，即其中的某些诗歌即为毛氏本人所作。"

最早对《诗经》进行注疏的是马融（79—166），加上这些注疏的《毛诗》（现称《〈毛诗〉马融注》）是后世所

有《诗经》版本的基础。

六朝时期（3—6世纪）对《诗经》的注疏有三个主要流派。其一，主要考证《诗经》诗篇与具体政治历史事件的关系，并根据这些事件和儒学道德规范对其进行解释。对原文的任何注解基本上都是可行的，例如，抒情主人公对爱人的爱情自白被解释成诸侯、百姓对君主的效忠誓言。该流派的开创者是郑玄（127—200），其注疏很大程度上直接巩固了《毛诗》的权威地位，加深了对《诗经》作为儒学精神价值体现的接受程度。王肃（195—256）开创的第二个注疏流派主要关注《诗经》中蕴含的知识，即分析和解释不同作品中出现的地名、民族名称、兽类禽类和植物的名称、表达民族特有事物的术语等。陆德明（约550—630）确立了第三个流派，主要进行文献、语言与文艺学方面的校勘。

最重要的《诗经》注疏为孔颖达（574—648）所作，系为确定"五经"统一官方版本而作[奉唐朝第二个皇帝太宗（626—649年在位）之命]，定名为《五经正义》。孔颖达为《诗经》作序，试图追根溯源考察其历史发展，同时作"疏"，即根据郑玄及其追随者的解释对《诗经》中的具体篇章进行注释。

最早对《诗经》正统注疏发起诘难的是北宋（960—1127）时期的著名思想家、政治家欧阳修（1007—1072）、苏辙（1039—1112）和主要生活在南宋的郑樵（1104—1162）。他们的注疏以重新认识汉朝儒学形成的整体过程为基础，从而建立新的儒学理论体系，即理学。理学奠基人朱熹（1130—1200）得出最终结论，即《诗经》作品首先是其原作者思想和情绪的表达，而不是儒学道德规范的体现。朱熹著新注疏本《诗集传》，对《诗经》原文某些结构做了改变。

传统注疏的最后一个历史阶段是清朝（1644—1911）。一方面，清朝时期《诗经》的文字校勘研究得到进一步发展，编著了大量注疏汇编文献。最著名的著作有：陈奂（1786—1863）的《诗毛氏传疏》，是对《诗经》中作品的词汇、语法、语音和意义特点进行的详细研究；古代儒家经

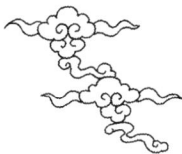

学扩展版本《十三经注疏》中阮元（1764—1849）的注疏本。另一方面，对《诗经》起源的传统说法和正统注疏进行批判分析的路线也得到积极持续，其中尤为突出的是姚际恒的《诗经通论》（1837）。

传统注疏学和古代中国语文学在《诗经》研究中提出的问题，在现代学术研究中得以继续，对《诗经》的研究有三个主要方向：语文学研究（校勘、语言学和文艺学分析）；史学研究（《诗经》的创作史）；文化学研究，即在古代中国历史政治和文学思想的具体语境下对个别作品进行研究（信仰、礼仪、世界观、儒学思想等）。另外，《诗经》作为史料学基础在汉学研究的多个领域得到应用，如民族学、人类学、博物学研究等，也被用于许多关于中国社会政治史和经济史的研究著作。

《诗经》标准版本共有305篇作品，分为4个部分，即《国风》《小雅》《大雅》和《颂》。这几部分基本符合中国其他诗歌作品的主要体裁分类，即"风""雅""颂"。所有作品均有标题，名称由文本第一行的前几个汉字（通常是前两个汉字）构成。《诗经》俄文译本的作品标题则根据作品的主要内容另拟。

《国风》共有160篇作品。此处的"风"作为术语使用，是指国家的风俗习惯和国民社会心理情绪的总和。《国风》由15部分构成，分别对应某一地区和行政区域。前两部分的名称《周南》（11篇）和《召南》（14篇），源于西周王朝开国君主武王（前1046—前1043年在位）两兄弟周公和召公的封地名称。年幼的成王（前1042—前1021年在位）继位时，周公摄政，为加强中央王朝对王室同姓诸侯及有功之臣封地的统治，他将全国疆域分成两个地区（分别是黄河中游地区的右岸和左岸）。

其他部分根据各封地即国名命名：《邶风》19首（邶国，前11—前6世纪，河南北部，商殷属地）；《鄘风》和《卫风》各10首（鄘、卫两国均在黄河左岸）；《郑风》21首（郑国，前9—前4世纪，位于今河南中心地区）；《齐

风》11首（齐国，前11—前4世纪①，今山东半岛）；《魏风》7首（前11—前5世纪②，今山西南部）；《唐风》12首（唐在今山西南部）；《秦风》10首（秦国，前8—前3世纪，甘肃南部）；《陈风》10首（陈国，前11—前5世纪，今河南南部）；《桧风》4首（桧国在黄河右岸）；《曹风》4首（曹国，前11—前5世纪，今山东半岛西部）；《豳风》7首（豳国，前13世纪之前，原为周族居住之地，陕西西北部）。

《国风》的结构重复《左传》中记载的民歌作品的音乐体制（《左传·襄公二十九年》）："吴公子札来聘。……请观于周乐。使工为之歌《周南》《召南》……为之歌《邶》《鄘》《卫》……"据推测，《诗经》中使用了形成于前7—前6世纪宫廷乐歌的结构。还有一种说法是，这一结构再现了前11—前7世纪（国家分裂时期开始之前）周朝的行政区划，该行政区划后被视为理想的设置。因此，《国风》是地理文本，其中"风"是表示周国空间坐标的术语。

"风"部的诗作篇幅相对不大（平均为14—18行），主要为四言诗，其中大部分创作时间确定为前8—前7世纪（依据词汇语法特征判定）。

"风"部诗作中有一些民间口头创作的作品（不久前这类创作仅被当作民歌），也有经过文学加工的诗篇，甚至可能有具名作品。"风"部诗作的主题和内容多种多样，实际包含了周朝国民的所有活动领域，表达了不同的感受和情绪。例如，"风"反映按照日历安排的仪式和周期，讲述下层人民的生活和劳动，尖锐批判当权者，却也颂扬"公正执政者"，叙述与家人的离别、与亲友之间的关系，还有以战争为主题的作品（主要是对战争徭役的怨言）。爱情主题内容丰富，表达充分，有贺婚诗，包括对新娘的歌颂，对爱慕之人和家庭幸福生活的歌颂，也有表达夫妻因离别而思念，以及妻子对负心丈夫的指责的诗。

《小雅》（74篇）和《大雅》（31篇）起初被认为是宫

① 前4世纪灭亡，盖指姜齐。——译者注
② 不知该时间所指，存疑。——译者注

廷乐师创作的颂歌，其创作时期分别被确定为前9—前8世纪和前10—前9世纪。《小雅》的部分选题和内容与《风》相同，但不同的是篇幅更长（30行以上），艺术结构复杂。出现了宫廷主题作品，如盛宴、打猎、战争的胜利以及对统治者的歌颂。有些颂诗描写具体事件和历史人物；有些则谴责宫廷风气，揭露缺点和恶习（贪婪、诽谤、背叛），包含对显贵和统治者的训诫，触及社会政治冲突。《大雅》篇幅更长（50行以上），其中主要是对各级统治者（王、封地诸侯）的颂辞和历史主题作品，其中包括讲述周族祖先以及周朝前几代国君事迹的诗篇。

《颂》（40篇）包括3个部分，即《周颂》（31篇）、《鲁颂》（4篇）和《商颂》（5篇）。《周颂》是（周王室宗庙）祭祀诗，包括祭天、祭祀周人祖先、祭祀周朝开创者和前几代国君，还有祈求丰年的乐歌等。其创作时间为前11—前10世纪，篇幅短小（10—14行），采用混合诗体（每行字数不同）。有意见认为，"颂"和"雅"的一部分是某些复杂的戏剧（舞蹈音乐）表演的脚本，这种表演伴有特有的仪式或再现类似周人战胜商殷的历史事件。

《鲁颂》是孔子出生和生活所在国家的颂歌，创作时间为前7世纪。其所有形式特征（叙事宏大、诗体）和内容都与"雅"相近，即歌颂盛宴，用颂扬的语气讲述鲁国教育机构，叙述鲁国王室的光荣历史。令人奇怪的只有一篇颂歌，其中对一群马进行详细热情的描述。

《商颂》是对商殷祖先和统治者的颂歌。这些颂歌具有这一时代之前的传统，其创作时间不早于前7世纪，其形式特征实际与《周颂》相同。

《诗经》中所有作品都具有文学艺术价值，并遵循特定的作诗规则。诗作被清晰地划分为若干诗节（3—7节不等），每节由3（或4）行至30行构成。诗节内部基本是隔句押韵，这一用韵格式后来成为中国抒情诗的典型形式特征。不可或缺的"韵"种类多样，或偶句押韵，或双行押韵，或交叉押韵。常见一韵4行（4行全部押韵，或第1、2、4行押韵），从而增加了诗节的稳定性。文本的形式结构与叙述

的发展关联紧密。三个结构节点界限分明，即开端、叙述和结尾，这也符合更晚期诗歌的结构规则。每一诗节（特别是3诗节作品）都与这些结构节点中的某一个彼此对应。最后一节（第3或第4节）通常有主题的转折和作品总体调性的改变，从而赋予文本以完整性。

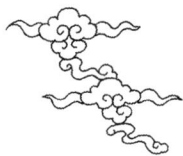

最常见的艺术结构手法是引子（常为双行诗）。引子的形式常稍做改变（替换个别汉字），作为后面所有诗节的开头。有些研究者认为，引子这一民歌特有的手法得到如此广泛的运用，这证明《诗经》的文本源于民间口头文学。其他研究者则认为恰恰相反，这是一种纯粹的文学手法，用以赋予诗歌文本特定的韵律格式，突出特定的结构。因此，引子的广泛使用标志着诗歌传统的形成，诗歌创作脱离了口头歌唱。

广泛运用各类复沓，同语反复（重言）、头语重复（相邻诗行开头汉字重复）、顶针重复（上一行最后一个汉字与下一行第一个汉字重复），还有句法上的重复，如排偶、感叹、呼告和诘问。

《诗经》的诗歌语言形象生动，多用同义词和反义词。其语言特色还包括一整套的比和兴，采用修饰语、暗喻、夸张、明喻和对喻。

起兴之物主要来自周围世界，如天体（日、月、星）、大气现象（云、雾、雷、雨、风）、自然景观（山、河）、动物（野畜、家畜、禽类、昆虫）和植物（花草树木）。这样就完成了中国诗歌语言的基本储备。出自《诗经》的形象有如下一些：开花的树和花，象征少女的美丽、两情相悦的幸福爱情；月亮和夜晚，反映女性的孤寂；河流，是家乡和异乡之间的界限；白鹭是高官显贵；老鼠是残酷的剥削者；粪蝇象征嫉妒造谣之人。《诗经》中的许多短语和诗行变成了诗歌套语和可以借用的公式，反复出现于不同时代诗人的诗作。《诗经》作品的思想特征和形式特征使其成为中国所有诗歌创作的源头。

《诗经》所有印本均已出版，同时也出版了增加新注疏和包含现代汉语文本的版本。有关《诗经》的篇章见于所有

乙

中国文学史汇编文集。

《诗经》的西文全译本，如英译本（J.Legge，1871）、法译本（S.S.J.Couvreur，1896）和德译本（V.Von Strauss，1880）均在19世纪末问世；瑞典汉学家高本汉（B. Karlgren）的《诗经》英译本（1950）在语文学界享有最高声望。在俄国首次（1882）翻译和研究《诗经》的是В.П.王西里，《诗经》的俄文全译本由А.А.施图金完成（1957）。对《诗经》的文艺学评述见于Н.Т.费德林的专著。

*《毛诗正义》；《诗经选译》；《诗经释义》；《诗集传》；《中国诗选》第1卷，第75—156页；Л.С.佩列洛莫夫《孔子的〈论语〉》；司马迁《史记》第2卷；《中国文学作品选》，第47—61页；《诗经》；《诗经：歌选》；《诗经》，1987年，2005年；[Couvreur]. Cheu king...; Karlgren B. The Book of Odes...; Legge J. The She-king...; [Strauss von]. Schi-king...; Shi ching: The Confucian Odes... (tr. by E. Pound); [Waley]. The Book of Songs. **В.П.王西里《中国文学史纲要》，第459—472页；В.П.王西里为《中国文学作品选》第3辑所作注释，第XI页；Б.Б.瓦赫金《论〈诗经〉中的复沓句》；Б.Б.瓦赫金《作为文学作品的古代典籍》；В.В.多罗菲耶娃《作为历史典籍的〈诗经〉》；Б.Д.德鲁梅娃《中国古代民歌（〈诗经〉）》；Б.Д.德鲁梅娃《中国古代民歌的格律问题》；Б.Д.德鲁梅娃《中国古代诗集〈诗经〉中的劳动诗歌》；Л.Д.波兹德涅耶娃《民歌》，第317—349页；Н.Т.费德林《中国古代文学典籍》，第166—225页；Н.Т.费德林《〈诗经〉及其在中国文学中的地位》；Н.Т.费德林《诗经》；Э.М.杨希娜《〈诗经〉中两首诗的体裁问题》；Э.М.杨希娜《古代中国史诗性神话诗歌之遗迹》；王力《诗经韵读》；闻一多《古典新义》；高亨《诗经今注》；叶舒宪《诗经的文化阐释》；李长之《中国文学史略稿》第1卷，第22—57页；陆侃如·冯沅君《中国诗史》第1册；刘大杰《中国文学发展史》第1卷，第27—60页；孙作云《诗经与周代社会研究》；向熹《诗经词典》；《先秦文学史》第2章；《先秦两汉文学研究》第3章；谭丕模《中国文学史纲》第1卷，第30—45页；胡平生、韩自强《阜阳汉简诗经研究》；赵沛霖《诗经研究反思》；《中国文学史》第1卷，第26—42页；郑振铎《插图本中国文学史》

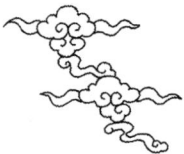

第1卷；陈奂《诗毛氏传疏》；《诗经研究论集》；姚际恒《诗经通论》；Dobson W. A. C. H. The Language of the Book of Songs; Karlgren B. Glosses on the Book of Odes; Karlgren B. Shi king Researches. Stockh., 1932; Kern M. Shi jing as a Performance Texts...; Loewe M. Shih ching; McNaughton W. The Book of Songs; Saussy H. Repetition, Rhyme, and Exchange in the Book of Odes; Wang C. H. The Bell and the Drum: Shi Ching...; он же. From Ritual to Allegory..., c. 1–51; Wong S. k., Lee K. sh. Poems of Depravity...; Zoeren St. van. Poetry and Personality...

（M. E. 克拉夫佐娃撰，孟宏宏译）

《诗品》

又名《诗评》，六朝时期（3—6世纪）乃至整个中国文学批评史上最著名的著作之一，作者钟嵘。

据推测，《诗品》写于6世纪20年代，但当时或许并未引起关注，约从13或14世纪起才被研读。明朝（1368—1644）和清朝（1644—1911）时期该书多次在不同辑本中刊刻（计有23个版本，多为罕见木刻本），其中包括何允中（16世纪）辑本《汉魏丛书》（1592）和严可均（1762—1843）辑本第4卷。这部专著的首个独立注本为《诗纪别集》，由明朝下半叶著名学者和注疏家冯惟讷（16世纪）编成。黄侃（1886—1935）所著《诗品讲疏》是《诗品》的第一部学术注疏。1930—1940年也出版了几部《诗品》注疏，其中至今仍被视为最权威的版本是陈延杰的《诗品注》，首次发表于1930年。目前中国学者的《诗品》注疏本已逾10余部。

《诗品》篇幅不长，包括序和正文3卷。这是中国文学批评史上第一部以抒情诗歌（"诗"）且主要以五言诗为分析对象的批评著作。对此钟嵘在该著序言中解释说，正是五言诗提供了最佳的诗歌叙述空间，而四言诗（中国最古老的诗歌形式）则要求诗人过分简洁。"夫四言，文约意广，取效风骚，便可多得。每苦文烦而意少，故世罕习焉。"值得注意的是，虽然此前已确立了划分诗歌体裁的不同分类方

式，但钟嵘此处所言却是形式，而非体裁。

《诗品》的序言实为一篇独立的文学理论文章，首先，它简述了钟嵘关于诗歌创作本质的观点；其次，它详细描述了自古以来的诗歌发展史；第三，它介绍了诗歌现状。关于诗歌创作的本质，钟嵘整体上重复了其宇宙语义的论题，这也是其前辈理论家们提出的，如陆机（《文赋》）和沈约（《史论》）的观点。诗反映人之情，情则因气（天地、呼吸、生命力、精神）的运行而产生，气是天地间的能量实体。"气之动物，物之感人，故摇荡性情，形诸舞咏。"

钟嵘将抒情诗歌的历史追溯至歌（即《诗经》中的"风"），但他把具名诗歌传统的出现与匿名五言古诗和李陵（卒于前74年）的创作联系在一起，李陵是前汉（西汉，前206—8）时期的将领，被匈奴所俘，在彼处度过约20年。李陵诗作现存3首（组诗《李少卿与苏武诗三首》），是写给使节苏武（卒于前60年）的赠答诗，苏武也被匈奴所俘。钟嵘认为，李陵不仅是古代的杰出诗人，还是五言诗的创始人。

钟嵘将诗歌后来的发展按照诗歌流派（"体"）进行划分（如沈约在《史论》中之所为）。他将同时代诗人的创作划分为不同流派，并用特定的历史时期命名（通常是某些君主在位的年号），如建安时期（2—3世纪之交）的创作后被称作建安风骨（建安文学），太康（3世纪下半叶）时期的太康体，永嘉（4世纪）时期的玄言诗，元嘉（5世纪下半叶）时期以谢灵运和颜延之为首的创作。钟嵘认为，谢灵运和颜延之是真正的诗人。钟嵘对其同时代人的创作、首先是永明体代表诗人的诗歌给予否定评价，认为他们过于专注形式，作品思想肤浅。

《诗品》正文由对单个诗人的创作评价构成，且约有半数诗人仅列举其名，其中所列汉朝和六朝时期（6世纪最初十年之前）的文学家共122位。他们被分为三品，即上、中、下，其作品相应地被列入第1、2和3卷。属于上品的有11位诗人和"古诗"，属于中品和下品的诗人分别为39位和72位。

对诗人的这种分类绝非钟嵘的发明，这一分类依据的是古代儒学中规定的人类学分类法，它或由孔子本人制定，其中根据天生的能力和道德品质将人分为四类，即圣人、仁人、智人和愚人。愚人可理解为庸才，主要是不追求自我完善和忽视道德价值的人。这一分类法也成为班固分类表的基础，在其编写的官修史书《汉书》中列有《古今人表》（第20卷），收录其中的传说人物和历史人物（1955位）主要分为三品（上、中、下），每品又包括三个等级，总共构成九品，属于上上品的是圣人，上中品为仁人，上下品为智人，所有其他品都归为"凡人"。

"品"的划分在六朝时期广泛应用于社会和文化生活的各个领域，从九品官阶的设定（3世纪起）到精神和创作活动的分类。例如，在谢赫的专著《古画品录》中分出六品作为绘画创作的准则，后来成为中国艺术的规范标准。庾肩吾的专著《书品》与钟嵘的《诗品》实际上同时写就，所有前辈书法家被分为九品。

在评述个别文学家（首先是上品诗人）的创作时，钟嵘力求给出能体现他们诗歌个性的艺术图画，例如他对李陵（上品）的评价："文多凄怆，怨者之流。陵，名家子，有殊才，生命不谐，声颓身丧。使陵不遭辛苦，其文亦何能至此！"

钟嵘的评述多为小巧精致之文，其中并无单纯的分析（以客观信息为基础进行的分析）。这些评述就像诗歌本身，以美学经验为基础，是内心的"自我"和外部世界的融合。钟嵘的评价灵活多变，体现了作者不因循守旧。他以诗本身为对象，绝不言诗应该怎样写。另外钟嵘诉诸形象，而不是干巴巴的术语。例如，他对5世纪末—6世纪初文学家范云和丘迟（两位均属中品）的诗歌做了如此评述："范诗清便宛转，如流风回雪。丘诗点缀映媚，似落花依草。"这种写作风格在西方研究中常被称为"抒情批评"，这会使理解其评价变得极其困难，从而产生关于这部著作某些片段的大量阐释，派生出这部著作的多种注疏版本。

然而，虽然钟嵘在外部形式上摆脱既定规范，但其内部

却隐藏着他自己的一套基本标准。与陆机的《文赋》一样，这些标准源于诗歌作品思想和内容有机统一的要求，同时，诗歌也取决于诗人的天生禀赋及其文学技能。评判作品的首要标准是有"气"，这也由文学家本人的"气"所决定。据钟嵘的看法，"气"（诗人的精神）是诗人的才、德和情的总和。钟嵘对诗人的"怨"看法明确，如在评价李陵的诗歌时，他直言正是"怨"赋予其诗歌特别的感染力、表现力和深刻性。

接下来的一个标准是"体"，指风格手法的完善，这由作品的"骨"和"词"所决定。钟嵘要求诗人首先通过"文质"达到创作的外部层面和内部层面的最大和谐，其次要求诗人的创作独特性，即范畴术语"奇"。所有这些标准在对曹植的作品评价中表现得最为清晰："骨气奇高，词采华茂，情兼雅怨，体被文质。"

除《诗品》之前的各种文学理论著作（曹丕的《典论·论文》、陆机的《文赋》、沈约的《史论》）中几个常用文学范畴（"气""骨""体"等）外，钟嵘还提出了几个独创的范畴，其中最为独特和复杂的是"滋味"。中国当代研究者认为，这一范畴至少包含6个意义含混的概念，即诗人的"气力"、作品的意义深度、作品风格上的"典雅"、弃绝与感官享受（"喜华"）相关的欢乐主题、文学技法（"巧"），以及崇尚自然。钟嵘创立的民族诗歌的"谱系树"也被视为其最重要的诗歌理论成就。他划分出两个主要的思想风格线索，一脉源于《诗经》，另一脉源于主要以屈原的创作为代表的古代中国南方地区的诗歌传统。他把自己认为最杰出的文学家（共36人）的创作分别归入这两大源流，让他们相互接续，仿佛构成诗歌谱系树上的枝丫。例如，钟嵘认为，直接源于《诗经》的是古诗和曹植的诗歌，而刘桢、左思、陆机的创作则源于古诗，颜延之和谢灵运的创作则源于曹植。屈原一脉的延续首先见于李陵的创作，而女诗人班婕妤则源于李陵，其次见于曹丕的诗歌，然后是嵇康、应璩和陶渊明，再次见于王粲的创作，这里又衍生出几个分支，即潘岳至郭璞，张协、鲍照至沈约，张华、谢混至谢朓。

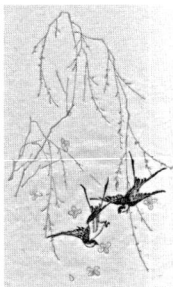

《诗品》这部专著早在明朝时期就成为语文学和文学理论的重要研究对象。最受关注的问题是钟嵘评价的客观性及其对个别诗人定位的合理性。大多数学者，包括王世贞和王士禛（1634—1711），都批评钟嵘多所违失。例如，钟嵘让陶渊明居中品、曹操居下品的做法绝不能容忍。这些讨论一直持续至当代学界，其中提出这样一种说法，即陶渊明在《诗品》最初版本中曾被归入上品。钟嵘对待沈约创作的态度也同样引起积极讨论。

　　20世纪30—40年代关于《诗品》的论著中明显出现了两个主要研究方向：（1）注释出版；（2）研究，其中包括对《诗品》的结构、术语和作者的美学观和世界观的研究。至今这两个方向都在中国古典文学研究和世界汉学中占有重要地位。共出版了数部相关专题研究作品（包括论文和专著）。另外，分析篇章见于《诗品》所有注疏版本。中国文学史和批评史著作也对《诗品》进行详略各异的分析。

　　*钟嵘《诗品》，第3275—3280页；《诗品》各注疏版本见参考文献II；庾肩吾《书品》，第3343—3344页；Fuhrer B. Chinas erste Poetik… **B.M.阿理克《一部论诗人的中国长诗：司空图的〈二十四诗品〉》，第4页；M.E.克拉夫佐娃《永明体诗歌》，第70—74页；И.С.李谢维奇《伟大的中国批评家钟嵘》；И.С.李谢维奇《上古和中古之交的中国文学思想》；《中国艺术的理论问题》，第15—16页；《魏晋南北朝文学研究》，第655—663页；郭绍虞《中国文学批评史》，第60—61页；李逸津《钟嵘〈诗品序〉诗歌理论述评》，载李逸津《文心拾穗》；李诗月《人物品评与魏晋南北朝文学批评》[①]；罗根泽《中国文学批评史》第1册，第240—249页；罗宗强《魏晋南北朝文学思想史》，第400—402页；刘大杰《中国文学发展史》第1册，第312—315页；刘跃进《一桩未了的学术公案——对钟嵘〈诗品〉"滋味"说理论来源的一个推测》，载刘跃进《古典文学文献学丛稿》；曹旭《诗品研究》；《中国古代文论》，第99—107页；Brooks B. E. A. Geometry of Shi-pin; Wixted J. T. The Nature and Evolution in the Shih-p'in…; Yeh C. Y, Walls Y. W. Theory, Standards, and Practice of Criticizing Poetry.

（M. E. 克拉夫佐娃撰，孟宏宏译）

---

① 没有查到对应的作者及作品。——译者注

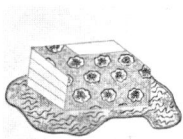

施耐庵

约生于1300年，据传为兴化（今属江苏）人，约卒于1370年。文学家。曾中进士，在杭州（钱塘，今属浙江）任职。一度担任反元首领张士诚的军师，后辞官回乡，在兴化度过余生。历史文献显示他与当时著名文学家罗贯中交好并共同创作。现一般认为长篇小说《水浒传》为施耐庵所作，其中讲述北宋末年的历史事件。小说的情节基础是山东宋江领导的起义故事。这些事件在当时的历史记载和民间创作（民间口头故事）中均有记录。最重要的史料之一是《大宋宣和遗事》，它类似说书话本，为施耐庵所用。《水浒传》有各种版本，且差别极大。最早版本（且明显最接近原本）是1589年的100回本（所谓《京本忠义传》）。明朝（1368—1644）末期出现同样权威的120回本。17世纪著名文学家金圣叹作70回缩本，后长期流行。施耐庵的小说有许多仿本和续本，其中陈忱（17世纪）的《水浒后传》被视为内容和艺术价值最突出的一部。

*施耐庵《水浒传》第1—2卷，莫斯科，1955年，1959年；里加，1998年。**罗尔纲《水浒传原本和著者研究》，南京，1992年。

（Д. Н. 华克生撰，孟宏宏译）

石玉昆

生卒年不详，生于天津。中国19世纪说唱艺人，独创表演流派"石派"，表演"牌子曲"说唱故事，其中约有40个故事家喻户晓，分别取材于罗贯中（14世纪）的《三国演义》、吴承恩（16世纪）的《西游记》等作品。石玉昆因表演11世纪清官包公的系列故事成名，此为他根据古代传说、中古戏剧和小说中的情节而创作。其说唱故事成为小说《三侠五义》的创作基础（最早传世版本为1879年版），该小说讲述包公及其助手巧妙办理复杂案件的故事。1888年俞樾（1821—1907）对这部小说进行修订，删去一些传奇片段，缩短章节，减少口语风格的修辞。修订版本易名为《七侠五义》。19世纪末期出现20余种石玉昆故事的仿本和续书。

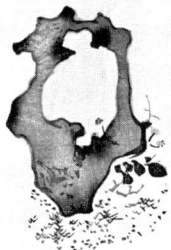

*石玉昆《三侠五义》，北京，1963年；石玉昆《三侠五义》，В.帕纳秀克译，Б.李福清序，莫斯科，1974年，2000年。**В.И.司马文《中国长篇小说的演进》，莫斯科，1970年；李家瑞《从石玉昆的〈龙图公案〉说到〈三侠五义〉》，载《文学季刊》1934年第2期；阿英《关于石玉昆》，载《中国俗文学研究》，上海，1944年。

（Б. Л. 李福清撰，孟宏宏译）

《史论》

文学理论著作，作者为5世纪后三分之一至6世纪初的著名学者和文学家沈约。

这部作品本是谢灵运（山水诗开创者）传论的最后一部分，该传收入沈约编写的官修史书《宋书》（卷67）。众所周知，沈约《宋书》的编写完成于492（493）年，因此，《史论》成书可能早于5—6世纪那些最为著名的文学理论著作，例如刘勰的《文心雕龙》和钟嵘的《诗品》。独立成篇的《史论》载于6世纪所编文集《文选》（第50卷）。

《史论》文本篇幅不长（约300字），形同随笔小品，按照思想内容可分为三部分。第一部分论述诗歌创作的本质。沈约提出与六朝时期（3—6世纪）颇为迥异的诗歌理论思想，即诗歌创作原则上不需要任何出奇的个人能力和努力，因为创作本质是人的内在特性，这源于人与周围世界的神秘联系："民禀天地之灵，含五常之德，刚柔迭用，喜愠分情。夫志动于中，则歌咏外发……虽虞夏以前，遗文不睹，禀气怀灵，理或无异。然则歌咏所兴，宜自生民始也。"沈约所用术语的多义性引人注目。例如，汉字"灵"的本义和最常用的意义即"神性"，这里暗示人具有作为神圣本质的天地赐予的神性。后来"灵"与"气"（太空、呼吸、生命力、精神）并列使用便能说明这一问题，"气"是

一个范畴概念，表现宇宙实体（能量的外形）及源于该实体的人的精神实质。"五常之德"是一个组合术语，也用于两个含义，即"五行"和"五德"的同义词，这是儒学大力倡导的必备品质。由此，沈约含蓄地合并了此前中国文化中关于诗歌创作本质的所有概念，即神性来源、宇宙学语义及人的道德体现。但是沈约将创作过程本身等同于人的情感状态，由此深化了陆机《文赋》中提出的针对诗歌创作的美学情感观。同时，为证明诗歌是感情的产物和体现，沈约尽力将人的各种情感本身具体化。他认为情感也是普遍规律的体现，世界的二元结构表现为阴阳两种宇宙本质，体现在五行运动中的无限转换。这样一来，如果说陆机的观点只限于"诗缘情"，那么在《史论》中，诗歌的美学情感观则首次获得了明确的基于自然哲学观的理论基础。

《史论》第二部分简单概括谢灵运之前（5世纪前30余年）的中国诗歌发展史。对于中国文学理论而言，沈约同样首次明确区分了主要的诗歌流派并进行了言简意赅的评价。更重要的是，他实际上确立了文学过程的研究原则，即通过比较同时代诗人传世之作来分析阐明文学进程的主要阶段。这一观点稍后在钟嵘的《诗品》中得到了有效借鉴。

《史论》第三部分论证沈约通过证实诗句音律的自然本质提出的作诗规律："夫五色相宣，八音协畅，由乎玄黄律吕，各适物宜。欲使宫羽相变，低昂舛节，若前有浮声，则后须切响。一简之内，音韵尽殊；两句之中，轻重悉异。"

长期以来，《史论》几乎未受到研究者关注，这部作品主要在分析沈约的声律说时才被提及。近数十年，世界汉学领域对《史论》的研究兴趣明显增强。这部作品完全应被视为六朝时期最重要的文学理论著作之一。

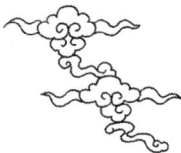

*《文选》第59卷，第2册，第1099—1101页；《宋书》第67卷，第6册，第1778—1779页。**Л.Е.别任《论沈约（441—513）》；Л.Е.别任《谢灵运》，第165—171页；M.E.克拉夫佐娃《永明体诗歌》，第230—231页；M.E.克拉夫佐娃《中国古代诗歌》，第34页；姚振黎《沈约及其学术探究》；Mather

R. The Poet Shen Yueh..., pp. 40 - 44; Wu F. S. Defining Decadence in the Chinese Poetic Tradition // Wu Fusheng. The Poetics of Decadence, pp. 25 - 26.

（M. E. 克拉夫佐娃撰，孟宏宏译）

《漱玉词》

12世纪中叶一部词集，作者是著名女词人李清照[号易安（1084—约1155）]。此集原作已散佚。王鹏运（1849—1904）最先在各种中国古书中仔细寻觅女词人的词作。《漱玉词》由50首词组成，被王鹏运辑入其选本《四印斋所刻词》中。迄今收录李清照词作最全、最权威的辑本包括：李文椅辑本（他首次推出李清照文集）、赵万里辑本（收词60首）、唐圭璋（收词47首，以附录形式列入26首词，早先归于李清照名下，如今却或被推翻，或者存疑），以及中华书局出版的辑本。因此，目前我们可以读到确为李清照所作的词40余首。不过，这显然仅为李清照词作的一小部分（可能仅为五分之一），因为多种中国版本目录均表明《漱玉词》篇幅不同，1—6卷不等。

李清照的词形象生动，风格优雅，她善于用简单词语的组合来表达深刻的情感、观感和体验。李清照绝妙地运用语音重叠来传递情绪，其技巧使中国文学家意识到这一手法在诗歌创作中的巨大作用。很多关于她生平和词创作的文章刊于中国、日本的各种期刊和文集中，诗人的许多词作被译为多种文字。与李清照生平和创作有关的评论（现代评论除外）收于《李清照集》，此文集的基础是由王延梯、丁锡根、胡文凯编辑的两部李清照手稿，包括79首词，其中44首置入正文，35首列入附录，后者早先归于李清照名下，如今却或被推翻，或者存疑。

*《漱玉词》，载《四印斋所刻词》，王鹏运辑，临桂，1888年；《吴氏石莲庵刻山左人词》，吴重熹辑，金陵，1901年；《漱玉词》，载《宋金元人词》第2卷，赵万里编，北京，

1931年；《李清照词》，北京，1962年，第1—61页；李清照词，载《全宋词》第2卷，唐圭璋辑，北京，1965年，第925—935页；李清照《漱玉词》，M.巴斯曼诺夫译，莫斯科，1970年（1974年2版）；《梅花开：中国古典诗词》，M.巴斯曼诺夫译，莫斯科，1979年，第177—241页。**Аояма Хироси. "Особые черты цы Ли Цин-чжао" // Кангаку кэнкю. Токио, 1970, No.7; 饶宗颐《词籍考》，香港，1963年；《李清照研究汇编》，香港，1973年；夏承焘《〈易安居士事集〉后语》，载《唐宋词论丛》，北京，1962年；胡文凯《历代赋著作考》，上海，1957年；《李清照集》，北京，1962年；《四库全书总目》，纪昀等编，上海，1933年，第4卷，第4435页；胡玉缙《四库全书总目提要补正》，王欣夫编，北京，1964年，第2卷，第1684—1686页；Ch'en Chantal. Les ci de Li Qing-zhao. The`se de doctorat. p., 1970; Hu P. C. Li C. C. N. Y., 1966; Hsu K. Y. "The Poems of Li Ch'ing-chao (1084 - 1141)" // FMLA. Menasha. 1962, Vol. 77, No. 5.

（B. A. 韦尔古斯撰，王丽欣译）

《水浒传》

中国最著名的长篇小说之一，其作者被认为是施耐庵（约1300—1370）。北宋（960—1127）动乱时期的社会政治事件，即反对执政王朝的农民起义相继爆发，为小说创作提供了前提。虽然这些行动均遭镇压，但很多首领的名字活在人们的记忆中，有关其功绩的故事口口相传。《水浒传》的创作源于真实的历史事件，即宋江领导的农民起义。这一故事情节在民间广泛传播，说书艺人们对其进行了不同演绎，且每个说书人以独立片段的形式再现故事，他们自己考虑选择出场的主人公和发生的事件，并在很大程度上根据自己的想象对其进行改编。这些口传故事作为某种脚本被记录下来，后被改写成所谓宋代话本故事。宋江及其弟兄们某些神奇情节成为元朝（1271—1368）时期许多杂剧的基础。明朝时期（1368—1644）在历史资料、民间口头创作和文学创作的基础上写出了长篇小说《水浒传》。

《水浒传》在明朝和清朝（1644—1911）时期先后出现

过几个不同版本。第一个版本未能保存下来，所以难以判定原本。最早的版本之一被认为是郭勋（16世纪中期）的刊本。明朝著名思想家李贽（1527—1602）认为，书商改变小说文本，加入了自己的修正和补充，有些地方甚至删去整整几个章节。1585年他再刊小说并对其进行注释，恢复郭勋版本中删去的诗歌，作序并在序中对小说人物进行独特评述。例如，他认为宋江、吴用等都是高尚、机智、勇敢之人。因受朝廷和地方官府追捕，他们被逼聚众水泊梁山。无疑，就当时而言，李贽描述这些人物时所用的同情语气具有重大意义。

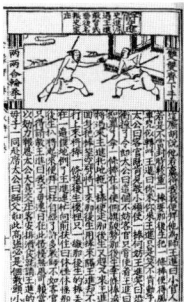

1614年，杨定见和袁无涯刊刻120回本。此版本集中了当时关于梁山泊所有的人物故事，加入了征讨田虎和王庆的故事，所以可以认为，这部120回本是最完整的版本。

《水浒传》第二位重要的编纂者和评述人是明末清初著名文学家和文学理论家金圣叹（1608—1661），但其关于大众文学的观点就当时而言独特而大胆，引起同时代人的强烈斥责。金圣叹的《水浒传》评点写于1641年，他对这部小说的艺术价值给予高度评价。他特别指出，《水浒传》是根据八股文结构写就，且只有据此才能理解作品的艺术结构。金圣叹为《水浒传》作了3篇序，在序中他从宋朝的历史文献中列举宋江起义的资料并进行注释，指出该如何正确阅读这部小说。

施耐庵将小说缩至70（72）回，优化了作品文体，但改变了其社会意义。

明清时期很多文学家都披露了有关小说的各种信息。例如，1540年高儒在《百川书志》中记载，此书为钱塘施耐庵的本，由罗贯中编次。在此处，我们几乎是首次接触到有关作者姓名及作品规模的信息。文学家郎瑛推断，《三国演义》和这部关于宋江的小说均为罗贯中所作。

1949年五四运动以后，中国学者对古典遗产，首先是所谓民主（平民）文学的兴趣日益增强，其中就包括对《水浒传》的兴趣，从此时起开始对这部作品的学术研究。《水浒传》在中国境外，如韩国和日本等国也甚为流行，因此在日

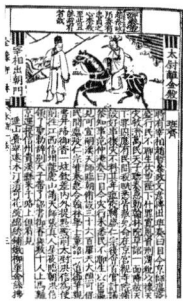

乙

本古代的冒险小说中能感受到这部小说的明显影响。有理由认为，这部小说在日本的传播流行是在明朝时期，大概是在中国大为流行后不久，起初可能是汉语原版，日本开始翻译《水浒传》约在18世纪（1729）。欧洲读者最早认识《水浒传》是通过19世纪中期至20世纪初出现的法、德、英译本。例如，英语译本（*All Men are Brothers*）由赛珍珠完成。1955年，金圣叹版《水浒传》由А. П. 罗高寿译成俄语。在俄罗斯汉学界，这部小说成为诸多学术文章或中国文学研究著作的研究对象。

关于这部小说的作者问题有不同说法：（1）创作过程自发说，即小说为集体创作的结果（胡适和严敦易）；（2）罗贯中说（郎瑛、田汝成、鲁迅）；（3）施耐庵说（高儒、金圣叹、郑振铎）。现在认为，此书为施耐庵所作，1952年发现的施氏族谱和陈广德于1855年写的施氏族谱序可以为证。现存所有资料都表明，施耐庵于17世纪30年代写成长篇小说《水浒传》。

小说中的许多情节线索和人物都取自真实的历史，《宋史》《清史》《三朝北盟汇编》等书中均有记载。根据不同史料可确定，至少11个宋江的弟兄在历史上确有其人。宋元时期的作品则讴歌现实英雄们的事迹，其中主要作品有龚圣予的《宋江三十六人赞》、无名氏的《大宋宣和遗事》及元代剧本。后来有关宋江故事情节不同演绎创作的基础正是《宋江三十六人赞》。元代剧本对长篇小说《水浒传》的创作有特殊影响：（1）起义者的主要聚集地命名为梁山泊，然而宋朝文献中称作太行山；（2）人物数量为108（36+72）人，而宋朝文献中为36人；（3）梁山泊的人物是保护人民的英雄好汉，而在宋朝作品中则是盗贼流寇。

这部小说体裁独特，可将其定义为综合性作品，其中历史小说和传奇小说（英雄冒险小说）的特征交织在一起。与此同时，作品还具有生活小说的特征，其中描述了当时的生活和风俗。书中对犯罪案件的描述则与17—19世纪极为流行的公案小说相似。施耐庵的作品在形式上接近话本故事集。的确，作者尽力模仿说书的的风格，因为他知道自己的作品

主要是用来听而不是用来读的。实际上，这部作品不是若干
单篇故事的组合，而是一部情节统一的完整作品。

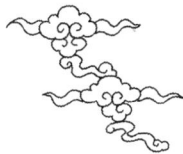

*李贽《出像评点〈忠义水浒全传〉发凡》，载《一百二十
集水浒》，上海，1958年；施耐庵《水浒传》，А.П.罗高寿
译，莫斯科，1955年；施耐庵《水浒传》，Е.А.谢列勃里亚科
夫、Б.Л.李西济译，列宁格勒，1968年；Bazin A. P. L. Extraits
du Choui-Hou-Tschouen ou de l'histoire des rives dufleuve // JA.
1850, vol. 57, pp. 449 – 475; 1851, vol. 58, pp. 5 – 51; idem. Chine
moderne. Chine moderne ou Description historique, ge´ographique
et litte´raire de ce vaste empire, d'apre`s des documents chinois. P.,
1853, pp. 500 – 520 (пер. отрывков из пролога и глав 1 и 3); H. S.
The Adventures of a Chinese Giant // China Rev. Notes and Queries.
Hong-Kong, 1872, pp. 15 – 25; 1873, pp. 71 – 86; 1874, pp.
144 – 152; 1875, pp. 220 – 228; Ehrenstein A Rauber und Soldaten:
Roman frei nach Chinese. B., 1927; Buck P. All Men Are Brothers.
L., 1933; Kuhn F. Die Rauber vom Idang Schan moor. Leipzig
1934. **Б.Л.李福清《中国讲史演义与民间文学传统——论三国
故事的口头和书面异体》，莫斯科，1970年；В.И.司马文《中
国古典小说〈水浒传〉》，载《外国文学》1956年第12期，第
179—184页；В.И.司马文《中国14—16世纪的好汉小说及其在
新文学形成过程中的作用》，载《现实主义及其与其他创作方
法的关系》，莫斯科，1963年，第54—95页；О.Л.费什曼《中
国长篇讽刺小说》，莫斯科，1966年；严敦易《水浒传的演
变》，北京，1957年；Csongor B. On the Prehistory of the Shui-
hu-chuan // Acta Orientalia. 1972, т. 25, fasc. 1 – 3, pp. 77 – 81;
Csongor B. The Chuang in the Shuihuchuan. A Contribution to the
history of Landownership in China // Там же. 1981, т. 35, fasc. 2 – 3,
pp. 275 – 289; Demie´ville P. Au bord de l'eau // T. P. 1956, vol. 14,
pp. 242 – 265; Irvin R. G. The Evolution of a Chinese Novel: Shui-
hu-chuan. C., 1953.

（庞英撰，孟宏宏译）

司空图

字表圣，837年生于河中虞乡（今山西永济），卒于908年。中国诗人。生活在唐朝（618—907）衰落期，虽前途无量，却辞官归隐，唐朝灭亡后不愿服务篡位者，绝食而亡。司空图受儒家思想教育，信仰佛教，也熟悉道家哲学。司空图的诗歌风格精细，立场静观，其中的主要角色是与不完善的人类世界构成对比的大自然。他把自然、简洁、脱离尘世视作自身道德完善的途径。他深受陶渊明和王维的影响。

作为一位诗歌理论家，司空图的诗学观点主要体现在他与朋友的书信和论著《诗品》中，为与钟嵘（469—518）的《诗品》相区别，司空图的《诗品》又称《二十四诗品》。司空图将诗歌视为秘密，是"道"的绝对思想的最高显现，诗人沉浸其中，便能获得某种超自然之力。诗人的主要任务就是步出可见世界，去把握难以捕捉的内在实质（"象外之象""味外之旨"）。诗的灵魂是不可能具有形式的，而在"言外"。这部著作由24部分构成，即24种诗歌灵感的"体"，这些划分相当抽象，充满暗示和典故，其基本思想就是与"道"合一后的超自然享受以及对淳朴自然的追求。司空图的这部诗体试论后多有仿作。887年，他编成诗集《一鸣集》，其中也收有其父司空舆的作品。司空图共有约500首诗和69篇其他作品存世，其创作对中国文学批评和诗歌的发展产生了影响。

1990年代在中国发生了一场争论，争论司空图《二十四诗品》的真伪及其作者权问题，结果证明这部作品确为司空图所作。争论期间发表了数百篇文章，内容不仅涉及《二十四诗品》，也涉及司空图创作的其他方面。

阿理克（1881—1951）出版了俄文版的奠基之作《一部论诗人的中国长诗：司空图的〈二十四诗品〉》（彼得格勒，1916年；莫斯科，2008年），这原是他的硕士学位论文。此书中的译文十分准确，富有诗意，其研究部分资料翔实，论证全面系统，至今仍是欧洲汉学中难以超越的经典之作。司空图的作品已被译成英语、法语和捷克语。

（И. С. 李谢维奇撰，王丽欣译）

*《诗品今析》，蔡乃忠、吴宗海、罗仲鼎编，南京，1983年；《司空图选集注》，太原，1989年；王宏印《〈二十四诗品〉注译与司空图诗学研究》，北京，2002年；B.M.阿理克《一部论诗人的中国长诗：司空图的〈二十四诗品〉》，彼得格勒，1916年；莫斯科，2008年。**B.M.阿理克《司空图的〈二十四诗品〉》，载B.M.阿理克《中国文学论集》第2卷，莫斯科，2003年，第7—26页；C.鲍勃罗夫《司空图的〈二十四诗品〉》，载《亚非民族》1969年第1期，第161—175页；E.B.扎瓦茨卡娅《阿理克论词的哲学美学空间》，载《中国文学和文化》，莫斯科，1972年，第73—81页；И.C.李谢维奇《作为中国文学思想研究者的阿理克》，同上，第39—45页；Б.Л.李福清、C.И.勃留姆亨《当代司空图研究成果目录》，载B.M.阿理克《一部论诗人的中国长诗：司空图的〈二十四诗品〉》，莫斯科，2008年，第651—695页；王步高《关于〈二十四诗品〉作者问题的争鸣》，载《晋阳学刊》1998年第6期，第72—76页；王润华《从司空图到沈从文》，上海，1989年；独孤棠《司空图〈二十四诗品〉真伪问题讨论述要》，载《中外文化与文论》第1期，成都，1996年；陆元炽《诗的哲学　哲学的诗：司空图诗论简介及〈二十四诗品〉浅释》，北京，1989年；刘禹昌《司空图〈二十四诗品〉义证及其他》，武汉，1993年；陶礼天《司空图年谱汇考》，北京，2002年；吴调公《司空图的生平、思想及其文艺主张》，载吴调公《古典文论与审美鉴赏》，济南，1985年，第195—212页；祖保泉《司空图的诗歌理论》，上海，1984年；祖保泉《司空图诗文研究》，合肥，1998年；张国庆《〈二十四诗品〉百年研究述评》，载《文学评论》2005年第1期，第178—189页；陈国球《司空图研究论著目录》，载《书目季刊》第21辑，1987年第3期，第93—100页。

（参考文献为 Б.Л. 李福清辑，王丽欣译）

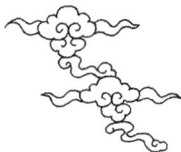

司马相如

字长卿，约前179年生于蜀郡成都（今四川成都），约卒于前118年。国务活动家，文学家，汉代（前3—3世纪）三大赋家之一。

司马相如的生平见于司马迁（前2—前1世纪）的《史记》（卷117）和班固的《汉书》（卷57）。司马相如生于地方官吏之家，受过良好教育，善弹奏和剑术。他用钱买官，初入官场为景帝（前157—前141年在位）武骑常侍，然对宫廷生活和景帝均感失望，因为景帝对文学极其冷淡，于是司马相如辞官，聚于梁王（前168—前144，即景帝之弟梁孝王刘武）门下。梁王是梁国（今属河南）的封侯，他礼贤下士，相如在梁国数年（前148—前144），成为著名文学家。梁王死后，他曾在其他几个封侯国任职，直至其作品获汉武帝（前141—前87年在位）赏识被召回京（前138—前135），成为皇帝近臣，但并非高官。他积极参与国家的政治文化生活，包括出使北方少数民族，任宫廷礼仪顾问，并管理宫乐府。在中国有很多与他相关的传说，最著名的是他的浪漫婚姻。有一次，司马相如偶然参加地方豪绅的家宴，以其精湛琴技征服豪绅之女卓文君，她当夜即与司马相如私奔。

司马相如的创作遗产包括一些完整作品和各种残篇（其中包括奏折），内容涉及历史、礼仪和哲学。他所作诗歌的数量不得而知。他晚年隐居，在他死后，汉武帝曾派使者去他家取书，却连一部手稿也未发现。汉代文学家花费不少力气从各种手稿和诗集挑选司马相如的作品，在那些文集中，司马相如的作品与王公贵族的习作混杂一起。

他现存的赋作有《子虚赋》《上林赋》《哀秦二世赋》《大人赋》《长门赋》《美人赋》，这6篇作品被收入《司马文选集》，此集据传为萧统所编；张溥（1602—1641）和严可均（1762—1843）辑本也收有这6篇赋作，萧统的《文选》收录3篇。

《子虚赋》和《上林赋》（两赋见于《文选》，在《司马相如列传》中合为一体，总题为《天子游猎赋》）是两部风格壮阔华丽的作品，描写帝王将相的狩猎活动、中国

南方诸侯封地的自然美景（《子虚赋》）和皇家封地的美景（《上林赋》）。作品详细描述该地的自然地理特点（描写气候条件、地形、动物和植物世界）："其埤湿则生藏莨蒹葭，东蔷雕胡、莲藕菰芦、菴䕡轩芋，众物居之，不可胜图。……其中则有神龟蛟鼍，玳瑁鳖鼋。"这些语句被认为是赞颂赋辞，其内容和形式上的诸多特征（如文辞华丽，富有特殊的政治、礼仪、宗教和占星术术语）就由此而来。

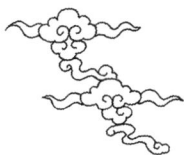

《哀秦二世赋》（收于《司马相如列传》）是一篇具有历史训诫意味的作品，阐述对秦朝第二位皇帝——秦二世的个性及行为的评判，秦二世最终葬送了其国家和朝代，司马相如的观点对于他所处时代而言十分典型："持身不谨兮，亡国失势。信谗不寤兮，宗庙灭绝。呜呼哀哉！操行之不得兮！"

《大人赋》（收于《司马相如列传》）是一篇具有道教玄学特征的作品，"大人"是一个重要概念，在道教传统中指达到高度精神完善的人，他参透了"道"，具有超自然的能力。该作品的情节是一位道士的神秘远游，《楚辞》中包括《远游》在内的许多长诗都曾描写这一情节。这篇赋中充满许多独特的神话形象（神仙的名字、仙境的称呼），它们可能源自西南地区的信仰。作者把自己这部作品视为长生不老者的传记，在当代人看来，他的这篇赋极具表现力和画面感，能让读者产生在天地之间驾云翱翔的感觉。

爱情题材的《长门赋》讲述一个弃妇的感受，此赋为受汉武帝的皇后阿娇之托而作（在序中已作说明）。此赋的名称"长门"即已奠定这部作品的内容和情绪，"长门"这一建筑术语指在厚厚的城墙或宫墙上开出的大门（中国古代用黏土垒墙，墙体截面呈梯形，底部可达数十米），此处暗指抒情女主人公的孤独和被迫的独居（"于深宫"）。司马相如用深刻的心理描写表现女主人公内心世界的细微变化，即她内心的痛苦、准备原谅夫君的任何背叛，并希望再次获得彼此相爱的幸福："登兰台而遥望兮，神怳怳而外淫。浮云郁而四塞兮，天窈窈而昼阴。雷殷殷而响起兮，声象君之车音。……心凭噫而不舒兮，邪气壮而攻中。……"此赋在中

国爱情诗发展史上占有十分重要的位置，成为一个联系环节，联系其他古代作品（如《诗经》中的诗歌），更宽泛地说是整个民间诗歌传统和在3—6世纪得到繁荣的具名情诗。

《美人赋》是司马相如的早期作品，创作于他居梁王宫中期间，此赋以含义的多重见长，涉及一系列伦理和美学问题，如人的外在美和内在美的标准和关系问题。一些研究者认为，此赋也含有情色主题（女性之美是情欲之源）。

司马相如的作品一直是研究者的关注中心。几乎每一部中国文学史著均辟有研究司马相如的章节。在当今中国文艺学中，他的创作被视为赋的体裁进化过程中的一个全新阶段，司马相如也被视为这一在1—2世纪得到确立的文学体裁的奠基人。

*司马迁《史记》，第117卷第1册，第330—336页；《汉书》，第57卷第1册，第601—607页；司马迁《司马相如列传》，第283—325页；Le Chapitre 117 du Che-ki (Biographie de Sseu-ma Siang-jou);《文选》第7、8、16卷；收入司马相如作品的辑本见参考文献II：严可均辑本第1卷，第241—248页；司马相如《子虚赋》，A.阿达里斯译，载《中国诗选》第1卷，第206—231页；司马相如《上林赋》《哀秦二世赋》（片段）、《大人赋》，A.阿达里斯译，载《中国文学作品选》第1卷，第181—194；司马相如《长门赋》，载《阿理克院士译中国古典散文》，莫斯科，2006年，第71—76页；载《东方古代诗文》，第296—299页；又载《中国文学作品选》，第106—109页；又见《阿理克院士译中国古典散文杰作》第1卷，第91—95页；Die Chinesische Anthologie... Vol. 1, pp. 103 - 117, 233 - 236; Watson B. Chinese Rhyme-prose... pp. 29 - 51; Wenxuan... Vol. 2, pp. 53 - 116. **Н.И.康拉德《汉学论文选》，第491—655页；И.С.李谢维奇《汉赋和司马相如的创作》；Л.Д.波兹德涅耶夫《司马相如》，第399—407页；龚克昌《汉赋的奠基人司马相如》；《先秦两汉文学研究》，第321—324页；谭丕模《中国文学史纲》第1卷，第95—101页；《汉魏六朝百三家集题辞注》，第4—9页；《中国文学史》第1卷，第121—123页；Gulik R. Sexual Life in Ancient China, pp. 68 - 69; Hervouet Yv. Un poe`te de cour sous les Han: Sseu-ma Siang-jou; Ho K. (Ho P.). A Study of the Fu...; Kirkova Z. Hunts and Rituals in

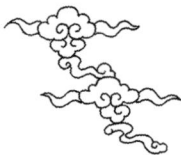

（M. E. 克拉夫佐娃撰，王丽欣译）

宋祁（998—1061）所著笔记集，这或许是宋代笔记集中篇幅最小的一部。在中国文学史上这部文集并不特别突出，但它的标题中却首次使用"笔记"这一术语，这一概念后被用来指称中国的一种文体。

收入该集的许多作品系与《新唐书》同时（或稍晚）写就，宋祁去世前一年才完成《新唐书》。该集何时编成，无从得知。晁公武（12世纪）在书目中证实该集并非宋祁独自完成。可佐证此说的证据是，卷三中几篇与上下文不相吻合的作品有标题（其他段落却均无标题）。除此之外，文集名称中出现宋祁的谥号"景文"，并称他为"公"，这说明当时他"已故"。很有可能，此文集的最初名称为"笔记"，或者无题，稍晚某人才给它加上这个长长的标题。编者可能是李衎（1189—1243），他在文本之后添加一则短跋，所标年代为1226年，其中几乎全为李衎对文中不明之处和可疑之处的批注，但这并未妨碍李衎在最终点明宋祁编写这部笔记的功绩，即让他听闻的老人之言为后代所知。

显而易见，这部文集如同宋祁的其他文集一样，保留至今的并非全本：宋朝书目中曾提及5卷本《宋景文公笔记》，晁公武提到3卷本文集，陈振孙（1190—1249）在书目中言及1卷本，在辽、金、元朝的史书中则完全不曾提及此书。书名亦有所不同：陈振孙称之为《宋景文笔记》，晁公武称之为《景文笔记》。二者很有可能是两个不同文本，是原文（或由于某种原因丢失的文本）的两个板块，其中之一流传至今；也有可能是同一文本，只是编排方式不同。无论如何，至清代，该文集已形成我们如今所知的规模和书名，即《宋景文公笔记》，清人周中孚（1768—1831）曾言此集有3卷。显然，这部文集后被重编，这也是其内容庞

《宋景文公笔记》

乙

杂、结构不紧凑的原因之一。如今所见《宋景文公笔记》共3卷，166段文字，其中三段有标题。

第一卷称作《释俗》，其中的32段文字可划分为若干主题组。

一、作者对他认为书写、使用不当的文字所做出的评论和观察。宋祁认为，造成这一现象的原因要到古代去寻找，当时尚无标准的书写规范。"古无正字，多假借，以'中'为'仲'，以'说'为'悦'，以'召'为'邵'，以'间'为'闲'。"宋祁给出文字的规范书写，解释产生错误的原因；他给出最初的书写形式，解释某个字的使用特性，并从包括最古老典籍在内的前人作品中选出他感兴趣的字词之用法，用作范例。

二、宋祁对某个词的含义及其起源历史进行解释的段落。"宣献宋公著《卤簿记》，至辒䡮不能得其始，遍问诸儒，无知者。予后十余年方得其义，云江左有䮕㹟，以首大如駊，故云。"（第5段）有些段落带有民间语言学性质："南方之人谓水皆曰江，北方之人谓水皆曰河，随方言之便，而淮济之名不显。"有些片段用来叙述宋朝蜀地（今四川）风俗："蜀人谓老为皤，取'皤皤黄发'义。"可归入此类的还有一些谈及动物世界实际状况的段落："莒公言，河阳出王鲔，即今黄鱼也，形如豕，口与目俱在腹下，每春二月出于石穴，逆河而上，人乃取之。其腥不可近，官以为鲊，献御，其味甚美，然有毒，所谓王鲔岫居者。"

三、描写宋祁所处时代中国社会各种风俗的段落。比如对纸张的大段论述就很有趣："古人写书尽用黄纸，故谓之黄卷。颜之推曰，读天下书未遍，不得妄下雌黄。雌黄与纸色类，故用之以灭误。今人用白纸，而好事者多用雌黄灭误，殊不相类。道佛二家写书，犹用黄纸。"该书也有关于石锣、贵族服饰、墓碑石碑、学问等的笔记，比如："近世授观察使者不带金鱼袋。初，名臣钱若水拜观察使，佩鱼自若，人皆疑而问之。若水倦于酬辩，录唐故事一番在袖中，人问者辄示之。"

四、关于诗歌的段落。宋祁尤其关注宋朝早期的诗话，

并在书中表达自己对于某些诗人作品的看法，将这些诗人进行比较，列出他心目中的杰出诗人，引出他喜爱的其他人关于诗和诗人的论述。他提及的诗人有李白（701—762）、杜甫（712—770）、刘禹锡（772—842）、杨亿（974—1020）、梅尧臣（1002—1060）及其他一些诗人，他写道："晏相国今世之工为诗者也。末年见编集者乃过万篇，唐人已来所未有。然相国不自贵重其文，凡门下客及官属解声韵者，悉与酬唱。"此书也收入一些宋祁关于同代诗人的评论。

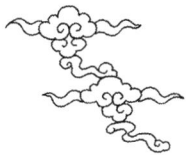

第二卷《考古》（68段）原则上与第一卷并无区别，其实，宋祁作为一个典型的中国读书人，其全部工作均可归结为对各种古代文献的钩沉，对各种概念始初意义的搜寻，第一卷中的几大主题均可见于此卷，但此卷对风俗的描写有所减少。因此，第二卷也可归纳出如下几个主要主题。

一、关于著名学者段落，首先是从前的儒生和与宋祁同时代的儒生。我们把包括诗歌评论在内的有关诗歌的段落也归入此类；诸如鲍照（405/412？—466？）的名字该如何正确书写之类的札记；历史人物和宋祁友人的言论，以及关于这些言论的评价："宣献宋公尝谓左丘明工言人事，庄周工言天道，二子之上无有文矣。虽圣人复兴，蔑以加云。予谓老子《道德篇》为玄言之祖，屈宋《离骚》为辞赋之祖，司马迁《史记》为纪传之祖，后人为之，如至方不能加矩，至圆不能过规矣。"

二、解释当时学者出现如此之多失误的原因。一方面，认为他们不学无术，也对中国最早的详解字典之一《说文解字》一无所知，因为据这部字典他们完全可以掌握某个字的原始意义："学者不读《说文》，余以为非是。"文中用一整套例子生动说明由于不学无术而出现的错误。另一方面，这种无知也源于愚昧，学者们很少阅读古籍和前人作品，这也与当时缺少书籍有关，"颜之推说唐末文籍亡散，故诸儒不知字学"。所谓"伪经"也是阅读古文本时的一大障碍，伪经在后魏和北齐流传甚广。

三、对各种作品进行匡正的段落。该部分内容首先是一

些评注、解释和版本注疏，甚至对《汉书》中的个别字加以匡正，也包括对颜师古（581—645）所做《汉书》注疏之内涵进行解释，也有对哲学家王弼（226—249）所注解《易经》的批注。

四、论及散文作品（无情节作品）及其作者的段落。这些段落带有版本学性质，系宋祁自己或他人对某一部作品或某位作者的评判。文中常提及一些伟大的唐代诗人和思想家如柳宗元和韩愈，宋祁经常将他们相互比较，写出他们的优点，比如称柳宗元善用古体来阐述全新的内容等。

五、关于国家管理问题的段落。"《春秋》者，天下之正法也。孔子有王天下之才而不得位，故见其志于《春秋》。是以引天下之誉褒之，贤者不敢私；引天下之议贬之，奸人不敢乱。"宋祁援引一些完美的统治者为例，如汉高祖（前205—前195年在位），按宋祁所言，他治国有方，所以其继承者均可以他为样板治理国家，没有丝毫担忧。依照宋祁的观点，政权应该由有学识的人执掌。

如果第一、二卷多少有些相同，那么第三卷（66个段落）则完全符合其"杂说"之题旨。

一、用相当大的篇幅谈论国家治理问题以及统治者与臣民的关系："君得其健，强阴戢战；臣执其旨，百度乃凝。欲正四方，先定中央，中央君也。"或曰："不可得者上不以求，不可止者上不以禁，不可行者上不以令，故曰：求愈多得愈寡，禁愈急止愈少，令愈繁行愈慢，上求而不得谓之失威，求不可得而得谓之暴，禁而不止谓之慢，禁不可止而止谓之虐，令而不行谓之凌上，令不可行而行谓之乱，故圣人慎举错，去三不可则善矣。"

二、关于世界构造、天与地的关系之论述。所引之言并非均出自宋祁，但几乎均无出处："食者，人仰以生也。适则饱，过则病，甚病者死。法者，国仰以安也。顺则治，逆则乱，甚乱者灭。"

三、由8—22个汉字构成的简单格言，论题广泛（多用韵文写成）。"莫仁于雨露而靡草夏枯，莫严于霜雪而松柏冬青。""救乱之世不语儒，求治之世不语战。""入林失

斧，不能得楚。"

此卷结尾四段在篇幅和内容上均别具一格，是一篇自传性质的作品，像是作者为自己拟的碑文和墓志铭，以及对亲人交代在他死后如何安葬他。我们自然会注意到作者墓志铭和文集中其他自传段落中的自谦语气（不过这很可能是一种传统）。宋祁坚持在他死后不可大办丧事，因为他作为国家官员并无任何杰出贡献，他甚至请求后代不要花费时间精力编辑他的文集，因为他并未写出值得人们关注的作品（后一点我们自然无法赞同，仅《新唐书》便已足矣）。

上面列举的段落表明，《宋景文公笔记》更像一部倾向文献记录的典籍，近似早期宋朝笔记，但是，尽管其篇幅不大，主题却丰富多彩。当宋祁发现"今人为学不及古人"时，他想弄清原委并纠正错误。对他来说，真正的学问在很大程度上与理解文字的初始含义、与正确的书写相关，由此方可正确地理解各种表达以及与之相关的各种风俗。在其论述中，宋祁依据传统，常援引权威人士的看法和作品，常用诗歌为例，更常引用亲眼所见、亲耳所闻之事，或录兄长所言，其兄正是因功业被皇帝封为"莒国公"的宋庠。

*宋祁《宋景文公笔记》，载《丛书集成》第280卷，上海，1936年。**И.А.阿利莫夫《笔端》第1部，圣彼得堡，1996年，第61—73页。

（И. А. 阿利莫夫撰，王丽欣译）

宋子京，谥号景文。998年生于雍丘（今属河南），1061年卒于开封。宋代（10—13世纪）文学家，历史学家。

宋祁年少时家贫，人生道路相当典型，与宋朝某些后来成为文化名人的读书人（如欧阳修）相似，宋祁写道："余少为学，本无师友。家苦贫，无书，习作诗赋。"他在家自学，但据说也接受过其他教育。学成后，宋祁参加科举：

"未始有志立名于当世也，愿计粟米养亲绍家阀耳。"换句话说，宋祁仅想在官场谋得一个好位置，吸引他的并非文学功名，而是为了保障亲人生活无虞，并因敬业获得名声和荣誉。看来，宋祁当时并无过多想法，出于功利的目的，他踏上众多前人走过的道路，即效仿当时认可的优秀文学模板，认为掌握这一文风便能让他在科举中胜出。"年二十四而以文投故宰相夏公，公奇之，以为必取甲科。"果然如此，仁宗天圣二年（1024），宋祁顺利通过殿试考取进士。他本在考生中高居榜首，但实际掌管国家的章献太后（969—1033）却把宋祁置于第10位。他被派任职复州（今属湖北），但在外省任职时间不长，经过赏识宋祁的高官孙奭（962—1032）举荐，他任大理寺丞和国子监直讲。

宋祁一生在都城和外省为官，政绩不一，曾任知制诰、尚书工部员外郎、翰林学士，任寿州和亳州（均在今安徽北部）、陈州、郑州、徐州（均在今河南）、益州（今四川成都）、定州（今属河北）等地知府。庆历年间（1041—1048），宋祁反对范仲淹（989—1052）变革——尽管很多变革拥护者曾是宋祁的好友，甚至范仲淹也与他很有交情。当范仲淹被派外省任职时，尽管之前政见不合，宋祁仍作诗《送范希文》，在诗中对这位高官遭遇的不公待遇表示遗憾，这一举动需要很大勇气。

1045年，宋祁任龙图阁学士和史馆修撰。宋祁由于学识渊博而盛名远播，朝廷命其与欧阳修一同编撰新官方唐史（《新唐书》）。在这部作品中，宋祁写成150卷《列传》，占整部作品的三分之二。和《旧唐书》相比，宋祁编纂的列传收入大量《旧唐书》不曾利用的材料，其中包括情节散文、笔记、家史、野史等，这使得宋祁可以扩大传记的范围，加入之前没有的各种新史料，他补入310篇传记和两千余条史实。宋祁连续17年编纂《新唐书》（1044—1060），他把写作材料从一个任职地带往另一任职地，魏泰（1050—1110）在《东轩笔录》中这样写道："宋子京博学能文章，天资蕴藉，好游宴，以矜持自喜，晚年知成都府，带《唐书》于本任刊修，每宴罢，盥漱毕，开寝门，

垂帘，燃二椽烛，媵婢夹侍，和墨伸纸，远近观者，皆知尚书修《唐书》矣，望之如神仙焉。"《新唐书》完成后，朝廷希望由欧阳修来统一两位作者的风格，但欧阳修却拒绝修改宋祁的文字，并在原定仅署欧阳修一人之名的情况下，坚持署上宋祁之名，实际上宋祁所撰《新唐书》篇幅超出欧阳修所撰文字的两倍。宋人张邦基（12世纪）在《墨庄漫录》写到此事："朝廷以一书出于两手，体不能一，遂诏公看详列传，令删修为一体。公虽受命，退而叹曰：'宋公于我为前辈，且人所见多不同，岂可悉如己意。'于是一无所易。及书成奏，御史局旧例，修书只列书局中官高者一人姓名，云'某等奉敕撰'，而公官高当书。公曰：'宋公于列传亦功深者，为日且久，岂可掩其名而夺其功呼？'于是纪、志书公姓名，列传书宋姓名，此例皆前未有，自公为始也。宋公闻而喜曰：'自古文人不相让，而好相陵掩，此事前所未闻也。'"

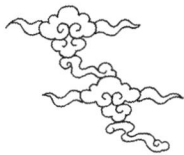

宋祁并未期待凭借著作而获殊荣，可《新唐书》却给予他充分展示其历史学家天赋的机会。荣誉也随之而来，宋祁被任命为尚书工部员外郎和左丞，但不久病逝。根据惯例和他的功劳，他被追授工部尚书，根据逝者遗愿，他的家人未向朝廷呈请授予他谥号，稍晚，宋代文献学者张方平（1007—1091）替宋祁家人呈递申请，宋祁获谥号"景文"。

宋祁以诗人身份闻名，曾红极一时："惟天圣二年省试《采侯诗》，宋尚书祁最擅场，其句有'色映珊云烂，声迎羽月迟'，尤为京师传诵，当时举子目公为'宋采侯'。"作为时代之子，宋祁年轻时的诗歌不可避免地受到当时流行的"西昆诗派"影响，但后来他不满其同时代诗人的创作，提出向前辈诗人学习，形成自己独特风格，厉鹗（1692—1752）所编《宋诗纪事》收录宋祁诗逾30首。《全宋诗》所载其22卷诗流传至今，还有7首词作收入《全宋词》。宋祁也留下一些非情节的传统体裁作品，如笔记、奏呈、论、墓志铭、书信等。他的全集《宋景文集》在宋朝共计150卷，但已散佚，今仅有清刻本100卷。

如今宋祁首先被视为《新唐书》的作者。这部作品在他的一生具有特别意义，它不仅让宋祁名垂史册，而且如他自己所言，编纂这部作品，更准确地说，因为编纂这部作品而不得不去阅读大量资料和著作，这使得宋祁有了一个独特的思想转折："因取视五十已前所为文，赧然汗下，知未尝得作者藩篱，而所效皆糟粕刍狗矣。"

**И.А.阿利莫夫《笔端》第1部，圣彼得堡，1996年，第61—73页；И.А.阿利莫夫、Е.А.谢列波利亚科夫《笔端》第2部，圣彼得堡，2004年。

（И. А. 阿利莫夫撰，王丽欣译）

宋玉

公元前3世纪末—公元前2世纪上半叶的楚国诗人。司马迁（前2世纪—前1世纪）的《史记》中首次提及宋玉，《史记》中列举了屈原之后多位伟大诗人。宋玉的生平仅见于那些被认为是他所写的作品中。他是宫廷诗人，朝廷重臣，常伴楚襄王（前298—前263年在位）左右。目前认为他最有可能的生年为公元前319年（或290年），卒年为公元前262年（或233年）。有人推论他是屈原的亲属，甚至弟弟。

宋玉留下丰富的诗歌遗产。《汉书》编纂者班固在《艺文志》中称，宋玉写有16部作品。7—11世纪的正史中，《隋书》提及了他的同名文集《宋玉集》，为3卷，而《新唐书》《旧唐书》则认为有2卷。这部文集后散佚。宋玉仅有6篇作品流传至今，即《九辩》《风赋》《高唐赋》《神女赋》《登徒子好色赋》《宋玉对楚王问》。第一篇存于《楚辞》（2世纪），其他作品录入《文选》（6世纪）。一些注疏家和学者将《楚辞》中的《招魂》归在宋玉名下（而非屈原名下）。《古文苑》（15世纪）中列举宋玉6篇作品，但文本已失，即《笛赋》《舞赋》《钓赋》《讽赋》《大言赋》《小言赋》，据这些篇名判断，它们均属赋作，

具教益性质。

留存下来的宋玉作品以主题和体裁的多样见长。收入《楚辞》的《九辩》，属"楚辞"体裁，形式上（使用混杂格律，诗文交替）接近赋，它或被视为一部完整长诗（257行），或被视为由9、10或11首诗组成的组诗。

在内容上，《九辩》类似被归在屈原名下的长诗《离骚》和组诗《九章》，《九辩》表达一位遭陷害、被流放的人的感受："悲哉秋之为气也！萧瑟兮草木摇落而变衰。憭栗兮若在远行，登山临水兮送将归。泬寥兮天高而气清，寂寥兮收潦而水清，憯凄增欷兮薄寒之中人。"

司马迁认为："屈原既死之后，楚有宋玉、唐勒、景差之徒者，皆好辞而以赋见称。然皆祖屈原之从容辞令，终莫敢直谏。"其实不然，相比屈原的作品，《九辩》对朝廷习气的抨击更加激烈，对国君的痛斥也尖锐得多，在宋玉看来，流放一位诗人，这既证明了统治者治国无能，也显现了统治制度的全面衰落："独申旦而不寐兮，哀蟋蟀之宵征。时亹亹而过中兮，蹇淹留而无成。悲忧穷戚兮独处廓，有美一人兮心不绎。……君不知兮可奈何！"

《九辩》中也清晰地表现出一些新的（和屈原的作品相比）主题，如老之将至，以及随之而来的诗人对人之存在的不完善和悲剧性的思考，这在很大程度上为后世抒情诗所固有的主题、情绪和形象奠定了基础："去白日之昭昭兮，袭长夜之悠悠。离芳蔼之方壮兮，余萎约而悲愁。秋既先戒以白露兮，冬又申之以严霜。收恢台之孟夏兮，然欲傺而沈臧。"

《九辩》与屈原作品和宋玉其他作品的明显差别，使学者们对这部作品的产生时间展开了争论，有人认为《九辩》作于西汉[或称前汉时期（前3—1世纪）]。

宋玉的其他作品均为宫廷诗的范例。所有这些作品均有序，序中说明，作者在与襄王谈话时写下此赋，或奉襄王之命写作此赋。这些作品没有悲剧主题和抨击主题。

《风赋》是一部带有寓意潜台词的作品（相似手法在屈原组诗《九章》之一的《橘颂》中也有运用），它将君子与

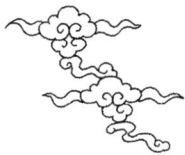

小人作对比。在这首赋中，"风"的含义得到突出，"风"是典型的儒家伦理概念，象征社会的风俗，同时它也是一个典型的自然哲学概念，即将"风"划分为"雄""雌"两种。"雄风"指对人有利的强大的自然力量，"雌风"则指有害的自然元素和人类社会的底层庶民："有风飒然而至，王乃披襟而当之……枳句来巢，空穴来风。其所托者然，则风气殊焉。……故其风中人状，直憯凄惏栗，清凉增欷。清清泠泠，愈病析酲，发明耳目，宁体便人。此所谓大王之雄风也。……夫庶人之风，塕然起于穷巷之间，堀堁扬尘，勃郁烦冤，冲孔袭门。动沙堁，吹死灰，骇溷浊，扬腐余，邪薄入瓮牖，至于室庐。故其风中人状，直憞溷郁邑，殴温致湿，中心惨怛……中唇为胗，得目为蔑……此所谓庶人之雌风也。"

《高唐赋》和《神女赋》的情节是女神和凡人之爱。前者的情节是楚怀王（前329—前299年在位）梦见巫山神女，神女赠爱与他，随后是对壮美山峦的大段描写。后者描写诗人自己的梦境，其中心主题是歌颂神女的美和抒情主人公的爱情体验，即他作为一个凡人难以接近女神："见一妇人，状甚奇异。……眸子炯其精朗兮，瞭多美而可观。……欢情未接，将辞而去；迁延引身，不可亲附。……徊肠伤气，颠倒失据，暗然而暝，忽不知处。情独私怀，谁者可语？惆怅垂涕，求之至曙。"

这个情节可能源于楚国时期的宗教神话。在宋玉的诗歌版神话中包含了女神与凡人不可能亲近的思想，这一思想很可能派生出了中国文化中一个十分典型的观念，即作为梦的爱，作为回忆的爱，简言之，即日常生活中不可企及的爱。关于爱情的这一观念贯穿整个中国文学，体现于那些哀悼亡妻的诗作以及为数众多的故事，那些故事描写有情人或夫妻天各一方，只有死后才能相互厮守。此外，根据这两篇赋作的主题，后世创作出许多散文诗和抒情诗作品，它们构成情诗领域中一个独特的主题类别（神女之爱的主题）。宋玉笔下的地理名称（巫山、高唐）和形象为后世的爱情诗（包括露骨的色情诗）奠定了诗歌形象的基础。

《登徒子好色赋》也是一部爱情主题的作品，但具有伦理和教谕意义，诗中提出并描述少女的行为问题，或端庄或轻佻。两位年轻美女，其中之一是诗人邻居的女儿，她千方百计勾引诗人，第二位乡女则相反，她拒绝讨一位显贵欢心："盖徒以微辞相感动，精神相依凭。目欲其颜，心顾其义，扬《诗》守礼，终不过差，故足称也。"作者顺便挖苦了对诗人不怀好意的登徒子，他的"好色"原来就表现为对妻子的爱慕和肉体欲望，尽管妻子丑陋无比，身有残："其妻蓬头挛耳，齞唇历齿，旁行踽偻，又疥且痔。登徒子悦之，使有五子。"这篇赋及其对美丽女子、善良乡女形象的文学刻画，以及关于男人对女性和肉体欲望之态度的概括，都对后世诗歌产生了重大影响。

　　散文作品《宋玉对楚王问》录于《文选》中一个独特的体裁类别，即"对问"。这部作品有教谕性质，将真正完美的个人与民众的愚昧相对立："夫圣人瑰意琦行，超然独处，世俗之民，又安知臣之所为哉？"在宋玉的文章中，孤独智者的形象及其象征（凤凰和神鱼"鲲"）与古代道教文献，首先是与《庄子》中的形象构成了呼应。

　　尽管宋玉被传统注疏学和当代学界一致推为当时中国仅次于屈原的重要人物，但其诗歌遗产至今仍未得到研究者应有的重视，还有待进一步研究。

　　*宋玉赋作与散文作品录于参考文献Ⅱ中严可均辑本第1卷，第72—76页；《阿理克院士译中国古典散文杰作》，莫斯科，2006年，第44—70页；M.E.克拉夫佐娃《中国古代诗歌》，第379—389页；《中国文学作品选》，第82—90、92—96页；《阿理克院士译中国古典散文杰作》第1卷，第40—53页；Die Chinesische Anthologie... Vol. 1, pp. 265 - 269; Hawks 1959, pp. 92 - 100; Wenxuan... Vol. 3, pp. 7 - 13, 325 - 348; "Neuf Jugements" // Elegies de Chu..., pp. 162 - 172. **M.E.克拉夫佐娃《中国古代诗歌》，第54—56、171—172、219—222页；Л.Д.波兹德涅耶娃《宋玉》，第389—396页；刘大杰《中国文学发展史》第1卷，第111—112页；马茂元《楚辞选》，第229—248页；《先秦文学史》，第519页；《先秦两汉文学研

究》，第170—171页，朱碧莲《宋玉辞赋译解》；《中国文学史》第1卷，第93—95页；《中国古典文学名著题解》，第20—23页。

（M. E. 克拉夫佐娃撰，王丽欣译）

苏曼殊

原名苏玄瑛，1884年生于日本横滨，1918年在上海病逝。诗人、小说家、翻译家。其父亲为中国广东商人，母亲是日本人。他和家人一起返回祖国，但于1903年再赴日本，在日本中国侨民学校预备班学习，继而又在早稻田大学预科学习。回国后在苏州任教师，兼任上海《国民日报》编辑。这时他对佛教哲学产生兴趣，开始研习梵文，研究西欧文化，精通英语。为完善佛教知识，他远赴暹罗、锡兰旅行，后在中国一寺院落发为僧，法号曼殊（佛教中文殊菩萨的中国称呼之一）。对宗教的热衷并未妨碍他积极投身革命活动，参与南社活动[与革命家章炳麟（1869—1936）、柳亚子等一同]。1911年辛亥革命后，他在中国从事新闻业和出版业，发文激烈反对袁世凯复辟君主制。1917年去日本寻找母亲，但因生病回国，不久去世。苏曼殊的文学活动丰富多样，他以细腻的浪漫主义诗人和西欧浪漫主义作家（拜伦、雪莱）作品的翻译者著称。人生最后几年，他创作爱情题材的文言小说。但他最有名的作品仍为篇幅不长、但妙趣横生的长篇小说《断鸿零雁记》，这部小说有自传特征。

*苏曼殊《断鸿零雁记》，B.司马文译，莫斯科，1971年；苏曼殊诗作，Г.雅罗斯拉夫采夫译，载《20世纪中国诗歌与小说》，莫斯科，2002年，第29—32页。

（Д. Н. 华克生撰，王丽欣译）

　　号东坡，1037年生于眉山（今属四川），卒于1101年。苏轼与其父苏洵（1009—1066）、其弟苏辙（1039—1112）作为"三苏"被载入中国文学史。苏轼在精神趣味丰富、热衷文学创作的氛围中成长。1056年，"三苏"去往北宋（960—1127）都城汴京（今河南开封）。两个月的长江航程使苏轼对自然之美留下鲜亮印象，为其诗注入空阔感和相信未来的抱负。春季，苏轼与弟弟一同考中进士，他们的文章广为人知。苏轼开始任公职，深信变革之必要，但又认为应循序渐进，他反对改革者王安石的激进手段，因此在王安石得势之时数次被贬。他一生都处于政治斗争的漩涡之中，并在诗文里表达他对于国内时事的看法。直接的观察为他的创作提供主题，他借百姓之口说出有关自然灾害、为官不公的故事。1079年，他因写下揭发性质的诗句被捕入狱，随后被放逐黄州（今属湖北）。他的创作开始较大程度地显露出道教和佛教禅宗的影响。苏轼相信，才能会随着对诗歌传统的学习与对生活经验的积累而增长，却只在顿悟之时方才真正现身，即艺术家发觉自己与万物之道的同一之时。他认为"写意"原则具有首要意义。

　　1086年，苏轼被召返都城，官居高位有三年，曾起草诰命。他那几年的诗作描绘开封面貌，表达对友人、诗人和画家的温暖情感。1089年起，他在杭州任高官。他对美有敏锐的感知能力，用时两年修起苏堤，以使当地更具魅力。他得到大画家、书法家、散文大家、艺术理论家的荣誉。1094年4月，苏轼被指抨击当权者，被遣往偏僻的惠州（今属广东）任职。后来他到了海南儋州。大赦之后的1101年，苏轼在北上途中染病，逝于常州（今属江苏）。

　　诗人常会描写风景在艺术家和参禅者眼中的特点。写景抒情诗再现他对所走访的名胜、庙宇的印象，表达他对山川之美、乡村之静的赞叹。除此表层面貌，其诗作还无疑隐藏更深层面，即世界观与情感，这在更深层面赋予文本的完整性、多层性以及联想的丰富性。诗人的内心世界是大部分诗作的主要内容。对生的沉思与明晰无华的文风使苏轼在多处接近陶渊明（365—427）。诗人在诗和词领域取得成就。他

的词走出爱情主题的框架，开始表达士大夫的意愿、社会观念与道德理想。苏轼不回避温软的曲调与色调，也将刚毅、达观、昂扬之气引入词中。苏轼诗词的独特之处是响亮生动的语言、不同寻常的抒情情境和灵活奇特的结构。健康的精神与禅宗思想决定其将喜剧元素带入诗歌的倾向。苏轼的文化遗产对时人及后世均产生了巨大影响。

*《苏东坡集》3卷本，上海，1958年；《东坡乐府》2卷本，上海，1959年；苏东坡诗词，И.С.戈卢别夫译，莫斯科，1975年；《东坡志林》，И.А.阿利莫夫，载《东方书画典籍》，莫斯科，2006年第1期，第54—81页。**И.С.戈卢别夫《诗人苏轼的迫害者和辩护者：中国民族文化遗产的命运问题》，载《远东问题》1973年第1期，第156—165页；А.С.马尔蒂诺夫《佛教和儒生：苏东坡（1037—1101）和朱熹（1130—1200）》，载《古代中亚和东亚国家的佛教、国家和社会》，莫斯科，1982年，第206—316页；А.С.马尔蒂诺夫《苏东坡（1037—1101）的佛教主题》，载《传统中国学术中人的问题》，莫斯科，1983年，第73—86页；А.С.马尔蒂诺夫《一位文学家的官方评价（以苏东坡为例）》，载《远东文学研究理论问题》，莫斯科，1997年，第66—74页。

（Е. А. 谢列布里亚科夫撰，文导微译）

苏童

原名童忠贵，1963年出生于苏州（今属江苏），定居南京。1980年考入北京师范大学，1983年步入文坛。1986年起任南京《钟山》杂志编辑。1991年起成为中国作家协会江苏分会会员。

苏童著有5部长篇小说、14部中篇小说集，其中长篇小说《米》《我的帝王生涯》，中篇小说《妻妾成群》《红粉》《1934年的逃亡》《罂粟之家》和《仪式的完成》广为人知。

苏童的早期中短篇小说因其在语言和结构领域的大胆尝试被归入先锋小说流派。90年代初期，苏童的作品风格发生变化，他开始书写旧中国大家族的怀旧历史，完成一系列关于女人命运的中篇小说和历史题材的长篇小说。其小说的长处在于细腻的心理描写，对历史氛围的潜心再现，以及对文本风格和美感的特殊关注。

苏童作品在中国台湾地区和日、美、法、意等国出版，曾获江苏省和《小说月报》杂志的奖项，很多小说被改编成影视作品。

*苏童《伤心的舞蹈》，台北，1991年；苏童《米》，南京，1993年；苏童《妻妾成群》，北京，2000年；苏童《中短篇小说集》，北京，2001年；苏童《妻妾成群》，H.扎哈罗娃译，载《中国之变：中国当代小说和随笔》，莫斯科，2007年。**
洪子诚《中国当代文学史》，北京，1999年，第342页；陈晓明《表意的焦虑：历史祛魅与当代文学变革》，北京，2001年，第332 334、415页。

（E. A. 扎维多夫斯卡娅撰，王丽欣译）

苏辙

字子由，又字同叔，晚号颍滨遗老。1039年生于眉山（今属四川），卒于1112年。文学家，政治家，宋代伟大文学家苏轼之弟，唐宋八大家之一。

苏母受过良好教育，博览群书，熟知古典文学，她用传统儒家思想教育儿子。7岁时，苏辙已会读书，并知中国古代神话帝王。

1047年，苏辙见到其叔苏涣（1001—1062），苏涣极其热情对待几位聪明好学的侄子，教他们从青少年起就专注学问。苏涣后在外省为官，供职不同州县，叔叔的教诲使苏氏兄弟受益终身，他们立志步入官场，光宗耀祖。苏父官场失意，转而寄希望于两个儿子，于是返乡，亲自指导他们的学业，培养他们哲学和写作方面的素养，让他们以孟子和韩愈为榜样，让儿子接触他收藏并亲自校阅的数以千卷的经学、历史和哲学著作（后者尤多），申言读书既能使他们自我完

善，也能让他们掌握管理技能。苏辙勤奋读书，他不仅像父亲和兄长一样有才华，还具有埋头苦读的精神，过着隐士般的生活，将全部精力都投入学习，两耳不闻窗外事。

1056年，苏辙与兄长、父亲同赴京师赶考，对于隔绝苦学的两位青年而言，这次旅行充满惊喜，他们途经成都，拜访通晓典范的大学者张方平，张方平读了兄弟二人文字后大加赞赏，赞"二子皆天才"。1057年，兄弟二人同中进士，主考官欧阳修赞苏辙文章卓越。然苏辙母丧，返里服丧。服丧期间苏辙同往常一样勤于写作，著有近50篇各种题材文章，此外还写下第一首名诗，写的是蜀州（今四川崇州）新建的一座亭子，是应兴建此亭的官员所请而作。

守孝结束后，举家前往京城，他们处处受到热烈欢迎，因其父苏洵已是知名文学家，他同行的两子均为进士，当地居民都视他们为贵宾。在4个月的旅行期间，"三苏"写下许多诗作，记录沿途美景和居民风俗，包括少数民族的习俗。"三苏"在1056—1060年的诗作收入《南行集》，诗集由两部分组成，第一部分收73首诗，苏轼作序；第二部分收100首诗，苏辙作序。此集中有140首诗流传至今，另有5篇赋、赞美诗和悼亡诗。

1060年初，苏辙被任命为渑池县（今属河南）主簿，但他嫌职位卑微，不受，仍留京都。

直到1065年，由韩琦推荐，苏辙方任大名府推官。神宗（1067—1085年在位）时任职制置三司条例司。苏辙是王安石（1021—1086）变法最激烈的反对者和批评者之一，因此被贬为河南推官，他在任上仍上呈奏折，阐述变法的危害乃至危险，其结果是他的职位越来越低，其中包括任陈州教授一年半，后久任齐州掌书记。

至1067年末，在王安石退休后，苏辙才返京任秘书省校书郎——朝廷中最低官职之一，但不久经仰慕其父兄才华的宋朝显贵张方平（1007—1091）推荐，任应天府判官。

在此职位至1079年，苏辙上书为突然入狱的兄长求情，此举被视为不敬，他被贬至筠州（今属江西）任小官。1085年神宗亡，司马光和保守党重新当权，苏辙得以返回京城，

初为秘书省校书郎，不久任右司谏，在职一年半，任职期间他上呈70余篇奏折，内容涉及国家治理的各个层面和各种问题。

司马光死后，苏辙、苏轼成为中国极有影响的人物（虽说时间不长，至1094年止），比如，苏辙进入翰林院，任户部侍郎。1089年任知制诰，1091年任尚书右丞兼门下侍郎。鉴于其著述利国，他被授予许多新封号，但1094年因批评新皇哲宗（1085—1100）的国策被贬汝州，再贬袁州，一月后又贬筠州，在筠州，苏辙勤于著述，研究典籍，如《诗经》《春秋》《道德经》《论语》。

1101年，66岁的苏轼被召回京，途中病死常州，苏辙大悲，着丧服运兄长遗体回故乡眉山安葬，后隐居颍州。他缅怀兄长，写下许多诗篇，不问政事，致力学术，在交谈和散步中寻求乐趣。前往偏远地区的舟车劳顿使苏辙身染多种疾病，他卒于1112年，后被追谥号文定。

苏辙有诸多文学遗产，包括他在去世前才编成的96卷《栾城集》。苏辙还注疏《诗经》和《论语》，解释《道德经》及其他著作。苏辙虽不及兄长多产多面，但也极有才华，在当代人看来，他的诗文均有其独特风格，他的名字永载中国文学史。

**金国永《苏辙》，北京，1990年；曾枣庄《苏辙评传》；曾枣庄《苏辙年谱》；Shiba Y. Franke H. Su Ch'e // Sung Biographies. Vol. 2. Wiesbaden, 1976, pp. 882 – 885.

（И. А. 阿利莫夫撰，王丽欣译）

乙

孙绰

字兴公，314年生于太原中都（今山西平遥），卒于371年。国务活动家，思想家，"玄言诗"流派的主要代表人物之一。

孙绰生平见于正史《晋书》（卷56）。孙绰出身官宦世家（其祖父是著名国务活动家和文学家孙楚，218—293）。孙绰出生后，全家迁往南方，定居会稽（今浙江绍兴）。幼时与许询交友（他们一同远游名山）。十余岁便写出大型诗作《遂初赋》，歌颂隐士生活。许询将他引入谢安（320—385）友人圈。谢安是一南方望族的代表，居于会稽，常在其庄园举办沙龙式的文学哲学聚会。通过谢安及其高朋的引荐，孙绰仕途通畅，直至尚书郎和廷尉卿，此外还任国学院太学博士。

孙绰被视为佛教各派别形成流派之前（4世纪下半叶）最重要的佛教思想家之一，他的理论研究旨在论证佛陀学说与中国诸学说的相似之处以及佛、儒、道的创始人精神上的相似。在此基础上，他试图从道教哲学的立场阐释印度佛教"慧"的概念，以此促进佛教的中国化。

孙绰的诗歌遗产由9首诗（其中包括组诗）和3首赋组成。他的作品集《孙廷尉集》见于张溥（1062—1641）辑本，抒情作品被收入丁福保（1874—1952）辑本（1964）和逯钦立（1910—1973）辑本，赋收入严可均（1762—1843）辑本。

给友人的献诗在孙绰抒情诗中地位尤重，如《答许询诗》（9篇）和《赠谢安诗》。这些冗长的文本用当时诗人少用的四言句式写成。《表哀诗》的外部特征很特别，诗篇前有一长段散文插笔，带有赋结构形式的序言。

作为"玄言诗"代表的孙绰，其最优秀、最具代表性的抒情诗是《秋日》，此诗在内容和情绪上非常类似隐士主题作品（"招隐诗派"的主题），隐士主题在3世纪下半叶诗人们的创作中异常流行（陆机、左思等）。《秋日》写道："萧瑟仲秋月，飙唳风云高。山居感时变，远客兴长谣。疏林积凉风，虚岫结凝霄。湛露洒庭林，密叶辞荣条。"在孙绰的赋作（其赋作被收入《文选》第11卷）中，《游天台山

赋》最为杰出，它不仅属于3—6世纪赋的杰作，亦是名副其实的哲学著作，此外它也是中国文学史中最早的佛教主题赋作品之一。此赋赞颂位于浙江（今天台和临海交界处）的天台山，此山后成为最受道教徒、佛教徒景仰的名山之一。此赋的内容就在于证明此山的非凡与神圣（在道教徒看来）。

此赋前有一段插笔，孙绰在其中描摹天台山之壮美，说明他做此赋的原因："天台山者，盖山岳之神秀者也。……夫其峻极之状、嘉祥之美，穷山海之瑰富，尽人神之壮丽矣。……余所以驰神运思，昼咏宵兴，俯仰之间，若已再升者也。方解缨络，永托兹岭，不任吟想之至，聊奋藻以散怀。"

根据内容，整篇作品可以被清晰地划分为3个部分。第一部分写登山。尽管文中充满道教哲学的华丽夸张和形象、炼金术术语和对道家著作的引经据典，以及有关道士的传说，但这里写的却并非一位道士的神秘浪游，而是一个现实之人对一座具体山峰的登攀。但渐渐地（第二部分），天台山罩上神秘的面纱，在诗人的意识中与不朽者的居所、神山昆仑合为一体。诗人觉得四周的景象就像《山海经》和其他古籍中所描绘的那样："被毛褐之森森，振金策之铃铃。……虽一冒于垂堂，乃永存乎长生。"赋的第三部分是结尾，孙绰在此表达其理论观点，即佛教（中观宗）关于色即空、空即色的思想以及对立双方的相对性（相互制约的幻觉也由此而来），诗人认为二分法的界限之外还有真正的现实。不过，孙绰在此运用的大多并非佛教的范畴和概念，而是道家的范畴和概念，即"有无"和"自然"："悟遣有之不尽，觉涉无之有间；泯色空以合迹，忽即有而得玄；释二名之同出，消一无于三幡。"

因此，此赋佐证了佛教适应中国文化的进程，也表明道家传统在这一过程中所发挥的促进作用。

后世对孙绰创作的理解仅从他属于玄言诗派这一角度出发，未考虑到他作品的其他长处。在钟嵘的《诗品》中，他被归入了"下品"。研究中国佛教形成史和山水诗之发端的学者，都绕不开对孙绰诗歌遗产的研究。

*《晋书》，第56卷第5册，第1544—1550页；《文选》，第11卷第1册，第223—227页；《孙廷尉集》，孙绰抒情作品见参考文献Ⅱ中辑本：逯钦立辑本第1卷，第897—902页；丁福保辑本（1964年版），第432—436页；其赋作见严可均辑本第2卷，第1806—1808页；孙绰《天台山赋》，Я.博耶娃、Е.А.陶奇夫译，载《中国宗教作品选》，圣彼得堡，2001年，第92—96页；《中国文学作品选》，第180页；Die Chinesische Anthologie... Vol. 1, pp. 159‑162; Watson B. Chinese Rhyme-prose..., pp. 80‑83. **Л.Е.别任《谢灵运》，第31、67—69页；Е.А.陶奇夫《道教：宗教史学描述》，圣彼得堡，1993年，第174—179页，第2版，1998年；《魏晋文学史》，第512—515页；曹道衡《汉魏六朝辞赋》，第144—147页；《钟嵘诗品译注》，第195页；Frodsham J.D. Origins of the Chinese Nature Poetry, p. 79; Mather R. B. The Mystical Ascent of the T'en-t'ai Mountains…

（М.Е. 克拉夫佐娃撰，王丽欣译）

孙甘露

1959年7月10日生于上海，中国作家协会上海分会成员（1989年起）。

首部作品发表于1983年。1986年中篇小说《访问梦境》问世，引起人们对孙甘露独特风格的关注。20世纪80年代末至90年代初的一系列中篇小说，如《我是少年酒坛子》《请女人猜谜》《信使之函》《夜晚的语言》等确立了孙甘露一流先锋小说作家的地位。1993年发表描写一位当代中国知识分子、哲学家命运的实验性长篇小说《呼吸》，小说译成法语并在法国出版。90年代孙甘露写下很多随笔，出版随笔集《在天花板上跳舞》（1997）。

孙甘露在其作品中进行很多激进的语言和结构实验，切断意义关系和因果关系，追求阅读的多元性，摒弃传统的句子、短语和隐喻的结构模式。在他的作品中，语言成为自足的，甚至主要的角色。从一个现实转向另一个现实，模糊现实与梦境的界限，关于语言、创作活动和创作者意识的哲学思考，这些均为孙甘露创作的基本主题。

*《中国小说50强（1978—2000）》4卷本，第4卷，长春，2001年；孙甘露《忆秦娥》，载《上海人》，圣彼得堡，2003年。**陈晓明《表意的焦虑：历史祛魅与当代文学变革》，北京，2001年，第93、106、108、111页；陈思和《中国当代文学史教程》，上海，1999年，第297—301页。

（E. A. 扎维多夫斯卡娅撰，王丽欣译）

孙光宪

字孟文，号葆光子。约895年生于贵平（今属四川），卒于968年。文学家，历史学家。他一生经历唐朝（618—907）末年、五代时期（907—960）和宋朝（960—1279）初年。据《宋史》记载："世业农亩，惟光宪少好学。"孙光宪是家中第一个决心脱离贫困，全身心致力于科学、书籍和艺术并取得实际成就的人。他登上仕途，因为他科举成功，担任官职，任陵州（今属四川）判官。在川期间他到处游历，常至成都，结识众多爱诗的学者、隐士、道士和佛家子弟。他也到过山西和甘肃，然后去往长江下游地区。荆南（今湖南、湖北省境内）节度使高季昌（858—929）于924年称"南平王"后建立朝廷，广纳贤才。谋士梁震（10世纪）推荐孙光宪入南平朝廷，高季昌热情接纳他为幕僚，在梁震离职后孙光宪替之，任国务谋士，辅佐高季昌之子高从海（891—948），被赠紫袍与佩金，即朝廷重臣的标志"紫金鱼袋"。此间孙光宪在荆南朝廷获得举足轻重地位，成了内政外交上很有影响的人物。他提出减轻民税、与邻国交好的提议。孙光宪在南平国生活37年，前后任节度副使、朝议郎、检校秘书少监和御史中丞，直到963年。在960年宋朝建立时，孙光宪已是最有势力和影响的荆南官员。利用这种优势，孙光宪于963年轻易劝服荆南王把荆南领土并入宋朝。这一归顺使宋太祖欣喜万分，了解到孙光宪在荆南归顺中所起作用，皇帝派他任黄州（今属广西）刺史，他在963—968年任此职。他的管理显然得到广泛认同，北宋宰相赵普（922—992）因此推荐孙光宪任翰林院学士，但他赴任翰林

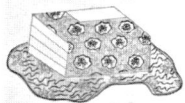

院学士的愿望未及实现，便已辞世。

孙光宪理应被视为杰出的学者和文学家，据宋朝历史记载，他熟读史书古籍，学识渊博，始终追求新知识，藏书数千卷，据时人称，凡书他必亲自阅读校对。孙光宪留下大量散文和诗歌，风格独特，被尊为词作大师。其诗作（61首）被收入著名的文集《花间集》，数量仅次于著名诗人温庭筠（812—866）。孙光宪有28首词流传至今。他是一位天才的历史学家。已知孙光宪有多部文集，但在宋代便已散佚，仅存《续通历》《橘斋集》《荆台集》等书名，但他的笔记集《北梦琐言》留存至今。

*孙光宪《北梦琐言》，上海，1981年，И.A.阿利莫夫《笔端》第1部，圣彼得堡，1996年，第74—89页。

（И.A. 阿利莫夫撰，王丽欣译）

太康体

3世纪下半叶的诗歌流派，得名自晋代，更确切地说是西晋（266—316）王朝的创建者和首任君主武帝（266—290年在位）统治时期的年号"太康"（280—289）。

到6世纪，这种诗体才被看成一个独立的文学现象。钟嵘在其论著《诗品》的序言中首次提到它，他还列出这一流派主要代表人物，仅列出他们的姓氏，即三张、二陆、两潘、一左。刘勰在论著《文心雕龙》（第6章）中也列举了这些人物姓氏。在注疏传统中通常认为，两本论著的作者所指的是下列文学家：左思，张氏三兄弟——张载、张协、张亢（张季阳，其诗歌遗产实际上没有保存下来），陆氏两兄弟陆机和陆云，潘岳和潘尼叔侄二人。此流派作者创作中思想和艺术上的共同点，表明在文学上将他们划为单独的诗歌流派十分合理。太康体的中心选题表现人在社会体制下的绝望、在所发生的纷繁事件中不被需要和不知所措的感受、尖锐的孤独感和由于生命短促而引发的感想。大多数太康体

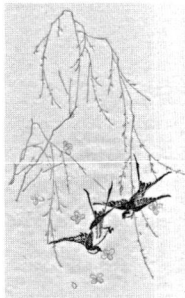

代表人物属于那个时代的知识精英，这一集团的心理状态决定了太康体所表达的情绪特点。武帝统治的上半期具有重大意义的事件是重新恢复集权帝国，征服蜀国（265）[①]和吴国（280），同时进行大规模经济改革。人们寄希望于现行体制的长治久安，希望国家快速摆脱困境，恢复往日强盛。3世纪80年代发生的事件（武帝不再管理国家事务，统治家族内部出现矛盾）让人们的希望破灭。直到在文献记载中被公然称为智障者的晋惠帝（290—306在位）继承皇位之后，这些希望完成了泡影。晋惠帝实际上将管理权转交给自己的妻子，贾皇后（贾南风，256—300）是个酷爱权势、野心勃勃又毫无道德的女人，宫廷陷入阴谋和内讧当中。为了将最高权力集中在自己手中，贾皇后废除皇位的合法继承人，处死很多武帝的支持者，让武帝的遗孀饥饿至死。拥有皇室血统的诸王发起内部暴乱，共同起来反对她（"八王之乱"，300—306）。内部冲突使帝国四分五裂，已无法抵御外来威胁。在几年时间里（311—317），帝国固有领土的大半（黄河流域的领土）被以匈奴和吐蕃为首的"五胡"占领。

王朝必然灭亡的感受以及对未来灾难的预感，将前辈文学家（嵇康、阮籍）创作中已固有的悲剧性世界观发展到极致，这些感受为诗歌带来新的哀悼色彩。与公开否定任何社会准则和方针、选择"名士"生活方式的文化思想流派"风流派"的追随者不同，太康体文学家走上随波逐流的道路，因此遭受更大的精神痛苦和怀疑。在当权者的竞争中他们已完全沦为宫廷集团的走卒，根据他们的作品判断，他们非常清楚自身处境的不堪，彻底丧失了让自身的社会积极性发挥作用的信心。他们的创作宣扬遁世，歌颂隐居生活的欢乐，对任何文明现象和文明成果都抱有敌意，与过去的诗歌相比，这些论调明显增强。太康体的框架之内隐居主题诗歌作为一个单独的选题类型彻底分离出来，此后这类诗歌被称为"招隐"（概称不同作者的作品）。值得注意的是，这些诗歌所包含的内容不仅反对社会体制和道德价值基础，而且也

[①] 蜀国灭亡于263年，非晋武帝统治时期。——译者注

反对文明的一切"美妙之处"，甚至反对"名士"所钟爱和推崇的乐器，因为技艺最高超的演奏也不能与"自然之音"相媲美。

但实际上，对遁世的召唤大多只停留在诗歌宣言上。抒情主人公的形象和作者的现实生活这两者之间首次出现绝对分野。太康体的代表人物都担任极为重要的职务，积极参与国家的政治生活，而他们的抒情主人公则追求最大限度地抛弃外部现实，沉浸于自身世界，所以他们的诗歌具有自我中心主义的色调。诗歌创作的宗旨是表现人一系列不同的情绪感受，作品中深入的心理暗示要求运用新的表现方式，从而推动了抒情诗在诗学上的改变。五言诗格律的确立和作品规模的缩小（偏爱"小型"和"中等"篇幅，即从4行到12行）必然导致叙述的简洁。诗人们开始探索让诗歌更具表现力的方法。后来诗歌语言趋向复杂化，即广泛运用不同类型的联想，甚至哲学术语，以及由他们派生而来的诗意词汇、古词、新词等类似的惯用话语，这一演变与太康体有一定关联。一些用语和词组得到广泛使用，其中包括宝石和金属的名称，稀奇的（神话里的）植物和动物名称，天体、星座、大气现象的名称，自然过程（季节）细微之处和地形景观的名称。最终形成一种专门的文体风格，这种文体风格在后来的文学实践中曾一度占据主导地位，此文体可被假定地称为"六朝巴洛克"（得名自3—6世纪的朝代名称"六朝"）。诗人们在诗学领域还进行了另外的实验，如利用民歌（乐府民歌）传统和赋常用的结构方法和格律。与此同时，与之前的诗歌相比，这一时期诗歌的结构规则、韵脚体系（韵）和格律等均更为规范，更加统一。

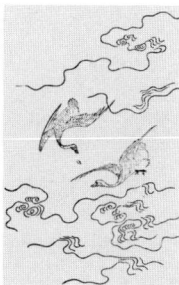

尽管太康体的标识性特征似乎非常鲜明，但学界（直到20世纪80年代）对这一流派却始终没有形成一致看法。一些研究者避免使用这一概念，以此来表示对这一诗学流派存在事实的怀疑。另一些研究者则相反，赋予这一术语更为广泛的含义，用这一术语指称西晋时代的所有诗歌创作。很多著作在提及太康体代表人物的名单均有所扩充，除上文提到的人物外还加入张华、傅玄及其他许多诗人（有些诗人后来鲜为人知），如孙楚、何劭、石崇。此外，在20世纪80年代之前，太康体诗歌仅被视作一前一后两大文学现象之间的过渡环节，前为以嵇康、阮籍的创作为代表的建安风骨，后有陶渊明、谢灵运和鲍照的创作。

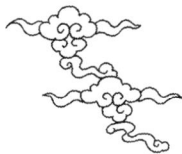

对西晋时期诗歌遗产更为认真的研究，使得人们开始大胆反思上述观点。20世纪末至21世纪初的研究，不仅完全承认这一时期诗歌的艺术价值和文学意义，而且开始尝试建立这一时期诗歌发展的详细分期图。比如，傅玄和张华的创作被列入第一阶段（3世纪70—80年代）；以潘岳、陆机、左思为首的一干杰出宫廷诗人"二十四友"被划为第二阶段（3世纪80—90年代）；第三阶段，即最后一个阶段（4世纪初）的主要代表人物是刘琨。

*《文心雕龙注》，范文澜编注，第2卷第6篇，第1册，第67页；《钟嵘诗品译注》，第6页。**《中国文学作品选》，第170—171页；《西晋文学》，载《魏晋文学史》；林庚《中国文学简史》第1卷，第275页；刘师培《中国中古文学史讲义》，第54页；《中国文学史》第1卷，第227—237页；陈延杰《魏晋诗研究》，第6—10页。

（M. E. 克拉夫佐娃撰，侯丹译）

谭嗣同

字复生，1865年生于北京，1898年卒于北京。诗人，哲学家。19世纪末变法维新运动左翼领导人之一，被政府处死。他在其主要哲学著作《仁学》中利用儒家"仁"的概念和佛教辩证思想来证明物质现象之间紧密的相互联系，揭露专制政体。他从法国启蒙思想家那里借鉴的平等与民主的理想，在他的私人信件中表现得更为鲜明。

谭嗣同用文言写作，这增加了其诗歌的崇高色彩。在早期诗作中，他歌颂远征外敌的豪迈精神（《西域引》，1884；《秦岭》，1888），描写祖国令人心潮澎湃的自然景

色（《崆峒》，1889）。他不满当时的唯美主义诗歌，主张面向民间，面向普通人的感情而创作，从而编写了童话叙事诗《残魂曲》（1885）、《三鸳鸯篇》（1888）、《邓贞女诗并状》（1893）和《怪石歌》。对维新运动的参与反映在他的创作中，他嘲笑那些脱离生活和政治斗争的书呆子（《题江标修书图》），用朴素的民间歌谣的形式揭露封建剥削制度（《罂粟米囊谣》，1888；《六盘山转饷谣》，1888）。

谭嗣同与黄遵宪、夏曾佑一起被视为"诗界革命"的发起人。他以自己的创作丰富了民族诗歌的内容和形式，为变革传统诗法奠定了基础。

*《谭嗣同全集》，北京，1954年。**B. 司马文《谭嗣同》，载《东方辑刊》1957年第1辑。

（В. И. 谢曼诺夫撰，侯丹译）

汤显祖

字义仍，号海若、清远道人。1550年生于临川（今属江西），卒于1616年。传奇体戏剧最重要的代表。成长于书香门第，师从罗汝芳（1515—1588），罗汝芳是占统治地位的理学思想的反对者。汤显祖青年时代写成3部诗集，并开始创作戏剧《紫箫记》。在几次落第之后，1583年通过科举考试走上仕途。在南京期间接近朝廷的反对派东林党人。1598年弃官归里，同年写出他最为著名的作品《牡丹亭》。这部剧作像汤显祖的其他剧作《南柯记》《邯郸记》《紫钗记》（对《紫箫记》的补充和加工）一样，以梦为主要情节，它们被合称为"玉茗堂四梦"。除《牡丹亭》外，他所有大型剧作的情节均源自唐代传奇，但在保留人生命运短暂易逝、不可预知的主题的同时，作者加入了社会揭露的成分，对人物性格的塑造更为深入和复杂。他所写唱词的出众之处在于精巧的诗歌笔法、丰富的词汇以及大量的文学联想。汤显祖在利用南方戏剧格律规则的同时，又最大限度地捍卫了剧作者的创作自由。

*汤显祖《牡丹亭》（片段），Л.孟列夫译，载《东方古典戏剧》，莫斯科，1976年，第849—851页。**Т.А.马利诺夫斯卡娅《汤显祖的哲学宗教剧》，载《列宁格勒大学教学资料》，第423期，1989年，东方学系列第31期，《东方学》第15期，第104—112页；В.С.马努辛《汤显祖的剧作〈紫钗记〉》，载《中国语文学问题》，莫斯科，1974年；С.А.谢罗娃《汤显祖剧作〈南柯梦〉中的社会理想》，载《中国社会乌托邦》，莫斯科，1987年，第125—157页。

（В.Ф. 索罗金撰，侯丹译）

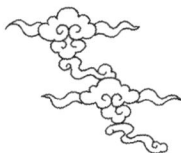

唐浩明

生于1946年，湖南衡阳人。毕业于华东水利学院，做过土壤改良工作。华东师范大学研究生毕业。

1984年主持《曾国藩全集》编辑工作，研究了大量关于曾国藩和太平天国运动的历史档案材料，在此基础上他创作了三卷本长篇小说《曾国藩》，该书于1992年出版，在读者中获得巨大成功。王庆生在专著《中国当代文学史》中评价此书说，作者成功挣脱了从狭隘阶级性的角度描写历史的束缚，在历史全貌中展示小说主人公。这部小说的出众之处就在它的文献性和客观性。小说表现了曾国藩纷繁复杂、困难重重的一生，他来自普通人家，却成为儒家饱学之士和清廷最显赫的汉族高官。在中国，曾国藩之前被认为是反动分子，所以，关于他的这部大型长篇小说的出现引起了对先前的19世纪历史的重新审视。

《曾国藩》由一位既是学者又是编辑的作者写成，王庆生指出，这既是优势也是缺点，优势在于其真实性和文献性，缺点在于其较弱的文学表现力。但在20世纪90年代，此书是中国当代文学作品中最畅销的书之一。唐浩明继续研究19世纪历史，这反映在他后来的长篇小说《张之洞》当中，但已没

有之前的成功。

** 《中国当代文学史》，王庆生主编，武汉，2003年，第356—358页；A.热洛霍夫采夫《中国文艺学家评价中的一部中国历史小说》，载《远东问题》2002年第4期，第158—168页。

（A. H. 热洛霍夫采夫撰，侯丹译）

唐勒

公元前3世纪上半期人，中国古代楚国诗人。

司马迁（前2—前1世纪）在《史记·屈原贾生列传》中提到几位楚国诗人，其中就有唐勒。据班固的《汉书》记述，唐勒作赋四篇（见《艺文志》）。此外没有任何关于唐勒生平和创作的信息保留下来。

唐勒本人及其诗歌遗产获得历史认定，得益于不久前的考古发现。1972年，在一汉代墓葬（山东境内）中发现了唐勒的赋作（刻于木板上），在赋的序言中有下述关于作者的简略信息：楚国宫廷诗人，诗人宋玉挚友，楚襄王（前298—前263在位）之廷臣。尽管木板保存状态不佳，这篇在学界被称为《驭赋》的文字仍部分得以恢复。结果发现，其内容是以道家的社会政治观念为基础讲述治理国家的原则。从内容和用词上来看，这篇赋与更晚些出现的道家作品相呼应，首先与《淮南子》彼此呼应。

所发现的唐勒作品首先确定了诗人本人的历史存在；其次，说明司马迁关于楚国存在一些宫廷诗人的看法是正确的，同时表明诗歌创作在楚国十分流行且诗人具有很高的社会威望，在中国古代的南方文化中存在着真正的诗歌传统，绝不止局限于一两个文学家的创作；再次，显示出屈原的后辈诗人受到某些道家思想的影响。也许，这些思想和楚国诗歌艺术的融合恰好成为西汉时期（前3—1世纪）出现的道家传统的源头之一。

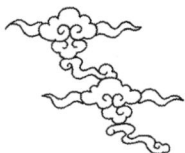

《先秦文学史》，第516—519页；汤漳平《论唐勒赋残简》。

（M. E. 克拉夫佐娃撰，侯丹译）

陶渊明

又名陶元亮、陶潜。365年生于江西柴桑（今九江），卒于427年，诗人。B. M. 阿理克认为，陶渊明"在中国诗歌中的意义大概相当于我们的普希金"。陶渊明在家庭传统和儒家教育的影响之下走上仕途。在7世纪所著的关于他的传记中写道："渊明少有高趣，博学，善属文；颖脱不群，任真自得。"[①]他曾对道家学说产生兴趣，并将注意力转向精英阶层的思潮趋向、行为方式和美学目标。在《命子》中他写道："少学琴书，偶爱闲静。"[②]29岁时他进入官场，但很快弃官辞职。后又两次担任军事高官的参军。405年出任彭泽县令，80天后辞职，并留下一句名言："吾不能为五斗米折腰，拳拳事乡里小人邪！"在后来的岁月他宁愿居于乡村，置身农人之间，也不再接受提供给他的新职位。诗作《归园田居》《归鸟》是在摆脱官僚世界的愿望驱动下而作，官僚世界对德才兼备的饱学之士抱有敌意。陶渊明在散文《五柳先生传》《晋故征西大将军长史孟府君传》《感士不遇赋》中阐释了他心中每个正直的人都应具有的人生目标和道德品质。在赋词《归去来兮辞》中，诗人讲述自己的不幸遭遇，并描绘了一个理想天堂，幻想在那里保留心灵的自由。他赞美离开世俗与走向自然，并将乡村世界引入诗歌。他觉得乡村居民的真挚诚实、由四季更迭所决定的生活秩序非常可贵。亲自参与田间劳动让诗人感到喜悦，并获得道德上的满足感。他同情饱受当权者欺压、饱尝内战之苦的普通百姓，同情心激励他完成了《桃花源记》。该文描写了一个乌托邦天堂，那里没有当权者，居民都过着自由幸福的生活。辞官之后的陶渊明，其世界观在很多方面都遵循"自

[①] 见萧统著《陶渊明传》，实作于6世纪。——译者注
[②] 此句出自《与子俨等疏》，而非《命子》。——译者注

然"原则，"自然"指引他的行为方式，并形成他的诗歌风格。他用朴素明晰的语言令人信服地讲述日常生活的喜乐和操劳（《移居》《命子》《责子》）。在作品上写明年月成为诗人的一种习惯，作品诚挚的情感和真实性让读者在字里行间看到了诗人人生的轨迹。一些具体事实往往会引起诗人对大范围事物的思考。对生命意义的探求、对周围世界的求知心以及善于做出准确的情感回应的能力，促使他写出组诗《杂诗》12首、《拟古》2首①与《饮酒》20首。看来诗人的隐居生活并不孤单，而是一种虽置身人间却能够保持自由、道德纯洁以及不受制约的人际交往选择权的生活方式。陶渊明在生活中珍视享乐和自然愿望，对他来说，酒是生活中的必需品之一。酒既是诗的灵感降临时促使诗人达到独特精神状态的手段，也是号召人与自然和谐统一、摆脱教条主义观点的道家智慧的象征。上文指出的诗人性格和诗歌中的"静穆"（"恬淡""沉静"）特点，与诗人坚强不屈、闪着怒火的目光交织在一起，并在其寻求对脱离尘世与追求更高境界中相结合。他看重大丈夫之间的情谊和处事方式，如《咏荆轲》和《读山海经》。他的作品存世120余篇，这些作品反映了诗人对其所选择的远离庸俗与丑恶的人生道路的独特认识。强大的精神力量、深刻的哲学内涵、丰富多样的观察描写以及充满艺术性的语言，使陶渊明的诗歌和他的个人品格成为一个高峰，吸引着一代又一代后人。

*《陶渊明抒情诗作》，Л.艾德林译，莫斯科，1964年；《陶渊明诗选》，Л.艾德林译，莫斯科，1972年；《秋菊：陶渊明（4—5世纪）的诗》，Л.艾德林译，圣彼得堡，2000年。
**B.M.阿理克《中国文学论集》2卷本，第1卷，莫斯科，2002年，第83页；Л.艾德林《陶渊明和他的诗作》，莫斯科，1967年；Davis A. R. T'ao Yuan-ming (A. D. 365－427): His Works and Their Meaning: Vol. 1－2. Cambr. etc.,1983.

（E. A. 谢列布里亚科夫撰，侯丹译）

① 《拟古》实有9首。——译者注

中国古代文集《楚辞》中的一部长诗，《楚辞》代表古代中国南方地区即楚国的传统诗歌。

《天问》共366行（或183对双行诗）。一般认为《天问》为楚国诗人屈原所写。

这是一篇独特而神秘的作品。《楚辞》均用四言句式写成，从这个特点看，它与《诗经》非常相近。《天问》由修辞性问句组成，问题涉及宗教神话、哲学（自然哲学）和历史学等三个主要方面。哲学方面的问题触及天体演化观和本体论观点，涉及古代自然哲学（太极和阴阳）和道家的理论建构。这些问题都集中在诗歌的开篇部分，开篇再现宇宙起源的图景，认为世界最初是一片混沌、尚未分离的状态，之后的世界分离成"上""下"，两极分化为"暗""明"，最后出现"阴""阳"，阴阳相互作用，最终形成了基本实质三位一体的存在方式，即"天—地—人"："曰遂古之初，谁传道之？上下未形，何由考之？冥昭瞢暗，谁能极之？……明明暗暗，惟时何为？阴阳三合，何本何化？"

接下来展开关于世界结构的论述："圜则九重""九天之际"（即关于天的空间范围和区域）；支撑天穹有八根柱子；等等。历史方面，首先是关于民族历史远古时期的传说，儒家思想蕴含在其中并为其提供理论支持。传说重点强调一些细节特征，这些细节有助于使符合儒家思想的古代权威人物形象更加完整，并使这些人物，如英明的帝王尧、舜（"舜闵在家，父何以鳏？"）和大禹（即制服洪水、传说中夏朝的创立者）更加理想化。

宗教神话方面，则描写了很多人物和情节，这些人物和情节后出现于稍晚（汉朝）的书面文献记载中，如：创造万物与人类的女神女娲（"女娲有体，孰制匠之？"）、太阳女神羲和及神话中与太阳有关的神木若木（"羲和之未扬，若华何光？"）、用弓箭射掉九个太阳的后羿（"羿焉彃日？乌焉解羽？"）。此书所提出的问题都简洁至极，使人难以理解它们的含义，因此，《天问》的所有诗句几乎都有多种不同的解释和学术阐释。

这首长诗的独特性以及它作为古代中国宇宙逻辑观和宗

乙

教神话观源头的特殊意义在世界学术界已获一致认可。争论的主要问题是作品总的思想倾向。首先，关于屈原的形象和其内在面貌的看法就有多种版本。在始自王逸（89—158）的注疏传统中，下述观点占据主导地位，即诗人屈原发现了世界的矛盾性和不可理解性，他力求理解当时世界的深层本质，便向所有最高知识的源头——天寻求答案，长诗的名字应该理解为"向天提出的问题"。在学界，这篇诗作被认为具有知识性或论战性的意义。一般认为，屈原也许是在陈述他所处那个年代对世界的看法，并指出其中的矛盾和疏漏，也许是有意将这些知识蒙上神秘色彩，为的是不让外行人参与其中。也有可能正相反，这部长诗是教育年轻人的独特教材，论辩性提问的形式有助于年轻人更容易地掌握知识。至于《天问》的论战倾向，则有如下这些观点：屈原不满宫廷文人的因循守旧和学识浅薄；批评统治阶级的思想意识、批评捍卫统治阶级利益的儒家世界观；使劳动人民不再相信灌输给他们的信仰，包括对天的崇拜；诗人完全不再相信人们，并且否定当时社会普遍接受的精神价值（即"屈原向天发出挑战"）。

有一种说法认为，这部长诗的作者属于楚国宗教精英阶层（祭司）。《天问》证明，中国中原一带传统文化中的一些信仰、观念和道德准则缺乏根据，没有说服力，这些观念已深植于南方文化（当时中国四分五裂，内战频繁），而且已破坏了楚国的精神基础。这部长诗的作者不接受道家思想，可能因为楚国社会老一辈精英阶层（祭司）和新一代思想者之间的矛盾已经凸显，新一代人希望建立与过去信仰相异的思想体系，并希望这个思想体系成为楚国国家体制的支柱。究竟哪一种说法更符合实际，将来的研究也许会给出答案。

《天问》出现在所有版本的《楚辞》汇编中，也有单行本出版。除文艺学研究外，当今所有研究中国古代宗教文化的著作均会引用、分析这部长诗的内容。

*《天问》，A.阿达里斯译，载《中国诗选》第1卷；《天问》（片段），M.E.克拉夫佐娃译，载《中国文学作品选》，第76—78页；"The Heavenly Questions" // Hawks 1959; "The Riddles" // Li Sao and Other Poems of Qu Yuan; "Tianwen: Interrogations ce´lestes" // E´le´gies de Chu... **M.E.克拉夫佐娃《中国古代诗歌》，第146—150页；E.A.谢列勃里亚科夫《论屈原和楚辞》，第195—196页；H.T.费德林《屈原》，第127—130页；王运熙《天问天对注》；林庚《天问论笺》；《中国古代著名哲学家评传》第1卷，第14—40页；游国恩《天问纂义》；Field S. Tian wen...; он же. Cosmos, Cosmograph, and the Inquiring Poet...

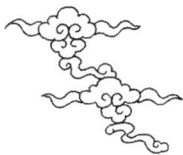

（M. E. 克拉夫佐娃撰，侯丹译）

田汉

原名田寿昌，曾用笔名陈瑜、绍伯、张坤。1898年3月12日生于湖南长沙附近的田家塅，1968年10月12日于北京逝世。中国戏剧家、诗人、翻译家、社会活动家。出身农民家庭。1914年毕业于长沙师范学院，然后去日本留学。1922年回国。他对文学的兴趣缘于当时流行的易卜生、霍普特曼和安德列耶夫的作品，尤其迷恋席勒的作品，但俄罗斯文学，主要是列夫·托尔斯泰和赫尔岑的作品对他的文学发展起到了决定性影响。俄国十月革命对田汉产生巨大影响。1935年他为聂耳（1912—1935）的歌曲撰写歌词《义勇军进行曲》，1949年起这首歌成为中华人民共和国国歌。

中国共产党党员（1932年入党），中华全国戏剧工作者协会[①]主席（1949—1966），中国剧作家协会主席（1959—1966），中华全国文学艺术界联合会[②]副主席（1949—1966）[③]，第一届、第二届全国人民代表大会代表，中国人民政治协商会议委员，政务院文化教育委员会委员（1949—1966），文化部戏曲改进局局长，还担任其他官方职务。田

① 1953年改组为中国戏剧家协会。——译者注
② 1953年更名为中国文学艺术界联合会。——译者注
③ 据中国曲艺网"中国文学艺术联合会简介"，田汉于1960年当选为该组织副主席。——译者注

汉在20世纪20年代进入中国文学界，是中国现代戏剧和话剧的奠基人，是新文学语言和现代戏剧美学的创建者。他在其译作和自创作品中建立了以日常口语准则为基础的文学语言，解决了新艺术的美学问题。他写道：新戏剧在与传统戏剧彻底划清界限的同时也要保留与民族遗产的深层联系，现代戏剧的史诗性特点根植于古典戏曲，但重点已转向理性成分，而非感性成分；力求让观众参与到对现实的艺术感知中，让观众能根据一个线索想象出整个画面，这是在观众影响力方面的基本原则，因此作品的情节性就要特别突出；在独幕剧中这就是一个舞台场景，在多幕剧中则是多个场景的独特"蒙太奇"，每个场景都很重要，一个场景并不一定由另一场景派生而来；焦点集中在对话上，但是对话不一定具有戏剧性，无论是谈论日常事件还是抽象议论，都倾向于平静地陈述；戏剧富有哲理性，思维从具体到抽象，发掘日常现象中的重大意义；叙述缓慢，从不同角度展开；剧作家依次将注意力集中于揭示每个人物的性格上，就像电影中的慢镜头；通常，剧本中有很多象征性符号，这些符号通过对现实的理性和感性两方面的认识结合在一起；话剧可称为"静剧"，情感波动作为隐秘的深层内心活动的表征仅隐约可见；人物面临严酷的、必须做出的选择，人性也随之得以呈现；讽喻是在日常性的背后发掘普遍性，这一手法源自过去的传统；时空设置与西欧戏剧相接近，但也吸收了古典戏曲的经验。田汉奠定的美学准则后被另一些剧作家发扬光大。

田汉的一生就是一部半个世纪的中国戏剧艺术史。他写出100多部剧本。他第一个向自己的同胞介绍外国戏剧，将莎士比亚的《哈姆雷特》《罗密欧与朱丽叶》、奥斯卡·王尔德的《莎乐美》等作品译成中文。20世纪20年代，田汉开始发表自己的作品。早期剧本描写爱情，如《咖啡店之一夜》（1920年写于东京，1922年发表，1925年上演，1932年修改于上海，1959年再改于北京）、《获虎之夜》（1922年创作，1924年发表，1925年上演）、《湖上的悲剧》（1928年创作，1928年上演，1929年发表）、《南归》（1929年

创作，同年上演并发表）等，这些作品充满浪漫主义精神，同时反映社会矛盾——尽管初看觉得剧中人物除了个人幸福外没有什么其他追求。田汉表现了高尚与卑鄙、坚定与软弱、浪漫主义与实用主义之间的矛盾，作为启蒙主义者的他提出了与生活意义、幸福、责任、良心和公平正义相关的伦理道德问题。在新事物与旧事物的冲突中，真理和正义绝不是一直站在新事物的一方。对爱情和婚姻问题的广泛关注使作者有理由确信，无论是宗法制道德、封建道德，还是资本主义道德，都不能给人以个性自由和社会自由，女性尤其成为受迫害者。20世纪20年代，田汉开中国文学之先河，在剧本中表现工人主题，如《午饭之前》（1922年创作，同年发表），《火之跳舞》（1929年创作，同年上演，1930年发表）。在话剧《江村小景》（1927年创作，1928年上演，1930年发表）和悲剧作品《苏州夜话》（1927年创作，1928年发表，1928年上演）中，他揭露军阀混战、兄弟相残的本质。《苏州夜话》中的主要人物是个画家，这便于田汉在两个方面展开对话：一方面是社会政治事件，另一方面是创作个性。田汉认为，创作者有义务用艺术服务人民，对时代的责任感促使艺术家在社会中寻找自己的位置，并努力促进应有的转变尽快发生，艺术的力量就在于它与生活的直接接近。在悲剧《名优之死》（1927年创作，1929年上演并发表）中，剧作家继续就创作个性问题展开对话。该剧本不是建立在主人公和他对立面的冲突之上，而是建立在烦扰主人公生活的所有矛盾之上。田汉指出，真正的艺术常建立在一些具有罕见才华之人自我牺牲的基础之上。在田汉的整个创作过程中，艺术一直是一个重要主题。

田汉剧作的浪漫现实主义风格说明了其对现实的复杂态度，他强调的是人与社会相互关系的多样性。20世纪20年代末，田汉转向批判现实主义立场，他的批判现实主义是浪漫主义倾向和更为强烈的社会现实主义特点的复杂结合。将各种现象"压实"为一个整体，这构成了民族文学进程的独特性：中国文学正在加速发展，一些由于历史发展的必然性而出现的文学现象来不及完成其使命就消失了，然而它们并未

衰亡，而是与另外一些旧的、重新壮大起来的文学现象在动态的斗争与融合中留存下来。

田汉从文学走向剧场，他从未想过脱离剧场。他创立南国社（1927—1930），一些剧作家、作曲家、画家和演员加入进来。他另创建南国艺术学院，设有文学、戏剧、美术三科，还编辑出版杂志《南国周刊》和《南国月刊》。田汉亲自编排节目，剧本常诞生于剧院的舞台上，如《第五号病室》（1929年创作，1929年上演，1930年发表）、《古潭的声音》（1928年创作，1928年上演并发表）、《孙中山之死》（1929年创作，1929年上演并被禁，1929年发表）等。田汉的艺术创作成为反对反动派、为新文化和新生活而斗争的有力武器。南国社在演完田汉强化了政治倾向性的剧本《卡门》（1930）后被当局解散。

20世纪30年代，田汉的创作进入新阶段。转入地下活动后，他并未放弃武器，而是成为中国左翼作家联盟的发起人。在他的剧作中，社会斗争的主题占据了主导地位，如《顾正红之死》（1931年创作，1933年发表）。在他的剧本中，上海工人阶级的悲惨处境在阴郁的日常生活景象中得到展示，正在发生的事件让人想起生活中痛苦的教训（剧本《梅雨》，1931年创作，同年发表；《月光曲》，1932年创作，同年发表）。在歌剧《扬子江的暴风雨》（1934年创作，同年上演，1936年发表）中，他反映了斗争的另一方面，该剧本描写世界和劳动者发生革命性转变的过程，在中国戏剧中首次出现反映主人公具体生活环境和状态的城市景色，而且重要的是，城市景色具有心理化和社会化的特点。田汉继续创作剧本，或描写爱情（话剧《黎明之前》，1935年创作，同年上演，1937年发表），或反映知识分子的探索（《暴风雨中的七个女性》，1932年创作，同年发表），或描写农民的心理状态，表现他们对故乡的热爱以及他们在乡村进行的斗争（《洪水》，1935年创作，同年上演并发表）。但是，在田汉创作中占据中心地位的则是反对侵略的爱国主义主题，如剧本《乱钟》（1932年创作，同年上演并发表）、《战友》（1932年创作，同年发表）、《回春之

曲》（1934年创作，1935年上演并发表）等。这些剧本再现中国人民的新面貌，从个性冲突和道德冲突的角度来揭露社会矛盾，表现同外部敌人和国内反动派进行斗争的复杂性。1935年，田汉因积极参与政治活动被捕，1936年获释，他并没有背叛自己的信仰，立刻写出剧本《阿比西尼亚的母亲》（1936年创作，同年上演，1937年发表），在剧中反对一切战争带来的恐怖。

在发动群众为争取独立、反对奴役者和"生活主子"而进行斗争的过程中，田汉探索出一些全新的戏剧形式，如"活报剧"、音乐剧和改编旧戏等。他将高尔基的《母亲》（1932年改编，1933年发表，1934年上演）、托尔斯泰的《复活》（1933—1936年改编，1936年上演并发表）、鲁迅文集《呐喊》中的小说《阿Q正传》（1937年改编，同年上演并发表）改编成剧本，为新戏剧和传统戏剧培养干部，出版发行戏剧杂志。1945年田汉住在上海，并准备开始创作剧本《丽人行》（1946年创作，同年上演，1957年发表），该剧本反映了那些年间中国的社会政治环境，世界上发生的一些事件之间的相互关系，剧本的名字是个隐喻，令人想到杜甫（712—770）在那篇著名的同名诗作《丽人行》中所反映的可悲现实。他认为，爱国人士的斗争终将赶走侵略者，苏联在第二次世界大战中的胜利起了决定性作用。1957年，田汉在庆祝十月革命胜利40周年之际访问苏联。在和苏联人民的交往中，田汉表现出他对苏联人民毫不掩饰的好感，他对苏联人民的喜爱在他很多艺术作品中都有直接体现。

1949年以后，田汉成为中国戏剧界的领导之一。他创作了关于13世纪伟大的中国戏剧家关汉卿的历史剧《关汉卿》（1958年创作，同年上演并发表，俄译本由О. Л. 费什曼完成，1959）。历史剧《文成公主》（1959—1960年创作，1960年上演并发表）肯定了民族的团结统一。

戏剧《谢瑶环》（1961年创作，同年上演并发表，俄译本由Л. Н. 孟列夫完成，1990）描写"人民与统治者"的主题，剧本触及20世纪60年代思想政治斗争的本质，田汉隐晦

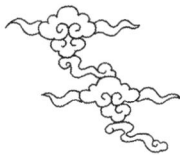

地传递出当时国内的氛围，戏剧冲突反映了精神矛盾和社会政治斗争的紧张状态。1979年田汉恢复名誉，他当之无愧地跻身于中国著名文学活动家的行列。

*《田汉剧作选》，北京，1959年；田汉《文成公主》，北京，1961年；《田汉戏剧选》，长沙，1981年；《田汉文集》，第1—16卷，北京，1983年；田汉《关汉卿》，莫斯科，1959。**Л.А.尼科利斯卡娅《田汉与中国20世纪戏剧》，莫斯科，1980年；《田汉专集》，南京，1984年；何寅泰、李达三《田汉评传》，长沙，1984年。

（Л. А. 尼科利斯卡娅撰，侯丹译）

*田汉《影视追怀录》，北京，1981年；《田汉电影剧本选集》，北京，1983年；《田汉论创作》，上海，1983年；田汉《在你节日的那一天》，П.科马罗夫译，载《外贝加尔》，1948年第2期，第196—198页；田汉《义勇军进行曲》，С.博洛金译、T.西科尔斯卡娅译，载《普通人的歌》，莫斯科，1954年，第169页；田汉《谢瑶环》，Л.Н.孟列夫译，载《中国当代戏剧》，莫斯科，1990年，第3—93页。**B.C.阿吉马姆多娃《田汉：时代背景中的肖像》，莫斯科，1993年；С.B.尤特凯维奇《在自由中国的剧院和影院》，莫斯科，1953年，第111—129页。

（А. И. 科布杰夫补充参考文献，侯丹译）

田间

原名童天鉴。1916年生于安徽，1985年去世。诗人。1933年开始发表作品，中国左翼作家联盟成员。文集《未明集》（1935）和《中国牧歌》（1935）反映对当时社会现实的否定和对未来变革的期待。田间是现代文学中抒情叙事诗的发起人之一，在叙事诗《中国农村的故事》（1936）中讲述农民进行斗争的故事。在全面抗日战争时期（1937—1945），田间展现了自己作为诗人演说家的才华，他是"时代的鼓手"，也是马雅可夫斯基的崇拜者。他在这一时期的诗歌均收入诗集《给战斗者》（1938）和《她也要杀人》

（1938），其中很多诗歌是面向群众的篇幅短小、饱含激情的作品（街头诗、传单诗）。

在解放区，诗人参加土地改革工作，创作长篇叙事诗《赶车传》（1946—1948），后来又对长诗进行续写。20世纪50年代，诗人对国家生活中的所有重大事件都有所回应，他作为散文作家和政论作家持续发表作品，并编辑出版诗歌杂志。1978年，献给周恩来总理的诗集《清明》问世。田间作品的俄译出现在多种俄文版中国现代诗歌选本中。

*田间《我的短诗选》，北京，1953年；田间诗作，载《中国在广播》，赤塔，1953年，第16—35页；田间诗作，载《中华人民共和国诗人》，莫斯科，1953年，第109—141页；《赶车传》，北京，1954年；《一九五八年创作歌选》，北京，1958年；《长诗三首》2卷本，北京，1958年；田间诗作，载《中国新诗（1919—1958）》，莫斯科，1959年，第296—332页；《中国诗歌》，莫斯科，1982年，第176—177页。**С.Д.马尔科娃《中国民族解放战争时期的诗歌》，莫斯科，1958年；Л.Е.车连义《战争年代的中国诗歌》，莫斯科，1980年。

（B.Ф. 索罗金撰，侯丹译）

铁凝

1957年生于北京。父亲是画家，母亲是声乐教授。13岁时写出第一篇短篇小说。1975年中学毕业后下乡4年，其间完成《夜路》《丧事》等名篇。1975年首次发表作品。1979年开始成为职业作家。

短篇小说《哦，香雪！》获全国优秀短篇小说奖（1982），铁凝因此出名。在这篇作品中，她准确描绘了20世纪80年代末中国社会的情况（强烈渴求革新，对改革开放满怀希望），她的小说突出表现一些最先出现的主要问题，如对个性的关注、对普通公民（其中包括她的同辈公民）的关注以及对农民处境的忧虑。

铁凝的主要作品有：《哦，香雪！》（1990年拍成

电影），中篇小说《没有纽扣的红衬衫》（1985年拍成电影）、《永远有多远》、《村路带我回家》（1988年拍成电影），长篇小说《无雨之城》《大浴女》。5卷本文集已出版。

1975年加入中国共产党，2002年当选为中国共产党中央委员会候补委员。1982年加入中国作家协会，2006年当选为中国作家协会主席，积极参与社会工作。

*铁凝《对面》，石家庄，1995年；铁凝《甜蜜的拍打：小说选集》2卷本，北京，2001年；铁凝《哦，香雪！》，C.托罗普采夫译，载《中国之变：中国当代小说和随笔》，莫斯科，2007年，第79—97页；《永远有多远》，Н.А.司格林译，载《雾月：中国当代小说选》，圣彼得堡，2007年，第9—55页。**Г.Б.科列茨《铁凝创作中不同年代主人公的共同问题》，载《中国当代文学语境中的王蒙》，莫斯科，2004年，第166—187页。

（Г. Б. 科列茨撰，侯丹译）

王安石

字介甫，号半山，世称荆公。1021年生于抚州临川县（今江西省抚州市临川区），1086年卒于江宁（今江苏省南京市）。杰出的政治家、改革家、诗人、散文家、哲学家。他是一位卓越非凡的人物，关于他在中国历史上的作用至今依然众说纷纭。他罕见的博学和超凡的记忆力令其同时代人感到震惊。他出身小官吏家庭，1042年考中进士，之后官运亨通。1058年上书皇帝，建议在全国实行变法。1067年成为翰林院翰林。1068年，神宗（1067—1085年在位）即位后认为有必要在国内进行重大改革，亲近改革派。1069年，王安石被任命为参知政事，他于1069—1076年间实行改革，旨在增加国库收入、限制私有者利益范围、全面增强国力。改革分为财政改革、军事改革、田地改革、司法改革、行政改革和教育系统改革。由于上层官吏激烈反对改革以及宫廷倾轧，他被迫于1074年辞职，但于1075年再次被任命为宰相。1076年，王安石最终被罢黜，这标志着改革派的彻底失败。他生命的最后几年在江宁郊区山上自己的庄园度过，致力于诗歌创作，与僧人交谈。正是在生命的晚年，这位天才人物全面地展示出自己的文学才华，他创作于1076—1086年的诗歌作品被列入中国文学的黄金宝库。

流传至今的《临川先生文集》收有其各类作品，如给皇帝的奏疏、书信、对经典的注疏、祭文和诗歌。王安石在中国文学史上更以杰出散文作家著称，他与韩愈（768—824）、柳宗元、欧阳修、苏轼、苏洵（1009—1066）、苏辙和曾巩（1019—1083）并称"唐宋八大家"。

在散文作品中，他写给皇帝的上疏《万言书》（1058）广为人知，其主要内容是改革纲领。现存王安石就具体问题上书皇帝的报告即"表"共94篇。其作品通常被收入中国文选的有《杨墨论》《游褒禅山记》《答司马谏议书》。在《答司马谏议书》中，作者对著名政治家司马光（1019—1086）对他的指责进行分析，捍卫自己的政治原则。书信，即"书"，在王安石的文学遗产中为数甚众，其特点是风格简洁优美、逻辑严密和论辩有力。在王安石对古典书籍所作注疏中，最为著名的是对《诗经》《尚书》和《周礼》的注疏，此书取名《三经新义》。

保存至今的他的诗近1300首，其中近900首律诗严格遵循平仄，300余首古体诗则无格律，或格律并不严整。

王安石还写有29首词，最著名的词作是历史主题的《金陵怀古》，词牌名《桂枝香》。他是较早试图扩大词的题材范围的词人之一，是苏轼和辛弃疾的先驱。

王安石的创作可划分为两个阶段，即在任时期的诗作和退隐之后的诗作。他早期偏爱古体诗或大型格律诗。他有很多在外省就任时写的作品表达了对人民的同情，对社会未来的担忧。他在诗作《河北民》中描写朝廷借口给北方邻国缴纳贡赋，从与契丹政权辽国（916—1125）和党项政权西夏（1032—1227）接壤的河北农民那里勒索附加税的史实。

王安石的早期诗歌具有鲜明的政治色彩，可用于研究他

的政治观点和治国理念。《商鞅》一诗即如此，此诗描写著名政治家、法家奠基人之一商鞅（约前390—前338），作者在诗中不仅表达了对其描写对象的崇拜，而且也颂扬后者的治国方法。众所周知，王安石在其改革纲领中对商鞅的观点多有借鉴（首先是法律在治国理政中的重要性，以及即便小错也要严厉处罚的立场）。王安石一些诗作的题目本身就能证明他对历史人物主题的兴趣，如《张良》《司马迁》《孔子》《秦始皇》。

在生命的最后几年，诗人几乎没有创作任何表述其政治观点的诗作，它们让位于哲学思索和山水抒情诗。他生活平静，在大自然的怀抱里从容不迫，写下许多短诗。王安石将自己被迫远离社会生活的感受、心理状态和对世界的哲学认识通过富有容量和表现力的绝句成功表达了出来。如《江上》一诗，就理应归入他的诗歌杰作。王安石在描写自然方面总是匠心独运，后期更臻文雅精致。他这一时期的诗歌充满对生活和命运、对尘世存在的瞬间与永恒的沉思。他借助落花的形象表达对生命短暂的深沉思考（《北陂杏花》）。

王安石的许多诗作渗透着陶渊明抒情诗的特有情绪，酒和花是他最后几年诗歌中的常在主题。在《浣溪沙》和《菩萨蛮》等词作中，大自然怀抱中的生活与官场的忙碌纷扰形成对照（"青苔"在作者的诗歌中象征摧毁一切的时间）。这时的王安石醉心于禅宗，创作出一系列充满佛教用语的诗歌作品（如词作《望江南》《南乡子》）。王安石的观点大多具有混合性，在一组诗里既可表现道教思想，也可再现佛教观点。他生命的最后时期被认为是其创作的兴盛期，而绝句则是他诗歌中的明珠。

王安石独特的修养有助于他在作品中广泛使用联想与历史暗语。与此同时，他的诗歌清新优美，语言简练，家喻户晓。唐代诗人尤其是杜甫和王维对他影响很大。尽管他的改革在中国传统史学中受到尖锐批评，但他的文学天赋却从未受到质疑。他生前就被视为杰出诗人，风格受到其同时代人和后代诗人的竞相模仿。

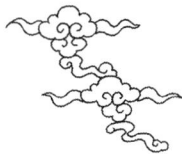

*《临川先生文集》，北京，1959年；《王荆公诗注补笺》，成都，2002年；王安石诗作，载《宋代诗歌》，莫斯科，1959年，第103—115页；《印度、中国、朝鲜、越南、日本古典诗歌》，莫斯科，1977年，第338—340页；《古代东方文学》，Н. М. 萨扎诺娃编，莫斯科，1996年，第367—369页；《云上居士：宋代诗歌》，圣彼得堡，2000年，第47—53页；《悲欢集：宋代诗人十二家》，Е. А. 谢列勃里亚科夫，Г. Б. 雅罗斯拉夫采夫编译，莫斯科，2000年；《王安石论仪式和音乐》，А. Б. 卡尔卡耶娃译注，载《俄国科学院远东所简报》2000年第3期，第117—126页。**А. И. 伊万诺夫《王安石及其改革》，圣彼得堡，1909年；А. Н. 科罗勃娃《王安石（1021—1086）的诗歌创作》，载《第十届东亚地区哲学和当代文明学术研讨会文集》，莫斯科，2005年；З. Г. 拉皮娜《中国11世纪40—70年代的政治斗争》，莫斯科，1970年；Л. Д. 波兹德涅耶夫《其同时代讽刺文中的"11世纪的中国改革家"》，载《莫斯科大学学报（东方学版）》1970年第1期，第65—74页；Е. А. 谢列勃里亚科夫《王安石（1021—1086）的词作》，载《列宁格勒大学学术笔记》，1980年，第403期，第23辑，东方学之七；吴志达《王安石诗歌研究》，载《文史哲》，1957年第12期，第18—26页；蔡上翔《王荆公年谱考略》，上海，1959年；赵益《王霸义利——北宋王安石改革批判》，南京，2000年；Williamson H.R. Wang Anshih, a Statesman and Educationalist of the Sung Dynasty, Vol. 1－2, L., 1935－1937.

（А. Н. 科罗勃娃撰，侯玮红译）

1954年生于南京，当代女作家，剧作家王啸平和著名女作家茹志鹃的女儿。1970年中学毕业后赴安徽农村插队。1972年在徐州市参加工作，1975年开始文学创作，1978年在上海任儿童杂志《儿童时代》编辑并首次发表作品。[①]20世纪80年代在中国作家协会文学讲习班学习，1983年参加美国艾奥瓦大学国际写作计划。1987年成为专业作家。她写有60多篇短篇小说、30多部中篇小说、7部长篇小说和大量

[①] 王安忆首次发表作品是1976年在《江苏文艺》发表散文《向前进》。原文不确。——译者注

乙

王安忆

随笔。她以《本次列车终点》荣获1981年全国优秀短篇小说奖，以《流逝》荣获1982年全国优秀中篇小说奖，以《小鲍庄》荣获1985年全国中篇小说奖。她的长篇小说《长恨歌》（1995）获茅盾文学奖。王安忆现任上海市作家协会主席。她的作品多次被译成外文并在国外出版。

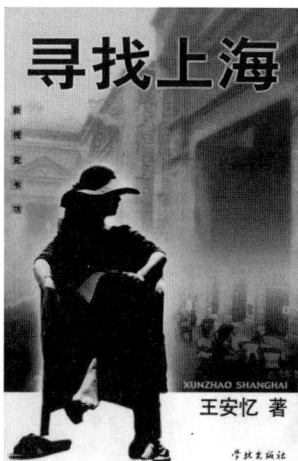

寻找上海

王安忆 著

*王安忆《本次列车终点》，В.苏霍鲁科夫译，载《中国当代小说》，莫斯科，1988年，第46—74页；王安忆《最后的和弦》，Е.罗日杰斯特文斯卡娅译，载《树王：当代中国中篇小说》，莫斯科，1989年，第109—182页；王安忆《老康归来》，Ю.伊利亚辛译，载《我们的同时代人》（纪念中华人民共和国成立50周年特刊），莫斯科，1999年，第83—87页；《上海人：中国作家作品选》，圣彼得堡，2003年，第4—74页；王安忆《上海姑娘》，Д.华克生译，载《中国之变：中国当代小说和随笔》，莫斯科，2007年。**Д.В.利沃夫《中国当代女作家王安忆的生活和创作》，学位论文，圣彼得堡，2007年；《中国当代文学辞典》，武汉，1996年，第120页；Feuerwerker, Y. M. "The Post-Modern 'Search for Roots' in Han Shaogong, Mo Yan and Wang Anyi" // idem. Ideology, Power, Text: Self Representation and the Peasant «Other» in Modern Chinese Literature, Stanf., 1998, pp. 188‑238; McDougall B. "Self-Narrative as Group Discourse: Female Subjectivity in Wang Anyi's Fiction" // Asian Studies Review, 1995, Vol. 19, No. 2, pp. 1‑24; Tang X. B. "Melancholy against the Grain: Approaching Postmodernity in Wang Anyi's Tales of Sorrow" // Chinese Modernism: The Heroic and the Quotidian, Durham, 2000, pp. 316–341; Wang B. "History in a Mythical Key: Temporality, Memory and Tradition in Wang Anyi's Fiction" // Journal of Contemporary China, Abingdon, 2003, Vol. 12, No. 37, pp. 607‑621; Yue G. "Embodied Spaces of Home: Xiao Hong, Wang Anyi, and Li Ang" // The Mouth that Begs: Hunger, Cannibalism, and the Politics of Eating in Modern China, Durham, 1999, pp. 293‑330.

（А. Н. 热洛霍夫采夫撰，侯玮红译）

中国精神文化大典

文学·语言文字卷

王勃

乙

字子安。约650年生于绛州龙门（今山西河津），约卒于676年。中国唐代（7—10世纪）诗歌"黄金时代"初期著名诗人，与杨炯（650—约693）、卢照邻（637？—689？）和骆宾王（638？—？）并称"初唐四杰"。

王勃出身书香门第，是著名大儒王通（584—617）之孙，诗人王绩（585—644）的侄孙。他很早出名，在他的官方传记（如《新唐书》）中记载，王勃6岁作古诗，9岁能读颜师古（581—645）对《汉书》的权威注疏，指出其中错误并写成10卷本的《指瑕》（后佚失），12岁获封"神童"并被邀请进宫，15岁获得第一个官职。然而，起初辉煌的仕途并未一帆风顺，因为高宗皇帝（649—683年在位）读到王勃所写一诗，该诗描写当时皇亲国戚中流行的斗鸡游戏，皇帝读出诗中暗含的讽意，勃然大怒，削去王勃的官职。669年，王勃去帝国的西南部游览（这一时期他创作出大量风格鲜明的山水抒情诗）。回到京城后，他于672年从军①，但再次被解职。他转而投奔由于参与密谋而被发配至中国东南边陲的父亲②。他的早亡（渡海溺水，惊悸而死）是中国文学的巨大损失。

王勃的部分作品已佚失。16卷的《王子安集》包含80余首诗作（主要是五言律诗和绝句）和近90篇散文。

王勃反对其先辈过分修饰的宫体诗。其诗歌的主题之一是与朋友的离别，如《送杜少府之任蜀州》《别薛华》《江亭夜月送别二首》。他充满乡愁的山水诗在同时代人中也广为所知，如绝句《山中》和《春游》。

他有近10首古体诗留存至今，其中最著名的是《临高台》，其中饱含对京城显贵的讽刺。诗作《采莲曲》和《秋夜长》描写妇人对出征丈夫的深切思念，它们不只在修辞上继承了乐府民歌的传统，而且还拓展了乐府民歌的思想内容。王勃最著名的作品是《滕王阁序》，它是宴会上的即兴之作，后被选入几乎所有的中国文选读本，至今仍被视为古文典范。王勃的传记见于《旧唐书》和《新唐书》。

---

① 当指672年王勃补虢州参军。——译者注
② 此处原文不确。据新旧《唐书》、《唐才子传》，王勃之父王福畤是受王勃擅杀官奴一案牵连，贬交趾令。——译者注

＊《王子安集》16卷，上海；《全唐诗精选译注》第1册，长春，2000年，第20—25页；《阿理克院士译中国古典小说》，莫斯科，1958年，第194—200页；《印度、中国、朝鲜、越南、日本古典诗歌》，莫斯科，1977年，第237—238页；《唐代诗歌（7—10世纪）》，Л.艾德林编，莫斯科，1987年，第27—28页；《太极：唐代诗选》，B.M.阿理克译，圣彼得堡，2003年，第74—75页。＊＊《王勃诗解》，青海，1980年；骆祥发《初唐四杰研究》，北京，1993年。

（A. H. 科罗勃娃撰，侯玮红译）

王粲

　　字仲宣，177年生于山阳（今山东邹城西南），卒于217年。"建安体"诗歌的主要代表之一，"建安七子"之一。

　　王粲的传记见于陈寿（233—297）所编官方史著《三国志》（第21卷）。王粲出身于一个在汉室（前3—3世纪）倾颓时反对皇族的贵族家庭。他17岁从军，参加许多征战，后成为在中国东南地区壮大势力的孙氏家族的军事幕僚[1]，在那里度过近16年不得志的时光。借顶头上司去世的机会（208年），王粲依附拥有重兵的曹操，并很快成为曹操的亲信之一。曹操拥有自己的封地（即魏，213年）后，王粲得到宰相秘书的职位（"侍中"）。214—216年王粲在陪同曹操征战中度过。他身患重病，在归途中病逝。

　　王粲的诗歌遗产包括26首诗作（体裁为乐府和"诗"），其中大部为组诗，另有20篇完整文章和5篇赋作片段。

　　现存3部最权威的王粲作品集，一为《王侍中集》（1卷），收入张溥（1602—1641）所编合集，另两部篇幅不一，但均题为《王仲宣集》，分别收入两部合集，一卷本收入杨峰晨（19世纪）所编合集，三卷本收入丁福保（1874—1952）所编合集（1916）。王粲的抒情诗作收入丁福保辑本（1964）和逯钦立（1910—1973）辑本，赋作收入严可均（1762—1843）辑本。

---

[1]　此处似有误，据《三国志·王粲传》记载，王粲这时投奔了刘表。——译者注

王粲的所有乐府诗，如组诗《太庙颂》（3首）和《俞儿舞歌》（4首），均是与官方祭祀颂歌即"宫乐"相近的庆典仪式作品。其中一组诗作（4首）是诗人致友人的诗体书信，如《赠蔡子笃诗》《赠文叔良》等。这是主要以四言诗写成的长篇诗作（50行或更多）。其内容是对献诗对象的恭维，其中也掺杂对个人事务和情绪的诉说，主题就是对这些挚友的思念。王粲的诗体书信事实上在中国抒情诗领域创立了一个主题流派（歌吟男性友谊的诗歌）。

　　其余诗作均以五言诗格写成，篇幅中等（10—18行），其中最好的是组诗《七哀诗》，它由创作于不同年代（193—208）的3首诗组成。

　　第一首诗讲述诗人逃离毁于战火的长安城。诗的开篇形象生动地描绘人去城空、野兽沿街奔跑的画面，全诗的核心部分是诗人遇见一位女难民，这位母亲意识到她已无力救助即将饿死的孩子，于是把哭泣的婴儿丢弃在路边："路有饥妇人，抱子弃草间。顾闻号泣声，挥涕独不还。未知身死处，何能两相完？"

　　在第二首诗中，诗人吐露自己身处南方时的感受。对故乡的思念，怀才不遇的感受，深知往日的愿望已无法实现——这一切像重担一般压在他的心上："荆蛮非我乡……独夜不能寐，摄衣起抚琴。丝桐感人情，为我发悲音。"后来，深夜无眠时的抚琴情节就成为表达抒情主人公内心痛苦的一种诗歌形式。

　　在第三首诗里，王粲转向威胁国家和人民的战争与灾难题材。站在边城要塞的城墙上，他痛苦地望着下面扎好的营寨："登城望亭燧，翩翩飞戍旗。行者不顾返，出门与家辞。子弟多俘虏，哭泣无已时。"

　　诗作《咏史》和组诗《从军行》（5首）在内容和情绪上与《七哀诗》相接。在《咏史》中，诗人通过回忆一段段历史来思索治理国家的原则，这种文学手法同样为后来的抒情诗创作所继承，促成一个诗歌类型——"咏史诗"的诞生。

　　组诗《从军行》收入王粲军旅岁月最后一段时期创作的

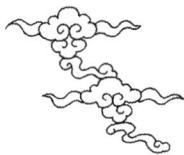

诗。作为曹操的幕僚，他显然在发挥一个宫廷诗人的功用，为后代子孙刻画出三军统帅的智慧和勇气。因此，诗中充满对曹操的颂扬及对曹军战事顺利的描写（尽管诗中所描写的远征事实上以失败告终）。与此同时，这里也清晰地响彻着战时苦难、战士命运多舛的主题："征夫怀亲戚，谁能无恋情！"还有："孤鸟翩翩飞，征夫心多怀。"仿佛出于意外的坦诚（在第二首诗中），诗人承认自己绝无乐观情绪。尚未适应铠甲的身体疼痛不已，心被悲伤和怀疑折磨，然而却无人可诉说。

与公民抒情诗形成鲜明对照的是一些贯穿溢美之词和安静庄严语调的饮宴诗和宫廷娱乐诗，如《公宴诗》和组诗《杂诗》中的前两首，其中第二首写道："列车息众驾，相伴绿水湄。幽兰吐芳烈，芙蓉发红晖。……白日已西迈，欢乐忽忘归。"

两首收入《杂诗》中的寓意诗组成王粲抒情诗中又一种主题和情绪都很独特的类型。它们很像寓言，是对伟大古代诗人屈原和宋玉之创作的发展，诗中写道，真正高尚的人注定孤独（就像凤凰），但他也不可能妥协，背叛自己的理想与价值："联翩飞鸾鸟，独游无所因。……愿及春阳会，交颈遘殷勤。"《杂诗》第五首写道："鸷鸟化为鸠，远窜江汉边。……邂逅见逼迫，俯仰不得言。"

王粲的散文诗表现为"古典的"赋作和"抒情的"赋作，最著名的赋作是《登楼赋》，这是组诗《七哀诗》结尾一诗的扩展版。《登楼赋》再现了同样的文学情境（站在军营瞭望塔上的诗人），同样的思想与情绪（诗人对国家灾难的悲哀沉思，明白自己无力改变任何现实的绝望）。

王粲还创作了其他一些赋作，有军事与社会政治题材（《出征赋》《大暑赋》），有道家哲学题材（存在的暂时性，人类行为的转瞬即逝，如《酒赋》）和道教题材（《游海赋》和《白鹤赋》片段）。大量爱情主题的赋作呈现了这一主题固有的多样类型，如离别主题（《寡妇赋》），始自宋玉作品的凡人与仙女的爱情故事（《神女赋》），暗含色情意味的爱情题材的赋（《闲邪赋》）。后者讲述男人由

对情人的感官欲望而生的爱情体验（"建安体"的其他文学家如陈琳、阮瑀、应玚也有内容类似的作品）。王粲的抒情小赋如《鹦鹉赋》《白鹤赋》《杨柳赋》等，就其形式特征（不大的篇幅，五言诗格律，准确的韵脚）而言其实为诗，就其内容而言则是诗体寓言。按照《典论·论文》作者曹丕的意见，抒情小赋恰是王粲最好的作品："粲长于辞赋。"

王粲的诗歌得到同时代人以及5—6世纪评论家们的极高评价。在《诗品》中他被列为"上品"诗人。该书作者钟嵘认为王粲是可与曹植并列的文学家，并指出他的手法独一无二："在曹、刘间，别构一体。"（刘即刘桢）。对王粲的创作还有更热情的评价，沈约在《史论》中同样将他和曹植并列："子建、仲宣以气质为体，并标能擅美，独映当时。"《文选》收有王粲的《登楼赋》和10首诗作，数量超出除曹植外的所有"建安体"诗歌的作家。

后世评论家们对王粲创作的意见出现分歧。一些评论家视他为代表"建安风骨"和整个六朝时代（3—6世纪）的主要文学家之一。另一些评论家则相反，认为其诗缺少才华，其作品没有表现力（几首著名的公民抒情诗除外）。评价最尖刻者当属胡应麟（1551—1602）："仲宣才弱，肉胜骨。"当代研究承认王粲是"建安七子"的领袖，但仍将主要注意力置于其公民抒情诗。如今，再也无人将他与曹植并列。

*《三国志》第21卷，第3册，第597—598页；《文选》第11卷，第1册，第21—23卷；《王仲宣集》；《王侍中集》；收入王粲抒情作品的集子有逯钦立辑本（第1卷，第357—367页）和丁福保辑本（1964年版，第1卷，第175—182页），其赋作见严可均辑本第1卷，第958—966页；王粲《登楼赋》（Γ.雅罗斯拉夫采夫译）、《七哀诗》（A.斯塔罗斯金译），载《中国诗选》第1卷，第293—298页；王粲《登楼赋》，B.M.阿理克译，载《中国古典小说杰作》第1卷，第198—199页；《中国文学作品选》，第151—154页；Die Chinesische Anthologie... Vol. 1, pp. 311‑312, 373‑377; "Climbing the Tower" // Watson B. Chinese Rhymeprose..., pp. 21‑24; "Poem

of Seven Sorrows" // An Anthology of Chinese Verse, pp. 26‑27; "Rhapsody on Climbing the Tower" // Wen xuan... Vol. 2, pp. 237‑242; "Stilling Evil Passions" // Hightower J. R. The Fu of T'ao Ch'en, pp. 174‑175. **B.M.阿理克《中国文学论集》第1卷，第382页；《魏晋文学史》，第106—113页；《魏晋南北朝文学史参考资料》，第1卷，第138—199页；林庚《中国文学简史》，第1卷，第167—168页；吴云《建安七子集校注》，第141—142页；《钟嵘诗品译注》，第58—59页；沈约《史论》，第1099—1100页；Frankel H. H. The Flowering Plum..., pp. 28‑29; Miao R. C. Early Medieval Chinese Poetry...

（M. E. 克拉夫佐娃撰，侯玮红译）

王昌龄

字少伯，世称王江宁，约698年生于京兆长安（今陕西西安），约卒于756年，诗人。唐朝时期中国边疆战火纷飞，由此产生"边塞诗派"，王昌龄是其著名代表人物之一。

王昌龄的仕途大起大落。727年进士及第，任职华南地区，12年后遭贬黜，次年返回京城。后在江宁（今南京）谋得高位，数年后再遭贬谪，被流放南方。安史乱起，再度调任江宁，但在调任途中为亳州刺史所杀。[①]

李白、孟浩然、王维、高适等均与王昌龄交厚，有诗相赠。王昌龄生前即名重一时，尤以七言绝句见长，堪与"诗仙"李白相媲美。

王昌龄有180余首诗作留世，近半数为七言或五言绝句。

其诗歌主题多为描写边塞军旅生活或寄托思乡之情。"边塞诗"受乐府（乐府民歌）影响较大，雄浑磅礴。

另有送友人诗近50首，如《芙蓉楼送辛渐二首》《送魏二》等，其中心意象是笛声和深夜的猿啼。

女性题材在他的诗歌中也占据重要地位（如《越女》和

---

① 原文所述多不确。据新旧《唐书》及《唐才子传》等资料，王昌龄727年进士及第后，官校书郎，后调汜水尉，似均非"任职华南地区"；后迁江宁丞，官位甚低，似不为"高位"；贬龙标尉后，以世乱返乡，途中遇害，未见"再度调任江宁"等语所据。姑存之俟考。——译者注

《采莲曲》），尤其是对遭弃宫女之忧愁的抒写（如《春宫曲》和《闺怨》）。

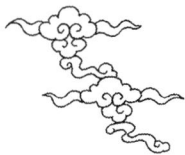

*《王昌龄诗集》，江西，1981年；《唐五十家诗集》，编者不详，上海，1981年（据明代刻本影印）；王昌龄诗作，见《全唐诗精选译注》2卷本，长春，2000年，第1卷，第174—190页；《中国古典诗歌：唐朝》，H. T. 费德林编，莫斯科，1956年，第73—76页；《唐代诗歌（7—10世纪）》，莫斯科，1987年，第63—64页；《遥远的回声：中国抒情诗选（7—9世纪）》，Ю. K. 楚紫气编，圣彼得堡，2000年，第108—165页；《常道：唐代诗选》，B. M. 阿理克译，圣彼得堡，2003年，第187—193页。**Lee J. J. Wang Ch'angling. Bost., 1982.

（A. H. 科罗勃娃撰，侯玮红译）

王得臣

字彦辅，号凤台子，1036年生于安州安陆（今属湖北省），卒于1116年。北宋（960—1127）文学家和官员，精通经典的著名学者王昭素（894—982）的后裔，出身旧式书香人家，其家族自古重视学识，然而关于他的生平信息却支离破碎。他在其编纂的笔记集序言中写道："予年甫成童，亲命从学于京师。凡十阅寒暑，始窃一第。"众所周知，王得臣师从当时多位名家，据其笔记记载，其中对他影响尤大的两位是郑獬（字毅夫，1022—1072）和胡瑗（字翼之，993—1059）。王得臣从学于郑獬，之后与他一起游历中国。郑獬在王得臣心目中的威望毋庸置疑，在王得臣的笔记集中常被描述为一个知晓一切之人，王得臣言及某位杰出人士或朝廷人物的段落多以"郑獬曾说"开头。王得臣与胡瑗在京师相识，当时后者于皇祐年间（1049—1054）任教于国子监，王得臣在后者指导下开始研习《易经》。

1059年，王得臣考中进士，入朝为官，"自此，宦牒奔走，辙环南北"。王得臣从岳州（今湖南省）巴陵令一直做

到朝廷要职。1097年秋因眼疾辞去官职。他曾被封四品官员。王得臣在宁静中度过余生。作为一位藏书家，王得臣编有大量文集，并对所有家藏图书亲自校正。王得臣81岁去世。

王得臣留下几部作品，其中包括《凤台集》（似是他的全集），一定数量的诗作（众所周知，王得臣编有三卷本《凤台子和杜诗》），以及他唯一流传至今的笔记集《麈史》。

*И.А.阿利莫夫《笔端》第1部，圣彼得堡，1996年，第90—99页。

（И. А. 阿利莫夫撰，侯玮红译）

王蒙

1934年生于北京。近数十年间最著名的作家之一，出身知识分子家庭。1948年加入中国共产党地下组织。1955年起在杂志发表作品（短篇小说《小豆儿》）。1956年，短篇小说《组织部新来的青年人》令他名闻全国。1957年被打成右派，开除党籍，并被下放接受"劳动改造"，1978年后平反。1979—1980年发表的中短篇小说《春之声》《海的梦》《夜的眼》《布礼》以及其他运用"意识流"手法的作品在报刊上掀起争论，既有支持"新风格"的声音，也有所谓"背离传统"的指责。王蒙著述甚丰（2003年以前在中国和外国出版155部单行本，除中国外，这些国家包括法国、日本、德国、意大利、美国、俄罗斯），曾多次荣获优秀短篇小说奖。人民文学出版社出版了23卷《王蒙作品集》。王蒙作品的主要题材都有关知识分子和党的工作者，其内容方面的核心思想，即将意识从以往的桎梏和教条中解放出来，承认个体的自我价值。作家的创作风格鲜明表现在其短篇小说中，他偏好广阔深邃的言外之意和丰富的联想。他在创作中以"意识流"手法、象征意义和更多的心理分析方法对以

中国精神文化大典

文学·语言文字卷

现实主义为特点的新文学加以丰富。王蒙的散文风格类似随笔，幽默而又主观，讽刺性很强，这些均深深扎根于民族的优秀经典。他的创作对当代中国文学产生了巨大影响。2002年，中国成立王蒙创作研究院。2003年9月，王蒙从事创作活动50周年前夕，在由教育部、文化部、中国作家协会和中国海洋大学主办的国际会议上，他在中国文化和社会生活中的特殊作用得到肯定。王蒙曾是中共中央委员（1985—2003），1986—1989年任中华人民共和国文化部部长，现任中国作家协会副主席（1985年起），国际笔会中心中国分会副会长，中国海洋大学文学院院长。他篇幅最大的作品是长篇小说《青春万岁》、《活动变人形》、"季节系列"（《恋爱的季节》《失态的季节》《蹒跚的季节》《狂欢的季节》），以及中篇小说《杂色》《布礼》《湖光》。

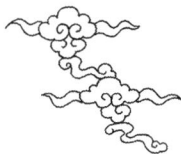

*《王蒙选集》1—4卷，天津，1984年；王蒙《组织部新来的青年人》，B.索罗金译，载《人妖之间》，莫斯科，1982年，第25—62页；王蒙《春之声》，载《记忆》，莫斯科，1985年；王蒙《杂色》，C.托罗普采夫译，载《人到中年》，莫斯科，1985年，第25—62页；王蒙《青春万岁》，莫斯科，1988年；王蒙《冬天的话题》，C.托罗普采夫译，载《中国当代小说》，莫斯科，1988年，第93—119页；《王蒙选集》，C.托罗普采夫编，莫斯科，1988年；《中国之变：中国当代小说和随笔》，Д.Н.华克生编，莫斯科，2007年，第17—78页，第418—421页。**Г.阿马诺娃《王蒙创作中的新疆主题》，载《东方民族的文学和文化》，莫斯科，1991年，第3—10页；《当代中国文学语境中的王蒙》，论文集，莫斯科，2004年；Д.Н.华克生《文学肖像速写》，载《中国之变：中国当代小说和随笔》，莫斯科，2007年，第486—489页；C.A.托罗普采夫《王蒙：创作追寻和获得》，载《远东问题》1984年第2期；C.A.托罗普采夫《中国当代作家王蒙小说中的"意识流"元素》，载《东西方文化的相互关系》，莫斯科，1987年；C.A.托罗普采夫《文学主人公的生态学》，载《远东问题》1993年第4期；E.K.舒鲁诺娃《中国作家王蒙（1934年生）小说中的创作和创作个性概念》，学位论文，莫斯科，2005年；《王蒙年谱》，青岛，2003年；《名家评点王蒙名作》，青岛，2003年。

（B.Ф. 索罗金、C.A. 托罗普采夫撰，侯玮红译）

王融

字元长，467年生于琅邪郡（今属山东），卒于493年。政治家，诗歌流派"永明体"的代表，文学团体"竟陵八友"成员之一。

官方史籍中有关王融的传记有两种，见于萧子显（489—537）所撰《南齐书》（卷47）和李延寿（618？—678？）所撰《南史》（卷19）。王融出身强大的北方贵族之一（琅邪王氏），该族成员在4—5世纪曾大权在握。王融功名心重且刚愎自用（在其传记中这一点常被提及），青年时代竭尽全力追求高位。开始做一位亲王的秘书丞[1]，很快得到将军称号，即"宁朔将军"（负责整顿秩序的统帅），进入京城最高阶层。王融赢得南齐（479—502）皇族宠幸，齐武帝（482—493年在位）及其二子，即文惠太子和竟陵王萧子良均看重他。王融20余岁即位居中书郎，且有望很快升为宰相，但政权更替，他被控谋反之罪而遭处死。

王融的文学遗产包括两首赋、一部曾给当时人留下强烈印象的散文作品《三月三日曲水诗序》，另有约100首诗作（42首乐府，其余为"诗"）。张溥（1602—1641）为其辑《王宁朔集》。王融的抒情作品收入丁福保（1874—1952）辑本（1964）和逯钦立（1910—1973）辑本，其赋辑入严可均（1762—1843）辑本。

王融的抒情诗不仅笔法高超，而且匠心独运，颇有几分曹操诗歌的神韵，富有自由的表现力和迸发的灵感，形象鲜明，诗行如火花般动人。这首先反映在他的颂诗里（如组诗《齐明王歌辞七首》中的《明王曲》）："明王日月照，至乐天地和。幸息云门吹，复歇咸池歌。……露凝嘉草秀，烟度醴泉波。皇基方万祀，齐民乐如何。"

如此乐观愉快、生气勃勃的激情和充满想象力的灵感同样贯穿他道教题材的诗作，其中首推组诗《游仙诗五首》："命驾瑶池隈，过息嬴女台。……璧门凉月举，珠殿秋风回。青鸟鶱高羽，王母停玉杯。举手暂为别，千年将复来。"（组诗第三首）

---

[1] 据《南齐书》，王融先为晋安王、竟陵王参军，迁太子舍人。融以父官不通，上书齐武帝求自试，遂迁秘书丞。原文谓"做一位亲王的秘书丞"，不确。
　　　　　　　　　　　　　　——译者注

王融的爱情诗充盈着愉悦、甜蜜和幸福的气息，《咏幔诗》就是一个鲜明例子，诗中用系在床柱（比喻男子）上的帐幔（比喻女子）形象生动表现一个慵懒、迷人的美人形象："幸得与珠缀，幂历君之楹。月映不辞卷，风来辄自轻。"

另外一些情绪，如对平凡生活中不可接近、不可企及的事物难以抑制的怀想，对转瞬即逝的时光的感叹，以及对于诗人来说有些突兀的深思熟虑，在作者佛教主题的诗作中得到抒发。作为一个早就具有佛教信仰家族传统的人，王融拒绝仅对佛教思想进行简单描述，他在寻找传达这种思想的艺术方式，并事实上创立了一种全新的描绘体系。此类诗作有组诗《法乐辞十二首》，它们被视为中国佛教主题诗歌的范例，如《双树》一诗："亭亭宵月流，胐胐晨霜结。川上不徘徊，条间亟渝灭。灵知湛常然，符应有盈缺。感运复来仪，且厌人间世。"

王融作品就总体而言是兴高采烈的，其抒情主人公甚至毫无内心的痛苦与悲哀的思绪，这与当时确立的美学标准是相对立的。王融在文学的天穹明亮地闪过，却疾速地陨落。在钟嵘所著《诗品》中，王融被归为"下品"诗人。钟嵘在序言中将王融称为永明体领袖，这只不过是在强调钟嵘对该诗歌流派的蔑视态度。在王融死后30多年编纂的著名选集《文选》仅收入他的《三月三日曲水诗序》，也就是说，他并无一篇诗作被收入这部选集。在后世文学理论著述和当代学术著作中，他仅被称为永明体的代表之一。直到20世纪末，学界对王融创作态度的认识才开始改变，承认其创作是永明体诗歌和整个六朝（3—6世纪）诗歌遗产中不可分割的一部分，在中国抒情诗发展历史的画卷上留下了清新、独特的一笔。

*《南齐书》第47卷第2册，第817—824页；《南史》第21卷第2册，第575—578页；《王融谢朓传》，M. E. 克拉夫佐娃译，载《彼得堡东方学》，圣彼得堡，1992年，第1辑，第173—178页；《王宁朔集》；《文选》第46卷第2册，第

王实甫

1012—1019页；收录王融抒情诗作品的选集：丁福保编，1964年版，第1册，第779—795页；逯钦立编，第2册，第1385—1406页；其赋作，见严可均编，第3册，第2854—2865页；《文心雕龙》，第285—292页；《中国文学读本》，第213—215页；《中国诗》，第210页；《中国文学作品选》，第213—215页；Chinese Poetry…, p. 210. **M. E. 克拉夫佐娃《永明体诗歌》；刘大杰《中国文学发展史》第2卷，第292页；曹道衡、沈玉成《南北朝文学史》，第161—164页；《钟嵘诗品译注》，第31—33页，第235页。

（M. E. 克拉夫佐娃撰，侯玮红译）

王实甫乃元代篇幅最长（共20折）[①]、最负盛名的杂剧《西厢记》的作者，该剧情节基础为元稹（779—831）所著《莺莺传》，后者多次被改编为各种不同体裁的民间故事。在创作时间和篇幅上与王实甫的《西厢记》最接近的，是董解元（12、13世纪之交）的同名诸宫调作品。《西厢记》的故事情节并不复杂：出身贫寒的书生张生[②]在进京赶考途中路过普救寺，与崔相国的女儿莺莺相逢。两个年轻人心生爱慕，但因门第不当而遭莺莺母亲反对。后寺庙遭匪徒围攻，老夫人便不得不宣称，若张生能替她们解围，便将女儿许配于他。张生击退围攻，老夫人却突然悔婚，并命二人结为兄妹。这令张生和崔莺莺痛苦不堪。但在勇敢机灵的丫鬟红娘的帮助下，两人暗中幽会。在既成事实面前，老夫人依然试图设置障碍，最终却不得不妥协。张生通过考取状元证明了自己。王实甫《西厢记》中的人物结局与元稹所著传奇小说大相径庭，后者宣传封建礼教，而王实甫则主张感情自主、婚姻自由。戏剧中对于主人公性格的细节描写甚多，且多用优美的诗句来表现两人的情感世界。《西厢记》历经多次改编，以适应后世的戏剧体裁，一直保持旺盛的舞台生命力。王实甫还著有剧作《破窑记》和《丽春堂》。《破窑

---

① 实为5本21折。——译者注
② 俄语拼为张公，但习惯称其张生。——译者注

记》也描写富家女和穷书生的爱情故事，但情节更为复杂。《丽春堂》是一部根据历史故事所编的喜剧。

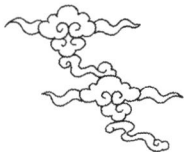

*王实甫《西厢记》，Л.Н.孟列夫译，莫斯科，1960年。**Т.А.马里诺夫斯卡娅《〈西厢记〉戏剧情节在15—17世纪中国戏剧中的发展》，载《远东文学研究理论问题之八》，第2部，1988年，第193—200页；Л.Н.孟列夫《〈西厢记〉的作者问题》，载《东方学问题》1961年第2期，第149—151页；Л.Н.孟列夫《关于〈西厢记〉的最新版本》，载《亚非民族》1961年第6期，第165—167页；张人禾《近百年〈西厢记〉研究》，载《社会科学战线》1996年第3期，第36—44页。

（B.Ф.索罗金撰，侯玮红译）

王朔

1958年生于北京[①]，当代作家。王朔在部队大院长大，中学毕业后参加海军，后入北京医药公司工作。1978年发表处女作，1992年出版王朔作品集四卷，1998年《王朔自选集》问世。其作品体裁多为中短篇小说，另著有多部随笔集（如《无知者无畏》，2000）。

王朔的创作是中国当代文学中一个有趣的现象。他在20世纪80年代中期到90年代初期创作的中短篇小说在国内引起强烈共鸣，他迅速成为受欢迎的作家之一，并被称为中国文坛的"痞子"。其作品中主人公毫不妥协的言论、辛辣的讽刺和精彩的幽默，使他成为众多读者膜拜的偶像，与此同时，也使他遭到很多人的无情批判。《顽主》（1987）、《一点正经没有》（1989）、《一半是火焰，一半是海水》（1986）、《玩的就是心跳》（1989）等小说问世后，评论界称其为"文学流氓"。究其遭到围攻的原因，其中之一便是其小说中对作家形象的毫不偏袒和对知识分子的讽刺。对于香港畅销武侠小说作家金庸的批判，更加强了王朔及其作品的"丑闻"和"不从传统"的影响。王朔不仅从事文学活

① 当为江苏南京，原文有误。——译者注

动，一开始便宣称自己是"用写书赚钱"的作家，他还积极撰写电影和电视剧剧本，其结果是，评论界轻蔑地称其为"商业作家"和"市场作家"。

在语言和风格方面，王朔是出色掌握口语中各种微妙元素的典范（这也增加了翻译其作品的难度），如他本人所说，应当出声地阅读他的作品。他试图在其作品中建立民间口头故事的韵律。王朔的作品是其复杂而矛盾的内心世界的一面镜子，他多愁善感，细腻温柔，但又语言辛辣，喜欢无耻的抗辩，表现幻想的破灭，偶尔闪现出带有理想主义和浪漫主义思想的怀疑论。王朔展现了从"文化大革命"至今北京生活的鲜活画卷，但这并非对过去生活方式的眷恋，而是对北京各种传统、社会体制和新的市场经济风尚等复杂合成的再现。

王朔多描写社会边缘的故事。他敏感地捕捉到中国从20世纪80年代中期开始发生的根本变化，如私营企业的成长、大批人下海经商、贫富分化的加剧等。他描写的人物多是退伍军人、小企业主、恶棍无赖、整日打扑克的穷光蛋、美丽浪漫而又敏感的姑娘、罪犯及社会边缘人士。《空中小姐》（1984）、《浮出海面》（1985）、《橡皮人》（1986）、《痴人》（1988）等小说均以传统文学所忽略的城市新阶层为描写对象。

王朔创作的多面性在于他既满足了广大读者对于浪漫爱情故事、悬疑侦探情节的阅读需求，又以对权威话语的反抗、对生活和国家命运的思索吸引着知识分子，同时还以复杂出奇的结构以及对于语言的完美掌握吸引着"纯文学"的爱好者们。

王朔作品经常反映作家自身的经历。《动物凶猛》（1991）和《看上去很美》（1999）两部作品因富于抒情性、心理描写和坦率而在同类作品中出类拔萃。作品讲述主人公的童年和青年时光，其中很多细节都带有作者的影子。这是关于童年的恐惧、渐逝的梦想以及对爱情幻想的最初记忆，也是关于成年的痛苦与失望的娓娓讲述。故事发生的背景是政治运动"文化大革命"，然而在孩子、少年、青年的

眼中这一政治运动却是完全不同的。王朔作品的独特价值就在于对待这场政治运动的全新视角。

在作品结构方面，王朔力图做到富有动感和多层次阅读，为此他借鉴了西方作家的一些方法。王朔公开表明自己受莫里亚克、海明威、普希金等作家的影响，但同时他也高度评价中国古典文学所取得的成就，他视曹雪芹的《红楼梦》为自己的样板。

王朔的多部作品被搬上荧屏[如电影《阳光灿烂的日子》（1994），导演姜文凭此片获戛纳电影节奖①]。他有很多作品被译成多种文字，在世界多国出版。

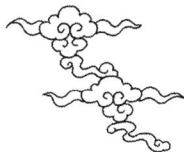

*《王朔文集》4卷本，北京，1992年；《王朔自选集》，北京，1998年；王朔《看上去很美》，北京，1999年；王朔《无知者无畏》，沈阳，2000年；王朔《一半是火焰，一半是海水》，E.扎维多夫斯卡娅译，载《中国之变：中国当代小说和随笔》，莫斯科，2007年。**Д.Н.华克生《文学肖像速写》，载《中国之变：中国当代小说和随笔》，莫斯科，2007年，第496—498页；E.A.扎维多夫斯卡娅《王朔：作者声音和自我推进策略》，载《远东文学问题：第二届国际学术研讨会论文集》第1卷，圣彼得堡，2006年，第128—132页；陈思和《中国当代文学史教程》，上海，1999年，第329—331页；陈晓明《表意的焦虑：历史祛魅与当代文学变革》，北京，2002年，第129—138页。

（E. A. 扎维多夫斯卡娅撰，刘娜译）

字摩诘，701年生于太原郡祁县，卒于761年。中国著名的诗人之一。与中国和俄罗斯不同，大多数西方汉学家支持《旧唐书》中记载的王维生卒年代，即699—759年。王维的性格和生活观是学习儒学经典和历史著作，以及在母亲影响下研习佛教教义和礼仪的结果。王维很早就显现出文学才

王维

① 原文误。此片获得第51届威尼斯电影节金狮奖提名，并未获得戛纳电影节奖项。——译者注

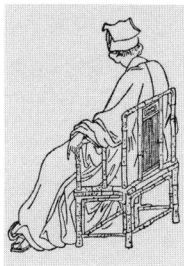

能，他著名的七言绝句《九月九日忆山东兄弟》写于他17岁时。721年，他考取进士，负责管理皇家祭祀时的礼乐，但不久因公务疏漏被贬，降为小官，任职偏远的济州（今山东长清）。他的诗中表达了对不受当局重视的士大夫们之人生遭遇的不满情绪。大约自730年回到京城长安（今陕西西安）后，王维的诗中明显增强了对佛教问题的兴趣，不少诗作描写与和尚的友谊及对话。他描写寺庙中的虔诚氛围、宗教仪式和陈设细节，思考佛教教义。王维深谙佛教典籍，精通中国佛教的历史，对唐代近十种佛教流派均细心揣摩。在探寻之后，他视禅宗为亲近，他认为禅宗的本质是道，即"自然"。王维的诗歌在很多方面继承了陶渊明的传统，这并非偶然，其诗也在诉说人生的短暂、追求功名利禄的了无意义。他应佛教团体请求写过赞佛文和伽陀诗。诗人一边为官，一边在精神追寻和创作活动中坚持自由。737年，他受命从军，在中国西北地区度过一年多时间，写下30余首乐府民歌形式的边塞诗。在其现存的400首诗作中有70余首以男人的友谊为主题，同时有机交织着生命易逝的主题和探索人类生存意义的主题。8世纪40年代中期，诗人一有机会便离开京城去往终南山（今陕西省境内），后在辋川河畔建一别墅，在那里与知心好友共度时日。他是一名出色的山水抒情诗大师，其高超技艺的前提是他在禅宗和道教思想影响下形成的能力，即能敏锐理解所见画面的隐秘实质，并在创作观照的瞬间发现风景细节间深刻的相互联系。他的山水抒情诗再现了人丰富多彩的心灵状态，这样的人能在与自然的相处中获得幸福和满足，获得对生命和时间的深入思考。在他所描绘的风景画面中，主观认识与大自然的实际状态赢得和谐的均衡（如由20首五绝构成的组诗《辋川集》，另如《田园乐七首》《终南山》《渭川田家》）。他在安史之乱（755）中被俘，因于洛阳，获释后继续担任要职。王维时常研习佛教，相信因果与轮回。他还是一位天才的画家、书法家、音乐家和艺术理论家。王维的山水田园诗与中国的绘画传统很接近。

*《王维诗选》，北京，1959年；《王维诗选》，A. 吉托维奇译，莫斯科－列宁格勒，1959年；《王维诗选》，A. 施泰因贝格译，莫斯科，1979年；《唐代诗歌（7—10世纪）》，莫斯科，1987年，第66—109页；《辋川集》，P. B. 格里谢科夫编，B. T. 苏霍鲁科夫序，圣彼得堡，2001年。**Г. Б. 达格达诺夫《王维创作中的禅宗》，新西伯利亚，1984年；Ю. A. 索罗金《王维（701—761）的诗歌和禅宗教》，载《佛教的哲学问题》，新西伯利亚，1984年，第102—114页；Ю. A. 索罗金《费特与王维：基因相似？》，载《语言、意识和交际》，第13辑，莫斯科，2000年，第31—37页；B. T. 苏霍鲁科夫《论王维诗歌中的社会批评成分》，载《远东文学研究的理论问题之八》第2部，1978年，第185—194页；B. T. 苏霍鲁科夫《王维诗歌之俄译》，载《东方古典文学》，莫斯科，1972年，第200—223页；张清华《王维年谱》，上海，1988年；Wagner M. Wang Wei, Bost., 1981; Yu P. "Wang Wei: Recent Studies and Translations" // Chinese Literature, Madison, 1979, Vol. 1, No. 2, pp. 219‑240.

（E. A. 谢列布里亚科夫撰，侯玮红译）

字逸少，303年或321年生于琅邪郡（今属山东）。书法家，文学家，艺术创作理论家，书法理论家。王羲之的传记存于官方史著《晋书》（第80卷）。他出身北方（黄河流域）古老、强大的贵族之一（琅邪王氏），该氏族在311—317年事件后于中国南部诸朝代的政治生活和统治机构中占统治地位。王羲之的伯父王导（276—339）是东晋（317—420）创建者的战友和首席大臣。王羲之生活优裕，从小就才华惊人。他入朝为官后，多次被委以重任，青年时代即获"右军将军"一职，此为他社会活动的巅峰。后来，他认为创作比为官更好。他定居会稽（今浙江绍兴），名义上为一县之长（即"内侍"）。王羲之传记中最精彩的内容是他与谢安（320—385）的友谊。谢安后来成为著名统帅，他同样出身名门世家，不过是南方的陈郡谢氏。朋友们在谢安的庄园举办类似诗歌沙龙的聚会，参加者有许多当时著名的文

学家和文化活动家，其中包括玄言诗派的代表庾阐、许询、孙绰，还有和尚支道林、画家顾恺之等。

王羲之的主要创作范畴是书法，既包括理论也包括实践。书法实践中的两种基本风格即"隶书"和"草书"的形成和确立，均与他的名字紧密相连。草书后来演变成几种流派，历来深受书法大家和鉴赏家推崇，认为它最大限度地传达了艺术家的精神（即"气"）以及创作活动的自然属性。传统上认为，王羲之是书法的"自然属性"的坚定支持者，他认为一切艺术创作活动均为自然规律和自然原则的体现。据说为了深入钻研这些风格，他曾亲自观察禽鸟的行为和习性。

王羲之最重要的理论作品是随笔《兰亭序》，它是由亲朋好友的即兴诗作组成的诗选《兰亭诗》的序文。此外，王羲之还有一系列关于书法技巧和书法流派的文章，其中包括《笔经》。《笔经》列举自汉朝开始各种用于书写的笔的种类，描述它们的构造特点和使用方法。王羲之创作遗产中有相当一部分是各种体裁的散文作品，尤其是书信（致友人书）。

诗歌对王羲之而言显然不是主业。他共有3首诗作存世，即诗体书信《答许询诗》和《兰亭诗二首》，后者系为庆祝353年阴历三月三日他们的集会所作即兴诗。他的《咏笔赋》是《笔经》的诗歌变体。

王羲之的作品集《晋王右军集》收入张溥（1602—1641）所编合集。其抒情诗收入丁福保（1874—1952）辑本（1964）和逯钦立（1910—1973）辑本，赋作和理论著述收入严可均（1762—1843）辑本，论著《笔经》则辑入《古今图书集成》。

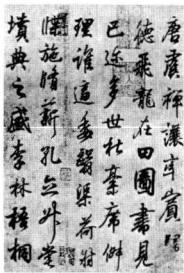

*《晋书》第80卷，第7册，第2093—2102页；《古今图书集成》，第147卷；《晋王右军集》；收入王羲之抒情作品的文集：逯钦立辑本，第1卷，第895—896页，丁福保辑本，1964年版，第1卷，第431页；收入其赋作和理论作品的文集：严可均辑本，第2卷，第1580—1610页。**Л.Е.别任《谢灵运》，

第75—76页；Л.Н.孟列夫《中国书籍史略》，第15—19页；《中国人名大辞典》，第154页；《中国历史人物辞典》，第125页。

（M. E. 克拉夫佐娃撰，侯玮红译）

王延寿

字文考，一字子山，生活于2世纪前30年，生于南郡宜城（今湖北南部①）。东汉（1—3世纪）著名的赋作家之一。

王延寿的生平见于范晔（398—446）所编《后汉书》（第80卷）。王延寿系《楚辞》的编纂者王逸（89—158）之子，自幼便表现出超凡文学天赋，但年仅20余岁就溺于湘水（湖南省）。

王延寿有文集（3卷），现已不存。严可均（1762—1843）辑本收有王延寿3篇赋作，即《王孙赋》《鲁灵光殿赋》和《梦赋》。

《王孙赋》为道教题材，在内容和形象上接近长诗《招隐士》。

《鲁灵光殿赋》被视为颂赋的典范之一（被收入《文选》），它歌颂鲁国（在今山东西南部）王宫的宏大。灵光殿是中国造型艺术史上的重要源头之一，王延寿幼时到过这里。《鲁灵光殿赋》用娴熟的笔触描写宫殿壁画，为后世判断汉代巨幅绘画的发展水平和特点提供了来源："图画天地，品类群生。杂物奇怪，山神海灵。"描绘壁画的最后几行诗构成中国美学思想史上的第一次尝试，即将自然观、绘画创作的意义和教化功能结合起来，有些类似儒家的诗学观点："贤愚成败，靡不载叙。恶以诫世，善以示后。"

《梦赋》是中国赋体裁发展史上较有特色的作品之一，其中描写了诗人的噩梦和梦中与可怕的鬼怪搏斗的场景："其为梦也，悉睹鬼神之变怪，则蛇头而四角，鱼首而鸟

---

① 原文误。宜城在今湖北省北部。——译者注

身，三足而六眼。"

王延寿的创作在5—6世纪的文学批评中备受赞誉。刘勰在《文心雕龙》中指出其作品有"飞动之势"，为"辞赋之英杰"。但中国传统学界和当代的文学研究界均对其关注不多，大多只在对东汉时期赋作进行宏观分析时才略有提及。

*《后汉书》第80卷，第2册，第2618页；《文选》第11卷，第1册，第230—236页；收有王延寿赋作的文集见严可均辑本，第1卷，第790—791页；王延寿《梦赋》（M.克拉夫佐娃译），载《中国文学作品选》，第109—112页；Die Chinesische Anthologie…, Vol. 1, pp. 166‑169; Wen xuan…, Vol. 2, pp.263‑278. **M.E.克拉夫佐娃《中国古代诗歌》，第321、393—395页；M.E.克拉夫佐娃《中国艺术史》，第248、546页；刘勰《文心雕龙》第2卷，第8章，第134页；曹道衡《汉魏六朝辞赋》，第89页；《中国古代文学词典》，第1卷，第13页；Gao J. P. The Expressive Act in Chinese Art..., p. 21; Harper D. Wang Yanshou's Nightmare Poem.

（M. E. 克拉夫佐娃撰，刘娜译）

文

指作为文化载体的高雅词汇。"文"最初指"花纹、图案"，这一含义在星相术和天文学科术语中保存至今（如"天文"）。后来，"文"又指象形文字和文学。

孔子（前551—前479）认为，"文"是需要保存、传承和模仿的古代传统之载体。那些被列入儒家经典的古老书籍均属于"文"，如《诗经》《尚书》《周易》《周礼》《仪礼》等。后来还有一些古代文献被纳入"文"的范畴，"文"的概念逐渐扩大到指所有与文字相关的文化概念。

君王身边的"君子"被视为"文"的守护者，他们对"文"的传统非常精通，当君王有违这一传统时，他们须出面纠正。与这一术语的哲学含义相关的是儒家的"正名"学说，因为在"文"中重要的是对词语的正确使用，必须对事

物和行为做出准确称呼。比如，行为与君王不符的人就不能被称为君王。

公元元年左右，"文"的代表多是执掌朝政的官员，这是因为自公元前121年起选拔官吏的考试以"文"为内容。由此产生文治（"文"本身就有文官的意思）和武治的对立，而文治更受推崇，并产生出受过良好教育的文官阶层，即"儒"，该阶层在1世纪后半叶被视为"文"的承载者。"文"被视为传统的最包罗万象的表达，对一个人身上有利于治国的正面品质之最高概括。而在朱熹（12世纪）的学说中，这一概念不再具有包罗万象的意义，通过"天文"可纠正人的具体行为，而通过"文学"则可纠正家庭、社会、国家的共同基础。"文"这个字也被引入当代文化领域的各种术语，如文学、文艺、文才、文遗、文物、文化、文明、文字，等等。

**B.M.阿理克《中国文学（1920年）》，载B.M.阿理克《中国文学论集》第1卷，莫斯科，2002年，第65—89页；K.И.郭黎贞《19世纪至20世纪初中国的雅文学理论》，莫斯科，1971年，第12—27页；K.И.郭黎贞《中国中古文学理论中"文"的定义》，载《历史语文学研究》第2辑，莫斯科，1972年；И.С.李谢维奇《上古和中古之交的中国文学思想》，莫斯科，1979年，第16—31页；A.C.马尔蒂诺夫《古代中国精神文化的诸多特征（之一）》，载《第十五届中国社会和国家学术研讨会论文集》第1部，莫斯科，1984年；A.C.马尔蒂诺夫《古代中国精神文化的诸多特征（之二）》，载《第十六届中国社会和国家学术研讨会论文集》第1部，莫斯科，1985年。

（Л. Н. 孟列夫撰，刘娜译）

《文赋》

六朝时期（3—6世纪）重要的文学理论著作之一，也是重要的中国美学思想著作之一，其作者为3世纪下半叶的重要文学家陆机。

《文赋》的文本见于陆机文集，亦见于萧统所编《文选》（第17卷）。《文选》中首次出现对《文赋》作注疏的版本。另有诸多中国文学合集收入《文赋》，首先如严可均（1762—1843）的汇编。另有一些对《文赋》进行注疏的单行本。

《文赋》是"赋"这一体裁的典范，其篇幅很长（共1658个汉字），结构复杂，意义丰满，用词精巧。《文赋》由前言（120个汉字）和主体文本组成，使用135种格律单元（源于诗歌韵律和韵脚的特性），每个格律单元均有特定的意义差异。其中有105个六言格律单元，17个四言格律单元，9个五言格律单元，七言、八言和混合格律单元共3个，还有1个由15个汉字组成的格律单元。传统注疏学和当代文学研究界通常将赋中的诗句每两行划为一节（共有53个诗节），它们按照含义可分为12或16组（如《阿房宫赋》）。《文赋》涉及中国文学理论的所有基本问题，如"文"作为文学的本质，诗歌创作和创作个性的特性，文学作品的形式层面与意义层面的相互关系，以及文学作品的审美标准。此外，《文赋》还在曹丕的《典论·论文》之后又对"文"进行体裁分类。

陆机在前言中概括了他感兴趣的问题："夫放言遣辞，良多变矣，妍蚩好恶，可得而言。……故作文赋，以述先士之盛藻，因论作文之利害所由，他日殆可谓曲尽其妙。"

正文的前三部分讨论诗歌创作的本质问题，认为创作与灵感的变化息息相关，灵感是由人的智慧即"志"，以及情感心理状态即"情"引起的，然而获得灵感的决定性条件是人与世界在精神上合为一体："遵四时以叹逝，瞻万物而思纷。悲落叶于劲秋，喜柔条于芳春。心懔懔以怀霜，志渺渺而临云。"这里不仅言及创作的外部世界，而且还提到社会（既指古代社会，亦指诗人所处的社会）的精神创作体验，这种经验源自诗人同时代人的高贵品德和创作积极性："咏世德之骏烈，诵先人之清芬。游文章之林府，嘉丽藻之彬彬。慨投篇而援笔，聊宣之乎斯文。"

有了灵感，人就能更深入地了解自我，并知晓与之关联的世界万物和自然进程的深刻本质，以心灵拥抱宇宙："其始也，皆收视反听，耽思傍讯，精骛八极，心游万仞。其致也，情瞳昽而弥鲜，物昭晰而互进。……浮天渊以安流，濯下泉而潜浸。……观古今于须臾，抚四海于一瞬。"

虽然陆机没有专门使用道教术语，但他所描绘的灵感变化图画和塑造的文学创作者形象，与道家思想中关于领悟世界、关于"大人"的说法显然有相似之处，这些思想后成为玄学和文化思想流派"风流派"的基础。但值得注意的是，陆机与其同时代的"风流派"代表人物不同，他并不反对儒家的道德美学价值观，相反，他强调自己对于儒家学说的尊重和儒家思想在创作过程中的稳固作用。比如，在谈起古代文学精神时，他使用了"六艺"的概念，"六艺"是指儒家要求必须掌握的六项知识和技艺，如礼、乐、射等。而在描述同时代的生活时，陆机使用了"世德"的概念，其中就有"德"这一儒家的原则概念。

创作过程的下一阶段，即将灵感转化成文学作品。陆机认为，要做到这一点，首先要使艺术构思即"意"和文学形式即"言"这两者之间产生和谐的关系："然后选义按部，考辞就班。"然而在这一阶段，应保证诗人心中灵感变化、情感状态（情）和思想（思）的完全统一："罄澄心以凝思，眇众虑而为言。笼天地于形内，挫万物于笔端。……理扶质以立干，文垂条而结繁。信情貌之不差，故每变而在颜。思涉乐其必笑，方言哀而已叹。"

从第四部分开始，陆机转而讨论文学作品的形式特点问题，并使用"体"的概念来加以界定，这一概念最早由曹丕提出。陆机在第五部分开头一节中这样解释"体"："其为物也多姿，其为体也屡迁。其会意也尚巧，其遣言也贵妍。暨音声之迭代，若五色之相宜。"也就是说，"体"是文学作品结构的所有组成部分之间协调一致的相互关系。在这种情况下，"体"同时指作品的形式和它的风格，其风格即那

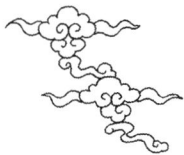

些既与体裁属性相关、又与作家个性化创作方式相关的艺术特点。在后世文学理论中，"体"的范畴以这两重含义（即形式和风格）为基础得以确立，同时获得一些附加含义，这一概念还可以用来定义不同的体裁和不同的诗歌流派（如"正始体"）。

陆机对于"体"的思考本质上可以归纳为两个主要问题：第一，承认"体"的无限多样性，即"体有万殊，物无一量"；第二，"体"有其客观规律性，且其规律性同样以灵感、天赋、艺术构思和诗人的技艺等的完美结合为前提："辞程才以效伎，意司契而为匠。"陆机通过对体裁的风格特点的简短介绍，说明应该如何实现上述完美结合，以及这种完美结合若遭破坏会有什么后果。

陆机的体裁划分与曹丕大体一致，他也将一些事务性和纪念性的体裁划入"文"的范畴，这源于"文"与国事相关的观念以及儒家关于"文"的本质和功能之看法。而且，陆机甚至还稍稍扩展了（与曹丕相比）上述那些事务性、回忆性体裁的范围（将6种增至8种），即《文赋》中所列举的诔、碑、铭、箴、颂、论、奏、说。不过，首先，陆机完全否认儒家的"四科"类型说，而曹丕的主张却是建立在"四科"基础上的。其次，陆机认为第一位的不是文章的内容，而是艺术性，更确切些说是体裁的艺术特征，如碑"披文以相质"，诔"缠绵而凄怆"，铭"博约而温润"等。此外，陆机所列举的前四种体裁均为"混合"体裁，它们兼具散文和诗歌的特征。与曹丕不同，在陆机的体裁分类中居于末位的是"奏"和"说"，而这两种体裁的社会功能较为突出。可见，陆机是从艺术参数出发来划分体裁等级的。他最主要的理论创新在于，他承认诗和赋（抒情诗和颂诗）的首要地位。陆机认为，诗的决定性特征即它能抒情（"诗缘情"）。这一观点是中国文学理论思想史上关于诗歌的第一次美学的、情感的观照。

《文赋》接下来的所有篇章均在探讨文学作品的优劣。

陆机认为（第八部分），文学作品（或作者的创作方法）的一切弊病之原因，就在于感情、思想和语言这三者之

间的和谐遭到破坏。他认为较大的不足有：叙述过于简单，因为迷恋"美文"而损害内容，或者相反，因为看重作品的思想而损害形式的完美。"或托言于短韵，对穷迹而孤兴。俯寂寞而无友，仰寥廓而莫承……或寄辞于瘁音，徒靡言而弗华……或遗理以存异，徒寻虚以逐微……"要想避免这些不足，一方面要学习前人的文学创作经验（第六部分），另一方面要保持和发展个人的创作个性（第七部分）。

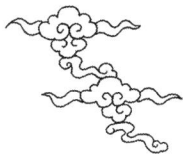

《文赋》以对"文"的颂赞作为结尾（第十二部分），正如儒家学说所主张的那样，陆机将"文"称为文化精髓和传统的保存者。同时，他认为"文"也是人的活动的一种特殊方式，人据此可以建立他与世界的形而上关系，这一观点与道家思想和自然哲学一致："恢万里而无阂，通亿载而为津。俯贻则于来叶，仰观象乎古人。……配沾润于云雨，象变化乎鬼神。"

就这样，在中国文学理论思想史上，陆机首次尝试论证个性化的创作活动和诗歌的美学情感功能。然而，他在进行这一尝试时并未否定儒家学说中关于"文"的教化观，而试图将其与自然哲学和道家对于自然和创作意义的思想结合起来。

《文赋》备受中国文艺学家和欧洲汉学家的关注。20世纪30—40年代，中国出版了数十部关于《文赋》的著作（《文赋》的注释本或是关于《文赋》的论文）。中国学者的相关研究也颇为丰富。此外，在所有关于陆机创作遗产和中国文学理论思想史的研究著作（包括中国文学史著的某些章节）中，均有关于《文赋》详略不等的分析。《文赋》多次被译为多种欧洲语言（英语、德语、法语），阿理克院士完成了《文赋》全本的俄文注释和翻译（有所改动）。

*《文选》第17卷，第1册，第349—356页；《文赋集释》；严可均辑本（第2卷，第2013—2014页）；《陆机的〈文赋〉》，载B.M.阿理克《中国文学论集》第1卷，第367—376页；Margoulies G. Le «fou» dans le Wen-siuan...; Die Chinesische

中国精神文化大典

文学·语言文字卷

文人乐府

Anthologie... Vol. 2; Wen Xuan..., Vol. 3. **B.M.阿理克《罗马人贺拉斯和中国人陆机论诗歌技艺》，载B.M.阿理克《中国文学论集》第1卷，第352—366、376—379页；К.И.郭黎贞《19世纪至20世纪初中国的雅文学理论》，第15页；И.С.李谢维奇《上古和中古之交的中国文学思想》；《魏晋文学史》，第373—377页；《魏晋南北朝文学研究》，第647—655页；郭绍虞《中国文学批评史》，第44—49页；郭绍虞《中国历代文论选》第1卷，第170—175页；李逸津《〈文赋〉析论》，载李逸津《文心拾穗》；罗根泽《中国文学批评史》第1卷；罗宗强《魏晋南北朝文学思想史》，第107—116页；《中国古代文论》，第89—99页；Fang A. Rhymeprose on Literature, the Wen-fu of Lu Chi…; Hughes E. R. The Art of Letters: Lu Chi's «Wen fu»…; Liu J. J. G. Chinese Theories of Literature, pp. 72‑73; Owen S. Readings in Chinese Literary Thought, pp. 129‑132.

（M. E. 克拉夫佐娃撰，刘娜译）

即具名乐府，文学性的乐府，书面乐府。仿照民间创作的乐府民歌或民间歌唱风格写出的诗歌作品。在中国传统的文学研究界（15—16世纪）和当代的文学研究界，"文人乐府"被认为是3—6世纪的第二大抒情诗体裁（仅次于"诗"）。根据当时的分类，乐府是"诗"的别裁，这一点在《文选》（卷27—28）的结构中得到印证。这些乐府诗的外部识别特征即作品名称，它们或重复被仿原作的标题，多为对第一行诗整体或部分地重复，或点出核心形象，采用民歌标题中常见的"行""歌"等字眼，也时常加入表示模仿的"拟"字。文人乐府一般收在某位诗人的文集或抒情诗合集中，也见于郭茂倩（1041—1099）所编《乐府诗集》，该文集模仿民歌，根据其原初伴奏音乐的特征作以下分类，即"鼓吹曲辞"（卷16—20）、"相和歌辞"（卷26—43）、"杂曲歌辞"（卷61—78）等。

据说，文人乐府传统源于汉代（前3—3世纪）的诗歌实践，当时人们已开始对民间歌曲特有的主题、形象、艺术结构、创作方式进行加工。不过，公元2世纪末到3世纪初

658

的建安诗派方为这一传统发展过程的第一阶段，自此之后，具名抒情诗渐渐成为中国诗歌的主要体裁。曹植、曹操、曹丕及建安诗派的其他代表人物都积极致力于对民间诗歌的模仿。文人乐府的进一步发展与陆机、鲍照等诗人的创作息息相关，他们的个人艺术风格通常都能表明他们对民间诗歌的兴趣。在文人乐府的演变过程中，公元5世纪最后30年出现的永明体诗歌构成一个的全新阶段，其主要代表人物有王融、谢朓、萧衍和沈约。

根据模仿成分和被仿原作的相互关系，文人乐府可分为以下四类：（1）直接模仿被仿原作的主题、韵律和艺术结构特点（有时直接由民歌片段组成）；（2）主题变奏，原作的主题或形象得以保持；（3）仅沿用被仿原作的题目，实为全新作品（如曹操所作《陌上桑》仅在形式上模仿民歌《陌上桑》，实为一首道家神秘主义主题的诗作）；（4）仅模拟民歌的风格，并无具体的模仿原作。在文人乐府的演进过程中，可供模仿的原作范围空前扩大，诗人们不仅模仿古代民歌，而且模仿他们同时代的民歌（南北朝乐府民歌），此外，也模仿古代文人抒情诗，即"古诗"，以及前辈诗人的文人乐府诗作。

文人乐府具有一系列共同特征：与"诗"相比更为自由的韵律结构，其中包括运用混合格律（诗行长短不一）和不同类型的韵（不仅是偶数行押韵）；广泛采用文学套语（从一位诗人的话语过渡至另一诗人）和源自民歌的各种艺术结构手法，如民歌引子、复沓（头语重复、同义重复）和对仗等。

文人乐府以内容的多样见长，包括多种不同的题材范畴，如道家神秘主义主题、道家哲理主题、儒家思想主题，甚至佛教主题（如永明体）。但同这一类型的乐府民歌一样，爱情抒情诗仍占据主体。在永明体诗中，爱情主题的文人乐府在类型上近似作为"封闭体诗歌"之代表的欧洲哀歌。这些作品往往再现以往文学创作经验中的诗歌文本和抒情情节，而非作者本人的创作。

文人乐府产生与确立的原因是学术界争论的一个热点，

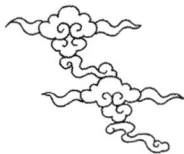

以下几种说法分别试图从思想和艺术特色角度给出解释：儒家诗学将民间诗歌理想化，诗人们受其影响开始关注民歌；古代歌唱作品的主题和形象被用来隐晦地批评当下体制，用来表达有违传统准则和道德观念的个人情感（如爱情感受）；诗人们试图革新抒情诗的创作题材和表现手法。具名乐府是一座可在诗学和表现手法领域进行任何实验的实验室。

在中国抒情诗的发展史上，文人乐府占有重要地位，它被视为7—10世纪的唐代诗歌的直接先驱。

*《文选》第27—28卷，第1册；《乐府诗集》第16—20卷，第26—43卷，第61—78卷；**Л.Е.别任《鲍照创作中的民歌体裁》；М.Е.克拉夫佐娃《具名乐府》；М.Е.克拉夫佐娃《永明体诗歌》，第194—205、268—271页；И.С.李谢维奇《中国古代诗歌与民歌》，第78—187页；Т.Х.托米海《民歌对文学诗歌的影响问题》；王运熙《六朝乐府与民歌》；刘大杰《中国文学发展史》第1卷，第195—200页；萧涤非《汉魏六朝乐府文学史》，第102—166页；钱志熙《汉魏乐府的音乐与诗》，第69—84页，第139—175页；余冠英《汉魏六朝诗论丛》，第91—97页；Egan C. Reconsidering the Role of Folk Songs…; Frankel H. H. The Development of Han and Wei Yueh-fu…; Frankel H. H. Yueh-fu Poetry, pp. 88‐104.

（M.E. 克拉夫佐娃撰，刘娜译）

《文心雕龙》

六朝时期（3—6世纪）乃至整个中国文学批评史上最著名的文学理论著作，作者为刘勰。

《文心雕龙》作于公元5世纪后30年间或6世纪前数十年间，该书的文本曾广泛流传，其最古老的原始抄本属于唐朝（618—907），这一抄本于20世纪初在敦煌（位于甘肃省的敦煌莫高窟）手稿中被发现。最早的印本（木刻）刻于14世纪中叶［元朝（1271—1368）末期］。在明朝（1368—1644）和清朝（1644—1911），《文心雕龙》作为单本古籍多次再版，也被收入各种文集。在20世纪，共有近20种关于这部著作的注疏作品面世。

《文心雕龙》篇幅很大（逾2万字），由《序志》和49篇文章构成，每篇都有篇名，且均以诗句作为总结。《文心雕龙》结构复杂，语言难懂，文中大量直接或间接引用以往文献（如儒家和道家的哲学著作、历史著作和诗歌等），充满对于历史文化事件的隐喻，还有许多文学情节以及历史人物和传奇人物的传记故事。刘勰心仪的术语往往都是多义的，在他的著作中带有不同含义。刘勰文风带有格言警句性质，并多用艺术形象和隐喻。在传统注疏本和当代学术性质的整理版本中，《文心雕龙》的每一句话均伴有扩展的解释和注释。

即便对于《文心雕龙》的结构，学术界至今也尚未达成一致。很多著作认为《序志》并非前言而是结尾，即第50篇，虽然《序志》介绍了作者创作其余49篇的意图。这样一种观点最为流行：《文心雕龙》按照内容可划分为两部分，即前24篇和后25篇，它们分别讨论"文"的本质和创作的过程（用刘勰的术语来说即"文用"）。很多当代学者认为，对于作品艺术结构的理解应当着眼于作者的本意："文心"即为"文之心"，"雕龙"意指文学作品的创作就像木刻艺术一样（雕龙，即在木头上雕刻龙的图案），就如《序志》中所言："古来文章，以雕缛成体。"还有一些人认为，在上下两部分中又可分为几个大的主题，通常认为可以分为5个、7个或8个主题组。

《文心雕龙》的核心主题有：文学的起源问题，"文"及其各种文学体裁的文化艺术基础（当代术语学意义上的），文学和诗歌创作的本质，文学作品的结构。除此之外，《文心雕龙》实际上论及历史上所有诗歌现象（包括不同流派和创作团体）和具体作家的创作，这使其成为一部真正的关于古代文学和六朝时期文学发展历史的百科全书。第1篇到第4篇讲述"文"的文化艺术基础。第1篇题为《原道》，但此处"道"的概念并不属于道教范畴，而指古代儒家思想特有的"万物之道"，关于这一点刘勰在《序志》中已预先有所提

示："盖文心之作也，本乎道，师乎圣，体乎经。"此处的"经"是指"五经"。刘勰的意图通过接下来3篇的题名得到落实，即《征圣》《宗经》《正纬》。"纬"的概念也属于儒学范畴，与"经"构成一对，"经纬"分别指代正经和纬经。根据儒家经典，五经是道之本（是人道和公义的化身），而纬经是道之纬。故此刘勰认为，"文"之本源即存在于儒家经典。关于儒家经典，在《征圣》中有详细论述，其中言及经典著作不仅是道德准则的载体，而且有着完美的艺术特色。

下一个主题组由21篇组成，其中每一篇都详细论述了文学的各种体裁。刘勰划分出33种文学体裁，占据首位的是4种诗歌体裁，即"骚"（第5篇《辨骚》）、"诗"（第6篇《明诗》）、"乐府"（第7篇《乐府》）和"赋"（第8篇《诠赋》）。这种体裁分类方法与萧统在《文选》中的划分一致。两位理论家划分出的体裁数量也大致相同（萧统分为37种体裁），且两者都承认诗的几种体裁所占据的首要地位（在《文选》中顺序有所不同，依次为"赋""诗""骚"，而"乐府"被视为抒情诗的一种）。

刘勰和萧统的两种体裁理论的主要差异在于，刘勰试图更精确地定义"文"的特征，认为其主要特征是文本中的"韵"，即韵律，从更广泛的意义上说，即因为韵脚而得到强化的韵律结构。因此，他把所划分的体裁分为两组，第一组为"文"（押韵的散文或格律散文）和"笔"，第二组为传记，包括"史传""诸子""论""书"，以及一些纯事务性体裁（其中包括"奏"和"表"）。但就整体而言，"笔"的各种体裁依旧被刘勰归入美文范畴。因此可以说，中国文学理论思想中关于文学及其体裁构成的理解至此得以最终确立。

在对各种诗歌体裁及其历史作界定时，刘勰主要依据的是儒家关于"文"和诗歌创作本质的看法。例如在《乐府》中，他论述"宫乐"的古老起源问题，认为它源于中国的史学传统。在《明诗》中，他重复了经书中关于诗的看法，以及《诗大序》中更为详尽的说法。

刘勰关于"骚"的观点尤为有趣。与萧统一样，刘勰认为"骚"首先指古代诗人屈原的创作，屈原代表古代中国南方地区的诗歌传统。但与同时代的其他文学理论家——首先是《诗品》的作者钟嵘不同，刘勰认为"骚"并非一种独立体裁，而是《诗经》中的"风"和"雅"在诗歌创作中的体现。此外他还认为，骚体哀歌是经典体裁衰落之后产生的"古典"诗歌的一个分支。刘勰列出"骚"和"风""雅"相近的四个特征：（1）它们风格手法，即"体"方面所体现出的"典"和"诰"；（2）均具有社会批评主题；（3）善用"比"和"兴"，这是《诗经》典型的诗学特征；（4）表达儒家伦理准则意义上的"忠"和"孝"。刘勰认为，与经典诗歌相比，"骚"也有四点缺陷：在哀歌中加入怪诞故事；描述鬼怪奇事；对世界感知的总体局限性；表现"淫乱"思想。这一对于"骚"的论述，一方面体现出刘勰完全忠于儒家对于"文"的看法，另一方面也对后世中国文学批评和当代学术界对于屈原个人及其创作的评价产生了深远影响。

刘勰在第26篇《神思》中全面地论述诗歌创作的本质，由此展开《文心雕龙》的第二部分内容。刘勰以道家和自然哲学关于世界和人的看法为出发点。他全面发展了人皆有"气"的说法。至于"神"，他在这里更多地指人的一种特殊的内心状态，它是"精"在人体中不断积蓄而产生的结果。

此外，刘勰还运用和发展了陆机在《文赋》中阐释的"文思"这一概念。在陆机之后，刘勰极力颂扬对于灵感的全面把握和创作想象的任意飞翔："……思接千载，悄焉动容，视通万里。吟咏之间，吐纳珠玉之声；眉睫之前，卷舒风云之色……夫神思方运，万涂竞萌……登山则情满于山，观海则意溢于海，我才之多少，将与风云而并驱矣。方其搦翰，气倍辞前；暨乎篇成，半折心始。"然而同陆机一样，刘勰也认为灵感状态只是创作过程的开端，为完成创作，首先需要找到最能体现作者创作个性的风格（第27篇《体性》），而作者的创作个性又取决于他内心状态的方方面

面，如"情""才"和"学"等。

刘勰认为，就像一个生物体一样，诗歌作品也是一个完整的组织系统。他在第28篇《风骨》中就采用了这类比喻。他将重点放在"骨"上，"骨"指作品的骨架，其功能就相当于人体的骨骼："故辞之待骨，如体之树骸，情之含风，犹行之包气。……若丰藻克赡，风骨不飞，则振采失鲜，负声无力。""骨"的概念与欧洲的"构造"概念最为接近。刘勰继续将文学作品同生物体作比，指出其各个要素之间的相互关联，并论证了其结构三分法的观点："是以情志为神明，事义为骨髓，辞采为肌肤。"[①]然后他又从创作方法和方式的角度分析"文学肌体"的层次和要素。刘勰特别关注作品的表现力（第31篇《情采》）、格律结构（第33篇《声律》）、结构特点（第34篇《章句》）和"比兴"手段（第36篇《比兴》、第37篇《夸饰》）。

最后几篇（第45—49篇）涉及两三个主题组（有些版本结构不同），其中论述文学创作过程与历史政治现实及作家个性之间的相互关系（第45篇《时序》、第47篇《才略》），并分析文学作品的评价标准（第48篇《知音》）。

因此，刘勰不仅能够创造性地将之前所有哲学和文学理论思想的成就为他所用，而且还在它们的基础上创造出一个严谨完备的体系，即一套关于"文"的理论。

清朝时期开始出现对《文心雕龙》在版本学和注疏学范畴内的研究，其中被高度认可的有3部著作，即黄叔琳（17世纪末至18世纪上半叶）的《文心雕龙辑注》，以及姚柏江（18世纪）和金甡（18世纪后半叶至19世纪初）的关于《文心雕龙》的研究作品。

当代中国学者认为，李详（19世纪与20世纪之交）和黄侃开创了对《文心雕龙》科学研究的先河。李详在黄叔琳注《文心雕龙》的基础上进行研究，他的作品主要针对黄叔琳注疏本。此书在1909年和1916年出版部分章节，1989年才全部出版，题名为《文心雕龙补注》。黄

---

① 本句选自《附会》，但原文还有一句"宫商为声气"，所以结构不是三部分，而是四部分。——译者注

侃的《文心雕龙札记》（1927）为一部奠基性学术著作，其中对于《文心雕龙》大部分章节做出语文学分析（包括语言特性和文本的格律结构）和含义分析，试图确定不同学说首先是道家学说对刘勰的影响，并将刘勰的理论与其同时代人（其中包括萧统）的文学理论著作做比较。

范文澜（1893—1969）的《文心雕龙注》是《文心雕龙》学术研究的新里程碑，此书多次再版，至今仍为较权威的注释本之一。除上述著作外，1920—1940年间还出现了其他几种包含文本分析的注释本，如刘永济的《文心雕龙校释》（1922）。刘师培（1884—1919）的研究和刘大杰的研究（见其《中国文学发展史》中的"刘勰与文心雕龙"一章）在《文心雕龙》研究史上也占有重要地位。

20世纪中叶，对于刘勰这一著作的研究由于各种政治事件而暂时中断（1949—1955年间并无一篇相关文章发表）。1956—1965年间，这一研究重新展开，这一阶段最有影响力的著作当属杨明照出版于1958年的《文心雕龙校注》。除对《文心雕龙》文本进行注释外，此书还同时附有据称为刘勰所作的两篇文章，并介绍了《文心雕龙》抄本和刻本的相关信息。此外，这10年间有近130篇有关刘勰及其著作的文章在学术期刊上发表。20世纪最后30年间，这项研究达到的规模在中国文艺学其他领域无有出其右者。仅在1977—1979年间，就有1000余篇论文发表。如今，共计有数十种《文心雕龙》研究著作和注释本（包括将文本翻译为现代汉语）。

欧洲和俄罗斯对于《文心雕龙》的研究在规模上远逊于中国。但是，欧洲每一部关于中国文学史和中国文学理论思想的著作均会提及《文心雕龙》。一系列关于《文心雕龙》的专著已经面世，《文心雕龙》的英文全译本已经出版（V. Yu-chung Shih，1983），其俄文节译本也已问世（И.С. 李谢维奇，1991）。

* Shih V. Y. C. The Literary Mind and the Carving of Dragons, Hong Kong, 1983; 刘勰《文心雕龙》，И.С.李谢维奇译，载

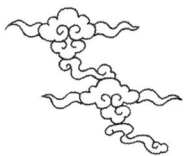

В.И.巴格里茨基《东方古代文学的类型学问题》，莫斯科，1991年。**К.И.郭黎贞《中国中古文学理论中"文"的定义》，第196—198页；К.И.郭黎贞《19世纪至20世纪初中国的雅文学理论》，第19页；И.С.李谢维奇《上古和中古之交的中国文学思想》；王更生《文心雕龙新论》；王更生《文心雕龙研究》；《魏晋南北朝文学研究》，第680—731页；郭绍虞《中国文学批评史》，第55—59页；罗根泽《中国文学批评史》，第1卷，第209—239页；罗宗强《魏晋南北朝文学思想史》，第246—370页；陆侃如、牟世金《文心雕龙选译》；刘大杰《中国文学发展史》，第1卷，第302—312页；刘师培《中古文学论著三种》，第145—176页；牟世金《文心雕龙研究》；牟世金《雕龙集》；彭庆环《文心雕龙综合研究》；黄侃《文心雕龙札记》；曹旭《文心雕龙研究》；詹锳《刘勰与文心雕龙》；《中国古代文论》，第117—156页；Cai Z. Y. A Chinese Literary Mind…; Cai Z. Y. The Polysemous Term of Shen in Wenxin diaolong; Liu J. J. G. Chinese Theories of Literature (см. Указ.); Tokei F. Genre Theory in China…

（M. E. 克拉夫佐娃撰，刘娜译）

《文选》

昭明太子萧统像

昭明太子

文学和理论著作，为南朝梁（502—557）太子萧统发起并领导一批文人共同编纂的文集（所收作品年代自公元前4世纪至6世纪初）。

萧统在《文选》序言中的观点构成他这部选集的理论基础。他的观点围绕对"文"的本质的界定而展开。他主要依据自然哲学的世界观，认为"文"即"天文"之体现："逮乎伏羲氏之王天下也，始画八卦，造书契，以代结绳之政，由是文籍生焉。《易》曰：'观乎天文，以察时变。观乎人文，以化成天下。'"从词为自然之"文"这一观点出发，萧统认为文学的主要标准就是其修辞上的完美。根据这一标准，他并未将古代圣贤的著作纳入《文选》："老庄之作，管孟之流，盖以立意为宗，不以能文为本。"至于其他经典，首先是编年史和历史著作，萧统则将部分符合上述标准的文字编入《文选》："若其赞论之综辑辞采，序述之

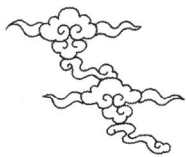

错比文华，事出于沉思，义归乎翰藻，故与夫篇什，杂而集之。"然而，在推崇"文"的美学价值的同时，萧统并不排斥文学作品中"深思熟虑的内容"之重要性，而且，他所理解的这一内容层面即儒学意义上的内容。萧统对于文学体裁的划分便充分体现出，他对"文"的理解是以儒家观点为指南的。被他划入"文"的范围的绝大部分散文体裁，实际上均为可保障国家体制实现其功能的典籍，如皇帝的诏书、呈送皇帝的奏表等。也就是说，萧统试图将儒家实用－教诲和审美－情绪这两种对文学的取径结合起来。在这一方面，他与《文心雕龙》作者刘勰的理论观点不谋而合。学界通常认为，萧统和刘勰同属一个流派，该派为三大主要流派之一，产生于公元5世纪至6世纪上半叶的文学理论思想中。该派代表试图在关于"文"（首先关于诗歌创作）的各种不同观点之间找到连接点。

值得注意的是，刘勰将诗歌体裁"赋"和"诗"一同归入文学体裁等级的首要位置，将它们置于《文选》的开头部分，且占据近一半篇幅。这两种体裁的重要性在之后的题材和体裁分组上又有所体现，如"赋"根据主题分为15组，"诗"根据题材或体裁分为23组。这一划分体现出了在萧统之前数世纪间形成的"赋"与"诗"的题材构成，这为对两者进行可靠的学术分类奠定了基础。在这种情况下，被列在首位的是那些反映儒家诗学观点的作品。对于"赋"而言，即那些用于巩固统治秩序的颂扬文章；对于"诗"来说，则是那些颂词（《公宴》，第20卷）和历史社会题材的诗作（《咏史》，第21卷）。

《文选》于527年面世，迅速得到广泛的社会认可和官方认可，后被奉为文学典籍，其权威性仅次于古代儒家经典文集《诗经》。在7世纪，《文选》被纳入科举考试的必读书目，因此《文选》便成为注疏家和语文学家的密切关注对象。

《文选》第一个注疏本为《文选音义》（后亡佚），其作者为萧该（6世纪下半叶），是萧统的堂兄弟。《文选音

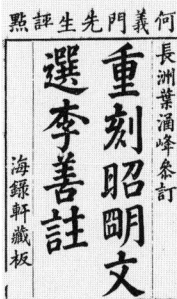

义》开创了对《文选》这一经典进行语言学和版本学分析之先河。萧该之后有曹宪（约605—649）的注疏。李善（卒于689年）继承了对《文选》进行语言阐释分析的传统。他广泛进行《文选》的注释和编辑工作，为《文选》中的文本作注1600多条，并建议将《文选》编成60卷（取代原先的30卷），这一版本后成为通行版本。李善的注释在7世纪下半叶至8世纪初的学者间引起广泛争论，许多学者认为他的注释有倾向性，歪曲了原作的真实意图。718年，吕延祚上书唐玄宗（712—756年在位），并呈上由五位学者（吕向、吕延济、刘良、张铣、李周翰）共同编纂的新注疏本，该版本得名"五臣集注"。此后，对《文选》的注疏也成为独立的阐释和语言学研究对象。

在传统的中国语文学中，对《文选》的注疏、研究以及刊刻工作构成一个独立的研究方向，即"文选学"。12世纪初（1106—1111年间），《文选》首次被印刷（刻本）。之后《文选》多次重印，版本不同，其中几个版本（1299年版、1549年版、1974年版）将李善的注疏和"五臣"的注疏合为一体（如陈仁子于1299年编纂的《增补六臣注文选》）。最权威的版本当属尤袤（1127—1194）所编《文选》（1181），它成为17—19世纪以及20世纪各个版本（上海，1959年版；北京，1974年版；台北，1976年版）的基础。

"文选学"在17—19世纪达到高峰。对《文选》结构的研究是一系列注疏和编辑活动的补充。汪师韩（1707年生）所著《文选理学权舆》（1799）开创了对于《文选》结构的研究，这项研究获得一个概括性的术语，即"选理"。

不论是在中国文艺学界还是在世界汉学界，对《文选》的研究贯穿20世纪。20世纪上半叶最重要的相关著作有：（1）黄侃（1886—1935）所著《文选黄氏学》，1977年在台湾首版，1985年在上海再版，更名为《文选评点》；（2）高步瀛（1873—1940）所著《文选李注义疏》（1937，1985）。在所有中国文学史和中国文学理论思想史著作中均会辟专章介绍《文选》，另有数十部研究专著和论

文集。《文选》有几近全本的德译本（译本仅删除其中几篇所选作品）。《文选》的全本英译本现已准备出版，其前19卷（赋作）已发表，这一版本收入众多的研究成果（写了近70页的前言），也翻译了传统注疏和科学注释。

*von Zach E. Die Chinesische Anthologie..., Vol. 1 - 2; Knechtges D. R. Wen Xuan..., Vol. 1 - 3. **B.M.阿理克《中国文学（1920）》，载B.M.阿理克《中国文学论集》第1卷，第70—71页；И.С.李谢维奇《上古和中古之交的中国文学思想》；《魏晋南北朝文学研究》，第664—679页；《文选论文》；高步瀛《文选李注义疏》；林聪明《昭明文选考略》；骆鸿凯《文选学》；刘跃进《昭明太子与梁代中期文学复古思潮》，载《古典文学文献学丛稿》；穆克宏《昭明文选研究》；黄侃《文选黄氏学》；黄侃《文选评点》；《昭明文选研究论文》；Gimm M. Die Chinesische Anthologie Wen-Hsuan.

（M. E. 克拉夫佐娃撰，刘娜译）

最著名的中国古代文学选集之一，也是保存至今的最早选本。《文选》由梁朝（502—557）太子萧统（谥号"昭明"）率领一批语文学家于公元6世纪初编成。

很难确定萧统究竟在多大程度上参与了《文选》的编纂，但至少序言是以他的名义所撰，序中说明《文选》的编纂原因以及文集的体裁划分所依据的原则。日本佛教僧人空海（774—835）在其作品《文镜秘府论》中写道，著名诗人刘孝绰（481—539）是太子亲近的朋友，主持书库的管理工作，他和其他一些人（名字未提及）帮助萧统编纂了此书。著名《文选》专家何融提出，除刘孝绰外，诗人王筠（482—550）在《文选》的编纂中也起着重要作用。萧统死后，王筠曾受命作哀歌以示悼念。在这两人的领导下，一批文人一同编纂《文选》，他们是陆倕（470—526）、殷芸（471—529）、到洽（477—527）、明山宾（443—527）和张率（475—527）。

《文选》极有可能在520—526年间编成，成书年代应不

早于526年，因为文集所收的最晚作家陆倕卒于526年，而据种种迹象判断，萧统的编选原则是只收已故作家的作品。

《文选》在梁朝首都建康（今南京市）萧统府邸所在地东宫编成，但中国传统文学界也有一种说法，认为《文选》是在襄阳（今湖北襄阳）编成。宋朝王象之（约在1196年中进士）在其地理学名著《舆地纪胜》中记载，襄阳有楼名为"文选楼"，萧统当年曾召集十位学者在此编纂《文选》。但这种观点未必正确，因为众所周知，萧统仅在出生后待在襄阳数月，后再未到过此地。出现这一传统看法的原因大约在于，襄阳曾为雍州都城，而在523—526年间，萧统的弟弟萧纲（梁简文帝，549—551年在位）曾统治此地，据《南史》记载，他也曾召集文人收集古书，编纂文集。

《文选》共收入130位作者的761部作品（分为37种体裁），这些作者生活在前6—6世纪初之间。正是在这部文集中，屈原首次占据"中国诗歌鼻祖"的地位，而在"诗"的作者中占据首席的则是汉武帝（前141—前87年在位）。《文选》还收入三国时期（220—280）传奇统帅诸葛亮（181—234）的文章，以及秦始皇（前221—前210年在位）的第一任丞相李斯（约前284—前208）的奏表。显而易见，很多作品得以流传至今，正是因为它们被编入这部拥有辉煌前程的《文选》。能被编入《文选》，这一事实本身便能使这些作品成为被广泛认可的中国文学杰作，同样，《文选》编者所作的体裁划分也成为后世各种文集编纂者的标尺（或至少是出发点）。事实上，正是萧统及其同事建议将文学作品同历史著作和哲学著作区别开来，他们构建起一个相当详尽的体裁体系，其中的每一种体裁均代表文学的某一特质（如"赋"就代表描写的华丽，"诗"就代表感情的真诚等）。

以下列出《文选》所收作品的37种体裁（译名是相对的，某种体裁的特征往往无法与另一种体裁完全区分开来）①：

---

① 以下共计763个作品，与上文所述761个作品不符。——译者注

体裁	卷次	作品数
1. 赋	1—19	56
2. 诗	19—31	443
3. 骚	32—33	17
4. 七	34—35	24
5. 诏	35	2
6. 册	35	1
7. 令	36	1
8. 教	36	2
9. 文①	36	13
10. 表	37—38	19
11. 上书	39	7
12. 启	39	3
13. 弹事	40	3
14. 笺	40	3
15. 奏记	40	1
16. 书	41—43	24
17. 檄	44	5
18. 对问	45	1
19. 设论	45	3
20. 辞	45	2
21. 序	45—46	9
22. 颂	47	5
23. 赞	47	5
24. 符命	48	3
25. 史论	49—50	9
26. 史述赞②	49—50	9
27. 论	51—55	14
28. 连珠	55	50
29. 箴	56	1

①俄文误为"才文",或为断句错误,原文为"永明九年策秀才文五首"。——译者注

②俄文误为"史述论"。——译者注

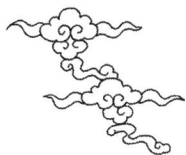

30. 铭	56	5
31. 诔	56—57	8
32. 哀	57—58	3
33. 碑文①	58—59	5
34. 墓志	59	1
35. 行状	60	1
36. 吊文	60	2
37. 祭文②	60	3

当然，这一体裁分类不够简洁，当代中国语文学家舒衷正在对《文选》所列不同体裁文学作品进行详细研究后，建议将它们分为7大类：（1）第1到第4种体裁为"有韵志文"；（2）第5到第9种为统治者对被统治者的敕令（考题也应属于此类，因为它们也是自上而下出给应试者的）；（3）第10到第17种为下层给上层或同等地位人士所写文书；（4）第18到第21种属于对话或讨论；（5）第22到第24种为颂辞；（6）第25到第28种为逻辑论述；（7）第29到第37种为颂扬逝者美德或崇高品质的作品。海陶玮（J. Hightower）也赞同这一分类。顺便提一句，总体而言，西方关于文学的概念与中国传统对于文学的概念很不一致，很多被中国传统文学研究归入文学体裁的作品，在西方看来并不属于文学，而更像是公文。

对于《文选》的研究自其编成不久后便已展开，第一本注疏《文选音义》由萧统的堂兄弟萧该所注，萧该还因精通《汉书》而闻名。隋朝（581—618）初年，曹宪（约668—649）写成一部重要著作。曹宪是扬州人，熟谙生僻汉字。他的注疏本未能流传下来，但据说他的注疏本带有语言学性质，其目的在于解释《文选》中出现大量的生僻字以及那些虽不再使用，却在《文选》的作品中时常遇见的汉字。

李善（卒于689年）带来《文选》注疏学的真正转折。学者李善是曹宪的弟子之一（曹宪的很多弟子都从事《文

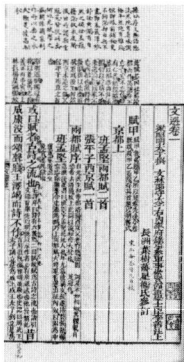

---

①俄文误为"碑"。——译者注
②俄文误为"祭"。——译者注

选》研究），曾为唐太子李弘的侍从。李善深谙古代文学和语言，却完全不善独立创作，这在中国文人中极其罕见，他因此常受诟病。李善甚至被冠以"书簏"的称号，因为他学识渊博，可那些学识在朝臣们看来却毫无益处。658年，他声名远扬，因为他将其注疏本《昭明文选注》上呈高宗皇帝（649—683年在位），这也是流传至今的注疏本中最早的一部。

李善建议重新编排文本（分为60卷，以取代原先的30卷）。他分析了之前很多注疏（他完全准确地复述了一系列先辈的著作）。他也在书中加入了对冷僻字的释义和对文本中隐在引文的解释。李善的儿子李邕（678—747）应父亲要求对一些句子的释义进行了增补。众所周知，李善共编出4个版本的《文选》注疏本，每一次都会对文本进行修改和增补。然而，他的著作在赢得广泛赞赏的同时受到许多指责。对他的指责主要是，他对整个句子的意义阐释不够，没有对句子的释义，人们即便知晓个别字的意义，仍难以理解文本。

公元718年，语文学家吕延祚向唐玄宗（712—756年在位）呈递5位学者共同编著的《文选》新版注疏本，我们对这5位学者的身世几乎一无所知，仅知他们为吕向（约卒于723年）、吕延济、刘良、张铣和李周翰。这部被称为"五臣集注"的注疏本，主要注意力集中于对句子的释义。此外，5位学者还建议修改一系列他们认为是笔误的错别字。尽管得到一些批判性的评价，但直到11世纪，"五臣集注"本始终流传很广，流传程度超过李善的注疏本。整体而言，"五臣集注"本是研究《文选》的宝贵工具，尽管其在编纂的严谨程度方面远不及李善的注本。

在许多学者的努力下，文选学作为一门完整学科得以建立，在唐朝（618—907）之后，《文选》成为科举考试的必读书目，文选学兴盛一时（甚至出现"《文选》烂，秀才半"的说法）。

在敦煌发现的4本《文选》手稿中，公元680年成稿于长安（唐朝首都，即今陕西省西安市）弘济寺的那本，被视为

现存最古老版本。其中有现存李善注疏本所收作品的许多片段。宋朝（960—1279）时期，国子监印制了李善的注疏本文选，印制时间在1023—1033年间，现有两份残本藏于北京的图书馆。现在已知最早的"五臣集注"版《文选》刻于1161年，由陈八郎的崇化书坊印制，该版本现藏于台北的"中央图书馆"。日本也藏有《文选》的古代版本，如《文选集注》，注疏作者不详，印制时间不早于8世纪中叶，此版原本由120卷组成，仅20卷流传至今。宋朝时期，李善注本和"五臣集注"本首次合集出版，题为"六臣集注"，该书第一版于1106—1111年间刻于四川（裴氏书坊），现藏台北故宫博物院，这也是当今最常再版的版本。

在元朝（1271—1368），对《文选》的研习兴趣有所下降，这一状况一直持续至明朝（1368—1644），此时《文选》已从科举考试必读书目中剔除。不过，这一时期《文选》的出版和再版仍为数甚多。

清朝时期（1644—1911），中国迎来人文研究的"黄金时代"，这也对《文选》研究产生了影响。清朝写成数十部著作，从不同角度分析和阐释《文选》中所选文本以及古代学者对《文选》的注释。胡绍煐（1792—1860）在其32卷本《文选笺证》中所作的语文学注疏被视为清代"文选学"的顶峰。胡绍煐和李善一样，高度关注字词的意义和读音问题。《文选笺证》是《文选》研究必不可少的著作，对于研究以辞藻华丽、善用生僻字著称的赋而言尤其如此。

20世纪，在中国知识分子追求人文科学民主化的过程中，"文选学"遭到重创，这一世纪研究《文选》的学者数量比清朝大为减少。社会上长期存在一种观点，即《文选》不过是一部由艰涩难懂的文本组成的集子，完全不为现代生活所需。几乎所有20世纪的《文选》研究者均为黄侃（1886—1935）的学生或其学生的学生。黄侃为数不多的著作在他死后才得以出版，因为他将主要精力放在培养学生上，在这一方面取得卓越成就。1949年之后，《文选》研究的中心转移至台湾，而在中国大陆，"文选学"如今刚刚恢复以前的地位。

在20世纪，外国人也开始对《文选》进行研究，敦煌

的发现对此产生了一定影响。日本研究者著作颇丰，日本有一系列《文选》日译本，其中斯波六郎所编4卷本《文选索引》对于研究者多有裨益。西方学者主要致力于《文选》的翻译。20世纪20年代，威利（A. Waley）发表了《文选》中若干赋作片段的译文。1926—1928年间，何可思（E. Erkes）完成了几部篇幅不大的作品注释本的翻译。俄国侨民马尔古里斯（G. Margoulies）在巴黎出版了《文选》中几首赋作的译文，并在前言中言及他计划对《文选》所有赋作进行翻译和研究，这一计划憾未完成。

西方译文仅译出《文选》一小部分，其中还不无错误和疏漏。奥地利学者查赫（E. von Zach）曾多次指出这一点。查赫于1901—1919年在奥匈驻中国领事馆工作，后定居巴达维亚（印度尼西亚城市雅加达旧称），1942年因所乘疏散船被日本潜艇的鱼雷击中而不幸罹难。他将90%的《文选》译成德语。这是一个十分出众的人，他自学汉语（此外他还精通满语和藏语），翻译了几乎所有唐诗。他强调他的译文面向学生，而非针对学者，因此他首先力求语法结构的准确翻译（他将语法结构与其译文的"文学性"结合起来），并尽量少用注释。他在巴达维亚一家不知名杂志上发表译作，在他死后，这些译作才在欧洲得以重印。

华盛顿大学教授大卫·康达维（D. Knechtges）对《文选》进行了真正学术意义上的英译。他首次将《文选》全文译成欧洲语言，完成了一件无比艰难、十分缜密的工作。

*[Окада Масаюки, Саку Сэцу]. Мондзэн («Избр. произв. изящной словесности»). Т. 1 - 3. Токио, 1923; Сиба Рокуро. Мондзэн сакуин (Указ. к «Избр. произв. ...»). Т. 1 - 4. Киото, 1959; [Сиба Рокуро, Ханабуса Хидэки]. Мондзэн. Токио, 1963; [Ами Юдзи]. Мондзэн. Токио, 1969; [Оби Коити, Ханабуса Хидэки]. Мондзэн. Т. 1 - 7. Токио, 1974 - 1976; 空海《文镜秘府论》，北京，1975年；李延寿《南史》，见《二十五史》第4卷，上海，1986年；[Накадзима Сиаки]. Мондзэн: Фухэн («Избр. произв. ...»: Оды). Токио, 1977; 欧阳修《新唐书》，见《二十五史》第6卷；姚思廉《梁史》，见《二十五史》第3

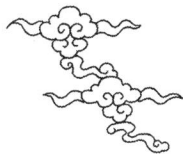

卷；Waley A. A Hundred and Seventy Chinese Poems, N. Y., 1919; Waley A. The Temple and Other Poems, N. Y., 1923; Erkes E. "The Feng-Fu (Song of the Wind) by Song Yu" // Asia Major, 1926, No. 3; Erkes E. "Shen-nu.. fu: The Song of the Goddess by Sung Yu.. h" // TP., 1927－1928, No. 25; Von Zach E. "U..bersetzungen aus dem Wenhsuan von dr. Erwin von Zach" // Sinologishe Beitra..ge, Batavia, 1935, 2; 1936, 3; Von Zach E. Die Chinesische Anthologie / Fang. I. M. T. 1－2. Cambr., 1958; Xiao T. Wen xuan or Selections of Refined Literature / Knechtges. D. R, Vol. 1. Rhapsodies on Metropolises and Capitals, Princ., 1982; Vol. 2. Rhapsodies on Sacrifices, Hunts, Travel, Palaces and Halls, Rivers and Seas, 1987; Vol. 3. Rhapsodies on Natural Phenomena, Birds and Animals, Aspirations and Feelings, Sorrowful Laments, Literature, Music, and Passions, 1996. **王象之《舆地纪胜之永和镇》，1962 年；《故宫图书文献选萃》，台北，1971年；饶宗颐《敦煌本〈文选〉斠证》，载《新亚学报》，1958年第3期；骆鸿凯《文选学》，出版地不详，1937年；骆鸿凯《文选学》，台北，1963年；罗振玉《鸣沙石室古籍丛残》，载《罗雪堂先生全集》第8卷，台北，1968—1973年；刘文兴《北宋本李善注〈文选〉校记》，载《国立北平图书馆馆刊》，1931年第5期；刘师培《敦煌新出唐写本提要》，载《国粹学报》，1911年第77期；谢康《昭明太子评传》，1922年6月，第17期（增刊）；谢康《昭明太子和他的文选》，台北，1971年（副本）；孙克宽《昭明文选导读》，载《书目季刊》，1967年第1期；胡宗楙《昭明太子年谱》，载《梦选楼文钞》，1932年；胡绍煐《文选笺证》，台北，1966年；黄侃《文选黄氏学》，台北，1977年；何融《〈文选〉编撰时期及编者考略》，载《国文月刊》，1949年，第76期；邱燮友《选学考》，载《台湾省立师范大学国文研究所集刊》1959年第3期；昌彼得《台湾公藏宋元本联合书目》，台北，1955年；晁公武《郡斋读书志》，台北，1966年；周贞亮《梁昭明太子年谱》，载《文哲季刊》1931年第2期；程毅中《白化文略谈李善注文选的尤刻本》，载《文物》1976年第11期；舒衷正《〈文心雕龙〉与萧〈选〉分体之比较研究》，载《台湾政治大学学报》1963年第8期；沈玉成《文选》，载《中国大百科全书·中国文学卷》第2卷，北京－上海，1986年；Forke A. "Erwin Ritter von Zach in memoriam" // Zeitschrift der Deutschen Morgenlandischen Gesellschaft, 1943, No. 97; Hightower J. R. "The Wen Hsu..an and Genre Theory" // HJAS. 1957, No. 20; Knechtges D. R. "Introduction" // Xiao T. Wen xuan, Vol. 1; Margoulie`s G. Le «fou» dans le Wen-siuan: E´tude et textes, P., 1926; Von Zach

E. "Vorwort" // Von Zach E. U..bersetzungen aus dem Wenhsuan, Batavia, 1935.

（C. B. 德米特里耶夫撰，刘娜译）

吴承恩

号射阳山人。约生于1500年，山阳（今属江苏）人，约卒于1580年。出身落魄学者之家，40岁才通过科举考试并出仕为官。因性格超然独立，不愿"折腰"，遂辞官归乡。他是民间说书人艺术的鉴赏家，收集前朝一系列关于唐朝僧人玄奘跋涉取经不同体裁的口头故事，对这些作品进行加工和改写，其成果即他晚年完成的规模宏大的百回长篇小说《西游记》，该作品是篇幅最长的神话幻想小说。他还创作了现已失传的志怪小说集《禹鼎记》。他还有文言写成的不同体裁作品共4卷，但文学价值不高。

*吴承恩《西游记》，A.罗高寿、B.郭质生译，莫斯科，1959年；吴承恩《西游记》，A.罗高寿、B.郭质生译，Л.Н.孟列夫序，里加，1994年；《猴王孙悟空》，A.罗高寿缩译，Д.华克生编注，И.斯米尔诺夫、A.施泰因伯格译诗，莫斯科，1982年。**C.B.尼科利斯卡娅《吴承恩长篇小说〈西游记〉（16世纪）中的佛教主题》，载《佛教哲学问题》，新西伯利亚，1984年，第114—123页；C.B.尼科利斯卡娅《B.П.瓦西里耶夫的〈中国文学简史〉和吴承恩的小说〈西游记〉》，载《第二十二届中国社会与国家学术研讨会论文集》第3卷，1991年，第44—54页；O.Л.费什曼《中国长篇讽刺小说》，莫斯科，1966年；A.П.罗高寿《吴承恩和他的长篇小说〈西游记〉》，莫斯科，1984年；《西游记研究论文集》，北京，1957年；胡光舟《吴承恩和西游记》，上海，1980年；Dudbridge G. "The Hsi-yu chi": A Study of Antecedents of the 16-th Century Chinese Novel. L., 1970; LiuT. Y. "The Prototypes of Monkey (Hsi yu chi)" // T. P. 1964, vol. 51; Yen A. "A Technique of Chinese fiction: Adaptation in the His-yu chi with Focus on Chapter Nine" // Chinese Literature. Madison, 1979, Vol. 1, No. 2, pp. 197-213.

（Д. Н. 华克生撰，侯丹译）

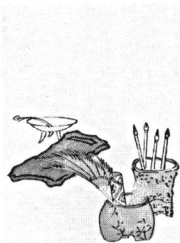

吴晗

1909年生于浙江义乌，1969年去世。历史学家、作家、戏剧家。11岁即通读古代史书《资治通鉴》。由于家庭贫困，20岁才中学毕业；1931—1934年在燕京大学和清华大学学习。1936年，他的第一本关于中国古代历史的科研专著出版。1937年被聘为教授，1947年成为中国民主同盟的领导者。1961年他的剧本《海瑞罢官》上演，剧本讲述正直的官员遭遇不公正罢黜。1964年，他的主要著作《朱元璋传》第四次出版，此书讲述明朝（1368—1644）开国皇帝朱元璋的命运。1979年他的政论文集《吴晗杂文选》出版。政论方面，1961—1962年吴晗曾和邓拓、廖沫沙一起主持《前线》杂志的政论专栏"三家村札记"。吴晗的剧本和政论文章风格大胆，具有尖锐的政治性，至今仍受到中国读者喜爱。

*吴晗《朱元璋传》，А.Н.热洛霍夫采夫、Л.А.博罗夫科娃、Н.Ц.蒙库耶娃译，莫斯科，1980年；吴晗《海瑞罢官》，В.戈兑娜、Л.车连义译，载《亚洲剧作家选集》，莫斯科，162—204页。**В.Г.戈兑娜《"古为今用"的口号及其在中国戏剧中的落实》，载《第八届远东文学研究理论问题学术研讨会论文集》第1卷，1978年，第50—57页；В.Н.乌索夫《围绕姚文元〈评新编历史剧《海瑞罢官》〉展开的斗争》，载《第五届中国社会和国家学术研讨会论文集》第3卷，1974年，第428—436页；《中国文学家辞典》第2卷，北京，1979年，第424—425页；Ansley G. The Heresy of Wu Han: His Play «Hai Jui's dismissal» and Its Role in China Cultural Revolution. Toronto, 1971; Fischer T. "«The Play's the Thing»: Wu Han and Hai Rui Revisited" // Australian Journal of Chinese Affairs. 1982, No. 7, pp. 1‑35.

（А.Н. 热洛霍夫采夫撰，侯丹译）

晚号文木。1701年生于安徽全椒，1754年卒于扬州。中国18世纪最杰出的文学家之一。生于名门世家，后家境衰落。早年曾参加科举考试，后拒绝科考仕途。由于家庭矛盾他离开故乡定居南京，在此居住多年，主要从事文学创作。他在同时代人中以独立不羁、热爱自由的性格而出名。在文学舞台上，他作为才华卓越的诗人和随笔作家获得声誉。他旅居江南时去世。他的诗歌创作和随笔创作收入《文木山房诗文集》，他对诗歌的研究收入专著《诗说》（已佚）。在文学史上，吴敬梓首先作为描写社会风俗的讽刺小说《儒林外史》的作者而享盛名，尽管这部小说的历史背景是明代（15世纪），但实际上吴敬梓描写的是他所处时代的社会风尚。小说在作者生前只有手抄本，直到1803年才刊行。19世纪，这部小说有多种不同版本行世，如50回本、55回本和56回本，其中第二种版本最为流行。

*吴敬梓《儒林外史》，胡适序，上海，1918年（第2版，1948年）；《文木山房集》，上海，1957年。**Д.Н.华克生《吴敬梓和他的长篇小说〈儒林外史〉》，载Д.Н.华克生《古代中国的文学世界：中国古代白话小说集》，莫斯科，2006年，第589—603页；О.Л.费什曼《中国长篇讽刺小说》，莫斯科，1966年；孟醒仁、孟凡经《吴敬梓评传》，郑州，1987年；陈美林《吴敬梓评传》，南京，1990年；陈汝衡《吴敬梓传》，上海，1981年；*Wong T.C.* Wu Ching-tzu. Bost., 1958.

（Д. Н. 华克生撰，侯丹译）

吴敬梓

乙

字骏公，号梅村（源自其家乡的名称）。1609年生于江苏太仓，1672年去世。社会活动家，历史学家，诗人，戏剧家，画家。23岁以优异成绩通过会试和殿试，高中进士，不久获重要职务，授翰林院编修。在此之前与文学社团"复社"创始人、才华横溢的学者兼诗人张溥（1602—1641）交好。"复社"集结了当时很多大文学家和杰出思想家，如

吴伟业

顾炎武（1613—1682）、黄宗羲（1610—1695）、陈子龙（1608—1674）等。吴伟业也成为复社领导人之一。

1644年李自成起义军占领京城，吴伟业迁居南京，曾短期担任南明朝廷官职。但他难以忍受朝廷中的阴谋倾轧和贪敛聚财的氛围，开始公开反对贪赃受贿的权臣马士英（死于1646年）和阮大铖（1587—1646），但均失败。出于对权力阶层的失望，他辞官离开南京，回乡后屏居乡里，打算就此终老。

但在17世纪50年代初，清政府决定广招前明旧部入朝为官，吴伟业成为首批受邀者。起初他以健康不佳为由拒绝入朝，后被迫接受，并于1653年到达北京，不久授国子监祭酒。1657年吴伟业母亲亡故，他以丁忧为由辞官，遂返回故乡，余生致力于文学创作。

吴伟业的文学遗产包括：《梅村集》（40卷）、《绥寇纪略》（12卷）、《春秋地理志》、《复社纪事》、《鹿樵纪闻》、《梅村诗话》，杂剧剧本《临春阁》和《通天台》，传奇剧《秣陵春》，另有作品《梅村家藏稿》。

吴伟业的声望主要来自他的诗歌创作，他共创作约1000首诗，计18卷，其中7卷古诗，11卷律诗和绝句。

吴伟业诗歌创作的顶峰是后被称为"梅村体"（以他的号命名）的叙事诗。这是一种篇幅较长的作品（从二三十行到二三百行），其主要特点是结构严整，情节复杂，包含很多文学典故和联想，聚焦事件的外在发展，有大量物品的细节描写，最为著名的作品为《圆圆曲》《永和宫词》《矾清湖》《松山哀》《遇南厢园叟感》《临淮老妓行》等。大多数诗歌的主人公是诗人的同时代人，来自不同社会阶层，有帝王宠妃、文官武将、诗人画家、高级妓女和农民渔夫。大多数诗歌所描写的事件取自当时的现实生活，或刚刚发生的事情，因此吴伟业的作品被称为"诗史"。如《圆圆曲》讲述军事统帅吴三桂对歌女陈圆圆的爱情，为此吴三桂不顾其职责和为人臣子的义务，转而联合清军，为他们打开通往关内的道路。长诗尽管指责吴三桂的行径，但也肯定人追求深挚情感和个人幸福的权利。

中国精神文化大典

文学·语言文字卷

"梅村体"有很多追随者，如吴兆骞（1631—1684）、王闿运（1833—1916）、樊增祥（1846—1931）、杨圻（1875—1941）和王国维（1877—1927）等。

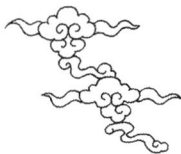

*《吴梅村年谱》，马导源编，上海，1935年；《吴梅村全集》，上海，1936年。**E.B.贝尔维尔斯《中国17世纪诗人吴伟业的创作》，学位论文，莫斯科，2007年；А.А.博克夏宁、О.Е.涅波穆宁《中央王国的面孔》，莫斯科，2002年；Б.Г多罗宁《历史学家吴伟业》，载《亚非国家史学》第6期，1982年；《世界文学史》第4卷，莫斯科，1987年；《明清史料》，上海，1951年；《中国文学史》，袁行霈主编，北京，2003年；《中国文学家列传》，杨荫深编，上海，1939年；Hummel A. W. Eminent Chinese of the Ching Period (1644‑1912) Wash., 1943‑1944.

（E. B. 贝尔维尔斯撰，侯丹译）

字小允，号茧人。1866年生于北京，1910年逝世。政论家，作家，报纸杂志出版人，常用号"我佛山人"（佛山是广东一地名）发表作品。出身官宦之家。父亲去世后迁居上海，曾在茶馆做伙计，在报社做翻译和编辑工作。1897年他开始发行自己的报纸《奇新报》和《采风报》。1900年起积极参与由改革家梁启超在日本创办的杂志《新小说》的编辑工作，同时也在其他刊物上发表作品。1904年在汉口短期担任美国人所办英文报纸《楚报》的中文版编辑。回到上海后开始主编通俗杂志《月月小说》，在杂志上刊登带有社会倾向和教育意义的作品。吴沃尧是个全面而多产的作家，但以反映同时代现实生活的社会揭露主题的长篇小说知名于世。他最为著名的作品是长篇小说《二十年目睹之怪现状》和历史长篇小说《九命奇冤》。长篇小说《恨海》反映时代的重大事件（义和团起义），长篇小说《上海游骖录》和对《红楼梦》进行独特阐释的小说《新石头记》则表

吴沃尧

现了时代风尚。吴沃尧也是文言文短篇小说、寓言和笑话的知名作家，这些作品收入文集《新笑林广记》。

*吴沃尧《二十年目睹之怪现状》（片段），B.司马文译，载《东方辑刊》1958年第2辑，第140—155页。**B.司马文《中国长篇小说的演进》，莫斯科，1970年。

（Д. Н. 华克生撰，侯丹译）

《西游记》

中国最著名的长篇小说之一，作者吴承恩。

约在1570年，人过中年、历经劫难、贫困交加、仕途无望的吴承恩开始写作这部长篇小说，逾十年写作，著成小说，却始终无法刊刻。约1592年，这部小说首次刊刻，未署名。17世纪初，《西游记》录于《淮安府志》一书。17世纪中叶起，这部小说的单行本开始流传，17世纪末则被收入《千顷堂书目》中的舆地类游记。作者身份问题引发持久争论，鲁迅的《中国小说史略》最终证实《西游记》系吴承恩所作。

这部作品关注的主要问题，是思考人及其在世界的位置，对真理的寻求和认识，以及善与恶的斗争。为实现其写作意图，吴承恩借助僧人玄奘（7世纪）去古印度取经的史实，创作出这部结构统一的鸿篇巨制。小说以一个引子开头，作者在其中运用了许多神话和传说，他不仅用这一独特手法反思史实，同时用隐喻的方式概括当时现实世界的科学、宗教哲学学说、社会制度和国家治理原则等状况，在阐释道家、佛家哲学方面占有重要地位。吴承恩还将道、佛信众与朝廷上的奸诈之徒构成对比，将自然怀抱中的恬淡生活与朝中尔虞我诈的阴暗世界构成对比。

吴承恩让构成小说情节的繁多素材服从于一个核心思想，即展示其所处世界中的人，他运用多种方式描写主人公，是为了使读者能够理解每个形象中隐含的多重寓意。

这部结构复杂的长篇小说中共有200多位人物，但主要情节的发展仅与5个主人公相关，他们是玄奘、孙悟空、猪八戒、沙和尚和白龙马，这5个主人公被视为一个整体。这种牢固关系的根源，可在佛教的五蕴学说中觅得。5位主人公中有3位最突出，即玄奘、孙悟空、猪八戒，以这三个主人公来突出世界的三位一体及其在人间的反映，而人本身就是"天—人—地"之间的中间环节。

　　核心主人公僧人玄奘的形象是根据框架原则设置的。这是一个修行者，一个抽象的宗教概念，典型的佛教信徒。他历经磨难，其独特品性因而体现。在小说的最后，唐僧（玄奘的别名，在小说叙事中他名为"唐僧"）成为佛教轮回思想的化身。这样的"外壳"包裹着一个活在尘世的普通人。作者时而把唐僧置于可笑的境地，时而夺去他神圣又伟大的光环，有时也对他有所嘲讽。在这个人物身上，吴承恩想展示的并非一个个体，而是僧人的概括类型，即当时规范知识的承载者。作者借助了史实，却并不愿赋予其一个历史个性，作者把玄奘被神话了的传统形象世俗化，在这一形象中加入了隐喻成分。

　　玄奘的主要随从是神猴孙悟空，他出生在圣地花果山，神不知鬼不觉地依靠自然之力自一枚石蛋破壳而出。随着情节的发展，孙悟空身上神话人物和淘气鬼的潜在性格逐渐呈现出来。吴承恩赋予孙悟空72变的能力和各种神奇的护身符。与此同时，作为一个淘气鬼主人公，他需要用各种计谋来战胜命运的坎坷。在这种斗争中，他的伶俐和机敏日益完美。但孙悟空的出众之处，首先在于他敏锐的智慧、洞察力和对一切未知的渴望。这位主人公名字的不断变化反映了他的进化，时而是猴王，时而是孙悟空，时而是齐天大圣，时而是僧猴，时而是智慧猴。最后一个名字直接指出这一形象的寓意，即他是"理智"的化身。这一寓意本身也借用佛教理念，佛教认为猴子是理智的化身。吴承恩突出了孙悟空与天的联系，天就是他在"天—人—地"三位一体中提及的阳性因素和理智因素。

　　玄奘的第二个随从是猪八戒，在小说的开始他没有具体

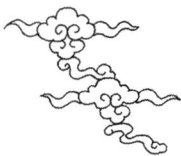

特点，是佛教轮回思想的证明，即他由于在天宫的不检点行为而受罚被贬凡间，成为半人半猪。现实与幻想交织引出了这一人物的某些个性化特征，其中的农夫特点尤为突出。后来这一主人公皈依佛门，因此只好与玄奘同行。猪八戒作为一个喜剧主人公，表现出贪吃、懒惰、好色等特点。尽管猪八戒的缺点一目了然，但他身上的反面成分并未占主导地位。人们嘲笑他的缺点，却不加谴责。猪八戒的隐喻层面同样以佛教传统为基础，在佛教中，猪与阴性情感相关，它借助一些象征物最终与大地产生关联，因此，这一形象的第二层面就象征着"天—人—地"三位一体中的"地"。

沙僧和白龙马在玄奘的随从中相当弱势，常退居次要地位，偶尔才令人注意到。沙僧对玄奘寸步不离，在理智的孙悟空不在时他也管一管情绪冲动的猪八戒。沙僧没有强烈的冲动和龌龊的念头，也无桀骜不驯的怒火与强烈的欢喜。沙僧象征书面的智慧，是知书达理的化身。吴承恩既不忽略数世纪间形成的定式，但也不念念不忘。

白龙马形象也根植于佛教。马是意志力和长途跋涉能力的象征，该形象强化了师徒联盟的誓言。吴承恩把它列为主人公，意在强调，没有顽强的意志就不可能踏上险途并找到真理。吴承恩用白龙马来提醒人生的易逝。这种寓意多半来自《庄子》哲学。

一些次要主人公、神仙、鬼怪的形象则揭示人与善恶的冲突、人与周围事物的联系。作者描写这些主人公居住的虚构国度，就像在用一块块马赛克拼图组合16世纪中国的现实画面，对日常生活的各种细节均有展示。通过描绘那些虚构的鬼怪朝臣，作者让人联想到当时中国的各种有害倾向。在这一形象体系中，幻想和现实相互结合。不过应该考虑到，很多我们现在视为虚幻的东西，16世纪的人却可能有不同的理解。

假定存在的框架中贯穿着"道"的隐喻形象。对于吴承恩来说，"道"不仅是主人公们行走其上的道路，也是人的生活道路之象征。师徒们走过千山万水，这寓示着人类生活的永不休止。朝圣者途经10个国家，这也寓示道路通向完

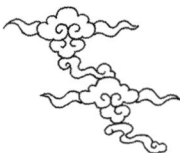

满，因为佛教哲学认为，走向完满要历经10个阶段。

吴承恩对数千年的民族遗产有深入了解，他立足于传统，又探索出新的思想和艺术道路，开辟了中国文学的一个新方向。17世纪末至18世纪初出现了《西游记补》和《续西游记》，但这些作品并未在中国文学和世界文学中留下深刻痕迹。

如今，吴承恩这部长篇小说与中国哲学传统相关的寓意层面已逐渐暗淡，当下读者对其引人入胜的情节和非同寻常的主人公更感兴趣。《西游记》有面向广大读者，甚至文化程度较低的读者的全本连环画出版。这部小说对戏剧和电影产生巨大影响，以它为母本产生许多剧作（京剧），以《西游记》的情节为基础制作的动画片在国际电影节屡次获奖。这部小说驰名远东、东南亚和欧美，被译为包括俄语在内的多国语言。

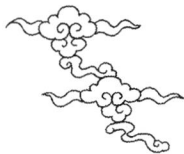

**鲁迅《中国小说史略》，北京，1953年；《西游记研究论文集》，北京，1957年；胡光舟《吴承恩和西游记》，上海，1980年；Dudbridge L. The Hsi Yu Chi: A study of Antecedents of the 16th century Chinese Novel. L., 1970; Liu I. Y. "The Prototypes of Monkey (Hsi Yu Chi)" // T. P., 1964, Vol. 51.

（C. B. 尼科利斯卡娅撰，王丽欣译）

先锋小说

又称"实验小说"。中国当代小说流派（20世纪80年代末）。1987年《人民文学》《收获》杂志有很多期均专门用于表现中国文学中的这一新现象，这一现象得名"先锋小说"（或"实验小说"）。作家马原被视为此流派奠基人，他的早期小说《拉萨河女神》（1984）、《冈底斯的诱惑》（1985）采用作家喜欢的"叙述圈套"手法，虚构是其作品的出发点。1987—1989年间产生一批引人瞩目的年轻作家，这些作家是马原的追随者，如格非、余华、孙甘露、苏童、

叶兆言、北村、洪峰、扎西达娃（藏族）等。

先锋小说的鲜明特点在于强调表达作者自我时的形式和语言层面，其结果、形式常决定内容，为了达到其表达目的，先锋作家们常压缩或扩展事件的时间，违反因果关系，将主人公描写为一些非具体的、没有任何特征的人，近似象征物或象棋中的棋子，讲述者往往成为出场人物，在叙述过程中表达自己的见解。先锋小说中常使用"小说套小说"的方法，"戏耍"读者期待。

这并非指表面的文字游戏，而是指他们试图通过革新文本和语言尝试提出存在着的基础问题，这里能感受到作家们对他们所感受到的现实存有深刻怀疑，尝试走出可感知的现实，进入一个纯粹理念的世界。这表现为作者追寻剧中人物的模式化，追寻人物行为和言论的象征化，以及建立独特隐喻的尝试。隐喻性和抽象性成为先锋小说的基本特征，这表明先锋小说具有现代主义特点。

先锋小说在中国的形成在很大程度上是受外国文学影响，其作品随处可见其对西方现代主义、"新小说"、拉丁美洲"魔幻现实主义"的风格和情节的借鉴，经常可以看到对被中国作家视为权威的那些外国作品的直接援引。

从20世纪90年代初开始，先锋小说的发展急剧下滑，研究者把这种现象归结为形式方面探索告一段落，而在内容层面脱离现实也已不流行。1999年，文学杂志《大家》（昆明）发表一组具有先锋小说风格的作品，试图再次引起中国读者对先锋文学的关注。

*马原《冈底斯的诱惑》，载《上海文学》1985年第2期；格非《褐色鸟群》，载《钟山》1988年第5期；孙甘露《请女人猜谜》，载《中国小说50强（1978—2000）》第4卷，长春，2001年，204页；余华《现实一种：余华中短篇小说集》2卷本，西宁，2001年。**洪子诚《中国当代文学史》，北京，1999年，第335—339页；陈思和《中国当代文学史教程》，上海，1999年，第291—305页；陈晓明《历史祛魅与当

代文学变革》，北京，2001年，第78—111页。

（E. A. 扎维多夫斯卡娅撰，王丽欣译）

向秀

乙

字子期。227年生于河内怀县（今河南武陟），卒于272年。思想家，文学家，诗人团体"竹林七贤"成员之一，此团体以3世纪著名的诗人、哲学家嵇康和阮籍为代表。

据载于正史《晋书》的《向秀传》（卷49）记载，向秀生于中层官员之家，青年时迷恋道教，崇尚自由的生活方式。后因震惊于嵇康之死，决定彻底改变生活。后前往京城，受到司马昭［当时实际上的魏国（220—265）掌权者］接见，此后向秀官运亨通，一直做到散骑常侍。

向秀被视为"玄学"的主要理论家之一，他在《庄子注》中所做的理论阐释对3世纪下半叶至4世纪初最重要的思想家郭象产生了重大影响。

向秀因其仅有的一首《思旧赋》得以进入中国诗歌史，此作是写给朋友嵇康的悼词，后被收入著名的《文选》（卷16）。因不同寻常的情感、真挚和令人惊讶的心理描写，此赋被视为中国赋作的杰作之一。当代研究者认为在这首赋中存在着比个人感受更为深刻的潜在含义，他们认为这是一首哲理作品，反映了向秀的主要思想，即儒家和道家的世界观可以统一起来。

*《晋书》，第49卷第5册，第1374—1375页；《文选》，第16卷第1册，第330—332页；"Erinnerung an alter Freunde" // Die Chinesische Anthologie... Vol. 1, pp. 236‐237; "Recalling Old Times" // Watson B. Chinese Rhyme-prose Poems..., pp. 61‐63; "Rhapsody on Recalling Old Friends" // Wen xuan... Vol. 3, pp. 167‐170. **《向秀》，载《中国哲学词典》，第308页；《魏晋文学史》，第165—168页；《魏晋南北朝文学史参考资料》第1卷，第234—238页。

（M. E. 克拉夫佐娃撰，王丽欣译）

萧纲

字世缵，梁简文帝。生于503年，南兰陵（今江苏省常州市）人，卒于551年。政治家，文学批评家，思想家，"宫体诗"诗歌流派的主要代表之一。

现存两种萧纲生平传记，分别见于姚思廉（557—637年）所编正史《梁书》（卷4）和李延寿（618？—678？）所编《南史》（卷8）。萧纲是南朝梁（502—557）开国皇帝梁武帝（萧衍）的第三子，在其兄萧统死后，他成为皇位继承人，萧纲被图谋反叛、立意改朝换代的将军推上皇位，后又为将军所害。

萧纲的诗歌观点成为"宫体诗"的思想基础，这反映在他给其弟萧绎（508—555）的两封同名书信《答湘东王书》中。两封信写于6世纪30年代初，此时萧纲周围已形成一个"宫体诗"文学团体。

萧纲的诗歌遗产包括近300篇诗作（64首乐府，其余为诗）和21篇赋（全本或片段）。他的创作主题不尽相同，除"宫体诗"（100余篇）外，萧纲还创作了大量描写宫廷仪式的颂诗。还有写给兄弟朋友的献诗、对以往文学家的仿作，以及佛、道主题的诗作，如组诗《十空诗》（6首），诗作《仙客诗》。萧纲的赋作在主旨和结构上更不相同，其中最有名的是《梅花赋》，属于宫体诗。

已知萧纲生前有作品集100卷，死后有文集85卷（编于6世纪末至7世纪初），这两种文集均佚失。15—16世纪编成《梁简文帝集》，该集收入张溥（1602—1641）的辑本和丁福保（1874—1952）的辑本，此外约100首诗被收入诗集《玉台新咏》（卷7—10），此诗集正是由他发起编纂。萧纲现存所有抒情作品均被收入丁福保（1874—1952）辑本和逯钦立（1910—1973）辑本，其赋作和散文作品收入严可均（1762—1843）辑本。所有关于宫体诗的研究均会分析萧纲的诗歌。

＊《梁书》第4卷，第1册；《南史》第8卷，第1册，第229—234页；《梁简文帝集》；《玉台新咏》第7—10卷；收入萧纲抒情作品的辑本见参考文献II：逯钦立辑本第2卷，第1901—

1980页；丁福保辑本第2卷，第880—941页；其赋作与散文作品见严可均辑本第3卷，第2994—3034页；"The Flowering Plum" // Frankel H. H. The Flowering Plum and the Palace Lady..., pp. 1‑3; Marney J. Beyond the Mulberries...; New Songs from a Jade Terrace... (см. Содерж.). ** Marney J. Liang Chien-Wen Ti.

（M. E. 克拉夫佐娃撰，王丽欣译）

乙

萧红

原名张廼莹，1911年生于黑龙江呼兰，卒于1942年。生于富裕地主家庭，1926年进入哈尔滨中学，5年学习期间展现出文学和绘画天赋，热衷社会活动，由于参加反日学生运动被学校开除。1930年夏因反对父亲包办婚姻与家庭决裂，与相爱的人去往北京，但不久只身回到哈尔滨。1931—1932年冬由于无钱交住宿费被一家廉价旅馆扣为人质，她写信向哈尔滨《国际协报》编辑求助，报社为萧红偿还债务。此时萧红结识文学青年萧军，两人结婚。

1933年，被称为"二萧"的两人出版第一部小说散文集《跋涉》，其中收录萧红写于1933年的5个短篇小说。此书很快受到日本书刊审查机构的禁止，警察到处搜寻两位作者。1934年6月他们逃到青岛，在这里，萧红加入东北难民救助组织，并创作了中篇小说《麦场》，后更名《生死场》，一举成名。在完成手稿后，萧红请鲁迅过目，并在1934年10月和萧军共赴上海。鲁迅高度评价这部小说，亲自审校作序，并出资于1935年12月出版此书。直到去世，鲁迅一直是萧红的导师和挚友。

萧红第一部中篇小说讲述被日本侵略者入侵的东北乡村的生活。萧红的小说是现实主义风格，描述农民的悲惨命运，他们如牲畜一样，生活在黑暗和无知中，遵循自古以来的生活轨迹；人们出生，从事繁重劳作，竭尽全力谋生，生病，死亡。萧红表明，随着日本人的侵入，乡村生活已让人完全难以忍受。有人试图逃脱日本人的控制，却无处可逃，只剩下一种办法，即武装抵抗。中国批评家认为，《生死

场》的主要思想就在于，它揭示了战争进程中农民民族意识高涨的原因，但该书的主要价值却在于，它塑造了带有鲜明地域特色的农民生活的生动画面，作品真实，带有人的生死之逻辑。萧红的第一部小说也有一些不足。女作家很了解农民的生活，却对抗日战争了解不多，因而不能均分素材，小说17章中有11章描写和平生活，只有5章写战争。在小说《生死场》中，现实主义同高度的抒情相结合，构成萧红的独特风格。第一部著名作品的发表使上海许多出版社争相出版其作品。

萧红于1936年出版两部小说散文集《商市街》和《桥》。她短篇小说的主题对于新文学来说很典型，即农民的生活、不同社会阶层妇女的地位、孩童及其周围世界、教育问题，在中国20世纪30年代初非常尖锐和迫切的主题——抵抗日本侵略，也得到了体现。

长期患病以及与萧军分手，使萧红以治病为由在1936年夏赴日本。在东京她创作了短篇小说集《牛车上》，次年在上海出版，她也于1937年1月回到上海。战争席卷中国，萧红和萧军因为战争和写作而四处迁居，武汉、西安、重庆、临汾，都曾是他们当时的居住地。1938年在临汾，他们在山西民族革命大学教书，参与中华文艺界抗敌协会的工作。他俩参加由丁玲领导的西北战地服务团的工作，编写进步期刊和出版物。在此时期，萧红结识年轻作家端木蕻良，同萧军离婚后，她嫁给端木蕻良。随后到武汉，后转到重庆。1940年他们去到香港，萧红完成中篇小说《马伯乐》，展现了她的讽刺才能；完成回忆童年和家乡的小说《呼兰河传》，创作短篇小说《小城三月》，这两篇小说均表达了她对家乡和青年时期的回忆；《回忆鲁迅先生》是追忆导师的散文。1942年1月22日，萧红在香港去世。

*《散文》，北京，1993年；《呼兰河传》，B.C.郭质生译，载《中国短篇小说》，莫斯科，1994年，第106—127页；萧红《桥》，A.拉林译，载《东方辑刊》1960年第3期，第172—180页；萧红《小城三月》，O.费什曼译，载《东方故事》，莫斯

科，1963年，第230—249页。**H.A.列别杰娃《萧红：生活、创作、命运》，符拉迪沃斯托克（海参崴），1998年；季红真《萧红传》，北京，2000年。

（H. A. 列别杰娃撰，王丽欣译）

萧军

原名刘鸿霖，笔名田军、三郎等，1907年生，辽宁人，卒于1988年。作家。青年时参军，1925年进入三十四骑兵团服役，1926年进入奉天（今沈阳）东北陆军讲武堂学习，毕业后留校任教。1931年9月"奉天事变"爆发，这一事件揭开日本侵华序幕。萧军此时正处于"奉天事变"发生地，他从被占领的奉天逃到相对平静的哈尔滨，在哈尔滨开始为报纸杂志撰稿，逐渐成为《国际协报》固定撰稿人，被视为大有前途的文学家。1932年结识的萧红后成了他的妻子，1933年出版他和萧红的小说散文合集《跋涉》，此集收入萧军6篇作品，此书遭到日本书刊检查机关查禁，两位作者在1934年6月被迫逃往青岛。在青岛，萧军成为《青岛晨报》副主编，主编文学副刊，并开始系统写作其第一部长篇小说《八月的乡村》。

萧军自青岛给鲁迅寄去手稿，请鲁迅审阅。1934年10月，他与萧红去了上海。

鲁迅明白反映东北抗日的文学作品的重要性和迫切性，开始编辑作品，亲自为萧军的《八月的乡村》作序，并出资在1935年8月出版此作。

这部长篇小说反映抵抗日本侵略的斗争，作品由一系列描写抗日游击队转移过程的短篇故事构成，但有统一的主人公和统一的主题。萧军笔下的主人公十分鲜活，他们身上体现了被迫服兵役的农民的个性特征。作家成功地展现了在战争熔炉中人的重铸，其中包括农民、士兵、前犯人以及城市知识分子代表。这似乎体现了这部小说的某些理想化主题。但不应忘记，《八月的乡村》写于那些事件发生后不久，是记录时代的艺术作品。作家认为其作品的主要使命，就在于

能助战士们一臂之力。萧军称其长篇小说为"青杏"，鲁迅则尤其强调，这是中国文学史上第一部描写东北地区抗击日本侵略的作品，同时指出萧军在这部小说中借鉴了法捷耶夫的写作风格。

萧军于1936年出版两部短篇小说集《江上》和《羊》，并开始创作长篇小说《过去的年代》，甚至发表了该小说的前两章。当战争蔓延至国家中部地区，萧军与萧红被迫逗留不同城市，如武汉、西安、重庆、临汾。萧军积极从事爱国活动并成为中共党员，加入中华文艺界抗敌协会，参加由丁玲领导的西北战地服务团的工作。后来他与萧红离婚，一年后再婚，这段婚姻一直持续到萧红生命尽头。

萧军的活动热情在号召作家"弃笔从戎"的"前线"运动中得到反映。萧军参加军事作战，在战争中表现英勇。战争年代他曾两次前往解放区中心延安。在延安，他创建鲁迅研究会，任鲁迅艺术文学院教员，1942年5月参加由毛泽东组织的"文艺座谈会"。这一时期，萧军写出剧本《幸福之家》以及旅行随笔集《侧面》。

抗日战争结束后，萧军在佳木斯担任鲁迅艺术文学院院长，1947年在哈尔滨创建鲁迅文化出版社，并担任社长，主编《文化报》。

1948年，在中共中央东北局作出决议后，开始了一场反对萧军的运动，萧军被毫无根据地指责为反对人民政府、带坏社会风气、反对民族解放运动、挑拨离间中苏人民的友谊，其被解除职务，下放矿山劳动。在此期间，他创作了长篇小说《五月的矿山》，在作品中满怀热情地描写即将来临的自由时代，展现了东北地区工人的英雄性格。1951年，他来到北京，开始研究文学和戏剧。1958年2月，萧军再次遭到批判，在"文化大革命"时期，萧军作为"老牌反党分子"被捕。1978年后得到平反，恢复名誉，萧军得以继续他喜爱的旧业，并被选为北京文联副主席。[①]1980年出版历史小说《吴越春秋史话》以及《萧军近作》，有《萧军五十年文集》面世。

---

① 似为作协北京分会副主席。——译者注

*萧军《八月的乡村》，载《国际文学》1938年第6期，第3—40页；萧军《八月的乡村》，М.Г.日丹诺夫译，萧三序，列宁格勒，1939年。**Н.А.列别杰娃《文学选集》，载《俄罗斯与亚太地区》，符拉迪沃斯托克（海参崴），1993年第1期，第92—98页；Н.А.列别杰娃《作家与时代（以中国作家萧军的生活与创作为例）》，载《中国、俄罗斯和东北亚其他国家20世纪末至21世纪初合作前景：第三届中国、中国文明与世界国际学术研讨会论文集》第2卷，莫斯科，1997年，第57—63页。

（H. A. 列别杰娃撰，王丽欣译）

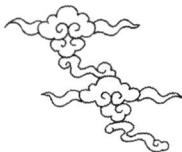

萧三

原名萧子暲，在苏联以笔名"埃弥·萧"知名。1896年生于湖南，卒于1983年。生于教师之家，师范学院毕业后曾任教3年。1920年萧三前往法国勤工俭学，1922年到莫斯科，进入东方劳动者共产主义大学，随后在莫斯科东方大学任教。1923年把《国际歌》译成汉语。

1928—1939年，萧三一直在苏联生活，主编《国际文学》杂志中文版。萧三的散文、诗歌作品常在苏联出版，他在其俄文诗歌散文集（如《诗集》，1932；《拥护苏维埃中国》，1934）中描写中国人民反抗日本侵略的英勇斗争。他是毛泽东和朱德元帅最早的传记作家之一。写有诗集《血书》（1935）和《湘笛》（1940），这两部诗集均被译成俄语。

1939年起，萧三成为延安地区文化生活的积极组织者，编辑面向外国读者的杂志《大众文艺》和《中国报道》。在这两份杂志上，萧三也向中国读者介绍俄国文学，撰文介绍高尔基、鲁迅、瞿秋白等作家。他著有描写抗日战争、反映共产党人在抗日战争中的主导作用的文章、随笔和小说（如文集《英雄中国》，1939；《中国不可战胜》，1940；《中国小说》，1940）。他写有《伟大的导师马克思》（1953）、《高尔基的文学观念》（1950）、《纪念人物》（1954）等书，他还把普希金、马雅可夫斯基以及其他俄苏诗人和作家的作品译成汉语。

抗日战争结束后，萧三返回中国北方并参加土地改革，1949年当选为文联主席团成员，后成为全国人民代表大会代表。

1949年，萧三出版了介绍毛泽东青少年时代的书《毛泽东同志的青少年时代》，他还将毛泽东的诗词译成俄语。1951年出版特写集《人物与纪念》，1952年出版诗集《和平之路》，1958年出版诗集《友谊之歌》。60年代停止发表文字。

*萧三《拥护苏维埃中国》，A.罗姆译，哈巴罗夫斯克，1934年；萧三《英雄中国》，莫斯科，1939年；萧三《中国故事》，莫斯科，1940年；《萧三诗集》，B.罗果夫序，莫斯科，1952年；《萧三选集》，莫斯科，И.弗连克尔译，莫斯科，1954年；萧三《人物与纪念》，北京，1954年；《萧三诗选》，北京，1960年；萧三《珍贵的纪念》，A.H.热洛霍夫采夫译，载《远东问题》1987年第1期，第152—166页；《萧三诗作》，Г.雅罗斯拉夫采夫译，载《20世纪中国诗歌与小说》，莫斯科，2002年，第29—32页。**Н.Н.康拉德《未发表的作品·书信》，莫斯科，1966年，第294、500页；С.Т.玛尔科娃《1937—1945年民族解放战争期间的中国诗歌》，莫斯科，1958年；Н.Т.费德林《中国文学》，1956年。

（E.A. 扎维多夫斯卡娅撰，王丽欣译）

萧统

字德施，谥号"昭明"。501年生，南兰陵（今江苏常州）人，卒于531年，南朝梁（502—557）太子，文学理论家，著名文集《文选》的编纂者。

萧统生平传记有两个版本，见于姚思廉（卒于637年）所编正史《梁书》（卷8）和李延寿（618？—678？）所编《南史》（卷52）。萧统之父萧衍登上帝位（502年12月）之后，不满1岁①的萧统便被立为太子。萧统5岁时移居太子住所东宫，即成为真正意义上的太子。萧统在太傅们——当

① 据下文，萧统生于501年10月，502年12月被立为太子。时已满1岁。——译者注

时最著名的学者和文学家们的教导下成长，这些人中就有对萧统的个性、兴趣及文学观产生重大影响的沈约。萧统10岁时开始收集私人藏书（后总数达3万卷）。萧统成年后（15岁）开始着手编纂《文选》，身边有他亲自挑选的人才，包括刘孝绰（481—539，5世纪后30余年间最具才华的诗人之一，王融的外甥）、陆倕（470—526，受到沈约提携的著名文学家）、殷芸（471—529）、王筠（481—549）和到洽（477—527）。他们构成一个编纂集体，共编《文选》。此外他们还编有典籍《文章英华》，后散佚。

萧统本人写有一系列作品，包括他所撰4世纪伟大诗人陶渊明传记序《陶渊明集序》并编订陶渊明作品集，均为重要文学作品。萧统也是一位诗人，他的文学遗产有30首诗（其中7篇乐府）、2篇完整的赋和4篇赋的片段。已知其有12卷文集，可能于他死后不久在梁朝编成，后散佚。后来的辑刻版本（15—16世纪）名为《梁昭明集》（又称《昭明太子集》），被收入张溥（1602—1641）辑本和丁福保（1874—1952）辑本。此外，萧统的抒情诗作收入丁福保辑本和逯钦立（1910—1973）辑本，赋作收于严可均（1762—1843）辑本。

萧统的抒情诗首先以其深刻的佛教主题而引人注目。这毫不意外，因为他是虔诚的佛教徒并精通佛经。在他的行宫中，萧统经常参加佛教徒和世俗学者的聚会，在这些聚会上讨论印度佛经的翻译问题及各种佛教学说。普遍认为，萧统对佛教的推崇也体现在他的政治活动中，表现为他的公平和慈悲，在歉收之年他开个人粮仓赈济灾民，他经常扶贫助困，主张减轻刑罚，反对让百姓付出额外劳役。萧统的行为让他在百姓中甚得威望，若非英年早逝（由于严重伤风），萧统可能会成为一位明君，梁朝历史也可能重写。

*《梁书》第8卷，第1册，第165—172页；《南史》第52卷，第5册，第1307—1313页；《梁昭明集》；收入萧统抒情诗作的文集见参考文献Ⅱ：逯钦立辑本第2卷，第1790—1803页；丁福保辑本第2卷，第870—990页；其赋作见严可均辑本第3

卷，第3059—3074页。**曹道衡、沈玉成《南北朝文学史》，第224—225页；Knechtges D.R. Xiao Tong's Life..., pp. 4 - 11.

（M. E. 克拉夫佐娃撰，刘文飞译）

梁朝为南北朝时期（420—589）的一个朝代，虽存在时间不长（502—557），却成为中国语言文学史上一个重要时期，这在很大程度上归功于梁朝奠基者武帝（萧衍，502年即位）对雅文学的酷爱。诗人作家们自全国各地涌向京城，以便在形形色色的文学沙龙中谋得一席，这些沙龙通常由皇亲国戚举办。

皇帝的长子萧统（死后谥号"昭明"）即为一家沙龙的核心人物，他生于501年10月，502年12月便被立为太子。他接受了太子方能获得的教育，于是3岁始读《孝经》《论语》，5岁能诵"五经"。其太傅之一沈约或许是当时最受尊重的宫廷诗人。年轻太子的主要爱好是收集罕见手稿，据称在其收藏中就有班固手书之《汉书》。萧统聚集起众多文学家和佛教徒，参与各种讨论。他的善举也在百姓中有口皆碑，冬季给京城穷人送衣送粮，为身无分文者捐资安葬。遗憾的是，这位太子未能成为君主，531年4月，他在乘船游玩（采莲）时翻船落水，身负重伤并染疾，却很久不向其父皇透露其病情，以免皇帝担心。他卒于5月7日，葬于6月21日。

据其传记，他编有古典格言集《正序》、五言诗集《文章英华》、《文选》，另著有多种文集。在这位太子所著、所编文字中，仅《文选》存世，但这部选集之意义无可估量，许多中国古代文学杰作正因为这部文集方得以流传至今。萧统的文学团体在中国始终被视为中古早期文明水准的象征之一，萧统本人亦被视为有修养的优雅太子、文学家和艺术保护人的榜样，为后世许多中国君主所竭力仿效。

*李延寿《南史》，载《二十五史》第4卷，上海，1986年；姚思廉《梁书》，载《二十五史》第3卷。**谢康《昭明太子

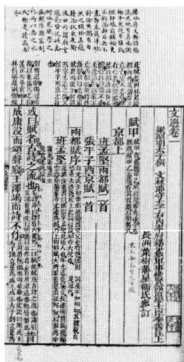

评传》，载《小说月报》1922年第17期（副刊）；谢康《昭明
太子和他的〈文选〉》，台北，1971年；胡宗懋《昭明太子年
谱》，载《梦选楼存稿》，1932年；周贞亮《梁昭明太子年
谱》，载《文哲季刊》1931年第2期。

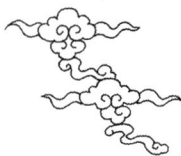

（C.B. 德米特里耶夫撰，刘文飞译）

萧衍

字叔达，生于464年，南兰陵（今江苏常州）人，卒于
549年。政治家，南朝梁（502—557）的奠基人和第一任皇
帝（502—549年在位），谥号武皇帝。诗歌流派"永明体"
的代表，"竟陵八友"之一。

在姚思廉（卒于637年）的正史《梁书》（卷1—2）和
李延寿（618？—678？）的正史《南史》（卷6—7）中均有
萧衍的传记。萧衍生于南朝的统帅世家（萧氏），萧氏在5
世纪下半叶具有政治优势，开创南齐朝代（479—502）。作
为这一贵族家族的远亲，萧衍起初得到宫廷接纳。后来他
与齐武帝（482—493年在位）的两位儿子——文惠太子和竟
陵子良过从亲密，并结识沈约。在经历490年代中期的事变
后，萧衍继续仕宦生涯，数次建立战功（496—498年抗击北
魏）。萧衍利用所握兵力和战功赫赫的威望，聚集起老友
与谋士，最终发动政变。萧衍在位近50年，这在六朝时期
（3—6世纪）的皇帝中独一无二。他统治期间发生过一些重
大文化思想事件，如尊佛教为国教，皇亲国戚护佑人文科学
与文学。皇宫与亲王府中出现大量诗歌团体（不过其活动在
中国文学史上并未留下显著痕迹）。一批对于文学理论思想
发展而言极为重要的著作和文集在此时出现，如钟嵘的《诗
品》和刘勰的《文心雕龙》，《文选》和《玉台新咏》。这
些作品的编撰均得到萧衍儿子们的倡议与引导，这一细节颇
能说明问题。

然而萧衍却没能解决一个主要问题，即终止长期的动乱
危机状况，恢复中央集权帝国。意识到自己统治制度的不完
善、亲近的人相继去世，这对萧衍打击很大，他两次出家为

僧，又两次被宫中人士请回（527和529年）。晚年萧衍成为一个没有权力、精神恍惚的老者，仅是名义上的国君。萧衍提拔的新贵加速了梁朝的灭亡，他们争权夺利，忘恩负义。还有帝王头衔的萧衍被秘密投入监狱，后死于狱中（上述事件在一些作家的作品，如庾信的诗歌作品中有详细描述）。

萧衍和当时绝大多数皇族人物一样，其文学遗产包含大量近乎官方文献的作品。他本人的诗歌创作留存4首赋和近100首诗，其中多半是乐府诗（文学乐府）。萧衍传记中称他生前编有120卷文集。7—8世纪尚存这个文集的另一版本（60卷），后散佚。现存的《梁武帝集》于15—16世纪编成，后收入张溥（1602—1641）辑本和丁福保（1874—1952）辑本（1916）。另外，萧衍的抒情诗作品收入丁福保的另一辑本（1964）和逯钦立（1910—1973）辑本，赋作则收入严可均（1762—1843）辑本。

一般认为，萧衍的最佳创作以及永明体诗歌的典范作品是模仿中国南方民歌（南北朝乐府民歌）《子夜歌》所作的情诗，如组诗《子夜歌二首》和《子夜四时歌》，后者由16首四行诗组成，分为四组，即《春歌》《夏歌》《秋歌》《冬歌》。如同民歌一样，这些作品流露出乐观精神和相信两情相悦的幸福，坚信爱的强大力量能战胜一切："阶上香入怀，庭中花照眼。春心一如此，情来不可限。"（《春歌》之一）

在这些作品中，爱情以凯旋的姿态出现，也就是说，它并非如一些离别主题的抒情诗那样描写给人带来痛苦与折磨的情感，而是描写一种能使人振奋的难以抑制的情感，让人超拔于俗常，领略每一个生活瞬间的永恒意义："七彩紫金柱，九华白玉梁。但歌云不去，含吐有余香。"（《秋歌》之二）这首四言诗中运用的数字"七"和"九"在当时都象征着男性，借此手段指明诗歌空间中情郎的存在。即便萧衍的诗歌中出现离别的主题，也并非强调女主人公的孤独，而是盼望与情人相聚，不是思念远方夫君的忧愁，而是预感马上与其相见带来的快乐："吹漏未可停，弦断当更续。俱作双丝引，共奏同心曲。"（《秋歌》之三）

一些四言诗在欢快中时而夹杂轻佻的语气："含桃落花日，黄鸟营飞时。君住马已疲，妾去蚕欲饥。"（《夏歌》之四）"疲马"指因为艳遇而疲惫的男子，"蚕饥"隐喻女人的不忠。

重要的是，萧衍是第一个把《子夜歌》当作模仿对象的诗人，并因此把它带入具名抒情诗。通过他的改编，《子夜歌》对爱情诗的发展进程产生显著影响，促进了独立的诗歌流派"宫体诗"的形成。

《子夜歌》同其他一些爱情诗歌文本（对"乐府民歌"主题的改写以及"咏"）一道构成萧衍文学遗产的重要部分，但这远非其全部。萧衍的许多作品，特别是他在位时期的作品，具有成熟的生命力、严谨的思维与内在的张力。虽然他的抒情诗的艺术特色并不十分出众（文学写作能给他以享受，可他却完全无意博取诗人桂冠），却以情感真切见长。此外，他的创作也构成一份珍贵的时代文献，在其中可以看到一位多年掌控政权者的世界观立场、社会政治观点和内心感受。在其诗歌中，萧衍对国家和自己的国君使命进行深思，公开承认对他来说治理国家是难以承受的重担，或许并不成功，他的期望与雄心均已落空。比如，他在《藉田诗》中悲伤地写道："耕藉乘月映，遗滞指秋杪。年丰廉让多，岁薄礼节少。"此诗描写一种古老的农业仪式，即皇帝要亲自扶犁，耕出第一道垄沟。更为悲观的诗行出现在他的《撰孔子正言竟述怀》中："康哉信股肱，惟圣归元首。独叹予一人，端然无四友。"

萧衍的佛教主题作品无论从哪个角度看都很有意思。借助这些作品，我们可以判断萧衍个人信仰的深度，了解当时知识精英接受佛教学说的特点，亦可研究佛教诗歌形象的形成过程。如在《游钟山大爱敬寺诗》中便有对佛教的净化思想（认为感性世界的一切皆虚幻，拒绝单一的智性体系和与外部客体的关系）和静观自然思想（"禅那"）之精确的、纯文学的转述："道心理归终，信首故宜先。驾言追善友，回舆寻胜缘。面势周大地，萦带极长川。……落英分绮色，坠露散珠圆。当道兰霏靡，临阶竹便娟。……长途弘翠微，

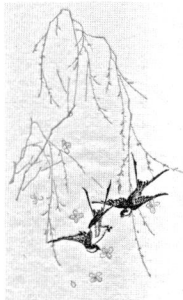

香楼间紫烟。慧居超七净，梵住逾八禅。"

萧衍最为出色的"哲理诗"为《会三教诗》，诗中含有一把理解中国文化中儒家、道教和佛教相互作用的原则和机制的钥匙："少时学周孔，弱冠穷六经。孝义连方册，仁恕满丹青。践言贵去伐，为善存好生。中复观道书，有名与无名。妙术镂金版，真言隐上清。密行贵阴德，显证表长龄。晚年开释卷，犹日映众星。"

萧衍虽然谈到他将三教理解成一个阶段性过程，但也给出三个总的场景，三种宗教分别会在三个时期发挥最重要的作用。青年时期，一个人要在社会中立身，便希望通过为国家建功立业来实现自我，意识到自己是社会的一员，他需要遵循儒教的价值观和理想。中年时期，中国人认为此时已接近暮年，一个人应开始思考生与死的真正意义，因此会关注道家思想。最后，垂暮之年的人们会感受到日益增强的死亡恐惧，越来越多地思索彼岸世界，关注佛教的动机正在于此。

萧衍的同代人如何看待萧衍的诗歌，不得而知。当时的文学理论家因为众所周知的原因无人敢于公开对他的诗歌做出评判。在后来的历史时期，他的诗歌遗产遭人遗忘。在学术研究中，仅在言及"永明体"诗歌的代表和"竟陵八友"时才会提到他，或将他的乐府诗作为民歌对具名诗歌之影响的例证而一笔带过。直到在20世纪末的研究中，人们对萧衍的态度才发生转变，开始承认他的创作对6世纪上半期诗歌的重大影响以及他的哲学主题作品的重要意义。

*《梁书》第1—2卷，第1册；《南史》第6—7卷，第1册；《梁武帝集》；《玉台新咏》第7卷、第10卷，第3册；萧衍抒情诗作见参考文献Ⅱ中下列辑本：逯钦立辑本第2卷，第1513—1539页；丁福保辑本（1964）第2卷，第851—870页；其赋作见严可均辑本第3卷，第2948—2950页；《文心雕龙》，第294—299页；《中国文学作品集》，第215—216页；New Songs from a Jade Terrace..., pp. 182 - 188, 282 - 286. **刘大杰《中国文学发展史》第2卷，第280页；萧涤非《汉魏六朝乐府文学史》，第244—246页；曹道衡、沈玉成《南北朝文学

史》，第245—248页；Brooks B. E. A. Geometry of Shi-pin, pp. 122‐123; Chang K. Y. Six Dynasties Poetry, pp. 146‐152; Jansen T. Hofische Offentlichkeit im fruhmittelalterlichen China... (см. Указ. имен).

（M. E. 克拉夫佐娃撰，王丽欣译）

谢惠连

397年生于陈郡阳夏（今河南太康），卒于433年。六朝（3—6世纪）时期诗人。生于诗书世家。他的亲戚、朋友和庇护人谢灵运在其人生中扮演重要角色（他俩并称"大小谢"）。谢惠连的创作以山水抒情诗为主。他的诗以语言手段的清新独特和诗体的精致著称。他的写作体裁有诗、赋、乐府、联珠诗、赞和箴等。他的《雪赋》《秋怀》《捣衣》《西陵遇风献康乐》等尤为著名。谢灵运和其他同代人对谢惠连的天赋给予高度评价。6—7世纪曾存有他的作品集《谢惠连集》，共6卷。现存其诗18首，仿乐府14首，赋5篇，以及其他一些作品。

（И. С. 李谢维奇撰，王丽欣译）

谢灵运

世袭康乐公，又名谢客，生于385年，卒于433年。六朝（3—6世纪）时期较负盛名的诗人之一，中国诗歌中独立的题材流派"山水诗"的奠基人。

谢灵运的人生仿佛是历史剧情节，剧中人物构成一个五光十色的形象画廊，这里有意志薄弱、昏庸无能的国君，有宫廷刽子手和杀人犯，有钻营者和冒险家、英勇的战士、忠诚祖国的爱国者和毫无原则的政治投机商。谢灵运性格鲜明、复杂且充满矛盾，他像一块奇异的水晶，映照出那个时代的光与影。

谢灵运的个性似乎与当时的礼教相悖，他个性突出，离经叛道，在他身上集合了大臣、显贵、阴谋家和参透佛道真谛的隐士的共同特征。谢灵运尝过牢狱之苦，也曾与佛门大师慧远交流。在京城时他喜好奇装异服，在乡下的庄园却头戴农家草帽。他拟定了出游北方计划，同时又潜心揣摩佛学经籍的风格，他参加皇家的宴饮，同时又拜访穷苦僧人，与他们一起参悟冥思之艺。

谢灵运出身中国南方显赫富有的家族之一——谢家（其母亲所属王家出了著名书法家王羲之），他生于位于始宁的世袭庄园并在此度过童年。其祖父谢玄是著名统帅，曾在淝水之战中大败侵占北方的草原民族。据史料记载，其父谢瑛"生来不慧"。母亲对谢灵运进行启蒙教育，他后被送至道观杜明法师处寄养求学，少年时代则居于当时的都城建康，住在叔叔谢混家，谢混收养了多位族子，他是对谢灵运诗歌试笔做出真正好评的第一人。

17岁的谢灵运初登仕途，自此开始了一位诗人与未来刘宋朝多位统治者之间戏剧性的关系史，首先就是与刘宋王朝创建者刘裕（363—422，武帝，420—422年在位）的关系。谢灵运被卷入刘裕反叛的政治阴谋，但他获皇帝宽恕，两次离职回归故里，433年终因叛国罪被判处死刑。

谢灵运的诗歌（14篇赋，约80首乐府和诗）要比乍看起来更有政治内涵。谢灵运在"山水诗"中融入他作为一位爱国者和国民的情感。在国家分崩离析之际，他号召团结一致。

但是，谢灵运完全有理由被视为真正的山的歌者，山是他创作的核心主题。谢灵运寄情自然山水，并将其与传统的美学观念融为一体。对他来说，"山水"就是某些主观情绪的反映，能唤醒他远离尘世的一切。谢灵运浪迹于山峦之间，迷醉于山的伟岸与肃穆。群山帮助他淡忘生活道路上的失意。谢灵运怀着虔敬的战栗和神圣的喜悦面对"山水"，对他而言，"山水"就是崇高的美和崇高的宗教意义之容器。谢灵运的诗歌对后世山水抒情诗有显著影响。

*《谢灵运诗选》，叶笑雪编，上海，1957年；《印度、中国、朝鲜、越南、日本的古典诗歌》，莫斯科，1977年，第227—230页。**Л.Е.巴兑尔金（别任）《谢灵运（385—433）及其时代的诗歌》，载《第七届中国社会和国家学术研讨会论文集》，1976年，第78—86页；Л.Е.别任《谢灵运》，莫斯科，1980年。

（Л. Е. 别任撰，王丽欣译）

字玄晖，464年生于陈郡阳夏（今河南太康），卒于499年。永明体诗歌流派的主要代表之一，六朝（3—6世纪）时期最后一百年间最著名的诗人之一。

谢朓的两段生平传记载于两部正史，即萧子显（489—537）的《南齐书》（卷47）和李延寿（618？—678？）的《南史》（卷19）。谢朓属于强大的南方贵族家族（陈郡谢氏），是山水诗派奠基人谢灵运的远亲。尽管出身显贵，上达朝廷，与南齐（479—502）统治者萧氏家族的太子们交情颇深，谢朓的一生却相当平凡。他为人低调，性格谦逊，心地善良，这在当时出身望族的人之中十分罕见。他由于不明因由引起王室成员的敌意。谢朓为官多在外省，任县令、太守，此类任命表明朝廷对他并不重用，但是这段失宠时期反而成了诗人谢朓创作上的收获时期。495—496年任宣城（今安徽省东部）太守的那一年最为突出，其较佳诗作均写于这一年。谢朓死于一场偶然的悲剧，他无意间撞见一场密谋，密谋者担心阴谋败露反而诬陷谢朓，致他被杀。

谢朓的诗歌遗产包括几组祭祀歌（古乐）、100余首诗作（15首乐府，其余为诗）和9篇赋。除15—16世纪编纂的《谢宣城集》和收入张溥（1602—1641）辑本和丁福保（1874—1952）辑本（1916）的作品外，还有一些谢朓作品的当代注疏本。谢朓的抒情诗见于丁福保辑本（1964）和逯钦立（1910—1973）辑本，赋见于严可均（1762—1843）辑本。

谢朓

谢朓作为抒情诗人的才华体现得最为充分，他擅长"短诗"（四行或八行），其传记中特意说明此点。谢朓的抒情诗中可见永明体诗歌流派的各种主题，包括为朝廷仪式所作词赋，道教、佛教主题的作品以及爱情诗。组诗《永明乐十首》是礼仪颂诗，同时也是永明体诗歌的典型之作，此诗像是筵席上的即兴之作："帝图开九有，皇风浮四溟。永明一为乐，咸池无复灵。"（组诗第一首）

然而，类似诗作与谢朓的其他诗歌有很大差别。诗人的情感中有绝望与消极，其抒情主人公的内心世界充满不绝的彷徨和犹疑，似在寻觅瞬间的精神，或人的存在意义，如这首《酬王晋安德元诗》："日旰坐彤闱。怅望一途阻。参差百虑依。春草秋更绿……"

谢朓的抒情诗中离别主题占重要地位，或是爱人间的分离，或是朋友间的分离。他的情诗书写女性的孤独处境——这一主题源自民间口头文学，在具名爱情抒情诗中流传最广。此外，谢朓给女性孤独的主题添加了绝望的色彩，如《王孙游》："绿草蔓如丝，杂树红英发。无论君不归，君归芳已歇。"

写给朋友的献诗也渗透着这种绝望，很多此类诗均作于送别时。诗人与友人告别，仿佛生死诀别。朋友们似乎只能在梦中相见，这种想法在他的诗作中经常出现，如《送江水曹还远馆》："高馆临荒途，清川带长陌。上有流思人，怀旧望归客。塘边草杂红，树际花犹白。日暮有重城，何由尽离席。"

谢朓往往漠视自己的真实年龄，将自己描述为一位年迈老者，这位老人生活中的唯一乐趣就是欣赏春日傍晚的转瞬即逝："参差复殿影，氛氲绮罗杂。风入天渊池，芰荷摇复合。远听雀声聚，回望树阴沓。一赏桂尊前，宁伤蓬鬓飒。"（《落日同何仪曹煦诗》）仕途坎坷是诗人精神痛苦的主要根源，权力集团对他才华的轻视使他无法实现自己儒家理想与高远抱负，如《始之宣城郡诗》："幸沾云雨庆，方缮参多士。振鹭徒追飞，群龙难隶齿。烹鲜止贪竟，共治属廉耻。伊余昧损益，何用祗千里。"无用武之处的感觉逐渐转换为对官场仕途的厌恶，于是产生一个更令诗人精神痛苦的冲突，即一方面是远离官场的愿望，一方面是光宗耀祖的责任，如《京路夜发》："扰扰整夜装，肃肃戒徂两。晓星正寥落，晨光复泱漭。犹沾余露团，稍见朝霞上。"

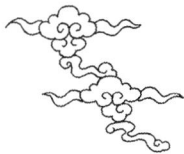

所有上述主题均集中表现于谢朓的山水诗中，这些诗被公认为他抒情诗中的扛鼎之作。谢朓传统上被视为谢灵运的精神继承人，他继承并加强了由谢灵运开创的山水诗派。像谢灵运一样，谢朓表现山峦的壮美景色，使其成为崇高美和世界和谐的象征，赋予自然以神秘和神圣，如《游敬亭山诗》："兹山亘百里，合沓与云齐。隐沦既已托，灵异居然栖。"

对诗人谢朓创作的最初评论见于钟嵘的《诗品》，钟嵘不仅是谢朓的同时代人，也与诗人私交深厚。钟嵘的评论具有开诚布公的批评调性："善自发诗端，而末篇多踬，此意锐而才弱也，至为后进士子所嗟慕。朓极与余论诗，感激顿挫过其文。"钟嵘将谢朓列入"中品"诗人。多数后世文学批评家认为，钟嵘的这种立场与他不喜欢永明体诗歌有关，他尤其不喜欢与谢朓关系很近的永明体诗歌理论家和倡导者沈约。

尽管没有得到钟嵘的高度评价，谢朓的诗歌却在同代与后代人中广为传诵。其诗被收入《文选》和《玉台新咏》，《文选》收入21首，《玉台新咏》收入16首。谢朓对自身命运充满痛苦的思索，因为自身无法左右的原因而难以履行其公民责任，他艰难地求索步出困境的出路——这一切皆能引起唐代（618—907）知识分子的情绪共鸣，成为伟大的唐代抒情诗基本主题的先声。正如严羽在《沧浪诗话》中所言："谢朓之诗，已有全篇似唐人者。"众所周知，唐代伟大诗人李白非常喜爱谢朓，曾写过一组献给谢朓的诗，其中包括《金陵城西楼月下吟》和《三山望金陵寄殷淑》。沈德潜（1673—1769）所编《古诗源》收录34首谢朓的诗，多于3—6世纪其他诗人（除陶渊明外）的作品。

谢朓的诗歌遗产在整个20世纪始终是学界的研究对象。

某些学者批评其诗作过于以自我为中心，认为与谢灵运不同，谢朓的诗歌仅以他的个人感受为基础。不过，大多数研究者将谢朓视为5世纪后30余年至6世纪上半期的重要诗人。他在山水诗演进过程中的作用时常得到关注。学者也关注鲍照诗歌和民歌对谢朓的影响，一些作者认为，谢朓的创作特色和活力均源于这一影响。在中国诗的发展史中，谢朓的抒情诗也被认为发挥了显著作用。谢朓常被称为唐代"新体诗"的奠基人。

*《南齐书》第47卷第3册，第825—828页；《南史》第19卷第2册，第532—534页；《王融谢朓传》，第173—178页；《文选》第1卷；《谢宣城集》；《谢宣城集校注》；《谢宣城诗注》；《玉台新咏》第4卷、第10卷；谢朓诗与赋见参考书目Ⅱ所列辑本：丁福保辑本（1964）第1卷，第798—830页；逯钦立辑本第2卷，第1413—1457页；严可均辑本第3卷，从2918—2922页；《中国诗选》第1卷，第234—235页；《3—14世纪中国山水诗》，第59—66页；《文心雕龙》，第264—285页；《中国文学作品选》，第211—213页；An Anthology of Chinese Verse, pp. 159‑165; Chinese Poetry..., 1976, pp. 202‑209; Die Chinesische Anthologie... Vol. 1 (см. Содерж.); New Songs from a Jade Terrace..., pp. 127‑130, 274. **M.E.克拉夫佐娃《永明体诗歌》；Ами Юдзи. Тюгоку тюсэй бунгаку кэнкю, c. 392‑398;《魏晋南北朝文学研究》，第433—439页；林庚《中国文学简史》第1卷，第228—229；刘大杰《中国文学发展史》第2卷，第280页；茆家培、李子龙《谢朓与李白研究》；《谢朓与新体诗》，载《中国文学史》第1卷，第275—277页；谭丕模《中国文学史纲》第1卷，第196页；胡国瑞《魏晋南北朝文学史》，第134—136页；曹道衡、沈玉成《南北朝文学史》，第142—160页；《钟嵘诗品译注》，第150—151页；沈德潜《古诗源》，第273—283页；Eccles L. The Qualities of Clarity and Beauty in the Poetry of Hsieh T'iao; Hsieh T'iao: The Inward Turn of Landscape; Mather R. B. Ritual Aspects of Hsieh T'iao's Wandering of Hsuan-ch'eng.

（M.E. 克拉夫佐娃撰，王丽欣译）

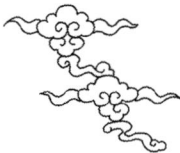

字希逸，421年生于建康（今江苏南京），卒于466年。国家重臣，文学家。

谢庄的两段传记见于官方正史沈约编纂的《宋书》和李延寿（618？—678？）编纂的《南史》。谢庄属于陈郡（今河南太康）的一个望族（陈郡谢氏），但他出生在南朝宋（420—479）的都城，并在此度过一生大半时间。伟大诗人、山水诗奠基人谢灵运是谢庄的远亲。据谢庄的传记记载，谢庄7岁时就因其文学天赋被君王赏识，12岁时被任命为太子的随身侍从，尽管后来与皇族有冲突，但依然受到君王垂青。仕途生涯中，他曾担任太守职位，其中包括掌管雍州（今属湖北），在中央机构任多职，直至中书令，并被授光禄大夫。任宫廷诗人多年。

谢庄的文学遗产包括几组礼仪诗歌（宫乐），其中包括《宋明堂歌九首》和《宋世祖庙歌二首》。另有16首诗、3篇赋和20余篇用中国各种传统美文体裁写成的作品，其中包括给皇帝的奏折，如"表""章"等。值得注意的是，他的两篇赋均奉旨而作，属典型的宫廷之作，讴歌统治制度和在位的君王。

其作品集《谢光禄集》存世，被编入张溥（1602—1641）辑本。此外，其宫乐被收入郭茂倩（1041—1099）所编《乐府诗集》。谢庄的所有诗作均被收入丁福保（1874—1952）辑本（1964）和逯钦立（1910—1972）辑本，散文作品和赋作被收入严可均（1762—1843）辑本。

仅凭一首赋作《月赋》，谢庄便能载入中国诗歌史。《月赋》在内容和艺术表现上与谢惠连同样著名的《雪赋》齐名，谢惠连同样出身谢氏家族，比谢庄年长。《月赋》有一个假托的作者，即2、3世纪之交杰出的诗人之一——王粲，此赋把月亮当作世界阴性本质的化身来歌颂。在传统注疏中，此赋被划分为9个段落。前三段类似序，交代此赋来历，陈思王曹植因自己两位挚友（诗人应玚和刘桢）的去世而郁郁寡欢，便命作此赋："陈王初丧应、刘，端忧多暇。……于时斜汉左界，北陆南躔，白露暧空，素月流天。"

谢庄

乙

707

第四段是此赋正文的开始，全面展开对月亮强大而神秘力量的歌咏，叙述了各种与月亮有关的认识和传说，其中包括对月亮的迷信，相信月光（依据其不同亮度和颜色）能预兆祸福："日以阳德，月以阴灵。……朒朓警阙，朏魄示冲，顺辰通烛，从星泽风。"接下来一段再现壮观的、令人震撼的秋夜画面，然后渐渐过渡至关于夜宴的描写（第六段），夜宴的宾客一边享受美酒和音乐，一边赏月："若夫气雾地表，云敛天末……升清质之悠悠，降澄辉之蔼蔼。列宿掩缛，长河韬映，柔祇雪凝，圆灵水镜。……君王乃厌晨欢，乐宵宴，收妙舞，弛清县。去烛房，即月殿，芳酒登，鸣琴荐。"此赋最后两段是对古代咏月歌的模拟，其结论为：秋天必然会结束，离别不可避免，取而代之的必将是春天和两情相悦的幸福："月既没兮露欲晞，岁方晏兮无与归。佳期可以还，微霜沾人衣。"

在5世纪末至6世纪初的文学批评中，《月赋》被视为汉代（前3—3世纪）和六朝（3—6世纪）时期所有赋作中的杰作之一，它被收入当时最权威的文学作品集《文选》。在当今学界，它仍被视为中国赋作的范例。不过就整体而言，无论是这部作品，还是谢庄的整个创作遗产，均仍未得到学者们的充分关注。

*《南史》，第30卷第5册，第553—557页；《宋书》，第85卷第7册，第2167—2176页；《文选》，第13卷第1册，第273—276页；《谢光禄集》；《乐府诗集》，第2卷第1册；谢庄的全部诗作见参考文献II中辑本：丁福保辑本第2卷，第590—594、621—626页；逯钦立辑本第2卷，第1070—1074、1250—1255页；其散文与赋作见严可均辑本第3卷，第2625—2632页；谢庄《月赋》，载《阿理克院士译中国古典散文杰作》第1卷，莫斯科，2006年，第257—263页；谢庄《月赋》，M.E.克拉夫佐娃《中国古代诗歌》，第396—399；"Rhapsody on a Moon" // Wen xuan... vol. 3, pp. 31 - 40. **曹道衡《汉魏六朝辞赋》，第159—162页；曹道衡、沈玉成《南北朝文学史》，第75—82页；《钟嵘诗品译注》，第209页。

（M. E. 克拉夫佐娃撰，王丽欣译）

号稼轩，1140年生于历城（今山东济南），卒于1207年。诗人，军人，官员。他成长于金人统治下的国土，目睹了汉人的苦难处境。辛弃疾的祖父曾为军人，教会辛弃疾剑术。22岁，他聚集起2000人的军队，参加起义军。1162年，他受命过长江，与南宋朝廷建立联系。返回后听闻起义军因叛徒出卖被打垮，辛弃疾率50名武士把叛徒缉拿回南宋（1127—1279）首都。由于辛弃疾的勇气和忠诚，他被任命为江阴（今属江苏）签判。1165年，辛弃疾向朝廷呈递奏折，论证向金人采取战争行动的可能性。1172年春，他被任命为滁州（今属安徽）知府，他在此地免除百姓苛税，并开始筹集民兵。一年后，他在湖北和江西任要职。1179年自湖南上呈奏章，细数贪腐官员盘剥百姓的各种诡计。为筹备日后的交战，辛弃疾创建"飞虎军"，1180年冬奉调隆兴（今江西南昌）知府，在此地用果断措施解决百姓在干旱时期的饥荒问题。但朝廷无法忍受其特立独行的性格和反对绥靖政策，一年后他被罢官。

他回归故里，居住近20年。在此期间他写下大量词作，这些词具有高超新颖的艺术手法。在辛弃疾之前，还从未有人用词这一体裁如此集中地表现爱国主题。他用诗的语言说服南宋统治者发起抗战，唤醒梦想摆脱金朝统治的汉族人。在他的诗中，诗人和贪生怕死的朝臣的矛盾被写成一场具有社会和道德意义的悲剧。他在给朋友的赠诗中激励人们建立军功，讴歌勇敢、顽强和对祖国的忠诚。他诗中建功立业的激情后为道家的独处思想所代替。辛弃疾热衷于陶渊明（365—427）式的诗，他也在诗中描写插秧的农民、邻居的婚礼、孩子的游戏、节庆和各种开心事。他亲近自然生活，视竹、茶、花、春天等为有生命的存在，与它们促膝谈心。有时，风景的特征也体现着诗人对当时社会局势的感悟，所见的景色往往能引人怀古，过往年代的勇敢和胜利的范例反衬出诗人所在年代统治者的软弱和无能。

1203年秋，宰相决定北伐以巩固其权力。辛弃疾被任命为绍兴（今属浙江）知府，1204年改任镇江知府。在筹备战争时，辛弃疾提醒朝廷不要贸然进攻。擅长政治阴谋的朝廷

命官设法使辛弃疾辞官。1205年夏，他回到自己的庄园。他的诗歌描绘出一位爱国者的面貌，这位爱国者尽管命运多舛，却时刻忧国忧民，准备为国而战。剑是他最喜爱的形象，因为剑可以勾起他对战斗青春的回忆，激起他创建新功的梦想。可以看出，辛弃疾的词调性激越，情绪高昂，表现出果敢的决心，但诗人的语调其实也很多样，其创作手法既体现着淳朴自然，又体现着自由大胆。

*辛弃疾《稼轩词编年笺注》，上海，1995年；辛弃疾诗作，载《宋代诗歌》，莫斯科，1959年，第265—298页；《辛弃疾诗选》，M.巴斯曼诺夫译，莫斯科，1961年，1985年；辛弃疾诗作，载《3—14世纪中国山水诗》，莫斯科，1984年，第183—191页。

（E. A. 谢列布里亚科夫撰，王丽欣译）

新写实

20世纪80年代末至90年代初出现的中国当代文学流派。"新写实主义"概念于1988年在文学杂志《文学评论》和《钟山》上出现。1986—1988年间出现的几部小说引起批评家注意，其中包括池莉的长篇小说《烦恼人生》（1987）、方方的中篇小说《风景》（1987）、刘恒的《狗日的粮食》（1986）、刘震云的《塔铺》（1987）等。后在1989年，部分杂志开辟发表新写实主义小说的专栏。当时这一新潮流也被称为"后现实主义""现代写实主义"和"新潮流小说"。在1989年10月的《文学自由谈》杂志上发表了文学家们关于这一新流派的讨论报告，新写实主义这一概念被确定下来。在"寻根文学"的影响消退之后，"新写实"这一概念概括了与先锋主义小说（"先锋文学"）同时出现的一系列现实主义作品的诸多新特征。

被归入新写实主义流派的作家有池莉、方方、刘震云、刘恒、范小青、朱苏进、李晓、杨争光、赵本夫等，王安

忆、苏童、叶兆言、周梅森的一些作品也属于新写实主义。

这些作家现实主义手法的创新之处在于，他们摒弃了"典型环境中的典型人物"这一描写原则，这可以解释为，他们渴望远离文学中的政治口号和政治任务。新写实主义的特点在于"还原"，渴求反映现实的真相，摆脱中国的现实主义自20世纪70年代末起所固有的思想和阐释。新写实主义小说的主要描写对象是墨守成规的日常生活，是中国社会底层百姓为生活而做的挣扎，这些底层人士包括市民、农民和最穷困的知识分子。左右着主人公们的往往就是两个原始本能，即吃喝和繁殖，这使得有批评家称，当代中国文学不再描写"大写的人"。池莉、方方、刘恒、刘震云等作家细致入微地再现了当代中国广大百姓生活中鲜为人知的小事，新写实主义的注意力集中于平淡无奇的日常生活，这使得生活失去了各种崇高意义。作家们拒绝此种文学使命，即在所描写的现实中添加意义，他们对改造现实的可能性也持消极态度。新写实主义意味着中国当代文学中"理想主义破产"，但它也渴求最大限度地客观反映当代中国普通人的追求和价值观。新写实主义文学手法的特别之处即"零度情感"，作家对所描述事件不做评论，甘愿做沉重现实的冷漠记录者，他们拒绝高昂的情绪和戏剧性的情节。新写实主义成为当代中国文学中的一个转折现象，标志着文学非意识形态化的增强。

*刘恒《狗日的粮食》，载《中国》1986年第9期；刘震云《塔铺》，载《人民文学》1987年第8期；方方《风景》，载《当代作家》1987年第5期；池莉《烦恼人生》，载《上海文学》1987年第8期。**王干《边缘与暧昧》，昆明，2001年，第17—18、56—73页；张业松《新写实：回到文学自身》，载《个人情境》，济南，1997年，第32页；陈思和《中国当代文学史教程》，上海，1999年，第306—320页。

（E. A. 扎维多夫斯卡娅撰，王丽欣译）

新月派

　　1923—1936年间的一个文学流派。该作家团体产生于1923—1926年间北京的一个同名文学沙龙。沙龙的参加者有胡适、徐志摩、梁启超、饶孟侃、陈西滢、林徽因、沈从文等。唯美主义和对启蒙思想的热衷，把这些创作方式和世界观不同的人汇聚起来。他们中的很多人都是在寻求新形式和新韵律的诗人，其中，闻一多提出并宣传"新格律诗"观点。该团体出版杂志《诗镌》（1926）和《剧刊》（1926）。但新月派最具影响力的时期，是其主要成员去往上海之后。1927年3月，他们在上海创办出版社"新月书店"，这标志一个文学团体的复苏，该团体拥有许多著名文学理论家如胡适和梁实秋，许多大诗人如徐志摩、闻一多、朱湘、邵洵美、陈梦家、卞之琳和臧克家，著名剧作家余上沅，以及杰出的小说家沈从文。该团体多数成员都在美国或欧洲受过教育，他们亲近自由主义、人道主义、个人主义的理想，厌恶改革社会的激进方式。这些文学家的观点在纲领性的文章《新月的态度》（徐志摩，1928年3月）和《文学与革命》（梁实秋，1928年6月）中有所体现，这些文章刊于《新月》杂志。他们认为，真正的文学是天才艺术家的创作成果，它具有超阶级的全人类特性，它不为各种各样的"主义"服务，其根本原则是"健康和尊严"。与此同时，他们也赋予文学作品的形式完美以重要意义。在20世纪20年代末中国社会和文化生活极端政治化的背景下，此类观点注定会引起革命文学阵营的批评。在与"创造社"和"太阳社"论战之后，新月派又因与中国左翼作家联盟的思想对峙而引起一系列论战，参与论战的左翼阵营人士有鲁迅、彭康、冯乃超等。20世纪30年代初，由于对当时现实的失望，新月派作家出现精神危机，其作品中颓废思想逐步增强。在一些主要成员离开上海，徐志摩于1931年去世后，新月派内部开始分裂并走向衰落。1933年12月，《新月》杂志停刊，新月书店关闭，新月派不复存在。

**B.T.苏霍鲁科夫《闻一多：生活与创作》，莫斯科，1968

年；Л.Е.车连义《中国新诗（20—30年代）》，莫斯科，1972年。

（A. A. 罗流沙撰，王丽欣译）

徐幹

字伟长，171年生于北海郡（今属山东），卒于217年。"建安风骨"诗歌流派的主要代表之一，"建安七子"之一。

徐幹的生平简介见于陈寿（233—297）所编正史《三国志》卷21《王粲传》。徐幹生于官员之家，由于才能出众，青年时即被任以官职，成为当时最年轻的京官之一。在宰相董卓叛乱之际（189），他离京返乡。后被曹操任命为五官将文学（196），一直担任曹操近臣，掌管曹操的秘书机构。死于京都洛阳的一场大瘟疫。

徐幹的文学遗产由5首诗、6篇赋（或赋作片段）组成。两部同名文集《徐伟长集》收入杨逢辰（19世纪）辑本和丁福保（1874—1952）辑本（1916）。此外，徐幹的抒情诗收入丁福保辑本（1964）和逯钦立（1910—1973）辑本，其赋作收入严可均（1762—1843）辑本。

徐幹的全部诗作均采用押韵的五言诗写成，最有名的是赠给刘桢的《答刘公幹诗》、爱情抒情诗《情诗》和组诗《室思》。在传统注疏中，《室思》常被分为6首十行诗，每一首诗的场景大致相同。

尽管徐幹的作品存世较少，但他的诗歌创作却在中国爱情抒情诗中占有重要位置。诉诸别离主题、用女主人公的口吻展开叙述、采用民歌（乐府民歌）的典型形象，徐幹在这些方面都比建安风骨其他诗人（如曹植、曹丕）走得更远，从而脱离了民间文学传统。他的诗作没有情节，缺少古代抒情民歌固有的许多结构细节。诗中不解释人物孤独的原因，不指明他们的社会地位，也不描述人物的肖像特点。作者的注意力全都置于抒情女主人公的内心感情状态，通过细腻的心理描述表现她们的细微心理变化，这使得诗人在不借鉴民

歌美学的情况下让他塑造的形象具有可信度和原创性。在组诗《室思》（离别主题）的6首诗中，每一首的女主人公形象均有不易觉察的新特征。她们之间的差异细微，却依然存在。其中一位女子抱怨爱情使自己痛苦，求而不得徒增烦恼（第二首）："君去日已远，郁结令人老。……时不可再得，何为自愁恼。"另一位吐露自己对爱人的忠贞不渝（第五首）："安得鸿鸾羽，觏此心中人。"还有一位因未能实现她希望中的幸福厮守而自责（第四首）："展转不能寐，长夜何绵绵。……自恨志不遂，泣涕如涌泉。"

徐幹的遣词造句技巧也在很大程度上强化了诗中女性形象的可爱和可信。他擅长赋予惯常的用法以新意，从而创作出许多独特的词组，这些词组后被其他文学家借用。徐幹的两首爱情抒情诗均被收入4世纪的文集《玉台新咏》（卷1），这部文集的编者认为，集中所录均为中国爱情诗歌中的佳品。

在与爱情抒情诗传统相关的文学批评之外，徐幹的创作并未得到太多关注。在《诗品》中，他被归入"下品"，且这部诗论的作者钟嵘还解释说，他关注徐幹，仅因为后者写了那首赠给刘桢的诗。

爱情主题在徐幹的赋作《嘉梦赋》中继续延续，甚至从仅存的片段（仅存4行）便可看出，诗人试图用自己的方式来展示凡人对仙女之爱——该题材源于古代诗人宋玉的赋。徐幹写有不同主题的赋作：有歌颂主题的《齐都赋》，有远征主题的《序征赋》（片段），还有讽喻主题的《圆扇赋》（片段）。这些赋作均未在诗人所处年代和后世的文学批评中得到任何关注。

在中国古代和现当代学界，他的著作《中论》却得到更多关注。在这部具有社会政治性质的著作中，治国理政、儒道思想的融合等问题得到探讨。

**《三国志》，第21卷第3册，第599页；《玉台新咏》，第1卷第1册；《徐伟长集》；收入徐幹诗和赋的文集见参考文献Ⅱ：严可均辑本第1卷，975—976页；逯钦立辑本第1卷，第375—378页；丁福保（1964）辑本第1卷，第181—182页；《中国文学作品选》，第159—161页；New Songs from a Jade Terrace..., pp. 49‑51. **M.E.克拉夫佐娃《永明体诗歌》，第193、358页；《魏晋文学史》，第126—128页；张可礼《建安文学论稿》，第145—146页；祝瑞开《两汉思想史》，第405页；《中国文学史》第1卷，第215页；《钟嵘诗品译注》，第180—181页。

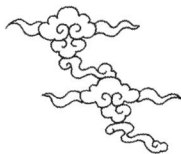

（M. E. 克拉夫娃撰，王丽欣译）

徐渭

字文长，号青藤道人，又号天池山人。1521年生于山阴（今浙江绍兴），卒于1593年。戏剧家，诗人，画家，书法家。徐渭天性不羁，过着颠沛流浪的生活，仕途不顺时他曾试图自杀，出于嫉妒而杀妻，随后入狱，余年在故乡绍兴度过，靠变卖书画为生。作为戏剧家，他以由四部短杂剧构成的《四声猿》著称。该剧中有两部戏的情节是由女扮男装引出的故事。《雌木兰替父从军》一剧的女主人公在古代诗歌中很著名，她替父从军，在边疆作战12年，胜利后才亮出女儿身并嫁为人妇。在《女状元》一剧中，女主人公黄崇嘏女扮男装在科举考试中拔得头筹，获得官职，知府想把女儿许配给女主人公，女主人公的身份被识破，但善良的知府让女主人公与其子成婚。这两部戏都被视为主张两性平等的作品。《狂鼓史》一剧根据《三国演义》的一段情节改编，写官员祢衡击鼓骂曹操，但剧情被转入阴间，这更增强了祢衡话语的揭露性。《玉禅师》讲述一寺庙的和尚被骗破了色戒，又转世成为一名歌女，后经师兄点醒，重新恢复之前面貌。在徐渭的其他作品中，《南词叙录》也很突出，含有许多关于南方戏剧"南词"的宝贵资料。

**T.A马利诺夫斯卡娅《徐渭（1521—1593）和他的戏剧遗产》，载《列宁格勒大学学报》1977年第389期，东方学系

列，第19辑，东方学，第3页、97—107页；C.B.尼科利利斯卡娅《徐渭传记的版本之一》，载《第十六届中国社会和国家学术研讨会论文集》第1卷，1985年，第215—221页；C.B.尼科利斯卡娅《徐渭的"乱行"》，载《第十七届中国社会和国家学术研讨会论文集》第1卷，1986年，第181—186页；C.B.尼科利利斯卡娅《徐渭的词》，载《第二十届中国社会和国家学术研讨会论文集》第2卷，1989年，第236—241页。

（B. Ф. 索罗金撰，王丽欣译）

许询

字玄度，生卒年不详，高阳（今属河北）人，玄言诗派的主要代表之一。

许询的生平简介见于多种典籍，主要载于刘义庆（403—444）所编《世说新语》。许询幼年就极富才华，被称为"神童"，青年时因其道教和文学才华广为人知。371年受召任官职，但他拒绝仕途，甘当"征士"。许询与谢安（320—385）志趣相投，谢安是南方望族的代表，常在其世袭领地（今浙江会稽）组织哲学文化聚会。许询尤爱山景。他被视为后无来者的五言诗大师。

许询的诗歌遗产总共仅有1首五言绝句《竹扇诗》和两首"铭"体裁的诗文（共18行四言诗）。6—9世纪曾有其文集存世，后散佚。现存许询作品收入丁福保（1874—1952）、逯钦立（1910—1973）和严可均（1762—1843）所编诗文辑本。

5—6世纪的文学批评家一致认为许询是玄言诗的首领，江淹的组诗《杂体诗》中的一首仿作《许征君询自序》（20行）能让人清晰地窥见许询的创作手法。根据这一文本，许询的作品的确对道教文献首先是《庄子》多有借鉴："一时排冥筌，泠然空中赏。遣此弱丧情，资神任独往。"这几句诗改编自《庄子》中的两句话（第1、2章）："夫列子御风而行，泠然善也。""予恶乎知说生之非惑邪！予恶乎知恶死之非弱丧而不知归者邪！"

在钟嵘的《诗品》中，许询被归入"下品"。客观地看，他的创作为玄言诗传统树立了样板，这一诗歌传统追求艺术地表达对世界观的内省，具有纯哲学色彩。

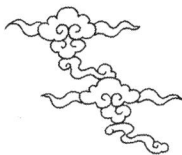

**刘义庆《世说新语》，第4章第67页，第8章第124页，第18章第172页；《文选》第31卷，第2册，第702页；收入许询文学作品的辑本见参考文献Ⅱ：丁福保辑本（1964）第1卷，第451页，第2卷，第1047页；逯钦立辑本第1卷，第894页；严可均辑本第3卷，第2237页；Die Chinesische Anthologie... Vol. 1, pp. 595‐596. **Л.Е.别任《谢灵运》，第67页；《魏晋文学史》，第516—517页；《中国古代文学词典》第1卷，第91页；《钟嵘诗品译注》，第195页；Frodsham J.D. Origins of the Chinese Nature Poetry, pp. 81‐82.

（M. E. 克拉夫佐娃撰，王丽欣译）

玄言诗

4世纪诗歌一个突出的主题流派。与之前的"建安风骨"和"太康体"等诗派有别，玄言诗与传统中任何固定的文学团体都无关联。具有道家哲学意义和道家宗教主题的文学作品属于这一流派。

玄言诗的概念于20世纪上半叶方在中国语文学中得以确立，它源自"玄言""玄谈"等概念，7世纪的史书（如《晋书》和《南史》）用这些术语来表达精英阶层对玄秘道教思想的迷恋。这种迷恋风尚产生于东晋（317—420）后期，与4世纪初的一场灾难造成的局势相关。4世纪初，晋朝的大片领土（黄河流域）被占领，国家被迫南迁（长江流域）。《晋书》中特别强调了从幼年起便精通道家玄妙的简文帝，于其在位时期（371—372），护佑与之世界观相同的学者与文人，他"清虚寡欲，尤善玄言"（《晋书·简文帝纪》）。

此类迷恋之影响最早见于檀道鸾（5世纪上半叶）所著

《续晋阳秋》。此书仅以片段形式存于刘义庆的《世说新语·文学篇》，见于《答许询》一篇之注释："正始中，王弼、何晏好《庄》《老》玄胜之谈，而世遂贵焉。至过江，佛理尤盛，故郭璞五言始会合道家之言而韵之。询及太原孙绰转相祖尚，又加以三世之辞，而《诗》《骚》之体尽矣。询、绰为一时文宗，自此作者悉体之。至义熙中，谢混始改。"

檀道鸾对于4世纪诗歌的看法后得到5世纪末至6世纪初的文学理论家如沈约、钟嵘和刘勰的赞同。沈约在史论中写道："自建武暨于义熙，历载将百，虽比响联辞，波属云委，妙句云布，浑沌得宗，冈象得珠，此明得真之所由。遒丽之辞，无闻焉尔。"[1]按钟嵘在《诗品》序中所言："永嘉时，贵黄老，稍尚虚谈。于时篇什，理过其辞，淡乎寡味。爰及江表，微波尚传。孙绰、许询、桓、庾诸公诗，皆平典似道德论，建安风力尽矣。"钟嵘还列出玄言诗人的名字，在孙绰与许询之后又增列桓玄（369—404）与庾阐。

玄言诗人的创作与同样为道教主题的3世纪具名抒情诗（嵇康、阮籍和"太康体"其他代表诗人）的主要区别，在檀道鸾、钟嵘与其他诗歌理论家看来，即后者依然保留着"建安诗歌"的"气"和创作手法。

学界普遍认同玄言诗作为一个独立文学流派而存在的事实，这一流派在4世纪诗歌中占据统治地位，并在本质上有别于过去诸文学流派。玄言诗的文化思想根源实际上是古代道家哲学、何晏与王弼的思想，以及玄学和形成于4世纪上半叶的道家宗教观念（道家炼丹术传统）。此外，在中国文化中开始流行的佛教观念对玄言诗也有影响。

文艺学著作中还使用钟嵘提出的一个概念，即"永嘉体"来指玄言诗，但稍有不同的是，被钟嵘列入此列的作者有孙绰、郭璞、袁宏（袁彦伯，328—376）、殷仲文和刘琨，在当下的文学研究中，刘琨被视为西晋（266—316）末年的主流文学家之一，其创作并不囿于玄言诗。

可以归入玄言诗的作品数量不多，除郭璞和庾阐外，这

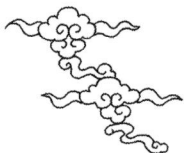

---

[1]　此句为沈氏《史论》混合各家注疏之语。——译者注

一流派其他代表人物的诗歌遗产存世极少，只能根据更晚些出现的对他们作品的仿作来判断他们的创作特点。

与5—6世纪文学家对玄言诗公开的怀疑态度相反，当代学界认为这一流派在中国诗歌史中占有重要位置。多数观点认为，正是该流派代表作家创造性地将哲学与宗教世界观转化为诗歌语言，确定了未来山水诗的形象体系。目前正展开对玄言诗历史分期的详细研究，玄言诗被分为3个阶段：以庾阐和郭璞的创作为代表的形成时期（320—340）、以孙绰和许询的创作为代表的繁荣期（340—390）和玄言诗的逐渐式微阶段（4世纪末至5世纪初）。玄言诗的式微则为另一种主题流派山水诗的兴起奠定了基础。

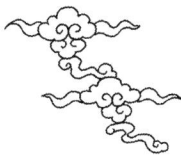

*刘义庆《世说新语》第4章，第67页；《钟嵘诗品译注》，第7—8页；《晋书》第9卷，第219页；沈约《史论》，第1100页；Shih-shuo Hsin-yu..., pp. 136‐137. **《魏晋文学史》，第441—545页；《魏晋南北朝文学研究》，第301—308页；曹道衡、沈玉成《南北朝文学史》，第30—35页；《中国文学史》第1卷，第236页；陈寅恪《魏晋南北朝史讲演录》，第10—13页；Holzman D. Landscape Appreciation in Ancient and Early Medieval China..., pp. 126‐131.

（M. E. 克拉夫佐娃撰，王丽欣译）

寻根文学

寻根文学包括许多中国当代文学的优秀作品，如贾平凹的《商州初录》（1982）、张承志的《北方的河》（1984）、阿城的《棋王》（1984）、王安忆的《小鲍庄》（1984）、郑万隆的《异乡异闻》（1985）、韩少功的《爸爸爸》（1985）、莫言的《红高粱》（1986）等。"寻根文学"作为一种新的文学流派形成于20世纪80年代中期，1984年12月，许多青年作家、评论家在杭州举办的座谈会上提出"文化寻根"问题。不久之后，《作家》（1985第4期）杂志刊出韩少功的文章《文学的根》，该文章成为这一新文学

流派的宣言。

对于在"文化大革命"后走上文学舞台的中国新一代作家，重新建立起与外部世界的联系成为主要问题。卡夫卡、博尔赫斯、乔伊斯、伍尔芙、福克纳、川端康成、艾特玛托夫、阿斯塔菲耶夫的作品被译成中文，尤其是马尔克斯的《百年孤独》，对这一时期创作知识分子的思想产生巨大影响。1985年展开了一场以"文化寻根"为题的文化大讨论，寻找文化之根丢失的可能原因，这使许多作家开始重新思索"五四运动"。韩少功在上文提及的文章中提出一个比简单批评"五四运动"更为宽泛的问题，他指出，对本土文化的侵蚀早在20世纪初之前即已开始，"五四运动"不过强化了这一趋势，"文化大革命"更甚。作家引用泰纳《艺术哲学》中的话，认为文化的深层不能被侵蚀，在生活素材中，尤其在乡村，文化摆脱官方传统，还存在于野史、故事、笑料、民歌、神怪故事、地方风俗和节庆仪式中。阿城在《文化制约着人类》（1985）中则相反地认为，"当前意识"应来源于民族的共同文化，这种文化应体现为儒、道、佛的相互作用。郑万隆在《我的根》（1985）一文中强调寻根的主观方面，认为寻找丢失的文化应该从"我"自身开始。尽管作家们观点各异，但他们均强调与城市中心之外留存的传统民族文化直接交流的经验之重要性。对中国农村沉重劳动长期怀旧性的理想化，在"文化大革命"期间与"文学服务于党"或"文学服务于社会主义和人民"形成冲突，这导致作家们开始把乡村浪漫化，认为地方居民具有最自然的生活方式。

但需要说明，这些青年作家都不是受到传统民间文化培育的乡村居民，他们是积极接受西方现代派文学的城市青年，只是在受到政治领导层的批评以后他们才被迫用民族的外壳来表达业已形成的现代意识。在这一点上，"寻根文学"青年作家的作品与20世纪上半叶沈从文的"乡土文学"和稍晚的汪曾祺的短篇小说有本质区别。

著名的中国文艺学家陈思和曾参加那次杭州座谈会，他注意到"寻根文学"作品之不同，依据其代表作家的不同

观点，他将这些作家的探索分为3类。第一种以阿城的创作《棋王》为代表，通过恢复与民族文学遗产的关系来寻找传统文化的内核。第二种是张承志在中篇小说《北方的河》中清楚表明的态度，即对大自然灵魂的把握可以转变为当代城市人不可或缺的独特的能量源泉。第三种是用当代意识介入民族心理和文化的深层，对社会现状持批评态度，这一立场鲜明地体现在韩少功的小说《爸爸爸》中。与此同时，这位批评家还强调，没有一种立场是独立存在的，这三种探索在每一部作品中都呈现复杂的交织状态，彼此关联。

欧洲研究者也指出了"寻根文学"作品的多样性，总结出4个与"五四运动"时期文学不同的共同特点。第一，缺少"五四运动"文学中的主观叙述声音（如贾平凹的《商州初录》、王安忆的《小鲍庄》）。第二，摒弃"文学服务于人民"的高尚道德原则，这一原则被"五四运动"中的大部分作家遵循，在抗日战争时期更为明显，后来这一原则在中国成了特定的文学标准（如阿城的《棋王》）。第三，文化回归作为一种范畴不应与道德、政治相关联，"寻根文学"脱离了"五四"文学语境中的现实主义，引入"魔幻"成分，重新思考"自然"，在作品中重新出现奇迹、神话、传说和民间宗教（如莫言的《红高粱》）。"寻根文学"的第四个不同点在于，颠覆了20世纪中国小说中占据优势的文学话语，脱离了"五四"时期西化的汉语，与中国传统的书面语言重新对接（如韩少功的《爸爸爸》）。

在中国，"寻根文学"作品多次出版，已被译成多种欧洲语言。批评家认为，这些作品对随后诸多中国当代文学现象产生了显著影响，如20世纪80年代后半期的"先锋文学"、80年代的"魔幻现实主义"、90年代的历史长篇小说、20世纪末至21世纪初的"都市文学"等。

*阿城《文化制约着人类》，载《文艺报》1985年7月6日；李杭育《理一理我们的根》，载《作家》1985年第9期；韩少功《文学的根》，载《作家》1985年第4期；郑万隆《我的根》，载《上海文学》1985年第5期；郑义《跨越文化断裂

带》，载《文艺报》1985年7月13日；《中国寻根小说选》，李陀编，香港，1986年；阿城《棋王》，载《中国当代小说》，莫斯科，1988年。**《中国的文学和艺术：1976—1985年》，索罗金编，莫斯科，1989年；《中国当代文学史教程》，陈思和编，上海，1999年；McDougall B. S., Kam L. The Literature of China in the Twentieth Century. Gosford, 1998; Vance Yeh C. "Root Literature of the 1980s: May Fourth as a Double Burden" // The Appropriation of Cultural Capital: China's May Fourth Project. C., 2001.

（H. K. 胡齐亚托娃撰，王丽欣译）

阎连科

生于1958年，河南人。近10余年间著名的乡土作家。出身贫穷农民家庭。1978年参军，1985年毕业于河南大学政教系，1991年毕业于解放军艺术学院。1979年起从事文学创作。阎连科现为第二炮兵电视艺术中心编剧。

他写有7部长篇小说，其中最有名的是《日光流年》《坚硬如水》《情感狱》《受活》；出版10余部短篇小说集，其中有《和平寓言》《朝着东南走》《耙耧天歌》；另出版5卷本《阎连科文集》和散文集《褐色桎梏》。作家因中篇小说《黄金洞》获第一届鲁迅文学奖，因中篇小说《年月日》获第二届鲁迅文学奖。作家总共获得20多项文学奖。

阎连科早期作品的主题是民兵生活，他以现实主义笔法讲述来自山村的普通农民的生活，讲述对"精神家园"的寻找。后来，阎连科开始在长篇小说中运用寓言、神话、传说的手法，以隐喻的方式反映穷乡僻壤中农民的生存之沉重与凄惨。在最近的长篇小说《日光流年》和《受活》里，阎连科通过荒诞派手法和隐喻手法，反映他对人为活下去而做的绝望努力的理解，进入对生命循环的哲学领悟，强调中国偏远乡村的衰败。在后期作品中，阎连科将现代主义手法与俗语相结合。

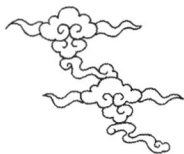

*阎连科《日光流年》，广州，1998年；阎连科《年月日》，载《第八届百花奖获奖作品集》，天津，2000年，第627—692页；阎连科《受活》，沈阳，2004年。**葛红兵《正午的诗学》，上海，2001年，第322—336页；朱向前《农民之子与农民军人——阎连科军旅小说创作的定位》，载《当代作家评论》1994年第6期；林丹《乡土的哭歌与守望》，载《当代文坛》1997年第5期。

（E. A. 扎维多夫斯卡娅撰，文导微译）

颜延之

字延年。生于384年，琅邪（今属山东）人，卒于456年。国务活动家、文学家。

颜延之的生平传记有两个版本，分别见于两部官方史书，即沈约的《宋书》和李延寿（618？—678？）的《南史》。颜延之出身地方官宦之家，很早成为孤儿，在贫困中长大，但这并未妨碍他勤恳自学。他命运中的幸运转折得益于他妹妹的成功婚姻。他在东晋王朝（317—420）末期入仕，得"行参军"小职，但在随后的刘宋（420—479）王朝，他迅速得到博士称号，作为太子侍从出入宫中，在宫中与谢灵运相识并结为好友。刘宋的第三、第四位皇帝即文帝（424—453年在位）和孝武帝（454—464年在位）均极为赏识颜延之。文帝时，他得中书侍郎之职，为太傅。孝武帝时，被任命为都城主要机构之一"秘书省"的长官秘书监，获"光禄大夫"封号。同时在很多年里，他也履行宫廷诗人之责。

颜延之的文学遗产有：1组宫乐，即《宋南郊登歌三首》；27首诗（包括几组由5—9首构成的组诗）；4篇赋，即诗体散文《三月三日曲水诗序》；数十篇各类文章，中国传统将其归为"文"，如呈给帝王的报告，包括表、书、论等。张溥（1602—1641）的辑本里收有《颜光禄集》。此外，他的所有诗作均收入丁福保（1874—1952）辑本（1964）和逯钦立（1910—1973）辑本，散文和赋作收入严可均（1762—1843）辑本。

颜延之的大部分抒情诗作均为颂诗，歌颂对象为各种宫廷典礼和当时的政治历史事件。组诗《五君咏》最为突出，被视为诗人的上佳之作，写的是诗歌团体"竹林七贤"。这组用相当朴素的诗歌语言写成的诗歌，含有对存在的意义以及诗人眼中出色品质的讨论。这些主题在赠给阮籍的八行诗《阮步兵》里得到清晰的体现："阮公虽沦迹，识密鉴亦洞。沉醉似埋照，寓辞类托讽。"颜延之其余抒情作品的特点是文体华丽，充满大量生动却难以理解的隐喻和典故。

诗人的诗风得到同时代人和后代文学批评家很高的评价，人们常把他的诗歌比作华美的丝绸。沈约在《史论》中说："爰逮宋氏，颜谢腾声……延年之体裁明密，并方轨前秀，垂范后昆。"六朝时期（3—6世纪）最权威的文集《文选》收有颜延之17篇作品，也就是说，他被列为这一时期最优秀的10位文人之一。对颜延之持较多批判态度的是著名论著《诗品》的作者钟嵘，钟嵘将颜延之列为"中品"。钟嵘认为，颜延之的作品源于陆机的诗歌，确有罕见的精致形式和内在深度，但诗人对其作品华丽外表的追求却成为他创作风格的缺陷，其中包括其作品意义的晦涩。

认为颜延之是5世纪诗歌领袖之一的看法，长期为中国批评界所坚持。5—7世纪形成一个特别概念，即"元嘉三大家"（得名自文帝的年号"元嘉"），所指为3位诗人颜延之、谢灵运和鲍照。也就是说，他们各自被认为一种诗风的首创者。但是，颜延之在中国诗歌史的地位后来逐渐被降低，比如，在17—18世纪最重要文学批评典籍——沈德潜的诗选《古诗源》中，仅收入颜延之的7首诗，而谢灵运和鲍照的作品在其中的数量均为25首。

几乎在整个20世纪，学界均一致指责颜延之的诗过于花哨做作。此外，一些中国学者（如林庚）还认为他是卑躬屈膝的御用诗人。直到20世纪80年代才初步形成公正研究颜延之文学遗产的倾向，在当代学术研究中，六朝时期文学批评家对他所做评价的合理性得到很大程度的认可，他的创作对中国诗歌日后发展所具有的意义也得到承认。

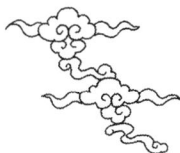

*《南史》第34卷，第3册，第887—882页；《宋书》第73
卷，第7册，第1891—1904页；《文选》第1—2卷；《颜光禄
集》；颜延之抒情诗作见参考文献II：丁福保辑本第2卷，第
589、613—621页，逯钦立辑本第2卷，第1225—1238页，其散
文和赋作见严可均辑本第3卷，第2633—2648页；An Anthology
of Chinese Verse, pp. 157‑158; Die Chinesische Anthologie...Vol.
1‑2 (см. Содерж.). **Л.Е.别任《谢灵运》，第110—111页；
В.В.马良文《阮籍》，第53页；王钟陵《中国中古诗歌史》，
第575—594页；《魏晋南北朝文学史参考资料》第2册，第
481—482页；林庚《中国文学简史》第1卷，第220页；曹道
衡、沈玉成《南北朝文学史》，第67—75页；《钟嵘诗品译
注》，第131—132页；沈德潜《古诗源》，第224—230页；沈
约《史论》，第1100页。

（M. E. 克拉夫佐娃撰，文导微译）

扬雄

字子云。生于前53年，成都（今属四川）人，卒于18
年。诗人，文学家，哲学家。我们所知大部分有关扬雄生平
的信息见于班固的《汉书》。扬雄出身衰落名门。他在成帝
时期（前33—前7）当过侍从，实为御用诗人。直到王莽执
政才获得提升，在天禄阁负责编校工作。10年，扬雄被诬密
谋反对王莽，自杀未遂。后得到大夫地位，他在王莽宫中任
职的事实被视为对正统汉朝的背叛，这使他在后代儒生中声
誉不佳。

他在其作品中同时引用"新"和"旧"经典，因此不
能简单地把他划入"今文派"或"古文派"。他是汉代散文
杰作、两部哲学论著《太玄》和《法言》的作者。据作者构
思，《太玄》应为对《周易》的最重要补充，有助于阐释这
部经典文本中的不明之处，并给它一个新的象征子系统。班
固认为，《太玄》写于哀帝在位时期。主体部分和作者注释
均用诗性语言写成，以丰富的形象性见长。后来，扬雄的弟
子给《太玄》的名称加上"经"字。方言学词典《方言》也
出自扬雄之手，作者在其中借助同义词解释方言。

725

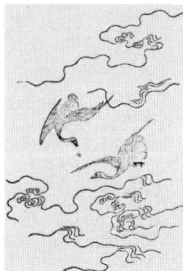

扬雄与司马相如同被视为蜀郡（今四川）的辞赋大家，他俩并称"扬马"。扬雄最有名的4篇赋作是《甘泉赋》《河东赋》《羽猎赋》和《长杨赋》。在这些赋作中的确能看到扬雄到对司马相如的模仿。对扬雄产生重大影响的是屈原的创作，包括屈原长诗里的神话形象，这在扬雄以屈原遭际为题的诗作《反离骚》和《太玄赋》里得到鲜明体现。扬雄的创作在汉代儒生如桓谭（约前20—56）和王充（27—约97）处得到高度评价。

*《扬雄集校注》，上海，1993年；《太玄》，Д.沃尔特斯译，基辅，2002年；Yang Hsiung. The Canon of Supreme Mystery: A Translation with Commentary of the T'ai Hsian Ching / Transl. and ed. by M. Nylan. Albany–N. Y., 1993. **И.С.李谢维奇《上古和中古之交的中国文学思想》，莫斯科，1979年；Е.Г.卡尔卡耶夫、А.Б.卡尔卡耶娃《早期儒学的创新和传统（以扬雄的〈太玄〉为例）》，载《远东问题》2003年第1期，第132—142页；刘君惠等《扬雄方言研究》，成都，1992年；Knechtges D. R. The Han Rhapsody: A Study of the Fu of Yang Hsiung (53 B.C. — A. D. 18). C.–L.–N.Y.–Melbourne, 1976; он же. The Han shu Biography of Yang Xiong (53 B. C. — A. D. 18). T., 1982.

（А. Б. 斯塔罗斯季娜撰，文导微译）

扬雄，字子云。生于前53年，蜀郡成都（今四川成都）人，卒于公元18年。哲学家，文论家，汉代（前3—3世纪）辞赋主要代表之一。

扬雄的生平见于班固所编《汉书》第87卷，该段文字以扬雄自传为基础。扬雄出身衰落的贵族家庭，其家族为周朝（前11—前3世纪）王室的旁系。40岁以前离群索居，生活困窘。来到都城后被引见给成帝（前33—前7年在位），得黄门郎之职，西汉最后两个皇帝在位时他均留任此职。王莽篡政期间（9—23）他在宫廷图书机构天禄阁从事图书编校工作，被提升为大夫。

扬雄著有一系列理论巨作：《法言》（原有13卷），作

者在这部著作中模仿《论语》，发展了古代儒学的思想；《太玄》（9卷），作者在其中深入研究《易经》所包含的自然哲学思想；《方言》（13卷），这是关于前2—前1世纪中国语言情况的最为重要的典籍之一；史著《蜀王本纪》，扬雄根据地方信仰和传说重构了蜀国（四川）统治王朝的历史。

从《汉书·艺文志》可知，扬雄作赋12篇，完整留存至今的有7篇，即《太玄赋》《蜀都赋》《逐贫赋》《甘泉赋》《河东赋》《长杨赋》和《羽猎赋》。同时存有其《酒赋》片段和长篇诗作《反离骚》（传统注疏并未确定其体裁）。

《扬侍郎集》〔又名《扬子云集》，成于明代（14—17世纪）〕编入张溥（1602—1641）辑本和丁福保（1874—1952）辑本（1916）。扬雄的作品被收入严可均（1762—1843）辑本，共成4卷。《文选》收有扬雄3篇赋作。从《隋书·经籍志》中可知，曾有文集汉太中大夫《扬雄集》（5卷），后散佚。

《太玄赋》（当代学界对此篇赋作的作者权问题存在争议）是论著《太玄》的诗化改写。

《蜀都赋》是史著和颂辞性质的作品，开创了相应的主题分支（赞颂都城的赋）。说起古代蜀国都城，作者兴奋地描写它的富庶和美景："蜀都之地，古曰梁州。禹治其江，渟皋弥望。郁乎青葱，沃野千里。"

《逐贫赋》是道教哲学主题和道教宗教主题的作品，它颂扬人之存在于自然怀抱的快乐，亦即精神完善和长生不老之法。

《甘泉赋》与《河东赋》的主题是官方的宗教仪式，即祭祀太一神（在汉代前半期是国家众神的中心男神）和后土女神（土地女神）。"甘泉"是西汉都城长安（今陕西西安）东北向150千米处的山脉之名，山脚建有一座太一神庙（前113）。"河东"是黄河以东地区（今山西部分地区）的总称。这两部作品也为汉赋开辟出独特的主题分支。从艺术视角着眼，这是延续司马相如赋作风格的宫廷诗范本。当

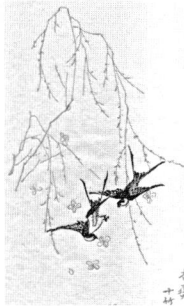

代学界认为它们是汉代国家宗教仪式活动的重要资料，其中有对道教主题诗歌特有的神话元素和术语的使用，诗人还将去往祭祀地的皇家队伍比作道士的神秘漫游（比较长诗《远游》和司马相如的《大人赋》）。学者认为，所有这些都能证明道教信仰在官方宗教观念与实践活动中的积极渗透："于是乘舆乃登夫凤皇兮翳华芝，驷苍螭兮六素虬……腾清霄而轶浮景兮。"

《长杨赋》和《羽猎赋》是有关帝王狩猎之作，同样延续了始自司马相如赋作的风格主线。

扬雄在其青年时的作品《反离骚》中与古代楚国伟大诗人屈原隔空辩论，对后者在长诗《离骚》中表达的观点（即在"溷浊"的人世不可能有真正的贤人）提出异议。扬雄论证屈原拒绝一切妥协的生活观的不可靠性、屈原的牺牲（自尽）的毫无意义，作为对比，他提出人的社会积极性，认为人可以通过积极的社会活动改善他所处的社会。他在《反离骚》序言中写道："又怪屈原……至不容，作《离骚》，自投江而死，悲其文，读之未尝不流涕也。以为君子得时则大行，不得时则龙蛇。"

扬雄的个性、理论简述和诗歌创作得到后世数代读书人的高度评价。王充（1世纪）写道："阳成子张作《乐》，扬子云造《玄》，二经发于台下，读于阙掖，卓绝惊耳，不述而作，材疑圣人。"（《论衡》）在后来的注疏传统和文学理论思想中，扬雄被视为司马相如奠定的诗赋传统的继承者，似乎并无多少重大创新。韩愈（768—824）说："子云相如，同工异曲。"对扬雄诗歌遗产的这种看法被学术界长期坚持，直到近数十年，中国文艺学才开始尝试确定扬雄作品内容和艺术上的独特性，以及它们在诗赋嬗变过程中的真正地位。一些评论认为，他的创作揭开体裁史新的一页，标志着由诗赋诗歌发展早期（司马相如的创作）到其成熟期的转折。

对扬雄文论观的分析在文艺学著作中占有一席之地，关于赋的艺术审美观念的出现与扬雄的文学观密切相关。

*《汉书》第87卷，第1册上下，第668—696页；《扬雄评传》；The Hanshu Biography of Yang Xiong...；《文选》第7—9卷，第1册，第141—148、170—177、179—184页；《扬侍郎集》；扬雄文集收入参考文献II：严可均辑本第1卷，第402—422页；Die Chinesische Anthologie... Vol. 1, pp. 93‐103, 117‐133; Wen xuan..., pp. 17‐38, 137‐152. **И.С.李谢维奇《上古和中古之交的中国文学思想》；《扬雄》，载《中国哲学百科词典》，第519—520页；郭绍虞《中国文学批评史》，第32—41页；康金声《论汉赋的审美价值》；李长之《中国文学史略稿》第2卷，第24—29页；罗根泽《中国文学批评史》第1卷，第86—88、94—95页；孙元璋《两汉的文学观与两汉文学》；《先秦两汉文学批评史》，第503—605页；《先秦两汉文学研究》，第325—327页；张震泽《扬雄集校注》；Ho K. (Ho Peixiong). A Study of the Fu on Hunts and Capitals in the Han Dynasty...; Knechtges D. R. The Han Rhapsody...

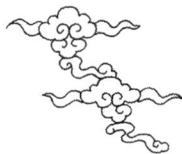

（M. E. 克拉夫佐娃补撰，文导微译）

姚雪垠

原名姚冠三，1910年生，河南邓州人，卒于1999年。因极度贫困只读过4年书。1929年考入河南大学，由于参加学生运动被捕并被开除。曾在北京、开封和其他城市的新闻界谋生。第一篇文学作品，即短篇小说《差半车麦秸》由茅盾1938年在杂志《文艺阵地》上刊发，而1939年，苏联文学杂志《旗》即刊出其俄译本。这个短篇小说作为抗日战争题材的现实主义作品得到肯定，作家享誉全国。40年代，作家创作一系列当代主题长篇小说。1949年后在上海教学，研究明史。曾在武汉和北京工作。他40年代的长篇小说在此期间没有再版。1957年，作家被划为"右派分子"并受迫害。他开始写作有关17世纪农民起义的历史长篇小说《李自成》，为此耗费42年光阴，直到生命尽头。小说一卷接一卷出版，1963、1976和1981年出版前三卷。第2卷被授予茅盾奖的最佳长篇小说奖项。曾被任命为中国作家协会领导。出版了他的22卷文集，其中10卷是长篇小说《李自成》。

姚雪垠这部宏大史诗的写作历时很久，因而不可能不反

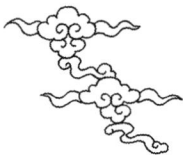

映出中国社会意识中的政治变化。王庆生在2002年指出小说的一个缺点，即小说对17世纪农民起义首领片面的正面描写，而这对于生活在一个直接将昔日起义者等同于今日革命的时代的任何一位中国作家而言，都是不可避免的。作家毕竟成功避免了故意歪曲的陈规旧套，他长篇小说里的历史人物看上去鲜活逼真，他对明帝崇祯的描写也被认为特别成功。

在这个意义上，姚雪垠的这部长篇小说对20世纪90年代中国的历史小说产生了重大影响。书中反映的17世纪农民战争，作为20世纪诸多最新历史事件最为接近的类比，至今仍被中国读者饶有兴致地捧读。

*姚雪垠《差半车麦秸》，M.日丹诺夫译，载《中国短篇小说》，莫斯科，1944年，第13—27页；姚雪垠《红灯记》，C.齐赫文译，同上，第79—90页。**A.热洛霍夫采夫《中国批评家评价中的一部中国长篇历史小说》，载《远东问题》2002年第4期，第158—168页；A.热洛霍夫采夫《一位中国当代作家的创作特性——以姚雪垠及其长篇小说〈李自成〉为例》，载《第三届远东文学研究理论问题学术研讨会论文集》第1卷，1978年，第98—106页；《中国当代文学辞典》，武汉，1996年，第149页；《中国当代文学史》，王庆生编，北京，2003年，第348—352页。

（A. H. 热洛霍夫采夫撰，文导微译）

谣

即歌谣。古代术语，指警句短歌性质的民间口头创作，常带有预言性。这种流传于底层民众的短歌，被认为是最高力量（常为消极力量）对人世所生之事的反应和对未来的预言，常为统治者之死和整个王朝之亡的预言。从周朝（前11—前3世纪）起，谣便受到关注。16首谣被引入史籍《左传》和《国语》中，得以留存。前2—前1世纪，谣开始由专门官员定期收集并记入官方史书（朝代史）。谣的第一组专集见于班固《汉书·五行志》。这组谣中包含有关社会宇宙进程和不同征兆（星象和气象的异常，自然元素的暴动，异常的兽类、禽类、植物的出现等）的各种信息，这一做法后为历朝正史所沿用（直到18世纪）。被记载的谣曲有500多首。谣的传统在历史文化中保存至20世纪，也就是说，此为一种持续时间最长、最为稳定的中国诗歌传统。

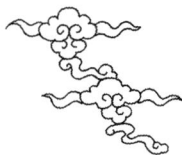

谣在11—12世纪获得文学认可（其预言性也同时留存）。有关证明是，谣曲以专题形式被收入郭茂倩（1041—1099）的文学典籍《乐府诗集》之"杂歌谣辞"卷。19世纪，谣曲首次出版单行本，即《古谣谚》[杜文澜（1815—1881）编]。

谣多为2—4行的短诗，其特点是具有特殊的警示和寓意。这是独特的"诗谜"，有待专人（智者、君主的谋臣、占卜师）解释。可作为示例的是一支有关中国第一个王朝秦朝（前221—前207）的谣曲。作为至高权力象征的铜器出现自然破损，这预示秦朝将亡："称乐太早，绝鼎系。"还有对具体人物（廷臣、文官、君主、武将）的批评（嘲笑），预言他们或被免职，或遭横死。

谣的吟唱者可以是任何人，他们主要来自底层民众，如老者、不识字的农民、普通农妇等，更常是12—14岁之间（乳牙全换完以前）的被称作"童"的人。那些被称为"童谣"的谣，在一些历史时期占所记载谣曲总数的80%。学术界盛行一种观点，即"童"是一种特别类型的人，他们最宜担当通灵术士的角色。诗歌预言这一传统本身有着巫术的根源。

处于文学进程边缘的谣曲传统在中国诗歌史上占有重要地位，它保存了看待诗歌创作的最古老观点，即并不将诗人视为预言家，而将其视为仅能传达至高力量之意志的中介。谣的吟唱者既不理解谣曲的真正本质，也不明白他们所吟唱歌词之意义。这一传统支持这样一种信念，即诗歌具有魔幻特性，诗歌文本中存在某种内在的隐秘含义，这一传统借此为各种阐释和解读又开辟出一片天地。

叶圣陶

*《古谣谚》；《乐府诗集》第83—89卷，第4册。**C.B.济宁《传统中国的抗议和预言：远古至17世纪的"谣"体裁》，莫斯科，1997年；M.E.克拉夫佐娃《中国古代诗歌》，第236—238页；И.C.李谢维奇《中国古代民谣》；雷群明《中国古代童谣》；《先秦文学史》，第23—27页。

（M.E. 克拉夫佐娃撰，文导微译）

原名叶绍钧，1894年生于江苏苏州，卒于1988年。商人之子，职业是教师，在教育机构任职逾半世纪。1914年开始发表作品。1921年成为现实主义作家团体文学研究会的创始人之一。叶圣陶创作的全盛期在20世纪20年代至30年代初，那时他几乎每年出版一部短篇小说集，如《隔膜》（1922）、《火灾》（1923）、《城中》（1926）、《未厌集》（1928）。叶圣陶描写教师、学生、农民、小职员等人的生活，谴责社会的不公与不断的内战，为批判现实主义的发展作出了令人瞩目的贡献。1928年出版长篇小说《倪焕之》，是中国新文学的首批大型长篇小说之一，小说讲述一个青年知识分子投身革命的道路。小说的结局是悲剧性的，1927年大革命的失败使同名主人公丧失了生活的意志。中华人民共和国成立后，作者取消悲剧性结局（这个压缩版反映在1956年的俄译本里），不过后来又恢复原样。参加革命后叶圣陶主要从事时评、散文和文学批评作品的创作。

*《叶圣陶文集》3卷本，北京，1958年；叶圣陶《短篇和童话》，H.T.费德林编，莫斯科，1955年；叶圣陶《短篇小说集》，B.索罗金译，莫斯科，1956年；叶圣陶《倪焕之》，莫斯科，1956年；叶圣陶《短篇小说集》，M.A.兑尔洛夫编，莫斯科，1960年。**H.A.列别杰娃《叶圣陶的创作及其在中国现代文学中的地位》，莫斯科，1983年；M.A.兑

尔洛夫《叶圣陶的创作》，载《中国语文学问题》，莫斯科，1963年。

（B.Φ. 索罗金撰，万海松译）

陈郡（今河南南部）人，生年不详，卒于407年。东晋大臣、文学家，主题诗歌流派"玄言诗"的代表人物之一。

其生平见于官方史书《晋书》（卷99）。殷仲文生于官吏家庭，祖上是南方少数民族（"南蛮"）的首领。殷仲文天赋出众，容貌俊美。其官职始于给一位太子当副官，曾任中央机构的责任秘书（直至担任尚书），还一度为统管包括东阳郡在内的各大小郡县的太守。因参与反对未来刘宋朝廷（420—479）创始人刘裕（363—422）的阴谋活动（406—407）而被杀。

殷仲文保留至今的诗歌遗产仅有完整诗作1首（20句），即《南州桓公九井作》（被收入《文选》卷22），以及一两首仅余片段的诗（收入抒情诗合集）。

尽管殷仲文的抒情诗意象单一，但显而易见，他对周围自然的再现并未带有明显的哲学和宗教立场："独有清秋日，能使高兴尽。景气多明远，风物自凄紧。"（《南州桓公九井作》）

关于殷仲文的创作手法，比他本人的诗作更能说明问题的反倒是江淹的组诗《杂体诗》中的一首仿诗，即《殷东阳仲文兴瞩》："青松挺秀萼，惠色出乔树。极眺清波深，缅映石壁素。"

有证据表明，殷仲文的抒情诗继承了对自然进行艺术和审美再现的传统，这一传统发轫于"建安风骨"派文学家的创作，并在3世纪下半叶的"招隐"诗歌中得以确立。

在钟嵘的《诗品》中，殷仲文被列入"下品"。但据沈约的意见，正是在殷仲文的创作中，出现了摆脱"玄言诗"传统的最初尝试，萧子显（489—537）在其修撰的《南齐书》卷52《文学列传》结尾处提到，殷仲文的

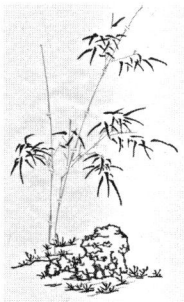

殷仲文

乙

733

抒情诗中出现了新的"诗歌精神"之萌芽："仲文玄气，犹不尽除。"据《晋书·殷仲文传》所言，山水诗的创始人谢灵运对殷仲文的创作给予高度评价。

当代学者大多赞同沈约的观点，均把殷仲文看作山水诗的先驱诗人之一，认为伴随着他的创作开始出现一种转向，即从对世界的深刻的哲学认知转向审美认知和情感认知。

*《晋书》，第2604—2608页；《文选》第1卷，第468—469页，以及第2卷，第702—703页；收入殷仲文抒情诗的大型文集见参考文献Ⅱ：逯钦立辑本（第1卷，第933—934页）和丁福保辑本（1964年版，第1卷，第487页；第2卷，第1047页）；Die Chinesische Anthologie..., Vol. 1, pp. 335‑336, 596.
**Л.Е.别任《谢灵运》，莫斯科，1980年，第70页；《魏晋文学史》，第544—545页；《南齐书》，第906页；《钟嵘诗品译注》，第198页；沈约《史论》，第1101页；Frodsham J. D. Origins of the Chinese Nature Poetry, pp. 70, 84; Holzman D. Landscape Appreciation in Ancient and Early Medieval China..., p. 154.

（M. E. 克拉夫佐娃撰，万海松译）

应璩

字休琏，190年生于汝南（今属河南），卒于252年。贵族，文学家，传统上被认为是3世纪中叶诗歌流派"正始体"的代表人物。

应璩的简短生平见于陈寿（233—297）修撰的官方史书《三国志》（卷21）。他是应玚之弟，应玚是曹操（统治魏国的曹氏家族创始人）身边的掾属，亦是诗人，系诗歌流派"建安风骨"的主要代表之一。应璩出仕从书记开始，以博学好作文、善于书奏著称。曹操死后，他进入曹丕政权，很快得到提拔，直至任大将军长史（240）。应璩的创作遗产由近20篇不同体裁的散文类作品构成，传统上它们被视为"文"，即奏章、公文、信函等。他的诗歌作品仅余7

首，且其中3首（组诗《杂诗》）在某些文集中还被列在应场名下。其作品集《应休琏诗》被收入张溥（1602—1641）辑本。应璩的抒情诗分别收入丁福保（1874—1952）辑本（1964）和逯钦立（1910—1973）辑本，其散文作品收入严可均（1762—1843）辑本。

尽管应璩的抒情诗存诗不全，表现力较弱，却受到6世纪文学理论家们的特别关注。刘勰在《文心雕龙》卷45中认为他是"正始体"的主要文学家之一，并将他与嵇康、阮籍等杰出诗人兼哲学家相提并论。不同的史料多次提及，应璩曾创作大型组诗《百一诗》（101首诗，现存仅3首），此诗曾博得其同时代人热烈喝彩。考虑到应璩与曹氏家族十分亲密，并与曹氏的文学集团存在亲缘关系，因此不能排除他进入"建安风骨"文学家之列的可能性。所有这一切激发了当代研究者对他的强烈兴趣。有一种说法认为，应璩可能是3世纪上半叶文坛的关键人物之一，其创作还起到连接"建安风骨"与后来诸多诗歌流派的桥梁作用，尤其对阮籍的抒情诗具有影响，后者也写有一组篇幅巨大的组诗。

* 《三国志》，第604页；《应休琏诗》；收入应璩的抒情诗和散文类作品的大型文集见参考文献Ⅱ：抒情诗参见丁福保辑本，1964年，第1卷，第197—198；逯钦立辑本，第1卷，第357—367页；散文类见严可均辑本，第2卷，第1218—1222页。**《文心雕龙》，第160—165页；刘勰《文心雕龙注》；张伯伟《应璩诗论略》。

（M. E. 克拉夫佐娃撰，万海松译）

应场

字德琏，生年不详，汝南（今属河南）人，卒于217年。诗歌流派"建安风骨"的主要代表之一，"建安七子"之一。

关于应场生平的简短信息见于陈寿（233—297）修撰的官方史书《三国志》卷21《王粲传》。应场生于显贵家庭。其祖父应奉（2世纪上半叶）是著名政治活动家，在其所处时代以儒家学者而闻名。其伯父应劭为东汉时期著名学者，同时也是伟大的著作《风俗通义》的作者。其父应珣任司空掾官职。应场进入曹操政权后，成为曹操心腹，任曹操的丞相掾属，即私人秘书。应场死于蔓延整个都城洛阳的一场大瘟疫。

应场的诗歌遗产由6首诗和15篇赋（全篇和残篇）构成。其著作有3部文集，均以《应德琏集》为名，分别被编入张溥（1602—1641）、严可均（1762—1843）和丁福保（1874—1952）辑本（1916）。此外，应场的抒情诗作品还被分别收入丁福保辑本（1964）和逯钦立（1910—1973）辑本，赋作则被收入严可均辑本。

传统文学批评认为，应场抒情诗中给人印象最深者当属其组诗《别诗》（我们完全赞同此评价）。诗中清晰描绘了一个漂泊者的形象，近于曹植抒情诗中的主人公。但与曹植的作品不同，应场笔下的主人公具有一种概括和抽象的性质，并非以诗人本人的生活起伏为基础。组诗《别诗》第一首的前四句是："朝云浮四海，日暮归故山。行役怀旧土，悲思不能言。"

应场赋作的特色主要在于其主题的多样性和含义的明确性，这比他的抒情诗更为明显。他创作的颂辞性歌赋主要描写军事征战和狩猎，如《撰征赋》《西狩赋》和《驰射赋》。《灵河赋》的特色在于其道教主题（从其题目即可看出）。《正情赋》具有特殊地位，因为它其实是爱情主题赋作的一个变种（"建安风骨"的其他代表如王粲、陈琳和阮瑀等均写有此类内容的赋作）。

"情色"赋始于司马相如（前2世纪）的《美人赋》和张衡（2世纪）的《定情赋》。所有这些作品均描述文学主

人公的爱情痛苦（带有露骨的色情意味），再加上细微的情色基调，还会运用一些专门形象："余心嘉夫淑美，愿结欢而靡因。……魂翩翩而夕游，甘同梦而交神。昼彷徨于路侧，宵耿耿而达晨。清风历于玄序，凉飙逝于中唐。"（《正情赋》）"玄序"和"中唐"这两个词实为道教炼金术、医学、房中术著作中的常用术语，喻指女性的生殖器官（分别指阴道和子宫），此处的"风"也是隐喻，指男性的自然本能和精液。

在3—6世纪的文学批评中，关于应场创作的唯一评论见于曹丕的《典论·论文》："应场和而不壮。"曹丕何以看出应场作品中的"和"，却又认为它们"不壮"，至今仍是一个谜。此后历朝历代的批评家和经学家均对应场的诗歌遗产保持沉默。绝大多数中国文学史著作仅在概述诗歌流派"建安风骨"时顺便言及应场。

*《三国志》，第599页；《应德琏集》；收入应场赋作和抒情诗的大型文集见参考文献Ⅱ：严可均辑本，第1卷，第699—701页；丁福保辑本，1964年，第1卷，第195—196页；逯钦立辑本，第1卷，第382—383页；《中国文学作品选》，第157页；"Rectifying the Passion" // Hightower J. R. The Fu of T'ao Ch'en, pp. 175‑176. **B.M.阿理克《中国文学论集》第1卷，第382页；M.E.克拉夫佐娃《永明体诗歌》，第355页；M.E.克拉夫佐娃《中国古代诗歌》，第126页；《魏晋文学史》，第128—131页；吴云《建安七子集校注》，第21—25页；张可礼《建安文学论稿》，第149页。

（M. E. 克拉夫佐娃撰，万海松译）

永明体

5世纪最后30余年间的一个诗歌流派，与南齐（479—502）第二位皇帝武帝在位时期（483—493）相关，武帝的年号为"永明"。钟嵘在其论著《诗品》的序言里首次指出这一文学现象的存在，并列出其主要代表王融、沈约和谢朓，指出他们创作的一些突出特征。在钟嵘看来，这些诗人沉迷爱情主题，过度追求诗的外在完美，他们的作品思想肤浅。在后来的史学与文学传统中，这一流派同诗人团体"竟陵八友"的活动联系在一起。这一团体出现于5世纪80—90年代之交，即武帝次子萧云英（460—494）当权时，萧云英有"竟陵王子良"之名，是当时最大的文化活动家和庇护人。除沈约、谢朓和王融，进入这一团体的还有几位竟陵王的心腹，如萧衍、任昉、范云，以及萧琛（萧彦瑜）和陆倕（陆佐公，470—526）（他们的文学活动鲜为人知）。5世纪末至6世纪初的文献资料并未提及这一文学团体，有关其存在与组成的资料仅见于官方史书《梁书》（7世纪）中沈约和萧衍的传记。在学术界形成一种观点，称这一团体与其说是诗人团体，不如说是竟陵王的政治派别。不过，这一说法并不会推翻竟陵八友的文学性，其参与者（萧琛和陆倕除外）是永明体的真正领袖。也无须怀疑他们的友好关系、他们对文学的共同爱好和观点的一致，以及他们创作风格上的某种统一。年龄最长、社会地位最高的沈约被公认作"八友"之一和永明体诗歌的思想家和倡导者。

不同于以往大多数诗歌流派与题材思潮（建安风骨、正始体、太康体、玄言诗），永明体诗歌确有严格的年代界限，它由在一定历史政治情境和社会心理气候下创作的作品构成。几十个流血年头之后，南齐王朝当政，其最初几位君主的施政相对成功，统治王朝给予学者和文人以慷慨庇护，所有这些使人们再次相信，他们期待已久的"明治"即将来临，"明君"（"明"是范畴术语，可理解为"明亮的""开明的"）治下的国家终将走出内部危机，收回被占的土地（中心政权酝酿过这些计划），恢复原先的伟大。在较大程度上推动类似情绪与期望的，还有皇族成员的个人品质，首先是武帝的几位儿子，即竟陵王和他的兄长及同道

人、太子文惠（文惠太子，萧云乔，458—493）。此外，永明体的多数诗人在当时还相对年轻，却已尝到成功滋味，因此由衷相信自己的力量，相信自己的事业会更上一层楼。这便可以解释永明体诗歌朝气蓬勃的激情与欢乐，这对六朝时期（3—6世纪）的文学而言独一无二。属于永明体作品的标志性的声音不单是歌功颂德的，还有激昂欢呼的。它们的固有特点是具有开放、喜悦与期待的情感色彩，会歌颂任何形式的幸福。内心的自由感、生命的坚实感和个人活动的有效感，给了永明体文学家不羁的创作风格，鼓励他们进行艺术实验，寻找加强诗歌表现力的各种方法。

5世纪90年代，国家的社会政治生活再度恶化。文惠太子早逝，几个月后武帝逝世，这使得武帝的孙子登上皇位（郁林王，494年即位），此人在所有文献中均被描写得极其令人讨厌。宫中内讧又复燃（有过几场宫廷政变），很快导致南齐王朝的瓦解和梁王朝的掌政（502—557）。竟陵八友的一些代表（其中包括王融和谢朓）去世，在世文学家作品的总调性完全改变，以前诗歌的常见主题再次出现，即对服务社会之理想和个人积极入世之理想的失望、精神的孤独、人的生存之艰辛。

尽管发生此类转变，永明体诗歌仍对中国抒情诗日后的演化过程产生了很大影响。它影响了对文学的审美和情感态度，极大地激活了文学的浪漫主义因素和对个人幸福的关注，这些促使爱情抒情诗里一种新的题材流派宫体诗的形成。永明体代表诗人所作的实验引发出一些新的诗歌形式，它们成为唐代（618—907）诗歌中占主要地位的“经典的”或正规的新体诗的基础。同时，永明体也是六朝时期诗歌中一种独特的集大成的文学现象，多数重要题材流派和团体演化过程的最后阶段都与其相关，如道教主题的诗歌（游仙）、佛教主题的诗歌、友谊主题的诗歌、寓意性质的诗歌（咏）、风景抒情诗（山水诗）。最后，当时最重要的思想文化现实在永明体文学家的创作中得到反映（与作品的创作时间无关），如道教影响的增强，这在4—5世纪南方一些道教流派如上清派和灵宝派的活动中有所体现，再如已成为中

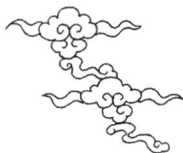

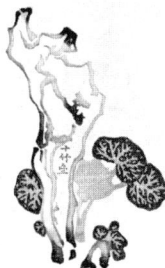

国官方意识形态和精神生活有机构成的中国佛教的繁荣。

南朝齐梁文学生活的丰富并不仅仅局限于永明体代表人物的创作。例如，5世纪末至6世纪初的《诗品》共收入29位诗人，学术著作中论及的诗人也同样很多，有19位或更多。提起当时最有名的文学人物，人们常会言及王僧儒、柳恽（柳文畅）、上清派长老陶弘景、吴均（吴叔庠）、何逊（何仲言）、江淹、丘迟（丘希范）、庾肩吾（庾子慎）等。值得注意的是，他们几乎均曾一度加入竟陵王子或其兄的圈子，也曾与"八友"结有私交且保持友好关系（据他们的传记资料和彼此间的赠答诗）。他们的创作显示出不少共同特征，如创作同名作品、偏爱相同主题、加工统一的文学情节、运用统一的形象体系等。所有这些可以说明，某些综合性趋势已在永明体诗歌中得到体现。

永明体的同时代人即已对这一流派持有不同意见。钟嵘对其抱公开的怀疑态度，他对永明体主要代表的作品作出的评价均表露了这一点。许多当代研究者认为，钟嵘这一立场的成因，不仅在于他与沈约的理论分歧，而且还在于他对沈约的敌意，这敌意可能是由说情遭拒而起的屈辱感。6—7世纪的史书和文学理论著作中多会言及南朝齐梁诗歌的繁荣，却并不总会提及永明体。而且，不同人对这一时期的主要文学家有着不同的理解，如在《梁书》的文学列传里便将沈约、江淹和范云置于领袖地位。约从8世纪起，对六朝时期诗歌遗产，尤其是其最后一百年间的诗歌遗产的否定态度占据上风。宋濂（1310—1381）随笔中对沈约、王融和江淹作品的评价很能说明问题："沈休文拘于声韵，王元长局于褊迫，江文通过于摹拟……"（宋濂《答章秀才论诗书》）

直到20世纪最后30余年，学界对永明体诗歌始终持类似的甚或更为激烈的批判态度（尽管个别永明体代表的作品总会得到不同评价）。国外出版的一部译诗集（1977）这样描述齐梁王朝时期的诗歌作品：综观齐梁诗歌，很少有文人真正为写生困扰，多数文人都有过一些创作关于四季、远

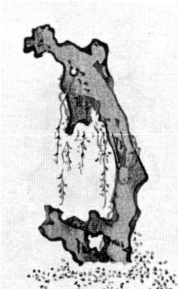

足、山塔等的动人诗行的经验。对这一时期诗歌最为尖锐的评价来自20世纪中期古典文学领域的大专家、中国学者余冠英：到南齐、梁、陈，"众作等蝉噪"，文学被贵阀和宫廷包办，许多作者生活腐烂，许多作品流于病态。在近期学术界，随着对某些诗人创作的研究，对永明体诗歌不断增长的兴趣逐渐替代了对该流派的消极态度，如今，其在中国文学史中的独特性和重要性已得到公认。

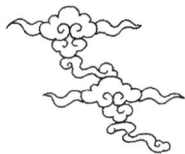

乙

*《梁书》第49卷，第3册，第685页；《钟嵘诗品译注》，第30—33页。**B.M.阿理克《中国文学论集》第1卷，第398页；M.E.克拉夫佐娃《永明体诗歌》；Ами Юдзи. Тюгоку тюсэй бунгаку кэнкю；王钟陵《中国中古诗歌史》，第658—676页；王钟陵《永明体艺术成就概说》；林庚《齐梁时代诗文》，载林庚《中国文学简史》第1卷；胡国瑞《齐梁之际的诗人》，载胡国瑞《魏晋南北朝文学史》，第110—122页、134—140页；余冠英编《汉魏六朝诗选》，第16页（序言）；《永明体诗风的新变》，载曹道衡、沈玉成《南北朝文学史》；阎采平《齐梁诗歌研究》；Chang N. S. Chinese Literature..., p. 11; Jansen T. Der Adel im Salon des Prinzen Xiao Ziliang von Jinling // Jansen T. Höfische Öffentlichkeit im frühmittelalterlichen China...; Lomova O. Yongming Style Poetry...

（M. E. 克拉夫佐娃撰，文导微译）

咏

六朝时期（3—6世纪）抒情诗歌最独特的题材形式之一。

属于这类诗歌的诗作是展开的隐喻，由两组被联想链相连的意义层组成。它们细致描绘某些事物、自然现象或日常现实，但它们真正的潜文本却是有关人、人的性格、行为和感受的叙述。咏原先与寓意性质的赋相关，后者起源于古代中国南方地区的诗歌传统。而咏直接的文学原型被认为是女诗人班婕妤（前1世纪）的《怨歌行》。

寓意性质作品的创作在建安风骨诗歌流派（2—3世纪之

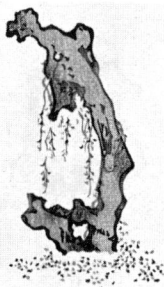

交）中得到确立，当时这一方法被积极运用于诗和赋，且主要用于"抒情"赋作，这些赋作的形式因素（规模、诗格、押韵方法）接近于诗。寓意诗歌自成一家的情形（标题中出现"咏"字）首先出现在5世纪下半叶的文学家鲍照的创作里（如《咏白雪》和《咏秋》）。属于这一系列的有鲍照广为人知的诗作《梅花落》："中庭杂树多，偏为梅咨嗟。……露中能作实。摇荡春风媚春日，念尔零落逐寒风，徒有霜华无霜质。"

咏的最后形成阶段和极盛期与5世纪后30余年至6世纪上半叶两个最重大的文学现象有关，即诗歌流派永明体和题材流派宫体诗。咏（常入诗名）在永明体主要代表沈约、谢朓、王融、萧衍的诗歌遗产中占有非常重要的地位。

如果从诗名所指的诗歌叙述对象出发，那么咏（同寓意类赋作）便可分为几个主要的题材组：（1）写大气现象和天体的诗，如谢朓的《咏风》，沈约的《咏余雪》和《咏月》；（2）描写动物（特别是鸟类）和植物（最大的一组）的诗，如王融的《咏梧桐》和《咏池上梨花》，谢朓的《咏鸂鶒》《咏竹》《咏落梅》和《咏兔丝诗》，沈约《咏湖中雁》《咏桃》《咏青苔》和《咏新荷应诏》；（3）与各种创作都有联系的关于乐器和文化物品的诗，如谢朓的《咏琴》，萧衍的《咏笛》和《咏笔》，沈约的《咏笙》；（4）关于日用品的诗，如谢朓的《咏灯》《咏烛》《咏镜台》和《咏席》，萧衍的《咏烛》。就内容来看，大多数的咏都是爱情诗作，就整体而言是在重复中国诗歌中业已形成的主题（思念情郎、担心情郎变心等）。咏的新意首先在于，它最终形成一套传达女性外表（美丽、优雅）与品格（细腻、谦逊、需要男性保护）、传达恋人幸福观的形象体系。该形象体系中有：开花结果的树木（李树、梨树），花朵，蜿蜒爬蔓或是生来柔弱的植物（旋花、菟丝子、苔藓）；女性服饰元素；跟卧室、宴席、夜晚时间有关的物件（如镜、帘、乐器、灯、烛）。如萧衍的《咏烛》写道："堂中绮罗人，席上歌舞儿。待我光泛滟，为君照参差。"正是在咏类诗歌中最为清晰地体现了在处理爱情主题、说明

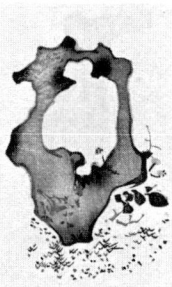

中国精神文化大典

文学·语言文字卷

抒情女主人公形象方面的嬗变，它们在永明体诗歌中，首先是沈约和萧衍的创作中表露出来。

然而咏的内容又不仅限于爱情，其主题与情节的范围非常宽广。它们常带寓意性质，且更重要的是，它们因寓意而具有特别的意义复调性和深意，如王融的《咏梧桐》写道："骞凤影层枝，轻虹镜殿绿。岂致龙门幽，直慕瑶池曲。"这四行诗可理解为对儒家之君子、道家之隐士哲人（引入了道教观念中"瑶池"与"龙门"的形象）的歌颂，还可理解为关于俗世某些最高价值的抽象的哲学讨论。

咏的艺术特性在很大程度上决定了后来中国抒情诗（7—10世纪唐代古典诗歌）的类型特征和性质，并通过唐代诗歌对日本短歌产生了决定性影响。

咏主要为绝句和律诗，绝句和律诗的格律结构原则作为"新体诗"的特征亦形成于咏体诗歌。

**Б.Б.瓦赫金《论沈约的抒情诗》；М.Е.克拉夫佐娃《永明体诗歌》，第209—213页；Ами Юдзи. Тюгоку тюсэй бунгаку кэнкю, с.234－240.

（М.Е. 克拉夫佐娃撰，文导微译）

余华

1960年生于杭州（今属浙江）一医生家庭。成长于海盐，现居北京。1977年中学毕业，当过乡村牙医，之后在海盐文化馆任职。第一个短篇小说《星星》1984年发表于《北京文学》，获该杂志最佳短篇小说奖。此后，余华被鲁迅文学院研究生班录取。

短篇小说《十八岁出门远行》（1987）标志余华的创作转向现代主义。在20世纪80年代末的中短篇小说《四月三日事件》《河边的错误》《一九八六年》《现实一种》中，余华描写人类心理的边缘状态和非常状态，暴力和荒诞在他的小说里占主导地位。中篇小说《难逃劫数》《世事如烟》《此文献

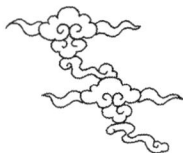

给少女杨柳》透着神秘主义与命运难逃之感。中篇小说《古典爱情》《鲜血梅花》的情节让人想到才子佳人的古典故事，但余华有意破坏这一题材的法则。他1987—1994年间的作品收入4卷本《余华文集》，并于1994年出版。

余华的长篇小说《在细雨中呼喊》（1991）、《活着》（1992）、《许三观卖血记》（1995）是现实主义风格的写作，主题是普通百姓的悲剧存在。常存于余华长篇小说里的死亡被夺去崇高的光环，意味着无望重生的结局。

2000年，余华出版文学随笔集《内心之死》《高潮》，对中外文学作了思考。

余华的作品被译成世界多国语言，在日、俄、韩、意、德、法、美等国出版。其长篇小说《活着》获意大利格林扎纳·卡佛文学奖（1998）。

*余华《活着》，海口，1998年；余华《许三观卖血记》，海口，1998年；余华《在细雨中呼喊》，海口，1999年；《现实一种：余华中短篇小说集》2卷本，西宁，2001年；余华《活着》《许三观卖血记》，P.沙皮罗译，载《中国之变：中国当代小说和随笔》，莫斯科，2007年。**王海燕《余华论》，载《中国现代、当代文学研究》，1996年第10期，第140—147页；邢建昌《先锋浪潮中的余华》，北京，2000年；陈思和《中国当代文学史教程》，上海，1999年，第301—304页。

（E. A. 扎维多夫斯卡娅撰，文导微译）

《渔父》

中国古代诗歌合集《楚辞》中的一篇诗体散文，《楚辞》代表了古代中国南方地区的楚国（前11—前3世纪）的诗歌传统。

这篇作品篇幅不大（38句），主要部分是楚国伟大诗人屈原和老渔父之间的对话，诗人正遭流放，经受肉体和精神的痛苦。当渔父问是什么使屈原这位楚国高官落到如此困境，屈原简要叙述了他的人生立场："举世皆浊我独清，众人皆醉我独醒，是以见放。"渔父反对这种对人类社会的不妥协态度："圣人不凝滞于物，而能与世推移。世人皆浊，何不淈其泥而扬其波？众人皆醉，何不铺其糟而歠其醨？"《渔父》最后是老渔父的歌："沧浪之水清兮，可以濯吾缨；沧浪之水浊兮，可以濯吾足。"

传统注疏坚称《渔父》为屈原所作，就其激情与思想趋向（完全拒绝在真正的崇高个体与缺陷世界间作任何妥协）而言，《渔父》与《楚辞》中的其他作品构成呼应。但是，学界却不止一次提出此作的著作权问题。《渔父》并非作为一篇独立作品出现在司马迁《史记》的屈原列传中，因此它可能作于前2至前1世纪，与当时形成的屈原传说相关。

虽然《渔父》就整体而言并不处于当代研究的中心，但仍应将它视为《楚辞》中最重要的作品之一，无论从理解屈原本人形象的角度看，还是就诗人对后世诗歌创作的影响而言，都是如此。正是在《渔父》中，中国文学里首次出现老渔父形象，这一形象在大多数学者看来体现着楚国道教思想家的观点，也体现着人之存在的"自然"原则，后成为中国文学中的重要形象之一。中国的抒情诗，尤其是3—6世纪的抒情诗，饱含对《渔父》以及其中的老渔父之歌的借鉴。还有一种假说，即该作品反映了年老的楚国祭司精英和以渔父形象（道家智者）为化身的新一代思想家之间的冲突。

各版本《楚辞》均收有《渔父》。

*《屈原贾生列传》，第178页；屈原《渔父》，B.M.阿理克《中国文学论集》第1卷，第339—340页；屈原《渔父》，载《阿理克院士译中国古典散文杰作》第1卷，莫斯科，2006年，第38页；The Fisherman // Hawks, 1959, с. 90 - 92; то же // Li sao and other poems of Qu Yuan, с. 62 - 63 (по изд. 1980); Yufu: Le Pecheur // É le'gies de Chu..., pp.157 - 158. **Ю.Л.克罗尔《论林悌〈花史〉中的哲学隐喻》，载《东方国家和民族》，莫斯科，1971年，第11辑，第157页；E.A.谢列勃里亚科夫《10—11世纪的中国诗歌》，第86页；陈子展《〈卜居〉〈渔父〉是否屈原所作》。

（M. E. 克拉夫佐娃撰，文导微译）

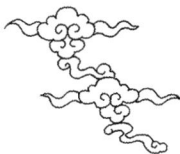

庾阐

字仲初。生于286年或298年，颍川（今属河南）人，卒于339年或351年。官员、文学家，诗歌主题流派玄言诗的主要代表之一。

其生平见于官方正史《晋书》（卷92）。庾阐生于高官之家。其父是一位以勇力闻名的将领，死于抵御匈奴的战斗。母亲在那次入侵中下落不明。庾阐在西晋王朝（266—316）最终灭亡前就被亲戚带往南方。他起初在琅邪王司马睿（276—323）于南方匆忙建立的行政机构（316—317）中任职，司马睿（未来的元帝，东晋王朝创建者，317—420）成功守住了统治王朝。促使庾阐事业取得进一步成就的，是他与庾亮（289—340，东晋王朝头十年间显要的国务活动家）的远亲关系。4世纪30—40年代，庾阐在核心机关担任一系列领导职务，先后在多地任太守。

他的文学遗产有11首诗（含组诗《游仙诗》10首）、6首赋和14篇体裁不同的散文作品，其中包含"论"。据知6—9世纪存有他的个人文集，后来佚失。保存下来的庾阐作品见于丁福保（1874—1952）辑本（1964）、逯钦立（1910—1973）辑本和严可均（1762—1843）辑本。

庾阐作为玄言诗代表，最有表现力的诗作是组诗《游仙诗》。文本虽简（多为四行诗），却准确传达出仙界印象："神岳竦丹霄，玉堂临雪岭。上采琼树华，下把瑶泉井。"（组诗之一）

庾阐的一系列诗作探讨长生不老之方，它们充满专业术语，让人感觉像一部小型炼丹术论著，在内容和风格上与葛洪名作《抱朴子》相合："赤松游霞乘烟，封子炼骨凌仙。晨漱水玉心玄，故能灵化自然。"（之六）。赤松子和封子是传说里的仙人，诗中写到的"炼骨""炼心"都是炼丹术的实践活动之一。在论著《抱朴子》（卷5、卷6）中，不止一次讲到这种金与丹砂合成物的炼造，这种合成物能对人体产生影响。

较之组诗《游仙诗》，庾阐两首描写山色的诗作《登楚山》与《衡山》引起了当代研究者更大兴趣。《衡山》中写道："北眺衡山首，南睨五岭末。寂坐挹虚恬，运目情四

豁。……既体江湖悠，安识南溟阔。"在谈到（也用了专业术语）冥想状态时，庚阐却给予叙述以形象性，与未来的风景抒情诗即山水诗的造形体系相似。

与山水诗更为相似的是《三月三日诗》和《三月三日临曲水诗》这两首诗，它们写的是历法上一个特别的春日，即三月三节，它在353年根据著名书法家王羲之的倡议而确立。《三月三日临曲水诗》写道："暮春濯清汜，游鳞泳一壑。高泉吐东岑，洄澜自净潆。"

《扬都赋》被视为庚阐最好的赋作，这是"经典的"颂扬之赋，歌颂成为东晋王朝之都的建康城（今南京），通过对城市的华丽和自然之美的描写，颂扬元帝的功业。颂扬城市及帝王的主题在作品题目里就已有伏笔，杨树是南京地区植物群里的典型树木，同时也是男性人格和英勇的象征（同音词即"阳"）。同时代人不无理由地把这首赋同大辞赋家班固的作品相比较。庚阐的其他赋作可分为两个主题系列，一为道家哲学主题，有《闲居赋》和《狭室赋》，一为《海赋》和《涉江赋》（据古代诗人屈原作品的主题而作）。两个系列都有许多自然画面。

庚阐在后世实际上已被遗忘，他的名字仅在玄言诗代表的名单里被提及。当代学界承认他是4世纪中国诗歌的杰出人物之一，是山水诗的先驱，甚或第一位山水诗人。

*《晋书》第92卷，第8册，第2384—2385页；收入庚阐作品的辑本见参考文献II：丁福保辑本（1964）第1卷，第444—447页，逯钦立辑本第1卷，第873—876页；其散文作品见严可均辑本第3卷，第2237页；《中国文学作品选》，第181页；An Anthology of Chinese Verse, p. 111; Chang N. S. Chinese Literature..., p. 445. **M.E.克拉夫佐娃《永明体诗歌》，第117页；《魏晋文学史》，第468—473页；Holzman D. Landscape Appreciation in Ancient and Early Medieval China..., pp. 141‐144; Chang N. S.（见上），p. 10; Frodsham J. D. Origins of the Chinese Nature Poetry, pp. 94‐95.

（M. E. 克拉夫佐娃撰，文导微译）

庾信

字子山，513年生于南阳，卒于581年。6世纪大诗人，六朝时期（3—6世纪）最著名的文学家之一。

据魏徵（580—643）所作正史《周书》（卷41）里的庾信传，庾信出身于萧氏家族亲近的高官家庭，萧氏家族是南朝齐（479—502）梁（502—557）时期的至尊家族。庾信之父庾肩吾（487—约552）是大官、诗人，与当时的文学泰斗有直接往来，其中包括沈约。庾肩吾当过梁武帝（萧衍）儿子萧纲的太傅。庾信14岁时被举荐入宫，成为太子萧统的心腹。萧统死后（531），庾信经父请托被收为新立太子萧纲的侍从并进入他的文学圈，6世纪30—40年代占据诗坛主导地位的宫体诗的出现就与这一文学圈代表人物的创作有关联。6世纪40年代后半期，庾信在官场上也表现积极，身为将军之时不止一次率领外交使团，在北方政权的官员面前成功维护梁朝利益。

庾信后来的命运与梁末的悲剧事件密不可分。547年，将军侯景（503—552）起兵造反，侯景本从北方逃亡而来，在梁朝找到栖身之处。他先是成功取得地方将领的支持，再占领都城，囚禁年迈的武帝，将萧纲（简文帝，549—551年在位）推上皇位，起初打算以其名义行事，可不到两年便杀了萧纲。一些萧家人和大官逃往武帝第七子萧绎（508—554）治下的江陵（今属湖北）。萧绎成功镇压侯景之乱并登上皇位（元帝）。554年，北朝西魏的军队闯入金陵，萧绎亡，10万余人沦为俘虏。内讧使国家四分五裂。梁朝在形式上还存在数年（年幼的傀儡敬帝，555—557年在位），以接二连三的国家政变和陈朝（557—589）的建立告终。

庾信奇迹般地脱离动荡的都城，先逃往江陵，萧绎死后又逃往刚在北魏（386—534）旧地上建起的北周王朝（557—581）。他几乎失去所有亲友，他们中一些人死去，另一些成为俘虏。庾信很快在北周取得不低的社会地位，他进入朝廷，重获将军头衔，被推上大夫高位，占据领导职位（其中包括都城总督），这些职位使他拥有私人僚属和"开

府"的权力。完全有理由认为，庾信在积极的政治活动中所怀的思想感情，不仅有他对收留自己的北周统治者的感谢，还有一种信念，即坚信这个王朝定能一统山河，终结混乱与纷争。

庾信的创作遗产非常丰厚，"铭"在其中占有独特地位。它主要是写给北周将领和国务活动家的悼词，其中表达了他愿意协助巩固当权政体的意向。庾信的诗歌遗产本身由两大组祭祀歌（宫乐）构成，即《周宗庙歌》（12首）和《燕射歌辞》（24首），两组诗均成于565年。此外他还有14篇赋作和200多首诗作，其中21首为乐府（文人乐府）体裁，其余为诗。但庾信的创作仅部分留存。

7—11世纪的史料提到他的几个文集，有在他生前编成的一部文集（24卷），也有在他死后不久（隋朝时期，即581—618年）编成的文集，在唐代仍存多种文集（篇幅14—20卷不等），但这些文集悉数散佚。15—16世纪，庾信的创作遗产得到部分复原，被编入《庾开府集》，收于张溥（1602—1641）的汇编总集。与其同本异名的《庾子山集》收入丁福保（1874—1952）辑本（1916）。17—19世纪还出现庾信文集的几个版本，最权威的是倪璠所编《庾子山集》（17世纪下半叶刊行，1980年再版）。此外，他的抒情作品见于丁福保辑本（1964）和逯钦立（1910—1973）辑本；祭祀歌见于郭茂倩（1041—1099）所编《乐府诗集》（卷9、卷15）；赋与散文见于严可均（1762—1843）辑本。

庾信的诗歌创作（首先是抒情诗）明确分为两个时期，即6世纪中叶事件之前及之后。第一时期占有特殊地位的是庾信在萧纲文学圈时所作的本质属于宫体诗的抒情诗作。这类诗作最突出的范例被认为是组诗《咏画屏风诗》（25首），它完全符合"宫体诗"的艺术宗旨，尤其是对宫廷奢华生活的描绘："高阁千寻起，长廊四注连。歌声上扇月，舞影入琴弦。……但愿长欢乐，从今尽百年。"（组诗之七）

庾信的宫体诗作见证了其真正技艺与天资，它们胜过萧纲文学圈其他代表人物（包括庾信之父庾肩吾）的抒情诗，

以至于后来在中国传统语文学里确立了"庾信体"这一概念，并以此概念确定所有这类文学家的创作。但庾信的抒情诗作带有显著的模仿性质，并且他的大部分作品是萧纲和庾肩吾作品主题之变体，而萧纲和庾肩吾又在很多方面模仿了先前的诗歌流派永明体的作者。这种二度创作特性在他那些与其他文人（沈约、王融、谢朓等）的作品题目相近，即题目中带有"咏"字的作品中尤为显见，如《咏春近余雪应诏》《咏园花》《咏羽扇》《镜诗》《梅花诗》等。

重要的是，宫体诗的美学定位与思想立场符合庾信的生活方式与人生观，他当时还是一个年轻臣子，真诚地享受上之垂青、己之安顺，相信前程似锦。

与宫体诗作同属一个时期的还有佛教与道教主题的诗作，但它们或倚靠以往诗歌的经验（如《入道士馆诗》、组诗《仙山诗二首》、《游山诗》，后者又名《游仙》），或是对同时代人（主要是萧纲）作品主题的改写，这从诗作的名称即可看出，如《奉和山池》《奉和赵王游仙》《奉和同泰寺浮图》。

风景写生最鲜明地表现出庾信的创作个性和诗歌潜能，其本质特征是诗语的激昂与清新。如《舟中望月》一诗这样再现自然夜色的壮丽景象："山明疑有雪，岸白不关沙。天汉看珠蚌，星桥视桂花。"庾信的类似诗作标志山水诗演进过程中一个本质上全新的阶段，即脱离了构成谢灵运及其后继者（如谢朓）的"山水诗"之精华的、渗透着原始自然之威严雄壮与神秘先兆主题的山色全景图。写景诗在庾信的书写中得以创新，这终究加强了人对周围自然界精神上的参与感。山水诗的这一艺术变体在唐代大诗人孟浩然和王维的创作中最终成型。

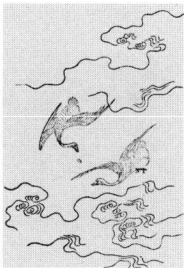

6世纪40年代后半期，庾信的创作有了重大变化。可以说，他在执行外交任务时首次走出宫墙，了解到国家的现实生活，感受到自身的治国责任。他的诗变得刚硬起来，雅致的形象性开始让位于那些表现生活琐事的描写手段。诗中响起怀乡的旋律、别友的离愁、对诗人所受任务能否成功完成的担心（《将命至邺诗》《将命使北始渡瓜步江诗》），出现了有关当权王朝的真实状况和关于中国真实命运的沉思。当庾信身处故国（在北方邻国的土地上），他对历史的兴趣被唤醒。诗人回忆起他通过书本熟知的古代事件与英雄（如《入彭城馆》）。这些回忆使他产生世事无常的想法，即有起有落，盛极即衰。诗人的历史意识形成于这种基调，对诗人后来的创作手法（积极使用历史典故）产生了决定性影响。

在6世纪中期的悲剧事件之后，庾信的抒情诗开始充满热情，渗透着须要统一国家以永远消除混乱与纷争的观念。组诗《咏怀》（又名《拟咏怀》）被视为庾信抒情诗创作第二时期的高峰。组诗由27首诗组成（每首8—16句），就形式看是对阮籍同名组诗的模仿，但与阮诗不同，庾诗为政治历史主题抒情诗。在庾信的诗歌里，历史事件得以复现，这些事件促使诗人思考历史进程的规律、合理施政的原则以及某些历史人物的个人品质。他时常从这些事件中看到类似于自身遭际的东西。让人印象深刻的是这组诗的时间跨度很长，与此同时这组诗中还提及的众多历史人物，如古老朝代的君主、著名思想家、政治家、文学家（屈原、嵇康、阮籍、陶渊明等）。诗歌文本充满对历史题材与古文献的暗示，以至于几乎每行诗都需要解码和详释，如该组诗之二的前两行"赭衣居傅岩，垂纶在渭川"，便含有对古国殷商（前16—前11世纪）国君武丁的故事的暗示。国君寻到一位谋臣傅说，他从被遣往傅岩的犯人（他们均着赭衣）中找到傅说，深信傅说的才智与美德，不惧众人的议论，委傅说以臣位。

与此同时，庾信的抒情诗变得极其个人化，浸透着绝望、失友丧亲之痛、乡愁、孤独感。诗作本身营造着戏剧般的紧张氛围，同时还很简洁，诗人钟爱的形式是四行诗，如《伤往》："见月长垂泪，看花定敛眉。从今一别后，知作几年悲。"

庾信的杰出赋作被认为是以下3首，即《哀江南赋》《枯树赋》和《伤心赋》。

《哀江南赋》讲述547—551年始自侯景（对善待自己

的武帝恩将仇报的"大盗")之乱的悲剧事件:"大盗移国……余乃窜身荒谷,公私涂炭。"同时,庾信明白,灾难的原因也在于梁统治者政治上的目光短浅与疏忽大意。他也通过历史对照表达了对武帝的谴责,谴责他淡忘了自己应关心国家的首要职责。这篇赋作以诗人对人的道路、朝代和国家的思考结束。在他看来,每个人无疑都是历史的参与者,他认为历史进程与个人生活仿佛在一个封闭的圆圈里运动。他被命运抛到北方,他视此为历史事件的整体进程所决定的现象:"且夫天道回旋,生民预焉。余烈祖于西晋,始流播于东川。洎余身而七叶,又遭时而北迁。"

《枯树赋》是带有寓意性质的作品,其主题思想是,人像被拔出泥土、失去生命汁液的植物,注定要死亡:"若乃山河阻绝,飘零离别。拔本垂泪,伤根沥血。"

《伤心赋》充满庾信的丧子之痛和绝望感:"二男一女,并得胜衣。金陵丧乱,相守亡殁。羁旅关河,倏然白首。"庾信由失子之伤转为同情整个国家所遭遇的灾难:"生民涂炭。兄弟则五郡分张,父子则三州离散。地鼎沸于袁曹。"在赋文结尾,诗人对永恒问题发问,但这些问题是反问,因为做出答复的是带有所有苦难与悲痛的生活本身:"人生几何,百忧俱至。……一朝风烛,万古埃尘。丘陵兮何忍!能留兮几人?"

庾信自身及其作品如此惊人的转变,自然会使传统中国语文学对其创作做出截然相反的评价。一些批评家和文学家将他视为"宫体诗"代言人,认为其抒情诗体现了这一流派的所有负面特征,如过分修饰的美、对宫廷生活的沉迷。宋濂(1310—1381)的文章评价对庾信持此种态度:"至于徐孝穆、庾子山,一以婉丽为宗。"(宋濂《答章秀才论诗书》)另一些批评家视他为受难诗人,唐代大诗人杜甫最好地表达了此类评论家的看法:"庾信平生最萧瑟,暮年诗赋动江关。"

庾信的第二种身份几乎逐渐完全遮蔽了他的第一种身份。在清代(1644—1911)文学批评里,他以公民诗人的身份被列入中国最伟大的文人精英行列,其文集的大量印本

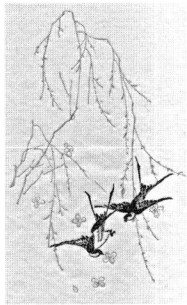

便充分证明了这一点。后来出现如下景象：20世纪上半叶，研究者的主要注意力在于诗人的晚期创作，强调诗人的公民立场，但在之后数十年里，中国文论家和外国学者却在研究庾信全部的诗歌遗产。他作为宫体诗主要代表的角色得到承认，人们通过分析他的抒情诗作，积极尝试揭示这一流派客观的艺术特点，确定其在中国诗歌史上的真正地位。如今，在中国学界又出现一种庾信研究的新趋势，出现一些传记性质的专著和文章、关于他某部作品以及他世界观立场的研究，同时也出版了一些庾信作品的注释本。

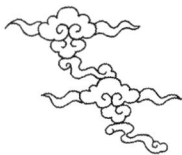

* 《周书》第41卷，第3册；《庾开府集》；《庾信选集》；《庾信诗赋选》；《庾子山集》；《乐府诗集》第9、15卷，第1册；收有庾信抒情诗作的辑本见参考文献II：丁福保辑本（1964）第2卷，第1567—1615页；逯钦立辑本第3卷，第2347—2410页；其赋作和散文作品见严可均辑本第4卷，第3920—3971页；B.M.阿理克《中国文学论集》第1卷，第398—399页；《中国诗选》第1卷，第370—374页；《中国古典诗歌》，Л.3.艾德林译，第306页；《孟列夫译中国诗歌》，第74—79页；《印度、中国、朝鲜、越南、日本古典诗歌》，莫斯科，1977年，第236—237页；T.X.托米海《庾信》；《中国文学作品选》，第217—220页；An Anthology of Chinese Verse, pp. 188‐197. **B.M.阿理克《中国文学论集》第1卷，第404页；T.X.托米海《庾信》；《魏晋南北朝文学研究》，第510—576页；林庚《中国文学简史》第1卷，第244—246页；鲁同群《庾信传论》；许东海《庾信生平及其赋之研究》；曹道衡《汉魏六朝辞赋》，第187—193页；曹道衡、沈玉成《南北朝文学史》，第413—438页；张鬻、曹萌《历史的庾信与庾信的文学》；程章灿《魏晋南北朝赋史》，第332—334页；Chang K. Y. Yu Hsin: The Poet's Poet // Chang K. Y. Six Dynasties Poetry; Graham W. T. The Lament for the South...

（M. E. 克拉夫佐娃撰，文导微译）

《玉台新咏》

又称《玉台新咏集》《玉台集》。诗歌合集，主要收录6世纪30—40年代在诗坛占主导地位的主题诗歌流派宫体诗作品，这部诗集由梁朝（502—557）太子萧纲周围形成的文学团体成员起意编选。为实现这一构思，出力最大的是徐陵（507—583），他被视为《玉台新咏》的主要编纂者。这部选集在6世纪中叶（约545）编成。

《玉台新咏》的编者有如下几个目标：首先，他们意在树立一座诗歌纪念碑，以体现他们的主要论点，即只有爱情诗才是真正的诗；其次，他们竭力证明爱情诗歌传统在民族文学中的源远流长；再次，强调他们绝不接受儒家对诗歌创作的看法（说教和实用的态度）；最后，让《玉台新咏》与萧纲之兄萧统所编《文选》平分秋色。

这部选集由归于徐陵名下的一篇长序和656首诗作（据现今主流版本）组成。它收录古时佚名抒情诗作（乐府民歌和古诗），也录有209位文人的作品，时间跨度自东汉时期（25—220）到6世纪中叶。所有作品共分10卷。卷1至卷6按时间先后编成，每卷涵盖一个特定历史时期。但选集只有五言诗，五言诗在选集中的优先地位，不仅因为它在诗歌实践中颇受欢迎，还因为5世纪末至6世纪前半叶的文学理论认为这一体裁具有特殊的艺术可能性。

卷7展示当时掌权的萧氏成员的创作，且首先是萧纲本人及其父梁代始祖、当政帝王萧衍（502—549年在位）的创作。选集共收录皇族成员诗作166首（含萧纲76首、萧衍41首）。卷8录入选集编者同时代人以及萧纲周围形成的文学团体成员的作品。《玉台新咏》的编者大胆突破当时通行的文学常规，即文学选集只能编入已故作者的作品。卷9和卷10根据体裁特点编排，它们中包含着一定数量用混合格律写成的歌作与诗作以及五言四句诗，它们是作于3—6世纪的佚名歌唱体抒情诗和具名诗歌之杰作。这两卷中的作品严格按照时间顺序排列。

如此一来，《玉台新咏》便能使我们清晰地追溯爱情诗歌及其诸多重要主题的发展历史，也能看到爱情抒情诗的诗性世界、抒情主人公（首先是女主人公）形象以及描写手

法的嬗变。

这部选集后来的命运较为复杂。一方面，7—10世纪，它在中国社会的创作知识分子圈极受欢迎，它的各种抄本被编入诸多官方正史，如姚思廉（卒于637年）的《陈书》、魏徵（580—643）的《隋书》、刘昫（888—947）的《旧唐书》和欧阳修的《新唐书》。这部选集的最初刻本（木刻本）出现在北宋（960—1127），那时中国刚发明活字印刷术。《玉台新咏》有数种版本，因此进入选集的作品数量有所差异。比如，最初的作品总数被确定为769篇，甚或840篇。在明代（1368—1644）和清代（1644—1911），《玉台新咏》再版近30次。另一方面，由于7—8世纪的中国语文学对爱情诗（具体指宫体诗）普遍持否定态度，这部选集似乎一直处于评论者和注疏者的视野之外。《玉台新咏》的第一个注疏本《玉台新咏笺注》（吴兆宜注）在18世纪完成，它至今仍为这部选集的出版蓝本。

相似景况也出现在学术界，有关《玉台新咏》的文字出现在所有中国诗歌史著中，包括各类辞书，但中国文学界和世界汉学界对它的真正研究仅始自20世纪70—80年代。如今存在10余种《玉台新咏》版本。1982年，该书英文全译本（A. Birrell译）面世。注释详尽的俄文全译本在20世纪70年代即由Б. Б. 瓦赫金（1930—1981）完成，可遗憾的是此部译著至今尚未出版。

*《玉台新咏》；《玉台新咏笺注》1—2卷，北京，2004年（2006年）；New Songs from a Jade Terrace... / Tr. with annot. by A. Birrell. **Б.Б.瓦赫金《中国中古抒情诗中的人与自然》；Б.Б.瓦赫金《中国诗歌中的爱情主题》；《魏晋南北朝文学研究》，第440—449页；刘跃进《〈玉台新咏〉版本研究》，载刘跃进《古典文学文献学丛稿》；刘跃进《玉台新咏研究》；曹道衡、沈玉成《玉台新咏》，载曹道衡、沈玉成《南北朝文学史》；Birrell A. Erotic De'cor...

（M. E. 克拉夫佐娃撰，文导微译）

郁达夫

原名郁文，1896年生于浙江富阳，卒于1945年。小说家，诗人，政论作家。1913—1922年留学日本。1921年成为创造社的创始人之一，编辑该社多种出版物。同年出版中篇小说《沉沦》，带着对当时而言并不寻常的坦诚讲述一位中国男青年在日本的感受。随后大量中短篇小说和散文随笔如《迷羊》（1926）、《她是一个弱女子》（1931）等中的主人公，既有被作者怀着同情描写的社会底层的代表，又有知识分子，他们大多因为自己在落后的中国没有着落、不被需要而痛苦。郁达夫的散文以细腻的心理描写与娴熟的笔法见长，其色调时而阴郁，为此曾有批评家指责作家的颓废情绪。他是个多产、多面的文学家，也写作诗歌、自传和游记性质的札记、文学与戏剧主题的批评文章。1930年加入中国左翼作家联盟，1932年加入中国民权保障同盟，但后来退出社会活动。全面抗日战争年间（1937—1945）以政论家、编辑和宣传员的身份投入爱国主义战斗，先在武汉，1938年起在新加坡。日本人占城后避到印度尼西亚，伪装成酒馆主继续对抗侵略者，但还是被日本宪兵队抓住，在战争结束后的1945年8月29日被秘密杀死。

*郁达夫《一个人在路上》，载《真实的传记》，莫斯科，1929年，第165—177页；郁达夫《春风沉醉的晚上》，载《中国文学作品集》，哈尔科夫，1936年，第144—149页；郁达夫《春风沉醉的晚上：短篇小说集》，В.Ф.索罗金译，莫斯科，1972年。**В.С.阿吉马姆多娃《郁达夫与"创造社"》，莫斯科，1971年。

（В.Ф.索罗金撰，文导微译）

1974年生，祖籍上海。女作家。1993年入读深圳大学，1995年赴美留学，1999年从加州州立大学毕业。16岁写下第一部长篇小说《花季·雨季》，以个人的生活经历为基础，坦率描写青春期少女的生活场景。小说在中国取得巨大商业成就，印数超过一百万册。小说被授予4种全国性奖项，还被拍成电影、电视剧、广播剧，改编成连环画，甚至盲人读本。

2000年，郁秀出版第二部长篇小说，即关于留美岁月的《太阳鸟》，主要内容是对旅居国外的中国女大学生个人生活的描写。评论认为，这本带着动人坦诚写出的书具有很大程度的自传性质。该书在南京出版，印数20万册。

郁秀在中国是公认的"美女作家"和"留学生作家"商业文学的典型代表，在年轻人中有固定读者群。2001年后，郁秀主要居住美国。

**A.H.热洛霍夫采夫《当代文学中的巴金传统》，载《远东文学问题》，圣彼得堡，2004年，第37—43页；Jelo-hovtsev A. Fashional Writers as a New Phenomenon in Modern Chinese Literature // Chinese Traditional Civilization and the Contemporary World. XIV EACS Conference. Moscow, 2002, pp. 27‑28.

（A. H. 热洛霍夫采夫撰，文导微译）

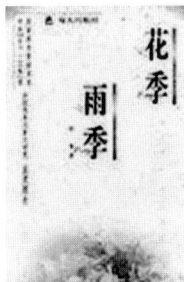

郁秀

乙

元裕之，号遗山，1190年生于太原秀容（今山西忻州），1257年卒。杰出文学家、诗人、史学家。父元德明非务实之人，也未通过科举取得借以养家的公职，因此元好问出生后不久被过继到家境较好的叔父元格处，元格将其视为己出。

元好问很早显露天分，4岁开始学习读书，6岁掌握诗法，且很快就能自己写诗。1203年，他被送到当时的大教育家郝天挺门下，在其指导下的6年间研读了儒家经典与历史

元好问

著作。

1205年，15岁的元好问成功考取秀才，1210年举家迁至陇城（今属甘肃），不久元格在此染病身亡。

1211年，成吉思汗率蒙古部落联军入侵女真金国（1115—1234），开始长达24年的战事。事态迅猛发展，1213年蒙古军已强占十处金地，并于1215年占领金都燕京（今北京）。

此时元好问在嵩山（今属河南）躲避战乱。1216年夏，他走过一段艰险长路，到达三乡镇。

稍从遭际中平复过来，元好问就回归文学，成果是1217年完成的《论诗三十首》，其本质是关于诗艺的论文，他在其中叙述自汉朝至宋朝的诗歌史，发表对于诗歌艺术的观点，对前世诗人做出评价。

1218年，元好问移居嵩山脚下登封县，在那里度过8年"半隐居生活"。战争毁坏他所有的生活规划，因此从那时起，游牧民族之战争造成的苦难就成为其诗作的首要主题。他在诗里常写城池废墟、赤贫难民和常被比作老虎的凶残侵略者。他那时的关注点转向国家历史并非偶然，陶渊明的命运与作品给他留下尤为深刻的印象。

1221年，元好问来到都城汴京（今开封）参加进士考试，成绩优异，有望在国家行政部门获得要职，但当时他对仕进的兴趣似已减弱。1223年，他在昆阳（今属河南）买下一块地并就此定居，把所有时间都用于学术研究。

此时，他的才学已名声在外。1224年，元好问被召入宫，充国史院编修。可他不同意朝中编史人所循原则，因此在都城的大部分时间仅与相熟文人结游。

次年，即1225年，是元好问一生中成果颇丰的一年。其著作《杜诗学》写于这一时期，同时还有大量主题为歌颂自然之美和百姓生活的诗作。

1226年，元好问彻底辞去国史院之职，不久后任镇平（今属河南）县令，次年转调内乡县令，但元好问一有机会就退职，职务似是其负担，尽管他在县令任上表现出深解人民所需的仁义。

1232年初，蒙古军开始对南方发起新一轮进攻，挫败抵抗他们的金军，年底前包围汴京，1234年4月20日将其完全占领，所有朝中活口都沦为俘虏，城市遭到洗劫，连古老宫殿也被部分损坏，部分烧毁，所有珍品都被运走。而宫里的500余名居住者和官员，包括元好问，则被蒙古军押往汴京附近的聊城。

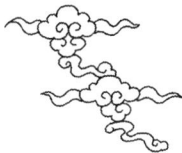

　　同年，蒙古军与南宋（1127—1279）联合行动，金国皇帝哀宗在蔡州（今属河南）败绩，哀宗明白自身处境已毫无希望，禅位给宗室统帅承麟，而自己则自杀（自缢）身亡。起义军杀死承麟，金国不复存在。

　　噩耗传至身处聊城的元好问。他在这个特殊居留地住了两年。诗人只能在创作中找到唯一安慰。元好问在聊城将自己所写的词编成文集，并仿照白居易称其为"新乐府"。

　　1235年获准离开聊城后，诗人举家迁往济南（今属山东）。他常去游览位于城北的大明湖，欣赏如画风光和无数名胜，这些在他的诗作和《济南行记》里都有反映。

　　1237年秋，元好问决定前往阔别24年的故乡忻州。他在读书山（系舟山）旁住下，买地盖房，命人为自己建一间单独的书屋，取名为"野史亭"，在得到渴望已久的安身之处后，他完全投入学术与创作。这一时期他的主要兴趣变为金史（书屋之名由此而来）。元好问抱怨战火烧掉了最宝贵的文稿与文献，开始尽己所能将其修复，并搜集所有可能得到的与金朝相关的信息，想编一部真正的金史："有所得，辄以寸纸细字，亲为纪录。"

　　此外，元好问还开始为以后的诗选收编金朝诗人的诗作及其传记资料。为取得必要的文献和证明，他把中国走了几遍。其中一回他来到洛阳，拜访老友木庵和尚。他们多年的友谊生发于诗的土壤，因为元好问曾为木庵的诗集作序。最后几年，他较多地游走于河北、河南与山东。

　　1249年，元好问编完诗选《中州集》，其中收入251位金朝诗人的2000余首诗作。这是对已逝时代的独特总结。选集中有些作者的诗作收入甚多，达百首，有些作者则仅一两首遗存。因为元好问的诗选，许多诗人方被我们知晓。除诗

歌及注释，选集还含有每位作者的简短小传。《中州集》的意义就在于，这是唯一一部同时代人所编的金人诗集，其注释与小传里也不乏罕见史料。此外，如果说金朝正史中只有少数（30多位）当时杰出活动家的传记，那么元好问的集子里则有200余篇这样的传记。

元好问在晚年仍四处游走。1255年他来到汴京，着手刻印其诗选《中州集》。

元好问的才华得到同时代人的推崇，也得到后来中国读书人的好评。这一事实的见证是大量写给元好问的序言、札记、诗歌，它们常被收进其文集附录，或作为对注释的独特补充进入其文集正文。

元好问的创作遗产相当可观。张德辉所编元好问文集计40卷，其中14卷收录诗歌，其余26卷主要收其美文和其他散文作品。清朝时期（约在19世纪中叶），吴重熹编有最完整的元好问全集，其中除张德辉辑本外，还收入5卷《新乐府》、1卷由他发现的张本未收的诗歌、3份年谱，又有关于元好问的评论、给元好问的赠诗，以及笔记小说集《续夷坚志》。

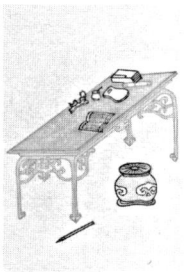

*元好问《中州集》，上海，1962年；《元遗山诗集笺注》，施国祁注，北京，1989年；И.А.阿利莫夫、Е.А.谢列勃里亚科夫《笔端》第2部，圣彼得堡，2004年，第368—402页。
**《元好问研究文集》，太原，1987年；Wixted J. T. Poems on Poetry: Literary Criticism by Yuan Haowen (1190－1257). W., 1982.

（И. А. 阿利莫夫撰，文导微译）

号简斋、随园主人，1716—1798年，文学家。生于宫廷作坊监察员之家。1727年12岁时即通过秀才考试，1738年中举人，1739年中进士，此后被派到翰林院学习满文。1742年未能通过满文考试，得到一个普通职位，即溧水县（距南京不远）知县，并于1748年请辞"引疾去"，但完全退休是在1775年。他以文学创作为生，留下丰厚的文学遗产（笔记、随笔、诗歌），收入其文章全集《随园三十八种》，中有文集《新齐谐》、文论集《随园诗话》、关于古代文学与诗歌的文章。1797年，他身患重病，写下一份详细遗嘱，交代处理书画与料理后事的方法。

*袁枚《新齐谐》，列宁格勒，1977年。**O.费什曼《17—18世纪三位中国小说家：蒲松龄、纪昀和袁枚》，莫斯科，1980年；郭沫若《读随园诗话札记》，北京，1962年；Schmidt J. D. Harmony Garden: The Life, Literary Criticism, and Poetry of Yuan Mei. L., 2003; Waley A. Yuan Mei: Eighteenth Century Chinese Poet. L., 1956.

（К.И. 郭黎贞撰，文导微译）

袁枚

乙

《远游》

中国古代诗歌合集《楚辞》里的一篇长诗，《楚辞》代表中国古代南部地区即楚国（前11—前3世纪）的诗歌传统。《远游》有178行，多由七言诗句写成。传统观点认为长诗的作者是楚国伟大诗人屈原。

这篇作品给人一种印象，即它是长诗《离骚》第二部分主题的变奏，讲述的是文学主人公的神秘漫游，不过该情节在此染上鲜明的道教色彩。长诗主人公是一个追求精神至善与肉身不朽的道士，他与《离骚》里出场的众仙一起，遇见道教独有的人物，其中包含传说中不死的王子乔。王子乔崇拜可追溯至汉代，他探访多处仙境，对这些仙境的想象后成为道教宇宙观的稳固附属。文中广泛使用道教特有词汇，如"重阳"，它是一个带有自然哲学与宇宙学性质的术语，意

指世界和人体中阳性宇宙之源的极致浓缩（即"阳"），是道教徒变成不死之"仙"（即有特殊本质和才能的生命体）的条件之一："命天阍其开关兮，排阊阖而望予。召丰隆使先导兮，问太微之所居。集重阳入帝宫兮，造旬始而观清都。朝发轫于太仪兮，夕始临乎于微闾。"

《远游》的内容与词汇特点使得学者们怀疑关于其作者身份的传统说法。20世纪20年代起，研究者们（如胡适，1891—1962）将长诗的写作日期确定为前2—前1世纪，与一些道家著作（《淮南子》）和当时的道教主题诗歌（司马相如的《大人赋》）属于同一时期。

对《远游》写作日期的争论超出了有关屈原创作和《楚辞》历史诸多问题的范围。若这篇长诗成于前2—前1世纪，那么就同道教的发展进程完全一致，道教形成的初始时期与这两个世纪相关。若《远游》的作者是屈原或古代某位楚国诗人，便说明道教在周朝末年即前4—前3世纪即已形成。

各版本《楚辞》均收有《远游》。

*Far-off Journey // Hawks 1959, c. 81‒87; Far Roaming / Tr. by Kroll P. W. // Religions of China in Practice, c. 157‒165; Reise in weite Fernen // Keindorf R. Die mystische Reise im Chuci..., S.57‒64.
**姜亮夫《远游为屈子作品定疑》；陈子展《〈楚辞·远游〉篇试解》；Keindorf R.; Kroll P. W. On «Far Roaming».

（M. E. 克拉夫佐娃撰，文导微译）

笔名东亚病夫，1872年生，江苏常熟人，卒于1935年。作家，翻译家。出身官僚地主家庭。1891年中举后曾一度为官，后在当时著名的洋务学堂同文馆学习。19世纪末与维新派人士（谭嗣同、林旭等）关系密切，赞同他们的观点。20世纪初从事出版业，与徐念慈在上海创办小说林社和《小说林》杂志，发行小说，其中包括翻译小说。当时，其主张与中国知识分子革命派的观点接近，所以他大力谴责对革命者的杀害（如女诗人秋瑾遇害）。其出版事业因陷入困境而中辍，后在宁波任职为官。1911年辛亥革命后，曾朴曾居省级要职，包括任江苏省财政厅长一职。他于1926年离职，与其子在沪创办真善美书店和《真善美》杂志，该杂志1931年停刊。后其回家乡常熟，潜心园艺，直至逝世。曾朴的名作是《孽海花》，其写作过程几次中断，直至20世纪20年代才完成。小说的始作者为其友金天翮，在日本发表前两回，后将手稿转交曾朴。开始的构思拟定60回，最终成书为30回。小说描写主人公、清朝驻外公使金雯青在包括俄国在内的欧洲的游历，以此展现"异域主题"。曾朴还著有一系列短篇小说、剧作，曾翻译法国文学（包括雨果、左拉的作品）。

曾朴

乙

*《孽海花》，B.司马文译，莫斯科，1960年；1990年。**B.И.司马文《新环境中的老作家》，载《中国文学和文化》，莫斯科，1972年，第267—281页；В.И.司马文《中国文学中欧化手法之开端》，载《历史语文学研究：康拉德院士纪念论文集》，莫斯科，1974年，第81—88页。

（Д. Н. 华克生撰，孟宏宏译）

杂　剧

中国的一种音乐戏剧形式，又称元剧。10—12世纪短小的戏剧演出，特别是滑稽剧称为"杂剧"，其脚本未保留下来。真正的杂剧出现在13世纪上半期，到14世纪中期达到兴盛。杂剧的特点是以剧的形式存在，包括宾白和歌唱，一韵到底的10—15个唱段形成一个套数，与相连的宾白共同构成一折。杂剧通常是一本四折，但也有多本，每本四折。第一折之前或两折之间也可加楔子，楔子有1—2个唱段。唱曲如同对主要以宾白展开剧本情节的抒情性注释。一折戏甚至整部戏可能只有正末或正旦一人演唱。其他角色只有宾白，宾白中偶尔加入一些唱腔。杂剧语言接近口语。宾白大部分在后期（15—17世纪）印本中才为人所知。13—14世纪出版的剧作有13部保留下来，但其中的宾白或丢失或已被严重删改。

杂剧唱段最初用中国北方的曲调写成，以北方方言发音为主。15世纪起，开始使用中国南方曲调。同时，形式上的限制减少，剧本篇幅多变，演唱角色数量增加。

（В. Ф. 索罗金撰，孟宏宏译）

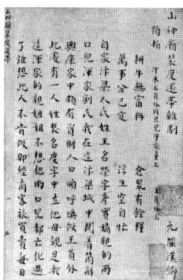

张爱玲

英文名Eileen Chang，笔名梁京，1921年9月30日生于上海，1995年9月8日逝于洛杉矶。作家，翻译家，中国文学研究家，20世纪40年代上海文坛最杰出的作家之一。出身富裕的官宦家庭。其母亲系清朝高官李鸿章（1823—1901）之女，离异后携年幼的张爱玲远赴欧洲，几年后她们返回上海。正是得益于母亲的努力，张爱玲不仅深入研究了中国古典文学，接受西式教育，而且熟悉掌握了西方文化的精髓，这对其创作产生很大影响，也使其后来能够顺利适应海外生活。

1937—1939年期间，张爱玲就读上海圣玛利亚女校，后考入香港大学。1942年返回上海。日军侵占香港后，21岁的张爱玲开始在《紫罗兰》《万象》《天地》等文学杂志上

发表作品。《金锁记》（1944）是其成名作，后被改编为电影。小说女主人公曹七巧被逼嫁给身患残疾的富家子弟。家庭生活的不幸和爱情的缺失使她变得冷酷无情、心狠手毒、阴险奸诈。曹七巧开始报复整个世界，包括自己的亲人。最终她成为孤家寡人，陷入自己亲手打造的"黄金枷锁"。

张爱玲大部分作品的故事都发生在上海（张爱玲的作品大多取材于上海）。作品触及人的内心深处，讲述关于情仇爱恨和家庭没落的故事，其作品几乎总是充满苦楚、悲观和颓废的情绪。小说集《传奇》（1944）、散文集《流言》（1945）和作家的"名片"——代表作《倾城之恋》（1944）莫不如此。小说的女主人公白流苏经受一系列变故，如离婚、重回娘家、与新恋人之间的坎坷爱情、为爱远赴香港等，小说的完满结局在其创作中十分少见。

中华人民共和国成立后，张爱玲继续从事文学创作并在中国大陆发表作品。长篇小说《十八春》（又名《半生缘》）取材于20世纪30年代，连载于《亦报》，1951年出版单行本。张爱玲受邀参加在上海举行的第一届文艺工作者会议。

1952年张爱玲迁居香港，并于1955年9月从香港移居美国。她在加州大学中国研究中心工作，研究小说《红楼梦》，出版2部专著。从1973年起定居洛杉矶，将一系列中国小说译成英文，其中，1981年发表小说《海上花列传》（1892）英译本，该小说描述上海交际花的生活。

1959年起，张爱玲的9部作品先后被搬上银幕，其中包括《倾城之恋》（1984）和《十八春》（1997）。最为出名的是改编自同名小说《红玫瑰与白玫瑰》的香港电影（1994），该片获"金马奖"。2007年小说《色戒》改编为电影（导演李安，小说俄语译名为Вожделение，意为"欲望"），引起很大反响，获"金球奖"多项提名。

张爱玲对中国女性文学和心理文学的形成产生了重大影响。一直以来，其创作在香港和台湾地区都受到高度评价。从20世纪80年代中期起，张爱玲的名字频繁出现在中国大陆各文学杂志上，其书籍不断再版，中国大陆主流批评家们相

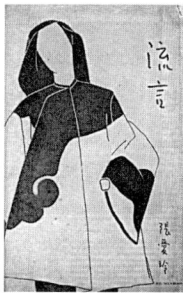

继发表评论。改编自《倾城之恋》和《十八春》的话剧由中国戏剧明星参演，2006年在香港和北京的多家剧院成功上演。在《青年必知中国文学130讲》（2005）一书中，张爱玲被推荐为青年必读的17位中国新文学代表作家之一。

*《张爱玲散文全编》，杭州，1995年；《张爱玲文集》（4卷本），合肥，1996年；张爱玲《上海两才女：张爱玲　苏青小说精粹》，广州，2003年；《张爱玲典藏全集》（14卷），哈尔滨，2005年①。**王安忆《世俗的张爱玲》，Д.华克生译，载《中国之变：中国当代小说和随笔》，莫斯科，2007年；《私语张爱玲》，陈子善编，杭州，1995年；唐文彪《张爱玲资料大全集》，台北，1984年；《张爱玲》，载《青年必知中国文学130讲》，张福贵主编，长春，2005年；《张爱玲与苏青》，静思编，合肥，1994年；余斌《张爱玲传》，广州，1995年；Chen Y. S. Love Demythologized: The Significance and Impact of Zhang Ailing's (1921–1995) Works. M., 1998; Hong Jeesoon. Gendered Modernism of Republican China: Lu Yin, Ling Shuhua, and Zhang Ailing, 1920–1949. C., 2003; Hoyan Hang Fung C. The Life and Works of Zhang Ailing: A Critical Study. V., 1996.

（A. H. 科罗博娃撰，孟宏宏译）

张承志

1948年生于北京。回族作家。1968年到内蒙古大草原插队4年。1972年进入北京大学历史系考古专业学习，后在中国社会科学院研究生院学习北方少数民族语言及历史。曾在日本东京大学进修。第一篇小说（《骑手为什么歌唱母亲》，1978）获全国优秀短篇小说奖，小说由一个知识青年展开叙述，他来到内蒙古住在一个老额吉（蒙语，意为母亲）家，这位老额吉把他当作自己的儿子看待，还救过他的命。1982年，中篇小说《黑骏马》获全国小说奖。小说讲述一个淳朴故事，故事也发生在内蒙古，主人公幼年丧母后

---

① 当为2003年。——译者注

被收养，家里还有一个与他同龄的姑娘，主人公爱上姑娘并与她订婚，但命运拆散了他们。与张承志小说中其他蒙古族妇女一样，女主人公也具有勤劳、善良、真诚的品质。作者把母亲塑造成忠诚的劳动人民形象，她们从不会抱怨。1984年，小说《北方的河》在全国大赛中获奖，这也是作家最具创新性、最著名的作品。表面上看，这部作品是对黄河及其他中国北方大江大河的颂歌，但小说不完全是写江河，而是描写人，描写在大江大河影响下人的个性的形成。中国批评界把张承志的创作视作寻根文学，回归自然的生命状态是这一流派众多作品的主题。张承志和郑万隆、马原都关注少数民族文化。他把自己的故事从城市引向自然，引向荒野的西部，引向遥远的乡村，那里的文化不像城市文化遭受到多处损伤，同时，他也把寻求文学之根与追寻个人之根相结合。

*张承志，《北方的河》，济南，2001年；张承志《黑骏马》，济南，2001年；张承志《金牧场》，济南，2001年。**《中国的文学和艺术（1976—1985）》，В.Ф.索罗金编，莫斯科，1989年；McDougall B. S., Kam L. The Literature of China in the Twentieth Century. Gosford, 1998; Zhong X. P. Masculinity Besieged?: Issues of Modernity and Male Subjectivity in Chinese Literature of the Late Twentieth Century. D–L, 2000.

（H. K. 胡齐亚托娃撰，孟宏宏译）

张衡

字平子，世称"张河间"，生于78年，南阳（今河南省南部）人，卒于139年。政治家，哲学家，科学家（天文学家，机械力学家，地震学家，地理学家），文学家。东汉时期（1—3世纪）杰出的辞赋诗歌大师之一，具名抒情诗歌的奠基人之一。

张衡生平载于范晔（398—446）所撰正史《后汉书》。他出身南阳官宦家庭，自小聪颖，尤其擅文。少年时期来到都城，考入皇家最高学府太学。在太学读书期间即引起都城

官员，甚至皇帝安帝（107—125年在位）的注意，安帝本人推荐张衡为官。后来张衡两度职掌太史。136年被外调任藩王领地河间（今河南、山西和河北交界处）王的国相，实等同流放。因受此等屈辱待遇，张衡先后几次上书请求辞职，均遭拒绝。直到两年后，张衡逝世前不久才被征召返回都城并拜为尚书。

张衡著有天文学、数学、哲学著作（其中一些仅剩残篇）。

张衡作品现存完整辞赋5篇（《西京赋》《东京赋》《南都赋》《思玄赋》《归田赋》），辞赋残篇8篇（包括《定情赋》《舞赋》《扇赋》《鸿赋》等），抒情诗3首（包括四言诗《怨篇》、五言诗《同声歌》和七言诗组诗《四愁诗》）。

张衡作品集《张河间集》编于16世纪，收入张溥（1602—1641）汇编文集，但其评论传统源于张衡本人所编作品集。另外，其辞赋作品收入严可均（1762—1843）辑本，抒情诗收入丁福保（1874—1952）辑本（1964）和逯钦立（1911—1973）辑本。张衡的所有辞赋作品均被作为汉赋经典收入《文选》（卷2—4，卷15）。

辞赋所写京都分别是西汉都城长安（前3—1世纪，今陕西西安）、东汉都城洛阳（1—3世纪，今河南洛阳）和行政中心南阳（今河南南部），南阳是东汉开国皇帝光武帝（25—57年在位）故里。这些辞赋都是张衡的早期作品，约创作于1世纪最初10年。[①]其外部特征，即叙事宏阔、文体庄重、比喻铺陈、形象鲜明、联想丰富，给人的印象是对班固辞赋的模仿，但这是一种假象。班固作品重于歌颂法度，张衡的作品则不同，主要讲述人的生活环境决定其道德（情绪、行为等）的问题。《西京赋》自序阐述了其辞赋作品的思想倾向："有凭虚公子者，心侈体忕，雅好博古，学乎旧史氏，是以多识前代之载。言于安处先生曰：夫人在阳时则舒，在阴时则惨，此牵乎天者也。处沃土则逸，处瘠土则劳，此系乎地者也。……故帝者因天地以致化，兆人承上教

---

① 应为2世纪最初10年。——译者注

以成俗。……秦据雍而强，周即豫而弱，高祖都西而泰，光武处东而约，政之兴衰，恒由此作。”

3篇辞赋的每篇开头均充满诗意，介绍城市历史，同时指出其优越的地理位置，如《西京赋》写道：“先生独不见西京之事欤，请为吾子陈之。汉氏初都，在渭之涘，秦里其朔，实为咸阳。左有崤函重险、桃林之塞，缀以二华。”《南都赋》则写道：“于显乐都，既丽且康！陪京之南，居汉之阳。割周楚之丰壤，跨荆豫而为疆。”张衡辞赋中有这种思想并非偶然，他生活的那个时期政局不稳，帝都计划迁址，首选东汉王朝建立者的家乡南阳。这种举措在古代中国被认为是安邦定国、避免社会政治危机的良方。有观点认为，张衡的这些辞赋专为支持迁都计划而作，因此它们均出于政治需要，作品中饱含充沛热情。

《思玄赋》和《归田赋》系张衡在外期间所作，其时他对统治制度和官场纲纪大为失望。前者言及为获永生而归隐的道家思想，以前人诗歌中的情节和形象（长诗《远游》、司马相如《大人赋》）为基础阐发仙游主题：“登蓬莱而容与兮，鳌虽抃而不倾。留瀛洲而采芝兮，聊且以乎长生。凭归云而遐逝兮，夕余宿乎扶桑。”

《归田赋》讴歌幽居和归隐自然的生活，诗人认为这是个人精神完善的方式，同时，赋中不仅表达诗人的道家思想，还阐释了儒家道德规范：“追渔父以同嬉；超埃尘以遐逝，与世事乎长辞。于是仲春令月，时和气清……弹五弦之妙指，咏周孔之图书；挥翰墨以奋藻，陈三皇之轨模。苟纵心于物外，安知荣辱之所如。”就内容、形象性和情绪而言，《归田赋》显示出张衡后期抒情诗歌的一些主题倾向，即道家思想主题作品、山水诗以及以归隐避世为基调的田园诗。

璿璣玉衡

张衡最独特的辞赋作品是《定情赋》，这是主人公向爱人倾吐爱意的独白，爱人的美貌不禁令之心生景仰，还令人情不自禁产生爱慕。这部作品开辟了辞赋诗歌的一个分支，即男性表达爱慕之情的美色辞赋。

组诗《四愁诗》讲述的是女主人公（虽然文中并未指

出其性别）对远在异乡爱人的思念。每首诗中都有一个爱人身处之地的名称，合起来恰好是围绕京城的东西南北四个方位。张衡通过这种手法最大限度地扩展了诗歌的空间范围，从而反衬了离别的气氛和女主人公的愁绪，同时他还积极借用古代诗歌（《诗经》）和稍后的民歌（"乐府民歌"）的艺术结构手法和形象，例如爱人之间互赠定情物的情节："我所思兮在太山，欲往从之梁父艰，侧身东望涕沾翰。美人赠我金错刀，何以报之英琼瑶。"

《同声歌》则相反，与前人的爱情诗差别极大。这首诗通过丰富的淫丽之词描绘抒情女主人公新婚之夜的画面，歌吟两情相悦的情感："思为莞蒻席，在下蔽匡床；愿为罗衾帱，在上卫风霜。……众夫所稀见，天老教轩皇。乐莫斯夜乐，没齿焉可忘。"该诗作为民族爱情诗歌的典范收入《玉台新咏》（卷1），根据编者的宗旨，这部诗歌总集选录1—6世纪的优秀爱情诗作。另外，《同声歌》开创了歌颂爱情和女色的主题，后来随着时代的发展产生一种新的诗体，即宫体诗。

*《后汉书》第59卷，第6册，第1897—1951页；《文选》第2—4、15卷，第1册；《张河间集》；《玉台新咏》第1卷，第1册，第105页；张衡抒情诗和赋作见于参考文献II：丁福保辑本（1964）第1卷，第36—38页；逯钦立辑本第1卷，第177—180页；严可均辑本第1卷，第759—779页；张衡《归田赋》，B.M.阿理克译，载《东方古代诗歌和散文》，第300—301页；另载《阿理克译中国古典散文杰作》第1卷，第196—197页；张衡《归田赋》，E.陶奇夫、Я.博耶娃译，载《彼得堡东方学》，圣彼得堡，1992年，第1辑，第227—228页；另载《中国文学作品选》，第112—113页；张衡《同声歌》，M.E.克拉夫佐娃译，同上，第130—131页；张衡《四愁诗》，载《孟列夫译中国诗歌》，第59—60页；Die Chinesische Anthologie...Vol. 1, pp. 1－44, 217－229; Epithalamium // An Anthology of Chinese Verse, pp. 16－17; Four Sorrows // Frankel H. H. The Flowering Plum and the Palace Lady..., p. 183; Like Sounds // New Songs from a Jade Terrace..., pp. 44－45; Stabilizing the Passions // Hightower J. R. The Fu of T'ao Ch'en, pp. 174－174;

Wen xuan... Vol. 1, pp. 181–338; Vol. 3, pp. 105–144. **M.E.克拉夫佐娃《永明体诗歌》，第357页；《张衡》，载《中国哲学百科词典》，第445—446页；刘周堂《论张衡〈二京赋〉对汉大赋讽谏艺术发展的贡献》；《中国文学史》第1卷，第115—118页；《中国古代文学词典》第2卷，第151—155、527页；余冠英《汉魏六朝诗选》，第8—10页；Frankel H. H. The Flowering Plum and the Palace Lady..., pp. 184–185; Gulik R. van. Sexual Life in Ancient China, pp. 74–76; Ho Kenneth (Ho Peixiong). A Study of the Fu on Hunts and Capitals in the Han Dynasty...; Hughes E. R. Two Chinese Poets..., pp. 35–47, 60–81.

（M. E. 克拉夫佐娃撰，孟宏宏译）

张华

字茂先，生于232年，范阳（今属河北）人，卒于300年。政治家，文学家。3世纪下半叶（西晋，266—316）最杰出的诗人之一。

张华生平在官修史书《晋书》（卷36）中有记载。他出身没落官宦之家（其父曾任渔阳郡太守），幼年孤苦贫寒，替人放羊为生。但他天资聪颖，又勤学不懈，受到地方官员乃至京都官员赏识，助他走上仕途。3世纪60年代初他即在中央机构任职，包括佐著作郎、中书郎、长史等。这段时期他一直支持军事将领司马家族一派，司马一派从三国时期（220—280）魏国（220—265）统治者（曹氏）手中夺取政权。司马政变和西晋建立之后，张华即被封侯。同时他还成为武帝（265—290年在位）近臣。张华声名显赫，积极庇护年轻文学家，培养出一批杰出的宫廷诗人。武帝死后张华仍居高位，296年官至司空。为维护国家和朝廷利益，张华被迫卷入与新一派宫廷势力的冲突，以贾皇后[贾后，惠帝（290—306年在位）之皇后]为首的新势力力主极权。他们假传诏书，指责张华失节不忠并将其杀害。

张华在世时就声望显赫，是杰出的政治家和品德高尚的君子，同时他还善于预言，精通玄学。他的形象经常出现

在各类神话传奇和历史趣闻中，这些故事见于干宝的《搜神记》、刘敬叔（390？—470）的《异苑》、吴均（469—520）的《续齐谐记》等志怪小说集。

张华的理论著作现存两部，一部是短篇故事集《博物志》，这是一部描述世界的"伪地理书"，继承古代杰作《山海经》的传统；另一部是《女史箴》，这是一部伦理道德汇编，类似某种讽刺文章，用来批评贾后的放肆专权。

张华的作品现存赋6篇和诗20多首（包括组诗），其中近一半作品仿（指名称）古时民歌（"文人乐府"），其余才是真正意义上的诗。张溥（1602—1641）辑有其作品全集《晋张司空集》（又名《张茂先集》）。另外，丁福保（1874—1952）辑本（1964）和逯钦立（1910—1973）辑本均收录张华的诗，严可均（1762—1843）辑本则收录其赋作。

张华的抒情诗形式多样，从6行、8行到真正的长诗（50多行）均有，但严格遵守五言格律。此类长诗包括《轻薄篇》《励志篇》《游猎篇》。这些作品与张华的其他乐府诗一样，除去形式上的体裁特征，内容与文人乐府有很大不同，完全是一种具有哲学意味（对人生本质、目标和真正价值的思考）的独立创作。各种描绘宫廷宴会的颂德诗在张华抒情诗中也占有重要地位，其中一部分为应诏之作（如名称所示），如《上巳篇》（农历三月三日为上巳节）和《祖道赵王应诏诗》。

除这类颂诗外，张华抒情诗的主题和情绪千篇一律，很多预示出后代（就年龄而言）太康体诗人包括陆机、潘岳、左思等的创作调性。诗歌的中心主题（引入道教思想）是人生的缺憾、功绩的易逝、伦理道德的相对性。例如《游猎篇》："人生忽如寄，居世遽能几。至人同祸福，达士等生死。荣辱浑一门，安知恶与美。"在西晋文学家中张华官位最高，但他反对官方思想的态度也最坚决。他的官员形象极为怪诞——个性权利被剥夺，官方只要求他唯命是从，尽守本分，照章办事，恪守礼法（《答何劭诗三首》其一）："吏道何其迫，窘然坐自拘。缨緌为徽纆，文宪焉可逾。

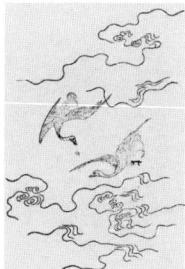

恬旷苦不足，烦促每有余。”

除了对官场的失望，还有孤寂落寞、人生不得志的主题（《杂诗》其二）：“白苹齐素叶，朱草茂丹华。……王孙游不归，修路邈以遐。谁与玩遗芳，伫立独咨嗟。”

这种情绪转变为避世的愿望是合乎逻辑的。与西晋时期大多数诗人的创作一样，隐逸主题表现为寻求心灵的宁静（《答何劭诗三首》其一）：“衰疾近辱殆，庶几并悬舆。散发重阴下，抱杖临清渠。属耳听莺鸣，流目玩鲦鱼。从容养余日，取乐于桑榆。”

隐逸主题的另一种艺术形式体现在《招隐诗》（二首）中，其中的两首诗是没有情节的抒情短诗，与其他作者（陆机、左思）的同名诗作有明显区别。诗中未直言隐逸之事，而是描述诗人的心情，既有对隐士精神自由的探索（其一），又有对时光匆匆流逝的感叹（其二）：“栖迟四野外，陆沈背当时。……盛年俯仰过，忽若振轻丝。”

张华抒情诗中并未清晰反映出其对道教思想和实践的兴趣及玄学知识，他唯一一部以道教为主题的诗作是《游仙诗》（三首）[①]，但诗中所言与其说是获得永生的愿望，毋宁说是对仙力和仙境的描述（其二）：“玉佩连浮星，轻冠结朝霞。列坐王母堂，艳体餐瑶华。”

爱情主题在张华的抒情诗中占有一席之地，组诗《情诗》（五首）以此为题，模仿夫妻间的通信。其二写道：“明月曜清景，昽光照元墀。幽人守静夜，回身入空帷。……寐假交精爽，觌我佳人姿……寤言增长叹，凄然心独悲。”其三写道：“佳人处遐远，兰室无容光。襟怀拥虚景，轻衾覆空床。”与陆云的书信组诗一样，此处也突出了男性的爱情感受，因此给人留下这样一种印象，即诗歌中的故事具有写实性，是作者在讲述自己的经历和感受。与此同时，这一组诗中的浪漫主义倾向比陆云的诗作更为明显，且受乐府民歌的影响相对较小。毋庸置疑，张华的创作标志具名爱情诗的发展摆脱乐府民歌的影响并迈上了新台阶。之后，该组诗作为爱情诗歌的典范被收入诗集《玉台新咏》

① 张华《游仙诗》实有4首。——译者注

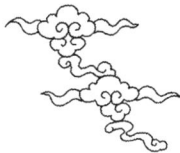

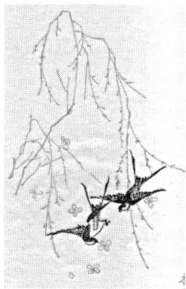

（卷2）。

张华辞赋作品中最有趣的是《归田赋》和《鹪鹩赋》。前者是张衡同名辞赋主题的变体。后者则是一篇讽喻赋，其中描述一种小鸟的生活，它面对鹰隼毫无防御能力。一些研究者认为，赋中具有社会政治意味，即暗示贾皇后的暴行，她就像一只凶猛的禽鸟一样肆意残害政敌。

尽管张华的诗歌似有其显而易见的艺术价值，但5—6世纪文学批评家对其诗歌的评价却十分一般。《诗品》中，张华仅被归入“中品”。《诗品》作者钟嵘承认张华艺术风格华艳，同时又补充说其兴托不奇。刘勰在《文心雕龙》（第47篇）中谈及张华作品时特别指出张华之小赋，认为此类作品清新抒情，辞采华茂，同时也批评作者追求出奇，因而“何以明其然也”。《文选》收录张华的《鹪鹩赋》（第14卷）和6首诗，即《励志篇》（第19卷）、《答何劭三首》中的两首（第24篇）和《杂诗》及《情诗》中的3首爱情抒情诗（第29卷）。在随后各历史时期的文学评论中，张华的诗作也未得到特别关注。当代学界对张华的态度有了改变，出现一些对其进行的专门研究（包括专著），他被大体上一致视为西晋时期的主流文学家之一。

*《晋书》第36卷，第4册，第1068—1047页；《张华评传》；《张华评传》，M.E.克拉夫佐娃译，第141—157页；《文选》第14、19、24、29卷，第1册；《张司空集》；《玉台新咏》第2卷，第1册；张华抒情诗作见参考文献II：丁福保辑本（1964）第1卷，第277—285页；逯钦立辑本第1卷，第610—623页；其赋作见严可均辑本第2卷，第1789—1790页；《印度、中国、越南、朝鲜、日本古典诗歌》，莫斯科，1977年，第137—148页；《中国文学作品选》，第174—176页；An Anthology of Chinese Verse, p. 72; Die Chinesische Anthologie... Vol. 1 (см. Содерж.); New Songs from a Jade Terrace..., pp. 78‐81; Wen xuan... Vol. 3, pp. 57‐63. **К.И.郭黎贞《中古初期的中国散文》，第15—16页；王钟陵《中国中古诗歌史》，第355—356页；《魏晋文学史》，第283—292页；《文心雕龙注》，第10卷第47篇第2册，第700页；姜亮夫《张华年谱》；《中国历代诗歌鉴赏辞典》，第204页；《钟嵘诗品译注》，

第97—98页；Straughair A. Chang Hua…

（M. E. 克拉夫佐娃撰，孟宏宏译）

张洁

乙

1937年生于北京。1960年毕业于中国人民大学计划统计系经济学专业，在工业部门工作近20年。从小爱好文学，1979年加入中国作协，创作了大量中短篇小说、几部长篇小说和文学随笔。曾多次获得中国文学奖和国际文学奖。1992年被选为美国文学艺术院荣誉院士。其作品被译为包括俄语在内的10多种外语。现为北京市作协副主席。

1978年张洁发表短篇小说《从森林里来的孩子》之后，其文学才能才被注意到。这是一部关于"文化大革命""伤痕"的小说，同年获全国优秀小说奖。接着又发表一系列短篇小说，如《有一个青年》（1978）、《谁生活得更美好》（1979）、《爱，是不能忘记的》（1979）。其中，《爱，是不能忘记的》通常被看作中国当代女性文学形成的开端，此类文学持续关注中国传统和现代社会中女性的地位、角色和自我意识。张洁公开谈及爱情为女性幸福的最高理想，第一个踏入"禁区"，引起文学界和社会各界的激烈争论。1981年发表的中篇小说《祖母绿》[①]和《方舟》对中国女性、家庭和社会问题进行更为深入和较为现实的分析。新千年伊始，张洁完成了写作10年的史诗长篇《无字》，该作品分3部，描绘一个家族百年间四代女性的命运，2002年获老舍文学奖，2004年获茅盾文学奖。

张洁是中国当代文学史上"改革文学"的代表，其长篇小说《沉重的翅膀》以"四个现代化"为主题，1981年在《十月》杂志首发，后经修订发行单行本。该小说在中国获茅盾文学奖，被译为德语并获德意志联邦共和国文学奖，1989年被译为俄语介绍到苏联。国外出版界将《沉重的翅膀》称作中国第一部政治小说，因为其涉及范围超出纯粹的

① 《祖母绿》发表时间或误。——译者注

经济改革问题，触及意识形态和政治问题，故事情节即改革派与守旧派之间的主要矛盾冲突在中华人民共和国国务院下设的一个部委展开，且小说修订本中的结局被写成悬念。该小说引起社会各界的强烈反响，但张洁此后再未涉足"改革文学"。在随后的一系列中短篇小说中，诸如《条件尚未成熟》（1983）、《他有什么病》（1986）、《脚的骚动》（1989）、《最后的高度》（1989）和《柯先生的白天和夜晚》（1991）等，张洁关注的是当代的社会病、人生价值、人的使命及其孤独和死亡等问题。

总体上张洁仍遵循现实主义创作手法，其创作忠实于人道主义思想和当代现实主题。作家刻画人物形象时，力求展现外部条件、社会环境对人的个性、精神世界和道德价值的影响。悲剧意蕴是张洁独特的艺术风格。她喜欢刻画复杂的性格、命运和事件，如张洁本人所言，她最喜爱的主人公是"痛苦的理想主义者"。

*张洁《爱，是不能忘记的》，载《北京文艺》1979年第11期；张洁《沉重的翅膀》，北京，1981年；张洁《访美散记：从头到尾》，载《北京文学》1983年第6期；张洁《他有什么病》，载《钟山》1986年第4期；张洁《无字》，北京，2002年；张洁《条件尚未成熟》，И.李谢维奇译，载《中国当代小说》，莫斯科，1988年，第448—468页；张洁《沉重的翅膀》，B.司马文译，莫斯科，1989年；张洁《最后的高度》，载《腾飞的凤凰》，莫斯科，1995年；张洁《她吸的是带薄荷味儿的烟》，C.尼科利斯卡娅，载《中国之变：中国当代小说和随笔》，莫斯科，2007年；张洁《鱼饵》，H.杰米多译，同上；张洁《假如它能够说话》A.德米特里耶娃译，同上。**H.杰米多《在人道主义的波涛中——张洁的早期牺牲》，载《远东文学问题：第二届国际学术研讨会论文集》第1卷，圣彼得堡，2006年，第242—252页；K.B.马朱里娜《张洁创作中的某些倾向（北京时期）》，载《第二十九届中国社会和国家学术研讨会论文集》，1999年，第258—269页；张钟、洪子城等《当代中国文学概观》，北京，1986年；郑万鹏《中国当代文学史：在世界文学视野中》，北京，1999年；陈思和《中国当代文学史教程》，上海，1999年；《中国文学130讲（现当

代）》，张福贵主编，长春，2005年。

（Н. Ю. 杰米多撰，孟宏宏译）

张抗抗

1950年生于浙江杭州。著名作家。从小喜爱文学，中学毕业后，1969年自愿赴黑龙江参加农场建设，从事宣传、农业劳动和木材采伐等工作。1972年发表第一部短篇小说，随后出版长篇小说《分界线》（1975）。1981年中篇小说《淡淡的晨雾》获全国优秀中篇小说奖。中篇小说《北极光》、短篇小说《夏》和长篇小说《隐形伴侣》（1986）等作品也获普遍好评。张抗抗是以青春为主题进行创作的著名作家之一，尤擅描写以前的红卫兵一代、当代大学生和爱情等主题。作家喜欢心理描写，着力全面深入而又通俗易懂地刻画主人公的内心状态和精神世界。现任黑龙江省作家协会副主席，居住在哈尔滨。

*张抗抗《夏》，Ю.А.索罗金译，载《相遇兰州》，莫斯科，1987年，第142—159页；张抗抗《北极光》，载《外国文学》1985年第6期，第83—144页；《中国当代小说》，莫斯科，1988年，第312—404页。

（А. Н. 热洛霍夫采夫撰，孟宏宏译）

张贤亮

1936年12月8日生于南京。小说家，诗人。出身官僚世家。其母亲出身官宦世家，对张贤亮的性格产生深刻影响。其父是大资本家，对儿子的教育几乎不管。中华人民共和国成立后，这位未来作家的家庭搬至北京。1955年父亲死后，张贤亮未能中学毕业，与母亲和妹妹一起来到中国西部，在银川干部文化学校任教员。与此同时，在当时政治气氛，特别是在"百花齐放"方针的影响下，张贤亮全身心投

入文学创作。1957年其诗歌在西安文学杂志《延河》上发表。张贤亮成名于决定其命运的长诗《大风歌》（1957），这首诗歌颂新社会的建设。在全面开展的"反资反右"斗争打击下，从1958年5月起张贤亮被关进劳改营和监狱，时间长达22年。

1979年9月张贤亮被正式平反，恢复名誉，此前他发表几部短篇小说，引起当地领导注意，他发表第一批文学作品后即受邀进入宁夏回族自治区文联工作。张贤亮很快占据新时代文学先锋的位置，20世纪80年代其知名度和创作达到顶峰。短篇小说《灵与肉》（1980）和《肖尔布拉克》（1983）、中篇小说《绿化树》（1984）等获全国优秀小说奖。张贤亮作家生涯前10年的著名作品还有：短篇小说《邢老汉和狗的故事》（1980）、中篇小说《土牢情话》、《河的子孙》（1983）、《男人的一半是女人》（1983）、长篇小说《早安，朋友》（1987）、《习惯死亡》（1989）。张贤亮立场鲜明，决定为全面变革的新时期服务，他开始描写20世纪60—70年代中国知识分子和普通人遭遇的灾难，从而走上创作之路。第二阶段（1981—1983）作家的创作重点转向宣传改革。接着，张贤亮把人及人的命运和情感放在首位，在作品中进行深刻的心理描写。他积极参与社会活动，担任全国政协委员，加入中国共产党，并成为中国作协宁夏分会主席和宁夏文联主席。20世纪80年代他开始走出国门，不仅走遍中国，也游历了西欧各国和美国。

20世纪90年代张贤亮的创作方向稍有变化。作家开始大量创作政论散文作品。这一时期出版了几部随笔集，如《边缘小品》（1994）、《小说编余》（1996）、《追求智慧》（1997）。张贤亮作为政论作家的成名作是《小说中国》（1997）一书，该书研究当代中国的一系列社会问题。20世纪90年代的文学作品，特别是两部曲《我的菩提树》（1993）和中编小说《青春期》（1999），继续挖掘自传主题。20世纪90年代初期，张贤亮进行文学创作的同时还踏上了创业经营之路，成为中国西部影视城的董事长。

张贤亮的创作不断嬗变，不仅作品主题多样，而且不断

尝试新的艺术形式。他尤其钟爱对劳改营主题的挖掘。中国新时期性色文学的兴盛是与张贤亮的名字联系在一起的。长篇小说《习惯死亡》采用现代主义写作手法。两部曲《我的菩提树》以日记为基础写成，是纪实文学的典范。中篇传记小说《青春期》中作者"我"和主人公高度融合。作家为塑造独特的女性形象和遭受苦难的知识分子形象做出了极具价值的贡献。张贤亮的创作展现了20世纪80—90年代中国文学发展的各个阶段和趋势。到目前为止，张贤亮有9部作品被搬上银幕，27部小说被译成外文。

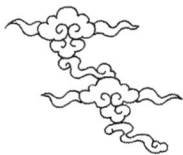

*张贤亮《肖尔布拉克》，Д.萨普雷吉译，载《相遇兰州》，莫斯科，1987年，第94—122页；张贤亮《灵与肉》，A.莫纳斯蒂尔斯基译，载《中国当代小说》，莫斯科，1988年，第427—447页；张贤亮《男人的一半是女人》，Д.萨普雷吉译，莫斯科，1990年；张贤亮《土牢情话》，З.阿勃德拉赫马诺娃、B.司马文译，载《红色女皇传》，莫斯科，1993年，第219—283页；张贤亮《绿化树》，И.斯米尔诺夫译，载《外国文学》1988年第8期，第95—170页。**O.罗季翁诺娃《中国当代作家张贤亮的创作》，学位论文，圣彼得堡，2003年；O.罗季翁诺娃《寻根：张贤亮的家庭肖像》，载《"从民族传统到全球化，从现实主义到后现代主义——中国当代文学发展道路"国际汉学研讨会论文集》，圣彼得堡，2004年，第221—237页；O.罗季翁诺娃《张贤亮的文学创作：从青春的诗歌走向关于青春的小说》，载《中国当代文学语境中的王蒙》，莫斯科，2004年，第130—151页。

（O. П. 罗季奥诺娃撰，孟宏宏译）

张协

字景阳，生年不详，安平（今属河北）人，约卒于307年。他系张氏三兄弟"三张"之仲，"三张"通常被归入3世纪下半叶"太康体"诗歌的杰出代表之列。

张协生平在正史《晋书》（第55卷）中有简短记叙。张协少有俊才，随兄张载到京都洛阳，仕途顺利，在京都各行

政机构任职，包括秘书郎、县令，安然度过"八王之乱"动乱时期（300—306）。西晋（266—316）怀帝即位后，朝廷复征张协为黄门侍郎，他出人意料地托病辞官，返回故里，度过一段隐居避世的生活。

张协作品现存诗3首、组诗《杂诗十首》和赋6篇。张溥（1602—1641）辑有《晋张景阳集》。丁福保（1874—1952）辑本（1964）和逯钦立（1910—1973）辑本均收录张协诗歌，严可均（1762—1843）辑本收录其赋作。

张协作品中《杂诗十首》成就最高，其篇幅为"中等形式"（8—14行），给人的印象为即兴之作，在意义上互不相关，实则有一个贯穿主题，即对人生种种缺憾的感慨。作品将思妇的孤寂用象征爱情和新生的春天大自然图景反衬："君子从远役，佳人守茕独。离居几何时，钻燧忽改木。房栊无行迹，庭草萋以绿。青苔依空墙，蜘蛛网四屋。感物多所怀，沈忧结心曲。"（其一）诗人用忧伤的笔触讽刺一位从都城来到南越部族官员的荒唐境遇，借此指人的道德标准和精神价值的丧失——当地人嘲笑地看着他的佩饰，没有丝毫敬意，但此地之前曾为尊礼之处："不见郢中歌，能否居然别。……流俗多昏迷，此理谁能察？"（其五）人的存在主要的不合理之处就在于时间易逝和人生短暂，但张协与同时代诗人（首先是陆机）对此看法不同，他没有绝望的语气和内心的沮丧："弱条不重结，芳蕤岂再馥。人生瀛海内，忽如鸟过目。"（其二）与西晋时期大多数文人一样，张协也向往避世，认为隐居是满足精神需求和对抗死亡的唯一方法："高尚遗王侯，道积自成基。至人不婴物，余风足染时。"（其三）

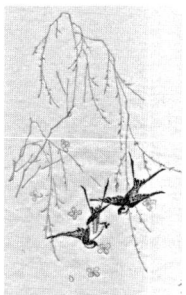

《游仙诗》和《咏史诗》深入阐发了道教主题和社会政治主题，这两首诗是促进六朝时期（3—6世纪）游仙诗和咏史诗等诗歌类型形成的代表作品。

张协的抒情诗受到5—6世纪评论家的高度评价。钟嵘在其专著《诗品》中对张协的创作做了详细评述，将其诗列为"上品"。他在评述中指出，虽然诗人的艺术手法有些瑕疵，但能使美文学的品评者得到真正的享受："词采葱蒨，音韵铿锵。"诗文总集《文选》（第21、29卷）选录张协的11首诗（《杂诗十首》和《咏史诗》1首），比收录的王粲、刘桢等同等著名诗人的作品数量还多。然而后来，张协实际却被遗忘。例如，沈德潜选编的古诗选本《古诗源》是一部准确反映清朝（1644—1911）文学理论家基本观点的文献，却未收入张协的任何作品。学术文献中只在列举太康体代表诗人时才提到张协。直至20世纪80年代，其创作才越来越受到中国文学研究者们的关注。现今张协被看作西晋末期（3世纪末—4世纪初）的杰出文学家之一。

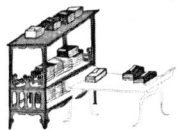

＊《晋书》第55卷，第5册，第1519—1524页；《张协评传》；《文选》第1册，第448、650—655页；《张景阳集》；张协抒情诗和赋作见参考文献II：丁福保辑本（1964）第1卷，第393—395页；逯钦立辑本第1卷，第744—748页；严可均辑本第2卷，第1949—1952页；《文心雕龙》，第180—186页；An Anthology of Chinese Verse, pp. 79‑84; Die Chinesische Anthologie... Vol. 1, pp. 316, 537‑542. ＊＊《魏晋文学史》，第412—416页；《中国文学史》第1卷，第232页；《中国历代诗歌鉴赏辞典》，第210—211页；《钟嵘诗品译注》，第74—75页。

（M. E. 克拉夫佐娃撰，孟宏宏译）

张载

字孟阳，生于安平（今属河北）。居张氏三兄弟即"三张"之长，"三张"通常被视为3世纪下半叶"太康体"诗歌的杰出代表。据正史《晋书》对张载生平的记载，他生在显赫的官宦之家（其父张收任蜀郡太守），受到良好教育，从小即能文，引起京城一位高官的注意并被推荐给西晋（265—316）皇帝武帝（266—290年在位）。张载很快适应京城和宫廷圈子，仕途顺利。武帝统治末期张载任中书侍郎，混乱时期（"八王之乱"，300—306）张载辞官还乡。他在何地如何度过余年，不详。

张载作品现存诗13首（包括组诗）和赋6篇。张溥（1602—1641）辑有其作品集《晋张孟阳集》。张载诗歌收入丁福保（1874—1952）辑本（1964）和逯钦立（1910—1973）辑本，辞赋收入严可均（1762—1843）辑本。

张载的抒情诗有明显的仿作特征，其组诗名称即表明这一点，如《七哀诗》（2首）和《拟四愁诗》分别是王粲和张衡同名诗作的变体。其中，张载在后一组诗中完全再现了原诗的韵律结构（七言）和艺术结构特点。《招隐诗》即左思和陆机同名诗作的旧调重弹（且修饰更甚）。其送赠友诗稍具独创性（但亦辞藻华丽，过于渲染）。

根据钟嵘《诗品》中的分类，5—6世纪的文学理论家认为张载属"下品"文学家。《文选》共收录张载2首诗（组诗《七哀诗》）。在随后各个时期的传统中国语文学及现代学术研究中，仅在列举太康体代表诗人时才提及张载。但是在最新研究（自20世纪80年代起）中，张载被视作西晋诗歌末期（3世纪末—4世纪初）最杰出的文学家之一。

*《晋书》第55卷，第5册，第1516—1518页；《张载评传》；《文选》第23卷，第1册，第499—500页；《张孟阳集》；张载抒情诗作见参考文献II：丁福保辑本（1964）第1卷，第389—392页；逯钦立辑本第1卷，第738—744页；其赋作见严可均辑本第2卷，第1949—1950页；Die Chinesische Anthologie... Vol. 1, pp. 365‐366. **《魏晋文学史》，第417—421页；《钟嵘诗品译注》，第189页。

（M. E. 克拉夫佐娃撰，孟宏宏译）

中国古代文集《楚辞》之一篇，是中国古代南方楚国诗歌传统的代表。

这部长诗由150行组成，韵律多变（主要为四言诗和五言诗），有简短的散文体序言。作品具有明显的宗教色彩，被认为与中国古代的泛灵论宗教信仰（自然哲学和人类学观点之基础）相关，该信仰认为人体存在两个灵魂（"气"的散发），即"魄"与"魂"。"魄"（根据较晚的理论是7个灵魂的集合）等同于人的肉体，与生理活动相联系。"魂"（3个灵魂的集合）在生命能量的存在方式上等同于"气"，与人的心灵感应和情感活动相联系。

《招魂》分为两部分。第一部分（1—81行）描写世界东西南北的恐怖景象，历数各个地方及其生物，它们对离开肉体的灵魂构成威胁："魂兮归来！去君之恒干，何为四方些。……东方不可以托些。长人千仞，惟魂是索些。"

第二部分通过引人入胜、生动鲜明的描写展示皇族的宫室园圃和他们安逸享乐的生活："魂兮归来！反故居些。……象设君室，静闲安些。高堂邃宇，槛层轩些。层台累榭，临高山些。……二八侍宿，射递代些。"

传统注疏和学术文献中在关于这部长诗总体思想的看法上没有原则分歧，关于其作者的争论却始于公元前2世纪。司马迁（前2—前1世纪）认为，此作出自楚国伟大诗人屈原。《楚辞》编纂者王逸（89—158年）认为，其作者是楚国诗人宋玉，他在这部长诗中提及屈原的灵魂。

20世纪前30余年间，关于《招魂》的作者和成文时间的讨论异常激烈。一些研究者（如梁启超、郭沫若、蒋天枢、姜亮夫）赞同司马迁的观点，另一些研究者（如陆侃如）同意王逸的看法，同时也存在其他观点：（1）自古就存在屈原和宋玉的同名诗作，但留存下的只有其中之一；（2）《招魂》不是出自某位作家之笔，而是咒语的书面形式，具有古代礼仪活动的典型特征，并属民间诗歌类型之一种；（3）《招魂》不仅是宗教礼仪的书面表达，更是专门为楚国皇室而作的安魂曲（犹如天主教的安魂弥撒）。

《招魂》收录于各种版本的《楚辞》。

*《招魂》，A.阿赫玛托娃译，载《屈原诗选》，第127—134页；《招魂》，А.И.巴林译，载《中国文学作品选》第1卷；The Summons of the Soul // Hawks. 1959, pp. 101‑108; Requiem // Li sao and other poems of Qu Yuan, pp. 64‑71; Zhaohun: Rappels de l'aˆme // E'le'gies de Chu..., pp. 176‑184. **И.С.李谢维奇《中国古代诗歌和民歌》，第85—86页。

（M. E. 克拉夫佐娃撰，靳芳译）

中国精神文化大典

文学·语言文字卷

《招隐士》

中国古代诗歌合集《楚辞》中的长诗之一，它体现了中国古代南方（楚国，前11—前3世纪）的诗歌传统。全诗共56行，韵律各异。按照自《楚辞》而始的注释说法，其作者是淮南小山。相传淮南小山是淮南王刘安（前180—前122）门客中的道教术士，而刘安是西汉才俊，统领曾为楚国地域的中国南方，他还是著名的道家哲学著作《淮南子》的作者。有一种说法认为，淮南王及其门客延续了楚国文化和文学遗产，《文选》将《招隐士》一诗归在刘安名下。

此诗描写野外幽深恐怖的自然景象，从而召唤王孙（在后世抒情诗中被视为隐士形象）归来："桂树丛生兮山之幽，偃蹇连蜷兮枝相缭。山气巃嵸兮石嵯峨，溪谷崭岩兮水曾波。猿狄群啸兮虎豹嗥，攀援桂枝兮聊淹留。王孙游兮不归，春草生兮萋萋。岁暮兮不自聊，蟪蛄鸣兮啾啾。"

传统注疏学和中国文艺学并未过多关注此作，而它在当代西方汉学关于山水诗起源的研究中受到关注，其中提出这一观点，即这部作品体现出一种对于当时时代而言十分独特的面对大自然的态度，派生出面对自然之壮美的赞叹之情，因此可把此作视为中国抒情诗中隐士主题流派的开端之作。

《招隐士》全文收录于各种版本《楚辞》。

*《文选》第33卷，第2册，第745—746页；M.E.克拉夫佐娃《中国古代诗歌》，第390—391页；《中国文学作品选》，第90—91页; A Call to a Man Hidden in Retirement // Holzman D.

Landscape Appreciation in Ancient and Early Medieval China...,
pp. 41–44; The Summons of a Gentleman Who Became a Recluse
// Hawks. 1959, pp.119–120; Zhao yin-shi: Appel lance a letter
anachorete // E′le′gies de Chu..., c. 204–206. **M. E.克拉夫佐
娃《中国古代诗歌》，第327—328页；马茂元《楚辞选》，
第256—260页；Erkes A.D. «The Chao-yin-shi: Calling Back
the Hidden Scolar» by Huai-nan-tze; Holzman D. Landscape
Appreciation in Ancient and Early Medieval China..., pp. 45–47.

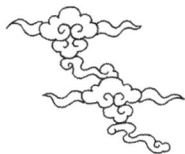

（M. E. 克拉夫佐娃撰，靳芳译）

赵树理

1906年生于山西，卒于1970年。著名作家。出身于贫寒农民家庭。1925年进入师范学校学习并开始创作诗歌和小说，1926年国民党统治时期被判入狱，出狱后在农村中学任教。1930年首次发表小说，1937年加入中国共产党。1938年开始在解放区报社工作。1943年创作的小说《小二黑结婚》为他赢得广泛声誉。20世纪40—50年代作家成果丰硕，他尝试用包括民间创作在内的各种体裁和风格写作。他洞悉农民的语言和心理，被誉为"人民艺术家"，其创作被视为通俗易懂、反映现实的作品典范，是文学艺术"服务大众"的榜样。

赵树理的作品（4卷）多次出版并被译为多种语言。《李家庄的变迁》（1946）、《三里湾》（1958）是中国当代文学里程碑式的作品。1949—1974年间，作家有10本书译为俄文并出版。

*《赵树理文集》4卷本，北京，1980年；赵树理《李家庄的变迁》，B.克立朝译，莫斯科，1949年；哈巴罗夫斯克，1950年；伊尔库茨克，1954年；赵树理《小二黑结婚》，莫斯科，1950年；赵树理《李有才板话》，B.罗果夫译，莫斯科，1952年；《赵树理选集》，莫斯科，1953年，1958年；赵树理《邪不压正》，A.加托夫译，莫斯科，1963年；赵树理《三里湾》，B.斯米尔诺夫、A.季什科夫译，载《外国文学》1955年

正始体

第3—5期。**A.A.安吉波夫斯基《50年代末和"文化大革命"期间的赵树理批评》，载《中国文学和文化》，莫斯科，1972年，第349—357页；A.A.安吉波夫斯基《人民作家赵树理（纪念作家诞生70周年）》，载《远东问题》1977年第1期，第155—160页；Н.П.拉扎列娃《50年代末至60年代赵树理创作的思想艺术分析》，学位论文，莫斯科，1972年。

（A. H. 热洛霍夫采夫撰，靳芳译）

3世纪中期的诗歌流派，始于三国时代（220—280）魏国（220—265）君主齐王（240—249）统治时期，齐王年号正始。

这一诗歌流派在6世纪上半叶刘勰的著作《文心雕龙》（第45章）中首次作为一种独立的诗歌现象被提及。其主要代表是嵇康、阮籍、应璩和缪袭（186—245）。当代研究者认为，刘勰所指与其说是一成型的诗歌流派，不如说是3世纪四五十年代文学生活中形成的总体状况。当时的主要文学现象就是由嵇康和阮籍创建的诗人团体"竹林七贤"，它不仅在中国诗歌史上占有特殊地位，更在中国文化史中留下痕迹，因为其代表人物实际上也是"魏晋风流"的思想家。"竹林七贤"体现了当时社会政治危机下知识分子的反抗精神，当时魏国（曹氏家族）衰落，准备发动政变的司马家族势头强劲并最终夺取政权，建立晋朝（266—420）。

魏晋风流的思想基础是玄学，玄学是古代道家哲学的一种表现形式，由曹氏家族近臣、哲学家王弼（226—249）和何晏（193—249）创建。随着儒学地位的下降，"玄学"成为国家意识形态，这对于巩固社会团结、恢复中央帝国、维护新的统治体制具有重要意义。以古代道家哲学思想为基础，王弼和何晏发展了"圣"和"圣人"的思想。在他们的理论著作中，"圣"最终转化为一种追求个人、世界及对实体世界的直观理解相统一的个体行为。它致力于对个体"物"的理解以及实现物我两种自然的统一。其结果为，

它可以以"真知"为基础统治天下，遵循"自然"和"无为"的原则，即无视公认的社会制度和标准。玄学表面上反对儒家伦理道德，但它具有十分明显的社会政治倾向，因此常被形象地称为"披着道教外衣的儒家思想"（B.B.马良文语）。在社会政治因素的直接影响下，玄学中的虚无主义思想（反对社会规范和价值）和个人主义思想（强烈追求个体意愿和需求）逐渐浮现出来。它从维护中央集权统治的思想体系转变成一种证明社会规范之虚妄、个人的社会积极性毫无必要的学说，而这种转变恰恰是在"风流"的框架内完成的。

这一流派没有任何明确的概念表述，其思想及观念都见诸文学作品，特别是诗作，故与其说是理论构建，不如说是一种宣言。所以，它也被定义为一种文化思想流派和文学流派，或是一种美学理想和思维方式，其不同的层面和体现正是这一性质的等值反映。风流学说中，个体的"内在自由"和对它的直观理解、即玄学中的道得到合理赞扬，并被宣称为唯一的价值目标。对于中国文化而言，它实际上提出一种新的个人理想，即"真人"（或"大人"），这种人断然否定一切社会既定规则和日常规范，使自己的行为活动只遵守"天地之道"。这种个人理想的具体体现就是"名士"形象，而"名士"即是以嵇康和阮籍为首的"七贤"。

名士的文化传统在刘义庆（403—444）的笔记小说集《世说新语》中得到相当充分的展现。"名士"的必要品质是淡泊物质利益和仕途，不以其家庭和职责为义务，不以其古怪外表和行为为羞耻。凡此种种都是其追求内在自由的表现。酒被赋予特别意义，因为酒具有淡化理性和情感反应之特效，人即可把具体事件抽象化，从而达到内静与道的融合。

风流派代表人物具有的情感及诗意世界观使他们的创作活动绝对化，并转化为人的一种存在方式。诗歌和艺术整体上成为一种沟通形式，一种个体与绝对、与日常现实世界进行交流的语言。由此开始形成与名士生活风貌相应的行为模式和创作个性。在"风流"思想影响下创作的诗歌是一种启

示的诗歌，是一个人的狂喜感受，他觉得自己的存在与周围的现实融为一体。同时，这种诗歌也具有普遍的存在悲剧感，其中心主题即个体本质和整个社会的不完善，处于各种混乱的灾难和考验中的生活场景。

早在4—5世纪的社会政治思想中即已形成对"风流"及"名士"传统的不同观点。一些学者和文化学家十分敬重那些"得道贤人"，而另一些人指责名士行为不端，内心放纵，有反社会（就这一单词的直接含义而言）行为，并认为他们对整个民族的灾难如国土的部分沦丧（311—317）负有直接责任（动摇社会秩序的根基，最终削弱国家意识）。"风流"在汉语中还有如下解释，如"淫荡""放荡"。

即便如此，众所周知，"风流"派对其后包括诗歌、艺术（绘画）及创作个体生活方式等在内的整个中国文化的发展进程产生了巨大影响。

*刘义庆《世说新语》；刘勰《文心雕龙》第10卷，第45章，第2册；《刘义庆集》，第277—298页。**M.E.克拉夫佐娃《中国艺术史》，第344—347页；M.E.克拉夫佐娃《永明体诗歌》，第93—96页；B.B.马良文《作为哲学和诗歌的道教》；B.B.马良文《阮籍》，第55—81页；《魏晋南北朝文学史参考资料》第2卷，第221—226页；《魏晋南北朝文学研究》，第180—195页；罗宗强《玄学与魏晋士人心态》；《中国文学史》第1卷，第221—222页；陈寅恪，《魏晋史研究》，第5—6页；Mather R. W. The Controversy and Conformity and Naturalness during 6 Dynasties.

（M.E. 克拉夫佐娃撰，靳芳译）

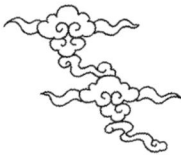

字德辉，平阳（今属山西）人。生卒年不详。元代（1271—1368）著名戏剧家之一，其创作的18部杂剧中有5部存世，其中有日常生活喜剧《伢梅香骗翰林风月》《醉思乡王粲登楼》，历史剧《辅成王周公摄政》《虎牢关三战吕布》，最为有名的是爱情剧《倩女离魂》，该剧写未婚夫进京赶考，倩女饱受分离之苦而病倒，于是她的魂魄脱离原身，追随未婚夫而去。未婚夫中举后，俩人双双回乡，这令倩女父母大为吃惊，因为其女早已久卧不起。然就在此时，倩女魂魄和原身合二为一，作品结局是一曲克服重重阻碍而团圆的爱情赞歌。

当代人肯定郑光祖的天赋，但也认为其戏剧风格不够精细。

*朱光祖《倩女离魂》，载《元代戏剧》，莫斯科，1966年，第443—483页。

（B. Ф. 索罗金撰，靳芳译）

郑光祖

乙

郑振铎

笔名西谛，1898年生于浙江温州，卒于1958年。短篇小说家，诗人，文学艺术史学家。毕业于北京铁路管理学校，曾积极参加五四运动，"文学研究会"创立者之一，自1923年起担任文学报刊《小说月报》主编。青年时代发表多部短篇小说集、诗集。曾在欧洲生活两年，回国后，转而关注教育和科研事业，成为传统文学研究领域的领军人物。他十分关注民主体裁，该体裁之前在学界鲜有人知。他是一位栖身多个人文领域的渊博之士，也是狂热的图书鉴赏家和收藏家，使许多濒临消失的作品重返于世。其主要著作有《插图本中国文学史》（4卷，1932年）、《中国俗文学史》（2卷，1938年）、《中国文学史的分期问题》（2卷，1958年）。他翻译了契诃夫、亚·奥斯特洛夫斯基、阿尔志巴绥夫等人的作品以及歌德和泰戈尔的诗歌。中华人民共和国成

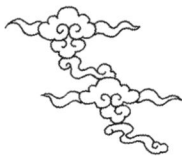

立后任文化部副部长、中国科学院文学所和考古所所长。于飞机失事中遇难。

*《郑振铎文集》2卷，北京，1959年；郑振铎《七星》，M.施耐德译，载《东方辑刊》，1961年第4辑，第166—175页；郑振铎诗作三首，Л.E.车连义译，载《中国诗歌》，莫斯科，1982年，第110—111页。**B.Ф.索罗金《大写的知识分子》，载《远东问题》1988年第6期，第139—144页；Л.З.艾德林《郑振铎与中国文学学术研究》，载《中国1919年的五四运动》，莫斯科，1971年，第262—268页。

（B.Ф.索罗金撰，靳芳译）

中国左翼作家联盟

又名"左联"。中国无产阶级作家组织，国际革命作家联盟支部，领导人是鲁迅等人，于1930年3月2日在上海成立，1936年解散。

左联成员有著名小说家、剧作家、诗人和批评家。马克思列宁主义的积极宣传者瞿秋白是其重要领导，但他并未加入左联，他主办的合法和半合法杂志有《前哨》《文学》《文学导报》《拓荒者》《北斗》《萌芽月刊》和《十字街头》等，通过以上杂志，左联广泛宣传马克思文学思想，号召作家研究现实问题，与帝国主义斗争，为人民大众写作；反对世界大战和帝国主义，与文学领域的民族主义和法西斯主义做斗争，与文学创作领域反动的资产阶级理论做斗争，坚持文学和艺术的阶级性和党性原则。

左联在国民党当局恐怖镇压下展开活动。作家们为大众通俗文学而斗争，他们创作了许多关于中国人民反对压迫的作品。高尔基、法捷耶夫和绥拉菲莫维奇等作家作品的译作对于中国革命文学的发展具有重大意义。左联工作中存在的问题是，由于理论准备不足导致出现宗派主义和教条主义。1936年初，为抗击日本侵略而设立了更为广泛的作家联盟"全国文艺界抗日民族统一战线"，左联宣布自行解散。

*В.Ф.索罗金《左翼作家联盟及其在中国进步文学史中的地位》，载《中国问题》，莫斯科，1978年，第130—141页；M.E.施耐德《左翼作家联盟》，载《文学遗产》第81卷，莫斯科，1969年，第487—506页。

（M. E. 施耐德撰，靳芳译）

钟嵘

字仲伟，约生于467年，颍川长社（今河南长葛）人，约卒于518年。文学理论家，所著《诗品》是中国最著名的文学理论著作之一。

钟嵘的简短生平见于两部官修正史，即姚思廉（卒于637）的《梁书》（卷49）和李延寿（618？—678？）的《南史》（卷72）中的《文学列传》。这些史料极其简短且不连贯，因此不能确定钟嵘准确的生卒年月。包括辞书类参考出版物在内的现代学术文献对其生卒年月有不同说法：生年为467年、468年、475年或480年，卒年为518年或519年。

钟嵘生于世袭官宦望族，其家谱始于3世纪。480—485年，他在国家高等教育机构国子监接受教育，对儒家经典《周易》的研习成绩尤为突出。他得到当时著名政治家和文学家王俭（452—489）的赏识，王俭身居要职，即祭酒。钟嵘学成后（485年或486年）得王俭举荐在其所辖部门做文书，于是钟嵘有幸结识很快成名的诗人谢朓，谢朓此时也在王俭处供职。尽管钟嵘的才学受到青睐，但其仕途看来并不顺利，到5世纪90年代中期他未受到新的委任。495年及其后5年，其仕途出现可喜转折，几年间他从南康王萧子琳的私人文书成为司徒副官（501）。司徒主管教育，为当朝三公之一，官至一品。

但此次迁升是政权内讧之结果，南齐（479—502）被推翻，南梁（502—557）立国。无官无职的钟嵘勇敢地向南梁统治者萧衍请愿，大约由于新君主施恩于他，他在萧衍外甥、曾经的会稽（今属浙江）太守、年少的衡阳王元简手下

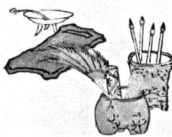

任记室。钟嵘任此职10余年，在达官少主手下不见得轻松，况且这未如他意。钟嵘多次路过国都并试图结交位高权重之人以投靠，一次他求助于沈约，沈约是萧衍的幕僚、谢朓的旧时好友，但遭断然拒绝。514年，衡阳王被招入京并委任以要职（尽管他当时年仅13岁）。钟嵘也回到京城，无官无职。4年后，在他去世前不久，才又当上记室，此次是效力于萧纲（萧衍的第三个儿子），未来的思想家和宫体诗的主要代表。钟嵘近50岁时得重病身亡。

如此，在5世纪后30年至6世纪头10年间，钟嵘在其一生仕途中结识了许多高官重臣和文人名士，但实际上未受到任何人器重。对仕途坎坷的耿耿于怀和对同时代人的抱怨情绪都影响到他在《诗品》中对当时文学家们的评价。

写作《诗品》的准确时间无从考证。这部论著多半成书于513年之后（沈约去世后不久）。官方史著中还提到，钟嵘长于散文诗，创作有散文诗体作品《瑞室颂》，但文本不存。

*《梁书》第49卷，第3册，第696页；《南史》第72卷，第6册，第1778—1779页。**曹道衡、沈玉成《南北朝文学史》，第330—338页；《中国文学史》第1卷，第320—323页；《中国古代文学词典》第1卷，第224页；Fuhrer B. Zur Biographie des Zhong Hong…；Wilhelm H. A Note on Chong Hong…, pp. 113‑114.

（M. E. 克拉夫佐娃撰，靳芳译）

周而复

原名周祖式。1914年生于南京，2004年于北京逝世。作家，社会活动家。出身职员家庭。1933—1938年在上海光华大学英国文学系学习，此时开始创作诗歌和短篇小说。1936年出版第一部诗集《夜行集》。学生时代的周而复还从事《文学丛报》《小说家》等文学刊物的编辑工作。抗日战争期间，他积极参与1938年创办的中华全国文艺界抗敌协会的工作。1938—1944年，他深入中共领导下的解放区，带领当地文协从事宣传工作，并进入党校学习。1944年他来到重庆，任党的机关刊物《群众》的编辑。1945年，他以新华社、《新华日报》特派员身份陪同周恩来赴中国各地考察。1946年他被派往香港，任《北方文丛》编辑，并与茅盾及其他作家一同出版杂志《小说》。这一时期，他出版了政论文集《晋察冀行》（1946）、短篇小说集《春荒》（1946）、《高原短曲》（1947），这些作品反映解放区的生活及社会改造的状况。中华人民共和国成立后，他曾任中共上海宣传部副部长。1949年出版短篇秧歌剧作集，秧歌剧采用秧歌现成的曲调，如《兄妹开荒》，另有小说《燕宿崖》、杂文集《北望楼杂文》、五幕剧《子弟兵》等。长篇小说《白求恩大夫》（1949）是他同期最出色的作品，后来被搬上银幕，小说描述国际共产主义者、加拿大医生白求恩充满英雄主义色彩的命运，作品获国内评论家高度肯定。

中华人民共和国成立后10年间，他一直在上海工作，并再版诗集《夜行集》（1950）。1954年，他与郑振铎一起带领中国文化活动家代表团出访印度和缅甸，出访印象反映在其游记中。1957年，他与巴金一起创办后来最著名的文学杂志《收获》。对共和国成立后上海生活的观察启发作家创作了长篇历史小说《上海的早晨》，第一部于1958年出版（剩余各部分别在1962、1979、1980年出版）。目前，这部小说已被拍摄为电影。这部广为人知的作品可看作是茅盾小说《子夜》的独特延续。小说反映了1949—1956年间上海资产阶级生活方式和观念的变化，同时也展示了中国民族工业改革之路。由于了解新历史条件下不同社会阶层的生活特点，作家不仅反映了当时中国社会政治的现实，而且收集了丰富的民族学素材。1959年，作家迁居北京，任中国人民对外友好协会副会长。

"文化大革命"期间，他遭受残酷迫害，1968年被下放到"干校"进行"劳动改造"，持续到1975年。小说《上海的早晨》成为他被打入"反革命分子"之列的主要依据。

平反后，周而复于1978年担任第五届全国人民政治协

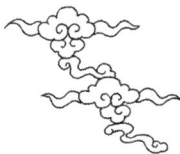

商会议副秘书长兼文史资料委员会副主任；先后担任第五、六、七届全国人民政协会议委员，还担任文化部副部长。20世纪80年代上半期，他出版了一批随笔集，还发表了文艺批评集《文学的探索》（1984）。20世纪80—90年代之交，他创作了长篇小说《长城万里图》，第一部《南京的陷落》于1987年出版。《长城万里图》由6部构成，全面描述中国人民1937—1945年的抗战，该小说荣获中共中央宣传部"五个一"工程文学奖。他用近20年时间研究周恩来的生平和事迹，创作出4部长篇叙事诗《伟人周恩来》（1997—2000）。这部中华人民共和国成立以来最长的史诗描绘了周恩来复杂又真实的一生，同时塑造了历史上众多活动家形象，包括毛泽东、刘少奇、邓小平、尼克松和丘吉尔。20世纪90年代末，他的几部书法作品集出版。2004年秋，其作品集（22卷）在他去世后出版。

*周而复《上海的早晨》，北京，1980年；周而复《西流水村的孩子们》，Г.梅里霍夫译，莫斯科，1959年；周而复《白求恩大夫》，А.法因加尔译，莫斯科，1960年；周而复《上海的早晨》，В.斯拉博诺夫译，1960年。

（О. П. 罗季奥诺娃撰，靳芳译）

周立波

原名周绍仪，笔名立波是英语单词liberty的中文译音，1908年生于湖南，1979年去世。作家。曾在长沙和上海求学，1932—1934年间因参加罢工被捕入狱，出狱后开始从事《每周文学》的编辑工作。抗日战争全面爆发后他加入八路军，在部队报社编辑部工作，写简讯和杂文，并从事翻译工作，如将肖洛霍夫的《被开垦的处女地》第一部与普希金的中篇小说《杜布罗夫斯基》译为汉语。1947年开始专职从事文学创作，其描写中国东北土地革命的长篇小说《暴风骤雨》于1951年获斯大林奖金。1955年作家回到家乡，当选全国文联湖南分会主席。他三次当选全国人民代表大会代表，三次当选中国文学艺术联合会代表。他的长篇小说有《铁水奔流》（1958）与《山乡巨变》（1959）。其大部分短篇小说与乡土主题有关。《湘江之夜》于1978年获全国短篇小说一等奖。周立波将肖洛霍夫看作其文学导师，翻译他的作品，怀着深深的敬意描写他。与肖洛霍夫一样，他推崇地方色彩和具体化的现实主义手法。他的主要作品被译成俄文。

*《周立波选集》，M.贾丕才编，莫斯科，1953年；周立波《铁流》，莫斯科，1957年；周立波《暴风骤雨》，莫斯科，1957年；周立波《山乡巨变》，莫斯科，1958年，1962年；周立波《山乡巨变》，В.Н.克立朝译，莫斯科，1960年。**Н.А.列别杰娃《历史抑或文学？（论周立波的长篇小说〈暴风骤雨〉）》，载《中国的强大：内政与外交（第十五届"中国、中华文明与世界"国际学术研讨会论文集）》第2卷，莫斯科，2005年，第149—154页。

（A. H. 热洛霍夫采夫撰，靳芳译）

周作人

原名周奎绶，笔名知堂、岂明。1885年生于浙江绍兴，1967年逝于北京。评论家，随笔作家，回忆录作家，翻译家。中国新文学奠基人鲁迅的弟弟。1906年从南京江南水师学堂毕业后赴日本继续求学。研究中国、日本的经典文化并研习外语，从而了解到西方社会思想中的新流派。同时他也从事文学创作，1908—1910年间出版系列短篇小说和文章，并与哥哥一起出版两卷本《域外小说集》，其中他翻译了列夫·托尔斯泰、陀思妥耶夫斯基、契诃夫及其他俄国作家的作品。由于译文是文言，当时未受重视。1908年①回国后从事教育，开始在浙江任教，1919年后在北京大学任教。他先后在北京大学等校执教近30年。

为宣传"文学革命"和"五四运动"思想，他开始为进

① 时间或有误。——译者注

步杂志《新青年》《每周评论》《新社会》等撰稿。他的文章《人的文学》（1918）、《平民文学》（1919）在当时引起广泛关注。作者坚持文学的人道主义和民主主义——此种文学理解人民大众的需求，并运用通俗易懂的白话。他还是现实主义作家联合会"文学研究会"（1920）的创始人之一。

从事文学创作期间，除译文外他发表了数十部散文与诗作集。这些作品主要是短篇作品，如随笔、论文、散文。作家认为其观点不是某些东西方作者理论的综合，也不认为他们能用贤明的孔夫子煽动自己。在他看来，其观念的形成要归功于民间说唱艺人。他同时也承认16世纪公安派（该流派主要代表人物出生在湖北公安，因此得名）的诗歌与随笔给予他的影响，但他结识该派是很久以后的事。

20世纪20年代末，作者在关于"文学与革命""文学与阶级斗争"的言论中表现出明显的非政治化倾向，这使他与包括鲁迅在内的"五四运动"拥护者决裂。由于个人思想的变化及其他影响，他认为文学没有目标，它不能带来益处，也不能有效地影响社会；并且认为，历史不能教会人们什么，尝试改变人们是注定要失败的。周树人早先反对"文学之教化功用"——该论调服务于儒教，此后他则将矛头指向左翼文学。1935年，他与其他知名作家一同编辑10卷本《中国新文学大系》，他负责政论和随笔卷的编写。

周作人"敞开大门读书"的计划注定不能如愿。随着日军攻占北平并向中国内陆逼近，大部分教授疏散至大西南，他留在北平，变成南京汪精卫叛国政府的部长，与汪精卫一起觐见日本天皇。此外，他还担任中国北方伪政府教育厅厅长，领导"东亚文化协会"，其任务是颂扬日本的"解放使命"。日本战败后，南京国民政府判处他长期监禁。1949年春，南京解放，作家被保释回到北京。

作家晚年致力于写作（用笔名）回忆录和翻译。他出版了两部关于鲁迅的回忆录，即《鲁迅的故家》（1952）和

《鲁迅小说里的人物》（1954）。他翻译了希腊经典剧作家的作品及《伊索寓言》《俄罗斯民间故事》《现代日本小说集》等。他的《回忆录》在台湾出版（1974）。

*周作人《中国新文学的源流》，上海，1935年；《中国新文学大系》，周作人编，上海，1938年；《周作人代表作》，北京，1984年。**В.Ф.索罗金《行不通的选项：周作人美学观和社会政治观的演变》，载《俄国科学院远东所简讯》1992年第9—10期；钱理群《周作人传》，北京，1990年；Chow W. C. S. Chou Tsojen: A Serene Radical in the New Culture Movement. M., 1990; Daruvala S. Zhou Zuoren and an Alternative Chinese Response to Modernity. Cambr., 2000; Galik M. Hu Shih, Chou Tsojen, Ch'en Tuhsiu and the Beginning of Modern Chinese Literary Criticism // Galik M. The Genesis of Modern Chinese Literary Criticism (1917‒1930). L., 1980, pp. 9‒27; Pollard D. E. A Chinese Look at Literature: The Literary Values of Chou Tso-jen in Relation to the Tradition. L., 1973; Wolff E. Chou Tso jen. N. Y., 1971.

（В.Ф. 索罗金撰，靳芳译）

朱文

1967年生于福建泉州，作家。1989年毕业于南京东南大学动力系，在工厂当过锅炉检修工。1991年开始文学创作。1994年从工厂辞职成为"自由作家"，创作诗歌和散文。他是先锋文学运动的积极参与者。

他创作的诗集有《他们不得不从河堤上走回去》，小说集有《我爱美元》《因为孤独》《弟弟的演奏》《人民到底需不需要桑拿》。1998年，小说《什么是垃圾，什么是爱》出版，小说讲述了作家偏爱的人物小丁的奇遇。

其小说大多具有自传性，其中占据主要位置的是怀疑、失落和孤独。作家在评论和讽刺风格中书写当代境况，其主人公多是平平常常的小人物，他们在乏味的生活中沉浮，却幻想更美好的自由世界。

1995年，其诗歌作品曾获刘丽安诗歌奖和台湾《现代

诗》诗歌奖；其散文作品曾获《山花》文学奖。

*朱文《大汗淋漓》，兰州，1997年；朱文《人民到底需不需要桑拿》，西安，2000年；朱文《什么是垃圾，什么是爱》，北京，2004年。**王干《边缘与暧昧》，昆明，2001年，第188—196页；《正午的诗学》，上海，2001年，395—403页；陈晓明《文学超越》，北京，1999年，第199—208页。

（E. A. 扎维多夫斯卡娅撰，靳芳译）

朱有燉

号诚斋、全阳翁。生于1379年，卒于1439年。剧作家，杂剧作者。皇室血统，明朝（1368—1644）开国皇帝之孙。他博闻强识，著述颇丰，著有各类诗歌和散文作品，尤为著名的是其戏剧创作。其31部存世剧作中，约三分之一描写宫廷节日时的盛大歌舞场景，另有约同样比例的剧作在研究者看来是在宣扬"封建道德"规范，"歪曲农民起义领袖形象"。也有不少剧作是关于僧侣和道士的神秘传说。大部分现实主义戏剧取材于歌女生活，尽管其中不乏道德说教成分，但仍可感觉到作者对歌女由衷的同情。现代人认为朱有燉的作品体裁精致，乐感丰富，但模仿成分较多。

**T.A.马利诺夫斯卡娅《朱有燉（1379—1439）的戏剧》，载《列宁格勒大学学者笔记》，1977年，第396期，东方学系列，第21辑，第145—157页。

（B. Ф. 索罗金撰，靳芳译）

诸宫调

中国说唱艺术的一种样式。产生于11世纪，其出现早于杂剧，但在杂剧繁荣时期依然存在。12—13世纪曾在宋、金两朝的多个城市盛行。诸宫调是一种篇幅宏大的说唱文学，其中说白和演唱相间。其唱词采用民间唱腔和专业乐人之作，其曲调是固定的（诸宫调由此得名）。流传至今的说唱作品的大部分曲调都出自宋代宫廷乐师所用的18个曲调，有些还是御用曲。频繁转换的曲调不仅适合表演，甚至是长时间的演出，也为表达丰富感情提供了条件，同时也创造出多样的唱腔，但曲调始终不变。

诸宫调对于唱赚的优势就在于，赚词的唱腔只用一种曲调，更不用说从头到尾都是一个曲调的鼓子词了。因此诸宫调与元杂剧相近似，尽管它们的曲调转换及分类不同。杂剧的唱词分为几个短套曲（2—5个曲调）。通常诸宫调和杂剧作品可共用舞台和演员，甚至连主题和情节也相同。这些情节大多出自历史传说和历朝名作。诸宫调有3部代表作存世，即董解元的《西厢记》、无名氏的《刘知远》（1908年由俄国Π. K. 科兹洛夫探险队在西夏国黑水城的废墟中发现）和《天宝遗事》（片段）。这3部诸宫调在13—14世纪的剧作中均有同名作品。此外，还有15部情节或主题都广受欢迎的诸宫调，其中每一部几乎均与元杂剧类似。

*《古本董解元西厢记》1—2卷，上海，1957年；《刘知远诸宫调》，北京，1958年；Ballad of the Hidden Dragon (Lin Chih-yuan chu-kung-tiao) / Tr. With an introduction by M. Dolezelova-Velingerova and J. I. Crump. Oxf., 1971. **Л.Н.孟列夫《论诸宫调体裁和诸宫调〈刘知远〉》，载《苏联东部地区和东方国家文史问题》，莫斯科，1961年；B.Ф.索罗金《中国13—14世纪古典戏剧》，莫斯科，1979年；叶德均《宋元明讲唱文学》，1957年；郑振铎《中国俗文学史》第2卷，北京，1954年。

（B. Ф. 索罗金撰，靳芳译）

竹林七贤

3世纪中叶由知名诗人、哲学家嵇康和阮籍等人组成的诗歌团体，与正始体诗歌流派相关。

在3世纪末的官方史书《三国志》（卷21）中，裴松之（372—451）在《阮籍传》的注释中首次简短提及该团体，7世纪上半叶的官方史志《晋书》也记载了该团体其他成员的生平。据这两项记载，该团体在3世纪40—50年代间自发形成，首先有嵇康和阮籍这一对朋友，山涛（字巨源，205—283）和刘伶在之后加入，之后还有3个年轻人，即阮籍的侄子阮咸（3世纪），以及向秀和王戎（字濬冲，234—305）。王戎当时才15岁，名门后裔，却是孤儿，他如此迷恋道家学说，甚至要成为隐士。这些文人自称是竹林中的七位智者，他们偏爱的消遣方式就是漫步于离嵇康寓所不远处的竹林。关于该团体的创作及其他活动，未有史料提及。

对于嵇康和阮籍（魏国统治者曹氏的反对者）而言，那时正值残酷的政权争斗。辅政齐王（240—254）傀儡政权的司马派系势力增强，预谋颠覆政权。不同的政治追求致使这一团体内部发生第一次冲突，40岁的山涛决定效力于司马政权，这被嵇康看作对共同理想的背叛。《嵇康传》中有一封写给山涛的态度决绝、充满指责的信，其中引用古代名士的众多事迹以增强此文的激愤之情。山涛并没改变决定，官至太子之师，最终成就大业。王戎仿效山涛，成为一名达官，位居吏部尚书，后官至司徒，主管教育。该团体最终在嵇康死后解体。阮籍和向秀也为司马效力（据他们的传记作者称，此为迫不得已）。旧有理想的忠实追随者只有阮咸和刘伶。

后世的历史学家和文学批评家认为，嵇康的真正目的不是建立一个文学团体，而是组成一个与司马家族相对立的政治派别。沈约在《七贤论》中表达了这一观点："属马氏执国，欲以智计倾皇祚。诛钼胜己，靡或有遗。玄伯、太初之徒，并出嵇生之流。……自非霓裳羽带，无用自全。故始以饵术黄精，终于假途托化。……求免世难，如为有途。若率其恒仪，同物俯仰，迈群独秀。……故毁行废礼，以秽其德。"

尽管内部存在诸多指责和分裂，但中国文化界长久以来把他们作为一个创作共同体来研究，这个共同体由精神趋向相近的友谊相联系。他们由此成为许多独特创作共同体之典范，可以说，它开创了中国精神和智性生活中的一个发展方向。

*《三国志》第21卷，第3册，第606页；《晋书》第43卷，第4册，第1223—1228页（山涛），第1231—1235页（王戎）；第49卷，第5册，第1370—1372页（嵇康）；沈约《七贤论》，第3117页。**B.B.马良文《阮籍》，第46—47页；何启民《竹林七贤研究》；《中国古代文学词典》第1卷，第353页。

（M. E. 克拉夫佐娃撰，靳芳译）

《塵史》

宋代作家王得臣的笔记汇编。他把己作称为《麈史》，显然一方面强调其作品的抽象性和非官方性以及高度的智性特征，另一方面强调其作品阅读范围之狭小，其志趣在于探索纯粹而非实用性的知识。此外他还强调，其著作中的许多内容确实取自与友人的各种交谈。

如今所见辑本似乎最大限度地保存了作者原作的原貌，至少前言中的主题分类和卷的数目与现有数目相符。宋代（10—13世纪）典籍目录和《宋史·艺文志》均提及3卷本《麈史》。关于其篇章数量，王得臣在前言中提到有284事，而现存数目为281事，两者相差极小，缺少的3事可能遗失，或在后世校订中被并入其他部分。

作者在文集中把材料划分为44个篇幅不同、主题各异的部分，即"门"，如《音乐》《治家》《任人》等。有些部分只有简短的一段，有些部分篇幅很长且形式多样。就整体而言，3卷中的每一卷都有一个相对明确的主题。

第一卷（共12门）的大部分段落均描写帝王、宫廷和高官显贵。这里的片段写到宋代帝王（高祖、神宗、英宗）的美德，将他们称作天下明君统治的范例。

一些篇幅短小的"门"（只有2—4个片段），如《朝制》《官制》《任人》等谈论官吏和朝廷、官场的制度。这里同王得臣此文集中的其他内容一样，首先论及的是在职的中高级官吏，而不是被免职和隐退的官吏。王得臣感兴趣的是帝王将相和备受颂扬的国务活动家作为管理人民和拥有权力之个人的个性，他强调促使某人步入仕途并实现统治的某些品质，人民生活因此得以富足，国家因此得以昌盛。在这些高官中，有北宋的政治家寇准（961—1023）、韩亿（972—1044）、富弼（1004—1083）、丁谓（966—1037）、范仲淹（989—1052）。作者选取他们事迹中的有趣事例，比如，寇准青年时已富盛名，一次遇上旱灾，他毫无畏惧地回答皇帝关于"为何长期无雨"的提问，称其原因是宰相贪图私利，管理不当，于是宰相被罢免，雨水终于落下。此处也有很多说明各地税收制度尤其是茶税之合理性的文字。

内容丰富的章节《礼仪》尤其引人入胜，其中记录了官员穿戴的细节，如帽子、腰带等，描述了诸多头饰物如折上巾、牛耳幞头，介绍了帽子的制作历史和方法，如藤巾子用芦苇编织，纱巾用纱做成。他还描写了用于记录的小板"笏"（在最高规格的觐见中官吏必需的标志物）的演变及其大小和材质。第一卷还谈及音乐。

第二卷（共17门）是关于众多显赫高官（博学之士和学者）及广义上的学识和知识的介绍，言及诗歌、文、绘画和书法。一些短小章节包括一些片段，讲述前文已有论述的诸多历史人物的各种轶事，而非他们的雄才大略，从而展现他们特殊的品质。如一个非常令人称奇的片段叙述邓州百姓为寇准和范仲淹修建祠堂的经过：寇准死后，当地百姓祭奠他的亡灵；范仲淹则给自己修建祠堂："百花洲中初未有土地，文正在任，令建庙貌。匠者请神之像于公，公曰：'即我是也。'乃以公为祠。"

篇幅较长的《神授》记录了许多关于预见和征兆之梦的片段。比如，宋氏兄弟的母亲在生宋庠前曾梦见一朱衣人给她一个大珍珠，在生宋祁前梦见朱衣人给她一部《文选》。

卷二《诗话》中包括32段，其中录有作者同代人的著名诗行，并附有作者的个人解析和品评。王得臣还收录其友人关于诗作、诗学和诗艺的各类看法和意见，这些材料他或视为权威，或引以为奇，或认为不完全正确（王得臣进行修正）。卷二中还有一些段落具有词源特征："秦汉时人自称犹曰臣，天子呼公卿亦曰君。后则不然，惟对君则称臣。"

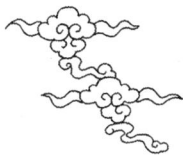

卷三（共15门）集有许多题材丰富的段落，如《古器》《真伪》《语谶》等，其中大多是关于非凡和超自然因素的文字，比如《奇异》中列举一些广为流传、在其他笔记集中已有记载的事件，如被流放雷州的寇准向天祷告，他砍下一根竹子插在地里，竹子顷刻生根；《占验》中谈论之事都是作者自己的亲眼所见，这自然提升了这些信息的价值。

《风俗》令人入迷，其中主要讲述福建和四川等地的风俗："洛人凡花不曰花，独牡丹曰花。晋人凡果不言果，独林檎曰果。"卷三中一个章节的标题似能最好地反映此卷内容，即《杂志》。

尽管此书内容多样，但其大部分内容仍描写在职官吏，写他们的事迹或与他们相关的事件，其中包括令人称奇的事件，也有他们的观点、诗作和他们那个圈子里所同行的规范，即"制"。

王得臣的笔记集实为一部史书，是包含各种信息的汇编，或无情节（此类内容占多数），或有情节（"志人小说"类），或是关于诗的讨论（"诗话"）。许多段落的情景发生在作者家乡（安陆）或是他去过的地方。这些材料基本上都不是引用其他书籍和原文，而是作者的印象及其个人观察的独特成果。一方面，正是鲜明的个性把零散的段落组合为统一体，另一方面，这也赋予《麈史》以独一无二的特殊价值。

毫无疑问，这部著作是研究中国宋代文化，尤其是民俗文化的一种重要资料。王得臣提供了探究宋代文化若干重要组成的可能，尽管王得臣在一些细处不无疏漏，但他对古籍的研究和探索在当时达到了特别深入的程度。

*王得臣《麈史》，上海，1986年；И.А.阿利莫夫《笔端》第1部，圣彼得堡，1996年，第90—99页。

（И. А. 阿利莫夫撰，靳芳译）

《庄子》

道家哲学的奠基作之一，书名以作者姓氏命名（作者全名为庄周，约前369—约前286）。《汉书》记录了庄子的生平片段。他曾在家乡（宋国蒙城，位于今河南商丘东北）当过小吏，不久辞去官职开始无拘无束的生活。庄子祖上系楚国（前11—前3世纪）人，楚国文化极大影响了他的哲学学说。从8世纪开始，《庄子》也被称为《南华真经》。

《庄子》分为3部分：内篇7篇，外篇15篇，杂篇11篇。庄周可能只是内篇的作者，其余部分由他的学生和后继者写就。诸多章节如第33篇《天下》大概成文于汉代。内篇主要章节名具有概括性，而其他各篇章节名称均取自正文的头二三个字，可见非同一作者所著。现代版本可能与古代文本有所不同。《汉书》称《庄子》由50篇组成，而现仅存33篇。中国各个时期的思想家多次对文本进行注释，其中最权威的注疏者是郭象（252—312）。

《庄子》不是系统表述作者哲学观点的著作，其特点在于富有鲜明隐喻性的语言，在于运用广泛的寓言、俗语和神话形象以及常见的对话形式，对话双方通常是历史人物和虚构人物。因此《庄子》的影响不仅表现在哲学领域，还体现在广泛借用其形象和情节的文学领域。

"道"的概念是《庄子》学说的核心，道是一切寻找的本源，是一切存在的原则。与《道德经》相比，《庄子》中的"道"更接近"无"，"无"的最高形式就是"无无"。由此，《庄子》的著名命题就是，"道"即"物物而非物"，因此像在《道德经》中一样，"道"也被视为完整的"物混"。《庄子》还强调"道"的无处不在，道存于宇宙和万事万物中，道赋予鬼和帝以灵性。道变动不居，通过某单一路径无法通晓道。因此，"齐物"的观点否认存在绝对

像子莊

自在的本质，世界就是不可数的完整统一体，其中每个部分都不能独立存在，宇宙中的其他部分只是相对的存在。

　　"混沌"不是毫无秩序之意，而是指绝对的自然和统一。世界上任何事物对于任何对象都是相对的、受限的，主体（"此"）已经内化在客体（"彼"）中，或者相反，主体和客体间无法彼此敞开，它们不是非此即彼，也不是彼此对立。庄子关于人死后会变成昆虫尸体或老鼠内脏的说法已得到经验证实，其由来就是不可分割的真实世界。这个世界里，每个个体都蕴于万物，万物也蕴于个体，彼此无法脱离，因此，人在活着的时候已经在以某种形式变成昆虫尸体或老鼠内脏。①真正意义上的存在就是我们的世界，但它存在于抽象理性之外。第二章《齐物论》把梦境和幻象比作经验世界。但这个虚幻具有认识论特性，而非本体论特性。真正的现实不识别主体和客体，彼与此对立。迷途的人类意识把不可分割的现实分为若干独立的实体，并认为它们彼此对立。因为每个物体的名称都依附于语言，那么根据类比法就会错误地认为名要符实。这位哲人在宣扬概念性认知"道"的对立和统一时，也把"道"与个体意义上自由直观的体验相对照。

　　《庄子》确定了生与死、梦境与清醒等的相对性。从著名的关于庄子和蝴蝶的寓言故事（"不知周之梦为胡蝶与，胡蝶之梦为周与"）可知，熟睡中的现实，即梦境是针对清醒状态的现实而言的相对状态；对于生死的逻辑两分法也是相对的。对诸多哲学流派所宣扬的绝对理想价值，如善与恶、美与丑等的否定，体现了相对主义价值论的独特性。但庄周的相对主义是建立在道家无为和自然的立场之上，这两者需要借助对道的直接感悟并对其进行有意识的探索来实现。

　　《庄子》中典型的道家学说还有关于"养生"的学说，其用途是长生不老，甚至获得超自然的能力而不朽。作者在"养生"的释义中时常流露出对不老之法的怀疑，由此越加鲜明地提出唯灵论概念中的永生，它是对永恒之道的感悟。

---

① 以上说法存疑。——译者注

《庄子》在社会思想层面发展传统道家的乌托邦构想，描绘了理想的人类社会，人民与自然和谐共生，违背自然秩序的文化准则被排除在外。因此，它激烈批判儒家的伦理和社会政治学说，认为后者即"失道"和社会秩序恶化的显现。《庄子》主张废除当时的文明和作为"大盗"行为之成果的国家形式，号召人们返回古老的"黄金时代"，返回纯朴的自然生活。

《庄子》还涉及与各哲学流派批评相关的广泛内容。在此意义上，《庄子》的最后一章被视为中国第一篇历史哲学文本。《庄子》中的材料对于中国古代宗教知识体系具有重构意义。该论著被译为多种欧洲语言。

*《庄子集注》，见《诸子集成》第3册，上海，1954年；陈鼓应《庄子今注今译》，北京，1983年；《中国古代的无神论者、唯物主义者和辩证法学者》，Л.Д.波兹德涅耶娃译，莫斯科，1969年；《中国古代哲学》第1卷，莫斯科，1972年，第248—294页；《庄子　列子》，В.В.马良文译，莫斯科，1995年；The Writings of Kwangzse // The Sacred Books of the East. Vol. 39‑40. Oxf., 1891 (vol. 39, pp. 164‑392; vol. 40, pp. 1‑232); Chuang Chou (Dzchuang Dsi) /Aus dem chinesischen verdeutscht von R. Wilhelm. Dusseldorf–Koln, 1951. **《老庄哲学》，台北，1962年；《庄子哲学讨论集》，香港，1972年；曹础基《庄子浅注》，北京，1982年；闫振义《庄子》，北京，1985；Forke A. Geschichte der alten chinesischen Philosophie. H., 1927; Fung Y. L. A History of Chinese Philosophy. Vol. 1. Princ., 1952; Creel H.G. Chinese Thought from Confucius to Mao Tze-tung. L., 1962.

（E. A.　陶奇夫撰，靳芳译）

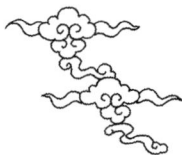

生卒年约为252—305年，字太冲，齐国（今山东）人。秘书郎，诗歌流派太康体乃至3世纪下半叶（西晋，266—316）整个文学界的主要代表之一。

其生平传记在官修史书《晋书》（第92卷）中有记载。左思祖上皆为小吏，家世儒学。少年时期（272年）即出仕进宫，成为晋武帝（266—290年在位）亲信，并展现其文学才华。左思安于秘书郎这一微职，尽量避开参与宫廷集团。"八王之乱"（300—306）开始前不久遂隐退，隐居5年后卒于天年。

左思诗作现存诗6首（包括组诗）和赋4篇。其作品集《左太冲集》编于15—16世纪，由丁福保（1874—1952）辑录成集（1916）。另外，其诗歌作品收录于丁福保所辑诗集（1964）和逯钦立所辑诗集，赋篇收录于严可均（1762—1843）所辑文集。

实际上，左思的每部作品在中国诗歌史上都占有特殊地位，如其抒情诗作《咏史》，包括1首单篇诗作和1首组诗（8首），另有组诗《招隐诗》（2首）和诗作《娇女诗》。

《咏史》8首的主题是描述士人的命运，面对强权，他们未能实现抱负，但尽管命运变幻无常，他们在历尽生活磨难之时仍然继续创作，寻求自己生命的意义和目标。组诗中每一首诗都涉及具体历史人物。其中一首写到思想家和文学家扬雄："寂寂扬子宅，门无卿相舆。寥寥空宇中，所讲在玄虚。……悠悠百世后，英名擅八区。"（《咏史》其四）组诗中的最后一首概括描述"达士"的整体形象——尽管身陷困顿，但他们宁愿舍弃功名和荣华，去追求自由，获得独立创作的权利："习习笼中鸟，举翮触四隅。落落穷巷士，抱影守空庐。……计策弃不收，块若枯池鱼。"（《咏史》其八）

穷困君子的形象是儒学传统的固有特色，但在左思的诗歌中这一形象获得了非常正面的文学反映。这一形象及其相关思想在陶渊明的创作中获得进一步发展，同时，陶渊明在创作中也用到笼中鸟的隐喻。

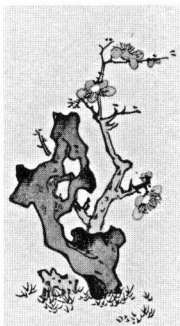

《招隐诗》是以隐逸为主题的代表诗作，是招隐诗中的独特诗歌。这组诗具有这类招隐诗独具的形象体系和主题建构，诗中表达仕途害人不浅的思想，认为仕途使人丧失自我，变得见风使舵，诗中还写到纯洁的自然山水会净化人的道德和精神："经始东山庐，果下自成榛。前有寒泉井，聊可莹心神。……结绶生缠牵，弹冠去埃尘。"（《招隐诗》其二）

左思是其同时代文学家中首位与嵇康为首的"魏晋风流"名士展开非当面论战的人，他认为隐逸就意味着杜绝任何文明成果和形式，甚至包括乐器，因为即便是最高水平的演奏也会破坏自然之乐："非必丝与竹，山水有清音。何事待啸歌，灌木自悲吟。"（《招隐诗》其一）

《娇女诗》内容独特，尽管形式上是爱情诗（收入《玉台新咏》第2卷）。左思在诗中描述自己的两个小女儿时，毫不掩饰得意之情。他满怀慈父之怜爱，观察两个女儿寻常的生活细节和嬉戏顽劣，并在诗中展现她们的迷人可爱之处。他对长者严苛管教孩子很是气愤："羞受长者责。瞥闻当与杖，掩泪俱向壁。"左思创作类似作品，不仅表明其创作的勇气，而且表明当时中国诗歌的人道主义开始萌芽，即对作为个体的人产生了兴趣，而不考虑其性别、年龄和社会地位。

从外部形式（名称）看，左思的三部经典赋作（《蜀都赋》《吴都赋》和《魏都赋》）均继承颂辞传统，并称《三都赋》。实际上，《三都赋》描述的是中国历史上最为复杂的时期之一，即三国时代（220—280），其目的在于颂扬晋朝结束国家战乱后开始的统治，然而，这也是"八王之乱"时期苦难的力证之一（与之并列的是建安风骨诗文）。一般认为，《三都赋》是左思创作成熟期（280—290）的作品，当时晋朝开国皇帝晋武帝统一中国，诗人被召入宫，作品反映了他这一时期的观点和心绪。据说，京都洛阳文人对《三都赋》称颂不已，人人欲据为己有，竞相传写，洛阳多次为之纸贵。左思的第四部赋作《白发赋》是对人世本质的思考。

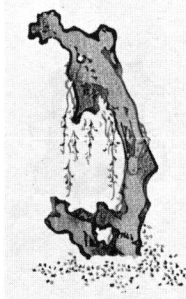

左思的作品也一直为5—6世纪的文学批评家们所赞叹。在钟嵘的《诗品》中，左思被归入"上品"，评曰："文典以怨，颇为精切，得讽谕之致。虽野于陆机，而深于潘岳。"关于左思的创作，刘勰在《文心雕龙》（第10卷，第47章）中也有论及："左思奇才，业深覃思，尽锐于《三都》，拔萃于《咏史》，无遗力矣。"《三都赋》《咏史》8首和《招隐诗》2首均收入诗文总集《文选》（第5—7卷、第21卷、第22卷）。

　　后世文学评论家和语文学家对左思作品的态度见于沈德潜（1673—1769）的论述："太冲胸次高旷，而笔力又复雄迈。"《咏史》8首在文学研究中受到特别关注，被视为中国公民诗歌中的一组杰作。新近（20世纪90年代之后）研究中突出左思《招隐诗》2首及其所有赋作在中国诗歌史上的意义。研究者一致认为，左思不仅是西晋时期，而且也是整个六朝时期（3—6世纪）的重要诗人之一。

*《晋书》第92卷，第8册，第2375—2377页；《左思评传》；《文选》第5—7、21—22卷，第444—448、465—466页；《左太冲集》；《玉台新咏》第2卷，第1册，第242—246页；左思抒情诗作见参考文献II：逯钦立辑本第1卷，第731—735页；丁福保辑本（1964）第1卷，第384—387页；其赋作见严可均辑本第2卷，第1882—1890页；《中国诗选》第1卷，第325—330页；《印度、中国、越南、朝鲜、日本古典诗歌》，莫斯科，1977年，第211页；《文心雕龙》，第150—153页；《中国文学作品选》，第176—179页；An Anthology of Chinese Verse, pp. 94 - 97; Die Chinesische Anthologie... Vol. 1 (см. Содерж.); New Songs from a Jade Terrace..., pp. 85 - 86; Wen xuan...Vol. 1, pp. 311 - 478. **王钟陵《中国中古诗歌史》，第428—448页；《魏晋文学史》，第386—401页；《魏晋南北朝文学史参考资料》第1册，第289—298页；叶日光《左思生平及其诗之分析论》；林庚《中国文学简史》第1卷，第265—266页；《刘勰文心雕龙注》第2部，第10卷，第47章，第700页；牟世金、徐传武《左思文学业绩新论》；《钟嵘诗品译注》，第77—78页；沈德潜《古诗源》第7卷，第163页；Frankel H.H. The Flowering Plum and the Palace Lady..., pp. 104 - 107; Holzman D.

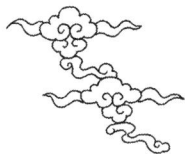

乙

Landscape Appreciation in Ancient and Early Medieval China...,
pp. 118 – 119.

（M. E. 克拉夫佐娃撰，孟宏宏译）

丙部 语言文字卷概论

中国精神文化大典

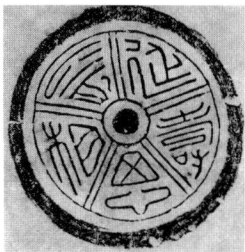

汉　语

概　况

　　汉语，亦称中文，为世界上使用人数最多的语言，其使用者据估算为13亿人。当今亚洲汉语圈不仅包括中国大陆、台湾地区和新近回归中华人民共和国的香港和澳门特别行政区，而且还包括新加坡和其他一些东南亚国家。汉族在总人口中所占比例，在中国大陆为91.6%，为11亿9000万（2005年数据），在香港占95%（600万），在澳门占97%（41.1万），在台湾占98%（2220万）。全球其他地区的华人总数在2004年为5000万。历史形成的最大华人社区位于印度尼西亚、泰国和马来西亚，人数分别为730万、720万和610万（在总人口中的占比分别为3%、1%和2.5%）。在新加坡居住250万华人（占总人口的77%）。将汉语用作母语的不仅是汉族人，还有穆斯林回族[①]，他们居住在全国各地（总人口980万），使用汉语的不同方言，属中国的少数民族之一。人们曾以为，满族人（如今自认为是满族的人口为1070万）全都改说汉语，但20世纪60年代在中国东北地区发现几座不大的村庄，其居民仍使用满语（戈列洛娃的资料，2002年）。

　　以北京语音为基础的标准汉语在中华人民共和国称为"普通话"，它是联合国6种正式工作语言之一。这一标准语在英语中称为"Mandarin Chinese"（"中国官话"），更确切地说是"Standard Mandarin"（"标准官话"）。香港的官方语言过去和现在其实均为英语和汉语中的粤语，本地人绝大多数说粤语，或称广东话，属汉语方言之一，但在香港回归中国后，普通话变得越来越普及。一种与普通话近似、被称为"华语"的标准形式，在新加坡与马来、英语和泰米尔语一同被列为官方语言（新加坡的国语是马来语）。"华语"（"华文"）也用来指称生活在中国大陆、香港、澳门和台湾之外世界各国的中国侨民所使用的语言。

---

① 　虽然"回"字在汉语拼音中拼作hui，可在传统的俄语音译中多写作-уй，读音为[xueʃ]。这是为了避免出现俄语中的不雅之音，这个发音通常拼作хуэй或хой。例见苏联和俄罗斯出版的正式地图：Нинся-Хуэйский автономный район（宁夏回族自治区），пров. Анхой（安徽省）。回族中的一个例外是海南一个不大族群，他们信奉伊斯兰教，使用奥斯特罗尼西亚语系中的一种语言。——词条作者原注

汉字是当今现存文字中最古老、最复杂的一种。在中国，汉字始终被视为一种保持国家政治、民族和文化统一的重要工具，中国人使用各种方言，各种方言差异之大，使用人数之众，均堪比印欧语系各分支。熟读古文，善写诗作，这是在多层次科举考试中获得成功的重要保证，科举制能使人获得高低不等的职位。从前能识文断字者并不多，但对文字的敬重却无处不在。写有文字的纸张或绢布不能乱扔，须在专用的火炉焚毁。书面文字的标准化工作，即清除异体字、地域性符号和"不规范"汉字读物等，在中国始终是国家层面的事务。早在古代，在秦（前221—前207）统一中国后所采取的诸多改革就不仅包括统一全国的度量衡和货币体系，也包括统一书面文字。在整个20世纪，中国一直在进行旨在实现语言状态现代化的各种改革。中华人民共和国于1954年成立中国文字改革委员会（1985年起改称国家语言文字工作委员会）。1955年召开两次学术会议，确定国家10年间的语言政策。多年有针对性努力的结果表明，当今汉语及其相互间差异甚大的各种方言，还有其最为复杂的象形文字，均能很好地满足信息社会的各种需求。

21世纪初，中国又表现出对于语言问题的新兴趣。自2001年1月1日起，中国历史上第一部有关语言的法律《中华人民共和国国家通用语言文字法》开始实施。互联网上满是汉语资料。至2006年初，中国大陆的互联网用户达1.11亿。2002年，开办第一家政府层面的官方语言网站"中国语言文字网"（www.china-language.gov.cn）。教育部语言文字信息管理司和语言文字工作委员会在一系列高校的参与下创办了国家语言资源监测与研究中心。该中心的最重要成果，即出版一部两卷本辞书，对2005、2006年亚洲汉语圈现状进行分析。

汉语在境外的传播具有重大意义。自1992年起，中华人民共和国境内外人士均可参加正式的汉语水平考试（简称HSK）。该考试由成立于1984年的国家汉语国际推广领导小组办公室（简称"汉办"，英文名称为Office of Chinese Language Council International）负责组织。孔子学院的开办也促进了汉语的推广，自2004年起，在世界许多国家都开办了孔子学院分院。

（О. И. 扎维亚洛娃撰，刘文飞译）

丙

813

遗传学和类型学特征

据现今最流行的遗传学分类法，汉语被划入广泛的汉藏语系，汉藏语系包括两个分支，即汉语和藏缅语族（参见C. E. 亚洪托夫著作）。藏缅语族包含400多种语言，但跟汉语相比，说这些语言的人较少。藏缅语族中使用最多的两种语言是缅甸语和藏语，据大概估计，使用人口分别为3200万和800万（其中540万说藏语者生活在中华人民共和国境内）。汉语语族由人数众多的汉语方言组成，与个别语言相比较，它们的差别特征、使用者人数及与此类似的情况，在中国台湾地区和西方语言学界经常得到研究（"汉语"的英语说法Sinitic languages，该词亦用指传统的"汉语"，即Chinese）。白族（云南，人口180万）语言是汉语方言的近亲（C. A. 斯塔罗斯金，1995）。接下来一个较高的级别，据C. A. 斯塔罗斯金所言，汉语语族跟基拉蒂语支所属的喜马拉雅语群以及藏缅语族一起，组成汉藏语系。[①]

苏联时期，在吉尔吉斯斯坦、哈萨克斯坦和乌兹别克斯坦生活着14世纪下半期从中国迁去的大批穆斯林后裔，按照社会语言学分类，他们使用的语言被称为"东干语"，源自甘肃南部地区和陕西关中平原西部地区的汉语方言（"官话"方言群中的"中原"方言亚群）。在中国，为用汉语记录自己的文字，回族使用一种象形文字，即所谓"小儿锦"字母系统，它使用阿拉伯字母和波斯字母拼写汉语。直到现在，包括哈萨克斯坦在内的中亚的东干人的自我称呼，也跟在中华人民共和国境内部分说汉语的穆斯林一样，为"回民""啰回回"（用现代东干语西里尔正字法）。东干人也自称"中原人"。苏联时期还专为作为正式少数民族的东干移民后裔挑选一个词，起初仅指1764年清政府在固勒扎（伊宁）设立伊犁将军府后的"回"人，但自那时起，该称谓一直在该地区使用，后也被用于俄语文献。按现存的假说之一，"东干"一词具有突厥词源。按另一种说法，即新疆大学教授海峰所认为的，该词源自汉语"屯垦"一词，意指边疆地区的军事移民，他们出现于清政府掌管新

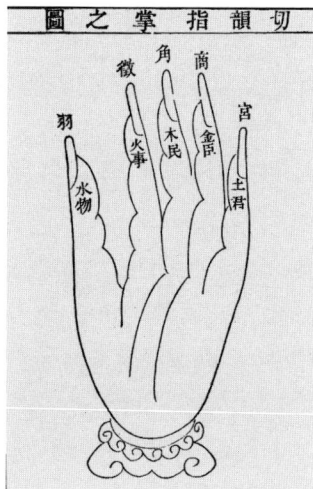

圖之掌指韻切

---

① 在中国，汉藏语系包括汉语、藏缅语族、苗瑶语族以及壮侗语族。

疆时期。

从类型学来说，汉语与汉语方言（包括东干语），皆属所谓的孤立（同构异质）语言，它们广泛分布于中国南方和东南亚大陆。有些跟汉语非亲属的孤立语言（泰语、苗瑶语），在结构上跟汉语相近，并长期受汉语影响，迄今为止，从遗传学角度看它们往往仍被认为跟汉语相关。汉语的亲属语越南语亦是如此，它属于孟－高棉语族，但在类型学上跟汉语很近，而且借用了较多的汉语词——比其他任何一种孤立语都要多。

一些孤立语，比如欧洲的分析型语言（如英语），其句法关系通过词与词的顺序或者虚词（语法词）来实现。虚词一般来自实词，在语言中往往与实词共存，并共同保存意义上的关系（汉语中此关系由象形文字来加强）。词与词的顺序并非靠形态变化来加强，因为词形变化有限，借助于外形的变化只能反映非句法的范畴（名词数量、动词的时和体）。汉语中，在谓语动词后面应有补语（如"写字"），定语位于被修饰的成分前（如"新地图"）。使汉语接近泰语、孟－高棉语、越南－北越语以及广泛分布于中国南方的"苗瑶语"的第一个类型学特征，却使汉语迥异于汉藏语系和阿尔泰语系中的大多数语言。第二个类型学特征恰恰相反，它对汉语和阿尔泰语系而言都很典型，北方的阿尔泰语跟汉语接近，这也许是它们长期接触交流的结果。亚洲的分析型语言不但称为孤立语，而且首先考虑到其拼音特点，还可称为以音节词为基础的语言（音节词、单音节词），从欧洲语言的角度看，这都是很独特的语言[参见龙果夫（德拉贡诺夫）、В. Б. 卡谢维奇的著作]。在俄语和其他以非音节词为基础的语言中，词素作为最小的意义单位，能够发出一个独立的音，而不管这个音是否构成音节。在以音节词为基础的语言中，每一个词素通常都由音节来确定，反之，每一个音节往往对应一个词素——词根或词缀。以音节词为基础的语言，其音节等同于词素的基本单位，习惯上被称为音节词素。这类语言大多数是有声调的，每一个音节词素固定一个区分意义的发音，而重音的位置和性质却不重要。在汉语中，特定的汉字几乎总是有对应的音节词素。古汉字一般都是单音节词。现代汉语中也有一些词，可能包含一个、两个或多个音节词素，它们可对应多个汉字，如"书""书法""书法家""书呆子"。

一个完整的现代汉语音节，在拼音上通常需具备四个要素：声母（音节开头的辅音）、韵头（介音）、韵腹（主要元音）和韵尾（元音、浊音在方言里都是爆破音，闭塞音如"p""t""k"，则属于元音的特殊结尾）。譬如，北京方言里如"连""良""疗""乱"这些词，就具备语音的四要素。构成音节的元音（在方言里有时是构成音节的浊音）是汉语音节的必备要素，而其他的要素则可能体现为零（不需要声母等）。去掉声母的音节部分叫作韵母；去掉声母和韵头的音节部分叫作韵。尽管音节通常作为最小的表意词素，但声母、韵母、韵头以及韵母内部的韵，都可按照音位层次在音节内部做细分。

汉字音节的音位结构如下：

$$拼音音节$$
$$\downarrow \quad \downarrow$$
$$声母 \quad 韵母$$
$$\downarrow \quad \searrow$$
$$韵头 \quad 韵尾$$

音节中的每一个位置都要发音，发音只能出自一套固定的有限的音节表，因此，每一种独立语言或方言，其音节总数都不大，且都能用一张短小的清单列出。"普通话水平测试"中所用的音节表共收录400个音节[①]，不考虑其声调差别。在此表基础上编写了注音字典《新华字典》（北京，1987），其拼音音节索引中收录18个感叹词和一些不常见的、被认为是方言或过时文言词的汉字读音。

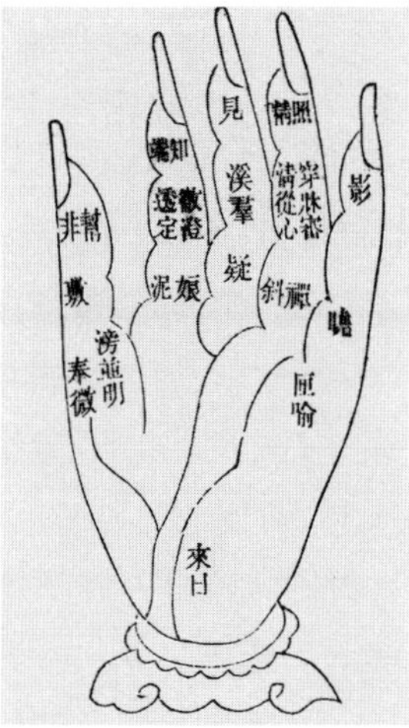

历 史

象形字并不直接表达其描绘的那些单元的意义。中国在几千年的历史中所创造的成篇文字，常再现较之更古老的典籍的语法和词汇特点，而不反映某一时代活的语言。然而，汉语史研究又是可行的，对汉语史的分期有若干种，它们都是中国语言学界和外国语言学界利用不同的史料并依照不同的标准得出的。

按照语音学特征，汉语的发展过程一般存在两大阶段，即"上古汉

---

① 应为399个。——译者注

语"（约止于5—6世纪）和"中古汉语"（约持续至12世纪末）。

可用于前一千年时上古汉语语音重建的主要史料（参见C. E. 亚洪托夫和C. A. 斯塔罗斯金的著作），首先是《诗经》的上古音韵，其次是象形字和形声字，它们在周朝（前12或11世纪—前3世纪）大量出现，但在汉朝（前206—220）时才特别典型，因为汉朝是现代汉字的产生期。从形状上看，语音表意文字由两部分组成，即表意部首（"形旁"）和所谓的语音（"声旁"），后者使得揭示字词的语音成为可能，因为在上古时代，字词的发音通常押相同的韵母和同类型的声母，或者声母韵母组合（最后这种做法在现代汉语中是不可能的，但在上古汉语中的确存在）。

早期中古汉语的语音反映在韵书《切韵》中，该书编纂于隋朝统一中国后的601年，据推测是为达成一个发音标准，该标准初成于南北朝时期（420—589），因为首都迁往建康（今南京地区），后又重新迁回北方。晚期中古汉语的语音体现在《韵图》中，该书始撰于唐朝（618—907）末期，主体部分完成于宋朝（960—1279），它的发音在相当程度上依据唐朝首都长安（今陕西西安）的方言。

重建中古汉语语音，可加以利用的还有：（1）非官方和官方诗歌的韵（官方诗歌始于唐朝，诗歌成为国家科举考试的一部分）；（2）对借用自梵文和巴利文的佛教术语的汉字式"改译"；（3）现代汉语方言数据。重建中古汉语还有一个史料来源，就是形成于这一时期、被其他语言主要是越南语、朝鲜语和日语所借用的汉字的读音系统。日语对所借用的汉字的读音体系比较具有古风意味，

"宫"（指吴国的发音）反映早期中古汉语的南方语音，"卡农"（指汉朝的发音）则是更晚些的中古汉语的北方语音（参见蒲立本的著作）。

按照词汇和语法特征进行的分类法[在我国汉学界有C. E. 亚洪托夫、И. С. 古列维奇、И. Т. 佐格拉芙、М. В. 刘克甫（克留科夫）的著作]，同样预见到有必要在汉语史中分出上古汉语时期和中古汉语时期，前者延续到3—5世纪的转型阶段，后者约止于14世纪下半叶。

前古典主义时期上古汉语的词汇和语法集中于刻于占卜用的兽骨和龟甲

切韻指掌圖
二卷　檢例坿
庚午二月　林思進署

丙

上的"甲骨文"（多产生于前14—前11世纪），以及刻于青铜器上的"金文"，青铜器生产的繁盛时期在西周时代（前11—前771世纪）。此外，这一时期的汉语体现在两本最古老的书即《尚书》和《诗经》中，书中大部分文字的写作时间不晚于前7—前6世纪。古典主义时期的上古汉语多半属于历史类和哲学类著作。古典主义时期的上古汉语，首先根据其早期形式，奠定了后来形成的书面语言"文言"的基础。早期的古典主义著作注明的创作时间为战国时代（前5—前3世纪）。它们成书于秦朝统一六国前，反映了不同的方言，其典型特征是有多套不尽相同的虚词。有一种方言，常见于哲学类文献典籍（《论语》《孟子》），流行于孔子的出生地鲁国。另一种方言常见于历史类著作，其所属地域尚未确定。古典主义晚期最重要的作品，当属司马迁（前145？—前86？）的《史记》。古典主义晚期的典籍成书于汉代，因为此后根据秦始皇在前213年的命令，文字得到统一，古书被焚，由此导致汉代著作中方言来源的缺失。然而，中国最早的方言字典《方言》却恰在这一时期编著成书，它收录几十种地方词汇，范围从今朝鲜半岛至长江流域以南地区。在汉代以后的3—5世纪使用的汉语，既不属于古典主义时期的上古汉语，也不属于后来的中古汉语，但更接近上古汉语。唐代（7—9世纪）的语言更接近宋、元以及明（10—14世纪）早期的中古汉语，反映在形成于该时期的、用"通俗易懂"的书面语"白话"写成的作品中。

外来语

使用者众多的若干语言，自古以来就广泛分布在以汉文化为中心的亚洲地区，它们分属不同的语系和语族，却在不同程度上受到汉语文化的影响，包含有借自汉语的外来语。这一时期，就文化层面而言，汉语在该地区占主导地位，这时的汉语中实际上没有借自邻国语言的外来词汇。在元代（1271—1368），蒙古语被用于戏剧、译成汉语的正式文件，显然也被用于口语，但后来，它们全都从中国人的日常生活中毫无痕迹地消失殆尽，只有一些为数不多的满语词渗透进汉语中，因为在清代

（1644—1911），特别是清初，满语被用作官方语言。就整体而言，在借用外国语言中的词语时，中国人倾向于仿造式翻译，而不是音译式借用，比如"篮球"（"篮子"＋"球"）、"马力"（"马"＋"力量"）。除了仿造，经常还能看见混搭式借用，即音译加意译，比如："卡车"（英语词"car"＋汉语"车"）、"因特网"（英语前缀"inter"＋汉语"网"）。随着时间的推移，仿造的外来词往往淘汰了最初的音译词，比如"盘尼西林"一词，后来就出现了它的同义词"青霉素"（"青"即"蓝绿色"＋"霉"即"霉菌"＋"素"即"药剂"）。

汉语史上可以划分出外来语的三大层次。

第一层次跟佛教在中国的渗透有关，因此，也跟梵文和巴利文中的佛教术语有关，比如：音译的外来语"阿罗汉""罗汉"（梵语arhat）；"偈语""偈颂"（梵语gātha）；"牟尼"（"出世者""圣人"，梵语muni）。有一些双音节和多音节的音译外来语被压缩成单音节字，它们开始发挥常见的汉语词素的作用，比如："塔"（来自"钵"，梵语stūpa）在现代汉语中可组成"宝塔""灯塔""水塔""尖塔"等词。对部分佛教术语而言，其汉译名称是经过精挑细选的。比如，表示天道概念的术语"归趣"（梵语marga）和"正道"（梵语patha）以及"菩提"（"清醒"），开始用中国的哲学术语"道"（"道路"）来表示。诸如此类对佛教术语的仿造词有许多已进入现代汉语，成为常用词，如"世界""天堂"。

外来语的第二个层次形成于19世纪末至20世纪初的社会现代化进程中，汉语也从旧时代的书面语"文言"积极转型为"白话"，或为政论和科学的语言。对于仿造后的新词语而言，汉语词根的合适搭配往往借自"文言"或日语，而日语中有一些必须的词语，虽然词根最早由日本人借用自汉语，但实属日语所造。这一时期，汉语中出现了诸如"民主""君主""报纸"这些词，也出现了借自日语的外来术语，如"银行""文明"（"文化"一词在现代汉语中具有"文明"之意）"社会""科学"。这一时期的新词语"大学"就是"出口转内销"的日语外来词，宋朝时最早

丙

在中国使用，意思是"帝国主要的学习机构"。同样，19、20世纪之交的音译外来词还有"巴力门"（在现代汉语中，该词被借自日语的外来语"议会"所取代）"沙发""咖啡"。

外来语的第三个层次形成于现代汉语之中，是改革开放政策的结果，该政策已经执行数十年。2003年出版的《新华新词语词典》收录了2200个条目，这些新词语和新说法均出现于90年代的汉语之中。比如，现代的仿造式翻译："借脑""白领""电玩"；混合式外来语："基因组"（英语gene+汉语"组"）；"黑客"（hacker，字面意义"黑色的客人"）和"金曲"（hit，字面意义"金色的旋律"）这两个词语中的音节词素也是经过精心挑选的，它们不仅表达出外来语的发音，还表示了意义。有一些单音节词，按其来源属于音译外来语，也可组成一系列现代词汇，比如"吧"（"酒吧"）这个词："网吧"（"网"+"吧"）、"咖啡吧"（"咖啡"+"吧"）、"吧客"（"酒吧的光顾者"）、"吧娘"（"酒吧的老板娘"）。渗透于汉语中的新词汇不仅从西方语言中直接进入，还借道台湾版和香港版的汉语，因为20世纪下半叶台湾和香港的汉语中出现了大陆所没有的很多科技（其中包括跟信息科技相关的）术语、财经术语、社会－政治术语，以及表示某些欧洲国家日常现实的新词语。从港台青年的语言中借用过来的，还有一些黑话，通常是方言。

方　言

根据《中国语言地图集》（*Language Atlas of China*，1987—1988）中提出的分类法，汉语中存在十大方言群："官话"（又称"北方话"）方言超级群，"晋"方言群，"赣"方言群，"徽"（又称"皖南"）方言群，"吴"方言群，"湘"方言群，"客家"方言群，"粤"方言群，"平话"方言群，"闽"方言超级群。在"闽"方言内部，按照顺序又可细分出相对较晚出现的七至八个亚群。所谓一个方言群（包括进入"闽"方言超级群中的亚群），传统上指的只是那些说者无须专业修养就能够互相听懂的方言。1987年分类法的特点有别于此前的若干分类法，其分类特点有以下几种：（1）在汉语语言学界首次承认，分布于长江以北的方言有两大不同方言群，即"官话"方言和"晋"方言（早先被划入"官话"方言）；（2）从"官话"方言中又划分出皖南方言；（3）作为独立的"平话"方言群，说此方言者被认为人数不多。除了占据山西大部、陕西北部和一系列邻近这两省地区的"官话"方言群和"晋"方言群外，所有的方言群习惯上都被相对地称作"南方"方言。南北方方言的界限跟长江的走向大致相同，只不过云南西部仍属"官话"区，此方言向南广泛分布，直至中国边境。现代语言学界把中国分为南北方的做法，并不符合中古汉语的实情。在中古汉语的语音学典籍中，反映了两大都城即南方的建康（今位于长江畔的南京）和北方的长安（今陕西西安）的口音，而如今，它们都被归入北方方言（"官话"）区。

方言群的现代名称通常都对应一个省份的历史简称：晋（山西），赣（江西），湘（湖南），闽（福建），粤（广东）。"吴"方言群得名于古代的吴国，其都城位于苏州地区（今属江苏），而"徽"方言则位于历史上的徽州地区，现为安徽南部。例外的名称只有"官话"（"官吏之语"）方言群。还有一些特殊的名称，比如"客家"（普通话称之为"客家话"，意为"做客之人的话""外来人的话"）方言和"平话"（"平常说的话"）方言，周围居民把说这些方言的人称为外来人、外地人。南方方言群的地理分布，可能是由以下方式形成的。

"吴"方言密集分布在江苏长江以南地区及上海，实际上也包括整个浙江（只有少数边界地区例外）。在这两省以外，"吴"方言还分布于江西和福建两省的少数相邻地域。此外，由于相对较晚的移民活动，"吴"方言还贯穿于安徽南部。"吴"方言和"官话"方言沿着长江流域的分界线，有几次从此岸跨越到彼岸。"徽"方言除安徽南部的11个地区外，还包括历史上和地理上跟上述地区有关的江西与浙江两省的局部地带。"赣"方言的主要分布区是江西中北部地区和南昌，换言之，即赣江流域中下游地区和抚河流域（江西南部多讲客家话）。"赣"方

丙

言也分布在邻省的相邻地区；同样在江西地域上也有几块贸然出现的讲"官话"方言、"徽"方言和"吴"方言的地段；这些方言"飞地"与讲"闽"方言岛屿，犬牙交错地分布于福建全境。

"湘"方言的分布区局限于湘江和沅江流域，以及资江在湖南的局部地区，包括该省的行政中心长沙。"湘"方言地区涉及湘江上游的三个县和资江上游的一个县，这些县行政上都归属广西。在湖南境内从东南开始，包括"湘"方言分布区在内，都跟"官话"方言区相邻，湖南西部又跟"赣"方言或"赣－客家"方言区相邻。传统上"湘"方言又被分为两大更具古风意味的方言，即"老湘语"和"新湘语"。

"闽"方言囊括了福建的大部分地区（西部为"客家话"地区），且一直延伸到海边，包括广东的潮汕地区。由于稍后出现的海外移民，"闽"方言也贯穿于台湾岛和广东南部（雷州半岛），并广泛分布于海南岛大部地区。"闽"方言也分布于浙江和江西两省以及广西局部地区，偶见于江苏和安徽两省南部。说"闽"（"闽南"）方言的人大多生活在台湾。"闽"方言至少可以分为八个亚群："闽南"（闽南方言），莆田－仙游（"闽南"地区以北不大的地带），"闽东"（闽东地区），"闽北"（闽北地区），"闽中"（闽中地区），海南"闽"方言，广东雷州半岛方言，以及福建西北地区邵武市和将乐县的方言，这两县与"赣"方言区接壤，因此与"赣"方言有某些共同特点。

"粤"方言区包括珠江三角洲和广东的西部。广东东北部分布着"客家"方言，而在沿海地区有些地方却说"闽"方言。因为明清时代的移民，"粤"方言（系广东话变种）贯穿于今广西全境，现在广西绝大多数居民都说"粤"方言。就人数而言，在香港和澳门说"粤"方言的人居多。

"平话"方言群人数并不多，仅分布在广西，即使在这里，在人数上它也位于"粤"方言、西南"平话"方言和"客家"方言之后，屈居第四。说"平话"方言的人仅生活在有铁路通行的老区，即灵川以南到南宁一带。即使是同说这一方言的人，有时彼此也很难听懂对方的话。"客家"方言紧密分布的地区占据了广东中东部，往北又占据了福建西部以及江西南部。"客家"方言也常见于海南和台湾。说"客家"方言的人相对密集地生活在广西壮族自治区，这里的人通常也掌握其他的汉语方言。由于后来的移民活动，说"客家"方言的一些岛屿状区块也见于四川。

所有现代汉语方言，除约在3世纪时划分出来的最古老的"闽"方言外，其语音体系皆源自唐朝以长安方言为基础的发音标准。在中国境外，长安口音在较大层面上奠定了汉日、汉朝和汉越文字的基础，这些文字在相当程度上代替了较早前借用自汉语的外来词。在中国境内，长安标准处处排挤唐朝之前的发音，以至唐朝之前的发音唯独在"闽"方言中得以保留。

奠定汉语方言分类法基础的最重要特点，被认为是中古汉语发音声母的发展。在"吴"方言群以及"湘"方言群的分支"老湘语"中，已有现代汉语的三种声母（爆破音和塞擦音），分别对应中古汉语中的浊辅音、送气清辅音和不送气清辅音。在其余方言群的方言中，中古汉语的浊辅音就变成了清辅音（送气或不送气）。在"官话"方言和"粤"方言中，浊辅音的不同发展取决于中古汉语的声调。在"晋"方言中，浊辅音的发展通常跟"官话"方言相同。在其余方言群的方言中，没有发现取决于声调的情况，因为浊辅音完全发生了变化，有的变成了送气清辅音（"徽"方言、"赣"方言、"客家"方言），有的变成了不送气清辅音（"新湘语"）。在最早的（没有借用其他方言的）"徽"方言系统里，浊辅音显然都变成不送气清辅音，尽管现在"徽"方言有许多送气的声母借用自邻近的"赣"方言变体。在"闽"方言中，跟中古汉语浊辅音不规则对应的既有送气的声母，也有不送气的声母，因此很多音节词素具有不同的发音版本，其中包括按照中古汉语浊辅音送气或不送气之特点的发音。

通常被研究汉语的著作所采用、作为主要分类依据的第二个语音特征，就是中古汉语中韵尾闭塞音的发展，如-p、-t、-k这些闭塞音。它们完整地保存在"客家"方言群和"粤"方言群里。在"赣"方言群里，有可能听到韵尾的爆破音-t和-k。在"闽"方言中也有一些系统，因其发音套路各不相同，韵尾的闭塞音或完整地得以保存，或全部丧失，或被部分保存下来。比如，厦门闽南方言中的[kap]、[t'uat]、[kak]/[ko]，以及与之相对应的福州闽东方言中的[ka]、[t'ua]、[kau]，在词素上是指"鸽子""脱掉""各个"（相应的北京话即"鸽""脱""各"）。在大多数"晋"方言以及"吴"方言中，中古汉语中的闭塞音对应的是韵尾的爆破音（在厦门方言中亦如此）。

丙

而在"官话"方言和"湘"方言中，韵尾的闭塞音，要么消失殆尽，要么就还保存着韵尾的爆破音，尤其在长江流域众多的"官话"方言中。

对最近数十年所发表的大量方言资料的分析也表明，汉语方言的差别在相当程度上受形态变化的制约。形态学影响可能包括：取消音序，音位对立，在北京话中立化基础上的派生性声调（"轻声"），各种各样类似于北京话里儿化音的现象（"儿化音"），双音节变成单音节的情况，等等。在绝大多数方言里，虚词词素里也会有音序。比如，名词后缀-a，在厦门方言里，位于响辅音和韵尾闭塞音之后，往往对应着相应的声母：[kapba]"鸽子"、[kiatla]"桔子"、[tsikga]"谷子"。音序起到表意词素的作用，此现象只出现在江苏以外的"吴"方言地区和少数"闽"方言地区。

从分类学角度看，"虚词"，即代词、语气词以及其他辅助要素，也很重要。例如，"赣"方言的系动词"是"，与"官话"方言中的系词"是"同宗同源。与此同时，语音上比较接近"赣"方言的"客家"方言，其系动词"嗨"与"粤"方言中的此类特征相一致。湖南位于频繁接受北方移民的移民区，其行政中心长沙的方言在发音上既有别于"湘"方言，也迥异于"官话"方言，但就"虚词"的特征而言，正如C. E. 亚洪托夫所注意到的，它反倒属于"官话"[尤其因为代词"ta"（他、她）的存在]。比如，其他方言中表示同一意义的代词："li"（苏州，"吴"方言），"ju"（南昌，"赣"方言；梅县，"客家"方言；广东，"粤"方言），"yi"（厦门，"闽"方言）。

对符合方言群级别的实词进行比较研究，非常重要。对几大方言（除"晋"方言和"平话"方言）的词汇统计分析，使C. E. 亚洪托夫得以从最古老的方言开始，把它们按下列方式进行分类：（1）有若干亚群的"闽"方言；（2）其余方言：a.广东方言，即"粤"和"客家"方言；b.中北部方言，即"湘""赣""徽""吴"方言和"官话"方言。

目前编成的一系列中国全境和各地区的方言地图，表明了汉语方言中实词和个别虚词的分布情况。这些成果大多出版于20世纪90年代末至21世纪初，属于日本的语言学研究项目，参与者有岩田礼、太田斋、远藤光晓、柯理思等研究方言的汉学家。其中有一幅地图专门分析北京话里否定词"不"的类似现象，其中，它对几大方言的划分与C. E. 亚洪托夫的分类稍有不同：（1）"闽"方言和广东方言"粤"与"客家"；（2）"吴"方言；（3）中北部方言"湘""赣""徽""晋"和"官话"。

因此，"闽"方言和广东方言以及"吴"方言一起，被划出了中北部方言。

面对一系列方言群，研究汉语的学者通常从"官话"方言入手，因为"官话"方言占据了全国（中华人民共和国境内有67.75%的人说汉语）大部分地区，拥有全国人口近三分之二的使用者，"普通话"奠定了中国官方语言的基础。接下来按使用人数排序的方言区依次为："吴"方言，包括上海方言（逾6900万），"闽"方言，包括福州、厦门、汕头以及海南和台湾方言（逾5500万），"晋"方言（逾4500万），"粤"方言，包括广州、香港和澳门方言（逾4000万），"客家""赣"和"湘"方言（分别有3500万、3100万和3000万），使用人数较少的是"徽"方言（300万）和"平话"方言（200万）。

（О.И. 扎维亚洛娃撰，万海松译）

汉语在俄国

俄国驻北京传教团前成员之一Д.П.西维洛夫（修士大司祭达尼尔，1798—1871）主持的俄国第一个汉语教研室，1837年在喀山大学东方系创办。19世纪俄罗斯著名汉学家Н.Я.比丘林（亚金甫神父，1777—1853）和П.И.巴拉第（修士大司祭，1817—1878）早先同样在喀山的神学院开始其汉学道路。创立于1715年的俄罗斯传教团在当时系为俄罗斯政府提供有关中国的可靠讯息的唯一来源。正是其学生和成员为俄国汉、满、蒙语研究奠定了基础，因为通过汉语可以洞悉博大的中国世界，满语作为清朝国家语言被用作外交关系的工具，蒙语长期以来是俄汉交往的语言中介。1807年，亚金甫神父被任命为第9届俄罗斯传教团领班，他在北京居住14年。返回俄国时受到审讯，被解除修士大司祭教衔，流放瓦拉姆群岛至1826年。然而1828年，Н.Я.比丘林已被推选为皇家科学院东方文献和古文物通讯院士，自1828到1851年出版100余部大部头学术著作，成为国际知名学者，也是俄国系统性、学术性的汉学研究奠基者。他编撰数部汉俄词典，其中包括一部至今仍未出版的九卷本词典。1835年根据亚金

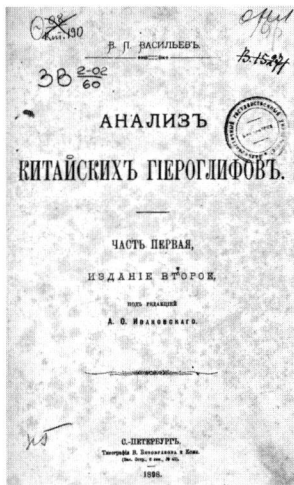

甫神父倡议，在当时的中俄贸易中心、边境城市恰克图开办华文馆，"对于每日贸易往来十分必要"。比丘林为这所学校专门出版俄国第一部汉语语法书（《汉文启蒙》，圣彼得堡，1838），它不仅是恰克图华文馆，而且是喀山大学和后来彼得堡大学汉语研究的唯一教材，1835年比丘林因此书获得杰米多夫奖。1838年4月，俄国外交部部长K. B. 涅谢尔罗德在其给尼古拉一世皇帝的上书中写道："兹亚洲司属僚、修士亚金甫自恰克图返回后完成彼所编撰之汉文文法书第二部。吾等早已察觉其书之必需，然考以创立于恰克图之学堂教授汉文实践，则此书诚可完全自证其裨益；研习语言之年轻人借此教材于数月内所获学识，若无此书须经数年之功也。"

　　19世纪下半叶俄国汉学最重要建树之一，系俄国独树一帜的汉字辞书笔画检字法，它与当时所有汉语辞书均不相同。该检字法由B. П. 王西里（1818—1900）院士首次制定和使用，1855年东方语言系自喀山迁至彼得堡大学后，他成为汉满语教研室主任。循其汉语教学大纲，B. П. 王西里准备语法书和文选，出版两本教材，即《中国汉字分析》（上册，1866，下册，1884）和《汉字笔画系统：首部汉俄词典试编》（圣彼得堡，1867）。B. П. 王西里的检字法不但实用，而且用他本人的话说，还绘制出"一幅汉语书面语逐步发展的浓缩画卷"。嗣后它经过汉俄词典编纂者们的使用和完善，因之取名"王西里－孟第－罗森伯格－郭质生检字法"。И. M. 鄂山荫教授主编的4卷本《华俄大词典》（莫斯科，1983—1984）集俄国汉学家多年词典编撰工作之大成，使用的便是俄国笔画检字法。为筹备这套于1986年获苏联国家奖的基础性出版物，使用的资料既有中国词典，也有俄罗斯和苏联数十年来出版的大量词典，还有在战前和战后年代由列宁格勒汉学家B. M. 阿理克领衔编撰的未出版的《汉俄词典》手稿、编写者们的个人卡片。词典收纳1万6千个字族、超过25万个词和短语，其主体不仅包含当代词汇，而且包含不同时代的古词，且首先为上古汉语词汇。

　　还有一个问题，即以俄文字母拼读汉字，已经被19世纪的俄国汉学家们成功解决。教材《用俄文字母标注的汉语发音》系对此所做的首次尝试，尽管还不太准确。它的编写者为第2届传教团前学员伊拉里昂·罗索欣

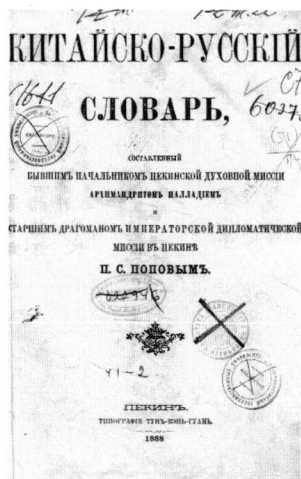

（1707/1717—1761），1741年返回彼得堡后，他被外务院派往科学院担当译事及执教汉满语。1839年，Н. Я. 比丘林制定俄文中较为完善的汉语词注音系统。从其通行的名称"巴拉第拼音"便可看出它受惠于另一位修士——19世纪俄国和整个欧洲最重要的汉学家П. И. 巴拉第，他在俄国驻北京第13和15届传教团中工作，后任修士大司祭。著名的两卷本《汉俄合璧韵编》在巴拉第死后由俄国驻北京外交使团总领事П. С. 柏百福（1842—1913）完成并于1888年问世，它是为数不多针对书面语文言的双语词典之一。它按照语音原则编排（汉字依俄文拼读的字母表排列），为一代代的汉学家服务，而"巴拉第拼音"（又名"俄国传统拼音"，缩写为ТРТ）经少许改动，一直使用至今，被运用于（或至少应该被使用于）所有俄语文本中，包括学术和政论著作、文学作品、地图和辞书，只在教科书里才以中国拉丁化的汉语拼音替代。

1906年，尚名不见经传的俄国年轻汉学家В. М. 阿理克（1881—1951）先在巴黎法兰西学院、后在北京采用实验方法研究汉语语音，这在汉学史上尚属首次。В. М. 阿理克指出，欧洲语言中在纯粹声学上也有汉语声调模式，但汉语中的词义不可能缺乏声调。当时В. М. 阿理克首次以实验方式证明在汉语中存在弱清辅音，与送气清辅音对别。20余年后，В. М. 阿理克再次返回语音学问题，这次涉及汉语书面文字的拉丁化，自20世纪初它在中国本土和境外成为热烈讨论的对象。在苏联，它的进展背景是为苏联各民族构建新的拉丁化字母系统以及探讨俄语从西里尔字母转化为拉丁字母的可能性。在В. М. 阿理克主持下，苏联科学院东方学研究所中国研究室成立拉丁化委员会，吸收知名汉学家Б. А. 王希礼、А. А. 龙果夫、А. Г. 史萍青、Ю. К. 楚紫气参加工作。委员会活动的最终成果系20世纪30年代初创制的"拉丁化新文字"（Sin wenz, Latinxua sin wenz），В. М. 阿理克在著作《中国的象形文字及其拉丁化》（列宁格勒，1932）中对之做出总结。

20世纪30—40年代，两位杰出的苏联语言学家А. А. 龙果夫和Е. Д. 波利瓦诺夫的研究在汉语音位学发展领域起到至关重要的作用，随后В. Б. 卡谢维奇不但以汉语，而且以其他单音节语言为材料发展了他们的思想。20世纪70—80年代，М. К. 鲁米亚采夫和他的学生在莫斯科、

拉丁化的

SH PINGCING

Latingxuadi zhungwen
Gungrhen duben

(beifang koujin)

中文工人讀本

北方口音

Guoqla llenso chubanbu juandung fenbo Chuban
1931

丙

Н. А. 司格林在列宁格勒从事汉语（普通话）实验研究。Т. П. 扎多延科以普通话为材料进行实验研究，其最重要的结果为，存在特殊的单位（语音词），它们限定汉语中任何词素音位过程，首先限定声调交替，这一成果后来被中国和西方学者以方言为材料加以证实。С. Е. 亚洪托夫的一系列论文（1959，1960，1963）和俄国杰出的历史比较语言学家С. А. 斯塔罗斯金的几部著作（首先是专著《古代汉语音系的构拟》，莫斯科，1989；另参见С. А. 斯塔罗斯金与И. И. 别洛斯合编《五种汉藏语比较词典》，墨尔本，1996；另参见С. А. 斯塔罗斯金建立的网站"巴比伦塔"上有关汉语及其方言的资料）提出了上古汉语的历史语音学，其意义至今犹存。

在Н. Я. 比丘林撰写的第一部汉语语法书中，没有十分明确地区分上古语和现代语。1914年，为研究上古汉语（准确地说是以上古汉语书面语言"文言"为基础的汉语），在北京出版了Я. Я. 布兰特的自学课本。到20世纪60年代初前，苏联汉学中语法研究的基本对象是现代汉语普通话。为这些研究设定方向的最重要的一部理论著作是А. А. 龙果夫的专著《现代汉语语法研究》（第1卷《词素》，莫斯科－列宁格勒，1952），它探讨汉语和实际上其他孤立语言中的词类划分问题，在这些语言中具有有限的词形变化，且词序不受词法固定。А. А. 龙果夫的思想在С. Е. 亚洪托夫的学位论文《汉语的动词范畴》和同名专著（列宁格勒，1957）中得到进一步发展。自20世纪60年代大量理论和实践著作出版，探讨与普通话语法和词汇研究相关的各种问题，其作者为下列俄国语言学家：К. В. 安托尼扬、В. И. 郭俊儒、И. Д. 科列宁、Н. Н. 郭路特、М. К. 鲁米亚采夫、И. М. 鄂山荫、Ю. В. 罗日杰斯特文斯基、А. Л. 谢苗纳斯、В. М. 宋采娃、谭傲霜、В. А. 哈比布林、Е. И. 舒托娃、С. Б. 扬基维尔。С. Е. 亚洪托夫的专著（莫斯科，1965）在俄国汉学中首次对上古汉语语法做系统性理论研究。М. В. 刘克甫和黄淑英（莫斯科，1978）、Т. Н. 尼基金娜（列宁格勒，1982；布拉戈维申斯克，2001）、А. М. 高辟天和谭傲霜（莫斯科，2001）在不同时期编著各自的上古汉语手册和教材。彼得堡研究者И. С. 古列维奇的理论著作（晚期上古汉语）和И. Т. 佐格拉芙的理论

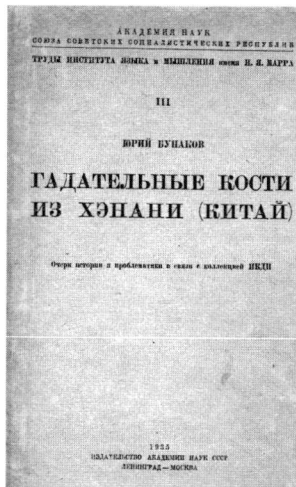

著作（白话或不同时期的平常语言、中国的蒙古官方语言、晚期文言）在汉语史研究中占有特殊地位。这些作者出版涵盖汉语发展各阶段的文选，以此补充建立在分析大量印刷和手抄文本、包括佛经文本基础上的理论著作。俄国对上古汉语文字所做的首次研究，是Ю.В.布纳科夫研究河南出土的甲骨文的著作（列宁格勒－莫斯科，1935）。20世纪70年代，А.А.谢尔金娜、А.М.高辟天和М.В.刘克甫着手研究不同时期的汉语文字，之后，А.Ф.康德拉舍夫斯基在莫斯科、О.М.戈特利普在新西伯利亚、А.Г.斯托罗茹克在圣彼得堡也加入这一研究。В.М.刘克甫不久前发表的专著（莫斯科，2000）对殷周时期上古汉语金文做历史文化分析。最后，М.В.索夫罗诺夫在一套6卷本著作的相应章节中探讨与中国民族史相关的汉语、文字和语文传统的发展问题，该著作由多位作者集体编写：М.В.刘克甫、В.В.马良文、Л.В.佩列洛莫夫、М.В.索夫罗诺夫、Н.Н.切博克萨洛夫（莫斯科，1978—1993）。他们撰写的专著表现中国在新时期和当代进行语言和文字改革的历史，并对之加以分析，此类作品在俄国仅此一部（莫斯科，1979）。

在俄国，第一部研究中国方言学的著作问世于1932年。Е.Н.龙果娃和А.А.龙果夫夫妇在莫斯科和列宁格勒对湖南湘潭和湘乡方言所做的记录导出一项最重要的发现，即发现汉语中一组新的方言，它后来依据湖南历史名称和流入其地域的湘江取名为"湘语"。30余年后的1966、1967年，С.Е.亚洪托夫发表最重要的两篇论文，内容为分析和总结20世纪通过在中国各地区做大量方言考察收集的材料。20世纪70年代初有一组语言学家加入汉语方言研究，他们是苏联科学院（现俄国科学院）远东所的М.В.索夫罗诺夫（组长）、Е.Б.阿斯拉汉和О.И.扎维亚洛娃。这个小组的共同研究成果是研究官话方言群的语音、词汇和语法的专著（莫斯科，1985）。20世纪80—90年代，О.И.扎维亚洛娃在更加广阔的地域和历史背景下继续汉语方言研究（莫斯科，1996）。А.Н.阿列克萨辛和С.Б.扬基维尔在各自著作（均出版于1987年）中描述客家方言和广东方言。Р.Г.沙皮罗在研究四川方言的学位论文（莫斯科，2004）中不仅参考四川方言，而且参考汉语其他方言所经历的变化，试图预测汉语语音的发展。俄国汉学的一个特殊领域涉及东干语方言研究，这类方言源自甘肃南部和陕西关中盆地西部汉语方言。Е.Д.波利瓦诺夫、А.А.龙果夫和Е.Н.龙果娃在20世纪30—40年代为研究这些方言首开先河。20世纪70年代东干语和甘肃方言在О.И.扎维亚洛娃的著作中得到研究。

苏联和后苏联时期，研究汉语和汉字的理论专著和论文、词典和手册、文选和课本大量出版，数以百计。形成许多学术流派，积累起丰富的藏书。这笔巨大的遗产不但可以满足进一步的学术需要，而且可满足汉语实践学习的需要，随着中俄商务合作和俄国旅游业在亚洲汉语区的迅速发展，这种学习实践正在扩展。有关中国和汉语的信息量在俄罗斯互联网上不断增长。汉学被看作显学，需求巨大。不但在传统的汉语研究中心（莫斯科、圣彼得堡、符拉迪沃斯托克（海参崴）、喀山、伊尔库茨克、新西伯利亚、乌苏里斯克、布拉戈维申斯克、赤塔），而且在俄国其他许多城市，都开展了汉语教学。

（O.И. 扎维亚洛娃撰，徐乐译）

＊《现代汉语八百词》，吕叔湘主编，北京，1980年；《汉语方言大词典》1—5卷，许宝华、宫田一郎主编，北京，1999年；《现代汉语方言大词典》，李荣总主编，南京，2002年；《新华新词语词典》，北京，2003年；《普通话水平测试员实用手册》，宋欣桥编，北京，2005年；比丘林《论汉字的发音》，圣彼得堡，1839年；王西里《汉字笔画系统》，载《国民教育部杂志》1856年第12期；王西里《汉字笔画检字法：首部汉俄词典试编》，圣彼得堡，1867年；巴拉第、柏百福《汉俄合璧韵编》第1—2卷，北京，1888年；柏百福《俄汉词典》第2版，圣彼得堡，1896年；《华俄大词典》，鄂山荫主编，莫斯科，1983—1984年。＊＊Н.И. 阿多拉茨基《亚金甫·比丘林神父（历史素描）》，载《东正教谈伴》1886年7月号；B.M. 阿理克《对北京方言语音的考察结果（1906—1909）》，载《皇家科学院通报》1910年第6卷，第4册，第12期，第935—942页；E.Б. 阿斯拉汉、O.И. 扎维亚洛娃、M.B. 索夫罗诺夫《中国的方言和民族语言》，莫斯科，1985年；《汉语语言学书目》，C.Б. 杨基维尔（主编）、H.B. 宋采娃、A.Л. 谢梅纳斯、П.Ф. 托尔卡切夫编写第1—2册，莫斯科，1991—1993年；A.A. 龙果夫《现代汉语口语语法系统》，列宁格勒，1962年；O.И. 扎维亚洛娃《汉语方言》，莫斯科，1966年；O.И. 扎维亚洛娃《中国穆斯林"回族"：语言与文字传统》，载《远东问题》2007年第3期；И.T. 佐格拉芙《蒙语与汉语的交互影响：中国蒙古统治时期的公文语言》，莫斯科，1984年；И.T. 佐格拉芙《层际关系与语言冲突》，载《汉语语言学·孤立语言·第12届国际研讨会论文集》，莫斯科，2004年；И.T. 佐格拉芙《上古汉语（结构形态学描述试作）》，圣彼得堡，2005年；B.Б. 卡谢维奇《泛语言学和东方语言学中的音位学问题》，莫斯科，1983年；Л.P. 孔采维奇《俄语文本中的汉语专有名词与术语》，莫斯科，2002年；E.Д. 波利瓦诺夫《汉语（中国北方方言中的北京话）拼音简述》，莫斯科，1927年；A.Л. 谢梅纳斯《汉语词汇学》，莫斯科，2000年；П.E. 孔气《俄罗斯汉学史纲》，莫斯科，1977年；M.B. 索

夫罗诺夫《汉语与中国社会》，莫斯科，1979年；H. A. 司格林《作为语音学家的阿理克》，载《中国文学与文化》，莫斯科，1972年；H. A. 司格林《汉语语音学》，列宁格勒，1980年；C. A. 斯塔罗斯金《古代汉语音系的构拟》，莫斯科，1989年；C. A. 斯塔罗斯金《语言学论文集》，莫斯科，2007年；C. Л. 齐赫文、Г. Н. 佩斯科娃《杰出的汉学家亚金甫神父（比丘林）：220周年诞辰纪念》，载《近现代史》1977年第5期；A. H. 霍赫洛夫《同时代人评价中的巴拉第—柏百福版的〈汉俄合璧韵编〉（根据档案史料）》，载《汉语语言学·第八届国际研讨会论文集》，莫斯科，1996年；C. E. 亚洪托夫《汉语动词范畴》，莫斯科，1957年；C. E. 亚洪托夫《上古汉语》，莫斯科，1965年；C. E. 亚洪托夫《汉语方言分类法》，载《亚非国家语言学研究》，列宁格勒，1966年；C. E. 亚洪托夫《汉语方言的地理分布》，载《列宁格勒大学学报》1967年第2卷第1期；C. E. 亚洪托夫《中国语言学史（公元前1千年—公元1千年）》，载《语言学史：上古世界》，列宁格勒，1980年；C. E. 亚洪托夫《中国语言学史（11—19世纪）》，载《语言学史：中古东方》，列宁格勒，1981年；C. E. 亚洪托夫《关于东南亚语言遗传学关系问题的现状》，载《亚洲语言的遗传学、分布区和类型学联系》，莫斯科，1983年；王力《汉语史稿》第1—3卷，北京，1980年；王力《中国语言学史》，太原，1981年；李荣《汉语方言的分区》，载《方言》1989年第4期；李荣《中国的语言和方言》，载《方言》1989年第3期；海峰《中亚东干语言研究》，乌鲁木齐，2003年；海峰《"东干"来自"屯垦"》，载《西北民族研究》2005年第1期；《中国大百科全书·语言文字》，北京—上海，1988年；《中国统计年鉴》，北京，2006年；《中国语言生活状况报告·2006》第1—2卷，北京，2007年；陈光磊《改革开放与词汇变动》，载《语文建设》1996年第4期；远藤光晓《汉语方言学论文集》，东京，2001年；远藤光晓《汉语音位学论文集》，东京，2001年；远藤光晓《论"汉语史研究会"和"汉语与东亚语言研究会"的活动》，载《东方古代语言研究》2006年第1期（三月号）；Benedict P. Sino-Tibetan: A Conspectus. C., 1972; Chappell H., Lamarre C. A Grammar and Lexicon of Hakka. P., 2005; Iwata R. Linguistic Geography of Chinese Dialects. Project on Han dialects // Cahiers de Linguistique – Asie Orientale. 1995, 24 (2); Gorelova L. M. Manchu Grammar. L., 2002; Language Atlas of China. Hong Kong, 1987 - 1988; Masini F. The Formation of Modern Chinese Lexicon and Its Evolution Toward a National Language: The Period from 1840 to 1898 // Journal of Chinese Linguistics. 1993 (Monograph Series, No. 6); Norman J. Chinese. C., 1988; Peiros I., Starostin A. Sino-Tibetan and Austro-Tai // Computational Analyses of Asian and African Languages. 1984. Vol. 21; idem. A Comparative Vocabulary of Five Sino-Tibetan Languages. Melbourne, 1996; Pulleyblank E. G. Middle Chinese. A Study in Historical Phonology. Vancouver, 1984; Starostin S. A. The Historical Position of Bai // Московский лингвистический журнал. 1995, т. 1; Zavjalova O. I. Some Phonological Aspects of the Dungan Dialects // Computational Analyses of Asian and African Languages. 1978, Vol. 9.

（О. И. 扎维亚洛娃撰，万海松译）

丙

象形文字 [1]

起源和发展

1、2世纪之交，许慎在字书《说文解字》（简称《说文》）中给出了象形文字起源和发展的传统说法。许慎把中国符号记事系统的产生与神话传说中的君主伏羲和神农的名字相联系：前者创制八卦，后者结绳记事。无论字书《说文》还是其他史料，都认为书写符号由神话中的帝王黄帝的史官仓颉发明，即他描摹鸟兽之迹创造文字。据另一说法，仓颉是龙颜四目的帝王，生而识字。

在中国新石器时代的陶器上发现许多象形图案和其他象征符号。迄今为止仍未能将它们与书写符号对应，但2000年在大汶口新石器时代文化遗址出土了一个陶罐，上面绘制的七个图案首次被确定为象形文字。然而，有关上古汉语文字的基本资料来源仍是两类材料：第一类主要是以占卜为内容的甲骨，其上刻文被称为甲骨文，也被称为殷商文字，因为它们大多属于前13—前11世纪，当时殷为商朝首都——该朝的另一名称也由此得来。2003年报道了一则至关重要的考古发现，在济南市南部的商朝遗址大辛庄发掘地出土4片甲骨，其所属年代在殷之前。第二类上古汉语文字出自青铜器，其上的铭文为金文（另一名称为钟鼎文），其中年代最早的属于商代。西周时期祭礼所用的青铜器达到极盛，西周都城在西部，即今西安地区。在传统历史文献中这一时期的文字被称为大篆或籀文。

东周时期，地区性的字体取代了之前时期统一的象形字。文字的地区差异自春秋（前770—前476）中期已经形成，战国时期（前475—前221）尤为显著。西部的秦国保留着古老的字体籀文（"大篆"）。在东方诸国出现更加简易的象形字，在辞书《说文》之后被命名为"古文"。考古资料证明，东方诸国的文字也未统一。南方的楚国、东方的齐国，以及中原和北方诸国俱有特殊的象形字。春秋战国时期的文字主要为青铜器上的铭文和其他典籍上的文字。可以认为，其时秦国字体籀文（"大篆"）以"石鼓文"形态记录。在楚国地域发现的最古老的帛书属于战国时期。在此时期的墓穴中发掘出最古老的书写在简牍上的文字。汉字"册"就是这些木牍和竹简的象形字，在殷商时已出现。汉语文字发展中一个最重要的

---

[1] 用"象形文字"指称汉字或汉字系文字，是一种已经淘汰的早期说法。中国学者目前多主张汉字为"意音文字"，当然还有一些其他不同意见。——译者注

阶段，是秦帝国（前221—前207）统一中国后对中国文字的统一和改造。短暂的秦朝不但销毁上古哲学和历史书籍（公元前213年依照秦始皇的法令），而且以秦字体"小篆"取代地方字体，作为标准在各地推行，被保存在青铜器、陶器、竹简、钱币上。

自汉朝（前206—220）起在秦字体基础上逐渐形成的字体形式，在中国存在至今并且被称为"汉字"。汉朝时，纸在中国出现，它最早的考古样本年代为武帝（前140—前86年在位）在位时期，但在中国传统史学中，纸的发明属于更晚的时代，即1、2世纪之交，发明人被认为是宫廷宦官蔡伦。[①]纸改变了书写技术并且推动它更加广泛地传播——尽管在3世纪之前仍像过去一样使用更加昂贵的传统绢帛。秦朝与官方字体小篆并存的还有简化的公文字体"隶书"，它在战国时期即开始形成。汉朝时"隶书"替代小篆并成为标准，时人用这种字体重新整理书写秦朝销毁的上古书籍。汉朝末年在隶书基础上产生的形体，在南北朝（420—589）时期最终成型并以"真书"为名流传开来，它作为标准"楷书"保存至今。此外，自前3世纪起，"草书"便与隶书一道被使用。汉朝时还出现"行书"，但它受之后时代伟大书法家的艺术影响才最终成型。

现在使用5种字体，即楷书、行书、草书、隶书和小篆。前两种既在书法中也在日常生活中使用，楷书在印刷和计算机字体中使用，行书是用于书写、记账等的日常书体。另3种字体，即小篆、隶书和草书保存于书法艺术中，小篆主要用于印章，在较少情况下，书法中也用大篆。在楷书字体中，所有的字均由相对较小的一套基本书法要素构成，即所谓笔画（在古代，同一个字内部笔画的成分和排列可能有变异）。这样的笔画共有30个，中国在1964年以官方形式确立了其中5个为基本笔画：一（横）、丨（竖）、丿（撇）、丶[点，包括乀（捺）]、乛（折）。书法中按照传统区分出8个基本笔画，它们全都包含在"永"这个汉字里。汉字笔画的写法是自上往下和/或自左往右。书写每一笔画时，毛笔或其他书写工具的笔尖不离开纸面，与其他笔画严格相接。以草书和部分行书所写的字中，诸笔画互不间断，一气贯穿。标准象形字写在想象的方格中，其书法结构（笔画的数量、组合、顺序）在词典和手册的不同排列和搜索符码中具有原则性意义。如果没有专门修养，难以辨读狂草书法——在狂草书法中不但汉字内部的笔画，而且相邻的字也连为一体。直到1949年前，汉语书写主要仍垂直排列，横排则自左向右读。在中华人民共和国大

---

① 蔡伦改进了造纸术。——译者注

陆地区，现代文本通常水平排列，方向为自左向右。在台湾地区（特别在文学中），直到今天，传统的竖行排列仍与横行排列并用。无论横行排列还是竖行排列都能够运用于书法艺术。

（О. И. 扎维亚洛娃撰，徐乐译）

汉字的分类

在字母（拼音）书写系统中，符号对应的是语言的语音单位，如发音、音序或音节。表意书写用于记录意义的单位为单词或词素。在汉语中，用象形文字来记录音节词素，音节词素就相当于词素和音节。其结果，同一发音词素（同音异义词素）在书写上对应的是不同的符号。例如，与阴平声调音节"ban"相对应的汉字就有多个，如"扳""斑""搬"等（在1988年出版的《新华字典》中共举出10个发此音的汉字）。有一种区别于一般规律的特殊情况是，恰恰相反，一个汉字或许对应两个甚或两个以上音节词素，其导致一个汉字会出现几种读法，例如汉字"车"可读作"che"（如"大车"）或"ju"（象棋中的一个棋子），在作为姓氏时也读Ju。[①]汉字在作为专有名词使用时，常具有类似特殊读音，如忽视这一点，就会犯读音上的错误。有时，具有相同词素的同一汉字会有不同读音（在普通话和方言中均如此），原因可能在于它们的读音源自约定俗成的"口语"和源自"标准语"这两个不同的层次（所谓"文白异读"）。在古汉语中，一个词一般都由一个根词构成，记作一个汉字。在现代汉语中，词语可以由一个、两个甚至更多的音节词素构成，并记作相应数量的汉字，书写时汉字与汉字之间的距离相等，并不因处于相同或不同词语中而有所变化。

对于汉字最早的分类出现在战国时期，并在字书《说文》中有所记载，它的基本方法是对比与相应的词根意义相关的汉字结构。根据起源于此的现代分类方式，所有汉字均可分为两类：一类是独体的汉字（"文"），它们不能再继续分为可独立使用的汉字，另一类是合体的汉字（"字"），它们由两个或者两个以上的简单汉字组成。

---

① 做姓氏时也读作Che。——译者注

(1) ... (2) ... (3) ... (4) 四 文 人 耳 水 木 犬 共 鼎 門 西 齊 高 生 (5) 四 文 人 耳 水 木 犬 矢 鼎 門 西 齊 高 生 (6) ... (7) 四 文 人 耳 水 木 犬 矢 鼎 门 西 齊 文 生 (8) 门 齐

此表中的汉字从左到右依次为：四，文，人，耳，水，木，犬，矢，鼎，门，西，齐，高，生。字体从上到下分别为：（1）甲骨文；（2）金文；（3）小篆；（4）隶书；（5）楷书；（6）草书；（7）行书；（8）楷书（仅举出有简化字形式的现代汉字①）。

独体汉字"文"是最古老且数量最少的一类汉字，它们或源于象征（"指事"范畴），或源于图画（"象形"范畴）。现存共数百个独体汉字（占现代汉语所使用汉字的10%），但它们在文本中应用最广。例如象征范畴的就有："上"和"下"（用水平线之上或之下的一点或一小横表示）；数词"一""二""三""四"（古代"四"的写法就是四条横线）。"文"这个字本身就是一个造型符号，它起初表示人的身体或服装上的线条，后来则表示"花纹""铭文""文本""文字""语言""文学""文化"。参见以下几个源于图画的汉字："人""木""犬""门""西"（起先是鸟巢的图案）、"齐"（殷代文字中用4个②一模一样的方块表示）、"生"（起先用破土而出的幼芽表示）。

当人们需要创造新的符号来记录越来越多的音节词素时（其中包括一些具有抽象意义的音节词素），合体汉字（"字"）便应运而生。合体的表意文字（"会意"）由两个或两个以上意义相关的独体汉字组成。参见这样一些最为"显见的"表意汉字："休"（即"人"+"木"，左侧的"人"字作偏旁时写作"亻"）；"好"（"女"+"子"）。与独体汉

---

① 除"门""齐"外，表内其他汉字亦有简化字形式。——译者注
② 图中为3个。——译者注

字"文"一样，此类表意文字共占现代常用汉字的10%。第二类字是声音表意文字（"形声"），由意义部分（"形旁"，在俄国汉学中称作"钥匙"）和语音部分（"声旁"）组成。这是一个出现相对较晚、但增量最多的符号范畴，在现代汉语常用字中的占比超过80%。形声字的意义部分同时也是检索的关键部分（"部首"），它能确定文字在按部首编纂的词典中的位置。语音部分与汉字的读音有关，可以是独体汉字或者合体汉字，它们本身在单独出现时与作语音部分的汉字整体有（或曾经有）相同（或相近的）的读音。例如，汉字"清"和"圊"的声旁为"青"，而其形旁分别为"氵"（意为"水"）和"囗"（即"围墙"）。

汉字最重要的规则为，在其历史发展过程中，同一汉字与同一音节词素相对应，反过来说，同一音节词素在任何时代所对应的都是同一汉字。对于这一规则前半部分来说，那些将部首列入源汉字中以区分该音节词素的新意义的汉字是例外情况。例如，汉字"娶"是将部首"女"加到汉字"取"下，意为"娶妻"；"饺"字也是一个特例，它意在区分词素"角"在词语"角子/饺子"（字面意思为三角形的饺子）中的最新意义。对于发音和汉字相对应规则而言的第二个重要的例外，即所谓的借用符号（"假借"范畴），这些假借字后被用以记录其他发音或意义相同的音节词素（例如，源自蝎子图案的汉字"萬（万）"后被用来表示数字1万）。在中国文字产生的初期，这种发音假借的汉字便得到广泛使用，但后来被取代。相当大一部分假借字与从11世纪起在北方方言（"白话"）基础上出现的汉语新文字有关，还有一些新的假借字的出现归因于20世纪中叶在中华人民共和国实施的汉字简化运动。

字典中的汉字数量、编排原则及检索

编于100年的《说文》是中国第一部按部首编排的字典，共收录近万个汉字，而后来编撰的多部字典所收录的当时为人熟知的以及不再使用的汉字，计有数万。《广韵》（1008）收字26194个。而韵书《集韵》则收入53525字，其中有相当一部分异体字和地方性汉字。在中国大陆和台湾地区新近出版的词典中，当属《汉语大词典》（1—13卷，北京，1986—1993）和《中文大辞典》（1—40卷，台北，1962—1968）容量较大，两者分别收入23000和49905个汉字。《中华字海》（1—4卷，北京，1994）收录87019个汉字，其中包含佛经用字、不同时代的俗字、

港澳台地区使用的文字、方言字、专有名词用字，以及在新加坡使用的汉字和日、韩语文本中通行的汉字。在任何时期都通行的汉字数量很少，总数不过数千。儒家经典《十三经》（成书于前2—前1世纪）中共计有6544个汉字。为规范现代汉语出版而于1988年颁布的《现代汉语通用字表》共收录7000个汉字。《现代汉语常用字表》（1988）收录2500个常用字和1000个次常用字，共计3500字。在为期6年的小学教育中，中国大陆规定应掌握2500个汉字，台湾地区为2200到2700个汉字，新加坡为1800个。若认识500个以上的常用字，就可理解80％以上的普通现代汉语文本；若认识1000个汉字，可理解91％的文本；认识2400个汉字，这一比例相应地可达99％。实际上，未列入3500字列表中的汉字只应用在少数专业汉语文献中。

中国的词典学如其语言传统一样，有着两千余年的历史。传统中文字典会采用三种文字编排方式，即按义类、按部首和按发音的编排原则。中国最古老的辞书《尔雅》按义类编排，《尔雅》中的汉字没有标注读音。第一部按照部首编排的字典当属《说文》，如同其他古代语文学家一样，《说文》的编者对罕见字读音进行标注的方式，也是借用其他常见字进行注音。后出现按发音编排的字典，即"韵书"。在韵书中，汉字首先按照"声调"分组，再按每一声调内部的"韵"编排。对于那些带有"小韵"并连接同音异义字的汉字，则采用"反切"的方式注音，即借助另外两个汉字的读音来组成此字的发音。后来，在音韵字典中又添加了"韵图"，根据音节的不同特征按照复杂多层的分类原则对汉字进行编排。

现代汉语工具书分为传统的"字典"和"词典"两类。在词典中进行查询分为两步，先查找词或词组中由第一个音节词素所记录的汉字，然后再查找相应的词或词组。现有两种主要的检字法：部首检字法和相对少见的"四角号码检字法"，后一种查字法学习和使用起来非常复杂，主要方式是按照笔画数目进行排列，这种方法在数量相对不大的列表如地理地图索引中，非常方便。在这种情况下，汉字先按照笔画数目、而后再按照部首进行排列。在现代拼音字典中查字很简单，但它却只针对那些已经知道汉字读音的使用者。有些人，特别是那些说方言者，并不总能知道汉字的普通话标准读

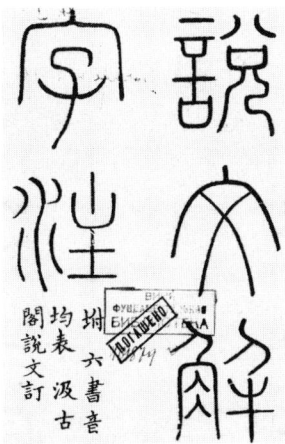

音，相比按拼音编排的字典，他们通常更喜欢按部首编排的字典。因此，按照拼音编排的词典总会附有部首索引。相反，按照部首编排的词典也有拼音索引。电子工具书的检索法也通常是按照纸质工具书的编排方法进行编排。

识字课本

除为数众多的字典外，中国自古就有各种识字书，用于教儿童识字，为方便背诵，它们通常以诗体编成。著于先秦时代、现已亡佚的《史籀篇》是最早的识字书。前3世纪末，秦始皇为规范文字挑选三篇字书，其中包括《仓颉篇》。成书于前1世纪的《急就篇》是完整保存下来的最早字书。稍晚一些在《说文》之后出现的诗体识字课本有着历史、文化和教育价值，其中最著名的是《千字文》和《三字经》，直到现在它们依然家喻户晓。《千字文》是梁武帝（502—549年在位）为教育皇子而命侍郎周兴嗣创作的，周兴嗣一夜之间编成这部四言韵文组成的字书。《千字文》在著名书法家王羲之（321—379）的书法中选出一千个不重复的汉字编纂而成。这些汉字分为4个不同主题，分别是：宇宙起源，人之修养，对国家及其壮美广袤土地的治理，田间生活和各种民间手艺。《三字经》的作者为南宋时期（1127—1279）的儒学大家王应麟（1223—1296）。在后世，《三字经》非常流行，多次扩充完善，并译成蒙、满和多种西方语言，其中包括Н. Я. 比丘林的俄译本（圣彼得堡，1829）。《三字经》一直被视为儒家的蒙学经典，不久前，在中华人民共和国它又成为儿童必背的儒家经典之一，儿童启蒙读物《三字经》还配有官方语言普通话朗读的光碟。中国的姓氏集录也具有语言学意义，其中最著名的是成书于宋代的《百家姓》。上述三本读物并称"三百千"。

（О. И. 扎维亚洛娃撰，刘娜译）

汉字在东亚和东南亚国家

在中文影响下发明出三种独特的文字，即西夏文、契丹文和女真文。越南过去也使用中国文字，直到现在，韩国和日本仍不同程度地保留着对汉字的使用。越南语、朝鲜语和日语这三种语言都大量借鉴了汉语词汇（70%的词语来自汉字），这些词语被改变后，配以相应的越南语、朝鲜语和日语发音。

早在两千多年前，汉字就在朝鲜流行。从公元最初几世纪朝鲜国家诞生时期直到19世纪末的漫长时期，朝鲜的官方书面语一直是朝鲜版的文言，即"汉文"。同时，朝鲜语文本也用汉字记录，朝鲜语词素和词汇用专门挑选出的汉字表达，这些汉字部分表意，部分表音（用来记录意义相同或读音相近的朝鲜语词汇）。此类方法被称为"吏读"和"乡札"。10世纪以后，为简化中国古典书籍的阅读和理解，采用"口诀"法，即用数十个简化汉字作为表音符号，插入根据朝鲜语语法写成的汉字文本中（与日文的方法相似）。朝鲜自己的字母书写"谚文"发明于1444年（1446年世宗大王颁布相关法令），但使用谚文和汉字混合记录的朝鲜语直到1894年才成为朝鲜官方语言。1949年以后，朝鲜民主主义人民共和国只使用包括24个符号的谚文，学校里的学生只学习很少一些汉字。韩国的韩文印刷品中也少有汉字，但一些源自汉语的词汇仍旧使用汉字，这种情况最常出现在学术文章、辞书、地图和一些文学作品中，因为需要确定某个词语的意义。报纸的标题为了简明生动偶尔会使用汉字。学校里汉语是选修课，从七年级开始学习汉语，课本中共有1800个汉字。朝鲜人以中国汉字为范本创造了约250个朝鲜文汉字。

据推测，汉字在公元最初几个世纪就已在日本流行。5世纪，中国佛教典籍经由朝鲜到达日本。与朝鲜情况相同，日本最古老的文献（最早文献同样写于5世纪）用叫作"汉文"的日本版文言文写成，直到19世纪末—20世纪初日本仍在使用这种语言。为了简化对汉文文本的理解，日本早在8世纪就开始在每一竖行的旁边用小的汉字附上日文的语法标志，后来

用音节字母（"假名"）代替这些汉字。最古老的假名"万叶假名"源于日本最古老的诗歌集《万叶集》（8世纪）的标题。万叶假名也是一些汉字，但被当作语音符号来使用，例如日语里的"山"一词就可用汉字"也"和"麻"来记录。8、9世纪之交出现新的假名体系，其中最为重要的就是"平假名"和"片假名"，这两个假名体系沿用至今。平假名有47个基本符号，这些符号源自汉字的草书形式。片假名的作用是构词和表音，来自汉字楷书的偏旁部首，也有完整的汉字。20世纪之初，在编注汉语官方注音字母表时以平假名和片假名作为范例。在现代日语中，来自汉语的外来语和意义重大的日文词汇仍用汉字书写（完全用汉字或去掉词尾）。词尾和其他语法元素用平假名书写。片假名只用来书写来自西方国家的外来语和外国人名。出版界、国家机构和教育系统的现代官方统计表上共有1945个汉字，加上姓氏中的汉字共有2229个。六年制小学的教学大纲上有1006个汉字。日本人自己创造了大约300个汉字。

在越南，汉字用于文言文的正式文本（越南版的文言文叫作"㗂儒"或"汉文"）和汉语外来语中，同时，为记录越南语的音节词素而与汉字一起使用的是越南人根据汉字自创的一些文字，即"喃字"。现存最早的含有喃字的文献约形成于10—11世纪。因为越南语在类型上与汉语相近，越南人没有必要单独做一个字母表来作为汉字的补充。17世纪，西方传教士（葡萄牙人，以及后来在葡萄牙人的基础上继续努力的法国人亚历山大·罗德）创制了以拉丁语为基础的越南语。19世纪，这种文字被广泛使用，并沿用至今（"国语"）。

在所有使用这类文字的国家，书法从古到今都是重要的艺术。直到20世纪，毛笔还是主要的书写工具。笔、墨、纸、砚一起被叫作"文房四宝"，而且像过去一样仍被使用，不仅只用于书法艺术，在签署重要文件时也会用到。在亚洲所有使用这类文字的国家中，富于艺术性的私人印章在艺术领域和公务生活中具有独特作用。印章的主人会根据不同的使用目的选择每个印章的风格和样式。日本和韩国至今仍要将一款私人印章进行官方登记，印章和签

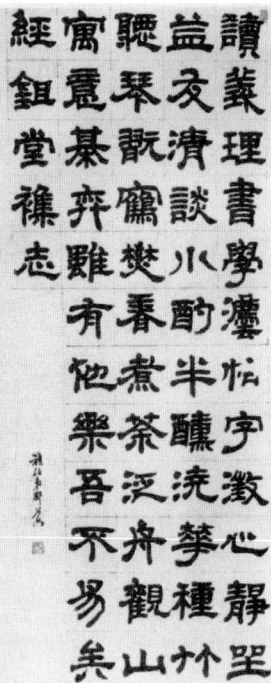

名一起使用，甚至代替文件上的签名，签过字而没有私人印章的文件很可能会被认为无效。

　　整个20世纪，亚洲使用这类文字的国家都在进行关于古老的中国文字命运的讨论。取消这类文字，彻底转向某种形式的拼音文字（拉丁字母，音节符号）在中国本土都曾一度成为不可回避的问题，在韩国和日本则更为迫切。然而，象形文字对信息时代迅速适应，在象形文字国家这被看成是水到渠成的结果，大众观点和学术观点皆如此。

*《中文大辞典》第1—40卷，台北，1962—1968年；《汉语大辞典》第1—13卷，北京，1986—1993年；《中华辞海》第1—4卷，北京，1994年；《汉语辞书大系古汉语词典》，侯赞福主编，海口，2002年；《三字经　千字文》，辜正坤编，北京，2007年；《汉字语音词典》，С. Ф. 索罗金、Л. Р. 孔采维奇编，莫斯科，1983年。**В. М. 阿尔帕托夫、И. И. 巴斯、А. И. 福明《8—19世纪日本语言学》，载《语言学史：中古东方》，列宁格勒，1981年；Р. В. 别列兹金《古代汉语小篆字部首字典》，圣彼得堡，2003年；Ю. 布纳科夫《河南甲骨》，列宁格勒—莫斯科，1935年；О. М. 格特里勃《中国文字书写基础》，莫斯科，2006年；А. М. 卡拉佩吉扬茨《古代文化中的造型艺术和文字（公元前1千年中期之前的中国）》，载《艺术的早期形式》，莫斯科，1972年；А. М. 卡拉佩吉扬茨《公元前213年文字统一前的中国文字》，载《东方各民族早期历史》，莫斯科，1977年；А. Ф. 康德拉舍夫斯基《汉语实践教程》第1卷，莫斯科，2002年；Л. Р. 孔采维奇《朝语中的汉字》，载《俄国朝鲜学》第5辑，莫斯科，2006年；В. М. 克留科夫《文本和仪式》，莫斯科，2000年；Л. Н. 孟列夫《中国书籍简史》，圣彼得堡，2005年；Д. 波兹德涅耶夫《日本文字研究导论》，载《日俄字典》，东京，1908；Н. В. 斯坦凯维奇《越南古代词汇学文献》，载《语言学史：中古东方》，列宁格勒，1981年；А. Г. 斯托罗克《汉字引论》，圣彼得堡，2002年；Н. И. 费尔德曼-康拉德《当代日文中的汉字》，载Н. И. 费尔德曼-康拉德《日俄汉字教学字典》，莫斯科，1977年；М. Ф. 赫万《表意文字》，列宁格勒，1936年；Л. Р. 孔采维奇《朝鲜吏读研究》，莫斯科，1979年；А. Я. 谢尔《中国文字常识》，莫斯科，1968年；高景成《中国的汉字》，北京，1986年；李乐毅《汉字演变五百例》，北京，1996年，2006年；《汉字演变五百例续编》，北京，2005年；何九盈《中国古代语言学史》，郑州，1985年；祝敏申《〈说文解字〉与中国古文字学》，上海，1998年；Liu S. H. Chinese Characters and Their Impact on Other Languages of East Asia. T. P, 1969.

（О. И. 扎维亚洛娃撰，侯丹译）

丙

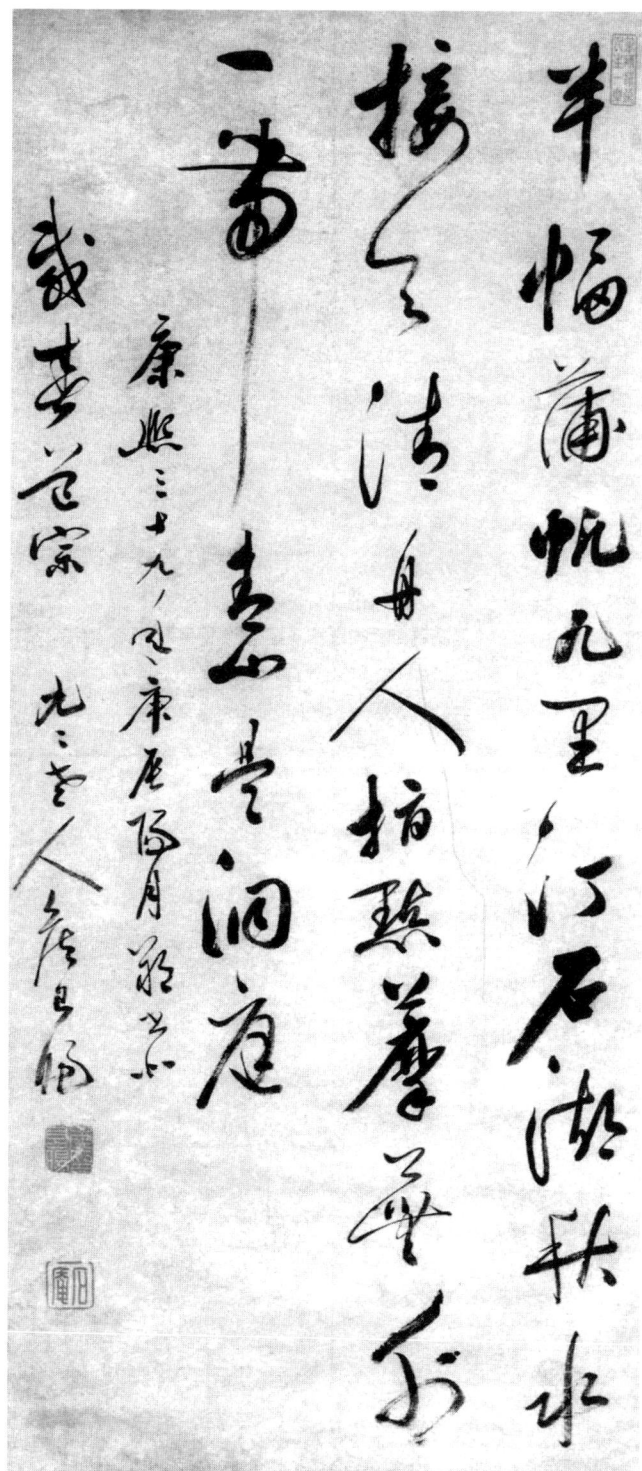

亚洲汉语圈：20—21 世纪的改革与立法

尽管致力于统一语言和文字的改革已进行多年，但中华人民共和国的语言统一问题，尤其是亚洲地区的汉语统一问题总体上看仍是一个亟待解决的问题。中国的官方汉语在不同地区发音不同、词汇不同，甚至语法也各有特点，方言仍像过去一样被广泛使用。在汉语圈的不同地区汉字写法不统一，记录汉字的字母系统也不统一，形成了不同的汉字解码体系。各种政治因素，如中华人民共和国的开放政策、不久前香港和澳门的回归、台湾地区1987年戒严令解除之后语言政策的自由化等，也共同决定了语言发展进程的多样性。

官方语言的地方化形式

在中国，一千多年来书面语始终是受到国家监控的传统领域。在20世纪，以标准北京读音为基础的官话成为这个多方言国家的统一口语，1909年后这种口语形式被称为"国语"。20世纪50年代，中华人民共和国语言改革伊始，国语被改称为"普通话"。1982年《中华人民共和国宪法》和2001年《中华人民共和国国家通用语言文字法》（以下简称《语言文字法》）将"普通话"确定为"国家通用"语言。事实上，2004年全国首次调查资料显示，中华人民共和国只有53%的居民能够用普通话表达，18%的居民在家里也说普通话，42%的居民在学校和工作时说普通话。正是基于这种情况，中华人民共和国在20—21世纪之交不仅颁布了关于语言文字的专门法律，而且在1994年就推行了官方语言考试，即"普通话水平测试"，并要求数百万国家公职人员都要掌握普通话。

中华人民共和国语言政策的一个最重要构成，就是对大众传播媒介语言进行规范。在西方，信息载体根据特点不同被分为两类，即印刷出版物和电子信息载体，如广播、电视和互联网。在中国，对大众传播媒介的划分则首先

丙

依据一个对汉语来说具有重要意义的语言学原则，即书面语和口语的两分法。广播和电视被划入"口语"一类，电影和戏剧根据其口语传播的特点也被归入此列。2001年的《语言文字法》规定，普通话为口头大众传播媒介的基本语言。广播、电视可以使用方言，但要得到相应级别的部门，即中央或省级部门的批准。实际上，甚至一些地方广播中的播音员都不能保持一贯正确的普通话发音，同时，即使是中央电视台在采访中也可使用方言，并配上字幕。不同省份电视台的方言节目通常在本地居民中非常受欢迎。与"一国两制"的政策相适应，2001年的法令实施没有推行至香港和澳门这两个特别行政区。实际上，香港长期以来一直将英语作为公开演讲、国家机构和法庭日常工作的使用语言，同时英语还是商业语言和学术语言。事实上所有受过教育的香港居民都会两种语言，在工作中他们通常使用英语，在所有其他场合则讲广东方言，这种方言属于粤方言。在香港，所有的汉字文本一般都用方言来读。电影、电视和无线电广播中均使用广东方言。1997年后，特别是在中华人民共和国加入世界贸易组织（2001）之后，香港居民的阅读仍像过去一样使用两种语言，但在口语上却三种语言齐用，即英语、广东方言和普通话。根据国家语言文字工作委员会的部署，进行了普通话水平测试，数千名香港教师通过了测试。2002年，在香港立法会召开的关于语言问题的会议上首次出现普通话。曾为葡萄牙殖民地的澳门，其语言使用情况和香港相似，当地居民过去一般说广东方言和葡萄牙语，包括混杂了地方特色的葡萄牙语，现在的澳门人也在积极学习普通话。

台湾地区在1949年以前流行两种汉语方言。第一种属于福建南部方言"闽南话"的一种，第二种方言是来自广东的外来移民所说的方言，即"客家话"。如今，1949年以后到台湾的大陆人和他们的后代占台湾居民的13%，说闽南话的居民占大多数，占73%，说客家话的人口为12%。剩下的2%是台湾的当地居民。国民党退至台湾后，继续推行1911年起在大陆施行的语言改革，确立以北京语音为基础的"国语"为台湾岛统一的交际语言。这次运动取得成功，岛上90%的居民都掌握了国语，而台北几乎所有人都会说国语。然而，只有语文学专家和教授外国人汉语的教师才会说经典的北京国语。台湾高等院校中流行的国语语音、词汇甚至语法都和1949年以前在大陆制定的旧国语标准有所不同，也不同于现在的普通话。方言在台湾的地位一直很强大，而且在1987年戒严令解除之后方言的地位又进一步巩固。从20世纪80年代初开始，台湾的一些学校中用方言进行非正式教学，播送方言广播和方言电视节目，文学家用方言写作，还有用方言刊登的广告。台湾教育部门出台了一个法律草案，旨在结束"国语"对台湾当地居民语言以及使用人口数量更具优势的其他汉语方言的优势地位。

当今几种汉字书写方式

当下，中国由来已久的文字统一任务又面临新情况，部分很难写的常用字在中国大陆已被简化字所取代，但它们却在港台地区继续使用，被视为规范字。《汉字简化方案》由中华人民共和国国务院于1956年颁布，文字改革委员会公布了由2236个简化字组成的《简化字总表》，其中的汉字得到程度不等的简化。这些汉字约占《现代汉语通用字表》（1988）所收汉字的三分之一，《现代汉语通用字表》收字7000个。中华人民共和国对汉字的进一步简化被部分专家认为不甚恰当，虽说在"文化大革命"时期曾指定一个新方案，并在"文化大革命"结束后公布，其中一些新字（853字中的248字）于1978年1—7月在报刊试用，但同年，《第二次汉字简化方案》暂缓执行，1986年正式废止。在2001年的公布《语言文字法》中，中华人民共和国自20世纪中期开始的简化字方案得到确立。这一简化法也为联合国的中文文件所采用。简化字在东南亚华人中得到推广，其中包括新加坡华人，在新加坡，一直使用至1976年的某些本地简化字和异体字被废止。与此同时，在港澳台，简体字却一直未被使用，这些地区至今仍使用传统的"繁体字"。此外，在香港，除通用的各种汉字外还增补了一些广东话字符（共约100个），它们被编入标准的电脑汉字编码系统《香港增补字符集》。

官方和非官方的汉语字母表

为汉语编制字母表的尝试首次出现在元朝（1271—1368）统治时期，当时曾试图用所谓"八思巴文"的蒙古方形字母取代汉字以及帝国影响下的一切书面文字。数百年后，随着中华民国时期兴起的"国语运动"

丙

和中华人民共和国开展的推广普通话运动，新的官方字母系统在中国出现。1918年颁布了第一个"注音字母"方案，它以日文的片假名字母表为样板，采用一些笔画极简的字或偏旁做注音符号。1928年又制订并公布了另一份字母表，即以拉丁字母为基础的"国语罗马字"，这份字母表从未得到广泛运用。最后，1958年制订了以拉丁字母为基础的"汉语拼音"方案，它在1991年被国际标准化组织（ISO）确认为汉语拉丁化书写的标准方案。

1949年后很长一段时间里，在台湾地区得到承认的仅为中华民国时期制订的"注音字母"和"国语罗马字"。1984年，相当复杂的、同时标准音调的"国语罗马字"被废止。实际上在台湾地区的出版物中，外语单词，尤其是专有名词，通常均采用威妥玛－翟理斯式拼音法（Wade-Giles），用拉丁字母拼写。2002年，台湾地区引入以"汉语拼音"为基础的新拼音法，称作"通用拼音"，它彻底取代了"国语罗马字"，与威妥玛－翟理斯拼音法、注音字母和汉语拼音并用。以传统汉字笔画为基础的注音字母，其生命力颇为惊人，现又有机地融入当今的信息技术天地。第一版字母表与其所标注的国语一样，在很大程度上是跨方言的，能体现当时北京方言中已消失的某些语言现象（首先是浊辅音和"入声"）。在用作字母的汉字偏旁中有一些能表示非标准发音的符号，其中包括对感叹词和象声词的记录。经修订的"注音字母"于1930年颁布，当时改称"注音符号"，体现国语的标准北京发音。中华人民共和国成立后，即便在引入汉语拼音之后，注音符号仍被用来标注字典中的汉字发音，通常与汉语拼音并用，而在台湾地区，这一字母表仍称"注音符号"，用于学校教学和字典、课本、儿童读物中的标音，也被用于汉字键盘。台湾地区的标准键盘，包括手机键盘，除拉丁字母外还标有注音符号。

第一套非官方的汉语字母系统由穆斯林创建，用以在汉语文本中标注汉字，它以阿拉伯语和波斯语字母为基础，至今仍在使用，即"小儿经"（"小经"）。目前发现的小儿经文最早文献实物是现西安大学习巷清真寺内的一座14世纪石碑，碑上刻有《古兰经》经文，底部用小儿经拼写刻碑者与修建此清真寺人员的名字。在蒙古统治时期也曾

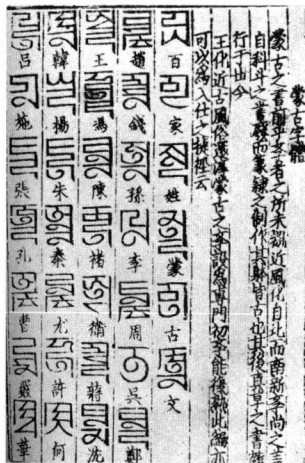

有一套用阿拉伯语字母拼写汉语的系统"亦思替非"，其样式和功能现已不得而知，被认为已完全失传。由A.A.德拉贡斯基在伊斯坦布尔圣索菲亚大教堂图书馆发现并解读的医学著作《脉诀》的波斯语版本，被视为现存最早的"亦思替非"文本。外国人尝试用拉丁字母为汉字注音的最早尝试出现在明代（1368—1644），这两位外国人即著名西方传教士利玛窦和金尼阁，他们的注音尝试分别完成于1605年和1625年。19世纪，中国出现多种字母表（其中包括标注方言的字母表），其注音字母来源多样，起初由外国人尝试，后也有中国人操作。中国最重要的方言之一粤语就有数种拉丁化拼音法，其中一些在香港沿用至今。在台湾地区，为当地所使用的闽南语制定一种新的拉丁化标准注音方案当下已成为一项重要的社会语言学课题。

（О.И. 扎维亚洛娃撰，刘文飞译）

信息技术与汉字

长久以来，摆在汉字使用者和汉语词典编纂者面前的难题，就是为亚洲汉语圈编写特殊的软件编程。

第一个难题是，与拼音文字不同，汉字的数字编码数以千计。汉字曾使用过不少（至少10套）编码系统，其中两套基本编码系统分别由中国大陆和台湾地区制定。中华人民共和国的"国家标准"（简称为GB）制定于1980年（GB2312）。2000年，国家标准的扩展版GB18030颁布，其字符数为27496个。存在相应字体，既可使用简化字，也可使用繁体字。字符按照拼音和部首原则排列。台湾地区汉字编码的业界标准是大五码（Big-5）系统。该系统1984年由台湾5家电脑公司编制而成，起初包括13000多个汉字。字符（仅是繁体字）的排列顺序首先是笔画数，然后是部首。1998年，其字符数增至17005个。在香港，传统繁体字和某些粤语词汇并用，1994年，香港对台湾地区的大五码系统目录进行本地化补充，目前这份文件的正式名称为《香港增补字符集》（*Hong Kong Supplementary Character Set*）。2004年，该字表有4941个字符。

第二个难题是，为使用通用的拉丁语键盘输入汉字，中国大陆和台湾地区分别采用了不同方法。人们采用注音方式确定汉字的标准读音，然后用拉丁字母来标注（外国人更喜欢这种方法）。注音不仅可以使用"汉语拼音"，也可以使用中文的其他字母体系。台湾地区采用"注音字母"标注。中国大陆的五笔字型输入法以构成汉字的5个基本笔画为基础（这些笔画的组成及排序于1964年确立）。键盘的5个区域各自对应一组起始笔画：首笔为横"一"的字符组可选择键盘左边"A-G"这5个键；首笔为竖"｜"的字符组集中在"H-L"和"M"这5个键上；上面一排的"Q-T"5个键用于书写撇"丿"；点"丶"或捺"乀"则位于"Y-P"5个键。其余所有笔画详见下图：

金 35 Q	人 34 W	月 33 E	白 32 R	禾 31 T	言 41 Y	立 42 U	水 43 I	火 44 O	之 45 P
工 15 A	木 14 S	大 13 D	土 12 F	王 11 G	目 21 H	日 22 J	口 23 K	田 24 L	；：
Z	纟 55 X	又 54 C	女 53 V	子 52 B	已 51 N	山 25 M	＜	＞	？

台湾地区主要有两种联想式汉字输入系统：大易输入法和仓颉输入法。仓颉输入法中，基本汉字根据相应的24个拉丁字母（除去Z和X）被分成四组。第一组：五行类，包括汉字"日"和"月"以及五行之"金""木""水""火""土"（字母A、B，C-G）。第二组：笔画类（H-N），包括汉字的七个基本笔画；H组首个汉字"竹"代表笔画撇；汉字"中"为笔画竖。第三组：人体类（O-R），包括汉字"人"以及人的基本特征"心"（中国人认为人用心来思考）、"手"、"口"。最后一组为字形类（S-Y），由写法相似的汉字组成。例如："山"字为上部不封口的汉字，"田"字则代表四边全封口的字符。

日	A	竹	H	人	O	尸	S
月	B	戈	I	心	P	廿	T
金	C	十	J	手	Q	山	U
木	D	大	K	口	R	女	V
水	E	中	L			田	W
火	F	一	M			卜	Y
土	G	弓	N				

  无论选择何种输入法，单字的输入均分为两步。首先，屏幕上会出现具有某种共同特征（比如读音相同）的所有字组，然后从按照诸多特征（使用频率、某类部首、简体字、繁体字等）归类的某个字组中选取所需字符。为加快选出某字，还有各种补充方法，如使用某字在万国码（Unicode）系统中的代码。输入一般性的连贯文本时，电脑通常会自动查找并推荐相应汉字，特别是与上下文相关的词或词组，以便提高输入速度。

丙

**В. М. 阿理克《中国象形文字及其拉丁化》，列宁格勒，1932年；О. И. 扎维雅亚洛娃《中国的语言立法》，载《当今世界民族语言问题的解决方案》，莫斯科－圣彼得堡，2003年；О. И. 扎维亚洛娃《信息技术时代的亚洲汉语圈》，载《远东问题》2005年第1期；О. В. 谢苗诺娃《作为新加坡语言构成因素的汉语》，载《当今世界民族语言问题的解决方案》，莫斯科－圣彼得堡，2003年；В. Ф. 苏哈诺夫《汉字的简体和异体》，莫斯科，1980年；С. Б. 扬基维尔《汉语粤语方言》，莫斯科，1987年；《为汉字规范化而继续努力·纪念〈汉字简化方案〉公布35周年》，载《中国语文》1991年第2期；李宇明《中国语言规划论》，长春，2005年；龙惠珠《港人对广东话及普通话态度的定量与定质研究》，载《中国语文》1998年第1期；傅永和《中华人民共和国的汉字整理》，载《语文建设》1995年第7期；冯爱珍《新词语词典的方言词收录及其规范问题》，载《中国方言学报》第1卷，北京，2006年；仇志群、范登堡《台湾语言现状的初步研究》，载《中国语文》1994年第4期；《2005年中国语言生活状况报告》上、下编，北京，2006年；《2006年中国语言生活状况报告》上、下编，北京，2007

年；Dragunov A. The hPhagspa script and Ancient Mandarin // Известия АН СССР. Отд. гуманитарных наук. Сер. 7. Ч. 1 (No. 1). Ч. 2 (No. 2). 1930; idem. A Persian Transcription of Ancient Mandarin // Bulletin de l'Acade´mie des Sciences de l'URSS (Classe des sciences sociales). 1931, No. 9.

（О. И. 扎维亚洛娃撰，靳芳译）

古代中国的字、文和音

早期的文字符号仅为表示占卜结果的数字，与八卦中的象征符号有关。前4000年的新石器时代陶器上已发现两类刻画符号，分别是少量的图示和部落图案（图腾）。至前2000年出现了几套独立的神秘符号，分别由8、10、12个符号组成。后两组符号系统即所谓"干支"，与第一组符号系统"八卦"一样，也是三位相合、两两相配的数字组合结构。陶器上的符号展示了两类表意趋势。一类是氏族姓氏符号，即姓名符号，有具体的"术语"意义。这类符号的体系、传达意义的方法和结构均不统一。另一类是表示数量的分类符号，这类符号既无固定意义，也无内部结构（由于其简单特性）。整齐固定的分类符号系统被赋予图形文字的直观单义，在此基础上形成了中国文字。但所有这些都是表示信息的单纯图示手段。因此，最古老的中国文字和原始图形文字之间的关系与装饰音和图形之间的关系大致相同，最古老的中国文字更像音乐中的装饰音（韵律），而非语言中的发音。[①]

符号被赋予意义之后发生了质变，于是开始出现自发的统一过程，即符号范围日益明确，图示元素和每个符号的体系渐渐统一，符号的概念意义变得明确并有了区分。由于"概念"和"词语"的关联，最后一个过程确定了发音语言的发展方向。当时，清楚理解一篇长文本（在前1000年左右的600年间，铭文的字数由1个增至数百），需要语法规范和连接词、量词和代词一类的助词符号。类似符号已能记载发音语词。

至前1000年中期，文字开始诉诸口语。前5—前3世纪与《易经》相关的文本有云："书不尽言，言不尽意……圣人立象以尽意，设卦以尽情伪，系辞焉以尽其言……"（《系辞传上》第12章）

一些表达概念的象征符号甚至也能"读"出来，即具有相应的发音，但其读法通常与实际应用语言中的词语不同。例如，亚述人的苏美尔表意文字用苏美尔语发音，俄语中"铁"

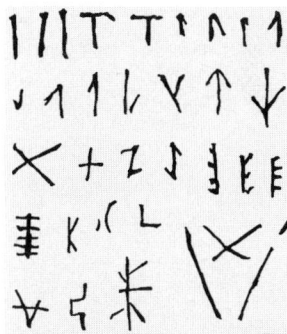

六 西安半坡村记号

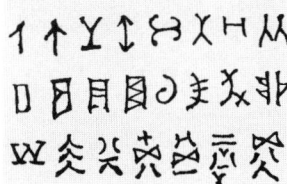

丙

[①] 虽然汉字构形不直接记音，但通过长期与词语建立固定联系而获得音读，本质上依然是通过符号记录语言中的词语发音。作者的这些比拟和描述是错误的或不适切的。——译者注

的元素符号Fe读作"fe"或"ferrum",而不读作"железо",这些读法是化学家们的专业"行话",与此类似,前1000年初期的汉字读法也是抄书吏的"行话"。这些读法并未在殷商文化变为周文化时发生改变,尽管如此,M. B. 索夫罗诺夫注意到,周人能说另一种语言。古代中国文字符号有意义和读法,但某个字的读法并不一定与其含义和发音吻合。

随着表意范围的扩大,书面语和口语的基本区别必然显现出来。新概念或通过相似概念(为此需要意识到这些概念的区别),或通过相似发音(为此被固定的概念应作为发音用词)固定下来。在第二种情况下就出现了借音现象。А. Г. 史萍青认为,通过借用发音而发展的表意现象本应使中国形成音节文字,然而在公元前最后几个世纪中国文字统一过程中,于保留借用符号的同时又增加部首来明确意义。这一事实至少说明书面语和口语意义相同,尽管发音相同,但由于书写不同,意义也就不同。这也意味着符号的读法不能被认为与含义无关。

上述过程全都反映在前213年的文字统一过程中,同时体现在六种造字法,即"六书"中。最初的两种造字法是"象形"(图形文字,原型是氏族姓氏符号)和"指事"(原型是分类表象征符号)。接下来的两种造字法分别是"会意"(按照意义由前两种造字法符号或部分符号构成,因此这类符号的读法不能用图形表示)和"形声"(声音表意符号,由声旁和形旁两部分构成,其来源上文已做描述)。第五、第六种造字法分别是"转注"和"假借"。转注法的含义在1世纪时即已模糊,表面上是作为假借法,区别于非系统变化的原始图形符号。假借法是由于本意不常用而假借音同而形异字的造字法。统一的中国文字符号被认为是统一的形式、读法和意义(从公元元年前后起几乎未有变化),形声字成为中国的标

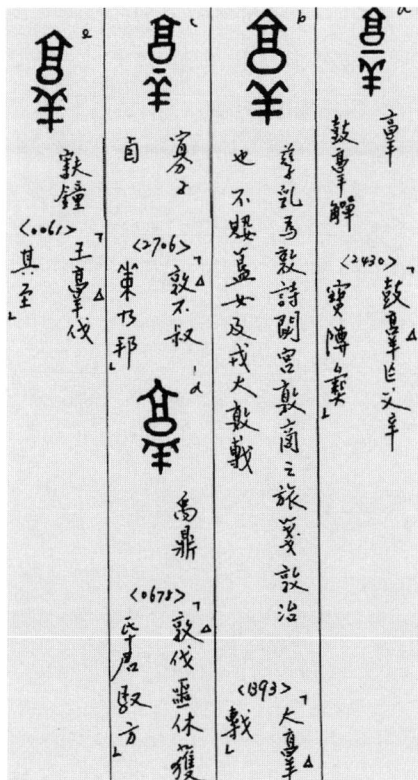

准汉字，形旁表意，声旁表音。据王筠（18世纪）统计，第一部汉字字典《说文解字》（100）收录的九千多个汉字中形声字占82%，会意字占13%，象形字364个，指事字129个，其他两类造字法汉字只有少数几个。

中国文字在两汉时期方才成型，当时，书面符号和单音节发音词的一致性已形成，它们作为音节词素的联系也已被认识。词语穿上符号的"外衣"不仅限制了书面符号的数量，统一了书面符号，而且使发音语言变得简单而多变。当符号Fe读作"铁"（железо）时（即写法一致），或单词"铁"（железо）开始被读作"fe"或"ferrum"时，独立的文字便渐渐成为发音语言文字。与此同时，言语中最小的表意片段也开始在长度和结构方面变得相似，表意片段之间用符号标记。

在中国，文本的编纂起初是国家大事。前1000年中期以前，只有祭司阶层才能创造和使用中国文字。直到孔子（前552/551—前479）时期才出现第一所私塾，而且孔子认为私塾是统一的中央集权文化病态瓦解的表现。战国时期（前5—前3世纪）出现不入仕途的"处士"，这是一个政治和意识形态多元化的时代，其基础就是规范化的典籍，这些典籍首先被视为语言标准的存在。尽管存在多个中心，但这一时期的文献语言是相同的，Б.高本汉勉强划分出两种"方言"，即"哲学方言"和"历史方言"。诸侯国的政治和意识形态的界限之一是"北"（中国黄河流域的华夏族中央诸侯国）、"南"（长江南岸的外族楚国）划分，但典籍文献对于南方诸侯国来说也是文化统一的标志。前4—前3世纪，北方形成两大文化中心，即东部的齐鲁文化中心和西部的秦文化中心。秦统一中国后加强了对文化的控制，统一了文字，接着至两汉时期，衰落的文化复苏，但文化基础发生了根本性变化。新语言的形成经历以下几个主要阶段：

1. 殷商王朝（前13—前11世纪），即甲骨文时期，文本为装饰图形，与载体的形式和仪式相关。这种文本的结构和形式固定，其一是"志"，即吉凶占卜问事，其二是占卜结果。文本长度不超过几十个符号，能识甲骨文的人为数不多。

2. 西周王朝（前11—前8世纪），文献文

甲骨文	金文	小篆	隶书	楷书

丙

本形成时期,与文字的载体和直接用途关系不大。其内容一般是记事性质的铭文、诏书、诗句(同样有目的指向)以及各种图示。这一时期,书吏定期记录,它们反映了占卜过程的变化,即用固定事实占卜①。文本长达两三千个符号②,通常是范铸在青铜器上的铭文("金文"),说明当时产生了较为固定的图示书面符号概念,这些符号多为正方形,且有特定结构。

3.春秋时期,因孔子根据史官以时间为序(前8—前5世纪)所做记录而修订的第一部编年史典籍《春秋》而得名。这部"古文"文献的核心基础是由儒家奠定的,早于周朝第一位思想家周公的言论③。这一时期形成的文本称为"经"。当时至少存在4部经书④,即《春秋》《书》《易》《诗》。

《诗》并非通常认为的民歌总集。其一,其中的民歌体裁文本是出现最晚的;其二,《诗》中的四言诗行太短,后期诗歌的诗行都不少于五言;其三,具有匀称而复杂的韵律结构;其四,是各个诸侯国的诗歌,很可能是不同方言的诗歌,但在语言方面很统一。

4.战国时期(前5—前3世纪),所谓"新文字"即"今文"文化时期,"今文"称"传",而非"经"。"传"与"经"有关,但其文本语言与"经"不同,文中对形式进行讨论,同时补充了"经"的内容。这类文本在语言方面同样很统一。《穀梁传》和《公羊传》均属"传"的范畴,通常被视为最早的《春秋》注疏。

向"新文字"的转变是一个十分重要的文化转折,"仪式—文本"关系变成"现实—文本"关系,由于语言和现实的必然关系,这种

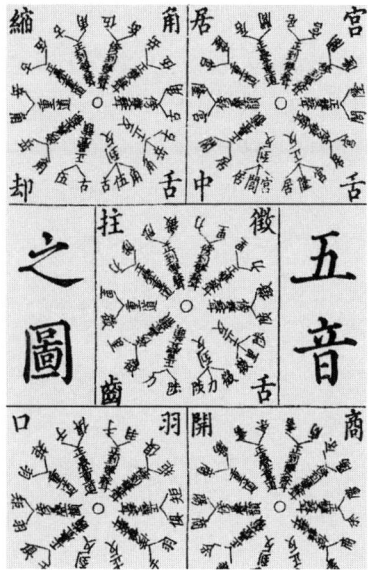

---

① 西周金文与占卜无关。——译者注
② 西周金文文本没有这么长的篇幅。——译者注
③ 春秋时期的《春秋》不可能"早于周朝第一位思想家周公的言论"。——译者注
④ 早期典籍中常用一个汉字来指称(不像后来常以两个汉字为题)经书,如"诗""书""易"。此处译名也可作为典籍某一部分之称谓,早期作者所指或许并非流传至今的这几本书。——原注

改变加强了"语言－文本"的联系。"传"与"经"并存引发两个最重要的进程。首先，自由（非仪式的、非"预防凶兆的"）文本现象得到承认，出现了哲学文本和第一部个人具名诗歌《楚辞》，这是《诗》的南方变体。其二，书面文本中形成了标准与非标准的对比，于是出现了字帖、对文本的有意识评注以及大部头辞书。作为评注对象的文本是"古文本"，与口头语言并不统一。对"新文本"进行批注的语言也不是活的语言。个人创作的文本是在楚国出现的，楚地是泰语和南亚语系区域（参见C. E. 亚洪托夫著作），与黄河流域的汉藏语系有显著区别。前10世纪中期，中国南部和北部所说语言各异，但《楚辞》与《诗》的汉字总数及排列组合方式却差异不大。孟子（前4—前3世纪）对这一奇特现象做出如下解释（《孟子·滕文公章句下第六》）："孟子谓戴不胜曰：'子欲子之王之善与？我明告子。有楚大夫于此，欲其子之齐语也，则使齐人傅诸？使楚人傅诸？'曰：'使齐人傅之。'曰：'一齐人傅之，众楚人咻之，虽日挞而求其齐也，不可得矣；引而置之庄岳之间数年，虽日挞而求其楚，亦不可得矣。'"

在这段引文中，两人显然是在讨论那些相对容易掌握的发音标准（汉字读法），齐国和楚国两地的地名被用作两种发音标准的名称，可能就是《诗》和《楚辞》的格律所体现出的北、南两种发音标准。由此便可理解，为何此处未用宋国、儒学发源地鲁国或孟子出生地邹国的发音来举例，因为当时是在齐国开办了中国第一所学府（稷下学宫），孟子和荀子两位哲学家都曾在此任职。11世纪博学多才的科学家沈括在《梦溪笔谈》中对齐、楚两种语言也进行过类似对比。颜之推（6世纪）在《颜氏家训》中则把《春秋》归为"齐语"。

"齐国发音"的概念接近"文雅"，第一部辞书《尔雅》（前3世纪）的名称就包含"文雅"的概念。起初，"雅"字与表示汉族的汉字"夏"外形一致。"雅"的概念在儒学奠基之作《论语》中得到确立，《论语》记载孔子及其弟子的言论（"语"）："子所雅言？《诗》、《书》、执礼，皆雅言也。"（《论语·述而第七》）孔子指的是《尚书》

《诗经》，也可能包括《春秋》中的赞礼文本。《论语》云，孔子："恶郑声之乱雅乐。"（《论语·阳货第十七》）前4—前3世纪的典籍《荀子》中的《乐论》和《左传》中有一系列篇章对这一观点进行解释，均认为这是对用"靡乱轻浮"之乐代替雅乐、用"流行"文化取代古代文字和正统礼仪文化的倾向之批判。另一个有力证据是，《诗》的第二部分亦即中心部分用术语"雅"来命名。第一部分的作品出现稍晚，主要为仿作的民歌，其中有《郑风》。从《诗经》各篇章的划分中可看出"古"篇和"新"文的对比。

  与"标准"这一概念直接相关的是儒学的基本概念"正名"，《春秋》诠释之作"传"中对语言层面的"正名"进行了论述，通常讨论某一内容为何用某一形式传达的问题。《荀子·正名篇》认为："同则同之，异则异之；单足以喻则单；单不足以喻则兼；单与兼无所相避则共，虽共，不为害矣。"荀子认为，最主要的是相同事物即以同名命之，不同事物则以异名称之，只有复杂事物应用复名称之，同时，复名中又有相同部分，相同部分能够单独命名，复名的形成反映了正确的归纳过程。《正名篇》开篇论述，确定名称是统治者的特权，而且，最早的名称（或刑法名称，即"刑名"）恰始自殷商。"散名"本就存在，源于"习俗"，其中首先命名的是"自然"（首先是人）和"情"。"王者之制名"，由于名称确定，便能分辨实际事物，荀子把"析辞"看作犯罪，其罪等同于伪造度量衡。圣明的帝王去世后，名称和事物的关系变得混乱，即使是"掌管法度的官吏""讲述礼制的儒生"也都混乱不清，荀子对此哀叹抱怨，他认为，如果再有真正的王者起（形成文化中心区），一定会"有循于旧名，有作于新名"。"有名"以事物有同有异为根据。分别制名可以"名贵贱"，"志"无难言之困，"事"则"无困废之祸"。人们根据对事物大致相似的分类和理解来命名，因此"共其约名"。荀子在本段开头引文之后接着说，实质相异的事物无不具有相异的名称。下面这段话非常重要：

  故万物虽众，有时而欲遍举之，故谓之"物"。"物"也者，大共名也。推而共之，共则有共，至于无共然后止。有时而欲遍举之，故谓之"鸟""兽"。"鸟""兽"也者，大别名也。推而别之，别则有别，至于无别然后止。名无固宜，约之以命，约定俗成谓之宜，异于约则谓之不宜。名无固实，约之以命实，约定俗成谓之实名。

因此，中国古代语言文学传统的特点是首先要求遵循名和实的一致性，也要求称名的丰富、有序及和谐。同时，称名分为抽象（"物"）和具体（"鸟兽"）、单名（"物"）和复名（"鸟兽"）。更为抽象的事物则用最大的称名"万物"称之，更为具体的事物则用具体的、单个的术语称之。荀子的正名理论中，书面语言的自主性、"非自然性"、统治者协调的构造能力（作为社会制度）得到关注。这种看法尤为突出地表现在"名家"学派代表们的观点中，该学派的特点是单名和复名不可混用（"白马非马论"）。该学派创始人公孙龙（约前325—前250）的同时代人认为，他"欲推是辩，以正名实而化天下焉"（《公孙龙子》第6篇）。《论语·子路第十三》中体现出对语言的态度积极，认为"正名"是为政之首要工作："名不正，则言不顺。言不顺，则事不成。事不成，则礼乐不兴。礼乐不兴，则刑罚不中。刑罚不中，则民无所措手足。""礼"和"乐"是社会构造的基础，具体表现为规则秩序与和谐关系，即对事物进行细致和系统的调整。上面引文中的"名"组成"言"，"言"则对不顺之"事"进行描述，言出必果。

　　由于对世界的认知具有数量性、整体性和不连续性等特点，"传"中所有明显涉及语言问题的部分必然会对某一"内容"的表达方式进行讨论。这些语言表述与荀子正名理论的关系表明其术语相似，特别是作为称谓具体事物的"散名"和称谓群体事物的"聚名"之间的对比关系。例如，《穀梁传·僖公十四年》的记载中，认为"诸侯"为"散辞"，而且直言不讳地说，这一称名的字面理解与其内容矛盾，因为该称名为聚名，即诸侯"聚"而奉命，但并未赋予这一对比以术语含义。

　　"传"对书写方式、某种表达的含义等问题的论述直接源于《春秋》的礼制。在《春秋》诸传中可以找到关于语言标准的观念，首先是"内""外"有别的概念。例如《公羊传·隐公元年》中指出："王者无外，不言奔。"这一传统同样需要用不同形式的言辞记载"所见""所闻"和"所传闻"。同时，这一传统还包含逻辑重音的概念，另外认为，句首之言需重读。《穀梁传·隐公二年》就《春

秋》中"伯姬归于纪"这句话提问道：尽管女子不应独断专行，但为何要写她似乎自作主张呢（即用主动态）？书中给出这样的回答：伯姬之"客观现实"更重要，使役与施事之间的矛盾次之。《穀梁传》中有文曰："妇人不专行，必有从也。伯姬归于纪，此其如专行之辞何也？曰非专行也。吾伯姬归于纪，故志之也。其不言使，何也？逆之道微，无足道焉尔。"

《穀梁传》中对第一次日食记载的注释（隐公三年）是"传"的语言文化之典范。记载内容为："日有食之。"《穀梁传》注曰："有，内辞也，或，外辞也。有食之者，内于日也。其不言食之者何也？知其不可知，知也。"所引注释言及两种表达存在的方法，即借助存在句，或借助带有区分主语"或"的动词句式表达，从而根据事件发展遵循二者择其一（此处是"有食之者"和"食之者"）的原则。

公元前最后几百年的学术传统是考证文本的真伪。文本批评构成中国哲学思想的基础，这一点不足为奇，因为汉字"文"涵括了从"图案装饰""符号""文本""文字"直至"文学"等意义。经典文学批评首先是对《诗》的批评，这后来成为诗歌语言（即最体面的语言）理论的基础。我们通常明确区分韵文和非韵文，但在中国却没有这种区分，这里仅指不同程度的组织，由于汉语的无定形性，且无词类划分，因而汉语文本总是整齐匀称的。中国文学研究传统的基础是《诗大序》，一般认为是孔子的弟子子夏（前5世纪）所作，其中很多观点与《礼记》中的《乐记》章节内容相同，《礼记》是模仿"传"风格的经学作品，为汉朝早期的经学之作。《诗大序》开篇如下：

> 诗者，志之所之也，在心为志，发言为诗。情动于中而形于言，言之不足故嗟叹之，嗟叹之不足故永歌之，永歌之不足，不知手之舞之足之蹈之也。情发于声，声成文谓之音。

音既是五个音阶"五音"，又是表意之音，就像"文"既是普通符号（图画文字或指示范畴的），又是文本。汉字"音"在汉语中也有"语音"之意，即音节。因此，最后一句中的"声成文谓之音"既可以理解为"声音形成文本谓之音节"，又可以理解为"声音形成汉字就谓之语音"。在第二种情况下，这一说法包含了与汉字相匹配的意义音节，即认为

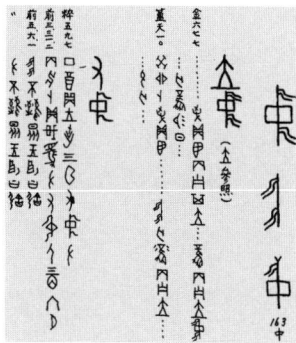

字、音节和符号是平等的（换言之，即音节词素的三个方面：符号、发音和意义）。音也可理解为韵（声音形成花样谓之韵），因为"韵"这一专门术语的出现不会早于3—4世纪。因此《诗大序》表明，音已经是文本的有机组成部分，但符号的读法不够明确。

前5—前3世纪文学语言的标准化过程，不仅表现为对"不雅"之词的否定，还依靠对各类辞书的编纂。公元前最后几百年出现了两种源于"传"传统的词典，即所谓的字书和大型辞典。最初的字书为押韵抄录，每行四字。这类字书的典范之作为《仓颉篇》。据传，仓颉是中华文化中心人物黄帝时期的造字史官。该字书反映了前3世纪文字统一的过程，据传，此前还有一部《史籀篇》，一些传统学者认为，该字书反映了前8—前7世纪文字统一的过程。这一观点大概应视作对经典文化转型的神化。不久前发现的大量《仓颉篇》残篇记载在木片上，确定其时间为前2世纪，其展现了前213年文字统一的成果。这种统一表现为：（1）汉字（书写单位）的组成成分形式固定；（2）部首固定；（3）只保留同一部首的一种写法；（4）统一了每个符号的书写要素。

据班固（1世纪）所撰《汉书·艺文志》，汉朝时期的字书内容差别不大。景帝（前157—前141年在位）时期的字书为3300个汉字，共55章，每章60个字（秦朝时期的字书大约共计20章）。1—5年，该字书扩至5340字（89章），76—87年，班固又添加13节，汉字总数达6120个。这些数字与经学汉字词汇数量比较起来饶有趣味，据B. C.郭质生（科洛科洛夫）统计，"四书"为2328字，"五经"为4754字，"十三经"共6544字（除《尔雅》外为5616字）。字书中每节一韵，通常为交叉韵，有时押宽韵。

字书文本内容分为三个层次，即阐释文本、同义词篇和带同一部首的汉字篇，三个层次之间难以划分出清晰界限。例如，在首句开头阐释文本变成了同义词篇："仓颉作书，以教后嗣。幼子承诏，谨慎敬戒。"有一个事实可说明字书是否完整，即新纪元开始的前几百年的版本中至少有5节含带"黑"部的汉字，其中11个汉字出现在《说文》中，占到该书中带"黑"部汉字总数的三分之一。中国研究者根据所发现文本中的借音分析得出结论，即当时某些汉字形式、读法和意义之间的关系尚未完全确定，或至少没有《说文》中那样的标准化。稍晚

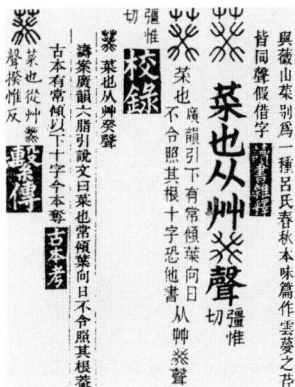

的字书典范《急就篇》（前1世纪）与《仓颉篇》不同，出现了字符的重复，更富于理性。然而，这部字书中连贯的文本有时变成列举或带有同一部首的汉字篇章（例如，32个汉字带"金"部，20个汉字带"车"部）。因此，字书是从分类图示向全部同一部首汉字注释即第一部部首词典《说文》过渡的中间环节，直至书写统一过程完成之后才可能出现《说文》这样的字典。

早期词典的内容是根据语义进行编排的，例如《尔雅》对一些专有概念的解释。按照主题对词汇进行分组，这在《尔雅》中一些章节的名称和辞书《释名》的书名中即有所反映，后者由刘熙在200年左右编成，与《说文》一样按事物类别分篇，包括"天""地""宫室""山""水""亲属""草"等①。类似的分类只用于具有术语色彩的名称。《尔雅》篇章的所有语义（礼制分类）注释，包括释宫、释器、释乐、释天、释地、释丘、释山、释水、释兽、释畜等，几乎都是依据含义及表达方式而作出的。《尔雅》的非术语词汇都列在前几篇中，包括"释诂"（两部分，分别有33条和119条注释）、"释言"（277条注释）和"释训"（116条注释）。注释条目是通过列举标准同义词完成的。第二篇和第三篇中的注释条目不超过3个字，第三篇左边的内容不是单个的字，而是重复和固定搭配。第一篇中的条目稍长，其中第一部分的某些注释是同义词排列，最后是训释词（概括所列举汉字概念的标准表达），同一汉字可能出现在不同的同义词排列中。在第一篇中能够清楚地看到《尔雅》文本的最早面貌，第一篇的第一部分被认为是独立的（且可能是更早的）篇章。鉴于传统观念（如君主的天授和威严）和意义的并存[如"长"和"长（领导）"]，这部分内容的语义结构清晰，通过三组辅助符号用训释将其一分为二（后面则不列节）。第一部分分组数量（49—50）与分类系统基础的对象数量相同（试比较，《易经》占卜所有占筮为49—50根）。训释数目按照4×4×2的方式排列，与字书的四字四行两节相匹配。如选取一条训释中依次排列的训释字，那么可将字书节行排列如下：

---

① 刘熙在该书自序里说："夫名之于实，各有义类，百姓日称而不知其所以之意。故撰天地、阴阳、四时、邦国、都鄙、车服、丧纪，下及民庶应用之器，论叙指归，谓之《释名》，凡二十七篇。"其中似乎并无释"草"篇。——译者注

1. 始 君 大 有
　 至 往 赐 擅
　 绪 服 循 谋
　 法 辜 寿 信
2. 合 匹 继 静
　 落 告 遐 毁
　 陈 官 事 长
　 高 克 勉 强

　　《释名》反映了现代汉字形成的开始及其读音标准化的尝试。语音的加入确立了意义和声音不可分割的原则，汉字注释中的声音是通过同音字来表现的，同音字兼有解释和读音的功能。这像是一种假词源分析，但这种语义近似注释却不能证明字与字之间的来源关系，而是表明中国训释家力图找出汉字之间的联系，并记录下发音相似的字。这一观点可以通过对"道"字的训释进行说明。这个字同时出现（极其罕见）在第12篇"释言语"和第6篇"释道"中。第6篇的前两条训释是双音节分析"道路"。其中"道"释为"蹈"，而"路"释为"露"，训释如下："人所践蹈而露见也。"由"道"追溯至"蹈"，第12篇则不同，其中的"道"释为"导"，训释为："道，导也，所以通导万物也。"

　　《释名》中的非术语词汇主要列入"释姿容第九"篇（84条训释，首先是动作名称）和"释言语第十二"篇（172条训释）。后者可分作两部分，每部分为16节，每节包括2组或3组同义词训释。《释名》第12篇第一部分只有5节，每节3组训释；第二部分只有4节，每节2组训释。每组通常为2条训释，被训释词或为同义词，或为反义词。该篇共81组训释（37+44），有9组为每组3条训释，其中7组是第一部分几节中的最后一组，另外2组（第19节和第23节）是例外，属第二部分。所示语义划分并非偶然，形式特征可以证实：只有每部分（第25节除外）的最后几条注释和整个第13节未对被训释词的选择做解释，第31节感叹词的所有解释都有标志，为"此声"二字。对《释名》第12篇中一套字符的"阐释"可通过列举第一篇词汇演示如下：

　　1. 道，德；文者，武；2. 仁，义；礼，

智，信；3.孝，慈；友，恭，悌；4.敬，慢；通，达；5.敏，笃；厚，薄；懿，良；6.言，语；说，序；7.枻，发；拨，导，演；8.颂，赞；铭，勒，纪；9.识，视；是，非；10.基，业；事，功，取；11.名，号；善，恶；好，丑；12.迟，疾；缓，急；巧，拙；13.燥，湿；疆，弱；14.能，否；躁，静；15.逆，顺；清，浊；贵，贱；16.荣，辱；祸，福；进，退。

非	明	並	滂	幫	娘	澄	徹	知	泥	定	透	端	疑	羣	溪	見	一
毛茅苗蟊○	袍庖○瓢	襃包鑣飆	囊胞○漂	鐃	桃○超	颸晁超朝	嘲朝○	猱○	淘○迢超	饕○祧	刀○貂	敖聱○堯	○○喬翹	尻敲趬磽	高交嬌驍	平聲
荔卯○眇○	抱鮑○媌	寶飽表禠	○○藨摽	獠嶤	惱	瞭	肇	道○窕	討○朓	倒○鳥	顤咬齧磽	○○嶠○	考巧○磽	暠絞矯皎	上聲
帽貌廟妙○	暴皰○鰾	報豹祿	砲剽	橈棹召	罩○	朓	導○調	韜○糶	到○弔	傲樂虐顤	○○嶠轎	犒敲趬竅	誥教○叫	去聲
莫邈○	泊雹○	顊璞博	剝	搦逴著	濁著	迢黾	嶅苅	諾	葆鐸託	咢嶽虐	恪㱿卻	各覺腳	入聲

切韻指掌圖卷一　宋司馬光譔

本篇词汇列表极为完整和简练，可视作古代中国对抽象概念的语言语义分类。两个2的平方即4×4（两部分各16节）排列和完整有序的训释组数81（其中，这是《道德经》的章节数，同样也分作两部分）都证实了这一点。

根据中国语文传统的相似读法对字进行解释称作"音训"，早在"传"中就能见其踪迹，而其系统采用则见于司马迁（前2—前1世纪）《史记》（第25篇）中对律数的注释。对文本发音意义的认识，推动了音韵学，即古典音韵学"等韵学"的出现。

因此，始于前3世纪的书写标准化实际上直至3—4世纪之交、随着"楷书"的确定才得以完成。词汇规范标准也几乎同时确定，形成了一套音韵，根据字符即书写规则做了分类（《说文》），区分出一系列通用音韵，并按语义进行分类（《释名》）。字形的统一提出了其读法统一的问题，推动产生出后来用于语音描述的专门语言。直至11世纪中叶，中国语言标准化才开始涉及语音层面，这是由于认识到字词的语音外壳是独立于字词意义和记录字词的象形文字的，且具有其自身价值，因为唯有如此，才可能出现像韵脚那样的"无意义"词形变化形式。

自2—3世纪之交出现的反切注音方法为韵书的出现提供了条件。第一本韵书是601年的《切韵》。1008年修订的最终版本名为《广韵》，共计206韵（《切韵》所收的韵则少得多）。（韵书用于科举备考，作诗是其必考内容。）《广韵》决定了发音结构（尤其是汉字首先根据声调分类，声调内部的韵脚顺序相同），但没有规定每个汉字应有的读法。韵脚数量比任一方言中的韵母数量都多出一倍，这样作出的诗实际上在任何方言中都押韵（参见谭傲霜文，1975）。

就这样，中国汉字直到6—7世纪之交才有标准读法，且完全是人为约定的。在此之前，读法最多只是字符的一种模糊特征，且远不是最重要的特征。因此，在中国漫长的文明发展过程中，我们熟悉的语言学状况，即文字基本与发音语言相配，读法以北京方言为准，在中国很晚才得以形成。

丙

*《荀子集解》，王先谦编，上海，1935年（《诸子集成》第2册）；《周易正义》，载《十三经注疏》第1—2卷，北京，1957年；《春秋公羊传注疏》，载《十三经注疏》第33—34卷，北京，1957年；《春秋穀梁传注疏》，载《十三经注疏》第35卷，北京，1957年；《公孙龙子论疏》，上海，1987年；Legge J. The Chinese Classics. Vol. 5. Oxf., 1893. **A. M. 卡拉佩吉扬茨《中国古代典籍〈国语〉的语言学分析》，载《亚非各民族》1968年第6期；A. M. 卡拉佩吉扬茨《中国古代哲学与中国古代语言》，载《历史语言研究》，莫斯科，1974年；A. M. 卡拉佩吉扬茨《公元前213年文字统一前的中国文字》，载《东方各民族早期历史》，莫斯科，1977年；A. M. 卡拉佩吉扬茨《中国最古老典籍世界中的〈春秋〉》，载《中国：国家和社会》，莫斯科，1977年；A. M. 卡拉佩吉扬茨《中国典籍体系的形成》，载《上古和中古东亚、东南亚各民族史》，莫斯科，1981年；A. M. 卡拉佩吉扬茨《中国标准书面语的形成》，载《语言规范·标准化过程类型学》，莫斯科，1996；A. M. 卡拉佩吉扬茨《〈春秋〉与中国古代的"史学"礼仪》，载《儒家编年史〈春秋〉》，Н. И. 莫纳斯兑列夫译，莫斯科，1999年，第264—333页；B. C. 郭质生《郭璞序〈尔雅〉》，载《中国：历史、文化和史学》，莫斯科，1977年；M. B. 索夫罗诺夫《殷代铭文的类型学特征》，载《东亚各民族早期史》，莫斯科，1977年；C. A. 斯塔罗斯金《古代汉

语语音体系重构》，莫斯科，1989年；司马迁《史记》，Р. В. 越特金译，第4卷，莫斯科，1986年；谭傲霜《"韵书"在中古中国文化中的地位》，载《第六届中国社会与国家学术研讨会论文集》，莫斯科，1975年；А. Г. 史萍青《关于中国文字发展道路的当代理解》，载《东方民族和国家》，第8辑，列宁格勒，1969年；С. Е. 亚洪托夫《公元前4—1世纪的东亚和东南亚语言》，载《东亚各民族早期史》，莫斯科，1977年；С. Е. 亚洪托夫《中国语言学史（公元前1千年—公元1千年）》，载《语言学史：古代世界》，列宁格勒，1980年；Dobson W. A. C. H. Late Han Chinese. T., 1964.

（А. М. 高辟天撰，孟宏宏译）

丁部 语言文字卷词条

中国精神文化大典

八思巴字

又称"方体字""国字""Phagspa script"。1269年忽必烈（元世祖，1271—1294年在位）下令使用此种文字，旨在在蒙古帝国统治地区取代一切文字，包括汉语象形文字。为西藏喇嘛罗卓坚赞（八思巴喇嘛，约1234—1280）创建，这位喇嘛被尊为"国师"，被任命为西藏的宗教领袖。八思巴字被用于元代（1271—1368）的官方文件、货币和硬币中。虽然这种文字作为装饰至今仍见于西藏的出版物上，但它随着元朝统治的终结早已停止使用。

八思巴字的基础是变体的藏文，藏文又源于印度婆罗米文。藏文字母被写成方块字形式，再加入一些梵文字母和特意新造的字母。字母数量（从起初的41个到后来的57个）很多，这使其对不同语言的注音均成为可能。和印度婆罗米文一样，八思巴文的一个字母表示一个音节，由辅音或者辅音后加元音a构成，其他辅音之后的元音则借助上标或下标符号标示。音节之间用空格隔开（在藏文中用句点隔开）。与藏文的横写不同，八思巴文为竖写，自左至右，类似维吾尔族文字。在汉语文本中，四个声调并不标注。已知八思巴字有两种书写形式，即标准体和印章体，印章体近似汉语的"小篆"。

保留下来的八思巴字文本多为蒙古语和汉语，少量为藏语、梵语和维吾尔语。汉语文本保存完好的首先是石刻的帝国法令。佛寺与道观的石刻通常有用八思巴字记录的蒙文文本及其汉语口语"白话"译文，这些文本如同所有源于国家机关的其他文献一样，均可发现蒙古语的深刻影响。汉译或以汉字记录，或以八思巴字记录（同时用象形文字和拼音文字记录的情况比较罕见）。孔庙中并未发现蒙语原文本，法令的翻译多由有文化的汉族人用文言文完成，其主要目的是表现翻译的文件源自蒙古统治者，所以同时列出汉语和八思巴字，这样做其实没有实际意义，因为用八思巴字书写的作为古代汉语之基础的"文言"，蒙古人看不懂，汉族人也同样不解其意。

用八思巴字记录的汉语文本具有一定价值，因为它们在某种程度上反映了蒙古统治时期北京（1264年元代都城迁

至大都，即今北京）方言的发音体系，这一体系被记录在元朝的官方文件和保存下来的两种非官方的元代典籍中。在一本传统字书《百家姓》中，一位佚名抄写者将每个姓氏都同时用汉字或八思巴字写出。韵脚字典（韵书）《蒙古字韵》于1308年由朱宗文编成，表面看，此书仅为对业已存在的、由佚名编者所编的同名辞书的修改和补充。《蒙古字韵》结构上更类似蒙古统治时期的汉语文献，其中出现最早者即由周德清编于1324年的《中原音韵》。《蒙古字韵》依据15个"韵"设置章节，不考虑音调差异（试比较，官方诗歌中所使用的所谓"平水韵"有106或107个，《中原音韵》中有韵19个）。每个章节之内，同音的汉字被分成若干组。这组字的读音被用八思巴字标注在该组的开头，但未标注声调。在这组"同音字"的内部，汉字按声调排列。

无论在八思巴字文献中还是在《中原音韵》中，现代北京方言和其他与之相近的官话方言的一个最显著特点均得到记录，即以中古汉语的"k"结尾的音节中存在复合元音，如"塞"（sai）和"百"（bai）。与此同时，和《中原音韵》不同，八思巴字文献不知何故却记录下一个古老的特征，即浊音声母的存在，这一特征很可能于宋代（960—1279）便已在中国北方消失。

**Б. Я. 弗拉基米尔佐夫《13世纪的蒙古国际字母表》，载Б. Я. 弗拉基米尔佐夫《蒙古语言学研究》，莫斯科，2005年，第895—904页；И. Т. 佐格拉芙《蒙语与汉语的交互影响：中国蒙古统治时期的公文语言》，莫斯科，1984年；И. Т. 佐格拉芙《中古汉语（结构类型学描述尝试）》，圣彼得堡，2005年；C. E. 亚洪托夫《中国语言学史（11—19世纪）》，载《语言学史：中古东方》，列宁格勒，1981年；罗常培、蔡美彪《八思巴字与元代汉语》，北京，1959年；Dragunov A. The hPhags-pa script and Ancient Mandarin // Изв. АН СССР. Отд. гуманитарных наук. Сер. VII. Ч. 1 (No. 1). Ч. 2 (No. 2). 1930。

（О. И. 扎维亚洛娃撰，王丽欣译）

867

巴拉第拼音

缩写为ТРТ，一种用俄文字母拼写汉字的拼音方案。对以标准北京方言为基础的汉语发音系统进行描述并用俄语字母记录汉语发音的首次尝试，见于Н. Я. 比丘林（亚金甫神父，1777—1853）1838年出版的第一本汉语语法书。比丘林提出的这一拼写法后由П. И. 卡法罗夫（教名巴拉第，1817—1878）加以修订，见于П. С. 柏百福续写完成并出版的《俄汉合璧韵编》（北京，1888）。经过修改的比丘林－巴拉第拼音法一直沿用至今，其中的修改主要与1917—1918年间的俄文正字法改革相关（用字母"е""и"取代"ѣ""і"，词尾的硬音符号"ъ"也被取消）。20世纪30—50年代曾尝试用新的拼音法取代巴拉第拼音（В. С. 郭质生、Н. Н. 科罗特科夫等人），但并未得到推广。И. М. 鄂山荫主编的《华俄词典》（1995版及其他版本）以及4卷本《华俄大辞典》（莫斯科，1983—1984）中所有词条的标题部分都使用了巴拉第拼音。由于汉语的拉丁字母拼音法越来越普及，在俄国当今的汉语词典和教科书中，巴拉第拼音和汉语拼音并用。

巴拉第拼音中音节开头处所使用的字母和字母组合包括：Аа Бб Вв Гг Дд Ее Жж Ии Кк Лл Мм Нн Оо Пп (Рр) Сс Тт Уу Фф Хх Цц Цз цз Чч Чж чж Юю Яя。巴拉第拼音中元音字母和带有元音字母的字母组合（使用时在音节首字母后加上连字符）有：а/-а ай/-ай ан/-ан ань/-ань ао/-ао；е/-е；(ё)/йо；и/-и ин/-ин инь/-инь；о/-о (-ой) оу/-оу；у/-у -уа -уай -уан -уань -уй (-уэй, -ой) -ун -унь；-ы；э/-э (эй)/-эй эн/-эн (м-, п-, ф-后旧用-ын) энь/-энь (м-, п-, ф-后旧用-ынь после) эр/-р；ю/-ю юань/-юань юй/-юй юн/-юн юнь/-юнь юэ/-юэ (旧用-юе)；я/-я ян/-ян янь/-янь яо/-яо。

巴拉第拼音的汉字注音有如下特点：

1. 与大部分用于汉语拼写的字母系统一样，汉语音节中的不送气声母和送气声母分别对应俄语的浊辅音和清辅音，如"д"对应"d"，"т"对应"t"。

2. 巴拉第拼音中音节末尾的鼻音有软硬之分，但与实际汉语发音并不对应，汉语中其发音部位是相反的，"-нь"对应前舌鼻音"n"，"-н"对应后舌鼻音"ŋ"（通常不会写作"нг"）。多音节单词中硬音字母"ъ"和软音字母"ь"用于区分元音之前的鼻音（如Чанъань, Динъюань и Цяньань, Саньюань）。

3. 两个字母的组合"юй"包含3个俄语发音，表示一个汉语发音"y"。

4. 用于拼写韵母"ən""əŋ"的字母"э"和"ы"的使用不太严格，试比较：мынь（旧）/мэнь；мын（旧）/мэн；фынь（旧）/фэнь；фын（旧）/фэн。属于此类书写的还有юе（旧）/юэ；люе（旧）/люэ。20世纪60年代前的文献中使用旧式拼写。

5. 俄语辅音"т""д"在"и""е""ю""я"之前发软音，因此用俄语拼写的汉语音节"ди-цзи""ти-ци"等在俄语发音中没有区别。

6. 像"хао"和"цзоу"这样的音节末尾字母"о"和"у"实际上均对应汉语韵母"u"。

7. 很多情况下音节之间的间隔无须标出，如音节组合"шу+ан""ту+ан""ю+э""сю+э""цзю+э"可写作"шуан""туань""юэ""сюэ""цзюэ"。

8. 大众出版物中允许出现不标准写法，这是因为俄语中不习惯使用某些音节的发音（用"хуэй"和"хой"代替"хуй"，试比较音节"дуй"和"гуй"）。

正如所有实用的拼音系统一样，巴拉第拼音也是人为约定的，用俄语中的西里尔字母和字母组合进行拼读，没有再现汉语发音的所有特点。受俄文字母读音的影响，中国人可能不甚明了，或难以理解由巴拉第拼音写成的汉语文本。然而就整体而言，巴拉第拼音合理而系统地传达了汉语的发音，主要借用俄语字母表中的字母且无变音符号，同时使用少量字母组合以拼写汉语中的一个音（如"чж-""цз-""юй-"等）。

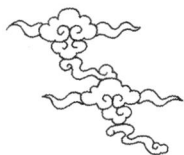

*Н. Я. 比丘林《汉文启蒙》，圣彼得堡，1838年；Н. Я. 比丘林《汉文启蒙》第2版，北京，1908年；巴拉第（П. И. 卡法罗夫）、П. С. 柏百福《俄汉合璧韵编》2卷本，北京，1888年；В. С. 郭质生《简明汉俄词典》，莫斯科，1935年；Н. Н. 科罗特科夫等《汉语教材》，莫斯科，1950—1951年；《华俄大辞典》4卷本，鄂山荫编，莫斯科。**Л. Р. 孔采维奇《俄语文本中的汉语专有名词与术语》，莫斯科，2002年；Е. Д. 波利瓦诺夫、П. 波波夫－塔吉娃《汉语拼写教材》，莫斯科，1928年；Г. П. 谢尔久琴科《东方语言的俄语拼写》，莫斯科，1967年，第231—257页。

（Л. Р. 康采维奇撰，靳芳译）

中国精神文化大典

文学·语言文字卷

白话

即"白话文"，在北方方言基础上形成的书面语。"白话"一词从20世纪初开始用于现代意义，在此之前指跨地区（不限于北方）的各种方言（如广东居民称标准粤语为"白话"）。1955年，现代白话文"典范"作品的语法在中华人民共和国被确定为官方汉语"普通话"的语法规范。

宋朝（960—1279）和元朝（1271—1368）首次出现完全用白话写成的作品。按照其语法特征，这一时期的语言连同明朝（1368—1644）初期的语言被称为"中古汉语"（Middle Chinese）。最早使用中古汉语的文献是"禅宗语录"和针对普通读者的佛教故事，其产生时间为唐朝（618—907）。随后这一时期（西北部分地区）所特有的一些语法现象完全消失。比如，在唐朝文本中与在中国西北地区的北方方言中一样，前缀"阿"（a）不仅可与亲属名称连用（如"阿爷"即"父亲"，"阿婆"即"婆婆"），而且还能与代词连用（如敦煌变文中的"阿你"即"你"，"阿谁"即"谁"，再如青海西宁方言中的"阿们"，即"怎样""如何"）。

长期以来，白话一直与建立在经典古代汉语文献语言基础上的书面语"文言"并行存在。在中国中古时期，语言的特征与文学体裁息息相关，如哲学散文"古文"和"传奇"

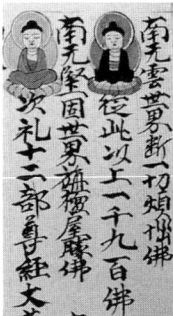

都用文言写成，而故事、戏曲和演义通常采用白话文。文言一直是科学、技术、政治和管理领域的主要语言，虽说在元朝，特定的白话也曾与文言一起成为官方语言，并对蒙古语产生巨大影响，它们或以汉字形式，或以"八思巴字"的形式被记录下来，但总体说来，宋元时期用白话写成的诸多作品体裁不一。它们均属"官话"，但从方言角度看可分为两类，即北方官话和南方官话。下列文献属北方官话：

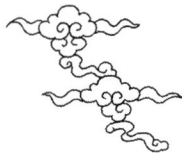

1. 北方杂剧汉语原本，如王实甫的《西厢记》及《元人杂剧选》中的其他剧作。

2. 译自蒙古语的文本，如反映蒙古语强大影响的蒙古公文以及蒙古史籍《元朝秘史》。与同期汉语文本相比，《元朝秘史》语言简洁，具有蒙古语语法特色，这在当时用白话写成的文学作品和其他著作中十分罕见。

3. 民间说唱叙事作品"诸宫调"，如金朝（1115—1234）女真统治时期创作的《刘知远诸宫调》和《董解元西厢记》。

4. 当时在朝鲜流传甚广、十分权威的汉语口语课本《老乞大》，此课本系商人所编，其准确的编写时间、作者和书名的含义均不详，仅通过间接证明材料和朝鲜文献才能将其编写时间确定为相当于中国的元朝。《老乞大》的原本很可能已经遗失，现存版本为后世修订版。这是一本日常会话教科书，故而用白话书写，其中反映当时的口语为一种日常口语版的白话。因此，《老乞大》是汉语史上不可替代的文献资料，汉语史的书写通常依赖文学语言，亦即书面语言。

以下文献属南方官话：

1. "通俗小说"集，其中包括《京本通俗小说》。

2. 施耐庵（约1300—1370）的长篇小说《水浒传》，有70回和120回两个版本（研究者认为，其90—109回的语言学特征十分独特，研究者称之为"挽加"）。

3. 保存下来的南方戏曲体裁"戏文"，戏文的唱腔基于南方语音，每出每套不限一种宫调。

在中古时期，白话也被用于宋代理学家的"语录"，首先见于朱熹（1130—1200）的著作。语录通常用半文半白的

丁

语言写成，读者需要同时懂得中古白话和文言，所以阅读起来格外困难，且语录中的白话和文言并不总是遵循其语法规则。这一时期白话文学作品中固定下来的一系列现象，在朱熹的文本中很少出现，或完全不见，因为他只用古汉语的表达方式。因此，朱熹在这些文本中不使用动词重叠来表示行为的短暂，不使用同源术语，不使用名词后缀"儿"，没有命令情态语气词"罢"、疑问语气词"吗（旧作么）"（会使用古汉语情态语气词"耳""也""矣"），不使用反复问句形式，如"来不来"，动词的被动形式只用"被"，而不用"吃"，很少使用复数后缀"们"和定语标志"底"。在各语法元素的功能方面，朱熹的文本也与同时代的其他文献也不尽相同。在宋元时期，既有地方特色相同但体裁不同的白话文（如元杂剧的起源文本《元朝秘史》），又有体裁相同，但带有不同的地域性特征的白话文（如元杂剧和戏文），还有体裁和地域性特征各不相同的白话文（如杂剧《水浒传》《京本通俗小说》），而后又出现了更加出色的白话文作品，如吴承恩的小说《西游记》（16世纪）、吴敬梓的小说《儒林外史》（18世纪中叶）和曹雪芹的小说《红楼梦》（18世纪中叶）。

同现代汉语相比，宋元时期的语言在语法方面有着很大不同。例如，三个表示复数的后缀（"们""每""等"）中，只有"们"在现代汉语中仍在使用；现代普通话中常用的前置词"给"和间接补语、副词"很"在宋元时期并不使用，只在《儒林外史》中出现过；宋元时期，否定词"不"不仅可以否定现在时态和将来时态的行为，还能否定过去时态的完成体形式，相当于现代语言中的语气词"没"。作为商业和手工业的中心，城市在快速发展的同时，也出现了最丰富的新词汇，并体现在那一历史阶段的白话中，然而它们并未全部流传至现代汉语，故而这些新词汇中的一部分无法在标准语词典中找到。为反映口头用语中的虚词和实词词素，白话文作品的作者借用已退出使用的古代汉语中的汉字，还创造了一些新汉字。一些已存在的非标准异体字和简化字也得到广泛使用。宋朝到清朝，新字和使用中的非标准

字总字数接近6000，其中的330字出现在20世纪中叶由中华人民共和国发布的《简化字总表》中。

　　文言和白话并行存在的状况不可避免地造成语言间的干扰，即两种语言彼此之间的互相影响。由于文言占有绝对优势地位（精确性和简洁性），文言对白话的影响表现为白话对文言的有意识借用和模仿。虽然在白话文中，文言的语法形式和结构的运用十分有限，但完全不借用文言的白话文根本不存在，而语法形式和结构很容易区分，且在语言的语法体系中并不起决定性作用。与此同时，白话对文言的影响具有完全不同、更加复杂的特点，表现为生活语言对书面语自然而然的影响。

　　19世纪末出现了第一批白话文地方报纸。自19世纪起出现了全国性的媒体，但起先主要以文言为主，辛亥革命（1911）后，一些白话文材料开始出现在这些自19世纪70年代起创办的全国性媒体中。受1919年"五四运动"和与之相关的"白话文运动"影响，书面语发生显著变化，白话文运动的杰出代表有胡适、鲁迅、陈独秀、钱玄同。在这一时期，白话成为文学作品的主要语言，并渐渐在其他领域取代文言的地位。1919年，涌现出一大批白话文报纸。1920年，白话课程纳入中小学教学大纲。虽然如此，直到20世纪40年代，在诸如政府公文、法律文书、新闻稿等官方文件中，文言仍占据重要地位。

*《宋元以来俗字谱》，刘复、李家瑞编，北京，1957年；《宋元语言词典》，龙潜庵编，上海，1985年；《双恩记变文》，Л. Н. 孟列夫编译；И. Т. 佐格拉芙《语法概论和字典》，莫斯科，1972年；《论意识：朱熹的哲学遗产》，А. С. 马尔蒂诺夫、И. Т. 佐格拉芙译《语法概论》，莫斯科，2002年；Rimsky-Korsakoff D. S. Grammatical Analyses of the Lao Ch'ita with an English Translation of the Chinese Text. Canberra, 1983. **И. С. 古列维奇《3—5世纪汉语语法概论》，莫斯科，1974年；И. С. 古列维奇《宋元时期"评话"作品的语言特征》，载《中国典籍》2004年第1期；И. С. 古列维奇、И. Т. 佐格拉芙《3—15世纪汉语史作品选》，莫斯科，

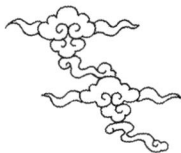

丁

1982年；И.Т.佐格拉芙《中古汉语语法概论（以〈京本通俗小说〉为例）》，莫斯科，1962年；И.Т.佐格拉芙《中古汉语（形成和发展趋势）》，莫斯科，1979年；И.Т.佐格拉芙《蒙语与汉语的交互影响：中国蒙古统治时期的公文语言》，莫斯科，1984年；И.Т.佐格拉芙《官方文言》，莫斯科，1990年；И.Т.佐格拉芙《汉语研究文选：早期"白话"和晚期"文言"》，圣彼得堡，2005年；C.E.亚洪托夫《7—13世纪汉语书面语及口语》，载《中国和朝鲜的文学体裁和风格》，莫斯科，1969年。

（И.Т.佐格拉芙撰，刘娜译）

《百家姓》

中国姓氏的韵文清单，中国传统易于诵读的启蒙字书之一，与《三字经》《千字文》同为三部流传最广的字书，并称"三百千"。

不同版本的《百家姓》收录400—550个姓氏（当今北京居民约有450个姓氏），于宋朝（960—1279）编成，编者不详。每行4字，或为4个单姓，或为两个双姓。排名第一的为宋朝皇帝的姓氏"赵"，接下来是皇亲国戚的姓氏。《百家姓》主体部分是按照使用频率进行排序的单姓，从最常用的到最少用的（当代中国的姓名字典沿用这一方法），然后是同样按照使用频率进行排序的双姓（共60个）。

当代中国姓名的结构模式为，第一个字是从父系继承而来的"姓"（"姓氏"），然后是自己的"名"。姓氏多为单姓（如"李""张""王"），还有少量双姓（如"司马""欧阳"）。而个人的名字则相反，多为双字。故此，中国人的姓名一般是三个或两个音节／词素组成，少部分是由四个音节／词素组成，相应地，也就记为三个或两个汉字，或为四个汉字，例如"刘淑香"（姓氏+双字名）、"王丽"（单姓+单字名）、"司马强"（双姓+单字名）、"仲长尚芳"（双姓+双字名）。女性婚后仍保留父亲姓氏。在"巴拉第拼音"中，在书写中国人的双字名时，两字之间通常加连词符，但自1979年起，在大众传媒和大部分出版物中均直接连写。

当今中国人的姓氏可上溯至秦朝（前221—前207）之前名字的两种类型，即"姓"和"氏"。当时仅女性姓名中才有"姓"。男性必须知道所继承来的"姓"，因为同姓的人不可通婚。如果不知未来配偶的姓，在结婚之前就要去占卜。男性使用"氏"，"氏"也是继承而来，但"氏"比"姓"的确定性低，父亲和儿子可能有不同的"氏"。后来，"氏"渐渐成为"姓"，传奇人物黄帝的后裔便是如此，他们建立起14个新的氏族部落，并使原来的"氏"成为新的"姓"。男性姓名通常用氏和个人名字的组合形式，如"孔佳"（氏＋个人名）。结婚前女性姓名是由表现她在家中孩子中年龄排序的字（"排行"）和继承来的姓组成，婚后女性姓名是由继承来的"姓"和丈夫的"氏"这两部分组成，没有自己的名字，如"伯齐"（排行＋"姓"）嫁给一个叫"梁栋"（"氏"＋个人名）的人后，她的名字就变成"梁齐"（丈夫的"氏"＋自己的"姓"）。汉朝时期（前206—220），中国的姓氏开始具有现代特征。例如，著名历史学家班彪（3—54）有两个儿子，即大将军班超和儒家学者班固，还有一个女儿叫班昭，班昭是中国第一个女历史学家，她编纂了《汉书》中的几卷。后来她嫁给曹世叔，但婚后仍保留父亲的姓氏（在当代中国亦如此）。班彪的男性后代都姓班。直到不久前，中国人一生仍会有数个称呼，正如《礼记》（前4—前1世纪）中记载："幼名，冠字，五十以伯仲，死谥。"中国皇帝的姓名和称号非常繁杂，而他们在世时，人们禁止说出或写出他们的姓名。

《百家姓》注释（其作者和编著时间不详）包括对每个姓氏的简短介绍：（1）与姓氏形成相关的地点；（2）有关姓或者氏出处的依据；（3）姓氏出现的环境（比如奖给某位历史人物的封地）；（4）这一姓氏的历史名人。所有信息均源自古代，主要是西周（前11世纪—前771），因为西周正是中国姓氏体系的形成时期。在这些注解的基础上，当代中国姓名学将中国的姓氏做如下词源学分类：（1）表示地理的姓氏（受封国家或城市的名称，或河流等的名称）；

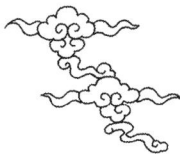

丁

（2）承袭祖先的姓氏（祖先的名、字或谥号）；（3）表示职位名称的姓氏；（4）表示先祖官衔的姓氏；（5）表示先祖图腾的姓氏；（6）由帝王封赏的姓氏；（7）因为原姓氏犯忌而采用的替代姓氏；（8）少数民族被赐予或自取的姓氏（如中国回族人通常姓"马"）；（9）因同一汉字的不同写法而出现的姓氏（这种情况下它们算作不同姓氏）。

除《百家姓》外还有其他中文姓氏名册，如编于明朝（1368—1644）的《千家姓》。不同历史时期的典籍中均有关于姓氏的内容，其中最早的为汉朝之前的著作《世本》（清朝时期重刻），其中记载从传奇人物黄帝到春秋时期（前770—前476）高官侯爵的18个姓和875个氏。汉元帝（前48—前33年在位）时期，朝廷高官史游所编字书《急就篇》记载了100多个姓氏。当代词典和汇编也将中国不同时期、不同地域出现的姓氏囊括其中。《中国姓氏大全》（1989）收录5600多个姓氏，《中华姓氏大典》（2000）收录近12000个姓氏。

*陈明远《中国姓氏大全》，北京，1989年；《百家姓》，长沙，1999年；《中华姓氏大全》，北京，2000年。**Л. Р. 孔采维奇《俄语文本中的汉语专有名词与术语》，莫斯科，2002年；М. В. 克留科夫《古代中国人的社会组织形式》，莫斯科，1967年；М. В. 克留科夫《中国人》，载《世界各国人名》，莫斯科，1970年；М. В. 克留科夫《中国姓氏出现的年代和途径》，载《姓氏民族学》，莫斯科，1971年；М. В. 克留科夫《中国人》，载《世界各民族个人姓名体系》，莫斯科，1978年；М. В. 克留科夫《个人姓名和氏族术语》，载《东方专有名词研究》，莫斯科，1980年；Ф. Ю. 塔夫罗斯基《中国姓名词源学》，载《第二十一届中国社会与国家学术研讨会论文集》第1卷，莫斯科，1990年；王泉根《中国姓氏的文化解析》，北京，2000年；牛汝辰、魏燕云《源于地名的中国姓氏》，北京，1988年；徐健顺《命名：中国姓名文化的奥妙》，北京，1999年；胡尧《中国姓氏寻根》，上海，1987年；蔡萌《怎样起名·姓名趣谈》，北京，1988年。

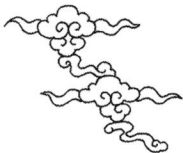

（О. И. 扎维亚洛娃，А. В. 涅姆季诺娃，Ф. Ю. 塔夫洛夫斯基撰，
刘娜译）

俄国汉学界常译为"ключ",英语译为"radical"。为属同一"部"的汉字所共同具有的字形结构。部首是汉字构造的基础,据此可在根据字形或偏旁原则编排的字典或索引中找到相应的汉字。

在形声字中,查阅的根据是字的语义部分,即"形旁"(在西方汉学界中它同样被称为"部首"和"限定成分",而"声旁"通常被称为"音旁")。例如,形声字"妹""姐""媳""妈""妖""奴"中都有形旁"女",而"女"就是一个可用作检字部首的"形旁"(在Unicode编码表中有411个汉字的形旁为"女")。部首和当代形声字之间的关系可能非常远,如"始"字。还应当注意的是,在古代有些字符的结构可能完全不同于当代,如汉字"虹"起先为一个双头蛇的样式,后才变成由形旁"虫"和声旁"工"组合而成。相当少的音义汉字有两个或更多的语义部分,这时就会指定其中一个为索引部首,如"休"(人+木)字的"亻"。其他情况下,部首按照惯例来确定,如"不"字,"不"字在古代有"胚芽""种子"的意思,但在不同历史时期都被借用以组成其他字词,包括在当代,"不"为动词的否定词。"上"字和"下"字有着同样的部首(历史上这两个汉字的写法是一横上面一点或下面一点),另外还有简化字"万",这一简化字形历史上曾被使用,如今在中华人民共和国,"万"也已取代繁体字"萬",而繁体字"萬"源自蝎子的形象。对于那些很难确定部首的汉字,字典中有时会在一个专门供单独检索的目录中列出。

同一部首在不同汉字中的位置也不尽相同,可能位于左侧、右侧、上面、下面、下左包围、上右包围和全包围等。有一些部首的形状是由其在汉字中的位置决定的,例如,部首"水"位于下面时的汉字"泉"和位于左侧时的汉字"江"。

汉朝的许慎(约58—约147)于100年编成《说文解字》(简称《说文》),其中首次用部首的方式编排字形。明朝(1368—1644)末年部首得到简化。梅膺祚于1615年

38 女	妪	妲
女	妎	娃
𡚬	妗	姓
奶	妤	姐
奴	妌	姏
妇	妙	妬
如	妒	姑
奸	妢	始
好	妨	妯
妁	妫	姅
妈	妖	妸
妃	妓	姉
妀	妣	姗
奼	妩	姌
她	妉	姁
妆	妐	姊
妄	妘	姆
妊	妝	妹
妞	妥	妺

编成《字汇》，将《说文》中的540个部首归类合并为214部，并首次规定只有那些在形态上不能再分的独体字符（也可以是汉字）才可充当部首。各部中的汉字按照笔画多少的顺序排列，这使得检索更加方便。214部首体系的出现使得字典从汉字的古文字形体小篆向隶书转变，此前的《说文》中就采用小篆，而隶书则为标准书写体楷书奠定了基础。在梅膺祚的体系基础之上编纂而成的《康熙字典》（1716）对后世数百年的字典学发展产生了深远影响。源于《康熙字典》的当代部首体系之特征有：（1）字符按部排序，各部由不同部首组成；（2）部首的排列顺序由其笔画数目决定，同一笔画数的部首按照惯例进行排序；（3）同一部的汉字除由部首决定外，还按照笔画数目进行排序。

部首原则不仅是纸质字典的主要原则，而且还是电子（包括网上）检索的基础。那些只用繁体字的出版物一般采用214部首排列原则，例如1983年在中华人民共和国再版的《词源》。按照传统，第一个部首只有一画（“一”），最后一个部首有17画（“龠”），这之前还有两个16画的部首（“龍”和“龜”）。20世纪50—60年代中华人民共和国推行简体字后出现新的部首表，1983年颁布由201个部首组成的统一标准部首表，但70年代末出版的字典中也可发现183、201或250个部首。

*《康熙字典》，北京，1955年。**Р. В. 别列兹金《古代汉语小篆字部首字典》，圣彼得堡，2003年；А. Ф. 孔德拉舍夫斯基《汉语实践教程》第1卷，莫斯科，2002年；А. Г. 斯托罗茹克《汉字引论》，圣彼得堡，2002年；《古汉语字典》，侯赞福主编，2002年；《汉语辞书大系》；李乐毅《汉字演变五百例》，北京，2006年；祝敏申《〈说文解字〉与中国古文字学》，上海，1998年。

（О. И. 扎维亚洛娃撰，刘娜译）

秦朝（前221—前207）文字统一和改革过程中编纂的3本带韵字书之一，由秦朝首位丞相李斯编写，秦始皇（前221—前210年在位）钦定为范本。书名的前两个字取自传说中创造汉字的神话人物仓颉。西汉（前206—8），3本秦书统称为《仓颉篇》。该合集共55章，每章60个字。东汉（25—220）新增两书入《仓颉篇》，合称"三仓"。唐代（618—907）以后《仓颉篇》和"三仓"所有版本均亡佚。20世纪考古发掘中发现一些记载有汉代《仓颉篇》片段的木简，其中最早可追溯至前2世纪。这些片段中每四句一行，每二句押韵。书中部分汉字按主题分类，这一点与出现较晚、流传至今的带韵识字书《急就篇》（前1世纪）类似。实际上，《仓颉篇》中已出现按照共同的"形旁"来分类的形声字。

据汉代史学家班固证实，在编写《仓颉篇》及其他两部秦书时皆使用了中国历史上第一部字书《史籀篇》［用"大篆"（又称"籀文"）书写］的字体。这种汉字书写方法产生于秦统一中国（前221）之前，在秦朝文字改革中得以完善，得名"小篆"。秦朝的小篆文字铸刻或书写在青铜器、陶器、竹简、钱币之上，但保存下来的《仓颉篇》片段中的字体已是汉代标准字体"隶书"。

**黄德宽、陈秉新《汉语文字学史》，合肥，1994年；祝敏申《〈说文解字〉与中国古文字学》，上海，1998年。

（О. И. 扎维亚洛娃撰，靳芳译）

丁

儿化

以卷舌辅音"r"结尾的韵母的一种独特发音方式，后缀"er"与前面的音节合二为一，构成一个双词素的儿化音节，如"鸟"（niao）+后缀"儿"（er）就变成了"鸟儿"（niaoer），"今"（jin）+后缀"儿"（er）就是"今儿"（jiner）。儿化现象破坏了孤立语最重要的一个规则，即音节等同于词素。儿化音节保留原有音节的声调，但后缀没有声调。被用作后缀的"儿"字原本具有实词意义，即"孩子""儿子"，如"儿童""儿科""女儿""大儿"，其声调为二声。此外，汉语中还有其他不同声调的"er"发音（标准词典中有将近10个），它们每一个都对应一个汉字。

普通话和北京方言中的后缀"儿"，首先表喜爱之意，如"宝贝儿""球儿"，其次用作拟声词，第三用于形容词的叠用，如"长长儿"，第四可以形成新词及其部分，试比较"信"和"信儿"、"黄"与"黄儿"。某些儿化韵母的发音会发生变化（不涉及儿化韵母的介音）：

（1）尾音"ŋ"消失，音节中的元音鼻音化。变音后的新韵母具有特殊音位，与其他儿化韵母所不同，如"-ang/[aŋ]→[ar]""-eng/[eŋ]→[ər]""-iang/[iəŋ]→[iar]"等；

（2）韵母"-i[ɪ]""-i[i]"和"-ü[y]"相应地变成"[ər]""[iər]""[yər]"；

（3）儿化使尾音"i"和"n"消失，因此这类韵母与其他类韵母的读音相同，如"-a, -ai, -an→[ar]""-ia, -ian→[iar]""-ua, -uai, -uan→[uar]""-i, -ei, -en→[ər]""-i, -in→[iər]""-ui, -un→[uər]""-ü, -ün→[yər]"等。

儿化音节在书写时对应两个字，即原先的字+儿。汉语拼音表不考虑字母"r"的实际发音，通常把"r"补写在词根后，例如"zair""hair""wanr""lingr"等。

普通话中的儿化现象要少于北京话。台湾地区类似普通话的"国语"中几乎没有儿化现象。近年，大陆标准词典所收儿化词数量也在显著减少。但是，儿化现象仍是普通话水平测试的重要部分，根据2001年1月1日出版的《语言文字法》

规定，国家公务员必须通过该测试。这是由于方言中也存在类似现象，如儿化、儿化词和儿化规则，但方言的儿化音节会发生音变，从而与标准语儿化音节所不同。比如，四川方言中有两类词带有后缀"儿"（据Р. Г. 沙皮罗研究）。第一类词（通常是双音节或多音节名词）具有口语特征，虽然后缀"儿"与这类词最后一个音节的拼读规则与北京话不完全相同，但属类似情况。第二类词具有指小表爱之意，后缀"儿"在此相当于单独音节。南方方言（皖南、浙江、广东和广西）中存在与北京话儿化现象相类似的功能，即音素最后一个音节加尾音"n"，尾音语调或变或不变，但音节语调会变。所有这些现象（可能除了最后一种情况）都是由于这个有独立意义的词素，即北京话的后缀"儿"，因为它在南方保持古老的发音，其声母为"n"，试比较吴方言区苏州话的"ni"。

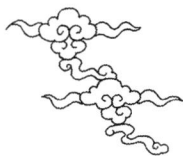

**О. И. 扎维亚洛娃《汉语方言》，莫斯科，1996年；В. Б. 卡谢维奇、Н. А. 司格林《汉语中儿化的语音学和音位学》，载《列宁格勒大学学术笔记》，1974年，第374期，第17辑（东方学，第1卷）；А. А. 莫纳斯兑尔斯基《中国的语言区域化（后缀er的词素音位学）》，学位论文，莫斯科，1988年；Р. Г. 沙皮罗《汉语四川方言的语音演变》，学位论文，莫斯科，2004年；丁崇明《昆明方言的儿化》，载《中国方言学报》2006年第1期；O: та Ицуку. Санто: хо:гэн-ни окэру «эрхуа» (Эризация в диалектах пров. Шаньдун) // Дзимбун гакухо:. 1984, No. 6; 谢自立等《苏州方言里的语缀》，载《方言》，1989年第2—3期；Хирата Сё: дзи. «Сяочэн» юй бяньдяо («Уменьши-тельность» и чередования тонов) // Computational Analyses of Asian and African Languages. 1983, No. 21; Эндо: Мицуаки. Пэкинго er-но райри (Происхождение -эр в пекинском диалекте) // Эндо: Мицуаки. Канго хо: гэн ронко: (Труды по китайской диалектологии). Токио, 2001, с. 131 - 136.

（О. И. 扎维亚洛娃撰，靳芳译）

丁

《尔雅》

中国第一部辞书。宋代（960—1279）时被收入中国古代儒家典籍（"十三经"）。唐代著名注疏家陆德明（约550—630）指出："尔"意为"近"，"雅"意为"正"。另一种解释为：接近文雅。虽说中国的传统观点认为，《尔雅》作者是周公（周朝第一位统治者周武王的弟弟，前11世纪），或孔子（约前551—前479），或孔子弟子，但此书主体应是前3—2世纪间由数代文字学家合力编成。据日本历史学家和版本学家远藤光晓研究，《尔雅》成书于战国初期至西汉上半期（前2—前1世纪）[①]。

《尔雅》不是传统意义上的辞典，它是按义类注释汉字的辞书，书中所用资料来自《诗经》《尚书》《公羊传》《山海经》和《易经》。书中并未标注汉字读音（试比较第一部字典《说文解字》，其借助注音术语"读若"或其他声符来标记发音）。现存《尔雅》共收录2094字，分为19篇。（《说文解字》中共有9353个字。）汉代班固在《汉书》中记载，《尔雅》起初为20篇。前3篇包括诂、言、训，其篇名相应地命名为《释诂》《释言》《释训》。第三篇和第一篇包括"训诂学"术语，"训诂学"是汉语学问的一个分支，据C.E.亚洪托夫定义，即通过翻译和描述古时存在但后来消失或发生变化的对象和现象来解释古代词汇并阐释其意义。前三篇收录各种词素（动词、形容词、副词、助词），其余各篇收录名词。第四篇到第七篇收录与人直接相关的术语，即"亲""宫""器""乐"，涉及家庭婚姻、建筑、手艺、音乐舞蹈。随后5篇对与天、地、丘、山、水相关的词汇进行解释。最后几篇收录与植物和动物相关的名词，包括草、木、虫、鱼、鸟、兽和家畜的名称。这部辞书中的描述十分简短，且注释方式固定（参见远藤光晓研究）。比如第一篇收录前5世纪文献中的最古老词汇，其注释方式为"A，B，C，x e"，其中，A、B、C中列举与该词意义相关的其他词汇（第一篇第一部分平均列举7个词，第二部分平均列举5个词），x是一个做出概括性解释的词，e则为系动词"是"。稍后几篇（战国末年至汉代初期）的

---

① 战国时期结束于前3世纪后期。——译者注

主要模式是"A+B"（被释词/词组+解释部分）。最后一篇（前1世纪）行文简洁而连贯。同一篇中出现不同注释方式，说明它由不同时期不同作者的阐释所合成。至今《尔雅》仍被视为最复杂的典籍之一。早在东汉（25—220）就开始对《尔雅》的注疏，现存最早注疏为晋朝（266—420）名家郭璞（276—324）所作。

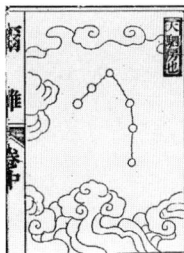

*《尔雅郭注》，上海，1936年；《尔雅》，北京，1996年。
**B. C. 郭质生《郭璞序〈尔雅〉》，载《中国：历史、文化和史学》，莫斯科，1977年；C. E. 亚洪托夫《中国语言学史（公元前1千年—公元1千年）》，载《语言学史：古代世界》，列宁格勒，1980年；周祖谟《〈尔雅〉之作者及其成书之年代》，载《问学集》，北京，1962年，第2卷，第670—675页；Эндо: Мицуаки. «Эр я» ды тили лэйсин (Типы словарных описаний в «Эр я») // Эндо: Мицуаки. Тю: гоку онъингаку ронсю: (Сб. трудов по китайской фонологии). Токио, 2001.

（O. И. 扎维亚洛娃撰，靳芳译）

中国传统语文学用另外两个汉字标注一个汉字读音的方法。汉字的音节分为声母和韵母两部分，此为该方法的基础，切上字取声母，切下字取韵母和声调。用汉字"反"或"切"作为拼读结束的标志。例如，汉字"东"标注为"德红切"。

术语"反切"的准确含义不详。17世纪百科全书式的学者顾炎武在其著作《音论》中解释道："音韵辗转相协谓之反，亦作翻；两字相磨以成声韵，谓之切。"还有一种观点认为"切"即"切分"。《颜氏家训》（6世纪）中间接提及反切，并称这一手法产生于2—3世纪之交。在古代的韵书中，反切广泛用于给同音字组的第一个字标注读音。反切出现之前，汉字的读音通常由下列方法来描述：（1）"读如/若"，如《说文解字》："'珣'读如'宣'。"（2）

反切

"譬况"，即对发音进行描述，如高诱《淮南子》注："'旄'音同'绸缪'之'缪'，其音更急"；（3）"直音"，即用同音字标注，如《康熙字典》："'据'音同'居'或'據'。"同音字时常用来相互标记，"直音"法至今在香港字典中仍用来标注广东话发音。

中国语文学家通过反切用不同汉字来描述同一声母或韵母，这些汉字就组成某个声母或韵母的"字符链"。陈澧在《切韵考》（1842）中提出反切切语系联法，第一次完整分析了切字与字典中韵的对应。反切后来通过韵图、"变体方言"（即借自汉语的外来词在日语、朝语和越南语中的读音）和现代汉语方言而逐步明确。这些成果为6—7世纪中古汉语的语音构拟奠定了基础。

很多情况下，反切甚至能准确表示汉字的现代读音。然而，由于汉语随发展阶段各异（规律的和不规律的语音变化，借用汉字表示未被记录的原始词素），标注音节的现代读音与用反切表示的汉字间的关系有时难以理解。例如，汉字"东"在现代北京话中的声调为阴平，而反切中用来标注"东"的那个字的声调则为阳平（中古汉语中这两个相关的音节均属平声）。对于古代南方方言而言，反切是更为准确的标注方法，它最大限度地保留了中古汉语的特点。然而在南方，常要借助复杂的规则才能把汉字的现代读音与反切标注的读音对应起来。反切用于描述中古汉语语音时才是准确的。

**C. A. 斯塔罗斯金《古代汉语语音体系重构》，莫斯科，1989年；李荣《切韵音系》，北京，1956年；邵荣芬《切韵研究》，北京，1982年；Baxter W. H. A Handbook of Old Chinese Phonology. B., 1992; Norman J. Chinese. C., 2006.

（Р. Г. 沙皮罗撰，靳芳译）

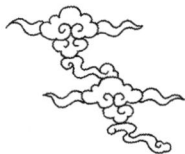

中国第一部方言词典。它根据语义原则分组，将词（约9000个）分为若干语义组（服装、车辆、动物等）。据推测，此词典由汉代语言学家扬雄（前53—18）所著，扬雄生于南方蜀地（今四川），但在汉代都城长安（今陕西西安）生活。27年间，他一直在向各地往来长安的人们讨教，收集各种方言词汇。该词典的语料来源广阔，提及的地名有数十个之多。其中一些实例出自更早的文献记载。中国采集"地方话"的传统始于周朝和秦朝。《方言》的词条包括三种基本体例：（1）先列举词汇，后指明其地域特征，即列举两个或更多的方言词语，用"通语"解释其意，之后指明这些词汇是哪些地区的典型用语；（2）先提出一个"通语"，后说明其在不同方言中的不同名称；（3）先列举"通语"所涉区域，后列举其他各地以及相应的地方方言。

　　根据《方言》语料绘制于20世纪的地图证明，中国古代最重要的语言分界线为南北走向，它以函谷关（今属河南）为界，分成东西两区。这与战国时期（前475—前221）东部六国和西方秦国间政治和文化的对立相吻合，这一情况在象形文字的不同字体及文献记载中亦有所反映。前213年秦始皇下令焚书后，汉代书籍中的语言差异消失。

　　如今中国主要方言分界线由南北线转为东西线。首先，东西线沿较晚的行政分界线淮河一线划分；其次，它更偏南，位于淮河和长江的中间地区并紧靠长江。无论是秦朝昔日的都城咸阳（距今西安不远），还是古代东部各诸侯国，如今都统一划归为中原方言区，属北方官话。该区域西起甘肃，东至山东及江苏北部。对南北方言的比较首次出现在郭璞（276—324）的《方言注》中。郭璞与扬雄相反，他生于北方而长于南方。西晋都城被北方游牧民族占领后，东晋（317—420）曾在今南京市建都。郭璞不仅收集新材料，而且还用长江下游的方言对《方言》中的北方词汇加以解释。此后，包括清朝（1644—1911）时期在内的诸多注疏均对《方言》及其他古文献有过解析。

《方言》

丁

**O. И. 扎维亚洛娃《汉语方言》，莫斯科，1996年；C. E. 亚洪托夫《古代汉语》，莫斯科，1965年；C. E. 亚洪托夫《中国语言学史（公元前1千年—公元1千年）》，载《语言学史：古代世界》，列宁格勒，1980年；王力《中国语言学史》，太原，1981年；Эндо: Мицуаки. Цун бяньцзиши ды цзяоду поуси Ян Сюн «Фан янь» // Эндо: Мицуаки. Тю: гоку онъингаку ронсю: (Сборник трудов по китайской фонологии). Токио, 2001, с. 183－191; Serruys P. L. M. Chinese dialectology based on written documents // Monumenta Serica. Vol. 21, 1962; Zavjalova O. I. A Linguistic Boundary within the Guanhuaarea // Computational Analyses of Asian and African Languages. No. 21. Feb., 1983.

（O. И. 扎维亚洛娃撰，靳芳译）

古文

该术语有两个含义，两者都出现在汉朝时期（前206—220）。

1. 泛指古代文字，即指秦朝（前221—前207）焚毁古书、统一文字之前汉字符号的所有形式和结构变体（异体字），无论这些符号的出现时间和使用地点。

2. 汉字书写的两种变体之一，它们存在于战国时期（前475—前221），与秦朝时期的标准汉字一道在100年被收入许慎（约58—约147）编撰的《说文解字》。许慎把东部六国使用的异体字称为"古文"，把秦国使用的字体称为"籀文"。《说文解字》中共收入属于古文范畴的500余个汉字，如用"弍"取代标准的"二"，用"礼"取代标准的"禮"（"礼"也被用作当代简化字）。

用古文汉字书写的有这样一些古书，即"孔壁古文"或"壁经"，据《汉书》记载，汉朝时期它们在孔子（约前551—前479）家的墙壁里被发现，其中包括《礼记》《尚书》《春秋》《论语》《孝经》。汉代注者认为这些文本系真本（"古文经学"）。古文经学的注者们只关注上古经典文本的字体，它们在公元前2世纪汉代时在隶书传统基础上被复原。

**黄德宽、陈秉新《汉语文字学史》，合肥，1994年[①]；祝敏申《〈说文解字〉与中国古文字学》，上海，1998年。

（О. И. 扎维亚洛娃撰，徐乐译）

官话

英文为"Mandarin"，也叫"北方话"。中国方言群（超方言群）。历史上，"官话"一词被用来指称汉语口语的超方言形式。1955年，"官话"方言在中华人民共和国被确定为官方语言"普通话"的基础，它最接近北京方言。

官话方言涵盖中国大部分地区，近三分之二（64.51%）的居民说官话（中华人民共和国国内说汉语的人口占67.75%），分布在中国长江以北地区和西南地区。官话方言最重要的共同语音学特征，被认为是与中古汉语的浊声母即爆破音和塞擦音完全对应的发音，在历史上的"平声调"音节中，与浊音相对应的是当今的送气音，在其他仄声音节中，与浊音相对应的是当今的不送气音。按照浊音反射的特征，官话与较古老的晋方言相符，这种方言几乎涵盖整个山西、陕西北部和与山西接壤的邻省河北、河南和内蒙古等一系列地区，但不久前在汉语语言学中被划入一个单独的群组。在这种情况下，官话方言和晋方言中都能找到浊声母的其他类型的对应，它们被一般北方汉语类型吸收。

官话和南方方言群的边界数次跨越长江两岸，沿这条边界分布着积极的跨语言接触区域，确定进入该区域的一系列地区的方言属性是十分困难的。在东部，江苏长江北岸坐落着南通和如皋，其方言显然归属吴语，但在官话影响下丧失了对后者而言典型的浊辅音。安徽南部山区有独特的皖南（另一名称是"徽"）方言，不久前被中国语言学界排除出官话方言组，在此之前认为，安徽南部方言里中古汉语的浊音对应清送气音。平田昌司（1982）查明，实际上在最初的皖南语音体系内，浊音对应清送气音，在分布于邻近的江西方言群影响下，不送气音在浊音的位置上出现得相对较晚。所谓的楚方言在长江流域占有特殊地位。它们涵盖湖北和湖

丁

南诸县，与官话和分布在更南方的湘、赣方言一样，表现出某些特点。A. A. 龙果夫和E. H. 龙果娃发现（1932）的湘方言，分布在湖南大部分地区，大批居民从北方迁居此地，这种方言受到官话的显著影响，尤其是在大城市。

细致的语音特征地图（超过1000个点）可以确定，在官话方言区内部存在一条最重要的语言分界线，它沿淮河一直向西，经一系列山脉（秦岭、岷山、武当山、桐柏山、大别山），这条山系把从甘肃南部到安徽北部的华中地区切为两半，形成黄河和长江的分水岭。它由标示同样的语言现象分布界限的语音学等值线束构成，把官话方言分布地域分成两个区（北区和南区），且契合女真族的金国（1115—1234）和南宋（1127—1279）的中原之间的历史国境，也契合后来的南宋国和初期元帝国（1271—1368）之间的国境。在每个官话区之内也可划分出两个分支。最终，官话方言可做如下分类：

1. 北方官话区方言（"黄河流域官话"）。

（1）冀鲁分支，该地域包括北京、河北（除了其属于晋方言的西部）、山东（除了其属于中原分支的南部）和相对较晚才有汉人定居的中国东北。

（2）中原分支，横贯整个中国，从西部的新疆到东部沿海，涵盖甘肃南部、陕西内的关中盆地、陕西西南部、几乎全部的河南省，以及安徽和江苏两省北部。如今，黄河在郑州和开封以东转向东北方向入海，但中原官话的分布却并不契合黄河如今的河道，而契合黄河历史上的故道，8—19世纪，黄河在山东半岛南边流入大海。

2. 南方官话区方言（"长江流域官话"）。

（1）长江下游分支（"江淮之间分支"）。

（2）西南分支。

为上述分类奠定基础的是下列一些语音学特征：①是否区分"l"和"n"；②字中咝辅音声母（在它们出现时）的发音特点，如"zhi"（卷舌塞音）、"zhuang"（硬咝音）和"zhang"（软咝音）；③现代鼻韵母"e"系列的数量和组成；④与中古汉语第四声（"入声"）的现代对应。

北方区官话方言的最重要特点如下：

1. 声母"l"和"n"发音不同，无论韵母性质如何。

2. 在大部分方言中，"zh""ch""sh"与"z""c""s"对立（在"巴拉第拼音法"中标为"чж""ч""ш"和"цз""ц""с"）。在所有其他方言中只有噝音。在嘶音与噝音对别的地方，可能有与中古汉语声母组"zhi""zhuang""zhang"对应的两种类型。在前一个类型（在一定条件下为北京类型）中，对于官话而言数量最多的词素和当代的嘶音是本身固有的特点，除了少数例外，对应所有提到的三种中古汉语组声母。只在所谓"文学地"阅读汉字的情况下，例外才可能出现，比如"色"在北京方言里的读法（"白读"为"shai"）。北京类型的地理分布局限在北方区的东部大部分地区。第二种类型（可称为"西安类型"）则相反，其特点为对官话方言而言数量最少的音素和当代嘶音，试比较西安方言中"战""茶""山"与北京方言的不同发音。包涵大部分西部地点的西安方言类型，同时也见于东部。

3. 在北方区的大部分方言（包括北京方言）中，有"e"系列的8个鼻音韵母，每个中间范畴各有两个。例外为一块不大地区，包括甘肃兰州、宁夏和陕西省内关中盆地西部，这里只有"e"系列的4个鼻音韵母，北京方言的尾音"n"和"ŋ"不分。

4. 在北方区的所有方言中，中古汉语第四声的发展由中古汉语的声母性质决定。在河北、山东方言中，第四声有"三重"对应，它们由中古汉语声母的响/浊/清设定。对于中原分支诸方言典型的是，第四声在音节中的"双重"反射，一方面带有中古汉语的响辅音和清辅音，另一方面带有浊辅音。中古汉语带有尾音"-k"的第四声韵既表现为单元音（如北京方言里的"客"），也表现为在两个分支中不同的双元音，如北京方言里的"百"和"北"，在西安方言里，"北"同时有上述两种发音。跨方言借用的结果是，在北京和与之接近的河北、山东方言中（如在东北诸省），音节中第四声和中古汉语的清声母在所有当代声调中的不规则

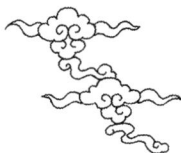

丁

分布。对于多数汉字而言，存在着"文学"和"口语"两种读音（"文白异读"），它们的当代声调和声韵相不相同。

南方官话区方言较之北方形式更加单一，它们有以下一些基本特点：

1. 声母"l"和"n"不分，且经常作为同一辅音的两个选项之一。通常在某一方言之内，一些人多发"l"音，而另一些人则多发"n"音。

在南方官话区西部，即四川省和毗邻的陕西省南部一些地区，"l""n"是否区分取决于韵母。在一些方言中，"l"和"n"仅在"i""y"之前才有不同发音，这些方言区分布在华南中部，属湘方言区域。

2. 在南方区的大部分方言中没有唏音和咝音的对别。在其他方言中可以观察到与中古汉语声母组"zhi""zhuang""zhang"对应的当代统一类型，但有别于两种北方方言（北京方言和西安方言）。结果，一部分北京方言的唏声母音节在这里发咝音，试比较南京方言中的"爪""皱"与北京方言的不同。

3. 取代北京方言中"e"系列8个鼻尾音的仅有6个鼻尾音，比如在成都方言中。对于长江流域官话方言来说，不以"-m"结尾的6个韵母体系已记录在宋代（960—1279）典籍中，而在北方，以"-m"结尾的韵母保存得更久，在元代的韵母表（韵图）中被标示出来。

4. 中古汉语第四声只在有或没有尾音节喉音合拢（在江淮方言和其他呈岛屿状分布的方言区）的情况下才被保存，或是不依赖中古汉语的声母性质完全转变为另一种声调。第四声的任何韵脚均为当下的单元音。

江淮方言与所有其他官话的区别在于，这里在带有介音的音节中保留着构成音节的中古汉语不同等级的韵，如"she""shan""xian"。试比较江苏扬州方言中"官"和"关"的发音，它们分属不同"等"的韵。

云南方言也属于南方官话区的西南方言。汉人在14世纪迁居到这里。云南的边陲位置，一方面使它没有被卷入那些显然相对较晚发生在长江流域方言中的革新，比如"l"和

"n"对别的消失，另一方面，由于同一原因在很多云南方言中发生了鼻尾音系统的简化（在一些方言中完全没有鼻尾音）。还有可能，云南方言中鼻尾音的变形是在当地语言的影响下发生，而且也可用这种影响来解释云南方言中特有的"y"向"i"的转换。

《中国语言地图集》（*Language Atlas of China*，1987—1988）中官话方言分类的基础实际上是单一的语音学特征，即与第四声的对应。中国语言学家在官话内部划分出同一等级的8个分支：（1）东北分支；（2）冀鲁分支；（3）胶辽分支；（4）北京分支；（5）中原分支；（6）兰银分支；（7）江淮分支；（8）西南分支。第7、8两个分支与上述南方官话区的同名分支对应。北方区的方言划分在汉语分类中更加详细。中原分支的典型特点是第四声的"双重"反射，它被一分为二，在有清声母和浊声母的情况下从第四声转换为第一（a）声（第5分支）；在同样条件下从第四声转换为第三声，它是分布在西部的不大的兰州－银川地区的边缘方言的典型特点（第6分支）。在第四声"三重"反射的方言中（比较上述冀鲁分支），在汉语分类中划分出4个平等的分支，即东北分支、冀鲁分支、胶辽分支和北京分支。这种划分的基础是音节中第四声与中古汉语清声母的对应。此时在东北分支方言和北京分支方言中，这些音节在所有声调中间不规则分布，但在东北方言中，有清声母时很少有音节从第四声转变为第二声。

词汇和语法等值线在地理图上比语音等值线更加紧凑，且包涵更广阔的地区。日本语言学家（岩田礼、远藤光晓、平田昌司）确定，在官话范围内，这些分界线纵贯黄河和长江之间，位于今江苏地区。与沿长江延伸的等值线一起（亦即与官话和南方方言群之间的传统边界一起），它们构成中国南北方言之间最重要的、很早就形成的过渡区域。

对词汇的统计学研究（Е. Б. 阿斯拉汉的研究）证明，在普通话和各种分支的官话方言中，实语素水平上的吻合在76%—84%之间波动。最接近普通话的是两种方言：一种是冀鲁方言，也包括北京方言及其第四声的"三重"对应（包括

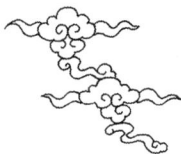

汉语分类中划分出来的其他4个分支，如东北分支）；另一种是江淮方言。普通话与江淮方言的相似被解释为迁都南京，后来在明朝（1368—1644）统治初年又迁回北京，此时大量说南方官话方言的文人迁居北方，他们把借用来的词汇和对汉字的"文学"读音带入北京方言，这些元素是长江流域方言的典型特征。

*《汉语方言大词典》第1—5卷，许宝华、宫田一郎编，北京，1999年。**Е.Б.阿斯拉汉《"官话"东部方言词汇描述的语义场方法》，载《莫斯科大学学报》1980年第4期；Е.Б.阿斯拉汉《"普通话"和"官话"词汇的形成》，载《东方语言学理论问题》第1卷，莫斯科，1982年；Е.Б.阿斯拉汉、О.И.扎维亚洛娃、М.В索夫罗诺夫《中国的方言和民族语言》，莫斯科，1985年；Е.Н.龙果娃、А.А.龙果夫《湘潭方言和湘乡方言（湖南）》，载《苏联科学院学报》1932年第3期；О.И.扎维亚洛娃《汉语方言》，莫斯科，1996年；О.И.扎维亚洛娃《"官话"语音的语言地图学研究的若干问题》，载《语言学问题》1982年第3期；О.И.扎维亚洛娃《论汉语方言的超区域词素音位学进程》，载《语言学问题》1990年第3期；Р.Г.沙皮罗《汉语四川方言的语音演变》，学位论文，莫斯科，2004年；С.Е.亚洪托夫《汉语方言的地理分布》，载《列宁格勒大学学报》1967年第2期；李荣《官话方言的分区》，载《方言》1985年第1期；李荣《中国的语言和方言》载《方言》1989年第3期；Хирата Сё: дзи. Хуйчжоу фаньянь гу цюаньчжо шэнму иньбянь (Развитие исторических звонких инициалей в диалектах южной части повинции Аньхой) // Инся ронсо:. 1982, 12; Эндо: Мицуаки. Кангоси кэнкю: кай — Тю:гокуго Хигаси Адзиа сёго кэнкю: кай-но кацудо: (О деятельности «Общества истории китайского языка» и «Общества китайского языка и языков Восточной Азии») // Хигаси Юрасиа гэнго кэнкю:. Вып. 1. 2006; он же. Канго хо: гэн ронко: (Труды по китайской диалектологии). Токио, 2001; Iwata R. Linguistic Geography of Chinese Dialects: Project on Han Dialects // Cahiers de Linguistique — Asie Orientale. 1995, No. 24 (2); Language Atlas of China. Hong Kong, 1987‐1988.

（О.И.扎维亚洛娃撰，徐乐译）

　　中华民国（1911—1949）和1949年后台湾地区对以北京发音为基础的官方汉语的称谓。在中华人民共和国，这一称谓被"普通话"替代。"国语"这一术语借自日语，并在清朝（1644—1911）晚期被引入，取代"官话"一词，"官话"这一历史称谓指以北方方言为基础的汉语的超方言口语，同样，"官话"在现代语言学中也指汉语的北方方言组（超级组）。

　　"官话"最早大概出现于元朝（1271—1368），当时，北京（大都）在1264年首次成为中国首都，在随后几百年间虽屡经中断，仍为都城。清朝晚期，中国社会流动性最强、最有文化的那一部分人，首先是官僚阶层，均能掌握大致三种通行的汉语：第一种为书面"文言"，即正式文件、官方科举考试和各种高级文学体裁所使用的语言；第二种为书面"白话"，是非官方文学所使用的语言；第三种即口头"官话"，用作口头交际，具有各种不同的变体（取决讲话人所说方言以及他对"官话"的掌握程度）。北京版"官话"即清朝宫廷语言。"官话"在各地方的变体则被称为"蓝青官话"。除普通"官话"外，汉语还存在多种超方言口语形式（如在"粤"方言群分布区，广东方言是通行的口头语言，也被称为"白话"）。没有在家乡任职的官吏有时须掌握两种或更多的新方言，且要多少懂点"官话"，但有些情况下，他们可依赖于当地的"译员"。每人都可以其方言发音阅读汉字文本，识字的交谈者若听不懂对方的口语，便会用指头在空中或掌心把词语"写出来"。1728年，清世宗（雍正皇帝的庙号）下令，首次尝试在广东省和福建省对想要参加科举考试的考生进行北京话"正音"教育。1907年，清政府教育部门首次颁布在学校教授"官话"的课程大纲。1909年，清政府资政院议员江谦正式提出把"官话"定名为"国语"。

　　中华民国成立（1911）后不久，"国语"一词还跟原来一样首先指国家机构和教育机关所使用的口头语言。在"'国语'运动"范围内采取的措施，跟与此平行的从书面语"文言"过渡到书面语"白话"的社会运动（"白话

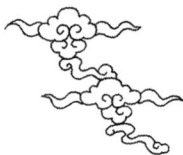

文运动")一起，在国家层面开始实施。1913年，为"国语"专门制定一套汉字规范读音系统（"国定读音"或"国音"），它类似中古汉语的语音指南（如韵脚字典《韵书》，韵律表《韵图》），起初是人为设计的，不但反映了北京话的特点，也反映出其他汉语方言的特点。1918年颁布了中国历史上第二个正式的字母系统"注音字母"，在传统汉字字形的基础上加工而成（中国第一种官方字母拼音文字即"八思巴字"，创立于蒙古统治的元朝）。1919年，"注音字母"系统被用于编纂语音字典《国音字典》。

1923年，纯正的北京话成为汉字的规范读音。1928年颁布"国语罗马字"，这是第一套正式的、以拉丁字母为基础的汉语字母系统。1930年，又研制出新版"注音字母"，它以北京发音为目标，又称"注音符号"。1932年，北京话发音标准也在《国音常用词汇》里得以体现。1936年，出版了第一部汉语词典，即4卷本《国语辞典》，它有别于传统的汉字指南，不仅收入单字，还有现代汉语的词语，包括双音节词和多音节词，汉字的标准北京发音在《国语辞典》中则借助"注音字母"和"国语罗马字"标出。

1949年后，原有的语言改革传统在台湾地区得以赓续，修订再版的《国语辞典》在台湾至今仍被视为规范词典，在线就能轻松查阅，"注音字母"（亦被称为"注音符号"）表仍被广泛使用，而"注音字母"在中国大陆已不再使用。"国语罗马字"在很长一段时间都被视为以拉丁字母为基础的正式拼音，尽管在实践中仍在使用旧的、英国人威妥玛发明的威妥玛拼音。新的拉丁文拼音系统"通用拼音"以中国大陆的"汉语拼音"为基础，但也具有一些特点，该系统直到2002年才被引入台湾。台湾地区的大部分居民（90%）都会"国语"，它在语音、词汇，甚至语法上既有别于旧"国语"，也与现代普通话有异。经典的、没有受到方言影响的北京"国语"，如今只有专业语文学家在使用，并被用于面对外国人的汉语教学。尽管经历多次改革，但在台湾地区占据人口数量优势的"闽南"方言和"客家"方言始终地位稳固，在1987年台湾地区废除戒严令后，这两种方言的地位还

有显著增强。自20世纪80年代初起，台湾地区中小学非正式地引入方言教学课。有使用方言的电台和电视台，也有用方言出版的文学作品。方言文本的字母表和汉字记录法，新的正在使用，旧的正在不断完善。台湾地区教育主管部门已酝酿计划，准备出台一部规定所有语言在法律上一律平等的法规，所有语言不仅指"国语"，还指"闽南"方言群和"客家"方言群。

**M. B. 索夫罗诺夫《中国语言和中国社会》，莫斯科，1979年；Фуруя Акихиро. «Канка» то «Нанкё:»-ни цуйтэ-но мэмо (О терминах «гуаньхуа» и «Нанкин») // Кайпянь. Т. 25. 2006; 仇志群、范登堡《台湾语言现状的初步研究》，载《中国语文》1994年第4期；《台湾语言状况与语言政策》，载《中国语言生活状况报告（2005）》（上下册），北京，2006年，第331—345页；Masini F. The Formation of Modem Chinese Lexicon and Its Evolution toward a National Language: The Period from 1840 to 1898 // Journal of Chinese Linguistics. Monograph Ser., 1993, No. 6; Norman J. Chinese. C., 1988; Taiwan Yearbook, 2004. T. P., 2005.

（О. И. 扎维亚洛娃撰，万海松译）

　　第一套官方的汉字拉丁字母拼写法。其最知名的倡导者和设计者有旅美华裔语言学家赵元任（1892—1982）、作家林语堂（1895—1976），还有黎锦熙和钱玄同。1928年，"国语罗马字"作为"国音字母第二式"由中华民国政府大学院确立和颁布，制定者希望以字母为基础改革汉语文字，但由于对汉语中音位学意义重大的声调的标注过繁，它未能得到广泛传习。同样在那些年里，在莫斯科，著名的中国活动家（瞿秋白、萧三、吴玉章）和苏联学者（B. M. 阿理克、A. A. 龙果夫、B. C. 郭质生、A. Г. 史萍青等）共同参与制定"拉丁化新文字"（Latinxua sin wenz），后为实现扫

国语罗马字

丁

盲目标，开始编写课本、翻译文学作品、出版报纸和党的文件集等实践工作，在远东中国居民间进行推广。

在词典、标注中国姓名的外国文本、招徕外国顾客的招牌上，"国语罗马字"与"注音字母"并用。伦敦汉学家们（西门爱德华等）也大都使用这一系统，主要用于教授汉语。在中华人民共和国，这一体系为"汉语拼音"所替代。2000年前，香港出版的词典和教材中也使用这一注音方式。1949年后，"国语罗马字"在台湾地区被视为官方的拉丁化汉语拼写体系，尽管在实践中台湾出版物常使用英国的"威妥玛拼音"。1984年在台湾地区制定"国语罗马字"简化方案，2002年实行拉丁化的"通用拼音"，作为官方拼音法。

"国语罗马字"的主要特点是以字母标注声调，即拼写音节取决于四声之一的声调（林语堂的创意），取代用数字（威妥玛体系）或变音符（汉语拼音）标注声调。以阴平为基本声调。其他声调要么以附加字母、要么以其他字母替代基本声调的字母来标注。比如音节ai（"汉语拼音"中的āi，ái，ǎi，ài）在"国语罗马字"中标示为相应的四声方案ai，air，ae，ay；音节cun标示为tsuen，tswen，tsoen，tsuenn；音节dang标示为dang，darng，daang，danq。标注声调成为必然，而拼写音节的方案数量增加了数倍（尽管并非所有音节的发声都在四声之内）。台湾的简化方案（1984）中小写字母标注声调被取消。

**B. M. 阿理克《中国汉字及其拉丁化》，列宁格勒，1932年；Л. P. 孔采维奇《俄语文本中的汉语专有名词与术语》，莫斯科，2002年；M. B. 索夫罗诺夫《汉语导论》，莫斯科，1996年，第236—239页；《国音常用字汇》，1932年；Chao Y. R., Yang L. S. Concise Dictionary of Spoken Chinese. Cambr., 1947; Karlgren B. The Romanization of Chinese. L., 1928; imon W. The New Official Chinese Latin Script Gwoyeu Romatzyh. L., 1947; idem. The New Official Chinese Latin Script Gwoyeu Romatzyh. Tables, Rules, Illustrative Examples. L., 1942.

（Л. P. 康采维奇撰，徐乐译）

亦称"汉语字母表"，中华人民共和国采用在国际上通行的用拉丁字母标注汉字的方法。

1954年，中华人民共和国教育部下属的中国文字改革委员会开始研究制定汉语拼音的工作，中国语言学家周有光（1906年生）、吴玉章（1878—1966）等发挥了主导作用。1958年2月11日在北京召开的全国人民代表大会第五次会议上通过了"汉语拼音方案"。中华人民共和国国务院决定，从1979年1月1日起，将拼音作为中国所有英语、法语、德语、西班牙语、世界语等外语出版物和文件中中国人名和地名的拉丁字母转换标准。在2001年1月1日开始实行的《通用语言文字法》中明确规定，《汉语拼音方案》是中国人名、地名和中文文献罗马字母拼写法的统一规范，并用于汉字不便或不能使用的领域。在中华人民共和国的初级学校中汉语拼音是必修课程。

1977年8月联合国第三次会议决定，为保证地理名词规范化，采用拼音作为中文词汇（首先是专有名词和地理名词）拉丁化的国际标准。从1976年开始，使用拼音记录中文词汇的问题就被列入国际标准化组织（ISO）第46技术委员会第二分委员会"书面语言的转写"的工作规划。1979年4月第二分委员会的第八次会议通过第113号文件，提出要继续拼音的实际应用和正字完善工作。1981年3月，中国和法国向国际标准化组织提交了关于拼音正字法主要特点的议案，其中包括中文词语连写和不连写情况。国际标准化组织1991年通过了中文拉丁字母拼写法的国际标准（ISO7098：1991）。

苏联在20世纪30年代和80年代曾制定用俄语字母（或以西里尔字母为基础的注音法）转换汉字的标准，但未得到官方认可。在俄国的现代汉语词典和汉语教科书中，"王西里检字法"与"汉语拼音"并行。

汉语拼音字母表共有27个字母：

Aa Bb Cc Dd Ee Ff Gg
Hh Ii Jj Kk Ll Mm Nn

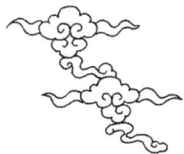

字母i，u，ü不能作为首字母；字母v只用于外来语、方言和计算机输入时（代替ü）。元音字母发音基本与拉丁语发音一致（除了字母i在一些辅音后面的发音与拉丁语不同），辅音字母和辅音字母组合发音比较独特（如x，q，j）；除此之外，d、b、g等字母在汉语中是不送气的清辅音。像注音字母表一样，汉语拼音是以传统的音位学分类为基础，将音节分为声母和韵母。声母用下列字母来表示（所有字母都会附上相应的俄文注音字母）：

b p m f d t n l

б п м ф д т н л

g k h j q x zh ch

г к х цз ц с чж ч

sh r z c s y w

ш ж цз ц с （й）（у）

书写声母时要遵循下列规则：

（1）字母"j""q""x"是龈颚音"tɕ""tɕʰ""ɕ"，用俄语字母按照音位来转写要加上嘶音"ts""ts'""s"。比较一下6个辅音字母在汉语拼音和俄文注音中和元音相拼的情况：

j + –i/–i–, –ia/–ia–, –ie, –iи, –u/–u– → цз + –и/–и–, –я/–я–, –е, –ю, –юй/–ю–；

q + –i/–i–, –ia/–ia–, –ie, –io–, –iи, –u/–u– → ц + –и/–и–, –я/–я–, –е, –ю, –ю, –юй/–ю–；

x + –i/–i–, –ia/–ia–, –ie, –io–, –iи, –u/–u– → с + –и/–и–, –я/–я–, –е, –ю, –ю, –юй/–ю–；

z + –a/–a–, –e/–e–, –i, –o–, –u/–u– → цз + –a/–a–, –э/–э–, –ы, –o– （但zong → цзун）, –y/–y– （但zuo →

цзо）；

　　c + −a/−a−, −e/−e−, −i, −o−, −u/−u− → ц + −a/−a−, −э/−э−, −ы, −о− （但cong → цун）, −y/−y− （但cuo → цо）；

　　s + −a/−a−, −e/−e−, −i, −o−, −u/−u− → с + −a/−a−, −э/−э−, −ы, −о− （但song → сун）, −y/−y− （但suo → со）.

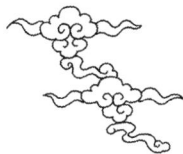

　　（2）字母"r"不仅是辅音"ʐ"的卷舌读音，而且也是音节组合"er"的尾字母。

　　（3）字母"y"和"w"写在零声母的音节之首，音节中虽然没有声母，但首字母是不组成音节的半元音/韵母"i""u""y"，如wan, yan, yuan。

　　韵母书写如下（斜杠后为零声母韵母的正确书写）：

	−i/yi（−и/и）	−u/wu（−у/у）	−ü, −u/yu（−юй/юй）
−a（−a）	−ia/ya（−я/я）	−ua/wa（−уа/ва）	
−o（−о）		−uo/wo（−о/во）	
−e（−э）	−ie/ye（−e/e）		−üe, −ue/yue（−юэ/юэ）
−ai（−ай）		−uai/wai（−уай/вай）	
−ei（−эй）		−ui/wei（−уй/−уэй/вэй）	
−ao（−ао）	−iao/yao（−яо/яо）		
−ou（−оу）	−iu/you（−ю/ю）		
−an（−ань）	−ian/yan（−янь/янь）	−uan/wan（−уань/вань）	−üan, −uan/yuan （юань/юань）
−en（−энь）	−in/yin （−инь/инь）	−un/wen（устар. uen）（унь/вэнь）	−ün, −un/yun （юнь/юнь）
−ang（−ан）	−iang/yang（−ян/ян）	−uang/wang（−уан/ ван）	
−eng（−эн）	−ing/ying（−ин/ин）	−ong/weng（−ун/вэн）	
−ong（−ун）	iong/yong（−юн/юн）		

（1）卷舌辅音或平舌辅音和韵母"ï"组成音节时写成字母"i"，如："知"（zhi）、"蚩"（chi）、"诗"（shi）、"日"（ri）、"资"（zi）、"雌"（ci）、"思"（si）。

（2）重要音素"ɚ"的书写方式为"er"，无论是否在词尾写法均如此，试比较："儿童"（ertong）、"女儿"（nü'er）。所谓儿化音（词根+词尾"儿"）的注音是在音节后面再加上字母"r"，试比较"bar""banr""bair""dianr"等等。

（3）如果半元音/韵母"y"在字母"n"和"l"之后，要写成"ü"，如"女"（nü）、"吕"（lü）。在字母"j""q""x"之后时，字母"ü"上的两点去掉，如"居"（ju）、"区"（qu）、"虚"（xu）、"绝"（jue）、"雀"（que）、"学"（xue）。

（4）如果在含有韵母"iou""uei""uən"的音节中出现声母，那么这几个韵母要写成"-iu""-ui""-un"，例如："牛"（niu）、"归"（gui）、"论"（lun）。如果没有声母则写成"you""wei""wen"。

声调在拼音中用标在音节元音上方的声调符号来表示，轻声在文本中不会标上声调符号，但在词典中会在轻声音节之前画上一个黑点，声调标示如下：一声——妈mā，二声——麻má，三声——马mǎ，四声——骂mà，轻声——吗（·）ma。当音节以元音字母"a""o""e"开头时，音节之间的界限变得模糊，此时使用分隔符（'）来划分音节，如"皮袄"（pi'ao）。

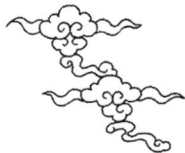

**И.Н.加尔采夫《汉语拼音方案》，载《苏联东方学》1956年第3期；Л.Р.孔采维奇《俄语文本中的汉语专有名词与术语》，莫斯科，2002年；С.А马扎耶夫、В.Г.奥尔洛夫《汉语拼写和书写教材》，莫斯科，1966年；М.Г.普里亚多辛《新汉语拼音字母表研究教材》，莫斯科，1960年；С.Е.亚洪托夫《汉字拼音方案》，载《语言学问题》1957年第3期；《新华字典》，北京，1988年；《现代汉语词典》，北京，

1985年；周有光《汉字改革概论》，北京，1964年[①]；《中国人名地名汉语拼音拼写法》，北京，1975年；Anderson O. B. A Concordanceto Five Systems of Transcription for Standard Chinese. Lund, 1970; Legeza I. L. Guide to Transliterated Chinese in the Modern Peking Dialect. Vol. I, II. Leiden, 1968‒1969; Tables de concordances pour l'alphabet phonétiquechinois / Préparées par le Centre de Linguistique Chinoise. La Haye‒Paris, 1967.

（Л. Р. 康采维奇撰，侯丹译）

《急就篇》

第一部得以完整保存的字书。更早的字书有全部亡佚的《史籀篇》和部分保存下来的《仓颉篇》。此书由汉元帝（前48—前33年在位）的内侍大臣史游编成。依照传统取正文首句之前两字为书名。此书供识字开蒙、背诵之用。全书共32章，后有31章或34章版本。为方便记忆，全书2016个汉字分为长短不一的韵句，为三言或四言诗句，隔行押韵，七言诗则行行押韵。首章开篇简要说明该书的编纂目的："急就奇觚与众异，罗列诸物名姓字。分别部居不杂厕，用日约少诚快意。"第二章包括132个姓氏和名。单姓加两字，复姓加一字，隔行押韵。第三章为"言物"：锦绣、饮食、衣物、臣民、器物、虫鱼、服饰、音乐、形体、兵器、车马、宫室、植物、动物、疾病、药品、丧葬等。第四章是对五个等级官员职务介绍。最后以描写汉代国富民安而结篇，《急就篇》文本不止一次见诸历代大书法家之笔端，故流传至今。

*Ши Ю. Цзи цзю пянь // Гуи цуншу (Собрание утраченных [и найденных в Японии] древних книг). Т. 22. Токио, 1884. **黄德宽、陈秉新《汉语文字学史》，合肥，1994年。

（О. И. 扎维亚洛娃撰，靳芳译）

---

① 似为1961年版，1964年第2次印刷。——译者注

急就篇

漢黃門令史游撰

急就奇觚與眾異羅列諸物名姓字分別部居不雜厠用日約少誠快意勉力務之必有喜請道其章宋延年鄭子

丁

甲骨文

殷商时期刻在龟甲和兽骨上的占卜文字，大多产生于殷商后期（前13—前11世纪），这一时期始于由奄（今属山东）迁都至殷（今属河南）之后。20世纪下半叶，山西、陕西及河北境内发掘出少量周代甲骨。据报道，2003年在济南大辛庄（今属山东）有一重大考古发现，发掘出有字卜甲4片，其年代为商朝定都于殷之前。

第一批甲骨于1899年由清朝大臣王懿荣偶然发现，他发现当时北京药房出售一味中药"龙骨"，上面有一些奇怪字符。这一发现开启了对甲骨文的收藏、研究和解读，参加者有著名学者和文物收藏家，其中包括一些西方传教士。持续多年的考古发掘工作于1928年在殷墟遗址河南省安阳市小屯村及其相邻村庄开始。

最详细的甲骨文文本约有100个字符。占卜者通过某种方式烘灼甲骨或兽骨上的凹槽，根据裂纹的形状判定占卜结果，然后会在龟甲上刻上文字说明，通常包括占卜时间、占卜者名字、向祖先的灵魂提出的占卜问题以及对答复的解释，有时记录占卜之后所发生的与占卜结果相关的事件。一个卜甲上可能包含数个类似问题。20世纪70年代末—80年代初，中华人民共和国出版13册的大型著录《甲骨文合集》，共收录41956片甲骨，各种字符近4500个，其中约三分之一被破译。20世纪90年代下半期，香港建成的汉达文库（CHANT，Chinese Ancient Texts）收集到中国等7个最大藏品国的甲骨文拓片53834件，其中含近5000个单字，此外还有1980个异体字符。

殷商文字就其形状和结构而言与现代汉字极其不同，借助稍后出现的中国文献，首先是青铜器上的"金文"和辞书《说文解字》，可以对甲骨文进行破译。殷商文字中主要是表示符号和图形的表意字（"文"），其在现代汉语中占常用汉字总数的10%。甲骨文的另一个特点是，绝大部分是"假借"，其用音同而义异的字来表示新字。实际上，甲骨文大量使用的假借字与随后在日本出现的、也是基于汉字而构成的假名相类似。然而在汉字史上，假借字大部分被形声字代替，形声字就是由假借字添加"形旁"派生而成。殷商

汉字中27.27%的形声字是现代汉语的主体，占常用字总量的80%。

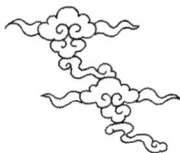

　　*《甲骨文合集》①，郭沫若、胡厚宣编，北京，1979—1983年。**Ю. В. 布纳科夫《河南甲骨》，列宁格勒－莫斯科，1935年；А. М. 卡拉佩吉扬茨《古代文化中的造型艺术和文字（公元前1千年中期之前的中国）》，载《艺术的早期形式》，莫斯科，1972年；М. В. 克留科夫《殷代铭文》，莫斯科，1973年；祝敏申《〈说文解字〉与中国古文字学》，上海，1998年；《古汉语字典》，侯赞福主编，汉口，2002年；Che W. H. CHANT (CHinese ANcient Texts): A Comprehensive Database of All Ancient Chinese Texts up to 600 AD // Journal of Digital Information. Vol. 3, Issue 2. Article No. 119 (2002－08－09).

（О. И. 扎维亚洛娃撰，靳芳译）

普通话

　　中华人民共和国官方汉语的名称。这一术语于20世纪30—40年代由革命民主主义知识界（鲁迅、瞿秋白）提出。1955年在全国文字改革会议上被正式确立，代替1909年起使用的术语"国语"，目前台湾地区仍使用"国语"一词（新加坡则称"华语"）。在这次会议上首次提出普通话的定义，后来在包括《国务院关于推广普通话的指示》（1956）在内的许多官方文件中进一步明确了普通话的定义，即普通话"以北京语音为标准音，以北方话为基础方言，以典范的现代白话文著作为语法规范"。1955年还召开了一次语言学会议，即现代汉语规范问题学术会议。

　　在2001年开始实施的《语言文字法》中，普通话被确定为"国家通用"语言。然而2004年进行的第一次全国调查的数据表明，只有53%的中华人民共和国居民能够用普通话来交谈，18%的居民在家中讲普通话，42%的居民在学校和工作中使用普通话。推广普通话口语（普通话的口头形式）被看

① 《甲骨文合集》为郭沫若编，《甲骨文合集释文》为胡厚宣编。——译者注

成十分重要的任务，甚至写进了1982年颁布的宪法。1986年颁布了例行规划来普及普通话，预计在21世纪到来之前把普通话变成口头交际和教育领域的全国性语言。《语言文字法》在法律层面为这个尚未完成的计划确立了地位，普通话被宣布为国家机关、教育机构、电子大众传媒和服务领域的基本用语。根据法律规定，国家公职人员必须通过普通话水平测试。

发音规则是得到最翔实研究的普通话规范。20世纪出版了几本语音学词典和指南，书中不仅确定了北京方言的标准音节组成（不算音调变化共400余个），并且明确了每个汉字的标准读音。按拼音查字典，借助字母表（"汉语拼音""注音字母"等）或录音在计算机输入汉字时都必须知道正确的读音。北京方言的特点是文白异读的汉字数量不多，这样研究北京方言并使其标准化的工作就相对容易一些。然而有大量说方言的人，甚至受过教育的人，在查字典和录入汉字时都更愿意使用偏旁部首体系（其中也包括四角号码检字法）。

在标准化《现代汉语词典》（第1版，1978）中记录了普通话词汇。1996年经过改编的版本收入6万个词汇和固定短语。对普通话词汇的研究表明，这些词汇首先与官话方言相一致（实意词素76%—84%一致）。普通话的大量词语不仅与官话方言中最为接近北京方言的河北方言、山东方言和东北方言相一致，而且大量词汇与长江下游地区的方言也有相同之处，其中包括南京方言。普通话词汇与另一组官话方言，即湘、赣、皖南、吴（包括上海方言）方言的一致性较低，大约60%—70%相符。在广东分布的方言（包括客家方言、包括广东与香港方言在内的粤方言）与普通话词汇的一致度为50%—60%。最后，最为古老的闽方言，与普通话的一致度不到50%。闽方言的一个分支闽南话在台湾占据主导地位。

普通话的语法规则仍像过去一样被研究得很少。在中国传统语言学中语法不是研究对象，在现代中学教学大纲中语法只占微小一席，但当下已清楚认识到，普通话语法和方言语法（也包括北方方言）之间存在差异，且不同方言体系之

间的语法差异更大，已超出人们之前的预期。

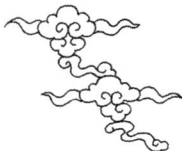

**Е. Б. 阿斯拉汉《"普通话"词汇的形成问题》，载《东方语言学理论问题国际学术研讨会论文集》第1卷，莫斯科，1977年；Е. Б. 阿斯拉汉、О. И. 扎维亚洛娃、М. В. 索夫罗诺夫《中国的方言和民族语言》，莫斯科，1985年；О. И. 扎维亚洛娃《中国的语言立法》，载《当今世界民族语言问题的解决方案》，圣彼得堡，2003年；О. И. 扎维亚洛娃《信息技术时代的亚洲汉语圈》，载《远东问题》2005年第1期；汪平《正确处理方言与普通话关系刍议》，载《中国方言学报》2006年第1期；李岚清《在纪念文字改革和现代汉语规范化工作40周年大会上的讲话》，载《语文建设》1996年第2期；李宇明《中国语言规划论》，长春，2005年；罗常培、吕叔湘《现代汉语规范问题》，载《现代汉语规范问题学术会议文件汇编》，北京，1956年；《现代汉语词典》（修订本），北京，1996年；周有光《汉字改革概论》，北京，1979年；《中国语言生活状况报告（2005）》（上下册），北京，2006年。

（О. И. 扎维亚洛娃撰，侯丹译）

普通话水平测试

缩写为PSC，即Putonghua Shuiping Ceshi，国家级汉语口语考试。1994年开始实施，距1905年废除科举制度将近100年。科举考试内容属于语文学范畴，是中国古代选拔官吏的一种制度。1728年，清世宗（年号雍正）谕令广东和福建两南方省份考生经短时练习加试北京官话（正音）考试。

国家语言文字工作委员会和国家教育委员会（1998年起称教育部）、广播电影电视部共同通过了关于进行普通话水平测试的决议。这三个机构组成专门委员会（国家普通话水平测试委员会），从事审订大纲和组织各测试中心的工作。普通话水平等级被分为三个级别，每级别内划分甲、乙两个等次。通过测试的人员被授予普通话水平测试登记证书。据2001年1月1日开始实行的《通用语言文字法》规定，此后该测试将成为中华人民共和国公务人员任职的必备条件。到

2001年有500万人通过该测试，其中包括高等院校教师、播音员和节目主持人、国家公务人员，到2005年通过测试的人员接近1800万。

测试大纲包括汉字17055个、朗读材料60篇、说话话题30个以及《普通话水平测试用普通话与方言词语对照表》和《普通话水平测试用普通话与方言常见语法差异对照表》。以大纲为基础，各地试卷的题目用以考查普通话语音、语法和词汇：（1）朗读100个最难发准北京音的单字，如带有卷舌音的声母"zh""ch""sh"和带平舌音的声母"z""c""s"的比照，或韵母"en"和"eng"的比照；（2）正确朗读100个双音节和多音节的字词，涵盖典型北京发音的词素音位现象；（3）选择判断，从每组词中选出普通话用词，并正确读出（共10个单词）；（4）量词与名词的搭配；（5）从三个句子中选择语法结构正确的句子（共5组）；（6）朗读短文（篇幅为400字）；（7）命题说话。

根据"一国两制"政策，中国内地法规不适用于香港和澳门，但对于这两个特别行政区的居民而言，普通话与英语或葡萄牙语同样重要。1996年香港设立专门的教学中心（现已有多个中心），考生可自愿选择一项考试，或汉语水平考试（缩写为HSK，即Han Yu Shui Ping Kao Shi，类似英语的托福考试，1992年主要面向外国人设立），或普通话水平测试（测试内容与大陆略有不同）。澳门也设立了师资培养和测试中心。

**李宇明《中国语言规划论》，长春，2005年；《普通话水平测试实施纲要》，北京，2005年；《中国语言生活状况报告（2005）》2卷本，北京，2006年。

（О. И. 扎维亚洛娃撰，靳芳译）

中国精神文化大典

文学·语言文字卷

　　中国语言学最重要的典籍，流传至今的最早的一部韵书。该书由陆法言于601年在他8位爱好语言学的朋友参与下编成。20世纪，唐朝（618—907）及五代（907—960）的《切韵》手书片段和刊印本在莫高窟（今甘肃省敦煌境内）和吐鲁番（今新疆境内）被发现，其最完整文本见于北京故宫博物院图书馆。目前这些遗稿分散在世界各地图书馆，其中俄罗斯科学院东方学研究所圣彼得堡分所也存有部分遗稿。早期《切韵》研究的主要依据是其稍晚版本，即由宋真宗下令于1008年编纂的《广韵》。

　　《切韵》共收11500字，首先根据声调分为五卷。数量最多的平声（现代北京话的一声和二声）字（更准确地说是音节词素）又分为两卷，其余声调，即上声（现代北京话的三声）、去声（四声）和入声（已并入北京话的其他声调）各占一卷。每卷的汉字按韵分类。所有版本的韵书中，所列各韵通常用同一个字作为韵目名称（即"声纽"），卷内各韵须按同一传统顺序排列。比如，平声以"东"（现代北京话读第一声）开韵，上声韵为"董"（北京话的第三声），去声韵为"送"（北京话的第四声），入声韵为"屋"（中古汉语中读音以"k"结尾）。《切韵》中共有193韵，使用者应把韵书的所有韵目熟记于心。同韵中读音相同的同音字，即同一声调、同一声母和韵母的字，组合为"小韵"。"小韵"的首字上方标有圆圈作为"纽"，其读音以反切标注。各"小韵"及"小韵"中的同音字呈任意排列，这额外增加了韵书的使用难度。早期《切韵》，尤其是手抄本中，只对少数汉字简要释义，但在后来刊印本中对每个字的意义均有详细解释。

　　《切韵》成书于隋朝（581—618）统一中国后，其都城大兴与唐朝都城长安均位于今西安市（今属陕西）。据推测，《切韵》的语音系统反映出南北朝（420—589）末期由于迁都而形成的读音标准，其都城先迁至南方建康（今南京），后又重新迁回北方。此外，《切韵》的所有编者均非本地生人，他们力求详细地统计出各地方言及更早韵书中各韵类间的细微差别。唐朝开始，作诗成为科举考试的一部

丁

分，《切韵》成为正式的诗歌教材，书中很多韵类被统一称为"通韵"，这致使官方诗歌中的韵类数量几乎减少一半。由于韵书使用的种种不便，唐宋时期又出现一种语音手册，即韵图，将汉字按特定排列系统分类。现存还有宋代的《切韵》官方修订本，即《集韵》（1037）。

*《十韵汇编》，台北，1968年。**C. E. 亚洪托夫《古代汉语》，莫斯科，1965年；C. E. 亚洪托夫《中国语言学史（公元前1千年—公元1千年）》，载《语言学史：古代世界》，列宁格勒，1980年；王力《中国语言学史》，太原，1981年；王力《汉语语音史》，北京，1985年；李荣《切韵音系》，北京，1952年；邵荣芬《切韵研究》，北京，1982年；何九盈《中国古代语言学史》，郑州，1985年；Эндо: Мицуаки. Formal Characteristics of the Different Versions of the Ch'ieh Yun // Канго: хо: гэн ронко: (Работы по китайской диалектологии). Токио, 2001, с. 181; он же. Сайон-ноондзё-ни цуйтэ (О порядке рифм в словаре «Це юнь») // Тю: гоку онъингаку ронсю: (Сборник трудов по китайской фонологии). Токио, 2001, с. 9 – 98; Norman J. Chinese. N. Y., C., 1988; Pulleyblank E. G. Middle Chinese: A Study in Historical Phonology. V., 1984.

（О. И. 扎维亚洛娃撰，靳芳译）

轻声

这一术语指双音节或多音节词非起始音节中的声调弱化，其音长变短，音强变弱。普通话和北京方言中轻声音节的音高由前一音节的声调确定，即第一声（阴平）和第四声（去声）后发低音，第二声（阳平）后发中音，第三声（上声）后发高音。在某些方言（如陕西西安方言以及与其关联的东干语陕西方言）中，轻声音节很短，且不受前一音节声调的影响，而常与前一音节发同一低音。

带有轻声的双音节词在普通话中约占10%，在常用词词典中占5%。北京话的轻声现象多于普通话。相反，"国语"的轻声现象要少于普通话，因为台湾地区普遍使用的南方方言中轻声只作为情态语气词。普通话居于末尾的虚词必须用轻声，例如带有后缀"子"的词，它是词的组成部分，一方面是定语"的"的标志，另一方面是位于句尾的情态语气词，它无法与前面的字构成词。同样，某些叠词也必须用轻声[如"等等"（déngdeng，意为"等一会儿"）]。此外，轻声还用于（非必须）许多由不同词根组成的单词或嵌入无实义的字的单词，如"朋友"（péngyou，两个同义词根）、"东西"（dōngxi）、"西瓜"（sīgua）、"玻璃"（bōli，其中一个字没有独立含义）。另外，试比较两组词："兄弟"（xiōngdi，意为"弟弟"）与"兄弟"（xiōngdì，泛指"众弟兄"），"地方"（dìfang，指某个地点）与"地方"（dìfāng，指与"中央"相对的"地方区域"）等。不懂普通话的外国人或只会说方言的人只能通过字典确定这些词中是否存在轻声，因此，轻声词辨析及拼读被列为国家普通话知识水平测试（普通话水平测试）的一部分。

官话方言中除了轻声，还广泛使用具有轻声功能的变调。这种变调与原始声调无关，与其前一音节无关，每种方言根据自身规则进行调节，有些相当复杂。某些情况下，普通话中叠用形容词的第二个音节发一声，如"长长"（chángchāng-r）、"好好"（hǎohāo-r）。江苏北部的连云港方言中，除了短促的轻声，轻声音高与普通话中一样由前一音节的声调确定，甚至还有可能出现与轻声在功能上相类似的上声，或低沉而短促的去声。因而普通话和官话方言的轻声受到音位（音节的位置、前一音节的声调特点）和词法因素相互作用的影响。吴语（包括上海话）在汉语中占据特殊地位。双音节和多音节语气助词的韵律特点自然由首音节声调决定，此声调"延长"至所有音节，且不受音节数量影响。吴语有包括虚词在内的诸多语素，从而完全失去其词源声调。

丁

**О. И. 扎维亚洛娃《汉语方言》，莫斯科，1996年，第57—

64页；Т. П. 扎多延科《现代汉语声调系统简述》，载《中国语文学问题》，莫斯科，1963年；А. М. 卡拉佩吉扬茨《词的长度和轻声语音学》，载《中国语言学迫切问题》，第五届全苏研讨会材料，莫斯科，1990年；Н. А. 司格林《汉语语音学》，列宁格勒，1980年；李小凡《汉语方言的轻声变调》，载《中国方言学报》2006年第1期；Sherard M. A Synchronic Phonology of Modern Colloquial Shanghai // Computational Analyses of Asian and African Languages. Monograph S. 1980, Vol. 15.

（О. И. 扎维亚洛娃撰，靳芳译）

声母

汉语音节的首个辅音。汉语中的声母和韵母间存在音位学差异，这表现为：（1）在第二音节或重复声母，或重复第一个音节的韵母，如"伶俐""混沌"。（2）在某些行话（暗语）中存在某些发音规则，能将声母和韵母分割开来。（3）传统的反切法，即借助另外两个汉字，用第一个汉字的声母与第二个汉字的韵母和声调相拼来表达这个汉字的读音。（4）不同方言中因原始方言与分化方言的融合，声母之后出现单音节词素，如苏州方言分支（吴方言分支）中的"zə＋kaŋ"转变为"zaŋ"。（5）双音节词素，尤其是"分音词"，出现在晋方言分支（除少数例外，这一方言分支的方言均具有上古汉语中带"r"的首辅音）。

传统中国语言学中用术语"声纽"和"字母"指称声母。"声纽"最初指韵脚字典（韵书）中一组同音字的第一个汉字，作为这组汉字（"纽"）的部首。"字母"指韵脚表格（韵图）中表示声母的汉字。

北京方言中除零声母外有21个声母，其发音是汉语普通话的标准发音。

	塞辅音和塞擦音	擦音	响音
唇音	b-[p]　p-[p']	f- [f]	m-[m]

	塞辅音和塞擦音	擦音	响音
前舌音	d-[t]　t-[t'] z-[ts]　c-[ts'] zh-[tʂ]　ch-[tʂtɕ'] j-[tɕ]　q-[tɕ']	s-[s] sh-[ʂ] x-[ɕ]	n-[n] l-[l] r-[z]
后舌音	g-[k]　k-[k']	h-[x]	

　　北京方言与中国大多数方言中的塞辅音和塞擦音与俄语的清浊辅音不同，存在送气不送气之分。不送气的声母令辅音弱化，发音时浊化或半浊化。此外，另一音节后的不送气音可能会有某种程度的浊化音变。为标注汉字而创建的大部分字母表中，浊辅音与不送气音相符，清辅音字母与送气音相应。最重要的例外是"威妥玛字母表"，表中只写清音，送气音用专门的隔音符号表示。这种隔音符号在实际使用中可能被省略，因而送气声母通常和不送气声母写法相同（如T'aipei写成Taipei）。

　　中古汉语中有三类辅音，即浊辅音、不送气清辅音和送气清辅音。现代方言发音体系中与中古汉语辅音的一致是汉语方言学一个最重要的分类标志，即浊辅音或成组存在（在吴方言分支和湘方言分支中的"旧湘言"亚分支），或在其他方言中转化为送气清辅音或不送气清辅音。在北京官话和其他官话方言区（其中包括晋方言分支），当今平声声调音节中平音节中的送气辅音和其他声调（"非平声"）中的不送气辅音通常与中古汉语的浊辅音一致。但是，在该地区的大量方言中也可以发现一些不规则偏差，它们是曾涵盖整个中国北方地区的另外一些浊辅音体系留下的遗迹。

　　北京方言中的齿颚音"tɕ""tɕ'""ɕ"历史上不仅源于后舌音，而且也源于喉音。当今这些发音仅常见于平舌音"i"和韵母"y"的音节中，此处不可能有后舌音"k""k'""x"，平舌音"ts""ts'""s"，翘舌音"tʂ""tʂ'""ʂ"。对于"tɕ""tɕ'""ɕ"，汉语拼音中专门有一组字母来表示（"j""q""x"），它们或由

上面提到的一组辅音字母标记（在"王西里检字法"中标记为"цзы""ци""си"和"цзы""цы""сы"）。与此同时，在许多其他官话方言中，带有颚音韵母的音节中后舌音由"tɕ""tɕ'""ɕ"发音类型来表达，但历史上的卷舌嘶音仍未改变（这种情况下前者称作"团音"，后者称作"尖音"）。例如，团音与尖音在南京老一辈居民的口语发音中分别体现为"酒"（tsiəu）和"九"（tɕiəu）。在闽、粤、客家等南方方言中，历史上形成的后舌音没有软化，依然保持在各类音节之中，试比较北京方言和无锡方言（属吴地方言组）中的"鸡"（tɕi）字，在梅县方言中的发音为"kɛ"，在厦门方言中为"ke"。带有后舌声母的发音也体现在某些中国地理的西方语言说法上，如"九龙"的西文拼写不是"Jiulong"，而为"Kowloon"。

**А. А. 龙果夫、Е. Н. 龙果娃《汉语音节结构》，载《苏联东方学》1955年第1期；О. И. 扎维亚洛娃《汉语方言》，莫斯科，1996年；Н. А. 司格林《汉语语音学》，列宁格勒，1980年；Р. Г. 沙皮罗《汉语四川方言的语音演化》，学位论文，莫斯科，2004年；李如龙《汉语方言的比较研究》，北京，2003年，第211—226页；《汉语方言词汇》，北京，1962年。

（О. И. 扎维亚洛娃撰，王丽欣译）

声调

声调是汉语音节具有的重要音律特征，更确切地说，是音节中韵母的重要音律特征。声调不仅是汉语而且也是中国和东南亚其他声调语言最主要的类型特征。声调发音有误的字或词可能造成听者的误解。在北京话和普通话中，发音相同但声调不同的单音节词的经典例子就是："妈"（mā，一声，阴平），"麻"（má，二声，阳平），"马"（mǎ，三声，上声），"骂"（mà，四声，去声）。汉语方言中每个音素都有一个固定的声调。完全与原始声调不同的音素为数不多，通常出现在轻声中，比如北京话中的疑问语气词"吗"（ma）。

现代汉语语言学中，"调类"和"调值"这两个概念有所区别，前者是音位学意义上的"声调"，后者是"声调的发音学特征"。同一个调类包含不同方言中大致相同的音素，同一调类大都起源于同一个中古调类（有时是几个调类）。现代调类名称仍沿用历史上形成的术语。非常相近的方言中同一调类的调值可能有所不同，这是最富于变化的一个特征。例如，属于"阴平"调类的音节（现代北京话的一声）在北京话和普通话中的调值为高而平稳，在济南话中的调值为低降升，而西安话中的调值为低稍降。根据声调的升降变化走势（升、降、升降、降升）相互区别的调类比仅仅区分音调高低曲直的调类更常见。

尽管调值首先指的是高低升降曲直等音律部分，但声调也可通过非音律特征进行区分，例如喉部紧张或放松（通常是在升降转换之时，如东干人发平声时的升降）。降调通常比升调和平调相对短些，平调则比升降调和降升调相对短些。汉学中使用赵元任1930年创立的数字系统来标记调值。人的声调音域范围分为五度，最低标为1，最高标为5。例如，51表示降调，33表示中等音域中的平声，121标示低音域的升降调，等等。

中国语言学中的声调研究始于5世纪末，当时首次区分了4个中古汉语声调（"调类"），分别称作"平"（"平声"）、"上"（"上声"）、"去"（"去声"）、"入"（"入声"）（中古声调可用罗马数字表示为I、II、III、IV）。这些声调在韵书和韵图中都有所反映。诗歌中平声是与其他三个声调相对的，这三个声调称作"仄"。平声和仄声的音节交替是古典诗法的基础。平声和仄声的对应使得中古汉语声母能够在各种官话方言中使用，其中包括北京方言。这些方言中，现代汉语平声音节中的送气清辅音和仄声音节中的不送气清辅音，相当于中古汉语中的闭合音和爆破塞擦音。

4个中古汉语声调中的每一个都至少有两个语音变体，这取决于中古汉语声母的性质（清声母/浊声母），即"阴

调"（高、清）和"阳调"（低、浊）。后来由于浊声母的清化，某些声调的语音变体成为独立音位，一个中古调类演变为现代汉语中不同类型的"阴调"和"阳调"（可表示为a类和b类）。现代方言中响声母可能对应为清音和浊音。

中古汉语入声音节与其他声调的音节区别不仅在于音律，而在于音节结尾有爆破辅音"p""t""k"和较短的韵母。这些音节在现代方言中通常较短：（1）完全或部分保留了音节结尾的爆破辅音[福建厦门方言中的"鸽"（kap）]；（2）音节结尾发音伴有喉部闭合[江苏扬州方言中的"每"（ko?）]；（3）无喉部闭合时，这些音节与其他音节只存在音律的区别。大部分官话方言和其他方言中，入声演变成现在的几个声调。对入声的不同处理成为官话方言分类的一个语音标志。在作为普通话之基础的北京方言中，入声消失。这里存在4个声调（调类）：第一声（中古汉语声调Ia，阴平），第二声（中古汉语声调Ib，阳平），第三声（中古汉语声调II，上声），第四声（中古汉语声调III，去声）。其他汉语方言中声调的数量有3个到7—8个，甚至9—10个。广东方言中有9个声调。受藏语无声调方言影响，青海的汉语方言也完全没有声调。

现代汉语的多样性表现并不仅限于调类的差异和不同方言中调值的多变。字组（实际上是词素组）内部的声调交替造成的方言差异也同样重要，字组可等同于词和词组（参见T. П. 扎多延科以及M. 谢拉尔德对上海方言的研究）。字组声调的交替分为两个基本类型。第一类是发音上的交替，不会造成调类转换，例如北京话的第三声（上声）既可在字组末尾发为低降升音，又可在其他音节前发为低平音或稍降音。第二类是词素音位的交替，会造成调类转换，但作为语音转换并不表意。北京方言和普通话中主要的词素音位交替是上声遇上声变阳平。方言中的声调交替涉及各种调类，且变化规则多样，有时则非常复杂。各类方言中形容词叠词的声调交替是词素音位交替的特殊模式，例如，北京话中形容词"红红的"中的第二个音节发音由阳平变为阴平。长治（今属山西）方言（属晋方言）只有叠词中区分阴入和阳

入，其他情况下都统一发入声。

众所周知，古汉语中还存在一些词素音位声调交替类型，它们不是语流中声调变化的结果，而是独立的语法手段，用来构成新词或词形，即内部曲折构词法，具有辅助词素的功能。古汉语词素音位交替的影响保留在许多（如果不是所有）方言和普通话中，试比较"好"（hǎo，意为"好的"）和"好"（hào，意为"爱好"），"种"（zhǒng，意为"种子"）和"种"（zhòng，意为"种植"）。以前认为现代汉语中不可能存在词素音位交替，但在20世纪末收集到的材料推翻了这一看法。例如在晋城（今属山西）方言（属晋方言）中，阴平、阳平和入声等相对低的声调会变为较高的声调，这种声调变化相当于普通话中的后缀"子"。许多毫无关联的地区方言中都有与北京方言儿化音相似的各类声调交替现象，这种声调交替还可表示动作完成之意。

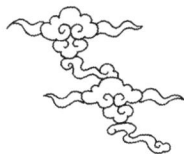

**O. И. 扎维亚洛娃《汉语方言》，莫斯科，1996年；Т. П. 扎多延科《汉语口语的韵律结构》，莫斯科，1980年；В. Б. 卡谢维奇《词素音位学》，莫斯科，1986年；Н. А. 司格林《汉语语音学》，列宁格勒，1980年；С. Б. 扬基维尔《汉语粤语方言》，莫斯科，1987年；李如龙《汉语方言的比较研究》，北京，2003年；刘俐李《同源异境三方言的语汇变调和语法变调》，载《中国方言学报》2006年第1期；Хирата Сё: дзи. Сяочэн юй бяньдяо (Уменьшительность и чередования тонов) // Computational Analyses of Asian and African Languages. 1983, No. 21; 沈慧云《晋城方言的"子尾"变调》，载《语文研究》1983年第4期；Эндо: Мицуаки. Канго: хо: гэн ронко: (Труды по китайской диалектологии). Токио, 2001, c. 3 - 77, 119 - 129; он же. Юаньинь юй шэндяо (Гласные и тоны) // Тю: гоку онъингаку ронсю: (Сборник трудов по китайской фонологии). Токио, 2001; Chao Y. R. A System of Tone Letters // Le Maître Phonétique. Sér. 3. 1930, No. 30; Downer G. B. Derivation by Tone Change in Classical Chinese // BSOAS. No. 22. 1959; Egerod S. Tonal split in Min // Journal of Chinese Linguistics. 1976, 4 - 1; Iwata R., Sawashima M., Hirose H., Niimi S. Laryngeal Adjustments of Fukienese Stops: Initial Plosives and Final Applosives // Annual Bulletin: Research Institute of Logopedics and Phoniatrics. 1982,

丁

No. 13; Sherard M. A Synchronic Phonology of Modern Colloquial Shanghai // Computational Analyses of Asian and African Languages. Monograph Ser., No. 15. 1980.

（О. И. 扎维亚洛娃撰，靳芳译）

《史籀篇》

　　已知中国字书中最早的一部，用于教授学童识字。全书共15篇，均已不存。书名中的"史籀"很可能是这部字书起始二字，"籀"字可能不是一个特殊名称，而是动词"诵读"之意（试比较稍晚期的字书《仓颉篇》和《急就篇》书名）。宫廷史学家班固（1世纪）编撰的《汉书》记载，秦朝（前221—前207）文字改革过程中根据秦始皇谕令，以《史籀篇》为参考编制标准字书《仓颉篇》及其他两本字书。《史籀篇》中的9篇还是成书于东汉（25—220）年间、中国语言史上第一部完整字典——许慎的《说文解字》的来源之一。许慎在这部字典的后记中写道："及宣王太史籀，着大篆十五篇。"中国语言学术语"籀文"和"大篆"作为汉字字体的名称出现于西周时期（前11世纪—前771）、春秋时期（前770—前476），特别是战国时期（前475—前221）的秦国。

**C. E. 亚洪托夫《中国语言学史（公元前1千年—公元1千年）》，载《语言学史：古代世界》，列宁格勒，1980年；黄德宽、陈秉新《汉语文字学史》，合肥，1994年；祝敏申《〈说文解字〉与中国古汉字学》，上海，1998年。

（О. И. 扎维亚洛娃撰，靳芳译）

简称《说文》。中国第一部系统的汉语字典，不仅收入难以理解的汉字，也包括汉代（前206—220）所有常用字，以偏旁部首排列。此书编者是汉代语言学家许慎（约58—约147），完成于100年。121年，许慎之子许冲向汉安帝（107—126年在位）进呈《说文》。该书编纂中借鉴了更早期的文献，其中包括未存世的教学用字书，即许慎在《说文》后记中提到的《史籀篇》。20世纪，此书中的资料也被用于破译中国最古老的文字，即殷代占卜文字"甲骨文"和青铜器上的铭文"金文"。

《说文》收录9353个字，用秦代（前221—前207）标准字体"小篆"书写，该字体于汉代已不再流行（汉代的标准字体为"隶书"），其中一些汉字还标明其古老写法，即公元前213年秦始皇统一汉字前秦国使用的"籀文"或曰"大篆"，以及战国时期（前475—221）东部6国使用的古文。重文（即异体字）总数为1163个，其中约500个古文。

字典的条目中包括字的意义，有时也有字的结构和读音等信息。《说文》词条对字体结构的分析以战国时期著名的"六书"为基础，在其他汉代作家的作品如班固的《汉书》中，"六书"呈现为不同顺序和不同名称，但许慎在字典《说文》后记中对"六书"进行描述并逐一举例解释，这在中国语言学史上是第一次。

许慎在根据"六书"分析汉字之前，先分为两类，即独体符号"文"和合体符号"字"。独体符号由一个或多个不能作为单独汉字使用的笔画构成，合体符号则由两个或更多个"文"构成。"六书"中的前4种方式以字形和意义的对比为基础。独体符号分为两种，即"指事"（125字）和"象形"（364字），指事字源于象征符号（如"上""下"），象形字源自图画（如"日""月"）。复杂的音意字（即"形声"，共7679字）由表义部分（今称"形旁"，英文为"radical"，俄语译作"ключ""детерминатив"）和表音部分共同构成（如"河"，即有表示"水"的部首"氵"和表示发音的"可"两部分构成）。复杂的表意字（"会意"，共1167字）由两

丁

个或更多意义相互关联的字构成（如"休"字含有"人"和"木"）。"六书"中的第五、六个范畴不是造字法，而是用字法。"转注"是用意义上相同或相近的字彼此相互解释（如"老"和"考"）。"假借"则指某些字不能用象形、象意的方式造出，就假借已有的音同或音近的字来代表，这种与借用字形义完全不合的字称为假借字。

　　《说文》中只有少数字标有读音，方法是用与该字有相同或相近读音的字来标注。合体字的读音实际上由声旁来表示，此字与含此声旁的字读音相同或相近。更完善的反切法，即用两个汉字给另外一个汉字注音，出现于2—3世纪。早期字书《仓颉篇》中已出现按部首排列汉字的方式，而《说文》第一次使用部首排列的方法检索汉字，所有汉字分为540部，各部又分为不同部首，字典正文按部首分为14卷，第一个部首是"一"，最后一个部首是地支字"亥"，这两个字也象征中国自然哲学中天地万物的开始和结束。《说文》的部首数量和系统不同于现代，其部首不仅可以是表意字，也可以是合体字，但是，被现代化的汉字排列和检索法依旧是当今汉字纸质和电子（包括网络）辞书的一种基本方法。

＊许慎《说文解字》8册，第14卷，1876年；许慎《说文解字》，北京，1989年。＊＊А.Ф.孔德拉舍夫斯基《〈说文〉的部首等级组及其特性》，载《莫斯科大学学报（东方学）》1979年第3期；А.Г.斯托罗茹克《汉字引论》，圣彼得堡，2002年；С.Е.亚洪托夫《中国语言学史（公元前1千年—公元1千年）》，载《语言学史：古代世界》，列宁格勒，1980年；《古汉语字典》，侯赞福主编，海口，2002年①；黄德宽、陈秉新《汉语文字学史》，合肥，1994年；周祖谟《许慎和他的〈说文解字〉》，载《中国语文》1956年第9期；祝敏申《〈说文解字〉与中国古汉字学》，上海，1998年。

（О.И.扎维亚洛娃撰，靳芳译）

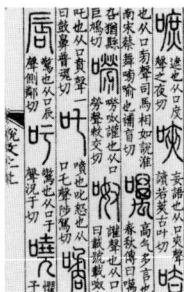

---

① 有此版本，南方出版社。——译者注

一种根据汉字的笔画特征来排列和检索汉字的方法。由政论家、国务活动家王云五（1888—1979）于20世纪20年代发明，当时他任上海商务印书馆总经理。有人推测，王云五熟悉"王西里检字法"，他曾读到王西里检字法的创始人之一O. O.罗森伯格发表的文章，罗森伯格1912到1916年居住在东京。

四角号码检字法像传统的中国书法和王西里检字法一样，把汉字想象成一个方块。每个方块字有四个角，每个角根据书写特征用一个数字（从0到9）表示。一个完整的汉字，用四个相应的代表笔形特点的数字来表示。组成汉字的单笔和复笔被分成十类：（0）点下有横；（1）笔顺为从左至右的横的不同写法；（2）直竖，撇和竖左钩；（3）点和捺；（4）两笔交叉；（5）一笔纵穿两笔或两笔以上；（6）方框；（7）不同的角形；（8）八字形和八字形的变形；（9）小字形和小字形的变形。取角的顺序为：左上，右上，左下，右下（见图1、图2）。当四角号码相同时就要取附号。著名评论家、社会活动家胡适（1891—1962）曾作一首小诗来帮助记忆10个主要的笔形分类。

4　　4

茶

9　　0

图 1

9　　1

颜

2　　8

图 2

1949年以前，商务印书馆的出版物，包括在香港出版的出版物，其图书目录和卡片索引都使用四角号码检字法，甚至有些后来出版的词典，包括在日本出版的词典，索引部分仍使用四角号码检字法。中华人民共和国多次再版小型词典《四角号码新词典》。И. М. 鄂山荫主编的《华俄大词典》中收入带有详细使用指南的四角号码索引。如今，四角号码检字法是计算机录入汉字和在网络词典中查找汉字的方法之一。

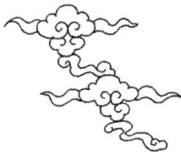

丁

＊《中国古今地名大辞典索引说明》，载《中国古今地名大辞典》，臧励龢等编，香港，1931年；王云五《王云五大辞典》，上海，1937年；王云五《王云五小辞典》（第二次增订本），上海，1945年；赵廷为《四角号码新词典》，上海，1955年，1983年。＊＊Г. А. 特卡琴科《关于四角号码索引》，载《华俄大词典》，И. М. 鄂山荫主编，第1卷，莫斯科，1983年，第185—188页；丁木、仲芸《怎样学会四角号码检字法》，上海，1955年。

（О. И. 扎维亚洛娃撰，侯丹译）

通用拼音

一种用拉丁字母拼写汉语的方法。1988年由台湾余伯泉教授创立，2002年得到台湾教育主管部门肯定，用以取代国语罗马字，后者于1928年由中华民国制定，在台湾地区被视为官方方案，但始终未得到广泛应用（尽管1984年通过了无复杂声调标记的国语罗马字简易方案）。通用拼音实际以大陆的汉语拼音法为基础，1979年汉语拼音法已成为国际通行的汉语拉丁化拼写标准。在台湾，通用拼音与1949年后台湾地区流行的其他传统拼音法共用，其中包括注音字母，该拼音法由国民政府于1918年创建，借用汉字及其偏旁部首，另外还有英语的威妥玛拼音。近年，台湾地区正式场合也使用汉语拼音。

通用拼音（有别于汉语拼音）的基本特征有：

1. 不使用字母"x"和"q"。舌面音"q"和"x"分别拼写为"c"和"s"。前舌声母"zh"拼写为"jh"，因此，所有塞擦音和擦音在通用拼音中拼为（括号内为汉语拼音拼法）："jhih（zhi）""chih（chi）""shih（shi）""rih（ri）"；"zih（zi）""cih（ci）""sih（si）"；"ji（ji）""ci（qi）""si（xi）"。

2. 用两个字母组合"yu"取代"ü"，韵母"yong"拼写成"iong"（试比较，汉语拼音中的"yong"拼作"syong"）。

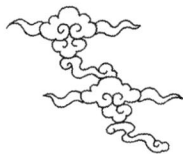

3. 韵母"iu"和"ui"可以（不一定）写作"iou"和"uei"。

4. 韵母"eng"在"f"和"w"之后写作"ong"，而"wen"写作"wun"，此为这些音节在台湾地区"国语"中的发音。

5. 声调符号与汉语拼音同，注音字母中不标一声；轻声用音节前的点标出。

6. 单词中的连字符同威妥玛拼音中的通行写法（其中汉语双音节名字中使用连字符）一样，地名书写不用连字符。

＊＊《台湾年鉴（2003年）》，台北，2003年。

（О.И. 扎维亚洛娃撰，靳芳译）

王西里检字法

1866年由В.П. 王西里院士（1818—1900）首次创立的检索法，并实际用于他1867年编写的教材《汉字：首部汉俄词典试编》（彼得堡，1867）。后来根据其编撰形式，其中的字形检索方法被称作"王西里－孟第－罗森伯格－郭质生检字法"（现代汉语称为"王西里检字法"，简称"王氏检字法"）。

王西里检字法被用于各种出版物，直至И.М. 鄂山荫主编的4卷本《华俄大辞典》（莫斯科，1983—1984）。该检字法的对象是在宋代和明代随着雕版印刷的发展而形成的标准汉字字体（"宋体"和"明体"）。它依照以下原则编排和检索汉字：

1. 中国传统观念认为汉字要写在一个想象的方格中。根据汉字右下角的笔画确定其在字典中的排序。若某个字右下角没有笔画，则据其下方笔画（竖、捺或撇）进行检索，例如，"下"字中的"丨"，"木"字中的"乀"，"广"字中"丿"。

2. 汉字检索目录通常位于字典书皮和正文之间的内页，

丁

分为5组，按照汉字的基本笔画排序，依次为：横（I），竖（II），撇（III），捺（IV），点（V）（试比较，"五笔"的组成与顺序于此略有不同，"五笔"是1964年在中国创立的电脑汉字输入系统，即"五笔字型输入法"）。

3. 这5组中的每一组还包括若干分类（共24个）和小类（共60个），它们分别对应汉语书面语的24个笔画和60个组合笔画（对基本笔画的补充）。因此，这60个组合笔画便组成一个独特的字母表，可被用来检索汉字，既可检索单一形旁的字，也可检索由多个形旁组成的字。在中国传统的汉字形旁检字法中，古时的部首数为540个，在中华人民共和国的简化字改革后，部首数降为201个。

4. 基本笔画相同的一组单一形旁汉字，其排序依据其基本笔画之上增添的笔画多少排序，如"一"、"二"（横上又加一横）、"工"（下面的横加一竖和一横）等。

5. 排在单一形旁汉字之后的复杂汉字，其排序依据在右下角基本字符上所增添的笔画多少排序，其顺序为左、左包围、上（如"目""相""眉""冒"）。

*В. П. 王西里《中国汉字分析》，圣彼得堡，1866年；В. П. 王西里《汉字笔画检字法——首部汉俄词典试编》，圣彼得堡，1867年；Д. А. 孟第《汉俄字典（笔画检字法）》，圣彼得堡，1891年；О. О. 罗森伯格《依据日本和中国典籍的佛教研究导论》第1部，《词典编纂素材汇编》，彼得格勒，1916年；В. С. 郭质生《简明汉俄词典》，莫斯科，1935年；《华俄大词典》4卷本，И. М. 鄂山荫主编，莫斯科，1983—1984年。**В. М. 阿理克《俄国19世纪汉学在词典编纂学中的作用》，载《苏联科学院东方学研究所简讯》1956年第18期；П. Е. 孔气《俄国汉学简史》；吴贺《俄国早期的汉字教学——瓦西里耶夫〈汉字解析〉初探》，硕士论文，南京大学，2005年；陈廷祐《中国书法》，北京，2004年。

（О. И. 扎维亚洛娃撰，靳芳译）

中国精神文化大典

文学·语言文字卷

即威妥玛－翟理斯式拼音，又称韦德拼音、威妥玛式拼音、韦氏拼音，"Wade-Giles Romanization"。汉语的拉丁字母注音法，由英国外交官、剑桥大学第一位汉学教授威妥玛（Th. Wade，1818—1895）于1859年创立。该拼音法的最终形式出现在教科书《语言自迩集》（Yü-yên tzǔ-êrh chi，伦敦，1867）中。H. 翟理斯（1845—1935）编纂的汉英词典和教材都使用此注音法。

人们曾创立用多种语言（英语、法语、德语、捷克语、波兰语、丹麦语、匈牙利语、罗马尼亚语、世界语等）的拉丁字母标注汉语的方式（据莱戈扎1968—1969年间出版的一部手册记载，其总数达50种）。直到20世纪70年代汉语拼音被确立为汉语拉丁语注音的国际标准之前，威妥玛拼音一直是最为普及的汉语注音系统。台湾地区在2002年推行通用拼音之前，威妥玛拼音实际上一直作为官方拼音系统（替代国语罗马字）来使用。

威妥玛拼音有两个基本特点。其一，这一拼音法主要用于标注单词内部界限有时难以确定的单个音节。其二，该系统中存在大量变音符，如：在字母"k""p""t"及字母组合"ch""ts"后使用隔音符号"'"，表示需转换成相应的送气清辅音（k'、p'、t'、ch'、ts'）；给元音加标变音符号，即u— ü, e— ê, u— ǔ/ŭ。声调通常用位于音节后上方的数字来表示（如：ma¹、ma²、ma³、ma⁴）；轻声音节没有声调。在期刊及其他大众出版物中，包括隔音符在内的变音符常被省略，声调也无标示，因而其内容难以理解。

威妥玛拼音是"中国邮政式拼音"（Chinese Postal Map Romanization，简称"邮政式拼音"）的基础，邮政式拼音于1906年在上海举行的"帝国邮电联席会议"上通过，一直使用至1958年中国开始推行汉语拼音。西方的地图绘制员也使用这一注音法。邮政式拼音中没有任何变音符和重音符号。音节"chi""ch'i""his"（即拼音中的"ji""qi""xi"）拼作"tsi""tsi""si"或"ki""ki""hi"，这取决于它们体现在不同方言中的

历史发音，如Pei-ching，Beijing → Peking，T'ien-chin，Tianjin → Tientsin，Chi-nan，Jinan → Tsinan；"hs"转化为"sh"或"s"，如Kishien（代替Chi-hsien）；增音元音"u"变成"w"，如An-kuo，Anguo → Ankwo，Chin-chou，Jinzhou → Chinchow；元音"ê""ei"转化为"eh"，某些情况下也转化为"e"或"ei"，如：Chengteh（代替Ch'eng-te'）、Pehkiao（代替Pei-ch'iao）；韵尾u有时转化为-uh，如：Wensuh（代替Wen-su）。某些地名的标注反映出南方方言的发音特点，如Amoy代替Hsiamên（厦门，汉语拼音为Xiamen），Hong Kong代替Hsiang-kang（香港，汉语拼音为Xianggang），Kongmoon代替Chiang-mê（江门，汉语拼音为Jiangmen），Pokpak代替Po-pai（博白，汉语拼音为Bobai），Shiukwan代替Shao-kuan（韶关，汉语拼音为Shaoguan）等。一些传统地名也得以保留，如Canton（广东）、Kuang-chou（广州）。

*Wade Th. Hsin Ching Lu, or Book of Experiments. H. K., 1859; idem. Yü-yên tzǔ-êrh chi; A Progressive Course Designed to Assist the Student of Colloquial Chinese. L., 1867; Giles H. A. A Chinese-English Dictionary. L., 1892. **Л. Р. 孔采维奇《俄语文本中的汉语专有名词与术语》，莫斯科，2002年；И. Н. 加尔采夫《汉语研究导论》，莫斯科，1962年；Legeza I. L. Guide to Transliterated Chinese in the Modern Peking Dialect. Vol. 2 L., 1968－1969；Anderson O. B. Concordance to Five Systems of Transcription for Standard Chinese. L., 1970.

（Л. Р. 康采维奇撰，靳芳译）

指以同一音节词素书写的同一汉字的多种（两种或以上）读音现象。多种读音的出现系借用其他更具威望的方言（按惯例为首都方言）之结果。较具代表性的是，一个汉字有日常生活中的"口语发音"（"白读音"），也有书面的"文学发音"（"文读音"）。例如汉字"薄"，在被称为普通话之标准的北京方言中既发"口语"音bao的二声（如"薄饼"），又发"文言"音bo的二声（如"薄礼"）。对不同发音的选择往往取决于语境，即在日常生活和正式场合，个别词语能发不同的音。同一汉字的不同发音现象最常见于"吴"方言和"闽"方言。吴方言中的"文读音"现象主要出现于南宋时期（1127—1279），当时中国的首都从开封迁至如今的杭州地区（时称临安），而杭州地区的方言属吴方言区，但随着时代发展杭州方言中又出现一些北方方言的特点。譬如，宋代的文艺作品"白话"小说就是用"杭州'官话'"创作的。在闽方言中之所以出现大量文白异读，原因在于对其他在连续不断从北方向南方的移民潮进程中形成的汉语方言来说，闽方言一直处于外省方言地位，因此闽方言有别于其他所有中国方言，它保存了唐代以前就具有的语音特征。在遍布福建省南部地区、邻省广东的某些地区以及台湾地区占主导地位的"闽南"方言中，近一半常用语具有文白异读现象。

与南方方言相比，在北京方言和普通话里文白异读现象为数不多，且往往限于如今已在此地消失的中古汉语"入声"声调的音节。"文读"的典型特征是：（1）在具有中古汉语弱声母的音节中，存在从"入声"向"阳平"（现代汉语的第二声）的转变，而从"入声"转为"去声"（现代汉语的第四声）则比较罕见；（2）在历史上以"k"结尾的音节中，存在作为单元音的韵脚。"白读"体系的典型特征则是：（1）弱声母音节的"入声"声调要么转向"阴平"（现代汉语的第一声），要么转向"上声"（现代汉语的第三声）；（2）任何一个以中古汉语的"k"结尾的音节中，都具备作为单元音的韵脚。试比较下列汉字"文""白"不同的读音："择"（ze二声—zhai二声）、"得"（de二

文白异读

丁

声—dei三声)、"色"(se二声—shai三声)。有些入声声调的汉字可能只具有一种读音,要么是"白"读,如"黑"(hei一声)、"百"(bai三声),要么是"文"读,如"德"(de二声)、"国"(guo二声)。

以北京方言的"白"读为基础的读音显然最接近北京方言官话,它有两种声调转换形式,即"入声"变"上声"(昌黎,青岛)与"入声"变"阴平"(济南,安丘)。以"k"结尾的音节的复元音,据C. E. 亚洪托夫研究(1960),可在反映北京话语音的最早一部典籍中找到原型,即在邵雍(1011—1077)所作的神秘主义著作《皇极经世书》所附图表中。与此同时,北京话"文"读的固有特点在长江中下游地区的"官话"方言也中很典型,这些特点或许在后蒙古时期被带入北京方言,当时,明朝于1378年从北京迁都南京(应天府),后又于1421年又从南京迁都回北京,结果使大量讲南方"官话"方言的读书人随政府机构一起移居北方,大概在他们的影响下形成了现代北京话的"文"读体系。在《中原音韵》这本以元朝(1271—1368)北京话为基础的韵书字典中,尚未出现汉字的"文"读音。

"文""白"读音的存在,是一个汉字不同读音之所以出现的常见原因,却非唯一原因。另一个最为重要的原因是声调的形态学交替,这是中古汉语固有的特点,它在很多(如果不是所有)汉语方言中得以保存(试比较北京话中的"好"字:hao三声表示"很棒",hao四声表示"喜爱";"种"字:zhong三声表示"种子",zhong四声表示"播种")。不久前,即在20世纪末的方言调查之前,灵活自如的形态学交替(不同于将音节彼此连接时出现的词素音位学交替)在现代汉语中被认为是不可能的,但现今,在中国南北方彼此并无关系的若干方言地区已发现了这种灵活的形态学交替。

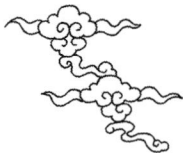

**О. И. 扎维亚洛娃《汉语方言》,莫斯科,1996年,第24—28页;C. E. 亚洪托夫《11世纪的北京发音》,载《普通语言

学和汉语言学研究》，莫斯科，1960年；李如龙《汉语方言的比较研究》，2003年，第45—63页；Хираями Хисао. Тю:ко ниссё:-то пэкинго сэйтё:-но тайо: цу: соку (О соответствиях среднекит. «входящего» тона пекинским тонам) // Тю: го-ку гаккайхо:. 1960, No. 12; Kat Tak Him. Derivation by Tone Change in Cantonese: A Preliminary Study // Journal of Chinese Linguistics. 1977, No. 5/2; Stimson H. Ancient Chinese -p, -t, -k endings in the Peking Dialect // Language. 1962, No. 38/4.

（О. И. 扎维亚洛娃撰，万海松译）

文言

又称"文言文"（"书面语言"或"文学语言"）。这一术语专指早期古典主义时期（战国时代，前5—前3世纪）和部分晚期古典主义时期（汉代，前206—220）具有古代汉语文本之语法和句法特征的汉语书面语。"文言"最早形成于唐朝（618—907），据C. E. 亚洪托夫研究（1969），早在古典主义时期的上古汉语中就已出现的书面语和活的口头语之间的差别在当时变得尤其明显。正是在唐朝时期，第一次出现用"文言"创作的作品，换言之，出现了对若干世纪前创作的书面典籍语言的有意识模仿。20世纪初以前，"文言"是正式文件使用的唯一语言（元朝是例外），也是公务信函、学术研究以及19世纪70年代中国出版的定期出版物，包括部分艺术作品所使用的唯一语言。与拉丁文在欧洲类似，"文言"在很长时期内也被朝鲜、日本和越南用作书面语（朝鲜和日本称作"汉文"，越南称作"子书"）。在西方学术研究界，"文言"有时也专指古代汉语。

从历时性上看，古代汉语并非同质性的，从共时性上看也不总是同质性的。根据语法特征，古代汉语的发展可分为几个时期。最细的分类法（刘克甫、黄淑英，1978）将其分为以下时期：古老时期（前14—前11世纪）、前古典主义早期（前10—前8世纪）、前古典主义晚期（前7—前6世纪）、古典主义早期（战国时代）、古典主义晚期（汉代）、后古典主义时期（又称上古晚期，3—约4或5

丁

世纪)。古典主义早期文本创作于战国时代,即秦国(前221—前207)统一六国之前,反映出使用不同虚词体系的两套方言。第一套方言反映儒家典籍的典型特征,它多半流传于孔子的诞生地鲁国。第二套方言体现在历史著作中,其地理属性尚未得到认定。在后古典主义时期典籍即创作于前213年秦始皇焚毁古书、统一文字后的典籍中,方言的差别已经消失。但其后的上古晚期的汉语语言,在语法上又重新变为非同质化。在同一文本里会同时运用不同的结构,即新结构以及与此相应的旧结构(C. E. 亚洪托夫,1969)。从语法特征看,这一时期的语言也称为过渡语言,它更接近上古汉语而非中古汉语(И. Т. 佐格拉芙,2005)。

最接近古典主义时期的古代汉语、并因而同质化的唐代文本是哲学散文"古文",其作者们(韩愈、柳宗元)维护汉语的纯洁性和儒家哲学思想,并最大限度地追求精确再现古典主义时期著作的语法和句法特征。在随后的时代里,文学作品、"传奇"故事均用新的书面语"白话"写成,在唐朝,它们的语法特性呈现出极大的多样性(据E. Б. 康德拉季耶娃的研究)。有些文本里根本看不到口语的新因素,而有些文本则完全相反,收录有算账语言、带后缀的语言、指示空间方向的代词以及其他语法现象,这些在上古汉语中均不可能出现。最后,唐朝文本的一个完全特殊的类型,就是"变文"体裁的作品,它们作为长安寺庙中一种佛教布道文以及佛教流派"禅"的高祖"语录"的形式而出现,其语言最接近唐朝的实际语言,并可被当作新书面语"白话"的早期状态。完全用"白话"写作的文本则出现于宋元时期(10—14世纪)。根据语法特征,这一时期以及其后的明代早期的"白话",则被统称为中古汉语。

在现代汉语中,构成一个词的音节可以是一个、两个或若干,即相应数量的汉字。按规定,上古汉语中的词只有一个音节,最常见的是与词根一致(上古汉语中有些单音节词大概也包括不具备构词能力的其他词缀),并被写成一个汉字。固定的双音节词组,凡是其一般意义并非直接源自其各组成部分的语义者,已见于前古典主义时期的上古汉语,

但这些词组为数很少，譬如，"天子"，字面意义即"上天之子"；"君子"，字面意义即"君主之子"；"先生"，字面意思即"先出生之人"。在后古典主义时期的汉语尤其是"文言"中，这种固定搭配的词语的数量得到明显增长，在19世纪末的中国和日本，它们被用来创造新词语，比如现代汉语词汇"大学"，据F. 马西尼的研究，就是对日语词的回归式借用，因为在宋代，该词即指"帝国的主要教学机构"。

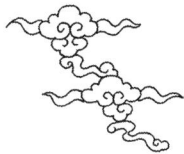

尽管存在类似的固定词组，但"文言"一直主要是"单音节"语言，其中的每个词都等于一个单音节词根，并被写成一个汉字。上古汉语中有一部分词，作为意义相同或类似的单音节词被保留至现代汉语中（在不同方言的不同词汇内），还有一部分词仅仅被用于双音节词和多音节词词汇，这些词要么是按照范例创造出来的成语，要么借自上古汉语或更晚文献。比如，上古汉语中的"食"（shi，现代汉语二声）就对应普通话中的动词"吃"（chi），但"食"这一词素后进入"食堂""粮食"等词汇和固定的成语"寝食难安"等（共有40个左右带有"食"字的词和成语）。同样，对大多数现代汉语方言来说，动词"吃"是一个很有代表性的词，但在广东（广州）方言中，表示"吃"之意的却有两个动词，即"吃"和"食"，在最古老的方言"闽"方言群（厦门、福州、台湾的"闽南"方言）中，与北京话里的"吃"相对应的只有上古汉语里的动词"食"。

上古汉语还有一个有别于现代汉语的很有代表性的特点，即实词能进入句中承担不常见的功能。在特定条件下，名词当动词用，而动词则当副词用，如此等等，比如名词"鞭"被用于词组"鞭之"，名词"利"被用于词组"利天下"。尽管具有这一特点，仍可根据这些词能否用于某一结构、是否有助于将某一虚词与其他实词结合起来等，把上古汉语和"文言"划分成几个等级（口语部分）。上古汉语和"文言"的语法结构在这一点上也与现代汉语不同，譬如，上古汉语中用句尾语气词"也"连接的结构，在现代汉语中就用相应的系词"是"来表示，将其置于主语和宾语之间。

丁

在若干世纪的进程中，"文言"和"白话"互相影响，平行发展。口语的语法元素渗入"文言"文本，反之，"文言"的某些要素也渗入"白话"文本，甚至口语。与正式的"文言"并存的是"文言"的若干非正式变体，它们被用于日常生活。不管作者是谁，凡其文本属同一个体裁，"文言"都会将多种语法现象囊括在内，不管这是"白话"固有的现象，还是上古汉语在其不同发展阶段所出现的现象。据 И. Т. 佐格拉芙研究（1990，2005），"文言"的晚期变体在很多方面甚至比早期变体还要难于理解。一方面，晚期的作者们不再严格遵守上古汉语的规范；另一方面，跟较早前的前辈们一样，他们的作品也充斥着援引自古典主义时期作品的晦涩典故，其意义只有学识渊博的读书人才能弄懂。19世纪末，随着中国与西方和日本的频繁接触，在地理测绘、科技著作、外文汉译本（跟以前一样也用"文言"翻译）中，出现很多新的双音节词和多音节词，其中包括：音译借用词，特别是最初出现在广东方言中的商业术语，这是中国人在广州（广东）和第一批西方商人交往的结果；仿造的外来词和新词，其中很多是西方传教士专为汉语发明的；借用自日语的外来词，以汉字为词根按照汉语模式创造出来。

现代意义上的"文言"这一术语，跟术语"白话"一样，大约在19世纪末—20世纪初才开始使用。作为1919年"五四运动"以及与此相关的"'白话'运动"的结果，"文言"不再是文学语言，开始逐渐从生活的其他领域消失。但在某些正式交流的领域（政府文件、法学界、新闻界），它仍一直被频繁使用，直至20世纪40年代。中华人民共和国成立后，中学再度教授"文言"，在大学入学考试中要考"文言"知识。"文言"要素依旧见于汉语的现代文本，尤其在中国台湾和香港。"文言"的汉字格言常用于书法作品和现代实用艺术，它们也常见于贺卡、瓷器、陶瓷、建筑物上的题词和服饰，不但出现在中国、韩国和日本，也常见于越南，尽管越南在17世纪就改用拉丁字母。

近年，在中华人民共和国用"文言"写作的关于中国哲学与历史的著作与日俱增，在19—20世纪之交完成的、用

"文言"翻译的欧洲著作也在不断再版。书面语方面的显著变化发生在最近几十年大众传媒的语言中，它变得更加丰富，风格更加多样，具有更多"文言"要素。从词汇层面看，这体现在对古代文献的成语、俗语和文学典故的引用上，其中包括对"拨乱反正"（典出《公羊传》）这类成语的借用。从句法学层面看，就反映为虚词的结构（如表示取舍的结构"不如"，表示实体之人的"者"，用界定代词"之"取代现代汉语中"的"等）。所有这些现象首先取决于一些非语言的因素，即中华人民共和国境内传统文化价值的回归，以及与中国大陆之外同胞，首先是港台同胞之交往的扩大。

＊《古汉语常用词词典》，北京，1992年；《古代汉语词典》，北京，2002年；《古代汉语》上下册，郭锡良、唐作藩、何九盈等编著，北京，2007年。＊＊Н. Я. 比丘林《汉文启蒙》，圣彼得堡，1835年；Я. 勃朗特《汉语书面语自学教程》第1卷，北京，1914年；И. С. 古列维奇《3—5世纪汉语语法概论》，莫斯科，1984年；И. С. 古列维奇、И. Т. 佐格拉芙《汉语史著作品选》，莫斯科，1982年；И. Т. 佐格拉芙《官方文言》，莫斯科，1990年；И. Т. 佐格拉芙《中古汉语（形成和发展趋势）》，莫斯科，1979年；И. Т. 佐格拉芙《中古汉语（结构类型学描述尝试）》，圣彼得堡，2005年；И. Т. 佐格拉芙《汉语研究作品选：早期白话和晚期文言》，圣彼得堡，2005年；А. М. 卡帕佩吉扬次、谭傲霜《古汉语"文言"教材》，莫斯科，2001年；Е. Б. 孔德拉季耶娃《唐代汉语的语法特征》，学位论文，圣彼得堡，2007年；Е. Б. 孔德拉季耶娃《唐代小说的某些语法特征》，载《东方学》第24期，圣彼得堡，2004年；Е. Б. 孔德拉季耶娃《唐代文本与上古汉语文本比较的几个原则》，载《圣彼得堡大学学报》，第9序列，第4期，圣彼得堡，2006年；М. В. 克留科夫、黄淑英《古代汉语（文本、语言和词汇注释）》，莫斯科，1978年；Ю. Г. 列梅什科《中国社会政治文本的语言（句法和风格特征）》，学位论文，圣彼得堡，2001年；吕叔湘《汉语语法概论》2卷，莫斯科，1961—1965年；Т. Н. 尼基金娜《古代汉语语法·句法结构》，列宁格勒，1982年；Т. Н. 尼基金娜《古代汉语语法·特殊动词和形容词结构·实词的特殊功能·公文用词·文

丁

本结构》，列宁格勒，1982年；T. H. 尼基金娜《古代汉语语法》，布拉戈维申斯克，2001年；T. H. 尼基金娜《汉语政论文语法》，圣彼得堡，2007年；C. E. 亚洪托夫《古代汉语》，莫斯科，1965年；C. E. 亚洪托夫《7—13世纪汉语书面语及口语》，载《中国和朝鲜的文学体裁和风格》，莫斯科，1969年；吕叔湘《文言虚词》，北京，1958年；孙良明《古代汉语语法变化研究》，北京，1994年；杨伯峻、何乐士《古汉语语法及其发展》，北京，1992年；Dobson W. A. C. H. Late Archaic Chinese. Toronto, 1959; idem. Early Archaic Chinese. Toronto, 1962; Karlgren B. The Authenticity of Ancient Chinese Texts // BMFEA. Vol. 1, 1929; idem. Excursions in Chinese Grammar // BMFEA. Vol. 23, 1951; Masini F. The Formation of Modem Chinese Lexicon and Its Evolution toward a National Language: The Period from 1840 to 1898 // Journal of Chinese Linguistics. Monograph Series, No. 6. 1993; Maspero H. Préfixes et derivation en chinois archaïque // Mémoires de la Société de Linguistique de Paris. 1930, Vol. 23, No. 5.

（O. И. 扎维亚洛娃撰，万海松译）

小儿经

用阿拉伯字母和波斯字母拼写汉语文本的拼写法之称谓。回族创制的一种文字。回族是中华人民共和国55个少数民族之一，总人口约1000万（约占全国伊斯兰居民的一半）。"小儿经"这一术语可能是一个现已无从知晓的单词之音译。在中国西北地区，这一拼写法又称"小经"或"消经"，在其他地区，如北京、河北和云南，则称"小儿经"或"小儿锦"。

用小儿经记录的最早文献大约是一段刻有古兰经经文和中国人名的碑文，此碑立于14世纪，现存于西安大学巷清真寺。俄罗斯科学院东方学研究所圣彼得堡分所保存的暂未研读的手稿大都属于17世纪（据波斯典籍专家C. И. 巴耶夫斯基断定）。

中国的回族有不同来源。伊斯兰教于唐朝（618—907）传入中国，两个传入路径互不相关，一是西北陆路（沿丝绸之路），一是东南水路。742年，玄宗皇帝（712—756年在位）在位于丝绸之路上的唐朝首都长安（现陕西西安）修建了一座清真寺（现称"西安清真大寺"）。与此同时，阿拉伯和波斯商人开始在中国东南部多个港口城市定居，这些城市属汉语南方方言区。此后，在蒙古人统治的元朝（1271—1368），来自伊斯兰国家的居民在社会等级中仅次于蒙古族居第二位，享有高官厚禄。正是在这一时期，庞大的穆斯林族群开始出现在黄河平原、云南（长期处于穆斯林官吏的管理下）和其他地区。

"回回"这个名称早在蒙古统治之前的北宋时期（960—1127）文字史料中就有记载。当时这一称谓统称居住在中国西北地区的多个民族。从元朝开始直到20世纪中叶，"回回"这个词却与伊斯兰民族和整个伊斯兰教联系在了一起（试比较现代术语"伊斯兰教"和"穆斯林"）。

科学文献中关于说汉语的穆斯林的文字资料被完好地记录下来。正如汉语中的所有外来语一样，这些文献中的阿拉伯术语和波斯术语均被写成汉字，不同地区的写法可能不同，这些不同写法还表明，北京穆斯林的礼拜传统可能源于南方（广东）。在中国之外的伊斯兰地区，小儿经经文几乎无人知晓，但如今，此类文本却在不同地区出版和出售，其中包括中国西北地区的临夏（今属甘肃），经文在此地经手抄后进行印刷，在西宁（今属青海）研制出一套用阿拉伯字母书写汉语文本的电脑排版系统，其中包括所有字母和大量元音词素。小儿经汉语文本中的阿拉伯和波斯术语保留了原始拼写法（有时汉语抄写员在辅音后误加了多余的元音词素）。

俄国汉学对小儿经拼写法的研究始于20世纪90年代，其基础是关于伊斯兰宗教仪式守则的双语出版物《礼仪守则》，此书于1906年由位于塔什干的O. A. 波尔采夫印刷所印制，这家印刷所以印制阿拉伯语出版物著称。此书译文出自来自灵州（即今宁夏灵武）的一名穆斯林人之手。阿拉伯语原文被分为几部分，附有用阿拉伯字母和波斯字母拼写的汉语译文。在这部出版物中，单纯的汉语词（阿

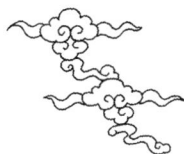

933

拉伯语和波斯语术语之外的词）的拼写，大多用阿拉伯语和波斯语的字母"پ""چ""ژ""گ"代替汉语中的"p""q""r""g"等声母，还根据阿拉伯语－波斯语文字创造一个新字母"ش"，用来代替汉语的声母"c"。与其他用于汉语书写的字母体系一样，不送气声母用浊音代替，送气声母则用清音代替（试比较"巴拉第拼音"和拉丁化的"汉语拼音"）。小儿经拼音中无声调标记。阿拉伯语和波斯语中的元音音素只在教科书、古兰经和诗歌作品中使用，但小儿经系统必须使用元音音素，否则无法区分汉语音节中的韵母。每个汉语音节通常是单独书写（某些辅助词素的组合除外）。小儿经中的波斯字母、经文中的大量波斯外来语以及某些阿拉伯字母的使用特点等都体现了波斯语对小儿经传统的影响。用字母文字转换为小儿经的经文包括现代经文，可以反映出方言特点，比如押韵的韵母"en"和"eng"的融合，这一现象为甘肃官话和陕西关中西部地区方言所特有。

知晓小儿经拼音法的不仅有中国的回族，还有19世纪下半叶迁徙到中亚的东干人，他们所讲官话属中原方言中的一个分支。东干族的自称和如今中华人民共和国境内说汉语的穆斯林的自称一样，为"回民"；他们把自己使用的汉语称为"回族语"或"中原语"。苏联时期用来指称说汉语穆斯林的正式名称是"东干族"，他们在中国清朝政府平定喀什噶尔和准噶尔地区，并于1759年设立新疆省后迁居该地。一种说法认为，"东干"一词源于突厥语，另一种说法由新疆大学教授海峰提出（2005），他认为"东干"一词源于汉语"屯垦"一词，这个词在汉人迁居新疆时期流传甚广。迁居到苏联境内的说汉语的穆斯林大多是不识字的普通农民，但有些人通晓小儿经（例如用来写信）。21世纪初，在比什凯克出版了用小儿经拼音标注的《古兰经》双语译本。

*巴拉第大司祭《伊斯兰教汉文文献》，载《俄国考古学会东方分会著作选》第17卷，1887年；Forke A. Ein islamisches

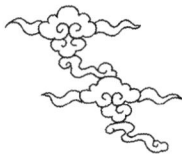

Traktat aus Turkestan // TP. Vol. VIII. 1907. **О. И. Завьялова 扎维亚洛娃《甘肃方言》，莫斯科，1979年，第7—9页；О. И. Завьялова 扎维亚洛娃《汉语-穆斯林文本：字形学—音位学—形态学》，载《语言学问题》1992年第6期；海峰《中亚东干语言研究》，乌鲁木齐，2003年；海峰《"东干"来自"屯垦"》，载《西北民族研究》2005年第1期；韩中义《小经拼写体系及其流派初探》，载《西北第二民族学院学报》2005年第3期；胡振华《回族与汉语》，载《民族语文》1985年第5期；胡云生《三重关系互动中的回族认同》，载《民族研究》2005年第1期；Wexler P. Research Frontiers in Sino-Islamic Linguistics // Journal of Chinese Linguistics. Vol. 4/1, 1976; Zavyalova O. I. Sino-Islamic Language Contacts along the Great Silk Road: Chinese Texts Written in Arabic Script // Chinese Studies (Ханьсюэ яньцзю). Taipei, 1999, No. 1.

（О. И. 扎维亚洛娃撰，靳芳译）

全称《中华人民共和国国家通用语言文字法》，于2001年1月1日生效，该法为中华人民共和国第一部规范全国语言政策和语言实践的法律。

前213年秦始皇下令统一文字，这是中国历史上最早的语言立法行为。各个时代标准的汉字字书和辞书均奉皇帝之命编纂，如1710年清朝康熙（1654—1723年在位）下令编撰的著名字典《康熙字典》。在20世纪40年代末之前的一段时间，中华民国颁布了大量关于语言和文字的文件（"国语运动"）。中华人民共和国也颁布了一系列最重要的文件，其中就有《国务院关于推广普通话的指示》（1956）、《汉语拼音方案》（1958）和《简化字总表》（1964）。

《中华人民共和国语言文字法》确定了国家通用的"普通话"和标准汉字体系，标准汉字系统包含两部分内容：（1）"简体字"，其中包括20世纪50—60年代使用的简化字；（2）在语言改革过程中没有发生变化的汉字。地方权力机关和国家机关有责任推广普通话和标准汉字体系。国家颁布标准文件

《语言文字法》

丁

---

① 似为1990年版，1994年第2次印刷（下同）。——译者注

（如常用字手册或仅作为姓氏使用的异体字手册，以及词典等），调整语言文字在社会上的使用，制定"普通话水平测试"的考试要求。

根据《中华人民共和国语言文字法》，普通话是基本口语，在国家机构和教育机构、公开演讲、电子传媒和服务领域均必须使用普通话。使用方言的广播和电视节目只能在相应级别，即中央或省级有关部门的授权下方可播出。"必要情况下"，可在戏剧与电影中运用方言。业务领域与语言相关的公务人员需要接受相应的培训。

《中华人民共和国语言文字法》规定，在书法、信件、典籍、专业科研工作、私人印章和姓名中允许使用已被废除的"繁体字"。在牌匾、广告、机关和公司名称、各种文件、有价证券和产品商标中使用非标准字符，"由有关行政管理部门责令改正；拒不改正的，予以警告，并督促其限期改正"。"在必要情况下"，出版、教育与科研工作中允许使用繁体字。

1958年颁布的"汉语拼音"是汉字拉丁语母拼写法的统一标准。在汉字不便或无法写出的情况下可使用拼音。小学阶段必须学习汉语拼音。

**李宇明《中国语言规划论》，长春，2005年；《中国语言生活状况报告》，2005年，第1—2卷，北京，2006。

（О. И. 扎维亚洛娃撰，王丽欣译）

韵

中国诗法之第一要素。韵是一个音节中声母、介音以外的部分。韵可由单个元音构成（如"-a""-i""-u"），也可以是组合形式，由主要元音（韵腹）和不构成音节的尾音构成，如元音（-ai）和韵母（如-an），以及中古汉语和现代某些方言中的爆破辅音（"-p""-t""-k"）。比如，在宋代（960—1279）编成的《百家姓》中，姓氏康（"kang"）、黄（"huang"）、庞（"pang"）、梁

（"liang"）等字同属"-aŋ"韵。在唐代（618—907）诗歌中，音节"ka"和"kua"同属"-a"韵，音节"dai"和"luai"同属"-ai"韵，音节"loŋ"和"piong"同属"-oŋ"韵，音节"dok"和"kiok"同属"-ok"韵，等等（例子引自王力著作）。

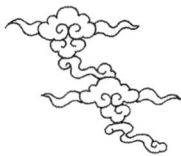

　　属于同一韵类的汉字，由于声调不同也不能押韵。中古汉语有4个声调："平声"，亦即现代北京话的一声和二声；"上声"，现代北京话的三声；"去声"，现代北京话的四声；"入声"，根据现代北京话的多种声调来区分。前文4个姓氏均属中古汉语中的平声，在现代北京话中则分别为一声（"康"）和二声（"黄""庞""梁"）。中国语言文字学和诗歌一般把末尾带爆破辅音的音节归为上声。尾音为"-p""-t""-k"的韵类和尾音为"-m""-n""-g"的韵类在发音上相同（如入声"-et"韵的"qu"与平声"-en"韵的"shan"押韵）。中国传统韵书把声调不同的韵归为不同韵类。元代（1271—1368）开始，发音相同但声调不同的韵被归为一类。

　　在唐朝（618—907），作诗成为科举考试的一部分。韵表和按韵编排的字书被正式确定下来，但韵表中汉字的发音与其实际口语发音却差异很大，无论是在京城官话还是地方方言中均如此。为了备考，需要官方编纂的韵律手册、字典和图表（韵图）。韵书《切韵》（601）把韵细分为193韵，宋代的《广韵》（《切韵》增补版）有206类韵。13世纪上半叶，官方音韵体系中韵被简化和压缩为106或107个。这些新韵被称作"平水韵"，得名于地名平水（今山西省临汾），1223年王文郁在平水编著最早的韵书，其中包括106个韵。直至1905年科举制度废除之前，通晓不同于口语实际发音的平水韵是通过科举考试的必备条件，如今写作古典诗词仍会使用平水韵。11世纪，口语发音的韵类首次出现于邵雍（1011—1077）的《皇极经世书》。新型的非官方韵书如《中原音韵》，直到元代才出现，它完全根据京城方言的实际发音编写。

**C. E. 亚洪托夫《中国语言学史（公元前1千年—公元1千年）》，载《语言学史：古代世界》，列宁格勒，1980年；C. E. 亚洪托夫《中国语言学史（11—19世纪）》，载《语言学史：中古东方》，列宁格勒，1981年；王力《汉语语音史》，北京，1985年；王力《中国语言学史》，太原，1981年；李新魁《汉语等韵学》，北京，1983年；何九盈《中国古代语言学史》，郑州，1985年；Pulleyblank E. G. Middle Chinese: A Study in Historical Phonology. V., 1984.

（О. И. 扎维亚洛夫撰，靳芳译）

韵母

　　汉字音节中声母之后的部分。最简单的韵母为单元音韵母（如"a""i""u"）；最复杂的韵母由韵头（介音）、韵腹（元音）和韵尾（元音或响辅音）三部分组成。试比较包括声母和三种韵母组合的北京话发音："kuai""kuan""kuaŋ"。其他方言中也存在响辅音音节，试比较福清方言（闽方言）中否定词"勿"的三种读音："m""n""ŋ"。韵头和该音节中的其他部分，即常见于中国诗歌中的韵，两者在韵母内部表现出相对的音位独立性。韵头与韵之间的差别不仅表现在作诗法的对应规则中，而且也表现为方言的某些音位学现象。例如，洛阳（今属河南）方言地名中当后缀"家"与前面的音节合并时，常出现双词素单音节词汇。新音节的韵头是原来第一个音节而不是第二个音节的韵头，换句话说，第一个音节韵头后的韵母"断开"，如：xuaŋ + tɕia → xua。

　　北京话发音是普通话的标准发音。根据构成音节的元音，北京话的韵母由两组分别带有韵腹"a""ə"的并列音位序列组成（A. A. 龙果夫、E. H. 龙果娃，1955）。在组成不同韵母时，韵腹"a"序列的语音变化不大。韵腹"ə"序列则有明显变化，试比较"ei"和"ou"。由三部分组成的韵母"in""iŋ""uŋ""yn""yŋ"中，韵腹被完全弱化；但在零声母情况下，如"uŋ"，则常用"wəŋ"来代替。尽管韵母有不同的语音变化，但"pən"和"pin"（巴

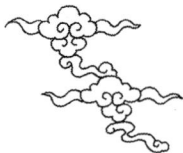

拉第拼音拼作"бэнь""бинь"）及"kəŋ"和"kuŋ"（巴
拉第拼音拼作"гэн""гун"）类型的音节组属于同一韵
脚，在诗歌中可构成押韵（详见下表所列的"ə"系列韵母
横行）。

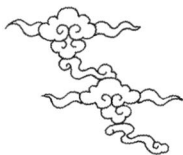

表　有声母的音节中北京方言和普通话的韵母

韵腹	韵头			
	无韵头 （"开口"）	韵头[i] （"齐齿"）	韵头[u] （"合口"）	韵头[y] （"撮口"）
a组	-a [a] -ai [ai] -ao [au] -an [an] -ang [aŋ]	-ia [ia] — -iao [iau] -ian [ien] -iang [iaŋ]	-ua [ua] -uai [uai] — -uan [uan] -uang [uaŋ]	— — — -üan/-yan** [yen]
ə组	-e/-o * -ei [ei] -ou [ou] -en [ən] -eng [əŋ]	-ie [ie] — -iu [iou] -in [in] -ing [iŋ]	-uo [uo] -ui [uei] — -un [uən] -ong [uŋ]	-üe /-ue** [ye] -ün/-un** [yn] -iong [yŋ]
单韵母 系列	-er [ə] -i [ι]	-i [i]	-u [u]	-ü/-u [y]

* "o"的变体应用于唇音声母之后。
** "ü"仅用于辅音字母l–、n–之后，j–、q–、x–后不用。

北京方言中"i""u""y"三个韵头可独立作韵母
（即"单韵母系列"）。无韵头音节，在中国现代语言学中
被称为"开口呼"音节；具有韵头/韵母"i""u""y"的
则分别被称为"齐齿呼""合口呼""撮口呼"音节。很多
方言中韵头的组成不同于北京话，例如大部分云南方言中，
由"y"→"i"的过渡中韵头"y"消失，试比较昆明方言
中的"i""ioŋ"与相应的北京话中的"yn""yŋ"。
现代北京方言辅音结尾的音节系统中有两个响声辅
音"n"和"ŋ"，而中古汉语中，辅音结尾的音节系统
则由6个辅音组成，即响声辅音"m""n""ŋ"及入
声音节中与其并列的内爆发辅音"p""t""k"。词
尾"m"完全或部分地保留在一些南方方言中，试比较
梅县（广东客家话）方言中："三"（sam）、"班"

（pan）、"东"（tuŋ）、"鸽"（kap）、"脱"（t'ot）、"各"（kok），这些字在北京话中相应地读作"san""pan""tuŋ""kɤ""t'uo""kɤ"。靠近北京的官话方言区可以（但并非必须）只以"n""ŋ"结尾。官话方言中，以响声辅音和韵腹"ə"组结尾的韵母数量及其组成，属于分类关系中最富变化和最为重要的音符之列。

韵母"ɿ"仅在唏辅音和咝辅音声母出现两种变体，即在一些用汉字书写的字母表系统中，作为零韵母或作为语音变体"i"存在（试比较汉语拼音中的"zhi""chi""shi""zi""ci""si"，详见汉语拼音）。官话中较晚出现的音节"ər"在北京方言和其他方言中占据特殊地位，现代标准词典中近10个词素具有相应的发音，其中后缀"er"在儿化过程中与前面的音节合并。

**A. A. 龙果夫、E. H. 龙果娃《汉语音节结构》，载《苏联东方学》1955年第1期；O. И. 扎维亚洛娃《汉语方言》，莫斯科，1996年；H. A. 司格林《汉语语音学》，列宁格勒，1980年；《汉语方言词汇》，北京，1962年。

（O. И. 扎维亚洛娃撰，靳芳译）

韵书

按发音原则编排的工具书，用作科举考试的官方教材，自唐朝（618—907）起，作诗成为科举考试的一部分。在传统韵书中，根据声调把汉字分为若干篇，每一篇又分为若干节，每节归入同韵的字，韵的排列通常也遵循同样顺序。读音完全相同的字，即不仅韵脚和声调相同，甚至连声母和韵腹也相同的字，构成一类韵之内的"小韵"。每一"小韵"的起始字，用创立于2世纪的反切法注音，即用另外两个汉字给一个汉字注音。各韵之内，小韵和字任意排列。

据文献记载，中国最早的韵书是三国时期李登（魏国，220—265）的《声类》，早已亡佚。目前存世的第一本韵书是陆法言的《切韵》（601），现存原书写本和残卷，还有多种后世修订本。在很长一段时间里，人们根据宋代官方韵书《广韵》（1008）的文本来研究《切韵》的语音学体系。《切韵》有11500字，分193韵，《广韵》有26194字，分206韵。宋代（960—1279）还有一本《切韵》的官方修订版《集韵》（1037），该书收入53525字，为历史上的韵书收字量之最，其中异体字和区域性汉字占大部分。

　　传统中国辞书中所列的官方韵类以及按这些韵类排列的汉字，并不能反映某一时代的真实发音，韵书的编撰者试图从早期文献，甚或其他方言中发现他们所知的语音差别。早在唐朝初年，因《切韵》中的许多韵类与实际口语有较大距离，难以辨别，于是皇帝颁旨允许"同用"，其结果，实际运用的韵的数目减少近一半。当时的韵书不便使用，其原因不仅在于其音系体系的人为干预，而且还在于各类"小韵"以及"小韵"之内各字的排列混乱。因此，唐朝开始，尤其是宋朝，便出现了一些更为完善的手册，即韵图，作为韵书的补充，韵图按照复杂的音节分类原则来排列汉字，并考虑到实际口语发音的特殊性和音节的所有音位学特征。

　　13世纪上半叶出现一种新的官方音韵体系，即"平水韵"，它以106或107个韵为基础，得名自地名平水（1234年以前在女真金国境内，今山西临汾）。最早的平水韵韵书已失传，据知其中一本是1223年王文郁编的《平水韵略》，另一本是1252年刘渊所编《壬子新刊礼部韵略》，刘渊生活在南方，但他生于平水。完全以真实口语发音为基础的新韵书出现于元朝建立之后，第一部新韵书是1324年周德清所编《中原音韵》，它被公认为中国语言学史上意义仅次于《切韵》的第二部语音学工具书。

　　**C. E. 亚洪托夫《古代汉语》，莫斯科，1965年；李荣《切韵音系》，北京，1952年；邵荣芬《切韵研究》，北京，1982年；Эндо: Мицуаки. Тю: гоку онъингаку ронсю: (Сборник трудов по китайской фонологии). Токио, 2001, с. 9 - 98; Norman J. Chinese. N. Y., 1988.

　　　　　　　　　　　（O. И. 扎维亚洛娃撰，靳芳译）

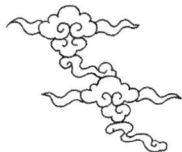

韵图

中国传统语言学中的语音图表，表中采用不同方式把汉字进行系统分类。在诗歌写作中用作韵书之补充。佛教传入中国后，中国开始接触梵语和梵文字母等非音节语言，出现了许多音位学术语及分类规则，它们均被用于韵图。对韵图的研究，一方面能使我们了解中国传统的音位学，即"等韵学"；另一方面，由术语和汉字构成具有模式化特征的韵图对于现代方言研究也具有实际应用价值。

现存最早的韵图《韵镜》约形成于8世纪后半叶（尽管其首次刊行于1161年），其内容大部分借鉴辞书《切韵》中的韵类。《切韵指掌图》和《四声等子》是宋代韵图的代表。前者文中说明，该书为著名学者、政治活动家司马光（1019—1086）于1067年所编，但实际上如亚洪托夫所言（1981），其成书不早于12世纪末。后者的作者和成书年代不详。

五十音图的所有韵分为两大类（"转"），即"内转"和"外转"。内转看来包括合口元音组成的韵，外转包括开口元音组成的韵。此外，韵图中的大部分音节根据有无中间元音"u"或"w"分为两类，即"开口"和"合口"。发音相同（彼此押韵）的韵被归为一类（即"摄"），比如，第15涉的"咸"纳入《切韵》中声调不同的32韵，其中包括8个平声韵，它们在现代北京话中都压"an"韵，如"覃（tan）""谈（tan）""盐（yan）""添（tian）""咸（xian）""衔（xian）""严（yan）""凡（fan）"，它们在《切韵》系统中相对应的为"dəm""dam""jiam""tem""yem""yam""ŋiam""buam"（由E. 蒲立本复原）。

每个韵图由横行和纵行组成，纵行以声母的"七声"来分类，横行以四个声调和声调内的"四等"分为16类。韵图每个方格中的字对应着一个声母、一个韵母和一个声调，如只有读音而没有所对应的字就用括号来代替。

现代方言反映声调的四等分（Ⅰ、Ⅱ、Ⅲ、Ⅳ）之间的差别，比如韵母"ao"的四等：

	北京（官话）	广州（粤语）	厦门（闽语）
I 高	[kau]	[kou]	[ko]
II 交	[jiau]	[kaau]	[kau]
III 骄	[jiau]	[kiu]	[kiau]
IV 叫	[jiau]	[kiu]	[kiau]

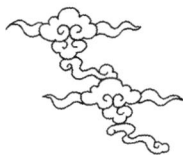

在北方地区，中古汉语中"shan""xian"两类韵在II等构词元音音节和I、III、IV等音节方面的区别，被记录在古老的方言晋方言中。这一区分甚至还保留在长江下游的官话方言（江淮方言）中，但仅对有现代韵腹的音节而言。试比较江苏扬州方言：

I	II	II	III/IV	I	II
官	关	艰	肩	干	碱
[ko]	[kuae]	[jiae]	[jii]	[kae]	[xae]

中国从5世纪开始研究声调，4个声调在韵图和韵书中都称为"平""上""去""入"。自古把带有内爆破辅音"p""t""k"的音节等同于尾音为"m""n""ŋ"的韵，但仅使用与上声和特别的韵。

后来的韵图出现36音以及相应的36组字。根据发音位置把声母分为5类，即"唇音""舌音""牙音""齿音""喉音"。声母"l"和"r"（后者也被记作nz）被划分为舌音内的特殊门类。通常用一个典型的常用字来标记声母。

每组声母内又分为"清""次清""浊""清浊"，后又出现"次浊"的说法。一般认为，"清"和"浊"的概念与其说与辅音的性质相关，不如说与相关音节的特殊声调相关。试比较，中古声母的响音/不响音对应现代音位系统的阳和阴。古代含有次浊声母的音节既"清"又"浊"，这类音节在方言中其声调与过去的不响音和响音类似。

11世纪的口语发音被记录在仅有的文献即《皇极经世书》所收韵图中。该书作者邵雍（1011—1077）供职于宋朝国都开封，但他生于距北京不远的范阳。该书已不再区

丁

分响音声母与不响音声母，但保留了中古汉语的尾音"p"和"m"，并把"t"和"k"归入喉音。该书还区分了"一等"和"二等"的"shan"韵和"xian"韵。据认为，邵雍的韵图记录了北宋时期洛阳-开封的标准发音，但C. E. 亚洪托夫认为，有一个重要特点说明邵阳的方言接近当今北京话，即带有中古汉语尾音"k"的音节中会出现二合元音（现代北京话中的"黑hei"和"百bai"）。

*司马光《切韵指掌图》，上海，1883年。**O. И. 扎维亚洛娃《汉语方言》，莫斯科，1996年；C. E. 亚洪托夫《11世纪的北京发音》，载《普通语言学和汉语语言学研究》，莫斯科，1960年；Эндо: Мицуаки. Тю: гоку онъингаку ронсю: (Сборник трудов по китайской фонологии). Токио, 2001;《俞敏语言学论文集》，北京，1999年。

（О. И. 扎维亚洛娃撰，靳芳译）

《中原音韵》

　　完全基于元代大都（今北京）口语发音编纂的第一部"韵书"，其结构和传统注音手册不同，收入能作用于听觉的"韵"。这是中国音韵学史上意义仅次于《切韵》的重要著作。该书由元曲作家周德清（1277—1365）于1324年编成，用于指导其他元杂剧作家和演员，元杂剧中除说白外，每幕之间还插有有韵的诗句和唱段。在传统辞书中，发音相同、声调不同的音节被视为不同韵脚，汉字的排列依据声调，然后再划分为不同的韵类。《中原音韵》却将5866个汉字先分为19个韵部，在每一韵部再按声调分类。该书记录了北京话以及与其相近的其他官话方言的以下两个语音特点。

　　1. 使用4个现代声调，即"阴平"（北京话第一声）、"阳平"（第二声）、"上声"（第三声）、"去声"（第四声）取代传统中古汉语的声调（"平""上""去""入"）。

2. 中古汉语入声在当时冀鲁方言中被确定为三声，根据周德清的方法，全浊声母字变为阳平，次浊声母字和影母字变为去声，清声母字变为上声，例如当时的河北昌黎方言。《中原音韵》中所有古汉语结尾带"k"的音节都属双元音韵类，如"薄"（paw）、"色"（ṣaj）、"德"（dej）（由E. G. 蒲立本还原）。试比较现代北京话和普通话中的音节"bo/bao""se/shai""de"。同大部分现代汉语方言一样，中古汉语浊辅音在《中原音韵》音系中变为清辅音。这部韵书中记录下的一些特征可能属于相对古老的语音现象，如带软音韵母的音节中的后舌音声母，以及现代官话方言中已消失的词尾"m"，如"金"（kim）、"三"（sam），它们在现代北京方言中的发音为"jin"和"san"。

*Исияма Фукудзи. Ко:тэй «Тю:гэн он ин» (Исследование словаря «Чжунъ- юань инь юнь»). Токио, 1925. **С. Е. 亚洪托夫《中国语言学史（11—19世纪）》，载《语言学史：中古东方》，列宁格勒，1981年；Stimson H. M. The Jongyuan in Yunn: A Guide to Old Mandarin Pronunciation. New Haven, 1966; 李新魁《汉语等韵学》，北京，1983年；Эндо: Мицуаки. Тю: гоку онъингаку ронсю: (Сборник трудов по китайской фонологии). Токио, 2001, с. 219‑236; Pulleyblank E. G. Middle Chinese. A Study in Historical Phonology. V., 1984.

（О. И. 扎维亚洛娃撰，靳芳译）

又称"国音字母"，1930年起称"注音符号"，也称"bopomofo"或"BPMF"。利用汉字笔画元素创建的第一份官方注音法，其字符与日语字母表中的片假名相似（试比较类似的朝鲜注音系统"口诀"）。1913年由中国读音统一会制订，1918年由北洋政府教育部发布。1919年4月16日，教育部长下令颁布注音字母的顺序。1958年汉语拼音问世前，注音字母在中国广泛使用，至今台湾地区仍在使用。该

注音字母

丁

字母还在中华人民共和国出版的一些字典中使用，给汉字注音。19世纪末—20世纪初由基督教传教士及其后的中国改良运动倡导者卢戆章、梁启超、王钊、劳乃宣等编制的其他注音字母方案均未获推广。

注音字母起初有39个符号，1920年增加"ㄜ"，共计40个。1930年删除了北京话中没有的声母"兀""广""万"。最终方案以标准北京话"国语"发音为准，称为"注音符号"，但其最初名称更为常用。

注音字母（以及其他实用的汉语注音法和拼音法）都基于传统音位学分类，将音节分为声母和韵母，而韵母内又分出介音（位于声母后且不能独立构成音节的元音），还有音位学上不可分割的要素"韵"。韵在发音上或由一个单音节元音构成，或单音节元音和韵尾共同构成，韵尾或为响鼻辅音，或为非音节构成性元音。

注音字母表中共有24个声母，3个介音"i""u""y"及13个韵（以及由这些韵构成的韵母）。韵母"i""u""y"在音位学中解释为介音，或零声母，在附录部分"表2""表3"中记作"i""u""y"。音节按其构成可相应地由一个、两个或三个注音符号标注。

使用一个注音符号的有：（1）开口呼音节（其中包括语音学上的两部分，即韵腹和韵尾），例如"一i""ㄨu""ㄩü""ㄚa""ㄜe""ㄞai""ㄟei""ㄠao""ㄡou""ㄢan""ㄣen""ㄤang"等；（2）由声母（舌尖前音或舌尖后音）和韵母构成的音节，该韵母在汉语拼音中写作"i"，在注音字母中表示音位学的零声母，如"ㄖr""ㄙs""ㄘc""ㄗz""ㄔch""ㄓzh""ㄕsh"；（3）儿化音节（韵身"er"只是该音节的组成部分）。

使用两个注音符号的有：（1）包括介音"i""u""y"中的任一个和任一韵身的音节，如"一ㄠiao""一ㄢian""ㄨㄞuai""ㄨㄢuan""ㄩㄝue""ㄩㄢuan"等；（2）包括声母和任一韵身的音节，如"ㄆㄢpan""ㄇㄡmou""ㄈㄟfei""ㄊㄤtang""ㄌㄥleng""ㄓㄢzhan"等。

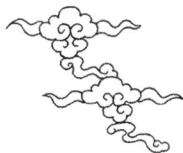

使用三个注音符号的音节由声母、介音和任一韵身构成，例如"ㄅㄧㄠbiao""ㄆㄧㄢpian""ㄉㄧㄡdiu""ㄐㄧㄢjian""ㄑㄧㄣqin""ㄍㄨㄢguan""ㄎㄨㄣkun""ㄏㄨㄞhuai""ㄔㄨㄢchuan""ㄗㄨㄢzuan""ㄑㄩㄝque""ㄒㄩㄢxuan"等。

与汉语拼音一样，注音字母用变音符表示声调，第一声不标注，轻声在相应音节前用圆点表示。

*《国语字典》，北京，1936年；《汉语字典》，香港，1968年；《辞海》，上海，1948年；《新华词典》，北京，1988年，第305页。**И. Н. 加尔采夫《汉语研究导论》，莫斯科，1962年，第89—100页；Л. Р. 孔采维奇《俄语文本中的汉语专有名词与术语》，莫斯科，2002年；М. В. 索夫罗诺夫《汉语导论》，莫斯科，1996年，第229—236页；Legeza I. L. Guide to Transliterated Chinese in the Modern Peking Dialect. Vol. I. Leiden, 1968, pp. 14‒15.

（Л. Р. 康采维奇撰，靳芳译）

字

即音节词素，汉语独特的基本单位，语音上等同于音节。根据词素是最小表意单位的观点，字相当于欧洲语言中的音素。非音节语言（如俄语）中的词素既可由单音节或多音节的发音组成，也可由单个的发音即音素组成，其中包括辅音［如前置词"в"，如"рыбка"（小鱼）一类单词的后缀"к"等］。而在一些孤立语言（音节语言）中，音素等同于音节，反过来，每个音节也要与音素（词根或前缀）相符。每个音素一音节对应汉语中的一个字。汉语中"字"的意思是"书写符号"，同时也等同于"音节词素"这一欧洲语言学术语，包括"字音""字义"和"平声字"。

由两个或两个以上不表意音节构成的词素在汉语中有两种：第一种是部分音节重复构词，如"蜘蛛"（声母重复）、"螳螂"（韵母重复）；第二种是"汉化"的外来语

发音，如"摩尼""咖啡""菩提达摩""莫斯科"。中国汉语传统中，不表意的音节等同于表意音节（实际上也为单字）并独立成字。例如，"螳螂"一词由两个特别的字组成，这两个字仅用于这一组合；音译的"咖""啡"二字是由"加"和"非"添加形旁"口"而形成。音节语言中的某些不表意音节也具有韵律功能，如官话和晋方言等方言组中所谓"表音字"。获嘉（河南北部，属晋方言区）方言中被固定下来的表音字最多为8个，如"pə""p'ə？""kə？""k'ə？"等。晋方言组中所谓"分音词"也属于例外的双音节词素，它在上古汉语中通常有带辅音"r"的音节组合，如"埂"字现读作"kə？ləŋ"（内蒙古自治区），上古汉语读作"kraŋ"，北京话读作"kəŋ"，"刨"字现读作"p'ə？lau"（获嘉），上古汉语读作"bhru"，北京话读作"p'au"。

汉语中小于音节的词素比双音节和多音节词素还要少。这类音素由两个原始音节合成并由专门汉字表示，如北京方言和普通话中"两"+"个"合成"俩"，"不"+"用"合成"甭"。试比较河南洛阳方言中类似的双音素单音节词，如在词根上添加"家"（jia）的后缀，pei+jia，之后发音变为pia，如此等等。普通话、北京话和其他方言中，由于所谓的儿化发音，出现了用两个汉字表示的双语素单音节现象，如词根"黄"加后缀"儿"变成"黄儿"。

北京方言和普通话中，一般的双音节词和多音节词或词组（准确而言即所谓语音词组）中音素的发音变化不大（参见T.П.扎多延科的著作）。这类发音变化主要包括上声遇上声变阳平和其他细微的声调交替以及所谓"轻声"现象。汉语音节词素不变的观念早就存在，但在其他方言中却并非如此，其词素音位变化过程更为多样，如福清（今属福建）方言（闽南语的分支）中的发音交替现象："liŋkak"→"liŋgak"（菱角），"tsitho"→"tsitlo"（这个）。

**A. A. 龙果夫《当代汉语语法体系》，列宁格勒，1962年；О. И. 扎维亚洛娃《汉语方言》，莫斯科，1996年；Т. П. 扎多延科《汉语口语的韵律结构》，莫斯科，1980年；В. Б. 卡谢维奇《词素音位学》，莫斯科，1986年；В. Б. 卡谢维奇《泛语言学和东方语言学中的音位学问题》，莫斯科，1983年；Н. А. 司格林《汉语语音学》，列宁格勒，1980年。

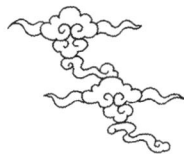

（О. И. 扎维亚洛娃撰，靳芳译）

丁

戊部 附录

中国精神文化大典

中国精神文化大典

文学·语言文字卷

缩略词

主要缩略词

абс . — абсолютный
авг . — август
авт . — автор
адм . — административный
азиат . — азиатский
акад . — академик
амер . — американский
англ . — английский
апр . — апрель
араб . — арабский
архим . — архимандрит
б-ка — библиотека
библиогр. — библиография, библиографический
буд . — буддийский
букв . — буквально
бурж . — буржуазный
вар . — вариант
введ . — введение
ввод . — вводный
венг . — венгерский
вестн . — вестник
внеш . — внешний
внутр . — внутренний
вост . — восточный
вступ . — вступительный
в т.ч . — в том числе
гл . — главный
гл . обр . — главным образом
гол . — голландский
гор . — городской
гос . — государственный
гос-во — государство
греч . — греческий
даос . — даосский
дек . — декабрь
дер . — деревня
диал . — диалект
дин . — династия, династийный
дип . — дипломатический
дис . — диссертация
докл . — доклад, доклады
доп . — дополненный
д-р — доктор
др . — другой, другие
др.-кит . — древнекитайский
дух . — духовный
европ . — европейский
журн . — журнал
зав . — заведующий
зам . — заместитель
зап . — западный
избр . — избранный
изв . — известный
изд . — издание
изд-во — издательство
изл . — изложение
ил . — иллюстрация

им . — имени
имп . — император, императорский
инд . — индийский
иностр . — иностранный
ин-т — институт
исп . — испанский
испр . — исправленный
исслед . — исследование
ист . — исторический
итал . — итальянский
канад . — канадский
канд . — кандидат
кит . — китайский
к.-л . — какой-либо
к.-н . — какой-нибудь
кн . — книга
коммент. — комментарий, комментированный
кон . — конец
конф . — конфуцианский; конференция
кор . — корейский
крест . — крестьянский
к-рый — который
л . — лист, листы
лат . — латинский
лит . — литературный
лит-ра — литература
макс . — максимальный
м.б . — может быть
маньч.-ж . — мань-чжурский
междунар . — международный
митр . — митрополит
млн . — миллион
мн . — многие
монг . — монгольский
моск . — московский
муз . — музыкальный
МФА — Международный фонетический
     алфавит
назв . — название, названный
напр . — например
нар . — народный
наст . — настоящий
науч . — научный
нац . — национальный
нач . — начало, начальный
нек-рый — некоторый
нем . — немецкий
неск . — несколько
нидерл . — нидерландский
нояб . — ноябрь
об-во — общество
обл . — область, областной
обраб . — обработка, обработанный
общ . — общий
ок . — около
окт . — октябрь, октябрьский
опубл . — опубликован, опубликованный

орг-ция — организация
ориг . — оригинальный
осн . — основной
отв . — ответственный
отд . — отдельный, отдел, отделение
офиц . — официальный
парт . — партийный
пер . — перевод
перераб . — переработанный
перс . — персидский
пол . — половина
полит . — политический
послеслов . — послесловие
пр-во — правительство
пред . — председатель
предисл . — предисловие
прил . — приложение
примеч . — примечание
пров . — провинция
произв . — произведение
пром . — промышленный
проф . — профессор
псевд . — псевдоним
р-н — район
разд . — раздел
разл. — различный
ред . — редакция, редакционный, редактор
редкол . — редколлегия
религ. — религиозный
респ. — республиканский
реф . — реферативный, реферат
род . — родился
рос. — российский
рук . — руководитель
рум. — румынский
рус. — русский
санскр . — санскритский
сб . — сборник
сев . — северный
сент . — сентябрь
сер . — середина; серия
сиб . — сибирский
след . — следующий
собр . — собрание
собств . — собственный
сов . — советский
совм . — совместно
совр . — современный
содерж . — содержание

сокр . — сокращенно, сокращенный
сост . — составитель
соц . — социальный
соч . — сочинение
спец . — специальный
ср.-век . — средневековый
ср . века — средние века
ст . — статья
стер . — стереотипный
стихотв . — стихотворение, стихотворный
с.-х . — сельскохозяйственный
т . — том, тома
тангут . — тангутский
тв-во — творчество
темат ., тематич . — тематический
т.зр . — точка зрения
тибет ., тиб . — тибетский
т.к . — так как
т.н ., т . наз . — так называемый
т.о . — таким образом
тр . — труды
трад . — традиционный
ТРТ — традиционная русская транскрипция
тыс . — тысячелетие, тысяча
указ . — указатель
ум . — умер
ун-т — университет
учеб. — учебный
уч . зап . — ученые записки фак-т см. ф-т
февр. — февраль
феод. — феодальный
фил. — филиал
филол. — филологический
филос. — философский
франц. — французский
ф-т, фак-т — факультет
хоз . — хозяйственный
хоз-во — хозяйство
худ . — художественный
центр . — центральный
цз . — цзюань
цит . — цитата, цитируемый
чл . — член
чл.-кор . — член-корреспондент
швед . — шведский
юж . — южный
яз . — язык
янв . — январь
япон ., яп . — японский

机构组织名称

АН СССР — Академия наук СССР
АОН — Академия общественных наук
БАК — Буддийская ассоциация Китая
БИОН — Бурятский институт общественных
    наук Сибирского отделения РАН
Бурят . кн . изд-во — Бурятское книжное
    издатель-ство
ВАРЛИ — Всекитайская ассоциация работников
    литературы и искусства по отпору врагу

Вост . лит . — Издательская фирма «Восточная
    ли-тература» РАН
ВСНП — Всекитайское собрание народных
    пред-ставителей
ВФК — Всемирный философский конгресс
ГМВ — Государственный музей Востока . М .
ДВГУ — Дальневосточный государственный
    уни-верситет
ИВАН — Институт востоковедения АН СССР

戊

ИВЛ — Издательство восточной литературы

ИВ РАН — Институт востоковедения РАН

ИДВ — Институт Дальнего Востока АН СССР(ныне РАН)

Изв . АН СССР — Известия АН СССР . М .

ИКАН — Институт китаеведения АН СССР

ИЛ — Издательство иностранной литературы

ИМЛИ — Институт мировой литературы АН СССР(ныне РАН)

ИНИБОН — Институт научной информации . Библиотека общественных наук АН СССР

ИНИОН — Институт научной информации пообщественным наукам АН СССР (ныне РАН)

ИСАА — Институт стран Азии и Африки при МГУ им . М.В . Ломоносова

КПК — Коммунистическая партия Китая

ЛГУ — Ленинградский государственный университет

ЛО ИВАН — Ленинградское отделение Института востоковедения АН СССР

МГИМО — Московский государственный институт международных отношений МИД СССР/ РФ

МИД — Министерство иностранных дел

МГУ — Московский государственный университет им . М.В . Ломоносова

НИИ — научно-исследовательский институт

НОАК — Народно-освободительная армия Китая

НПКСК — Народный политический консультативный совет Китая

Петерб . востоковедение — Центр «Петербургское Востоковедение»

ПК — Постоянный комитет

РАН — Российская академия наук

РГБ — Российская Государственная библиотека

СКП — Союз китайских писателей

СПбГТУ — Санкт-Петербургский государственный технический

СПбФ ИВ РАН — Санкт-Петербургский филиал Института востоковедения РАН (ныне Институт восточных рукописей РАН)

ЦИК — Центральный исполнительный комитет

ЦК — Центральный комитет

ЦКК — Центральная контрольная комиссия

ЧитГТУ — Читинский государственный технический университет

ЯГУ — Ярославский государственный университет

ISO — International Organization for Standardization

出版地（城市，州）

Л . — Ленинград

М . — Москва

Новосиб . — Новосибирск

Пг . — Петроград

Ростов н/Д — Ростов-на-Дону

СПб . — Санкт-Петербург

B. — Berlin

Berk. — Berkeley

Bost. — Boston

Brux. — Bruxelles

Cambr. — Cambridge

Chic. — Chicago

Fr./M. — Frankfurt-am-Main

Hamb. — Hamburg

Ill. — Illinois

L. — London

Los Ang. — Los Angeles

Lpz. — Leipzig

Mass. — Massachusetts

N.J. — New Jersey

N.Y. — New York

Oxf. — Oxford

P. — Paris

Phil. — Philadelphia

Princ. — Princeton

S.F. — San Francisco

Stanf. — Stanford

Stockh. — Stockholm

Wash. — Washington

定期和连续出版物，书籍

ААС — Азия и Африка сегодня . М .

В . — Восток . М .

ВА — Восточный альманах . М .

ВДИ — Вестник древней истории . М .

ВИ — Вэньсюэ ичань (Литературное наследие). Пекин

ВК — Восточная коллекция . М .

ВМУ — Вестник Московского университета . М .

ВП — Вэньсюэ пинлунь (Литературное обозрение). Пекин

ВУ — Вэнь у (Культурное наследие . Пекин

ВФ — Вопросы философии . М .

ВШЧ — Вэнь ши чжэ (Литература, история, философия). Пекин

ЖМП — Журнал Московской патриархии . М .

ЗВОРАО — Записки Восточного отделения (Имп.)

Русского археологического общества . СПб ., Пг .

ИБ — Информационный бюллетень / РАН . Институт Дальнего Востока . М .

ИЛ — Иностранная литература . М .

ИМ . Сер . Г — Информационные материалы Серия Г: Идейно-теоретические тенденции в со-временном Китае: национальные традиции и по- иски путей модернизации / РАН . Институт Дальнего Востока . М .

ИМ . ИТТ см. ИМ . Сер . Г .

КБ — Китайский благовестник . М .

КСИНА — Краткие сообщения Института народов Азии АН СССР . М .

КЭТ — Кунсткамера: Этнографические тетради . СПб .

НАА — Народы Азии и Африки . М .

НК ОГК — Научная конференция «Общество и государство в Китае» . М .

ПВ — Петербургское востоковедение . СПб .

ПДВ — Проблемы Дальнего Востока . М .

ПП и ПИКНВ — Письменные памятники и проблемы истории культуры народов Востока . М.–Л .

Р . — Религиоведение . Благовещенск–Москва

СББЯ — Сы бу бэй яо (Главные в полноте [всех произведений] по четырем разделам), серия . Шанхай, Пекин, 1936

СБЦК — Сы бу цун кань (Собрание публикаций по четырем разделам), серия. Шанхай, Пекин, 1929–1937

ТПИЛДВ — Теоретические проблемы изучения литератур Дальнего Востока (сб . статей; науч . конф.)

ТСД — Тайсё синсю дайдзокё 大正新修大藏经 (Заново отредактированное собрание сутр [го- дов] Тайсё). Токио, 1924–1931

ТЧРДМ — Труды членов Российской духовной миссии в Пекине . СПб .

ЦШЩЧ — Цун шу цзи чэн (Корпус классических книг), серия . Шанхай, Пекин, 1935

ЧЦЦЧ — Чжу цзы цзи чэн (Корпус философской классики), серия . Т . 1–8. Шанхай, Пекин, 1935 (Пекин, 1988)

ЭИ — Экспресс-информация / РАН. Институт Даль- него Востока . М .

ЮВС — Юй вэнь сюэси (Изучение языка и литературы). Пекин

BEFEO — Bulletin de l'École française d'Extrême-Orient. Hanoï (Paris–Saïgon)

BMFEA — Bulletin of the Museum of Far Eastern Antiquites (Ostasiatiska Sammlingarna). Stockh.

BSO(A)S — Bulletin of the School of Oriental (and African) Studies, London Institution (University of London)

HJAS — Harvard Journal of Asiatic Studies. Cambr. (Mass.)

HR — History of Religions

JA — Journal asiatique. P.

JAS — Journal of Asian Studies. Ann Arbor

JAOS — Journal of the American Oriental Society. New York–New Haven

JRAS — The Journal of the Royal Asiatic Society of Great Britain and Ireland. L.

JCP — Journal of Chinese Philosophy. Honolulu

JNCBRAS — Journal of the North China Branch of the Royal Asiatic Society. Shanghai

PEW — Philosophy East and West. Honolulu

TP — T'oung Pao, ou Archives concernent l'histoire, les langues, la géographie, l'ethnographie et les arts de l'Asie Orientale. Paris–Leiden

戊

戊

中国精神文化大典

文学 · 语言文字卷

戊

959

戊

中国精神文化大典

文学·语言文字卷

戊

中国精神文化大典

文学·语言文字卷

戊

戊

戊

戊

971

术语索引

戊

戊

中国精神文化大典

文学·语言文字卷

戊

戊

戊

作品索引

戊

戊

中国精神文化大典

文学·语言文字卷

戊

993

戊

戊

戊

戊

戊

戊

戊

戊

戊

主要参考文献 I

文学、语言文字论著和译著（仅俄文）*

文艺学

Аджимамудова В.С. Тянь Хань: портрет на фоне эпохи . М ., 1993.

Аджимамудова В.С. Принцип личности в литературе «4 мая» // Личность в традиционном Китае . М ., 1992, с . 280–302.

Алексеев В.М. Китайская литература: Избранные труды / Сост . М.В . Баньковская; Предисл . Л.З . Эйдлина . М ., 1978.

Алексеев В.М. Китайская поэма о поэте: Стансы Сыкун Ту (837–908). Пг ., 1916. IX, 484, 155 с .

Алексеев В.М. Труды по китайской литературе: В 2 кн . / Сост . М.В . Баньковская; Отв . ред . Б.Л . Рифтин . М ., 2002–2003.

Алимов И.А. Вслед за кистью: Материалы к истории сунских авторских сборников бицзи: Исследование . Переводы: [В 2 ч.] СПб ., 1996–2004. [Ч . 2 / Алимов И.А., Серебряков Е.А.]

Бахтин М.М. Особенности китайской литературы и ее история // М.М . Бахтин: эстетическое наследие и современность . Ч . 1. Саранск, 1992, с . 5–12.

Ван Лие. И.С . Тургенев в восприятии классиков китайской литературы XX века // Балт . филол . курьер . Калининград, 2004, с . 312–320.

Ван Мэн в контексте современной китайской литературы: Сборник статей / Сост . и отв . ред . С.А . Торопцев . М ., 2004.

Васильев В.П. Очерк истории китайской литературы . СПб ., 1880.

Вахтин Б.Б. Развитие китайского стихосложения — древность, средние века, эпоха Возрождения (к проблеме перевода) // Историко-филологические исследования . М ., 1967, с . 259–264.

Вахтин Б.Б. Человек и природа в китайской средневековой литературе // Теоретические проблемы изучения литератур Дальнего Востока . М ., 1974, с . 26–36.

Вельгус В.А. Средневековый Китай: исследование и материалы по истории, внешним связям, литературе . М ., 1987.

Вельгус В.А., Циперович И.Э. Из истории возникновения и развития китайского рассказа // НАА . 1961, № 3, с . 147–156.

Вопросы китайской филологии: [Язык и литература] / Под ред . М.К . Румянцева, Е.А . Цыбиной . М ., 1974.

Воскресенский Д.Н. Литературный мир средневекового Китая . Китайская классическая проза на байхуа: Собрание трудов . М ., 2006.

Воскресенский Д.Н. Переводы и исследования китайской литературы в Советском Союзе // ПДВ . 1981, № 4, с . 174–181.

Воскресенский Д.Н. Художественные искания в китайской прозе 90-х гг.: (О романе Гао Синцзяня «Чудотворные горы») // Литературы Азии и Африки: Опыт XX века. М., 2002, с . 21–33.

Восточная поэтика: Тексты . Исследования . Комментарии / Отв . ред . П.А . Гринцер . М ., 1996. [Из содерж.: Китай / Вступ. ст., пер. с кит. и коммент. И.С . Лисевича, с . 13–60. Фрагменты текстов эпох Хань и Вэй о литературе и искусстве.]

Гао Ман. Ба Цзинь и русская литература // ПДВ . 2004, № 5, с . 147–155.

Гао Ман. Память сердца: Анна Ахматова и Китай // ПДВ . 1990, № 3, с . 190–196.

Гао Ман. Пушкин и мы // Наш современник . 1999, № 10, с . 160–164.

Глаголева И.К. Китайская классическая литература: Библиографический указатель русских переводов и критической литературы на русском языке / Авт . вступ . ст . В.Ф . Сорокин . М ., 1989.

Голыгина К.И. «Великий предел»: Китайская модель мира в литературе и культуре (I–XIII вв.). М ., 1995.

Голыгина К.И. Звездное небо и «Книга перемен» . М ., 2003.

Голыгина К.И. Эстетическая мысль Китая // История эстетической мысли . Т . 4. М ., 1987, с . 350–368; Т . 5. Буржуазная эстетика XX в . 1990, с . 431–455.

Голыгина К.И. Китайская проза на пороге средневековья: Мифологический рассказ III–VI вв . и проблема генезиса сюжетного повествования . М ., 1983.

Голыгина К.И. Новелла средневекового Китая: Истоки сюжетов и их эволюция, VIII–XIV вв . М ., 1980.

Голыгина К.И. Теория изящной словесности в Китае XIX — начала XX в . М ., 1971.

Голыгина К.И., Сорокин В.Ф. Изучение китайской литературы в России . М ., 2004.

Городецкая О.М. Поэтика иероглифа (размышления переводчика) // В . 2002, № 6, с . 5–24.

Грунер Ф. О некоторых аспектах сатиры в современной китайской прозе // Сатира в литературах Азии и Африки. М., 2004, с . 216–228.

---

* Работа выполнена при финансовой поддержке Российского гуманитарного научного фонда (РГНФ) согласно проекту 07-01-00183а .

Дагданов Г.Б. Мэн Хаожань в культуре средневекового Китая . М ., 1991.

Демидо Н.Ю. Новое поколение «свободных художников» на литературной сцене КНР // ПДВ . 2001, № 3, с . 152–157.

Ермаков М.Е. Мир китайского буддизма: По материалам коротких рассказов, IV–VI вв . СПб ., 1994.

Жанры и стили литератур Китая и Кореи: Сбор- ник статей / Отв . ред . Б.Б . Вахтин, И.С . Лисе- вич . М ., 1969. [Из содерж.: Лисевич И.С. Жанр сун в китайской поэзии и литературной крити- ке (до эпохи Тан), с . 12–23; Эйдлин Л.З. «Под-ражание древнему» — обличение современно-го в старой китайской поэзии, с . 31–38; Гуса-ров В.Ф . О стилистическом моделировании прозы Хань Юя, с . 39–50; Циперович И.Э. О жанре китайских изречений цзацзюань: (История изучения и характеристика жанра), с . 51–73; Завадская Е.В. Изображение и слово: (Стихи о живописи — особый жанр китайской поэзии), с . 96–103; Рифтин Б.Л. «Пинхуа о по- ходе У-вана против Чжоу Синя» как образец китайской народной книги, с . 104–117; Соро- кин В.Ф. Пьесы «даосского цикла» — жанро- вая разновидность цзацзюй XIII–XIV вв., с . 118– 124; Манухин В.С. Роль стиля в борьбе китай- ских вольнодумцев позднего средневековья, с . 132–142; Воскресенский Д.Н. Об особенно-стях стиля китайской повести-бурлеск, с . 143– 151; Стулова Э.С. Проблема изучения жанра баоцзюань, с . 158–166; Семанов В.И. О жанре «путешествия» в китайском романе, с . 167–173; Сухоруков В.Т. О некоторых особенностях по- этического стиля Вэнь И-до, с . 174–180; Спеш- нев Н.А. Китайское народное представление сяншэн, с . 188–193; Кроль Ю.Л. Опыт класси- фикации и описания структуры пекинских по- говорок сехоуюй, с . 194–203.]

Желоховцев А.Н. Китайский исторический роман в оценке литературоведов КНР // ПДВ . 2002, № 4, с . 158–168.

Желоховцев А.Н. Литературная теория и полити-ческая борьба в КНР . М ., 1979.

Желоховцев А.Н. Новая трактовка истории совре- менной китайской литературы: [В связи с вы- ходом в свет книги «Изумленный взгляд». Лите- ратурный Китай, 1949–1999. Пекин, 1999. Кит . яз.] // ИМ . Сер . Г . 2004, вып . 9/10, с . 181–186.

Желоховцев А.Н. Русская классическая литература в КНР в 1977–1980 гг . // Русская классика в странах Востока . М ., 1982, с . 134–149.

Желоховцев А.Н. Хуабэнь — городская повесть средневекового Китая: Некоторые проблемы происхождения и жанра . М ., 1969.

Завидовская Е. Постмодернизм и современная китайская литература // ПДВ . 2003, № 2, с . 143–149.

Захарова Н.В. Художественный перевод и теория перевода за два с половиной века российско- китайских связей // Проблемы литератур Даль- него Востока . Т . 2. СПб ., 2006, с . 286–291.

Зинин С.В. «И цзин» как памятник китайской ли-тературы // ПВ . 1993, вып . 3, с . 189–227.

Зинин С.В. История древнекитайской литературы (XVIII в. до н.э. — I в. н.э.). М ., 2002.

Зинин С.В. Новые западные исследования по сред- невековой китайской литературе // В . 1993, № 6, с . 174–187.

Зинин С.В. Протест и пророчество в традиционном Китае: Жанр яо с древности до XVII века н.э . М ., 1997.

Иванов А.Е. «Цзо чжуань» и «Ши цзин»: от цита-ты — к первоисточнику // Письменные памят-ники Востока . СПб ., 2006, № 1, с . 108–136.

Изучение литератур Востока: Россия, XX век / Редкол.: Е.П . Челышев и др.; Общ . ред . и сост . А.А . Суворовой . М ., 2002. [Из содерж.: Голы- гина К.И. Китайская классическая литература, с . 214–244; Сорокин В.Ф. Современная литера- тура Китая, с . 245–257; Библиогр . с . 257–269.]

Ким М.Ю. Литературы стран Латинский Америки в КНР . М ., 1987.

Конрад Н.И. Запад и Восток: Статьи . М ., 1966. [Из содерж.: Хань Юй и начало китайского Ренессанса, с . 119–151; Три поэта, с . 152–172; «Восемь стансов об осени» Ду Фу, с . 173–200; Об эпохе Возрождения, с . 240–281; 2-е изд ., испр . и доп . 1972.

Конрад Н.И. Избранные труды . Синология . М ., 1977. [Из содерж.: Очерк древней китайской литературы, с . 385–514; Краткий очерк исто-рии китайской литературы, с . 517–542; О по- нятии «литература» в Китае, с . 543–586; Об «Антологии китайской лирики» VII–IX вв . по Р.Х . (Пг ., 1923), с . 587–594; Рецензия на «Рассказы Ляо Чжая» (Пг ., 1923), с . 595–604]; он же. Синология . М ., 1995. Репр . изд.

Кравцова М.Е. История культуры Китая: Учеб . по-собие . СПб ., 1998; 3-е изд ., испр . и доп . 2003.

Кравцова М.Е. Поэзия вечного просветления: Китайская лирика 2-й половины V — начала VI века . СПб ., 2001.

Кравцова М.Е. Поэзия Древнего Китая: Опыт куль- турологического анализа . Антология художе- ственных переводов . СПб ., 1994.

Кроль Ю.Л. Литературная теория и литературная практика Сыма Цяня: («Ши цзи» и представ-ление школы Гунъян о воле) // История и куль- тура Китая . М ., 1974, с . 200–216.

Лебедева Н.А. Изучение современной литературы Северо-Восточного Китая (1919–1949) в СССР и России: история, проблемы,

戊

中国精神文化大典

文学·语言文字卷

перспективы // XXXIV НК ОГК . 2004, с . 177–183.

Лебедева Н.А. Очерки истории прозы Северо-Во- сточного Китая (1919–1949 годы). Владиво- сток, 2006.

Лебедева Н.А. Сяо Хун: жизнь, творчество, судьба . Владивосток, 1998.

Лисевич И.С. Древняя китайская поэзия и народная песня: (Юэфу конца III в . до н.э . — начала III в. н.э.). М ., 1969.

Лисевич И.С. Изучение китайской литературы в СССР: успехи и перспективы // Великий Октябрь и развитие советского китаеведения . М ., 1968, с . 113–126.

Лисевич И.С. Изучение китайской поэзии в Советском Союзе // Теоретические проблемы изучения литератур Дальнего Востока . М ., 1970, с . 154–166.

Лисевич И.С. Литературная мысль Китая на рубеже древности и средних веков . М ., 1979.

Литература Востока в средние века: Учебник . Ч . 1 / Под ред . Н.И . Конрада и др . М ., 1970. [Из со- держ.: Позднеева Л.Д. Китайская литература, с. 23–236.]

Литература древнего Востока / Сост . Л.Е . Померанцева; Под ред . И.С . Брагинского, Н.И . Кон- рада . М ., 1962. [Из содерж.: Позднеева Л.Д. Древнекитайская литература, с . 307–438.]

Литература древнего Китая: Сборник статей / Отв . ред . Н.И . Конрад; Сост . И.С . Лисевич . М ., 1969.

Литература и искусство КНР начала 90-х годов / Отв . ред . В.Ф . Сорокин . М ., 1995. (ИБ; № 1).

Литература и искусство КНР, 1976–1985 / Отв . ред . В.Ф . Сорокин . М ., 1989.

Литература и культура Китая: Сборник статей к 90-летию со дня рождения акад . В.М . Алек- сеева / Редкол.: Н.Т . Федоренко (пред.) и др . М ., 1972. [Из содерж.: Лисевич И.С. Великий китайский критик Чжун Жун (ок . 469 — 518), с . 201–207; Гусаров В.Ф. К вопросу о лексических средствах стилистики в прозе гувэнь, с . 208–215; Пан Ин. Место новеллы хуабэнь из сборника «Повести из горного приюта чистоты мира»: («Цинпин шаньтан» в истории китайской литературы), с . 216–220; Стулова Э.С. К вопросу о бытовании баоцзюань в эпоху Мин, с. 221–229.]

Лу Синь . 1881–1936: Сборник статей и переводов, посвященный памяти великого писателя со- временного Китая / Отв . ред . Х.И . Муратов . М ., 1938.

Лукьянов А.Е . Космический канон поэтического пейзажа Ли Бо // ВК . 2005, № 4, с . 76–82.

Лю Ваньфэй. Перевод и изучение русской литера- туры в Китае: (Краткий обзор) // Новое лит . обозрение . 2004, № 69, с . 322–328.

Малиновская Т.А. Очерк истории китайской классической драмы в жанре цзацзюй (XIV–XVII вв.). СПб ., 1996.

Малявин В.В . Жуань Цзи . М ., 1978; то же. Жуань Цзи: поэт древнего Китая // Книга прозрений . М ., 1997, с . 38–171.

Малявин В.В. Китай в XVI–XVII веках: Традиция и культура . М ., 1995.

Малявин В.В . Китайская цивилизация . М ., 2000. [Из содерж.: Гл . 7: Письменность и литерату- ра, с . 379–432]; то же. 2001.

Малявин В.В . Сумерки Дао: Культура Китая на пороге Нового времени . М ., 2003.

Маркова С.Д. Китайская интеллигенция на изломах ХХ века: (Очерки выживания). М ., 2004.

Маркова С.Д. Китайская поэзия в период национально-освободительной войны, 1932–1945. М ., 1958.

Мартынов А.С. Буддизм и конфуцианцы: Су Дун- по (1036–1101) и Чжу Си (1130–1200) // Буд- дизм, государство и общество в странах Цен- тральной и Восточной Азии в средние века . М ., 1982, с . 206–316.

Масалимова Д.Д. Поэзия государства Цзинь (1115– 1235). Улан-Удэ, 2001.

Материалы Международного синологического се- минара «От национальной традиции к глоба- лизации, от реализма к постмодернизму: Пути развития современной китайской литературы», 22–26 июня 2004 г . СПб ., 2004.

Матков Н.Ф. Инь Фу — певец китайской рево- люции . М ., 1962.

Меньшиков Л.Н. Ван Фань-жи (90-е гг . VI в . — 60-е гг . VII в.): открытие поэта // ПВ . 2002, вып . 10, с . 142–162 (с переводом текста).

Меньшиков Л.Н. Реформа китайской классиче- ской драмы . М ., 1959.

Меньшиков Л.Н., Рифтин Б.Л. Неизвестный спи- сок романа «Сон в красном тереме» // НАА . 1964, № 5, с . 121–128.

Надеев И.М. «Культурная революция» и судьба китайской литературы . М ., 1969.

Ни Жуйцинь. Ба Цзинь и Л.Н . Толстой // Слово и мысль Льва Толстого . Казань, 1993, с . 11–16.

Никольская Л.А. Тянь Хань и драматургия Китая ХХ века . М ., 1980.

Пан Т.А . Маньчжурские письменные памятники по истории и культуре империи Цин XVII–XVIII вв . СПб ., 2006.

Петров В .В. Ай Цин . М ., 1951.

Петров В .В. Лу Синь: Очерк жизни и творчества . М ., 1969.

Петров В.В. К вопросу о периодизации истории китайской литературы XIX — начала XX в . // Теоретические проблемы изучения литератур Дальнего Востока . М ., 1977, с . 170–187.

Петров В.В. Советская литература в Китае в 1928– 1930 гг . // Литература стран зарубежного Вос- тока и советская литература. М., 1977, с. 213–250.

Позднеева Л.Д. Заметки об эпохе Просвещения в Китае // НАА . 1972, № 6, с . 204–216.

Позднеева Л.Д. К спорам о средневековье и Возрождении в Китае // Вопр. лит. 1971, № 7, с. 165– 176.

Позднеева Л.Д. Лу Синь: Жизнь и творчество (1881– 1936). М., 1959.

Проблемы литератур Дальнего Востока: Сборник материалов II Междунар . научной конферен- ции, Санкт-Петербург, 27 июня — 1 июля 2006 г.: В 2 т . / СПбГУ, Уханьск . ун-т; Отв . ред . Е.А . Серебряков, Чэнь Гоэнь . СПб ., 2006.

Рифтин Б.Л. Историческая эпопея и фольклорная традиция в Китае: (Устные и книжные версии «Троецарствия»). М., 1970.

Рифтин Б.Л. От мифа к роману: Эволюция изображения персонажа в китайской литературе . М., 1979.

Рифтин Б.Л. Русские переводы китайской литературы в XVIII — первой половине XIX в . // Восток в русской литературе XVIII — начале XX века . М., 2004, с. 12–32.

Рифтин Б.Л. Сказание о Великой стене и проблема жанра в китайском фольклоре . М ., 1961.

Рифтин Б.Л. Теория китайского романа: «Правила чтения „Троецарствия"» Мао Цзунгана // Памятники литературной мысли Востока . М., 2004, с . 335–382.

Рогачев А.П. У Чэнъэнь и его роман «Путешествие на Запад»: Очерк . М . , 1984.

Родионова О.П. Братья Чжоу и зарождение дет- ской китайской литературы // Проблемы лите- ратур Дальнего Востока . Т . 1. СПб ., 2006, с . 150–162.

Рубин В.А . Был ли в истории китайской литерату- ры «этап ораторского искусства»? // НАА . 1962, № 5, с . 133–141.

Семанов В.И. Эволюция китайского романа, ко-нец XVIII — начало XX в . М ., 1970.

Серебряков Е.А. Гоголь в Китае // Гоголь и миро-вая литература . М ., 1988, с . 225–274.

Серебряков Е.А . Ду Фу: Критико-биографический очерк . М ., 1958.

Серебряков Е.А. Китайская поэзия X–XI веков (жанры ши и цы). Л ., 1979.

Серебряков Е.А ., Родионов А.А., Родионова О.П. Справочник по истории литературы Китая (XII в. до н.э. — начало XXI в.). М ., 2005.

Скачков П.Е., Глаголева И.К. Китайская художе-ственная литература: Библиография русских переводов и критической литературы на рус-ском языке . М ., 1957.

Смертин Ю.Г. Китайская классическая поэзия в контексте языка, истории и культуры: Учеб-ная монография . Краснодар, 1999.

Смирнов И.С. Современная синология о поэзии и литературной критике древнего Китая: (На- учно-аналитический обзор) // Восточная лите- ратура древности и средневековья в зарубеж- ных исследованиях 70-х годов (Индия, Китай, Корея, Япония). М ., 1982, с . 62–80.

Соколов-Ремизов С.Н. Литература — каллигра-фия — живопись: К проблеме синтеза искусств в художественной культуре Дальнего Вос- тока . М ., 1985.

Сорокин В.Ф. Китайская классическая драма XIII– XIV вв.: Генезис . Структура . Образы . Сюже-ты . М ., 1979.

Сорокин В.Ф. Творческий путь Мао Дуня . М ., 1962.

Сорокин В.Ф., Эйдлин Л.З. Китайская литература: Краткий очерк . М ., 1962.

Социальная действительность КНР в отображе-нии литературы и искусства 80-х гг . / Отв . ред . и авт . предисл . В.Ф . Сорокин . М ., 1990. (ИБ; № 8).

Спешнев Н.А. Китайская простонародная литера- тура: Песенно-повествовательные жанры . М ., 1986.

Спешнев Н.А. Китайская филология: Избранные статьи . СПб ., 2006.

Сторожук А.Г. Юань Чжэнь: Жизнь и творчество поэта эпохи Тан . СПб ., 2001.

Сухоруков В.Т. Вэнь И-до: Жизнь и творчество . М ., 1968.

Сычев Л.П., Сычев В.Л. Китайский костюм: Сим-волика . История . Трактовка в литературе и ис-кусстве . М ., 1975.

Тань Аошуан. Человек и цветок в китайской тра-диции [в поэзии и изобразительном искусст-ве] // Человек и природа в духовной культуре Востока . М ., 2004, с . 368–374.

Теоретические проблемы восточных литератур: Материалы I симпозиума по теоретическим проблемам восточных литератур . М ., 1969. [Из содерж.: Литература стран Дальнего Востока, с. 227–374.]

Теоретические проблемы изучения литератур Дальнего Востока / Отв . ред . И.С . Лисевич, О.Л . Фишман . М ., 1970. [Статьи о Китае, с . 25– 166.]

Теоретические проблемы изучения литератур Дальнего Востока / Редкол.: Л.З . Эйдлин (отв . ред.) и др . М ., 1977. [Статьи о Китае, с . 15–214.]

Теоретические проблемы изучения литератур Даль- него Востока: Сборник посвящается востоко- ведам, погибшим на фронтах Великой Отеч . войны и в период блокады Ленинграда / Ред- кол.: Е.А . Серебряков и др . М ., 1974. [Из со-держ.: Китай, с . 3–187.]

Ткаченко Г.А . Культура Китая: Словарь-справоч-ник . М ., 1999.

Томихай Т.Х. Юй Синь . М ., 1988.

Торопцев С.А. Книга о Великой Белизне . Ли Бо: поэзия и жизнь . М ., 2002.

Точность — поэзия науки: Сборник статей: Памяти Виктора Васильевича Петрова / Сост . Н.А . Петрова . СПб ., 1992.

Федоренко Н.Т. Древние памятники китайской литературы . М ., 1978.

Федоренко Н.Т. Избранные произведения: В 2 т . М ., 1987.

Федоренко Н.Т. Исследование и переводы китай- ской литературы в СССР // ПДВ . 1986, № 4, с . 121–129; 1987, № 1, с . 98–105.

Федоренко Н.Т. Китайская литература: Очерки по истории китайской литературы . М ., 1956.

Федоренко Н.Т. Китайское литературное наследие и современность . М ., 1981.

Федоренко Н.Т. Очерки современной китайской литературы . М ., 1953.

Федоренко Н.Т. Проблемы исследования китай- ской литературы . М ., 1974.

Фишман О.Л. Китай в Европе: миф и реальность (XIII–XVIII вв.). СПб ., 2003.

Фишман О.Л. Китайская литература [XVIII в.] // История всемирной литературы . Т . 5. М ., 1988, с . 582–603.

Фишман О.Л. Китайский сатирический роман: (Эпоха Просвещения). М ., 1966.

Фишман О.Л. Три китайских новеллиста XVII–XVIII вв.: Пу Сунлин, Цзи Юнь, Юань Мэй . М ., 1980.

Фишман О.Л., Рифтин Б.Л. Китайская литература [XVII в.] // История всемирной литературы . Т . 4. М ., 1987, с . 478–504.

Фу Сюань. Русская литература в Китае, 1990-е гг . // ВМУ . Сер . 9. 2002, № 1, с . 133–141.

Цзо Лай. Разговорная драма периода антияпон- ской и освободительной войн // Китайская куль- тура 20-40-х годов и современность . М ., 1993, с . 59–91.

Черкасский Л.Е. Ай Цин — подданный Солнца: Книга о поэте . М ., 1993.

Черкасский Л.Е. Китайская поэзия военных лет, 1937–1949. М ., 1980.

Черкасский Л.Е. Новая китайская поэзия (20–30-е годы). М ., 1972.

Черкасский Л.Е. Поэзия Цао Чжи . М ., 1963.

Черкасский Л.Е. Римский изгнанник и скиталец из царства Вэй: Публий Овидий Назон (43 г . до н.э . — 17 г . н.э.) и Цао Чжи (192–232 гг.) // Историко-филологические исследования: Сбор- ник статей к 70-летию акад . Н.И . Конрада . М ., 1967, с . 407–415.

Черкасский Л.Е. Маяковский в Китае . М ., 1976.

Чернова А.С. Взаимодействие автора и цензуры в Китае XXI века (на примере творчества Вэй Хуэй) // Проблемы литератур Дальнего Восто- ка . Т . 1. СПб., 2006, с . 230–241.

Чжоу Ян. Об одном большом споре на фронте ли- тературы и искусства // Коммунист . 1958, № 7, с . 106–125; Дружба народов . 1958, № 4, с . 213–232.

Шнейдер М.Е. Русская классика в Китае: Перево- ды . Оценки . Творческое освоение . М ., 1977.

Шнейдер М.Е. Творческий путь Цюй Цю-бо . М ., 1964.

Шпринцин А.Г. «Движение 4 мая» и китайский ли- тературный язык // «Движение 4 мая» 1919 го- да в Китае . М ., 1971, с . 295–320.

Эйдлин Л.З. Вопросы изучения литературы сред- невекового Китая // Проблемы советского ки- таеведения . М ., 1973, с . 267–293.

Эйдлин Л.З . Исследования китайской классиче- ской литературы в Советском Союзе (1971–1981) // НАА . 1982, № 5, с . 168–174.

Эйдлин Л.З. О китайской литературе наших дней . М ., 1955.

译著（散文，诗歌，民间口头文学）

Азиатская медь: Антология современной китай- ской поэзии / Сост . Лю Вэнь-фэй; Предисл . «Нихао, Китай!» Р . Казаковой . СПб ., 2007.

Ай Цин. Слово солнца: Избранные стихотворе- ния / Предисл. Л . Черкасского . М ., 1989.

Алексеев В.М. Китайская поэма о поэте: Стансы Сыкун Ту (837–908): Пер . и исслед . (с прил . кит. текстов). Пг ., 1916.

Антология китайской лирики VII–IX вв . по р . Хр . / Пер . в стихах Ю.К . Щуцкого; Ред ., ввод . обоб- щения и предисл. В.М. Алексеева. М.–Пг., 1923.

Антология китайской поэзии: В 4 т . / Под общ . ред . и с предисл . Го Мо-жо, Н.Т . Федоренко . М ., 1957–1958.

Афоризмы старого Китая / Сост ., пер ., вступ . ст . и примеч . В.В . Малявина . М ., 1991; 2-е изд ., испр . 2003.

Ахматова А.А. Классическая поэзия Востока: Пе- реводы / Вступ . ст . С . Липкина . М ., 1969.

[Из содерж.: Из китайской поэзии, с . 97–127.]

Ба Цзинь . Избранное / Сост . и предисл . В . Соро- кина . М ., 1991.

Бамбуковые страницы: Антология древнекитай- ской литературы: Пер . с древнекит . / Сост ., вступ ., ст . об авт . и коммент . И.С . Лисеви- ча . М ., 1994.

Басманов М.И. Избранное: Стихи [и пер . с кит.] / Вступ . ст . Н . Федоренко . М ., 2004.

Би Сяошэн. Цвет абрикоса: Роман о чувствах и утехах любви / Пер . с кит . К.И . Голыгиной, К.Б . Голыгиной; Предисл . и коммент . К.И . Го- лыгиной . М ., 1992.

Бо Синцзянь. Да лэ фу: Ода Великой радости соития Неба и Земли, тени и света / Пер . с кит . О.М . Городецкой . М ., 2003.

Бобров С. «Поэма о поэте» Сыкун Ту в поэтиче- ском переложении с комментарием / Вступ . сло- во Н.И . Конрада // НАА . 1969, № 1, с . 161–175.

В поисках звезды заветной: Китайская поэзия первой половины XX в. / Сост ., вступ . ст ., заметки об авт . и примеч . Л.Е . Черкасского . М ., 1988.

Ван Вэй. Река Ванчуань / Сост ., подгот . текста, избр . примеч . и общ . ред . Р.В . Грищенкова; Предисл . В.Т . Сухорукова . СПб ., 2001.

Ван Мэн. Избранное / Сост . и предисл . С.А . Тороп- цева; Пер . с кит . Д.Н . Воскресенского, В.В . Ма- лявина, С.А . Торопцева . М ., 1988.

Ван Мэн. Следы на склоне, ведущие вверх: Проза / Сост ., пер . с кит . и авт . ст . С.А . Торопцев . М ., 2004.

Ван Янь-сю. Предания об услышанных мольбах (Гань ин чжуань), а также: Лю И-цин. Подлинные события (Сюань янь цзи); Ван Янь. Вести из потустороннего мира (Мин сян цзи); Хоу Бо . Достопамятные происшествия (Цзин и цзи); Тан Линь. Загробное воздаяние (Мин бао цзи) / Предисл ., пер . с кит . и примеч . М.Е . Ермакова . СПб ., 1998.

Ветви ивы: Китайская классика: [Лирическая поэзия] / Сост . Г.Н . Филатова . М ., 2000.

Взлетающий феникс: Современная китайская про-за / Редкол .: В.П . Янин; Коммент . Н . Захаро- вой . М ., 1995.

Возвращенная драгоценность: Китайские повести XVII в . / Фэн Мэнлун, Лин Мэнчу; Сост ., пер . и коммент . Д.Н . Воскресенского; Стихи в пер . И . Смирнова; Отв . ред . В.Ф . Сорокин . М ., 1982; 2-е изд . 1986.

Волшебная флейта: Сказки и легенды народов Китая / Пер . и сост . В.В . Евсюкова . Новосиб ., 1989.

Волшебное зеркало: Дотанские новеллы / Пер. с кит . А . Тишкова, В . Панасюка . М ., 1963.

Встречи и расставания: Лирика китайских поэтесс I–XX веков / Пер ., сост . и предисл . М . Басма- нова . М ., 1993.

Гао Ци. Небесный мост: Поэзия Гао Ци (1336–1374) / Пер . с кит . И . Смирнова . СПб ., 2000.

Гитович А.И. Избранное . Л ., 1978. [Из содерж.: Лирика китайских классиков, с . 301–340.]

Го Можо. Сочинения: Стихотворения . Драмы . Повести и рассказы / Сост . и вступ . ст . Н . Фе- доренко . М ., 1990.

Голос яшмовой флейты: Из китайской классической поэзии в жанре цы / Пер ., вступ . ст . и при- меч . М . Басманова . М ., 1988.

Гу Хуа. В долине лотосов: Роман / Пер . с кит . Е . Рождественской-Молчановой; Послесл. В. Со- рокина . М ., 1986.

Гуляка и волшебник: Танские новеллы (VII–IX вв.) / Сост . Л . Эйдлин; Пер . с кит . И . Соколовой, О . Фишман . М ., 1970.

Дай Хоуин. О человек, человек!: Роман / Пер . с кит . Е . Рождественской-Молчановой; Послесл. В. Со- рокина . М ., 1988.

Дальнее эхо: Антология китайской лирики (VII–IX вв .) в переводах Ю.К . Щуцкого . СПб ., 2000. Перепеч . 1923 г .

Дважды умершая: Старые китайские повести / Пер ., послесл . и коммент . Д . Воскресенского; Предисл . В . Шкловского; Стихи в пер . Л . Чер- касского . М ., 1978.

Двенадцать поэтов эпохи Сун . Печали и радости / Сост . Е.А . Серебряков, Г.Б . Ярославцев . М ., 2000.

Дождь: Рассказы китайских писателей 20–30-х го- дов / Сост . и предисл . Н.Т . Федоренко . М ., 1974.

Ду Пэн-чэн. Битва за Яньань: Роман / Пер . с кит . А . Гатова, В . Кривцова; Ред . и предисл . В . Ко- жевникова . М ., 1957.

Ду Фу. В поход за Великую стену: Стихотворения / Пер . с кит . А . Гитовича . СПб ., 2006.

Ду Фу. Сто печалей / Сост ., подгот . текста, общ . ред . Р.В . Грищенкова . СПб ., 1999, 2000.

Дэн То. Вечерние беседы в Яньшани: Заметки публициста / Сост . и авт . предисл . А.Н . Жело- ховцев . М ., 1974.

Жемчужная рубашка: Старинные китайские повести / Пер . с кит . и коммент . В.А . Вельгуса, И.Э . Циперович . СПб ., 1999.

Жоу Ши. Февраль . Мать-рабыня: Повесть и рассказ / Пер . с кит . Н . Маткова, Л . Урицкой . М ., 1958.

Заклятие даоса: Китайские повести XVII в . / Фэн Мэнлун, Лин Мэнчу; Сост ., пер . и коммент . Д.Н . Воскресенского; Стихи в пер . И . Смирно- ва . М ., 1982, 1987.

Заново составленное пинхуа по истории Пяти династий: (Синь бянь У-дай ши пинхуа) / Пер . с кит ., исслед . и коммент . Л.К . Павловской . М ., 1984.

Из жизни «красной императрицы» [Цзян Цин]: Повести / Пер . с кит . и вступ . ст . С . Абдрахма- новой, В . Семанова . 1993.

Из китайской лирики VIII–XIV веков: Ван Вэй, Су Ши, Гуан Хань-цин, Гао ци / Отв . ред . Л.З . Эйд- лин; Сост ., послесл . и коммент . И . Смирнова . М ., 1979.

Из книг мудрецов: Проза древнего Китая / Сост ., вступ . ст ., ст . об авт . и коммент . И.С . Лисеви- ча . 1987.

Китай: энциклопедия любви / Сост ., пер . с кит ., вступ . и коммент . В.В . Малявина . М ., 2003.

Китайская классическая поэзия / Сост . и авт . предисл . Т.И . Виноградова; Пер . с кит . А . Ги- товича; Коммент . Г . Монзелера . СПб ., 2003. [В кн . также: Гитович А. Из записных книжек переводчика китайской классической поэзии, с . 506–537.]

Китайская классическая поэзия в переводах Л . Эйдлина / Вступ . ст . и примеч . Л . Эйдлина . М ., 1984.

Китайская классическая поэзия: (Эпоха Тан) / Предисл . Н.Т . Федоренко . М ., 1956.

Китайская классическая проза в переводах акаде- мика В.М . Алексеева / Отв . ред . и авт . пре- дисл . Л.З . Эйдлин . М ., 1958; 2-е изд . 1959.

Китайская лирика: Серебряный век [конец XX — начало XXI в.] / Сост . Р . Белолобов; Предисл . И . Смирнова . М ., 2005.

Китайская литература: Хрестоматия . Т . 1. Древность . Средневековье . Новое время / Сост . Р.М . Мамаева . М ., 1959.

Китайская любовная лирика / Сост . И . Лисевич, И . Топоркова . М ., 2004.

Китайская пейзажная лирика: В 2 т . / Сост ., общ . ред . И.С . Лисевича . М ., 1999.

Китайская поэзия в переводах Льва Меньшикова / Отв . ред . И.А . Алимов . СПб ., 2007.

Китайская эротическая проза / Сост ., пер . с кит ., коммент ., предисл . Д.Н . Воскресенского . СПб ., 2004.

Китайская метаморфозы: Современная китайская художественная проза и эссеистика / Сост . и отв . ред . Д.Н . Воскресенский . М ., 2007.

Китайские народные сказки / Пер . с кит ., предисл . и коммент . Б.Л . Рифтина . М ., 1972.

Китайские пинхуа / Сост . Т.И . Виноградова; Пре- дисл . Л . Павловской . СПб ., 2003.

Китайские рассказы / Ред ., предисл . и примеч . В . Рогова . М ., 1944.

Китайский эрос: Научно-художественный сборник / Сост . и отв . ред . А.И . Кобзев . М ., 1993.

Классическая драма Востока: Индия . Китай . Япо- ния . М ., 1976. [Из содерж.: Китайская класси- ческая драма / Вступ . ст . и сост . В . Сорокина, с. 247–536.]

Классическая проза Дальнего Востока . М ., 1975. [Из содерж.: Китайская проза IV–XVIII вв . / Вступ . ст. и сост. Б. Рифтина, с. 21–228.]

Книга о шаманке Нисань . Факсимиле рукописи / Изд . текста, транслитер ., пер . с маньчж ., при- меч ., предисл . К.С . Яхонтова . СПб ., 1992.

Лао Шэ. Избранные произведения / Сост . Е . Рож- дественская-Молчанова; Вступ . ст . В.Ф . Соро- кина . М ., 1991.

Лао Шэ. Рикша . Записки о Кошачьем городе . Под пурпурными стягами: Романы; Рассказы . Ста- рый вол, разбитая повозка: Эссе / Сост . и ред . А.А . Файнгар; Предисл . Н.Т . Федоренко . М ., 1981.

Ли Бо. Дух старины: Поэтический цикл: Пер . и ис- следование / Пер . с кит ., сост ., коммент ., при- меч . С.А . Торопцева . М ., 2004.

Ли Бо. Нефритовые скалы / Сост ., подгот . текста, общ . ред . Р.В . Грищенкова . СПб ., 1999, 2000.

Ли Бо. Пейзаж души: Поэзия гор и вод / Сост ., пер . с кит . и авт . ст . С.А . Торопцев . СПб ., 2005.

Ли Бо, Ду Фу. Избранная лирика / Пер . с кит . А . Ахматовой и др.; Сост ., предисл . и примеч .

Л . Бежина . М ., 1987.

Ли Жу-чжэнь. Цветы в зеркале / Пер . с кит . и под- гот . В.А . Вельгуса и др.; Послесл . О.Л . Фиш- ман; Примеч . Г.О . Монзелера, И.Э . Циперо- вич . М.–Л ., 1959; 2-е изд ., испр . М ., 1998.

Ли Юй. Двенадцать башен: Повести / Сост ., пер . с кит ., предисл . и коммент . Д . Воскресенского . М ., 1999.

Ли Юй. Полуночник Вэй-ян, или Подстилка из плоти: Роман / Пер . с кит ., предисл . и ком- мент . Д . Воскресенского; Пер . стихов Г . Яро- славцева . М ., 2000.

Ло Гуань-чжун. Троецарствие: Роман: В 2 т . / Пер . с кит . и коммент . В.А . Панасюка; Под ред . В.С . Колоколова . М ., 1954; то же: [сокр . изд . с испр .] / Подгот . текста, предисл . и ком- мент . Б.Л . Рифтина . М ., 1984 (с иллюстрация- ми из ксилографа XVII в.).

Ло Гуань-чжун, Фэн Мэнлун. Развеянные чары: Роман / Пер . с кит . В . Панасюка; Пер . стихов И . Смирнова; Вступ . ст . и коммент . Д . Воскре- сенского . М, 1983, 1997.

Ложь не задушит правду: Китайские рассказы, пословицы, поговорки / Сост . и ст . об авт . О . Фишман . Л ., 1959.

Лу Синь. Избранное / Вступ . ст . Л . Эйдлина; Коммент . В . Петрова . М ., 1989.

Лу Синь. Избранные произведения / Сост . С . Хох- лова; Вступ . ст . Л . Эйдлина; Коммент . В . Пет- рова . М ., 1981.

Люди и оборотни: Рассказы китайских писателей / Сост . и предисл . А.Н . Желоховцева, В.Ф . Со- рокина . М ., 1982.

Лян Бинь. Три поколения: Роман / Пер . с кит . Н . Пахомова, Н . Яновского . М ., 1960.

Мао Дунь. Избранное / Сост . и вступ . ст . В . Соро- кина . Л ., 1990.

Мао Дунь. Сочинения: В 3 т . / Сост ., вступ . ст . и общ . ред . Н . Федоренко . М ., 1956.

Месяц туманов: Антология современной китай- ской прозы / Пер . с кит . Н.А . Спешнева и др.; Ред . Е.Г . Измайлова . М ., 2007.

Наказанный порок: Таинственные истории из жиз- ни китайского судьи Ди / Пер . с кит . Н.Ю . Де- мидо, А.А . Масловой, Е.Ю . Фадеевой . М ., 1992.

Нефритовая Гуаньинь: Новеллы и повести эпохи Сун (X–XIII вв.) / Пер . с кит . А . Рогачева; Предисл . и коммент . А . Желоховцева . М ., 1972.

Нефритовая роса: Из китайских сборников бицзи X–XIII в . / Пер . с древнекит . И . Алимова . СПб ., 2000.

Нишань самани битхэ: (Предание о Нишанской шаманке) / Изд . текста, пер . с маньчж . и пре- дисл . М.П . Волковой . М ., 1961.

Облачная обитель: Поэзия эпохи Сун (X–XIII вв.) / Ред.-сост . И Смирнов; Предисл . Е . Серебряко- ва . СПб ., 2000.

Окно . Россия и Китай смотрят друг на друга:

Рассказы, очерки, эссе / Сост . С.А . Торопцев . М ., 2007.

Павильон наслаждений: Китайская эротическая поэзия и проза / Сост . И . Лисевич, И . Топоркова; Предисл . И . Лисевича . М ., 2000.

Память: Сборник рассказов / Сост ., вступ . ст . и справки об авт . В.Ф . Сорокина . М ., 1985.

Постоянство пути: Избранные танские стихотворения / В пер . В.М . Алексеева; Вступ . ст . И.С . Смирнова; Послесл . М.В . Баньковской . СПб ., 2003.

Поэзия и проза Древнего Востока / Общ . ред . и вступ . ст . И . Брагинского . М, 1973. [Из содерж.: Китай, с. 251–366.]

Поэзия и проза Китая XX века: О прошлом — для будущего / Сост . Г.Б . Ярославцев, Н.В . Заха- рова . М ., 2002.

Поэзия эпохи Сун / Пер . с кит., вступ . ст. В.А . Крив- цова . М ., 1959.

Поэзия эпохи Тан, VII–X вв . / Сост . и вступ . ст . Л.З . Эйдлина . М ., 1987.

Поэты нового Китая / Общ . ред . и предисл . Н . Федоренко . М ., 1953.

Правдивое жизнеописание: Повести и рассказы / Ред . и вступ . ст . А . Хархатова; Послесл . В . Ко- локолова . М ., 1929.

Прелестницы Востока: Китайская эротическая поэзия и проза / Сост . И . Лисевич, И . Топоркова . М ., 2003.

Проделки праздного дракона: Двадцать пять повестей XVI–XVII веков / Пер . с кит ., сост ., вступ . ст . и коммент . Д . Воскресенского; Сти- хи в пер . И . Смирнова, Л . Черкасского . М ., 1989.

Проделки праздного дракона: Шестнадцать повестей из сборников XVII в . / Пер . и коммент . Д . Воскресенского; Стихи в пер . Л . Черкасско- го; Предисл . В . Шкловского . М ., 1966.

Прозрачная тень: Поэзия эпохи Мин (XIV– XVII вв.) / Пер . с кит . и предисл . И . Смирнова . СПб ., 2000.

Простонародные рассказы, изданные в столице (Цзин бэнь тунсу сяошо) / Предисл ., пер . и примеч . И.Т . Зограф; Стихи в пер . Л.Н . Мень- шикова . СПб ., 1995.

[Пу Сун-лин]. Избранные рассказы Ляо Чжая, 1622–1715: В 2 т . / Пер . и предисл . В.М . Алек- сеева . Пб ., 1922–1923.

Пу Сун-лин. Искусство лисьих наваждений: Китайские предания о чудесах / Пер . с кит . В.М . Алексеева . М ., 2003.

Пу Сунлин. Рассказы Ляо Чжая о необычайном / В пер . с кит ., с предисл . и коммент . В.М . Алек- сеева; Сост ., вступ . ст . Л.З . Эйдлина . М ., 1983; то же / Сост ., с науч . подгот . и послесл . «От составителя» М.В . Баньковской . М ., 1988.

Пу Сун-лин. Странные истории из Кабинета Не- удачника (Ляо Чжай чжи и) / Пер ., предисл . ст . и коммент . В.М . Алексеева; Сост .,

подгот . текста, послесл . М.В . Баньковской . СПб ., 2000.

Пурпурная яшма: Китайская повествовательная про- за I–VI вв . / Сост ., ред . пер ., коммент . Б . Риф- тина; Послесл . В . Сухорукова . М ., 1980.

Путь к Заоблачным Вратам: Старинная проза Ки- тая / Сост ., вступ . ст . и примеч . И . Смирнова . М ., 1989.

Пятнадцать тысяч монет: Средневековые китай- ские рассказы / Пер . И.Т . Зограф; Отв . ред . Л.Н . Меньшиков . М ., 1962.

Разоблачение божества: Средневековые китай- ские повести / Сост . В.А . Вельгус; Пер ., по- слесл . и коммент . В.А . Вельгуса, И.Э . Циперо- вич . М ., 1977.

Рассказы китайских писателей: В 2 т . / Сост . В . Петров; Предисл . В . Сорокина . М ., 1959.

Рассказы о необычайном: Сборник дотанских но- велл / Сост . и предисл . А.А . Тишкова; Отв . ред . В.Т . Сухоруков . М ., 1977.

Рассказы у светильника: Китайская новелла XI– XVI веков / Пер . с кит ., сост ., предисл . и ком- мент . К.И . Голыгиной; Отв . ред . В.Ф . Соро- кин . М ., 1988.

Резной дракон: Поэзия эпохи Шести династий (III– VI вв.) / Пер . с кит . М.Е . Кравцовой . СПб ., 2004.

Сад камней: Мудрость Китая и Японии / Пер . с кит . И.Э . Циперович, пер . с яп . А.М . Кабанова; Сост . И.В . Суслова . СПб ., 2000, 2003. [Из со- держ.: Китайские пословицы и поговорки, с. 11–122; Китайские цзацзуань, с . 197–311.]

Синь Цицзи . Стихотворения / Пер . с кит ., вступ . ст . и примеч . М . Басманова . М ., 1985.

Современная китайская драма: Сборник / Сост . и послесл . В . Аджимамудовой, Н . Спешнева . М ., 1990.

Современная китайская проза: Ван Мэн, Шэн Жун, Фэн Цзицай / Сост . В . Сорокин; Предисл . Л . Эйдлина . М ., 1984.

Современная новелла Китая / Сост . и справки об авт . подгот . изд-ом «Нар . лит.» (Пекин); Под ред . С . Хохловой . М ., 1988.

Современные китайские пьесы / Сост . А . Тишков; Вступ . ст . А . Анастасьева . М ., 1956.

Средний возраст: Современная китайская по- весть / Сост . и предисл . Б . Рифтина . М ., 1985.

Строки любви и печали: Стихи китайских по-этесс / Пер ., предисл . и примеч . М . Басманова; Отв . ред . Л . Эйдлина . М ., 1986.

Сухой тростник: Поэзия эпохи Тан (VII–X вв.) / Пер . с кит . и предисл . Л . Эйдлина . СПб ., 1999.

Танские новеллы / Пер . с кит ., послесл . и примеч . О.Л . Фишман . М ., 1955; то же / Пер . О . Фиш- ман, А . Тишкова; Предисл. О.

Фишман. М., 1960.

Тао Юань-мин. Осенняя хризантема: Стихотворе- ния Тао Юань-мина (IV–V вв.) / Пер . , предисл . и примеч . Л.З . Эйдлина . СПб ., 2000.

Три танских поэта: Ли Бо, Ван Вэй, Ду Фу: Три- ста стихотворений / Сост . и примеч . Г.О . Мон- зелера ; Пер . с кит. А.И . Гитовича; Предисл. Н.И . Конрада . М ., 1960.

Трудны сычуаньские тропы: Из китайской поэзии 50-х и 80-х гг . / Пер . с кит . и сост . Л . Черкас- ского; Предисл . Н . Федоренко . М ., 1983, 1987.

Тянь Хань. Гуань Хань-цин: [Пьеса] / Пер . с кит . О . Фишман; Стихи в пер . А . Левинтона; Пре- дисл . Л . Никольской . М ., 1959.

У Цзин-цзы. Неофициальная история конфуциан- цев: Роман / Пер . с кит ., вступ . ст . и ст . «Экза- менационная система в период маньчжурской династии» Д.Н . Воскресенского . М ., 1959, 1999.

У Чэн-энь. Путешествие на Запад: Роман: В 4 т . / Пер . с кит ., вступ . ст . и примеч . А . Рогачева; Пер . стихов под ред . А . Адалис, И . Голубева . М ., 1959.

У Чэнъэнь. Сунь Укун — Царь обезьян: Роман / Пер . с кит., и предисл. А . Рогачева; Стихи в пер . И . Смирнова, А . Штейнберга . Подгот . текста и коммент . Д . Воскресенского . М ., 1982.

Удивительные истории нашего времени и древ- ности: В 2 т . / Пер . с кит ., послесл . и примеч . В.А . Вельгуса, И.Э . Циперович . М ., 1962; то же / Сост . и вступ . ст . И.Э . Циперович; Пер . с кит . и коммент . В.А . Вельгуса, И.Э . Ципе- рович; Пер . стихов под ред . Л.Н . Меньшикова . М ., 1988.

Утренний иней на листьях клена: Поэзия семей- ства Се / Пер . со старокит ., предисл . и примеч . Л.Е . Бежина . М ., 1996.

Фын Дэ-ин. Жасмин: Роман / Пер . с кит . В . Пана- сюка; Послесл . М . Шнейдера . М ., 1961.

Фэн Мэнлун, Лин Мэнчу. Сапог бога Эрлана: Ста- рые китайские повести / Пер ., предисл . и ком- мент. Д . Воскресенского . М ., 2000.

Фэн Цзицай. Повести и рассказы / Сост . и пре- дисл . Б . Рифтина . М ., 1987.

Хань Юй, Лю Цзун-юань. Избранное / Пер . с кит . И . Соколовым . М ., 1979.

Хрестоматия по литературе Китая: Повествова- тельная проза . Поэзия . Драма / Сост ., примеч ., ввод . ст . и пер . М.Е . Кравцовой . СПб ., 2004.

Цай Цзюнь. Заклятие: [Роман ужасов] / Пер . с кит . А.Н . Желоховцева . М ., 2006.

Цао Сюэ-цин. Сон в красном тереме: Роман: В 2 т . / Пер . с кит . В.А . Панасюка; Вступ . ст . Н.Т . Фе- доренко; Коммент . В.А . Панасюка, Л.Н . Мень- шикова . М ., 1958; то же: В 3 т . / Пер . с кит . В . Панасюка; Примеч . И .

Голубева, В . Пана- сюка; Послесл . Д . Воскресенского . [Дораб . изд.]. М ., 1995.

Цао Чжи. Семь печалей: Стихотворения / Пер . с кит ., вступ . ст . и примеч . Л . Черкасского . М ., 1973.

Царь–дерево: Современные китайские повести / Сост . и предисл . А . Желоховцева . М ., 1989.

Цветет мэйхуа: Классическая поэзия Китая в жан- ре цы / Пер ., вступ . ст ., примеч . М . Басманова . М ., 1979.

Цветы сливы в золотой вазе, или Цзинь, Пин, Мэй: Стихи из запретного романа XVI в. / Пер . с кит . и коммент . О.М . Городецкой; Предисл . А.И . Кобзева . СПб ., 2000.

Цветы сливы в золотой вазе, или Цзинь, Пин, Мэй: Роман: В 2 т . / Пер . с кит . В . Манухина; Вступ . ст . и коммент . Б . Рифтина; Подгот . тек- ста Л . Сычева; Стихи в пер . Г . Ярославцева . М ., 1977, 1986, 1993, 1998, 2007; то же. Цзинь, Пин, Мэй, или Цветы сливы в золотой вазе: Роман, иллюстрированный 200 гравюра- ми из дворца китайских императоров: В 4 т . / Сост . и отв . ред . А.И . Кобзев; Пер . В.С . Ману- хина при участии О.М . Городецкой, А.И . Коб- зева, В.С . Таскина; Стихи в пер . О.М . Горо- децкой, А.И . Кобзева, Г.Б . Ярославцева; Науч . подгот . текста А.И . Кобзева, О.М . Городецкой. Иркутск, 1994.

Цзацзуань: Изречения китайских писателей IX– XIX вв . / Сост . В.А . Вельгус; Пер . И.Э . Ципе- рович; Отв . ред . Л.З . Эйдлин . М ., 1969.

Цзи Юнь. Заметки из хижины «Великое в малом» (Юэвэй цаотан бицзи) / Пер . с кит ., предисл ., коммент . и прил . О.Л . Фишман . СПб ., 1974, 2003.

Цзэн Пу. Цветы в море зла: Роман / Пер . с кит ., вступ . ст . и примеч . В . Семанова; Стихи в пер . И . Голубева . М ., 1990.

Цюй Юань. Лисао: Сборник стихотворений / Пер . с кит . А.И . Гитовича и др.; Сост ., общ . ред . Р.В . Грищенкова; Вступ . ст . В.М . Алексеева . СПб ., 2000. [В прил . переводы поэмы «Лисао» А. Ахматовой, А. Гитовича, А. Балина.]

Цянь Чжуншу. Осажденная крепость: Роман . Рас- сказы; Ян Цзян. Шесть рассказов о «школе кадров» / Пер . с кит ., вступ . ст . В . Сорокина . М ., 1989.

Человек и его тень: Сборник повестей / Сост . предисл ., коммент ., справки об авт . А . Жело-ховцева . М ., 1983.

Чжан Цзе. Тяжелые крылья: Роман / Пер . с кит . В . Семанова . М ., 1989.

Чжан Цзе. Плот: Повести и рассказы / Пер . с кит . К.В . Мажуриной . М ., 2007.

Чистый поток: Поэзия эпохи Тан (VII–X вв.) / Сост . И.С . Смирнов; Пер . с кит . и предисл . Л.Н . Меньшикова . СПб ., 2001.

Ши Юй-кунь . Трое храбрых, пятеро справедли-
вых: Роман / Пер . с кит . В . Панасюка; Пре-
дисл . и коммент . Б . Рифтина . М ., 1974,
2000.

Шанхайцы: Сборник произведений китайских
пи- сателей / Сост . А.А . Родионов, Е.В .
Серебря- ков . СПб ., 2003.

Шедевры китайской классической прозы в
пере- водах академика В.М . Алексеева: В
2 кн . М ., 2006. Кн . 1 / Ст . и примеч . Л.З .
Эйдлина, Л.Н . Меньшикова; Отв . ред . Л.Н .
Меньшиков . Кн . 2 / Ст. А.С. Мартынова, И.А.
Алимова; При- меч . Л.З . Эйдлина и др.; Отв .
ред . А.С . Мар- тынов, И.А . Алимов .

Ши Най-ань . Речные заводи: Роман: В 2 т . / Пер .
с кит . А . Рогачева . М ., 1955; 2-е изд . 1959;
Ри- га, 1992.

Шихуа о том, как Трипитака Великой Тан добыл
священные книги (Да Тан Сань-цзан цюй
цзин шихуа) / Пер . с кит ., вступ . ст . и
примеч . Л.К . Павловской . М ., 1987.

Шицзин: Избранные песни / Пер . с кит ., послесл .
и примеч . А.А . Штукина; Под ред . и со
вступ . ст . Н.И . Конрада . М.: Гослитиздат,
1957. 299 с.; то же. Шицзин / Изд . подгот .

А.А . Штукин, Н.Т. Федоренко; Пер . с кит .
и коммент. А.А . Шту- кина; Послесл . Н.Т .
Федоренко . М.: АН СССР, 1957. 611 с.; то же.
Шицзин: Книга песен и гимнов / Пер . с кит .
и коммент . А.А . Штукина; Подгот . текста и
вступ . ст . Н.Т . Федоренко . М.: Худож . лит .,
1987. 350 с .

Эми Сяо (Сяо Сань). Избранное: [Стихи] / Ред .
И . Френкель . М ., 1954.

Юань Мэй. Новые записи Ци Се, или О чем не
го- ворил Конфуций: [Рассказы] / Пер . с кит .,
вступ . ст., коммент. и прил. О.Л. Фишман.
СПб ., 2003.

Юаньская драма / Сост . и вступ . ст . В . Петрова;
Ред . и примеч . Л . Меньшикова . М .,
1966.

Юэфу: Из древних китайских песен / Предисл .,
пер . и примеч . Б.Б . Вахтина . М.–Л ., 1959.

Юэфу: Из средневековой китайской лирики /
Пер . Б.Б. Вахтина; Отв. ред. и авт. предисл.
Н.И. Кон- рад . М ., 1969.

Яшмовые ступени: Из китайской поэзии эпохи
Мин, XIV–XVII вв . / Пер . и предисл . И .
Смир- нова; Отв . ред . Л.З . Эйдлин . М .,
1989.

语言文字

Абрамова Н.А. Язык и культура: Учеб . пособие
[для студентов, изучающих китайский язык].
Чита, 2000.

Абрамова Н.А., Устюжанин В.А., Лян Чжан-у.
Словарный альбом для машиностроителей
(ки- тайско-русский, русско-китайский). Чита,
1997.

Алексахин А.Н. Диалект хакка (китайский язык).
М ., 1987.

Алексахин А.Н. Теоретическая фонетика китай-
ского языка: Учеб . пособие . М ., 2006.

Алексеев В.М. Китайская иероглифическая
пись- менность и ее латинизация . Л ., 1932.

Антонян К.В. Морфология результативных кон-
струкций в китайском языке . М ., 2003.

Астрахан Е.Б., Завьялова О.И., Софронов М.В.
Диа-лекты и национальный язык в Китае . М .,
1985.

Баранова З.И. и др. Большой китайско-
русский словарь: Около 120 000 слов и
словосочетаний / З.И . Баранова, В.Е .
Гладцков, В.А . Жаворонков, Б.Г . Мудров;
Под ред . Б.Г. Мудрова. 6-е изд ., стер . М .,
2006.

Баранова З.И., Котов А.В. Большой русско-китай-
ский словарь: Около 120 000 слов и словосо-
четаний . 5-е изд ., стер . М ., 2006.

Баялиева Е.Ф., Ма Дажэнь. Русско-англо-китай-
ский таможенный словарь-справочник . Улан-
Удэ, 2005.

Библиография по китайскому языкознанию: В 2
кн . / Сост.: С.Б . Янкивер (руководитель) и др.;

Отв . ред . В.М . Солнцев . М ., 1991–1993.

Бичурин Иакинф . Хань-вынь-ци-мын: Китайская
грамматика, сочиненная монахом Иакинфом .
Напечатана по высочайшему повелению .
СПб ., 1838.

Богачихин М.М. Краткий китайско-русский оздо-
ровительный словарь: Более 3250 терминов .
М ., 1988.

Большой китайско-русский словарь: По русской
графической системе: В 4 т . Около 250 000
слов и выражений / Сост . под рук . и ред .
И.М . Оша- нина . М ., 1983–1984.

Бородич В.Ф., Титов М.Н. Русско-китайский и ки-
тайско-русский политико-политологический
сло- варь: [Около 15 000 слов и
словосочетаний]. М ., 2004.

Бунаков Ю.В. Гадательные кости из Хэнани . Л .–
М ., 1935.

Бунаков Ю.В. Китайская письменность // Китай ...
М.–Л ., 1940, с . 351–385.

Буров В.Г., Семенас А.Л. Китайско-русский
словарь
новых слов и выражений: Более 15 000 слов . М .,
2007.

Васильев Б.А., Щуцкий Ю.К. Ритм и
параллелизм в китайском языке / Послесл . и
примеч . А.М . Решетова // ПВ . 1994, вып . 6,
с . 554–578.

Васильев В.П. Анализ китайских иероглифов: В
2 ч . СПб ., 1898.

Гальцев И.Н. Введение в изучение китайского
язы-ка . М ., 1962.

戊

Георгиевский С.М. Анализ иероглифической пись-менности китайцев как отражающий в себе историю жизни древнего китайского народа . СПб ., 1888.

Георгиевский С.М. О корневом составе китайского языка в связи с вопросом о происхождении китайцев . СПб ., 1888; 2-е изд ., стер . М ., 2006.

Горбачев Б.Н. Русско-китайский разговорник . М ., 1994.

Горелов В.И. Вопросы китайского языка в работах советских лингвистов (1945–1959) // Изв . АН СССР . Отд-ние лит . и яз . 1960, т . 19, вып . 4, с . 344–352.

Горелов В.И. Пособие по переводу с китайского языка на русский . М ., 1966.

Горелов В.И. Стилистика китайского языка: Курс лекций . М ., 1974.

Горелов В.И. Стилистика современного китайско- го языка: Учеб . пособие для студентов пед . ин- тов . М ., 1979.

Горелов В.И. Теоретическая грамматика китайского языка: Учеб . пособие . М ., 1989.

Готлиб О.М. Коммерческое письмо: Русско-китайские соответствия: Учеб . пособие по пер . для студентов вузов ... М ., 2003.

Готлиб О.М. Практическая грамматика современ- ного китайского языка: Учеб . пособие для сту- дентов вузов ... Изд . 3-е, испр . М ., 2004.

Готлиб О.М., Му Хуаин. Китайско-русский фра- зеологический словарь: Около 3500 выраже- ний . М ., 2007.

Гу Хунфэй. Лингвистические основы устного дву- стороннего перевода: русский–китайский . М ., 2002.

Гуревич И.С. Очерк грамматики китайского языка III–V вв . (По пер . на кит . яз . произведений буд- дийской литературы). М ., 1974.

Гуревич И.С., Зограф И.Т. Хрестоматия по исто- рии китайского языка III–XV вв . М ., 1982.

Дацышен В.Г. История изучения китайского язы- ка в Российской империи . Красноярск, 2000.

Демина Н.А. Китайский язык: Экономика: Учеб . пособие . М ., 2002; 2-е изд ., испр . 2004.

Демина Н.А. Методика преподавания практиче- ского китайского языка . М ., 1997; 2-е изд ., испр . и доп . 2006.

Демина Н.А., Чжу Кан-цзи. Учебник китайского языка: Страноведение Китая . М ., 1998.

Драгунов А.А. Грамматическая система современ- ного китайского разговорного языка . Л ., 1962.

Драгунова Е.Н., Задоенко Т.П., Лю Цюань-ли. Учеб- ник китайского языка . М ., 1965.

Древние китайцы в эпоху централизованных им- перий / М.В. Крюков, Л.С. Переломов, М.В. Соф- ронов, Н.Н . Чебоксаров . М ., 1983. [Из содерж.: Гл . 7. Язык, письменность, формирование фи- лологической традиции, с . 278–325.]

Завьялова О.И. Диалекты Ганьсу . М ., 1979.

Завьялова О.И. Диалекты китайского языка . М ., 1996.

Завьялова О.И. Китаеязычный ареал Азии в эпоху информационных технологий // ПДВ . 2003, № 1, с . 157–167.

Завьялова О.И. Китайский язык в современном ми- ре // Китай в диалоге цивилизаций . М ., 2004, с . 666–670.

Задоенко Т.П., Хуан Шуин. Основы китайского язы- ка: Вводный курс: Учебник для студентов . М ., 1983; 2-е изд . 1993.

Задоенко Т.П., Хуан Шуин. Основы китайского языка: Основной курс: Учеб . для студентов, обучающихся по спец . «Вост . яз . и лит.» . М ., 1986; 2-е изд ., испр . 1993.

Задоенко Т.П., Хуан Шуин. Учебник китайского языка . М ., 2002.

Задоенко Т.П., Хуан Шуин. Учебник китайского языка: Для студентов ин-тов и фак-тов иностр . яз . Изд . 2-е, перераб . и доп . М ., 1973.

Звонов А.А. Машинный перевод в КНР // КСИНА 1964. [Т.] 68. Языкознание, с . 119–125.

Зограф И.Т. Бяньвэнь о воздаянии за милости . Ч . 2. Грамматический очерк и словарь . М ., 1972. Зограф И.Т. Монгольско-китайская интерферен- ция: Язык монгольской канцелярии в Китае . М ., 1984.

Зограф И.Т. Официальный вэньянь . М ., 1990.

Зограф И.Т. Очерк грамматики среднекитайского языка: (По памятнику «Цзин бэнь тунсу сяо- шо»). М ., 1962.

Зограф И.Т. Среднекитайский язык: (Опыт струк- турно-типологического описания). СПб ., 2005.

Зограф И.Т. Среднекитайский язык: Становление и тенденции развития . М ., 1979.

Зограф И.Т. Хрестоматия по китайскому языку (ранний байхуа и поздний вэньянь). СПб,. 2005.

Иванов А.И., Поливанов Е.Д. Грамматика совре- менного китайского языка . М., 1930, 2003, 2006, 2007.

Иннокентий [Фигуровский И.А.]. Полный китай- ско-русский словарь, составленный по словарям: Чжайльса, архимандрита Палладия (и П.С . По- пова) и другим / Под ред . епископа Иннокен- тия: В 2 т . Пекин, 1909.

Исаенко Ю.Н., Федорова Е.К. Учебное пособие по китайскому языку для 2-го курса специаль- ного факультета . М ., 1968.

Исследования по китайскому языку: Сборник ста- тей / Отв . ред . В.М . Солнцев, Н.И . Тяпкина . М ., 1973.

Карапетьянц А.М. Изобразительное искусство и письмо в архаических культурах: (Китай до середины I тыс . до н.э.) // Ранние формы ис- кусства . М ., 1972, с . 444–467.

Карапетьянц А.М. Китайское письмо до унификации 213 г . до н.э . // Ранняя этническая исто- рия народов Восточной Азии . М ., 1977, с . 222– 257.

Карапетьянц А.М., Тань Аошуан. Ключи к «Учебнику китайского языка» . М ., 2007.

Карапетьянц А.М., Тань Аошуан. Учебник китайского языка: Новый практический курс для студентов вузов, обучающихся по специальности «востоковедение, африканистика»: В 2 ч . М., 2003, 2007.

Карапетьянц А.М., Тань Аошуан. Учебник классического китайского языка вэньянь: Начальный курс . М ., 2001.

Китайский язык: Вопросы синтаксиса / Отв . ред . Н.Н . Коротков, В.М . Солнцев . М ., 1963.

Китайско-русский юридический словарь: Право . Экономика . Финансы: Более 16 000 терминов и словосочетаний / Н.Х . Ахметшин, Го Цюнь, Ли Дэпин и др . М ., 2005.

Кленин И.Д. Русско-китайский военный и технический словарь: Около 40 000 терминов и сло- восочетаний . М ., 2001.

Кондратьева Е.Б., Бортко В.В. Словарь древнекитайских иероглифов . Благовещенск, 2003.

Кондрашевский А.Ф., Румянцева М.В., Фролова М.Г. Современный китайско-русский словарь . М ., 2005.

Концевич Л.Р. Китайские имена собственные и тер- мины в русском тексте: (Пособие по транс- крипции). М ., 2002.

Корнилов О.А. Жемчужины китайской фразеологии . М ., 2005.

Котов А.В. Китайско-русский словарь-минимум: Около 4000 иероглифов . 2-е изд ., М ., 1994.

Котов А.В. Новый китайско-русский словарь: Около 4100 иероглифов и свыше 26 000 слов и лексических словосочетаний . М ., 2004, 2005, 2007.

Котова А.Ф. Вопросительное предложение в современном китайском языке . (Определенно-альтернативный вопрос). М ., 1963.

Крюков В.М. Текст и ритуал: Опыт интерпретации древнекитайской эпиграфики эпохи Инь-Чжоу . М ., 2000.

Крюков М.В. Язык иньских надписей . М ., 1973.

Крюков М.В., Малявин В.В., Софронов М.В. Китайский этнос в средние века (VII–XIII вв.) М ., 1984. [Из содерж.: Гл . 6. Язык, письменность, филологическая традиция, с. 207–252.]

Крюков М.В., Малявин В.В., Софронов М.В. Китайский этнос на пороге средних веков . М ., 1979. [Из содерж.: Гл . 5. Язык, письменность, филологическая традиция, с. 217–240.]

Крюков М.В., Малявин В.В., Софронов М.В. Этни- ческая история китайцев на рубеже Средневе- ковья . М ., 1987. [Из содерж.: Гл . 5. Язык, пись- менность, филологическая традиция, с. 199–238.]

Крюков М.В., Софронов М.В., Чебоксаров Н.Н. Древние китайцы: проблемы этногенеза . М ., 1978. [Из содерж.: Происхождение древнеки-

тайской письменности, с . 214–230; Формирование древнекитайского языка, с. 231–251.]

Крюков М.В., Хуан Шу-ин. Древнекитайский язык: Тексты, грамматика, лексический комментарий . М ., 1978.

Курдюмов В.А. Курс китайского языка: Теоретическая грамматика: Учебник для студентов … М ., 2005.

Курленин С.Н. Этимологический словарь иероглифов: Пособие для тех, кто изучает китайский и японский языки . СПб ., 2005.

Ли Сюэянь. Межкультурная коммуникация: Бла-годарность и извинение в русском и китай-ском речевом поведении и языковых картинах мира . М ., 2006.

Люй Шу-сян. Очерк грамматики китайского язы-ка: В 2 т . М ., 1961–1965.

Мамаев К. Письмо и речь: [Письмо Китая и Япо-нии]. Екатеринбург, 2000.

Мартыненко Н.П. Семиотика древнекитайских текстов: Введение в метод . М ., 2003.

Мацаев С.А., Орлов В.Г. Пособие по транскрип-ции и правописанию китайских слов . М ., 1966.

Москалев А.А. Национально-языковое строитель- ство в КНР (80-е годы). М ., 1992.

Никитина Т.Н. Грамматика древнекитайских текстов: [Учеб . пособие]. Благовещенск, 2001; М ., 2005.

Никитина Т.Н. Грамматика древнекитайских тек- тов: Синтаксические структуры: Учеб . пособие . Л ., 1982.

Общее языкознание, языки Китая и Юго-Восточ-ной Азии: Тезисы докл . конф ., посвящ . памяти Георга фон дер Габеленца (1840–1893). СПб ., 1995.

Омельченко О.А. Изучаем грамматику китайского языка . М ., 2007.

Палладий [Кафаров], Попов П.С. Китайско-рус-ский словарь, составленный бывшим началь-ником Пекинской духовной миссии архиманд-ритом Палладием и старшим драгоманом им- ператорской дипломатической миссии в Пеки- не П.С . Поповым: В 2 т . Пекин, 1888.

Поливанов Е.Д. Избранные работы: Труды по во-сточному и общему языкознанию / Сост ., по-слесл ., коммент . и указ . Л.Р . Концевича . М ., 1991.

Прядохин М.Г. Китайские недоговорки-иноска-зания . М ., 1977.

Прядохин М.Г., Прядохина Л.И. Краткий словарь недоговорок-иносказаний современного китай- ского языка . М ., 2001.

Прядохин М.Г., Прядохина Л.И. Краткий словарь трудностей китайского языка . М ., 1992.

Разыскания по общему и китайскому языкозна-нию: [Сборник, посвящ . 70-летию А.А . Драгу- нова] / Редкол.: С.Е . Яхонтов (пред.) и др . М ., 1980.

Румянцев М.К. Машинное моделирование единиц речи: (На материале китайского

戊

языка). М ., 1990.

Румянцев М.К. Тон и интонация в современном китайском языке: (Экспериментальное иссле- дование). М ., 1972.

Румянцев М.К. Фонетика и фонология современного китайского языка . М ., 2007.

Русско-китайский и китайско-русский словарь: Свыше 18 000 слов и словосочетаний в каждой части . Москва–Пекин, 1999; 8-е изд ., стер . М ., 2007.

Семенас А.Л. Лексика китайского языка: [Учебник для студентов, преподавателей…] М ., 2000; 2-е изд ., стер . 2005.

Семенас А.Л. Лексикология современного китайского языка . М ., 1992.

Сердюченко Г.П. Китайская письменность и ее ре- форма . М ., 1959.

Серкина А.А. Опыт дешифровки древнейшего ки- тайского письма: (Надписи на гадательных костях). М ., 1973.

Сизов С.Ю. Китайско-русский словарь идиом: Бо- лее 6000 словосочетаний . М ., 2005.

Соколовский А.Я. Введение в сегментную фоно- логию изолирующих языков Дальнего Востока и Юго-Восточной Азии: на материале китай- ского и вьетнамского языков. Владивосток, 1992.

Солнцев В.М. Введение в теорию изолирующих языков: В связи с общими особенностями человеческого языка . М ., 1995.

Солнцев В.М. Некоторые актуальные задачи изучения китайского языка // ПДВ . 1972, № 3, с . 142–153; Проблемы советского китаеведения . М ., 1973, с . 305–313.

Солнцев В.М. Очерки по современному китайско- му языку: (Введение в изучение китайского языка). М ., 1957.

Солнцев В.М. Язык как системно-структурное об- разование . М ., 1971; 2-е изд ., доп . 1977.

Солнцева Н.В. Китайский язык // Советское язы- кознание за 50 лет . М ., 1967, с . 373–385.

Солнцева Н.В. Страдательный залог в китайском языке: (Проблемы морфологии). М ., 1962.

Сорокин Ю.А. Психолингвистические аспекты изучения текста . М ., 1985.

Софронов М.В. Введение в китайский язык: [Лекции]. М ., 1996.

Софронов М.В. Китайский язык и китайская письменность: Курс лекций . М ., 2007.

Софронов М.В. Китайский язык и китайское об- щество . М ., 1979.

Спешнев Н.А. Фонетика китайского языка: Учеб . пособие . Л ., 1980.

Спорные вопросы грамматики китайского языка / Отв . ред . Г.П . Сердюченко . М ., 1963.

Спорные вопросы строя китайского языка / Отв . ред . Ю.В . Рождественский . М ., 1965.

Старостин С.А. Реконструкция древнекитайской фонологической системы . М ., 1989.

Сторожук А.Г. Введение в китайскую иерогли-

фику . СПб ., 2002.

Ступницкая Н.А., Заяц Т.С. Деловая поездка в КНР: Учеб . пособие . Владивосток, 1993.

Суханов В.Ф. Китайско-русский тематический словарь: 3000 наиболее употребительных слов . М ., 2001.

Суханов В.Ф. Упрощенные начертания и разнопи- си китайских иероглифов: Справочник. М ., 1980.

Тань Аошуан. Китайская картина мира: язык, культура, ментальность . М ., 2004.

Тань Аошуан. Проблемы скрытой грамматики: Син- таксис, семантика и прагматика языков изоли- рующего строя (на примере китайского языка). М ., 2002.

Тань Аошуан. Учебник современного китайского разговорного языка: Для студентов вузов . М ., 1983; 2-е изд ., испр . 1988.

Ухватов Б.С., Ван Кай, Ли Юй. Словарь упро- щенных и полных иероглифов китайского язы- ка: Около 3000 иероглифов . М ., 2007.

Фалев А.И., Ло Чжицзюань. Русско-китайский ме- дицинский разговорник . М ., 1994.

Фролова О.П. Словообразование в терминологи- ческой лексике современного китайского язы- ка . Новосиб ., 1981.

Хабибулин В.А. Грамматикализация и граммати- ческая функция порядка значимых элементов: На материале китайского, английского и рус- ского языков . Владивосток, 2006.

Хабибулин В.А. Современный китайский язык: Морфология . Синтаксис . Владивосток, 1988.

Хаматова А.А. Функции служебного слова ды в со- временном китайском языке. Владивосток, 1976.

Хионин А.П. Новейший китайско-русский словарь: (Более 10 000 отдельных иероглифов и около 60 000 сочетаний: по графической системе: В 2 т. Харбин, 1928–1930.

Цзинь Тао. Концептуальная система пространст- ва: (Фрагмент китайской языковой картины мира). Владивосток, 2007.

Цзян Сипин. Безэквивалентная лексика и фразео- логия в русском и китайском языках . М ., 2002.

Цун Япин. Национально-культурная коннотативная лексика в русском и китайском языках. М ., 2004.

Чжао Юньпин. Сопоставительная грамматика рус- ского и китайского языков . М ., 2003.

Чэнь Тиню. Китайская каллиграфия . Пекин, 2004.

Шапиро Р.Г. Фонетическая эволюция современ- ных китайских диалектов // Аспекты компара- тивистики . М ., 2005, [вып.] 1, с . 301–315.

Шевенко С.М. Синтез и кодирование знаков ки- тайско-японской письменности . М ., 1985. Деп . в ИНИОН АН СССР . № 20694.

Шер А.Я. Что нужно знать о китайской письменности . М ., 1968.

Шмидт П.П. Опыт мандаринской грамматики с текстами для упражнений: Пособие к изучению разговорного китайского языка пекинского наречия . Изд . 2-е, пересмотр . и доп . Влади- восток, 1915.

Шпринцин А.Г. Китайский новый алфавит (латини- зация), диалекты и общелитературный язык // Страны и народы Востока. Вып. 15. М ., 1973, с. 309–321.

Шпринцин А.Г. О заимствовании китайской речью русской лексики // Страны и народы Востока . Вып . 13. Кн . 2. М ., 1972, с . 182–191.

Шпринцин А.Г. Современные представления о пу-тях исторического развития китайской иерог-лифической письменности // Страны и народы Востока . Вып . 8. М ., 1969, с . 122–135.

Шутова Е.И. Вопросы теории синтаксиса: На основе сопоставления китайского и русского языков . М ., 1984.

Шутова Е.И. Проблема частей речи в китаеведении // Вопр . языкознания . 2003, № 6, с . 47–64.

Шутова Е.И. Синтаксис современного китайского языка . М ., 1991.

Щичко В.Ф. Китайский язык: Практический курс перевода: дипломатия . М ., 2007.

Щичко В.Ф. Китайский язык: Теория и практика перевода . М ., 2004.

Щичко В.Ф. Перевод с китайского языка: Начальный курс . М ., 1998; 2-е изд ., испр . и доп . 2002.

Щукин А.А . Современная китайская аббревиатура: Справочник . М ., 2004.

Щукин А.А . Справочник по новокитайскому слен- гу: [более 700 слов и выражений городского сленга]. Изд . 2-е . М ., 2005.

Щуцкий Ю.К. Следы стадиальности в китайской иероглифике // Яфетический сборник . Т . 7.

Л ., 1932, с . 81–96.

Этническая история китайцев в XIX — начале XX века / М.В. Крюков, В.В. Малявин, М.В. Соф- ронов, Н.Н . Чебоксаров . М ., 1993. [Из содерж.: Гл . 7. Язык, с . 224–261; Гл . 8. Письменность, с. 262–299.]

Юань Цзяхуа. Диалекты китайского языка. М., 1965.

Языки Китая и Юго-Восточной Азии: Вопросы грамматического строя . Памяти д-ра филол . наук Ю.А . Горгониева / Отв . ред . Ю.А . Горго- ниев; Предисл . Ю.Я . Плама . М ., 1974.

Языки Китая и Юго-Восточной Азии: Проблемы синтаксиса: Сборник / Отв . ред . Н.Ф . Алиева, Ю.Я . Плам . М ., 1971.

Языки Китая и Юго-Восточной Азии: Сборник / Отв . ред . Г.П . Сердюченко . М ., 1963.

Языкознание в Китае: Пер . с кит . / Сост ., общ . ред ., вступ . ст . и коммент . М.В . Софронова . М ., 1989.

Янкивер С.Б. Гуанчжоуский (кантонский) диалект китайского языка . М ., 1987.

Яхонтов С.Е. Древнекитайский язык . М ., 1965.

Яхонтов С.Е. Изучение китайского языка в СССР за 10 лет // Науч . докл . высш . шк . Филол . нау- ки . 1959, № 3, с . 3–10.

Яхонтов С.Е. История языкознания в Китае (I тыс . до н.э . — I тыс . н.э.) // История лингвистических учений: Древний мир . Л ., 1980, с . 92–109.

Яхонтов С.Е. История языкознания в Китае (XI–XIX вв.) // История лингвистических учений: Средневековый Восток . Л ., 1981, с . 224–247.

Яхонтов С.Е. Категория глагола в китайском языке . Л ., 1957.

Яхонтов С.Е. Условные конструкции в китайском языке // Типологические обоснования в грамматике. М., 2004, с . 496–513.

俄苏国际中国语言学会议

II конференция по китайскому языкознанию: (Сб . тез.) / Отв . ред . В.М . Солнцев . М ., 1984.

III конференция по китайскому языкознанию: (Сб. тез.) / Отв . ред . В.М . Солнцев . М ., 1986.

Актуальные вопросы китайского языкознания: Материалы IV Всесоюз . конф . (Москва, июнь 1988 г.) / Редкол.: В.М . Солнцев (отв . ред.) и др . М ., 1988.

Актуальные вопросы китайского языкознания: Ма- териалы V Всесоюз . конф . (Москва, июнь 1990 г.) / Редкол.: В.М . Солнцев (отв . ред.) и др . М ., 1990.

Актуальные вопросы китайского языкознания: Ма- териалы VI Всесоюз . конф . (Москва, июнь 1992 г.) / Редкол.: В.М . Солнцев (отв . ред.) и др . М ., 1992.

Актуальные проблемы китайского языкознания:

Материалы VII Всесоюз . конф . (Москва, 28–29 июня 1994 г.) / Редкол.: В.М . Солнцев (отв . ред.) и др . М ., 1995.

Китайское языкознание: VIII Междунар . конф ., Москва, 25–26 июня 1996 г.: Материалы / Ред- кол.: В.М . Солнцев (отв . ред.) и др . М ., 1996. 185 с .

Китайское языкознание: IX Междунар. конф ., Мос- ква, 23–24 июня 1998 г.: Материалы / Редкол.: В.М . Солнцев (отв. ред.) и др . М ., 1998.

Китайское языкознание . Изолирующие языки: X Междунар. конф., Москва, 20–21 июня 2000 г.: Материалы / Редкол.: В.М . Солнцев (отв. ред.) и др . М ., 2000.

Китайское языкознание . Изолирующие языки: XI Междунар . конф ., Москва, 25–26 июня 2002 г.: Материалы / Редкол.: Н.В . Солнцева (отв.

戉

中国精神文化大典

文学·语言文字卷

ред.) и др . М ., 2002.
Китайское языкознание . Изолирующие языки:
XII Междунар . конф ., Москва, 22–23
июня 2004 г.: Материалы / Отв . ред . И.Н .

Комарова . М ., 2004.

Составитель В.П.Журавлева

主要参考文献 II
M.E.克拉夫佐娃所撰词条的资料和文献

俄文文献

Алексеев. В.М. Китайская поэма о поэте: Стансы Сыкун Ту (837–908). Пер . и исслед . Пг ., 1916; то же. М., 2008 (изд. доп.).

Алексеев В.М. Китайская литература: Избранные труды . М ., 1978.

Алексеев В.М. Труды по китайской литературе: В 2 кн . М ., 2002–2003 (Классики отечественного востоковедения).

[Алексеев В.М.]. Антология мастеров китайской классической поэзии и ритмической прозы // Алексеев В.М. Труды по китайской литературе (см). Кн . 1.

Антология китайской поэзии . Т . 1. М ., 1957.

Бадылкин [Бежин] Л.Е. О поэзии Бао Чжао // ТПИЛДВ: Тезисы докл. VII науч. конф. М., 1976.

Бадылкин [Бежин] Л.Е. О Шэнь Юэ (441–513) и его литературных взглядах // ТПИЛДВ . М ., 1977.

Бадылкин [Бежин] Л.Е. Жанр народной песни в творчестве Бао Чжао // Литературы стран Даль-него Востока . М ., 1979.

Бамбуковые анналы: Древний текст . М ., 2005.

Бежин Л.Е. Се Линъюнь . М ., 1980.

Бежин Л.Е. Под знаком «ветра и потока»: Образ жизни художника в Китае III–IV веков. М., 1982.

Бунаков Ю.В. Гадательные кости из Хэнани (Китай). Л.–М ., 1935.

Бунаков Ю.В . Китайская письменность // Китай: история, экономика, культура … (см).

Васильев В.П. Очерк истории китайской литературы: (Из «Всеобщей истории литературы», из- даваемой В.Ф. Коршем и К.А. Риккером). СПб., 1880.

[Васильев В.П.] Примечания на третий выпуск «Ки- тайской хрестоматии» профессора Васильева: Перевод и толкования «Ши-цзина» . СПб ., 1882.

Вахтин Б.Б. Юэфу эпох Хань и Наньбэйчао — па- мятник китайской поэзии . Автореф . канд . дис . М ., 1959.

Вахтин Б.Б. Народная литература в эпоху Хань // Литература Древнего Китая (см).

Вахтин Б.Б. Письменные памятники классической древности как литературные произведения //Там же .

Вахтин Б.Б. Заметки о повторяющихся строках в «Ши цзине» // Страны и народы Востока . М ., 1971, вып . XI.

Вахтин Б.Б. Заметки о лирике Шэнь Юэ // Историко-филологические исследования... 1974 (см).

Вахтин Б.Б. (1974) см . Панов Б.Б .

Вахтин Б.Б. Человек и природа в китайской средневековой лирике (на материале антологии «Юй тай синь юн») // ТПИЛДВ . М ., 1974.

Вахтин Б.Б. Стихотворение Фу Сюаня «Светлая луна» // ТПИЛДВ: Тезисы докл . VIII науч . конф . Ч . 1. М ., 1978.

Го Мо-жо. Эпоха рабовладельческого строя . М ., 1956.

Голыгина К.И. Теория изящной словесности в Ки- тае XIX — начала XX в . М ., 1971.

Голыгина К.И. Определение изящной словесности — вэнь в средневековой китайской теории литературы // Историко-филологические иссле- дования … 1974 (см).

Голыгина К.И. Китайская проза на пороге средне- вековья . М ., 1983.

Дорофеева В.В. «Ши цзин» как исторический источник для реконструкции пространственных представлений в Древнем Китае . Автореф . канд . дис . М ., 1992.

Друмева Б.Д. Древняя китайская народная песня («Ши цзин»). Автореф . канд . дис . М ., 1964.

Друмева Б.Д. К вопросу о ритмах древнекитайской песни (по материалам «Ши цзина» — «Книги песен») // Теоретические проблемы во- сточных литератур . М ., 1969.

Друмева Б.Д. Трудовые песни в древнекитайском своде «Ши цзин» // Историко-филологические исследования … 1974 (см).

Духовная культура Китая: Энциклопедия в 5 т . [Т . 1]. Философия . М ., 2006.

Жизнеописание Ван Жуна и Се Тяо / Пер . М.Е . Кравцовой // ПВ . 1992, вып . 1.

Жизнеописание Чжан Хуа / Пер . М.Е . Кравцовой // Там же .

Жизнеописание Шэнь Юэ / Пер . М.Е . Кравцовой // Там же .

Зайцев В.В. Цзи Кан и религиозная нетерпимость в Китае // ТПИЛДВ . М ., 1970.

Зайцев В.В. Друзья и враги Цзи Кана // Вопросы китайской филологии: [Сб . статей]. М ., 1974.

Зинин С.В. Протест и пророчество в традиционном Китае: Жанр яо с древности до XVII в . М ., 1997.

Из китайской и корейской поэзии / Пер . А . Гито-вича . М ., 1958.

Из сборника Лю Ицина «Ходячие толки в новом пересказе» / Пер . В . Сухорукова // Пурпурная яшма: Китайская повествовательная проза I–VI вв . М ., 1980.

Историко-филологические исследования: Сб . ста- тей к 75-летию академика Н.И . Конрада . М ., 1967.

Историко-филологические исследования: Сб .

戊

ста- тей памяти академика Н.И . Конрада . М ., 1974.

Карапетьянц А.М. Начало и фиксация стихотворной традиции в Китае // НК ОГК: Тезисы докл . X науч. конф . М ., 1979.

Каталог гор и морей (Шань хай цзин) / Предисл ., пер . и коммент . Э.М . Яншиной . М ., 1977; 2-е изд ., испр ., 2004.

Китай: история, экономика, культура, героическая борьба за национальную независимость: Сб . статей под ред . акад . В.М . Алексеева ... М.–Л ., 1940.

Китай и Япония: История и филология: Сб . статей, посвященных 70-летию академика Н.И . Кон- рада . М ., 1961.

Китайская классическая литература: Библиографический указатель русских переводов и критической литературы на русском языке . М ., 1986.

Китайская классическая поэзия / В пер . Л.З . Эйд- лина . М ., 1975.

Китайская классическая поэзия / [Пер . А . Гитови- ча]. Рук. проекта Л.Н. Меньшиков, сост. Т.И. Ви- ноградова . СПб ., 2003.

Китайская классическая проза в переводах акаде- мика В.М . Алексеева . М ., 1958 (1959).

Китайская литература: Хрестоматия . Т . 1. М ., 1959.

Китайская пейзажная лирика III–XIV вв.: Стихи, поэмы, романсы, арии . М ., 1984.

Китайская поэзия . М ., 1982.

Китайская поэзия в переводах Льва Меньшикова . СПб ., 2007.

Китайская философия: Энциклопедический словарь . М ., 1994.

Классическая поэзия Индии, Китая, Кореи, Вьетнама, Японии . М ., 1977.

Конрад Н.И. Избранные труды: Синология . М ., 1977.

Конрад Н.И. Очерк древней китайской литературы // Конрад Н.И. Избранные труды... (см.).

Конфуций: Уроки мудрости . М.–Харьков, 2005.

Кравцова М.Е. Поэтический мир Шэнь Юэ // Литературы стран Дальнего Востока . М ., 1979.

Кравцова М.Е. Авторские «юэфу»: К истории развития; Авторские «юэфу» в творчестве по- этов Юнмин ти: Общая характеристика // ПП и ПИКНВ: Докл . и сообщения XVII годич . науч . сессии ЛО ИВ АН СССР . Ч . II. М ., 1983.

Кравцова М.Е . «Красавица» — женский образ в китайской лирике: Поэзия древности и раннего средневековья // Проблема человека в тра-диционных китайских учениях . М ., 1983.

Кравцова М.Е. Поэтическое творчество Шэнь Юэ: 441–513. Автореф . канд . дис . Л ., 1983.

Кравцова М.Е. Путешествие-ю в мифолого-религиозной традиции Древнего Китая // НАА . 1986, № 2.

Кравцова М.Е. К проблеме интерпретации

ранне- средневекового китайского ритуала: На мате- риале Празднества Третьего дня третьего ме- сяца // Сов . этнография . 1991, № 1.

Кравцова М.Е. «Жизнеописание Сына Неба Му»: вопросы и проблемы // ПВ . 1992, вып . 2.

Кравцова М.Е. Поэзия Древнего Китая: Опыт куль- турологического анализа . СПб ., 1994.

Кравцова М.Е. Формирование художественно-эстетического канона традиционной китайской поэзии: На материале поэтического творчества древнего и раннесредневекового Китая . Авто- реф . докт . дис . СПб ., 1994.

Кравцова М.Е. Поэзия вечного просветления: Ки- тайская лирика второй половины V — начала VI в . СПб ., 2001.

Kravtsova M. Space and Time in Culture of Southern China // Chinese Traditional Civilization and the Contemporary World. XIV EACS (European Association of Chinese Studies). Moscow, 2002.

Kravtsova M. Ancient Animistic Beliefs of the Southern China (according to the Chu ci) // Религи- озно-философское наследие Востока в герме- невтической перспективе: По материалам Ме- ждунар. науч. конф . 2001 г. СПб ., 2004.

Кравцова М.Е. История искусства Китая: Учеб . пособие . СПб ., 2004.

Кроль Ю.Л. Заметки о философской аллегории Лим Джё «История цветов» // Страны и народы Востока . М ., 1971, вып . XI.

Кроль Ю.Л. К вопросу о влиянии древнекитайского спора на ханьскую литературу // ТПИЛДВ: Те- зисы докл. XII науч. конф . Ч . 1. М ., 1986.

Крюков В.М. Первое китайское стихотворение? // Там же .

Крюков В.М. Текст и ритуал: Опыт интерпрета- ции древнекитайской эпиграфики эпохи Инь–Чжоу . М ., 2000.

Лирика китайских классиков в новых переводах А . Гитовича . Л ., 1962.

Лисевич И.С. Народные афористические песни Древнего Китая // Вопросы китайской филоло- гии: Сб . статей . М ., 1963.

Лисевич И.С. Древняя китайская поэзия и народ- ная песня: Юэфу конца III в. до н.э . — начала III в .н.э . М ., 1969.

Лисевич И.С. Ханьские фу и творчество Сыма Сян-жу // Литература Древнего Китая (см.).

Лисевич И.С. Великий китайский критик Чжун Жун (ок . 469 — 518) // Литература и культура Китая: Сб . статей к 90-летию со дня рождения академика В.М . Алексеева . М ., 1972.

Лисевич И.С. «Великое Введение» к «Книге пе- сен» // Историко-филологические исследова- ния ... 1974 (см.).

Лисевич И.С. Китайская поэтика // Словарь лите- ратуроведческих терминов . М ., 1974.

Лисевич И.С. Китайские народные песни 4–6 вв . // Литература и фольклор народов Востока .

М ., 1977.

Лисевич И.С. Литературная мысль Китая на рубеже древности и средних веков . М ., 1979.

Лисевич — Лю Се. Дракон, изваянный в сердце словес / Пер . И.С . Лисевича // Брагинский В.И. Проблемы типологии средневековых литера- тур Востока . М ., 1991.

Литература Востока в средние века . М ., 1970.

Литература Древнего Китая: Сб . статей . М ., 1969.

Литература и фольклор народов Востока . М ., 1977.

Литературы стран Дальнего Востока . М ., 1979.

«Лицзи»: Записи о музыке («Юэцзи») // Музыкальная эстетика стран Востока . М ., 1967.

Малявин В.В. Даосизм как философия и поэзия в раннесредневековом Китае // Государство и общество в Китае . М ., 1978.

Малявин В.В. Жуань Цзи . М ., 1978.

Малявин В.В. Гибель древней империи . М ., 1983.

Масперо А. Даосизм . СПб ., 2007.

Меньшиков Л.Н. Из истории китайской книги . СПб ., 2005.

Музыкальная эстетика стран Востока . М ., 1967.

Никитина В.Б. и др. — Никитина В.Б., Паев- ская Е.В., Позднеева Л.Д., Редер Д.Г. Литера-тура Древнего Востока . М ., 1962.

Панов [Вахтин] Б.Б. Тема любви в китайской поэзии // НАА . 1974, № 3.

Переломов Л.С. Конфуций . «Лунь юй» / Исслед ., пер . с кит ., коммент . М ., 1998.

Позднеева Л.Д. Зрелища и песни «Юэ фу» // Никитина В.Б. и др . (см).

Позднеева Л.Д. Народная песня // Там же.

Позднеева Л.Д. Сун Юй // Там же .

Позднеева Л.Д. Сыма Сян-жу // Там же .

Позднеева Л.Д. Цзя И // Там же .

Позднеева Л.Д. Цюй Юань // Там же .

Поэзия и проза Древнего Востока . М ., 1973.

Реверс: Философско-религиозный и литературный альманах . СПб ., 1992.

Резной дракон: Поэзия эпохи Шести династий (III–VI вв.) / В пер . М.Е . Кравцовой . СПб ., 2004.

Рифтин Б.Л. Сказание о Великой стене и проблема жанра в китайском фольклоре . М ., 1961.

Рифтин Б.Л. «Жизнеописание Сына Неба Му» как литературный памятник // Историко-фило- логические исследования ... 1967 (см).

Рудис Е.В. Тематическое своеобразие поэзии Бао Чжао // ТПИЛДВ: Тезисы докл . X науч . конф . Ч . 2. М ., 1982.

Рудис Е.В. Тема бренности жизни в поэзии Бао Чжао // Там же: XI науч. конф . Ч . 2. М ., 1984.

Рудис Е.В. Тема дружбы в поэзии Бао Чжао // Там же: XII науч. конф . Ч . 2. М ., 1986.

Семененко И.И. Цзи Кан и некоторые моменты идеологической борьбы в середине III в . // Во- просы китайской филологии . М ., 1974.

Семененко И.И. Цзи Кан — китайский писатель III в . н.э . Автореф . канд . дис . М ., 1974; то же . Дис . (рукопись).

Семененко И.И. Эстетические взгляды Цзи Кана // ТПИЛДВ: Тезисы докл . VII науч . конф . (Ленинград, 1976). М ., 1976.

Семененко И.И. Природа в поэзии Цзи Кана // ТПИЛДВ: VIII науч. конф . Ч . II. М ., 1978.

Семененко И.И. Цзи Кан «Ода о лютне» // Проблемы восточной филологии: [Сб . статей]. М ., 1979.

Серебряков Е.А. О Цюй Юане и чуских строфах // Литература Древнего Китая (см.).

Серебряков Е.А. Китайская поэзия X–XI вв . (жан- ры ши и цы). Л ., 1979.

Серкина А.А. Опыт дешифровки древнейшего ки- тайского письма (надписи на гадательных ко- стях). М ., 1973.

Сорокин В.Ф., Эйдлин Л.З. Китайская литература . М ., 1962.

Сыма Цянь. Жизнеописание Сыма Сян-жу // Сыма Цянь. Избранное (см.).

Сыма Цянь. Жизнеописание Цюй Юаня и Цзя И // Там же .

Сыма Цянь . Избранное / Пер . В . Панасюка . М ., 1956.

Сыма Цянь. Исторические записки (Ши цзи). Т. 1–8 / Пер . Р.В. Вяткина (т . 1–2 пер . совм . с В.С . Тас-киным). М ., 1972–2002.

Теоретические проблемы восточных литератур . М ., 1969.

Теоретические проблемы китайского искусства в материалах конференции американских синологов . М ., 1981.

Ткаченко Г.А. Космос, музыка, ритуал: Миф и эстетика в «Люйши чуньцю» . М ., 1990.

Томихай Т.Х. К вопросу о влиянии народной песни на литературную поэзию // ТПИЛДВ: Тезисы докл . VII науч . конф . (Ленинград, 1976). М ., 1976.

Томихай Т.Х. Юй Синь . М ., 1988.

Торопцев С.А. Поэтический цикл «Плач о сединах» // Вопросы китайской филологии. М., 1974.

Федоренко Н.Т. Китайская литература . М ., 1956.

Федоренко Н.Т. «Шицзин» и его место в китайской литературе . М ., 1958.

Федоренко Н.Т. «Шицзин» («Книга песен») // Литература Древнего Китая (см.).

Федоренко Н.Т. Цюй Юань: гипотезы и бесспорные факты // ПДВ . 1983, № 4.

Федоренко Н.Т. Древние памятники китайской литературы . М ., 1986.

Федоренко Н.Т. Цюй Юань: Истоки и проблемы творчества . М ., 1986.

Фишман О.Л. Семь великих поэтов Китая // Лирика китайских классиков в новых переводах А. Гитовича (см.).

Хрестоматия по истории Древнего мира . Т . 1 / Под ред . акад . В.В . Струве . М ., 1950.

Хрестоматия по литературе Китая / [Сост ., примеч., ст. М. Кравцовой]. СПб ., 2004.

戊

Цао Пи. Рассуждения о классическом / Пер . и ком- мент . И.С . Лисевича // Восточная поэтика: Тексты . Исследования . Комментарии . М ., 1996.

Цао Чжи. Семь печалей: стихотворения / Пер ., вступ . ст ., примеч . Л . Черкасского . М ., 1962 (1973).

Цао Чжи. Фея реки Ло . СПб ., 2000.

Цюй Юань // Китайская классическая поэзия / [Пер. А. Гитовича] (см.).

Цюй Юань. Стихи / Вступ. ст. и общ. ред. Н.Т. Фе- доренко . М ., 1954 (1956).

Черкасский Л.Е . Политические и литературные взгляды Цао Чжи // Китай и Япония ... (см.).

Черкасский Л.Е. Поэзия Цао Чжи . М ., 1963.

Черкасский Л.Е. Цао Цао — поэт-полководец // Черкасский Л.Е. Поэзия Цао Чжи (см.).

Черкасский Л.Е . Римский изгнанник и скиталец из царства Вэй: Публий Овидий Назон (43 г . до н.э. — 17 г . н.э.) и Цао Чжи (192–232) // Ис- торико-филологические исследования ... 1967 (см.).

Черкасский Л.Е. Цзяньаньская литература // Ли- тература Древнего Китая (см.).

Шедевры китайской классической прозы в перево- дах академика В.М . Алексеева . Т . 1–2. М ., 2006.

Шицзин / Изд. подгот.: А.А . Штукин и Н.Т . Федо- ренко . М ., 1957 (Лит. памятники).

Шицзин: Избранные песни / Пер ., послесл . и при- меч. А.А . Штукина, ред . и предисл . Н.И . Кон- рада . М ., 1957.

Шицзин: Книга песен и гимнов / Пер . с кит . А. Штукина, вступ . ст . Н . Федоренко . М ., 1987.

Шицзин: Книга песен и гимнов / Пер. А. Штукина // Конфуций: Уроки мудрости (см.).

Щуцкий Ю.К. Стихи о жене Цзяо Чжун-цина // Восток: Литература Китая и Японии . [Сб . 1]. М.–Л ., 1935.

Юэфу: Из древних китайских песен / Предисл ., пер . и примеч . Б.Б . Вахтина . М.–Л ., 1959.

Яншина Э.М. Следы мифологических песен эпи- ческого характера в древнем Китае // ТПИЛДВ. М ., 1977.

Яншина Э.М. К определению жанра песен «Ши- рокое поле» и «Большое поле» свода песен II– I тыс . до н.э . // Проблемы восточной фило- логии . М ., 1979.

Яншина Э.М. Формирование и развитие древне- китайской мифологии . М ., 1984.

欧洲语言文献

An Anthology of Chinese Verse / Tr., annot. by J.D. Frodsham. Oxf., 1967.

BalazsEt. Chinese Civilization and Bureaucracy: Va- riations on a Theme. N.Y.–L., 1964.

BalazsEt. Two Poems of Cao Cao // BalazsEt. Chi- nese Civilization and Bureaucracy (см.).

BirrellA. Erotic Décor: A Study of Love Imagery in the Six-Century A.D. Anthology «Yu-t'ai hsin- yung» («New Poems from a Jade Terrace»). Co- lumbia, 1979.

BirrellA. The Dusty Mirror: Courtly Portraits of Wo- men in Southern Dynasties Love Poetry // Expres- sions of Self in Chinese Literature / Ed. by R.E. Hegel and R.C. Hessney. N.Y., 1985.

BirrellA. Popular Songs and Ballads of Han China. L., 1988; Honolulu, 1993.

BirrellA. Chinese Mythology: An Introduction. With a Foreword by Yuan Ke. Baltimore–L., 1993.

Bischoff F. Interpreting the «Fu»: Study in Chinese Literary Rhetoric. München, 1976.

Bischoff F.A. The Songs of the Orchid Tower. Wies- baden, 1985.

Blakeley Barry B. Recent Developments in Chu Studies: A Bibliographic and Institutional Over- view // Early China. 1985–1987, 11–12.

The Book of Documents / Tr. by B. Karlgren. Stockh., 1950.

Brooks B.E.A. Geometry of Shi-pin // Wen-Lin... (см.). Vol. 1.

Budd Ch. Chinese Poems. Oxf., 1912.

Cai Xuehai. Research on Wei, Jin and Northern and Southern Dynasties History from Taiwan and Hong Kong // Early Medieval China. 1998, 4.

Cai Zong-yi. A Chinese Literary Mind: Culture, Creativity, and Rhetoric in Wenxin diaolong. Stanf., 2000.

Cai Zong-yi. The Polysemous Term of Shen in Wen- xin diaolong // Recarving the Dragon... (см.).

Chan Ping-leung. The Ch'u Tz'u and Shamanism in Ancient China. Ph. D. dis. Ohio State Univ., 1972.

Chang Kang-yi. Six Dynasties Poetry. Princ., 1986.

Chang N.S. Chinese Literature. 2: Nature Poetry. N.Y., 1977.

Le Chapitre 117 du Che-ki (Biographie de Sseu-ma Siang-jou) / Tr. avec notes par Yv. Hervouet. P., 1972.

Chen Shih-Xiang. The Shi-ching: Its Generic Signi- ficance in Chinese Literature, History and Poe- tics // Studies in Chinese Literary Genres (см.).

Cheng Te-k'un. The Mu Tien-tzu chwan: A New Translation // JNCBRAS. 1933–1934, 64–65.

Chinese Poetry: Major Modes and Genres / Ed. and tr. by Yip Wai-lim. California (Berk.), 1976.

Chinese Traditional Civilization and the Contempo- rary World. XIV EACS (European Association of Chinese Studies). Moscow, 2002.

Chow Tse-tsung. The Early History of the Chinese Word «Shih» (Poetry) // Wen-Lin... (см.).

Ch'u tz'u... см. Hawks 1959.

CookSc. Yue Ji — Records of Music: Introduction, Translation, Notes and Commentary // Asian Mu- sic. 1995, 26. 2.

[Couvrer]. Cheu king: Texte chinois avec une double traduction en françaiset en latin: une introd. et un vocabulaire, par S. Couvreur. Ho Kien Fou, 1896 (3-me éd. 1934).

Cutter R.J. Cao Zhi's (192–232) Symposium Poems // Chinese Literature: Essays, Articles, Reviews. 1984, 6. 1–2.

Defining Chu Image and Reality in Ancient China / Ed. by Constance A. Cook and John S. Major. Honolulu, 1999.

DeWoskinK.J. A Song for One or Two: Music and Concept of Art in Early China. Ann Arbor, 1982.

Die Chinesische Anthologie: Übersetzung aus dem Wen Hsüan von E. von Zach / Ed. by I.M. Fang, introd. by J.R. Hightower. Vol. 1–2. Cambr., 1958.

DienyJ.P. Aux origines de la poésie classique en Chine: Étude sur lapoésie lyrique à l'époque des Hans. Leiden, 1968.

DienyJ.P. Les Dix-neuf poèmes anciens. P., 1960.

DienyJ.P. Les poèmes de Cao Cao (155–220). P., 2000.

Dobson W.A.C.H. The Language of the Book of Songs. Toronto, 1968.

Dunn H. Cao Zhi: The Life of Princely Chinese Poet. Beijing, 1988.

Early Chinese Texts: A Bibliographical Guide / Ed. by Michael Loewe. New Haven, 1993.

Eccles L. The Qualities of Clarity and Beauty in the Poetry of Hsieh T'iao // Journal of the Oriental Studies of Australia. 1983–1984.

Egan Ch. Reconsidering the Role of Folk Songs in Pre-Tang Yueh-fu Development // TP. 2000, 86. 1–3.

Eitel E.J. The Mu Tien-tzu chwan // China Review. 1888, 17.

Élégies de Chu: Chu ci. Attribuées à Qu Yuan, song yu et autres poètes chinois de l'Antiquité IVe sièc- le av. J. C. — IIsiècle apr. J. C. / Tr., présentées et annot. par Remi Mathieu. [P.]: Éditions Gal- limard, 2004.

Erkes A.D. «The Chao-yin-shi: Calling Back the Hidden Scolar» by Huai-nan-tze // Asia Major. Ser. I. 1924, 1.

Falkenhausen L. von. The Concept of Wen in the Chinese Ancestral Cult // Chinese Literature: Essays, Articles, Reviews. 1996, 18.

Fang A. Rhymeprose on Literature, the Wen-fu of Lu Chi (A.D. 261–303) // Studies in Chinese Literary Genres (см.).

Field St. Tian wen: A Chinese Book of Origins. N.Y., 1984.

Field St. Cosmos, Cosmograph, and the Inquiring Poet: New Answers to the «Heaven Questions» // Early China. 1992, 17.

Frankel H.H. Fifteen Poems by Ts'ao Chih: An Attempt of a New Approach // JAOS. 1964, 84.

Frankel H.H. The Formulaic Language of the Chinese Ballad «Southeast Fly the Peacocks» // Bul- letin of Institute of History and Philology (Aca- demia Sinica, Taibei). 1969, 29. 2.

Frankel H.H. The Chinese Ballad «Southeast Fly the Peacocks» // HJAS. 1974, 34.

Frankel H.H. Yueh-fu Poetry // Studies in Chinese Literary Genres (см.).

Frankel H.H. The Flowering Plum and the Palace Lady: Interpretations of Chinese Poetry. New Ha- ven–L., 1976.

Frankel H.H. Some Characteristics of Oral Narrative Poetry in China // Études d'histoire et de littéra- ture chinoise. P., 1976.

Frankel H.H. Cai Yan and Poems Attributed to Her // Chinese Literature: Essays, Articles, Reviews. 1983, 5.

Frankel H.H. The Development of Han and Wei Yueh-fu as a High Literary Genre // The Vitality of the Lyric Voice... (см.).

Frodsham J.D. Origins of the Chinese Nature Poetry // Asia Major. 1960–1961, 8. 1.

Führer B. Zur Biographie des Zhong Hong (475?–518?) // Orientalia. 1992–1993, 46. 2–3.

Führer B. Chinas erste Poetik: das Shipin (Kriterion Poetikon) des Zhong Hong (475?–518?). Dort- mund, 1995.

Gao Jianping. The Expressive Act in Chinese Art: from Calligraphy to Painting. Ph. D. dis. Stockh., 1996.

Giles H. History of Chinese Literature. L., 1901.

Gimm M. Die Chinesische Anthologie Wen-Hsuan. Wiesbaden, 1968.

Gong Kechang. Studies in the Han Fu / Tr. by D. Knechtges. New Haven, 1997.

Graham W. Mi Heng's Rhapsody on a Parrot // HJAS. 1979, 39. 1.

Graham W.T. The Lament for the South: Yu Hsin's «Ai Chiang-nan-fu» . Cambr., 1980.

Gu Ming Dong. «Fu-Bi-Xing»: A Metatheory of Poetry-Making // Chinese Literature: Essays, Ar- ticles, Reviews. 1997, 19.

GulikR.H. van. Hsi K'ang and His Poetical Essay on the Lute. Tokyo, 1941.

GulikR. van. Sexual Life in Ancient China. Leiden, 1961.

The Han shu Biography of Yang Xiong (53 B.C. — A.D. 18) / Tr., annot. by D.R. Knechtges. Arizo- na, 1982.

Harper D. Wang Yan-shou'sNightmare Poem // HJAS. 1987, 47. 1.

Hawks 1959 — Ch'u tz'u: The Songs of the South, an Ancient Chinese Anthology / Tr. by D. Hawks. Oxf., 1959.

[Hawks]. Ch'u tz'u: The Songs of the South, an An- thology of Ancient Chinese Poems by Qu Yuan and other Poets / Tr. by D. Hawks. Harmonds- worth, 1985.

Hawks D. Classical, Modern and Humane: Essays in the Chinese Literature. HongKong, 1989.

Hawks D. Quest of the Goddess // Hawkes D. Clas- sical, Modern... (см.).

Hawks D. Ch'u tz'u // Early Chinese Texts... (см.).

HenricksR.G. Philosophy and Argumentations in the Third-Century China: the Essays of Hsi Kang. Princ., 1983.

Hervouet Yv. Un poète de cour sous les Han: Sseu- ma Siang-jou. P., 1964.

Hervouet Yv., Kaltenmark M. Anthologie de lapoésie chinoise classique. P., 1962.

Hightower J.R.: Chu Yuan Studies // Silver Jubilee Volume of the Zinbun-Kagaku-Kenhyo-syo / Ed.

by Kaizuka Shigeki. Kyoto, 1954.

Hightower J.R. The Fu of T'ao Ch'en // Studies in Chinese Literature (см.).

Hightower J.R. Wen Hsuan and Genre Theory // Там же .

Ho Kenneth (Ho Peixiong). A Study of the Fu on Hunts and Capitals in the Han Dynasty, 206 B.C.– 220 A.D. Ph. D. dis. Oxf., 1968.

HolzmanD. La vie et la pensée de Hi K'ang (223–262 après J. C.). Leiden, 1957.

HolzmanD. Poetry and Politics: The Life and Works of Juan Chi (A.D. 210–263). Cambr., 1976.

HolzmanD. Confucius and Ancient Chinese Literary Criticism // Chinese Approaches to Literature from Confucius to Liang Ch'i Ch'ao / Ed. by A.A. Rockett. Princ., 1978.

HolzmanD. Immortality-seeking in Early Chinese Poetry // The Power of Culture ... (см.).

HolzmanD. Landscape Appreciation in Ancient and Early Medieval China: The Birth of Landscape Poetry. Taiwan, 1996.

HolzmanD. Chinese Literature in Transition from Antiquity to the Middle Ages. Ashgate, 1998.

HolzmanD. Immortals, Festivals and Poetry in Medieval China: Studies in Social and Intellectual History. Ashgate, 1998.

HolzmanD. Ts'ao Chih and the Immortals // HolzmanD. Immortals, Festivals and Poetry... (см.).

Hsieh T'iao: The Inward Turn of Landscape // Chang Kang-yi. Six Dynasties Poetry (см.).

Hughes E.R. The Art of Letters: Lu Chi's «Wen fu», A.D. 302.N.Y., 1951.

Hughes E.R. Two Chinese Poets: Vignettes of Han Life and Thought. Princ., 1960.

Hulsewe A.F.P. Texts in Tombs // Asiatische Studien. 1965, 18–19.

Izutsu Toshihiko. Mythopoetic «Ego» in Shamanism and Taoism // Sophia Perennis: The Bulletin of the Imperial Academy of Philosophy. 1976, 2. 2.

Jansen Th. Höfische Öffentlichkeit im frühmittelalterlichen China: Debatten im Salon des Prinzen. Rombach, 2000.

Kamatani Takeshi. The Early Bureau of Music (Yueh-fu) // Acta Asiatica. 1996, 70.

Kao Yu-kung. The Nineteen Old Poems and the Aes- thetics of Self-Reflection // The Power of Cul- ture ... (см.).

Karlgren B. The Book of Odes: Chinese text, transfered and translated. Stockh., 1950 (Museum of Far Eastern Antiquites).

Karlgren B. Glosses on the Book of Odes. Stockh., 1964.

Keightly D.N. Sources of Shang History: The Oracle Bones Inscriptions of Bronze Age China. L., 1978.

Keightly D.N. Art, Ancestors and Origin of Writing in China // Representations. 1996, 56.

Keindorf R. Die mystische Reise im Chuci: Qu Yuans (ca. 340—278 v. Chr.) Yuanyou vor dem Hintergrund der zeitgenossischen Philosophie und Dichtung. Aachen, 1999.

Kern M. Shi jing as a Performance Texts: a Case Study of «Chu ci» (Thorny Caltrop) // Early China. 2000, 25.

Kern M. Ritual, Text and the Formation of the Canon: Historical Transitions of wen in Early Chi- na // TP. 2001, 87. 1–3.

Kirkova Z. Hunts and Rituals in Early Han Fu: Tianzi Youlie Fu of Sima Xiangru // Acta Universitatus Carolinae. Philologica 1. Orientalia Pragensia. XIV. Prague, 2002.

Knechtges D.R. Two Han Dynasty Fu on Ch'u Yuan: Chia I's «Tiao Ch'u Yuan» and Yang Hsiung's «Fan-sao» . Wash., 1968.

Knechtges D.R. The Han Rhapsody: A Study of the Fu of Yang Hsiung (53 B.C.—18 A.D). Cambr., 1976.

Knechtges D.R. Xiao Tong's Life and Compilation of Wen xuan // Wen xuan... (см.). Vol. 1.

Knechtges D.R. A New Study of the Han Yueh-fu // JAOS. 1990, 110. 2.

Kotzenberg H. Der Dichter Pao Chao (†466). Bonn, 1971.

Kroll P.W. Portraits of Ts'ao Ts'ao: Literary Studies on the Man and the Myth. Dis. Univ. of Michigan, 1976.

Kroll P.W. An Early Poem of Mystical Excursion // Religions of China in Practice (см.).

Kroll P.W. On «Far Roaming» // JAOS. 1996, 116. 4.

LaiMing. A History of Chinese Literature. N.Y., 1964.

Legge J. The She-king or the Book of Poetry // Legge J. The Chinese Classics / With a tr., critical and exegetical notes, prolegomena and copious indices. T. IV, pt 1–2. Hongkong, 1871.

Legge J. Li Chi: Book of Rites. Pt 1–2. L., 2003 (Reprint).

Levy D.J. Chinese Narrative Poetry, the Late Han throughT'ang Dynasties. L., 1988.

Li sao and other poems of Qu Yuan / Tr. by Yang Xianyi, Gladys Yang. Peking, 1957 (1980).

The Literary Mind and the Carving of Dragons см. на: Yu-chung Shih.

Liu J.J.G. Chinese Theories of Literature. Chic.–L., 1975.

Loewe M. The Office of Music: 114 to 7 B.C. // Bulletin of the School of Oriental and African Studies. 1973, 36.

Loewe M. Shih ching // Early Chinese Texts … (см.).

Lomova O. Yongming Style Poetry: Dream of Harmony and Beauty // Recarving the Dragon... (см.).

Major John S. Characteristics of Late Chu Religion // Defining Chu... (см).

Margoulies G. Le «fou» dans le Wen-siuan: Étude et textes. P., 1926.

MarneyJ. Liang Chien-Wen Ti. Bost., 1976.

MarneyJ. Chiang Yen. Bost., 1981.

MarneyJ. Beyond the Mulberries: An Anthology of Palace Style Poetry by Emperor Chien-Wen of the Liang Dynasty (503–551). N.Y., 1982.

Mather R.B. The Mystical Ascent of the T'en-t'ai Mountains: Sun Ch'o's Yu-t'ien-t'ai shan fu //

JAS. 1961, 18. 1.

Mather R.B. The Controversy and Conformity and Naturalness during 6 Dynasties // History of Religions. 1969–1970, 9. 2–3.

Mather R.B. The Poet Shen Yueh (441–513): The Reticent Marquis. Princ., 1988.

Mather R.B. Ritual Aspects of Hsieh T'iao's Wandering of Hsuan-ch'eng // Early Medieval China. 2000, 6.

Mathieu R. Le Mu Tianzi Zhuan / Tr. annot., étude critique. P., 1978.

Mathieu R. Mu t'ien tzu chuan // Early Chinese Texts ... (см.).

McNaughton W. The Book of Songs. N.Y., 1971.

MiaoR.C. Palace-style Poetry: The Courtly Treatment of Glamour and Love // Studies in Chinese Poetry and Poetics (см.).

MiaoR.C. Early Medieval Chinese Poetry: The Life and Verse of Wang T'san (A.D. 177–217). Steiner, 1982.

New Songs from a Jade Terrace: An Anthology of Early Chinese Love Poetry / Tr. with annot. by A. Birrell. L.–Bost.–Sydney, 1982.

The Orchid Boat: Women Poets of China / Tr., ed. by K. Rexboth andLing Chung. N.Y., 1972.

Owen St. Readings in Chinese Literary Thought. Cambr., 1992.

Paper J.D. Fu Hsuan: A Man of His Season // Wen-Lin... (см.). Vol. 2.

Pease J. Popular Songs and Ballads of Han China // Monumenta Serica. 1997, 45.

Pokora Th. Pre-Han Literature // Essays on the Sour- ces for Chinese History. Columbia, 1971.

The Power of Culture: Studies in Chinese Cultural History / Ed. by W.J. Peterson. HongKong, 1994.

Recarving the Dragon: Understanding Chinese Poe- tics / Ed. by O. Lomova. Prague, 2003.

Religions of China in Practice / Ed. by D.S. Lopez. Princ., 1996.

Saussure L. de. La Relation des voyages du roi Mou (auXe siècle avant J. C.) //JA . Ser. II. 1921, 17.

SaussyH. Repetition, Rhyme, and Exchange in the Book of Odes // HJAS. 1997, 57. 2.

SaussyH. «Ritual Separates, Music Unites»: Why Musical Hermeneutics Matters // Recarving the Dragon: ... (см.).

Schindler B. Some Notes on Chia I and His «Owl Song» // Asia Major. New series. 1959, 7. Arthur Waley Anniversary Volume.

Schneider L.A. A Madman of Ch'u: The Chinese Myth of Loyalty and Dissent. Berk., 1980.

Shi ching: The Confucian Odes: The Classical Antho- logy Defined by Confucius / Tr. by E. Pound. N.Y., 1959.

Shih-shuo Hsin-yu: A New Account of Tales of the World / Tr. by R.B. Mather. Minneapolis, 1976.

Straughair A. Chang Hua: A Statesman-Poet of the Western Chin Dynasty. Canberra, 1973.

[Strauss von]. Schi-king: Das kanonische Liederbuch der Chinesen / Aus dem Chinesischen übersetzt und erklärt von Victor von Strauss. Heidelberg, 1880 (Darmstadt, 1969).

Studies in Chinese Literary Genres / Ed. by C. Birch. Berk., 1974.

Studies in Chinese Literature / Ed. by J.L. Bishop. Cambr., 1966.

Studies in Chinese Poetry and Poetics. Vol. 1 / Ed. by R.C. Miao. S.F., 1978.

Sucku Gl. Monkeys, Shamans, Emperors, and Poets: the Chuci and Images of Chu during the Han Dy- nasty // Defining Chu... (см.).

Toho Gakkai. Studies in Poetry of Ancient and Medieval China. Tokyo, 1996.

Tokei F. A propos du genre du Mou t'ien-tseu tchouan // Acta Orientalia. 1958, 9.

TokeiF. Naissance del'élégie chinoise: K'iu Yuan et son époque. P., 1967.

TokeiF. Genre Theory in China of the 3rd–6th Century (Lu Hsieh's Theory of China Genres). Budapest, 1971.

Vervoorn Aat. Music and Rise of Literary Theory in Ancient China // Journal of Oriental Studies. 1996, 34. 1.

The Vitality of the Lyric Voice: «Shih» Poetry from the Late Han to the T'ang / Ed. by Lin Shuen-fu, St. Owen. Princ., 1986.

[Waley]. A Hundred and Seventy Chinese Poems / Tr. by Arthur Waley. L., 1918.

[Waley]: The Book of Songs / Tr. from the Chinese by Arthur Waley. L., 1937.

Waley Ar. Chinese Poems. L., 1946.

Waley Ar. The Nine Songs: A Study of Shamanism in Ancient China. L., 1956.

Wang C.H. The Bell and the Drum: Shi Ching as Formulaic Poetry in an Oral Tradition. Berk., 1974.

Wang C.H. From Ritual to Allegory: Seven Essays in Early Chinese Poetry. HongKong, 1988.

Watson B. Chinese Rhyme-prose: Poems in the Fu Form from Han and Six Dynasties Period. N.Y., 1971.

Wen-Lin: Studies in the Chinese Humanities. Vol. 1–2 / Ed. by Chow Tse-tsung. Oxf., 1968–1989.

Wen xuan, or Selection of Refined Literature / Tr., annot., introd. by D.R. Knechtges. Vol. 1–3. Princ., 1982–1987–1996.

Wilhelm H. The Scholar's Frustration: Notes on a Type of «Fu» // Chinese Thought andInstitutions. Chic., 1957.

Wilhelm H. A Note of Chong Hong and his Shih- p'in // Wen-Lin... (см.). Vol. 1.

WilkinsonE. Chinese History: A Manual. Revised and enlarged. [S.l.], 2000 (Harvard-Yenching Institute Monograph Series, 52).

Wixted J.T. The Nature and Evolution in the Shih-p'in (Gradings of Poets) by Chung Hung (A.D. 469–518) // Theories of the Arts in China / Ed. by S. Bush and C. Murh. Princ., 1983.

Women Writers of Traditional China: An Anthology of Poetry and Criticism / Ed. by Kang-I Sun Chang, H. Saussy. Stanf., 1999.

戊

Wong S.-k., LeeK.-sh. Poems of Depravity: A Twelfth- Century Dispute on the Moral Character of the Book of Songs // TP. 1989, 75. 1–3.

Wu Fusheng. The Poetics of Decadence. Albany, 1998.

Yeh Chia-ying, Walls Yan W. Theory, Standards, and Practice of Criticizing Poetry in Chung Hung's Shih-p'in // Studies in Chinese Poetry and Poetics (см.).

Yu-chung Shih — The Literary Mind and the Carving of Dragons / Tr. and annot. by Vincent Yu-chung Shih. HongKong, 1983.

Zoeren St. van. Poetry and Personality: Reading, Exegesis, and Hermeneutics in Traditional China. Stanf., 1991.

中文文献

Бань Лань-тай цзи (Собрание произведений Баня [из] Башни орхидей), 4 цз. // Чжан Пу (см.).

Бао цаньцзюнь цзи (Собрание произведений Бао- адъютанта) // Дин Фу-бао 1916 (см.); Чжан Пу (см.).

Бао цаньцзюнь цзи чжу (Собрание произведений Бао-адъютанта с комментариями) / Коммент . Хуан Цзе . Пекин, 1958 (Гонконг, 1972); то же / Коммент . Цянь Чжэнь-луня . Шанхай, 1980.

Бао цаньцзюнь ши чжу (Лирика Бао-адъютанта с комментариями) / Коммент . Хуан Цзе . Пекин, 1957.

Бао Цзин-чэн . Лунь Цзю гэ ды сысян ии (Рассуж- дения о смысле «Девяти песен») // Цюй Юань яньцзю луньцзи (см.).

Ван Гэн-шэн . Вэнь синь дяо лун яньцзю (Иссле- дование «Дракона, изваянного в сердце пись- мен»). Тайбэй, 1989.

Ван Гэн-шэн. Вэнь синь дяо лун синь лунь (Новые суждения о «Драконе, изваянном в сердце письмен»). Тайбэй, 1991.

Ван Ли . Ши цы гэлюй ши цзян (Десять лекций о правилах стихосложения [в жанрах] ши и цы). Пекин, 1962.

Ван Ли . Ханьюй шилюй сюэ (Изучение китай- ского стихосложения). Шанхай, 1964.

Ван Ли . Чу цы юньду (Рифма и ритм «Чуских строф»). Шанхай, 1980.

Ван Ли . Ши цзин юньду (Рифма и ритм «Канона поэзии»). Шанхай, 1980.

Ван нишшо цзи (Собрание произведений Вана, [имевшего звание полководца], зачинающего порядок) // Чжан Пу (см.).

Ван Си-чжи. Сань юэ сань жи Лань-тин ши сюй (Предисловие к стихам, [написанным в] Па- вильоне орхидей [во время Праздника] 3-го дня 3-го месяца) // Янь Кэ-цзюнь (см.), т . 2.

Ван Чжун-лин. Чжунго чжунгу шигэ ши (Исто- рия древнего и средневекового китайского по- этического творчества). Цзянсу, 1988.

Ван Чжун-лин. Юнмин ти ишу чэнцзю гайшо (Со- ображения по поводу художественных дости-
жений Поэзии в стиле юнмин) // ВИ . 1989, № 1.

Ван Чжун-сюань цзи (Собрание произведений Ван Чжун-сюаня). 3 цз . // Дин Фу-бао 1916 (см.); то же . 1 цз . // Ян Фэн-чэнь (см.).

Ван шичжун цзи (Собрание произведений Вана — секретаря первого министра) // Чжан Пу (см.).

Ван Юань-хуа. Вэнь синь дяо лун чуанцзо лунь (Рассуждения [об истории] создания «Дракона, изваянного в сердце письмен»). Шанхай, 1984.

Ван Юнь-си. Лю-чао юэфу юй миньгэ (Юэфу и на- родные песни [эпохи] Шести династий). Шан-хай, 1955.

Ван Юнь-си. Юэфу ши лунь цун (Собрание рас- суждений о юэфу). Пекин, 1958 (1962).

Ван Юнь-си . Тянь вэнь Тянь дуй чжу (Коммента- рии [по поводу того), что «Вопросы [к] Небу» [есть] «Обращение к Небу»). Шанхай, 1973.

Ван Юнь-си . Цун Вэнь синь дяо лун Фэнгу тань дао Цзяньань фэнгу (Обсуждение Цзяньань- ской поэзии на основе главы «Ветер и остов» [из трактата Лю Се] «Дракон, изваянный в серд- це письмен») // ВШЧ . 1980, № 6.

Ван Юнь-си. Юэфу шу лунь (Рассуждения о юэ- фу). Шанхай, 1996.

Ван Юнь-си, Ян Мин . Вэй Цзинь Нань-бэй-чао вэньсюэ пипин ши (История литературной кри- тики [эпох] Вэй, Цзинь, Южных и Северных династий). Шанхай, 1989.

Вань Гуан-чжи. Хань фу тун лунь (Скрупулезные рассуждения об одической поэзии [эпохи] Хань). Сычуань, 1989.

Вэй Вэнь-ди цзи (Собрание произведений Вэй-ского Вэнь-ди) // Дин Фу-бао 1916 (см.); Чжан Пу (см.).

Вэй Тин-шэн. Му тянь цзы чжуань цзинь као (Но- вейшее исследование «Жизнеописания сына Неба Му»). Т . 1–3. Тайбэй, 1970.

Вэй У-ди Вэй Вэнь-ди ши чжу (Лирика Вэйских У-ди и Вэнь-ди с комментариями) / Коммент . Хуан Цзе . Пекин, 1958.

Вэй У-ди цзи (Собрание произведений Вэйского У-ди) // Дин Фу-бао 1916 (см.); Чжан Пу (см.).

Вэй Цзинь вэньсюэ ши (История литературы [эпох] Вэй и Цзинь) / Под ред . Сюй Гун-чи . Пекин, 1999.

Вэй Цзинь Нань-бэй-чао вэньсюэ ши цанькао цзы- ляо (Справочные материалы по истории лите- ратуры [эпох] Вэй, Цзинь, Южных и Северных династий). Т . 1–2. Пекин, 1962.

Вэй Цзинь Нань-бэй-чао вэньсюэ яньцзю (Иссле- дования по литературе [эпох] Вэй, Цзинь, Юж- ных и Северных династий) // Эр ши шицзи ... (см.). Т . 2.

Вэнь И-до. Гудянь синь и (Новые толкования древ- ней литературы). Пекин, 1956.

Вэнь сюань (Избранные произведения изящной словесности) / Сост . Сяо Тун (Чжаомин-тай- цзы). Коммент . Ю Мао . Т . 1–2. Шанхай,

1959 (Пекин, 1974; Тайбэй, 1976).

Вэнь сюань луньвэнь (Статьи об «Избранных про- изведениях изящной словесности»). Пекин, 1998.

Вэнь фу цзи ши («Ода [об] изящной словесности» [Лу Цзи] со сводными толкованиями) / Ком- мент . Чжан Шао-кана . Шанхай, 1984.

Гао Бу-ин . Вэнь сюань Ли чжу и шу (Разъяснение комментария Ли [Шаня] к «Избранным произ- ведениям изящной словесности»). Пекин, 1985.

Гао Хэн . Ши цзин цзин чжу (Современные ком- ментарии [к] «Канону поэзии»). Шанхай, 1980.

Го Мо-жо . Цюй Юань . Шанхай, 1935.

Го Мо-жо . Цюй Юань фу цзинь и (Оды Цюй Юаня в переложении на современный язык). Пекин, 1953.

Го Пу . Шань хай цзин чжу (Комментарии к «Ка- нону гор и морей») // Янь Кэ-цзюнь (см.). Т . 3.

Го Пу пинчжуань (Критическое жизнеописание Го Пу) // Чжунго лидай чжэмин вэньсюэ-цзя пинчжуань (см.).

Го Хуннун цзи (Собрание произведений Го — [губернатора области] Хуннун) // Чжан Пу (см.).

Го Шао-юй . Чжунго гудянь вэньсюэ лилунь пи- пин ши (История древнекитайских литератур- ных учений и теорий). Пекин, 1959.

Го Шао-юй . Чжунго лидай вэньлунь сюань (Из- бранные произведения китайской литератур- ной критики разных эпох). Т . 1. Шанхай, 1979.

Го Шао-юй. Чжунго вэньсюэ пипин ши (История китайской литературной критики). Шанхай, 1986.

Гу Ши . Му тянь цзы чжуань си чжэн цзян шу («Жизнеописание сына Неба Му» [о] путе- шествии на запад с объяснениями и примеча- ниями). Шанхай, 1934 (Тайбэй, 1976).

Гу яо янь (Древние речения и яо) / Сост . Ду Вэнь- лань . Пекин, 1958.

Гудянь тушу цзичэн (Наука о письменах). Шан- хай, 1934.

Гуй Ю-гуан. Чжу цзы хуй хань (Книжный футляр, хранящий различные сочинения). [Б. м.], 1626.

Гун Кэ-чан . Сань лунь цзоцзя Мэй Шэн (Беседа о литераторе Мэй Шэне) // ВШЧ . 1981, № 4.

Гун Кэ-чан. Хань фу ды дяньцзи чжэ Сыма Сян- жу (Основоположник ханьской одической по- эзии Сыма Сян-жу) // Гун Кэ-чан. Хань фу яньцзю (см.).

Гун Кэ-чан. Хань фу яньцзю (Исследование оди- ческой поэзии [эпохи] Хань). Шаньдун, 1990.

Дин Фу-бао 1916 — Хань Вэй Лю-чао мин цзя цзи (Собрания сочинений прославленных ли- тераторов [эпох] Хань, Вэй и Шести динас- тий) / Сост . Дин Фу-бао . Шанхай, 1916.

Дин Фу-бао 1964 — Цюань Хань Сань-

го Цзинь Нань-бэй-чао ши (Полное собрание лирической поэзии [эпох] Хань, Троецарствия, Цзинь, Юж- ных и Северных династий). Т . 1–2 / Сост . Дин Фу-бао . Шанхай, 1964.

Дин Цянь . Му тянь цзы чжуань дили каочжэн (Географическое исследование «Жизнеописа- ния сына Неба Му»). Т . 1–2. Чжэцзян, 1915.

Дэн Ся-мань. Инь ши юй шань шуй ([Стихи о призывании] скрывшегося от мира и [стихи/ поэзия] гор и вод) // Дэн Ся-мань . Юй гу вэй линь (Соседствуя с древностью). Сиань, 1999.

Е Жи-гуан. Цзо Сы шэнпин цзи ци ши ды фэньси лунь (Анализ жизненного пути и поэзии Цзо Сы). Тайбэй, 1979.

Е Шу-сянь. Ши цзин ды вэньхуа чаньши (Толко- вание культурного смысла «Канона поэзии»). Хубэй, 1994.

Жуань бубин цзи (Собрание произведений Жуаня- пехотинца) // Чжан Пу (см.).

Жуань бубин Юн хуай ши чжу («Пою о чувствах» Жуаня-пехотинца с комментариями) / Ком- мент. Хуан Цзе . Пекин, 1957 (1984).

Жуань Сы-цзун цзи (Собрание произведений Жуань Сы-цзуна) // Дин Фу-бао 1916 (см.).

Жуань Цзи [пинчжуань] ([Критическое жизнеопи- сание] Жуань Цзи) // Чжунго гудай чжэмин чжэсюэ-цзя пинчжуань . Сюйбянь (см.). Т . 2.

Жуань Цзи пинчжуань (Критическое жизнеопи- сание Жуань Цзи) / Коммент . Хань Чуань-да . Пекин, 1997.

Жуань Цзи цзи цзяо чжу (Собрание произведений Жуань Цзи с выверенным комментарием) / Коммент . Чэнь Бо-цзюня . Пекин, 1987.

Жуань Юань-юй цзи (Собрание произведений Жуань Юань-юя) // Дин Фу-бао 1916 (см.); Чжан Пу (см.); Ян Фэн-чэнь (см.).

Жэнь Го-дуань. Цюй Юань няньпу (Погодная хро- ника [жизни] Цюй Юаня). Пекин, 1990.

Жэнь Цзи-юй. Чжунго чжэсюэ ши (История ки- тайской философии). Т . 2. Пекин, 1979.

Жэнь Янь-шэн цзи (Собрание произведений Жэнь Янь-шэна) // Дин Фу-бао 1916 (см.); Чжан Пу (см.).

Ин Дэ-лянь цзи (Собрание произведений Ин Дэ- ляня) // Дин Фу-бао 1916 (см.); Чжан Пу (см.); Ян Фэн-чэнь (см.).

Ин Сю-лянь цзи (Собрание произведений Ин Сю- ляня) // Чжан Пу (см.).

Кан Жун-цзи . Лу Цзи цзи ци ши (Лу Цзи и его стихи).Тайбэй, 1969.

Кан Цзинь-шэн. Лунь Хань фу ды шэньмэй цзя- чжи (Обсуждая эстетические критерии хань- ских од) // ВШЧ . 1989, № 4.

Кун Вэнь-цзюй цзи (Собрание произведений Кун Вэнь-цзюя) // Дин Фу-бао 1916 (см.); Ян Фэн- чэнь (см.).

Кун шаофу цзи (Собрание произведений Куна

戊

1039

— [сановника]-шаофу) // Чжан Пу (см.).

Ли И-цзинь . Вэнь синь ши суй (Соцветие литературной мысли). Тяньцзинь, 2001.

Ли сао цзуань и («Скорбь изгнанника» [Цюй Юаня] с полным комментарием) / Сост . Ю Го- энь . Пекин, 1980.

Ли Цзя-янь . Цун Ли сао кань Цюй Юань ды сысян хэ ишу (Взгляд через «Скорбь изгнанника» на идеи и художественное мастерство Цюй Юаня) // Ли Цзя-янь . Гу ши чу тань (Изыска- ния в области древней поэзии). Шанхай, 1957. Ли Чан-чжи . Чжунго вэньсюэ ши люэ гао (На- броски по истории китайской литературы). Т . 1–3. Пекин, 1954.

Ли Чжи-фан. Се Тяо ши яньцзю (Исследование лирики Се Тяо). Гонконг, 1968.

Ли Ши-юэ. Жэнь у пинь пин юй Вэй Цзинь Нань-бэй-чао вэньсюэ пипин (Система категорий людей и явлений и литературная критика [в эпохи] Вэй, Цзинь, Северные и Южные ди- настии // Нанькай вэньсюэ яньцзю (Литературоведч . исследования [ун-та] Нанькай). Тянь- цзинь, 1988.

Линь Гэн . Чжунго вэньсюэ цзянь ши (Краткая ис- тория китайской литературы). Т . 1. Шанхай, 1955.

Линь Гэн. Тан ши ды гэлюй (Правила китайского стихосложения [в эпоху] Тан // ЮВС . Пекин, 1957, № 9.

Линь Гэн . Ши жэнь Цюй Юань цзи цзопинь янь- цзю (Исследование [жизни] поэта Цюй Юаня и его произведений). Шанхай, 1980.

Линь Гэн . Тянь вэнь лунь цзянь («Вопросы [к] Не- бу» [Цюй Юаня] с обсуждением и толкова- ниями). Пекин, 1983.

Линь Цзя-ли . Шэнь Юэ яньцзю (Исследование [творчества] Шэнь Юэ). Ханчжоу, 1999.

Линь Цун-мин. Чжаомин Вэнь сюань као люэ (На- броски по изучению «Избранных произведе- ний изящной словесности» [наследного прин- ца] Чжаомина). Тайбэй, 1974.

Ло Гэнь-цзэ . Чжунго вэньсюэ пипин ши (История китайской литературной критики). Т . 1. Шан- хай, 1957.

Ло Гэнь-цзэ. Юэфу вэньсюэ ши (История юэфу). Пекин, 1996.

Ло Хун-кай. Вэнь сюань сюэ ([История] изучения «Избранных произведений изящной словесно- сти»). Пекин, 1989.

Ло Цзун-цян. Сюань-сюэ юй Вэй Цзинь ши жэнь синь тай («Учение о сокровенном» и поведен- ческие [стереотипы и] внутреннее [состояние] чиновников [в эпохи] Вэй и Цзинь). Чжэцзян, 1991.

Ло Цзун-цян. Вэй Цзинь Нань-бэй-чао вэньсюэ сы- сян ши (История идеологии литературы [эпох] Вэй, Цзинь, Южных и Северных династий). Пекин, 1996.

Ло Чан-пэй . Хань Вэй Лю-чао чжуаньцзя вэнь яньцзю (Исследование литературы [эпох]

Хань, Вэй и Шести династий). Нанкин, 1945.

Лу Кань-жу, Моу Ши-цзинь. Вэнь синь дяо лун сюань и («Дракон, изваянный в сердце пись- мен» с избранным переводом [на современный язык]). Т . 1–2. Цзинань, 1962–1963.

Лу Кань-жу, Фэн Юань-цзюнь. Чжунго ши ши (Ис- тория китайской поэзии). Т . 1–2. Пекин, 1956.

Лу Пинъюань цзи (Собрание произведений Лу — [губернатора области] Пинъюань) // Чжан Пу (см.).

Лу Тун-цюнь . Юй Синь чжуань лунь (Рассуждения о жизнеописании Юй Синя). Тяньцзинь, 1997.

Лу Цзи пинчжуань (Критическое жизнеописание Лу Цзи) // Чжунго лидай чжэмин вэньсюэ-цзя пинчжуань (см.).

Лу Цзи цзи (Собрание произведений Лу Цзи) / Коммент . Цзинь Тао-шэна. Пекин, 1982.

Лу Цинхэ цзи (Собрание произведений Лу — [губернатора области] Цинхэ) // Чжан Пу (см.). Лу Цинь-ли — Сянь Цинь Хань Вэй Цзинь Нань-бэй-чао ши (Лирическая поэзия [эпох] Цинь, Хань, Вэй, Цзинь, Северных и Южных дина- стий). Т . 1–3 / Сост . Лу Цинь-ли . Пекин, 1983 (Тайбэй, 1984, 1998).

Лу Ши-лун цзи (Собрание произведений Лу Ши- луна) // Дин Фу-бао 1916 (см.).

Лу Ши-хэн цзи (Собрание произведений Лу Ши- хэна) // Там же .

Лу Ши-хэн ши чжу (Лирические произведения Лу Ши-хэна с комментариями) / Коммент . Хэ Ли- цюаня. Пекин, 1958.

Лу Юнь цзи (Собрание произведений Лу Юня) / Коммент. Хуан Цая . Пекин, 1988.

Лэй Цюнь-мин. Чжунго лидай тунъяо цзичжу (Ком- ментированное собрание детских песенок раз- личных исторических эпох Китая). Чанша, 1988.

Лю Гун-гань цзи (Собрание произведений Лю Гун-ганя) // Дин Фу-бао 1916 (см.); Чжан Пу (см.); Ян Фэн-чэнь (см.).

Лю Да-цзе. Чжунго вэньсюэ фачжань ши (Исто- рия развития китайской литературы). Т . 1–3. Шанхай, 1957.

Лю И-цин . Ши шо синь юй (Ходячие толки в но- вом пересказе) // ЧЦЦЧ . Т . 8.

Лю Се Вэнь синь дяо лун бу чжэн (Дополненное и исправленное [издание] «Дракона, изваян- ного в сердце письмен» Лю Се/ Коммент . Ли Сяна . Нанкин, 1989.

Лю Се Вэнь синь дяо лун и чжэн («Дракон, из- ваянный в сердце письмен» Лю Се с аргумен- тированным толкованием) / Коммент . Чжань Ина . Шанхай, 1989 (1999).

Лю Се Вэнь синь дяо лун синь шу («Дракон, изваянный в сердце письмен» Лю Се с новыми документами) / Коммент . Моу Ши-цзиня . Т . 1– 2. Цзинань, 1981–1982.

Лю Се Вэнь синь дяо лун со инь («Дракон, изваянный в сердце письмен» Лю Се с индексом) / Сост. Чжу Ин-пин . Шанхай, 1987.

Лю Се Вэнь синь дяо лун цзинь и («Дракон, изва- янный в сердце письмен» Лю Се с переводом на современный язык) / Пер . и коммент . Чжоу Чжэнь-фу . Пекин, 2000.

Лю Се Вэнь синь дяо лунь цзяо чжу («Дракон, изваянный в сердце письмен» Лю Се с тексто- логическими исправлениями и комментария- ми) / Коммент . Ян Мин-чжао . Шанхай, 1958.

Лю Се Вэнь синь дяо лун цзяо ши («Дракон, изва- янный в сердце письмен» Лю Се с текстологи-ческими исправлениями и пояснениями) / Ком- мент . Лю Юн-цзи . Шанхай, 1962.

Лю Се Вэнь син дяо лун чжу («Дракон, изваян-ный в сердце письмен» Лю Се с комментариями) / Коммент . Фань Вэнь-ланя . Т . 1–2. Пекин, 1957 (1958, 1978).

Лю Чжи-цзянь . Цзяньань вэньсюэ бянь нянь ши (Погодная история Цзяньаньской литературы). Чунцин, 1985.

Лю Чжоу-тан . Лунь Чжан Хэн Эр цзин фу дуй Хань да фу фэн цзянь ишу фачжань ды гун- сянь (О вкладе «Од о двух столицах» Чжан Хэна в историю развития искусства аллегорий и назиданий в ханьских великих одах) // Чжун- го вэньсюэ яньцзю (см.).

Лю Чжуншань цзи (Собрание произведений Лю [из области] Чжуншань) // Чжан Пу (см.).

Лю Ши-пэй. Чжунго чжунгу вэньсюэ ши цзяньъи (Лекции по истории китайской классической литературы). Пекин, 1957.

Лю Ши-пэй. Чжунго чжунгу вэньсюэ ши (Исто-рия китайской классической литературы). Пе-кин, 1959.

Лю Ши-пэй. Чжунго вэньсюэ лунь-чжу сань чжун (Сборник статей о китайской литературе, [со-стоящий] из трех разделов). Ляонин, 1997.

Лю Юн-цзи. Цюй фу тун цзянь (Одические про-изведения Цюй [Юаня] со сводными толкова-ниями). Пекин, 1961.

Лю Юэ-цзинь . Гудянь вэньсюэ сянь сюэ цун гао (Множество набросков по изучению премуд-ростей древней литературы). Пекин, 1999.

Лю Юэ-цзинь . Дао цзяо цзай Лю-чао ды лючжуань юй Цзяннань миньгэ иньюй (Распростране- ние даосизма [в эпоху] Шести династий и на- меки в народных песнях местностей к югу от Янцзы // Лю Юэ-цзинь . Гудянь вэньсюэ ... (см.).

Лю Юэ-цзинь. Юй тай синь юн яньцзю (Иссле-дование «Новых напевов Нефритовой баш-ни»). Пекин, 2000 (Тайбэй, 2003).

Лян У-ди цзи (Собрание произведений У-ди — императора [династии] Лян) // Дин Фу-бао 1916 (см.); Чжан Пу (см.).

Лян Цзянь-вэнь-ди цзи (Собрание произведений Цзянь-вэнь-ди — императора [династии] Лян) // Дин Фу-бао 1916 (см.); Чжан Пу (см.).

Лян Ци-чао. Чжунго чжи мэйвэнь цзи ци лиши

(Художественная литература Китая и ее исто- рия). Пекин, 1996.

Лян Чжаомин цзи (Собрание произведений [на-следного принца] Чжаомина [династии] Лян) // Дин Фу-бао 1916 (см.); Чжан Пу (см.).

Лян шу (Книга [об эпохе] Лян) / Сост . Яо Сы-лянь . Т . 1–3. Пекин, 1987.

Ляо Вэй-цин . Лю-чао вэнь лунь (Рассуждения о литературе [эпохи] Шести династий). Тайбэй, 1978.

Ма Мао-юань. Чу цы сюань (Избранные [про-изведения из] «Чуских строф»). Пекин, 1980.

Ма Мао-юань. Гу ши шицзю ши чу тань («Девят- надцать древних стихотворений» с начальны- ми пояснениями). Цзянсу, 1981.

Ма Цзя-гао . Фу ши (История одической поэзии). Шанхай, 1987.

Мао Цзя-пэй, Ли Цзы-лун . Се Тяо юй Ли Бо янь-цзю (Исследование [творчества] Се Тяо и Ли Бо). Пекин, 1995.

Мао ши чжэн и («„Стихи“ [в версии/передаче] Мао» в правильном истолковании) // СББЯ . Т . 1; то же . // Шисань цзин чжу шу («Трина-дцатиканоние» с полным комментарием). Т . 1. Пекин, 1957.

Моу Ши-цзинь . Дяо лун цзи (Сборник [работ] о «Резном драконе»). Пекин, 1983.

Моу Ши-цзинь . Лю Се нян</ьпу хуйкао (Обзор ма-териалов [для] погодной хроники [жизни] Лю Се). Чэнду, 1988.

Моу Ши-цзинь . Вэнь синь дяо лун яньцзю (Ис-следование «Дракона, изваянного в сердце письмен»). Пекин, 1995.

Моу Ши-цзинь, Сюй Чжуань-у . Цзо Сы вэньсюэ ецзи синь лунь (Новый подход к литератур-ным достижениям Цзо Сы) // ВИ . 1988, № 2.

Му Кэ-хун. Чжаомин Вэнь сюань яньцзю (Иссле-дование «Избранных произведений изящной словесности» — [антологии принца] Чжао-мина). Пекин, 1998.

Му тянь цзы чжуань чжу («Жизнеописание сына Неба Му» с комментариями) / Коммент . Хун И-сюаня // СББЯ .

Мяо Тянь-хуа . Ли сао, Цзю гэ, Цзю чжан цянь ши («Скорбь отрешенного», «Девять песен» и «Де- вять напевов» [Цюй Юаня] с простейшими комментариями). Тайбэй, 1975 (1978).

Нань Ци шу (Книга [об эпохе] Южная Ци) / Сост . Сяо Цзы-сянь . Т . 1–3. Пекин, 1987.

Нань ши (История Южных [династий]) / Сост . Ли Янь-шоу . Т 1–6. Пекин,1986.

Нань-бэй-чао вэньсюэ ши ... см. на: Цао Дао-хэн, Шэнь Юй-чэн .

Не Ши-цяо . Чу цы синь чжу («Чуские строфы» с новыми комментариями). Шанхай, 1980.

Пань Ань-жэнь цзи (Собрание произведений Пань Ань-жэня) // Дин Фу-бао 1916 (см.).

Пань Сяо-лун . Цюй Юань юй гу вэньхуа (Цюй Юань и древняя культура). Хэфэй, 1991.

Пань тайчан цзи (Собрание произведений

Паня — распорядителя по обрядам в храме император-ских предков) // Чжан Пу (см.).

Пань хуанмэнь цзи (Собрание произведений Паня [из] Императорского совета) // Чжан Пу (см.).

Пань Юэ пинчжуань (Критическое жизнеописа-ние Пань Юэ) // Чжунго лидай чжэмин вэнь-сюэ-цзя пинчжуань (см.).

Пань Юэ цзи цзяо чжу (Собрание произведений Пань Юэ с текстологическими исправлениями и комментариями) / Коммент . Дун Чжи-гуана . Тяньцзинь, 1993.

Пэн Цин-хуань. Вэнь синь дяо лунь цзунхэ яньцзю (Обобщающее исследование «Дракона, изва- янного в сердце письмен»). Тайбэй, 1990.

Сань-го чжи (Анналы Трех царств) / Сост . Чэнь Шоу . Т . 1–5. Пекин, 1982.

Сань Цао ши сюань (Избранная лирика Трех Цао) / Сост . и коммент . Юй Гуань-ин . Пекин, 1959.

Се гуанлу цзи (Собрание произведений Се — сия- тельного вельможи) // Чжан Пу (см).

Се Сюань-чэн цзи (Собрание произведений Се [из] Сюаньчэна) // Дин Фу-бао 1916 (см.); Чжан Пу (см.).

Се Сюань-чэн цзи цзяо чжу (Собрание произве-дений Се [из] Сюаньчэна с текстологическими исправлениями и комментариями) / Коммент . Хун Шунь-луна . Тайбэй, 1969; то же / Коммент . Цао Жун-наня . Шанхай, 1991.

Се Сюань-чэн ши чжу (Комментированное [изда-ние] лирики Се [из] Сюаньчэна) / Коммент . Хэ Ли-цюаня . Пекин, 1956; то же / Коммент . Ли Чжи-фана . Гонконг, 1968.

Су Сюэ-линь . Чу сао синь гу (Новое толкование чуских элегий). Тайбэй, 1978.

Суй Шу-сэнь . Гу ши шицзю ши цзи ши («Де-вятнадцать древних стихотворений» со свод-ным комментарием). Пекин, 1955.

Сун (Книга [об эпохе] Сун, История [дина-стии Лю] Сун) / Сост . Шэнь Юэ . Т . 1–8. Пе-кин, 1983.

Сунь тинвэй цзи (Собрание произведений Суня — [руководителя] Верховной судебной палаты) // Чжан Пу (см.).

Сунь Цзо-юнь. Да чжао ды цзочжэ цзи ци сецзо няньдай (Авторство и время создания «Вели-кого призывания») // ВШЧ . 1957, № 9.

Сунь Цзо-юнь. Ши цзин юй Чжоу шэхуй яньцзю (Исследование «Канона поэзии» и общества [эпохи] Чжоу). Пекин, 1966.

Сунь Юань-чжан . Гуаньюй Цзю гэ ды сысян ии (О смысле «Девяти песен») // Шаньдун шида-сюэ бао (Вестн . Шаньдунского педагогич . ун-та). Цзинань, 1982, № 4.

Сунь Юань-чжан . Лян Хань ды вэньсюэ гуань юй лян Хань вэньсюэ (Литературные взгляды [в эпо- ху] обеих Хань и литература обеих Хань) // ВШЧ . 1989, № 5.

Сы шу У цзин («Четверокнижие» и «Пятикано-

ние»). Т . 1–3. Тяньцзинь, 1989.

Сыма вэнь юань цзи (Собрание произведений Сы- ма [из императорского] Сада словес) // Чжан Пу (см.).

Сыма Цянь. Ши цзи (Исторические записки) // Эр ши у ши (см.).

Сюй Вэй-чан цзи (Собрание произведений Сюй Вэй-чана) // Дин Фу-бао 1916 (см.); Ян Фэн-чэнь (см.).

Сюй Гун-чи. Цзяньань ци цзы лунь (Рассуждения о «Семи цзяньаньских мужах») // ВП . 1981, № 4.

Сюй Дун-хай. Юй Синь шэнпин цзи ци фу чжи яньцзю (Исследование жизни Юй Синя и его одических произведений). Тайбэй, 1984.

Сюй Цзе, Го Вэй-сэнь. Чжунго цыфу фачжань ши (История развития китайской одической поэ- зии). Цзянсу, 1998.

Сюнь Сюй . Шан Му тянь цзы чжуань (Предисло-вие к «Жизнеописанию сына Неба Му») // Янь Кэ-цзюнь (см.). Т . 2.

Сян Си . Ши цзин цыдянь (Словарь «Канона поэ-зии»). Сычуань, 1986.

Сянь Цинь вэньсюэ ши (История литературы до [эпохи] Цинь) / Под ред . Чу Бинь-цзе и Тань Цзя-цзяня . Пекин, 1988.

Сянь Цинь лян Хань вэньсюэ пипин ши (История литературной критики до [эпохи] Цинь, [в эпо-хи] Цинь и обеих [династий] Хань) / Под ред . Ван Юнь-си и Гу И-шэна . Шанхай, 1990.

Сянь Цинь лян Хань вэньсюэ яньцзю (Исследо-вания по литературе до [эпохи] Цинь, [в эпо-хи] Цинь и обеих [династий] Хань) // Эр ши шицзи... (см.). Т . 1.

Сяо Бин . Чу цы юй шэньхуа («Чуские строфы» и мифологические представления). Цзянсу, 1987 (Шанхай, 1989; Тайбэй, 1990).

Сяо Ди-фэй. Хань Вэй Лю-чао юэфу вэньсюэ ши (История юэфу [эпох] Хань, Вэй и Шести ди-настий). Пекин, 1984.

Тан Бин-чжэн, Ли Да-мин, Ли Чэн, Сюн Лян-чжи . Чу цы цзинь чжу («Чуские строфы» с совре-менными комментариями). Шанхай, 1996.

Тан Чжан-пин . Лунь Тан Лэ фу цань цзянь (Об оде Тан Лэ на попорченных планках) // ВУ . Пекин, 1990, № 4.

Тань Пи-мо . Чжунго вэньсюэ ши ган (Очерки ис-тории китайской литературы). Т . 1. Шанхай, 1958.

Тао Цю-ин. Хань фу чжи чжун ды яньцзю (Иссле-дование сущности одической поэзии [эпохи] Хань). Шанхай, 1939.

Тао Цю-ин . Хань фу яньцзю: чубань шо мин (Ис-следование одической поэзии [эпохи] Хань: на- броски для последующих разъяснений). Чжэ-цзян, 1990.

Тянь вэнь цзуань и («Вопросы [к] Небу» [Цюй Юаня] с полным комментарием) / Сост . Ю Го- энь . Пекин, 1982.

У Сяо-жу. Шицы чжацун (Сборник работ о поэ-тическом творчестве). Пекин, 1988.

У Юнь . Цзяньань ци цзы цзи цзяо чжу (Собрание произведений «Семи цзяньаньских мужей» с текстологическими исправлениями и комментарием). Тяньцзинь, 1991.

Фу Чуньгу цзи (Собрание произведений Фу — [барона] Чуньгу) // Чжан Пу (см.).

Хань Вэй Лю-чао сань бай мин цзя цзи ти цы чжу (Краткое изложение [свода Чжан Пу] «Собрания сочинений трехсот прославленных литера- торов [эпох] Хань, Вэй и Шести династий» с комментариями) / Сост . и коммент.: Инь Мэн- лунь. Пекин, 1981.

Хань Вэй Лю-чао саньвэнь сюань (Избранные прозаические произведения [эпох] Хань, Вэй и Шести династий) / Сост . и коммент.: Чэнь Чжун-фань. Шанхай, 1962.

Хань шу (Книга об [эпохе Западная/Ранняя] Хань) / Сост. Бань Гу // Эр ши у ши (см.).

Хоу Хань шу (Книга [об эпохе] Поздняя Хань) / Сост . Фань Е . Т . 1–12. Пекин, 1982.

Ху Го-жуй . Вэй Цзинь Нань-бэй-чао вэньсюэ ши (История литературы [эпох] Вэй, Цзинь, Юж- ных и Северных династий). Шанхай, 1980.

Ху Пин-шэн, Хань Цзы-цян. Фуян хань цзянь Ши цзин яньцзю (Исследование [текста] «Канона поэзии» на бамбуковых планках ханьского [вре- мени, найденных в] Фуяне). Шанхай, 1988.

Хуа Вань-чэнь . Ши лунь Мэй Шэн ды Ци фа (Опыт обсуждения «Семи наставлений» Мэй Шэна) // ВШЧ . 1990, № 5.

Хуан Кань . Вэнь синь дяо лун чжа цзи («Дракон, изваянный в сердце письмен» с записями по пунктам). Пекин, 1962 (2000).

Хуан Кань . Вэнь сюань Хуан ши сюэ (Исследо- вание «Избранных произведений изящной сло- весности» [ученого] из семейства Хуан). Тай- бэй, 1977.

Хуан Кань . Вэнь сюань пин дянь (Выравнивание [спорных] пунктов в «Избранных произведе- ниях изящной словесности»). Шанхай, 1985.

Хуан Цзе . Хань Вэй юэфу фэн цзянь (Толкования юэфу [эпох] Хань и Вэй). Пекин, 1958.

Хуан Цзи-хуа. Фан чжун сы юэ ды шидай цзочжэ бянь (О времени создания [цикла] ритуальной музыки «[песни внутренних покоев»] // Хубэй шиюаньсюэ бао (Вестн . Хубэйского педагогич . ин-та). 1985, № 3.

Хуан Чжун-мо . Чжун Жи сюэчжэ Цюй Юань вэнь- ти луньчжэн цзи (Центральные вопросы [изуче- ния] Цюй Юаня [в работах] ученых Китая и Японии). Шаньдун, 1990.

Хэ Пэй-сюн . Хань Вэй Лю-чао фу лунь цзи (Сбор- ник работ об одической поэзии [эпох] Хань, Вэй и Шести династий). Тайвань, 1990.

Хэ Ци-минь . Чжу линь ци сянь яньцзю (Иссле- дование [литературной группы] «Семь мудре- цов из бамбуковой рощи»). Тайбэй, 1974.

Хэ Ци-минь. Жуань Цзи. Тайбэй, 1978.

Цао Вэй фу цзы ши сюань (Избранная лирика от- ца и сыновей [клана] Вэйских Цао) / Сост . Лю И-шэн, коммент. Чжао Фу-таня . Сяньган, 1983.

Цао Дао-хэн . Хань Вэй Лю-чао фуцы (Одические произведения [эпох] Хань, Вэй и Шести дина- стий). Шанхай, 1989.

Цао Дао-хэн, Лю Юэ-цзинь . Нань-бэй-чао вэньсюэ бянь нянь ши (Погодная хроника истории ли- тературы [эпохи] Южных и Северных дина- стий). Пекин, 2000.

Цао Дао-хэн, Шэнь Юй-чэн . Нань-бэй-чао вэнь- сюэ ши (История литературы [эпохи] Южных и Северных династий). Пекин, 1998.

Цао Пи пинчжуань (Критическое жизнеописание Цао Пи) // Чжунго лидай чжэмин вэньсюэ-цзя пинчжуань (см.).

Цао Пи цзи цзяо чжу (Собрание произведений Цао Пи с текстологическими исправлениями и комментарием) / Коммент . Тан Шао-чжуна . Хэнань, 1992.

Цао Сюй. Вэнь синь дяо лун яньцзю (Исследова- ние «Дракона, изваянного в сердце письмен»). Шанхай, 1992.

Цао Сюй. Ши пинь яньцзю (Исследование «Ка- тегорий стихов»). Шанхай, 1998.

Цао Цао лунь цзи (Сборник статей о Цао Цао). Пекин, 1960.

Цао Цао няньбяо (Погодная хроника [жизни] Цао Цао). Пекин, 1979.

Цао Цао пинчжуань (Критическое жизнеописание Цао Цао) // Чжунго лидай чжэмин вэньсюэ-цзя пинчжуань (см.).

Цао Цао цзи (Собрание произведений Цао Цао). Шанхай, 1962 (1974).

Цао Цзы-цзянь цзи (Собрание произведений Цао Цзы-цзяня) // Дин Фу-бао 1916 (см.).

Цао Цзы-цзянь ши чжу (Лирика Цао Цзы-цзяня с комментариями) / Коммент . Хуан Цзе . Пе- кин, 1957.

Цао Чжи пинчжуань (Критическое жизнеописа- ние Цао Чжи) // Чжунго лидай чжэмин вэнь- сюэ-цзя пинчжуань (см.).

Цзи Кан [пинчжуань] ([Критическое жизнеопи- сание] Цзи Кана) // Чжунго гудай чжэмин чжэ- сюэ-цзя пинчжуань (см.). Т . 2.

Цзи Кан цзи и чжу (Собрание произведений Цзи Кана с разъяснениями и комментариями) / Ком- мент . Ся Мин-чжао . Хэйлунцзян, 1987.

Цзи Кан цзи цзяо чжу (Собрание произведений Цзи Кана с текстуальными исправлениями и комментарием) / Коммент . Дай Мин-яна . Пе- кин, 1962.

Цзи Кан ши вэнь сюань и (Избранные стихотвор- ные и прозаические произведения Цзи Кана с разъяснениями) / Сост . и коммент.: У Сю- чэн. Чэнду, 1991.

Цзи чжунсань цзи (Собрание произведений [вель- можи]-чжунсаня Цзи) // Дин Фу-бао 1916 (см.); Чжан Пу (см.).

Цзинь Ван юцзюнь цзи (Собрание произведений

戊

1043

Вана, [командующего] правым крылом армии, [жившего в эпоху] Цзинь) // Чжан Пу (см.).

Цзинь Кай-чэн . Цзю гэ яньцзю (Исследование «Де- вяти песен» [Цюй Юаня]) // Цюй Юань цы яньцзю (Исследования, [посвященные] произ- ведениям Цюй Юаня). Цзянсу, 1992.

Цзинь Лю Юэ-ши цзи (Собрание произведений Лю Юэ-ши, [жившего в эпоху] Цзинь) // Чжан Пу (см.).

Цзинь Цзинь-чэн, Дун Хун-ли, Гао Лу-мин . Цюй Юань цзи цзяо чжу (Собрание произведений Цюй Юаня с выверенным комментарием). Пе- кин, 1996.

Цзинь Чжан Мэн-ян цзи (Собрание произведений Чжан Мэн-яна, [жившего в эпоху] Цзинь) // Чжан Пу (см.).

Цзинь Чжан сыкун цзи (Собрание произведений канцлера Чжана, [жившего в эпоху] Цзинь) // Там же .

Цзинь Чжан Цзин-ян цзи (Собрание произведений Чжан Цзин-яна, [жившего в эпоху] Цзинь) // Там же .

Цзинь шу (Книга [об эпохе] Цзинь, История [дина- стии] Цзинь) / Под ред . Фан Сюань-лина . Т . 1– 10. Пекин, 1987.

Цзинь Юй-фу . Чжунго шисюэ ши (История китай- ской историографии). Шанхай, 1957.

Цзо Сы пинчжуань (Критическое жизнеописание Цзо Сы) // Чжунго лидай чжэмин вэньсюэ-цзя пинчжуань (см.).

Цзо Тай-чун цзи (Собрание произведений Цзо Тай- чуна) // Дин Фу-бао 1916 (см.).

Цзэнбу лю чэнь чжу Вэнь сюань («Избранные про- изведения изящной словесности» с коммента- риями шести чиновников и добавлениями) / Ред. Чэнь Жэнь-цзы. Тайбэй, 1974.

Цзю гэ («Девять песен» [Цюй Юаня]) / Коммент . Вэнь Сяо. Пекин, 1979.

Цзю гэ синь чжу («Девять песен» [Цюй Юаня] с новейшим комментарием) / Коммент. Чэн Цзя . Сычуань, 1981.

Цзя И [пинчжуань] ([Критическое жизнеописание] Цзя И) // Чжунго гудай чжэмин чжэсюэ-цзя пинчжуань. Сюйбянь (см.). Т . 1.

Цзя И цзи (Собрание произведений Цзя И). Шан- хай, 1976.

Цзя Чанша цзи (Собрание произведений Чан-шаского Цзя/ Цзя [из] Чанша) // Дин Фу-бао 1916 (см.); Чжан Пу (см.).

Цзян Вэнь-тун цзи хуй чжу (Собрание произве- дений Цзян Вэнь-туна со сводным коммента- рием) / Коммент. Ху Чжи-ци. Пекин, 1984.

Цзян Лилин цзи (Собрание произведений Цзяна — Лилинского [князя]) // Чжан Пу (см.).

Цзян Лян-фу. Лу Пинъюань няньпу (Погодная хро- ника [жизни] Лу — [губернатора области] Пинъ- юань). Шанхай, 1957.

Цзян Лян-фу. Цюй Юань фу цзяо чжу (Одические произведения Цюй Юаня с выверенным ком-ментарием). Пекин, 1957.

Цзян Лян-фу. Чжан Хуа няньпу (Погодная хроника [жизни] Чжан Хуа). Шанхай, 1957.

Цзян Лян-фу. Чу цы шуму у чжун (Библиография «Чуских строф» в пяти разделах). Шанхай, 1961 (1993).

Цзян Лян-фу . Юань ю вэй Цюй цзы цзопинь дин и (Утверждаясь в сомнениях по поводу написания «Путешествия в даль» мудрецом Цюй) // ВИ . 1981, № 3.

Цзян Лян-фу . Чу цы сюэ луньвэнь цзи (Сборник статей, [посвященных] изучению «Чуских строф»). Шанхай, 1984.

Цзян Тянь-шу . Чу цы луньвэнь цзи (Сборник статей о «Чуских строфах»). Сиань, 1982.

Цзян Тянь-шу . Чу цы цзяо ши («Чуские строфы» с выверенным комментарием). Шанхай, 1989.

Цзян Шу-гэ . Хань фу тун и (Ханьские оды с разъ- яснениями). Шаньдун, 1989.

Цзян Чун-у. Хань фу ши лунь (Рассуждения об истории одической поэзии [эпохи] Хань). Тай- вань, 1993.

Цзяньань вэньсюэ яньцзю вэньцзи (Сборник ис- следований по Цзяньаньской литературе). Ань- хой, 1984.

Цюй Дэ-лай. Хань фу цзун лунь (Комплексное обсуждение одической поэзии [эпохи] Хань). Ляонин, 1993.

Цюй Юань дэ гуши (Легенды о Цюй Юане). Ухань, 1956.

Цюй Юань Ли сао цзинь и («Скорбь изгнанника» Цюй Юаня в переложении на современный язык) / Сост . Вэнь Хуай-ша . Шанхай, 1955 (Пекин, 1956).

Цюй Юань няньбяо чугао (Предварительная вер- сия погодной хроники [жизни] Цюй Юаня) // Цзян Тянь-шу. Чу цы луньвэнь цзи (см.).

Цюй Юань [пинчжуань] ([Критическое жизне- описание] Цюй Юаня)// Чжунго гудай чжэмин чжэсюэ-цзя пинчжуань (см.). Т . 1.

Цюй Юань Цзю гэ цзинь и («Девять песен» Цюй Юаня в переложении на современный язык) / Сост. Вэнь Хуай-ша. Шанхай, 1955 (Пекин, 1956).

Цюй Юань Цзю чжан цзинь и («Девять напевов» Цюй Юаня в переложении на современный язык) / Сост . Вэнь Хуай-ша . Шанхай, 1955 (Пе- кин, 1956).

Цюй Юань цы яньцзю (Исследования, [посвящен- ные] произведениям Цюй Юаня). Цзянсу, 1992.

Цюй Юань яньцзю луньцзи (Сборник исследо- ваний [о] Цюй Юане). Хубэй, 1979.

Цянь Чжи-си . Вэй Цзинь шигэ ишу юань лунь (Предварительные рассуждения о художествен- ном [своеобразии] поэзии [эпох] Вэй и Цзинь). Пекин, 1993.

Цянь Чжи-си . Хань Вэй юэфу ды иньюэ юй ши (Стихотворные произведения и песни [в жанре] юэфу [эпох] Хань и Вэй). Чжэнчжоу, 2000.

Чжан Би-бо, Люй Ши-вэй . Гудянь сяньши чжуи луньвэнь (О классическом реализме: Закономерности развития китайской древней литера- туры) // ВИ . 1990, № 4.

Чжан Бо-вэй. Ин Цюй ши луньлюэ (Заметки о стихотворениях Ин Цюя) // Чжунчжоу сюэкань (Чжунчжоуский науч . вестн.). Хэнань . 1987, № 5.

Чжан Го-син . Пань Юэ ци жэнь юй ци вэнь (Пань Юэ, поэты его окружения и его литературное творчество) // ВИ . 1984, № 4.

Чжан Кэ-ли . Цзяньань вэньсюэ лунь гао (Обсуждение Цзяньаньской литературы). Шаньдун, 1986.

Чжан Пу — Хань Вэй Лю-чао сань бай мин цзя цзи (Собрания сочинений трехсот прославлен- ных литераторов [эпох] Хань, Вэй и Шести династий) / Сост . Чжан Пу . Цзяннань, 1879; Пекин, 1963; Шанхай, 1989 (1994).

Чжан Се пинчжуань (Критическое жизнеописание Чжан Се) // Чжунго лидай чжэмин вэньсюэ-цзя пинчжуань . Сюйбянь (см.).

Чжан Синь-цзянь . Цао Пи. Аньхой, 1982.

Чжан Си-тан . Ши цзин лю лунь (Шесть статей о «Каноне поэзии»). Шанхай, 1957.

Чжан Хуа пинчжуань (Критическое жизнеописание Чжан Хуа) // Чжунго лидай чжэмин вэньсюэ-цзя пинчжуань . Сюйбянь (см.).

Чжан Хэцзянь цзи (Собрание произведений Хэцзяньского Чжана) // Чжан Пу (см.).

Чжан Цзай пинчжуань (Критическое жизнеописание Чжан Цзая) // Чжунго лидай чжэмин вэньсюэ-цзя пинчжуань . Сюйбянь (см.).

Чжан Цин-чжун. Хань фу яньцзю (Исследование одической поэзии [эпохи] Хань). Тайвань, 1975.

Чжан Чжу, Цао Мэн. Лиши ды Юй Синь юй Юй Синь ды вэньсюэ (Исторический [образ] Юй Синя и литературные произведения Юй Синя). Ляонин, 1989.

Чжан Чжун-и . Цюй Юань синь чжуань (Новая [версия] биографии Цюй Юаня). Гуйчжоу, 1993.

Чжан Чжэнь-цзэ . Ян Сюн цзи цзяо чжу (Собрание произведений Ян Сюна с выверенными комментариями). Шанхай, 1993.

Чжан Я-синь . Чжун Жун Ши пинь ды Цао Цао Лю Чжэнь пинь ди (О месте Цао Цао и Лю Чжэня в [классификации] «Категорий стихов» Чжун Жуна) // Чжунчжоу сюэкань (Чжунчжоуский науч. вестн.). Хэнань . 1987, № 3.

Чжань Ань-тай. Ли сао цзяньшу («Скорбь изгнанника» [Цюй Юаня] с толкованиями и объяснениями). Хубэй, 1981.

Чжань Ин. Лю Се юй Вэнь синь дяо лун (Лю Се и «Дракон, изваянный в сердце письмен»). Пекин, 1980.

Чжао Куй-фу . Цюй Юань юй та ды шидай (Цюй Юань и его эпоха). Пекин, 1996.

Чжао Пэй-линь. Ши цзин яньцзю фаньсы (Кри- тические размышления по поводу исследований «Канона поэзии»). Тяньцзинь, 1989.

Чжао Шэн-пин . Цюй Юань цзи ци пин яньцзю (Исследование [жизни] Цюй Юаня и его произведений). Тайбэй, 1968.

Чжаомин Вэнь сюань яньцзю луньвэнь (Сборник статей об «Избранных произведениях изящной словесности» [принца] Чжаомина). Цзилинь, 1988.

Чжоу Дун-пин. Цао Цао . Сиань, 1987.

Чжоу Сюнь-чу. Лян-дай вэньлунь сань пай цюй яо (Характеристика трех течений в литературной критике эпохи Лян) // Чжунхуа вэнь ши лунь цун (см.).

Чжоу шу (Книга [об эпохе Бэй (Северная)] Чжоу) / Сост . Вэй Чжэн . Т . 3. Пекин, 1971.

Чжу Би-лянь . Сун Юй цы фу тань цзе: Лунь Сун Юй юй ци Цзю бянь (Пояснения к одическим произведениям Сун Юя: Обсуждение [жизни и творчества] Сун Юя и его «Девяти рассуждений»). Пекин, 1987.

Чжу Жу-кай . Лян Хань сысян ши (История идеологии обеих [династий] Хань). Пекин, 1989.

Чжу И-юнь . Вэй Цзинь фэнци юй Лю-чао вэньсюэ (Нравы и литература [эпох] Вэй и Цзинь). Тайбэй, 1980.

Чжу Си-цзу . Чжунго вэньсюэ ши яолюэ (Важней- шие моменты истории китайской литературы). Пекин, 1920.

Чжу Си-цзу. Цзичжун-шу као (Исследование «Цзи-чжунских книг»). Пекин, 1960.

Чжу Цзы-цин. Ши янь чжи бянь (Как понимать [выражение] «стихи говорят о воле»). Шанхай, 1954.

Чжу Цзы-цин. Гу ши шицзю шоу ши («Девятнадцать древних стихотворений» с разъяснениями). Шанхай, 1981 (переизд . 1941-го).

Чжунго вэньсюэ ши (История китайской литературы). Т . 1–4 / Под ред . Ю Го-эня . Пекин, 1981.

Чжунго вэньсюэ яньцзю (Исследование китайской литературы). Пекин, 1987.

Чжунго гудай вэньлунь (Древнекитайская литературная мысль) / Под ред . Ли И-цзиня . Тянь- цзинь, 2003.

Чжунго гудай вэньсюэ цыдянь (Словарь древней китайской литературы). Т . 1–2 / Под ред . Ван Ли и Ван Цзи-сы. Гуанси, 1985–1989.

Чжунго гудай вэньмин чжэсюэ-цзя пинчжуань (Критические жизнеописания прославленных фило- софов Древнего Китая). Т . 1–2. Шаньдун, 1980; то же . Сюйбянь (... Дополнит . изд.). Т . 1–2. Шаньдун, 1982.

Чжунго гудянь вэньсюэ минчжэ тицзе (Справочные материалы к наиболее известным литературным памятникам Китая). Пекин, 1984.

Чжунго жэньмин да цыдянь (Энциклопедия китайских персоналий). Шанхай, 1984.

Чжунго лидай чжэмин вэньсюэ-цзя пинчжуань

戊

(Кри- тические жизнеописания прославленных лите- раторов Китая различных исторических эпох). Т. 1. Шаньдун, 1983; то же. Сюйбянь (... До- полнит. изд.). Т. 1. Шаньдун, 1989.

Чжунго лидай шигэ цзаошан цыдянь (Словарь луч- ших китайских лирических произведений раз- личных исторических эпох). Пекин, 1988.

Чжунго лиши жэньу цыдянь (Словарь историче- ских деятелей Китая). Хэйлунцзян, 1983.

Чжун Жун Ши пинь («Категории стихов» Чжун Жуна) // Янь Кэ-цзюнь (см.). Т.4.

Чжун Жун Ши пинь и чжу («Категории стихов» Чжун Жуна с переводом на современный язык и комментариями) / Коммент . Сюй Да . Тайбэй, 1994.

Чжун Жун Ши пинь цзи чжу («Категории стихов» Чжун Жуна со сводным комментарием) / Ком- мент . Цао Сюя . Шанхай, 1994.

Чжун Жун Ши пинь цзяо чжу («Категории сти- хов» Чжун Жуна с текстологическими исправ- лениями и комментарием) / Коммент . Ян Цзу- юя . Тайбэй, 1981.

Чжун Жун Ши пинь цзяо ши («Категории стихов» Чжун Жуна с выверенными пояснениями) / Коммент. Люй Дэ-шэня . Пекин, 1986.

Чжун Жун Ши пинь чжу («Категории стихов» Чжун Жуна с комментариями) / Коммент . Чэнь Янь-цзе . Пекин, 1958 (1961); то же / Ком- мент . Ван Чжуна . Тайбэй, 1969.

Чжунхуа вэнь ши лунь цун (Материалы по ис- тории литературной критики в Китае). Т . 5. Шанхай, 1964.

Чжэн Хун-чжи. Айго да ши жэнь Цюй Юань (Ве- ликий поэт-патриот Цюй Юань). Сяньган, 1979.

Чжэн Цзай-ин . У-гуань Цюй Юань лунь (Обсуж- дение [вопроса, был ли] Цюй Юань шаманом- чиновником) // Цзянхань луньтань (Трибуна Цзянханя). 1989, № 7.

Чжэн Чжэнь-до . Чату бэнь чжунго вэньсюэ ши (Иллюстрированная история китайской лите- ратуры). Т. 1–2. Пекин, 1957.

Чу Бинь-цзе . Лунь Цзю гэ ды синчжи хэ цзои (Обсуждение характера и творческого замысла «Девяти песен» [Цюй Юаня]) // Юньмэн сюэбао (Юньмэнский науч. вестн.). 1995, № 1.

Чу цы (Чуские строфы). Токио, 1960 (серия: Ива- нами бунко).

Чу цы бу чжу («Чуские строфы» с дополнитель- ным комментарием) / Коммент . Хун Син-цзу . Пекин, 1983.

Чу цы сюэ луньвэнь цзи (Сборник статей, [по- священных] изучению «Чуских строф»). Шан- хай, 1984.

Чу цы тун гу («Чуские строфы» в древнем ва- рианте). Т. 1–4. Шаньдун, 1985.

Чу цы тун ши («Чуские строфы» с обобщенным комментарием) / Сост . и коммент.: Ван Фу- чжи . Шанхай, 1959.

Чу цы цзи чжу («Чуские строфы» со сводным

комментарием) / Коммент. Чжу Си. Пекин, 1953 (Шанхай, 1979; Тайбэй, 1967).

Чу цы чжан цзюй (Совершенные строки чуские строфы) / Сост. и коммент.: Ван И. Тайбэй, 1967.

Чу цы яньцзю луньвэнь цзи (Сборник статей, [посвященных] исследованию «Чуских строф»). Т . 1–3. Пекин, 1957–1970.

Чэн Чжан-цань . Вэй Цзинь Нань-бэй-чао фу ши (История одической поэзии [эпох] Вэй, Цзинь, Южных и Северных династий). Цзянсу, 1992.

Чэнь Кун-чжан цзи (Собрание произведений Чэнь Кун-чжана) // Дин Фу-бао 1916 (см.); Ян Фэн- чэнь (см.).

Чэнь Тянь-шуй . Чжунго гудай шэньхуа (Древне- китайские мифы). Шанхай, 1989.

Чэнь Хуань . Ши Мао ши чжуань шу (История «[„Канона] поэзии" [в версии] Мао» и коммен- тарий [к нему]). Тайбэй, 1968.

Чэнь Хун-шоу, Сяо Юнь-цун . Чу цы ту чжу («Чус- кие строфы» с иллюстрациями и коммента- риями). Тайбэй, 1971.

Чэнь цзиши цзи (Собрание произведений [секре- таря]-цзиши Чэня) // Чжан Пу (см.).

Чэнь Цзы-чжань . Бу цзюй Юй фу шифоу Цюй Юань со цзо (Являются ли «Гаданье о жилье» и «Отец-рыбак» [произведениями], созданны- ми Цюй Юанем?) // Сюэси юэкань (Науч . еже- месячник). Пекин, 1962, № 6.

Чэнь Цзы-чжань . Чу цы Юань ю пянь шицзе (Разъяснения [по поводу] произведения «Путе- шествие в даль» [из] «Чуских строф») // ВШЧ . 1962, № 6.

Чэнь Янь-цзе. Вэй Цзинь ши яньцзю; Сун ши чжи пайбе (Исследование поэзии [эпох] Вэй и Цзинь; Течения в поэзии [эпохи Лю] Сун). Сянган, 1969.

Чэньсы-ван цзи (Собрание произведений Чэнь- сыского принца) // Чжан Пу (см.).

Шань хай цзин (Канон/Книга гор и морей) // СББЯ.

Ши цзин сюань и (Избранные произведения «Ка- нона поэзии» в переложении на современный язык) / Сост . и коммент.: Юй Гуань-ин . Шан- хай, 1957.

Ши цзи чжуань («[Канон] стихов» с собранием комментариев) / Коммент . и ред . Чжу Си. Т. 1– 8. Пекин, 1955; то же // Сы шу У цзин (см.). Т. 2.

Ши цзин ши и («Канон поэзии» с объяснениями) / Коммент. Цюй Вань-ли . Т . 1–2. Тайбэй, 1953.

Ши цзин яньцзю луньцзи (Сборник исследований «Канона поэзии»). Тайбэй, 1983.

Шэнь Дэ-цай . Цао Чжи юй Ло шэнь фу чуаньшо (Легенды о Цао Чжи и «Оде [о] божестве реки Ло»). Шанхай, 1933.

Шэнь Дэ-цянь . Гу ши юань (Источник древних стихов). Пекин, 1963.

Шэнь инь хоу цзи (Собрание произведений [князя]- хоу Шэня, скрывшегося [от мира]) // Чжан Пу (см.).

Шэнь Сю-вэнь цзи (Собрание произведений Шэнь Сю-вэня) // Дин Фу-бао 1916 (см.).

Шэнь Юй-чэн. Гун ти ши юй Юй тай синь юн (Поэзия дворцового стиля и «Новые напевы Нефритовой башни») // ВИ . 1988, № 6.

Шэнь Юэ. Ци сянь лунь (Рассуждения о «Семи мудрецах») // Янь Кэ-цзюнь (см.). Т . 3.

Шэнь Юэ. Ши лунь (Рассуждения/Суждения историка) // Вэнь сюань (см.), цз . 50 / Т . 2.

Эр ши у ши (25 династийных историй). Т . 1. Шан- хай, 1988.

Эр ши шицзи чжунго вэньсюэ яньцзю (Исследования XX века по китайской литературе). Т . 1–2 / Под ред. Цзи Сянь-линя. Пекин, 2001–2003.

Ю Го-энь . Тянь вэнь яньцзю (Исследование «Во- просов [к] Небу» [Цюй Юаня]) // Госюэ юэбао (Нац. науч. ежемесячник). 1924, № 1.

Юй Гуань-ин. Хань Вэй Лю-чао ши лунь цун (Сбор- ник статей/рассуждений о лирической поэзии [эпох] Хань, Вэй и Шести династий). Шанхай, 1953.

Юй Гуань-ин (сост.) — Хань Вэй Лю-чао ши сюань (Избранные лирические произведения [эпох] Хань, Вэй и Шести династий). Пекин, 1958.

Юй кайфу цзи (Собрание произведений Юя — [са- новника, имевшего собственную] канцеля- рию) // Чжан Пу (см.).

Юй Синь сюань цзи (Избранные произведения Юй Синя) / Сост . и коммент.: Шу Бао-чжан . Чжун- чжоу, 1983.

Юй Синь ши фу сюань (Избранные стихотворения и оды Юй Синя) / Сост . и коммент.: Тань Чжэн- би, Цзи Фу-хуа. Шанхай, 1958.

Юй Сюэ-фан . Бао Чжао шэнпин цзи ци ши вэнь яньцзю (Исследование жизни Бао Чжао и его стихотворных [и] литературных произведений). Тайбэй, 1983.

Юй тай синь юн (Новые напевы Нефритовой башни) / Сост . Сюй Лин . Т . 1–3. Токио, 1959.

Юй тай синь юн цзянь чжу («Новые напевы Не-фритовой башни» с построчными примечания- ми) / Сост . Сюй Лин, коммент . У Чжао-и // СББЯ (переизд.: Тайбэй, 1967; Пекин, 1985; Цзи- линь, 1999); то же . Т . 1–2. Пекин, 2004 (2006).

Юй Цзун-фэй . Цюй Юань чжэнвэнь (Основные тексты [произведений] Цюй Юаня). Тайбэй, 1969.

Юй Цзы-шань цзи (Собрание произведений Юй Цзы-шаня) // Дин Фу-бао 1916 (см.); то же / Коммент . Ни Фаня . Пекин, 1980.

Юй Цзянь-у. Шу пинь (Категории каллиграфии) // Янь Кэ-цзюнь (см.). Т . 4.

Юэфу ши сюань (Избранные юэфу) / Сост . Юй Гуань-ин . Пекин, 1954.

Юэфу ши цзи (Собрание юэфу) / Сост . Го Мао-цянь . Т . 1–4. Шанхай, 1955.

Юэфу ши яньцзю луньвэнь цзи (Сборник статей, [посвященных] исследованию юэфу). Пекин, 1957.

Ян Мин-чжао. Лян шу Лю Се чжуань цзянь чжу (Жизнеописание Лю Се из «Книги [об эпохе] Лян» с пояснениями и построчными коммен-тариями) // Лю Се Вэнь синь дяо лун синь шу («Дракон, изваянный в сердце письмен» с но- выми документами) / Сост . и коммент.: Ван Ли-цюй . Пекин, 1951.

Ян Мин-чжао . Лю Се цзу нянь чу тань (Начало поисков года смерти Лю Се) // Сычуань дасюэ сюэбао (Уч . зап . Сычуаньского ун-та). Чэнду, 1978, № 4.

Ян Сюн [пин-чжуань] ([Критическое жизнеописа-ние] Ян Сюна) // Чжунго гудай чжэмин чжэ-сюэ-цзя пин-чжуань . Сюйбянь (см.). Т . 1.

Ян Фэн-чэнь — Цзяньань ци цзы цзи (Собрания сочинений «Семи цзяньаньских мужей») / Сост . Ян Фэн-чэнь . Пекин, 1989.

Ян шилан цзи (Собрание произведений Яна — чиновника из личной охраны императора) // Дин Фу-бао 1916 (см.); Чжан Пу (см.).

Янь гуанлу цзи (Собрание произведений Яня — сиятельного вельможи) // Чжан Пу (см.).

Янь Кэ-цзюнь — Цюань шан гу сань дай Цинь Хань Сань-го Лю-чао вэнь (Полное [собрание] литературы глубокой древности, трех [пер-вых] эпох, [эпох] Цинь и Хань, Троецарствия и Шести династий) / Сост . Янь Кэ-цзюнь . Т . 1–4. Пекин, 1987.

Янь Цай-пин . Ци Лян шигэ яньцзю (Исследование поэзии [эпох] Ци и Лян). Пекин, 1994.

Яо Цзи-хэн . Ши цзин тунлунь (Детальные рассуж- дения о «Каноне поэзии»). Пекин, 1956.

Яо Чжэнь-ли. Шэнь Юэ цзи ци сюэшу яньцзю (Исследование [творчества] Шэнь Юэ и его учения). Тайбэй, 1989.

日语文献

Ами Юдзи. Тюгоку тюсэй бунгаку кэнкю (Изуче-ние китайской средневековой литературы). То- кио, 1960.

Составитель М.Е. Кравцова

戊

中国精神文化大典

文学·语言文字卷

年代表①

Ся夏 约公元前 21 世纪–前 17 世纪
Шан-Инь 商殷 约公元前 17 世纪–前 11 世纪
Чжоу 周 前 1046–前 256
    Си Чжоу (Западная Чжоу) 西周 前 1046–前 771
    Дун Чжоу (Восточная Чжоу) 东周 前 770–前 256
        Чунь-цю (Вёсны и осени) 春秋时代 前 770–前 476
        Чжань-го (Сражающиеся царства) 战国时代 前 475–前 221
Цинь 秦 前 221–前 206
Хань 汉 前 206–220
    Си Хань (Западная Хань) 西汉 前 206–25
    Дун Хань (Восточная Хань) 东汉 25–220
Сань-го (Троецарствие) 三国 220–280
    Вэй 魏 220–265
    Шу 蜀 221–263
    У 吴 222–280
Цзинь 晋 265–420
    Си Цзинь (Западная Цзинь) 西晋 265–317
    Дун Цзинь (Восточная Цзинь) 东晋 317–420
Лю-чао (Шесть династий) 六朝 222–589
Нань-бэй-чао (Южные и Северные династии) 南北朝 420–589
    Нань-чао (Южные династии) 南朝 420–589
        Сун 宋 420–479
        Ци 齐 479–502
        Лян 梁 502–557
        Чэнь 陈 557–589

    Бэй чао (Северные династии) 北朝 386–581
        Бэй Вэй (Северная Вэй) 北魏 386–534
        Дун Вэй (Восточная Вэй) 东魏 534–550
        Си Вэй (Западная Вэй) 西魏 535–556
        Бэй Ци (Северная Ци) 北齐 550–577
        Бэй Чжоу (Северная Чжоу) 北周 557–581
Суй 隋 581–618
Тан 唐 618–907
У-дай (Пять династий) 五代 907–960
    Хоу Лян (Поздняя Лян) 后梁 907–923
    Хоу Тан (Поздняя Тан) 后唐 923–936
    Хоу Цзинь (Поздняя Цзинь) 后晋 936–947
    Хоу Хань (Поздняя Хань) 后汉 947–950
    Хоу Чжоу (Поздняя Чжоу) 后周 951–960
Ши-го (Десять царств) 十国 902–979
Сун 宋 960–1279
    Бэй Сун (Северная Сун) 北宋 960–1127
    Нань Сун (Южная Сун) 南宋 1127–1279
Ляо (кидани) 辽 907–1125
Си Ся (тангуты) 西夏 1038–1227
Цзинь (чжур-чжэни) 金 1115–1234
Юань 元 1206–1368
Мин 明 1368–1644
Цин 清 1616–1911
Китайская Республика 中华民国 1912–1949
Китайская Народная Республика 中华人民共和国 1949 年成立

---

① 本表为俄文原版表格，编译过程中，据《现代汉语词典》（第7版）"我国历代纪元表"及《辞海》（第7版）相关词条对本表表内文字及朝代时间进行了订正。——译者注

"语言文字"部分的表格

表 1. 汉语拼音、传统俄语拼音和威妥玛式拼音中的汉语音节

汉语拼音	传统俄语拼音	威妥玛拼音	汉语拼音	传统俄语拼音	威妥玛拼音	汉语拼音	传统俄语拼音	威妥玛拼音
A			cheng	чэн	ch'êng	fen	фэнь/фынь (устар.)	fên
a	a	a	chi	чи	ch'ih			
ai	ай	ai	chong	чун	ch'ung	feng	фэн/фын (устар.)	fêng
an	ань	an	chou	чоу	ch'ou			
ang	ан	ang	chu	чу	ch'u	**fiao	фяо	(fiao)
ao	ao	ao	*chua	чуа	ch'ua	fo	фо	fo
B			chuai	чуай	ch'uai	fou	фоу	fou
ba	ба	pa	chuan	чуань	ch'uan	fu	фу	fu
bai	бай	pai	chuang	чуан	ch'uang	G		
ban	бань	pan	chui	чуй	ch'ui	ga	га	ka
bang	бан	pang	chun	чунь	ch'un	gai	гай	kai
bao	бао	pao	chuo	чо	ch'o	gan	гань	kan
bei	бэй	pei	D			gang	ган	kang
ben	бэнь	pên	da	да	ta	gao	гао	kao
beng	бэн	pêng	dai	дай	tai	ge	гэ	kê/ko
bi	би	pi	dan	дань	tan	gei	гэй	kei
bian	бянь	pien	dang	дан	tang	gen	гэнь	kên
biao	бяо	piao	dao	дао	tao	geng	гэн	kêng
bie	бе	pieh	de	дэ/ды	tê	**go	го	(ko)
bin	бинь	pin	dei	дэй	tei	gong	гун	kung
bing	бин	ping	*den	дэнь	(tên)	gou	гоу	kou
bo	бо	po	deng	дэн	têng	gu	гу	ku
bu	бу	pu	di	ди	ti	gua	гуа	kua
C			*dia	дя	(tia)	guai	гуай	kuai
ca	ца	ts'a	dian	дянь	tien	guan	гуань	kuan
cai	цай	ts'ai	**diang	дян	(tiang)	guang	гуан	kuang
can	цань	ts'an	diao	дяо	tiao	gui	гуй	kuei
cang	цан	ts'ang	die	де	tieh	gun	гунь	kun
cao	цао	ts'ao	ding	дин	ting	guo	го	kuo
ce	цэ	ts'ê	diu	дю	tiu	H		
**cei	цэй	(ts'êi)	dong	дун	tung	ha	ха	ha
cen	цэнь	ts'ên	dou	доу	tou	hai	хай	hai
ceng	цэн	ts'êng	du	ду	tu	han	хань	han
ci	цы	ts'ŭ	duan	дуань	tuan	hang	хан	hang
cong	цун	ts'ung	dui	дуй	tui	hao	хао	hao
cou	цоу	ts'ou	dun	дунь	tun	he	хэ	hê/ho
cu	цу	ts'u	duo	до	to	hei	хэй	hei
cuan	цуань	ts'uan	E			hen	хэнь	hên
cui	цуй	ts'ui	e	э	ê/o	heng	хэн	hêng
cun	цунь	ts'un	*ê	эй	(eh)	*hm	хм	(hm)
cuo	цо	ts'o	*ei	эй	(ei)	*hng	хн(г)	(hng)
CH			en	энь	ên	hong	хун	hung
cha	ча	ch'a	*eng	эн	(êng)	hou	хоу	hou
chai	чай	ch'ai	er/r	эр/р	êrh	hu	ху	hu
chan	чань	ch'an	F			hua	хуа	hua
chang	чан	ch'ang	fa	фа	fa	huai	хуай	huai
chao	чао	ch'ao	fan	фань	fan	huan	хуань	huan
che	чэ	ch'ê	fang	фан	fang	huang	хуан	huang
chen	чэнь	ch'ên	fei	фэй	fei			

戊

汉语拼音	传统俄语拼音	威妥玛拼音
hui	хуй (хой, хуэй)	hui
hun	хунь	hun
huo	хо	ho
J		
ji	цзи	chi
jia	цзя	chia
jian	цзянь	chien
jiang	цзян	chiang
jiao	цзяо	chiao
jie	цзе	chieh [chiai]
jin	цзинь	chin
jing	цзин	ching
jiong	цзюн	chiung
jiu	цзю	chiu
ju	цзюй	chü
juan	цзюань	chüan
jue	цзюэ	chüeh [chüo]
jun	цзюнь	chün
K		
ka	ка	k'a
kai	кай	k'ai
kan	кань	k'an
kang	кан	k'ang
kao	као	k'ao
ke	кэ	k'ê [k'o]
*kei	кэй	k'ei
ken	кэнь	k'ên
keng	кэн	kêng
kong	кун	k'ung
kou	коу	k'ou
ku	ку	k'u
kua	куа	k'ua
kuai	куай	k'uai
kuan	куань	k'uan
kuang	куан	k'uang
kui	куй	k'uei
kun	кунь	k'un
kuo	ко	k'uo
L		
la	ла	la
lai	лай	lai
lan	лань	lan
lang	лан	lang
lao	лао	lao
le	лэ	lê [lo]
lei	лэй	lei
leng	лэн	lêng
li	ли	li
lia	ля	lia
lian	лянь	lien
liang	лян	liang
liao	ляо	liao

汉语拼音	传统俄语拼音	威妥玛拼音
lie	ле	lieh
lin	линь	lin
ling	лин	ling
liu	лю	liu
*lo	ло	lo
long	лун	lung
lou	лоу	lou
lu	лу	lu
1ü	люй	lü
luan	луань	luan
**lüan	люань	[lüen]
lüe	люэ	lüeh [lüo, lio]
lun	лунь	lun
**lün	люнь	[lün]
luo	ло	lou
M		
*m	м	(m)
ma	ма	ma
mai	май	mai
man	мань	man
mang	ман	mang
mao	мао	mao
me	мэ	(me)
mei	мэй	mei
men	мэнь/мынь (устар.)	mên
meng	мэн/мын (устар.)	mêng
mi	ми	mi
mian	мянь	mien
miao	мяо	miao
mie	ме	mieh
min	минь	min
ming	мин	ming
miu	мю	miu
**mm	мм	(mm)
mo	мо	mo
mou	моу	mou
mu	му	mu
N		
*n	н	(n)
na	на	na
nai	най	nai
nan	нань	nan
nang	нан	nang
nao	нао	nao
ne	нэ	(ne)
nei	нэй	nei
nen	нэнь	nên
neng	нэн	nêng
*ng	н(г)	(ng)
ni	ни	ni
*nia	ня	(nia)

汉语拼音	传统俄语拼音	威妥玛拼音
nian	нянь	nien
niang	нян	niang
niao	няо	niao
nie	не	nieh
nin	нинь	nin
ning	нин	ning
niu	ню	niu
nong	нун	nung
*nou	ноу	(nou)
nu	ну	nu
nü	нюй	nü
nuan	нуань	nuan
nüe	нюэ	nüeh [nüe, nüo]
**nun	нунь	nun
nuo	но	no
O		
*o	о	(o)
ou	оу	ou
P		
pa	па	p'a
pai	пай	p'ai
pan	пань	p'an
pang	пан	p'ang
pao	пао	p'ao
pei	пэй	p'ei
pen	пэнь/пынь (устар.)	p'ên
peng	пэн/пын (устар.)	p'êng
pi	пи	p'i
pian	пянь	p'ien
**piang	пян	(p'iang)
piao	пяо	p'iao
pie	пе	p'ieh
pin	пинь	p'in
ping	пин	p'ing
po	по	p'o
pou	поу	p'ou
pu	пу	p'u
Q		
qi	ци	ch'i
qia	ця	ch'ia
qian	цянь	ch'ien
qiang	цян	ch'iang
qiao	цяо	ch'iao
qie	це	ch'ieh
qin	цинь	ch'in
qing	цин	ch'ing
qiong	цюн	ch'iung
qiu	цю	ch'iu
qu	цюй	ch'ü
quan	цюань	ch'üan
que	цюэ	ch'üeh (ch'io,ch'üo)

汉语拼音	传统俄语拼音	威妥玛拼音
qun	цюнь	ch'ün
R		
ran	жань	jan
rang	жан	jang
rao	жао	jao
re	жэ	jê
**rem	жэм	(jêm)
ren	жэнь	jên
reng	жэн	jêng
ri	жи	jih
rong	жун	jung
rou	жоу	jou
ru	жу	ju
**rua	жуа	(jua)
ruan	жуань	juan
rui	жуй	jui
run	жунь	jun
ruo	жо	jo
S		
sa	са	sa
sai	сай	sai
san	сань	san
sang	сан	sang
sao	сао	sao
se	сэ	sê
**sei	сэй	(sei)
sen	сэнь	sên
seng	сэн	sêng
si	сы	ssŭ [sŭ, szŭ]
song	сун	sung
sou	соу	sou
su	су	su
suan	суань	suan
sui	суй	sui
sun	сунь	sun
suo	со	so
SH		
sha	ша	sha
shai	шай	shai
shan	шань	shan
shang	шан	shang
shao	шао	shao
she	шэ	shê
*shei	шэй	(shei)
shen	шэнь	shên
sheng	шэн	shêng
shi	ши	shih
shou	шоу	shou
shu	шу	shu
shua	шуа	shua
shuai	шуай	shuai
shuan	шуань	shuan
shuang	шуан	shuang
shui	шуй	shui

汉语拼音	传统俄语拼音	威妥玛拼音
shun	шунь	shun
shuo	шо	sho
T		
ta	та	t'a
tai	тай	t'ai
tan	тань	t'an
tang	тан	t'ang
tao	тао	t'ao
te	тэ	t'ê
**tei	тэй	(t'ei)
teng	тэн	t'êng
ti	ти	t'i
tian	тянь	t'ien
**tiang	тян	(t'iang)
tiao	тяо	t'iao
tie	те	t'ieh
ting	тин	t'ing
tong	тун	t'ung
tou	тоу	t'ou
tu	ту	t'u
tuan	туань	t'uan
tui	туй	t'ui
tun	тунь	t'un
tuo	то	t'o
W		
wa	ва	wa
wai	вай	wai
wan	вань	wan
wang	ван	wang
**wao	вао	(wao)
wei	вэй	wei
wen	вэнь	wên
weng	вэн	wêng
wo	во	wo
wu	у	wu
X		
xi	си	hsi
xia	ся	hsia
xian	сянь	hsien
xiang	сян	hsiang
xiao	сяо	hsiao
xie	се	hsieh
xin	синь	hsin
xing	син	hsing
xiong	сюн	hsiung
xiu	сю	hsiu
xu	сюй	hsü
xuan	сюань	hsüan
xue	сюэ	hsüeh [hsio, hsüo]
xun	сюнь	hsün
Y		
ya	я	ya
**yai	яй	(yai)

汉语拼音	传统俄语拼音	威妥玛拼音
yan	янь	yan
yang	ян	yang
yao	яо	yao
ye	е	yeh
yi	и	yi [i]
yin	инь	yin
ying	ин	ying
*yo	ё	(yo)
yong	юн	yung
you	ю	yu
yu	юй	yü
yuan	юань	yüan
yue	юэ	yüeh
yun	юнь	yün
Z		
za	цза	tsa
zai	цзай	tsai
zan	цзань	tsan
zang	цзан	tsang
zao	цзао	tsao
ze	цзэ	tsê
zei	цзэй	tsei
**zem	цзэм	(tsêm)
zen	цзэнь	tsên
zeng	цзэн	tsêng
zi	цзы	tzŭ [tsŭ]
zong	цзун	tsung
zou	цзоу	tsou
zu	цзу	tsu
zuan	цзуань	tsuan
zui	цзуй	tsui
zun	цзунь	tsun
zuo	цзо	tso
ZH		
zha	чжа	cha
zhai	чжай	chai
zhan	чжань	chan
zhang	чжан	chang
zhao	чжао	chao
zhe	чжэ	chê
zhei	чжэй	chêi
zhen	чжэнь	chên
zheng	чжэн	chêng
zhi	чжи	chih
zhong	чжун	chung
zhou	чжоу	chou
zhu	чжу	chu
zhua	чжуа	chua
zhuai	чжуай	chuai
zhuan	чжуань	chuan
zhuang	чжуан	chuang
zhui	чжуй	chui
zhun	чжунь	chun
zhuo	чжо	cho

戊

表1注:

不考虑声调差异的现代汉语 434 个音节表由 Л. Р. 孔采维奇根据《现代汉语词典》（北京，1985 年）、《华俄大词典》（4 卷本，1983-1984 年）等编制而成。在汉语拼音一栏中，* 号标注的是未列入《普通话音节表》的音节，该表收录于《普通话水平测试员实用手册》（宋欣桥主编，北京，2000 年，第 288—292 页）。* 号标记的音节在规范表和《新华字典》（北京，1987 年）中都没有。在传统俄语拼音和威妥玛拼音栏中，有些音节用括号括起来，这意味着它们要么在规范表中缺失（在括号中），要么是变体拼写（在方括号中）。在俄语中发现的一些传统俄语拼音中的过时音节拼法（标注为过时）也被保留了下来。

表 2. 现代汉语字母系统

注音字母	汉语拼音	通用拼音	注音字母	汉语拼音	通用拼音	注音字母	汉语拼音	通用拼音
ㄅ	*b-*	*b-*	ㄛ	*-o*	*-o*	ㄧㄣ	*yin, -in*	*yin, -in*
ㄆ	*p-*	*p-*	ㄜ	*e*	*e*	ㄧㄤ	*yang, -iang*	*yang, -iang*
ㄇ	*m-*	*m-*	ㄝ *	*-(i)e*	*-(i)e*	ㄧㄥ	*ying, -ing*	*ying, -ing*
ㄈ	*f-*	*f-*	ㄞ	*ai*	*ai*	ㄨㄚ	*wa, -ua*	*wa, -ua*
ㄉ	*d-*	*d-*	ㄟ	*-ei*	*-ei*	ㄨㄛ	*wo, -uo*	*wo, -uo*
ㄊ	*t-*	*t-*	ㄠ	*ao*	*ao*	ㄨㄞ	*wai, -uai*	*wai, -uai*
ㄋ	*n-*	*n-*	ㄡ	*ou*	*ou*	ㄨㄟ	*wei, -ui*	*wei, -u(e)i*
ㄌ	*l-*	*l-*	ㄢ	*an*	*an*	ㄨㄢ	*wan, -uan*	*wan, -uan*
ㄍ	*g-*	*g-*	ㄣ	*(e)n*	*en*	ㄨㄣ	*wen, -un*	*wun, -un*
ㄎ	*k-*	*k-*	ㄤ	*ang*	*ang*	ㄨㄤ	*wang, -uang*	*wang, -uang*
ㄏ	*h-*	*h-*	ㄥ	*-(e)ng*	*-(e)ng*	ㄨㄥ	*weng, -ong*	*wong, -ong*
ㄐ	*j-*	*j-*	ㄦ	*(e)r*	*er*	ㄩㄝ	*yue, -ue, -üe**	*yue*
ㄑ	*q-*	*ci-*	ㄧ	*yi, -i*	*yi, -i*	ㄩㄢ	*yuan, -uan*	*yuan*
ㄒ	*x-*	*si-*	ㄨ	*wu, -u*	*wu, -u*	ㄩㄣ	*yun, -un*	*yun*
ㄓ	*zhi, zh-*	*jhih,jh-*	ㄩ	*yu, -u, -ü**	*yu*	ㄩㄥ	*yong, -iong*	*yong*
ㄔ	*chi, ch-*	*chih, ch-*	ㄧㄚ	*ya, -ia*	*ya, -ia*			
ㄕ	*shi, sh-*	*shih, sh-*	ㄧㄝ	*ye, -ie*	*ye, -ie*			
ㄖ	*ri,r-*	*rih,r-*	ㄧㄞ	*yai*				
ㄗ	*zi,z-*	*zih,z-*	ㄧㄠ	*yao, -iao*	*yao, -iao*			
ㄘ	*ci, c-*	*cih, c-*	ㄧㄡ	*you, -iu*	*you, -i(o)u*			
ㄙ	*si,s-*	*sih,s-*	ㄧㄢ	*yan, -ian*	*yan, -ian*			
ㄚ	*a*	*a*						

* 在后硬腭音加符号ㄝ，表示变元音 -e；参见爹 die, 学 syue/xue。

* ü 用于 l- 和 n- 后。

表 3. 传统注音字母与其他字母系统的比较

表 A 和表 Б 根据《国音字典》（上海，1924）给出了注音字母符号组成和字例。国语罗马字字母表只有第一声的方案。

A. 辅音符号（首音）

序号	注音字母	字例	国语罗马字	汉语拼音	传统俄语拼音	发音音调特点
1	ㄅ	傅	b-	b-	б-	Губно-губные
2	ㄆ	泼	p-	p-	п-	
3	ㄇ	漠	m-, mh-	m-	м-	
4	ㄈ	佛	f-	f-	ф-	Губно-зубные
5	万 *	复	v- (лит. w)	v-	в-	
6	ㄉ	德	d-	d-	д-	Переднеязычные
7	ㄊ	特	t-	t-	т-	смычные и сонанты
8	ㄋ	讷	n-, nh-	n-	н-	
9	ㄌ	肋	l-, lh-	l-	л-	
10	ㄍ	格	g-	g-	г-	Заднеязычные
11	ㄎ	客	k-	k-	к-	
12	兀 **	额	ng- (лит. нуль звука)		нг- **	
13	ㄏ	赫	h-	h-	х-	
14	ㄐ	基	j-(i)	j-	цз-(и)	Альвеопалатальные
15	ㄑ	欺	ch-(i)	q-	ц-(и)	
16	ㄣ **	尼	gn- (лит. n)		нь- **	
17	ㄒ	希	sh-(i)	x-	с-(и)	
18	ㄓ	知	j-	zh-	чж-	Ретрофлексные
19	ㄔ	痴	ch-	ch	ч-(ы)	шипящие
20	ㄕ	诗	sh-	sh	ш-	
21	ㄖ	日	r-, rh-	r-	ж-	
22	ㄗ	资	tz-	z-	цз-	Свистящие
23	ㄘ	雌	ts-	c-	ц-	
24	ㄙ	思	s-	s-	с-	

* 万符号的出现是为了在外来语和方言中表达响唇齿 [v]。该符号于 1930 年停止使用。

** 兀和广表示苏州方言（方言群）中的读音。前者表示后舌音 [ŋ]，后者表示齿龈音 [n]。这两个符号于 1930 年停止。

Б. 韵母书写符号

序号	注音字母	字例	国语罗马字	汉语拼音	传统俄语拼音	介音和韵脚
25	ㄧ / 一 *	衣	-i-/-y	-i	-и	Медиали (и финали) [i], [u], [y]
26	ㄨ	乌	-u-	-u-	-у	
27	ㄩ	迂	-iu-	-ü-	-юй	
28	ㄚ	啊	-a	-a	-а	Рифмы-монофтонги
29	ㄛ **	痾	-o	-o	-о	
[40]	ㄜ **	鹅	-e	-e	-э	
30	ㄝ **	耶	-e	-e	-е	

序号	注音字母	字例	国语罗马字	汉语拼音	传统俄语拼音	介音和韵脚
31	ㄞ	哀	*-ai*	*-ai*	*-ай*	Рифмы-дифтонги
32	ㄟ	呃	*-ei*	*-ei*	*-эй*	
33	ㄠ	熬	*-au*	*-ao*	*-ao*	
34	ㄡ	欧	*-ou*	*-ou*	*-oy*	
35	ㄢ	安	*-an*	*-an*	*-ань*	Рифмы с конечными [n] и [ŋ]
36	ㄣ	恩	*-en*	*-en*	*-энь*	
37	ㄤ	昂	*-ang*	*-ang*	*-ан*	
38	ㄥ	哼	*-eng*	*-eng*	*-эн*	
39	ㄦ	儿	*-el*	*-er*	*-эр*	Рифма (финаль) [əɹ]

* 同一字母的两种变化。横写时使用竖线，竖写时使用横线。

** 注音字母反映了构成音节的元音 -e 的音变。1920 年开始使用符号 ㄜ（第 40 号）来记录该元音在音节恶 e 和得 de 中的主要变体，之前的符号 ㄛ 用于记录其在音节多 дo 和我 вo 中的变体。字母 ㄝ 也用于记录硬腭音韵母的变元音 -e。

表 4. 北京话和普通话的韵头和儿化音 *

音节元音	介音状态			
	介音缺失	[i] (цичи)	[u] (хэкоу)	[y] (цокоу)
序列 «a»	*-a* [aɹ] *-ai* [aɹ] *-an* [aɹ] *-ao* [aɯ] *-ang* [ã̃ɹ]	*-ia* [iaɹ] *-ian* [iaɹ] *-iao* [iaɯ] *-iang* [iã̃ɹ]	*-ua* [uaɹ] *-uai* [uaɹ] *-uan* [uaɹ] *-uang* [uã̃ɹ]	*-üan* [yaɹ]
序列 «ə» 和非对序列	*-e/-o* [ɤɹ]/[oɹ] *-i/[ï]* [əɹ] *-ei* [əɹ] *-en* [əɹ] *-ou* [ouɹ] *-eng* [ə̃ɹ]	*-ie* [iɛɹ] *-i /[i]* [iəɹ] *-in* [iəɹ] *-iu* [iouɹ] *-ing* [iə̃ɹ]	*-uo* [ouɹ] *-u* [uɹ] *-ui* [uəɹ] *-un* [uəɹ] *-ong* [ũɹ]	*-üe* [yɛɹ] *-ü* [yəɹ] *-ün* [yəɹ] *-iong* [iũɹ]

汉语拼音系统采用未儿化的韵头，儿化的韵母采用国际音标（IPA）系统。

表 5. 官话方言中首辅音 l– 和 n– 的对立关系

方言		音节词素示例			
		兰 *лань* 'орхидея'	南 *нань* 'юг'	犁 *ли* 'пахать'	泥 *ни* 'глина'
北方官话区	Пекин Сиань	[l] [l]	[n] [n]	[l] [l]	[n] [ɲ]

方言		音节词素示例			
		兰 *лань* 'орхидея'	南 *нань* 'юг'	犁 *ли* 'пахать'	泥 *ни* 'глина'
南方官话区	Баокан	[n]			
	Ляньюньган	[l]			
	Учан	[l]/[n]			
	Чэнду	[n]		[n]	[n]
	Шицюань (юг Шэньси)	[l]/[n]		[l]/[n]	[ɳ]
	Чжунсянь (Сычуань)	[n]		[n]	ø
	Тунвэй (Ганьсу)	[l] [n]		[l]	tɕ
	Ушань (Ганьсу)			[n]	tɕ
过渡性方言	Лицюань (Шэньси)	[l]		[l]	[n]
	Нинцян (Шэньси)	[n]		[l]	[ɳ]

表 6. 中古汉语首辅音组

чжи，чжуан，чжан 在官话方言中的对应关系，表中只包括现代不送气塞擦音。

中古汉语首辅音组	对应类型		
	Пекинский	Южный	Сианьский
Ретрофлексные смычные (知 чжи *ʈ-)	[tʂ]	[tʂ]*	III дэн: [tʂ] II дэн: [ts]
Твердые шипящие (莊 чжуан *tʂ-)	[tʂ]	*вайчжуань:* [tʂ] *нэйчжуань:* [ts]	[ts]
Палатальные шипящие (章 чжан *tɕ-)	[tʂ]	[tʂ]	[tʂ]**

* 例外情况——韵母为梗的中古汉语音节用现代咝辅音 [ts]、[ts']、[s] 发音。

** 例外情况——韵母为止的中古汉语音节，用现代咝辅音 [ts]、[ts']、[s] 发音。

表格 7. 官话中 "ə" 系列的鼻韵母

方言		音素示例							
		根 *гэнь* 'корень'	庚 *гэн* 'цикл . знак'	金 *цзинь* 'металл'	京 *цзин* 'столица'	棍 *гунь* 'палка'	东 *дун* 'восток'	群 *цюнь* 'группа'	穷 *цюн* 'бедный'
北方官话区	Пекин	[ən]	[əŋ]	[in]	[iŋ]	[uən]	[uŋ]	[yn]	[yŋ]
	Цзинань	[ẽ]	[əŋ]	[iẽ]	[iŋ]	[uẽ]	[uŋ]	[yẽ]	[yŋ]
	Сиань	[ẽ]	[əŋ]	[iẽ]	[iŋ]	[uẽ]	[oŋ]	[yẽ]	[yŋ]
	Ланьчжоу	[en]		[in]		[un]		[yn]	
南方官话区	Чэнду	[ən]		[in]		[uən]	[oŋ]	[yn]	[yoŋ]
	Куньмин	[ẽ]		[ĩ]		[uẽ]	[oŋ]	([ĩ])	[ioŋ]

表 8. 官话中第四声（入声）的对应关系 *

方言			历史首辅音		
			清辅音	响辅音	浊辅音
北方官话区	Хэбэйско-шаньдунская подгруппа	Чанчунь (1) Пекин (4)	Ia, Iб, II, III		
		Цзинань (2)	Ia	III	Iб
		Жунчэн (Шаньдунский п-ов) (3)	II		
	Подгруппа Центральной равнины	Сиань (5)	Ia		Iб
		Ланьчжоу (6)	III		
南方官话区	Нанкин (7)		IV		
	Чжанъи (8)		IV		
	Чэнду (8)		Iб		
	Нэйцзян (8)		III		
	Баосин (8)		Ia		

★ 括号中的数字为《中国语言地图集》（1987—1988 年）中官话方言亚群的编号：（1）东北话；（2）河北山东话或北方话（冀鲁话）；（3）山东和辽东半岛亚群（胶辽话）；（4）北京话；（5）中原亚群（中原）；（6）兰州 – 银川地区亚群（兰银）；（7）长江 – 淮河交汇处亚群（江淮）；（8）西南。

表 9. 官话"入声"韵尾 *–k

官话中"入"声韵尾为 ★-k 的韵母（中古曾梗摄入声韵）

方言		词素示例					
		Дэн I			Дэн II		
		北 'север'	德 'добродетель'	黑 'черный'	百 'сто'	窄 'узкий'	客 'гость'
北方官话区	Пекин	[pei]	[tə]	[xei]	[pai]	[tʂai]	[kʼə]
	Сиань	[pe]	[tei]	[xei]	[pei]	[tsei]	[kʼei]
	Цзинань	[pei]	[tei]	[xei]	[pei]	[tsei]	[kʼei]
	Пэйсянь	[pei]	[tei]	[xei]	[pei]	[tʂei]	[kʼei]
南方官话区	Чэнду	[pe]	[te]	[xe]	[pe]	[tse]	[kʼə]
	Ханькоу	[pə]	[tə]	[xə]	[pə]	[tsə]	[kʼe]

表 10. 北京方言和普通话声调

中古四声	中古首音	现代北京声调和音调的语音特征
I（平 пин）	Глухие	1-й тон (Ia, инь-пин) — 55
	Сонорные и звонкие	2-й тон (Iб, ян-пин) — 35
II（上 шан）	Глухие и сонорные	3-й тон (II, шан-шэн) — 214
	Звонкие	4-й тон (III, цюй-шэн) — 51
III（去 цюй）	Глухие, сонорные, звонкие	4-й тон (III, цюй-шэн) — 51

中古四声	中古首音	现代北京声调和音调的语音特征
IV (入 жу)	Глухие	иррегулярно 1-й, 2-й, 3-й, 4-й тоны
	Сонорные	4-й тон (III, *цюй-шэн*) — 51
	Звонкие	2-й тон (Iб, *ян-пин*) — 35

表 11. 官话和晋 * 方言声调的主要语音类型

类型	方言	声调						
		平 *пин*		上 *шан*	去 *цюй*		入 *жу*	
		Ia	Iб	II	IIIa	IIIб	IVa	IVб
1.	Сиань (Шэньси)	31	24	42	55			
	Тайюань (Шаньси)	11		53	55		2	43
	Юйсянь (Шаньси)	212	22	353	55		2	43
	Суйдэ (Шэньси)	312	33	213	51		33	
2.	Чжэнчжоу (Хэнань)	24	41	55	31			
	Чжушань (север Хубэй)	24	53	44	313	33		
	Цзинань (Шаньдун)	213	42	55	31			
3.	Хэфэй (Аньхой)	212	55	24	53		4	
	Сюйчжоу (север Цзянсу)	313	55	35	52			
4.	Пекин	55	35	214	51			
	Шэньян (Ляонин)	33	35	213	53			
5.	Чэнду (Сычуань)	55	31	42	24			
	Люба (юг Шэньси)	55	31	52	24			
	Ланьчжоу (Ганьсу)	53	31	42	24			
	Иньчуань (Нинся)	44	53		13			
	Куньмин (Юньнань)	44	31	52	22			
	Ханькоу (Хубэй)	55	313	42	35			
6.	Нанкин (Цзянсу)	31	13	22	44		5	
	Аньцин (Аньхой)	21	34	214	43		5	

★ 声调主要语音类型的地理分布并不总是与方言群和亚群的地理边界相一致。

表 12. 传统 214 部首体系

1 черта	23 匸	42 小(⺌)	纟(120 糸)
1 一	24 十	43 尢(尣尤)	艹(140 艸)
2 丨	25 卜(⺊)	44 尸	辶(162 辵)
3 丶	26 卩(㔾)	45 屮	пр. 阝(163 邑)
4 丿	27 厂	46 山	门(169 門)
5 乙(一乚乚)	28 厶	47 巛(川)	лев. 阝(170 阜)
6 亅	29 又(又)	48 工	飞(183 飛)
2 черты	夊(54 夊)	49 己(巳)	饣(184 食)
7 二	讠(149 言)	50 巾	马(187 馬)
8 亠	пр. 阝(163 邑)	51 干	**4 черты**
9 人(亻)	лев. 阝(170 阜)	52 幺	61 心(忄⺗)
10 儿	**3 черты**	53 广	62 戈
11 入	30 口	54 廴	63 戶(户)
12 八(丷丷)	31 囗	55 廾	64 手(扌)
13 冂	32 土	56 弋	65 支
14 冖	33 士	57 弓	66 攴(攵)
15 冫	34 夂	58 彐(彐彐彑)	67 文
16 几(凢)	35 夊	59 彡	68 斗
17 凵	36 夕	60 彳	69 斤
18 刀(刂⺈)	37 大(太)	忄(61 心)	70 方
19 力	38 女	扌(64 手)	71 无(旡)
20 勹	39 子(孑)	氵(85 水)	72 日
21 匕	40 宀	丬(90 爿)	73 曰
22 匚	41 寸	犭(94 犬)	74 月(⺼)

75 木 (朩)	月 (130 肉)	111 矢	128 耳
76 欠	++ (140 艸)	112 石	129 聿
77 止	见 (147 見)	113 示 (礻示)	130 肉 (月)
78 歹 (歺)	贝 (154 貝)	114 禸	131 臣
79 殳	车 (159 車)	115 禾	132 自
80 母 (毋)	辶 (162 辵)	116 穴 (宀)	133 至
81 比	长 (168 長)	117 立	134 臼
82 毛	韦 (178 韋)	母 (80 毋)	135 舌
83 氏	风 (182 風)	冰 (85 水)	136 舛
84 气	**5 черт**	罒 (122 网)	137 舟
85 水 (氵氺)	95 玄	艮 (138 艮)	138 艮 (艮)
86 火 (灬)	96 玉 (王)	衤 (145 衣)	139 色
87 爪 (爫爫爫)	97 瓜	钅 (167 金)	140 艸 (++卄廿)
88 父	98 瓦	鸟 (169 鳥)	141 虍
89 爻	99 甘	龙 (212 龍)	142 虫
90 爿 (丬)	100 生	**6 черт**	143 血
91 片	101 用	118 竹 (⺮)	144 行
92 牙	102 田	119 米	145 衣 (衤)
93 牛 (牜)	103 疋 (疋正)	120 糸 (糹纟)	146 覀 (西西)
94 犬 (犭)	104 疒	121 缶	页 (181 頁)
忄 (61 心)	105 癶	122 网 (冈罒)	齐 (210 齊)
王 (96 玉)	106 白	123 羊 (⺷䒑)	**7 черт**
瓦 (98 瓦)	107 皮	124 羽 (羽)	147 見 (见)
礻 (113 示)	108 皿	125 老 (耂耂)	148 角 (角)
冈 (122 网)	109 目 (罒)	126 而	149 言 (讠)
耂 (125 老)	110 矛	127 耒 (耒)	150 谷

戊

1059

151 豆	167 金(钅)	184 食(飠饣)	黄(201黃)
152 豕	168 長(县长)	185 首	12 черт
153 豸	169 門(门)	186 香	201 黃(黄)
154 貝(贝)	170 阜(阝)	骨(188骨)	202 黍
155 赤	171 隶	鬼(194鬼)	203 黑
156 走	172 隹	10 черт	204 黹
157 足(⻊)	173 雨(⻗)	187 馬(马)	13 черт
158 身	174 青(青)	188 骨(骨)	205 黽(黾)
159 車(车)	175 非	189 高	206 鼎
160 辛	鱼(195魚)	190 髟	207 鼓
161 辰	黾(205黽)	191 鬥	208 鼠
162 辵(辶辶)	齿(211齒)	192 鬯	14 черт
163 邑(阝)	9 черт	193 鬲	209 鼻
164 酉	176 面	194 鬼(鬼)	210 齊(齐)
165 采	177 革	11 черт	15 черт
166 里	178 韋(韦)	195 魚(鱼)	211 齒(齿)
县(168长)	179 韭	196 鳥(鸟)	16 черт
卤(197鹵)	180 音	197 鹵(卤)	212 龍(龙)
麦(199麥)	181 頁(页)	198 鹿	213 龜(龟)
龟(213龜)	182 風(风)	199 麥(麦)	17 черт
8 черт	183 飛(飞)	200 麻(麻)	214 龠

★ 来源：《汉俄大词典》，И. М. 鄂山荫编辑，卷 1. М. , 1983, pp. 325 - 328。在传统 214 键之后括号中的，是其书写的变体：a）繁体——取决于字符的位置；b）简体，20 世纪中叶引入中国。每个部分的末尾还根据其特点给出了键的变体。

本卷作者名单

И.А. 阿利莫夫 (Алимо.И.А.)　1. 笔记；2.《北梦琐言》；3. 王得臣；4.《归田录》；5.《东坡志林》；6.《六一居士诗话》；7.《梦溪笔谈》；8. 欧阳修；9.《宋景文公笔记》；10. 宋祁；11. 孙光宪；12. 苏辙；13.《青琐高议》；14.《麈史》；15. 沈括；16. 元好问

М.И. 巴斯曼诺夫 (Басмано.М.И.)　李清照

Л.Е. 别任 (Бежи.Л.Е..)　谢灵运

Е.В. 贝尔维尔斯 (Бервер.Е.В.)　吴伟业

В.А. 韦尔古斯 (Вельгу.В.А..)　1.《漱玉词》；2.《海录碎事》

Д.Н. 华克生 (Воскресенски.Д.Н.)　1. 白话文叙事散文；2.《儒林外史》；3. 兰陵笑笑生；4. 李宝嘉；5. 李汝珍；6. 李渔；7. 罗贯中；8. 刘鹗；9. 苏曼殊；10. 吴沃尧；11. 吴敬梓；12. 吴承恩；13. 冯梦龙；14.《红楼梦》（第 1 篇）；15. 曹雪芹；16. 曾扑；17. 施耐庵

К.И. 郭黎贞 (Голыгин.К.И.)　1.《文》；2. 文言文叙事散文；3. 传统文学理论；4. 古典文学研究；5. 干宝；6. 牛僧孺；7. 蒲松龄；8. 纪昀；9. 瞿佑；10. 袁枚

Н.Ю. 杰米多 (Демид.Н.Ю.)　1. 改革文学；2. 蒋子龙；3. 张洁

С.В. 德米特里耶夫 (Дмитрие.С.В.)　1. 文选（第 2 篇）；2. 萧统（第 2 篇）

А.Н. 热洛霍夫采夫 (Желоховце.А.Н.)　1. 当代文学；2. 阿城；3. 北岛；4. 王安忆；5. 高行健；6. 龚自珍；7. 古华；8. 辜鸿铭；9. 顾城；10. 邓拓；11. 林白；12. 李陀；13. 路遥；14. 刘白羽；15. 刘心武；16. 毛泽东；17. 唐浩明；18. 吴晗；19. 冯骥才；20. 话本；21.《今古奇观》；22. 贾平凹；23. 岑参；24. 张抗抗；25. 赵树理；26. 周立波；27. 池莉；28. 谌容；29. 郁秀；30. 姚雪垠

Е.А. 扎维多夫斯卡娅 (Завидовска.Е.А..)　1. 王朔；2. 鬼子；3. 格非；4. 杜鹏程；5. 李洱；6. 刘震云；7. 新写实；8. 孙甘露；9. 苏童；10. 先锋小说；11. 萧三；12. 方方；13. 禁书（与 Г.А. 尤苏波娃合编）；14. 朱文；15. 二月河；16. 余华；17. 阎连科

О.И. 扎维亚洛娃 (Завьялов.О.И.)　1. 汉语；2. 象形文字；3. 亚洲汉语圈：20-21 世纪的改革与立法；4. 百家姓（与 А.В. 涅姆蒂诺娃.Ф.Ю. 塔夫罗夫斯基）；5. 部首；6. 文白异读；7. 文言；8. 国语；9. 官话；10. 古文；11. 语言文字法；12. 声母；13. 八思巴字；14. 四角号码检字法；15. 普通话；16. 普通话水平测试；17. 王西里检字法；18. 字；19. 小儿经；20. 声调；21. 通用拼音；22.《方言》；23. 韵母；24.《仓颉篇》；25. 切韵；26.《急就篇》；27. 甲骨文；28. 轻声；29.《中原音韵》；30.《史籀篇》；31.《说文解字》；32. 儿化；33.《尔雅》；34. 韵；35. 韵图；36 韵书

И.Т. 佐格拉芙 (Зогра.И.Т..)　白话

А.М. 高辟天 (Карапетьян.А.М.)　古代中国的字、文和音

А.И. 科布杰夫 (Кобзе.А.И.)　《金瓶梅》

Л.Р. 康采维奇 (Концеви.Л.Р..)　1. 国语罗马字；2. 汉语拼音；3. 巴拉第拼音；4. 威妥玛拼音；5. 注音字母

Г.Б. 科列茨 (Коре.Г.Б.)　铁凝

А.Н. 科罗博娃 (Коробов.А.Н.)　1. 阿英；2. 王安石；3. 王勃；4. 王昌龄；5. 高适；6. 杜牧；7. 柳永；8. 孟浩然；9. 反思文学；10. 张爱玲；11. 陈子昂；12. 伤痕文学

М.Е. 克拉夫佐娃 (Кравцов.М.Е.)　1.“文”与中国诗歌的开端；2. 前古典时期（汉朝与六朝）诗歌创作；3. 文学体裁；4. 诗法；5. 八病.6. 班固；7. 班婕妤；8. 鲍照；9.《卜居》；10. 王融；11. 王羲之；12. 王粲；13. 王延寿；14. 文人乐府；15.《文心雕龙》；16.《文选》（第 1 篇）；17.《文赋》；18. 郭璞；19. 宫体诗；20. 宫乐；21. 古诗；22.《大招》；23.《典论论文》；24. 阮籍；25. 阮瑀；26. 任昉；27. 应璩；28. 殷仲文；29. 应玚；30. 孔融；31.《孔雀东南飞》；32.《兰亭诗》；33.《离骚》；34. 陆机；35. 陆云；36. 刘琨；37. 刘伶；38. 刘勰；39. 刘桢；40. 刘彻；41.《陌上桑》；42.《穆天子传》；43. 枚乘；44. 南北朝乐府民歌；45. 潘尼；46. 潘岳；47. 谢朓；48. 谢庄；49. 孙绰；50. 宋玉；51. 司马相如；52. 玄言诗；53. 徐幹；54. 许询；55. 向秀；56. 萧纲；57. 萧统（第 1 篇）；58. 萧衍；59. 太康体；60. 唐勒；61.《天问》；62. 范云；63. 赋；64. 傅玄.65. 蔡琰；66. 曹丕；67. 曹操；68. 曹植；69. 嵇康；70. 左思；71.《九歌》；72.《九章》；73. 甲骨文；74. 贾谊；75. 建安风骨；76. 江淹；77.《琴赋》；78. 屈原（第 2 篇）；79. 张协；80. 张华；81. 张衡；82. 张载；83.《招隐士》；84.《招魂》；85. 竹林七贤；86. 钟嵘；87. 正始体；88.《楚辞》；89. 陈琳；90.《诗大序》；91.《史论》；92.《诗品》；93.《诗经》；94. 沈约；95.《远游》；96. 庚信；97.《玉台新咏》；98.《渔父》；99. 庚阐；100. 咏；101. 永明体；102. 乐府；103. 乐府民歌；104. 扬雄（第 2 篇）；105. 颜延之；106. 谣

Н.А. 列别杰娃 (Лебедев.Н.А.)　1. 萧红；2. 萧军

И.С. 李谢维奇 (Лисеви.И.С.)　1. 谢惠连；2. 司空图；3. 诗

А.Е. 卢基扬诺夫 (Лукьяно.А.Е.)　《道德经》

В.С. 马努欣 (Манухи.В.С.)　柳宗元

Л.Н. 孟列夫 (Меньшико.Л.Н.)　1. 变文；2. 文

Е.И. 米特金娜 (Митькин.Е.И.)　李商隐

А.В. 涅姆季诺娃 (Немтинов.А.В.)　百家姓（与 О.И. 扎维亚洛娃.Ф.Ю. 塔夫洛夫斯基合编）

Л.А. 尼科利斯卡娅 (Никольска.Л.А.)　1. 田汉；2. 曹禺

В.В. 尼科利斯卡娅 (Никольска.В.В.)　1.《西游记》；2.《红楼梦》（第 2 篇）

庞英 (Па.Ин)　《水浒传》

Л.Е. 波梅兰采娃 (Померанцев.Л.Е.)　《淮南子》

李福清 (Рифти.Б.Л.)　1. 文学中的古代神话；2.《梁山伯与祝英台》；3. 马烽；4.《三国演义》；

戊

5. 石玉昆；

А.А. 罗流沙 (Родионо.А.А.)　1. 林语堂；2. 穆时英；3. 欧阳山；4. 新月派

О.П. 罗季奥诺娃 (Родионов.О.П.)　1. 冯德英；2. 张贤亮；3. 周而复

В.И. 谢曼诺夫 (Семано.В.И.)　谭嗣同

Е.А. 谢列布里亚科夫 (Серебряко.Е.А.)　1. 古典诗歌；2. 白居易；3. 王维；4. 杜甫；5. 李白；6. 陆游；7. 辛弃疾；8. 苏轼；9. 陶渊明；10. 黄遵宪；11. 屈原（第 1 篇）

И.С. 斯米尔诺夫 (Смирно.И.С.)　1. 高启；2. 沈德潜

И.И. 索科洛娃 (Соколов.И.И.)　古文

В.Ф. 索罗金 (Сороки.В.Ф.)　1. 中国文学；2. 古典戏剧；3. 新文学（1917-1949）；4. 现当代文学研究；5. 艾芜；6. 艾青；7. 巴金；8. 白朴；9. 王蒙（与 С.А. 托罗普采夫合编）；10. 王实甫；11. 高明；12. 郭沫若；13. 关汉卿；14. 丁玲；15. 叶圣陶；16. 孔尚任；17. 老舍；18. 鲁迅；19. 茅盾；20. 马致远；21. 蒲风；22. 萨都剌；23. 徐渭；24. 汤显祖；25. 田间；26. 洪昇；27. 胡风；28. 杂剧；29. 纪君祥；30. 曲；31. 钱钟书；32. 周作人；33. 诸宫调；34. 朱有燉；35. 郑光祖；36. 郑振铎；37. 沈从文；38. 郁达夫

Н.А. 司格林 (Спешне.Н.А.)　说唱艺术

А.Б. 斯塔罗斯季娜 (Старостин.А.Б.)　扬雄（第 1 篇）

Ф.Ю. 塔夫罗夫斯基 (Тавровски.Ф.Ю.)　百家姓（与 О.И. 扎维亚洛娃 .А.В. 涅姆季诺娃合编）

С.А. 托罗普采夫 (Торопце.С.А.)　王蒙（与 В.Ф. 索罗金合编）

Е.А. 陶奇夫 (Торчино.Е.А.)　《庄子》

Н.К. 胡齐亚托娃 (Хузиятов.Н.К.)　1. 莫言；2. 寻根文学；3. 韩少功；4. 张承志

Р.Г. 沙皮罗 (Шапир.Р.Г.)　反切

М.Е. 施耐德 (Шнейде.М.Е.)　中国左翼作家联盟

Г.А. 尤苏波娃 (Юсупов.Г.А.)　1. 北方；2. 韩东；3. 残雪；4. 禁书（与 Е.А. 扎维多夫斯卡娅合编）

参考文献 I——В. П. 茹拉夫列娃

参考文献 II——М. Е. 克拉夫佐娃

"司空图"的词条参考文献——Б. Л. 李福清

"田汉""曹禺"的词条参考文献——А. И. 科布杰夫

第二部分"语言文字"的表格：表 1-3-Л. Р. 康采维奇，表 4-11-О. И. 扎维亚洛娃

插图选编：С. М. 阿尼基耶娃，О. И. 扎维亚洛娃，А. М. 高辟天，А. Н. 科罗波娃，И. И. 梅拉宁

该出版物标识的设计理念——А. И. 科布杰夫

索引——О. И. 扎维亚洛娃，А. Н. 科罗波娃，Р. И. 科托娃

（佟宝慧译）

屈原（约前 340—前 248）[1]

李白（701—762/763）

白居易（772—846）

苏轼（1036—1101）

---

[1]　一般认为，屈原卒于前278年。——译者注

老舍（1899—1966）

艾青（1910—1996）

王安忆（生于 1954 年）

王蒙（生于 1934 年）

王朔（生于 1958 年）

艾芜（1904—1992）

铁凝（生于 1957 年）

张爱玲（1920—1995）

苏童（生于 1963 年）

鲁迅

鲁迅

鲁迅的诗词手迹

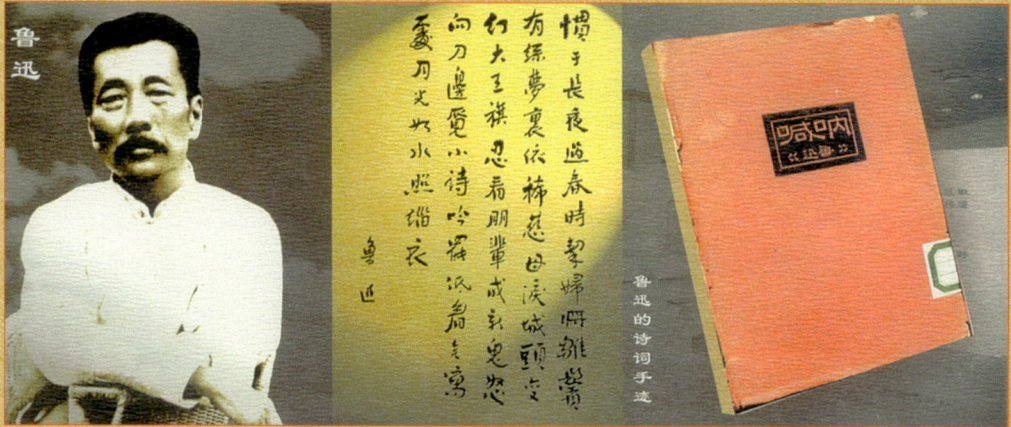

鲁迅（1881—1936），手迹和《呐喊》

茅盾

茅盾《夜读偶记》手稿

茅盾（1896—1981），手迹和三部曲《蚀》

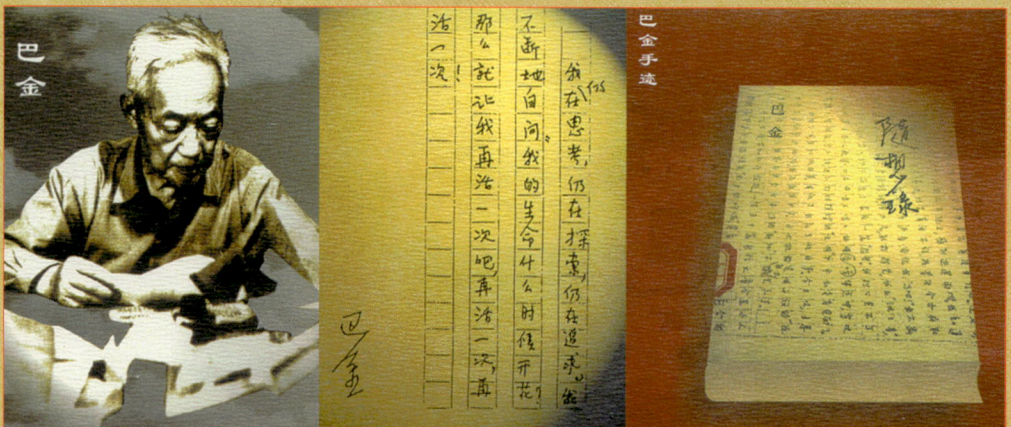

巴金

巴金手迹

巴金（1904—2005），手迹和《随想录》

《千家诗》插图
明代宫廷版本

增和
水滴銅龍鳴漏箭
春生丹陛艷仙桃
光浮御氣龍顏近
殿擁祥雲鳳闕高
紫綬班聯排玉筍
黃麻詔草染霜毫
重霑雨露承恩寵
烏帽深慙鬢二毛

明解增和千家詩註二卷

宋名賢　謝疊山　註

春景　奉和賈至舍人早朝大明宮

杜子美

五夜漏聲催曉箭　九重春色醉仙桃

旌旗日暖龍蛇動　宮殿風微燕雀高

朝罷香煙攜滿袖　詩成珠玉在揮毫

欲知世掌絲綸美　池上于今有鳳毛

釋義　五夜漢魏以來名夜有五起於甲夜止於戊夜故謂五夜箭漏箭

迫徵苗第三聯亦承上兩言由徵納
之重致貧益甚野菜和根煑則不足
以充饑生就帶葉燒則不足以充用
極言其無聊生之慮雖極深山深處
亦無計以逃避征徭之擾也

文学题材中的中国年画

《李白醉写番表》（收入《今古奇观》）

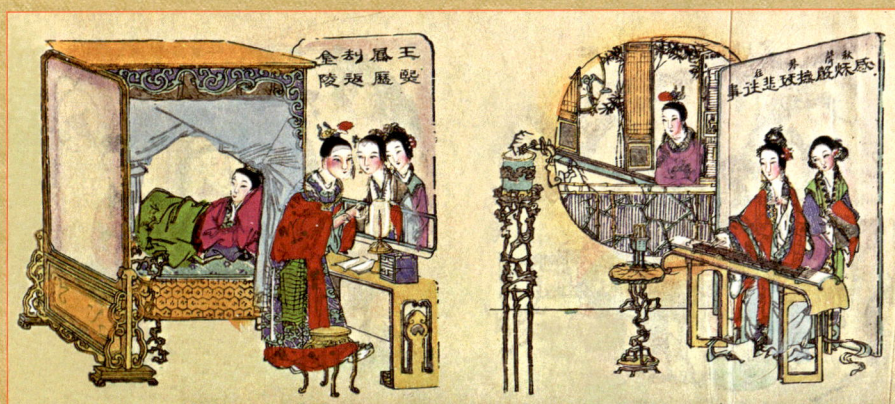

曹雪芹长篇小说《红楼梦》中的几个场景

宋诗启画

大鼓书《三下南唐》片段

大鼓书《三下南唐》片段

余兆

南唐李景

余道鸿

宋诗启画

吴承恩长篇小说《西游记》片段

大鼓书《二册花园赠钗》的几个场景

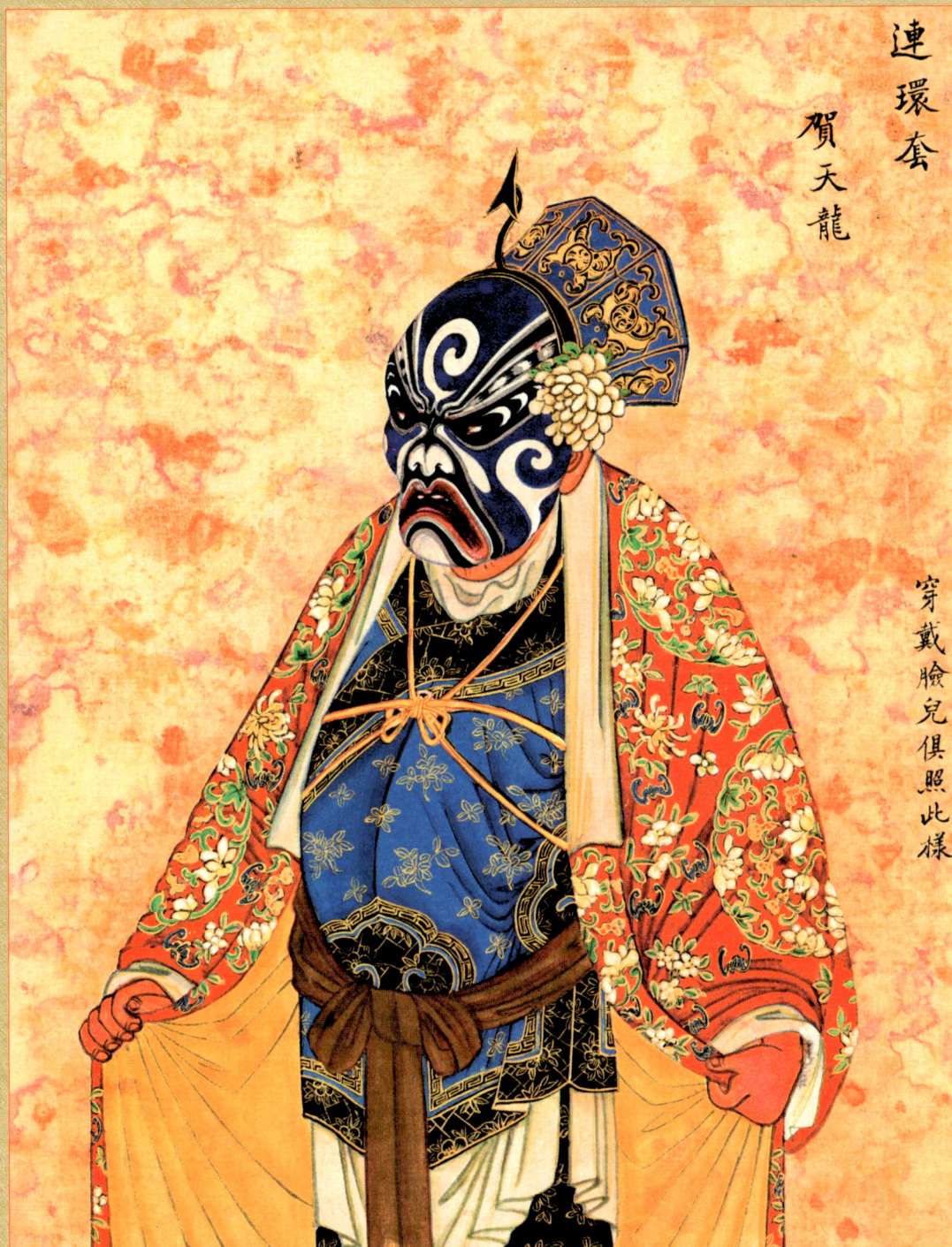

連環套

賀天龍

穿戴臉兒俱照此樣

贺天龙（根据长篇小说《施公案》母题改编的剧本）

以下人物均为根据长篇小说《三国演义》第29回《凤鸣关》改编的剧本的人物①

韩豹

诸葛亮

韩彪

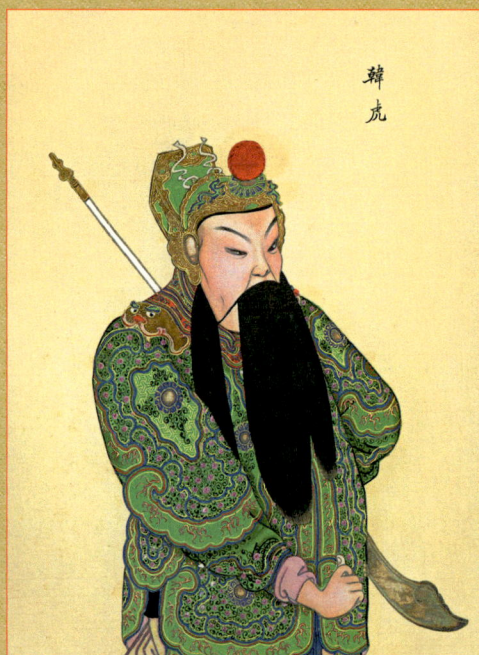

韩虎

---

① 在京剧《凤鸣关》中，有人物韩德及其子韩瑛、韩瑶、韩琼、韩琪等人，并没有韩豹、韩彪、韩虎、韩龙。另，据国内通行本《三国演义》，凤鸣关相关情节在第92回。——译者注

韩德

赵子龙

韩龙

邓芝

以下人物均为根据《岳飞传》情节改编的剧本的人物

杨赞星

牛皋

以下人物均为根据《今古奇观》情节改编的剧本的人物

钟元谱

俞伯牙

19 世纪的木刻插图本

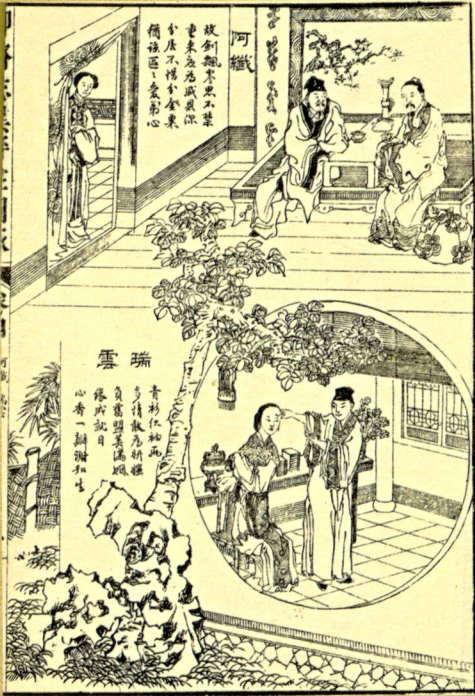

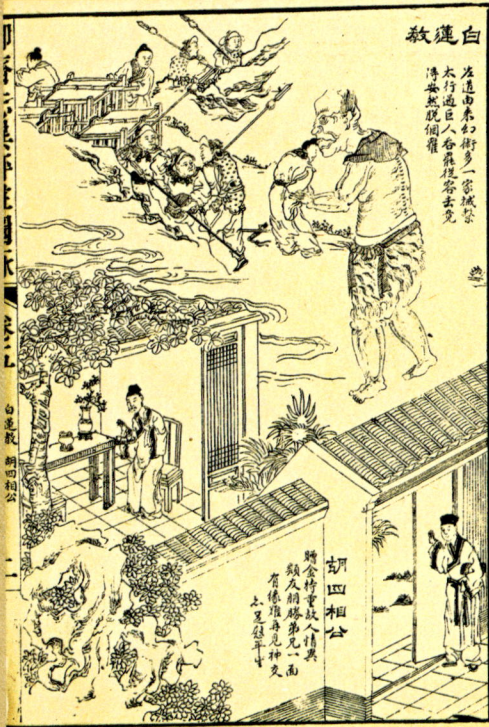

蒲松龄《聊斋志异》

20 世纪 30—40 年代的出版物

徐志摩《自剖》

穆时英《黑牡丹》

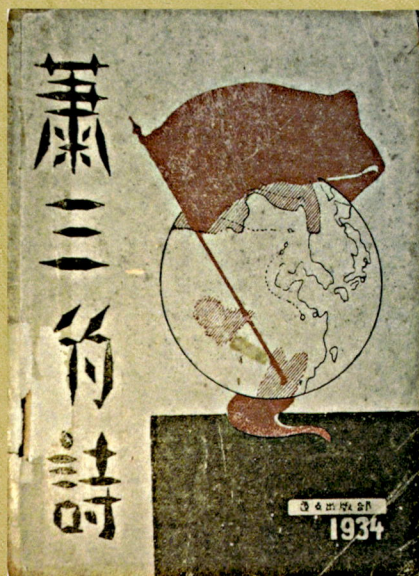

埃弥萧（萧三）《诗》

张天翼《鬼土日记》

现代出版物

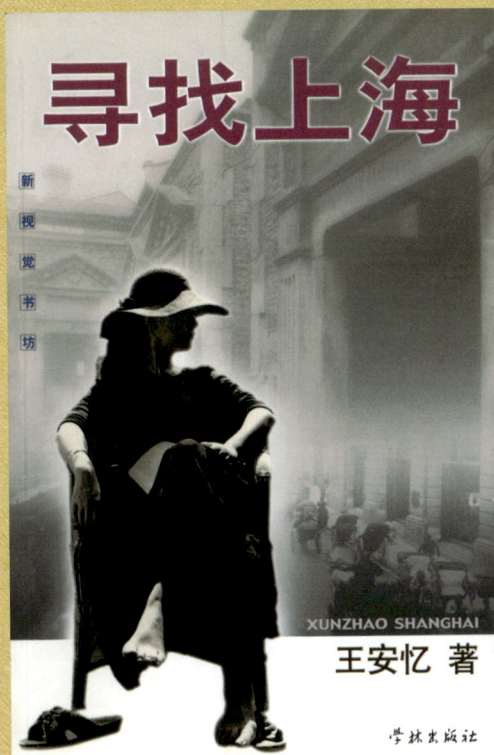

王安忆《寻找上海》

王蒙《笑而不答》　　《王蒙年谱》　　《加拿大的月亮》

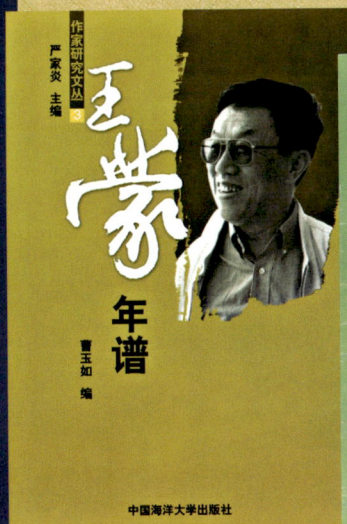

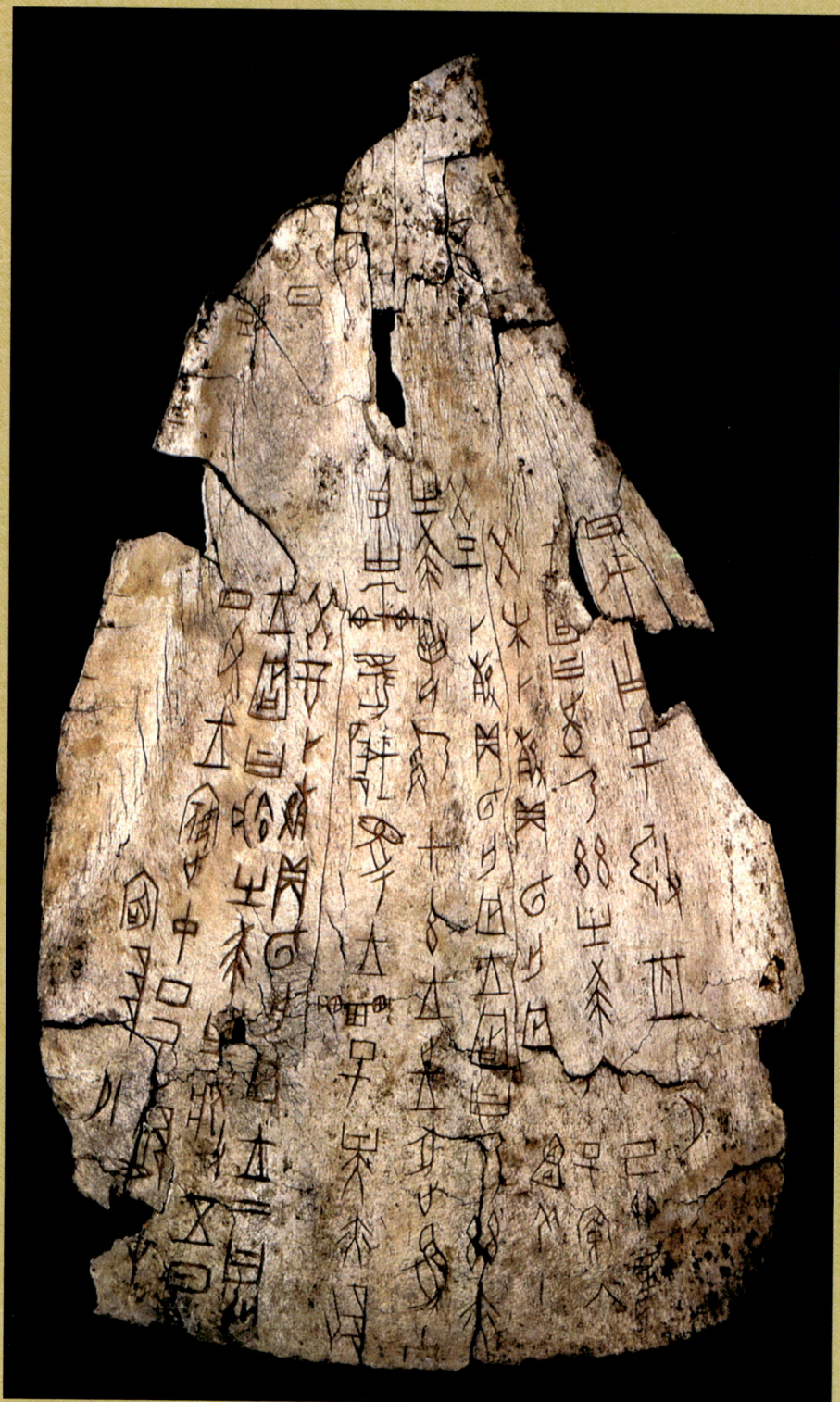

殷商甲骨文字（甲骨文，殷商时代）

上海博物馆
馆藏印章

著名画家高翔
的作品印章
（1688—1753）

关内侯印［金
质，西晋时期
（3—4世纪）］

石刻书法（约498）［拓本，
故宫博物院（北京）藏］

氏族王公从朝廷接受的印章
［金质，西晋时期（3—4世纪）］

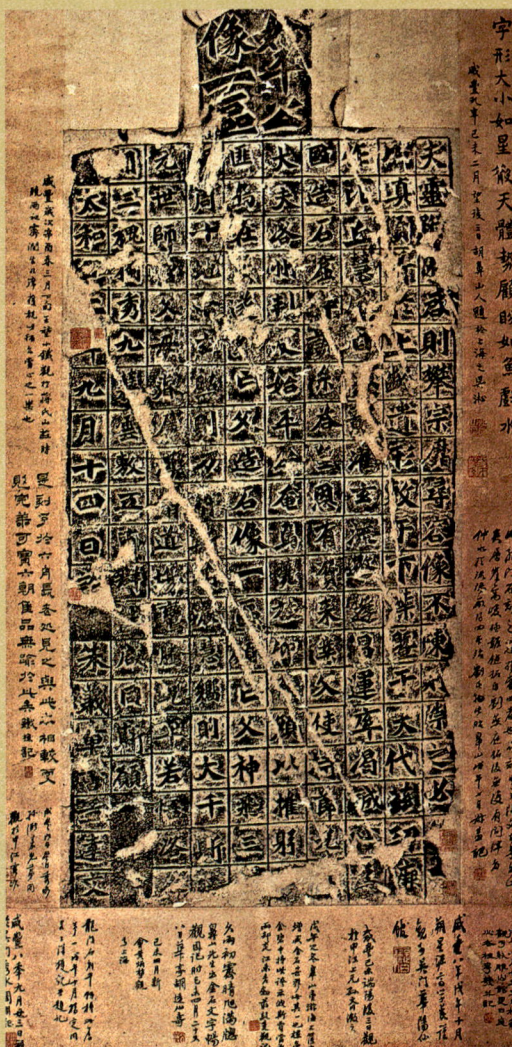

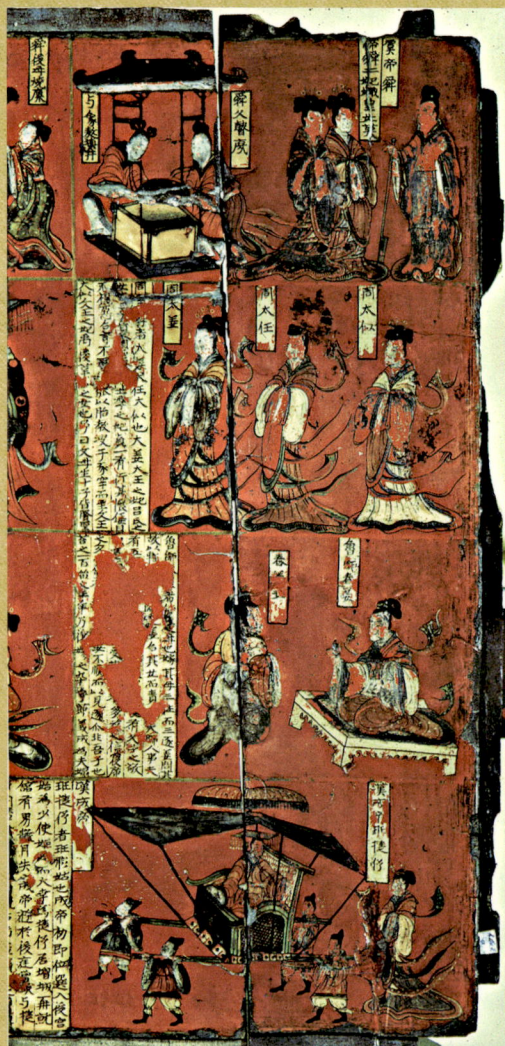

木质漆绘（5 世纪）

[大同博物馆（山西省）藏]

带象形金文铭文的青铜器

（西周时期，上海博物馆藏）

带金文铭文的青铜盘（西周时期）

清朝御史徐旭龄的私人印章。

［画家程邃（1605—1691），上海博物馆藏］